PROCESSOS E JULGAMENTOS POLÊMICOS

de Sócrates a Lula:
justiça, política ou vingança?

CONTRACORRENTE

Edson Simões

PROCESSOS E JULGAMENTOS POLÊMICOS

de Sócrates a Lula:
justiça, política ou vingança?

SÃO PAULO

2023

CONTRACORRENTE

Alameda Itu, 852 | 1º andar |
CEP 01421 002
www.loja-editoracontracorrente.com.br
contato@editoracontracorrente.com.br

EDITORES
Camila Almeida Janela Valim
Gustavo Marinho de Carvalho
Rafael Valim
Walfrido Warde
Silvio Almeida

EQUIPE EDITORIAL
COORDENAÇÃO DE PROJETO: Juliana Daglio
REVISÃO: Fernanda Zandoná
PREPARAÇÃO DE TEXTO E REVISÃO TÉCNICA: Amanda Dorth
DIAGRAMAÇÃO: Gisely Fernandes
CAPA: Vinícius Okada

EQUIPE DE APOIO
Fabiana Celli
Carla Vasconcelos
Regina Gomes
Nathalia Oliveira

Dados Internacionais de Catalogação na Publicação (CIP)
(Câmara Brasileira do Livro, SP, Brasil)

Simões, Edson
Processos e julgamento polêmicos : de Sócrates a Lula : justiça, política ou vingança? / Edson Simões. -- 1. ed. -- São Paulo : Editora Contracorrente, 2023.

Bibliografia.
ISBN 978-65-5396-121-0

1. Julgamentos 2. Julgamentos - História I. Título.

23-158579 CDU-340.96(09)

Índices para catálogo sistemático:

1. Julgamentos : Direito : História 340.96(09)
Aline Graziele Benitez - Bibliotecária - CRB-1/3129

@editoracontracorrente
Editora Contracorrente
@ContraEditora

Dedico esta obra, com imenso carinho, à minha esposa Márcia, que teve a paciência, além de ler e digitalizar os intermináveis rascunhos finais do livro deste autor, também de debater sobre esses temas e contribuir com eles.

SUMÁRIO

CAPÍTULO I

SÓCRATES – O PARADOXO DA JUSTIÇA E DEMOCRACIA ATENIENSE NO "SÉCULO DE PÉRICLES"

1.1 A época de Sócrates – O paradoxo da justiça e da democracia ateniense

Sócrates vivenciou o século de Péricles em Atenas, cidade-estado, famosa pelo seu desenvolvimento econômico, político e cultural no Mundo Antigo. Atenas estava próxima do litoral da Ática. Esta, banhada pelo mar, tinha a costa acidentada, boa para implantação de portos, como foi o caso de Pireu, que facilitou o comércio para toda a Grécia.

O subsolo oferecia minerais e as regiões montanhosas eram usadas para a pecuária. Os jônios,[1] no século II a.C., ocuparam a

---

1 Jônios: nome do segundo grupo de indo-europeus que se instalaram na Grécia (2º milênio a.C.).

região. Inicialmente, predominou a ordem gentílica em Atenas.[2] A organização política passou pela Monarquia liderada pelos Basileus,[3] assessorados pelo Conselho (Areópago) e chegou aos magistrados (Arcontes). Eram dominados por uma elite aristocrática e conseguiram alcançar uma Democracia Direta sem marginalizar totalmente os nobres.

As etapas da Evolução política e, portanto, dos governos foram: Monarquia (governo de um rei), Oligarquia (governo dos aristocratas), Tirania (governo de um só homem) e Democracia Direta (ou denominada do povo).

Característica da Democracia Direta

- Na Democracia Direta ateniense, havia uma Assembleia Geral formada por cidadãos,[4] ou seja, os nascidos de pai e mãe na cidade, mas sem a participação de mulheres, escravos e estrangeiros.

- O governo funcionava por intermédio de comissões eleitas, sem conhecimentos técnicos, pois qualquer cidadão poderia assumir a função. A ideia era de que o cidadão comum poderia governar com competência e patriotismo, pois a excelência era ter uma boa cidadania.[5]

---

2 Ordem gentílica: designava o conjunto de famílias descendentes de um ancestral comum, eram solidárias.

3 Basileu: era o título real e passou a identificar o magistrado responsável pelos serviços religiosos. Na política, em Atenas, o monarca virou Arconte com um ano de exercício e foi denominado Basileu.

4 Assembleia Geral: reunião, segundo informações, para decidir questões de Estado, com a participação popular.

5 Cidadania: vem de *poletai*, onde os cidadãos dividiam o território e as decisões políticas eram tomadas em comum.

- O estratego era responsável pela direção do exército, sendo uma exceção em relação aos requisitos exigidos para os cidadãos, pois deveria ter conhecimento, como foi o caso de Péricles.
- O centro de tudo era a *pólis*.[6] No século V a.C., Atenas tinha 400.000 pessoas, sendo 200.000 escravos, 70.000 estrangeiros, fora as mulheres, logo a cidadania alcançava apenas 30.000 homens. Era uma Democracia Direta Escravista, exercida por uma minoria dos cidadãos. A maioria da população não tinha direitos.

O comércio alavancou Atenas que viveu o auge de uma democracia, também, populista.

O auge da Democracia Direta e do populismo ocorreu com Péricles (495-492 a.C.) – na metade do século V a.C., um grande orador, estratego (chefe militar) e estadista. Foi discípulo de Zenão de Eléia e Anaxágoras. A sua família era aristocrata.

O século de Péricles (443 a 429 a.C.) – esta é a época do crescimento econômico em que Atenas anexa as ilhas Jônicas, amplia os seus domínios coloniais e organiza uma forte defesa contra as invasões Persas.[7] É o período em que Atenas se transformou numa cidade-estado imperialista.

A administração de Péricles (de 443 a 429 a.C.) – neste período, ele foi estratego por 15 anos, a partir de 445 a.C., realizou um poder pessoal fortíssimo e, apesar de ter sido acusado de corrupção algumas vezes, continuou liderando Atenas. Péricles derrotou o partido

---

6 Pólis: formada pelo Estado na Grécia – uma comunidade humana formada pelos *politai* (cidadãos). Denomina a chamada cidade-estado.

7 Invasões persas: os persas, habitantes do atual Irã, formaram um império abrangendo a Ásia, o Egito e a Índia. O império era formado por 20 *satrápas* (províncias). Durante a expansão, invadiram a Grécia, numa tentativa de domínio do ocidente. Foram rechaçados pelos gregos. Houve algumas expedições militares contra a Grécia.

aristocrático e fortaleceu o "Conselho dos 500", que preparava as questões que deveriam ser abordadas na Assembleia Popular.[8] A Hileia ou Helileia, que tratava dos assuntos jurídicos, fortaleceu-se.[9] O júri, formado pelos cidadãos, passou a ser remunerado, assim como ocorria para outras funções exercidas pelo povo. A ideia, defendida por Péricles, era de que o Estado deve ser formado por cidadãos livres e um governo oriundo das leis discutidas e aprovadas pelo povo. Debatiam a justiça, a cidadania, a igualdade e as constituições. A Constituição de Atenas foi realizada em 431, solidificando a legislação. Os atenienses participavam de uma discussão racional dos problemas e da valorização do conhecimento, apesar de, na prática, haver escravismo e imperialismo no sistema recém-criado.

Na política externa, o objetivo foi controlar os fundos da Liga de Delos,[10] formada por várias cidades-estado da Grécia. A política externa de Péricles foi radical, como o intuito de transformar Atenas numa cidade imperial e levou a conflitos com Esparta e outras cidades. Desejava uma ruptura com os espartanos e ajudou a desencadear a Guerra do Peloponeso.

- Atenas, durante o século V a.C., era o oposto do que Platão retratou em "A República". Era uma Democracia Direta escravista em que escravos, mulheres e estrangeiros não votavam. Os cidadãos, contudo, eram considerados iguais perante a lei e submetidos a sorteios para que participassem das decisões políticas.

---

8 Conselho dos 500 (*Boulé*): segundo conselho organizado por Clístenes. Existia há algum tempo e servia para acolher as contas quando deixavam o cargo. No século V a.C., tinha função jurídica. O grupo jurava a Constituição e preparava os decretos para os votos da Eclésia.

9 Hileia ou Helileia: nome do tribunal popular de Atenas. Havia 6.000 heliastas sorteados e eram os juízes.

10 Liga de Delos: aliança em torno de Atenas das cidades Egeias (478 a.C.). O polo era o santuário de Delos (ilha). Havia pagamento de tributos controlado por Atenas. Assegurava a defesa dos participantes.

Péricles, por meio da lei de 451 a.C., limitava o acesso à cidadania somente aos nascidos de pai e mãe atenienses.[11] Entre os atenienses, a perda dos direitos de cidadão não lhes podia ser pior. Estima-se que o ateniense vivia numa cidade cujo corpo de cidadãos (em oposição à população total) jamais superou 50 mil pessoas. Anualmente, o cidadão da cidade-estado ansiava por uma convocação ao exército ou à frota. Além disso, havia a possibilidade de reunir-se com outros milhares deles na *ekklesia* (a principal assembleia da democracia ateniense).[12]

Os magistrados eram eleitos por um ano. Entre esses se deve distinguir aqueles que desempenhavam funções estritamente políticas e os que possuíam atribuições meramente administrativas ou exerciam cargos subalternos. O acesso às magistraturas era, em geral, facilitado a todos os cidadãos. Note-se que a última categoria supracitada estava aberta também a metecos e escravos que,[13] no entanto, eram mais agentes de execução do que, propriamente, magistrados.[14] Vale ressaltar que o termo "magistrado", para os atenienses, refere-se a quem possuía autoridade pública.

Quem fosse ocupar as magistraturas, cujo exercício não requeria aptidões especializadas nem convicções políticas por demais enraizadas, alcançava o respectivo cargo normalmente por sorteio.

---

11 MOSSÉ, Claude. *Péricles, o inventor da democracia*. São Paulo: Estação Liberdade, 2008, p. 129. Acrescente-se que, além da condição de o indivíduo ser, necessariamente, filho de pai e mãe atenienses, para pertencer a esse "corpo exclusivo", deveria ele registrar-se aos dezoito anos de idade, no registro do *demos* hereditário do pai. (JONES, Peter V. *O mundo de Atenas*. São Paulo: Martins Fontes, 1997, p. 156).

12 SIMÕES, Edson. *A luta pela Democracia no mundo*: da Grécia à Antiga URSS e Rússia. (Coleção: Constituições e Democracia no Brasil e no Mundo). vol. 3. São Paulo: Almedina, 2022, p. 21.

13 Meteco: estrangeiro em Atenas. Este pagava uma taxa anual e tinha as mesmas obrigações dos cidadãos, mas não tinha atividade política.

14 GIORDANI, Mário Curtis. *História da Grécia*. São Paulo: Vozes, 1984, p. 174.

> Para evitar que indignos ou incapazes viessem a ocupar cargos públicos, os escolhidos (mesmo por eleição) deviam submeter-se a um prévio exame, a (...) *dokimasia*,[15] e, ao deixar o cargo, a uma prestação de contas perante uma comissão de fiscais públicos. Quanto à *dokimasia*, essa era menos severa para as funções de menor importância. Além de responder a um questionário oficial, os futuros magistrados estavam sujeitos a uma devassa completa em sua vida pública e particular. (...) Os colégios possuíam um corpo de funcionários permanentes, desde o secretário, perito em leis e nos demais atos da vida pública, o qual às vezes tinha a categoria de magistrado, até os subsecretários, geralmente libertos ou mesmo escravos.[16]

A assembleia popular, composta por todos os cidadãos, isto é, por aqueles que haviam nascido de pai e mãe atenienses, que tivessem, pelo menos, 18 anos e que não fossem punidos com a perda da cidadania, cabia designar os magistrados, selecionados com base na "nobreza e riqueza", para Aristóteles.[17]

Havia, também, os *estrategos* (general), em número de dez, eleitos anualmente, mas reelegíveis de forma indefinida, por deterem poderes imensos. Chefes supremos do exército e da esquadra, em uma palavra, da *pólis* em armas, tinham o poder de punir até com a morte, de negociar tratados, de estabelecer armistícios e capitulações.[18]

---

15 *Dokimasia*: era uma última análise que buscava evitar que uma pessoa, fora de suas plenas faculdades mentais ou pouco respeitosa com as leis e os bons costumes, ocupasse uma magistratura. A Assembleia era responsável por examinar as origens familiares do eleito, observando inclusive se ofertava os devidos cuidados aos seus genitores, se participava das cerimônias religiosas e se estava em dia com as obrigações fiscais e militares.

16 GIORDANI, Mário Curtis. *História da Grécia*. São Paulo: Vozes, 1984, p. 174.

17 GIORDANI, Mário Curtis. *História da Grécia*. São Paulo: Vozes, 1984, p. 174.

18 GIORDANI, Mário Curtis. *História da Grécia*. São Paulo: Vozes, 1984, p. 174.

Destaque-se que a posição de superioridade dos *estrategos* sobre os demais magistrados prevalecia tanto em tempos de guerra quanto de paz, de forma que exerciam influência decisiva sobre todos os setores da administração pública.[19]

Por exemplo, Péricles conseguiu ser quinze vezes *estratego*, o que comprova o fato de ter sido um homem que detinha qualidades excepcionais.[20]

Mas o poder dos *estrategos* submetia-se a um limite, este definido tanto na Assembleia do Povo quanto no Senado, pois ambos vigiavam o procedimento dos magistrados. Isso explica por que a Grécia se manteve nesse período como uma democracia.[21]

Neste período, destacou-se o denominado "século de Péricles", que possibilitou o fortalecimento da Democracia Direta e, ao mesmo tempo, o imperialismo ateniense, que se choca com os interesses da Liga do Peloponeso, liderada por Esparta, e de Corinto, ligadas à aristocracia.[22]

No período de Péricles, antes da guerra do Peloponeso, a Grécia vivencia crescimento, prosperidade e confiança. O cenário assim se apresenta:

> Os atenienses, em especial, floresceram, aumentando a população e criando um império que lhes proporcionou riquezas e glórias. Sua jovem democracia atingiu a maturidade

---

19 GIORDANI, Mário Curtis. *História da Grécia*. São Paulo: Vozes, 1984, p. 175.

20 GIORDANI, Mário Curtis. *História da Grécia*. São Paulo: Vozes, 1984, p. 175.

21 SIMÕES, Edson. *A luta pela Democracia no mundo*: da Grécia à Antiga URSS e Rússia. (Coleção: Constituições e Democracia no Brasil e no Mundo). vol. 3. São Paulo: Almedina, 2022, pp. 25-27.

22 GIORDANI, Mário Curtis. *História da Grécia*. São Paulo: Vozes, 1984, p. 125.

> e proporcionou à população, incluindo os cidadãos menos favorecidos, participação, oportunidade e poder político. Suas estruturas democráticas espalharam-se e enraizaram-se em outras cidades gregas.[23]

As qualidades de Péricles atraíram as classes mais altas; enquanto suas políticas democráticas e dotes retóricos conquistaram o apoio das massas. A qualidade de seu caráter assegurou-lhe eleições sucessivas por mais de três décadas, a ponto de ser considerado o líder político mais poderoso de Atenas às vésperas da guerra do Peloponeso.[24]

Ao que tudo indica, Péricles foi reeleito general todos os anos naquele período. Ele nunca teve poderes formais maiores do que os dos demais generais e nunca tentou alterar o sistema democrático. Estava, ainda, sujeito ao escrutínio da Constituição democrática e solicitava votação da incontrolável assembleia a céu aberto para qualquer ação sua. Como será descrito a seguir, nem todas as vezes Péricles obteve apoio para as suas causas, e, em alguns casos, seus inimigos conseguiram convencer a assembleia a votar contra ele. Mesmo assim, pode-se dizer, com precisão, que o governo de Atenas, às vésperas da guerra, era uma Democracia Direta liderada por seu cidadão mais importante.[25]

A destreza de Péricles é reconhecida no prenúncio da Guerra do Peloponeso (433-432), uma postura imperialista gerada pela Democracia Direta, quando promulgou o Decreto de Mégara, que impedia o acesso dos megarenses aos portos do império ateniense e à ágora de Atenas, ato este que, na prática, consistiu numa espécie

---

23 KAGAN, Donald. *A guerra do Peloponeso*. Rio de Janeiro: Record, 2006, p. 21.

24 GIORDANI, Mário Curtis. *História da Grécia*. São Paulo: Vozes, 1984, pp. 40/41.

25 GIORDANI, Mário Curtis. *História da Grécia*. São Paulo: Vozes, 1984, p. 41.

de embargo econômico ou num ato de imperialismo econômico que pretendeu, justamente, motivar a guerra, uma vez que acabou desafiando a Liga do Peloponeso.[26]

Ocorre que o verdadeiro propósito do Decreto de Mégara foi intensificar as pressões diplomáticas para evitar a expansão da guerra aos aliados de Corinto, mostrando que Mégara estava sendo punida por seu mau comportamento em Leucimne e Sibota. Os coríntios só conseguiriam ser bem-sucedidos se outras cidades do Peloponeso, especialmente Esparta, fossem convencidas a entrar na guerra. Ao enviar ajuda aos coríntios em Leucimne e Sibota, mesmo quando a maioria dos aliados peloponésios era contrária a isso, Mégara irritara os atenienses.[27]

Esparta tentou evitar a guerra, mas exigiu que os atenienses retirassem o Decreto de Mégara. Muitos aprovaram essa proposta, sob o argumento de que seria insensata a decisão de aderir à guerra em razão apenas de um decreto. Mas Péricles insistiu na tese de que as disposições da lei deveriam ser seguidas, ainda que não ignorasse a pressão dos atenienses. Ele editou novo decreto dispondo sobre as justificativas humanas e sensatas de sua política em não rescindir o embargo, que foram apoiadas pela maioria.[28]

A estratégia de Péricles, que vigorou enquanto ele viveu, era fundamentalmente defensiva, embora tivesse alguns poucos elementos ofensivos. Ele acreditava que poderiam vencer a guerra se cuidassem

26 GIORDANI, Mário Curtis. *História da Grécia*. São Paulo: Vozes, 1984, pp. 67-69.

27 MOSSÉ, Claude. *Péricles, o inventor da democracia*. São Paulo: Estação Liberdade, 2008, p. 68.

28 GIORDANI, Mário Curtis. *História da Grécia*. São Paulo: Vozes, 1984, p. 68.

de sua esquadra e não tentassem expandir seu império nesse período, evitando, assim, conflitos terrestres.[29]

Na prática, Péricles deve ter calculado gastar cerca de seis mil talentos em uma guerra de três anos de duração. No segundo conflito da guerra do Peloponeso, os atenienses aprovaram a alocação de mil talentos de suas reservas de seis mil para serem usados somente na hipótese de o inimigo atacá-los pelo mar e fosse necessário recorrerem à defesa do território. Além disso, aprovaram a imposição de pena de morte caso alguém propusesse gastar esse dinheiro em outra finalidade.[30]

Mas a guerra estendeu-se por 27 anos. O objetivo maior do chefe ateniense era fazer Esparta mudar de ideia e optar pela paz, bastando convencer três de seus cinco *éforos*. Para que eles e a assembleia espartana aceitassem a paz, os atenienses precisariam apenas ajudar a reconduzir ao poder a maioria que sempre defendeu uma Esparta pacífica e conservadora dentro dos limites do Peloponeso. O rei de Esparta, Arquidamo, já havia conseguido convencer os espartanos de que tinham uma expectativa equivocada a respeito da guerra: os atenienses não entrariam em batalha terrestre, e os espartanos não tinham outra estratégia senão derrotar o inimigo em terra. A tática de Péricles era provar aos espartanos que seu rei estava certo.[31]

Péricles queria conter seu próprio povo e evitar que os atenienses saíssem para lutar na Ática, pois uma ação ofensiva conflitaria com a sua estratégia. Uma agressão não apenas não levava à vitória

---

29 KAGAN, Donald. *A guerra do Peloponeso*. Rio de Janeiro: Record, 2006, p. 82.

30 SIMÕES, Edson. *A luta pela Democracia no mundo*: da Grécia à Antiga URSS e Rússia. (Coleção: Constituições e Democracia no Brasil e no Mundo). vol. 3. São Paulo: Almedina, 2022, p. 30.

31 GIORDANI, Mário Curtis. *História da Grécia*. São Paulo: Vozes, 1984, p. 93.

como provocaria o inimigo e frustraria o objetivo de Arquidamo. A política de contenção em casa e no exterior, entretanto, inevitavelmente conduziria, mais cedo ou mais tarde, os pacifistas ao poder em Esparta.[32]

Péricles foi considerado culpado e condenado a pagar uma pesada multa. O júri não estava totalmente convencido da culpa de Péricles ou foi incapaz de adotar uma medida extrema contra o homem que havia sido seu líder por tantos anos, pois o crime de peculato costumava ser punido com pena de morte. Com a ajuda de amigos, Péricles rapidamente pagou a multa, mas provavelmente ficou afastado do poder de, mais ou menos, setembro de 430 a.C. até o início do ano oficial seguinte, em meados do verão de 429 a.C.

Enquanto isso, a peste continuava devastando a força de trabalho e o moral de Atenas. A situação financeira da cidade era também problemática: dos 5 mil talentos das reservas disponíveis (excluindo os mil do fundo de emergência) no início da guerra, quase dois mil e setecentos – mais da metade – já tinham sido gastos. A movimentação militar espartana no mar obrigava Atenas a aumentar os gastos com sua esquadra para equipá-la e deixá-la apta a proteger seus aliados. Mantido o mesmo ritmo de gastos dos dois anos anteriores, a cidade só resistiria a mais dois de guerra.[33] A grande cidade-estado tinha pela frente dias sombrios.

Apesar dessa conjuntura em declínio, considerando o talento e confiança nele depositados e as realidades política e militar do momento, os atenienses elegeram Péricles general mais uma vez na primavera de 429 a.C. Quando os espartanos recusaram uma paz negociada, os apelos dos pacifistas de Atenas tornaram-se inúteis. Mas a cidade ainda não estava em condições de adotar uma postura

---

32 GIORDANI, Mário Curtis. *História da Grécia*. São Paulo: Vozes, 1984, p. 93.

33 GIORDANI, Mário Curtis. *História da Grécia*. São Paulo: Vozes, 1984, p. 120.

ofensiva, como defendiam Cléon e outros, pois a peste seguia matando, e os cofres públicos estavam cada vez mais vazios. A única alternativa era continuar com a política original, o que levou Péricles de volta ao comando.[34]

Em 431 a.C., o prestígio de Péricles estava tão alto que Tucídides referia-se a ele como o ateniense mais importante e o orador mais poderoso.[35] Péricles atingiu essa posição não apenas pelas virtudes de sua sabedoria e por seus dons retóricos, ou por seus patriotismo e incorruptibilidade. Ele era também um político perspicaz que tinha formado um conjunto de soldados, administradores e políticos, um grupo de companheiros que compartilhavam opiniões políticas e funcionavam como generais que aceitavam a sua liderança informal.[36]

Antes de morrer, sem herdeiros, visto que seus filhos, Xantipo e Páralo, e suas irmãs morreram, Péricles pediu que os atenienses desconsiderassem a lei que limitava a cidadania exclusivamente a quem tivesse pai e mãe nascidos em Atenas – que ele mesmo promulgara. Péricles solicitou cidadania a seu filho homônimo que tivera

---

34 GIORDANI, Mário Curtis. *História da Grécia*. São Paulo: Vozes, 1984, p. 120.

35 Tucídides (II, 37) acentua essa liberdade: “Não há entre nós, essas intervenções do Estado na vida privada (...)”. Plutarco (Lyc., 24) salientou em uma linha a antítese entre a mentalidade espartana e a ateniense: “Em Atenas, cada um podia viver à sua maneira; em Esparta, isso não era completa. A Assembleia Geral dos espartanos estava longe de ser um Parlamento: limitava-se, apenas, a votar as proposições apresentadas; em Atenas, a pergunta do arauto ‘Quem deseja a palavra?’ simboliza a amplidão do horizonte democrático. As ideias de Péricles reproduzidas magistralmente por Tucídides (II, 37, 41) dão-nos um excelente apanhado sobre o ideal ateniense de liberdade política interna em que a autonomia do indivíduo se harmonizava com os princípios da democracia”. (GIORDANI, Marcio Curtis. *História da Grécia*. São Paulo: Vozes, 1984, p. 151).

36 GIORDANI, Mário Curtis. *História da Grécia*. São Paulo: Vozes, 1984, pp. 100/101.

com Aspásia, uma mulher de Mégara que era sua amante de longa data. Seu pedido foi aceito.[37]

O espírito de liberdade que, ocasionalmente, uniu parte dos gregos diante da ameaça dos bárbaros impediu, paradoxalmente, a unidade política: cada *pólis* era, por demais, ciosa da própria autonomia para admitir uma autoridade superior; compreende-se, assim, o fracasso das hegemonias de certas cidades sobre outras. Esparta, por exemplo, aproveita o estado de espírito dos membros integrantes da Confederação Ateniense para atacar a velha rival sob o pretexto de defender o direito de os pequenos estados disporem de si mesmos.[38]

O conceito de liberdade, na política interna das cidades helênicas, revestia aspectos diversos. Assim, por exemplo, para o espartano o que valia, sobretudo, era a independência de sua comunidade, de sua pátria diante da ameaça externa. Internamente, a liberdade política significava o domínio da classe privilegiada sobre as demais; mas os próprios espartanos integravam-se e subordinavam-se a uma ordem e disciplina rigorosas e absorventes. O indivíduo era arrebatado pela comunidade até mesmo nos menores detalhes da vida cotidiana. A esfera pública e a esfera privada confundiam-se em Esparta. Fundamentalmente diversa era a concepção ateniense de liberdade, haja vista que cada cidadão dispõe de sua vida particular dentro do limite do interesse comum.

Havia duas categorias de ações: públicas e privadas.[39] Na ação pública, a acusação tinha, por fim, reparar um prejuízo causado pelo

---

37 SIMÕES, Edson. *A luta pela Democracia no mundo*: da Grécia à Antiga URSS e Rússia. (Coleção: Constituições e Democracia no Brasil e no Mundo). vol. 3. São Paulo: Almedina, 2022, pp. 30-32.

38 GIORDANI, Mário Curtis. *História da Grécia*. São Paulo: Vozes, 1984, p. 151.

39 GIORDANI, Mário Curtis. *História da Grécia*. São Paulo: Vozes, 1984, p. 203.

Estado. Todo cidadão podia propor uma ação pública, mas deveria assumir um grave risco: em caso de desistência ou de não obtenção da quinta parte dos sufrágios, deveria pagar uma multa e perder o direito de, futuramente, intentar outra *graphé*. A quantia paga era recolhida ao tesouro estatal.[40]

Quanto à ação privada, a *dike* – havia a *dike* propriamente dita – e a *diadicasia*. Esta última era um debate judiciário em que ou um direito ou uma obrigação eram respectivamente contestados entre duas ou mais partes. As duas ações pretendiam obter uma certa coisa ou livrar-se de determinado encargo.[41]

Na *dike* propriamente dita, os autores costumam distinguir as ações penais e as ações em que se procura fazer sancionar um direito pessoal ou um direito real.[42] Nas primeiras, o autor pediria a punição ou a indenização; nas segundas, requereria uma declaração de direito.[43]

A propositura da ação se fazia por meio de uma petição escrita em que o autor, assistido por duas testemunhas, entregava-a ao magistrado competente. Nas ações públicas, a denúncia era ordinariamente dirigida ao Conselho ou à Assembleia. Como, em caso de êxito, o denunciante recebia uma parte dos bens do condenado, surgiu em Atenas uma verdadeira indústria de acusações. Os denunciantes, contudo, corriam o risco já mencionado.[44]

---

40 GIORDANI, Mário Curtis. *História da Grécia*. São Paulo: Vozes, 1984, p. 203.

41 GIORDANI, Mário Curtis. *História da Grécia*. São Paulo: Vozes, 1984, p. 204.

42 GIORDANI, Mário Curtis. *História da Grécia*. São Paulo: Vozes, 1984, p. 204.

43 GIORDANI, Mário Curtis. *História da Grécia*. São Paulo: Vozes, 1984, p. 204.

44 GIORDANI, Mário Curtis. *História da Grécia*. São Paulo: Vozes, 1984, p. 204.

Decidido o reconhecimento da denúncia, designavam-se os acusadores públicos, e o caso era remetido ao tribunal competente.[45] Nas ações privadas, cabia ao autor citar o réu, a fim de que este comparecesse perante o magistrado em determinado dia, quando as partes se apresentariam diante da autoridade competente. À parte vencida, cabia reembolsar o vencedor da despesa feita.[46]

A fim de evitar tentativa de corrupção, os juízes que iriam julgar o feito eram escolhidos à última hora. Ao magistrado, que havia conduzido a instrução do processo, cabia presidir o tribunal.[47] No século V, cada juiz depositava um seixo (voto, sufrágio) em uma das duas urnas diante das quais passava e que eram destinadas, respectivamente, aos votos favoráveis e contrários.[48]

No século IV, para que o segredo da votação fosse mais bem preservado, adotou-se um sistema novo: todo jurado recebia dois discos de bronze, cada qual com uma haste metálica: uma era compacta; outra, oca. Esta condenava, aquela absolvia.[49] O Presidente responsabilizava-se pela contagem dos sufrágios e proclamação do resultado. Como as penalidades previstas em lei eram raras, competia ao tribunal determiná-las.[50]

Nas ações privadas, o processo de execução da sentença cabia às próprias partes interessadas. Por sua vez, nas públicas, o magistrado

---

45 GIORDANI, Mário Curtis. *História da Grécia*. São Paulo: Vozes, 1984, p. 204.

46 GIORDANI, Mário Curtis. *História da Grécia*. São Paulo: Vozes, 1984, p. 205.

47 GIORDANI, Mário Curtis. *História da Grécia*. São Paulo: Vozes, 1984, p. 205.

48 GIORDANI, Mário Curtis. *História da Grécia*. São Paulo: Vozes, 1984, p. 205.

49 GIORDANI, Mário Curtis. *História da Grécia*. São Paulo: Vozes, 1984, p. 205.

50 GIORDANI, Mário Curtis. *História da Grécia*. São Paulo: Vozes, 1984, p. 206.

que presidia o tribunal remetia à ata de julgamento aos magistrados (por exemplo, aos Onze) incumbidos da execução. Entre as penas cominadas, como indicado anteriormente, havia, por exemplo: multas, confisco de bens, privação dos direitos de cidadania (*atimia*), exílio e morte.[51] Vale acrescentar que havia penas infamantes de caráter arcaico, tais como a proibição de as adúlteras se ornamentarem, a inscrição ignominiosa em uma *estela* (pedra erguida ou alçada) e a privação de sepultura.[52]

Se um cidadão ou estrangeiro fosse condenado a penas pecuniárias que ultrapassassem suas possibilidades econômicas, poderia evitá-las por meio do exílio voluntário.[53]

Temos, pois, que o processo e a morte de Sócrates ocorrem no início do século IV ateniense e após a redemocratização de Atenas.

Esparta – estava situada no Peloponeso, na planície dos Eurotas, envolvida por um vale estreito a 20 quilômetros do mar.

A população era formada por três classes, ou seja:

- Os Omioi – o topo, ocupado pelos iguais – a aristocracia;
- Os Periecos – moradores de aldeias e homens livres;
- Os Hilotas – servos.

Era governada por uma Diarquia (dois reis) com os mesmos direitos. A sucessão era hereditária. Havia a Gerúsia, equivalente a

51 GIORDANI, Mário Curtis. *História da Grécia*. São Paulo: Vozes, 1984, p. 206.

52 GIORDANI, Mário Curtis. *História da Grécia*. São Paulo: Vozes, 1984, p. 206.

53 SIMÕES, Edson. *A luta pela Democracia no mundo*: da Grécia à Antiga URSS e Rússia. (Coleção: Constituições e Democracia no Brasil e no Mundo). vol. 3. São Paulo: Almedina, 2022, pp. 33-42.

um Senado, com 30 membros. O poder ficava com os Éforos.[54] A Assembleia popular ou do povo (Apela) não tinha poderes. O militarismo predominava, comandado pela elite espartana. A economia era fechada e dependia da agricultura realizada pelos Hilotas.[55]

A disputa pela hegemonia grega com Atenas, envolvendo outras cidades gregas, levou-a ao confronto com Péricles e sua proposta imperialista, desencadeando a Guerra do Peloponeso. Na realidade, foi um confronto entre a Liga marítima ateniense e a Liga do Peloponeso espartana.[56]

A Guerra do Peloponeso, que teve a participação de Sócrates, desenvolveu-se em três períodos:

- A guerra dos dez anos (431-421 a.C.) – Esparta domina a Ática e os atenienses ficam ilhados em suas muralhas.
- A segunda fase com a expedição à Sicília (415-413 a.C.) – A antiga Siracusa (Sicília) pede apoio para a Esparta e os atenienses acabaram derrotados nesta área insular.[57]

---

54 Éforos: magistrados de Esparta. Significa aquele supervisiona, fiscaliza, vela. Eram cinco, os eleitos pela Apela. Tinham amplos poderes e garantiam o cumprimento das leis.

55 Hilotas: classe servil de Esparta e propriedade do Estado. Era, praticamente, escrava.

56 Liga marítima ateniense: criada em 478 a.C., os Estados componentes eram liderados por Atenas e a sua esquadra marítima (fortíssima), a liga, foi proposta por Aristides.

57 Siracusa: ficava na costa oriental da Sicília. Fundada no século VIII a.C., a tirania predominou na política. Recebeu, também, influência de Atenas.

- A terceira fase envolve o governo da Decleia (413-404 a.C.)[58] – Culmina com a vitória de Lisandro na batalha de Egos-Pótamo contra os atenienses.[59] [60]

Em consequência da clamorosa derrota, os atenienses capitularam e foram obrigados a derrubar as muralhas da cidade, para passar a frota marítima para os vencedores, entregar as colônias e realizar uma aliança desfavorável com Esparta, que ficou hegemônica na Grécia.

Péricles faleceu durante o cerco de Atenas, sendo vítima da peste que assolou a cidade em 429 a.C.

Neste contexto, vários políticos que estavam exilados voltaram para Atenas com duras críticas ao regime democrático.

A liderança de Atenas, após a morte de Péricles, foi disputada por Nicias e Ellion e se destacou, também, um novo Estratego, Alcibíades (452-452 a.C. -464 a.C.). Alcibíades, que teve como tutor Péricles, segundo alguns críticos, foi um aristocrata, discípulo de Sócrates, oportunista, aventureiro e "superior tanto em seus vícios quanto em suas virtudes".

A partir da morte de Péricles e da derrota de Atenas na Guerra do Peloponeso, teve início a decadência de Atenas e da Grécia.

Na época de Péricles, a cultura foi incentivada e se desenvolveu a arte, a filosofia e a ciência. Neste período, foram construídos

---

58 Guerra da Decleia: os espartanos ficaram entrincheirados nesta cidade e dominaram a região e seus arredores. Ficava a 20km de Atenas.

59 Lisandro: líder espartano, dizia-se descendente dos heraclidas. Foi almirante da frota espartana no Egeu, derrotada por Alcibíades (408 a.C.).

60 Batalha de Egos-Pótamo (Rio das Cabras): o espartano Lisandro derrota, em batalha marítima, os atenienses. Domina quase toda a frota de Atenas.

edifícios belíssimos, como o Partenon,[61] em homenagem à deusa Ateneia,[62] de mármore níveo, com diversas colunas; a estátua da homenageada feita de ouro, marfim e pedras preciosas, foi executada por Fidias a pedido de Péricles.[63] Outro prédio magnifico foi o Odeon, onde se realizavam os concursos musicais. O Porto de Pireu foi melhorado e ampliado e se transformou numa base sólida para a marinha mercante e de guerra. Durante os grandes empreendimentos, Péricles foi denunciado por corrupção e desvio de verbas e acabou pagando multa altíssima, além de ser afastado do cargo, voltado, posteriormente, ao poder pelo voto dos cidadãos.

Péricles desejava transformar Atenas na Escola de toda a Hélade e apoiou filósofos, dramaturgos, poetas e cientistas. Destacam-se,

61 Partenon: templo em homenagem à deusa Atenas Partenos, localizado em Atenas. Foi construído na Acrópole (secúlo V a.C.). Obra-prima da arquitetura, realizada por Fídias, Íctinos e Calícrates.

62 Ateneia ou Atena: divindade, filha de Zeus e Méts, protegia as artes e as técnicas. No século V a.C., se fortalece a Atena Prômacos e Partenia, representando uma guerreira e o poderio militar de Atenas.

63 Fidias (490 a.C. - 430 a.C.): escultor, ajudou na reconstrução de Atenas, durante o governo de Péricles. Foi criticado por apoio a este. Idealizador do Partenon.

no teatro, Ésquilo,[64] Sófocles,[65] Eurípedes,[66] Cratino,[67] Éupolis e Aristófanes.[68] [69]

A filosofia se destacou com os sofistas, Anaxágoras,[70] Protágoras,[71] Sócrates, o surgimento do jovem Platão e, posteriormente,[72] Aristóteles.[73]

---

64 Ésquilo (525 a.C. - 456/5 a.C.): escritor dramático, participou da batalha em Maratona contra os persas. Obras: *Os persas*, *Oréstia*, *As Eumênides*, *7 contra Tebas*, *As Suplicantes*, *Agamenon* e *Prometeu acorrentado*.

65 Sófocles (496 a 406/5 a.C.): tragediógrafo. Participou ativamente da vida pública ateniense. Lutou junto com Péricles. Obras: *Antígona* e *Édipo-rei*.

66 Eurípedes (485-407 a.C.): tragediógrafo, aluno dos sofistas. Figura legendária, viajou e morreu na Macedônia (Pela). Escreveu 92 peças com destaque para: *Alexandre, As Troianas, Sísifo, O ciclope, Alceste, Modeia, Os filhos de Hércules, Polâmedes* etc.

67 Cratino (450/6-423 a.C.): poeta da comédia grega. Satirizou Péricles.

68 Éupolis (429-412 a.C.): poeta cômico. Ridicularizou personagens da vida pública. Zombou de Cleon, Alcibíades e Hipérbolo. Há apenas fragmentos de sua obra, como "Demes".

69 Aristófanes (445-388 a.C.): o mais famoso poeta cômico. Testemunhou e ridicularizou a Democracia Direta ateniense e seus homens públicos. Escreveu 40 peças. Obras: *Os acarnianos, Os babilônios, A paz, Lisístrata, A riqueza, Os cavaleiros, As nuvens, As abelhas* etc.

70 Anaxágoras (500/499-428 a.C.): filósofo, amigo de Péricles, foi acusado de impiedade e condenado à morte. Exilou-se. Tentou explicar o universo em suas origens. O princípio de todas as coisas são as "sementes originais".

71 Protágoras (490-420 a.C.): sofista, amigo de Péricles. Foi expulso de Atenas por "impiedade". Afirmou que "o homem é a medida de todas as coisas". Escreveu: *A verdade* e teve uma posição agnóstica em relação aos deuses.

72 Platão (429-347 a.C): aristocrata, discípulo de Sócrates, fundou a Academia, difundiu o pensamento socrático em seus "diálogos", criticou a Democracia e a justiça ateniense. Obras: *Menon, Fédon, O banquete, A república, Os sofistas* e *Protágoras*.

73 Aristóteles (384-322 a.C.): discípulo de Platão. Fundou o Liceu. Foi professor de Alexandre, o Grande. A sua filosofia abrange lógica, métodos,

As ciências avançaram com Hipócrates (medicina),[74] Anaxágoras de Clazomenas (físico),[75] Eudóxio de Cnido (astronomia – esferas celestes girando ao redor da terra).[76]

Um visitante de Atenas, naquela época, afirmou: "És um ignorante se não viste Atenas; um asno, se viste e não ficaste pasmado, se saíste de Atenas por tua própria vontade, és um camelo".

Sócrates se enquadra neste período, entre o ápice da democracia ateniense e a sua decadência, gerando conflito em suas instituições e, principalmente, na Justiça.

O filósofo viveu no centro da vida cultural do Ocidente, onde se encontravam escritores, filósofos, urbanistas, políticos, oradores, dramaturgos, comediantes e físicos, ou seja, a Atenas Clássica.

Contudo, a Democracia ateniense escravista não é perfeita e tem preocupações com os intelectuais independentes, que realizavam questionamentos indesejáveis, como já tinha acontecido com Anaxágoras, que dessacralizou o sol e a lua, afirmando "que o primeiro era uma massa incandescente e a segunda uma pedra". Há desconfianças com os livres-pensadores quando mexem com os

---

psicologia, metafisica, ética, política, ciências naturais etc. Foi exilado. Obras: *Sobre a Alma, Metafísica, Política, Física, Constituições* etc.

74 Hipócrates de Cós (460-380 a.C.): acreditava que o corpo humano deveria ser estudado como um único organismo e que cada parte tinha que ser relacionada com o todo. É o "pai da medicina". Obras: *Sobre a medicina antiga, Sobre as doenças sagradas, Ares, águas e lugares* e *As epidemias*.

75 Anaxágoras de Clazomenes (500-428 a.C.): físico, preocupado com uma explicação global do mundo e da natureza. Viveu 30 anos em Atenas. Previu a queda de um meteoro.

76 Eudóxio de Cnido (408-350 a.C.): matemático e filósofo. Aluno de Platão. Estudou a secção dos Cones, o volume das esferas e a duplicação do cubo. Especulou sobre o movimento das estrelas e a retrogradação dos planetas, através de esfera concêntrica que giravam em movimentos combinados. Calculou a circunferência da terra.

costumes tradicionais e políticos, pois o sistema não tolera "pensadores audaciosos", "interrogações radicais", críticas à ordem divina pela Astronomia, Cosmologia e abstrações relativos ao "ser" e "o não ser". A ordem vigente considera que estas posições ferem os princípios da verdadeira cidadania em que se baseia a política local. Há, disfarçadamente, limites para o conhecimento quando atinge a concepção política da Democracia Direta escravista e populista. O pragmatismo político exige que o cidadão defenda a ideia de uma "Atenas pura e perfeita" e sem nenhuma mácula. Sócrates, independente e crítico, mexeu com esta concepção absoluta e foi retaliado pelo judiciário ateniense.

1.2 Sócrates (468?469?470 a.C – 399 a.C.) – A democracia direta condena a tomar cicuta

Filho da parteira Fenarete e do pedreiro ou escultor Sofronisco, vivenciou a administração democrática de Péricles. Casou-se com a jovem Xantipa e tiveram três filhos. Alguns historiadores afirmam que havia outra esposa chamada Mirton com quem teve dois filhos. Serviu na infantaria pesada de Atenas durante a Guerra do Peloponeso (432 a.C. a 404 a.C.) e demonstrou coragem e resistência, segundo depoimentos do seu discípulo Alcibíades.[77]

Lutou nas batalhas de Potideia (432 a.C.), Délio (424 a.C.) e Anfípolis (422 a.C.). Segundo comentários, salvou Xenofonte na Retirada de Délio e Alcibíades na batalha de Potideia.

A partir de 423 a.C., popular em Atenas, Sócrates fazia perguntas e cobrava definições aos seus interlocutores mediante o uso

---

77 Alcibíades (450-404 a.C.): aristocrata, afilhado de Péricles, político oportunista, foi salvo por Sócrates na batalha de Potideia (432 a.C.), durante a guerra do Peloponeso. Fazia parte do entorno de Sócrates e teve uma vida agitada e de aventuras. Foi movido pela ambição do poder. Condenado à morte em Atenas e fugiu. Voltou, posteriormente, com esperança salvadora e acabou sendo assassinado na Frígia.

da razão. Tentava superar o relativismo dos sofistas e alcançar uma verdade absoluta, para evitar a degradação da política, da religião e da linguagem, que ocorria em Atenas. Defendia conceitos universais, usando, como método, o ato de perguntar insistentemente, para buscar o bem coletivo, a virtude e a justiça na cidade.[78]

O diálogo socrático apresentava a ironia como forma de uma dissimulação do conhecimento. Posteriormente, usava a *maiêutica*,[79] equivalente ao "parto das ideias", durante as discussões filosóficas:

> Na primeira, Sócrates procura, primeiramente, purificar o espírito da falsa ciência. O conhece-te a ti mesmo significa: adquire consciência do teu fim e das tuas faltas reais; a primeira destas, a que impede toda a correção espiritual, é a crença de não ter falhas, isto é, falta de conhecimento de si mesmo e da verdade que se esconde sob a ilusão e pretensão de sabedoria. Saber que não se sabe quer dizer adquirir consciência dos problemas e das falhas que escapam à pretensa sabedoria; eis aí o primeiro resultado do exame e conhecimento de si mesmo, primeira sabedoria verdadeira (...). Quando o interlocutor tomava consciência de sua ignorância, manifestando sinais de inquietação e dúvida, Sócrates passava para a segunda fase de seu método, a maiêutica (arte do parto).[80]

Em decorrência das suas posições, era acusado de charlatanismo científico e mercenário do conhecimento, como se participasse

---

78 SIMÕES, Edson. *A luta pela Democracia no mundo*: da Grécia à Antiga URSS e Rússia. (Coleção: Constituições e Democracia no Brasil e no Mundo). vol. 3. São Paulo: Almedina, 2022, pp. 27/28.

79 *Maiêutica*: método socrático que consiste na multiplicação de perguntas, induzindo o interlocutor na descoberta de suas próprias verdades e na conceituação geral de um objeto. Também chamada de "parturição de ideias ou engenhosa obstetrícia do espírito", em homenagem à mãe de Sócrates, que era parteira.

80 GIORDANI, Mário Curtis. *História da Grécia*. São Paulo: Vozes, 1984, p. 357.

do movimento sofista.[81] Era ridicularizado em peças teatrais – por vestir-se pobremente, andar descalço –, como as realizadas pelo comediógrafo (ou dramaturgo) Aristófanes e o poeta Êupolis.

Participou do julgamento em bloco dos generais atenienses que não ajudaram os sobreviventes da batalha naval de Arguinusas (406 a.C.) durante a Guerra do Peloponeso, atuando no Conselho que preparou o caso para a Assembleia decidir sob a pena de morte.[82] Contudo, o julgamento em bloco era vetado pela legislação ateniense que explicitava apenas o individual, e Sócrates optou por combater a proposta por considerá-la inconstitucional, mas foi derrotado.

Durante a administração dos 30 tiranos (404 a.C.), implantada em Atenas com a suspensão da Constituição Democrática, também, recusou-se a participar da prisão arbitrária de León de Salamina, que fora condenado à morte e, com isso, irritou os donos do poder.[83] Neste período, é possível que tenha sido eleito senador e renunciado, devido aos tiranos.

Fazia oposição ao relativismo dos sofistas, pois sustentava que as pessoas deveriam regular seu comportamento, de acordo com valores universais. Embora reconhecesse que os sofistas transmitiam ensinamentos práticos, Sócrates achava que lhes faltava a visão

---

81 Sofista: sábio, em grego. Mas também é considerado o retórico grego que utiliza o discurso como meio de poder e que recorre a sofismas. Foram combatidos por Sócrates e Platão, eram professores e relativistas. Usavam, no século V a.C., a retórica, a política, o Direito e a moral em suas pregações. Eram céticos.

82 Assembleia: houve duas grandes assembleias: o Conselho dos 500, como órgão de direção exterior e de preparo, constituído por sorteio; e a Assembleia do Povo, soberana que recebia as questões relatadas pelo Conselho, para decisão final. Representava a totalidade dos cidadãos maiores de 20 anos, era realizada ao ar livre e respeitava a chamada "ordem do dia".

83 León de Salamina: personagem obscuro, processado durante o Governo de Critias (tirano) e condenado à morte. Liderava a oposição democrática.

interna do que realmente importava: "qual é o sentido da vida? Quais os valores pelos quais o homem deve lutar? Como o homem pode aprimorar seu caráter?" Nesse ponto, os sofistas fracassaram, dizia Sócrates: "eles ensinavam o ambicioso a triunfar na política, mas a oratória da persuasão e o raciocínio inteligente não instruíam um homem na arte de viver".[84] Segundo ele, os sofistas haviam atacado o antigo sistema de crenças, mas não ofereceram ao indivíduo nada que o pudesse substituir construtivamente. Em sua visão, os valores morais eram atingidos quando o indivíduo pautava sua vida por padrões objetivos alcançados por meio de uma reflexão racional, isto é, quando a razão se torna o instrumento formador, orientador e condutor da alma.

O pensador oferecia aos atenienses um método de investigação filosófica que denominou de "dialética, ou discussão lógica", que poderia lhes permitir pensar racionalmente – e de forma crítica – sobre os problemas da existência humana. A verdadeira educação, para ele, equivalia à formação do caráter, segundo os valores descobertos pelo uso ativo e crítico da razão. Devido a isso, ao contrário dos sofistas, Sócrates não defendia nenhuma teoria ética sistemática, nenhuma lista de preceitos éticos, mas o uso da razão.[85]

> A pregação de Sócrates não visou à elaboração de um sistema doutrinário, mas teve, como finalidade dominante, levar os homens ao conhecimento de si mesmo. Pode-se dizer que o objetivo da filosofia socrática é o homem, como ser moral. Xenofonte e Aristóteles consideram Sócrates como inventor da ciência moral e o iniciador da filosofia dos conceitos.[86]

---

84 GIORDANI, Mário Curtis. *História da Grécia*. São Paulo: Vozes, 1984, p. 357.

85 SIMÕES, Edson. *A luta pela Democracia no mundo*: da Grécia à Antiga URSS e Rússia. (Coleção: Constituições e Democracia no Brasil e no Mundo). vol. 3. São Paulo: Almedina, 2022, pp. 29/30.

86 Xenofonte (428-7 a.C. – 354 a.C.): historiador e ensaísta ateniense que analisou as guerras ocorridas na Grécia durante o século IV,

> Ele raciocinava sobre as coisas humanas, indagando o que é piedade, o que é impiedade, o belo, o feio, o justo e o injusto, em que consiste a sabedoria e em que consiste a loucura; o que são a fortaleza e a vileza; o que é o Estado e o que é o homem de Estado.[87]

Para completar sua investigação, Sócrates separa a ciência moral da ciência da natureza. Considera estéreis as especulações cosmológicas dos pensadores que o procederam, o que, entretanto, não o impede de possuir um conceito otimista do Universo no qual descobre o vestígio da Razão Universal, da Providência Divina. A partir da ordem e da finalidade existentes no mundo, Sócrates, que antecipa a "teodiceia" de Platão e Aristóteles,[88] conclui que Deus existe, é onipresente, onisciente e onipotente, sendo invisível e manifesta-se unicamente por meio de suas obras.[89]

---

principalmente o final da guerra do Peloponeso. Fez narrativas sobre Sócrates com quem conviveu, narra o seu processo em *Apologia de Sócrates*. Participou de grupo mercenário a serviço de Ciro, o Jovem, com seu amigo Próxenes e que resultou no texto *Anábase*. Participou da batalha da Coroneia (394 – contra Atenas), ao lado dos espartanos na Ásia Menor e acabou condenado ao exílio, por Atenas. (Está na obra: *Econômico* ou *As Rendas – Banquete – Memoráveis*). Outras obras: *Helênicas*: relata a história da Grécia (411-362 a.C.); *Anábase ou Retirada*; *Ciropédia* ou *Educação de Ciro: o Grande*; *Memorabilia sobre Sócrates*; *Econômico ou Chefe da Casa*: sobre administração; *Apologia: defesa de Sócrates*; *Hierão*: sobre a tirania; *Agesilau*; *A Constituição dos espartanos*; *Cavaleiro*; *Cavalaria*; *Cinegética*: sobre a caça; *Constituição dos atenienses* (apócrifa).

87 GIORDANI, Mário Curtis. *História da Grécia*. São Paulo: Vozes, 1984, p. 358. Vide a obra *Memoráveis*, de Xenofonte, que foi um dos discípulos de Sócrates.

88 Ramo da filosofia conhecida como teologia natural, que tem como objetivo discutir a existência de Deus com argumentos racionais.

89 GIORDANI, Mário Curtis. *História da Grécia*. São Paulo: Vozes, 1984, p. 372. Vide a obra *Memoráveis*, de Xenofonte, que foi um dos discípulos de Sócrates.

A ideia do Bem, para o filósofo, é o conjunto de bens regulados pela Razão. Daí, resulta a vida feliz. No conceito socrático de Bem, encontramos, como característica fundamental, a utilidade: não há bem que não seja bem para alguma coisa. Nos *Protágoras*, Sócrates identifica o bem com o agradável e o mal como desagradável. Sobre os postulados de Sócrates, estes exigem um espírito de renúncia, um domínio que o sábio deve possuir sobre si mesmo. A vida feliz é conseguida mediante o alcance do maior bem, por meio da prática da virtude. Virtuoso é, pois, quem conhece a virtude. Desse intelectualismo ético, segue-se um otimismo ético que proclama a bondade natural do homem: ninguém faz, voluntariamente, o mal. O pecado é uma ignorância. Naquele tempo, como hoje, pensar assim era revolucionário.[90]

Em decorrência das suas posições, angariou vários adversários em Atenas.

Acusação e julgamento de Sócrates – a legalização da morte – em 399 a.C., o jovem poeta obscuro Meleto acusou Sócrates de corrupção,[91] ofensa aos deuses olímpicos e foi apoiado por Ânito e Lícon (mestre da retórica).[92] [93] Propôs ao Arconte Rei:[94] "Sócrates

---

90 SIMÕES, Edson. *A luta pela Democracia no mundo*: da Grécia à Antiga URSS e Rússia. (Coleção: Constituições e Democracia no Brasil e no Mundo). vol. 3. São Paulo: Almedina, 2022, pp. 32/33.

91 Meleto: poeta medíocre que denunciou Sócrates como ateu e corrupto. "Testa de ferro" de Ânito. Era autor frustrado de tragédias. Atuou como promotor do processo. Acusou Sócrates, também, de crer em "novos deuses".

92 Ânito: de família rica, trabalhava com curtumes. Seu filho era discípulo de Sócrates. Era líder democrata e ajudou a derrubar os 30 tiranos. Foi estratego e teve papel decisivo no julgamento e morte do filósofo. Era populista. Falhou como general (409 a.C.), foi processado e inocentado após corromper juízes.

93 Lícom: acusador de Sócrates, comparsa de Meleto.

94 Arconte Rei: ligado à justiça, supervisionava os sacrifícios e toda a vida religiosa da cidade. Era incumbido dos processos considerados sagrados.

é culpado de não reconhecer os deuses que a cidade reconhece e de introduzir novas divindades. É acusado, também de corromper a juventude". A pena exigida era a morte por se tratar de "Caso de Impiedade" ("ímpio").[95]

Houve um inquérito rápido, desenvolvido pelo juiz que analisava os casos religiosos, e o encaminhamento para um júri de 501 cidadãos. Houve discursos e apresentação de testemunhas de acusação e defesa. O julgamento apresentou três fases, a saber:

Sócrates refuta as acusações e procura responder aos adversários mais antigos

> Não tenho outra ocupação senão a de vos persuadir a todos, tanto velhos como novos, de que cuideis menos de vossos corpos e de vossos bens do que da perfeição de vossas almas, e a vos dizer que a virtude não provém da riqueza, mas sim que é a virtude que traz a riqueza ou qualquer outra coisa útil aos homens, quer na vida pública quer na vida privada. Se, dizendo isso, eu estou a corromper a juventude, tanto pior; mas, se alguém afirmar que digo outra coisa, mente.[96]

Sobre a sua forma de sabedoria, divulgada pelo oráculo de Delfos, informou que tinha procurado um político considerado "sábio" para refutar esses comentários, pois desconsiderava estas afirmações. O filósofo assegura:

> Procurarei explicar-lhe que ele se considerava sábio, mas não era realmente sábio, e o resultado disso foi que passou a

---

95 Caso de impiedade: lei que abordava "os estudos de coisas no céu e debaixo da terra; transformar o pior argumento no argumento mais forte e ensinar essas mesmas coisas a outros". Portanto, ofendia aos Deuses do Olimpo. Esta acusação procurava informar sobre o ateísmo do acusado.

96 SÓCRATES. *Apologia de Sócrates*. Trad. Enrico Corvisieri e Mirtes Coscodai. (Os Pensadores). São Paulo: Nova Cultural, 1999, pp. 7/8.

> me odiar e sua inimizade foi compartilhada por vários que estavam presentes e me ouviram.[97]

Concluiu, então Sócrates, que conhecia mais que o político, porque "sabia que nada sabia".[98]

Critica e dialoga com Meleto, por não saber explicar o que era mau ou bom para os jovens, conforme rezava a acusação de "corromper a juventude". Afirma:

> — "Contudo, dizes, Meleto, que assim agindo corrompo os jovens? Sabemos, sem dúvida, em que consiste a corrupção. Ora, dize-me, conheces um único jovem tornado mau; de moderado, violento; de econômico, dissipador; de sóbrio, dado à bebida; de trabalhador, preguiçoso ou escravo de outra qualquer má paixão?"
>
> — "Sim, por Zeus!" — respondeu Meleto. — "Conheço a quem seduziste a ponto de depositarem mais confiança em ti do que nos próprios pais!"
>
> — "Concordo" — disse Sócrates — "no que respeita à instrução, porque sabem que meditei profundamente essa matéria. Quando se trata da saúde, os homens têm mais confiança nos médicos que em seus pais. Nos congressos, prefere a maioria dos atenienses ater-se aos que falam com mais sabedoria aqueles a que são unidos pelos laços do sangue. De fato, não escolheis para estrategos de preferência a vossos pais e irmãos e, 'por Zeus!', de preferência a vós mesmos, aqueles que sabem mais experientes na arte da guerra?" (...)
>
> "Não te parece estranho que em tudo os melhores sejam considerados não somente iguais como superiores aos outros, enquanto a mim, por causa da superioridade que me concedem

97 SÓCRATES. *Apologia de Sócrates*. Trad. Enrico Corvisieri e Mirtes Coscodai. (Os Pensadores). São Paulo: Nova Cultural, 1999, pp. 7/8.

98 SÓCRATES. *Apologia de Sócrates*. Trad. Enrico Corvisieri e Mirtes Coscodai. (Os Pensadores). São Paulo: Nova Cultural, 1999, pp. 7/8.

> alguns no que diz respeito ao maior dos bens humanos, a instrução, me ataques com tão grave acusação?"[99]

Meleto afirma, ainda, que para melhorar a juventude, era necessário seguir as leis. O diálogo ocorrido assim transcorreu:

> S: "Quem, mais que todos, conhece as leis?"
>
> M. "Os Juízes, Sócrates, que estão presentes no tribunal".
>
> S: "Está querendo dizer, Meleto, que eles são capazes de instruir e tornar melhor a juventude?"
>
> M: "Certamente são".
>
> S. "Bem, todos eles, ou apenas uns e outros não?"
>
> M: "Todos eles".
>
> S: "O bom não faz o bem aos vizinhos e o mau não lhes faz mal?"
>
> M: "Certamente".
>
> S: "E há alguém que prefira ser prejudicado em vez de beneficiado por aqueles que vivem a seu lado?"
>
> M: "Certamente não".
>
> S: "E quando você me acusa de corromper e tornar pior a juventude, você afirma que a corrompo voluntariamente ou involuntariamente?"
>
> M: "Digo que é voluntariamente".[100]
>
> Sócrates concluiu que a acusação é inconsistente e que se fosse a "corrupção involuntária" não deveria ser punido, mas censurado e educado.

Em relação aos deuses, Sócrates afirma:

---

99 SÓCRATES. *Apologia de Sócrates*. Trad. Enrico Corvisieri e Mirtes Coscodai. (Os Pensadores). São Paulo: Nova Cultural, 1999, p. 277.

100 BURTON, Noel. *O mundo de Platão*. São Paulo: Cultrix, 2013, p. 105.

— "Não obstante, dize-nos, Meleto: por que processo corrompo eu os jovens, segundo afirmas? Ou é claro que, segundo a tua denúncia, ensinando-os a não acreditar nos deuses em que o povo acredita, e sim em outras divindades novas? Não afirmas que os corrompo ensinando isso?"

— "É exatamente isso que declaro em alto e bom som".

— "Então, Meleto, por esses mesmos deuses de que agora se trata, fala com mais clareza ainda, a mim e a estes senhores; não consigo entender se afirmas que ensino a acreditar na existência de certos deuses; nesse caso admito a existência de deuses, absolutamente não sou ateu, nem é esse o meu crime, se bem que não sejam os deuses do povo, mas outros, e por serem outros é que me processas, ou se afirmas que não acredito mesmo em deus algum e ensino isso aos outros".

— "Isso é o que afirmo, que não acreditas mesmo em deus algum".

— "Meleto, tu és um assombro! Com que intuito dizes isso? Então eu não acredito, como todas as pessoas, que o sol e a lua são deuses?"

— "Por Zeus, senhores juízes, ele não acredita, pois afirma que o sol é pedra e a lua é terra".

— "Tu supões estar acusando Anaxágoras, meu caro Meleto! Dessa maneira, subestimas os circunstantes, julgando-os tão iletrados que ignorem que os livros de Anaxágoras de Clazômena é que andam repletos dessas teorias. Logo de mim é que os jovens aprendem ligações que eles podem, vez por outra, comprar na orquestra, quando muito por três dracmas e depois rir de Sócrates se as quiser impingir como suas, tanto mais umas tão originais! Enfim, por Zeus, é isso o que pensas de mim? Que não acredito em deus algum?"

— "Não acredita, por Zeus; ele não acredita em deus algum!"

— "Tu não mereces fé, Meleto, nem mesmo a tua própria, ao que parece. Este homem, atenienses, creio que é por demais temerário e leviano e me fez esta denúncia apenas por temeridade e leviandade de juventude; ele dá a impressão de estar propondo um enigma para me experimentar; 'Será que o sábio Sócrates vai perceber que estou brincando e me contradizendo, ou será que vou enganá-lo com os demais ouvintes?' Julgo que ele se contradiz na denúncia, como se dissesse: 'Sócrates é réu de acreditar nos deuses em vez de acreditar nos deuses?' Isso é de quem está brincando".

— "Existe, Meleto, uma pessoa que creia na existência de coisas humanas e não na dos homens? Que ele responda, senhores, e não erga protesto sobre protestos! Há alguém que não creia em cavalos, e sim na equitação? Que não creia em flautistas, e sim na arte de tocar flauta? Não existe, excelente homem; se não queres tu responder, eu o direi a ti e aos demais presentes. Responde, porém, à pergunta que vem após aquelas: existe quem creia em poderes demoníacos, mas não que existam demônios?"

— "Não existe".

— "Obrigado por teres respondido, apesar de contrariado, sob a coação do tribunal. Por conseguinte, afirmas que eu creio e ensino que existem poderes demoníacos; sejam novos, sejam antigos, segundo dizes, creio em poderes demoníacos; foi o que juraste na denúncia. Ora, se creio em seus poderes, conclui-se que creio em demônios. Não é assim? Sem dúvida; faço de conta que concordas, já que não respondes. Os demônios, não é verdade que os consideramos deuses ou filhos de deuses? Sim ou não?"

— "Com certeza".

— "Portanto, se acredito em demônios, estes ou são uma espécie de deuses, e eu teria razão afirmando que estás propondo um enigma por brincadeira, dizendo que eu acredito em deuses em vez de acreditar em deuses, já que creio em demônios, ou são filhos de deuses, uma espécie de bastardos, nascidos de ninfas ou de outras mulheres a quem os atribui a tradição, e que homem pode crer em filhos desses e não em deuses? Seria a mesma aberração de quem cresse serem os machos filhos de éguas e jumentos, sem acreditar em éguas e jumentos. Não, Meleto, não é admissível que tenhas apresentado essa denúncia sem o propósito de nos pôr à prova, exceto se foi à falta de um crime real por que me processes; de convenceres alguém, por estúpido que seja, de que uma mesma pessoa possa crer

> em poderes demoníacos e divinos, mas sem crer em demônios, deuses e heróis, não existe a mínima possiblidade. Em consequência, atenienses, a ausência da culpa a mim imputada na denúncia de Meleto não parece exigir longa defesa; basta o que foi dito".[101]

O raciocínio de Sócrates leva Meleto a se contradizer e a conclusão é que o filósofo pode crer na existência dos deuses.

Sócrates passa a abordar a "vida de filósofo":

> Alguém talvez pergunte: 'Não te envergonhas, ó Sócrates, de te haveres dedicado a uma ocupação que te põe agora em risco de morrer? Eu lhe daria esta resposta correta: 'Enganas-te, homem, se pensas que um varão de algum préstimo deve pesar as possibilidades de vida e morte em lugar de considerar apenas este aspecto de seus atos: se o que faz é justo ou injusto, de homem de brio ou covarde. No teu entender, não teriam méritos os semideuses que morreram em Tróia; entre eles o filho de Tétis, que desdenhava tanto o perigo em confronto com o passar por uma vergonha. Querendo ele matar Heitor. Sua mãe, uma deusa, disse-lhe mais ou menos estas palavras: 'filho, se matares Heitor para vingar a morte de teu amigo Pátroclo, tu próprio morrerás, pois, teu destino te espera logo depois de Heitor'. Ele, embora tendo ouvido a advertência, fez pouco caso do perigo de morte e, porque temia muito mais viver com desonra, respondeu: 'Morra eu assim que castigue o culpado, mas não fique por aqui, alvo de risos junto das curvas naus, como um fardo da terra.' Crês que ele se preocupou com o perigo de morte? A verdade, atenienses, é esta: quando tomamos uma posição, seja por considerá-la a melhor, sela porque tal foi a ordem do comandante, aí, na minha opinião, devemos permanecer diante dos perigos, sem

---

101 SÓCRATES. *Apologia de Sócrates*. Trad. Enrico Corvisieri e Mirtes Coscodai. (Os Pensadores). São Paulo: Nova Cultural, 1999, pp. 51-53.

considerar o risco de morte ou qualquer outro, exceto o da desonra.

Por estimar menos o que vale mais e mais o que vale menos. É o que hei de fazer a quem eu encontrar, jovem ou velho, estrangeiro ou cidadão, principalmente aos cidadãos, porque me estais mais próximos no sangue. Tais são as ordens que o deus me deu, ficai certos. E eu acredito que jamais aconteceu à cidade maior bem que minha obediência ao deus.

Nada mais faço a não ser andar por aí convencendo-vos, jovens e velhos, a não cuidar com tanto afinco do corpo e das riquezas, como de melhorar o mais possível a alma, dizendo-vos que dos haveres não provêm a virtude para os homens, mas da virtude provêm os haveres e todos os outros bens particulares e públicos. Se, com esses discursos, corrompo os jovens, seriam maléficos esses preceitos; se alguém afirmar que digo outras coisas e não essas, mente. Por tudo isso, atenienses, diria eu, quer atendais a Ânito, quer não, quer me dispenseis, quer não, não hei de fazer outra coisa, ainda que tenha de morrer muitas vezes.[102]

Sobre a política, Sócrates afirma:

Pode parecer estranho que eu me esforce, por todo canto, a dar conselhos em particular e não me arroje a subir diante da multidão para dar conselhos públicos à cidade. O motivo disso, em muitos lugares e situações, ouvistes em minhas conversas: uma inspiração que me vem de um deus ou de um gênio, da qual Meleto fez caçoada na denúncia. Isso começou em minha infância; é uma voz que se produz e, quando se produz, sempre me desvia do que vou fazer, nunca me estimula. Ela é que me obstrui a atividade política. E obstrui-me, penso, com toda a razão; ficai certos, atenienses: se há muito eu me tivesse voltado à política, há muito estaria morto e não teria

102 SÓCRATES. *Apologia de Sócrates*. Trad. Enrico Corvisieri e Mirtes Coscodai. (Os Pensadores). São Paulo: Nova Cultural, 1999, pp. 54-57.

sido nada útil a vós nem a mim mesmo. Por favor, não vos doam as verdades que digo; ninguém se pode salvar quando se opõe bravamente a vós ou a outra multidão qualquer para evitar que aconteçam, na cidade, tantas injustiças e ilegalidades; quem se bate deveras pela justiça deve necessariamente, para estar a salvo, embora por pouco tempo, atuar em particular e não em público.

Disto vos posso dar provas valiosas; não argumentos, mas fatos, que é o que aceitais. Ouvi o que me aconteceu, para saberdes que não tenho, por medo da morte, transigência alguma com a injustiça e que, por não ceder, teria morrido. O que vou dizer é banal, mas é verdade.

De fato, atenienses, nunca exerci um cargo público; apenas fiz parte do Conselho. Sucedeu que a pritania coube à minha tribo,[103] a Antióquida, quando do processo dos dez generais que deixaram de recolher os mortos da batalha naval; vós os queríeis julgar em bloco, o que era ilegal, como todos reconhecestes depois. Naquela ocasião, fui o único dos prítanes que me opus a qualquer ação ilegal vossa, votando contra; os oradores estavam prontos a processar-me, a mandar-me prender; vós os incitáveis a isso aos gritos. Achei, de meu dever, correr perigo ao lado da lei e da justiça, em vez de estar convosco numa decisão injusta, por medo da prisão ou da morte.[104]

Na conclusão da defesa, Sócrates perora:

Chega, senhores; em resumo, o que eu poderia alegar, em minha defesa, é isso mesmo e talvez argumentos do mesmo gênero. Algum de vós talvez se revolte com a lembrança do seu caso, se ele mesmo, às voltas com uma contenda, apesar de menos grave que esta, teve de pedir, de implorar aos juízes

---

103 Em Atenas, período em que os representantes de uma tribo exerciam ação no Conselho dos Quinhentos.

104 SÓCRATES. *Apologia de Sócrates*. Trad. Enrico Corvisieri e Mirtes Coscodai. (Os Pensadores). São Paulo: Nova Cultural, 1999, pp. 59/60.

com abundantes lágrimas, de trazer, para melhor movê-los à piedade, os filhos, outros parentes, muitos amigos, enquanto eu, não é?, não vou fazer nada disso, embora esteja correndo, como posso imaginar, o extremo perigo. Pode ser que alguém, com esse sentimento, seja mais duro para comigo e, raivoso do contraste, dê um voto de raiva. Se algum de vós estiver nesse caso, o que não acredito, mas se estiver, eu me sentiria no direito de lhe dizer: "Eu também, meu caro, tenho parentes". Como lá diz Homero, não nasci de um carvalho ou de um penedo, mas de seres humanos; logo, atenienses, possuo parentes e filhos; estes são três, um já grande e dois pequeninos. Sem embargo, não trouxe nenhum deles com o propósito de vos pedir absolvição. Por que motivo não o farei? Não por presunção, atenienses, nem por menosprezo vosso; minha calma ou perturbação em face da morte é questão à parte; mas, em face da honra, minha, vossa e de toda a cidade, considero uma mancha aquele procedimento na minha idade e com a reputação conquistada; certa ou errada, sempre é opinião corrente que Sócrates, em alguma coisa, se distingue do comum dos homens. Se, quem passa por distinguir-se entre vós pela sabedoria, pela coragem, ou por qualquer outro mérito, é uma pessoa daquelas atitudes, que vergonha! Como vi tantas vezes pessoas, embora consideradas de valor, fazerem, em juízo, cenas de causar espanto, convencidas de que seria um horror terem de morrer, como se houvessem de ser imortais se vós não as condenásseis à morte; elas são, no meu entender, uma vergonha para a cidade, dando ao estrangeiro a impressão de que os homens distinguidos entre os atenienses por seus merecimentos e escolhidos por eles para o governo e cargos honoríficos em nada diferem das mulheres. Nós que passamos, não importa como, por ter algum valor, não devemos, atenienses, assumir aquele procedimento, nem deveis vós consentir nele, caso o assumamos, e sim mostrar-vos mais decididos a condenar quem, encenando desses dramas lamurientos, lança o ridículo sobre a cidade, do que um de comportamento decente. A parte a questão da honra, senhores, não me parece justo pedir e obter dos juízes a absolvição, em vez de informá-los. O juiz não toma assento

> para dispensar o favor da justiça, mas para julgar; ele não jurou favorecer a quem bem lhe pareça, mas julgar segundo as leis. Nós não vos devemos habituar ao perjúrio, nem vós deveis contrair esse vício; seria impiedade nossa e vossa. Logo, atenienses, não pretendais que eu pratique diante de vós o que não considero belo, nem justo, nem principalmente piedoso, por Zeus, quando aí está Meleto acusando-me de impiedade! Logicamente, se, com o poder de convicção de minhas súplicas, vos arrastasse ao perjúrio, eu vos estaria instruindo para não acreditar na existência dos deuses e, ao defender-me desta maneira, praticamente estaria acusando a mim mesmo de não acreditar nos deuses. Mas é o oposto disto, atenienses, porque eu acredito como nenhum de meus acusadores e espero de vós e dos deuses que a vossa sentença seja o melhor para mim e para vós.[105]

Com estes argumentos sólidos o filósofo esperava que os jurados dariam o veredicto com base em fatos relevantes e não em elocubrações dos seus acusadores.

A decisão tomada pelo júri, no entanto, foi a de que Sócrates era culpado e os acusadores pedem a pena máxima, ou seja, a morte. Duzentos e oitenta jurados votaram pela condenação e duzentos e vinte contra. A diferença foi de sessenta votos.

Houve discursos novamente de ambos os lados para a decisão final. Sócrates comenta o veredicto do júri:

> Para que eu me resigne ao resultado, à minha condenação, contribuem muitas razões: entre elas, a de não se tratar de fato imprevisto. Muito mais me espanta o número de votos contados de cada parte. Eu supunha que a decisão seria essa, não por pequena, mas por grande margem; contudo, parece, com uma permutação que apenas trinta votos, estaria absolvido.

105 SÓCRATES. *Apologia de Sócrates*. Trad. Enrico Corvisieri e Mirtes Coscodai. (Os Pensadores). São Paulo: Nova Cultural, 1999, pp. 62-64.

No que se refere a Meleto, creio que fui absolvido; mais do que isso, quem quer pôde ver que, não fosse subirem Ânito e Lícon para acusar-me, ele seria multado em mil dracmas, por não haver conseguido um quinto dos votos.

Sucedem, na política, coisas em que me considero, de fato, por demais zeloso para me imiscuir sem me perder, não me dediquei àquilo a que se me dedicasse, haveria de ser completamente inútil para vós e para mim? Eu que me entreguei à procura de cada um de vós em particular, a fim de proporcionar-lhe o que declaro o maior dos benefícios, tentando persuadir cada um de vós a cuidar menos do que é seu que de si próprio para vir a ser quanto melhor e mais sensato, menos dos interesses do povo que do próprio povo, adotado o mesmo princípio nos demais cuidados? Que sentença mereço por ser assim? Algo de bom, atenienses, se há de ser a sentença verdadeiramente proporcionada ao mérito; não só, mas algo de bom adequado a minha pessoa. O que é adequado a um benfeitor pobre, que precisa de lazeres para vos viver exortando? Nada tão adequado a tal homem, atenienses, como ser sustentado no Pritaneu;[106] muito mais do que a um de vós que haja vencido, nas Olimpíadas, uma corrida de cavalos, de bigas ou de quadrigas. Esse vos dá a impressão da felicidade; eu, a felicidade; ele não carece de sustento, eu careço. Se, pois, cumpre que me sentenciem com justiça e em proporção ao mérito, eu proponho o sustento no Pritaneu.

Dizendo isso pode parecer, como foi a respeito das lamúrias e súplicas, que falo presunçosamente. Não é assim, atenienses; mas é que estou convencido de que não faço mal a ninguém por querer, mas não consigo convencer-vos disso. E que conversamos durante pouco tempo; se fosse norma entre vós, como em outros povos, não decidir um processo capital num dia só, mas em muitos, suponho que vos teria convencido; infelizmente, não é fácil em tempo exíguo escoimar-se de calúnias tão fortes. Convencido, portanto, de que não faço

106 Pritaneu: nome dado, em Atenas, aos cinquenta senadores que formavam a comissão permanente do Senado.

mal a ninguém, muito menos o farei a mim próprio; não direi eu próprio contra mim que mereça algum mal, nem proporei pena alguma. Que posso temer? Sofrer a pena proposta por Meleto, que declaro ignorar se é um bem, se é um mal? Hei de preferir e propor em troca uma daquelas que sei que são males? Porventura a prisão? Para que hei de viver na prisão, escravizado ao comando sempre reformado dos Onze? Ou uma multa, permanecendo preso até pagá-la toda? Daria na mesma, pois, como disse há pouco, não tenho bens com que pagar. Proporei, então, o desterro, a que possivelmente me sentenciaríeis? Muito amor à vida deveria eu ter para ficar tão estúpido que não compreendesse que, se vós, sendo meus concidadãos, não pudestes aturar minhas conversas e assuntos, tão importunos e odiosos para vós, que neste momento estais procurando livrar deles, outros hão de aturá-los melhor? Que esperança, atenienses!

Bela vida seria a minha se, na minha idade, partisse daqui para viver expulso de cidade em cidade! Estou certo de que, aonde quer que vá, os moços me virão ouvir, como aqui; se os repelir, eles mesmos darão ouvidos aos mais velhos para me expulsar; se não os repelir, hão de expulsar-me por causa deles, seus pais e parentes. Se possuísse dinheiro, proporia uma multa de acordo com minhas posses; não sofreria nada com isso. Infelizmente, não possuo mesmo, exceto se quiserdes estabelecer tanto quanto possa pagar. Talvez vos possa pagar uma mina de prata; é quanto estabeleço, então. Mas aí está Platão, atenienses, com Críton, Critóbulo e Apolodoro, mandando que estabeleça trinta minas, sob sua fiança. Estabeleço, pois, essa quantia; serão fiadores da importância essas pessoas idôneas.[107]

---

107 SÓCRATES. *Apologia de Sócrates*. Trad. Enrico Corvisieri e Mirtes Coscodai. (Os Pensadores). São Paulo: Nova Cultural, 1999, pp. 65-68.

Em relação aos que condenaram afirma:

> Por não haverdes aguardado mais um pouco, atenienses, aqueles que desejarem injuriar a cidade vos impingirão a fama e a acusação de terdes matado Sócrates, um sábio. Sim, chamar-me-ão de sábio, apesar de que eu não o seja, os que vos quiserem censurar. Se esperásseis mais algum tempo, a própria natureza satisfaria o vosso desejo. Bem sabeis a minha idade, já distante da vida e próxima da morte. Não dirijo essas palavras a todos vós, mas aos que votaram pela minha morte.
>
> Para esses mesmos, adito o seguinte: talvez imagineis, senhores, que me perdi por falta de discursos com que vos poderia persuadir, se, na minha opinião, se devesse tudo fazer e dizer para escapar à justiça. Engano! Perdi-me por falta, não de discursos, mas de atrevimento e descaramento, por me recusar a proferir o que mais gostais de ouvir, lamentos e gemidos, fazendo e dizendo uma porção de coisas que declaro indignas de mim, tais como costumais ouvir dos outros. Ora, se antes achei que o perigo não justificava indignidade alguma, tampouco me pesa agora da maneira por que me defendi; ao contrário, muito mais folgo em morrer após a defesa que fiz do que folgaria em viver após fazê-la daquele outro modo. Quer no tribunal, quer na guerra, não devo eu, não deve ninguém lançar mão de todo e qualquer recurso para escanar à morte.[108]

Aos que o absolveram comenta:

> Com os que votaram pela absolvição, gostaria de conversar, com respeito, ao que se acaba de suceder, enquanto os magistrados estão ocupados e antes de ir para onde devo morrer. Por conseguinte, senhores, ficai comigo mais um pouco; nada obsta que, nos entretenhamos, enquanto dispomos de tempo.

108 SÓCRATES. *Apologia de Sócrates*. Trad. Enrico Corvisieri e Mirtes Coscodai. (Os Pensadores). São Paulo: Nova Cultural, 1999, pp. 69/70.

Quero explicar-vos, como a amigos, o sentido exato do que me aconteceu agora.

O que me ocorreu, senhores juízes, a vós é que chamo, com tino, de juízes, foi algo prodigioso. A usual inspiração, a da divindade, sempre foi rigorosamente assídua em opor-se a ações mínimas, quando eu ia cometer um erro; agora, porém, acaba de me ocorrer o que vós estais vendo, o que se poderia considerar, e há quem o faça, como o maior dos males; mas a advertência divina.

Se, do outro lado, a morte é como a mudança daqui para outro lugar e está certa a tradição de que lá estão todos os mortos, que maior bem haveria que esse, senhores juízes?

Se, ao chegar ao Hades, livre dessas pessoas que se intitulam juízes, a gente vai encontrar os verdadeiros juízes que, segundo consta, lá distribuem a justiça, Minos, Radamanto,[109] Éaco, Triptólemo e outros semideuses que foram justiceiros em vida, não valeria a pena a viagem? Quanto não daria qualquer de vós para estar na companhia de Orfeu,[110] Museu, Hesíodo e Homero? Por mim, estou pronto a morrer muitas vezes, se isso é verdade; eu, de modo especial, acharia lá um entretenimento maravilhoso, quando encontrasse Palamedes, Ajax de Telamon e outros dos antigos, que tenham morrido por uma sentença iníqua; não me seria desagradável comparar, com os deles, os meus sofrimentos e, o que é mais, passar o tempo examinando e interrogando os de lá como aos de cá, a ver quem deles é sábio e quem, não o sendo, cuida que é. Quanto não se daria, senhores juízes, para sujeitar a exame aquele que comandou a imensa expedição contra Troia, ou Ulisses, ou Sísifo, milhares de outros se poderiam nomear,

---

109 Minos: Rei lendário de Creta, filho de Europa e de Zeus, marido de Pasífae, sábio legislador, juiz dos infernos com Radamante, Éaco e Triptólemo.

110 Orfeu: célebre poeta da era pré-homérica, cantava e tocava a lira com tal perfeição, que até as feras se aquietavam e vinham deitar-se a seus pés. Atribuíam-se lhe a invenção da lira e dos rituais mágicos e divinatórios, origem de seitas místicas, a que se deu o nome de *orfismo*.

> homens e mulheres, com quem seria uma felicidade indizível estar junto, conversando com eles, sujeitando-os à exame! Os de lá absolutamente não matam por uma razão dessas! Os de lá são mais felizes que os de cá, entre outros motivos, por serem imortais pelo resto do tempo, se a tradição está certa. Vós também, senhores juízes, deveis bem esperar da morte e considerar particularmente esta verdade; não há, para o homem bom, mal algum, quer na vida, quer na morte, e os deuses não descuidam de seu destino. O meu não é consequência do acaso; vejo claramente que era melhor, para mim, morrer agora e ficar livre de fadigas. Por isso é que a advertência nada me impediu. Não me insurjo absolutamente contra os que votaram contra mim ou me acusaram. Verdade é que não me acusaram e condenaram com esse modo de pensar, mas na suposição de que me causavam dano: nisso merecem censura. No entanto, só tenho um pedido a lhes fazer: quando meus filhos crescerem, castigai-os, atormentai-os com os mesmíssimos tormentos que eu vos infligi, se achardes que eles estejam cuidando mais da riqueza ou de outra coisa que da virtude; se estiverem supondo ter um valor que não tenham, repreendei-os, como vos fiz eu, por não cuidarem do que devem e por suporem méritos, sem ter nenhum. Se vós assim agirdes, eu terei recebido de vós justiça; eu, e meus filhos também.
>
> Bem, é chegada a hora de partirmos, eu para a morte, vós para a vida. Quem segue melhor destino, se eu, se vós, é segredo para todos, exceto para a divindade.[111]

Os jurados foram rápidos na última decisão após o posicionamento de Sócrates, sendo que o resultado foi de 360 votos a favor da pena de morte e 140 contra. A execução seria realizada pela autoadministração de cicuta.[112]

---

111 SÓCRATES. *Apologia de Sócrates*. Trad. Enrico Corvisieri e Mirtes Coscodai. (Os Pensadores). São Paulo: Nova Cultural, 1999, pp. 71-73.

112 Cicuta: veneno que a pessoa, ao beber, sente-se com as pernas fracas e, após deitar-se o corpo, é tomado por torpor e, na sequência, é levada à morte.

A execução deveria ser imediata, mas foi adiada devido a uma missão oficial à ilha sagrada de Delos que proibia execuções nesta fase de ritual. Durante um mês, Sócrates ficou preso e recebia os seus aliados, que propuseram uma fuga. A proposta foi rejeitada por Sócrates, que continuava dialogando com os amigos e discípulos.

Na véspera da sua morte argumentava: "Em boa hora, se assim o desejarem os deuses, assim seja". Suplicam-lhe que aceite a fuga que os amigos haviam preparado. Sócrates recusa. E explica: a única coisa que importa é viver honestamente, sem cometer injustiças, nem mesmo em retribuição a uma injustiça recebida. Ninguém, nem os amigos, consegue convencê-lo a abdicar de sua consciência. Entra a mulher de Sócrates, Xantipa, trazendo os filhos para a despedida. Sócrates permanece sereno. Finalmente, chega o carcereiro com a cicuta. Imperturbável, Sócrates toma o vaso que lhe é oferecido, de um só gole bebendo todo o veneno. Os amigos soluçam. Mas ele ainda os anima: "Não, amigos, tudo deve terminar com palavras de bom augúrio: permanecei, pois, serenos e fortes".

As suas últimas palavras foram: "Críton, devemos um galo a Asclépio,[113] não esqueça de saldar esta dívida".[114]

Platão considera que a morte do "mais justo dos homens", era consequência de suas opiniões. Era a perseguição política de um grupo conservador e reacionário da Democracia Direta ateniense. Considerava um assassinato aparentemente legal.

É necessário esclarecer que Sócrates nada deixou por escrito, e as fontes usadas para análise de sua vida e pensamento são dadas, principalmente, por Platão, Aritófanes, Xenofonte e Aristóteles.

---

113 Asclépio ou Esculápio: deus da medicina, descendente de Apolo e de Corônis. Curava os doentes e ressuscitava os mortos. Características: vigilância e prudência.

114 SÓCRATES. *Apologia de Sócrates*. Trad. Enrico Corvisieri e Mirtes Coscodai. (Os Pensadores). São Paulo: Nova Cultural, 1999, p. 12.

Conclui-se que o processo que condenou Sócrates à morte foi político, sendo Meleto e Lícon parceiros na acusação, enquanto Anito era carreirista na política após a restauração da Democracia, além de pertencer a uma família rica, que se dedicava à técnica de curtição. Os delatores desejavam manter a democracia ateniense controlada, tradicional e conformista.

Nota-se que a lei não é suficiente para condenar Sócrates e acaba tendo como norma a "lei não escrita".

O erro de Sócrates, que presidiu o "colégio dos prítanes",[115] quando a Assembleia decidiu condenar à morte os generais, devido à batalha de Arguinusas, foi defender o cumprimento da lei e se opor à decisão ilegal do colegiado. Acreditava que um julgamento tinha que se basear em provas e fatos e na lei. Sócrates considerava a política como um problema para decisões jurídicas e, por isso, transformou-se em vítima dos magistrados e do júri ateniense. A sua visão era técnica, mas acabou enfrentando o que hoje se chama "ativismo judicial" dos seus julgadores, que abriram caminho para a desmoralização da democracia ateniense e da própria justiça. Com a democracia ateniense minada, a Grécia, que tinha sido uma potência na antiguidade, entrou em decadência.

---

115 Prítanes: magistrados que presidiam as sessões dos Conselhos e da Assembleia. A escolha era feita por sorteio. Havia 50 prítanes em exercício da tribo que escolhiam o Presidente ou *epistata*. O *epistata* recebia as chaves do tesouro e os selos da cidade por um dia.

CAPÍTULO II

JESUS CRISTO – O JULGAMENTO E A TORTURA DO MESSIAS

2.1 A época – A Palestina e Jesus Cristo

O cristianismo se desenvolveu na Palestina, durante o domínio romano que se iniciou em 63 a.C.

A Palestina ocupava uma faixa de terra junto ao Mar Mediterrâneo, apresentando planícies com agricultores, zonas áridas, semiáridas e o Rio Jordão correndo numa depressão, que se junta ao Mar Morto.

Era um local estratégico entre a Mesopotâmia e o Egito, servindo de passagem entre a Ásia e a África.

A história dessa região remonta a 3.000 a.C. Foi habitada por canonistas, amorreus, hititas, fenícios, filisteus etc. Portanto, diversos povos ocuparam a Palestina antes dos hebreus ("povo do outro lado do rio").

Aproximadamente em 2.000 a.C., os hebreus, de origem semita, vieram de Ur (Mesopotâmia), liderados por Abraão para o chamado Canãa, ou seja, a Palestina. Posteriormente, por volta de 1.800 a.C., o bisneto José, filho de Jacó, como Ministro do Faraó, motivou o deslocamento dos hebreus para o Egito devido à seca existente, onde acabaram escravizados. Em 1.250 a.C., fugiram do Egito e andaram 40 anos no deserto, liderados por Moisés.

O Êxodo foi um esboço para a futura criação do Estado de Israel. Durante esta fuga do Egito, Moisés apresentou, ao descer do Monte Sinai, os 10 Mandamentos ("O Decálogo") para o "povo escolhido por Deus", antes de chegar à "terra prometida" (Canãa), este deveria seguir um único Deus (Jeová). Os hebreus ainda invadiram a Palestina e, após anos de guerra, conseguiram se consolidar na área denominada Canãa.

Durante a liderança de Saul, iniciaram um regime monárquico. Por volta de 1.010 a.C., aquele foi substituído por Davi, que venceu os cananeus, tomou Jerusalém, consolidou a independência dos hebreus e organizou o Reino de Israel. A religião adotada foi a monoteísta, tendo Jahvé ou Jeová como único Deus e o "Decálogo" passou a ser obedecido, era a lei. Salomão (966 a 933 a.C.) sucedeu a Davi e fomentou o progresso de Israel, dinamizou o comércio, uma pré-indústria de cobre e montou uma frota de navios. Em decorrência, construiu um luxuoso templo para os israelitas onde guardou as "tábuas da lei" e o candelabro de sete braços. O culto religioso ficou com os rabinos (sacerdotes) e as festas religiosas foram oficializadas, a saber: Sabbat, Páscoa, Pentecostes e Tabernáculos.

Neste período, com Davi e Salomão, houve o apogeu de Israel, ocorrendo a união das 12 tribos, e Jerusalém se consolidou como centro político e administrativo.

Após a morte de Salomão, houve desentendimentos entre as tribos e ocorreu a "cisma", ou seja, a divisão do reino, a saber:

- O reino de Judá, mais agrícola, ao sul, tendo como capital Jerusalém, mais tradicionalista.

- O reino de Israel, ao Norte, ligado ao comércio, tendo como capital Samaria, mais cosmopolita.

Durante esta evolução histórica, surgiram os Profetas que faziam "alertas" ao povo sobre o cumprimento das "Leis Divinas". Em 750 a.C., Amós, profeta, fez críticas à situação do povo hebreu e denunciou a "opressão dos ricos sobre os pobres", alertando Israel e Judá. Defendia a justiça social.

Em 722 a.C., Israel foi derrotada por tropas assírias e perdeu o seu brilho e a sua importância.

Em 587 a.C., os babilônios, comandados por Nabucodonosor, derrotaram Judá, destruíram o famoso templo de Jerusalém e levaram os judeus para o exílio. A população deportada ficou, aproximadamente, 70 anos na Babilônia. Nesta oportunidade, uma parte dos judeus migra para outros locais do mundo conhecido, caracterizando o que será, posteriormente, uma grande diáspora (dispersão).

Neste contexto, os judeus sentiram-se marginalizados e passaram à leitura semanal das "Escrituras", base para a criação das sinagogas, onde havia ensinamentos e leituras, sem sacrifícios, que eram comuns em outras religiões.

Em 538 a.C., os persas dominaram a Babilônia e liberaram os hebreus de Judá, que já estavam sendo chamados de judeus. Os profetas ajudaram na volta do "seu povo" para a Palestina, exigiram o cumprimento da lei judaica para diferenciá-los de outros povos, os "gentios". Data, desta época, a consolidação da religião judaica e do judaísmo. O *Torá* passou a organizar a vida religiosa com bases nos textos bíblicos oriundos de Moisés.

Posteriormente, em 100 a.C., os livros judaicos foram consolidados no Concílio de Jabne, apresentando três agrupamentos:

- *Torá* ou a *Lei* – O *Pentateuco* ou os *5 livros de Moisés*;
- *Keviim* ou os *Profetas* – Os livros históricos e proféticos;

- *Ketuvim* (*Os Escritos*) – Os livros restantes.

Entre 515-516 a.C., ocorreu a reconstrução do templo que tinha sido destruído durante a invasão babilônica.

"Os profetas, durante todas as crises enfrentadas pelos hebreus, mantiveram o espírito de luta no sentido de superarem os obstáculos postados e se firmaram como "o povo escolhido de Deus".[116]

Foi plantada a esperança da vinda de um Messias (ungido), para concluir a união e o progresso do povo hebreu, consolidando o "reino dos justos" e de "Jeduá". Houve, em decorrência, revoltas contra o helenismo e a opressão estrangeira, destacando-se:

- Judas Macabeu (164 a.C.): liderou a independência política, vencendo os selêucidas e consolidando o judaísmo contra "as feras imperialistas" que dominavam a região. O governo, exigido pelos macabeus, deu origem a três correntes judaicas.

- Os saduceus: representavam a nobreza, os sacerdotes e os intelectuais defensores do helenismo. Não partilhavam da ideia de que o povo judeu fosse predestinado e pudesse "dominar o mundo", como alguns profetas divulgavam. Eram minoritários.

- Os fariseus: constituíam as camadas médias da população e tinham um partido. Acreditavam que o povo judeu deveria ser "um povo santo" e de sacerdotes voltados para Deus. Agrupavam uma visão nacionalista e religiosa.

- Os esseus: constituíam uma minoria radical, viviam em comunidade, contestavam as leis civis e religiosas e almejavam "o bem-estar do povo". Não acreditavam sujeitar-se ao Estado.

Este era o quadro local até a dominação de Roma.

---

116 GAARDER, Jostein; HELLERN, Victor; NOTAKER, Henry. *O Livro das Religiões*. São Paulo: Companhia das Letras, 2005, p. 113.

2.2 A dominação Romana (63 a.C. – 100 d.C.)

As primeiras décadas do controle romano, na Judeia, foram reflexos do choque pelo poder que ocorreu em Roma, tendo, como protagonistas, Júlio César, Pompeu, Marco Antônio e Otávio.

Pompeu, imperador romano, conquistou a Síria e a Palestina. Neste período, Hircano II assumiu a função de Sumo Sacerdote da Judeia (permanecendo na função até 40 a.C.). O procurador da Judeia (47 a.C.) conseguiu que seu filho, Herodes, fosse nomeado governador da Galileia, com o objetivo de pacificar a região que vinha de agitações anteriores. Em 37 a.C., Herodes, o Grande, torna-se rei da Judeia com apoio romano e governou até 4 a.C. Durante a sua administração, foram realizadas magníficas obras, fortalezas, palácios, templos romanos e a cidade de Césaria". Durante o governo de Otávio, houve amplo controle da Palestina, o poder era exercido de forma tirânica, eliminado, assim, os adversários políticos. Dominou Jerusalém e seu reino abrangia Jericó, Gadara, Samaria, Gaza, Bataneia, Traconítida e Amranitida. Reconstruiu o Templo de Salomão e tentou conciliar a cultura judaica e romana. Césaria ficou como a capital da província, e Jerusalém foi o palco da ação de Jesus.

Após a sua morte (4 a.C.), o reino foi divido entre seus filhos e a Herodes Antipas (4 a.C. – 38 d.C.) foi lhe dada a Galileia. Antipas foi o responsável pela condenação de João Batista à morte. Arquelau ficou com a Judeia, a Idumeia e a Samaria até 6 d.C., quando foi deposto e substituído por procuradores. Com a Judeia tornando-se uma província romana, a luta política intensificou-se entre a elite (sacerdotes e aristocracia), os escribas ou fariseus (elite intelectual) e o povo que optava pela seita dos essênios e o messianismo. Neste momento, é que nasceu Jesus Cristo em Belém, com os pais fugindo da "proposta de chacina das crianças" impostas por Herodes, para evitar o surgimento de um novo Messias.

Durante todo o domínio romano, houve conflitos e revoltas, obrigando-os a fazer interferências belicosas ou pacíficas, dependendo da gravidade da crise.

Em 26 d.C., Pôncio Pilatos foi indicado procurador para a Judeia devido a conturbações locais.[117] Os judeus brigavam entre si e estavam atuando os zelotes que esperavam um líder, "Messias", ungido por Deus, descendente de Davi, que os levaria à vitória e à independência definitiva.

Cristo está intimamente ligado à história da Palestina no século I, pois tinha nascido no final do reinado de Herodes, após a fuga dos seus pais para o Egito a fim de evitar o infanticídio de Belém e, posteriormente, foi trazido para a Galileia.

A Galileia, que significa "distrito" ou "circuito", ficava, nesta época, entre o Vale de Jezrael (sul), o Rio Litani (Norte) e a depressão do Mar da Galileia (leste). Os macabeus (século II a.C.), liderados por Simão (142 – 134 a.C.), dominaram a região e trouxeram os hebreus para a Judeia. Até o reinado de Aristóbulo I (104 – 103 a.C.), a presença do "povo escolhido" na Galileia era pequena, mas o rei obrigou os seus habitantes a converterem-se ao judaísmo.

Herodes, o Grande, anexou e organizou os territórios entre a Judeia e a Galileia. Neste local, em prosperidade, com oliveiras, figueiras, linho, vinhais, cerâmicas, peixes, basalto e artesanato ocorreu a projeção de Jesus como "Messias". Nazaré, área de atuação inicial de Cristo, era um povoado minúsculo e sem projeção. Esta aldeia, onde cresceu Jesus, na Palestina, era habitada por camponeses, pertencendo à área rural da Galileia. O analfabetismo predominava e poucos leram as escrituras. O aramaico prevalecia devido às dificuldades de lidar com a língua hebraica e uma boa parte das escrituras adotavam esta linguagem. Não havia escolas em Nazaré que possibilitasse os estudos de Jesus. Em Nazaré predominavam as casas de barro e tijolos. Não tinham estradas pavimentadas, ao contrário da próxima Séforis (centro administrativo), que era rica, ostentando vilas romanas, mansões e até um teatro, que podia

---

117 Pilatos, no julgamento de Jesus, remeteu-o a Herodes Antipas devido a esta governança.

receber até 4.500 pessoas. Era um centro comercial e cultural. Neste contexto, ressurgiu a velha ideia da chegada de um "Messias", um rei escolhido por Deus para reinar na Judeia e no mundo.

As agitações aumentam, novos partidos se confrontam com os velhos, as paixões se acirram contra o domínio romano e a nação se divide.[118] Os judeus, diante da pobreza existente, chocavam-se com os compatriotas submissos a Roma e alguns vão optar pela violência, como foram os zelotes, que se dedicaram à guerrilha.[119]

Em consequência das guerrilhas locais, os romanos quase destruíram a próspera Séforis, no intuito de capturar os rebeldes. Nesta época, Cristo tinha 10 anos. A cidade foi reconstruída por Herodes Antipas, quando Cristo já era adulto.

Estas são as características gerais da época em que o "Messias" viveu.

Após a morte de Cristo, as revoltas continuaram. Com destaque para:

- A Revolta de 66 – 73 d.C.: Vespasiano reprimiu com seu filho Tito. As sinagogas substituíram os templos como polo religioso. Os rabinos transformaram-se em líderes e o sinédrio (conselho) ficou extremamente fortalecido com o aval romano. Em 70 d.C., os romanos praticamente destruíram Jerusalém e seu templo. Em 115 d.C., os judeus de Chipre, Egito, África e Palestina realizaram uma revolta e foram reprimidos por Trajano.

---

118 A partir de 44 d.C., a Palestina voltou a ser governada por procuradores de Roma.

119 Os zelotes comandaram revoltas a partir de 66 d.C. contra Roma, influenciados pelo messianismo e nacionalismo. Judas de Gamala e Saduck radicalizaram os ataques durante o governo de Herodes Agripa I (neto de Herodes, o Grande).

- A Revolta de 132 – 135 d.C.: liderada por Simeão Bar Kosba ou Bar Kochba, em decorrência de Jerusalém ser colônia dos romanos por decreto. Foi denominada Élia Capitolina. A derrota foi arrasadora.

Em síntese, para entendermos os fatos que ocorreram com Jesus Cristo, é necessário o conhecimento do contexto palestino, ou seja, o paganismo evoluiu para o monoteísmo hebraico que culminou no cristianismo, sob a influência das ideias democráticas ligadas ao Direito Natural e as ideias místicas das religiões orientais, "cujos cultos principiavam a confundir-se".[120]

Cristo buscou os seus ensinamentos na Bíblia judaica.

2.3 Jesus Cristo, história, religião, perseguição e julgamento (4 a.C. ou 6 d.C. – 30 d.C. ou 33 d.C.)

Durante muito tempo, houve questionamentos sobre a existência de Jesus Cristo ou Jesus de Nazaré sob o prisma científico. As informações sobre Cristo eram obtidas por intermédio dos Evangelhos (que significam "Boas Novas") de Marcos, Lucas, Mateus e João, no "Novo Testamento". Contudo, após exaustivas pesquisas, foi descoberto o historiador Flávio Josefo,[121] judeu, que viveu no final

---

120 PIRENNE, Jacques-Henri. *Panorama da História Universal*. São Paulo: EDUSP, 1973, p. 128.

121 Flávio Josefo (37 d.C. – 100 d.C.): nasceu em Jerusalém durante o governo de Calígula, oriundo de uma família de sacerdotes. Estudou hebraico, aramaico, grego e latim, tendo uma sólida formação acadêmica. Foi general-governador da Galileia, intérprete, historiador e pensionista imperial de Roma.

Defendeu os sacerdotes judeus presos nesta civilização, durante o governo de Nero. Lutou na guerra contra Roma (66 d.C.) à frente das tropas judias e foi preso. Solto, depois, pelo imperador Vespasiano. Colaborou com os românicos e recebeu, em troca, uma pensão vitalícia e uma vila. Escreveu diversas obras: *Guerra da Judeia*, *As Antiguidades Judaicas*, *Contra Apião* e *Autobiografia*.

do século I, e citou Jesus em seu livro *Antiguidades*, lançado após quase 70 da sua morte. Afirmou:

"Anás convocou os juízes do sinédrio e conduziu, à sua presença, o irmão de Jesus, dito o Cristo – seu nome era Santiago – e alguns outros. Acusou-os de terem violado a lei e entregou-os para serem apedrejados".[122]

As fontes judaicas, realizadas pelos rabinos, informam sobre a existência de Jesus, mas, de forma pejorativa, considerando-o adepto à feitiçaria. Já os Evangelhos, glorificam-no sob o prisma teológico.

Contudo, apesar de inúmeras divergências entre os historiadores (prós e contras), tudo nos leva a aceitar os dados biográficos de Cristo, que acabou, durante séculos, a influenciar a história mundial, principalmente ocidental.

Transformou-se numa realidade teológica. Os Evangelhos não fornecem datas e Jesus nada deixou escrito, assim como Sócrates. Portanto, aceitando estes dados sobre Cristo e o cristianismo, é oportuno seguir algumas informações dos Evangelhos,[123] principalmente o de Marcos, considerado o mais antigo, por volta dos anos 60 d.C., e o mais "real", apesar de ser teológico.

Cristo é citado em *As Antiguidades*, livro apresentado em 20 volumes, terminado quando o autor tinha 56 anos e divulgava o livro para os gregos e romanos. A sua obra é objeto de elogios e críticas. Nesta época, viveu Jesus.

122 ARIAS, Juan. *Jesus, esse grande desconhecido*. Rio de Janeiro: Objetiva, 2001, p. 24.

123 *Evangelho* significa "boa notícia" e se refere à análise de Jesus. Marcos escreveu, por volta das décadas de 60/70, logo depois da guerra. Os cristãos estavam sendo criticados por serem considerados "felizes" pela destruição do templo judaico. Foram denegridos pelos seus conterrâneos na Palestina. Os evangelistas são praticamente desconhecidos, os autores eram cristãos-judeus e escreviam em grego e romano. Viviam em cidades romanas. Os Evangelhos trazem uma narrativa que representa os problemas enfrentados pelos judeus naquela época. Marcos é considerado o que escreveu o primeiro evangelho.

Afinal, o foco do trabalho é a questão da justiça e a política, da Antiguidade até os nossos dias.

Jesus Cristo – Com base no Novo Testamento, considera-se o nascimento de Cristo durante o governo de Herodes na Judeia.[124] Cidadãos deveriam ser taxados em 6 d.C. e obrigados a voltarem para as suas casas originais. Era filho de Maria e José,[125] o carpinteiro, os quais estavam fugindo do censo e de Herodes, o Grande, quando Cristo nasceu em uma manjedoura, em Belém. Era considerado descendente de Davi. Os cristãos antigos comemoravam o nascimento de Jesus em 6 de janeiro, que foi alterado para 25 de dezembro no século IV d.C.[126]

Foi apontado como um garoto e adolescente com sapiência precoce.

---

124 Herodes I, o Grande (73 a.C. – 4 d.C.): governou a Galileia para os romanos e exilou-se em Roma, durante a invasão dos partos. Foi considerado rei da Judeia pelo Senado Romano. Lutou contra Antígono que tinha se apossado das terras judaicas e tomou Jerusalém com o apoio de Roma. Adotou o terror durante a sua administração. Defendia a civilização greco-romana, apesar de reconstruir o templo (20 a.C.) e urbanizar Jerusalém. Dividiu o reino para os seus filhos. O *Evangelho* afirma que, após o nascimento de Jesus em Belém, considerado um futuro rei da Judeia, mandou liquidar as crianças masculinas que tivessem menos de dois anos em Belém.

125 Maria e José: aquela era considerada uma das sete virgens do templo e descendente do Rei Davi. Aos dezesseis anos, o Anjo Gabriel apareceu e a informa de seu futuro destino como mãe de Cristo, o Messias. José, o carpinteiro, a conhece quando já estava grávida e, devido às acusações dos sacerdotes do templo que o considera ter profanado uma de suas virgens, acaba se casando com Maria. No livro de Tiago, José já tinha sido casado anteriormente e tivera filhos. Segundo consta, Tiago era irmão de Jesus.

126 Nascimento de Cristo: o calendário compilado por Fúrio Dionísio Filócalo (354 d.C.) registra a seguinte informação para o ano 336 d.C.: "Oitavo dia após as calendas de janeiro, nascimento de Cristo em Belém", que significa 25 de dezembro. Esta mudança ocorreu no século IV e propagou-se até os dias atuais. (FURTADO, Peter. *1001 dias que abalaram o mundo*. Rio de Janeiro: Sextante, 2009, p. 105).

Em determinado momento (27/28/29 d.C.), foi batizado por João Batista, um profeta que pregava o "arrependimento para a remissão dos pecados".[127]

Após o batismo, Jesus passa a tomar uma posição messiânica e retira-se para o deserto, onde jejua e é testado ou tentado por Satanás,[128] além de enfrentar diversos testes probatórios como ocorrera com Gautama Buda.

Com a prisão e morte de João Batista, Cristo passou a pregar e ensinar ao ar livre, em sinagogas e para os deserdados da sociedade.

As suas pregações passaram a ser consideradas perigosas para as políticas religiosas e a elite social e econômica, como os fariseus e os saduceus.[129]

Cristo fazia discursos, às vezes, considerados radicais e desprezava as práticas tradicionais dos judeus,[130] dando a ideia de que desejava suplantar as leis de Moisés, lembrando as posições defendidas pelos zelotes, que lutavam contra os romanos.

---

127 BÍBLIA, N. T. "Lucas". *Bíblia sagrada on-line*. Cap. 24, vers. 47. Disponível em: https://www.bibliaonline.com.br/acf. Acessado em: 17.07.2023.

128 BÍBLIA, N. T. "Marcos". *Bíblia sagrada on-line*. Cap. 1, vers. 12. Disponível em: https://www.bibliaonline.com.br/acf. Acessado em: 17.07.2023.

129 Fariseus: representavam as classes intermediárias judaicas, foram oposição aos saduceus e à Monarquia em Jerusalém, defendiam a preservação espiritual e o *Torá*. Criticavam os grandes sacerdotes, os moneus e saduceus.

Saduceus: representavam a aristocracia e os sacerdotes conservadores defensores da Monarquia.

130 Exemplos: "Não pensais que vim trazer paz à Terra, não vim trazer paz, mas espada. Pois vim causar divisão entre o homem e seu pai, entre a filha e sua mãe e entre nora e sogra. Assim os inimigos do homem serão a sua própria casa"; "Se tu não tens uma espada, vai vender teu manto e compra uma". (KAUTSKY, Karl. *A origem do Cristianismo*. Rio de Janeiro: Civilização Brasileira, 2010, pp. 440/441).

Em 30 ou 33 d.C., visitou Jerusalém durante o festival da Páscoa (*Pessach*), tendo uma entrada triunfal em sua defesa do "reino de Deus", montado em um jumento e aclamado pelo provo, o qual gritava: "Hosana! Bendito o que vem em nome no senhor! Bendito seja o reino vindouro de nosso pai, Davi!" Os sacerdotes judaicos do templo consideraram uma afronta à religião hebraica e iniciaram um processo de retaliação contra Jesus. Afinal, ele, depois de adentrar no templo, atacou os comerciantes e os expulsou do pátio, gritando: "Tirai essas coisas daqui! – a minha casa será chamada casa da oração para todas as nações. Mas vós fizestes dela um covil de ladrões".

Diante do ocorrido, foi criada uma narrativa, pelos administradores do templo, para criminalizá-lo, considerando-o um agitador zelote, além de tentaram instigá-lo contra Roma, perguntando: "Mestre, sabemos que és verdadeiro, que ensinas o caminho de Deus, segundo a verdade, e que não reverencias nenhum homem. Diz-nos: é lícito pagar o tributo a César ou não?" A resposta de Cristo desmonta a cilada: "Mostrai-me um dinário. De quem é esta imagem e esta inscrição?" Os interrogadores respondem: "É de César". Logo, vem a resposta do Messias: "Bem, então, devolverei a César a propriedade que pertence a César, e devolverei a Deus a propriedade que pertence a Deus".

Posteriormente, ocorre a Ceia de Jesus com os seus discípulos e a ida, à noite, para o Jardim Getsêmani, onde ele foi localizado pela polícia do templo e soldados romanos, que o prenderam com ajuda de Judas Iscariotes (um dos discípulos) e o levaram para ser julgado pelo Sinédrio como se fosse um criminoso comum,[131] de

---

131 Sinédrio (ou Sanhedrin) ou Grande Sinédrio é a designação para a Suprema Corte do antigo Israel, com sede em Jerusalém. O Grande Sinédrio era composto por 71 membros, que não tinham nome especial. O número de membros era ímpar, pois, assim, evitavam-se impasses. Segundo as descrições de Flávio Josefo e dos Evangelhos, o Grande Sinédrio tinha funções políticas e jurídicas, conduzindo os

onde seria deslocado para o crivo de Pôncio Pilatos.[132] Naquele momento, houve um ligeiro entrevero dos guardas com os discípulos que o acompanhavam, mas que capitulam e fogem deixando Cristo prisioneiro. Era considerado um "falso profeta".

É levado, então, para o sumo sacerdote Caifás, que se encontra em reunião no Sinédrio. Lá, é acusado de ameaçar e destruir o templo. Cristo reage às acusações discordando das testemunhas presentes. É acusado, também, de blasfêmia, que tem como pena a morte.

Esse "julgamento" sumário violou as leis judaicas que exigiam um processo legal. Prova desta irregularidade é que era vetada a reunião noturna no Sinédrio, durante a Páscoa e o Sabá. No início do

---

julgamentos e aplicando os castigos para os vários pecados e crimes. O *Talmud*, depois da *Tanakh* (a *Bíblia* hebraica), a mais importante obra do judaísmo rabínico, também atribui ao Sinédrio funções religiosas de decisão sobre questões do templo, dos sacerdotes, dos sacrifícios e outras. Adicionalmente a esse Grande Sinédrio, o *Talmud* também fala de sinédrios de nível inferior. Ademais, Sanhedrin é o nome de um tratado da Mishná, uma compilação de leis orais judaicas, que formam a base do *Talmud*. A Mishná consiste em seis partes e, no total, 63 tratados. O tratado Sanhedrin faz parte da quarta seção da Mishná e trata de questões de direito penal e punições (KAUTSKY, Karl. *Origem do Cristianismo*. Rio de Janeiro: Civilização Brasileira, 2010, pp. 440/441).

132 Pôncio Pilatos (I d.C. -38-39 d.C.): foi procurador romano na Judeia, entre os anos de 26 d.C. a 36 d.C. Era considerado um homem ambicioso e arbitrário em relação aos judeus. Agrediu a religião judaica ao desfilar, em Jerusalém, com as tropas romanas desfraldando os estandartes e se apropriou das riquezas do templo, ocasionando em um confronto sangrento local.

Após o julgamento do Sinédrio que condenou Jesus à morte, recebeu-o para ratificar o veredicto de vida ou morte. Diante da pressão dos sacerdotes judaicos, concordou com a sua morte, segundo consta "lavando as mãos".

Em 36 d.C., voltou à Roma devido a um massacre ocorrido em Samaria para "explicações" e foi demitido do cargo. Há ilações sobre a sua biografia: alguns afirmam que foi exilado para a Gália, outros que se suicidou ou converteu-se ao cristianismo, tendo morrido durante a perseguição de Nero aos cristãos.

julgamento, o acusado sempre realizava sua defesa. Além do que a blasfêmia tinha, como punição, o apedrejamento e não a crucificação.

Todos estes princípios não foram respeitados, e Cristo foi considerado culpado e condenado à morte. Todavia, em decorrência da jurisdição romana, em caso de pena de morte, o réu deveria ser encaminhado para o governador, Pôncio Pilatos.

Conclui-se que as autoridades judaicas consideraram Jesus perigoso para o templo, além de, tecnicamente, serem responsáveis pela manutenção "da ordem social em Jerusalém", conforme determinação de Roma.

> E os altos sacerdotes e todo o Sinédrio procuravam testemunho contra Jesus, para entregá-lo à morte; mas não o encontravam. Porque muitos diziam falso testemunho contra ele; mas seus testemunhos não coincidiam (...). Então o supremo-sacerdote, levantando-se, perguntou a Jesus: Não respondes algo? Que atestam estes contra ti? Mas ele calava e nada respondia. O pontífice voltou a perguntar-lhe e disse-lhe: És o Cristo, o filho do Bendito? E Jesus disse-lhe: Sou e vereis o Filho do Homem sentado à direita de Deus e vindo das nuvens do céu. Então o supremo-sacerdote, rasgando suas roupas, disse: Para que temos necessidade de testemunhas? Ouvistes a blasfêmia; que vos parece? E todos eles o consideraram culpado sujeito a pena de morte.[133]

Na verdade, esse é um processo judicial notável! O tribunal reúne-se imediatamente após a prisão do criminoso, na mesma noite, mas não no local destinado aos conclaves, provavelmente a colina do Templo, e sim no palácio do supremo-sacerdote!

---

133 BÍBLIA, N. T. "Marcos". *Bíblia sagrada on-line*. Cap. 14, vers. 55-64. Disponível em: https://www.bibliaonline.com.br/acf. Acessado em: 17.07.2023.

Aparecem, agora, falsos testemunhos contra Jesus, porém, apesar do fato de que ninguém o interroga e de que ele não responde às acusações, nada acrescentam que o incrimine. Jesus é o primeiro a admitir-se culpado, ao declarar ser o Messias.

Este, imediatamente, é condenado à morte. Essa é uma violação da ordem estabelecida, à qual os judeus da época prestavam muita atenção. Só uma sentença absolutória poderia ser pronunciada pela corte sem dilação; já uma sentença condenatória só podia ser proferida no dia seguinte ao julgamento.

Tinha, porém, o Sinédrio, naquele tempo, poder de pronunciar a sentença de morte? O Sanhedrin diz:

> Quarenta anos antes da destruição do Templo, Israel foi despojado da competência de pronunciar sentença de vida e morte.
>
> Confirma-o o fato de que o Sinédrio não executa Jesus, mas o entrega, depois do processo, para ser novamente julgado por Pilatos, desta vez sob a acusação de alta traição aos romanos, pois tentara fazer-se rei dos judeus e libertar, assim, a Judeia do domínio de Roma. Acusação excelente para ser feita por uma corte de patriotas judeus![134]

Cristo foi levado para a Fortaleza Antônia e, no pátio, foi despido, amarrado, torturado com açoites, recebeu uma madeira atrás da nuca onde foram colocados seus braços, numa espécie de trava. No interrogatório, Pilatos aborda:

> És o rei dos judeus? Jesus respondeu: Tu o disseste. E os altos sacerdotes fizeram muitas acusações contra ele. E Pilatos outra vez perguntou-lhe: Nada respondes? Olha de quantas coisas te acusam. Mas Jesus nada mais respondia, de modo que Pilatos se admirou. Mas, no dia da festa, era costume soltar

134 KAUTSKY, Karl. *A Origem do Cristianismo*. Rio de Janeiro: Civilização Brasileira, 2010, p. 441.

> um preso, pedido pelo povo. E havia um, que se chamava Barrabbas, preso com outros motineiros que, durante a rebelião, haviam cometido assassinatos. E o povo começou a pedir, como sempre o fizera. E Pilatos perguntou-lhes: Quereis que solte o rei dos judeus? Porque sabia que os altos sacerdotes lhe haviam entregado por inveja. Mas estes incitaram a massa, para que pedisse a soltura de Barrabbas. E Pilatos, respondendo, novamente lhes disse: Que quereis, pois, que se faça com o que chamais rei dos judeus? E eles gritaram novamente: Crucificai-o. Mas Pilatos lhes disse: Mas que mal fez? E eles gritavam cada vez mais. Crucificai-o. E Pilatos, querendo satisfazer ao povo, soltou Barrabbas e entregou Jesus, depois de açoitá-lo, para que fosse crucificado.[135]

> Levantando-se, então, todos eles, levaram-no a Pilatos. E começaram a acusá-lo, dizendo: deste falamos que perverte a nação e proíbe dar tributo a César, dizendo que é o Cristo, o rei. Então Pilatos lhe perguntou: Es o rei dos judeus? E Jesus respondeu; Tu o disseste. E Pilatos declarou aos altos sacerdotes e às pessoas: Nenhuma culpa encontro nesse homem. Mas eles alegavam, zelosos: Subverte o povo, ensinando por toda a Judeia, da Galileia até aqui.[136]

Jesus informa: "Meu Reino não é deste mundo". No Evangelho de Mateus, Pilatos lava as mãos e expõe: "Sou inocente do sangue deste justo: olhai-vos que seu sangue caia sobre os nossos filhos!".[137] Há contradições entre os evangelistas neste ponto, porque Pilatos não liberta o réu e leva-o para a massa popular julgá-lo. Apresenta

---

135 BÍBLIA, N. T. "Marcos". *Bíblia sagrada on-line*. Cap. 25, vers. 02-15. Disponível em: https://www.bibliaonline.com.br/acf. Acessado em: 17.07.2023.

136 KAUTSKY, Karl. *A Origem do Cristianismo*. Rio de Janeiro: Civilização Brasileira 2010, pp. 441/442.

137 BÍBLIA, A. T. "Mateus". *Bíblia sagrada on-line*. Cap. 27, vers. 24/25. Disponível em: https://www.bibliaonline.com.br/acf. Acessado em: 17.07.2023.

Barrabás,[138] considerado bandido, e Cristo para a população escolher qual deveria ser condenado à morte. Barrabas foi preso, ao participar de uma insurreição em Jerusalém, e tinha ligação com os zelotes.

O povo opta por Barrabás de forma quase plebiscitária, ratificando a pena de morte para Cristo.

Acontecia, algumas vezes, que o procurador considerava algum caso político demasiado complicado para julgar. Parece insólito, no entanto, que um dos funcionários do imperador romano buscasse a solução do problema perguntando à massa popular o que deveria fazer com o acusado.

Se preferia não pronunciar a sentença, em caso de alta traição, teria de enviar o acusado a Roma, ao imperador.

Pilatos poderia ter enviado Jesus a Roma. Entretanto, Mateus faz Pilatos representar um papel muito mais ridículo: um juiz romano, representante do imperador Tibério, senhor de vida e morte, pede uma reunião popular em Jerusalém, que lhe permitia absolver um prisioneiro e, ante a negativa do povo, responde: "Bem, matem-no eu sou inocente do seu sangue!"

Isso combina tanto com o papel histórico de Pilatos quanto um murro no olho. Agripa I, em uma carta a Fílon, descreve Pilatos como "um caráter inexorável e cruelmente severo", e acusa-o de "corrupção, violência, roubos, maus tratos, insultos, contínuas execuções sem sentença, crueldades intoleráveis e intermináveis".[139]

E esse homem, precisamente, teria, no caso de Jesus, do proletário sedicioso, mostrado tão excepcional amor à justiça e tanta

138 Barrabás ou Bar Abbas: contemporâneo da Cristo. Rebelde, assassinou guardas romanos quando de uma insurreição no templo. Foi liberado durante o julgamento de Cristo com o apoio da massa popular presente. Tinha ligação com os zelotes.

139 KAUTSKY, Karl. *A Origem do Cristianismo*. Rio de Janeiro: Civilização Brasileira, 2010, p. 443.

bondade, só superada, infelizmente, para o réu, por ridícula fraqueza diante do povo?

Os evangelistas eram muito ignorantes para incomodar-se com esse relato, mas provavelmente sentiram que estavam a atribuir um papel bastante peculiar ao governador romano. Daí porque buscaram uma causa que tornasse esse papel mais crível: informam que Pilatos se acostumara a libertar um prisioneiro na Páscoa, a pedido dos judeus, e, quando se ofereceu para libertar Jesus, responderam: “Não, preferimos o assassino Barrabbas!”

É estranho que semelhante costume não seja mencionado em nenhum lugar, exceto nos Evangelhos. Ele contraria tanto a instituição romana – que não dava aos governadores direito de perdão – quanto qualquer ordem legal instituída, ao atribuir o direito de perdão não a um órgão responsável, mas a uma multidão acidentalmente reunida. Somente os teólogos podiam aceitar, literalmente, tal situação jurídica.

Contudo, mesmo se aceitarmos o direito de perdão tão especialmente conferido à massa judaica, que transitava em frente da casa do procurador, temos, entretanto, que perguntar: que relação há entre esse direito e o presente caso?

Jesus não fora sentenciado legalmente. Pôncio Pilatos está diante da questão: Jesus é ou não culpado de alta traição? Sentenciá-lo-ei ou não? E responde com a pergunta: Vós fareis ou não o uso de vosso direito de perdão a seu favor? Pilatos, em vez de pronunciar a sentença, apela para o perdão! Se ele considera Jesus inocente, não tem direito a absolvê-lo? Aí está novo absurdo. Têm os judeus o direito do perdão e como exercem-no? Contentam-se em pedir que Barrabbas seja libertado? Não, exigem que Jesus seja crucificado! Os evangelistas, aparentemente, deduzem que o direito de perdoar um, implica o direito de condenar o outro.

Essa prática judicial louca é igualada por uma prática política não menos louca.

Os evangelistas mostram-nos uma multidão que odeia Jesus a tal ponto que prefere perdoar um assassino; precisamente um assassino – não achava um objeto mais digno de clemência –, e mostram que ela só se satisfaz quando Jesus é levado à crucificação.

Considere-se que se trata do mesmo ajuntamento popular que, um dia antes, saudou Jesus como a um rei, com gritos de hosana, estendeu as túnicas à sua passagem e, unanimemente, aclamou-o com júbilo, sem a menor voz de oposição. E foi essa devoção, por parte da massa, que constituiu — de acordo com os Evangelhos — a causa do desejo de parte dos aristocratas de tirar a vida de Jesus, bem como porque não ousaram prendê-lo durante o dia e preferiram fazê-lo à noite. E, agora, essa mesma multidão aparece, igualmente unânime em seu ódio feroz e fanático contra Jesus, contra o homem acusado de um crime que o tornaria digno do maior respeito perante os olhos de qualquer patriota judeu: tentar libertar a comunidade judaica do domínio estrangeiro.

Aconteceu alguma coisa que justifique tal assombrosa transformação mental? Os mais poderosos motivos seriam necessários para uma explicação de tal mudança. Os evangelistas simplesmente emitem algumas frases incoerentes e ridículas. Lucas e João não expõem motivos. Marcos diz: “Os altos sacerdotes incitaram a multidão contra Jesus”; já Mateus: “Eles persuadiram a multidão”. Essas frases demonstram somente que os escritores cristãos perderam, até o último fio, seu sentido e conhecimento políticos.

Nem a massa de menor inteligência pode ser levada a um ódio fanático sem motivo algum. O motivo pode ser tolo ou mau, mas precisa haver um motivo. Nos Evangelhos, a multidão judaica excede, em sua estúpida vilania, o mais perverso e idiota vilão de melodrama. Porque, sem a menor razão, sem o menor motivo, clama pelo sangue de quem venerava no dia anterior.

A situação torna-se ainda mais estúpida quando consideramos as condições políticas daquele tempo. Distintas de quase todas as outras partes do Império Romano, a comunidade judaica tinha uma vida política particularmente ativa, chegando aos mais altos extremos em todos os antagonismos sociais e políticos. Os partidos políticos estavam bem-organizados, não eram, de modo algum, multidões incontroláveis. As classes mais baixas de Jerusalém tinham sido completamente imbuídas das doutrinas dos zelotes, estavam em choque constante com os saduceus e fariseus e cheias do mais selvagem ódio contra os romanos. Seus melhores aliados eram os rebeldes galileus.

Mesmo que os saduceus e fariseus tivessem conseguido incitar uma certa parte do povo contra Jesus, possivelmente não teriam podido levar à cabo uma demonstração popular unânime; no melhor dos casos, teriam levado a um encarniçado combate nas ruas. Não há nada mais ridículo que a ideia de que os zelotes lançaram gritos selvagens, não contra os romanos e aristocratas, mas contra o rebelde acusado, cuja execução obtiveram, pela força, do comandante romano, poltrão, apesar de sua estranha simpatia pelo traidor.[140]

A prisão e condenação de Cristo significam a arbitrariedade dos princípios, sacerdotes, escribas e anciãos, quando "é vitimado e reduzido a total impotência a ao assassinato". O "beijo de Judas",[141] significa a amizade transformada em "traição", a fuga dos discípulos representa a solidão de Jesus.

O Sinédrio foi acionado para oficializar a morte de Cristo, considerado subversivo.

O "processo" não é de fato um processo, pois as testemunhas são todas falsas, segundo Marcos, e, sim uma "Liturgia do sacrifício para alcançar a pureza, sendo Cristo um bode expiatório das mazelas locais".

---

140 KAUTSKY, Karl. *A Origem do Cristianismo*. Rio de Janeiro: Civilização Brasileira 2010, pp. 443/444.

141 Judas – o tesoureiro dos 12 apóstolos –: seu suicídio é controverso. Alguns atribuíram ao remorso, após a traição de Cristo, e outros, que procurou evitar ser prisioneiro dos romanos que poderiam torturá-lo, antes de executá-lo. Era um personagem sombrio e não confiável para ambos os lados envolvidos na narrativa.

O imperialismo romano, representado por Pilatos, controla os judeus, que entregam Cristo para que, burocrática e politicamente, seja condenado definitivamente, ou seja, ratificar a decisão da sua morte pelo Sinédrio. Na realidade, o fato mostra que não houve um processo legal, ferindo os princípios, também, do Direito Romano que não realizava condenações sem a presença dos acusadores e do acusado, o qual deveria defender-se.

Nota-se, que Pilatos não questiona se Cristo realmente cometeu os delitos que lhe imputaram, mas, apenas evita ter atritos com a elite dominante e o povo judeu, para facilitar a sua administração na Palestina para Roma.

Avalia, portanto, a questão de Cristo ser denominado "Rei dos judeus", contrapondo-o ao zelote Barrabás, que estava preso em Jerusalém.

Pela narrativa bíblica, percebe-se que Pilatos sabe que Jesus não apresenta perigo para o domínio romano e joga a responsabilidade da decisão para a massa popular aglomerada no pseudojulgamento. Esta decisão contraria a legislação romana. Ocorre que o povo, manipulado pelas autoridades locais, tinha mais simpatia pela tendência zelote de Barrabás, que significava confronto com a administração romana, já que contestava os impostos cobrados na Palestina. Além disso, a massa popular tinha dependência econômica e religiosa do Templo, devido ao comércio que ali se realizava.

O desfecho é político, econômico, religioso e fatal para Jesus. É necessário relembrar que, para convencer o povo, o sumo sacerdote, de forma dramática, iludindo a massa, tinha perguntado: "Tu és o messias, o filho de Deus Bendito?" e Cristo, impotente, mas franco respondeu: "Eu sou, e vereis, o filho do homem assentado a direita do poder de Deus, e vir sobre as nuvens do céu".[142]

---

142 BÍBLIA, N. T. "Marcos". *Bíblia sagrada on-line*. Cap. 14, vers. 62. Disponível em: https://www.bibliaonline.com.br/acf. Acessado em: 17.07.2023.

Em consequência, o réu foi agredido pelos guardas, que passaram a humilhá-lo e a satirizá-lo, quando o vestem com os símbolos do poder imperial, púrpura, cetro, coroa, além de genuflexão e a inscrição da causa da condenação, "O Rei dos Judeus", quando é levado pelas ruas até o Monte Gólgota para a execução. Durante o trajeto, é agredido e, finalmente, pregado na cruz, onde os acompanhantes, os sacerdotes e os escribas insultavam-no. Então sucumbe, após convulsões e a interrogação: "Meu Deus, meu Deus, por que me abandonastes?" Posteriormente, vem a "ressureição", segundo as versões evangélicas, que indica a predominância da vida, e Jesus – Messias – transforma-se em "Nosso Senhor Jesus Cristo".[143]

O julgamento de Cristo foi, portanto, uma fraude, não houve justiça alguma, como demonstrado. Foi uma decisão manipulada e política sem respeito à legislação romana e judaica. Contudo, foi, neste contexto, que o cristianismo se espalhou pelo mundo, defendendo a dignidade humana (pois o homem foi criado à imagem de Deus), a igualdade (todos os homens são filhos de Deus) e a justiça (ligada à dignidade humana, à liberdade e à igualdade).

143 BÍBLIA, N. T. "Mateus". *Bíblia sagrada on-line*. Cap. 27, vers. 46. Disponível em: https://www.bibliaonline.com.br/acf. Acessado em: 17.07.2023.

CAPÍTULO III

JOANA D'ARC – A DONZELA TRAÍDA

3.1 A época de Joana D'Arc

Joana D'arc vivenciou o final do período medieval. A Idade Média foi uma consequência da crise do Império Romano e das invasões bárbaras, equivale a um período intermediário entre o Mundo Antigo e o Renascentismo. Houve uma integração das estruturas do mundo romano com o dos bárbaros, em particular os do mundo germânico.

O sistema feudal sedimentou-se na Europa Ocidental e "se caracterizou por um regime socioeconômico no qual os indivíduos subordinam-se mutuamente em laços de dependência pessoal". A base é a exploração de terra com "o domínio do proprietário sobre o camponês". A vassalagem predomina no feudalismo. A propagação deste sistema se ampliou a partir da França. O trabalho ficava com os servos que estavam sob a jurisdição dos senhores feudais.

O comércio, neste período, desenvolveu-se a partir do século XI na Europa, sendo estimulado pelas cruzadas e o aumento da produção agrícola.[144] Cidades cresceram, como Bruges, Gante, Ipres (Flandres), Veneza, Pisa, Gênova, Florença (Itália), Hamburgo, Lubeck (Alemanha) e Kiev (Rússia), fortalecendo o comércio e desenvolvendo uma nova classe social, a burguesia. O dinheiro aumentou a circulação, tendo robusto valor nas "trocas" e transformou-se na base para o surgimento do regime mercantilista.

O mercantilismo[145] substituiu a terra como base de economia e gerou o capitalismo comercial[146] no final do século XV e início do XVI. Era uma transição do mundo feudal para o capitalismo. Antes havia uma autossuficiência na produção dos feudos, o poder político estava com o senhor feudal e havia uma descentralização em relação ao rei, que tinha poderes limitados. Era uma sociedade estamental, e o indivíduo era definido pelo nascimento e prestígio.

A queda final do feudalismo ocorreu após 1400 d.C., devido à Guerra dos Cem Anos e a Peste Negra.

---

144 Cruzadas: expedições militares organizadas pela Igreja Católica contra os mulçumanos no Oriente, com o argumento de libertar os lugares santificados, durante a Idade Média. Era uma "guerra santa', realizaram saques no Oriente e conquistaram territórios para os seus participantes. Jerusalém foi o principal alvo por ser a "terra santa". Foram realizadas oito cruzadas importantes. Intensificaram o comércio entre Oriente e Ocidente.

145 Mercantilismo: práticas econômicas que ocorreram a partir do final do século XV até o século XVIII. Inicialmente, baseava-se na concepção de que a riqueza de um Estado estaria ligado à quantidade de metais que tivesse em seu território (ouro, prata etc.). Apresentou as seguintes características: aumento das exportações, nacionalismo e paternalismo. O dirigismo econômico predominava nesta prática, na França, Inglaterra etc. Contudo, é importante destacar que o termo passou a ser utilizado no século XVIII pelos economistas clássicos. Estas práticas ocorreram na transição do feudalismo para o capitalismo.

146 Capitalismo comercial: é representado pelo mercantilismo na transição do feudalismo para o capitalismo. Equivale à primeira fase da evolução capitalista.

A Guerra dos Cem Anos – ocorreu entre a França e a Inglaterra, de 1337 a 1453, perfazendo 116 anos, tendo alguns períodos de pacificação e interrupções, envolvendo cinco reis franceses[147] (de Filipe VI[148] a Carlos VII) e cinco reis ingleses (de Eduardo III[149] a Henrique VI).

As causas que levaram ao conflito foram:

- Presença do rei inglês como vassalo em solo francês envolvendo a Aquitânia. A França cobrava tributos para o rei inglês Eduardo III, considerado o Duque de Aquitânia. Anteriormente, os franceses já tinham avançado sobre a Normandia inglesa em 1300 d.C.

- A França desejava apoderar-se de Flandres, área industrial do norte do território, controlado pelos ingleses, que vendiam lã e tinham excelentes lucros com a exportação. Era um grande suporte financeiro para a Inglaterra.

- A sucessão na dinastia dos Capetos,[150] que estava truncada desde 1328, portanto, Eduardo III tinha interesse e reivindicou o trono da França, por laços de parentesco. Por sinal, recebeu o apoio do duque de Borgonha. [151] Este ducado, criado no final

---

147 Cinco reis franceses (durante a guerra): Eduardo III (1327-1377), Ricardo II (1377-1399), Henrique IV (1399-1413), Henrique V (1413-1422), Henrique VI (1422-1461).

148 Filipe VI: reinou de 1328 a 1350 d. C. Lutou contra os ingleses na Guerra dos Cem Anos. Foi coroado em detrimento de Eduardo III da Inglaterra.

149 Eduardo III (1312-1377): reinou de 1327 a 1377 na Inglaterra. Neto de Filipe IV, O Belo. Reivindicou o trono francês iniciando a Guerra dos Cem Anos. Tomou Calais.

150 Capetos: dinastia que reinou na França de 987 a 1328 d. C. Teve início com Hugo Capeto.

151 Duque de Borgonha (João, Sem Medo, e Filipe III, O Bom): João, Sem Medo (1371-1419). Disputou o trono da França durante a demência de Carlos VI. Apoiou os ingleses. Foi assassinado. Filipe III, O Bom

do século IX, abrangia quase a totalidade da Borgonha e se transformou no século XV num próspero estado que se aliou aos ingleses, devido a interesses econômicos e políticos.

- A expansão marítima inglesa.
- A desintegração do mundo feudal, segundo o historiador Funck-Brentano (*Le Moyen Age*).[152]

As etapas da guerra foram:

Guerra Eduardina (1337 a 1360): na qual os ingleses venceram em Sluys (batalha naval, em 1340), Crecy (1346) e tomaram Calais (1347). Em Poiters, os franceses foram esmagados pelos ingleses. Em 1347, ocorreu a epidemia da Peste Negra na Europa,[153] matando, aproximadamente, dois terços da população (25 milhões). A doença se espalhou rapidamente e os mortos eram empilhados e queimados, nas cidades e nas aldeias. A guerra ficou paralisada durante dez anos devido à epidemia.

A Segunda Etapa (1369-1389): os franceses reagem com o rei Carlos V, derrotam os ingleses em La Rochelle (batalha naval, em 1372) e retomam a Aquitânia. Avançam sobre uma boa parte dos territórios dominados pela Inglaterra. Foi realizado o Tratado de

---

(1396-1467), filho de João, conseguiu o tratado de Troyes (1.420) e o de Arrás (1435). Negociou, com Carlos VII, um acordo contra os ingleses, ficando com Flandres e Artois. Aliado da França, avançou sobre a Bélgica e a Holanda de forma tirânica.

152 Frantz *Funck-Brentano* (1862-1947): historiador e bibliotecário francês. Obras: *Joana D'Arc*; *Martinho Lutero*; *O velho regime*, entre outras.

153 Peste negra: atingiu a Europa nos séculos XIV ao XVII. Provocada pelo bacilo *persínia pestis* ou *pasteurella pestis*, oriundo de roedores e transmitidos aos homens pelas pulgas. Apresenta inchaços escuros na virilha e axilas, entra no sangue, causando septicemia, chega aos pulmões, facilitando a tosse que, rapidamente, passa a outras pessoas. Não havia higiene na Europa e a população era subnutrida, contribuindo para o avanço da epidemia.

Bretgny (1360) que cedeu o ducado de Aquitânia, Ponthieu e Calais para Eduardo III. Houve trégua em 1389.

A Terceira Etapa (1415-1435): o rei Carlos VII tenta manter negociações de paz, mas sem muito sucesso. Os franceses desembarcaram no país de Gales e atacam as províncias inglesas nas Guianas (1405-1406). Neste período, Henrique V continuou a reivindicar o trono francês e venceu a famosa batalha de Azincourt (1415), conquistando a Normandia.

Em 1420, o tratado de Troyes, confirmou a conquista da Normandia para os ingleses, e Henrique V se casa com a filha do rei francês. É reconhecido como regente da França.

Em 1422, morrem Henrique V e Carlos VI da França. Assume o trono inglês Henrique VI, que continua vencendo os franceses.

É nesta fase que ocorre a participação de Joana D'Arc na luta contra os ingleses.

A França, internamente, enfrenta graves crises políticas, econômicas e sociais. A saber:

- Os camponeses estavam arruinados com a guerra.
- A burguesia tinha o comércio em recessão e desorganizado.
- Os Estados Gerais foram convocados por Carlos,[154] filho do rei francês João II,[155] O Bom, preso em Poitiers pelos ingleses, a fim de conseguir recursos para continuar a guerra. Durante

---

154 Estados Gerais: nome dado às Assembleias Gerais da França, organizadas em ordens e por regiões. Órgão consultivo para os reis em relação às leis sobre as moedas, impostos etc. Eram convocados em períodos de crise.

155 João II, O Bom (1319-1364): incompetente politicamente, esgotou o tesouro real, foi derrotado em Poitiers pelos ingleses e preso em Londres. O Delfim resgatou-o, pagando três milhões de escudos-ouro e doando territórios franceses (norte e sudeste). Deixou dois filhos como garantia

a reunião, a burguesia contestou o governo e exigiu comandar tudo que estivesse ligado à defesa da França, como aumento dos impostos, para evitar corrupção dos burocratas reais. A Assembleia foi dissolvida e houve um levante comandado por Estevão Mariel,[156] preboste[157] dos mercadores de Paris, que tinha o apoio de comerciantes, artesãos e plebe (1356-1358). Em decorrência, houve nova convocação dos Estados Gerais, concedendo alguns pedidos dos revoltosos, como o direito de reunião sem consultar a ordem real e a supervisão da administração e dos impostos cobrados. Houve a invasão do palácio real nesta sublevação (1358), obrigando Carlos a fugir de Paris. Neste momento, eclodiu uma revolta camponesa na França setentrional contra a servidão. Estavam extenuados com os impostos cobrados pelos senhores feudais e os saques durante a guerra. A sublevação foi liderada por Guilherme Caillet,[158] que pretendia acabar com todos os nobres, e se uniu aos artesãos das vilas e a plebe citadina. A sublevação recebeu o nome de Jaqueria, que vinha de Jacques Bonhomme (Jacques, O Simples), nome que ridicularizava os camponeses, dado pela nobreza. Destruíram castelos e mataram seus ocupantes, mas foram derrotados pela elite, e Caillet foi preso e executado. Foram mortos, aproximadamente, 20.000 camponeses, nesta luta. Muitos foram enforcados e queimados.

---

de pagamento, Luís de Anjou fugiu e João II entregou-se para o cativeiro em Londres, como mandavam as leis de Honra.

156 Estevão Mariel (1315-1358): negociante de tecidos em Paris, proboste, chefiou os Estados Gerais (1355-1356). Obteve a Grande Ordenança (1357) que não foi executada. Propôs a Revolução Municipal, a partir de Paris, contra Delfim. Não teve apoio do rei de Navarra, Carlos V – O Mau. Foi assassinado.

157 Antigo magistrado da justiça, militar e nome de vários antigos funcionários reais e senhoriais. (KOSMINSKY, E. A. *História da Idade Média*. Lisboa: Centro do livro Brasileiro, p. 115).

158 Guilherme Caillet (Guilherme Carlos ou Carli): antigo soldado, comandou os ataques aos castelos dos nobres em Campiegne. Foi decapitado.

Diante da guerra e da crise interna na França, o trono passou a ter apoio da aristocracia e foram contratados mercenários para continuar a luta contra os ingleses e as revoltas internas. Era necessário retomar Paris e o norte de Loire, onde estava situada a cidade de Orleans,[159] pelos ingleses.

Orleans era fortificada e estratégica, pois era a porta de entrada para conquistar todo o sul francês.

Nesse contexto é que apareceu a "Donzela camponesa", querendo livrar a França de um desastre total. Afirmava ter recebido ordens de Deus para expulsar os ingleses.

As guerrilhas estavam sendo usadas pelo povo francês para combater as tropas da Inglaterra e influenciou Joana D'Arc a participar da Guerra.

Joana era de Domnrémy, que ficava na zona limítrofe de Lorena e da Champanha, próxima à estrada que ligava a Itália, o vale do Ródano e a Borgonha com Flandres. Era um local de passagem, os camponeses sofridos apoiavam Delfim contra o domínio da Inglaterra e recebiam informações sobre o que ocorria em toda a França. Esses fatos influenciaram a menina católica Joana, que se propôs a libertar a França e a coroar Carlos VII em Reims.

3.2 Joana D'Arc (1412-1431) – Vítima da Sorbonne Inquisitorial

Nasceu na aldeia de Domnrémy (Lorena), filha dos camponeses Jacques D'Arc e Isabelle Romée, não alfabetizada, ouvia, aos 13 anos, vozes e visões de São Miguel, Santa Catarina e Santa Margarida

159 Orleans: Nome ligado a Luís, Duque de Orleans (1392), que foi assassinado em 1407. O seu filho, Carlos, era parente de Bernardo de Armagnacs. Em consequência, criou o partido com o nome Armagnacs, para vingar o pai e defender a França.

que a orientavam a lutar contra os Anglo-borguinhões[160] em defesa da França durante a Guerra dos Cem Anos (1337-1453). Era uma disputa dinástica entre os Plantagenetas[161] e os franceses. Joana ficou imbuída de que deveria libertar a França do domínio inglês.

Foi levada, após muita insistência, em janeiro de 1429, pelo Capitão Robert de Baudricourt,[162] para um encontro com Delfim, posterior Carlos VII,[163] que estava enclausurado em Chinon e conseguiu algumas tropas que ficariam sob o seu comando para lutar contra o cerco da Inglaterra em Orleans.[164] Os borgonheses e os ingleses estavam dominando a metade setentrional da França. Vestindo trajes masculinos, Joana à frente das tropas (4.000 homens). Venceu os ingleses na batalha de Patay (18/06/1429), destruindo o cerco de sete meses a Orleans. Em seguida, participou da Sagração de Carlos VII, em Reims, que era controlada pelos borguinhões (17/07/1429). Era a donzela "protegida por Deus". Tentou libertar Paris, mas sem sucesso, pois o rei ordenou o recuo das tropas para o Vale do Loire, onde se concentrava a resistência francesa. Joana foi atingida por uma flecha na coxa durante o assalto frustrado a Paris.

Em 1630, marchou para o norte, com uma tropa mínima, no intuito de tomar Compiégne, quando foi aprisionada e vendida para João de Luxemburgo,[165] que liderava as tropas borgonhesas. Na sequência, foi entregue para os ingleses ficando numa prisão militar e, depois, transferida para Rouen, onde seria julgada pela Igreja. No dia

---

160 Anglo-borguinhões: partido do duque de Borgonha (João, Sem Medo).

161 Plantagenetas: dinastia que reinou na Inglaterra de 1154 a 1485.

162 Robert Baudricourt: oficial que apresentou Joana a Carlos VII.

163 Delfim, Carlos VII (1403-1461): reinou sobre o sul da França. Venceu os ingleses com o auxílio de Joana D'Arc. Fez amplas reformas na França.

164 Duque de Orleans: havia o partido francês, denominado Armagnacs, que defendia a França. Bernardes de Armagnacs teve a filha casada com o filho do duque de Orleans, após o assassinato de Luís (duque de Orleans). Bernardes lutou e apoiou Delfim.

165 João de Luxembrugo ou João, Sem Medo, líder dos borgonheses, prendeu Joana recebendo 20.000 libras dos ingleses.

25 de maio de 1430, a Universidade de Paris se manifestou a favor da punição de Joana D'Arc.[166] João de Luxemburgo recebeu, como prêmio, 20.000 libras. Os ingleses pediram agilização processual para criminalizar a donzela e destruir o "mito divino", a que tinha adquirido. Já Carlos VII ficou omisso em relação à prisão de Joana, evitando, como era de praxe, efetuar o pagamento de um possível resgate, caso fosse pedido pelo povo.

O líder das acusações contra Joana foi o Bispo de Beauvais, Pedro Cauchon,[167] chefe dos borgonheses parisienses e professor da Universidade Francesa, respeitada pelos intelectuais europeus e pela Igreja, tendo maior parte dos professores ligados aos borguinhões. Por sinal, pregavam, como sendo herdeiro do trono, o jovem Henrique VI, com apenas 10 anos de idade. Apoiavam também a Inquisição. Pedro Cauchon foi porta-voz da Universidade em Compiègne, levando documentos que acusavam Joana de feitiçaria e outros crimes.

Presa, passou por diversos cárceres até chegar a Ruão e tentar fugir três vezes da prisão, sem nenhum sucesso. Para chegar a Ruão, em 1430, passou por Le Crotoy, Saint-Valery-sur-Somme e Dieppe.

Prisioneira na cidade de Ruão, ficou reclusa e submetida a violências e humilhações, dormindo acorrentada. Usava roupas masculinas para se proteger de assédios sexuais. Era vigiada por soldados ingleses.

O processo teve início em 9 de janeiro de 1431, com discordâncias entre o bispo de Beauvais e o vice-inquisidor de Ruão, João Le Maitre,[168] porque Joana estava numa prisão militar e não da Igreja,

---

166 Universidade de Paris: fundada pelo teólogo Robert de Sorbon, em 1257. Estabelecimento público denominado Sorbonne. Agrega, hoje, três universidades. Colaborou com a Inquisição.

167 Pedro Cauchon: bispo, mestre e depois reitor da universidade de Paris, ficou com os Borguinhões e ingleses. Recebeu títulos e mordomias pela condenação de Joana.

168 João Le Maitre: ajudou Joana com sinais. Foi ameaçado de punição.

e sobre quem deveria conduzir o julgamento. Diante das críticas, Le Maitre foi incluído para dividir o julgamento com Cauchon, que tinha sido imposto como juiz.

A Inquisição foi chamada para elaborar o processo trazendo 60 assessores. João d'Estivet foi colocado no papel de promotor.[169] Não havia um advogado de defesa para a acusada. Teoricamente, deveriam sustentar o processo com os fatos, mas, na realidade, o objetivo era provar que a acusada era culpada desde a sua prisão. De 21 de fevereiro de 1431 até 14 de março, foi interrogada por religiosos, criando factoides para incriminá-la. Entre 17 e 27 de março "foram lidos e revistos os itens de acusação".

O interrogatório – houve interrogatórios públicos e secretos. As audiências públicas foram seis. Houve quinze sessões no total. Havia um conselheiro examinador, João de la Fontaine e outro, Estevet, bispo acompanhante. (...) Pierre Cauchon pediu à Joana que prestasse juramento e enfatizou: "Nós a proibimos de deixar a prisão que lhe é destinada no castelo de Rouen sem nossa permissão, a menos que esteja convencida do crime de heresia". Joana respondeu com presteza: "Não aceito essa colocação. Se eu escapar, jamais alguém poderá censurar-me de haver transgredido ou violado minha fé".Essa resposta foi como que colocar repentinamente, o "dedo na ferida", pois Joana passou a ser tratada como prisioneira de guerra, trancada em prisão inglesa e vigiada por carcereiros ingleses. Pierre Cauchon pretendia mover contra ela um processo por crime de heresia, como eram normalmente os processos da Inquisição. As mulheres intimadas pela Inquisição eram, no entanto, encarceradas nas prisões das dioceses e arquidioceses e guardadas por outras mulheres. No processo contra Joana houve, portanto, uma fraude manifestada, e as intenções de Cauchon e dos demais universitários estavam bem definidas: minimizar o fato de as vitórias terem colocado, em perigo, a ideologia instaurada por eles para dar ênfase à legalidade

169 João d'Estivet: promotor. Preparou as acusações contra Joana. Foram setenta acusações.

das duas coroas que ostentaria o rei da Inglaterra, estendendo seu poder não somente sobre seu próprio reino, mas também sobre o que ele acreditava ter conquistado.[170]

Apesar de Joana responder com firmeza aos interrogatórios, diversas vezes nada respondia, para não se contradizer com o "divino", representado pelas "vozes".

Havia perguntas que eram armadilhas verbais, tais como: "Estava ela na graça de Deus?" A resposta foi brilhante: "Se não estou, que Deus nela me aceite: se estou que Deus nela me guarde" (ou Se eu não estiver nas graças de Deus que ele me ponha lá; e se estiver, que me mantenha lá. "São Miguel tem cabelos?" "Os santos pareciam vestidos?" "Santa Margarida falava inglês?"[171]

E ainda era bombardeada de perguntas sobre as suas vestes masculinas, os sinais mágicos dados ao rei Carlos VII, as cruzes magicas, a uma de suas fugas, quando pulou da torre do castelo, foi considerado tentativa de suicídio.

As sessões preliminares foram encerradas em 17 de março de 1431, sinteticamente, foram apresentadas as seguintes questões:

"Joana foi chamada de bruxa, de falsa profetisa, de conjuradora de espíritos, de mistificadora, ignorante dos preceitos católicos, de contestadora da fé, de sacrílega, de idólatra, de renegada, de blasfêmia contra Deus e contra os santos, escandalosa, sediciosa, perturbadora da ordem pública; foi acusada de incitar à violência e ao derramamento de sangue, de renegar a natureza de seu próprio sexo, vestindo-se como homem de maneira irreverente e assumindo a vocação de soldado; de enganar os poderosos e os humildes; de

---

170 CERINI, Reinaldo Fabrício. "Julgamento e Processo de Condenação de Joana D'Arc: Teologia e Poder". *Revista Científica das Faculdades Integradas de Jaú*, vol. 7, nº 1/2010, p. 67.

171 FURTADO, Peter. *1001 dias que abalaram o mundo*. Rio de Janeiro: Sextante, 2009, p. 237.

usurpar honrarias e de se fazer adorar, oferecendo as mãos e as vestes para que fossem beijadas".[172]

Foram organizadas setenta acusações contra Joana que foram apresentadas durante dois dias. Após a leitura, optaram por transformá-las em doze, no instrumento público ao tribunal, a saber:

I – Uma mulher diz e afirma que, com a idade de cerca de treze anos, viu com os seus olhos, São Miguel, algumas vezes, São Gabriel e uma multidão de anjos. Santa Catarina e Santa Margarida também lhe apareceram corporalmente, junto de uma fonte que brota perto de uma grande árvore que, na sua região, é conhecida por "Árvore das Fadas"; os doentes, com febre, dirigiam-se aí em grande número, para lá recuperarem a saúde. Essa fonte e essa árvore são, portanto, lugares profanos. Essas santas ordenaram-lhe que fosse procurar determinado príncipe secular, que lhe daria armas e que, graças a ela, recuperaria um grande domínio temporal e a honra perante o mundo. Elas ordenaram-lhe que envergasse traje de homem, que ela recusa abandonar, mesmo para ouvir missa e receber a comunhão. Esta mulher, "com desconhecimento e contra a vontade de seus pais" abandonou, com cerca de dezessete anos, a casa paterna e viveu depois no meio de homens e de soldados, "não tendo nunca ou, pelo menos, muito raramente, outra mulher com ela".

"Discordou e recusou" submeter-se à Igreja militante (...).

"Não aceita submeter-se à decisão ou ao julgamento de qualquer homem, mas somente ao julgamento de Deus".

As suas santas revelaram-lhe que ganharia a salvação, se conservasse a sua virgindade (...). "Afirma que está tão certa da sua salvação, como se estivesse já no reino dos céus".

---

172 CERINI, Reinaldo Fabrício. "Julgamento e Processo de Condenação de Joana D'Arc: Teologia e Poder". *Revista Científica das Faculdades Integradas de Jaú*, vol. 7, nº 1/2010, p. 68.

II – A dita mulher diz que o sinal recebido pelo príncipe ao qual ela foi enviada, sinal que fez esse príncipe decidir a acreditar nela e a recebê-la para fazer a guerra, foi que São Miguel veio até ao dito príncipe, no meio de uma multidão de anjos, uns dos quais tinha coroa e outros asas; com eles, estavam também Santa Catarina e Santa Margarida. O anjo entregou ao príncipe uma coroa; uma outra vez foi um arcebispo que recebeu o sinal da coroa e a entregou ao príncipe na presença de numerosos grandes senhores da Corte.

III – Essa mesma mulher afirma que São Miguel se terá "identificado perante ela", tal como Santa Catarina e Santa Margarida (...).

IV – A referida mulher diz e afirma que está certa do que vai acontecer acerca de certas coisas futuras... No que se refere às coisas ocultas, gaba-se de as conhecer, ou de as ter conhecido... Por exemplo, que será libertada e que os franceses farão, sob seu comando, os maiores feitos jamais cometidos em toda a cristandade (...).

V – A citada mulher diz e afirma que é por ordem de Deus que enverga traje de homem. Descrevem-se estas vestes: "túnica curta, capuz, jaqueta, grilhetas, calções com muitas franjas, cabelo cortado em redondo por cima das orelhas, não conservando qualquer peça de vestuário própria do seu sexo". Recebeu a Eucaristia "nesses trajes", os quais, apesar de "muitas vezes lhe ter sido pedido e aconselhado", recusa-se a abandonar (...). Assim, por nada deste mundo, faria juramento de não voltar a envergar esse traje e de não voltar a pegar em armas. Em tudo isso, afirma que procedeu bem e que faz bem em obedecer a Deus e às suas ordens".

VI – A dita mulher confessa e reconhece que mandou escrever muitas cartas, nas quais foram apostas as palavras JESUS, MARIA, com o sinal da cruz (...). Disse, frequentemente, "que não fez nada que não fosse por ordem de Deus".

VII – Este quesito retoma a história do encontro de Joana com Roberto de Baudricourt, que lhe forneceu um traje de homem, armas e uma escolta. "Ela prometeu-lhe rodeá-lo de grandes domínios e vencer os seus inimigos; fora Deus que a incumbira dessa missão".

VIII – Recorda-se que, "sem ninguém a obrigar, precipitou-se do alto de uma torre muito alta – *Beaurevoir* (...)".

IX – A mulher, em questão, afirma que Santa Catarina e Santa Margarida lhe prometeram conduzi-la ao paraíso, se conservasse a sua virgindade de corpo e de alma, virgindade que lhes votou (...). Não pensa ter cometido atos de pecado mortal; pois, segundo diz, se estivesse em estado de pecado mortal, não lhe parece que Santa Catarina e Santa Margarida a visitariam todos os dias, como costumam fazer.

X – A mesma mulher diz e afirma que Deus ama a algumas pessoas ainda vivas, nomeadas e designadas por ela, na medida em que ela própria as ama (...). Recorda-se que as santas falam francês, "uma vez que não são do partido dos ingleses".

XI – Esta mulher diz e confessa toda a devoção e toda a honra que vota a São Miguel e às suas santas. Dedicou-se a elas e obedeceu-lhes sem consultar ninguém, nem pai, nem mãe, nem cura, nem prelado. Repete que acredita neles tão firmemente, como na fé cristã (...).

XII – Ainda a dita mulher diz e confessa que, se a Igreja quisesse que ela fizesse algo contrário às ordens que diz ter recebido de Deus, não consentiria nisso, fosse pelo que fosse. Afirma que sabe bem que tudo o que consta do seu processo lhe aconteceu por ordem de Deus e que lhe será impossível fazer o contrário do que faz. Por esse motivo, não se quer submeter à decisão da Igreja militante, nem de quem quer que seja no mundo, mas somente à de Deus, Nosso Senhor, de quem executará todas as ordens, sobretudo no que respeita às suas revelações e ao que faz em consequência delas (...).[173]

Os artigos foram enviados para a Universidade de Paris para suas considerações, em 5 de abril.

---

173 CERINI, Reinaldo Fabrício. "Julgamento e Processo de Condenação de Joana D'Arc: Teologia e Poder". *Revista Científica das Faculdades Integradas de Jaú*, vol. 7, nº 1/2010, pp. 68-70.

De 5 a 18 de maio, a Universidade de Paris se manifestou, considerando ao parecer das Faculdades de Teologia e dos Decretos, que explicitava:

> (...) Jean de Troyes expõe, primeiro, às da Faculdade de Teologia, analisando um a um os doze quesitos:
>
> I – As aparições: tendo em conta as circunstâncias e a pessoa de Joana, elas parecem falsas, errôneas e perniciosas ou, se tiveram lugar, são supersticiosas e procedentes de espíritos malignos: Bélial, Satanás e Béhémoth (...).
>
> II – O sinal do rei: mentira insolente imaginada para seduzir.
>
> III – As visitas das santas: crença temerária.
>
> IV – As revelações: superstição, asserção divinatória, fanfarronada ridícula.
>
> V – O traje de homem: fanfarronada ridícula, suspeita de idolatria, prevaricação da lei divina.
>
> VI – As cartas: revelam uma mulher traidora, pérfida, cruel, ávida de sangue humano, blasfemadora (...).
>
> VII – A partida para Chinon: impiedade para com os pais, escândalo, blasfêmia (...).
>
> VIII – O salto de *Beaurevoir*: medo que ia até a desesperada tentativa de suicídio, asserção temerária e presunçosa a respeito do perdão das suas faltas, erro em matéria de livre arbítrio.
>
> IX – Confiança de Joana: presunção, mentira, erro de fé.
>
> X – As declarações das santas e a sua recusa em falar inglês: blasfêmia e transgressão do amor do próximo.
>
> XI – Honras prestadas às santas: idolatria, invocação dos demônios.
>
> XII – Recusa de se submeter à Igreja: apostasia, erro de fé, cisma (...).
>
> E, agora, a vez de Guéroult de Boissel apresentar as conclusões da sua Faculdade, a dos Decretos. Estão resumidas em seis pontos:
>
> I – Essa mulher é cismática por ter desobedecido à Igreja.

> II – É ignorante e herética por recusar o símbolo da Igreja Una, Santa e Católica.
>
> III – É apóstata por ter mandado cortar o cabelo e ter adotado vestes de homem.
>
> IV – É mentirosa e adivinha, porque não apresenta prova de que é enviada de Deus.
>
> V – É "veementemente" suspeita de heresia.
>
> VI – Erra na fé por ter dito estar certa de ser conduzida ao paraíso.[174]

Foi considerada culpada, de maneira enfática, reforçada e intimada, a abdicar dos seus erros e arrepender-se para evitar uma dura punição.

O reitor Pierre Gonda,[175] após ouvir as considerações do relatório, encaminhou para Ruão.

Em 19 de março de 1431, houve uma reunião de cinquenta juízes na residência de Cauchon (palácio do arcebispado), para as decisões finais sobre Joana D'Arc. Aceitaram todas as acusações explicitadas nos artigos. Contudo, decidiram pressioná-la para assinar uma abjuração.

Em 24 de maio, o cônego João Beaupere se reuniu com Joana, alertou sobre a conclusão do processo e propôs que abjurasse, pois as suas "visões" poderiam ter sido provocadas pelos "espíritos do mal". Joana ratificou as suas posições anteriores.

Foi conduzida ao cemitério da abadia de Saint-Ouen para a finalização, é a execução do veredicto, onde haveria o sermão final

---

174 CERINI, Reinaldo Fabrício. "Julgamento e Processo de Condenação de Joana D'Arc: Teologia e Poder". *Revista Científica das Faculdades Integradas de Jaú*, vol. 7, nº 1/2010, pp. 70/71.

175 Pierre Gonda: reitor da Universidade de Paris. Consultou outras faculdades para decisão.

na presença de juízes, oficiais, prelados e notários. A população, ansiosa, aguardava o desfecho do fim da "donzela". O discurso foi realizado pelo mestre da Universidade de Paris, Guilherme Erard,[176] que a exortou a submeter-se à Santa Madre Igreja. Nicolau Loiselever[177] e João Massieu, durante estes procedimentos, pressionaram-na a "abjurar" para salvar a vida. Diante daquele quadro tétrico, Joana confusa, pressionada no palanque e com a perspectiva da fogueira, ao apresentarem o documento de abjuração, acabou assinando e admitindo que tinha fingido, errado, adivinhado, havia sido presunçosa e iria submeter-se à Santa Madre Igreja. Joana vira penitente. É lhe dada a sentença de prisão perpétua a "pão e água". Voltou para a cela, onde recebeu roupas femininas que deveria substituir as masculinas e teve o cabelo cortado.

Os soldados ingleses passaram a atacá-la, humilhá-la, além de passar a sofrer ameaças de violência sexual. Diante destes fatos, para se proteger, voltou a usar indumentárias masculinas.

A Inquisição, sabendo do retrocesso de Joana em relação ao determinado pelos juízes, enviou dois representantes (João Beaupére e Nicolau Midi)[178] para confirmarem as denúncias na prisão. Foram confirmados os abusos.

Além disso, informaram que Joana voltou a escutar "as vozes", que tinham sido abjuradas, ou seja, mantinha todas as acusações anteriores.

Em 29 de maio, houve reunião na capela do arcebispo de Ruão entre os juízes e os assessores para a decisão final sobre a prisioneira. A resolução foi considerá-la uma "herética relapsa", assinada por quarenta e dois juízes, como os ingleses desejavam.

---

176 Guilherme Erard: professor da Universidade de Paris. Realizou a sessão.

177 Nicolau Loiselever: aconselhou Joana, quando estava a caminho do cemitério da abadia de Saint-Ouen.

178 Nicolau Midi: professor da Universidade de Paris.

A leitura da sentença ocorreu na praça do Velho Mercado, que concluía: "terminará o papel da Igreja que a entregará ao Estado e à justiça (braço secular) para concretizarem a sua pena – a fogueira".[179]

Em 30 de maio, após ser ouvida em confissão e ter recebido a comunhão, foi conduzida em uma carroça para o Velho Mercado, onde havia um pedestal e feixes de lenha para iniciar a fogueira e queimá-la. Havia, também, num poste, o seguinte texto:

> Joana, que se fez conhecer pela donzela mentirosa, perniciosa, abusadora do povo, advinha, supersticiosa, blasfemadora de Deus, presunçosa, malcrente na fé de Jesus Cristo, jactanciosa, idólatra, cruel, dissoluta, invocadora de diabos, reincidente, apóstata, cismática e herética.[180]

Ouviu ainda, por intermédio de bailio de Ruão, que pregou o sermão final: "Ide em paz, a Igreja não pode mais vos defender e vos entrega à justiça secular".

Joana, após ajoelhar-se, abraçada a uma cruz de madeira, orou a Deus, a Virgem Maria e aos santos, perdoou os responsáveis pelos seus sofrimentos, assumiu tudo que tinha feito. Havia dez mil pessoas na praça de Vieux-Marche. Já amarrada no poste de madeira, quando foi acesa a fogueira gritou: "Jesus!".[181]

As suas cinzas foram jogadas no Rio Senna pelos ingleses do alto da Ponte Mathilde. Surgiram, depois, falsas Joanas.

---

179 BATISTA, José Alberto; NETO, Jônatas Batista. *Joana D'Arc*. São Paulo: Moderna, 1985, p. 57.

180 CERINI, Reinaldo Fabrício. "Julgamento e Processo de Condenação de Joana D'Arc: Teologia e Poder". *Revista Científica das Faculdades Integradas de Jaú*, vol. 7, nº 1/2010, p. 72.

181 CERINI, Reinaldo Fabrício. "Julgamento e Processo de Condenação de Joana D'Arc: Teologia e Poder". *Revista Científica das Faculdades Integradas de Jaú*, vol. 7, nº 1/2010, p. 54.

Joana D'Arc tornou-se o símbolo da luta francesa pela expulsão dos ingleses que, com o Tratado de Arrás,[182] finalizaram a chamada Guerra dos Cem Anos (1337-1453) e retomaram o seu território.

Posteriormente, o Rei Carlos VII mandou juntar documentos, com o intuito de reabilitar Joana. O Papa Nicolau V (1397-1455) mandou estudar o "julgamento de Joana", pelo Cardeal Guilherme d'Estouteville.[183] O relatório apresentado foi o seguinte:

> 1) Cauchon odiava Joana porque ela lutara contra os ingleses e procurara levá-la à morte por todos os meios possíveis.
>
> 2) Ele pedira que ela fosse entregue, primeiro, ao rei da Inglaterra e, somente depois, à Igreja, e que pagaria qualquer preço por ela.
>
> 3) Os ingleses temiam Joana e queriam a sua morte.
>
> 6) Ela era simples, honesta e uma boa cristã.
>
> 7) Inúmeras vezes, durante o processo, ela dissera que se submeteria ao julgamento da igreja e ao do Papa e seu testemunho parecia proceder de um espírito bom e não de um mau espírito.
>
> 9) Ela fora condenada como relapsa, apesar de desejar submeter-se (...).
>
> 11) apesar de sua submissão à Igreja estar clara para os juízes, eles haviam cedido à pressão inglesa e condenado Joana como herética. (...).
>
> 15) O interrogatório fora "difícil e insidioso", e Joana não o compreendera.
>
> 16) Ele a exauriu, de tal forma, que ela acabou comentando *lapsus linguae*, imediatamente usado contra ela.
>
> 18) Joana não teve acessos a meios para defender-se.

---

182 Arrás: cidade às margens do Scarpe, na França. Luís XI recebeu o ducado de Borgonha e a Picardia em 1.482 pelo Tratado de Arrás e passou outros territórios para os Habsburgos.

183 Guilherme d'Estouteville: encarregado de reestudar o processo de Joana em 1.456. Enviado do Papa Nicolau V.

> 20) Ela morrera encomendando sua alma a Deus e invocando Jesus, de tal forma que provocou lágrimas de todos os presentes.[184]

A seguir, iniciou-se uma nova fase do processo. A própria família, encorajada por autoridades leigas e eclesiásticas, enviou uma petição ao Papa Calixto III solicitando a reabilitação da donzela.

Era a luta pela reabilitação da donzela, cuja conclusão e veredicto ocorreu em 7 de julho de 1456 e, assim, expressou-se:

> Dizemos, pronunciamos, decretamos e declaramos o dito julgamento e a sentença como contaminados por fraudes, calúnias, iniquidade, contradições e erros manifestos de fato e de lei e, juntamente com a abjuração, a execução e todas as suas consequências, como nulas, sem valor e sem efeito, devendo ser anuladas (...). Proclamamos que Joana (...) não contraiu mancha alguma de infâmia e que ela deve ser e está totalmente limpa disto (...).[185]

Joana D'Arc, a partir do século XIX, com a fase nacionalista francesa, voltou a ser lembrada e o bispo de Orleans, Felix Dupanloup iniciou o processo de sua canonização.[186]

---

184 BATISTA, José Alberto; NETO, Jônatas Batista. *Joana D'Arc*. São Paulo: Moderna, 1985, pp. 57/58.

185 BATISTA, José Alberto; NETO, Jônatas Batista. *Joana D'Arc*. São Paulo: Moderna, 1985, p. 58.

186 Felix Dupanloup: bispo de Orleans. Iniciou os trabalhos para canonização de Joana (1869).

O Papa Leão XIII (1810-1903)[187] realizou diversas investigações que levou a sua beatificação em 1909 pelo Papa Pio X (1835-1914).[188] Em 1920, por intermédio do Papa Bento XV foi canonizada,[189] transformando-se em Santa Joana D'Arc.

O processo não apresentou provas concretas que justificassem a condenação de Joana.

Foi uma manobra política e injusta com Joana e a própria França.

---

187 Papa Leão XIII – Vincenzo Giacchino Pecci (1878-1903): ordenado padre em 1837. Anúncio em Bruxelas (1843-1845). Arcebispo da Perúsia (1846). Cardeal (1853). Maleável em política, tentou reconduzir a Roma, os anglicanos ortodoxos.

188 Papa Pio X – Giuseppe Melchior Sarto (1835-1914): bispo de Mântua (1884). Cardeal e patriarca de Veneza (1893). Conflitou com o Estado francês (Igreja *versus* Estado). Antimodernista.

189 Papa Bento XV – Giacomo Della Chiesa (1854-1922): de família aristocrata, arcebispo da Bolonha (1907). Cardeal (1914), lutou pela paz (1914). Acusado de ter simpatia pelas potências centrais. Defendia não haver anexações. Promulgou o Código de Direito Canônico e apoiou os missionários.

CAPÍTULO IV

RENASCIMENTO E REFORMA – RETRATOS DE UMA ÉPOCA E DE SUAS VÍTIMAS – GALILEU GALILEI, GIORDANO BRUNO, MIGUEL SERVET E THOMAS MORUS

4.1 Introdução

O Renascentismo e a Reforma Protestante se interligam e caracterizam o início do século XVI, tendo o Humanismo como elo comum. Na Renascença, os humanistas, alguns de origem religiosa, ajudaram nos lançamentos e interpretações da *Bíblia*, ao traduzi-la, utilizaram as línguas originais, como o hebraico e o grego. Destacou-se, por exemplo, nesta tarefa, Erasmo de Roterdam,[190] que lançou *Textus Receptus*, uma edição crítica do "Novo Testamento Grego", realizando a tradução para o latim. Este trabalho transformou-se em fontes para os defensores da Reforma. A igreja católica colaborou

190 Erasmo de Roterdam (1467-1536): literato e filósofo, humanista holandês. Autor de *Elogio da Loucura*, *Colóquios*, entre outras obras.

para os trabalhos artísticos durante o Renascentismo, mas reprimiu, por intermédio da Santa Inquisição, diversos intelectuais que se opunham ou criticavam as suas pregações e posições teológicas.

E, nesta época, foram perseguidos, injustiçados e transformados em vítimas, Giordano Bruno, Galileu Galilei, Miguel Servet e Thomas Morus, como veremos.

O Renascimento é considerado uma ruptura com a cultura medieval.[191] Enfoca os valores da cultura greco-latina,[192] revivendo o espírito clássico. Há teses que contrariam estes princípios, mas o movimento se consolida entre a crise do feudalismo[193] e o surgimento do capitalismo,[194] na Europa. Expressa o surgimento de nova concepções mundiais representadas pela ascensão da burguesia.

Giorgio Vasari (1511-1574),[195] escultor e pintor italiano foi o responsável pelo uso da palavra "Renascimento" na Itália, época

---

191 Cultura medieval: desenvolveu a cultura do cavalheirismo e da dialética. Foram criadas universidades. Os mosteiros salvaram documentos antigos, copiando-os. A terra era considerada o centro do universo. Leva em conta os quatro elementos básicos: fogo, ar, água e terra.

192 Cultura greco-latina: é a cultura clássica, baseada na Grécia e Roma. São consultados os filósofos, escritores, dramaturgos, escultores, pintores e artistas dessa época.

193 Feudalismo: apresenta uma produção autossuficiente para o consumo. É uma sociedade estamental, a posição do indivíduo está em seu nascimento e prestígio. O poder político está descentralizado com a atuação dos feudos e o rei fica limitado em sua ação devido à nobreza feudal.

194 Capitalismo: sistema econômico ocidental surgido na Idade Moderna. Apresentou as seguintes fases: a) mercantilismo (capitalismo comercial) nos séculos XV a XVII. b) capitalismo industrial: na Inglaterra (século XVIII) c) capitalismo monopolista: concentração de capitais e luta por mercados e protecionismo (século XIX) d) capitalismo financeiro: desenvolvimento dos bancos e bolsa de valores.

As empresas negociam as suas ações. A base de tudo é a propriedade privada dos meios de produção e do trabalho assalariado. É dinâmico.

195 Giorgio Vasari (1511-1574): pintor, arquiteto e historiador italiano. Escreveu: *A vida dos melhores pintores, escultores e arquitetos*. Este

pioneira no desenvolvimento desta Revolução Cultural, a partir do século XV. Expressava o ressurgimento das artes, literatura e ciências, tendo a influência dos autores da Antiguidade e levando em consideração o Humanismo. Seria uma redescoberta do homem, desconsiderava o Teocentrismo Medieval[196] e apoiava o Antropocentrismo.[197]

Na realidade, essa evolução ocorre do século XV ao XVII de forma intensiva, e o homem vai substituindo a fé pela confiança em si, tendo vontade de poder, espírito de aventura e nova visão para ciências e as artes em geral.

Desenvolveu-se, mais e mais, o espírito de pesquisa, de investigação individual e o desejo de saber, que penetra em todos os domínios da cultura. É preciso, também, considerar o estudo do Direito Romano nesta época,[198] e o fortalecimento da realeza que irá determinar a centralização do poder e o surgimento do absolutismo. Na Idade Média,[199] havia a descentralização política devido ao regime feudal.

Neste período, a base econômica passou da agricultura para o comércio e o desenvolvimento da indústria.

O Humanismo teve um papel fundamental para o Renascentismo, porque apresentou ausência de preocupações extraterrenas,

---

livro apresenta os artistas do Renascimento.

196 Teocentrismo: Deus é considerado o centro de todo o universo. Acredita-se no geocentrismo.

197 Antropocentrismo: o homem é o centro do universo.

198 Direito Romano: legou o Direito Clássico, influenciou o Direito Canônico e apresentou a base para os códigos de leis de vários países europeus.

199 Idade Média (476-1453 ou 1492): período intermediário entre a Antiguidade e a Idade Moderna. Criara-se uma concepção equivocada sobre o período, chamando-o de “Idade das Trevas”, em comparação com o Renascimento.

mudanças metodológicas na educação, apoio à investigação científica, observação mais profunda da natureza e influenciou até as novas concepções religiosas.

O desenvolvimento das cidades com seus prazeres terrenos, obtidos pelo dinheiro, colaboraram para o individualismo renascentista e o surgimento do "homem universal". O objetivo da Revolução Cultural era desenvolver os talentos humanos e melhorar a qualidade da vida terrena. Os humanistas se dedicaram a poesia, filosofia, história, eloquência, matemática, astronomia, física, teologia, Direito, medicina, literatura e artes de uma maneira geral. Os intelectuais humanistas não subordinaram as suas obras à "teologia cristã" do período medieval e procuravam suporte nos clássicos da Antiguidade, e, para isto, cultivavam o grego, o latim, o árabe e o aramaico. Criticavam a Escolástica e,[200] erroneamente, acabaram considerando a Idade Média como um "abismo de trevas".

O Renascimento abriu espaço para o abandono da visão política cristã e idealista medieval, por uma posição realista e pragmática na administração pública, que ocorria nas cidades-Estado.[201] Consideravam o poder dos mais fortes, as espertezas, a corrupção, as guerras como fatos no desenvolvimento da humanidade.

A sobrevivência do Estado era superior aos valores teológicos e morais e desconsiderava a concepção maniqueísta do "bem" e do "mal" na política.

---

200 Escolástica: refere-se à Escola desenvolvida por Aristóteles. Foi aplicada ao ensino universitário durante a Idade Média. Fundia a teologia e a filosofia.

201 Cidade-Estado: é a *pólis*. Caracterizou a Grécia, por volta do século VIII a.C. Era um agrupamento humano com um território e um centro urbano, onde se desenvolveu o conceito de cidadania. Era uma unidade política e social que serviu de base a civilização helênica.

Nicolau Maquiavel (1496-1527)[202] defendeu estas teses em sua obra *O Príncipe*. O príncipe, caso houvesse necessidade, poderia romper tratados com outros governantes e apelar para a violência e o terror em nome do Estado. A metafísica inexistia no campo político para Maquiavel, pois se fixava numa visão realista, usando de uma visão dialética do que estava ocorrendo nesta época. O pensamento político era ligado ao Direito Público.[203]

A arte teve um papel fundamental durante a Renascença e foi representada pela escultura, pintura e arquitetura, que objetivavam a harmonia, o equilíbrio e a proporção. O espaço foi levado em consideração, e figuras humanas foram apresentadas nuas e belas. A perspectiva foi valorizada com o uso da matemática, procurando apresentar "exatidão" e predominou o domínio das cores. Houve uma integração entre a arte e a ciência representada pelo gênio de Leonardo da Vinci (1452-1519).

A ciência, por sua vez, passou a considerar o método matemático experimental no estudo dos fenômenos naturais, colaborando para a "nova ciência" se desenvolver, assim como a técnica e a tecnologia nos séculos XVI e XVII.

---

202 Nicolau Maquiavel (1469-1527): pensador político, filósofo, escritor e diplomata. Nascido em Florença. Obra: *O Príncipe*, *Discursos*, entre outras.

203 Direito Público: conjunto de leis organizadas no sentido de regular os interesses da sociedade, organizando as instituições políticas de um país, as conexões dos poderes públicos com os elementos particulares, mas conectados com a coletividade.

Os destaques são os trabalhos desenvolvidos por Galileu, Bacon,[204] Tycho Brahe,[205] Kepler,[206] Isaac Newton,[207] Descartes[208] e Leibinitz.[209] O importante é o mundo material para os cientistas, com o objetivo de beneficiar a humanidade. Na medicina, avançaram os estudos de anatomia com Vesálio;[210] circulação sanguínea com Miguel Servet e William Harvey;[211] cirurgia com Ambroise Paré, entre outros.[212]

---

204 Francis Bacon (1561-1626): bacharel em Direito, filósofo, conselheiro extraordinário da coroa inglesa (Isabel e Jaime I), escritor e cientista. Obras: *Instauratio Magna*, *Novum Organum*, *Ensaio e Nova Atlantida*.

205 Tycho Brahe (1546-1601): astrônomo dinamarquês. As suas informações ajudaram Kepler a enunciar as suas leis sobre os planetas.

206 Johannes Kepler (1571-1630): astrônomo alemão, matemático, estudou o planeta Marte. Lançou as chamadas leis de Kepler que influenciaram Newton e sua teoria do grande princípio da atração universal (gravidade). São elas: I) As órbitas planetárias são elipses, nas quais o sol ocupa um dos focos. II) As áreas descritas por raios-vetores são proporcionais aos tempos. III) Os quadrados do tempo das revoluções planetárias são proporcionais aos grandes eixos das órbitas. Desenvolveu, portanto, a lei dos movimentos dos planetas.

207 Isaac Newton (1642-1627): matemático, físico, astrônomo e filósofo inglês. Descobriu as leis da gravitação universal e da decomposição da luz.

208 Renée Descartes (1596-1650): matemático, filósofo e militar francês. Obras: *Discurso sobre o método*, *Meditações metafisicas*, *Os princípios da filosofia*, entre outras.

209 Gottfried Wilhelm Leibniz (1646-1716): filósofo, matemático e jurista. Nasceu em Leipzig (Alemanha).

210 André Vesálio (1514-1564): anatomista do século XVI. Praticou a dissecção do corpo humano. Criticou Galeno.

211 William Harvey (1578-1657): médico inglês, famoso pelos estudos sobre circulação do sangue.

212 Ambroise Paré (1509-1590): médico francês. Estudou a ligação das artérias e evitou a cauterização usada em amputações. Foi cirurgião dos reis: Henrique II, Francisco II, Carlos IX e de Henrique III. Publicou vários trabalhos científicos.

É necessário destacar o papel da imprensa na divulgação do Renascimento na Europa, estendendo-se, posteriormente, para outras regiões do mundo conhecido à época.

O Renascimento foi liderado pela Itália, mas se estendeu pela Inglaterra, França, Holanda, Espanha, Portugal, Polônia, Alemanha e países nórdicos.

Portanto, o Renascimento se caracterizou por:

- Antropocentrismo – o homem é o centro do universo.
- Racionalismo – a razão é a base de todo o conhecimento.
- Individualismo – o artista se firma como um criador e assina as suas obras.
- Inspiração – é conseguida na Antiguidade Clássica (greco-romana).

Finalmente, o Renascimento exaltou a luz, as cores, a beleza do corpo humano, os prazeres, com o intuito de transformar a terra num paraíso para os homens.

Alguns destaques intelectuais do Renascimento:

Inglaterra: Thomas Linacre (1460-1524), William Grocyn (1446-1519), Geoffrey Chaucer (?-1400), John Colet (1467-1519), William Tyndale (1484-1536), John Foxe (1516-1587), John Knox (1505-1572),[213] Jorge Buchanan (1516-1587), Thomas Wyatt (1503-1542), Henry Howard – Conde de Surrey (1517-1547), John Lyly (1554-1606), Edmund Spencer (1552-1599), Philip Sidney (1554-1586), Samuel Daniel (1562-1619), Michael Drayton (1563-1631), Robert Greene (1560-1592), Thomas Lodge (1558-1625), Thomas Dekker (1570-1641), Richard Mooker (1554-1600). Francis Bacon

213 John Knox (1505-1572): reformador escocês refugiado em Genebra e admirador de Calvino.

(1561-1626), Thomas Morus (1478-1535), Cristopher Marlowe (1564-1593),[214] William Shakespeare (1564-1616).[215]

França: François Rabelais (1494-1553),[216] Pierre de Ronsard (1524-1585)[217], Joaquim du Bellay (1522-1560),[218] Michel de Montaigne (1553-1592),[219] Jean Bodin (1530-1596).[220]

Espanha: Garcilaso de la Vega (1503-1536),[221] Alonso de Ercilla e Zúñiga (1533-1594),[222] Frei Luís de Granada (1504-1588),[223]

---

214 Cristopher Marlowe (1564-1593): poeta e dramaturgo inglês. Principal obra: *A vida e a morte do Dr. Fausto*. Contemporâneo de Shakespeare.

215 William Shakespeare (1564-1616): poeta e dramaturgo inglês. Considerado um dos grandes escritores da língua inglesa. Fez tragédias e comédias, verdadeira obras-primas, tais como *Hamlet*, *Macbeth*, *Rei Lear*, *Ricardo III*, *Othelo*, *Romeu e Julieta*, *Júlio César*, *O Mercador de Veneza*, *A megera domada*, entre outras.

216 François Rabelais (1494-1553): escritor, médico, professor de anatomia, beneditino e humanista francês. Epicurista, deixou o livro *Gargantua e Pantagruel*.

217 Pierre de Ronsard (1524-1585): humanista e poeta francês, chefiou a escola literária *plêiade*, que desejava renovar a poesia. Obras: *Odes*, *Amores e hinos*, *Discursos sobre as misérias destes tempos*, entre outras.

218 Joaquim du Bellay (1522-1560): poeta francês, colaborador de Ronsard, realizou o *Manifesto de Plêiade*, *Defesa e ilustração da língua francesa*, *As Antiguidades de Roma* e *As lamentações*.

219 Michel de Montaigne (1553-1592): filósofo e moralista francês. Viajou pela Europa e suas reflexões são pessimistas, mas com bom senso e tolerância. Obra: *Ensaios*.

220 Jean Bodin (1530-1596): advogado, professor, escritor e deputado. Obras: *Os seis livros da república*, *Método para uma fácil compreensão da história*.

221 Garcilaso de la Vega (1503-1536): poeta e guerreiro espanhol. Escreveu canções melancólicas.

222 Alonso de Ercilla e Zúñiga (1533-1594): poeta épico espanhol. Escreveu: *Araucânia*, *Sobre a conquista do Chile* etc.

223 Frei Luís de Granada (1504-1588): religioso e escritor espanhol. Escreveu *A guerra dos pecados*.

Santa Terezinha de Jesus (1515-1582),[224] Bartolomeu de Las Casas (1470-1566),[225] Lope da Vega (1562-1635),[226] Pedro Calderon de la Barca (1547-1616),[227] Francisco de Quevedo y Villegas (1580-1645),[228] Miguel de Cervantes Saavedra (1547-1616),[229] Luís de Góngara y Argote (1561-1627).[230]

224 Santa Terezinha de Jesus (1515-1582): santa espanhola mística (das Carmelitas). Seus escritos são considerados obras-primas da língua castelhana. É considerada a virgem seráfica.

225 Bartolomeu de Las Casas (1474-1566): religioso espanhol, defendeu os índios americanos contra a violência dos colonizadores. Obras: *Destruição das índias*, *História geral das índias*.

226 Lope da Vega (1562-1635): poeta espanhol e dramaturgo. Escreveu mais de 2.000 peças de teatro. Deixou a obra-prima *Estrela de Sevilha*.

227 Pedro Calderon de la Barca (1600-1681): poeta espanhol, escreveu: *Devoção à cruz*, *Do médico da sua honra*, *A vida é um sonho*, entre outras obras.

228 Francisco de Quevedo y Villegas (1580-1645): poeta satírico espanhol. Obra: *História del grantacano*. Era chamado de o "Juvenal Espanhol".

229 Miguel de Cervantes Saavedra (1547-1616): o mais famoso escritor espanhol. Militar, ficou preso por piratas durante cinco anos. Escreveu a obra-prima *Dom Quixote de la Mancha*.

230 Luís de Góngara y Argote (1561-1627): poeta espanhol, criou a chamada "Escola gongórica". Cheia preciosismos e afetações.

Alemanha: Johann Reuchlin (1455-1522),[231] Ulrich Von Huttens (1488-1523),[232] Thomas Murner (1475-1537),[233] Hans Sachs (1496-1576),[234] Martinho Lutero (1483-1546).[235]

Portugal: Gil Vicente (1460-1536),[236] Luís de Camões (1524-1580),[237] João de Barros (1496-1570),[238] Damião de Goes (1501-1574),[239]

---

231 Johann Reuchlin (1455-1522): humanista alemão de origem hebraica. Escreveu: *Tratado de Cabala*.

232 Ulrich Von Huttens (1488-1523): teólogo e escritor alemão. Atacou os monges e os padres violentamente. Propôs uma sublevação do povo contra os bispos e os príncipes.

233 Thomas Murner (1475-1537): escreveu sátiras mordazes. Era adversário de Lutero que o chamava de "O Grande Bobo".

234 Hans Sachs (1496-1576): sapateiro e poeta alemão. Autor de peças líricas, dramas e farsas. Wagner o imortalizou em *Mestres cantores de Nuremberg*.

235 Martinho Lutero (1483-1546): frade, abandonou o catolicismo e chefiou a Reforma Religiosa Alemã.

Protestou contra as indulgências. Traduziu a *Bíblia* para o alemão.

236 Gil Vicente (1460-1536): poeta e dramaturgo português. Escreveu 46 peças. Obras: *Auto da barca*, *Auto da alma*, *Barca do inferno*, *Inês Pereira*, *Farsa dos ciganos* etc.

237 Luís Vaz de Camões (1524-1580): o mais famoso poeta português renascentista. Militar e aventureiro. Escreveu: *Os Lusíadas*, *El rei seleuco*, *O anfitrião* etc.

238 João de Barros (1496-1570): historiador e escritor luso. Trabalhou com o Rei. D. Manuel I. Obras: *História do imperador Clarimundo*, *Gramática da língua portuguesa*, *Cartilha para aprender a ler*, *História do domínio português no oriente* etc.

239 Damião de Goes (ou Gois) (1501-1574): diplomata e cronista luso. Escreveu: *Crônica de el Rei, D. Manuel*, *Crônica do príncipe D. João* etc.

Fernão Lopes de Castanheda (1500-1559),[240] Fernão Oliveira (1507-1581),[241] Frei Luís de Sousa (1555-1632).[242]

4.2 A época do Renascimento italiano, Giordano Bruno e Galileu Galilei

A Itália era um dos maiores centros urbanos da Europa com as suas cidades-estados. Neste período, estava em franco progressão, com banqueiros, mercadores, industriais e a burguesia se fortalecia juntamente com as cidades-estado. Na metade do século XVI, tinha, aproximadamente, quarenta cidades com uma população de dez mil habitantes. Não estava unificada. Havia três tipos de cidades:

I) Comercial – eram as portuárias, como Veneza e Genova, onde circulavam tecidos, grãos, madeiras, especiarias etc.

II) Artesã-industrial – como Milão e Florença – onde havia produção de tecidos, muitos ourives, escultores, entalhadores. Em Milão, desenvolveu-se a metalurgia com a fabricação de armaduras.

III) Serviços – locais de bancos, serviços financeiros e profissões liberais (como advogados, juízes e recolhedores de impostos). Destacavam-se Roma e Nápoles.

---

240 Fernão Lopes de Castanheda (1.500-1.559): historiador luso. Escreveu: *História da Índia* etc.

241 Fernão Oliveira (1507-1581): publicou a *Primeira Gramática da Língua Portuguesa* (1536). Defendia uma escrita não etimológica, e as palavras deveriam ser escritas como pronunciadas.

242 Frei Luís de Sousa (1555-1632): escritor luso, preso pelos mouros em Argel. Entrou para o Claustro em 1.614 (dominicanos). Obras: *A vida de Frei Bartolomeu dos Mártires*, *A história de São Domingos*, *Anais de D. João III* etc.

Florença era o centro da economia monetária, tendo, como grandes banqueiros, os Médici,[243] estes que se destacaram apoiando as artes, eram mecenas.[244] Estava localizada entre montanhas, em um vale, onde se destaca o rio Arno. A cidade situava-se em uma importante rota comercial italiana.

Havia um choque entre a burguesia e a nobreza local que se refletia na "senhoria", um conselho que administrava a cidade, eleito pelos representantes das "Artes Maiores" ("povo grosso"), formado por banqueiros, industriais, juristas, advogados e médicos. Participavam, secundariamente, os membros das "Artes Menores", os menos aquinhoados e chamados de "povo magro". Nesse período, o poder se concentrou nos Médici que elegeram a maioria da "senhoria". Florença tinha, aproximadamente, sessenta mil habitantes. Devido a esta estrutura financeira, a cidade se destacou no Renascimento, como um centro de apoio à pesquisa, à arte, ao conhecimento e ao Humanismo. É preciso frisar que a cultura, em geral, serviu para a divulgação social e política dos governantes e Mecenas, daí as grandes obras, esculturas, pinturas e cunhagem de moedas. Era uma excelente forma de propaganda.

As outras cidades que se destacaram foram:

Veneza cresceu durante as Cruzadas, conseguindo domínios nos Bálcãs, feitorias junto aos Mares Negro e Azou. Possuía uma importante frota mercante, sendo chamada de "soberana dos mares", atuava, principalmente, no Mar Mediterrâneo e trazia mercadorias do Oriente para a Europa. Fabricava, também, seda e vidro.

---

243 Família Médici: banqueiros de ilustre família de Florença. Principais membros: Lourenço, o Magnífico (1510-1537), Lourenço II (1492-1519), Duque de Urbino, Alexandre (1510-1537), Cosme (1519-1574).

244 Mecenas: protetor das letras e das artes.

Tinha uma oligarquia governante liderada pelo Dodge.[245] O órgão supremo da cidade era o "Grande Conselho" formado por uma elite de ricos burgueses. Foi criado, a época, o "Conselho dos Dez" que recebia denúncias contra pessoas consideradas "subversivas" ou indesejáveis e abrigava um grupo de agentes secretos para espionar as pessoas, principalmente os opositores políticos da república.

Gênova concorria com Veneza, enriqueceu durante as Cruzadas, transitava no Mar Negro e tinha feitorias na península da Crimeia. Negociava com a Pérsia, o Oriente Médio, a Rússia, a Polônia e a China. Havia uma aristocracia financeira e mercantil trabalhando com a burguesia.

Milão foi governada pelo Visconti e Sforza,[246] que investiram nas artes (mecenas). Estava estrategicamente localizada, mas o povo não participava da vida pública. Foi alvo do domínio estrangeiro devido à sua posição geográfica junto às rotas alpinas.

Roma era um estado da Igreja Católica, uma espécie de Eldorado, habitada por nobres, estrangeiros, eclesiásticos, artesãos, artistas, predominando a prestação de serviços. A burguesia era minoritária. Os barões romanos, que pertenciam à velha aristocracia, ficavam aos arredores das cidades em seus feudos e palácios, destacando-se duas famílias inimigas, os Orsini[247] e os Colonna.[248] O mecenato era muito forte nesta cidade-estado com grande aparato religioso. O Papado imperava e incentivava as artes. A cidade eterna financiou os grandes artistas do Renascimento, fortalecendo a cultura da cidade.

---

245 Dodge (Doge): chefe dos republicanos de Veneza e Gênova.

246 Família Visconti: ilustre família de Milão. Reinara de 1277 a 1447. Membro de destaque: João Galenzzo (1347-1402).

247 Família Orsini: ilustre família romana, rival dos Colonnas. Deu cinco papas, vinte cardeais e diversos *condottieri*.

248 Família Colonna: ilustre família romana que deu papas, cardeais e generais.

Todavia, o autoritarismo da Igreja Católica, levou à criação da Inquisição para reprimir os dissidentes religiosos e políticos e irá atingir escritores, cientistas e artistas renascentistas, com a censura, prisão, julgamento, tortura e morte em diversos casos.

A Inquisição foi um tribunal da Igreja Católica organizado a partir da Idade Média para eliminar as heresias e os hereges. Não aceitava questionamentos aos dogmas do catolicismo e as decisões dos papas romanos. Era um tribunal judiciário. Os dominicanos tiveram papel importante nesta instituição que usava a delação e a espionagem para prender e julgar "os suspeitos" de heresia. A inquisição, também, destacou-se na Espanha e Portugal com o apoio dos reis católicos e serviu para perseguir judeus e mulçumanos na Península Ibérica.[249]

Confiscava os bens dos acusados e condenados, além de queimá-los vivos ou estrangulá-los diante de uma fogueira. Censurava pensamentos, livros e serviu para o fortalecimento das Monarquias e dos Estados Nacionais.[250]

Para aterrorizar o povo, a Igreja se apoiou em antigas crenças sobre bruxas e feiticeiros, que pretendiam prejudicar os homens e cultuar o diabo. As pessoas denunciadas por estas práticas eram submetidas a torturas antes de serem executadas nas fogueiras. A tortura era considerada legal e legitima para obtenção das confissões.

O povo vivia sob a égide de terror clerical em toda a Europa e muitos inocentes foram sacrificados. Havia, até um manual denominado *O martelo das feiticeiras ou bruxas* para facilitar a identificação dos hereges. A violência, usada nos interrogatórios, conseguia obter

---

249 Reis católicos: nomes dados para os reis espanhóis: Isabel I de Castela, Fernando II de Aragão, título dado por Alexandre VI (Papa) por bula, devido à luta contra os mouros.

250 Estados Nacionais: surgiram a partir da Idade Moderna. É a organização da sociedade em um governo autônomo que organiza e desenvolve o Estado.

"confissões de crimes" pela dor causada aos corpos dos acusados, mas sem nenhuma prova concreta do fato denunciado.

A inquisição foi usada para queimar livros, perseguir e prender intelectuais durante o Renascimento, contrapondo-se à abertura cultural da época. Vitimou escritores, artistas, filósofos e cientistas como Giordano Bruno e Galileu Galilei. A igreja católica pretendia manter o seu poder temporal sobre os povos e nações.

4.3 A Reforma Religiosa

A Reforma do século XVI acompanhou a transição do feudalismo ao capitalismo, o Humanismo e o Renascimento.

Foi consequência de um "cisma"[251] na igreja católica, que aflorou o protestantismo. Houve diversas reformas: a luterana, a calvinista e a anglicana.

O movimento reformista, de grande repercussão, teve início na Alemanha com o monge Martinho Lutero (1483-1546), que se rebelou contra a venda de "indulgências" e escreveu 95 teses, em latim, questionando o catolicismo e o Papa. Propôs uma discussão acadêmica. O bispo Alberto de Brandemburgo (1490-1545) comunicou o problema ao Papa Leão X.[252] Em 1518, Lutero recebeu apoio parcial da sua ordem dominicana.[253] Convocado para se explicar e retratar-se na dieta de Augsburgo,[254] rejeitou a proposta de Roma

---

251 Cisma: rompimento da unidade eclesiástica da Igreja Católica. A do Oriente (1054) e a do Ocidente (1378-1417).

252 Papa Leão X – João de Medici (1475 a 1521): protegeu as artes, as letras e as ciências. Atuou no período do "cisma" luterano.

253 Ordem Dominicana: ordem religiosa, fundada por São Domingos em Tolosa (1206), para combater os heréticos Albigenses. Foi abolida em 1792 e voltou posteriormente. Eram considerados jacobinos em Paris, ou seja, radicais.

254 Dieta de Augsburgo (1518): nome de assembleias políticas para discussão de vários temas, e, também, a Reforma Protestante com a presença de Lutero.

(de 12 a 14 de outubro de 1518). Houve um pedido de extradição de Lutero pela igreja que não foi aceito por Frederico III,[255] príncipe eleitor da Saxônia, e Lutero continuou pregando as suas teses.

O dominicano João Tetzel (1465-1519)[256] continuou defendendo a venda de indulgências que serviria para a construção da igreja de São Pedro em Roma. Em 1519, ocorreram debates sobre o tema em Leipzig que acabou em críticas do papado. Um ano depois, foi lançada a bula *Exurge Domine* condenando a polêmica luterana e acenando com excomunhão para o monge. A bula papal foi queimada em praça pública por Lutero, que manteve as suas doutrinas. Em dezembro de 1520, foi lançada a bula *Decet Romanum Pontificem* que excomungava Lutero. Em abril, na Dieta de Worms,[257] presidida por Carlos V de Habsburgo e imperador do Sacro Império Germânico,[258] o monge ratificou as suas posições. A elite alemã, formada por príncipes, condes, duques e senhores, ou seja, uma parte da nobreza apoiou a ruptura com a Igreja Católica, com o intuito de se apropriarem dos bens eclesiásticos. O príncipe-eleitor Frederico acolheu Lutero no Castelo de Warburgo (de 1521 a 1522).[259]

A Reforma se uniu ao Estado. A partir desses fatos, aquela se consolida na Alemanha com repercussões em toda a Europa. Lutero traduziu o "Novo Testamento" para o alemão, usando uma linguagem acessível e conseguiu enorme sucesso popular (1522). Lutero considerava a *Bíblia* como a única autoridade e não o Papa. A salvação, para o antigo monge, alcançava-se por meio da fé e não das boas obras. Pregou que só iria para o céu quem rejeitasse as doutrinas de

255 Frederico III (1831-1888): rei da Prússia, imperador da Alemanha. Participou das guerras austro-prussianas e franco-alemãs.

256 João Tetzel (1465-1519): dominicano alemão. Defendeu as "indulgências" e se chocou com Lutero, no início da Reforma.

257 Dieta de Worms (1521): excomungou Lutero.

258 Carlos V de Habsburgo (1500-1558): filho de Filipe, o Formoso, rei da Espanha, imperador da Alemanha (1519-1558).

259 Frederico, O sábio: eleitor da Saxônia, protetor de Lutero, fundou a Universidade de Wittenburg.

Roma e acabou "excomungando" o Papa. O "cisma" estendeu-se por toda a Alemanha e penetrou em diversos países europeus.

A ruptura com o Vaticano, na Alemanha, conectou a religião e o Estado.

O Calvinismo – A Suíça era dividida em Cantões,[260] que se interligavam por vias de transporte, as quais facilitavam as passagens pelos Alpes aos Países-Baixos e aos portos do Rio Reno.[261] Estava num cruzamento de rotas comerciais. Era controlada pelos Habsburgos ligados ao catolicismo e, portanto, ao Império Romano. Em consequência, a população se rebelou contra este domínio, conseguindo relativa autonomia, até solidificar o reconhecimento de sua independência pela Paz de Vestfália (1648).[262] Neste contexto é que a Reforma alcança a região e vai se consolidar com a chegada de Calvino a Genebra.

João Calvino (1509-1564) foi um reformador influenciado, inicialmente por Lutero. Nasceu em Noyon (França). Recebeu uma formação escolástica em seus estudos teológicos, mas acabou formando-se em Direito (1532).

Converteu-se ao protestantismo definitivamente por volta de 1533, quando se desenvolviam o luteranismo e o movimento anabatista, mas teve de fugir de Paris, devido às suas convicções religiosas. Foi para Basileia e, depois, Estrasburgo passando por Genebra, sempre pregando, dando aulas e escrevendo. Acusava Roma de "escravizar as consciências, gerando angústia, terror e incerteza de salvação,

---

260 Cantões: cada uma das divisões territoriais da Suíça.

261 Países-Baixos (Nederland): Estados da Europa Ocidental, à beira do Mar do Norte – região plana e baixa. Costa abaixo do nível do mar (Holanda e Bélgica).

262 Paz de Vestfália (1648): tratado entre os germânicos, a França e a Suécia, para finalizar a Guerra dos 30 anos. Os príncipes alemães tinham liberdade de religião e alianças, após as lutas que tiveram para unificar a Alemanha.

pois o crente andará sempre atribulado e com medo, duvidando se tem, de fato, um Deus misericordioso".

Pregava que a vocação das pessoas era pré-definida por Deus e, por isso, cada profissional deve alcançar sucesso em seu ofício, para ser escolhido pelo Senhor. Defendia a predestinação, acreditava que todos devem lutar para alcançar sucesso e riqueza. Suas principais obras: *A vigília da alma, Instituição da religião cristã, Epístola dos Romanos, De Clementia e Preleções sobre o profeta Daniel.*

Foi para Genebra,[263] em 1541, a convite do conselho da cidade e propôs as "ordenanças eclesiásticas", que apresentavam as seguintes ordens de oficiais para a igreja:

- Pastor – era responsável pelos cuidados espirituais.
- Mestre ou doutor – cuidava da educação religiosa.
- Ancião (presbíteros) – formavam o consistório, cuidando da disciplina eclesiástica. Eram doze leigos.
- Diácono – atendia aos pobres e aos doentes.

O consistório era o órgão supremo e funcionava como uma corte eclesiástica tendo doze presbíteros e todos os pastores. Tinha o poder de excomungar e era usado por Calvino de forma draconiana. O Estado e a igreja estão a serviço de Deus, segundo estes princípios, o Estado deve proteger a igreja e seus fiéis.

Assumindo o controle de Genebra, implementou uma administração rígida, burocratizada e intolerante, condenava e excomungava os hereges como fazia o Papa. Criou um Estado teocrático entre 1541 e 1564. O direito e a lei eram extraídos dos textos bíblicos. Era pregada a virtude e o vício foi proibido. Foram cortadas as danças, as bebidas alcoólicas, os jogos, as canções maliciosas, as apresentações

263 Genebra: cidade de grande importância estratégica para o desenvolvimento suíço.

teatrais, a luxúria, o adultério, a blasfêmia, as roupas indecentes e condenado o luxo exagerado. Foi implantada a pena de morte em Genebra. Contudo, era permitido o empréstimo a juros e, portanto, a especulação financeira. O trabalho era incentivado como forma de cumprir o mandamento divino e conseguir ser "bem-sucedido". O homem não deveria perder tempo com futilidades, pois era condenado por Deus.

Houve, na Suíça, com estes procedimentos, o apoio ao desenvolvimento do capitalismo em geral, como apontou Weber.[264]

É neste clima tirânico que o Dr. Miguel Servet, ao fugir da Inquisição Católica e discutir com Calvino sobre a lógica da Santíssima Trindade, foi preso em Genebra, considerado herege e condenado à morte. Foi vítima da chamada "justiça" calvinista.

4.4 A Inglaterra e o Anglicanismo

O final do século XV, na Inglaterra, foi traumático devido à Guerra das Rosas (1455-1485),[265] entre a Casa de York[266] e Lancaster,[267] pondo fim à antiga nobreza de origem normanda.[268] O

264 Max Weber (1864-1920): sociólogo alemão. Estudou os fenômenos sociais, as religiões, o advento do capitalismo e a transição para a modernidade. Escreveu: *A Ética Protestante e o Espírito do Capitalismo*, *Sociologia da Religião*, *Economia* e *Sociedade* etc.

265 Guerra das Rosas (1455-85): guerra civil inglesa que estabeleceu a dinastia Tudor.

266 Casa de York: ramo da Casa Real de Anjou (Plantagenetas) teve início com Edmundo de Langley (Duque de York), filho de Eduardo III. Brigou com os Lancaster dando origem à Guerra das Rosas.

267 Casa dos Lancaster: família inglesa oriunda de João de Ganda, filho de Eduardo III (terceiro filho), tinha a rosa vermelha como símbolo. Reis: Henrique IV, V e VI. Foi derrotada pelos Yorks.

268 Nobreza Normanda: Normandia, província francesa doada por Carlos III, "o Simples" (911) à Inglaterra e retomada dos ingleses por Filipe Augusto (1204). A capital era Ruan (Ruão).

fim desta guerra civil abriu caminho para a chegada ao poder de Henrique VII e VIII da família Tudor.[269]

A Inglaterra entrou no século XVI com três milhões de habitantes, ou seja, menor em população do que a França e a Espanha. A sua economia desenvolvia a criação de ovelhas, e a lã inglesa era exportada para Flandres,[270] além de ser usada pela indústria de tecidos da própria Inglaterra. O sucesso desta indústria fez com que as exportações de lã diminuíssem e a matéria-prima fosse aproveitada nas aldeias que realizam as suas próprias manufaturas de forma pré-industrial (artesanal).

Na Inglaterra, multiplicaram-se as fabricações de tecidos, ocorrendo a evolução do modelo capitalista de produção que desembocará na Revolução Industrial do século XVIII.

Esse desenvolvimento entrou em confronto com a Espanha, durante o século XVI, no controle de mercado externo. Diante desse quadro, os navios mercantes e de guerra ingleses passaram a atacar as naves e o litoral da Espanha, assim como as colônias situadas na América. Foram criadas até companhias para equipar corsários durante o governo da Rainha Elisabeth I, filha de Henrique VIII.

O governo exercido por Henrique VIII (1509-1547), após a morte do seu irmão Artur,[271] foi cheio de percalços políticos e existenciais. De imediato, casou-se com a viúva e cunhada Catarina de

269 Henrique VII (1485-1509): primeiro da dinastia dos Tudors. Terminou com a "Guerra das duas rosas", restaurou a autoridade real na Inglaterra.

270 Flandres: região entre o Baixo Escalda, Mar do Norte, Artésia, o Heinaut e o Barbante, muito pantanosa. Está na Bélgica. Era um condado e negociava com os ingleses.

271 Artur (1486-1502) irmão de Henrique VIII.

Aragão.[272] Participou da Santa Liga (1511)[273] e guerreou contra a França (1512-1513), tendo sucesso na empreitada. Posteriormente, aproximou-se pacificamente dos franceses, dialogando com Luís XII[274] e Francisco I.[275] Escreveu o tratado *Assertio Septem Sacramentorum*, defendendo a Igreja Católica de ataques de Lutero, e recebeu o título de "Defensor da Fé" do Papa Leão X e a "Rosa de Ouro" de Clemente VII.

Contudo, a ex-cunhada, Catarina não lhe dava um herdeiro do sexo masculino e foi pedida a anulação do casamento para o Papa Clemente VII.[276] O pedido foi negado, mas Henrique VIII repudiou a esposa e se casou com a jovem Ana Bolena,[277] mãe de sua filha, Elisabeth. Posteriormente, Ana foi acusada de adultério e executada (1536). Casou-se pela terceira vez com Jane Seymour,[278] que morreu

---

272 Catarina de Aragão (1485-1536): esposa de Henrique VIII, repudiada após 18 anos de união. Mãe de Maria Tudor. O seu divórcio causou o "cisma" inglês.

273 Santa Liga: coligações dos séculos XV e XVI envolvendo as guerras italianas. Coalizão do Papa Júlio II, Veneza e Espanha contra os franceses (1511-1516). A eleição do Papa Leão X dissolveu a Liga. Associação dos católicos do Sacro Império Romano (1609) arcebispados e pequenos estados do sul da Alemanha (protestantes).

274 Luís XII (1462-1515), o "pai do povo", bisneto de Carlos V da França (1498 a 1515). Iniciou guerras com a Itália, reivindicando Milão.

275 Francisco I (1515-1547): Rei da França, sucedeu a Luís XII. Disputou a coroa da Alemanha. Vencido e preso, livrou-se com o tratado de Madri. Protetor das artes.

276 Papa Clemente VII: Júlio de Medicis (1513 a 1534) – brigou com Henrique VIII e Carlos V. Preso em Roma pelos Bourbons. Recusou o divórcio de Henrique VIII.

277 Ana Bolena (1507-1536): segunda esposa de Henrique VIII, dama de honra de Catarina de Aragão. Causou o divórcio do casal. Acusada de adultério e traição, foi decapitada.

278 Jane Seymour (1508-1537): irmã do duque de Somersat – Eduardo (1506-1552), estadista inglês, "Protetor" no reinado de Eduardo VI. Foi decapitada.

durante o parto do futuro Eduardo VI.[279] Em 1540, casou-se com Ana de Cleves,[280] também acusada de "má conduta" e executada em 1542. O último enlace foi com Catarina Parr em 1543.[281] Henrique VIII, devido à crise conjugal que levou a Igreja Católica a negar o seu divórcio, rompeu com o Papa e com Roma criando a Igreja Nacional Anglicana transformando-se em seu "Bispo Supremo". Acabou com os mosteiros católicos e distribuiu os bens entre os seus vassalos. Com a adoção ao protestantismo, criou uma nova aristocracia fiel ao trono e patriota. Para consolidar esta posição, lançou o Ato de Supremacia (1534) que o tornou chefe supremo da igreja do reino. A nova igreja adotou um meio termo entre o catolicismo e o protestantismo, mas conservou o culto solene, os sacerdotes e os bispos da Igreja Católica Apostólica Romana. O anglicanismo ficou uma igreja de Estado, latifundiária, cobrando dízimos de seus membros e obrigando todos os ingleses a professarem a nova religião, para não serem perseguidos e retaliados. Henrique VIII foi excomungado pela bula *Eius Qui Immobilis*, pelo Papa Paulo III (1535).

Foram adotados *Os Seis Artigos* aprovados pelo parlamento inglês (1539) que determinavam:

I) Reafirmação da doutrina de transubstanciação.[282]

---

279 Eduardo VI – Rei da Inglaterra (1547-1553) – ajudou o movimento reformista.

280 Ana de Cleves (1515-1557): filha do Duque João III de Cleves, Rainha da Inglaterra, quarta esposa de Henrique VIII. Casou-se em 1540. Divorciou-se logo depois.

281 Catarina Parr (1512-1548): Rainha da Inglaterra e última esposa de Henrique VIII.

282 Doutrina de transubstanciação: trata-se da crença da fé cristã, segundo a qual o pão e o vinho se transformam no corpo e no sangue de Cristo, no momento da eucaristia, quando o Cristo se faz efetivamente presente.

II) A comunhão "sob duas espécies"[283] é desnecessária para todas as pessoas.

III) Os sacerdotes, depois de receberam a "ordem de sacerdócio", não podiam se casar usando a "lei de Deus", como ocorria no catolicismo.

IV) Devem ser respeitados os votos de castidade ou de viuvez, realizados perante Deus, de ambos os sexos.

V) As missas privadas foram mantidas.

VI) As confissões auriculares podiam continuar nos moldes antigos.

A lei dos *Seis Artigos*, portanto, tratava das heresias. Os artigos dispunham sobre medidas objetivas e radicalmente punitivas e conservadoras no campo religioso, tanto é que a negação do sacramento poderia ser punida com a morte na fogueira; quem não aceitasse a importância da confissão confidencial e de missas particulares poderia ser enforcado; ex-padres e ex-freiras, que não cumprissem os votos do celibato e se casassem, poderiam ser enforcados. Essas medidas foram contundentes em relação ao movimento reformista.

Como subproduto desta "nova igreja" e querendo eliminar os restos do catolicismo, surgiram os puritanos,[284] que receberam influências do calvinismo e muitos se deslocaram para as colônias americanas, devido aos conflitos religiosos que concorriam na Inglaterra. Henrique VIII, seguindo as tendências renascentistas, apoiou as letras, escrevia poemas, gostava de literatura romanesca, divulgava a música, o teatro (tocava alaúde), compunha hinos, discutia

283 Comunhão sob duas espécies: significa que o sacerdote, no momento da eucaristia, oferece ao cristão o pão e o vinho.

284 Puritanos: radicais presbiterianos da Inglaterra e Escócia. Desejavam seguir fielmente os textos bíblicos. Moralistas, foram levados à Revolução de 1648 e, depois, ao governo tirânico de Cromwell. Posteriormente, foram perseguidos pelos Stuarts e fugiram para a colonização dos EUA.

problemas teológicos e filosóficos, contratou assessores intelectuais ligados à Revolução Cultural trazida pelo renascentismo. Facilitou a entrada de princípios científicos na Inglaterra e apoiou o mecenato, apesar de suas posições autoritárias. O Renascimento inglês não se destacou na pintura e escultura, mas avançou na poesia, no drama, na música, na filosofia, na teologia, tendo um excelente nível em sua prosa. Portanto, houve a conexão de ideias renascentistas e reformistas. Ainda, no governo de Henrique VIII, o País de Gales ficou ligado à Coroa Inglesa (1536), foi proclamado Rei da Irlanda (1541) e fomentou o crescimento da marinha inglesa.

Nesse contexto é que o intelectual renascentista e chanceler Thomas Morus está inserido e foi preso na torre de Londres, sendo condenado à morte. Foi mais uma vítima da injustiça dos reformistas que repetiam as mesmas arbitrariedades da Inquisição Católica.

4.5 Galileu Galilei (1564-1642) – A ciência perseguida

O cientista nasceu em Pisa, filho de Vincenzo, descendente longínquo da nobreza florentina, pobre, especialista em teoria musical e de Giulia. Aos dez anos, a família se deslocou para Florença onde o pai se tornou músico da corte. Galileu foi estudar no mosteiro de Vallombrosa, onde se tornou noviço e, depois, foi transferido para Florença. Aos 17 anos, foi estudar Medicina na Universidade de Pisa, mas não se dedicou como devia ao curso, frequentando constantemente à boemia local. Não tinha vocação para a medicina, como desejava seu pai.

Nesse período, entrou em contato com o matemático da corte Ostilio Ricci,[285] durante um curso que frequentou, foi seduzido pela

---

285 Ostilio Ricci (1540-1603): matemático da Corte de Florença, professor de Galileu sobre os princípios de Euclides e Arquimedes. A sua influência trouxe Galileu para o campo da matemática.

matemática. Ricci simpatizou-se com Galileu e passou a orientá-lo nos estudos de Euclides e Arquimedes.

Em 1589, aos 25 anos, passou a lecionar matemática na universidade de Pisa onde realizou um experimento sobre a gravidade na torre local. Em Pisa, era considerado novo rico, esnobe e crítico da igreja.

Em 1592, foi contratado como professor na universidade de Pádua, onde ficou por 18 anos e desenvolveu as suas grandes obras. Dedicou-se, também, à engenharia e transformou-se em inventor.[286] Construiu uma potente luneta, a partir de trabalhos já realizados na Holanda, revolucionando as pesquisas sobre o "céu".

Em decorrência do sucesso obtido, foi nomeado primeiro matemático e filósofo do Grão-Duque de Toscana. Passou a se dedicar à cosmologia, procurando apresentar uma nova visão do mundo e aderindo às propostas de Nicolau Copérnico,[287] com o apoio do Monsenhor Piero Dini[288] e da grã-duquesa Cristina de Lorena.[289] Contudo, em 1616, o Santo Ofício proibiu o livro de Copérnico (*de revolutionibus orbium coelestium*),[290] colocando-o no Index da

---

286 Inventor – inventos atribuídos a Galileu: telescópio, o pioneiro foi o óptico alemão Hans Lippershey na elaboração do telescópio. Galileu aperfeiçoou o instrumento.

287 Nicolau Copérnico (1473-1543): polaco, pioneiro da astronomia, autor do tratado *De revolutionibus orbium coelestium Libri VI*, desenvolveu o heliocentrismo.

288 Monsenhor Piero Dini: amigo de Galileu, com quem manteve correspondências, relator apostólico de Roma.

289 Grã-Duquesa Cristina de Lorena: mãe de Toscana (1565-1637) – filha de Carlos, Duque de Lorena e casada com o Grão-Duque de Toscana, Ferdinando I (1589). Contratou Galileu para lecionar para seu filho Cósimo, futuro protetor do cientista. Manteve correspondências com Galileu.

290 Santo Ofício: Santa congregação do Santo Oficio – tribunal de apelo supremo para os processos de heresia – instituído em 1542 pelo Papa Paulo III.

Sagrada Congregação da Igreja Católica[291] e passou a criminalizar o heliocentrismo, além de pressionar e ameaçar Galileu para não divulgar, nem escrever sobre o tema. Por sinal, Galileu já havia sido denunciado em 1614 por Tommaso Caccini pelas ideais apresentadas no livro *O mensageiro das estrelas*.

Em 1623, foi eleito Papa o Cardeal Maffeo Barberini,[292] admirador e amigo de Galileu, com o título de Urbano VIII. Aproveitando o fato, Galileu dedica o livro *O Ensaiador* (*Il Saggiatore*) ao novo Papa.

Na sequência, passou a trabalhar na famosa obra *Diálogo*, que terminou em 1.630, com apoio de Urbano VIII, e consegue imprimi-lo em Florença (1632).

O Papa, no entanto, instigado pelos jesuítas, sentiu-se enganado pelo teor do livro, pois o identificaram com um personagem chamado Simplício, radical defensor da linha aristotélica e ptolomaica, mandou proibir *O diálogo*, convocando Galileu para depor na inquisição de Roma. Foi intimado (em 23 de setembro de 1632) pelo inquisidor de Florença.[293] O Papa determinou que deveria ser preso e trazido, se preciso, a ferros para Roma.

Em 15 de janeiro de 1633, deixou Florença, mas teve que ficar de quarentena em Acquapendente devido a uma peste que tinha alvejado a região. Chegou a Roma, em 13 de fevereiro do mesmo ano, e ficou hospedado com Francesco Niccolini na Villa Médici,

---

291 Index: relação de livros censurados e condenados pela igreja. Atuava a congregação do "index", um tribunal criado em Roma pelo Concílio de Trento, para examinar os livros indicados pelas autoridades eclesiásticas. Na atualidade, é orientado pelo Santo Ofício.

292 Cardeal e Papa Maffeo Barberini (1568-1621): amigo de Galileu, foi indicado como Papa Urbano VIII. Governou a Itália como se fosse um soberano absoluto.

293 Inquisidor de Florença: intimou Galileu para depor em Roma.

devido ao seu estado de saúde e a idade avançada. Ficou dois meses esperando pelo interrogatório da Inquisição.

Foi interrogado, pela primeira vez, em 12 de abril de 1633.

O processo/julgamento – defendeu-se, negando ter contrariado o Papa e a igreja e afirmou que o livro (com sucesso) "dialoga sobre os dois principais sistemas do mundo ptolomaico e copernicano", onde trocam ideias três personagens em um palácio cor-de-rosa em Veneza, durante quatro dias, não procurava exaltar o heliocentrismo, mas discuti-lo hipoteticamente. Os personagens da obra são Simplício, defensor do sistema ptolomaico-aristotélico, Salvati que tenta ser o conciliador e o crítico Sagredo. Acontece que estavam identificando o Papa com Simplício, segundo diversas interpretações, principalmente dos radicais inquisidores jesuítas. A obra estava sendo considerada subversiva e causando mais danos à igreja do que o movimento reformista liderado por Lutero[294] e Calvino,[295] segundo à assessoria de Urbano VIII.

O processo de heresia foi instaurado e se inicia com uma análise dos antecedentes de Galileu sobre os temas abordados desde 1616.

Naquela época, segundo os inquisidores, o matemático havia "prometido" verbalmente, ao teólogo chefe do Vaticano, Cardeal Bellarmine,[296] parar de defender o sistema copernicano em uma sessão fechada.

---

294 Lutero, Martinho (1483-1543): frade, rompeu com o Vaticano, chefiou a Reforma Religiosa na Alemanha. Protestou contra as indulgências e foi excomungado. Traduziu a *Bíblia* para o alemão.

295 Calvino, João (1509-1569): francês, defendeu a Reforma na França e Suíça. Organizou uma república protestante em Genebra. Escreveu a *Instituição Cristã*, negava a tradição, reduzia os sacramentos ao batismo e a eucaristia, suprimiu cerimonias e fomentou ideias de grande utilidade para o desenvolvimento do capitalismo. Na realidade, implantou uma ditadura na Suíça.

296 Cardeal Roberto Bellarmine (1542-1621): jesuíta, foi consultor dos papas Clemente VIII e Paulo V. Professor catedrático do colégio

Galileu negou, mas não obteve sucesso em seus argumentos. Esse período (1616) explicita os confrontos sociais, econômicos, políticos e religiosos que gerou uma radical intolerância ideológica e teológica em relação à visão científica dos intelectuais da época. Nesse contexto, a Inquisição romana passou a atuar de forma draconiana,[297] censurando e proibindo livros, além de criminalizar pensadores que discordassem da escolástica, ainda definida pela igreja católica. Usava um tribunal de exceção, representado pelo Santo Ofício, institucionalizando, em 1542, que combatia os "heréticos", investigava, encarcerava, torturava e matava, pois tinha o controle das decisões judicias, processuais e penais, sob a tutela do Papa. Foi o que ocorreu nesse contexto, quando foi censurado o heliocentrismo, que considerava a tese "do sol como centro do mundo e totalmente imóvel de movimento local", como "tola e absurda *in philosophia*". A Inquisição considerava esta crítica formalmente herética, pois contrariava as escrituras.

Foi neste momento que Galileu foi informado na época do Papa Paulo V,[298] pelo Santo Ofício, para abandonar a defesa dessa tese, aceita a admoestação. Invocando esses acontecimentos é que o Santo Ofício, em 1633, oferece a denúncia contra Galileu, lembrando o que, desde aquela época estava sendo vigiado. O "corpo de delito" apresenta oito itens, com os seguintes aspectos:

---

romano e especialista da cultura de "controvérsias". Foi ideólogo da Contrarreforma. Responsável pela condenação de Giordano Bruno e sua condenação à fogueira.

297 Inquisição Romana: primeira inquisição ocorreu no século XIII na França. Depois, ressurgiu na Espanha e Portugal. Seguia regras restritas do Santo Ofício e trabalhava junto com os Estados – O Papa Gregório IX (1227-1241), em Roma, instituiu a *Liber Extra*, coleção de decretos papais (Direito Canônico). Uniu o Direito Canônico à legislação imperial para queimar hereges condenados pelo poder secular. Exercia o papel de juízes, júri e de executores.

298 Papa Paulo V: Camillo Borghesi (1605-1621) – tinha uma visão radical da autoridade secular. Confrontou-se com Veneza. Desejava um júri secular universal.

> 1) Ter posto o *imprímatur* de Roma sem autorização, e sem comunicar a publicação a quem se afirma ter assinado. 2) Ter posto a prefação com caracteres distintos, tornando-a inútil como que alienada do corpo da obra, e ter colocado o remédio do fim como que na boca de um tolo, e numa parte em que quase não se acha a não ser com dificuldade, aprovado, além do mais, pelo outro interlocutor friamente, e por acenar somente e não ressaltar o bem que demonstra afirmar de má vontade. 3) O fato de faltar muitas vezes na obra o enfoque hipotético das questões e de afastar-se dele, ou afirmando absolutamente a mobilidade da Terra e a estabilidade do Sol, ou qualificando os argumentos em que se funda como demonstrativos e necessários, ou tratando a parte contrária como impossível. 4) Trata do assunto como não decidido, e como se não fosse aguardada e não fosse proposta uma definição. 5) O desprezo dos autores contrários e dos quais a Santa Igreja mais se serve. 6) O fato de se afirmar e declarar mal certa semelhança, na compreensão das realidades geométricas, entre o intelecto humano e divino. 7) Apresentar como prova de verdade que os ptolomaicos passem aos copernicanos, e não ao contrário. 8) O fato de ter relacionado o existente fluxo e refluxo do mar com a estabilidade do Sol e mobilidade da Terra, não existentes. Todas essas coisas poderiam ser corrigidas, se se julgasse o livro ter alguma utilidade, pela qual houvesse necessidade de fazer-lhe esta graça.[299]

Os argumentos não apresentam grande sustentação processual, a saber:

1º Esse "delito" é frágil em sua argumentação, ou seja, Galileu era acusado de não ter apresentado a versão final da obra antes da impressão, que, por sinal, já estava autorizada (fato).

299 GALILEI, Galileu. *Diálogo sobre os dois máximos sistemas do mundo ptalomaico e copernicano*. Associação Filosófica *Scientiae Studia*. São Paulo: Editora 34, 2011, pp. 66/67.

2° Acusam o prefácio da obra e o texto, referente à conclusão, de afirmar: "o remédio do fim" e "como na boca de um tolo", como incriminadores e concluem haver "má vontade" da parte do acusado. Acreditam não existir conexão entre o prefácio e o corpo da obra. Acham inócuo o texto. Não analisaram o conteúdo do argumento.

3° É acusado de não ter analisado, corretamente, o movimento da terra, ou seja, de "forma hipotética". Esqueceram a dificuldade do cientista de ligar os fatos descobertos pelo heliocentrismo com o intuito da igreja de exaltar o geocentrismo. Raciocínio discrepante, ilógico. Desejavam alterar o núcleo básico do livro, que era comparativo com o enfoque instrumentalista, a fim de privilegiar o pensamento de Aristóteles e Ptolomeu, já superados no campo científico. Em relação à chamada "admoestação anterior", como informado, tinha sido verbal e não havia "efeito legal", pois não foi realizada por escrito, ou seja, documentada e com assinatura do cientista. Mas, este documento apócrifo foi colocado no processo para comprometer o acusado que desconhecia o seu teor, sendo uma agressão gravíssima à legislação vigente sob a tutela do Vaticano. Era uma fraude. Contrariava a possibilidade de Galileu de analisar, sob o prisma instrumentalista determinado pela igreja, e se chocava com o decreto anterior usado pela Inquisição, que aceitava a teoria de Copérnico como hipótese.

4° O item que o acusa de transgredir a intimação, com base nas decisões de 1616 (decreto), considerando a questão do movimento da terra decidido, não é verdadeiro, sendo um sofisma, pois eram permitidos estudos considerando uma "hipótese o heliocentrismo". Tinha como objetivo impedir que Galileu realizasse interpretações *ex suppositone* com base em raciocínio matemático. Arbitrariamente, impõe que a verdade sobre as teses copérnicas estava decidida anteriormente, provando, assim, a "inexistência dos movimentos da terra e a centralidade do sol". Na realidade, fizeram uma interpretação baseada em documento apócrifo, que concluía que a Sagrada Congregação do Índice, tinha definido e proibido de qualquer modo a discussão das teses de Nicolau Copérnico, o que não ocorria, pois dera abertura para enfoque hipotético.

5º Acusa Galileu de atacar a tradição e de não estar de acordo com o Concílio de Trento (1545-1563),[300] que tinha restringido o assunto aos "doutores em teologia", aplicado às censuras de 1616. Contudo, Galileu não realiza nenhuma crítica à fé e à moral, pois a obra aborda as questões *in philosophia*, ou seja, as posições filosóficas em relação às questões naturais. Aborda o problema como se o "acusado" se manifestasse na "categoria de desprezo" e de intolerância. É uma inversão de raciocínio e se conflita com o próprio programa científico elaborado pela Contrarreforma e pelos jesuítas. A acusação contraria as próprias decisões anteriores da Inquisição.

6º Censura o texto do *Diálogo* que diz "o fato de se afirmar e declarar mal certa semelhança, na compreensão das realidades geométricas, entre o intelecto humano e o divino". Mas o cientista afirma apenas que há uma certa semelhança, entre o intelecto humano e o divino, e concorda que há grandes diferenças entre ambos.

Concluindo, os itens abordam "o argumento da conversão" desenvolvidos por Galileu em *Acerca da opinião copernicana* em 1615 (inédito); e, também, no *Diálogo*, que lida com a "assimetria da conversão", pois os que eram defensores de Aristóteles e Ptolomeu e passaram a apoiar Copérnico não retornaram à posição anterior, mostrando que a "nova hipótese" era qualificada e bem melhor. Os copernicanos saíram vitoriosos. Contudo a proposta de Galileu

300 Concílio de Trento (1545-1563): assembleia de bispos que decidem sobre questões de doutrina e disciplina eclesiástica. O Concílio de Trento decidiu a reforma geral da Igreja Católica, devido ao avanço do protestantismo. Idealizou a Contrarreforma.

não foi esta, e sim "da melhor postura a ser adotada para escolher", que tem como base apenas a metodologia de Copérnico, levando em consideração o conhecimento das "opiniões e os argumentos de seus oponentes" e, portanto, "depois de uma avaliação completa dos argumentos contra e a favor (e mais consciente) de um dado assunto".

Logo, a superioridade da teoria de Copérnico é devida à sua estrutura dialética e à sua metodologia e não consequência das observações de Galileu. Já os aristotélicos não apresentavam os mesmos fundamentos e não aprofundaram os estudos sobre o heliocentrismo, portanto, não conseguiam realizar uma avaliação científica. Optaram pela ignorância em relação às novas propostas científicas.

Em relação à abordagem das marés, consideravam que o papa Urbano VIII tinha proibido a sua abordagem e o réu tinha se referido no *Diálogo*, "o existente fluxo no mar com a estabilidade do sol e mobilidade da terra". Na realidade, o autor, em seu texto, desejava apenas aclarar "os movimentos da terra", considerado equivocado pelo Vaticano. Segundo o Papa, ele "ousou intrometer-se em matérias que vão além de sua competência", é uma das mais graves injúrias para a religião, uma das maiores perversões possíveis.

Percebe-se, portanto, que todo o enfoque tem caráter político, pois tenta sufocar um intelectual, a ciência e até a cultura renascentista, usando aspectos jurídicos impostos pelos inquisidores e também falsificados. O objetivo é esmagar as ditas "verdades naturais", apoiando a intolerância.

Era uma pseudo-solução jurídica, já que contrariava a legislação da época articulada por Roma e totalmente arbitrária.

Em consequência das acusações, no interrogatório, Galileu foi considerado culpado e deveria negar a teoria de Copérnico para não sofrer a mesma pena de Giordano Bruno, ou seja, torturado e queimado vivo. Deveria "abjurar a heresia", para não ser torturado e levado à fogueira, sofrendo dores e agonia inimaginável, impossível para um velho fragilizado e doente. Após três semanas do seu interrogatório, em 30 de abril, Galileu se manifestou da seguinte forma:

> Eu, de livre e espontânea vontade, confesso que, em diversos momentos, pareceu-me que afirmava de tal modo que um leitor, ignorante de meu real objeto, poderia ter razões para supor que os argumentos que sustentavam o lado falso foram, então, expressados como sendo calculados e não forçados pelo raciocínio.[301]

Após este posicionamento, foi levado "ao calabouço" do Santo Ofício, onde ficou quase vinte e quatro dias, até ser levado, novamente, para a sala dos inquisidores, a fim de demonstrar os seus "equívocos científicos e teológicos".

Finalmente, em 22 de junho de 1633, voltou à sala da Inquisição para receber a sentença por crimes considerados hediondos contra a Igreja Católica e "veemente suspeição de heresia". Nessa ocasião, estava vestido com uma túnica e um chapéu cônico, ajoelhou-se, diante dos juízes inquisitoriais, e disse: "eu amaldiçoo e detesto todos os meus erros e heresia". O livro *Diálogo*, execrado, ficou no Index por mais de dois séculos. A pena foi de prisão perpétua. Foi levado, novamente, à prisão, onde ficou até a intervenção do sobrinho do papa Urbano VIII, Francisco Barberini,[302] que conseguiu que fosse liberado para voltar à embaixada da Toscana. Niccolini, o embaixador, comentou, após receber Galileu a um confidente, por carta: "É algo medonho ter de lidar com a Inquisição. Este pobre homem voltou mais morto do que vivo".

---

301 LEWIS, Brenda Ralph. *A história secreta dos Papas*. São Paulo: Editora Europa, 2010, p. 175.

302 Franciso Barberini (1597-1679): sobrinho do Papa Urbano VIII, amigo de Galileu, interferiu para tirá-lo da prisão e levá-lo à sua residência.

Foi autorizado a voltar para Florença com o apoio da embaixada, mas sob a tutela do arcebispo de Siena, Ascanio Piccolomini,[303] onde ficou em "prisão domiciliar". Nesse período, sofreu um colapso nervoso e, após cinco meses, foi transferido para a sua antiga residência em Arceti, onde continuou prisioneiro da Inquisição. Será vigiado por esta instituição até a sua morte. Mas, disfarçadamente, continuou escrevendo e organizando as suas anotações, na tentativa de publicar *As duas novas ciências*, que acabaram sendo contrabandeadas para serem impressas no exterior, via Holanda.[304]

O livro foi lançado em 1638, com Galileu já cego e sem poder apreciar o seu último trabalho.

Morreu em 8 de janeiro de 1642, antes de fazer 78 anos, e proibido de ter um funeral público, pelo Papa que afirmou ter Galileu "proporcionado o maior escândalo da cristandade". Foi enterrado no porão da Basílica de Santa Cruz em Florença. Posteriormente, em 1737, Clemente XII[305] autorizou a construção de um túmulo e fizeram um monumento para o cientista em Santa Cruz.

E, tardiamente, 350 anos depois, em 1992, o Papa João Paulo II reverteu os julgamentos de 1616 e de 1633, admitindo que Galileu estava cientificamente correto.

Foi mais um julgamento político e ideológico com a capa de justiça.

---

303 Ascanio ou Alessandro Piccolomini: Arcebispo de Siena (1508-1578) – comentou a obra de Aristóteles, *Questiones mecanicae*, criticou Averrois.

304 Holanda: Galileu contrabandeou seus textos para a Holanda com o objetivo de imprimi-los.

305 Clemente XII: Papa de 1730 a 1740.

4.6 Giordano Bruno (1548-1600) – A Inquisição quer tortura e sangue

Nasceu em Nola, ao lado de Nápoles, com o nome de Filipo Bruno. Aos 15 anos (ou 16), entrou para realizar estudos num convento dominicano. Tinha uma grande memória e um comportamento inquieto. Estudou filosofia, literatura clássica e esteve na Universidade de Nápoles. Ao adotar o hábito dominicano, passou a ser chamado de Giordano Bruno.

De 1565 a 1576 se dedicou à vida monástica. Em 1572, doutorou-se em teologia e foi, definitivamente, ordenado padre.

Em 1576, abandonou o hábito e se retirou do convento por ter dois processos religiosos, num deles havia sido acusado de matar um coirmão.[306] Circulou pela Europa, foi a Genebra onde analisou o calvinismo, à França onde lecionou em Toulouse e Paris (College de Lambrai, College de France) e teve uma cátedra extraordinária na Sorbonne, dada pelo rei Henrique III.[307] Na França, lançou um livro, considerado pornográfico *O Castiçal*, e, também, *A sombra das ideias* para Henrique III. Em 1584, esteve na Inglaterra com o embaixador francês Michel de Castelnau,[308] obtendo contatos com membros da universidade de Oxford. Ao voltar para a França (em 1585), polemizou com os peripatéticos e deixou Paris,[309] indo

---

306 NICOLA, Ubaldo. *Antologia Ilustrada de Filosofia*: das origens à idade moderna. São Paulo: Editora Globo, 2005, p. 172.

307 Henrique III (1551-1589): Rei da França, filho de Henrique II e de Catarina de Médicis. Inicialmente, hostilizou os protestantes, depois garantiu a liberdade de culto, para garantir a unidade nacional. Foi assassinado pelo monge Jacques Clement.

308 Michel de Castelnou (1520-1592): embaixador francês na Inglaterra, ajudou Giordano a estabelecer contato com professores e intelectuais ingleses.

309 Peripatéticos: a Escola Peripatética foi criada por Aristóteles. Os adeptos da escola e da filosofia aristotélica onde as aulas ocorriam com os alunos e mestres caminhando nos jardins de Liceu em Atenas (335 a.C.).

à Alemanha, onde circulou durante seis anos (Wittenburg, Marburgo, Helmstedt e Zurique) e acabou publicando as suas obras em 1.591. Principais livros: *Diálogos* em italiano dedicados à filosofia de natureza; *A ceia das cinzas*; *Da causa do princípio e do uno*; *Do infinito universo e mundos*; *A expulsão da besta triunfante*; *A cabala do cavalo Pégaso com o adendo do asno cilênico*; *Dos heróis*; *Da monada, do seu número e da sua forma.*

Posteriormente, deslocou-se a Veneza a fim de ensinar geometria e Mnemônica,[310] a pedido de Zuane Mocenigo,[311] que o hospedou e o denunciou à Inquisição em 23 de maio de 1592.

Ficou preso durante oito anos na masmorra de Veneza e depois Roma. Durante esse período, foi torturado e interrogado para "abjurar" as suas ideias.

As acusações: foi acusado de criticar a religião e a moral, pois acreditava num universo infinito, cheio de sóis, estrelas e sistemas siderais, sem um ponto central, tudo em constante movimento, numa concepção de filosofia do infinito e de magia.

Na realidade, Bruno transitou em diversas doutrinas, tais como pitagorismo, platonismo, neoplatonismo, estoicismo, averroismo, epicurismo, hermetismo, em Nicolau de Cusa,[312] e, também,

---

310 Mnemônica (Mnemônico): relativo à memória. Fácil de reter na memória. É o ato de memorizar.

311 Zuane Mocenigo (1531-1598): rico, contratou Giordano Bruno em Veneza para receber aulas, apreendendo os seus métodos de filosofia. Posteriormente, denunciou Giordano Bruno à inquisição.

312 Nicolau de Cusa (1401-1464): alemão, foi bispo e cardeal, teve a influência neoplatônica, em que o conhecimento de Deus é impossível (teologia negativa). Considerava o conhecimento uma "Douta ignorância" e propunha dar espaço para a intuição e especulação. Atacou o geocentrismo. Escreveu *A douta ignorância*.

reteve-se em Nicolau Copérnico,[313] admitindo o heliocentrismo e o movimento da terra.

Seguindo esses princípios, chocou-se com a escolástica, quando afirmou:

> Eu consideraria coisa indigna da bondade e do poder divino, se podendo produzir uma infinidade de mundos, ele se contentasse em produzir um único mundo finito (...). Deus é infinito no infinito, em todos os lugares e em todas as coisas, nem acima nem fora, mas totalmente interior a todas as coisas (...) O universo representa a perfeição divina.[314]

A sua análise adota a especulação cosmológica de Nicolau de Cusa, com a adição da cosmologia de Copérnico. Este propunha uma reformulação dos princípios da astronomia por meio da mudança dos princípios cosmológicos, que defendia o geocentrismo e a terra imóvel, conforme propunha Aristóteles.

A igreja, adepta da escolástica, defendia esta teoria e considerava heresia as assertivas contrárias. Em 1616, ponderava ser a proposta do heliocentrismo apenas uma hipótese, pois Giordano, após as publicações dos livros *A ceia das cinzas* (*La cena de La ceneri*), *Acerca do infinito, do universo e dos mundos* (*De la causa, principio e uno de l'infinio*), defende radicalmente os princípios de Copérnico como a real estrutura do universo e de sua infinitude. Mescla com o poder infinito de Deus que permite o conhecimento

---

313 Nicolau Copérnico (1473-1543): polonês, estudou na Cracóvia e depois Itália. Propôs o sistema heliocêntrico e criticou o geocentrismo de Ptolomeu. Demonstrou, matematicamente, que a terra é redonda e gira ao redor do sol, não sendo o centro do universo. Abalou os princípios da Igreja Católica.

314 HUISMAN, Denis. *Dicionário dos Filósofos*. São Paulo: Martins Fontes, 2001, pp. 172/173.

humano. A terra passa a ser considerada um astro comum como os demais e gira ao redor do sol.

Giordano Bruno, portanto, confronta-se com a visão teológica da igreja e coloca a ciência como responsável pelo conhecimento da natureza e o "homem se unindo à divindade", transformando-se "numa alternativa completa à religião e ao cristianismo", ou seja, numa grande expressão do Renascimento.

Apresenta uma visão panteísta e imanente, pois acredita que uma mente não é privilégio do homem, mas existe de modo inconsciente nos animais, nas plantas, nas gemas e nos minerais. Acreditava na existência de um intelecto universal ou alma do mundo.

Deus, em suma, é o princípio, pois atua no mundo. Considera, portanto, que o universo é infinito e homogêneo em cada parte; não existe uma esfera das estrelas fixas sem o último céu (*empireo*). É razoável supor, também, que outros corpos celestes são habitados por seres inteligentes, da obra *Do imenso e dos Inumeráveis*.

Diante desses fatos, a Inquisição, representada pelos seus acusadores no julgamento de Bruno, concluía que:

- Era panteísta, praticava magia, que Deus é uma espécie de natureza criadora do mundo, a matéria é inseparável da alma; Deus não é o criador, mas "a mônada das mônadas".[315]
- Heterodoxo. Triturava as bases da igreja com o seu pensamento totalmente herético e defendia um padrão matemático do mundo (Pitágoras/Platão).
- Logo, deveria ser condenado à pena de morte pela fogueira, pois não abjurava aos princípios divulgados que eram totalmente errados e, portanto, criminoso.

---

315 A mônada das mônadas: substância simples, ativa, indivisível que compõe todos os seres. Nascida com a criação e inacessível às influências estranhas.

Giordano foi torturado até ser levado à fogueira em Roma, mas não se retratou, pois defendia concepções científicas. Antes de morrer, afirmou: "Vocês têm mais medo ao fazer o seu julgamento do que eu ao tomar consciência dele".[316]

Foi uma mártir da verdade científica.[317]

Foi mais uma vítima da "banalidade do mal".[318]

4.7 Miguel Servet (1509 ou 1511-1553) – A Reforma copia a Inquisição – O cientista queimado

Espanhol, nascido em Villanueva de Sigena, cuja mãe era de origem francesa e pai notário. Estudou em Saragoça e em Toulouse. Viajou pela Itália e Alemanha. Recebeu orientação do franciscano João Quintana, capelão de Carlos V[319] e seguidor de Erasmo de Rotterdam.[320] Fugiu de Aragão para Toulouse devido à Inquisição com 15 anos. Visitou Bolonha com o franciscano, seu orientador, na sagração realizada pelo Papa Clemente VII[321] do imperador como

---

316 KENIGAN, Michael. *História Secreta da Igreja*. São Paulo: Editora Europa, 2015, pp. 97/98.

317 JAPIASSÚ, Hilton; MARCONDES, Danilo. *Dicionário Básico de Filosofia*. Rio de Janeiro: Zahar, 2001, p. 34.

318 A Banalidade do Mal: Hannah Arendt (1906-1975) – filósofa alemã, estudou o totalitarismo. Escreveu: *Eichmann em Jerusalém*, *As Origens do Totalitarismo*, *Sobre a Violência*, *A Condição Humana* etc. Criou o termo "Banalidade do Mal" em suas reflexões sobre a maldade radical e violenta.

319 Carlos V (1500-1558): filho de Filipe, "o formoso", Rei da Espanha e Imperador da Alemanha. Pretendeu montar um Império do Mundo.

320 Erasmo de Rotterdam (1469-1536): literato e filósofo holandês. Escreveu: *O elogio da loucura*, *Colóquios* etc.

321 Clemente VII: Papa Júlio de Medicis de 1523 a 1534. Lutou contra Carlos V e Henrique VIII.

rei da Lombardia.[322] Durante sua estadia na Itália, teve o interesse despertado para a anatomia e o arianismo.[323]

Entrou em contato com o movimento reformador em Bâl e Estrasburgo, defendeu as ideias antitrinitárias[324] e panteístas[325] que chocaram os protestantes.

É considerado um doutrinador satânico e perseguido pelos reformistas e pela Inquisição Católica.

Em 1531, com o nome falso de Michel de Villanueva, foi a Paris e publicou o livro *De Trinitatis erroribus* com duras críticas ao dogma da Santíssima Trindade. Posteriormente, foi trabalhar em Lyon nas edições Trechsol, especializada em livros científicos. Em 1536, voltou à França para estudar medicina na Universidade de Paris, onde acompanhou as orientações dos professores: Fernel,[326] Dubois (Syluius)[327] e Gunther.[328] Foi colega de André Vesalius[329] no aprendizado de dissecção e estudos de Galeno, dados pelo professor Gunther. Concomitante, Servet dedicou-se ao estudo da astrologia

---

322 Imperador: normalmente, o poder soberano do imperador advém das conquistas de territórios e não do direito hereditário como acontece com os reis que herdam um território já bem delimitado.

323 Arianismo: o termo provém do nome *Ario*, presbítero que foi excomungado e expulso da Igreja Católica por questionar a doutrina da Santíssima Trindade.

324 Antitrinitarismo: doutrina que rejeita a formação da Santíssima Trindade, segundo a qual Deus é constituído de três pessoas: Pai, Filho e Espírito Santo.

325 Panteístas: consideram todos os objetos da natureza como não tendo outras realidades senão a própria existência de Deus. O mundo é o corpo da divindade.

326 Fernel: professor da Faculdade de Paris.

327 Dubois: professor da Faculdade de Paris, era chamado de Sylvius.

328 Gunther: famoso professor da Faculdade de Paris. Afirmou que, depois de Vesalius, Servet era o mais aplicado em dissecção.

329 André Vesalius (1514-1564): anatomista, atacou as opiniões conservadoras de Galeno. É considerado o maior anatomista do século XVI.

judiciária ou arte divinatória, recebendo advertências da Faculdade de Medicina. Com a probabilidade de ser descoberta a sua verdadeira identidade, abandonou Paris, quando o assunto chegou ao Parlamento. Não conseguiu a formatura em medicina.

Foi para Charleiu (Loire), onde se casou e, depois, separou-se após um duelo, saindo da cidade.

Em 1540, foi para Viena (Isére), onde se tornou médico do arcebispo da cidade, Palmier.[330]

Voltou a trabalhar com a Editora Threchsel (Viena). Ficou doze anos na Áustria e teve pacientes da elite local. Escreveu, neste período, o livro *Christianismi Resitutio*, onde descreveu a circulação pulmonar, publicado apenas em 1.552-1.553, por ser considerada uma "obra perigosa e herética". O livro tinha 734 páginas e foram impressos 800 exemplares, todos pagos por Servet. Entrou, nesta fase, em contato com o reformista Calvino,[331] na Suíça, para discutir as suas ideias por intermédio de cartas, que as desaprovou. Já conhecia Calvino num contato realizado em Paris e tinha criticado o seu livro *Instituto*.

Enviou a sua obra para ser examinada por Calvino. Chocado, o protestante o denunciou para o arcebispo de Viena, Palmier, envolvendo as correspondências e o seu livro como provas. A autoridade clerical, que desconhecia a dupla identidade do médico, mandou prendê-lo e processá-lo pela Inquisição. Servet, contudo, fugiu da prisão, mas foi condenado à multa de mil libras e à fogueira, tendo seu retrato e manuscritos queimados publicamente no mercado de Viena.

---

330 Palmier: Arcebispo que representava Viena e tinha adotado Servet como seu médico. Ajudou, inicialmente, Servet.

331 João Calvino (1509-1564): francês, pregou a Reforma em Genebra, onde implantou uma república teocrática e autoritária. Escreveu *A instituição cristã*.

Durante quatro meses, circulou sem rumo explicitado, até que foi para Genebra, onde se dirigiu até a catedral de São Pedro, local em que Calvino realizava as suas pregações. Identificado, foi novamente preso a pedido deste.

Processo e julgamento. O escritor Stefan Zweig explica:

> Mas não é necessário que Servet mesmo se traía, pois o ódio, aparentemente adormecido, porém, na realidade espreitante, de seu adversário inexorável, encarregar-se-á de traí-lo. A grandiosa organização de espionagem e de vigilância cada vez mais metódica e de malhas mais estreitas instituída por Calvino em Genebra estende a todos os países vizinhos sua ação, que na França é até mais precisa do que a da Inquisição Católica. Ainda a obra de Servet nem apareceu, ainda quase todos os exemplares estão empacotados em Lião ou se acham a caminho da feira de Francfort, ainda Servet não havia distribuído senão tão poucos exemplares que hoje ao todo só existem três e Calvino já tem um em suas mãos. E imediatamente trata de, com um golpe, aniquilar o herege e sua obra.
>
> Mas o chefe da Reforma poupa ao Santo Ofício o trabalha de investigação e faz isto da maneira mais pérfida. Foi, em vão, que os elogiadores de Calvino procuraram defendê-lo também nesse ponto mais negro de sua vida, pois eles com isto desfiguram profundamente o seu caráter: Calvino, pessoalmente, sem dúvida, um homem do mais leal fervor e do mais puro interesse pela religião, perde todo escrúpulo logo que se trata do seu dogma, da "causa".
>
> Esta prisão de Servet é naturalmente uma manifesta violação do direito e uma ofensa grosseira ao direito internacional e ao de hospitalidade, que são sagrados em todos os países do mundo. Servet é estrangeiro, é espanhol, é a primeira vez que chega a Genebra, por conseguinte não pode nunca ter ali cometido um delito que justifique sua prisão. Os livros da sua autoria foram todos impressos no estrangeiro, ele, por conseguinte com suas ideias heréticas não pôde ter sublevado pessoa alguma e corrompido alma piedosa alguma

de Genebra. Demais, não assiste a um "pregador da palavra divina", a uma personagem eclesiástica, autoridade alguma para, sem resolução prévia da justiça, mandar deter alguém dentro do território da cidade de Genebra e pô-lo a ferros. O assalto de Calvino contra Servet, seja qual for o ponto de vista pelo qual se encare o fato, representa um ato histórico de arbitrariedade ditatorial, em seu patente desprezo de todos os tratados e leis, só comparável ao assalto de Napoleão contra o duque de Enghien e o consequente assassínio deste. Também, em Genebra, com uma privação ilegal de liberdade começa, não um processo regular contra Servet, mas sim um extermínio violento e cruel.

Sem queixa prévia, Servet é detido e lançado na prisão; agora é preciso, ao menos, arranjar uma culpa. Lógico seria que o homem sobre cuja consciência pesa esta prisão — *me auctore*, por minha ordem, confessa o próprio Calvino — se apresentasse para acusar a Servet. Mas, de acordo com a lei, realmente modelar, de Genebra, todo cidadão que acusa a outro dum crime, tem de ir com o inculpado para a prisão e nela permanecer enquanto não ficar provado que sua queixa é plausível. Calvino, pois, para acusar Servet perante a lei, deveria pôr-se à disposição da justiça. Mas Calvino, na qualidade de dominador teocrático de Genebra, reputa-se importante demais para sujeitar-se a um procedimento tão penoso. E se o Conselho reconhecesse que Servet não é de fato culpado e ele como acusador tivesse que ficar na prisão! Que catástrofe para sua reputação e que triunfo para seu adversário! Por isso Calvino, diplomaticamente como sempre, prefere encarregar do desagradável papel de acusador o seu secretário Nicolau de la Fontaine. Com efeito, o secretário de Calvino, valente e calmamente, deixa-se prender em lugar deste, após haver entregue à autoridade uma queixa contra Servet, constante de vinte e três pontos e, naturalmente, redigida por Calvino: esta tragédia terrível começa por uma comédia. Todavia, agora, após a manifesta violação do direito, ao menos na aparência, percebe-se o aspecto dum processo judiciário. Pela primeira vez, Servet é submetido a um interrogatório, e numa série de parágrafos, são-lhe comunicadas as diversas acusações a ele

> feitas. A estas perguntas e acusações responde Servet com calma e prudência, sua energia não se abateu com a prisão, seus nervos estão perfeitos. Refuta ponto por ponto as acusações e, por exemplo, à declaração de que ele havia, em seus escritos, atacado à pessoa do senhor Calvino, replica que isso é uma inversão dos fatos, pois, primeiramente, Calvino o atacou e, só depois, ele por sua parte mostrou que Calvino, em alguns pontos de doutrina, não estava certo. Se Calvino o acusa de que ele, Servet, se aferra tenazmente a algumas teses, também ele poderia increpar a Calvino de igual obstinação. Entre Calvino e ele trata-se apenas de divergências de opinião em teologia, que não poderiam ser decididas por um tribunal civil e se, apesar disto, Calvino mandou prendê-lo, o fato não passa de um ato de vingança absolutamente pessoal. Não foi ninguém, senão o chefe do protestantismo, quem o denunciou à Inquisição Católica e o fato de ele já, há muito tempo, não ter sido queimado não dependeu desse pregador da palavra de Deus.
>
> Este ponto de vista de Servet é tão inatacável em seu valor jurídico que a disposição do Conselho já se inclina muito para seu lado e provavelmente se teriam os conselheiros contentado apenas com o simples exílio de Servet. Mas Calvino deve ter percebido por quaisquer indícios que a causa não estava em mau pé para Servet e que, no fim, sua vítima ainda lhe escaparia.[332]

Os juízes, diante do embate, suspeitam do "espanhol ser um herege", resolvem aprofundar a investigação e libertam o "testa de ferro" de Calvino, que tinha denunciado o médico Nicolau de La Fontaine. Na Suíça, o denunciante ficava detido até a comprovação das suas informações. Afinal, para os conselheiros, Servet é apenas um estrangeiro, duramente criticado pelos católicos e protestantes devido aos ataques desferidos contra o dogma da Santíssima Trindade.

---

332 ZWEIG, Stefan. *Castélio contra Calvino*: uma consciência contra a violência. Rio de Janeiro: Editora Delta, 1950, pp. 86/87 e 94-96.

Neste ínterim, um representante da Justiça Francesa pede a extradição do prisioneiro, com o objetivo de concluir "o processo", a "fim de erigir, em lei temporal, que todo aquele que tentar contradizê-lo, arriscará à vida".[333]

Servet continua preso na Suíça sendo mantido de mãos e pés acorrentados numa sela muito gélida e úmida. Este reclama: "As pulgas devoraram-me vivo, meus sapatos estão rotos, não tenho mais roupa".[334] A súplica não sensibilizou o Conselho que estava submetido a Calvino.

Durante a fase processual, os adversários de Calvino tentaram ajudar ao prisioneiro, mas não obtiveram sucesso, mesmo propondo a manifestação do Conselho dos Duzentos, considerado a mais alta instância local.

Em 26 de outubro de 1553, Servet é condenado à fogueira na Praça de Campel. Antes de ser queimado, Calvino esteve na prisão com Servet, que buscou uma reconciliação frustrada, mas o visitante replicou e tentou, ao contrário, fazê-lo renunciar as suas convicções. Calvino afirma em seus manuscritos:

"Visto que, com conselhos e advertências nada pude conseguir, não quis ser mais sábio do que me permite meu mestre. Segui a regra de São Paulo e afastei-me desse herege, que proferiu sua própria sentença".[335]

Servet não aceitou a proposta indecorosa e não abjurou. Em 27 de outubro, o réu foi levado para o sacrifício na praça, onde é lida publicamente a sentença:

---

333 ZWEIG, Stefan. *Castélio contra Calvino*: uma consciência contra a violência. Rio de Janeiro: Editora Delta, 1950, p. 99.

334 ZWEIG, Stefan. *Castélio contra Calvino*: uma consciência contra a violência. Rio de Janeiro: Editora Delta, 1950, p. 100.

335 ZWEIG, Stefan. *Castélio contra Calvino*: uma consciência contra a violência. Rio de Janeiro: Editora Delta, 1950, p. 105.

> Nós te condenamos, Miguel Servet, a seres agrilhoado, conduzido à praça de Champel e queimado vivo e, contigo, tanto o manuscrito de teu livro como o livro impresso até que teu corpo esteja reduzido a cinzas; assim tens que terminar teus dias, a fim de dares um exemplo de advertência a todos os outros que queiram cometer tal crime.[336]

É provocado, novamente, "a abjurar" e, se concordasse com Calvino, poderia ter uma "morte branda", contudo, responde: "Que outra coisa posso fazer senão falar a Deus?"[337]

> Desiludido, deixa Farel sua vítima. Agora só resta o outro carrasco, o do corpo realizar o serviço abominável. Servet é preso por uma corrente de ferro ao poste, em torno do corpo extenuado passa-se uma corda, dando-se quatro ou cinco voltas bem apertadas. Entre o corpo e esta os ajudantes do carrasco metem o livro e o manuscrito que Servet *sub sigilo secreti* enviara a Calvino, a fim de lhe pedir sua opinião de colega; finalmente em sinal de mofa lhe colocam uma coroa de mártir de folhas embebida de enxofre. Com estes preparativos crudelíssimos está terminado o serviço do carrasco. Agora só lhe resta atear fogo ao montão de lenha que está iniciado ao assassino.
>
> Quando de todos os lados irrompem as chamas, a vítima solta um grito tão atroz que os espectadores, horripilados, afastam-se por um instante. Em breve o fogo e a fumaça envolvem o corpo que se estorce de dores, mais incessantemente e cada vez mais claramente se ouvem do meio das chamas, que pouco a pouco o vão consumindo, os gritos agudos de dor do infeliz, cujos padecimentos são indizíveis, e por fim retumbante sua

---

336 ZWEIG, Stefan. *Castélio contra Calvino*: uma consciência contra a violência. Rio de Janeiro: Editora Delta, 1950, p. 107.

337 ZWEIG, Stefan. *Castélio contra Calvino*: uma consciência contra a violência. Rio de Janeiro: Editora Delta, 1950, p. 108.

> última exclamação, cheia de fervor e de angústia: "Jesus, Filho de Deus Eterno, compadece-te de mim!".[338]

O martírio de Servet chocou a Europa, tanto é que Voltaire, posteriormente, afirmou:

> (...) é o primeiro assassínio religioso, dentro da Reforma e a primeira negação evidente da ideia primitiva desta. O conceito de "herege" em si representa um absurdo para doutrina protestante, que atribui a todo indivíduo o livre direito de interpretação.[339]

Sebastião Castellio (1551) pondera: "Procurar a verdade e dizê-la como o indivíduo a julga, nunca pode ser um crime. A ninguém se deve impor uma convicção. A convicção é livre".[340]

E, acaba considerando que a "heresia" não é, pois, um conceito absoluto, mas sim relativo. Tanto é que, num país, quando alguém é queimado como um criminoso, pode ser considerado "mártir" num país vizinho.

> Quando reflito sobre o que quer dizer propriamente herege, nada mais encontro senão que designamos hereges todos aqueles que não concordam com a nossa opinião (...). O poder do Estado não tem competência em matéria de sentimentos íntimos.[341]

---

338 ZWEIG, Stefan. *Castélio contra Calvino*: uma consciência contra a violência. Rio de Janeiro: Editora Delta, 1950, pp. 108/109.

339 ZWEIG, Stefan. *Castélio contra Calvino*: uma consciência contra a violência. Rio de Janeiro: Editora Delta, 1950, p. 112.

340 ZWEIG, Stefan. *Castélio contra Calvino*: uma consciência contra a violência. Rio de Janeiro: Editora Delta, 1950, p. 122.

341 ZWEIG, Stefan. *Castélio contra Calvino*: uma consciência contra a violência. Rio de Janeiro: Editora Delta, 1950, p. 124.

A acusação contra Servet, sustentada por Calvino, foi de "desfigurar, de maneira atrevida, o Evangelho" e "ser impedido por um inexplicável desejo de fazer inovações".[342] O crime, então, foi contradizer o dogma calvinista.

> Duas questões já estão liquidadas. Os fatos mostram: primeiro, que Miguel Servet não cometeu senão um delito espiritual e, segundo, que divergência em relação à interpretação vigente nunca deve ser considerada crime infamante. Mas por que então, pergunta Castellío, Calvino, como predicante da Igreja, em uma questão puramente teórica e abstrata apelou para a autoridade temporal, a fim de fazer-se a repressão da opinião contrária à sua? Entre homens espirituais, as coisas espirituais devem ser resolvidas apenas de maneira espiritual. O Estado não possui autoridade alguma em questões íntimas de consciência, defender doutrinas teológicas não é da alçada do Conselho, a espada nada tem com a doutrina, a doutrina compete exclusivamente aos sábios. O Conselho não tem de proteger o sábio de modo diferente do que o faz a um obreiro, a um trabalhador, a um médico ou a um cidadão, quando um deles recebe uma ofensa física.[343]

Examinando o caso, Sebastião Castello afirmou:

> Um homem chamado Miguel Servet, *um etudiant de la Sainte Escrituire*, foi morto. São acusados de haver causado essa morte, na fogueira, Calvino como o autor espiritual do processo e o Conselho de Genebra como autoridade que o realizou. A revisão moral examinou o caso e verificou que, neste, as duas instâncias, a espiritual e a temporal, exorbitaram de sua competência. O Conselho é culpado dum desmando, "pois

---

342 ZWEIG, Stefan. *Castélio contra Calvino*: uma consciência contra a violência. Rio de Janeiro: Editora Delta, 1950, p. 138.

343 ZWEIG, Stefan. *Castélio contra Calvino*: uma consciência contra a violência. Rio de Janeiro: Editora Delta, 1950, p. 142.

> não tem autoridade para julgar um delito espiritual". Ainda mais culpado é Calvino, que atirou para o Conselho essa responsabilidade. "Baseado em teu testemunho e no de teus cúmplices, o Conselho matou um homem. E o Conselho era tão incapaz para decidir ou fiara discernir nessa causa como um cego o é para distinguir as cores". Calvino é duplamente culpado; é culpado tanto dos arranjos para que se desse esse fato abominável como pela execução do mesmo. Fossem quais fossem os motivos que o levaram a lançar na fogueira esse infeliz, seu ato foi um delito. "Fizeste executar Servet, ou porque ele pensava o que dizia ou porque ele dizia de acordo com sua convicção íntima o que pensava. Se o mataste, porque ele manifestou sua convicção íntima, mataste-o por causa da verdade, pois a verdade consiste em o indivíduo, mesmo quando em erro, dizer o que pensa. Se, porém, foi apenas por causa duma opinião errônea que mandaste matá-lo, tua primeira obrigação teria sido tentar conquistá-lo para as opiniões certas ou, com o texto na mão, provar-lhe que deveriam ser executados todos que de boa-fé se acham em erro"; Calvino, porém, matou, afastou ilicitamente seu contestador e, por isso, é culpado de assassínio premeditado (...).[344]

A decisão violentou os princípios jurídicos da Democracia Direta existente em Genebra e deixou uma grande mácula para o Conselho da cidade. Foi uma decisão política, violenta e arbitrária, que teve como consequência, em 1.903, os cidadãos de Genebra colocarem um bloco de granito em Champol, homenageando Servet e admitindo os erros de Calvino. Afirma:

> Filhos respeitosos e reconhecidos de Calvino, nosso grande reformador, mas condenando um erro que foi de seu século e firmemente comprometido com a liberdade de consciência

344 ZWEIG, Stefan. *Castélio contra Calvino*: uma consciência contra a violência. Rio de Janeiro: Editora Delta, 1950, p. 145.

> segundo os princípios verdadeiros da Reforma e do Evangelho, erguemos este monumento expiatório.[345]

Afinal, "a história não tem prazo para fazer justiça", mesmo porque, "toda a ditadura é inconcebível e insustentável sem violência", e Calvino tinha implantado uma em Genebra,[346] ao prender, torturar e matar os seus adversários religiosos e políticos.

4.8 Thomas Morus ou Tomás More (1478–1535) – O Anglicanismo também mata filósofo

Nasceu em Londres, de família comum, cujo pai era advogado. Aos catorze anos, foi estudar, em Oxford, grego e tomou contato com o latim clássico, retórica e gramática. O pai desejava que se dedicasse às leis. Conheceu Erasmo de Rotterdam (1469-1536), em 1497, que estava visitando a Inglaterra. Estudou teologia e apresentou tendências monásticas quando entrou na Ordem dos Cartuxos,[347] mas acabou abandonando o convento. Afastando-se de Oxford, dedicou-se ao Direito. Trabalhou com John Morton,[348] arcebispo de Carterbury e Lord Chanceler.

Em 1504, atuou no Parlamento (Câmara dos Comuns),[349] fazendo oposição ao rei Henrique VII, que desejava aumentar os impostos.

---

345 BOUSTANI, François. *A circulação do sangue*: entre Oriente e Ocidente. Rio de Janeiro: Editora UFRJ, 2018, p. 114.

346 ZWEIG, Stefan. *Castélio contra Calvino*: uma consciência contra a violência. Rio de Janeiro: Editora Delta, 1950, pp. 16 e 27.

347 Ordem dos Cartuxos: ordem religiosa que acabou se instalando num mosteiro nos Alpes. Fundada por São Bruno, na grande Cartuxa (lugar deserto). Tornaram-se eremitas.

348 John Morton: religioso inglês, que se interessou pelos problemas sociais, principalmente sobre as injustiças daquela época.

349 Câmara dos Comuns: Câmara baixa do Parlamento Inglês, oriunda de eleições. Exerce o essencial do Poder Legislativo.

Tornou-se advogado de prestígio e passou a dedicar-se ao serviço público.

Em 1505 ou 1506, casou-se com Jane Bolt,[350] que lhe deu quatro filhos. Viúvo, casou-se com Alice Middleton,[351] em 1511.

Após desempenhar funções diplomáticas, por volta de 1514, foi guindado a membro do Conselho Privado do Reino, trabalhando com Thomas Wolsey,[352] cardeal de York e, posteriormente, chanceler da Inglaterra.

Em 1521, recebeu título de cavaleiro e, depois, exerceu o cargo de secretário e conselheiro do rei Henrique VIII,[353] servindo de ligação com o chanceler.

Em 1529, com o afastamento do chanceler Wolsey, tornou-se o seu substituto, mesmo sem ter título nobiliárquico.

Wosley foi afastado porque não conseguiu a anulação do casamento de Henrique VIII junto ao Papa.

Escreveu, neste período, a *Refutação dos Luteranos*, defendendo o catolicismo e contribuiu com o trabalho do rei em *A defesa dos sete sacramentos*, contra Lutero e que deu o título de "campeão da igreja" e "defensor da fé", pela Santa Sé, para Henrique VIII. Morus estava alinhado com o rei na luta contra o protestantismo e o ajudou na resposta dada à contestação de Lutero.[354]

---

350 Jane Bolt: primeira esposa de Morus.

351 Alice Middleton: segunda esposa de Morus.

352 Thomas Wolsey (1475-1530): Cardeal inglês, arcebispo de Iorque e Ministro de Henrique VIII.

353 Henrique VIII (1491-1547): reinou na Inglaterra de 1509 a 1547. Rompeu com a Igreja Católica e fundou o anglicanismo. Casou-se seis vezes e mandou decapitar duas esposas.

354 Martinho Lutero (1483-1546): Frade, acabou rompendo com o catolicismo e chefiou a reforma religiosa na Alemanha. Criticou as indulgências e traduziu a *Bíblia* para a língua alemã.

Ao assumir a chancelaria, lutou arduamente contra o movimento protestante na Inglaterra, sendo até acusado de inquisidor.

Todavia, Henrique VIII insistia na anulação do casamento com Catarina de Aragão,[355] sem obter o aval do Vaticano, para desposar a jovem Ana Bolena,[356] rompeu com o Papa Clemente VII e o catolicismo, conforme orientação de Thomas Cromwell.[357] O decreto de sucessão (*act of succecion*) anulou o casamento, em 1534.

Em consequência, fundou a sua igreja, iniciando o anglicanismo.[358] Em 1530, o chanceler se recusou a assinar a carta à Santa Sé, solicitando a anulação do casamento. Por ser católico convicto e aliado de Roma, Morus sai do cargo em 1532, pois não concordava com a ruptura do rei e seu casamento. Dois anos depois, o ato de supremacia, proclamou Henrique VIII como chefe da igreja anglicana. Morus, além de discordar do novo casamento do rei, recusou-se a assistir à coroação de Ana Bolena e de prestar juramento a Henrique VIII, para consolidar a sua supremacia no lugar do pontifical. O Papa excomungou o atual rei.

Em 1535, Morus, não aceitando a proposta do novo chanceler Cromwell, para jurar e reconhecer a autoridade religiosa do rei, foi preso na Torre de Londres e acusado de conspiração e traição.

---

355 Catarina de Aragão (1485-1536): casada com Henrique VIII, Rei da Inglaterra, foi repudiada depois de 18 anos de casada. Não aceitava o divórcio e iniciou o "cisma" inglês.

356 Ana Bolena (1507-1536): segunda esposa de Henrique VIII. Foi dama de honra de Catarina de Aragão e acusada de adultério e traição. Foi decapitada.

357 Thomas Cromwell (1485-1540): chanceler de Henrique VIII implantou a reforma anglicana e foi decapitado por suspeita de traição.

358 Anglicanismo: religião oficial da Inglaterra criada por Henrique VIII. É a Igreja do Estado Inglês. O Rei é o chefe único e supremo da igreja, segundo o *Ato de Submissão* (1532) e o *Ato de Supremacia* (1534). Dogmas católicos foram mantidos inicialmente.

Até aquele momento, em sua atuação humanista, Morus colabora com diversos trabalhos, tendo como destaque: *História de Ricardo III*, *Utopia* e *Resposta a Martinho Lutero*. Sua obra defendia posições bem definidas sobre o catolicismo, além de uma visão sonhadora em *Utopia*.

O pensamento de Morus era humanista, tinha a influência do movimento renascentista e traduzia algumas obras de Pico della Mirandola (14633-1494) para o inglês, além de trocar correspondências com vários intelectuais europeus. Publicou a sua principal obra, *Utopia*, em 1518. O título do livro vem do grego *ou topos* e significa "não lugar", ou "nenhum lugar", ou seja, "lugar inexistente".

Descreve uma ilha ideal e critica os costumes, as instituições e a justiça da inglesa e europeia. Recebeu a influência de Platão nesta reflexão política, que adquiriu uma forma de diálogo entre o autor e os outros personagens. A cena agrupa diversos amigos sentados num jardim, discutindo "leis capazes de esclarecer e regenerar cidades, povos e reinos da velha Europa". Participam Rafael Hitlodeu, navegador lusitano e Américo Vespúcio, italiano.

A obra apresenta duas partes:

- Livro I – A discussão é realizada com Rafael que efetua diversas críticas à nobreza inglesa por sua ociosidade e exploração do trabalho do povo e a criadagem. Defende os miseráveis, os doentes e os velhos que devem ser ajudados pelo Estado. Não aceita a propriedade privada, que deve pertencer ao Estado e acena para ideias socialistas.

- Livro II – Descreve a sociedade ideal, em que, nas cidades, as casas e as ruas devem ser iguais e distribuídas à população por sorteio. Propõe a extinção da propriedade privada, as famílias devem mudar de habitação a cada dez anos, os cidadãos devem aprender o ofício dos pais, o vestuário deve ser igual para todos, seguindo o seguinte critério: roupas para homens solteiros, casados e para as mulheres solteiras e casadas. As refeições devem ser em comum, havendo, na janta, concertos. É proibido alguém se ausentar da cidade sem licença especial, proibidos a prostituição e o adultério, que podem ser punidos com a pena de morte. Prega a negação do dinheiro. Propõe que todos devem trabalhar para diminuir as (seis) horas de trabalho de todos, abrindo espaço para o lazer. A administração seria conduzida pelo ademe (chefe) e o Senado, todos oriundos da chamada "classe dos governantes".

Em síntese, ninguém tem nada de seu e todos se dedicam à "coisa pública". Há liberdade para as religiões. Ataca o monopólio da riqueza, do poder, da ignorância e da miséria que o povo é submetido. Diferencia os tipos de delitos, não aceita punir violentamente alguns crimes, como é o caso do roubo que é considerado induzido pela distribuição errada das riquezas de um país. Afirma que castigar o ladrão como se fosse um assassino, induz o gatuno para o crime hediondo, ou seja, assassinar. Os magistrados devem ser eleitos pelo povo. A guerra é prescrita, e só deve ocorrer quando realmente for necessária e por intermédio de mercenários. A instrução é obrigatória. O interesse particular, portanto, deve submeter-se ao geral. Logo, os homens devem ser iguais, numa espécie de socialismo cristão. A "utopia" acabou se transformando em "neologismo".

Prisão e julgamento – Ficou preso durante 14 meses na torre de Londres. Recusou, neste período, a proposta da segunda esposa Alice de reconsideração da sua posição. Durante a prisão, retiraram até os livros e os materiais de escrita a fim de amedrontá-lo.

Questionado, durante o processo, porque não se submeteu ao juramento de fidelidade a Henrique VIII, sempre evitava responder, não criticando o rei, afirmava:

> Sou verdadeiro e fiel súdito do rei (...) rezo por Sua Majestade e por todos os seus e por todo o reino. Não faço, nem digo, nem penso nada em prejuízo de quem for; para todos desejo o

> bem. E se isto não é o bastante para permitir que um homem continue vivo, então na verdade não desejo continuar a viver.[359]

Procurava evitar as perguntas sobre o Decreto de Supremacia. Em decorrência, o Procurador Geral do reino, Richardo Rich, indiciou Morus por violação do "decreto de traição", por não reconhecer Henrique VIII como chefe supremo do anglicanismo. Em 1 de julho de 1.535, foi realizado o julgamento com a presença de quinze juízes e doze membros do corpo de jurados. Estavam presentes, o chanceler Thomas Cromwell, o Duque de Norflox e parentes de Ana Bolena (pai, irmão e tio).

O réu não tinha advogado e enfrentou as seguintes acusações:

- não aceitação da supremacia do rei sobre a igreja na Inglaterra.
- conspiração contra o rei, por correspondência com o bispo Fisher,[360] propondo desobediência à legislação apoiada pelo parlamento.
- traição ao rei por não aceitar o Decreto de Sucessão e o casamento com Ana Bolena.
- críticas aos poderes do Parlamento quando da edição do Decreto de Supremacia, caracterizando conspiração contra o rei e sua família. A denúncia deste item foi realizada pelo procurador geral, que afirmava ter escutado, em visita ao cárcere de Morus, esta assertiva.

Thomas Morus, como bom conhecedor da legislação inglesa, realizou a sua própria defesa e argumentou que nunca afirmara oficialmente qualquer das três acusações relativas à supremacia do rei,

---

359 NEVES, José Roberto de (Coord.). *et al. Os grandes julgamentos da história*. Rio de Janeiro: Nova Fronteira, 2018, p. 162.

360 Bispo John Fisher: Bispo ligado a Morus e crítico de Henrique VIII. Não concordou com o "cisma inglês" e foi decapitado (1535).

conspiração e traição, pois tinha se mantido em silêncio. Contudo, Richard Rich,[361] o procurador geral, ao depor, ratifica a acusação de desrespeito aos poderes do parlamento quando da edição do Decreto de Supremacia. Morus nega e jura perante Deus:

> Fosse eu, milordes, homem que não reverenciasse um juramento, necessidade nenhuma teria, como bem o sabeis, de estar aqui qual acusado neste local, neste momento, ou neste caso. E, caso este vosso juramento, mestre Rich, seja veraz, rogo, então, para que nunca veja a Deus face a face, sendo isto algo que não diria jamais em sendo o contrário, ainda que para ganhar o mundo inteiro (...). De boa-fé, mestre Rich, mais lamento vosso perjúrio do que meu próprio risco.[362]

É acusado de perjúrio e defende-se replicando:

> Parecer-vos-ia, pois, provável que eu, em matéria de tamanho peso. desavisadamente me poria a confiar em mestre Rich, homem que sempre reputei por ser de pouquíssima confiança, e de tal modo: que lhe confidenciaria os segredos de minha consciência no que diz respeito à supremacia do rei?[363]

São chamadas duas testemunhas da reunião que ocorrera na torre de Londres, mas que falharam na defesa da assertiva do procurador geral sobre a denúncia contra Morus.

A deliberação final do tribunal foi contra o pensador, considerando-o culpado de alta traição, apesar de uma nova tentativa do réu de defender-se, apelando para a "consciência dos juízes", já que

---

361 Richard Rich: forte acusador de Morus, acusou-o de contrariar as decisões do legislativo e de traição.

362 NEVES, José Roberto de (Coord.). *et al. Os grandes julgamentos da história*. Rio de Janeiro: Nova Fronteira, 2018, p. 170.

363 NEVES, José Roberto de (Coord.). *et al. Os grandes julgamentos da história*. Rio de Janeiro: Nova Fronteira, 2018, p. 171.

eram defensores da legislação inglesa. Afirmou que aquela decisão, com base nas leis decretadas, chocava-se com a Magna Carta e com as leis de Deus. Completou:

"(...) a Igreja da Inglaterra há de ser livre e não há de ter seus direitos reduzidos e suas liberdades prejudicadas".[364]

Argumenta que o rei tinha que obedecer às leis da Inglaterra, que objetivam impedir os abusos de poder e, portanto, tinha violado a Magna Carta, ferindo a base institucional, pois os fatos narrados eram apenas de interesses pessoais de "sua majestade".

Confusos, os juízes pediram o parecer do *Lord Chief of Justice* que concluiu:

"Se este ato do parlamento é lícito, não é insuficiente a acusação, segundo a minha consciência".

Validou o indiciamento e a decisão do júri, ou seja, Morus era realmente culpado de traição e a morte seria por enforcamento e depois esquartejamento. Posteriormente, houve "clemência" de Henrique VIII e a pena foi transformada em decapitação.

O réu comentou após a condenação:

> Espero e oro para que, apesar de Vossas Senhorias terem sido juízes da minha condenação, nos encontremos no céu (...). E, assim, também desejo que o Deus Todo-Poderoso preserve e defenda Sua Majestade o rei e lhe inspire bons conselhos.[365]

Em 6 de julho de 1535, Morus foi levado à execução em frente a torre de Londres.

---

364 NEVES, José Roberto de (Coord.). *et al. Os grandes julgamentos da história*. Rio de Janeiro: Nova Fronteira, 2018, p. 171.

365 NEVES, José Roberto de (Coord.). *et al. Os grandes julgamentos da história*. Rio de Janeiro: Nova Fronteira, 2018, p. 171.

Ao subir a escada, pediu a ajuda do comandante da torre e disse: "Meu amigo, ajuda-me a subir, quanto a descida, consigo sozinho". Incentivou o carrasco, ao posar a cabeça no toco da execução, afirmando: "Isto não deve ofender o rei" e apelou para "não errar o golpe". Concluindo, ainda comentou "Moro servidor fiel ao rei, mas de Deus em primeiro lugar".

A execução e morte de Morus consternou os intelectuais e teólogos consulentes europeus. Ficaram chocados por mais esta arbitrariedade da justiça. Até o imperador Carlos V afirmou: "preferíamos ter perdido a melhor cidade (...), a um conselheiro tão valioso".

A decisão foi política e teve como fundo a religião. A intolerância foi a base da decisão do poder judiciário inglês que estava a serviço do poder executivo imperial.

A Igreja Católica reconheceu Morus como mártir por intermédio do Papa Leão XIII (1810-1903)[366] e, em 1.935, foi canonizado por Pio XI (1857-1939).[367]

---

366 Leão XIII (Joaquim Pecci): Papa de 1878 a 1903. Humanista, tolerante e defensor dos operários. Defendeu o "socialismo cristão".

367 Pio XI: Papa de 1922 a 1939. Conseguiu a independência territorial da Santa Sé pelos *Acordos de Latrão*, 1929.

CAPÍTULO V

AS BRUXAS DE SALÉM – MANIPULAÇÃO PURITANA DA JUSTIÇA, MISTICISMO E MORTE NOS EUA

5.1 A época das bruxas de Salém

Três países disputaram, com violência, a colonização dos EUA: Espanha, França e Inglaterra. Os holandeses entraram na disputa, mas foram rechaçados. Incialmente, o povoamento foi pequeno e se acelerou a partir do século XVII. Os ingleses iniciaram a colonização pela Virgínia com a fundação de Jamestown (1607).[368] A ocupação do território seguiu o modelo de povoamento, liderada por minorias religiosas e políticos ingleses, que fugiram dos conflitos (guerras religiosas) existentes na Europa e vinham se refugiar na América no começo do século XVII.

---

368 A companhia de Londres fundou a cidade de Jamestown em 1607.

Os religiosos defendiam as suas crenças e não desejavam capitular diante dos governantes em sua pátria e, por isso, vinham para as colônias como os jacobitas[369] e os puritanos.

Os puritanos, dissidentes do anglicanismo, desejavam a igreja purificada, sem nenhum rito que lembrasse o catolicismo romano. Defendiam princípios calvinistas e tinham duas tendências: presbiterianos e congregacionalistas. Aqueles propunham o desligamento da igreja e do Estado. Já estes (ou independentes) propunham a independência de cada pessoa para defender e pregar a sua religião. Os comerciantes participavam destes movimentos.

A Inglaterra enfrentava conflitos religiosos e civis e o Rei Jaime I[370] passou a incrementar a colonização americana com os dissidentes interessados em ocupar o novo território por conta própria, sem investimentos do Estado. Em decorrência, foram montadas Empresas de Colonização,[371] sendo que uma delas trouxe, no Mayflower, os puritanos que estavam fugindo de perseguições e ocuparam a baía de Plymouth, originando a colônia de Massachussets (1620). Estavam, no Mayflower, 102 colonos para se fixarem definitivamente na América, eram os "pais peregrinos".[372] Na viagem, foi realizado um pacto entre quarenta e um puritanos, dando a ideia de "um corpo político civil" para a ocupação da "terra prometida". Propunham as leis com base na *Bíblia*, ou seja, deveriam ser "justas e iguais" (pacto de Mayflower).

---

369 Jacobitas: partidários de Jaime III, após a Revolução de 1688 e da casa dos Stuarts.

370 Rei Jaime I (1566-1625): filho de Maria Stuart, rei da Escócia (1567) e da Inglaterra (1603-1625). Realizou perseguições contra os dissidentes ingleses.

371 Empresas de Colonização: criadas em 1606 para fins de colonização as companhias de Londres e de Plymouth. Receberam cartas de franquia reais.

372 Pais peregrinos: foram os pioneiros que vieram no Mayflower em 1620. Estabeleceram-se no povoado de Plymouth. Metade do grupo morreu de doenças e desnutrição no inverno.

A emigração passou a se realizar de forma intensiva, alcançado 20.000 migrantes, que se organizaram em diversas colônias, tais como New Hampshire (1629), Rhode Island (1644) e Connecticut (1662), formando a Nova Inglaterra. A Inglaterra, no começo, dava uma relativa autonomia para seus colonos, pois tinham o "seu governo", as suas assembleias, o seu próprio orçamento e, devido a isso, foi lançado o código "Leis divinas, mortais e marciais" (1611), que continha princípios do puritanismo, restringindo o tipo de vestimenta, respeito ao *Sabath* e punição severa à preguiça. As colônias apresentavam uma tendência teocrática e, portanto, intolerante, pois eram austeros em sua espiritualidade, exigiam qualidade nos trabalhos e procuravam aprimorar as atividades econômicas.

Em 1620, quando os puritanos fundaram New Plymouth (Massachusetts), já havia, na colônia, uma assembleia instalada e um governador nomeado.

Os colonos puritanos, seguidores do calvinismo, chegavam traumatizados, pois tinham curtido um exílio na Holanda, não se adaptaram e desejavam se fixar e progredir economicamente na América. Defendiam fanaticamente a liberdade religiosa para o grupo e para o restante da comunidade local. Invocavam Deus como poder máximo e decisórios para tudo e todos. Desejavam um governo civil, mas com a participação da igreja, que representava um grupo de "eleitos visíveis", contemplados por Deus, num verdadeiro pacto para a criação de uma "comunidade sagrada". Os membros da igreja, ao se instalarem, vão escolher o ministro ou pastor que interprete a "vontade divina". Estas propostas serão ligadas à Carta Régia que fundou *Massachusets Bay Company*, esta colônia se reunia uma vez por ano na denominada "corte geral e soberana", para eleição de executivos, governador, junta de assistentes ou magistrados. Estes estabeleciam as regras dos puritanos. Depois, com o crescimento populacional, a "corte geral" determinou a eleição de dois representantes (deputados) para encaminhar as considerações populares.

Neste contexto, o colono John Winthroup,[373] que chegou em 1630, com muitos imigrantes à procura do "Canaã", extremamente moralista, defendia a ligação da igreja com o Estado para combater a incompetência, a corrupção existente e passou a administrar a colônia. Para ele, o "novo mundo" deveria ser a salvação da decadência existente na Europa. Os colonos deveriam submeter-se aos interesses da comunidade na denominada Nova Inglaterra. Acabou implantando um regime teocrático na colônia, que castigava os dissidentes (religiosos e políticos) com torturas (açoites, língua perfurada com ferro quente, corte de orelhas) incêndio de residência e deportação. Participavam das eleições apenas os membros da igreja. A *Bíblia* tinha que ser interpretada de forma literal.

Posteriormente, devido ao seu radicalismo, Winthroup foi afastado em 1634 do governo. Voltou a governar em 1637, eleito pela Assembleia Popular e, novamente, praticou os princípios extremistas anteriores.

Mas com o autoritarismo implantado, os colonos perceberam a contradição existente entre a liberdade que desejavam, quando migraram, e o que estava sendo executado em solo americano.

Os métodos draconianos usados a partir de Boston, onde já tinha sido fundada a Faculdade de Harvard,[374] acabou gerando amplo descontentamento popular, influenciando o líder Roger William,[375]

---

373 John Winthroup: responsável pela governança. Liderou a migração puritana. Era advogado e dono de terras em Suffolkc (Inglaterra). Achava corrupto o velho mundo e defendeu a formação de uma comunidade bíblica.

374 Faculdade de Harvard: formada por diversos indivíduos que estudaram em Oxford e Cambridge. Recebeu o nome de John Harvard, religioso inglês que deixou, como testamento, uma biblioteca e metade das propriedades para montar a escola.

375 Roger Williams: inicialmente, era um radical e depois mudou a sua posição, optando por uma administração liberal e mais democrática. Contestou o poder de Wintroup na Nova Inglaterra. Defendeu o

levando-o a confrontar-se com Winthroup e seus teocratas. Passou a defender a liberdade de interpretação livre da *Bíblia* e a separação entre a igreja e o Estado, para que ocorresse uma boa governança. Foi expulso de Boston e se fixou em Rohde Island, organizando uma nova colônia em sintonia com os indígenas da região. Os nativos, em Boston, tinham colaborado com os primeiros colonos, mas passaram a ser perseguidos em suas terras, foram obrigados a se confrontarem com "os brancos" para defenderem as suas tribos. A luta foi uma constante para evitar a violência dos colonos.

Em 1640, a "corte geral" transformou-se em legislativo. Depois em legislativo bicameral, com as reuniões separadas do Executivo, causando fortes discordâncias com os magistrados que procuravam impor as posições do clero.

A educação, neste período, era de responsabilidade dos pais, que deveriam obrigar os filhos a aprenderem os rudimentos da leitura, escrita e aritmética. Em 1647, a escola pública foi implantada, velha luta dos puritanos, para comunidades que tivessem mais de cinquenta casas.

A leitura era fundamental para entender e interpretar a *Bíblia*. Para ensinar, vieram professores que tiveram contato com as universidades de Oxford e Cambridge. A criação da Faculdade de Harvard, hoje universidade, foi consequência das reivindicações populares e clericais de Boston.

Após a metade do século XVII, as colônias puritanas passaram a ser questionadas sobre a ortodoxia usada pelas novas gerações de colonos e acusadas de atrapalharem a economia.

---

princípio da liberdade. Foi preso e expulso de Boston. Foi a Rhode Island (hoje) e negociou com os nativos a compra de um pedaço de terra, que denominou "Providence" – uma nova colônia. Aceitou todos os dissidentes e deu liberdade e respeito aos direitos individuais. Separou a Igreja do Estado.

Em 1684, Carlos II[376] suspendeu a Carta Régia de Massachusetts. Depois, o sucessor Jaime II[377] determinou que todas as colônias Nova Inglaterra, Nova Jersey e Nova York, ficassem submetidas à jurisdição da primeira (Nova Inglaterra).

Em 1691, uma nova Carta Régia foi expedida pelo trono inglês (Mary[378] e William), defendendo a secularização e dando voto amplo à comunidade nas eleições para a corte geral.

Havia uma histeria coletiva, num quadro de tensão econômica, social e política. Desenvolvia-se um choque de visões entre os puritanos e os novos comerciantes, que estavam alavancando o capitalismo nos EUA.

Mas, os "patriarcas" também se preocupavam com a importância do comércio para a comunidade e já havia um "mercado de quinta-feira" em Boston, desde 1633, regulamentando as transações comerciais locais, onde as autoridades condenavam "a sonegação, o monopólio e o atravessamento". Havia a fixação do custo da mão de obra e das mercadorias básicas (couro, barris, madeira, tijolos etc.), o pão foi tabelado até o final do século XVIII, com base no princípio do "preço justo".

John Cotton, reverendo, afirmava:

---

376 Carlos II (1630-1685): assumiu o trono inglês em 1660. Casou-se com Catarina de Bragança (filha de D. João IV, de Portugal). Teve problemas internos em seu governo por ficar aliado da França contra a Holanda.

377 Jaime II (1633-1701): filho de Carlos I, tornou-se rei em 1685. Autoritário e agressivo, converteu-se ao catolicismo e se aliou a Luís XIV. Em decorrência, foi destronado por Guilherme de Nassau, Príncipe de Orange (1688).

378 Mary II, Stuart: filha de Jaime II e esposa de Guilherme de Orange, Rainha da Inglaterra e da Escócia. Aceitou a "Declaração de Direitos" de 1689, que obrigava a convocar o parlamento regularmente.

> Não se deve vender acima do preço corrente, isto é, o preço usual em determinado tempo e lugar e que qualquer outra pessoa (que conheça o valor da mercadoria) pagaria por ela se tivesse ocasião de usá-la. Mas onde existir a escassez, podem os homens elevar os preços; pois, então, está a mão de Deus sobre a mercadoria, e não a da pessoa.[379]

Condenavam os preços extorsivos. O pastor Increase Mather afirmava, em 1674:

> Um pobre chega no meio de vós, disposto a adquirir certa mercadoria a qualquer preço, e vós o obrigais a dar o que quer que vos apraz, e atribuís igualmente o preço que vos convém aquilo que ele tem para oferecer, sem respeitardes o justo valor da coisa.[380]

Mas os empréstimos eram recomendados e liberados, com ressalvas em relação aos juros. O reverendo Mather, por exemplo, criticou "o odioso pecado da usura". Nota-se que o capital financeiro, como na Suíça de Calvino, era bem aceito nas colônias, encaixando-se na análise realizada por Max Weber, em seu livro, *A ética protestante*.

Os puritanos tentaram controlar o comercio por dez anos, mas não conseguiram impedir os fortes conflitos existentes nas comunidades, entre o culto a Deus e o culto ao dinheiro.

O ideal puritano, executado em Massachusets, em que cada pessoa deveria ocupar o lugar, que lhe era reservado, estava abalado em meados do século XVII. As categorias sociais estavam agitadas, desejavam uma maior ascensão e, portanto, sair de posições inferiores. Queriam ascender na escala social e o trabalho mercantil

---

379 BRUCHEY, Stuart Weems. *As origens do crescimento econômico americano*. Trad. J. L. Mello. São Paulo: Distribuidora Record, 1966, p. 50.

380 BRUCHEY, Stuart Weems. *As origens do crescimento econômico americano*. Trad. J. L. Mello. São Paulo: Distribuidora Record, 1966, p. 50.

apresentava esta oportunidade. A prosperidade estava ligada ao comércio e à agricultura.

Esse era o contexto dos EUA e, em particular, da região enfocada, quando eclodiu em Salém, a "caça às bruxas" e "aos feiticeiros", que terminou em perseguições, prisões, torturas e condenação à morte de diversas pessoas, de maneira totalmente injusta.

A região enfrentou os choques sociais da colonização inglesa, recheada de arbitrariedades, preconceitos, racismos, massacre de indígenas, elitismo e muita injustiça externa e interna. O novo mundo e Salém eram um laboratório de diversas experiências simultâneas, religiosas, econômicas e políticas.

5.2 As Bruxas de Salém (1692) – Como os *fakes* influenciaram a Corte da Justiça

Em 1641, os "fundamentos" ou "códigos das liberdades" foram ratificados para Massachusetts Bay, colônia localizada na América do Norte, que determinava doze crimes capitais, entre os quais de bruxaria, usando conceitos da *Bíblia*. Segundo o texto bíblico: "não permitirás que vivam as bruxas". A imposição desta lei ocorreu devido aos puritanos, que vieram para a região e acabaram constituindo uma elite, representada, naquele momento, pelo tenente-governador William Stoughton,[381] e textos oriundos do *Harvard College* que abordavam a feitiçaria.

O reinado do terror foi criado pela teocracia que sedimentou uma verdadeira histeria em Salém, pois, desde metade do século XVII, os pastores locais vinham criticando o liberalismo dos comerciantes, que "aceitavam diversas formas de opiniões pecaminosas seduzindo homens, para que suas bolsas se encham de dinheiro".

---

381 William Stoughton: juiz líder do Grande Júri. Teólogo. Negociante de propriedades.

A tese, defendida pelos puritanos e explicitada pelo pastor John Higginson,[382] afirmava: "A Nova Inglaterra é originariamente uma colônia de religião, não uma colônia de comércio, e aqueles que estão se multiplicando cem porcento lembrem-se disso". Estas posições levaram a um controle repressivo da teocracia colonial em Massachusetts, Nova York e Nova Jersey, ou seja, nas colônias da Nova Inglaterra.

Em 1691, houve uma nova carta para a região, tornando-a um "governo real", com uma assembleia de representantes e vinculação com a igreja e na "propriedade de bens". Continuava a liberdade religiosa para todos os moradores protestantes. E neste contexto surge a ideia de que "vários demônios ameaçam o lugar", segundo o Pastor Cotton Mather,[383] assistente da Segunda Igreja de Boston, estudante de Harvard, teólogo e autor da obra *As maravilhas do mundo invisível*. O pastor acreditava que, ao visitar Salém, os papéis do sermão que escrevera tinham sido roubados por bruxas. A partir desta visita, transformou-se num fanático contra a feitiçaria, teórica e pragmaticamente, tendo um papel decisivo na crise, que acabou desencadeando-se em Salém.

5.3 Caça às bruxas – um terror colonial

Em 1688, quatro crianças apresentaram comportamentos estranhos em Boston, chamando a atenção de Cotton. A conclusão do pastor era a de que estavam tomadas pelo demônio. Após fortes interrogatórios, as crianças acusaram uma velha empregada de ser bruxa, levando-a ao enforcamento. Para analisar melhor o caso, Cotton trouxe, para sua casa, a criança mais velha que "fora tomada pelo demônio". Em consequência dos seus estudos, o pastor escreveu

---

382 John Higginson: militava como pastor, há trinta anos, em Salém. Grande orador no púlpito local.

383 Pastor Cotton Mather: filho de Increase Mather. Estudante de Harvard. Teólogo. Pastor em igreja de Boston.

o livro *Providências Memoráveis*, relacionado com bruxaria e posse demoníaca, lançado em 1689, com o aval de colegas de Boston que escreveram:

> Os homens – abandonando tanto a fé como a razão – consideram sabedoria sua em nada crer senão no que veem e tocam. O quanto essa louca opinião se afirmou nesta era corrompida é espantosamente observável; e que perigoso impulso dá para estabelecer os homens no ateísmo não é difícil de discernir (...) Deus se compraz, portanto, além do testemunho em favor dessa verdade na Sagrada Escritura, em deixar às vezes que os demônios façam tais coisas no mundo que hão de calar as bocas dos contraditores, e extrair deles uma confissão.[384]

O livro afirmava que a feitiçaria é ligada ao inferno contra a terra e o céu, e a bruxa não deve ser tolerada em ambos. Considerava não haver expressões tão baixas, atos severos, que não possam ser aplicados a uma mancha tão horrível como a feitiçaria.

Em 1692, no vilarejo de Salém, o reverendo Samuel Parris,[385] que tinha três mulheres em sua casa, sendo uma delas sua filha, uma sobrinha e sua esposa, notou que elas apresentavam sinais de feitiçaria, e denunciou o fato como um fenômeno que estava ocorrendo na comunidade.

Em decorrência, surgiram informantes, comitês de investigação e prisões contra os "suspeitos" de participarem de "reuniões com bruxas" e apoiarem a ação dos demônios. Era o início da caça às bruxas.

---

384 APTHEKER, Herbert. *Uma nova história dos EUA*: a era colonial. Rio de Janeiro: Civilização Brasileira, 1967, p. 126.

385 Samuel Parris: Pastor de Salém (1688-1696), a família era formada por Betty Parris, pela esposa Elisabeth Parris e a sobrinha Abigail Williams.

Os fatos/os atos – durante esse contexto, foram localizados vinte bruxos (as) assumidos e profissionais (mulheres e homens), cinquenta e cinco pessoas confessaram participação nos atos de feitiçaria, mais de cento e cinquenta foram presas e aproximadamente duzentas foram consideradas suspeitas pela elite eclesiástica. Os inquisidores chegaram a afirmar que cerca de setecentas bruxas voaram sobre a aldeia. A bruxa mais nova teria cinco anos e a mais velha, oitenta.

O problema denunciado envolvia a família Parris que era formada por:

- Abgail Williams – sobrinha, com 11 anos, passou a latir, sabotar os sermões do pastor e pulava na sala como se fosse um cão.
- Berry Parris – filha, com 9 anos, apresentava um comportamento estranho, era considerada vítima da feitiçaria.
- Elisabeth Parris – esposa, 44 anos, envolvida pela bruxaria. E ainda:
- Tituba – uma escrava indígena que dizia voar com as bruxas
- John Indian – escravo e marido de Tituba, que confessou os acontecimentos estranhos na casa de Parris.

Os "ataques demoníacos" se iniciaram com a sobrinha do reverendo sendo perseguida pelas bruxas e, em seguida, sua filha. Sentiam "picadas e beliscões" de "forças invisíveis", provocando latidos, mutismo e seus corpos ficavam queimando, rígidos ou enlanguescidos. Falavam bobagens, rastejavam para debaixo dos móveis e tentavam voar batendo os braços. Contudo, quando eram requisitadas em orações, ou se falava em Deus ou Cristo, entravam em desespero.

Inicialmente, Parris tentou equacionar o problema com rituais evangélicos e, posteriormente, apelou para uma solução médica.

William Grigs,[386] médico praticante, tentou "curá-las", mas sem sucesso. Ao contrário, a família Grigs também foi atingida pelo "fenômeno". Em fevereiro daquele ano, Parris viajou com a esposa e deixou Mary Sibley[387] cuidando das "meninas enfeitiçadas". Durante este período, Mary fez um bolo com urina das meninas para combater o diabo e deu para o cão da família. Na sequência, Ann Putnam, de 12 anos, começou a ter sintomas parecidos com o que estava acontecendo na família de Parris, tremia e se engasgava. O pastor, ao voltar, quando soube do ocorrido, reprovou Mary, pois o que ela tinha feito era "recorrer ao diabo para exorcizar o diabo", exigindo uma retratação com a congregação em ato dominical.

A situação de medo se espalhou, Abigail e Betty passaram a denunciar as "pessoas envolvidas" em feitiçarias e indicaram três bruxas que estavam agindo em Salém.

Neste contexto, alguns fazendeiros locais formalizaram com os dois juízes de Salém os ataques das bruxas à cidade. Uma das suspeitas era a mendiga Sarah Good,[388] que foi presa, acusada de ter matado, por feitiçaria, cabeças de gado de um casal de camponeses, após maldições e impropérios.

O julgamento de Sara foi realizado na igreja local pelos juízes de paz Jonathan Corwin[389] e John Hathorne,[390] que a arguiram "sobre os espíritos que estava familiarizada". A resposta da mendiga foi negativa, mas os juízes agravaram as acusações, tentando

---

386 William Grigs: médico novato em Salém.

387 Mary Sibley: ligada à paróquia local. Ajudou a fazer o denominado "bolo da bruxa".

388 Sarah Good: velha mendiga acusada de bruxaria. A filha também foi envolvida.

389 Jonathan Corwin: vendia bebidas alcoólicas. Era juiz de paz e ligado às audiências.

390 John Hathorne: juiz. Pertencia a uma família tradicional de Salém. Autoritário e agressivo.

provar a ligação dela com atos demoníacos. As "meninas" eram testemunhas presentes e reafirmaram a acusação contra Good, que acabou envolvendo Sarah Osborne[391] na cumplicidade da bruxaria praticada. Osborne foi presa. O marido de Sarah, Wilham Good,[392] também foi envolvido e acabou confirmando que ela "era bruxa ou logo iria virar".

Sarah Osborne foi interrogada e negou as acusações sofridas, mas as "meninas" confirmaram serem vítimas de seus ataques em que foram "beliscadas e estranguladas".

Chamada a depor, a escrava indígena Tituba confirmou a influência do diabo na tortura das garotas e descreveu o ente demoníaco e seus variados poderes. Informou que era um homem alto, de cabelo branco, com um casaco, disposto a matá-la se ela não ajudasse a prejudicar "as garotas". Confirmou a atuação das duas acusadas (Good e Osborne) contra as "meninas" e outras pessoas. Confessou que realizou viagens "numa vara de galho com as outras duas bruxas". Findo o depoimento, a indígena assim como "as bruxas acusadas" foram conduzidas à prisão. Tituba foi interrogada mais quatro vezes e os juízes concluíram que trabalhava para as feiticeiras, mas não era bruxa.

Nesse ínterim, com Salém em polvorosa, Martha Corey[393] foi denunciada e interrogada, pois, ao ir à casa de Thomas Putnam,[394] sargento da milícia, levou sua filha Ann a ficar sufocada e ter a voz embriagada. Em consequência, foi denunciada e presa.

---

391 Sarah Osborne: uma das primeiras acusadas de bruxaria. Vivia em conflito com a família Putnam.

392 Wilham Good: marido de Sarah, suspeitava das bruxarias da esposa. Afirmou que Sarah tinha "a marca da bruxa".

393 Martha Corey: mulher de Corey Giles. Agressiva contra os considerados adversários. Foi presa diversas vezes.

394 Thomas Putnam: militar, escriturário paroquial e relator dos julgamentos.

Assim o pânico se estendeu a toda a população de Salém, as perseguições se multiplicaram com espionagem, denúncias, prisões e execuções.

Foram envolvidos, de forma direta nos processos e julgamentos ocorridos, as seguintes categorias e figuras:

- Religiosos: treze, além de Parris foram envolvidos Nathaniel Ingersoll (primeiro diácono), Lawson Deoda (pastor), Edward Putnam (diácono da igreja), Bernard Thomas (pastor ortodoxo), Francis Dane (pastor), John Hale (pastor), John Higginson (pastor), Cotton Mather (pastor assistente e mestre em teologia por Harvard), Increase Mather (pastor, presidiu Harvard) e Samuel Willard (pastor de formação erudita), George Burroughs (pastor em Maine, tinha substituído James Bayley em 1679 e estudou em Harvard).

- Vítimas e acusadores das bruxarias: Betty Parris, Elisabeth Parris, Abigail Williams, Tituba, John Indian (supracitados), Sarah Bibber (julgava-se espetada), Sarah Churchil (empregada doméstica), Abigail Hobbs (acusada de bruxaria, passou a denunciar e envolveu pai e mãe), Elizabeth Hubbard (empregada doméstica), Mercy Lewis (empregada doméstica, identificava figuras invisíveis e tinha diversas "visões"), Ann Putnam (faz previsões de fatos), Ann Putnam, mãe (identifica bruxas e apresenta transes), Susannah Shelden (identifica assassinatos), Mary Walcott (denunciou muitas pessoas, aproximadamente setenta) e Mary Warren (empregada doméstica e muito torturada).

- Principais acusados: Martha Corey, Sarah Good, Sarah Osborne, (supracitados), John Alden (comandante oficial da milícia), William Barker (fazendeiro), Bridget Bishop (confundida com Sarah), Martha Carrier (considerada bruxa), Richard Carrier (filho de Martha, sob tortura extrema fez denúncias aleatórias), Elizabeth Cary (vem a Salém para esclarecimentos, é acorrentada), Sarah Clooyce (milita na igreja local), Elisabeth

Colson (do grupo das meninas, evitou a prisão), Giles Corey (fazendeiro, desafiou a corte), Mary English (acusada de bruxa), Mary Esty (dona de casa), Ann Foster (ligada às sabás demoníacas), Darcas Hoar (ladra), Elizabeth How (considerada bruxa), Georges Jacobs (fazendeiro), Margareth Jacobs (neta de George, abjurou), Mary Lacey, filha (dramatiza respostas), Mary Lacey, mãe (suspeita de bruxaria, foi absolvida), Rebecca Nurse (surda, não consegue se expressar), Elisabeth Procter (grávida e suspeita), John Procter (considerado bruxo-taverneiro), Mary Toothaker (acusada de magia, parente do reverendo Dane), Samuel Wardwell (advinho, confessou que abjurou), Sarah Wilds (suspeita antiga de bruxaria), John Willard (guarda) etc.

- Autoridades envolvidas: George Corwin (xerife de Essex), Jonathan Corwin (juiz de paz), Thomas Danforh (relator dos encontros das bruxas, examinador das magias), Bartholomeu Gedney (magistrado e major da milícia), John Hathorne (magistrado), Sir William Phips (governador de Massachusetts), Samuel Sewall (membro da corte de julgamentos), William Stoughton (juiz que presidiou o "grande júri" teólogo), Dudley Bradstreet (juiz de paz membro do Conselho Municipal), George Hedrick (sub-xerife de Salém), John Higginson (oficial da milícia e juiz de paz), John Richards (decano da corte, amigo de Cotton Mather), Nathaniel Saltonsall (membro transitório da corte), Peter Sergeant (juiz de bruxas de Boston), Stephen Sewall (escriturário e arquivista de documentos), Wait Still Wintrop (funcionário público) etc.

- Críticos: Thomas Brattle (cientista, adepto da lógica), Robert Calef (comerciante culto, crítico de Mather), John Wise (pastor, crítico, estudou em Harvard), Thomas Maule (lojista, fez inicialmente denúncias e depois criticou os processos), William Milborne (pastor, com conhecimentos jurídicos e combativo), Robert Pike (capitão da milícia e membro do conselho, alertou sore os julgamentos) etc.

- Populares: William Grigs (médico), Benjamin Hutchinson (dono de taverna, belicoso com as "bruxas"), Bathshua Pope (enfeitiçada, atrapalha sermões e levita), Thomas Putnam (sargento da milícia, escriturário paroquial), Mary Sibley (supervisionou a confecção do bolo de bruxas dos Parris), Jonathan Wowalcolt (capitão da milícia), Ezequiel Cheever (fazendeiro, acusador nos julgamentos), Hannah Ingersoll (trabalha na taverna com o marido), Francis Nurse (marido da suspeita Rebecca).[395]

Nota-se que a caça às bruxas envolveu quase toda a população de Salém, que ficou em clima de tensão e terror. Nesse ano (1692), já havia um guia jurídico na cidade, que caracterizava uma bruxa como tendo marcas no corpo, executando coisas estranhas, herdeira de feitiçaria por linha materna, propagando-se na comunidade por acordos assinados com sangue entre as pessoas que estivessem dispostas a colaborar com os maus espíritos. Esses enfoques radicais foram oriundos do século XV, quando foi colocada em pauta o confronto entre Cristo e o Diabo e temos, como exemplo, o episódio de Joana d'Arc, uma das vítimas desta concepção.

Nessa linha, Boston transformou-se num polo desta disputa e o diabo era concebido por um "homenzinho preto", "um grande malandro negro", "um porco negro" ou "um índio" e todos fugiam da *Bíblia* (segundo Mather). Diante da crise em Salém, Boston enviou Thomas Danfroth,[396] representante do governador, além de Samuel Sewall[397] e outros funcionários para reforçarem os trabalhos durante os julgamentos. Segundo algumas autoridades, as mulheres eram consideradas mais vítimas da bruxaria por "terem vontade mais

395 SCHIFF, Stacy. *As bruxas*: intriga, traição e histeria em Salém. Trad. José Rubens Siqueira. Rio de Janeiro: Zahar, 2019, pp. 9-18.

396 Thomas Danfroth: latifundiário em Charlestown, pesquisador de bruxarias e magias. Relatou os encontros das bruxas. Foi contra os julgamentos precipitados de Salém.

397 Samuel Sewall: puritano devoto, membro jovem do julgamento das bruxas e comerciante em Boston.

fraca", daí a influência das bruxas naquela comunidade. Durante as medidas tomadas pela Corte, ocorreu a prisão de George Burroughs,[398] religioso, pastor, mas com independência de pensamento desencadeando uma enxurrada de denúncias, interrogatórios e depoimentos. Destacou-se, imediatamente, como grande acusadora Mercy Lewis.[399]

Os juízes tinham liberdade para investigar, prender; mas, para realizar acusações formais, precisavam do aval do governador, que era o organizador do chamado "grande júri". Todavia, aquela colônia oscilava "entre governo e não governo" e a Corte estava esperando a nomeação de um novo governante. O nomeado recentemente era Sir William Phips,[400] capitão do mar, mas que só chegou em 14 de maio daquele ano.

Inicialmente, a montagem do "grande júri" tinha dois pastores, três formados em Harvard, cinco comerciantes, um médico, portanto a maioria não tinha formação jurídica. Liderando a Corte, o vice-governador William Stoughton comandou a audiência de Burroughs. Os protagonistas, logicamente, necessitavam de orientação para os julgamentos.

Os magistrados, quando opinaram para os jurados, não tinham provas concretas e acabaram influenciando como deveriam votar considerando apenas os indícios de suspeitas, ou seja, procuravam "ajustar a sentença". Em síntese, William Stoughton convocou 18 homens "honestos" para o "grande júri" e 48 para o "júri comum". A prefeitura foi o local escolhido para as reuniões de julgamentos. Na abertura dos trabalhos, Phips saudou os juízes que ficavam em

---

398 George Burroughs: foi pastor de Salém de 1679 a 1683. Independente, livre-pensador, abandonou a aldeia para ser pastor em Maine.

399 Mercy Lewis: foi empregada doméstica de George e dos Putnam. Era "visionária" e deu testemunhos sobre as bruxarias.

400 William Phips: capitão do mar, despreparado, foi governador de Massachusetts.

assentos elevados. As provas estavam sob a responsabilidade do promotor, sendo que, comumente, o "suspeito" não sabia como seria a acusação devido às imprecisões no padrão das chamadas provas. As testemunhas de acusação eram juramentadas e os réus não tinham garantia de defesa, principalmente em casos de bruxaria como estava ocorrendo em Salém. Naquele momento, já estavam encarcerados mais de cem "suspeitos", sendo uma boa parte ligada à igreja.

Cotton Mather, orquestrando o caso, recomendou aos juízes, em determinado momento, que as condenações não podiam ocorrer apenas com as "provas espectrais", onde apenas os enfeitiçados tinham conhecimento. Era necessário que se adicionassem outros elementos para a condenação, além de se consolidar uma boa imagem pública.

Nos julgamentos usaram, os códigos da "velha" e da "nova Inglaterra".

A justiça se apresentava como equânime, mas levava em consideração outros elementos, como a posição social na comunidade.

Durante os trabalhos da Corte, houve a substituição do procurador-geral, Thomas Newton[401] por Anthony Checkley, amigo do temido juiz Jonathan Corwin.

As provas sempre apareciam como se fossem arrasadoras, de maneira espetacular, para a população, baseadas em fatos e premissas falsas.

O magistrado, Presidente Stoughton, abusou do seu poder, era fanático, violento, manipulador e nunca aceitava críticas ao seu posicionamento. Thomas Brattle,[402] de tendência anglicana, tendo

---

401 Thomas Newton: procurador do Rei, participou da primeira sessão de julgamento. Decidiu sobre a ordem que deveria ser seguida para os julgamentos.

402 Thomas Brattle: anglicano, ligado às ciências, participou das audiências em Salém. Usando a lógica, questionou as suposições do Tribunal de Stoughton. Afirmou que havia muitas irregularidades nos julgamentos.

como princípio a ciência, detectou graves falhas nos julgamentos e irregularidades "de todos os tipos" na Corte de Salém. Achava a posição dos juízes equivocada, parcial, com métodos obsoletos, discursos ignorantes e a audiência uma perfeita "caricatura". Avaliava um grande prejuízo econômico e humano para a população da cidade e desejava acabar com aquele "pseudo-tribunal" na Assembleia Legislativa, que iria se reunir em 12 de outubro de 1892.

As dúvidas sobre os julgamentos eram inúmeras e as perguntas irrespondíveis foram:

- Que prova serve para condenar?
- Qual o papel de boa reputação ou de uma transgressão anterior?
- A "prova espectral" apresentava fundamentos para a condenação?

Estes questionamentos foram encampados pelo governador Phips que passou a duvidar da correção daqueles julgamentos e a consultar outros especialistas, autoridades no assunto e críticos da Corte de Salém. Brattle, por exemplo, dizia que a Corte realizava "um diabólico desígnio de arruinar e destruir esta pobre Terra". Acreditava que os juízes estavam, na realidade, colaborando com o diabo, porque agiam de acordo com informações falsas oriundas do demônio. Salém ficou insegura e em pânico diante daquele clima de terror.

É necessário chamar a atenção sobre a atuação do ensinado em Harvard que foi um grande centro de reacionarismo, defendido pelos teólogos e estudiosos que favoreceram a teocracia local. A Assembleia Legislativa se reuniu e fez pesada censura à Corte da Justiça cujo resultado foi de trinta e três votos contra vinte e cinco. Após esta decisão, muitas petições choveram para a soltura dos prisioneiros de Salém.

A crise da justiça levou a organização da "Nova Corte" em dezembro de 1892, tendo, como juiz Presidente Stoughton, e trazendo membros qualificados e sem vínculos com a igreja. Dos cinquenta e dois casos julgados, em janeiro de 1893, foram absolvidos quase todos com exceção de três dos acusados.

O juiz Presidente tentou executá-los, mas foi impedido pelo promotor geral Checkley e, na sequência, substituído por Danforth, em 02 de fevereiro de 1693. A justiça em Salém estava desmoralizada, pois tinham executado dezenove pessoas injustamente. Havia inconsistências das provas, contradições, dúvidas sobre as tais feitiçarias e sobre a real culpa dos que foram presos e executados. Robert Calef[403] entrou em confronto com Mather e acompanhou o crítico Brattle nas críticas às mentiras e às fantasias endossadas pelos magistrados e acusadores de Salém. John Wise, pastor, formado em Harvard, cético em relação às bruxarias, pregou contra as prisões e mortes ocorridas (como já tinha se manifestado em relação à tirania de Andros).[404]

Os informantes e acusadores passaram a se retratar e declararam que tinham mentido. Todos os enforcamentos foram suspensos. A população de Salém estava desmoralizada e envergonhada com aqueles fatos escabrosos.

Em 1710, a legislatura de Massachusetts montou um comitê para analisar os pedidos de reparação das vítimas de Salém. Um ano depois, a maioria dos acusados foram anistiados e alguns reembolsados dos custos da prisão.

Uma nova carta reconstituiu o sistema judiciário que tinha se transformado em caricatura da justiça. Houve críticas à Igreja

---

403 Robert Calef: negociante de tecidos em Boston. Não concordava com Mather e participou dos julgamentos.

404 Tirania de Andros – Edmund Andros: nomeado governador em 1686, administrou com "mão de ferro" o território de Maine e Nova Jersey. Aboliu a legislação dos colonos e questionou os puritanos.

e aos líderes políticos da região. Os políticos passaram a evitar os conselhos dos clérigos.

Percebe-se que o racismo e o preconceito impregnaram os fatos ocorridos em Salém, como exemplo, as frases ditas, entre tantas, pelos seguintes envolvidos:

- Mercy Short,[405] em seu depoimento, descreveu com "temor o demônio" como sendo "um homem negro e baixo", mas não exatamente negro, com uma "cor trigueira ou indígena".
- Mather afirmava que as bruxas diziam que o diabo era "um homem negro" e que "se parecia com um índio".

Estes eventos criminosos, por parte do judiciário local, envergonharam a colônia. Como Brattle tinha previsto e afirmara: "o tempo não iria esgotar a censura e as manchas que a passagem dessas coisas deixou em nossa terra", ou seja, caça às pessoas que recebiam o nome de bruxas, medo, injustiça e miséria.

A aldeia de Salém e sua elite branca conseguiram a independência em 1752.

Passados sessenta anos, a população conseguiu que fosse trocado o nome para Denvers.

No final do século XIX, os moradores negavam o cruel passado. Em 2001, Massachusetts perdoou os últimos condenados daqueles bizarros acontecimentos que tiveram forte atuação dos puritanos.

O incrível é que essas ideias funestas, que ocorreram no século XVII, continuavam, em alguns pontos dos Estados Unidos e em outros países, como é o caso do Brasil, em pleno século XXI, onde proliferam *fake news*, injustiças, preconceitos e racismo.

---

405 Mercy Short: entrava em transe e fazia diversas previsões sobre os acontecimentos de Salém.

CAPÍTULO VI

DANTON E ROBESPIERRE – A REVOLUÇÃO ENGOLE OS SEUS FILHOS

6.1 A época de Danton e Robespierre

Danton e Robespierre viveram no Século das Luzes, quando o Iluminismo evoluiu na França e trouxe as contradições do regime absolutista e feudal.

O Iluminismo foi um movimento intelectual e filosófico que se concretizou nos séculos XVII. Este acreditava na razão e no conhecimento, teve início na Inglaterra, mas se ampliou na França pré-revolucionária, com Voltaire (1694-1778),[406] Rousseau (1712-1778),[407]

---

406 Voltaire – François-Marie Arouet (1694-1778): filósofo, escritor e dramaturgo. Irreverente e crítico da Igreja. Defendeu a liberdade, a ciência, a racionalidade e a justiça. Obras: *Cartas filosóficas*, *Discursos sobre o homem*, *Introdução à filosofia da história*, *Cândido ou o otimismo*, *Zadig*, *Tratado da tolerância*, *Édipo*, *Maomé ou fanatismo* etc.

407 Jean Jacques Rousseau (1712-1778): suíço, colaborou com a *Enciclopédia* de Diderot. Propôs um compromisso geral com a liberdade

Montesquieu (1689-1755),[408] Diderot (1713-1789),[409] D'Alambert (1717-1783),[410] Barão Holbach (1723-1789),[411] Julien de la Mettrie (1709-1751),[412] Padre Jean Meslier (1664-1729),[413] François Quesnay

---

e a igualdade entre os homens que foi adotada durante a Revolução Francesa. Defendeu a Democracia Direta e vivenciou o romantismo daquela época em *Nova Heloísa*. Polêmico e radical. Obras: *Sobre as ciências e as artes*, *Sobre a origem e fundamentos da desigualdade entre os homens*, *Contrato social*, *Emílio* etc.

408 Montesquieu – Charles Louis Secondat – Barão de La Bredie (1689-1755): aristocrata, crítico do sistema francês, magistrado, jurista, propôs uma reforma das instituições. Apoiou a república e a democracia. Obras: *O espírito das leis*, *Cartas Persas*, *Tratado dos deveres*, *Considerações sobre as causas de grandeza e decadência dos romanos*. Desenvolveu a tese de um sistema formado por Executivo, Legislativo e Judiciário, um poder fiscalizando o outro, mas harmônico no final.

409 Denis Diderot (1713-1784): iluminista de tendência moderada. Idealizou a *Enciclopédia*, valorizou as ciências em detrimento das religiões e seitas. Obras: *da interpretação da natureza*, *A religiosa*, *O sobrinho de Rameau*, O sonho *de D'Alembert*, *Pensamentos filosóficos* etc.

410 D'Alembert – Jean Rond (1717-1783): matemático e filósofo, dedicou-se à *Enciclopédia* de Diderot. Foi membro da Academia de Ciências. Publicou: *Tratado de Dinâmica*, *Tratado de equilíbrio e movimento dos fluidos*, *Opúsculos matemáticos*, *Discurso preliminar da enciclopédia* etc. Descreveu a edificação das ciências físicas e matemáticas. Engendrou a base filosófica da classificação das ciências.

411 D'Holbach – Paul Henri Thiry – Barão (1723-1789): alemão, enciclopedista, crítico, mecenas das ciências e das artes, por ser abastado. Dedicou-se a estudos de metalurgia, geologia e química. Materialista, atacou o cristianismo. Naturalista, defendeu o progresso das ciências e das "luzes". Obras: *Sistema da natureza*, *Sistema social ou princípio natural da moral e da política*, *A moral universal* etc.

412 Julien Offnou de la Mettrie (1709-1751): médico, jansenista. Escreveu "*L'hommme machine*", uma síntese do cartesianismo e do sensualismo com grande repercussão em sua época. Materialista científico. Obras: *Discurso sobre a felicidade*, *Sistema de Epicuro*, *Vênus metafisica* etc.

413 Jean Meslier (1664-1729): Padre de aldeia, dedicou-se aos pobres camponeses da sua paróquia. Analisou as injustiças em seu livro *Testamento*. Abordou o materialismo e ateísmo. Criticou a Igreja, a crueldade e a opressão existentes na França. Era contra a propriedade privada e

(1694-1774),[414] A. Robert Jacques Turgot (1727-1781),[415] Pierre Samuel du Pont de Nemours (1739-1817),[416] Padre Gabriel de Bonnot Marly (1707-1785),[417] Claude Helvetius (1715-1771)[418] entre outros.

O Iluminismo precedeu a revolução e inspirou críticas robustas ao *ancien regime*,[419] servindo como base para o fomento da Revolução Francesa. O movimento iluminista foi divulgado por obras literárias, filosóficas, econômicas, políticas e científicas com destaque para a *Enciclopédia* de Diderot.

---

propôs uma sociedade ideal e comunitária. Tinha espírito revolucionário e socialista.

414 François Quesnay (1694-1714): médico, economista, líder dos fisiocratas, considerava a economia como uma ciência. Defendeu os "direitos naturais", a liberdade e a propriedade. Colaborou com a *Enciclopédia*. Acreditava que a vida econômica obedecia às leis naturais. Obras: *Ensaio sobre a economia animal* e *Quadro econômico*.

415 Anne Robert Jacques Turgot (1728-1781): economista, administrador, servidor do governo e liberal. Propôs reformas para a manutenção da Monarquia francesa. Seguidor de Quesnay e influenciador de Adam Smith. Obra: *Reflexões sobre a formação e a distribuição das riquezas* etc.

416 Pierre Samuel du Pont de Nemours (1739-1817).

417 Gabriel de Bonnot Marly (1707-1785): abade, de família nobre e socialista utópico. Obras: *A legislação e os princípios das leis* e *Doutas preposições sobre a ordem natural e essencial das sociedades políticas*. Era pessimista.

418 Claude Roman Helvetius (1715-1771): adversário radical do despotismo e de qualquer religião. Sensualista e defensor do prazer e da dor na vida psíquica. Obras: "*Do espírito*" (de "*L'espirit*"), *Do homem, de suas faculdades intelectuais* etc.

419 "*Ancien regime*" (velho regime): caracterizado pelo feudalismo, absolutismo, injustiça, violência e exploração dos camponeses e artesãos. A palavra representa a mudança de política súbita e violenta. Usada para explicitar o conjunto de instituições antes da Revolução Francesa. Foi divulgado por Alexis Tocqueville em sua obra.

Em 1789, a França era uma monarquia absoluta[420] e tinha, aproximadamente, 24 milhões de habitantes, sendo a maioria de camponeses (18 milhões). O absolutismo era centralizado, o rei se considerava ungido por Deus e, somente a ele, deveria prestar contas dos seus atos, logo, o rei controlava o tesouro, os impostos, a liberdade, os bens dos súditos, a justiça etc.

A sociedade era formada pelo Primeiro Estado (clero), o Segundo Estado (nobreza) e o Terceiro Estado (burguesia, camponeses, artesãos, plebe).

Luís XIV (1638-1715),[421] por exemplo, declarou "O Estado sou eu", durante o seu governo que ocorreu de 1661 a 1715. Foi um período caracterizado por construções luxuosas, destacando-se o Palácio de Versalhes e as guerras com a Espanha, Inglaterra, Suécia e a Áustria. A França foi considerada uma potência, o povo e a burguesia estavam com péssima qualidade de vida e empobrecido.

Luís XV (1710-1774),[422] herdeiro do trono, governou de 1715 a 1774, gastando de forma excessiva com a Corte, assegurando o luxo da nobreza sem considerar a situação dos camponeses famintos e a revolta da burguesia espoliada por impostos e marginalizada do poder. Antes de falecer, afirmou: "depois de mim o dilúvio".

A elite (nobreza e clero) explorava os camponeses e os trabalhadores citadinos, que tinham falta de comida, ou seja, o Terceiro

---

420 Monarquia absoluta: forma de governo que apresenta o poder centralizado no monarca, sendo a transmissão do cargo hereditária. Solidificou-se o sistema com os estados nacionais na Europa.

421 Luís XIV (1638-1715): Reinado longo (1643-1715), apoiou as letras, as artes e as ciências. Sustentou duas guerras, que esgotou o tesouro francês. O cardeal Mazarino foi o seu Primeiro-Ministro até 1661.

422 Luís XV (1710-1774) enfrentou a guerra dos 7 anos (1756-1763), na qual perdeu algumas colônias para a Inglaterra. Foi um governador corrupto e recebia duras críticas dos intelectuais e do povo. Festejaram a sua morte.

Estado. A França estava com o povo no limite da sua tolerância com os seus governantes. A nobreza, ligada à Corte, recebia, anualmente, em 1879, 33.000.000 de libras, fora pensões que chegaram a alcançar 26.000.000 de libras. Ao assumir o trono, Luís XVI (1774-1792)[423] encontrou o tesouro público em estado lastimável devido aos gastos faraônicos da Corte, das classes privilegiadas, enquanto o povo vivia em condições miseráveis.

A crise econômica atingiu a área social e política e o rei convocou os Estados Gerais,[424] para tentar solucionar os problemas que o país estava enfrentando. Era uma tentativa de conseguir apoio popular e fundos para o estado. A última vez que os Estados Gerais tinham sido convocados foi em 1.614 com Luís XIII (1610-1643).[425]

Os Estados Gerais era uma assembleia que tinha a participação das três ordens existentes na França e, na última reunião ocorrida (1614), tinham votado separadamente. A composição apresentava: 291 participes do clero, 285 da nobreza e 578 do Terceiro Estado.

Os trabalhos dos Estados Gerais tiveram início em 5 de maio de 1789, com profundos desentendimentos entre seus participantes, sobre como deveriam ocorrer as votações e as sessões. O conflito chegou ao ápice, em 17 de junho, quando o Terceiro Estado declarou que estava aberta a assembleia nacional no lugar dos Estados Gerais.

A 20 de junho, Luís XVI mandou fechar a entrada do palácio onde ocorriam as reuniões da assembleia, mas os deputados passaram

---

423 Luís XVI (1774-1792): assume o trono em 1774. Casou-se com Maria Antonieta, "a austríaca". Foi derrubado pela revolução e guilhotinado.

424 Estados Gerais: criado no século XIV e convocado em períodos de crise financeira. Foram consultivos, reuniam as três ordens: o clero, a nobreza e o Terceiro Estado. Em 1789, agregou 1.114 parlamentares. A votação era feita "por ordem".

425 Luís XIII: Reinou entre 1610 e 1643. A mãe, Maria de Medicis, foi a sua regente e teve, como Ministro, o famoso Cardeal Richelieu.

a se reunir no Campo de Pela (Bola)[426] e passaram a defender uma Constituição para a França. O rei, diante do fato, capitulou, junto com a nobreza e o clero, e passou a aceitar as propostas do Terceiro Estado. Em 9 de julho, foi declarada a Assembleia Constituinte,[427] que funcionou até 1791.

O objetivo dos trabalhos era declarar uma nova ordem social e econômica.

O rei parecia ceder às propostas, mas demitiu o ministro Necker,[428] favorável às reformas (11/07/1789), gesto considerado de tendência golpista contra os constituintes. Paralelamente, as tropas leais ao rei foram concentradas em Versalhes e Paris. Diante dessas medidas, o povo reagiu, entrou em conflito com as tropas reais, usando machados, pedras, pistolas e tomaram a Bastilha,[429] usada como prisão fortificada de Estado, matando o comandante da guarnição. A Bastilha era o símbolo do absolutismo, com oito torres, fossos, pontes levadiças e significou o fim do *ancien regime*. Após este fato, a Assembleia Constituinte se deslocou para Paris e foram organizadas milícias populares com o nome de Guarda Nacional. A revolta envolveu os camponeses, que passaram a atacar as

---

426 Campo de Pela: jogo com bola, espécie de jogo de tênis.

427 Assembleia Constituinte: formada por deputados constituintes para elaborar uma nova Constituição, que proporia uma nova ordem econômica, social e política.

428 Jacques Necker (1732-1804): banqueiro suíço, estabelecido em Paris. Foi diretor geral das finanças (1777-1781), tentou reorganizar o orçamento francês e foi demitido por ter criticado as despesas reais. Readmitido, propôs a convocação dos Estados Gerais. Afastado, novamente, em 11 de julho de 1789, provocou uma insurreição em Paris. Reconduzido ao posto, saiu em 1790, recebendo críticas dos realistas e revolucionários.

429 Bastilha (fortaleza): construída por Carlos V, a partir de 1370, apresentava 8 torres de 25m de altura cada uma, com paredes de pedra e fosso ao redor. Tinha uma guarnição de 114 homens e 18 canhões. O governador era o Marquês de Louney, que foi morto durante o ataque revolucionário ocorrido. Era famosa, mas só tinha 8 prisioneiros.

propriedades de seus antigos senhores, e acabou abrangendo toda a sociedade francesa.

A burguesia,[430] inicialmente, recusou o pagamento de altos impostos e passou a liderar o movimento revolucionário junto com a classe média. Em 26 de agosto de 1789, a Assembleia lançou a Declaração dos Direitos do Homem[431] com 17 artigos que assegurava: "Os homens nascem livres e com os mesmos direitos". Era uma postura revolucionária em relação ao absolutismo e ao feudalismo,[432] existentes na Europa. Os revolucionários passaram a usar a palavra de ordem: "Liberdade, igualdade e fraternidade!".

Em novembro de 1789, os bens do clero foram confiscados e foram lançados os *assignats*,[433] novo papel-moeda, com base nos bens

---

430 Burguesia: palavra derivada de *burgo*, que, a partir do século XVIII, passou a ser empregada para os comerciantes e usada em relatórios jurídicos das cidades. Identificava os homens livres e independentes, ligados aos negócios e aos artesanatos na Idade Média.

431 Declaração dos Direitos do Homem: tinha, como base, as ideias iluministas que propunha uma aplicação universal destes princípios. Teve a influência, também, da revolução americana. Apresentava 17 artigos. Exaltava a soberania do povo, a separação dos poderes, a liberdade, a propriedade privada, a segurança e o combate ao despotismo. Outros direitos foram agregados, tais como: religiosos, políticos, econômicos.

432 Feudalismo: está ligado à exploração da terra pelo dono, usando a mão de obra popular. Comportava a vassalagem e apresentava um contrato que prometia a proteção aos habitantes do feudo. Foi herdado dos Carolingios, romanos e germânicos. O rei tinha o poder descentralizado, devido ao controle dos senhores feudais. Vassalagem e "benefícios" fundamentavam o feudalismo.

433 Assignats: foi uma nota que trazia a indicação de um valor de garantia sobre os bens do clero. Consequência da disponibilização destes bens para a nação em 1789. Procurava evitar a queda dos preços pela colocação a venda destes bens, que alcançava 3 bilhões de francos. As dívidas do Estado foram reunidas pelos Assignats.

do clero. A esta altura, a Assembleia já tinha se divido em direita[434] e esquerda[435] em relação ao Presidente da Assembleia.

A direita era representada pela nobreza, e o clero e a esquerda pelos revolucionários e patriotas.

As agitações continuaram em 1790 e culminaram na aprovação da Constituição Civil do Clero (12/07),[436] determinando que os párocos e os bispos deveriam ser eleitos pelo mesmo processo que elegiam os deputados e apenas informariam ao Papa.

Em junho de 1791, a família real tentou fugir para o exterior tendo apoio das forças contrarrevolucionárias. Saíram disfarçados de Paris, mas foram detidos em Varennes e trazidos à Paris.

Em 17 de julho, uma manifestação no Campo de Marte contra a monarquia foi violentamente reprimida com feridos e mortos pela

---

434 Direita: distribuição dos deputados em relação à mesa do Presidente da Assembleia. A direita agregava o clero, a nobreza e alguns simpatizantes da causa reacionária.

435 Esquerda: onde ficava o Terceiro Estado, os liberais e uma pequena parte do clero.

436 Constituição Civil do Clero: Talleyrand, deputado, representante do clero, propôs o sequestro dos bens da Igreja que foi aceito pela Assembleia. O decreto, lançado em 2 de novembro de 1789, determinou que os bens ficariam à disposição do governo. Foi tirada, também, a independência política clerical.

Guarda Nacional,[437] comandada por La Fayette.[438] Foi o início de um movimento favorável à república.[439]

Os grupos políticos que se organizaram neste período foram:

- Os constitucionais, defendiam a burguesia e eram liberais. Participaram: Mirabeau (1749-1791),[440] La Fayette (1757-

---

437 Guarda Nacional: força armada da revolução, organizada para evitar o controle da nobreza e do governo, com a participação de "voluntários", sob as ordens da burguesia. O comando foi dado a Lafayette.

438 Marie Joseph Lafayette – Marquês (1757-1834): mosqueteiro, manteve relações com Benjamin Franklin e lutou pela independência dos EUA em 1778. Voltou à França e participou da Assembleia dos Notáveis, defendendo o Terceiro Estado. Participou dos Estados Gerais. Foi eleito coronel-general da Guarda Nacional. Apoiou o início da Revolução Francesa. Desgastou-se, posteriormente, sendo criticado por Marat, devido a atitudes repressivas contra os "Sans Cullotes" revoltosos e o povo (Varennes e Campo de Marte). Apoiou o Rei deposto e entregou-se aos austríacos, para não ser preso pelos revolucionários.

439 República: regime político que se baseia na soberania popular por eleição. Os iluministas tinham, como referências, as repúblicas gregas e romanas, além de Veneza, Gênova, Suíça, Províncias Unidas e algumas cidades alemãs.

440 Honoré Gabriel Requet – Conde de Mirabeau (1749-1791): intelectual boêmio, escreveu: *Ensaios sobre o despotismo*, *As Lettres de cache* e *As prisões do estado*. Participou dos Estados Gerais e se aproximou do Terceiro Estado. Foi grande orador e porta-voz da constituinte. Apoiou a revolução, contudo, acreditava na Monarquia Constitucional, opondo-se às reformas radicais. Devido às suas posições, foi acusado de "traição" contra as ideias republicanas. Descobriram, após a sua morte, correspondência com o Rei.

1834), Abade Sieyès (1748-1836),[441] Bailly (1736-1793)[442] e Le Chapelier (1754-1794).[443] Apoiavam a propriedade privada e o princípio da monarquia constitucional.

- Os girondinos faziam parte, inicialmente, do clube dos jacobinos[444] e divergiam do radicalismo existente, representado por Robespierre e os *sans cullotes*[445] (usavam calças largas, eram

---

441 Emanuel Joseph Siéyes (1748-1836): primeiro vigário de bispo de Chartres. Apoiou os ideais revolucionários e participou dos Estados Gerais. Escreveu: *O que é o Terceiro Estado*? e *Ensaios sobre os privilégios*. Administrou Paris e foi membro do diretório. Votou a favor da morte de Luís XVI. Participou do Comitê de Salvação Pública e foi atacado por Robespierre. Jurista, participou das discussões constitucionais durante o período revolucionário e, posteriormente, da derrubada da fase do terror.

442 Jean Sylvain Bailly (1736-1793): astrônomo, militava na Academia de Ciências. Reivindicou ao Rei eleições democráticas para os Estados Gerais. Foi o decano do Terceiro Estado e presidiu a Assembleia Constituinte. Presidiu a câmara de Paris. Recebeu duras críticas de Marat e renunciou ao cargo que exercia após o massacre do Campo de Marte. Foi preso em 1793, acusado de apoiar a Família Real e guilhotinado sob os apupos da população.

443 Le Chapelier (1754-1794): parlamentar, propôs uma lei que abolia as corporações (1791), declarando que a média dos salários era baixa na França.

444 Clube dos jacobinos: era a sociedade dos amigos da Constituição e tinha, como sede, a biblioteca dos monges. Congregava, inicialmente, os que apoiavam a revolução, como Mirabeu, La Fayette, Robespierre, Marat etc. Posteriormente, houve divergências e muitos saíram do clube, devido às novas mudanças políticas.

445 Sans Cullotes: designava, a partir de 1792, os habitantes populares que ocupavam os subúrbios de Paris. Foram “massa de manobra política” das grandes jornadas e estavam ligados às tropas revolucionárias. Defendiam a igualdade e a taxação dos preços. Usavam calça, roupa de trabalho (e não o calção da elite), uma camisa, uma jaquetinha (curta), o barrete frígio com o símbolo nacional e as armas (sabre e pique). Defendiam o sufrágio universal e não aceitavam a Constituição censitária. Estavam alinhados com os jacobinos e *cordeliers*.

pobres). Não combatiam a contrarrevolução e "oscilavam entre a monarquia e a democracia".[446]

- Os jacobinos, formados pela classe média, pequena burguesia, operários, camponeses e intelectuais defendiam posições revolucionárias e a luta contra os inimigos internos e externos da França. São originários do clube dos jacobinos e defensores das ideias de Rousseau. Durante a convenção, ficavam do lado esquerdo e, depois, foram chamados de montanheses. Participavam Marat,[447] Danton, Robespierre e Hérbert.

- Os enraivecidos, representavam as massas pobres e foram liderados por Jacques Roux (1752-1794)[448] e Théophile Leclerc (1771-1796),[449] que propunham o fim da agiotagem, da pena

---

446 Democracia: baseada no modelo inglês e americano, apresentava fundamentos liberais e burgueses. Defende os interesses privados da interferência do Estado, e a igualdade é representada pela ausência de privilégios e condições que permitam ao cidadão a independência pelo mérito. Prega o equilíbrio dos poderes. Há, também, a democracia radical e direta, com base no pensamento de Rousseau, que defende a liberdade, mas se baseia na igualdade concreta e uma Assembleia única, tendo o governo como um comitê executivo. A fraternidade representa o civismo.

447 Jean Paul Marat (1743-1793): médico, cientista, autor de *Tratado sobre os princípios do homem*, redator do jornal *Amigo do povo*, participou ativamente da revolução, de maneira radical. Achava-se um gênio incompreendido no campo científico. Defendia a pena de morte para os traidores em geral e os girondinos. Participou da convenção e foi assassinado na banheira por Carlota Corday.

448 Jacques Roux (1752-1794): pároco, professor, saqueador de castelos em Santonge (1790), apoiou as restrições ao clero. Participou do Conselho Geral da Nova Comunidade Paris. Defendeu posições radicais e violentas. Fez campanha pelo tabelamento e regulamentação dos viveres. Participou do movimento dos "raivosos". Foi preso e guilhotinado.

449 Jean Théophile Victor Leclerc (1771-1820): foi da Guarda Nacional, orador e parlamentar (1792). Atacou a Assembleia, a Família Real e transformou-se em extremista (1793). Deputado, junto com os Jacobinos, discordou de Robespierre e propôs uma repressão mais sangrenta aos "traidores". Expulso dos Jacobinos, declarou-se sucessor de

de morte para exploradores do povo e tabelamento de preços. Foram esmagados durante a ditatura jacobina.

- Os iguais, liderados por Graco Babeuf (1760-1797),[450] defendiam uma sociedade sem divisão de classes entre ricos e pobres, criticavam os impostos e combatiam o governo. Aderiram aos conceitos do socialismo utópico.[451] Em 1795, foi acusado de promover uma rebelião e preso. Solto, continuou a ser considerado subversivo e, posteriormente, foi condenado à morte.

Em 14 de setembro de 1791, foi promulgada a Constituição e juramentada por Luís XVI. O rei representava o poder executivo. Os parlamentares eleitos, o poder legislativo, contavam com 745 deputados. Os magistrados representavam o poder judiciário.[452]

Os franceses, com mais de vinte e cinco anos, eram considerados cidadãos, com direito à voto, desde que pagassem o equivalente a três dias de trabalho. Havia os cidadãos ativos que votavam nos eleitores (ricos) que elegiam os deputados. O voto era censitário[453]

Marat após a sua morte. Assumiu *O amigo do povo*, adicionando "por Lecrec". Desejava guilhotinar todos os "suspeitos de contrarrevolução". Atacou a convenção. Decretada a sua prisão, acabou fugindo e sumiu para escapar da guilhotina.

450 François Noel Graco Babeuf (1760-1793): notário em Roye, escreveu *O cadastro Perpétuo*, sobre reforma fiscal. Propôs a abolição das taxas e impostos. Diretor do *Jornal da liberdade de imprensa*, panfletário, agitador, rebelou-se contra o Diretório e foi preso, sendo condenado à morte por tentar restabelecer a Constituição de 1793. Liderou a "conspiração dos iguais" de tendência socialista.

451 Socialismo Utópico: valoriza o cidadão numa sociedade ideal, condenando o luxo e os privilégios de classe. Tem, como base, o Iluminismo e o racionalismo, mas aceita alguns fundamentos capitalistas.

452 Poder Judiciário: com a declaração dos Direitos do Homem, ocorreu uma reforma da justiça, com a igualdade perante a lei, condenação do arbítrio e universalização da legislação. Passa a defender a unicidade, a igualdade e a segurança popular, assim como o voto universal.

453 Voto Censitário: votam os cidadãos que têm renda. Os pobres são excluídos.

e as eleições indiretas. Em 30 de setembro, após a dissolução da constituinte, foi organizada a Assembleia Legislativa, em que os parlamentares tinham o mandato de dois anos.

Em 20 de abril de 1792, teve início a guerra contra a Áustria que desejava derrotar os revolucionários franceses e apoiar Luís XVI. A Prússia apoiou a Áustria, e o general Brunswick (1735-1806)[454] lançou um manifesto ameaçando os revolucionários de castigos por rebeldia contra o trono. A defesa da França, em resposta, organizou "batalhões de voluntários" para o exército. Foi decretado o estado de emergência pela Assembleia Legislativa, lançado o hino *A Marselhesa*[455] e comprovada a participação do rei e Maria Antonieta,[456] em acordos com as potências estrangeiras.

Novamente, o povo, revoltado, marchou contra as Tulheiras e foi recebido à bala pela Guarda Suíça,[457] que protegia a Família Real (10/08/1792). Luís XVI pediu asilo à Assembleia Legislativa e teve os seus poderes suspensos. Formou-se um Conselho Executivo Provisório, liderado por George Jacques Danton e extinta a antiga Assembleia Legislativa. Na sequência, a convenção foi eleita por

---

454 Charles Guillarme Ferdinand Brunswick – Conde (1735-1806): general prussiano, que ameaçou de morte os habitantes de Paris, caso realizassem represálias contra a Família Real. Invadiu a Champagne (1792) e bombardeou Valmy. Comandou as tropas prussianas até 1794.

455 A Marselhesa: o coronel Tirteano Rouget de Lisle fez o hino ou *marcha da Maselhesa*, que traduziu o pensamento do povo e dos revolucionários nesta música, quando 600 soldados marselheses foram lutar pela revolução.

456 Maria Antonieta (1755-1793): Rainha da França, esposa de Luís XVI, austríaca e filha de Francisco I. Adversária das reformas, apoiou a contrarrevolução e pediu a intervenção estrangeira (Áustria) na França, contra os revolucionários. Superficial, pródiga na Corte, envolveu-se em escândalos, como foi o "caso do colar". Foi presa, julgada e condenada à morte na guilhotina.

457 Guarda Suíça: mercenários contratados da Suíça, que faziam parte da segurança real.

sufrágio universal,[458] contando com 750 deputados e um mandato de três anos. Os girondinos passaram a controlar o poder. O fim da monarquia e o início da república foi decretado em 21 de setembro, sendo o rei submetido a julgamento, condenado à morte por traição e levado à guilhotina (21/01/1793). A guerra continuava contra as forças externas que recebiam o apoio da Inglaterra, da Holanda, da Espanha, da Rússia e da Itália (no mesmo ano).

O conflito interno se agravou entre girondinos e os jacobinos (montanheses) e a França foi levada a um período de terror e ditadura.[459]

O grupo, formado pela chamada planície (centro), com 400 parlamentares oscilou em suas posições.

Os líderes que se destacavam foram Danton, Robespierre e Marat durante o julgamento de Luís XVI, todos favoráveis à pena de morte e em conflito com os adeptos da gironda. O rei foi executado em 21 de dezembro de 1793.

Após a morte de Luís XVI, houve revoltas na Vendeia e Lyon contra a execução.

Externamente, as grandes potências europeias tomaram posições mais duras contra a Revolução Francesa.

Diante dessa grande crise, a Convenção organizou o Comitê de Segurança Geral,[460] para investigar contrarrevolucionários e o

---

458 Convenção: instalada, em 1792, por sufrágio universal, aboliu a Monarquia e proclamou a República. Assembleia Revolucionária que governou até 1795 a França. Condenou à morte Luís XVI e redigiu a nova Constituição do Ano I. Tinha 749 parlamentares.

459 Período de terror: designou a fase revolucionária, em que o governo transbordou do seu poder sem respeitar a Constituição, levando o medo, a tortura e a morte à sociedade francesa.

460 Comitê de segurança geral: encarregado de relatar o que diz respeito "aos suspeitos", ordenar a detenção e controlar os Ministérios da Justiça e

Comitê de Salvação Pública,[461] que podia julgar, sem apelação, qualquer suspeito e conduzia os meios para repressão interna e defesa contra as forças externas. Estava formada a estrutura da ditadura e do terror que amedrontou o povo francês.

Ainda em 1793, a fome predominou na França. O pão sumiu dos mercados, e os *sans cullotes* com os jacobinos tomaram, de assalto, Paris entre 31 de maio e 2 de junho, expulsando 29 deputados girondinos da Convenção.

A revolução da França estava ameaçada por forças estrangeiras e, no seu interior, havia fortes agitações girondinas. Diante deste clima, Danton foi afastado do Comitê de Salvação Pública para dar lugar a Robespierre. Em 13 de julho, Marat foi assassinado por Carlota Corday,[462] e ocorreram outros atentados no interior da França. Várias regiões, lideradas pelos girondinos, organizaram revoltas contrarrevolucionarias como tinha ocorrido em Vendeia. A república estava ameaçada.

Diante dos fatos, a Convenção e o Comitê de Salvação Pública passaram a tomar medidas de exceção sob o comando dos jacobinos e de Robespierre, escancarando a ditadura e o terror.

---

do Interior. Foi criado desde o início da convenção. Tinha 30 membros eleitos com possibilidades de renovação. Colaborou com a política do terror e acabou chocando-se com Robespierre.

461 Comitê de salvação pública: criado em 1793, dirigido, incialmente, por Danton, foi encarregado de assuntos externos, internos e de guerra. Posteriormente, concentrou todos os poderes da revolução e impôs uma ditadura sob o comando de Robespierre. Tinha 12 membros, que eram reeleitos com prerrogativas de prender, julgar e matar.

462 Marie Anne Carlota Corday (1768-1793): de família realista, os irmãos lutaram com o Condé, obstinada, assassinou Marat em Paris.

Em 17 de setembro de 1793, foi promulgada a lei dos suspeitos,[463] que considerava alta traição quem não colaborasse explicitamente com a revolução.

Foram realizadas prisões em massa e guilhotinadas mais de 42 mil pessoas no breve tempo de terror. Robespierre vociferava: "O povo e a convenção tem de atuar como um só corpo, a Convenção tem de juntar as suas forças ao povo".

Uma nova Constituição foi elaborada e aprovada em 24 de junho de 1793, sendo referendada pelas Assembleias Cantonais (câmaras municipais)[464] e promulgada em Paris (10/08/1793). O poder ficava com uma assembleia única eleita por sufrágio universal e as leis votadas teriam que se submeter ao referendo popular. Admitia a insurreição, "quando o governo violasse as leis do povo". Mas a Convenção suspendeu a sua aplicação devido à guerra. Neste momento, consolidou-se o Comitê de Segurança geral e o Comitê de Salvação Pública, que ficaram com poderes absolutos. Robespierre (jacobino) passou a comandar o governo com "mão de ferro" e executou os seus adversários, principalmente os girondinos.

Brotam, desta situação, duas tendências:

- Os Raivosos, que propuseram o desligamento total entre a igreja e o Estado, defendiam o ateísmo e a Catedral de Notre-Dame passou a receber o título de "templo da razão". Houve uma campanha contra a Roma e o cristianismo. Este movimento

---

463 Lei dos suspeitos: estabeleceu um delito de intenção aplicado a uma pessoa ou a um grupo com o intuito de prevenir um crime ou delito. Os suspeitos foram os contrarrevolucionários em geral, principalmente a nobreza e o clero. Em 1793, a lei definiu os suspeitos: houve 500 mil.

464 Assembleias cantonais: equivaliam aos conselhos municipais. O povo invadiu várias Assembleias cantonais, pegaram as armas, elegeram novos conselheiros, tabelaram preços como o do sal e ajudaram a montar a guarda nacional.

foi comandado por Jacques René Herbert (1757-1794),[465] pertencente aos *cordiliers* (franciscanos).

- Os Indulgentes (moderador), formados pelos que se opunham às execuções e ao terror, considerados, neste momento, moderados, como Danton, Camille Desmoulins (1760-1794)[466] e Fabre d'Eglantine (1750-1794).[467]

Em 1794, a repressão de Robespierre aumentou e foram guilhotinados os adeptos de Herbert (raivosos). Na sequência, os indulgentes foram acusados de conspiração, presos e guilhotinados, estando, entre eles, o líder Danton.

---

465 Jacques René Herbert (1757-1794): político, membro da Comuna, orador do Clube dos Jacobinos e dos franciscanos e jornalista radical. Adversário dos Girondinos, adotou o programa social dos "raivosos" e propôs a invasão da convenção (9 de 1793) pedindo aplicação da "lei dos suspeitos". Anticristão e defensor da razão. Atacou os grupos de direita e esquerda. Foi preso e guilhotinado por Robespierre.

466 Camille Desmoulins (1760-1794): advogado boêmio, defendeu a presença de Necker no Ministério e participou da tomada da Bastilha. Escritor e jornalista radical, lançou a *França Livre*, *Discurso da Lanterna dos Parisienses* e *As revoluções da França e do Barbante*. Panfletário respeitado, foi nomeado Secretário Geral do Ministério da Justiça, por Danton. Foi deputado na Convenção e participou da Montanha. Lançou o *Velho Cordelier*, atacou os herboristas a pedido de Robespierre, mas passou a apoiar "os indulgentes", que desejavam o fim do terror. Foi preso por Robespierre e condenado à morte na guilhotina.

467 Philipe François Nazaine Fabre d'Eglantine (1750-1794): poeta, autor do *Soneto à Virgem*, dramaturgo, ator ambulante e vaidoso. Participou do Clube dos Jacobinos foi Ministro da Justiça e secretário de Danton. Corrupto, vendeu botas para o exército, que ficaram estragadas após um dia de uso. Participou da Convenção, incentivou a violência e em seu jornal *Relatório do Povo Soberano*. Especulou sobre as ações da Companhia das Índias. Participou do Comitê de Segurança Geral, quando propôs a liquidação das sociedades bancárias e comerciais que tivessem ligação com o estrangeiro. Oscilava em suas posições ideológicas e políticas e acabou envolvendo Danton em suas negociações escusas, facilitando a atuação de Robespierre durante o período do terror contra os Girondinos. Foi excluído dos Jacobinos, preso e levado à guilhotina junto com Danton.

Os julgamentos foram arbitrários e rápidos sem levar em consideração a legislação vigente.

Robespierre passou a governar de forma isolada e arbitrária. O terror chegou ao ápice e a Convenção, sentindo-se ameaçada, em 27 de julho de 1974, destituiu o "incorruptível". Danton foi vítima de um "julgamento simulado", mas, para Robespierre, nem isso foi possível. Foi preso, ferido por um tiro no queixo e executado pela guilhotina na tarde de 28 de julho de 1794, junto com os seus correligionários (19).

É, nesse contexto, que ocorreu a prisão, pseudojulgamento e morte do líder Danton.

6.2 Georges Jacques Danton (1759-1794) – Vítima do seu passado radical e da inveja política

Nasceu em Arcis-sur-Aube, filho do procurador de causa local, Tiago Danton e de Maria Madalena Camut, família pequena, burguesa e descendente de camponeses.

Com a morte do pai, foi enviado para estudar num seminário em Troyes com o objetivo de seguir a carreira sacerdotal.

Tinha facilidade para línguas e dedicou-se a estudar literatura clássica com os padres oratorianos.

Achando sufocante o clima religioso do internato, passou a morar num quarto na cidade, dando os primeiros sinais de autonomia e rebeldia. Estudante e dependente, deslocou-se, espontaneamente, sem autorização, para Reyms a fim de apreciar a coroação do Delfim,[468] como Luís XVI da França na Catedral local. Em decorrência, realizou uma excelente redação para o tema segundo os seus mestres.

468 Delfim: título dos primogênitos dos reis franceses.

Defendia os colegas de castigos físicos e recebeu o apelido de "O republicano". Concluiu os primeiros estudos em 1780 e foi estagiar em Paris, junto a um procurador de nome Vinet.[469] Durante esse período, entrou em contato com as ideias iluministas, representadas por Diderot, Montesquieu, Voltaire, Rousseau, completando leituras anteriores de Rabelais, Moontaigne, Moliére, Dante, Shakespeare, Plutarco[470] e também Beccaria.[471]

Em 1784, comprou o título de Bacharel em Direito pela Universidade de Reims, prática e corriqueira naquela época, tornando-se advogado em cinco dias.

Em 1787, já com grande experiência advocatícia, adquire uma vaga de advogado do Conselho do Rei por 78.000 libras de Huet de Paisy,[472] uma fortuna, mas que o colocava numa posição privilegiada em Paris. Aos 27 anos, casou-se com Gabrielle Charpentier.

Empossado no cargo, passou a ser chamado de Georges-Jacques d'Anton, dando um toque de nobreza ao seu nome.

O contexto econômico e político da França estava péssimo, as finanças abaladas e a sociedade, representada pelas três ordens (Primeiro Estado, Segundo Estado e Terceiro Estado)[473] em ebulição com duras críticas ao rei e à elite que o cercava. O Primeiro Estado representava o clero, o Segundo a nobreza e o Terceiro o povo.

---

469 Vinet: procurador que empregou Danton.

470 Plutarco (45 e 50 a.C. - 125 a.C.): historiador e moralista grego. Escreveu: *As vidas paralelas* e *Obras morais*.

471 Cesare de Beccaria (1738-1794): Criminalista e filósofo italiano (iluminista). Escreveu *Tratado dos Delitos Penais*.

472 Huet de Paisy: vendeu o cargo a Diderot, para advogar no Conselho do Rei.

473 Terceiro Estado: três ordens: 1º Clero – todas as pessoas das ordens gozavam de redes de bens, da propriedade coletiva da ordem. Tinham imunidades privilégios e franquias; 2º Nobreza – tinham funções, empregos, mordomias e privilégios; 3º Todos os outros – o povo, o resto da população, sem privilégios, marginalizados.

É nesse clima que são convocados, em 05 de maio de 1789, os Estados Gerais[474] por Luís XVI, e surge o palco para a eclosão da Revolução Francesa.

Na Assembleia Tradicional, os votos eram contados separadamente em detrimento do povo, ou seja, da maioria. O Terceiro Estado[475] reagiu e passou a combater as regalias destas elites, convocando uma Assembleia Nacional,[476] para substituir os Estados Gerais. Houve conflitos e as tropas foram deslocadas em Paris e Vincennes para intimidar a massa popular.

Danton adere ao clima revolucionário, usando a sua força de grande orador e agitador ao lado do povo.

Em 13 de julho de 1789, faz um radical discurso no convento dos Cordeliers (franciscanos),[477] que ficava num "recente distrito" de Paris, alertando a população sobre as tropas opressoras, que estavam marchando sobre a cidade e conclamava que todos deviam defender-se com armas. Foi indicado, posteriormente, para deputado do povo nos Estados Gerais. De pacato cidadão, transformou-se num revolucionário e pretendia derrubar o *status quo* vigente e acabou sendo eleito Presidente do Distrito de Cordeliers e fundador do clube do mesmo nome. Era montanhês.

---

474 Estados Gerais: iniciou-se com Filipe, o Belo, por volta de 1302. Luís XVI convocou para resolver os problemas da França. A última convocação ocorreu com Luís XIII (1614).

475 Terceiro Estado: o povo, o resto da população, composta por servos, camponeses, artesãos e burguesia.

476 Assembleia Nacional: composta de representantes eleitos pelas jurisdições para os Estados Gerais com 1.144 deputados. Reuniram-se em Paris no pátio das Tulherias para discutir e elaborar uma Constituição, reorganizar os tribunais e redigir a "Declaração dos Direitos do Homem".

477 Cordeliers: grupo de esquerda (Os Franciscanos) liberado por Marat e Herbert.

Em 14 de julho de 1789, ocorreu a tomada da prisão-fortaleza da Bastilha,[478] símbolo do absolutismo monárquico e da opressão. Durante a invasão, a massa popular matou o governador da prisão Marquês Launy,[479] cuja cabeça foi exposta numa estaca pelas ruas parisienses. Danton não participou do ataque, mas atuou na "inspeção posterior da Bastilha" e destacou-se como líder revolucionário. Em 4 de agosto do mesmo ano, a Assembleia aboliu o regime de privilégios feudais e determinou a igualdade no pagamento de impostos, redigindo, também, a "Declaração de Direitos do Homem e do Cidadão".[480] Luís XVI não aceitou oficialmente os decretos da Assembleia e procurou trazer mercenários flamengos para se proteger em Versalhes. Danton atacou o rei e as tropas num panfleto que foi distribuído e colado nas paredes de Paris.

Em 5 de outubro de 1789, a prefeitura de Paris foi atacada por um grupo de mulheres que sequestraram as armas existentes e marcharam para Versalhes, clamando por "pão", tendo a cobertura da Guarda Nacional liderada pelo Marques de Lafayette. A Assembleia, aproveitando-se do fato, obrigou Luís XVI a assinar os decretos que estavam pendentes, ou seja, a abolição do feudalismo, a "Declaração de Direitos do Homem e do Cidadão" e os artigos da Constituição. Danton sempre atuou ostensivamente nestas agitações. O palácio foi invadido pelo "exército feminino" que se confrontou com a rainha Maria Antonieta, obrigando a família real a se deslocar para Paris onde ficaram nas Tulherias. A situação amedrontou os representantes da elite francesa que renunciaram aos cargos na Assembleia em número de trezentos.

---

478 Bastilha: prisão do Estado, símbolo do poder real. Foi tomada em 14/07/1789 pelos revolucionários.

479 Marquês Launy – Bernard René Jourdan (1740-1789): nasceu e morreu na Bastilha. Foi governador da Fortaleza. Durante o ataque da massa popular, tentou resistir e foi morto. A sua cabeça foi exposta num chuço.

480 Declaração de Direitos do Domem e do Cidadão: aprovada em 26/08/1789, com 17 artigos. Anulou os privilégios do passado. Os cidadãos são considerados iguais perante a lei.

Danton, à essa altura, fortaleceu a sua influência política na cidade, principalmente em seu distrito, entrando em conflito com o prefeito de Paris, Bailly[481] e Lafayette, o comandante da Guarda Nacional, posto que estavam ofuscando-o. Marat,[482] no jornal *O amigo do povo*, também atacava o prefeito, em nome dos Jacobinos e foi determinada a sua prisão. Danton passou a defender o jornalista e político com sucesso, aumentando a sua popularidade e obrigando o executivo municipal a ameaçá-lo de prisão. Em 1791, continuando o entrevero com Bailly e Lafayette foi decretada a sua prisão, obrigando-o a fugir para a Inglaterra. Anistiado pela Constituinte, passou a administrar o departamento de Paris, sendo eleito substituto do Procurador da Comuna, em 6 de dezembro do mesmo ano.[483]

Participou da insurreição de 10 de agosto de 1792, conseguindo a prisão do comandante chefe da Guarda Nacional Mandat,[484] a deposição de Luís XVI e foi nomeado Ministro da Justiça. Agrega Camille Desmoulins[485] e Fabre d'Églantine[486] ao seu Ministério, no

---

481 João Silvano Bailly (1736-1793): literato, político, astrônomo. Presidente da Assembleia Constituinte na sessão do jogo de pela e prefeito de Paris, após a tomada da Bastilha. Aplicou a Lei Marcial contra a oposição que pretendia derrubar o Rei. Foi preso e condenado à morte.

482 Jean Paul Marat (1743-1793): físico, político e jornalista. Redator do jornal *O amigo do povo*. Fomentou as matanças de setembro durante a revolução. Deputado à convenção, atacou os girondinos e o Rei. Foi assassinado na banheira por Carlota Corday.

483 Comuna: criada pela insurreição popular (10/08) contra a Assembleia Legislativa, controlada pelos girondinos. Desejava tomar o poder para o povo e seu comitê de vigilância abrigava Robespierre e Marat. Prendeu monarquistas, contrarrevolucionários e suspeitos.

484 Antoine Galiot Mandat de Grancey (1731-1792): chefiou a Guarda Nacional. Foi assassinado por mandar atirar na massa popular.

485 Camille Desmoulins (1760-1794): advogado, jornalista e político. Ajudou no ataque à Bastilha e foi membro da convenção. Publicou o jornal *O Valho Franciscano* (*cordelier*). Defendeu a clemência durante a revolução e foi guilhotinado.

486 Fabre d'Églantine – Philipe François Nazaire (1750-1794): poeta, ator, dramaturgo e político. Pertenceu ao clube dos jacobinos. Fomentou os

comitê judiciário. Na ocasião, convidou Robespierre para auxiliá-lo, que não aceitou, por já ter divergências políticas, pessoais e achá-lo "corruptível".

Danton, no cargo, radicalizou, ao denunciar a presença de 30 mil traidores na França, e acabou se omitindo dos massacres,[487] ocorridos nas prisões em setembro de 1792, quando afirmou: "Estas execuções eram necessárias para acalmar o povo de Paris (...). É um sacrifício indispensável; aliás o povo não se engana (...) Vox Populi, Vox dei, é o adagio mais verdadeiro, mais republicano que conheço".

Na sequência, foi eleito para a Convenção e renunciou ao Ministério da Justiça. Durante a Convenção defendeu a República Francesa, considerando-a "una e indivisível" e acabou votando a favor da morte de Luís XVI. Nessa fase, tentou organizar a Bélgica que fora conquistada pelo General Dumoriez.

Participou da organização do Comitê de Salvação Pública, em 1793,[488] sendo responsável pelos "negócios estrangeiros", junto com

---

"massacres de outubro" e foi eleito para a Comuna. Venal e corrupto (negociatas).

487 Massacres de Setembro: considerado o primeiro terror (1792). Durante as desordens em Paris, devido ao avanço dos prussianos e iminente queda de Verdon, Robespierre, liderando a Comuna e, tendo apoio de Marat, propõe a decapitação dos traidores, proíbe os jornais realistas, cria um tribunal extraordinário e realiza execuções indiscriminadas contra os que eram considerados contrarrevolucionários. Foram convocados matadores, que recebiam seis francos por dia e uma quota de vinho para invadirem as prisões e liquidarem os prisioneiros suspeitos ou acusados de traição. As principais vítimas foram os padres, os nobres, prisioneiros comuns e prostitutas. As prisões atacadas foram Abbye, Fosse, Bernardin, Cicêtre e Carmes em Paris. O massacre se espalhou por Versalhes, Reims, Meaux, Lyon e Caien. Danton, como Ministro da Justiça, não protegeu os prisioneiros.

488 Comitê de Salvação Pública: criado em 06/04/1793. Foi controlado por 12 pessoas, predominando os jacobinos. Era considerado o incitador da ação governamental. Agia como vigilante da Assembleia. Aplicou a política do terror.

Barere.[489] Entra em litígio direto com Robespierre que o acusou de estar "vendido ao estrangeiro".

O comitê acabou montando um esquema ditatorial, com a participação de Danton, que foi eleito em março, e, posteriormente, demitido em julho, iniciando o chamado período do terror.

Presidindo a Convenção,[490] aprovou o recrutamento maciço para o exército francês.

Nesse período conturbado, Danton se retira para descansar, de 12 de setembro a 21 de novembro, em sua cidade natal Aras-sur-Aube, deixando, em acelerado funcionamento, o Tribunal Revolucionário, o Comitê de Segurança Pública e o Comitê de Segurança Geral, responsáveis pelo "bom andamento da convenção". O Comitê e o Tribunal Revolucionário trabalhavam ao som da lâmina da guilhotina, decapitando os adversários políticos e seus simpatizantes. Neste interim, Robespierre preparou a sua derrubada do processo revolucionário, obrigando-o a voltar a Paris. A irritação do "incorruptível" foi devido à proposta de Danton, que propôs clemência aos prisioneiros, podendo ser vítimas do terror e levados à guilhotina. Criticava, também, as posturas antirreligiosas de Herbert[491] e de Chaumette,[492] aliados de Robespierre, que ajuda-

---

489 Bertrand Barere (1755-1841): advogado e deputado nos Estados Gerais. Radicalizou na Assembleia e presidiou o "processo do Rei". Participou do Comitê de Salvação Pública.

490 Convenção (20 setembro de 1792 a outubro de 1795): recebeu o poder da Assembleia Legislativa e proclamou a República. Elaborou uma nova Constituição. Editou o calendário republicano. Predominaram os jacobinos e os girondinos. Suavizou o período do terror.

491 Jacques René Herbert (1757-1794): jornalista, membro da Comuna e do Clube Jacobino. Votou a "lei dos suspeitos". Perseguiu o clero. Defendeu a política da razão. Propôs ataques à Convenção. Foi guilhotinado por Robespierre.

492 Pierre Gaspard Chaumette ou Anaxágoras (1763-1794): grumete aos 14 anos, acompanhante do médico inglês Thuck nas visitas a França,

ram na condenação dos Girondinos à morte.[493] Era o início de uma campanha e denúncia contra o período do "grande terror", tendo a colaboração do jornalista e aliado Camille Desmoulins. Ameaçado, e não desejando fugir, acreditou que Robespierre iria recuar, em seus intentos, de incriminá-lo. Afirmou: "não se atreverão!". Ledo engano, pois acabou pedindo apoio do distrito de Cordeliers, que foi dissolvido. Propuseram fuga para Danton, que respondeu: "Não se carrega a pátria na planta dos pés. Já correu sangue demais. É melhor ser guilhotinado do que guilhotinar".

Contudo, com base num relatório forjado por Saint-Just, Danton foi preso no meio da noite de 30 de março de 1794, junto com os aliados de Delacroix,[494] Camille de Desmoulins e Phelipeaux.[495] Não foi levado, em consideração, a luta e a dedicação de Danton pela Revolução, afinal tinha sido Deputado do povo nos Estados Gerais, fundador do Clube dos Cordeliers, Procurador adjunto da comuna de Paris, Ministro da Justiça do Conselho Executivo e Chefe de Governo durante a invasão da Prússia. Foi, ainda, Deputado de Paris na convenção e presidiu o Comitê de Salvação Pública até julho de 1793. A sua posição como orador, também, tinha sido vital para criminalizar Luís XVI e família, após a fuga para Varennes.

Julgamento de Danton e Aliados – o julgamento do Tribunal Revolucionário iniciou em 3 de abril de 1794 (13 germinal) às 10

estudante de medicina e radical da Comuna. Procurador dos Sans-Cullote, executor durante o terror, homossexual e perseguidor de putas.

493 Girondinos: ficavam à direita durante a convenção. Eram republicanos e defendiam o processo democrático. Foram considerados reacionários pela Comuna.

494 Jean François Delacroix (1753-1794): Militar, advogado, juiz do Tribunal de Relação, participou da Assembleia Legislativa, da Convenção, do Comitê de Salvação Pública. Atacado por Robespierre, foi guilhotinado.

495 Antoine Le Picard de Phélippeaux (1767-1799): montanhês, aliado a Robespierre, participou das matanças contra o clero e dos massacres da Vendeia. Acusado, não se retratou. Foi expulso dos jacobinos.

horas com a presença de juízes, jurados e no banco dos réus, vários acusados, em número de quatorze. Na sequência, foram adicionados mais dois, totalizando dezesseis. Os juízes apresentavam a imagem de "bons patriotas" e de competência. O Presidente do tribunal revolucionário era Martial Joseph Armand Herman[496] e o papel de acusador (promotor) ficou com Foquieur-Tiniville,[497] sendo o vice-Presidente René François Dumas.[498] Os jurados tinham sido "escolhidos a dedos", excepcionalmente para aquele evento. O júri foi reduzido para sete e com pessoas inimigas de Danton, que frequentavam a casa de Robespierre. Os advogados de defesa foram excluídos, exceto os indicados e escolhidos pela mesa julgadora. Não havia conexão entre as acusações e sim "casos estranhos uns aos outros". Junto às acusações de "restabelecer a realeza", havia acusações de traficâncias e corrupções de parlamentares. A estratégia era confundir e comprometer os réus que levados em magotes, poderiam ser considerados criminosos comuns. Testemunhas dos acusados foram desconsideradas porque não foram chamadas. Juntos, estavam como réus, políticos, financistas oportunistas e agentes da Companhia das Índias Orientais, todos acusados de corrupção e traição.

O julgamento estava sendo montado para representar uma farsa sendo uma "paródia da justiça".

---

496 Joseph Armand Herman (1749-1795): Presidente do Tribunal Revolucionário, advogado e moralista.

497 Antoiné Quentin Foquier (1746-1795): foi Procurador Chefe no Chatelet e diretor do júri de acusação. Participou do Tribunal Revolucionário (Tribunal Criminal Extraordinário) e administrou as mortes pela guilhotina.

498 René François Dumas (1757-1794): entrou para o convento e depois abandonou em 1783. Advogado, criou o Clube Revolucionário do Regador (1790). Foi chamado a Paris por Robespierre e indicado a vice-Presidente do Tribunal Revolucionário e depois Presidente (1794). Incentivava as delações e caiu junto com Robespierre.

> Assim, tudo, nesta sala, e desde o primeiro minuto, era mentira e iniquidade: os juízes ameaçados de morte se os réus escapassem; os jurados cuidadosamente escolhidos, com ordem para condenar e catequizados incessantemente; os advogados constituídos para trair os seus clientes; as testemunhas de defesa ausentes; finalmente, os próprios réus emparelhados com o objetivo de comprometer o ouro puro de Desmoulins com o chumbo vil de Chabot. Sim, uma paródia de justiça em plena "Casa da Justiça".[499]

O interrogatório, realizado anteriormente na prisão, foi rápido, faccioso e simplório. Danton tinha respondido a duas perguntas rapidamente, a saber:

> Na véspera, os réus tinham sido alvos, na prisão, de um interrogatório muito sumário. O de Danton tinha-se reduzido a duas perguntas e a duas respostas. Confessava ele ter conspirado contra o povo francês, tentando restabelecer a monarquia e destruir a representação nacional? O réu replicara que, mesmo sob a tirania, fora republicano e que republicano havia de morrer. A pergunta: Se tinha um defensor? respondera que se bastaria a si mesmo.[500]

Iniciando os trabalhos, Herman chamou os acusados e, quando citado, Danton identificou-se em alta voz:

> Jorge Tiago Danton, de trinta e quatro anos de idade, natural de Arcis, advogado, deputado à Convenção. Domicílio? Em breve, terei por domicílio o Nada, e o meu nome ocupará um lugar no Panteão da História, diga-se o que se disser. O povo respeitará a minha cabeça, sim, a minha cabeça guilhotinada.[501]

---

499 MEDELIN, Louis. *Danton*. Porto: Lello & Irmãos, 1979, p. 304.

500 MEDELIN, Louis. *Danton*. Porto: Lello & Irmãos, 1979, p. 304.

501 MEDELIN, Louis. *Danton*. Porto: Lello & Irmãos, 1979, p. 305.

Ao abordar Camille, este responde: "Trinta e três anos, a mesma luta daquele Sans-Cullote Jesus Cristo!".

O escrivão passou a ler a peça acusatória, com alguns destaques:

- Conspiração e traição – os réus tinham conspirado para a derrubada do governo, ou seja, o Comitê de Segurança Pública, Comitê de Segurança Geral e Convenção.

- Corrupção – estavam envolvidos no escândalo financeiro da Companhia das Índias Orientais,[502] que tinha abrangido diversos agentes públicos.

- Favorecimentos ao Marechal de Campo Charles François du Périer, dito Dumouriez, Ministro dos Negócios Estrangeiros e comandante dos exércitos do norte e das Ardenas. Conquistou a Bélgica e a Holanda e teve atritos com a Convenção, fez acordo com os prussianos (Brunwick) e austríacos no sentido de marchar sobre Paris. Era acusado de alta traição.

Irritado, diante das manipulações e da campainha da mesa julgadora tocando, Danton comentou: "Estamos aqui todos, contudo, por mera forma... E, eu Presidente, chamo-te ao senso de pudor: nós temos o direito de falar aqui (...)".

Continuando, Danton afirmava que um homem não liga para um toque de campanhia, porque está defendendo a sua vida. Reivindica o direito da palavra para confundir os acusadores. Acredita que, se o povo francês for o que deve ser, pediria clemência para eles. Afirma que promoveu a instituição do tribunal e sabe como ele funciona.

---

502 Companhia das Índias Orientais: envolvida em falcatruas, levou o responsável Fabre à prisão. Foi abolida após a revolução e integrada ao tesouro público.

Estava chegando, naquele momento, um novo acusado, o general Westermann,[503] preso na véspera, sem receber a "nota de culpa", que, após protestos, foi ouvido numa sala contígua e, quando voltou para a sala de julgamento, comentou:

"Pedirei para me expor inteiramente nu perante o povo, para que ele possa ver as sete feridas que recebi em combate, todas pela frente. Só recebi uma por detrás: a minha nota de culpa neste tribunal!"[504]

Os debates voltaram sob a direção de Herman, no segundo dia, que convocou Pierre Joseph Cambon,[505] para depor sobre a corrupção envolvendo a Companhia das Índias Orientais. Cambon fez um contundente depoimento acusando Chabot, mas sem incluir Danton na corrupção.

Finalmente, chegou a vez de Danton se pronunciar, pois teve censurada as diversas falas que tentou realizar em sua defesa. Quando foi questionado de ter favorecido Dumouriez,[506] pelo Presidente, por "não ter dado conhecimento do que ele era, de ter participado nos seus projetos liberticidas, tais como mandar marchar sobre Paris uma

---

503 General François Joseph Westermann (1751-1794): lutou na Vendeia. Amigo de Danton, comandou os marselheses. Foi preso sem a nota de culpa e sem conluio com Danton.

504 MEDELIN, Louis. *Danton*. Porto: Lello & Irmãos, 1979, p. 307.

505 Pierre Joseph Cambon (1750-1820): negociante de tecidos, Deputado, fundou a "Sociedade dos amigos da igualdade", ligada aos jacobinos. Especialista em questões financeiras envolveu a Assembleia com seus relatórios. Participou do motim (12 germinal ano III) e foi eleito Presidente da Câmara de Paris. Considerado rebelde. Fugiu e exilou-se em Bruxelas.

506 Charles François du Perier Dumouriez (1739-1823): comandou o exército contra os prussianos em Valmy e invadiu a Bélgica. Em 1793, foi derrotado em Neerwinden (18/03) e foi considerado "suspeito" pelos revolucionários. Diante deste fato, passou a apoiar os austríacos.

força armada para destruir o governo republicano e restabelecer a realeza".[507] Exclamou:

> — A minha voz, que tantas vezes se fez ouvir em prol da causa do povo, para apoiar e defender os seus interesses, não terá dificuldade em repelir a calúnia. Ousariam os covardes que me caluniam atacar-me de frente? Eles que se mostrem, e sem demora serei eu quem os sepultará na ignominia, no opróbrio que os caracterizam! Já o disse e repito: em breve terei por domicílio o Nada e meu nome estará no panteão! (...). A minha cabeça está aqui, e ela responde por tudo (...).[508]

Em seguida, com o grande gesto de cansaço furioso ou de desdém altaneiro, que lhe era familiar:

> (...) Já trabalhei demasiado, já lutei demais a favor do povo. Já me custa suportar a vida. Peço que alguns comissários da convenção venham receber a minha denúncia sobre o sistema de ditadura! Sim, eu, Danton, desvendarei a ditadura que se mostra inteiramente a descoberto![509]

O Presidente replica:

> — Danton —, a audácia é própria do crime, a calma é própria da inocência. Sem dúvida, a defesa é legítima em termos de Direito; mas só o é quando essa defesa sabe conter-se nos limites da decência e da moderação, sabe respeitar tudo, incluindo os próprios acusadores (...).[510]

Danton reage:

---

507 MEDELIN, Louis. *Danton*. Porto: Lello & Irmãos, 1979, p. 309.
508 MEDELIN, Louis. *Danton*. Porto: Lello & Irmãos, 1979, p. 309.
509 MEDELIN, Louis. *Danton*. Porto: Lello & Irmãos, 1979, p. 309.
510 MEDELIN, Louis. *Danton*. Porto: Lello & Irmãos, 1979, p. 309.

> — A audácia individual é sem dúvida passível de repressão e nunca ela me pôde ser censurada — ripostou o tribuno —, mas a audácia nacional com que tantas vezes servi a coisa pública, a audácia desse gênero é lícita; é até necessária em tempo de revolução, e é dessa audácia que me ufano. Quando me vejo tão gravemente e tão injustamente acusado, posso porventura fazer calar em mim o sentimento de indignação que me excita contra os meus detractores? Como esperar de um revolucionário como eu, tão vincadamente afirmado, uma defesa fria?
>
> Eu, vendido! Eu! Um homem da minha têmpera, nada nem ninguém o pode comprar! Exibam a prova do que dizem! (...) Exijo que o acusador que se faz eco das acusações da Convenção apresenta a prova, as meias-provas, os indícios da minha venalidade! É a mim, a mim, que acusam ter rastejado aos pés dos déspotas vis, de ter sido sempre adverso ao partido da liberdade, de ter conspirador com Mebeau e Dumouriez! E é a mim que se intima e responde a justiça inevitável, inflexível! (...) e tu, *Saint-just*, tu responderas perante a posteridade pela difamação lançada contra o melhor amigo do povo, contra o seu mais ardente defensor! (...) Ao percorrer esta lista de horrores, sinto toda a minha existência estremecer![511]

Foi acusado de nova falta de respeito ao Tribunal e de desconfiar da justiça e do povo. Danton, afirma gritando:

> Diga-se o que se disser, a nossa glória é certa; subiremos ao cadafalso, mas o povo, enfurecido, fará, em pedaços, os nossos inimigos quando tivermos deixado de existir.
>
> Vou, então, cingir-me à minha justificação. Vou seguir o plano adoptado por *Saint-Just*. Eu, vendido a Mirabeau, a Orleães! Que apareçam os que tiveram conhecimento desta veniaga! Por quanto me compraram. Eu, partidário dos realistas e da realeza? Já se esqueceu de que eu fui nomeado administrador

511 MEDELIN, Louis. *Danton*. Porto: Lello & Irmãos, 1979, pp. 309/310.

> contra a vontade de todos os contrarrevolucionários que me execravam? Inteligências da minha parte com Mirabeau? Mas toda a gente sabe que eu combati Mirabeau, que contrariei todos os seus projetos e todas as vezes que os julguei funestos para a liberdade (...) e deu alguns pormenores, – após o que pareceu de novo ceder ao ímpeto do furor. É com perfeita consciência do que faço que provoco os meus acusados, ao pedir que me seja concedido medir-me barba por barba com eles. Apontem-nos, e logo os remergulharei no nada de onde nunca deviam ter saído! Vis impostores, apareci, e arrancar-vos-ei a máscara que vos subtrai à vindicta pública![512]

Chamado, novamente, à atenção, responde:

> Um acusado como eu — ripostou o tribuno —, responde perante o júri, mas não lhe fala; eu defendo-me, não calunio! Nunca a ambição ou a cupidez tiveram qualquer poder sobre mim; nunca elas inspiraram as minhas ações; nunca essas paixões me fizeram comprometer a coisa pública; inteiramente devotado à minha pátria, fiz-lhe o generoso sacrifício de toda a minha existência. Foi neste espírito que eu combati (...) La Fayette, Bailly e todos os conspiradores que queriam instalar-se nos lugares mais importantes para melhor e mais facilmente assassinarem a liberdade. Preciso agora de falar de três reles patifes que perderam Robespierre. Tenho coisas essenciais a revelar (...).[513]

Com o pedido da Presidência que "encerrasse a sua defesa", Danton perora:

> Lembro-me efetivamente — chasqueou o acusado —, de ter provocado o restabelecimento da realeza, de ter protegido a fuga do tirano opondo-me com todas as minhas forças à sua

---

512 MEDELIN, Louis. *Danton*. Porto: Lello & Irmãos, 1979, p. 310.

513 MEDELIN, Louis. *Danton*. Porto: Lello & Irmãos, 1979, p. 311.

> viagem a Saint-Cloud, fazendo eriçar de chuços e baionetas o seu trajeto, entravando de algum modo os seus corcéis fogosos; se isso é mostrar-se partidário e amigo da realeza, se por esses traços se pode reconhecer o homem que favorece a tirania —, então, nesse caso, confesso-me culpado desse crime![514]

Informa, ainda, sobre o caso do "Campo de Marte", a sua ida à Inglaterra, a luta contra a facção liderada por Jacques Pierre Brissot, a sua ida a Arcis (agosto), rejeita ter dado voto para o Duque de Louis Philippe Joseph de Orleans ser nomeado para a Convenção.[515] Em relação à acusação de corrupto pelo dinheiro recebido para "fundos" em agosto de 1792, de 400.000 francos, sendo 200.000 para "despesas especiais secretas", afirma ter efetuado os gastos diante do conhecimento e da presença de Robespierre e Marat e não de forma isolada e monocrática.

Uma parte dos ouvintes aplaudia as justificativas dadas. Preocupado, o Presidente propõe suspender a sessão para a mesa julgadora.

Danton continua: "Povo, julgar-me-eis quando eu tiver dito tudo; a minha voz não deve ser somente ouvida por vós, mas por toda a França".[516]

Finalmente, concordado com a "suspensão" encerra dizendo: "recusam-me, testemunhas; então defender! Apresento-vos, aliás, mil desculpas por tudo o que há de excessivamente fogoso no meu

---

514 MEDELIN, Louis. *Danton*. Porto: Lello & Irmãos, 1979, p. 311.

515 Louis Philippe Joseph de Orleans – Duque de Orleans (1747-1793): irmão de Luís XIV, rico, grão-mestre da maçonaria, aderiu à Revolução, juntou-se ao Terceiro Estado e participou do Clube Jacobino. A Comuna o chamava de "Philippe igualdade". Foi Deputado pela Convenção, votou a favor da morte do Rei e tornou-se "suspeito" após a deserção do seu filho, o Duque de Charters, para o lado austríaco. Preso, foi guilhotinado.

516 MEDELIN, Louis. *Danton*. Porto: Lello & Irmãos, 1979, p. 312.

temperamento. O povo fará, em pedaços, os meus inimigos antes de decorridos três meses".[517]

A sessão foi concluída com a promessa de os acusados continuarem se defendendo, após o interrogatório dos outros réus.

A essa altura dos trabalhos, os julgadores, acusados e preocupados com os réus que exigiam a convocação de testemunhas de defesa, porque "as normas judiciárias republicanas" exigiam este entendimento, desejam um documento ou fato para impedir a realização daqueles pedidos expostos publicamente.

Foi engendrado, então, uma denúncia falsa (*fake*), por intermédio de uma carta, a partir da prisão de Luxemburgo, por um tal Laflotte, que estava, em andamento, uma "conspiração" com o deputado Simon e o general Arthur Dillon,[518] tendo o apoio de Lucile Desmoulins[519] "para enviar mil escudos que seriam instrumentalizados, para enviar gente para cercar o tribunal" e libertar os prisioneiros.

A carta foi considerada o "documento decisivo", ou a "bala de prata" para condenar Danton e seus companheiros, sendo encaminhada por Robespierre na Convenção.

A conclusão era de que havia "um movimento tendente a assassinar os patriotas e o tribunal", logo seria necessário um "decreto urgente" que punisse todo o acusado que resistisse ou dirigisse insultos à Justiça Nacional, pois estariam envolvidos no *complot* e deveria ser, imediatamente, colocado à margem dos debates. O

---

517 MEDELIN, Louis. *Danton*. Porto: Lello & Irmãos, 1979, p. 313.

518 Arthur Dillon – Conde (1750-1794): general, lutou na América e nas Antilhas. Governou Tobago. Eleito para os Estados Gerais, dedicou-se às colônias. Foi preso três vezes. Acusado de apoiar Danton e conspirar, foi guilhotinado.

519 Lucile Desmoulins (1770-1794): esposa de Desmoulins, foi acusada de conspiração e traição, sendo guilhotinada.

decreto foi aprovado e enviado para o promotor Fouquieur-Tiniville por intermédio da "mão invisível" de Robespierre e lido na sala de audiências.

Camilo, o marido de Lucília, preso e desesperado disse:

"— Ah! Que celerados não se contentando com o meu assassinato querem assassinar também minha mulher!"[520]

Danton esbraveja:

> — Vede, vede estes covardes assassinos. Seguir-nos-ão até a morte!
>
> Infame Robespierre! O cadafalso reclama-te! Tu vais para lá depois de mim, Robespierre! Eu não insultei o Tribunal; tomo o povo como testemunha disso; este decreto é uma maquinação infernal para nos perder. Mantenho-me Danton até à morte: amanhã adormecerei na glória, estou certo disso.[521]

Foram levados para o cárcere da Conciergerie, chamada de "antecâmara da morte". Em audiência realizada no dia 5 de abril (16 germinal), foi informado a Danton que "havia uma multidão de testemunhas" contra a "tropa de acusados", mas que iriam dispensá-los, pois seriam julgados "com base em provas escritas".

Sob pressão, o júri foi instado a declarar-se "esclarecido" e enviado para a "decisão final".

Danton protestou: "Encerrados! Os debates ainda não começaram! Os documentos não foram lidos! Não foram ouvidas testemunhas!".[522]

---

520 MEDELIN, Louis. *Danton*. Porto: Lello & Irmãos, 1979, p. 316.

521 MEDELIN, Louis. *Danton*. Porto: Lello & Irmãos, 1979, p. 316.

522 MEDELIN, Louis. *Danton*. Porto: Lello & Irmãos, 1979, p. 317.

Estava correto, algumas testemunhas ouvidas eram contra os réus ou sem completarem os depoimentos, devido interrupção do Presidente, os "documentos" realmente foram apresentados, exceto o "documento forjado", não havia requisitório formal e os trâmites normais da defesa, e até da acusação, foram desrespeitados. Estavam sendo "julgados sem terem sido ouvidos". Danton berrou:

> — Eu, conspirador! O meu nome está ligado a todas as instituições revolucionárias: levantamento de tropas, exército revolucionário, Comitês revolucionários, Comitê de Salvação Pública, Tribunal Revolucionário: fui eu quem preparei a minha própria morte — e sou um moderado![523]

Os jurados saíram titubeantes em relação à qual decisão seria tomada, mas os denominados "bons jurados" passaram a ameaçá-los com represálias do comitê.

Decidiram, então, os jurados:

"— Existiu uma conspiração tendente a restabelecer a monarquia (...). Existiu uma conspiração tendente a difamar e a aviltar a representação nacional (...)".[524]

Todos foram declarados culpados, exceto Luillier.[525] O Presidente sentenciou os réus à "pena de morte" pela guilhotina.

Em 6 de abril (16 germinal), durante a tarde, os condenados foram levados em três carroças para o patíbulo situado na Praça da Revolução, cercados pela multidão.

---

523 MEDELIN, Louis. *Danton*. Porto: Lello & Irmãos, 1979, p. 318.

524 MEDELIN, Louis. *Danton*. Porto: Lello & Irmãos, 1979, p. 319.

525 Luillier: foi agregado ao grupo de Danton junto ao general Westermann durante os debates processuais. Luillier defendeu-se provando a sua longa carreira de serviço para a revolução.

Ao passar defronte à casa de Robespierre, Danton gritou: "Tu, para cá virás depois de mim! A tua casa será arrasada, e no local, onde agora ela se ergue, semearão sal!".

Já na Praça da Revolução, onde estava a Estátua da Liberdade entardecendo, o carrasco Sansão[526] impediu o abraço entre Herault[527] e Danton, que exclamou: "—Imbecil, poderás tu impedir que as nossas cabeças se beijem no cesto?" Abalado, clamou: "Minha bem-amada, minha bem-amada, nunca mais te verei!".

Para, em seguida, pedir ao carrasco: "Mostra a minha cabeça ao povo, que vale a pena!".

Com 34 anos, morria o político e grande tribuno Danton, tinha cometido erros durante a Revolução, mas a sua condenação fora irregular, manipulada, injusta, assim como a de seus companheiros. Não foi, sem fundamento, que Mme. Roland, indignada, se expressou: "– Liberdade, quantos crimes se praticam em seu nome".

Conclusão – após a morte de Danton e seus aliados, a França entrou numa fase de pânico para toda a população, que ficou denominada como o "Grande Terror", durante quatro meses, ou seja, até 29 de julho (9 termidor), quando a Convenção afastou Robespierre e seus aliados.

---

526 Charles-Henri Sanson (1739-1806): carrasco, encarregado da guilhotina.

527 Marie Jean Herault de Sechelles (1759-1794): advogado no Châtelet de Paris com 18 anos, iconoclasta, criticava o feudalismo no livro "Elogio de Suger". Fez a apologia do cinismo em *Copicilio: Político e prático de um jovem habitante de Epona*. Aderiu aos franciscanos, girondinos e montanheses. Presidiu a convenção, entrou para o Comitê de Salvação Pública, foi Ministro dos Negócios Estrangeiros e negociou a libertação de Maria Antonieta com os austríacos, sem sucesso. Foi executado junto com Danton.

A lei, aprovada em 10 de junho ou de 22 prairal,[528] acabou com o "Estado de Direito" na França, pois impediu qualquer defesa de um acusado no Tribunal Revolucionário. A ditadura estava escancarada juntamente com o fisiologismo. Os inquisidores de Robespierre, que condenaram Danton e aliados, foram premiados com novos cargos e promoções, a saber: o Presidente Herman ficou com o Ministério do Interior; Dumas, o estrangulador, ocupou o seu lugar no Tribunal.

Agora, Robespierre, "o todo poderoso", orientava os seus aliados e alinhados, afirmando: "O tribunal deve ser ativo como o próprio crime e encerrar todos os casos em 24 horas".

A lei e a justiça estavam marginalizadas na França, e a *Declaração dos Direitos do Homem* rasgada prematuramente. A tirania predominava com grande violência aos direitos dos cidadãos, pois as vítimas iam, pelas manhãs, para julgamento e à tarde já estavam condenadas e guilhotinadas.

A esposa de Camilo (Camille), Lucília foi condenada à morte (em 13 de abril) com mais 18 acusados e exclamou:

> – Dentro de poucas horas, estarei, de novo, junto ao meu Camille. Mereço, por isso, menos compaixão do que vós. Por ocasião de vossa morte, que será infamante, vós sereis perseguidos pelo remorso de tudo quanto haveis fato.[529]

---

528 Lei Prairal: ampliou a noção de "suspeitos", simplificando o trabalho do tribunal revolucionário. Aboliu o interrogatório inicial e excluiu a defesa para os réus.

529 LOOMIS, Stanley. *Paris sob o Terror*: 1793-1794. Rio de Janeiro: Civilização Brasileira, 1965, pp. 308/309.

Os líderes guilhotinavam-se uns aos outros para escapar de serem mortos, juntamente com centenas de vítimas anônimas, devido a uma simples suspeição.[530]

Matavam políticos, aristocratas, freiras, padres, soldados, operários, camponeses e até prostitutas. Ninguém mais estava em segurança devido à ação arbitrária dos tribunais.

O "Estado de Direito", pregado pela "Revolução Republicana", tinha sido esmagado, mostrando o perigo de deixar o poder judiciário senhor absoluto das decisões num regime democrático, considerando apenas visões de política, de moral, de punições imediatas e manipuladas. Num contexto assim, em decorrência da arbitrariedade postada, as próximas vítimas podiam ser os próprios julgadores, como mostrou a República Francesa após o poder ficar na pessoa do "incorruptível" e "puro" Robespierre com seus asseclas. Ao afrontar a própria legislação, abria-se caminho para a autocondenação e só refletirmos sobre a sua biografia, que o transformou, praticamente, em um genocida.

Epílogo – Robespierre – o incorruptível sanguinário. Vítima do seu próprio modelo de justiça

Maximilen Marie Isidore de Robespierre (1758-1794), nascido em Arrás, filho de advogado, órfão de mãe, foi criado por duas tias, estudou em Paris, no Liceu-o-Grande, onde se destacou em retórica, discursando, inclusive, para Luís XVI. Estudou Direito, foi advogado em sua terra natal e depois juiz no Tribunal Episcopal. Participou de diversos cursos acadêmicos e era fanático pelas ideias de Jean Jacques Rousseau.

530 LOOMIS, Stanley. *Paris sob o Terror*: 1793-1794. Rio de Janeiro: Civilização Brasileira, 1965, p. 311.

Em 1789, foi eleito para representar Artois nos Estados Gerais. Destacou-se na Constituinte por sua força de persuasão.[531] Em 1789, discursou trinta vezes; em 1790, realizou oitenta discursos; em 1791, sessenta discursos e acabou influenciando o Clube dos Jacobinos.

Foi deputado de Paris na Convenção (em setembro de 1792) e se tornou chefe dos Montanheses, colaborando muito para a morte de Luís XVI.

Foi aclamado com a dissolução da Constituinte por manifestantes. Exerceu a função de acusador público (promotor) junto ao Tribunal Criminal de Paris (até abril de 1792), participou da Comuna e foi eleito para a Convenção com 338 votos, num total de 525 eleitores.

Atacado pelos Girondinos, juntou-se com Marat e Danton e foi indicado para o Comitê de Salvação Pública.

Em 1794, denunciou os simpatizantes de Herbert com o apoio de Danton e os levou à guilhotina, assim como conseguiu executar os Girondinos anteriormente (em 1793). Controlou, portanto, o Comitê de Salvação Pública, o Clube dos Jacobinos e a Comuna de Paris. Liquidado o seu adversário, Danton alcançou o reconhecimento do "ser supremo e da imortalidade" pela Convenção, através de decreto, em seu artigo VII, que explicitava:

> Ela [a República] deverá celebrar em *décadis* sucessivos [o sabá republicano, que ocorria a cada dez dias] os seguintes festivais: o Ser Supremo e a Natureza; a raça humana; o povo francês; os benfeitores da humanidade; os mártires da liberdade; a liberdade e a igualdade; a República; a liberdade do mundo; o patriotismo; o ódio aos tiranos e traidores; a verdade; a justiça; a modéstia; a glória e a imortalidade; a amizade; a temperança; a coragem; a boa-fé; o heroísmo; a imparcialidade; o estoicismo; o amor; a fidelidade conjugal; o

---

531 Constituinte: debates ocorridos na sala do picadeiro (Paris). O público participava e interrompia as discussões. Atuavam as comissões.

> afeto paternal; o amor maternal; a piedade filial; a infância; a juventude; a idade adulta; a velhice; o infortúnio; a agricultura; a indústria; nossos ancestrais; a posteridade; a felicidade.[532]

Perseguiu o clero e incentivou ataques a igrejas. Tudo em nome da "virtude e da moral". Populista, afirmava: "defenderei, sobretudo, os mais pobres. Quanto mais desgraçado e fraco é um homem, mais necessidade tem do direito de petição. E é aos fracos, e é aos desgraçados que o recusareis!".

Em 27 de julho (8 termidor), afastado do Comitê de Salvação Pública por doença, planejou atacar, na Convenção, os "corruptos" e "traidores" da "revolução", mas recuou devido ao clima tenso encontrado na reunião ao voltar para o trabalho. Na noite deste dia, os colegas, representantes dos montanheses e da planície, aterrorizados, passaram a tramar contra o "incorruptível" e o impediram de falar na reunião da Convenção principalmente Fouchê (ateu, tinha ridicularizado o festival do "ser supremo")[533] e Tallien.[534] Robespierre

---

532 SCHUR, Ruth. *Pureza Fatal*: Robespierre e a Revolução Francesa. São Paulo: Record, 2009, p. 345.

533 Joseph Fouché (1759-1820): professor de matemática e física. Ensinou em Aras, quando conheceu Robespierre. Nomeado reitor do colégio de Aras, participou da "sociedade amigos da constituição". Foi deputado pelo Loire na Convenção e votou a favor da morte do Rei. Escreveu *Reflexões sobre a Educação Pública*. Participou do Comitê de Salvação Pública e incentivou massacres durante o período do terror. Oportunista, ajudou no golpe de Estado de 18 Brumário, realizado por Napoleão Bonaparte. Obteve os cargos de Ministro da Polícia e depois senador. Recebeu os títulos de Conde do império e Duque de Otranto. Apoiou os Bourbons e foi Ministro da Polícia de Luís XVIII. Denunciado pelas suas articulações e conspirações, exilou-se. Foi enterrado na catedral de Trieste.

534 Jean Lambert Tallien (1767-1820): jornalista, agitador, participou dos "massacres de setembro". Copiando Marat, lançou O *amigo dos cidadãos*. Participou da Comuna, do Comitê de Salvação Pública e do Conselho dos Quinhentos. Morreu na miséria.

já estava com desgaste de imagem, tanto é que ocorreram atentados frustrados contra a sua vida.

Durante os trabalhos da Convenção, foi atacado por Jacques Nicolas Billau-Varenne,[535] que havia sido expulso do Clube dos Jacobinos com d'Herbois e acusado de conspirar contra a República e a própria convenção. Ao tentar defender-se, Robespierre escuta em uníssono: "– Abaixo o tirano!" (...). "É o sangue de Danton que o sufoca!", para completar as acusações, foi revelada uma carta que o implicava numa seita liderada por Catherine Théof. Foi votada e determinada a prisão imediata de Robespierre e seu irmão Augustin. Foi enviado para a prisão de Luxemburgo. Houve uma breve reação da Comuna libertando-o e levando-o para o Hotel de Ville (Câmara Municipal). A Convenção reagiu e o consideraram "fora da lei", assim como os seus assessores.

Foi preso no hotel de Ville, onde recebeu um tiro disparado pelo guarda de Barras,[536] que fraturou o seu maxilar. Mais tarde, surgiu a hipótese de uma tentativa de suicídio frustrada do "tirano". Augustin, o seu irmão, ao fugir, despencou do parapeito do prédio, "caindo sobre um sabre e uma baioneta", segundo a visão de um transeunte. Ficou moribundo.

Robespierre foi, então, levado ao Comitê de Salvação Pública numa prancha e teve o rosto enfaixado.

---

535 Jacques Nicolas Billaud-Varenne (1756-1819): advogado, autor da comédia *Já não há mulher assim*, prefeito no colégio de Juilly. Atacou os religiosos e os ministros franceses. Participou do Clube dos Jacobinos, da Comuna (procurador), dos massacres de setembro, da Convenção, do Comitê de Salvação Pública. Foi preso, levado para Caiena e morreu no Haiti.

536 Paul Francis Jean Nicolas Barras Visconte (1755-1829): foi cadete do exército aos 16 anos. Em 1783, demitiu-se. Eleito para a Convenção, votou pela morte do Rei. Ajudou a recrutar 300 mil homens, para o exército defender a França, a pedido da Convenção. Opositor de Robespierre, capturou-o na Câmara Municipal. Participou do Diretório e durante o Império ficou exilado na Bélgica.

De imediato, o Tribunal decretou a morte de Robespierre e seus aliados. A convenção se manifestou da seguinte forma:

> Fazer entrar neste recinto um homem coberto de crimes seria empanar o brilho deste grande dia. A presença de um tirano só poderá empestiá-lo. O lugar adequado para Robespierre e seus cúmplices é a Praça da Revolução![537]

Foi levado ao cadafalso em 28 de julho (10 termidor), passando pelas ruas de Paris, como fizeram os seus adversários. Ao ser levado pela carroça, uma mulher do povo subiu pela grade e exclamou: "Monstro, cuspido do inferno. O pensamento de sua punição me intoxica de alegria. Vá agora malfeitor, vá para a sua sepultura, repleta de maldições das esposas e mães da França".[538]

Estavam sendo levados, também, Augustin Robespierre, quase morto e Hanriot,[539] com um olho fora da órbita e coberto de esterco. No patíbulo, subiu as escadas sem ajuda, retiraram a sua jaqueta, e o carrasco Sansão tirou a atadura que cobria o seu rosto, para evitar que a lâmina da guilhotina ficasse travada. Nesse momento, Robespierre deu um grito horripilante de dor e foi executado. Parecia um animal abatido. Foi vítima de suas próprias estratégias. Dos vinte e dois prisioneiros que foram executados ele foi o vigésimo primeiro. Naquele momento, havia 8.000 prisioneiros nos cárceres

---

537 LOOMIS, Stanley. *Paris sob o Terror*: 1793-1794. Rio de Janeiro: Civilização Brasileira, 1965, p. 379.

538 LOOMIS, Stanley. *Paris sob o Terror*: 1793-1794. Rio de Janeiro: Civilização Brasileira, 1965, p. 379.

539 François Hanriot (1759-1794): "Filho do povo", funcionário da alfândega municipal de Paris, juntou-se aos amotinados, em 1789, e foi preso. Libertado pela campanha feita por Marat, passou a influenciar os Sans-Culottes, exercendo o cargo de secretário-escrivão e comandante de batalhão local (jardim das plantas). Participou dos massacres de setembro. Foi comandante provisório da Guarda Nacional. Tentou salvar Robespierre, mas falhou. Foi guilhotinado.

parisienses, todos com medo da arbitrariedade e da guilhotina. Afinal, ele considerava os princípios da humanidade e, de forma paradoxal, os homens nada significavam.[540] O conceito do "incorruptível" era:

> A república é construída sobre as ruinas de tudo que é antirrepublicano. Existem três pecados contra a República: um deles é ter pena dos prisioneiros do Estado; outro é opor-se ao regime da razão; e terceiro é opor-se ao terror.[541]

A violência usada soterrava as leis francesas, substituindo-as por uma prática draconiana contra os adversários, vitimando-os em nome da moral e da justiça, mas, na realidade, tendo o intuito vingativo e tirânico. Na realidade, a legislação criada pela Convenção tinha engendrado a categoria criminal de "inimigos do povo". A lei de 22 prairal poderia executar quem reclamasse, ou fosse acusado de vender vinho azedo, estocar alimentos e até escrever para a Inglaterra. O objetivo, segundo Robespierre, era regenerar a "moral do povo". A legislação aplicada entre 10 de junho (22 prairal) a 27 de junho (9 termidor) já tinha levado 1.376 cidadãos para a morte.

A tentativa de purificação da sociedade francesa sucumbiu, o radicalismo predominou, as arbitrariedades se instalaram e a injustiça prevaleceu. As prisões estavam lotadas, e pessoas acusadas de corrupção e traição sem conseguirem uma defesa, nem antes, nem durante e nem depois do julgamento, este manipulado e arbitrário. Era o "terror judiciário". O jurista transformava-se em militante político. Não havia o devido processo legal, a ampla defesa, o princípio da inocência, base de uma República e do "Estado de Direito" de uma democracia.

---

540 LOOMIS, Stanley. *Paris sob o Terror*: 1793-1794. Rio de Janeiro: Civilização Brasileira, 1965, p. 381.

541 SCHUR, Ruth. *Pureza Fatal*: Robespierre e a Revolução Francesa. São Paulo: Record, 2009, p. 318.

A Constituição foi rasgada, e o país que pregava: "*Liberté. Égalité e Fraternité*",[542] acabou sendo levado à barbárie. As decisões eram tomadas com base em "política de facções" e a justiça desonrada era usada para vingança e conquista de poder. O terror estava nas três instâncias de poder, ou seja, executivo, legislativo e judiciário.

Mas, infelizmente, esta prática ocorre, ainda hoje, em alguns países. Todavia, plagiando Marx: "A história não se repete e, quando se repete, é como farsa".

542 "Liberdade, Igualdade e Fraternidade". Tríptico da Revolução Francesa de 1789.

CAPÍTULO VII

ALFRED DREYFUS – UM JULGAMENTO TRANSFORMADO EM DUAS CONDENAÇÕES – O CASO ZOLA

7.1 Época do Caso Dreyfus

A Revolução[543] ou Insurreição[544] de 1848, em Paris, foi um ponto de reflexão e virada na história da França, pois colocou o operariado

---

543 Revolução (1848): consequência das más colheitas de 1845 a 1847, da corrupção dos ministros de Luís Filipe, da queda das operações do Banco da França em 1 bilhão de francos e da diminuição dos salários em mais de 50%. Para discutir esta crise, foi marcada uma reunião (22/02/1848) pela burguesia e pelas lideranças políticas durante um banquete e uma possível passeata contra os problemas existentes e o governo. O banquete foi proibido pelo executivo. Em consequência, operários, estudantes, sociedades clandestinas se reuniram no local que ocorria o banquete da elite política e conclamaram a massa popular para iniciar uma revolução. Foram realizadas barricadas, dando início ao processo revolucionário. O governo mandou reprimir e a insurreição se alastrou. Foram organizadas 2.000 barricadas em Paris. Os depósitos de armas e os quarteis foram atacados. Luís Filipe fugiu e a câmara foi ocupada pelos revolucionários. O trono real foi queimado em praça pública. Foi constituído um governo provisório com Lamartine (poeta), Luís Blanc (jornalista), Ledru-Rollin (negócios interiores) e foi proclamada a República em 25 de fevereiro. Foi a primeira vez que o proletariado entrou com tudo na cena histórica, com reivindicações de classe e tentando alcançar o poder. O movimento foi violentamente reprimido. Muitos analistas consideram apenas um ato de insurreição e não uma revolução.

544 Comuna: surgiu na Idade Média para defender a autonomia das cidades lideradas pela burguesia. Recriada na Revolução Francesa como órgão

militando e agindo de forma ostensiva na política. O reflexo do movimento foi de suma importância nas reflexões dos pensadores Marx[545] e Engels,[546] responsáveis pelo famoso e polêmico *Manifesto Comunista* de 1848.

Este movimento de tendência revolucionária se iniciou com a participação de burgueses como Lamartine[547] e Arago.[548] A proposta, incialmente, era estabelecer o sufrágio universal para todas

---

administrativo que exerceu o governo militar de Paris. Formada pelos jacobinos. Comandou os "Massacres de setembro". Foi extinta na Convenção. Voltou a atuar na "Insurreição de Paris" e na instalação do governo revolucionário (1871). Foi a primeira "revolução" da classe operária.

545 Karl Hienrich Marx (1818-1883): nasceu em Trier (Trèvés, atualmente Alemanha), filho de um advogado de origem judaica. Advogado, filósofo, jornalista, escritor e ativista político. Ameaçado de censura e prisão na Alemanha, deslocou-se para a França com o intuito de aprofundar as suas reflexões sobre o socialismo em 1843. Em Paris, passou a editar *Os anais fraco-alemães* e aprofundou os seus estudos dialéticos. A França era um laboratório de ideias e ideais revolucionários. Em Paris, tornou-se amigo de Engels e passou a ser parceiro de trabalhos intelectuais e políticos com este brilhante intelectual. Obras: *A ideologia alemã*, *O Manifesto Comunista 1848* (com Engels), *A Guerra Civil na França*, *O Capital* etc.

546 Frederich Engels (1820-1895): nasceu em Bermem (Alemanha). De família abastada, seu pai era um industrial. Filósofo, escreveu: *A situação da classe trabalhadora na Inglaterra* e, com Marx, redigiu O *Manifesto Comunista*. Os seus trabalhos estão ligados à dialética, ao materialismo e, portanto, ao denominado marxismo. Obras: *A origem da família e da propriedade privada e do Estado*, *A ideologia alemã*, *A dialética da natureza* etc.

547 Alphonse de Lamartine (1790-1869): poeta e político atuante francês. Autor romântico, contemporâneo de Madame de Steal, Chateaubriand, Victor Hugo, Alexandre Dumas e Algred de Musset. Foi deputado, membro do governo provisório e Ministro dos Negócios Exteriores em 1848. Candidato à Presidente da República, foi derrotado por Luís Bonaparte.

548 Arago, Domingos Francisco (1786-1853): francês, cientista, tendo descobertas em Física e em Astronomia. Teve destacado papel na política. Foi Ministro da Guerra e da Marinha.

as eleições, a liberdade total de reunião, a liberdade de imprensa, a abolição da pena de morte em "crime político", a abolição da escravatura nas colônias francesas e a participação do proletariado na Guarda Nacional.

Foi organizado um "governo provisório" e criadas Oficinas Nacionais para implementar empregos,[549] mas sem o sucesso esperado.

A burguesia venceu as eleições de abril de 1848. Na sequência, foi organizada uma Assembleia Constituinte, com a tendência de implementar uma República Democrática,[550] mas sem incluir a questão social nas discussões. Com a proposta da supressão das Oficinas Nacionais, os operários sublevaram-se e, durante o processo revolucionário, implantaram a Comuna, posteriormente massacrada sob o comando do General Cavaignac.[551] Estes fatos acabaram sendo chamados de "Jornadas de Junho",[552] que gerou deportações à Argélia e a destruição do grupo socialista que estava representado no Partido Republicano. A Assembleia conseguiu manter o "sufrágio universal" e a escolha de um Presidente da República com um mandato de quatro anos na Constituição, aprovada em 1848. Nesta ocasião,

---

549 Oficinas Nacionais: organizada pelo Ministério de Obras Públicas (Maris), cada operário, que se inscrevia nas oficinas, recebia uma carroça para trabalhar. Houve, aproximadamente, 100 cidadãos inscritos no programa. A burguesia e os proprietários rurais criticavam as oficinas nacionais.

550 República democrática: do latim "*Res pública*", coisa pública. Aplica-se a um Estado governado por representantes eleitos pelo povo.

551 Luís Eugéne Cavaignac (1802-1857): general francês, Ministro da Guerra, governador da Argélia. Reprimiu violentamente a revolta de 1848 e foi candidato à Presidente contra Luís Bonaparte, "*Cavaignac*" é derivado de sua barbicha.

552 Jornadas de junho: em junho de 1848, houve um massacre de operários nas barricadas de Paris. A Assembleia Constituinte indicou como uma espécie de ditador militar, o general Cavaignac, para reprimir os revoltosos. Em 26 de junho, os insurretos foram violentamente derrotados.

foi eleito Presidente o sobrinho de Napoleão I,[553] ou seja, Luís Napoleão Bonaparte,[554] com o apoio da área rural francesa. Em 1849, após a eleição da Assembleia Legislativa, os "conservadores", que defendiam a propriedade privada, venceram sob o manto do "partido da ordem".[555] Esta Assembleia conservadora desmoralizou-se com medidas antipopulares e leis que restringiam a imprensa. O Presidente eleito atropelava o parlamento e se comunicava, diretamente, com o povo em viagens de propaganda junto às províncias, defendia as propriedades rurais e urbanas, apropriava-se da conquista do sufrágio universal, junto à burguesia, à classe média e aos camponeses. Preenchia, simultaneamente, os cargos públicos do exército e da administração com homens de sua confiança tendo o intuito de um Golpe de Estado no futuro. Tentou uma revisão da Constituição para ter mais poderes em 1851, mas não obteve sucesso. Diante deste

---

553 Napoleão I – Napoleão Bonaparte (1769-1821): nasceu em Córsega, general precoce aos 24 anos, revolucionário francês e imperador. Lutou contra a Itália, conquistou o Egito e liderou o golpe que derrubou o diretório em 18 Brumário (10/11/1799) e implantou o Consulado (1799-1804), uma ditadura. Promulgou uma Constituição e o código napoleônico durante o seu governo. Foi coroado imperador em 1804. De 1799 a 1815, dominou a Europa com as tropas francesas. Foi derrotado em Waterloo e preso na ilha de Santa Helena, onde faleceu.

554 Charles Louis Napoleão Bonaparte – Napoleão III (1808-1873): nasceu na França, sobrinho de Napoleão I. Realizou duas tentativas de "Golpe de Estado" contra o Rei Luís Felipe e, derrotado, foi para o exílio. Após a revolução que derrubou Luís Felipe (1848), regressou à França e foi eleito Presidente da República. Posteriormente, em 2 de dezembro de 1851 realizou um Golpe de Estado e implantou o Segundo Império, com o título de Napoleão III.

555 Partido da ordem: instaurado na França, durante este período conturbado de tendência monarquista, defendia um poder executivo autoritário e centralizador. Derrubou o sufrágio universal, implantou a censura e perseguiu o proletariado.

contexto aplicou, de fato, um Golpe de Estado,[556] em 2 de dezembro de 1851, e implantou o denominado "Segundo Império".[557]

Os verdadeiros republicanos tentaram reagir, mas o governo reprimiu a oposição, prendendo, aproximadamente, 30.000 cidadãos e deportando 10.000 para a Argélia e para a Guiana Francesa.

Devido à situação conturbada, a burguesia e a maior parte da sociedade acabaram apoiando as medidas de Luís Napoleão por intermédio de um plebiscito (05/12/1852) que proclamou, definitivamente, o Segundo Império. De imediato, o governo passou a reprimir os políticos, censurar a imprensa (por intermédio dos chamados "Avisos"),[558] interferir nas universidades, eliminando as cadeiras de Filosofia e História, realizando vigilâncias policiais contra os "dissidentes" e a magistratura recebia ordens de Luís Napoleão e seus asseclas. O limite imposto às liberdades, pelo "novo imperador", Napoleão III, é compensado por exaltações patrióticas e incentivo à massa popular a alcançar a "glória da França", por intermédio de conquistas militares. Destacam-se, nesta fase, a Guerra da Crimeia (1854-1856), o envolvimento belicoso com a Itália, com a anexação de Saboia e Nice, expedições à Síria e à China, com o intuito de defender os interesses materiais franceses à aquisição da Nova Caledônia, a conquista da Conchinchina (sudeste asiático)[559] e intervenção

---

556 Golpe de Estado: Luís Napoleão, na madrugada de 1 para 2 de dezembro de 1851, derrubou a Assembleia Legislativa, mandou prender os adversários políticos, inclusive Cavaignac, os líderes do "partido da ordem" e aumentou o seu mandato por mais dez anos, montando uma ditadura.

557 Segundo Império (1852-1870): foi decretado por Luís Napoleão em 2 de dezembro de 1852, com apoio da burguesia e se proclamou imperador da França. Foi extinto após a revolução parisiense de 4 de setembro de 1870, quando foi reinstalada a República na França.

558 "Avisos": foi uma forma que o governo implantou para censurar a imprensa.

559 Conchinchina: localizada no sudeste asiático, agregava Anam e Tonkin, foi dominada pela França e, com a descolonização, passou a se chamar

no Camboja. A construção do Canal de Suez (1869),[560] executada pelo engenheiro Ferdinand Lesseps,[561] também ajudou a aumentar o prestígio da França. Foram realizados diversos empreendimentos que facilitaram o "crescimento econômico", tais como a ampliação das ferrovias de 2.000 Km para 18.000 km (até 1870), melhoria dos portos, criação de novas empresas de navegação etc.

A industrialização da França foi ampliada, principalmente a siderurgia. Concomitantemente, desenvolveu-se a urbanização de Paris, feita por Haussman (de 1853 a 1869).[562]

Todavia, o proletariado continuava em péssimas condições de vida, trabalhando doze horas por dia, ganhando uma ninharia e enfrentando a proibição de greves.

Vietnã. Foi dividido, posteriormente, em Vietnã do Norte e do Sul, após a guerra ocorrida contra os americanos ficou unificado.

560 Canal de Suez: istmo de Suez que liga o Egito à Ásia e separa o Mediterrâneo do Mar Vermelho – Ferdinand Lesseps, amigo do vice-Rei Said Paxa, realizou o projeto de escavação do istmo em 1854, após conseguir uma concessão de 99 anos a partir da abertura do canal. Foi criada a Companhia Universal do Canal Marítimo de Suez e a construção do projeto, que teve início em 25 de abril de 1859. A Inglaterra não aceitou a concessão e os trabalhos foram tumultuados, havendo diversas acusações de corrupção contra os executores, a Companhia e a França. A intervenção de Napoleão III viabilizou os trabalhos e a empresa que estava à beira da falência e o Canal de Suez foi inaugurado em 17 de novembro de 1869.

561 Ferdinand Lesseps (1805-1894): administrador e diplomata francês. Abriu o Canal de Suez. Em 1879, tentou repetir a façanha com a abertura do Canal do Panamá, mas, devido à corrupção, a Companhia do Panamá faliu (1889). O caso foi escandaloso.

562 Georges Eugène Haussmann (1809-1891): barão, advogado e político. Em 1831, assumiu a prefeitura de Paris e juntou-se, posteriormente, a Luís Napoleão (1848). Foi Prefeito do Sena de 1853 a 1869 e urbanizou Paris. A fisionomia atual da cidade é consequência desse trabalho. Houve especulação imobiliária e recebeu duras críticas. Era conservador e monarquista. Foi eleito deputado bonapartista de 1877 a 1881.

Com o decorrer dos problemas enfrentados, por questões diplomáticas e críticas ao regime pela oposição, Napoleão III passou a flexibilizar as ações que limitavam o Legislativo e foram aprovados o "Direito de Interpelação" (1861) e de greve para o proletariado (1864). Foi uma tentativa de diminuir a pressão social e dos republicanos que faziam oposição. A esta altura dos acontecimentos, o domínio do México[563] pela França tinha fracassado (1861 a 1867), com repercussão negativa para o Império, a Itália tinha resistido às intervenções da França, a neutralidade apregoada sobre o processo de unificação da Alemanha transmitida para Bismarck[564] era considerada irreal e a guerra eclodiu contra os germânicos.

A Guerra Franco-Alemã (1870-1871) – após vencer a Áustria (1866), Bismarck conseguiu unificar os pequenos estados alemães, com a Prússia[565] liderando o processo. Mas a França significava uma ameaça a este trabalho de unificação no sul da Alemanha e Bismarck passou a organizar o exército prussiano para enfrentá-la.

Desgastado em sua política interna, Napoleão III, para melhorar a sua governança e prestígio junto a sociedade, optou por declarar guerra oficialmente contra a Prússia, com o intuito de agradar a burguesia e o povo francês com as possíveis vitórias das tropas

---

563 México: em 1838, os franceses bombardearam São João de Ulua para conseguirem indenização aos conterrâneos prejudicados pelas lutas internas do país. Aproveitando-se das lutas internas, a França dominou o México, em 1862, e criou um império dirigido pelo Arquiduque Maximiliano (1864). Posteriormente, em 1867, Juarez restaurou a República Mexicana.

564 Otto Bismarck (1815-1898): Príncipe, estadista prussiano, Ministro do Rei Guilherme I (Prússia), conseguiu a unidade alemã. A guerra contra a França (1870-1871) consolidou a influência germânica na Europa. Implantou uma espécie de "Socialismo de Estado" para ter o apoio do proletariado. Tentou guindar a Alemanha à potência colonial.

565 Prússia: antiga região alemã com 294.000 Km^2. Participou da "Confederação Germânica" e acabou liderando o grupo no reinado de Guilherme I (1861-1888). Os prussianos conseguiram anexar a Alsácia-Lorena (francesa) ao domínio germânico.

militares. A guerra teve início em 19 de julho de 1870. O exército francês, segundo o Ministro da guerra, general Lebouef,[566] "estava preparadíssimo" para enfrentar os prussianos. Afirmava "O exército prussiano inexiste". Era um blefe, o exército francês não tinha plano estratégico, nem comando único, nem infraestrutura suficiente, pois faltavam até mapas, necessários para o deslocamento e ataques das tropas. A desordem era total.

O exército prussiano, ao contrário, estava preparado e equipado para a luta, comandado por Kroprinz,[567] posteriormente imperador Frederico III. Havia três exércitos representando a Alemanha, que fora recentemente unificada e conquistara a Alsacia-Lorena dos franceses. A França foi derrotada em Forbach e Froeschwiller (06/08), Estrasburgo (09/08), Nancy (14/08), as tropas, então, acabaram encolhendo-se e cercadas em Metz, numa tentativa de reverter o andamento da guerra. Não conseguindo derrubar o cerco prussiano, os franceses foram repelidos para Sedan, onde Napoleão III se encontrava e capitulou em 2 de setembro de 1870. A cidade de Metz se entregou posteriormente. As notícias desastrosas repercutiram em Paris, o povo foi protestar contra o governo e o exército nas praças e ruas. Pressionaram o legislativo para afastar Napoleão III do executivo e implantar uma República, o que ocorreu em 4 de setembro. Foi organizado um governo provisório com a participação do político Gambetta,[568] mas tendo como chefe do executivo o General

566 Lebouef: Ministro da Guerra francês, menosprezou as tropas prussianas e foi completamente derrotado pelos germânicos. A França assinou o "Tratado de Frankfurt" (19/05/1871), entregando a Alcásia uma parte da Lorena e aceitando uma cobrança de altíssima indenização de guerra pelos alemães. (aproximadamente 5 bilhões de francos).

567 Kroprinz (1831-1888): foi o imperador Francisco III da Prússia durante três meses em 1888. Era crítico de Bismark.

568 Leão Gambetta (1838-1882): advogado e político francês. Participou do Governo da Defesa Nacional (1870) e atuou, intensivamente, para organizar a resistência contra o exército prussiano. Após a Guerra Franco-Prussiana, dedicou-se à política. Atuou no Partido Republicano. Presidiu a Câmara dos Deputados (1879) e o Conselho (1881).

Trochu (monarquista).[569] O novo governo foi denominado de Defesa Nacional. Paris estava cercada pelos invasores (09/09/1870). Jules Favre, Ministro das Relações Exteriores,[570] passou a negociar com Bismarck. Mas, após tentativas frustradas de resistir aos prussianos, Paris, cercada, capitulou em 28 de janeiro de 1871. O armistício foi assinado em 28 de janeiro do mesmo ano. Paris foi dominada e o Tratado de Francoforte solidificou a derrocada francesa que perdeu a Alsácia, uma grande parte de Lorena, tinha que pagar uma vultosa indenização de guerra no valor de cinco bilhões de francos, sendo que uma parte do seu espaço territorial ficaria sob o controle alemão até a indenização total ser concretizada. Bismarck esteve em Paris e Versalhes, neste período, para grande humilhação da França e do seu exército.

A consequência deste fabuloso desastre das forças armadas francesas redundou na explosão da Comuna de Paris em 18 de março de 1871.

A Comuna (1871) foi consequência da miséria do proletariado, da humilhação de Paris com a derrota contra os alemães e das decisões ocorridas pela Assembleia Nacional, reunida em Bordéus, que autorizou o pagamento de arrendamentos e dívidas existentes, beneficiando uma pequena elite. Nesta ocasião, foi indicado, como

---

569 Louis Jules Trochu (1815-1896): general francês, participou das lutas da Argélia, Crimeia e Itália. Em 1866, assumiu o Ministério da Guerra e, devido à publicação do estudo "*L'armèe Française*" em 1867, denunciando o despreparo das forças militares, foi afastado. Foi nomeado governador de Paris (17/08/1870), entrou em choque com o governo. Foi nomeado Presidente do Governo de Defesa Nacional (04/09/1870) e se propôs a defender Paris. Saiu do governo em 22/01/1871, antes da capitulação. Foi deputado da Assembleia Nacional e afastou-se da política em 1872.

570 Jules Favre (1809-1880): advogado e político francês. Republicano, propôs a dissolução do Império (1870). Atuou no governo de defesa nacional (1870) e negociou o Tratado de Frankfurt.

chefe do executivo, Thiers,[571] que autorizou a repressão, a insurreição, a Comuna e se retirou para organizar o exército em Versalhes.

Este governo popular não teve um partido que representasse o proletariado, mas era formada por adeptos de Proudhon,[572] de Blanco (Branco),[573] além de outros componentes sociais e políticos. Em 26 de março, foi eleito o Conselho da Comuna formado por operários, intelectuais democráticos e classe média em geral. Foi organizado, também, um comitê central da Guarda Nacional para defender este governo popular. O conselho sancionava as leis e a execução era realizada por dez comissões. A Comuna sobreviveu 72 dias. Neste período, teve que enfrentar as tropas oriundas de Versalhes, onde estava concentrado o governo e contava com 40.000 soldados.

O grupo foi massacrado pelo exército de Thiers, tendo centenas de mortos, 40.000 detenções e 7.000 deportações para as colônias. As pessoas eram fuziladas sumariamente, os soldados atacavam os feridos com a ponta das baionetas e Paris transformou-se em um matadouro. Durante a insurreição, foi lançado o hino operário "A

---

571 Adolphe Thiers (1797-1877): historiador, jornalista e político francês. Foi deputado, chefe de governo, Ministro do Interior e Presidente da República (1871). Reprimiu a Comuna.

572 Pierre Joseph Proudhon (1809-1865): filósofo anarquista francês, escreveu *O que é a propriedade?* Afirmava que a "propriedade é um roubo" e denunciava as desigualdades sociais. Foi deputado constituinte em 1848, foi perseguido e preso, devido às suas denúncias e escritos. Influenciou os anarquistas Bakunine, Kropotkin e Eliseu Reclus. Teve divergências com Marx devido ao seu livro *A filosofia da miséria*. Abandonando a política, tornou-se místico e até defendeu o poder temporal de Roma. Foi contra a emancipação das mulheres.

573 Luís Blanco (1811-1882): espanhol, com fixação em Paris, onde militou na política. Colaborou com a derrubada da Monarquia e foi membro do governo provisório. Esteve exilado e voltou à França, em 1870, defendendo posições de extrema esquerda durante a Assembleia Nacional.

Internacional",[574] tendo como autor Eugène Pottier.[575] A repressão governamental foi comandada pelo General Galliffet.[576]

O pagamento de guerra aos alemães foi concluído em 1873 e as tropas de ocupação se retiraram do país. Após estes fatos, a Assembleia Nacional tentou restaurar a monarquia, entrando em choque com Thiers, favorável a uma república burguesa, com o intuito de evitar mais insurreições comunas e revoluções na França. Não foi ouvido e renunciou em 24 de maio de 1873, sendo eleito o Marechal Mac-Mahon[577] como Presidente, que tinha simpatia pela monarquia.

Houve reação dos republicanos durante esta fase conturbada, tendo como representantes Gambetta, Ferry,[578] Grevy[579] e Cleman-

---

574 A Internacional: hino revolucionário, com letra de Eugène Pottier e música de Deseyter. Hino adotado pela classe operária e usado durante a Revolução Bolchevique na Rússia, em 1917.

575 Eugène Pottier (1816-1887): operário, combateu na Comuna e foi autor do hino proletário "A Internacional".

576 Gastão Alexandre Augusto Galliffet (1830-1909): general francês, Ministro da Segurança, destacou-se durante as lutas em Sedan e na repressão à Comuna de Paris.

577 Marie Edme Patrice Maurice de Mac-Mahon – Duque de Magneta (1808-1893): marechal francês, que se destacou na guerra com os austríacos (1859), ficou prisioneiro durante a tomada de Sedan pelos prussianos. Comandou a repressão violenta contra a Comuna de Paris. Foi designado Presidente da República (maio de 1873) e entregou, para dirigir a administração o Duque de Broglie. Com a vitória republicana em 1876, aceitou a formação do governo, mas derrubou Jules Simon em maio de 1877. Dissolveu a Câmara, contudo os republicanos ganharam novamente as eleições (outubro de 1877). Demitiu-se em janeiro de 1879.

578 Jules Fraçois Camille Ferry (1838-1882): advogado, deputado e Ministro no governo de defesa nacional, ajudou na derrocada do II Império (1870). Presidiu o conselho de 1881 (novembro a janeiro 1882).

579 Jules Grevy (1807-1891): de família humilde, camponesa, tornou-se advogado, deputado à constituinte de 1848 e à Assembleia Legislativa (1849). Político moderado, criticou o sufrágio universal para a presidência da República. Afastou-se, durante o segundo império, e voltou

ceau,[580] que conquistaram adesões em suas fileiras aproveitando-se da divisão dos monarquistas. O resultado desta disputa foi aprovar a Constituição de 1875.[581]

A nova Constituição estabeleceu a câmara dos deputados e o senado. A câmara seria eleita pelo voto direto universal com o prazo de quatro anos para o mandato. O senado era eleito pelos órgãos da administração e as leis, aprovadas pela câmara, deveriam submeter-se à aprovação da instituição.

---

em 1868 para o legislativo, como oposição. Presidiou a Assembleia Nacional (1871-1873), a câmara dos deputados (1876-1879) e sucedeu a Mac-Mahon. Chegou à Presidente de República em janeiro de 1879. Foi reeleito em 1885 e se demitiu em 1887, devido à corrupção do genro Daniel Wilson.

580 Georges Clemanceau (1841-1929): jornalista, político, tentou ser interlocutor entre o governo e a comuna de Paris (1870). Participou da oposição contra Gambetta (1882) e Ferry (1885) quando ministros e criticou duramente o general Bonlanger (1886). Em 1893, perdeu nas eleições e voltou a atuar como dono jornal "*L'aurore*", quando publicou o famoso "*Jaccuse*" de Zola, defendendo Dreyfus. Foi Primeiro-Ministro (1906-1909), chefiou o governo de 1917 a 1920, de forma bastante autoritária, em consequência da Primeira Guerra Mundial, tentou ser Presidente da República, mas sem nenhum sucesso.

581 Constituição de 1875: após a derrota da Guerra Franco-Prussiana nasceu a denominada Terceira República da França. A Assembleia eleita apresentava 650 membros e 400 eram monarquistas, todos eleitos durante a discussão sobre a paz e os novos rumores da França. Deveriam redigir a Constituição. Houve, para os trabalhos, uma aliança entre os republicanos e os monarquistas. A Constituição apresentou as seguintes características: republicana, composta por duas câmaras e de um Presidente (organização dos dois poderes). Foi criado um parlamentarismo republicano e democrático, a Constituição apresentou 34 artigos e o Presidente da República preside, mas não governa. Foi abolido o direito de dissolução do parlamento existente em outras Constituições, mas que, futuramente, não será respeitado. É uma Constituição que apresenta uma composição entre a Monarquia e a República, não sendo dogmática.

O Presidente eleito designaria os ministros, que se reportariam ao parlamento e não ao chefe do executivo. O Estado exerceria o controle sobre o município. Portanto, a administração era fortemente centralizadora e influenciava os prefeitos e as autoridades departamentais. As mulheres não podiam votar e nem a população das colônias francesas.

O Presidente Mac Mahon, mesmo com a Constituição vigente sendo aplicada, tentou derrotar os parlamentares republicanos eleitos em 1876. Em consequência, os parlamentares aprovaram um "voto de desconfiança"[582] contra o Presidente. O conflito gerou o afastamento do líder Jules Simon[583] e a dissolução da câmara em maio de 1877. Novas eleições foram convocadas para outubro, os republicanos venceram e continuaram pressionando o chefe do executivo.

Em janeiro de 1879, o Marechal-Presidente renunciou, sendo eleito Jules Grevy, republicano como Presidente. A república burguesa, finalmente, controlou o poder e passou a tomar posições anticlericais, de tendência científica, reorganizou o ensino, que passa a ser gratuito e obrigatório na França. Os condenados da "Comuna" foram anistiados, a liberdade de imprensa assegurada, assim como o direito de greve e de reunião. O divórcio foi aprovado. Esta nova governança, contudo, envolveu-se numa visão extremamente nacionalista e com desejo de vingança contra a Alemanha, que tinha conquistado territórios considerados franceses, e conseguiu o apoio da sociedade. Em decorrência, foi necessário apoiar o "exército"

582 Voto de desconfiança: o marechal e Presidente Mac-Mahon defendeu uma revisão da Constituição de 1878 e o parlamento não aceitou. A insistência presidencial fez com que os parlamentares dessem um voto de desconfiança contra o governante, que desejasse reimplantar a Monarquia e derrubar a República, determinada pela Constituição. A consequência foi a saída de Mac-Mahon.

583 Jules Simon (1814-1896): jornalista, deputado, em 1848, de esquerda moderada, opositor de Napoleão III, membro do corpo legislativo de 1863 e Ministro no governo Thiers. Dirigiu o jornal "*Le Siécle*" (1874) e foi senador em 1875. Era um republicano defensor da liberdade.

e suas reivindicações de reorganização, compra e modernização de armas com equipamentos militares para a defesa dos interesses franceses e, quiçá, uma represália contra os germânicos.

É neste clima tenso que passou a se desenvolver a xenofobia[584] e o antissemitismo na população e, principalmente, dentro das forças armadas que precisava de um bode expiatório para a derrocada de 1870. O antissemitismo cresceu e se consolidou após a Guerra Franco-Prussiana. Os judeus, oriundos da Alemanha, tinham nomes germânicos, boas relações com suas antigas comunidades e passaram a ser atacados pelos nacionalistas e xenófobos franceses. Foram usados para ataques dos israelitas alguns escândalos financeiros, ocorridos com a participação de semitas, como foram os de Cornelius Herz[585] e do Barão de Reinch,[586] ocorrido durante a construção do Canal do Panamá,[587] que teve a participação da França, por intermédio

---

584 Xenofobia: Horror ou aversão aos estrangeiros.

585 Cornelius Herz: um dos intermediários das negociações corruptas sobre o canal do Panamá. Com o escândalo da administração do canal, acabou fugindo da França. Em Londres, denunciou 104 deputados envolvidos em propinas durante a execução do Canal, além do envolvimento de alguns ministros.

586 Barão de Reinch: judeu, participou na direção da Companhia do Panamá e da corrupção ocorrida. Informou ao jornal antissemita "*La libre parole*" os envolvidos nas negociatas e golpes dados no Canal do Panamá, desde que não fosse citado. Pretendeu assustar o governo com os nomes dos políticos, jornalistas e banqueiros citados. Falou e acabou suicidando-se.

587 Canal do Panamá: proposta de construção de um canal entre o Atlântico e o Pacífico na América Central, que teve apoio dos EUA, realizada por Ferdinand de Lesseps em 1880. A execução foi acidentada e durou vários anos sob discussão, avanços e retrocessos. Transformou-se num grande escândalo financeiro da Terceira República Francesa. O governo colombiano permitiu uma concessão de 99 anos a partir da abertura do canal para a França (1878-79). O objetivo era construir em oito anos um canal sem comportas. Lesseps projetou um custo de 600 milhões, mas a Companhia do Panamá, responsável pela execução do projeto, gastou 1.400 milhões de francos, para cobrir o *déficit* que sempre evoluía. Em 1887, Lesseps renunciou ao projeto inicial, mas precisava de uma lei

de Lesseps. A extrema direita, que era antissemita, afirmava que o "Ouro Judeu" corrompia e entregava a França aos estrangeiros, principalmente aos alemães e até aos ingleses.

A comunidade judaica passou a ser considerada foco de espionagem contra a França por uma parcela do exército que, inconstitucionalmente, dificultou e sabotou a ascensão dos judeus na hierarquia militar. A radicalização contra os israelitas aumentou substancialmente a partir de 1897 com a acusação de espionagem contra Dreyfus. Tinha ressurgido um culto à Joana D'Arc, de caráter patriótico, com o dístico "religião e pátria", encabeçado pela direita e uma ala católica, que pregava uma forte união espiritual. Os judeus eram acusados, também, de deicídio, de rituais de sangue, de adeptos de uma religião atrasada, primitiva e de "inferiores" racialmente. Foi inventada uma espécie de "mal mítico" dos judeus com a colaboração de um livro apócrifo denominado *Protocolo dos Sábios do Sião*,[588] divulgado no final do século XIX. Fortaleceu-se o nacionalismo étnico, de extrema direita, contra os semitas, que se

---

para conseguir um empréstimo por lotes, do governo, numa espécie de loteria, e alguns deputados foram corrompidos para aprová-la. A lei, que autorizou o empréstimo, foi promulgada em junho de 1888, mas não equacionou o problema e a companhia faliu em 1889, levando prejuízo a 85.000 aplicadores na obra, que estava sendo executada no Panamá. Foi um escândalo financeiro. O governo tentou abafá-lo. O jornal "*La Libre Parole*" (1891) escancarou a corrupção em seus artigos e em 1892, o Ministério da Justiça abriu o procedimento judicial contra os envolvidos na corrupção.

588 Protocolo dos Sábios do Sião: livro apócrifo que acusa os judeus de estarem envolvidos numa conspiração para dominarem todo o mundo. Segundo a *fake*, o livro surgiu na França em 1890, e informava que este plano foi organizado por "anciãos judeus", que se reuniram num cemitério de Praga. A obra foi publicada em 1903, na Rússia, com a colaboração da polícia czarista que fomentava perseguições aos judeus (*pogroms*). Os protocolos passaram a ser divulgados amplamente contra os judeus após a Primeira Guerra Mundial e os responsabilizavam pela crise europeia. Os nazistas usaram essa obra na luta que os levaram ao poder e ao Holocausto.

confrontava com as ideias liberais e iluministas pregadas na França. Negavam a tolerância, a igualdade, desclassificavam a ciência e a razão, prestigiavam o "Mito",[589] a superstição e exorcizavam o povo judeu. A ideologia defendida, extremamente nociva ao Humanismo, estava recheada de mentiras, irracionalidades, ódio e muita violência.

Este era o contexto em 1894, durante o governo do Presidente Sadi Carnot (1837-1894)[590] que posteriormente foi assassinado por um anarquista italiano chamado Caserio, em Lyon.

Não é à toa que o insuspeito General Charles de Gaulle,[591] por ser militar, líder e que exerceu a presidência da França diversas vezes, declarou, em seus escritos, sobre o caso Dreyfus:

---

589 Mito: é um relato popular lendário e fabuloso. É usado como uma forma de exposição de uma doutrina, através de uma narrativa alegórica. Por exemplo, o mito da caverna de Platão. O público leigo é fascinado pelo tema. O populismo na política utiliza o mito como uma forma de exaltar os seus líderes e apaniguados, como vem ocorrendo no Brasil e no mundo há séculos. Temos, como exemplo, a propaganda de exaltação de Hitler na Alemanha nazista e o caso, no Brasil, do Presidente Bolsonaro. O mito, segundo o historiador clássico, P. Commelin, é uma mentira. A psicanálise, por intermédio de Freud, analisou o valor e a manipulação dos mitos e da mitologia. Os antropólogos Malianovski e Levi-Strauss estudaram os mitos, assim como Umberto Eco e Russel.

590 Sadi Carnot (1837-1894): engenheiro, político, de família tradicional francesa, foi eleito Presidente da República em 1887, sendo assassinado pelo anarquista italiano Caserio, em Lião (1894). Destaque para os seus ancestrais: Lazaro Carnot, matemático e membro da Junta de Salvação Pública durante a Revolução Francesa (1753-1823) e Hipólito Carnot, membro do governo provisório em 1848 (1801-1888).

591 Charles de Gaulle (1890-1970): general e político francês. Participou da Primeira Guerra Mundial e foi importante para a libertação da França sob o jugo da Alemanha Nazista durante a Segunda Guerra Mundial, que ficou sob a sua orientação durante o exílio em Londres. Comandou a Resistência Francesa, formou seu primeiro governo em 1944, foi Presidente da República entre 1958 e 1969.

> Nesse julgamento lamentável nada faltou que pudesse envenenar as paixões; a probabilidade de um erro judiciário, seguida por falsificações, inconsistências e abusos cometidos pela promotoria, mas rejeitada por horror por aqueles que, por fé ou razões de Estado, estavam decididos a defender a infalibilidade de uma monarquia dedicada ao serviço da pátria; uma obscuridade exasperante na qual mal confusos incidentes, intrigas, confissões, retratações, duelos, suicídios, julgamentos enfureceram e fizeram duas matilhas rivais perderem a pista; polêmicas caluniosas infladas por todas as vozes da imprensa, por panfletos e por discursos.[592]

Esta foi a época em que Dreyfus foi massacrado pelo Estado e justiça da França, de forma cínica e escandalosa, no final do século XIX, num preâmbulo do que iria acontecer posteriormente na Alemanha nazista com todos os judeus, submetidos a perseguições e, finalmente, ao genocídio.[593]

A França iluminista foi desmoralizada e diminuída em sua concepção de razão e Humanismo.

---

592 JACKSON, Julian. *Charles de Gaulle*: uma biografia. Trad. Berilo Vargas. Rio de Janeiro: Zahar, 2020, pp. 57/58.

593 Genocídio: significa matar as pessoas de forma coletiva. Passou a ser utilizado, a partir de 1944, por Raphael Lenkim para designar a política pública, por qualquer governo, com o objetivo de eliminar religiosos, grupos étnicos, políticos ou econômicos. Existiram vários casos na história, como perseguição aos cristãos, Guerra dos Trinta Anos, a noite de São Bartolomeu, massacre dos armênios e a "solução final", determinada pelos nazistas contra os judeus durante a Segunda Guerra Mundial. Foi o "holocausto" que exterminou cerca de 6 milhões de judeus. As convenções internacionais de Haia (1899-1907), de Genebra (1929-1940), da Liga das Nações e, depois, da ONU (1948) consideram o genocídio um crime internacional. A omissão de governos, durante a Pandemia do Covid-19 (2020-21) com morte de milhares de pessoas, está sendo considerado um ato de genocídio. No Brasil, já morreram quase 666 mil com a Covid-19 (maio de 2022).

7.2 Alfred Dreyfus (1859–1935) – Vítima do racismo e do preconceito da justiça militar e popular

Nasceu em Mulhouse (Alsácia)[594] em posse da França, filho de Raphael e Jeannette, de origem judaica. A família tinha fiação de algodão e tecelagem, pertencendo à burguesia industrial.

Estudou, inicialmente, na Real Schule (ensino em alemão) e depois foi para o colégio Sainte-Barbe em Paris (1873). Doente, voltou para a família e retomou os estudos no Colégio Chaptal. Curado, volta ao Sainte-Barbe a fim de se preparar para a Escola Politécnica em Paris. Admitido nesta, em 1878, formou-se em 128º lugar entre os 235 estudantes aprovados em 1880. No mesmo ano, entrou na Escola de Artilharia e Engenharia do exército francês. Foi classificado entre os primeiros alunos. Nesta época (década de 1880), desenvolveu-se o antijudaísmo francês e, rapidamente, transformou-se em antissemitismo, atingindo as forças armadas.

Em 1890, foi admitido na Escola Superior de Guerra, formando-se em 9º lugar entre os 81 colegas (1892).

Em 1893, foi guindado a oficial de treinamento do exército. Data de 1892, os ataques do jornal *La Libre Parole*, pertencente ao direitista Edouard Drumont, aos judeus que estavam no exército. Neste momento, Dreyfus executava um excelente trabalho em seu novo cargo militar, mas criava desconfiança de alguns colegas visto que falava alemão, mas era judeu de origem alsaciana.

Em setembro de 1894, o serviço de segurança francês, que tinha um "infiltrado" na embaixada da Alemanha, descobriu uma

---

594 Alsácia-Lorena: nome das antigas províncias francesas da Alsácia e de Lorena tiradas da França, em 1871, pelos alemães. Deram o nome de Reichsland (terra do império), sendo formada pelos departamentos: Baixo Reno, Alto Reno e Mosela.

informação dada ao major Maximilian Von Schwarzkoppen,[595] adido militar germânico, encaminhada por um oficial francês, que se propunha fornecer informações secretas das Forças Armadas de seu país. Após análises superficiais, numa escrita do "espião francês", enviada ao major alemão, pela área de segurança do exército em Paris, concluíram ser do Capitão Dreyfus, lotado na segunda repartição do Estado Maior do Exército, no Ministério da Guerra.

A determinação de alto comando militar foi de investigação e punição para o "traidor" do exército e da França.

Dreyfus, o suspeito, foi convocado para uma reunião em 13 de outubro de 1894, no Ministério da Guerra pelos responsáveis da investigação. O texto rezava:

> O general de divisão, chefe do Estado-Maior do Exército, fará inspeção nos senhores oficiais estagiários, na segunda-feira, 15 de outubro do mês corrente. O senhor capitão Dreyfus, atualmente no 39º regimento de Infantaria de Paris, fica convidado a se apresentar na data acima, às 9 horas da manhã, no gabinete do chefe do Estado-Maior Geral do Exército, à paisana.[596]

Na antesala do gabinete do General Charles Lemouton[597] de Boisdeffore, encaminharam-no para a reunião pelo major Georges

---

595 Major Maximilian Von Schwarzkoppen (1850-1917): adido militar alemão em Paris (1891-1897). Descuidou dos documentos, frutos da espionagem para a Alemanha, jogando-os no lixo, o que culminou num "vazamento" e em crise diplomática com a França, além da acusação contra Dreyfus de traição. Escreveu sobre o escândalo em suas *Memórias*, que foram publicadas em 1930. Ao voltar de Paris, foi comandar um regimento da Guarda Imperial e chegou até a patente de general.

596 BREDIN, Jean-Denis. *O caso Dreyfus*. São Paulo: Scritta, 1995, p. 57.

597 General Charles le Mouton de Boisdeffore (1839-1919): chefe de Estado Maior francês (1893). Ajudou nas medidas ilegais tomadas contra

Picquart.[598] Foi recebido pelo Major Armand Mercier du Paty de Clam e três civis,[599] que pediu ao oficial redigir uma carta, pois estava com a "mão direita machucada". O general estava ausente. O texto ditado era:

> Paris, 15 de outubro de 1894.
>
> Senhor, tendo grande interesse em reaver imediatamente os documentos que fiz chegar às vossas mãos antes da minha partida para as manobras, peço-vos que os envieis de volta, com urgência, pelo portador desta, que é pessoa de confiança (...).
>
> Lembro-vos que são:
>
> 1º Uma nota sobre o freio hidráulico do canhão 120 e como (...) foi seu desempenho nas manobras;
>
> 2º Uma nota sobre as tropas de cobertura;
>
> 3º Uma nota sobre Madagascar.[600]

Dreyfus em conivência com o general Auguste Mercier (Ministro de Guerra), com o general Gonse e com Joseph Henry. Foi uma testemunha vital para a condenação de Dreyfus.

598 Major Georges Picquart (1854-1914): teve um papel fundamental no caso Dreyfus. No início da acusação, foi contra o acusado e, posteriormente, ao descobrir a falsidade do *borderau*, trabalhou para anular as acusações e anistiá-lo. Denunciou Esterhazy como "o verdadeiro traidor". Em decorrência, acabou recebendo punições do alto comando do exército. Sua carreira foi truncada por 10 anos. Voltou ao exército em 1906, como general e chegou a ser Ministro da Guerra do governo Clemanceau.

599 Armand Mercier Du Paty De Clan (1853-1916): formado pela Academia Militar de Saint-Cyr e École d'Etát-Major, foi vice-chefe num dos departamentos do Estado-Maior. Atuou como investigador preliminar do caso Dreyfus. Fez o relatório secreto (*dossiê*), que comprometeu Dreyfys no Tribunal. Protegeu Esterhazy e prejudicou Picquart. Foi preso em 1899, por falcatruas e, depois, encaminhado à reserva. Reformou-se em 1904. Lutou e morreu na Primeira Guerra Mundial.

600 BREDIN, Jean-Denis. *O caso Dreyfus*. São Paulo: Scritta, 1995, pp. 58/59.

Após a conclusão da carta e sua leitura por Armand, foi dada a "voz de prisão", para Dreyfus por "alta traição". Os civis presentes eram da Sûrete Generale,[601] e o acusado foi revistado e detido. Foi escoltado pelo Major Joseph Henry,[602] do setor de estatística, para a prisão militar. O documento – base da denúncia – era um *borderau* que caiu na seção de estatística (inteligência e contrainteligência), trazido pela faxineira da embaixada alemã a soldo dos franceses, em 25 de setembro de 1894. A faxineira recolheu o texto jogado no cesto do lixo da embaixada. O *borderau* foi examinado em segredo e concluíram, pela letra, que Dreyfus era o "traidor", daí o teatro realizado no dia em que foi preso e incomunicável.

O documento, ao ser analisado de forma mais aprofundada, foi considerado fraco para incriminar o capitão.

Em 31 de outubro, a mídia divulgou a prisão de um oficial preso como "espião alemão", o judeu Dreyfus. Acompanhando o noticiário pela agência de Havas e o jornal *Le soir*, Edouard Dromond, direitista, ataca os judeus por intermédio do pasquim *La libre Parole* de sua propriedade.

Afirmou,

> (...) reconhecemos os judeus pelos seguintes traços: o famoso nariz recurvado, olhos que piscam, dentes cerrados, orelhas salientes, unhas quadradas, em vez de serem arredondadas como amêndoa, torso comprido demais, pé chato, joelhos redondos, tornozelo extraordinariamente para fora, mão

---

601 Sûrete Génerale: órgão de investigação francês.

602 Major Joseph Henry (1846-1898): de origem humilde, entrou no exército como soldado, progrediu na carreira e acabou servindo na seção de estatística, a partir de 1877. Mentiu na Corte Marcial de Paris contra Dreyfus e falsificou documentos, colaborando, totalmente, para a condenação do capitão. Protegeu Esterhazy e sabotou Picquart. Desmascarado, acabou suicidando-se (31/08/1898).

> mole e flácida do hipócrita e do traidor. Tem, muitas vezes, um braço mais curto que o outro.[603]

A imprensa, quase toda, passa a acompanhar o fato de forma sensacionalista, numa verdadeira campanha envolvendo *Le Petit Journal*, *L'intransigent* e *L'Eclair* contra os judeus e Dreyfus, apresentando notícias manipuladas e vindas do próprio exército, com o objetivo de incriminar e punir o "oficial-espião".

Em novembro, o material acusatório foi analisado por cinco grafologistas que ratificaram acusação contra o ele, ou seja, "aquela letra era a sua".

Julgamento – em 19 de dezembro, começa o julgamento comandado pela Corte Marcial. A defesa do acusado foi realizada pelo advogado Edgard Demange,[604] mas numa sessão secreta, com as portas fechadas do salão, conforme orientação dos juízes responsáveis pelo caso.

O perito Eugenio Pelletier,[605] de muita competência, conclui em relatório que "o documento incriminatório tem todas as características de um papel escrito sem dissimulação e com uma caligrafia normal. Representa a grafia usual de seu autor". O técnico não atribui a "esta ou aquela pessoa suspeita".[606]

Os debates na Corte tiveram início durante a tarde, tendo seus juízes da infantaria e um da cavalaria, juízes suplentes, o comandante Picquart, representando o Ministro da Guerra e Lipine – chefe de polícia. Após a identificação do acusado e das testemunhas, a sessão foi considerada secreta e com as portas fechadas.

---

603 BREDIN, Jean-Denis. *O caso Dreyfus*. São Paulo: Scritta, 1995, p. 26.

604 Edgard Demange (1841-1925): advogado e amigo de Dreyfus, defendeu-o nas Cortes Marciais (Paris e Rennes).

605 Eugenio Pelletier: perito competente, entregou o relatório que desclassificou as conclusões de Bertielon contra Dreyfus.

606 BREDIN, Jean-Denis. *O caso Dreyfus*. São Paulo: Scritta, 1995, p. 80.

O advogado de defesa tentou esclarecer que não havia provas contra o acusado, mas "perseguições", todavia a sua leitura foi vetada pelo Presidente do conselho que suspendeu os trabalhos. Reaberta a sessão, Dreyfus é submetido a interrogatório e responde de forma objetiva às perguntas.

Nos outros dias, de 19 a 21 de dezembro, são ouvidas as testemunhas que incriminaram o acusado, principalmente os seus colegas da Escola de Guerra e do Estado Maior, exceto o oficial Tocanne.

Em determinado momento, após uma manobra antirregimental, o oficial Henry foi chamado e o acusa frontalmente: "Eis o traidor!". Explica que recebera a denúncia de "uma pessoa honrada". Contudo, a denúncia era anônima e Dreyfus exigiu, em vão, o nome do delator. A testemunha responde "Existem segredos na cabeça de um oficial que o seu quepe não deve saber", e jura erguendo a mão "em direção ao Cristo preso na parede".

Os peritos foram ouvidos no outro dia e explicaram que o acusado tinha efetuado uma "autofalsificação da própria letra" e, portanto, era "culpado". Chamadas as testemunhas de defesa, procuraram atestar o "patriotismo" do acusado e a "honradez da sua família". Destacaram-se alguns colegas de farda (Barberin, Rufley e Leblond), um rabino (Dreyfus de Paris) e o filosofo Lévy- Bruhl.[607]

No dia 21 de dezembro, é lido um requisitório do comandante Brisset. No dia seguinte, o advogado de defesa argumenta, durante três horas, que Dreyfus é inocente, e mostra que o relatório de acusação era inconsistente, sendo a maioria dos argumentos sobre a vida privada do acusado, não passando de mexericos. Os juízes, após a exposição, retiraram-se para a decisão final. Durante a reunião,

---

607 Lucien Lévy- Bruhl (1857-1939): filósofo e sociólogo francês. Refletiu sobre os costumes, a religião dos povos primitivos e a moral. Principais obras: *L'Idée de Responsabilité*, *La Philosophie de August Conte*, *La Miythologie Primitive*, *La Mentalité Primitive* etc.

com as portas fechadas, receberam um envelope com uma "ordem superior urgente" do Ministro da Guerra para ser exposto durante a deliberação, apresentando os argumentos que incriminavam definitivamente o acusado. A apresentação deste *dossiê* secreto, contudo, era completamente irregular, ferindo a legislação vigente na França, a justiça e o código militar. Os documentos, posteriormente, foram devolvidos à seção de estatística.

A decisão unânime do conselho de guerra (em número de sete) é a de que Dreyfus é "culpado" e deve ser deportado de maneira perpetua numa fortificação e a "degradação militar". Influenciou o conselho, a cópia de uma carta de adido militar italiano, Alessandro Panizerdi,[608] amante do coronel alemão, Maximilian Schwartzkoppen, que informava sobre um personagem, denominado "Canalha D". Ninguém sabia do trâmite legal destes documentos.

O veredicto foi lido pelo escrivão ao acusado. Perplexo, este é retirado a uma enfermaria e, depois, conduzido à prisão. Estava desesperado e seu advogado tentou acalmá-lo, pedindo "que não se matasse", por causa daquele resultado, pois iria realizar uma "apelação para revisão".

A imprensa, no outro dia, noticiou a condenação como positiva e exemplar. O jornal *La Libre Parole* informou "que todos os judeus se uniam, solidários ao traidor".[609]

No parlamento, o deputado Jean Jaurés[610] defendeu a "pena de morte" para o "traidor".

---

608 Alessandro Panizerdi: adido militar italiano, amante de Schwartzkoppen, envolveu-se na questão da espionagem contra a França. Responsável pela carta que se referia "ao Canalha do D". Posteriormente, tentou denunciar as fraudes das cartas falsas de Henri. Sem sucesso.

609 BREDIN, Jean-Denis. *O caso Dreyfus*. São Paulo: Scritta, 1995, p. 110.

610 Jean Jaurés (1854-1914): filho de camponês, entrou com mérito na *École Normale Supérieure*. Foi professor de filosofia na universidade de Toulouse e jornalista. Militante socialista, passou a defender Dreyfus em seus artigos jornalísticos. Publicou o livro "*Les Preuves*" sobre os

Dreyfus assinou a apelação para o "Conselho de Revisão", mas, em 31 de dezembro, foi rejeitada. O delegado do governo, comandante Romain, comentou: "Mesmo que haja cem vícios nas formalidades judiciárias, concluirei por rejeitar a apelação; nada de revisão, nunca". Em 5 de janeiro de 1895, ocorreu o "Ato de degradação" contra Dreyfus no pátio da Escola Militar. Foram arrancadas as insígnias, as dragonas, os botões, o trancelim de farda do condenado, quebrada a sua espada, o uniforme rasgado e foi submetido à chamada "parada de Judas", entre os soldados do regimento de Paris, em fila. Durante o ato, o capitão gritava que era inocente, mas ninguém ouvia. A massa de populares, fora das grades da Escola Militar, com ódio, pedia a "morte do traidor", o "Judas", o "judeu imundo".

Foi enviado à ilha do Diabo na Guiana Francesa, em 21 de fevereiro de 1895.

Entre março e abril do mesmo ano, o advogado Demange conseguiu uma informação do Ministro da Justiça, Ludovic Trarieux,[611] a confirmação do uso da carta que se referia ao "Canalha D" pelos juízes militares. Neste ínterim, o Presidente da República

---

julgamentos contra o capitão e como político, realizou o discurso (1903), que foi a base para a revisão judicial do "caso". Foi assassinado em 1914, por adversário e fanático político.

611 Ludovic Trarieux (1840-1904): era do Ministério da Justiça (1895). Informou sobre uma carta, que estava no Ministério Exterior, sobre Dreyfus ao advogado Demange. Esta epístola, de forma ilegal, foi entregue, em segredo, aos juízes militares. Era a do "canalha D". Trarieux, revoltado com a ilegalidade, ao sair do ministério, criou a Liga Francesa dos Direitos Humanos.

Casimir Perier (16/01/1895)[612] renunciou, sendo eleito Felix Faure.[613] O general Mercier,[614] em decorrência, saiu do Ministério da Guerra. O irmão do condenado, Mathieu Dreyfus, entrou em ação e iniciou um movimento de esclarecimento para o público sobre a condenação ocorrida, com apoio de alguns intelectuais que consideravam tudo um escândalo, um "erro judiciário".

Enquanto esses fatos se desenrolavam, o tenente-coronel Georges Picquart, substituiu o coronel Sandherr na chefia da seção de estatística, em 1 de julho de 1895. Um ano depois, em 20 de fevereiro, o Major Ferdinand Walsin Estherazy,[615] de origem húngara e o "verdadeiro traidor" visitaram o adido militar alemão, que já denotava insatisfação com as informações fornecidas até aquele momento, além da exposição negativa que a Alemanha tinha assumido. Na sequência, em março, o tenente-coronel Picquart recebeu uma

---

612 Casimir Perrier (1847-1907): Presidente da República (1894-1895), de família burguesa, filho de um Ministro de Thiers, presidiu a câmara (1893), Ministro dos Negócios Estrangeiros (1893-94), aprovou as leis dos celerados, de repressão e censura, principalmente contra os anarquistas. Elegeu-se Presidente em 27/07/1894, demitiu-se em 14/01/1894, devido à contundência de Jaures contra a sua permanência, que estava ligada a desmandos e à corrupção.

613 Felix Faure (1841-1899): Presidente da França de 1895 a 1899. Denunciou o *dossiê* secreto, usado pela Corte Marcial de Paris, contra Dreyfus, apesar de não aceitar uma revisão judicial do caso. A informação foi passada ao amigo Dr. Joseph Gilbert.

614 General Mercier-Auguste (1833-1921): Ministro da Guerra de 1893 a 1895, ajudou a encaminhar o "*dossiê* secreto" à Corte Marcial de Paris. Influenciou a Corte de Rennes contra Dreyfus. Como senador, foi contra a Lei que reabilitava Dreyfus (1902).

615 Major Ferdinand Walsin Estherazy (1847-1923): de origem húngara, serviu na Legião Estrangeira (1870) e participou da Guerra Franco-Prussiana. Foi para a seção de estatística em 1877, após sua promoção a major, passou a espionar para a Alemanha (1894). Enfrentou uma Corte Marcial (1897), sendo absolvido. Posteriormente, foi expulso do exército e fugiu para a Inglaterra. Era aventureiro, mentiroso e falsificador. Publicou *A história secreta do caso Dreyfus*, com informações falsas sobre o assunto.

carta recolhida, mais uma vez, na cesta de lixo da embaixada alemã, enviada por Estherazy, que tinha uma letra similar à de Dreyfus. O chefe da seção de estatística passou a efetuar vigilância policial contra o "novo suspeito".

A escrita foi comparada a do *borderau* que condenou Dreyfus, sendo constatado que as letras eram "idênticas". O *dossiê* secreto também foi examinado e conclui-se que não apresentava "provas probatórias" contra o prisioneiro da Ilha do Diabo.

A conclusão geral foi a de que houve, realmente, um "erro judiciário", estando o "verdadeiro traidor" solto, ou seja, Estherazy. Dreyfus era inocente. Foi encaminhado em relatório (em 1º de setembro), informando sobre as descobertas e a inocência do capitão para conhecimento dos superiores da pasta. Os generais Gonse[616] e Boisdeffore deveriam tomar providências para corrigir o "erro judiciário", evitando críticas ao exército. Contudo, a "revisão" não prosperou e, na Ilha do Diabo, o prisioneiro foi submetido a mais torturas, ficando, inclusive, acorrentado à própria cama quando ia dormir, para não fugir.

Em 18 de setembro do mesmo ano, Lucie, esposa de Dreyfus, enviou à câmara dos deputados um pedido de revisão judicial da sentença contra o marido, baseada em matéria publicada no jornal antissemita *L'éclair.*

Em outubro de 1826, Picquart começa a ser perseguido pelos seus superiores. O general Gonse recebeu uma suposta carta do adido militar italiano para o adido militar alemão, incriminando Dreyfus.

A carta falsa era do Major Henry, vice-chefe da seção de estatística. Em novembro do mesmo ano, foi publicado o texto *Une*

---

616 General Charles-Arthur Ganze (1838-1917): vice-Chefe do Estado Maior do Exército e chefe de Seção da Estatística. Acusou Dreyfus, sabotou a tentativa de revisão da Corte Marcial, atacou Picquart e protegeu Henry e suas mentiras e falsificações. Abandonou o exército sob pressão, após a morte de Henry.

erreur judiciaire: La verité sur l'affaire Dreyfus, de Bernard Lazare,[617] e o jornal *Le Matin* publicou uma cópia do famigerado *borderau*, mostrando a ilegalidade ocorrida em 1894.

Em 16 de novembro, Picquart desacreditado, sai de Paris, sendo execrado por Henry perante os seus superiores (generais Gonse e Boisdeffre) acusado de ajudar a família Dreyfus.

Em abril de 1897, Picquart reage e envia ao Presidente da República uma exposição sobre o caso, com documentos e cartas.

Em junho do mesmo ano, Picquart informa ao seu advogado Louis Leblois[618] sobre as tramas das quais está sendo alvo, por ter denunciado Estherazy, o verdadeiro espião. Aceita que qualquer autoridade, ligada ao governo, tome conhecimento da denúncia. O vice-Presidente do senado, Auguste Schreurer-Kestner,[619] é informado do que ocorreu e do que ainda está ocorrendo com o caso Dreyfus, por intermédio do advogado de defesa.

Em 14 de julho, os senadores são informados sobre os documentos que provam a inocência do condenado na Guiana Francesa, e dá-se início a uma campanha para reparar a injustiça ocorrida. A seção de estatística, liderada por Henry, passa a vazar informações para Esterahzy com o intuito de protegê-lo. É, nesta fase, que o famoso escritor Émile Zola (1840-1902), engaja-se no movimento para demonstrar a inocência de Dreyfus, dando apoio a Leblois e a

---

617 Marcus Manassé Bernard Lazare (1865-1903): de origem judaica, estudou na escola de Chartres, era crítico literário e militava pró-anarquismo. Foi agregado por Mathieu na defesa de Dreyfus, no meio intelectual francês. Escreveu: *O antissemitismo, sua história e suas causas* e *Um erro judiciário: a verdade sobre Affaire Dreyfus*. Defendeu, de forma veemente, a revisão judiciária.

618 Louis Leblois (1854-1928): advogado de Picquart, foi processado por Cavaignac, por ter "acesso a informações militares". Informou ao escritor Zola sobre o processo e conseguiu a adesão deste.

619 Auguste Schreurer-Kestner (1833-1899): político francês, democrata, senador, vice-Presidente do Senado durante o processo de Dreyfus. Amigo de Zola, convenceu-o da inocência do acusado e condenado.

Scheurer. Publica uma defesa no jornal *Le Figaro*, com o título *M. Scheurer-Kestner*. Por sinal, escreve mais três artigos,[620] exigindo justiça e a revisão do caso.

Mathieu Dreyffus, tomando conhecimento das denúncias contra Estherazy, envia uma carta ao Ministro da Guerra, general Billot,[621] e passa à imprensa. Este manda realizar uma investigação, a qual foi feita pelo general Georges de Pellieux,[622] o qual conclui pela inocência do novo acusado e propõe a "extinção do processo", em 31 de dezembro de 1897.

Mas, diante da repercussão do "escândalo", o acusado é submetido a uma Corte marcial, conforme o próprio pedido e com o apoio do Estado-Maior, fatos que ocorrem em 1 de janeiro de 1898. Como previsto, o resultado foi a absolvição de Esterhazy por unanimidade, em 10 de janeiro.

Em decorrência deste julgamento, Zola, irritado, publica no jornal *L'Aurore*, o artigo *J'acuse*, com o seguinte teor:

> Eu acuso o tenente-coronel Du Paty de Clam de ter sido o operário diabólico do erro judiciário, inconscientemente, quero acreditar, e de haver, em seguida, defendido sua obra nefasta,

---

620 Zola escreveu 3 artigos a saber: 1º Glorifica a coragem da Schreurer-Kestver, com destaque para a vida cristalina; 2º Resposta a quem acusa os amigos de Dreyfus de receber financiamento para montar um sindicato secreto e 3º Ataque aos antissemitas ligados a Edouard Drumont.

621 General Jean Baptiste Billot (1828-1907): atacou Picquart, por "vazamento" de informações militares. Trabalhou pela condenação de Zola, processando-o. Defendeu a tese de que os judeus tinham mandado escrever o *borderau* por alguém que imitou a letra de Dreyfus. Mandou Henry investigar Picquart. Pressionado, tempos depois, acabou ordenando a investigação sobre Esterhazy. Exerceu, também, o cargo de Ministro da Guerra.

622 General Georges de Pellieux (1842-1900): incumbido de realizar a investigação sobre Estehrazy. Tomou depoimento do irmão de Dreyfus, Mathilei e de Scheuren, Lebolois e Esterhazy. Concluiu pela inocência de Esterhazy e recomendou uma investigação contra Picquart.

durante três anos, com maquinações, as mais extravagantes e mais condenáveis.

Eu acuso o general Mercier de se haver tornado cúmplice, no mínimo por fraqueza de espírito, de uma das maiores iniquidades do século.

Eu acuso o general Billot de ter nas mãos as provas verdadeiras da inocência de Dreyfus e de havê-las abafado, de se haver tornado culpado do crime de lesa-humanidade e de lesa-justiça com um objetivo político e para salvar o Estado-Maior comprometido.

Eu acuso o general de Boisdeffore e o general Gonse de se haverem tornado cúmplices do mesmo crime, um deles, sem dúvida por paixão clerical, e o outro por esse espírito de corporação que torna as divisões do Ministério da Guerra a Arca Santa, inatacável.

Eu acuso o general de Pellieux e o comandante Ravary de haverem feito uma investigação infame, entendo por isso uma investigação com a mais monstruosa parcialidade, da qual temos, no relatório do segundo, um imortal monumento de ingênua audácia.

Eu acuso os três peritos em caligrafia, os senhores Belhome, Varinard e Couard, de haverem feito relatórios enganosos e fraudulentos, a menos que um exame médico os declare atingidos por uma doença da vista e do julgamento.

Eu acuso as divisões do Ministério da Guerra de haverem desenvolvido na imprensa, particularmente no *L'Éclair* e no *L'Écho* de Paris, uma campanha abominável, para induzir a opinião pública e encobrir seu erro.

Eu acuso, enfim, o primeiro Conselho de Guerra de haver violado a lei ao condenar um réu baseado num documento que permaneceu secreto e eu acuso o segundo conselho de guerra de haver encoberto essa ilegalidade, obedecendo ordens, cometendo, por sua vez, o crime jurídico de absolver, com conhecimento de causa, um culpado.

Ao fazer essas acusações, não ignoro que me inscrevo nos artigos 30 e 31 da lei da imprensa de 29 de julho de 1881,

> que pune os delitos de difamação. E é, voluntariamente, que me exponho.
>
> Quanto às pessoas que eu acuso, não as conheço, nunca as vi, não tenho contra elas raiva ou ódio. Para mim não passam de entidades, de espíritos da maldade social. E o ato que realizo aqui é um meio revolucionário para apressar a explosão da verdade e da justiça.
>
> Só tenho uma paixão, a da verdade, em nome da humanidade que tanto sofreu e que tem direito à felicidade. Meu protesto inflamado não é nada mais do que um grito da minha alma. Que ousem, portanto, me levar ao tribunal do júri e que a investigação aconteça em pleno dia!
>
> Estou esperando.
>
> Queira aceitar, senhor Presidente, a certeza de meu profundo respeito.[623]

Zola foi processado em consequência do seu brilhante artigo. Picquart, que tinha apresentado queixa criminal contra telegramas ameaçadores e falsas notícias (4 janeiro), foi processado e sentenciado a sessenta dias de prisão por recomendação do general Pellieux, devido à sua insistência nas denúncias.

Em 7 de fevereiro de 1898, começou o julgamento de Zola por ter "difamado os oficiais da Corte marcial". A defesa do escritor expõe ao Estado Maior e ao general Mercier as suas razões e provas de maneira contundente e consegue transformá-los, praticamente, em réus pelas decisões injustas.

A acusação, sempre assistindo, calcava-se na afirmação do texto de Zola, que o conselho de guerra absolvia Esterhazy, "obedecendo a uma ordem", e, portanto, de realizarem um "crime jurídico", já que o citado tinha sido considerado culpado.

---

623 BREDIN, Jean-Denis. *O caso Dreyfus*. São Paulo: Scritta, 1995, pp. 283/284.

O resto da acusação, como abria profundas discussões sobre a injustiça cometida contra o capitão, foi afastada. O editor do jornal, Alexandre Perrenex,[624] também foi processado e defendido por Georges Clemanceau,[625] com insucesso.

Após dezesseis dias de acalorados debates e artigos inflamados nos jornais franceses envolvendo o julgamento de Zola, a decisão do tribunal durou apenas trinta e cinco minutos. Os jurados, em sua maioria, condenaram o escritor e o editor do jornal a uma pena de um ano de prisão e quatro meses e 3.000 francos de multa, respectivamente.

O julgamento movimentou a sociedade parisiense, e os adversários do escritor gritavam "morte a Zola!" e "Morte aos judeus!".

Desse modo, o povo, depois o exército, condenou Dreyfus e dessa vez, "depois de um grande debate público, em pleno dia".

Os defensores de Zola e Dreyfus foram punidos, a saber:

Picquart foi reformado sem direito à pensão por "falhas graves em serviço"; o professor Grimaux foi afastado da Escola Politécnica; Leblois suspenso das funções de adjunto da administração do 7º distrito e de seis meses de suspensão do exercício de advocacia pela Ordem dos Advogados.

Na Câmara dos Deputados, o Primeiro Ministro, Jules Méline,[626] considerou que os casos estavam liquidados. No exterior, contudo,

---

624 Alexandre Perrenex: jornalista, editor comercial do "*L'aurore*", processado e condenado, com Zola, durante o caso Dreyfus.

625 Georges Clemanceau (1841-1929): deputado da Assembleia Nacional e acusado de ter participado do escândalo de corrupção, que ocorreu no caso do canal do Panamá. Era editor do jornal "*L'aurore*" e comandou a campanha para a revisão judicial da condenação de Dreyfus, publicando "*J'acuse*". Foi senador e Primeiro Ministro (1906 a 1909). Indicou Picquart, Ministro da Guerra (1902).

626 Jules Méline (1838-1925): Primeiro-Ministro, foi contra a reabertura do processo Dreyfus. Renunciou em 1898, tentou enterrar o caso, após a

acreditavam que o capitão era inocente. A reação pró Dreyfus e Zola ocorre em 14 de janeiro com um abaixo-assinado, protestando contra a violação das reformas jurídicas no processo de 1894 e os mistérios sobre o caso Esterhazy, assinado por diversos intelectuais e publicado no jornal *L'aurore*. Foram reunidas 1.500 assinaturas. A defesa da causa, em diversos países, usava o lema: "Verdade e justiça!". O escritor Anatole France liderava o movimento.[627]

Zola entrou com um pedido de revisão no Tribunal Superior.

Em 2 de abril, a condenação foi revertida devido a "vício de forma". Em 23 de maio, é encaminhado o segundo julgamento de Zola com a acusação de "difamação".

Em 18 de julho, iniciou-se, em Versalhes, o segundo processo ao meio-dia. O advogado de defesa "formalizou o pedido de recurso".

Contudo, o tribunal conclui que o "recurso" não pode ser considerado suspensivo. Diante da decisão, o escritor retira-se do julgamento, acompanhado pelo seu defensor Labore,[628] escutando gritos: "Fora da França", "A Veneza, ó italianol", "Covarde!", "Traidor!" e "Volte para a casa dos judeus!".

Houve socos contra a carruagem que transportou o escritor e seu advogado. Ausentes da sessão (Zola e o defensor), o tribunal condenou o réu à pena máxima: um ano de prisão e 3.000 francos de multa, tendo, ainda, como consequência, a retirada da ordem da

---

condenação de Zola em discurso realizado na Câmara dos Deputados, em 24 de fevereiro.

627 Anatole France (1844-1924) – Jacques Anatole Thibaut: pertenceu à classe média francesa, sendo filho de um livreiro. Escreveu diversos livros, com vários gêneros e apresentou uma tendência clássica. Convencido da inocência de Dreyfus, engajou-se, junto com Zola, pela revisão da condenação. Recebeu o prêmio Nobel de Literatura em 1921. Principais obras: *O crime de Silvestre Bonnaro*, *O lírio do meu amigo*, *O livro vermelho*, *Os deuses têm sede* etc.

628 Ferdnand Labore: advogado de Dreyfus na Corte Marcial de Rennes (1899). Defendeu, também, Picquart e Zola. Tentaram assassiná-lo.

Legião de Honra. Praticamente, foi ratificado o julgamento anterior. Neste momento crucial, Lebon sugere que Zola fuja para o estrangeiro. Inicialmente, este recusa a proposta, mas, depois, fugiu para a Inglaterra, levando apenas os objetos de toalete, sem mala, com pouco dinheiro para evitar a represália dos julgadores e a violência que estava sofrendo. Diante das críticas recebidas, acusado de fuga pela "direita e os antissemitas", o jornal *L'Aurore* em artigo explica: "Zola iria se apresentar diante dos juízes, novamente em outubro". Períodicos estrangeiros e intelectuais se manifestaram na defesa dos condenados, Dreyfus e Zola.

Na Bélgica, o poeta Vehaeren escreve: "Esse, a partir de hoje, histórico processo Dreyfus, a Europa inteira defendeu a França contra a própria França". O americano Mark Twain, por sua vez, anota: "Tribunais eclesiásticos e militares compostos por covardes, hipócritas e bajuladores, se pode produzir um milhão cada ano, e ainda sobrará. É preciso cinco séculos para produzir uma Joana d'Arc ou um Zola". Tolstói mais longe: "Há, em seu gesto, uma ideia nobre e bela, a de combater o chauvinismo c o antissemitismo". O doce Tchekhov, entusiasma-se "Zola é um homem de valor (...). E eu estou entusiasmado pelo seu arrebatamento". E também:

> A imensa maioria das pessoas cultas está do lado de Zola e acredita na inocência de Dreyfus. Zola cresceu três arquinas, depois de sua carta de protesto. Parece que um vento fresco se pôs a soprar, aqui, e todo francês sentiu que a justiça, graças a Deus, ainda existe nesse mundo, e que, se acusam um inocente, aparece alguém para defendê-lo. (...) Eu não trocaria sequer um fio de cabelo de Zola por todas essas pessoas que o julgam nesse momento nos tribunais, todos esses generais e testemunhas distintas.[629]

---

629 TROYAT, Henri. *Zola*. São Paulo: Scritta, 1994, pp. 256/257.

Em 28 de junho, um novo gabinete foi organizado por Pierre Brisson,[630] tendo Godefroy Cavaignac como Ministro da Guerra,[631] adversário dos condenados. Dias após a posse, em 2 de julho, na Câmara dos Deputados, este discursou usando o *dossiê* secreto contra os dreyfusistas.

Afirmou: "Que amanhã, os franceses possam se unir para proclamar que esse exército lhe causa orgulho (...) não é forte somente com a confiança, mas que ele é forte, também, pela justiça dos atos que cometeu".[632]

Reagindo, o senador Trarieux fundou a Liga dos Direitos do Homem, passando a defender, através dos acusados, as liberdades que foram ameaçadas por decisões injustas na França.

Em 8 de julho, foi publicada uma carta aberta para o Ministro da Guerra avisando que serão refutadas as provas que foram apresentadas ao parlamento. Diversos artigos jornalísticos foram publicados até setembro.

Picquart, colocou-se à disposição do Primeiro Ministro para mostrar a falsidade dos documentos apresentados. Foi processado por Cavaignac e preso em 13 de julho. No mês subsequente, o Capitão Louis Cuignet,[633] por sinal assistente do Ministro da Guerra, confirmou a falsificação que tinha sido realizada pelo oficial Henry.

---

630 Pierre Brisson (1835-1912): como Primeiro-Ministro, acertou o pedido de revisão pela Corte de Cassação de Lucie Dreyfus, em favor do marido, que tinha sido condenado pela Corte de Cassação de Paris (1894).

631 General Godefroy Cavaignac (1853-1905): Ministro da Guerra do governo Bresson. Informou sobre os documentos do dossiê secreto contra Dreyfus em 1898, na câmara dos deputados (1898), justificando o veredicto dado. Depois do suicídio de Henry, renunciou, mas continuou não concordando com a revisão pedida.

632 TROYAT, Henri. *Zola*. São Paulo: Scritta, 1994, pp. 256/257.

633 Louis Cuignet (1857-1936): assessor de Cavaignac, reexaminou a confissão de Dreyfus. Analisou a "faux" Henry, descobriu as contradições do texto e concluiu que o documento era falso (13/08). Contudo,

O fato levou à demissão do Ministro do Exército Boisdeffore. Henry é preso e suicida-se na fortaleza da Mont-Valérien, em 31 de agosto. Em consequência, Cavaignac, Ministro da Guerra, renuncia em 03 de setembro.

Diante dos fatos ocorridos, Lucie, a esposa de Dreyfus, apresenta o pedido de "revisão judicial" da sentença da Corte Marcial de 1894. Em setembro, o verdadeiro traidor, Esterhazy, foi expulso do exército, fugiu para a Bélgica e depois para a Inglaterra , em 04 de setembro. Sendo perseguido pelo juiz de instrução Bertulus.[634]

Com a saída do Cavaignac do conselho, entrou o general Zurlinden,[635] a princípio simpático à "revisão do caso", mas, atacado como "vendido aos judeus" pela imprensa, acabou recuando da tese.

Em 17 de setembro, o Conselho de Ministros aceitou a "revisão" fazendo Zurlinden demitir-se. O substituto, general Chandine,[636] aceitou a "revisão", mas também renunciou.

Diante do tumulto jurídico, político e administrativo, o Conselho dos Ministros e o novo Ministro da Guerra encaminharam o "problema" para o Ministério da Justiça.

---

o Primeiro-Ministro não foi comunicado pelo Ministro de Guerra (Cavaignac) nem o promotor do caso.

634 Paul Bertulus (1851-1917): magistrado, examinador responsável pelo caso Dreyfus, concluiu que Esterhazy realizava trapaças, após receber denúncias realizadas por Christian, primo do "verdadeiro traidor", tomando conhecimento dos trâmites processuais, começou a simpatizar-se pela ideia de "revisão".

635 General Emile Curlinden (1837-1929): substituiu Cavaignac no Ministério da Guerra. Incialmente, aceitou o pedido de revisão judicial e, depois, voltou atrás e renunciou ao cargo.

636 Charles Chandine: aceitou realizar a revisão processual para que fosse encaminhada à Corte de Cassação (1898). Posteriormente, esta aceitou investigar o mérito do julgamento contra Dreyfus em 1894.

Por sua vez, este Ministério encaminhou "a revisão da sentença" à Corte de cassação.

Foi ordenada uma investigação minudente do julgamento ocorrido em 1894 e Dreyfus foi notificado na Ilha do Diabo por um telegrama. O condenado passou a preparar uma nova defesa. Em 16 de fevereiro de 1889, morreu Felix Faure, o Presidente da República e chegou à presidência Émile Loubert,[637] militante de esquerda. Em 29 de maio, ocorreu uma reunião ampla das três câmaras do Supremo Tribunal, presidida por Ballot-Beaupre,[638] que questionou: "é sim ou não, a caligrafia de Dreyfus?" O silêncio dos presentes o obriga a responder: "Senhores, depois de um exame minucioso, eu obtive, no que me diz respeito, a convicção de que o *borderau* não foi escrito por Dreyfus, mas por Esterhazey".

Em 3 de junho de 1899, o julgamento de Dreyfus foi anulado por unanimidade e o processo deslocado para a Corte Marcial de Rennes. Nesse contexto, Zola volta para a França, em 5 de junho do mesmo ano, e explica:

> (...) volto porque a verdade resplandece, porque a justiça foi feita. Desejo voltar em silêncio, na serenidade da vitória, sem que minha volta provoque qualquer agitação nas ruas (...). Estou em casa. O senhor Procurador Geral pode, então

---

637 Émile Loubert (1838-1929): Presidente da República substituiu Faure e aceitou a revisão da sentença de Dreyfus, para ser reanalisada pela Corte Marcial em Rennes. Suspeito de ser um dreyfusista, enfrentou críticas e agitações dos nacionalistas e antissemitas. Esteve, também, envolvido no escândalo da Companhia do Panamá. Foi até agredido em um evento público (corrida de cavalo), com uma bengalada. Não ficou machucado.

638 Ballot-Beaupré: presidiu a Corte, fez o relatório que, de forma objetiva, questionou a caligrafia de Dreyfus. Concluiu que "o relatório não foi escrito por Dreyfus".

quando ele achar conveniente, notificar-me a sentença do Tribunal de Versalhes.[639]

A esta altura, o capitão preparou a sua volta à França, da Guiana, onde foi torturado e humilhado, desembarcou em 1º de julho no solo pátrio e, imediatamente, foi colocado na prisão militar de Rennes.

Em 7 de agosto de 1899, o salão de festas do Liceu de Rennes se transformou num "tribunal" para a Corte Marcial trabalhar no caso.

Em seguida, em 08 de agosto, ocorreu a reunião da Corte, sem a presença de Zola, a pedido do advogado de defesa do acusado, presidida por Waldeck-Rousseau.

Os debates são contundentes e num clima de ódio. Em 14 do mesmo mês, Fernand Labori,[640] amigo, advogado de Zola e defensor de Dreyfus foi ferido à bala, pelas costas, por um desconhecido que fugiu.

Na Inglaterra, o verdadeiro traidor, Esterhazy, declarou que escreveu o *baurderau* com ajuda de Dreyfus, para intimidar os julgadores. O conselho, com medo da reação militar, da direita e dos antissemitas, por cinco votos a dois, considerou Dreyfus culpado, mas com "circunstâncias atenuantes", a dez anos de prisão e sem a segunda degradação militar. A injustiça continuava. No exterior, jornais criticaram a decisão e pediram que os turistas não visitassem a Exposição Universal que seria aberta em Paris, no ano seguinte, em 1900.

---

639 TROYAT, Henri. *Zola*. São Paulo: Scritta, 1994, pp. 256-275.

640 Fernand Labori (1860-1917): advogado de Dreyfus durante a Corte Marcial de Rennes (1889) e, também, de Zola. Era incisivo na defesa e tinha enfoques diferentes do advogado Demange (defensor de Dreyfus). Recebeu denúncias contra Esterhazy e defendeu Picquart. Sofreu uma tentativa de assassinato, recebendo um tiro pelas costas. O atirador fugiu.

Zola reagiu e publicou no jornal *L'Aurore* (12/09/1899):

> O quinto ato: Ter-se-á visto aqui o mais extraordinário conjunto de atentados contra a verdade e a justiça. Um bando de testemunhas conduzindo debates, entrando em acordo, a cada noite, para a pérfida emboscada do dia seguinte, reclamando à custa de mentiras, no local e praça do Ministério Público, aterrorizando e insultando seus contraditores, impondo-se pela insolência de suas divisas e de seus pernachos. (...) um ministério público grotesco, estendendo-se aos limites da imbecilidade. Estou pasmo. É assombroso o terror sagrado do homem que vê o impossível se realizar, os rios tornarem às suas nascentes, a terra arruinada sob o sol. (...) Isso tudo vai acabar por alguma indulgência e por uma ambígua anistia.[641]

O escândalo continuou, e, para minimizar as crises, o Presidente da República Emile Loubert acenou com uma "anistia" para o condenado, injustamente.

Dreyfus recusou, mas é aconselhado pelos advogados, amigos e familiares a não rejeitar a proposta. Aceita, mas com a ressalva de continuar lutando para limpar o seu nome e o da família.

Em 19 de setembro de 1899, Loubert assinou o decreto que anistiou o capitão, livrando-o da prisão. Zola, novamente, escreve:

> *Lettre* à Mme. Alfred Dreyfus: Com certeza, senhora, esse perdão é cruel (...). Que revolta ao pensar que se obtém por piedade o que se deveria se ter apenas por justiça! Isso passa dos limites (...). Esbofetear a inocência para que a violência passeie ao sol, agaloada e empenachada! (...) Nossa desgraça é tal que estamos limitados a felicitar o governo por ter se mostrado piedoso (...). O inocente, condenado duas vezes, tem feito mais pela fraternidade dos povos, pelo ideal de solidariedade

---

641 TROYAT, Henri. *Zola*. São Paulo: Scritta, 1994, p. 280.

> e de justiça que cem anos de discussões filosóficas, de teorias humanitárias (...). Ele pode dormir confiante, senhora, no doce refúgio familiar, aquecido pelas piedosas mãos da senhora. E conta conosco para sua glorificação (...). Somos nós, os poetas, que pregamos os culpados no pelourinho, para sempre. Aqueles que condenamos, as gerações desprezam e odeiam. Existem nomes criminosos que, difamados por nós, são apenas entulhos imundos com o passar dos tempos.[642]

Numa reunião feita com o escritor, posteriormente, em sua casa, Dreyfus, na presença da esposa Lucie, declarou que travou combates na Ilha do Diabo, "com monstruosas aranhas caranguejeiras e outros animais e insetos, além de torturas físicas, psicológicas e morais, mas sem ódio". Em 14 de dezembro de 1900, foi aprovada uma lei de anistia para todos os crimes ligados ao caso Dreyfus no Parlamento. Contudo, o capitão foi excluído dos efeitos da lei.

Zola continuou reagindo novamente, escrevendo no *L'Aurore*:

> *Lettre* à M. Émile Loubet, *Président de la Republique*: Veja que abominável processo, depois de ter sujado todos os governos cúmplices ou covardes que se sucederam, acaba-se, em uma hora, numa suprema negação de justiça, essa anistia que acaba de ser votada pelas Câmaras, sob o punhal, e que levará na História o nome de anistia perversa (...). Eu sou apenas um poeta, um contista solitário que faz, num canto, sua tarefa, mergulhando nisso por inteiro. Reconheci que um bom cidadão deve contentar-se em dar ao seu país o trabalho com o qual ele desempenha o menos desastradamente; e é por isso que me tranco em meus livros. Volto, simplesmente, para eles, pois a minha missão que eu me propunha terminou.[643]

---

642 TROYAT, Henri. *Zola*. São Paulo: Scritta, 1994, pp. 280/281.
643 TROYAT, Henri. *Zola*. São Paulo: Scritta, 1994, p. 282.

Em 29 de setembro de 1902, após o jantar com a sua esposa Alenxandrine, deitado, no quarto onde dormia com a lareira acesa, é vítima de envenenamento por óxido de carbono, assim como a sua mulher. Esta, desmaiada, mas com vida, no outro dia foi levada, em tempo, ao hospital e salvou-se. A inspeção policial da lareira descobriu que o condutor de fumaça estava entupido por cascalhos. Diversas ilações surgiram, interpretando como suicídio ou assassinato político. É importante frisar que os adversários de Zola continuavam enviando ameaças por intermédio de cartas anônimas, com textos absurdos, a saber:

> Senhor Zola, guarde bem essas linhas. Suas infâmias fizeram com que, a partir desta noite, o senhor seja condenado... o destino designou-me e o senhor saltará, a dinamite vencerá a assistência de sua desprezível pessoa cujo veneno seja nossa querida França; Quem livrará a França de sua pútrida presença; Sua cabeça foi posta a prêmio etc.[644]

O jornal *La libre Parole* explicitou a sua posição reacionária e direitista na manchete: "Uma pequena crônica naturalista: Zola asfixiado".

Dreyfus foi ao velório e enterro do escritor. Mesmo sendo ameaçado pelos seus inimigos. Em 5 de outubro, o autor naturalista foi enterrado no cemitério de Montmartre. Anatole France realizou o principal discurso no tumulo do escritor.

A luta de Dreyfus continuou e, em 5 de março de 1904, a Corte de cassação aceitou o pedido do governo para revisar a sentença de Rennes, considerando novos fatos e as falsificações adicionais no *dossiê* que tinham sido apresentados aos juízes militares.

Contudo, o julgamento final, por intermédio da Corte de cassação e das três câmaras reunidas só ocorreu em 11 de junho de 1906.

---

644 Texto apócrifo.

A conclusão da Corte foi objetiva e brilhou o advogado Monrad,[645] com a sustentação da inocência de Dreyfus. O primeiro-Presidente, Ballot-Beaupre leu a decisão que anulou o julgamento do Conselho de Guerra de Rennes:

> Considerando, em última análise, que da acusação imputada contra Dreyfus nada resta.
>
> E que a anulação do julgamento do Conselho de Guerra não deixa substituir nada que possa, acusando-o, ser qualificado como crime ou delito;
>
> Considerando desde então que, pela aplicação do parágrafo final do artigo 445 do Código de Instrução Criminal, nenhuma devolução do mérito deve ser pronunciada;
>
> Por tais motivos,
>
> Anula o julgamento do Conselho de Guerra de Rennes que, em 9 de setembro de 1899, condenou Dreyfus a dez anos de prisão e à degradação militar pela aplicação dos artigos 76 e 463 do Código Penal e do artigo1° da lei de 8 de junho de 1850;
>
> Diz que foi por erro e erroneamente que esta condenação foi pronunciada;
>
> Homologa a Dreyfus que declare renunciar ao pedido de indenização pecuniária que o artigo 446 do Código de Instrução Criminal que lhe possibilitava;
>
> Ordena de acordo com este artigo, a presente decisão será afixada em Paris e em Rennes e será inserida no Journal Officiel, bem como em cinco jornais à escolha de Dreyfus;
>
> Autoriza a Dreyfus publicá-la por conta do Tesouro e das taxas das inserções legais em cinquenta jornais de Paris e de províncias, à sua escolha;

645 Henri Monrad: advogado que assessorou o irmão de Dreyfus (Mathieu), no modo de contornar a proibição de reproduzir e publicar os textos das audiências realizadas na Câmara Criminal antes de serem lidas na Corte. Participou da estratégia para defender o “condenado”.

> Ordena que a decisão será transcrita nos registros do Conselho de Guerra de Rennes e a respectiva menção será feita à margem da decisão anulada.[646]

A vitória, para impedir que o processo fosse ainda "baixado", foi de três votos contra dezoito.

Em 13 de junho, dois projetos governamentais foram entregues à Câmara dos Deputados, um sobre Dreyfus que o indicava a "chefe de esquadrão" e restituía a Legião de Honra e o outro sobre Picquart, que o reintegrava ao exército e conferia-lhe a graduação de general de brigada, considerando a contagem do tempo que estivera afastado durante a reforma. Os projetos propuseram soluções diferentes, pois Dreyfus sofria prejuízos na Câmara devido ao tempo de condenação que tinha cumprido e que não foi considerado. Se a injusta condenação não tivesse ocorrido, teria alcançado outros cargos em anos anteriores e galgado as mais altas graduações do exército. Picquart, ao contrário, recebeu a antiguidade de forma retroativa e, posteriormente, chegou a ser Ministro da Guerra. A aprovação dos projetos se consolidou em 13 de julho, antes do recesso da Câmara dos Deputados.

Em 20 de julho, foi publicada a nomeação de Dreyfus como Cavaleiro da Legião de Honra e a parada militar se realizou na tarde do dia 21 do mesmo mês, para desagravo à degradação sofrida anteriormente. O General Gillian comandou a cerimônia e afirmou:[647] "Em nome do Presidente da República e em virtude dos poderes que

---

646 BREDIN, Jean-Denis. *O caso Dreyfus*. São Paulo: Scritta, 1995, pp. 545/546.

647 General Gillian: comandante da Primeira Divisão de Cavalaria, foi encarregado de restabelecer os direitos de Dreyfus na frente das tropas. Afirmou: "Em nome do Presidente da República e, em virtude dos poderes que me são conferidos, Comandante Dreyfus, eu vos faço Cavalheiro da Legião de Honra. Comandante Dreyfus, estou feliz por ser encarregado de vos condecorar".

me são conferidos, comandante Dreyfus, eu vos faço cavaleiro da Legião de Honra". Em 1907, este reformou-se no exército.

Em 4 de junho de 1908, quando os restos mortais de Zola foram transferidos para o Panteão, Dreyfus e a família estavam presentes durante a homenagem. No evento, um jornalista de direita, chamado Gregori,[648] atirou no capitão ferindo-o. O atirador, posteriormente, foi absolvido com a desculpa de "fortes emoções" e "sem premeditação".

Com a saúde arruinada por estes inúmeros acontecimentos, Dreyfus morreu em Paris, em 12 de julho de 1935.

Conclusões – nesse período, a França dividiu-se em tendências que se chocaram violentamente. Os idealistas juntaram-se com a esquerda para reparar a injustiça contra Dreyfus. Os democratas republicanos vinham desconfiando dos militares há muito tempo, principalmente depois do serviço militar obrigatório. Os intelectuais, os universitários e os socialistas defendiam conceitos pacifistas. O caso Dreyfus serviu para questionar a "casa militar", que se ligava aos monarquistas, à direita e ao clero reacionário, servindo para alimentar a Liga dos Direitos do Homem e a luta pela liberdade. Já a direita, continuou intolerante às contestações realizadas contra as sentenças dos juízes militares e ao exército, argumentando que o país estava ameaçado pela Alemanha e Inglaterra e precisava das Forças Armadas. Foram representados pela Liga dos Patriotas, os nacionalistas, os inimigos da democracia, os defensores da razão de Estado e do antissemitismo, todos lutando contra a democracia plena, a república e, portanto, o Estado de Direito.

---

648 Louis-Vincent-Anthelme Grégori (1842-1910): jornalista de direita, na cerimônia do Panteão de homenagem a Zola, atirou contra Dreyfus, acertando-o no braço. Processado, foi absolvido com a desculpa de "descontrole emocional" e não de premeditação. Escrevia para o jornal "*Galois*".

CAPÍTULO VIII

SACCCO E VANZETTI – MASSACRADOS PELO SISTEMA – NOVA CAÇA ÀS BRUXAS NOS EUA

8.1 A época de Sacco, Vanzetti e John Thomas Scopes – A década de 20 nos EUA

Foi uma época conflitante entre o antigo e o moderno; o liberalismo e o socialismo; o reacionarismo fascista e o nazismo. Nos EUA, foram vítimas do conservadorismo e do reacionarismo, os trabalhadores italianos Nicolas Sacco e Bartolomeu Vanzetti, assim como o professor John Scopes, em plena "nova era"[649] ou "era do jazz",[650] já retratados em romances de Scott Fitzgerald.[651]

---

649 Nova Era: período de sensacionalismo, desenvolvimento, publicidade, cultos a heróis, mitos, liberalismo e otimismo. Às vezes chamado de "Os anos loucos" ou "Era do *Jazz*".

650 Era do *Jazz*: variante dos "Anos Vinte", em consequência do avanço da música negra no Harlem (Nova York). Este local abrigava os negros, os imigrantes (irlandeses, judeus) e tornou-se lugar de efervescência cultural para os EUA. Serviu para exposição de movimentos musicais, literários e culturais em geral. O destaque foi para o *jazz* desenvolvido pelos "afro-americanos".

651 Francis Scott Fitzgerald (1896-1940): nasceu em Minessota (EUA) e lutou na Primeira Guerra Mundial após abandonar a Universidade de

A economia avançou nesse período e a renda *per capita* dos americanos aumentou de US$ 660 para US$ 857 (até 1929). A construção civil cresceu, trazendo um verdadeiro *boom*, assim como a fabricação de automóveis e de bens de consumo duráveis (rádios, geladeiras, fogões etc.). O produto nacional bruto foi de US$ 72,4 bilhões em 1919, para US$ 104 bilhões em 1929. A geração de energia elétrica aumentou. Em 1912, os americanos tinham 16% da eletricidade em suas residências e multiplicou para 63%, em 1927, favorecendo o consumo de eletrodomésticos. Os automóveis, fabricados em 1920, de 8 milhões, alcançaram 23 milhões, em 1930 e consumindo 15% do aço do país, mostrando a evolução do mercado de consumo de massa. A população cresceu de 104.466.00 em 1920, para 123.188.000 em 1930. Em 1919, a construção civil concluiu 400 mil moradias, saltou para 935 mil, em 1925, com a multiplicação de arranha-céus.[652]

Princeton. Em seus romances, descreveu a elite dos anos 20, assim como o clima musical, o excesso de consumo de bebidas, o jogo, as drogas e a música, ou seja, a "era do jazz" e a "geração perdida americana". Escreveu para jornais e revistas, foi roteirista em Hollywood, apresentando um estilo próprio. Principais obras: *Este lado do paraíso*, *Seis contos da era do Jazz*, *O grande Gatsby*, *Suave é a noite* e *O último magnata*.

652 Enciclopédia Semanal nº 41. *História do Século XX*. São Paulo: Abril Cultural. IONS, Edmund; ROBERTS, J. M., 1974, p. 1219.

Era o *Big Business*,[653] usando a grande liberdade econômica,[654] e a pouca intervenção do Estado na economia, segundo o liberalismo capitalista.

O rádio e o cinema contribuíam para a cultura de massas e a tecnologia ajudava nesse progresso. O público se voltou ao lazer com o culto aos artistas, aos atletas, aos heróis, como foi o caso do aviador Carlos Lindbergh,[655] que atravessou o Atlântico em 1927, num voo solitário.

Os investimentos de aplicadores estrangeiros aumentaram o crédito fácil para o povo, assim como as compras à prestação

---

653 *Big Business*: período de expansão industrial, financiado pelas economias, principalmente, da classe média mais do que da burguesia. Foram ampliados fábricas, bancos, ferrovias e seguradoras, ocorrendo uma "separação entre a propriedade e a gerência comercial". Os *trustes* se transformaram em empresas independentes e passaram a vender as suas ações ao público, gerando uma "burocracia assalariada especializada na produção e distribuição". Multiplicaram-se as campanhas do tipo *holding*, que habilitava grupos de pessoas com poucos recursos "a controlar um império de serviços de utilidade pública ou de estradas de ferro, por exemplo". É a famosa técnica conhecida como pirâmide, em que um pequeno investimento organiza uma *holding* e consegue controlá-la "por meio da posse de uma maioria das ações colocadas na bolsa" e acaba monopolizando a empresa. Esta prática contribuiu para o *crash* de 1929 e tem sido usada nos últimos anos no Brasil.

654 Liberdade econômica: oriunda do liberalismo europeu que se posicionou contra o absolutismo e serviu para a luta da independência dos EUA. Defende a limitação do Estado em relação ao setor privado, exige a mais ampla liberdade individual e o direito à propriedade. A livre iniciativa e a concorrência devem ser os princípios básicos capazes de harmonizar os interesses individuais e coletivos, com o intuito de consolidar o progresso social.

655 Charles Lindberg (1902-1974): piloto, voou de Nova York a Paris em 1927 no "Spirit of St. Louis", cruzando, pela primeira vez, o Atlântico, num avião de um só lugar e sem escala. Tornou-se herói nacional dos EUA e recebeu o nome de "águia solitária". Na década de 30, namorou o nazifascismo. O sequestro e o assassinato do seu filho foram uma tragédia em sua vida foi.

alcançaram as diversas classes sociais dos EUA. O início da década de 20 apresentava uma nova prosperidade, e os americanos passaram a competir com outras potências na liderança mundial.

Esse desenvolvimento econômico, contudo, não atingiu a agricultura, que se ressentiu, pois os fazendeiros tinham prosperado durante a Primeira Guerra Mundial,[656] mas, posteriormente, com o aumento da produção, devido a tecnologias, os preços agrícolas caíram.

No campo político, a Primeira Guerra e o governo de Thomas Woodrow Wilson tiveram um papel importante entre 1913 e 1921 (dois mandatos), pois os EUA saíram muito fortalecidos do conflito. Durante o seu governo, foram tomadas as seguintes medidas:

- Nova tarifa aduaneira – reduziu a importação de matérias-primas e produtos agrícolas.
- Modificou a legislação sobre o imposto de renda – a tributação ficou gradativa, atingindo apenas os rendimentos superiores a 3.000 dólares.

---

656 Primeira Guerra Mundial: teve início com o assassinato do arquiduque Francisco Ferdinando (austro-húngaro) em Saravejo. A Alemanha, com Guilherme II, apoiou a invasão da Sérvia pelos austríacos. A Rússia reagiu e obteve apoio da França e da Inglaterra contra a posição alemã. A Bélgica foi invadida pelos alemães. O Japão aderiu aos "Aliados" no Oriente, com o intuito de conseguir colônias alemãs e invadiu a China. A Turquia apoiou a Alemanha contra Rússia. Do Oriente, a guerra alcançou a África e, logo, transformou-se em mundial, tendo o apoio dos EUA. Os alemães foram derrotados e, como consequência, morreram aproximadamente 10 milhões de soldados, 8 milhões foram aprisionados, 21 milhões ficaram feridos e 10 milhões de civis morreram. Na realidade, a guerra foi consequência do conflito de interesses no campo econômico, político e controle de espaços coloniais ou dependentes das grandes potências. O nacionalismo e o imperialismo alimentaram a explosão da Primeira Guerra Mundial.

- Combateu os trustes – foram considerados ilegais devido à competitividade desonesta com o uso de *fakes* publicitários, propinas, discriminações de preços, monopólios etc.
- Valorização do trabalho – estabeleceu 8 horas de jornada para os ferroviários e regulamentou as condições de trabalho para a marinha mercante.

Todas essas medidas contribuíram para o desenvolvimento econômico ocorrido nos anos 20.

A guerra – os EUA entraram com suas tropas no final da guerra (1917), quando os alemães atingiram, com seus bombardeios, o comércio marítimo, por intermédio da guerra submarina. Anteriormente, haviam afundado o navio Lusitânia, causando a morte de 128 cidadãos americanos. Foi, também, publicado um documento pela imprensa que atribuía ao Ministério das Relações Exteriores da Alemanha (Zimmerman),[657] um telegrama para o embaixador no México (Von Eckhart),[658] propondo um ataque contra os EUA.

657 Arthur Zimmerman (1864-1940): prussiano, Ministro do Exterior da Alemanha, informou a embaixada na cidade do México que a guerra submarina, indiscriminada contra os "Aliados", seria intensificada e atingiria os EUA. O telegrama foi interceptado pelos ingleses e divulgado pela imprensa, causando a entrada dos EUA na guerra. Apoiou a entrada da Alemanha na guerra junto à Áustria-Hungria. Sucedeu Gottieb Von Jagow, renunciou em 1916 e planejou reduzir a interferência americana na Europa, envolvendo o México contra os americanos, daí o envio do telegrama.

658 Heinrich Von Eckhart (1861-1944): embaixador alemão no México. Recebeu o telegrama sobre a "guerra submarina indiscriminada". Estudou na Universidade de Jena (1881-1885) jurisprudência e trabalhou para diplomacia alemã. Foi diplomata em Istambul (1886), Teerã, Belgrado, Atenas, Havana, Centoje e México. No México, exerceu o cargo de Ministro residente do Império Alemão de 1914 a 1918. Foi o receptor do telegrama polêmico, que foi interceptado pelos ingleses e propunha ao Presidente Carranza uma aliança com a Alemanha contra os EUA. A proposta era atacar os americanos juntamente com os japoneses.

Além disso, uma derrota da Inglaterra e da França causaria graves prejuízos para as empresas e bancos americanos. O pedido de guerra contra os alemães foi encaminhado pelo Executivo ao Congresso em 2 de abril de 1917.

A participação dos americanos decidiu a guerra, dando vitória aos aliados. Com o final da guerra, o Presidente Wilson apresentou uma proposta denominada os "Quatorze Pontos"[659] para consolidar a paz alcançada. Propunha: fim da diplomacia secreta; liberdade ampla de navegação; fim das barreiras econômicas; diminuição dos armamentos nacionais; discussão sobre o colonialismo; restituição da Alsácia-Lorena à França etc.

O Presidente esteve presente durante as negociações na Europa, porém sem sucesso diplomático, pois os pontos foram alterados pelos europeus. Na Conferência de Paris,[660] participaram ativamente:

---

659 Quatorze Pontos: elaborados pelo Presidente Wilson, em 1918, para solidificar a paz entre as nações beligerantes. O esboço do texto foi realizado por Walter Lippman em "Os objetivos da guerra e os acordos de paz que ele implica" que Wilson revisou e transformou nos polêmicos "Quatorze pontos". Os pontos foram: pactos abertos de paz, liberdade de navegação absoluta, remoção das barreiras econômicas, igualdade de condições de comércio, armamentos nacionais reduzidos, ajuste livre das colônias, evacuação de todo o espaço russo pelos invasores, evacuação da Bélgica, devolução dos espaços da França (Alsácia-Lorena), reorganização das fronteiras da Itália, o povo da Áustria-Hungria deve ter desenvolvimento autônomo, evacuação da Romênia, Sérvia e Montenegro com acesso ao mar, garantias de espaço para o Império Otomano, mas com garantia as outras nacionalidades que dependem do governo turco, Estado Polonês independente e criação de uma "Associação das Nações" para garantir a independência política e integridade territorial dos estados (grandes e pequenos).

660 Conferência de Paz de Paris (01/1919): após o armistício de 11 de dezembro de 1918, Wilson liderou o grupo formado por 1.300 representantes dos países, que discutiam as condições de paz em Paris. Inicialmente, foi bem recebido nas reuniões, principalmente pelos representantes das colônias. Contudo, os seus discursos e propostas geraram protestos populares e das lideranças políticas durante as reuniões. Incomodou

EUA, Inglaterra e França. Os outros países tiveram papel secundário. Nessa ocasião, foi discutida e criada a Liga das Nações,[661] com o apoio de Wilson. Contudo, o Presidente foi derrotado pelo Congresso americano em suas propostas e os democratas[662] saíram enfraquecidos após a sua governança, abrindo caminho para a vitória dos republicanos,[663] com a sua saída em 1921.

---

diversos países europeus e passou a ser duramente criticado pela defesa dos "Quatorze pontos".

661 Liga das Nações: foi proposta com o intuito de ajustar as condições da paz. Deveria ter o papel de pacificar o mundo, evitando disputas militares futuras. Wilson recebeu o Prêmio Nobel da Paz pela proposta da criação da Liga das Nações, mas os EUA não aderiram à ideia por intermédio do Congresso Nacional. A Liga pretendia defender a segurança nacional, podendo aplicar sanções econômicas, financeiras e militares ao país que provocasse uma agressão e guerra. Contudo, após a sua criação, a liga foi utilizada para servir o imperialismo ianque pós-guerra.

662 Partido Democrata: originário do sul, com penetração no oeste americano, teve, como líder inicial, Andrew Jackson, durante a sua campanha presidencial contra as elites norte-americanas. Defendeu a generalização do sufrágio universal para os homens brancos e os pequenos proprietários. A partir da década de 30, passou a defender as causas identitárias e os programas sociais.

663 Partido Republicano: fundado em 1854 e contrário à escravidão do sul dos EUA. Defendia princípios individuais e privados como melhores que os governamentais e do Estado. Na década de 60, ficou mais conservador nas questões relacionadas aos direitos civis, eleitorais, educacionais e religiosos. Atualmente, defende a menor atuação de estado e coloca restrições aos imigrantes.

Na década de 20, foram eleitos três Presidentes republicanos: Warren Gamaliel Harding[664] (1921-1923), John Calvin Coolidge[665] (1923-1929; substituiu, era vice- Presidente) e Herbert Clark Hoover[666] (1929-1933). Todos defenderam uma política nacionalista para os EUA e o desprezo aos tratados e alianças permanentes. Essa posição fortaleceu o crescimento da expansão imperialista americana. Do exterior, os banqueiros desejavam apenas receber os empréstimos de guerra e se interessavam em investimentos para a reconstrução da Europa.

664 Warren Gamaliel Harding (1865-1923): republicano de Ohio, tomou posições conservadoras durante o seu governo. Homem comum e bonachão, foi mal assessorado pelos chamados "amigos de Ohio", que participaram do governo. A corrupção avançou em sua administração, envolvendo até o procurador-geral, Harry Daugberty, que realizou vendas ilegais de licenças de bebidas e indultos. O senado considerou o Presidente responsável pelas falcatruas, contudo, na área criminal, foi absolvido. Desmoralizado pelas denúncias, faleceu durante uma viagem ao Alaska, inopinadamente em 2 de agosto de 1923. Governou de 1921 a 1923.

665 John Calvin Coolidge (1872-1933): republicano, de poucas palavras, mas tinha popularidade devido à redução de impostos e ao apoio as indústrias e aos negócios. Destacou-se na política externa, quando assinou o "Pacto Briand-Kellogg", em que a guerra pode ser criminalizada, exceto quando for em legítima defesa. Apaziguou o conflito existente com o México. Foi um período de crescimento econômico para os EUA.

666 Herbert Clark Hoover (1874-1964): engenheiro, republicano, venceu o democrata Al Smith para a presidência. Na sua governança, houve "uma orgia de especulações", a queda da bolsa de Nova York e a depressão econômica local e mundial. A desigualdade e o desemprego predominaram e, mesmo assim, Hoover rejeitou a intervenção do Estado para conter a miséria, gerada pela "grande depressão". Governou de 1929 a 1933.

O governo de Harding realizou uma forte política protecionista[667] e xenófoba,[668] com perseguições a imigrantes e fortalecimento da extrema direita americana, como foi o caso da reorganização da *Ku Klux Klan*.[669] Durante este governo, houve diversos escândalos financeiros e corrupção. Harding faleceu subitamente, levando à presidência Calvin Coolidge (seu vice), que continuou a política do seu antecessor com o seguinte lema: "O principal negócio do governo americano são os negócios". Aquele era contra a imigração, pois acreditava que nem todos os povos conseguiriam aceitar a assimilação dos costumes americanos e, principalmente, o conceito de liberdade. Levou em consideração as questões raciais, principalmente as biológicas e ainda afirmava: "O único imigrante aceitável é aquele que pode justificar nossa fé no homem pela constante revelação do propósito divino do criador".[670] Era profundamente reacionário e preconceituoso, mas conseguiu eleger para a presidência Herbert Hoover.

---

667 Política protecionista: quando ocorre a adoção "de um sistema de tarifas ou cotas para restringir o fluxo das importações". Entra em choque com os defensores do livre-cambismo. O Brasil, para proteger as indústrias nacionais, praticou este sistema diversas vezes.

668 Xenofobia: horror ou aversão a estrangeiros. Os EUA adotaram esta prática durante os governos republicanos na década de 20 e, recentemente, com Donald Trump.

669 *Ku Klux Klan*: associação política e religiosa do Sul dos EUA, criada em 1865, de cunho racista e de extrema direita. Perseguiu, torturou e matou negros nos EUA. Usavam capuzes para não serem identificados. Foram contra a imigração, os mestiços e defendiam uma raça pura, com a predominância de brancos, num prenúncio do que foi defendido pela ideologia nazista. Em 1915, a *KKK* foi reorganizada por William J Simons, que conseguiu ganhar 100 mil adeptos posteriormente (1920). Filiou até 1925. Em todo o país, agregou cerca de 5 milhões de membros. Influenciou a política de diversos estados. Elementos da classe média eram os que mais engajaram na organização. Na atualidade, continua agindo nos EUA.

670 GRANT, Susan-Mary. *História concisa dos Estados Unidos da América*. Trad. José Ignacio C. M. Neto. São Paulo: Edipro, 2014, p. 342.

O governo deste era contra as propostas avançadas no campo econômico, como tabelar os preços agrícolas, estatização energética e uma legislação que oferecesse mais segurança ao trabalhador. Propôs apenas a continuação da política já adotada pelos republicanos, que consideravam um extraordinário sucesso para os EUA. Afirmava: "A casa pobre já está desaparecendo entre nós". Mas, a especulação desenfreada, durante o seu governo, levou ao *Crash*[671] de 29 de outubro de 1929, em que, num único dia, o mercado americano perdeu 14 bilhões de dólares e 30 bilhões durante a semana. As causas da queda da bolsa de Nova York foram:

- O prejuízo da agricultura que se arrastou após a Primeira Guerra Mundial.
- A falta de equilíbrio entre o controle privado e o público, além de suas práticas de financiamento.
- A instabilidade da economia internacional.
- A política governamental só favorecia a elite econômica e social, com uma distribuição desigual das rendas.
- A grande especulação realizada na bolsa americana, em que, repentinamente, foram jogados 70 milhões de títulos no mercado, sem a demanda equivalente.

A crise se ampliou, alcançou a produção; a renda nacional caiu; os estoques aumentaram; os preços caíram; as falências se multiplicaram e ficaram mais de 15 milhões de desempregados entre 1929 e 1930. A depressão alcançou os EUA e o mundo.

A década de 20 foi do "paraíso" ao "inferno", para a sociedade americana.

---

671 *Crash*: explicita uma forte queda na Bolsa de Valores. O mais famoso ocorreu na bolsa de valores de Nova York, em 24 de outubro de 1929.

Durante esse período, no campo social, houve um choque entre o materialismo científico[672] e os dogmas religiosos, em especial com os fundamentalistas,[673] que predominavam em alguns estados americanos. Os protestantes radicais conseguiram criminalizar a ciência e o álcool (Lei Seca).[674]

---

672 Materialismo científico: concepção que considera a matéria como única realidade humana. Surgiu na Antiguidade com o atomismo e se fortaleceu com o avanço da ciência e da tecnologia, conjuntamente com o sistema capitalista nos séculos XVII e XVIII. O materialismo considera que tudo o que existe está ligado à matéria. O materialismo científico apresenta seu conteúdo mutável das "convicções científicas sobre a realidade". No século XIX, Marx, utilizando o modelo dialético, propôs o materialismo histórico, que afirma: "o modo de produção da vida material condiciona o processo de conjunto da vida social, econômica e política". Considera o realismo científico, "numa relação homem-natureza", como uma relação intermitente, assimétrica, em que o homem é essencialmente dependente da natureza enquanto está, no essencial, independe do homem. Opõe-se ao espiritualismo e ao idealismo. É contra a miséria.

673 Fundamentalistas: repousam as suas posições num conjunto de ideias gerais e simplórias, de forma maniqueísta, religiosa e moralista. Defendem as ideias e ideais de forma radical e consideram inimigos todos os que ousem criticá-las ou discordar. Podem, ou não, usar a retaliação, até tortura e terrorismo como forma de impor seus princípios quando optam pelo extremismo.

674 Lei Seca ou Lei "Volstead" (1918): também chamada de Lei Nacional da Proibição, é consequência das reformas sociais, religiosas e políticas, que consideravam o álcool e os bares como núcleos da decadência e de malfeitores. A população não aceitou, passivamente, a lei e passou a consumir álcool clandestinamente e de contrabando. A lei, ao contrário do que pretendia, colaborou para a formação de quadrilhas e muita violência durante a sua aplicação na década de 20 e início dos anos 30. A distribuição ilegal do álcool foi comandada pela máfia nos EUA e teve, como destaque, o bandido Al Capone. Quatorze estados a adotaram, o que significou uma fé na legislação para solidificar "reformas" fomentadas pela liga antialcoólica, considerada conservadora e patriótica a partir de 1919. Todavia, feria a liberdade individual.

Os imigrantes foram discriminados e perseguidos, com a desculpa do "pavor dos vermelhos", ou seja, dos comunistas e anarquistas, devido à Revolução Bolchevique de 1917 na Rússia.[675]

O antissemitismo também prosperou,[676] juntamente com o nacionalismo exacerbado, recheado de posições racistas, pedidos de censura e punições para quem contestasse o sistema ianque, seus heróis e seus costumes. A *Ku Klux Klan* e seus cavaleiros, por exemplo, defendiam o americanismo cem por cento puro e conseguiram se multiplicar em várias regiões dos EUA. Encapuzados, perseguiam os negros ou brancos progressistas, torturando e matando livremente sem a repressão conveniente e determinada pela lei. A justiça falhava. Boa parte da sociedade acreditava que os nórdicos pertenciam a

---

675 Revolução Bolchevique (1917): correu na Rússia e teve como um dos seus líderes o marxista Lenin (Vladimir Ilyich). Os bolcheviques são produto de uma cisão entre os revolucionários em 1903, quando surgiram dois grupos, a saber:

• Bolcheviques, que significam maioria, liderados por Lenin;

• Mencheviques, que significam minoria. Em 1907, transformou-se em Partido Bolchevique. Em 1917, com a insurreição popular em São Petersburgo (capital), depôs o tzar Nicolau II e foi organizado um governo provisório liderado pelos mencheviques, tendo, como chefe, Kerensky, em plena Primeira Guerra Mundial. A guerra continuou, apesar da saída do tzar, e os bolcheviques, opositores deste contexto, usando o lema "Paz, terra, pão", derrubaram o governo provisório e assumiram o poder na Rússia. O início da revolução ocorreu em outubro, mas se consolidou em novembro de 1917. Posteriormente, os bolcheviques combateram os russos brancos que defendiam o tzarismo, fizeram o tratado de Brest-Litovsk com a Alemanha, consolidando a retirada das tropas russas da guerra. Sob o comando do Lenin, foi criada a URSS que teve, como base, os Soviets. Os bolcheviques formaram o Partido Comunista Soviético.

676 Antissemitismo: são as pessoas que consideram e consideravam os judeus ou israelitas uma raça "inimiga e vil". Esta concepção cresceu desde a Antiguidade até os tempos atuais (séculos XX e XXI) e, na Alemanha nazista, foram considerados inimigos mortais do regime, presos, torturados e mortos nos campos de concentração. Incialmente, perderam os direitos civis e, depois, eram vítimas do Holocausto.

uma raça superior,[677] como acontecera na Europa com os nazistas e fascistas.

O suporte desses procedimentos foi dado pela Lei de Imigração (de 1921 e de 1924)[678] que colaborou para o aumento do preconceito e discriminação contra os imigrantes. Esta afirmativa foi uma extensão da Lei de Quota de Emergência de 1921,[679] pois baixou a quantidade de migrantes para o país, com base em sua origem nacional, fixando em 2% os imigrantes de cada nação residentes antes de 1890. O "modo de vida americano" não tolerava ideologias ou ideias extravagantes, progressistas e passou a hostilizá-las, como se fossem comunistas e anarquistas e perigosas para a sociedade dos EUA, usando a concepção do chamado "pânico vermelho".[680] A liberdade passou a ser defendida de maneira patriótica e fanática, causando grande medo à população em geral. Ocorreram perseguições, censuras e prisões dos apontados como suspeitos, geralmente

---

677 Raça superior: era considerada a raça ariana. Os europeus do norte, com olhos azuis e cabelos claros foram considerados superiores aos do sul, que tinham cabelos e olhos escuros. Eram os nórdicos europeus considerados uma raça superior. Esta concepção foi ampliada, colocando os judeus e os mestiços como membros de uma raça inferior. Aplicaram conceitos da eugenia nesta concepção extremamente racista.

678 Lei de Imigração (1924): fixou uma quota mais baixa para a entrada de imigrantes nos EUA equivalente a menos 2% da população de cada nação residente antes de 1890 em solo americano. As nações do norte da Europa foram as mais favorecidas.

679 Lei de Quota de Emergência de 1921: pretendia regularizar o processo migratório em 1921 e foi modificada em 1924.

680 Pavor ou "Pânico Vermelho": desenvolveu-se com o medo gerado pelos atentados anarquistas que vinham ocorrendo desde o século XIX. Posteriormente, com a Revolução Bolchevique (1917) e sangrenta na Rússia, o conceito foi estendido para o "movimento comunista", que crescia mundialmente e parecia ter se instalado na URSS. Nos EUA, foi criado um clima terrorífico como se os revolucionários anarquistas, socialistas e comunistas fossem conquistar o poder a qualquer momento. Logo, qualquer suspeito de adotar estas ideologias era considerado perigoso e deveria ser criminalizado.

imigrantes, estudantes, professores e intelectuais. Era o esboço de uma "nova caça às bruxas". As chamadas "portas abertas", para os imigrantes usufruírem a liberdade e a igualdade dos EUA, foram, violentamente, trancadas.

Essa visão absurda foi a causa da prisão, da condenação e da morte dos italianos Nicolas Sacco e Bartolomeu Vanzetti, acusados, injustamente, de roubo e assassinato a mão armada em Massachussetts (1920). Neste caso, o país ficou dividido no decorrer do julgamento recheado de manifestações e irregularidades, até a condenação final, ou seja, a cadeira elétrica (1927).

As greves, as críticas, as contestações dos trabalhadores, dos imigrantes e dos intelectuais, neste período eram criminalizadas e acompanhadas por J. Edgar Hoover,[681] diretor da Divisão Radical do Departamento de Justiça. Este acreditava ocorrer a espionagem e o perigo da infiltração dos comunistas e anarquistas em toda América, daí o seu fortalecimento no órgão denominado Bureau of Investigation.[682] Fez uma campanha para extraditar estrangeiros e teve sucesso com a expulsão da famosa ativista Emma Goldman,[683]

---

681 John Edgar Hoover (1895-1972): foi diretor do FBI desde 1924 até a sua morte, ou seja, durante 48 anos. Perseguiu dissidentes políticos, *gangsters*, imigrantes e todos os que considerasse "subversivos". Montou um modelo de espionagem para realizar acusações e *dossiês* contra adversários políticos e implementou a censura no âmbito cultural nos EUA (cinema, teatro, jornais etc.).

682 Bureau of Investigation (FBI): foi criado em 1918. Hoover organizou a instituição como uma "agência científica" de apoio à lei e organizou informações em arquivos sobre a vida de milhares de americanos. Atuou, violentamente, contra o denominado "pânico vermelho", principalmente após o atentado de Wall Street em 1920, quando imigrantes, negros, intelectuais e artistas passaram a ser monitorados pela instituição. Atualmente, é um órgão respeitado internamente pelos americanos e também no exterior.

683 Emma Goldman (1869-1940): anarquista russa, uma das responsáveis pelo jornal "*Mother Earth*" nos EUA, publicado até 1917. Tinha uma grande oratória e defendia as causas populares de forma corajosa e

que tinha criticado a guerra e a qualidade de vida dos trabalhadores americanos. Foi extraditada para a Rússia, seu país de origem.

Concomitantemente, nas escolas americanas, predominava uma visão reacionária do mundo, uma verdadeira cruzada contra a Teoria da Evolução,[684] de Darwin,[685] defendida por protestantes fundamentalistas, que atingiu diversos estados, como ocorreu no Tenesse, com a aprovação de uma lei antievolucionista na década de 1920.

---

contundente. Defendeu a liberdade de expressão, era feminista e favorável ao controle de natalidade. Participou da liga contra o recrutamento obrigatório ocorrido durante a Primeira Guerra Mundial sendo presa. Era considerada perigosíssima pelo procurador geral Mitchell Palmer e Hoover e foi deportada dos EUA. Mas, criticava a luta do proletariado que lutava apenas para conseguir reformas, tais como 8 horas de trabalho, afirmava que "lutavam por ninharias". Propunha algo maior, ou seja, a abolição do sistema capitalista.

684 Teoria da Evolução de Darwin: baseia-se "na transformação dos seres vivos, que ocorria devido à mudança do meio, quer de uma lenta evolução interna da espécie quer ainda de mutações". Ligada ao desenvolvimento da matéria, reflexões que ocorriam desde Lucrécio, passando por Lamarck e chegando em Darwin. O cientista afirmava: "Quando o organismo vem sendo criado há muitas gerações sob condições novas e mutantes, a variação é quantitativamente maior e infinita no tipo (especialmente válida quando os indivíduos são expostos a condições novas por um longo período)".

685 Charles Darwin (1809-1882): naturalista e fisiologista inglês. Realizou uma expedição científica nas costas da América do Sul, no navio Beagle durante 5 anos. Nessa viagem, reuniu o material para a sua obra: *Da origem das espécies por via da seleção natural*. Sustentou o elo entre espécies vivas e extintas. Mostrou a variabilidade das espécies, baseada em diversas observações científicas, que formam os princípios do chamado *darwinismo*. Apresentou as leis da hereditariedade, da variabilidade, do aumento populacional, da luta pela vida e da seleção natural que implica a divergência de caráter e extinção das formas menos aperfeiçoadas. Os mais aptos sobrevivem na natureza. Transformou a Biologia numa ciência objetiva.

Na cidade de Dayton, o professor John Scopes foi acusado de ferir a lei por ter ensinado aos seus alunos a teoria evolucionista. A direita cristã americana defendia a interpretação da *Bíblia* de forma literal e não admitia concepções científicas que contrariassem esses "princípios fundamentalistas". Em pleno século XX, foi instituída uma nova "caça às bruxas" que condenou o professor Scopes.

Nesse contexto, uma parte da América e o resto do mundo reagiram de forma indignada, por ter ocorrido mais uma injustiça concretizada em nome da religião e das leis, a qual se confrontava com as liberdades constitucionais da democracia dos EUA e com as ideias e os ideais de uma sociedade aberta. Ficou transparente que o denominado "julgamento do macaco" representava a luta da intolerância contra a razão, a ciência, o ensino e a liberdade de expressão.

Concluindo, foi esta época que abrigou a violência da justiça e do estado americano contra Sacco e Vanzetti, e o professor de biologia John Scopes. Afinal a "nova era" de prosperidade dos EUA não atingiu toda a população, era instável, desigual, censora, injusta e hipócrita em relação ao famoso "sonho americano".[686] Em 1929, a defesa da eterna prosperidade foi destruída com a "derrocada da

---

686 Sonho Americano: está ligado à prosperidade dos EUA com a expansão das indústrias e do setor primário, que criou emprego para quase toda a população. A renda do americano aumentou e ocorreu uma procura desenfreada por roupas, sapatos, TVs, som, automóveis, casas, carne, queijos, refrigerantes etc. O PNB quadruplicou, houve um crescimento enorme do mercado de bens de consumo. O "sonho americano" passa a ser consumir para ter uma boa qualidade de vida. Na década de 50, os padrões de consumo variaram para atender a todos os gostos da população e receberam o *status* de necessidade. A dieta alimentar melhorou, as crianças americanas eram mais altas do que as de outros países, a expectativa de vida aumentou de 51 anos para 71. O sonho americano, que vinha crescendo desde o século XIX, consolidou-se após a 2ª Guerra Mundial e as pessoas do mundo inteiro passaram a desejar estas regalias ianques. O sonho americano se transforma num objetivo de vida para a maior parte da população mundial devido à qualidade de vida, estabilidade e renda. Os EUA atraem pessoas de vários países, principalmente do Terceiro Mundo.

bolsa de valores de Nova York" e a depressão,[687] que se estendeu até início dos anos 30.

8.2 O Caso Sacco e Vanzetti – Crônica de uma Condenação Anunciada pelo Poder Judiciário

O caso gerou grande polêmica na década de 20. Eram trabalhadores anarquistas de origem italiana e foram presos em 1920, acusados de assassinatos em Massachussetts (South Brainther). O juiz Webster Thayer[688] e o promotor Fred G. Katzmann[689] tinham verdadeira ojeriza ao anarquismo, ao comunismo e aos imigrantes italianos. A orientação dada para a acusação era a de atacar a ideologia dos acusados para condená-los à morte. Os dois trabalhadores, contudo, eram obscuros anarquistas quando foram presos. Analisando:

Nicola Sacco (1891-1927) – nasceu em Foggia, sul da Itália, numa família de camponeses, tendo dezessete irmãos. Migrou para os EUA em 1908 e foi trabalhar numa oficina de calçados, onde aprendeu a "nova profissão" urbana de sapateiro. Casou-se com Rosina Zambelli e teve dois filhos. Durante a Primeira Guerra Mundial, para não ser convocado para o exército americano, fugiu para o México. O alistamento era obrigatório. No México, transformou-se

687 Depressão: foi um período em que a produção entrou em declínio, com o desemprego, queda do poder aquisitivo e dos lucros. A quebra da bolsa de valores de Nova York (24/10/1929) desencadeou a crise mundial dos anos 30. O *crash* da bolsa foi abrupto e, num só dia, acarretou o início da depressão.

688 Webster Thayer: juiz do caso, questionou os advogados de defesa sobre o uso de ideologia política no julgamento. Os irmãos McAnarney (advogados) não podiam fugir desse tema para explicar o fato ocorrido. Foi o ponto explorado por Thayer.

689 Fred G. Kaszmann: promotor do caso, fez perguntas capciosas e tirou algumas respostas dos autos. Explorou as omissões das informações de Vanzetti, no interrogatório inicial realizado na delegacia. Foi contundente em suas perguntas.

num militante anarquista e se juntou a Vanzetti. Após a guerra, retornou aos EUA.

Bartolomeo Vanzetti (1888-1927) – nasceu em Piemonte (Itália), numa família operária e católica. Abandonou a casa paterna aos treze anos e perambulou pela Itália exercendo diversas profissões. Incialmente, aderiu ao socialismo e, depois, ao movimento anarquista. Era adepto de Luiz Galleani que era suspeito de defender a violência em prol da revolução, sendo deportado dos EUA. Migrou para os EUA em 1908 e foi trabalhar numa peixaria. Durante a Primeira Guerra Mundial (1914-1918), também fugiu para o México, para não se engajar nas forças armadas dos EUA. No México, juntou-se ao conterrâneo Sacco na luta pelo anarquismo. Retornou aos EUA com o fim da guerra, mas passou a ser monitorado pela polícia, como alguns imigrante italianos, devido à sua ideologia política.

O julgamento e a tragédia: em 15 de abril de 1920, uma quadrilha assaltou os portadores dos salários de uma fábrica de calçados em South Brainther ao sul de Boston (Massachussetts), levando mais de quinze mil dólares destinados ao pagamento dos funcionários da Slater e Merril Shoe Company.[690]

Durante o roubo, mataram os dois responsáveis (o caixa e o guarda) pelo transporte do dinheiro. A ação dos cinco assaltantes, realizada às 15 horas deste dia, foi relâmpago e apreciada por algumas pessoas que fizeram depoimentos contraditórios à polícia.

O interrogatório policial foi realizado de maneira confusa com as testemunhas. Alguns dias após o assalto, Mike Boda,[691] italiano, e três conterrâneos foram pegar um automóvel que estava sendo consertado numa oficina mecânica. A polícia estava investigando o

---

690 Os funcionários, assaltados e mortos, foram Parmenter e Berardelli.

691 Mike Boda: dono do carro que Vanzetti pretendia usar para informar a colônia italiana de Bridgewater de um comício que seria realizado. Pretendia, também, achar alguém que guardasse "certos livros". O carro era suspeito de ter sido usado no crime.

caso e recebeu um telefonema da esposa do mecânico que, naquela hora da noite, achou aquele grupo muito suspeito. Os visitantes, percebendo a denúncia, fugiram.

Posteriormente, são presos dois deles que estavam armados, num bonde, foram identificados como Bartolomeo Vanzetti e Nicola Sacco. Foram interrogados e apresentaram informações incompletas ou contraditórias, tais como:

- Ambos não conheciam Boda, o suposto dono do carro.
- As armas eram para defesa contra ladrões.
- Não eram anarquistas.
- Sacco não informa onde estava em 15 de abril, data do assalto.

O interrogatório policial foi considerado comprometedor pela mesma instituição e os dois ficaram presos, apesar de pouquíssimos indícios para uma acusação consistente.

Em relação a Vanzetti, havia outra acusação de tentativa de assalto, esta em um armazém em Bridgewater, ocorrido em 24 de dezembro de 1919. Não havia provas concretas contra ele, mas foi condenado a doze anos de prisão.

A instrução preliminar ocorreu no julgamento de Brockton (18/05/1920), com o juiz Herbert Thorndike[692] e o promotor auxiliar Kane,[693] onde Vanzetti foi acusado de ser "o homem da espingarda com os bigodes cortados rentes" pelas testemunhas. Não houve apresentação de testemunhas de defesa pelo advogado Vahey (John)[694] e Vanzetti recebeu dupla acusação de assalto com tentativa de homicídio

692 Herbert Thorndike: juiz da acusação contra Vanzetti (1919-1920). Indiciou Vanzetti sob a dupla acusação (assalto e homicídio) e o mandou prender em Plymouth.

693 Kane: promotor auxiliar da acusação contra Vanzetti (1919-1920).

694 John Vahey: advogado de Vanzetti.

(11/06/1920). O juiz negou o pedido de liberdade do acusado sob fiança e o enviou à prisão de Plymouth. Vanzetti informou que, no dia do assalto frustrado em Bridgewater, estava vendendo peixes (enguias) aos seus clientes em Plymouth. Houve várias pessoas que testemunharam a favor da assertiva dele ou porque compraram enguias ou o viram com o carrinho de entregas. Vanzetti nada declarou ao pedido do advogado de defesa (John Vahey). Posteriormente, queixou-se do ocorrido, no panfleto *Por trás do julgamento de Plymouth* (1924), quando afirmou:

> Ele me perguntava como explicaria, no banco dos réus, o sentido de palavras como socialismo, ou bolchevismo, se o promotor assim o exigisse. Eu começava a esboçar uma explicação e logo de saída Vahey me cortava, dizendo: Cale-se! Se for dizer estas coisas aos jurados conservadores e ignorantes, eles mandarão você imediatamente para a penitenciária.[695]

O panfleto foi lançado porque Vanzetti sentiu-se traído, quando soube da sociedade entre Vahey e o promotor Katzman em 1924.

O julgamento deste episódio ocorreu em Plymouth em 22 de junho de 1920. Não havia provas concretas contra Vanzetti. Houve sorteio dos jurados sem impugnações. O juiz escolhido foi Webster Thayer e o promotor Fred G. Katzmann, tendo como promotor auxiliar Kane. O advogado de Sacco, James Graham,[696] participou da defesa do acusado, junto com Vahey. As testemunhas de acusação titubearam na identificação e houve contradições em relação ao depoimento anterior em Brolkton. Foi apresentada pela defesa um álibi provando, por intermédio de vizinhos, que Vanzetti estava em Plymouth Norte em 24 de dezembro. Houve mais de dez depoimentos favoráveis a Vanzetti (12). O promotor procurou desqualificar as

---

695 RUSSELL, Francis. *A tragédia de Sacco e Vanzetti*. Trad. V. Martins. Rio de Janeiro: Civilização Brasileira, 1966, p. 104.

696 James Graham: advogado de Sacco.

testemunhas, inclusive o do garoto Beltrando Brini,[697] que auxiliou o acusado nas entregas de peixe (24/12).

Para o juiz Thayer e o promotor Katzmann, os estrangeiros eram suspeitos, pois "todos os gringos se unem para defenderem os interesses comuns".

Não havia provas concretas contra Vanzetti, mas foi considerado culpado e condenado a doze anos de prisão. O juiz em seu veredito afirmou:

> Tendo considerado o delito do qual o dito Bartolomeu Vanzetti foi julgado culpado, este Tribunal ordena e resolve que o dito Bartolomeu Vanzetti seja condenado à reclusão por um período não inferior a doze anos e não superior a quinze, com um dia de prisão solitária e o resto do período de reclusão dedicado a trabalhos forçados, dentro dos limites de nossa prisão estadual situada em Boston, na comarca de Suffolk.[698]

Os depoimentos, conseguidos pela acusação, são confusos a saber: "Não tenho certeza absoluta, mas acho que pode ser ele" (Cox); "Foi ele, percebi que era estrangeiro pela maneira como corria" (Shaw – entregador de jornais) e ainda "Confusão na descrição dos gangsters e dos carros usados" (Hudson ou Buick). O capitão William Proctor (polícia estadual),[699] perito em balística, afirmou que as cápsulas de Winchester, encontradas com Vanzetti em seus bolsos, seriam as usadas no assalto. Vahley, o advogado de defesa, contestou, porque as balas foram encontradas quatro meses depois do assalto (o juiz não aceitou o argumento).

---

697 Beltrando Brini: garoto-ajudante Vanzetti.

698 RUSSELL, Francis. *A tragédia de Sacco e Vanzetti*. Trad. V. Martins. Rio de Janeiro: Civilização Brasileira, 1966, p. 114.

699 William Proctor: capitão e perito em balística.

O recurso, caso ocorresse, tinha prazo até 18 de agosto e a fiança estipulada foi a de 25.000 dólares, uma fortuna naquela época.

As provas, que foram representadas pelas balas da arma supostamente usada, foram levadas por alguns jurados, que tiveram de devolvê-las, posteriormente, ao promotor, o qual pediu sigilo da ocorrência.

Em 16 de agosto, Vahey apresentou as preliminares do recurso que pedia a perícia sobre as balas e o testemunho de Simon[700] e Ruth Johnson não foram considerados pelos juízes. As preliminares foram negadas. Nesse contexto, o gráfico Aldino Felicini[701] montou um comitê de defesa entre os anarquistas de Boston para ajudar os dois acusados. Apelava para os "homens de boa vontade".

O interesse popular em relação ao julgamento cresceu, principalmente, devido a uma explosão no Wall Street (16/09/1920), Nova York, que atingiu quase 1 quilômetro, quebrou janelas, dezenas de pessoas ficaram feridas além da quantidade que morreram vítimas da bomba colocada. O atentado foi atribuído a estrangeiros pelas autoridades.

Percebe-se que a condenação tem, como princípio, criminalizar os que objetivavam criticar o sistema vigente ou derrubá-lo. As formalidades processuais, nesses casos, são abandonadas, assim como a racionalidade, já que o objetivo é condenar os acusados.

O segundo julgamento ocorreu na comarca de Norfolx (Boston, 31 de maio – 14 de julho 1921). O promotor era Fred G. Katzman e o juiz Webster Thayer, ambos tinham antipatia pelos réus, assim como os jurados. A defesa apresentou 107 testemunhas para informar que os acusados estavam ocupados com outros afazeres durante o assalto. A acusação apresentou 61 pessoas para identificarem Sacco

---

700 Simon e Ruth Johnson: testemunhas que não foram aceitas pelo Judiciário.

701 Aldino Felicini: gráfico do comitê de defesa dos anarquistas.

e Vanzetti, sendo alguns recém-imigrados (italianos) que trabalhavam como fosseiros e estavam no local do crime naquele dia, todos estavam apavorados.

No início da sessão, Fred Moore[702] pediu o julgamento em separado para Sacco, devido à condenação anterior, ocorrida em Baidgewater, de Vanzetti. Os irmãos John e Jerry McAnarney,[703] advogados de Vanzetti, também fizeram o mesmo pedido, ou seja, "a defesa seria separada e distinta". Os pedidos foram indeferidos.

"A primeira sessão durou dez horas e desfilaram 175 candidatos para que fossem escolhidos os três jurados iniciais".[704]

No reencontro, os italianos se beijaram na face, após oito meses de separação.

Moore, o advogado de defesa, não aprofundou a análise das provas, sobre a inocência de ambos. O juiz dizia:

"Sr. Moore, talvez seja assim que se exerça a advocacia no oeste, mas não é assim que se trabalha em Massachusetts!".[705]

Houve atritos entre a defesa e o juiz Thayer.

John McAnarney conseguiu trazer como observador o famoso advogado William J. Thompson,[706] conferencista de Harvard, para a sessão.

O promotor assistente Williams[707] afirmou:

---

702 Fred Moore: advogado de Sacco.

703 Irmãos John e Jerry McAnarney: advogados de defesa dos réus.

704 RUSSELL, Francis. *A tragédia de Sacco e Vanzetti*. Trad. V. Martins. Rio de Janeiro: Civilização Brasileira, 1966, p. 140.

705 RUSSELL, Francis. *A tragédia de Sacco e Vanzetti*. Trad. V. Martins. Rio de Janeiro: Civilização Brasileira, 1966, p. 141.

706 William J. Thompson: advogado de Harvard e observador do caso.

707 Williams: promotor-assistente.

> (...) que o crime foi cometido por cinco homens; que o carro utilizado era de marca Buick, roubado do Dr. Murphy em Natick, o qual ficara guardado posteriormente nos fundos da residência Coacci em Bridgewater; que Vanzetti foi preso na estação de Braintree Leste; que os homens que dirigiam o automóvel conheciam bem as localidades de Bridgewater e as estradas que iam e vinham daquele setor; que atravessaram o cruzamento da ferrovia depois do tiroteio e fizeram a volta completa para despistar seus perseguidores – que passaram pelas ruas paralelas, Road Street e Chestnut Street, até chegarem à velha encruzilhada e que seguiram por uma estrada que levava a Bridgewater Oeste, diretamente; que passaram por esta localidade e em seguida ou deixaram Vanzetti em Plymouth, atravessando para isto o cruzamento de Matfield, ou então lá estiveram com o intuito de depositar algo no rio Matfield (...) tendo visto que tal não seria de conveniência, retrocederam, abandonando em seguida o automóvel na região adjacente à residência Coacci.[708]

Cinco testemunhas identificaram Vanzetti, e, posteriomente, ocorreu a de Sacco. A acusação concluiu o seu trabalho no "primeiro dia de verão".[709]

Em julho de 1921, foram ouvidos, com destaque, os peritos em balística. A apresentação destes foi cansativa para os jurados, por ser técnica. O primeiro, o capitão Proctor, mostrou-se relutante em suas apresentações, porque afirmou, quando interrogado, que "não poderia ter mais certeza de outra coisa".[710] A bala mortal para

---

708 RUSSELL, Francis. *A tragédia de Sacco e Vanzetti*. Trad. V. Martins. Rio de Janeiro: Civilização Brasileira, 1966, pp. 148/149.

709 RUSSELL, Francis. *A tragédia de Sacco e Vanzetti*. Trad. V. Martins. Rio de Janeiro: Civilização Brasileira, 1966, p. 166.

710 RUSSELL, Francis. *A tragédia de Sacco e Vanzetti*. Trad. V. Martins. Rio de Janeiro: Civilização Brasileira, 1966, p. 168.

o funcionário assaltado, Benardelli,[711] era a de nº III atribuída ao Colt de Sacco.

A defesa, por intermédio do perito Burns,[712] concluiu sobre a arma: "Na minha opinião não. Não tem nada em comum com as outras balas".

O segundo perito de defesa J. Henry Fitzgerald[713] acompanhou a assertiva de forma veemente: "A bala número III não foi disparada da arma de Sacco. Não vejo na bala III qualquer marca que corresponde às características desta arma".

Havia insegurança dos peritos em relação às armas e às balas usadas no assalto e, portanto, dificuldades em afirmar que foram disparadas pelo suspeito Sacco.

Os trabalhos continuaram com depoimentos e discussões de forma intensiva até 05 de julho.

Os acusados apresentaram álibis e informaram que as contradições iniciais, em seus depoimentos, foram geradas pelo medo de comprometeram amigos e colegas trabalhadores, em sua maioria, italianos. Explicaram que o carro de Boda era usado para recolher panfletos subversivos que estavam nas casas de militantes políticos e de esquerda.

Vanzetti narra a sua história, admite sua adesão ao anarquismo e explica a sua fuga ao México durante a Primeira Guerra Mundial para o promotor:

711 Benardelli: funcionário assaltado e morto.

712 Burns: perito que analisou a arma de Sacco. Concluiu que as balas não eram similares.

713 J. Henry Fitzgerald: perito que concluiu, de forma veemente, que a bala não veio da arma de Sacco.

"Então, o senhor deixou Plymouth, Sr. Vanzetti, no mês de maio de 1917, para evitar a convocação militar?" Vanzetti respondeu apenas: "Sim, senhor".

> Se me recusei a ir para guerra (...), não foi por não gostar deste país ou do povo deste país. Recusaria ainda que estivesse na Itália e se me disserem que estou aqui há muito tempo, e que encontro gente boa e alguma gente má, mas sempre trabalhei muito, tanto quanto um homem pode trabalhar, e vivi muito humildemente (...).[714]

Katzmann, que o deixara fazer tais afirmações, pediu que a resposta não constasse dos autos.

Afirmou que as mentiras contadas na delegacia de Brockton, durante o depoimento, foram geradas pelo medo, devido às perseguições contra os italianos e, principalmente, com os anarquistas e comunistas, os chamados vermelhos.

Concluiu, dizendo para Katzmann: "Sou este homem. Não o homem que o senhor queria que eu fosse, mas este homem".[715]

Sacco, na sua vez de depor, afirmou: "Eu estava louco para vir a este país, porque era um país livre. Eu gostava de um país livre". Explicou que, no dia do assalto, saíra de Stroughtor às 8h56min e foi a Boston pedir ao consulado italiano a sua *foglio devia*, passaporte para a Itália. Almoçou com algumas pessoas e, depois, foi ao consulado às 14 horas.

No consulado, disse a um funcionário: "Quero um passaporte para toda a família e entreguei-lhe uma fotografia muito grande, que

---

714 RUSSELL, Francis. *A tragédia de Sacco e Vanzetti*. Trad. V. Martins. Rio de Janeiro: Civilização Brasileira, 1966, p. 189.

715 RUSSELL, Francis. *A tragédia de Sacco e Vanzetti*. Trad. V. Martins. Rio de Janeiro: Civilização Brasileira, 1966, p. 190.

não foi aceita. Pedi para cortar e ficar pequena, mas não podia".[716] Afirmou não ter participado de forma alguma do crime. Houve diálogos acalorados, e o advogado Moore foi duro com o juiz Thayer.

Em relação à fuga ao México durante a Primeira Guerra Mundial, respondendo ao promotor Katzmann Sacco, afirmou: "Não quis dizer que não amava este país, e não fiquei no México porque não pude trabalhar no meu ofício. Este é um país onde se ganha melhor". O promotor, agressivamente, conclui: "Senhor Sacco, o seu amor por este país se mede em dólares e centavos?" O advogado de defesa, Jerry McAnarney, protestou contra o tipo de interrogatório que estava submetendo o seu cliente.

Havia dificuldades de Sacco, nas suas declarações, devido à língua, até que explodiu com o seguinte depoimento:

> Quando eu estava na Itália e era menino – começou – era republicano. Pensava que os republicanos tinham mais chances de se educar, de se desenvolver, de constituir sua família, de educar suas crianças. Mas isto era a minha opinião; então, quando vim para este país vi que não era o que estava pensando antes, mas a diferença era toda esta porque eu não estava trabalhando na Itália, tanto quanto aqui. Lá eu podia viver tão livre quanto aqui (...). É claro aqui tem comida melhor, porque é um país maior, mas para os que têm dinheiro e não para as classes trabalhadoras, e na Itália o trabalhador tem mais oportunidade de comer legumes... mais frescos... Bem, eu já estava trabalhando muito aqui e durante treze anos, trabalhando duro e não consegui juntar dinheiro no banco. Não podia fazer meu menino ir para o colégio nem outras coisas (...).
>
> Eu vi que os melhores homens, inteligentes, educados, tinham sido presos e postos na prisão e morreram na prisão e ninguém os tirou de lá. Debs, um grande homem em seu país, está

716 RUSSELL, Francis. *A tragédia de Sacco e Vanzetti*. Trad. V. Martins. Rio de Janeiro: Civilização Brasileira, 1966, p. 191.

na cadeia, está preso porque é um socialista. Queria que as classes trabalhadoras tivessem melhores condições de vida, mais educação, que seus filhos fossem para a frente, mas puseram-no na prisão. Por quê? Porque a classe capitalista é contra isto; a classe capitalista não quer que nossos filhos tenham educação superior ou que entrem em Harvard. Não havia chance – não querem que os trabalhadores se eduquem; querem que os trabalhadores fiquem sempre por baixo e não por cima. Então, às vezes, você vê, os Rockefellers, os Morgans, dão cinquenta – quero dizer, dão quinhentos mil dólares para Havard, dão um milhão de dólares para outra escola. Então todos dizem "D. Rockfeller, é um grande homem, o melhor do país". Eu gostaria de lhe perguntar quem vai a Harvard? Quem se beneficia com os milhões de dólares que D. Rockfeller dá a Harvard. Não a classe trabalhadora, não os pobres. Mas quero viver como homem. Acho que os homens têm de ter tudo que a natureza oferece, porque pertencem – nós não somos amigos de outro país, mas pertencemos a nações (...). Por isso amo as pessoas que trabalham, e veem as condições de vida melhorar e não fazem guerras. Nós não queremos lutar com espingardas, nós não queremos destruir homens jovens. A mãe sofreu para criar um jovem. Um dia ela precisa de mais pão, então quando chega o dia de poder obter uma recompensa daquele menino, os Rockfellers, os Morgans e outras pessoas da classe alta veem e mandam para a guerra. Por quê? Que é a guerra? Não é como a de Abraham Lincoln e Abe Jefferson, que lutaram por um país livre, por uma educação melhor, para dar oportunidade aos outros, não os brancos, mas os pretos e os outros porque sabiam e acreditavam que estes são homens como os outros, mas é a guerra para o grande milionário. Não a guerra para a civilização do homem. São guerras para negócios, ganham-se milhões de dólares nas guerras. Que direito temos de nos matar uns aos outros? Trabalhei para irlandeses, trabalhei para os alemães, para os franceses, para outros. Amo-os tanto quanto poderia amar minha mulher e o povo que me recebeu. Por que matá-los? Que mal me fizeram? Nunca fizeram coisa alguma, por isso não acredito na guerra. Quero destruir estas

> armas (...). Lembro-me que, na Itália, há muito tempo, cerca de sessenta anos, o governo não controlava muito... havia muito endemonhamento, roubos, então um dos membros do gabinete disse: "Se quiser destruir esses endemonhamentos, se se quiser destruir todos esses criminosos, tem-se que dar uma chance à literatura socialista, à educação do povo, à emancipação!". É por isso que odeio os governos. É por isso que, na minha mente, amo os socialistas. É por isso que amo pessoas que querem educar e constroem, que são boas que fazem o melhor que podem. É só isso.[717]

Concluídos os depoimentos, Thayer intimou os jurados para a decisão final:

> Bem – cavaleiros, disse com a sua voz monocórdia (...), fechou neste caso o livro do destino. Certamente ambos os casos lhes serão entregues na manhã ou na tarde de quinta-feira para a resolução final. Durante a sua ausência, várias coisas foram resolvidas entre os advogados e de ambas as partes. Estre essas, resolveu-se que a defesa e o libelo serão apresentados amanhã, às nove horas. Cada parte, segundo se combinou, disporá de quatro horas; ou seja, quatro horas para os réus e quatro horas para o Estado. Este limite poderá ser um pouco prorrogado.
>
> Novamente lhes peço que fiquem mentalmente abertos. Não lhes serão apresentadas novas provas. Ainda não ouviram os argumentos de ambas as partes. Não ouviram o libelo do Tribunal, devem tomar conhecimento daquilo em que consiste a lei do Estado de modo a melhor aplicá-la aos fatos estabelecidos que lhes parecerem mais verdadeiros. Com este pedido, que lhes faz este Tribunal, confio em que tudo farão para que a lei seja posta em efeito.[718]

---

717 RUSSELL, Francis. *A tragédia de Sacco e Vanzetti*. Trad. V. Martins. Rio de Janeiro: Civilização Brasileira, 1966, pp. 195-197.

718 RUSSELL, Francis. *A tragédia de Sacco e Vanzetti*. Trad. V. Martins. Rio de Janeiro: Civilização Brasileira, 1966, pp. 207/208.

Moore e os irmãos Mc'Anarney concordaram com as quatro horas. Na defesa, Moore explicitou:

> Cavalheiros, nenhuma das testemunhas chamadas pelo Estado, cuja oportunidade de observação estaria acima de restrições, dispôs-se a identificar os réus. A oportunidade de Bostock foi inigualada; ele não quis fazer a identificação. McGlone teve a mesma oportunidade e também não o quis. E assim por diante. Mas foram as Lola Andrews, os Goodridges, os Pelsers, que fizeram a identificação. Rejeito os testemunhos das senhoritas Splaine e Devlin, por totalmente irresponsável. Não tiveram a oportunidade. Não a poderiam ter. Os senhores sabem e eu sei. Se disse ele, "chegamos à época em que, para se saber se uma vida humana vai funcionar ou não, é preciso empregar um microscópio e se os próprios utilizadores do microscópio não chegam a uma conclusão única, se os peritos chamados pelo Estado e os peritos chamados pela defesa discordam nitidamente, então suponho que homens comuns como o senhor e eu hesitariam em tomar uma decisão que redundaria na perda de uma vida humana tendo por base tais depoimentos. Os senhores são os homens responsáveis", concluiu, "os juízes dos fatos". E ficou, durante um momento, encarando sombriamente os jurados.[719]

Jerry McAnarney completou alertando os jurados:

> Ele pode chegar a dizer aos senhores: o que fazemos nós aqui há seis semanas? Estamos aqui por causa de dois desertores, dois homens que não pensaram bastante em seu país, mas foram para o México – assassinos, desertores, anarquistas. Atenção, senhores que poderão tocar qualquer melodia com estas notas. E tomem cuidado para não vibrar em conjunto com

719 RUSSELL, Francis. *A tragédia de Sacco e Vanzetti*. Trad. V. Martins. Rio de Janeiro: Civilização Brasileira, 1966, pp. 209/210.

> essas palavras. São temíveis, são poderosas, estão carregadas de segundas intenções até o limite máximo.
>
> Quero que cada um dos homens neste júri trate a esses dois réus como se fossem seus próprios irmãos. Tomem isto como base, não o que sentimos que estas provas poderiam fazê-los parecer, mas tratem-nos como se fossem seus irmãos. Vieram a este mundo por intermédio do mesmo poder que aos senhores criou e poderão partir desse mundo em função do mesmo poder que levará os senhores. Agradeço-lhes, cavalheiros.[720]

O promotor argumentou com os jurados, quanto às armas:

> Carregavam consigo verdadeiros arsenais; Vanzetti trazia um revólver calibre 38, carregado, o homem que fugiu para o México por ser contrário à morte de qualquer ser humano na guerra; um revólver calibre 38 e carregado. Uma única bala seria capaz de provocar a morte instantânea. Esse homem de coração aberto, que amava nosso país e que fugiu para o México porque não acreditava que se tivesse o direito de matar um ser humano e que ia apanhar um automóvel obsoleto, trazia consigo um revólver calibre 38 carregado.
>
> Seu amigo e associado, Niccola Sacco, outro amante da paz, outro amante do seu país de adoção, que detestava o derramamento de sangue e que viajou para o Exército sob o nome de Mosmacolelli (...) levava consigo, esse amante de paz, trinta e duas balas automáticas mortíferas, sendo que nove no ponto, prontas para serem disparadas, e mais vinte duas em seu bolso. E será que trazia o revólver ali onde o guardaria o cidadão comum? Não, senhores, portava-o ali onde o trariam aqueles que precisam retirá-lo rapidamente e que o querem alcançar com facilidade para uso imediato, esse instrumento mortífero.

---

720 RUSSELL, Francis. *A tragédia de Sacco e Vanzetti*. Trad. V. Martins. Rio de Janeiro: Civilização Brasileira, 1966, pp. 210/211.

> Mas, além disso e além da munição capaz de matar trinta e sete pessoas se cada bala atingisse um alvo humano, tinham ou melhor, Vanzetti tinha em seu poder quatro cartuchos – e não portava, no momento, nenhuma arma capaz de dispará-los, mas nós nos lembraremos, senhores, da espingarda que foi vista da janela traseira do carro dos bandidos no dia 15 de abril. E no bolso de Vanzetti lá estavam os quatro cartuchos de chumbo pesado – com que pretendia matar passarinhos. Talvez, cavalheiros, pensem os senhores que pessoas dispostas a realizar um passeio inocente andem sempre assim armadas, um passeio inocente no que toca a assuntos mortíferos, numa hora em que a garagem estava fechada e seu diretor já se achava recolhido, a caminho de uma visita a Pappy, o amigo de Vanzetti que ninguém sabia onde morava, a não ser que morava em Bridgewater Leste, senhores.[721]

O juiz apresentou um relatório com as seguintes características:

> A função básica do relatório final é instruir os jurados sobre os detalhes significativos, excluindo os irrelevantes. No caso Sacco-Vanzetti, o relatório de vinte e quatro laudas do juiz dedicava apenas dez aos aspectos específicos do caso. O resto eram repetições convencionais de truísmos legais, tais como: presume-se a inocência até provar-se a culpa; a dúvida razoável é a dúvida de uma pessoa de bom-senso; o fato de se indiciar uma pessoa não significa que ela seja culpada; provas circunstanciais por vezes valem tanto quanto as provas diretas; o Direito consuetudinário inglês, tal como posto em prática pela justiça norte-americana, é uma das glórias do mundo, e assim por diante.
>
> O Estado afirma que os réus participaram de um grupo de cinco assaltantes que assassinaram as vítimas. Os réus e seus advogados o negam. Qual é a verdade? Conforme acabo de lhes mostrar, o Estado tem o dever de lhes convencer

---

721 RUSSELL, Francis. *A tragédia de Sacco e Vanzetti*. Trad. V. Martins. Rio de Janeiro: Civilização Brasileira, 1966, p. 212.

satisfatoriamente de que o fato da culpa está acima de dúvidas. Quanto à defesa, esta não tem qualquer obrigação de lhes indicar os culpados, muito embora a tenha o Estado, no sentido de oferecer provas satisfatórias de que o crime tenha sido cometido pelos réus. Se o Estado não os tiver convencido, o caso acabará aqui e os senhores darão o veredito de que os réus estão inocentes. E isto porque a identidade dos réus é um dos fatos essenciais a ser estabelecido pelo Estado. Por outro lado, se o Estado tiver oferecido provas satisfatórias, então o veredito apresentado pelos senhores será o de que ambos os réus ou qualquer um dos dois que assim lhes parecer, é culpado

Encerram-se agora, senhores, os meus deveres. Começam aqui os seus. Agora, a partir de todo o testemunho prestado, deverão os senhores determinar os fatos. A lei, como lhes disse, coloca nas suas mãos a responsabilidade total do veredito. Peço-lhes, portanto, que tenham sempre em mente as palavras finais deste Tribunal aqui neste templo da Justiça, diante de Deus e de seus semelhantes os senhores prestaram o juramento de julgarem “imparcialmente o caso entre o Estado e os réus de acordo com as provas apresentadas”.

Encerro aqui o meu relatório. Terminaram os meus deveres. Tentei presidir este julgamento com espírito de absoluta imparcialidade justiça. Se tiver de qualquer maneira fracassado na minha tarefa, os senhores não deverão, por isso, fracassar na sua. Confio-lhes agora a decisão sagrada quanto a esses casos. Os senhores os levarão, portanto, para a sala reservada às decisões do júri, esse santuário silencioso onde possa o grande distribuidor da justiça divina iluminá-los para que a sabedoria e o julgamento seguro governem suas deliberações. Reflitam longamente e muito bem para que, ao retornarem, o seu veredito possa ser apresentado ao mundo como constituindo a expressão da verdade e da justiça. Senhores, sejam justos e destemidos. Que seu único objetivo seja o de sua pátria, o de Deus e o da verdade.[722]

---

722 RUSSELL, Francis. *A tragédia de Sacco e Vanzetti*. Trad. V. Martins. Rio de Janeiro: Civilização Brasileira, 1966, pp. 214 e 217-219.

Às 19h55min do dia 14 de julho, os jurados voltaram à sala. O escrivão Werthington pede:

> – Erga a mão direita, senhor porta-voz do júri; olhe para o prisioneiro; prisioneiro, olhe para o jurado. Que diz o senhor jurado, o prisioneiro é culpado ou inocente?
>
> A voz de Ripley estava rouca quando ele respondeu: – Culpado.
>
> – Culpado de assassinato: – prosseguiu Wortington.
>
> – De assassinato – respondeu Ripley.
>
> – Em primeiro grau?
>
> – Em primeiro grau.
>
> Ainda sob o impacto do primeiro veredito, Wortington repetiu a fórmula para Vanzetti.
>
> – Que diz o senhor jurado: Bartolomeu Vanzetti é culpado ou inocente?
>
> – Culpado – respondeu a voz rouca de Ripley.
>
> – Em primeiro grau, em ambas as indicações?
>
> – Em primeiro grau.
>
> – Prestem atenção nos seus vereditos, como este tribunal os registrou – apressou-se Worthington a dizer, suas palavras a caírem debilmente sobre o silêncio da sala. – Os senhores juram que consideraram culpados Nicolla Sacco e Bartolomeu Vanzetti de assassinato em primeiro grau? O senhor o afirma, senhor porta-voz? E os demais senhores jurados?
>
> Ouviu-se o leve murmúrio dos jurados: – Sim, sim. – Vanzetti continuava de pé na jaula, de braço erguido. De repente, a voz de Sacco ecoou através da sala: – *Sono inocente*!

Estão matando um homem inocente![723]

---

723 RUSSELL, Francis. *A tragédia de Sacco e Vanzetti*. Trad. V. Martins. Rio de Janeiro: Civilização Brasileira, 1966, pp. 222/223.

Após a condenação à morte, o advogado de defesa Frederic H. Moore, contratado pelo Comitê de Defesa dos Acusados (19/08/1920), realizou duras críticas às irregularidades do julgamento e pediu a revisão do processo.

A essa altura dos acontecimentos, o julgamento tinha alcançado repercussão internacional e havia um forte movimento para defender Sacco e Vanzetti, considerados vítimas de injustiça nos EUA.

O primeiro recurso, em 8 de novembro de 1921, foi negado pelo juiz Thayer. Em 1922, houve a entrada de mais três recursos, em maio, julho e setembro.

Posteriormente, um ano depois, em 8 de março, assumiu a defesa dos condenados, o advogado William Thompson que os considerava inocentes. Em abril, Sacco foi internado no Manicômio Judiciário de Bringewater. No mesmo período, em 30 de abril de 1923, ocorreu o quinto recurso em prol dos condenados.

Os recursos foram discutidos entre outubro e novembro de 1923. Em janeiro de 1924, Vanzetti foi levado ao mesmo manicômio.

Em 1º de outubro de 1924, o juiz Thayer negou todos os recursos. Ocorreram manifestações populares em diversos países em defesa dos italianos com a participação da Defesa Internacional do Trabalho.

Em 1925, Celestino Madeiros (ou Constantino Medeiros),[724] um gângster de origem ibérica, preso, tinha confirmado a sua participação no assalto de Braintree e negado a presença dos dois réus italianos. Celestino afirmou:

---

724 Celestino Madeiros ou Constantino Medeiros: assaltante que participou do roubo e negou a presença dos acusados. Foi morto com Sacco e Vanzetti.

> Pela presente, eu confesso ter estado no assalto da Companhia de Calçados de Braintree Sul e também que Sacco e Vanzetti não tomaram parte no referido crime.
>
> Estes quatro homens, disse ele a Thompson, me convenceram a ir com eles duas ou três noites antes, quando eu os encontrei num cabaré em Providence. Falavam como profissionais. Diziam que haviam feito vários destes serviços. Especializavam-se em roubar carretas de transporte em Providence. Dois deles eram jovens de vinte a vinte e cinco anos de idade, um tinha cerca de quarenta outro tinha cerca de trinta e cinco anos. Todos usavam boné. Eu tinha dezoito anos naquela época. Não me lembro se estavam barbeados. Dois deles atiraram. O mais velho e um outro. Deixaram-me no meio da rua. A combinação era que eles me encontrariam no cabaré de Providence na próxima noite para dividir o dinheiro. Eu fui lá, mas eles não apareceram.
>
> Vinham roubando sedas, sapatos e algodão, dos caminhões de transporte interestadual e mandando o produto do roubo para Nova York. Dois deles viviam na rua principal da zona norte, em casa de cômodos. Eu os conhecia há três ou quatro meses. O nome do mais velho era Mike. O outro se chamava Williams ou Bill. Não me lembro como se chamavam os outros.[725]

O advogado Thompson conseguiu uma declaração juramentada. A confissão de Madeiros estava pronta em 1925, mas Thompson não a tornou pública. Em 1926, a Corte Suprema de Massachussetts anulou a condenação de Celestino. Em novo julgamento, foi condenado. Em 26 de maio de 1926, um novo recurso é pedido para Sacco e Vanzetti com base na confissão de Madeiros. Foi negado o recurso de Thompson por Thayer em 23 de outubro de 1926. Um ano depois, em janeiro, aquele recorreu à Corte Suprema do Estado de Massachussetts contra a decisão de deste.

---

725 RUSSELL, Francis. *A tragédia de Sacco e Vanzetti*. Trad. V. Martins. Rio de Janeiro: Civilização Brasileira, 1966, pp. 290/291 e 293.

A Corte negou provimento ao recurso, em 5 de abril de 1927, com os seguintes argumentos:

> O resultado negativo do recurso já era esperado por quem estivesse familiarizado com os formalismos das usanças processuais do Estado de Massachusetts. De acordo com o código de processo civil, em vigor no Estado, o tribunal superior não poderia entrar no deslinde das questões de fato num recurso, devendo ater-se simplesmente às questões de direito. O fato de o juiz Lummus haver omitido, no primeiro julgamento de Madeiros, a presunção de inocência, fora suficiente para anular um veredito justo. O juiz Thayer não cometera qualquer erro processual. Fossem quais fossem os seus sentimentos, conseguira manter o resumo dos autos justamente como Thompson, no início do julgamento, estimara que os manteria. Com relação às preliminares levantadas e aos recursos cujos seguimentos tinham sido denegados, o tribunal decidiu que uma vez que os despachos haviam sido proferidos em estrita observância à regra objetiva, na forma legal, nada havia a ser modificado. Tais razões deveriam ser apreciadas pelo juiz de primeira instância e, se as formalidades processuais tivessem sido bem observadas, o tribunal não poderia apreciar matéria de prova. A matéria, de fato, estava sob a discrição do juiz de primeira instância e fora do alcance do tribunal superior.
>
> A decisão do tribunal superior foi como um toque de dobrados. Nos próximos quinze meses, o caso se transformaria em matéria passional, ligando aqueles nomes, outrora obscuros, aos quatro cantos do mundo. Milhões de pessoas, nos mais diversos países, algumas tendo apenas uma visão tênue e, até mesmo errônea, dos fatos, identificar-se-iam de tal maneira com os condenados que o destino destes viria a simbolizar a própria injustiça do homem contra o homem.[726]

A Corte Suprema confirmou a pena de morte.

---

726 RUSSELL, Francis. *A tragédia de Sacco e Vanzetti*. Trad. V. Martins. Rio de Janeiro: Civilização Brasileira, 1966, pp. 341/342.

É necessário esclarecer que o promotor Katzmann trabalhou sempre para obter provas e condenar os acusados.

> Era fato público e notório, durante o julgamento de Dedham, que o Departamento de Justiça dos Estados Unidos e o gabinete do promotor público Katzmann trabalharam em conjunto no sentido de obter provas para a acusação. O que não ficara esclarecido era até que ponto chegara esta cooperação, pois, quando Thompson trouxe o assunto à baila, o FBI, através da seção de Boston, seguiu a sua costumeira política de recusar-se a abrir seus arquivos. Thompson foi, pouco a pouco, acreditando que pudessem existir, nesses arquivos, indícios seguros de que Sacco e Vanzetti eram inocentes, e, de qualquer maneira, ficou furioso quando soube que o gabinete colocara espiões na cadeia de Dedham e no Comitê de Defesa, e até mesmo planejara colocar um espião dentro da casa de Rosina Sacco. Assim sendo, o advogado da defesa escreveu ao Procurador-Geral dos Estados Unidos, John Sargent, solicitando que enviasse instruções a William West, da seção de Boston, no sentido de lhe franquear os arquivos, mostrando-lhe quaisquer documentos ou correspondência relativos a investigações levadas a efeito antes, durante e depois do julgamento. Em resposta, Thompson recebeu uma chamada telefônica da seção de Boston, perguntando que tipo de informação desejava. Quando esclareceu que desejaria ver todos os documentos que o gabinete possuísse a respeitado caso Sacco e Vanzetti, West retrucou que isto não era permitido.[727]

Os agentes que trabalharam na seção de Boston, Lawrence Lutherman e Fred Weyand,[728] confirmaram o fato. Aquele corroborou este em declaração juramentada:

---

727 RUSSELL, Francis. *A tragédia de Sacco e Vanzetti*. Trad. V. Martins. Rio de Janeiro: Civilização Brasileira, 1966, p. 354.

728 Lawrence Lutherman e Fred Weyand: agentes policiais que investigaram Sacco e Vanzetti, para expulsá-los dos EUA, e nada encontraram que os incriminassem.

> O Departamento de Justiça, em Boston, estava ansioso, por conseguir indícios contra Sacco e Vanzetti, de modo a permitir a sua expulsão do país, mas nunca conseguiu reunir o tipo de provas necessárias para aquele propósito. A opinião dos agentes do Departamento era que a única maneira de dar um jeito nos dois homens era a condenação de Sacco e Vanzetti. Era também a opinião de todos os agentes que tinham algum conhecimento do caso, que Sacco e Vanzetti, embora comprovadamente anarquistas e agitadores, não eram assaltantes de estrada e nada tinham a ver com o crime cometido em Braintree Sul.
>
> Na minha opinião, que é a mesma de todos os funcionários mais experimentados no serviço público, o assalto de Braintree Sul foi obra de profissionais.[729]

O juiz Thayer examinando outro pedido de Thompson (13/09), que sustentou a nulidade do veredito contra os condenados em consequência dos depoimentos dos antigos agentes, afirmou:

> Devendo satisfações somente à própria razão e consciência e, depois de dar a atenção mais favorável aos réus, dentro dos limites do respeito devido aos direitos públicos e aos princípios gerais do direito, sou levado à conclusão de que a declaração juramentada de Madeiros não merece crédito, por não corresponder à verdade, não podendo, portanto, servir de fundamento à coisa alguma. Anular uma sentença de júri, já confirmada pela Corte Suprema deste Estado, com base em tal declaração, seria um escárnio contra a verdade e a justiça. Em tais condições, no exercício aos poderes, que me dá a lei para examinar os recursos de protesto por novo júri, indefiro a petição em causa.
>
> Desde que estes casos foram julgados pelo júri, parece ter surgido um novo tipo de doença. Poderíamos chamá-la de

729 RUSSELL, Francis. *A tragédia de Sacco e Vanzetti*. Trad. V. Martins. Rio de Janeiro: Civilização Brasileira, 1966, p. 355.

> "neurose logo-psíquica" ou "histeria", significando a crença na existência de alguma coisa que, na verdade, inexiste. Este mal parece ter atingido um estágio perigoso, pelo que se pode depreender da argumentação do patrono signatário da presente petição, quando ele acusa o Sr. Sargent, Procurador-Geral dos Estados Unidos, e os seus subordinados, bem como os subordinados do antigo procurador-geral Palmer, o Sr. Katzmann e mais o promotor da comarca de Norfolk, de tramarem uma conspiração com a finalidade de mandar estes dois acusados à cadeira elétrica, não por serem eles assassinos, mas por serem radicais (...). Em tais casos, dada a natureza dos sintomas, este juiz é de opinião que o mal é incurável.[730]

Vários jornais passaram a defender Sacco e Vanzetti, com destaque para o *Herald*, em editorial de F. Lauriston Bullard que afirmou:

> Nossa opinião é a de que Nicola Sacco e Bartolomeu Vanzetti não devem ser executados em descumprimento ao veredito a que chegou o júri, no dia 14 de julho de 1921.
>
> Não sabemos se estes homens são culpados ou inocentes. Não compartilhamos das ideias requentadas que professam. Mas, à medida em que o tempo passava e o grande debate sobre este caso tinha continuação, nossas dúvidas foram lentamente se transformando em convicção e fomos obrigados a modificar a nossa opinião anterior. Esperamos que um tribunal superior conceda aos acusados a possibilidade de novo julgamento, onde sejam examinadas as novas provas ainda não apreciadas em juízo. Esperamos que o governador possa dar a Celestino Madeiros a oportunidade de depor publicamente em juízo, para que a sua confissão seja devidamente controlada. Esperamos, no caso de nosso tribunal superior, não lograr fundamentar-se legalmente para a concessão de novo

---

730 RUSSELL, Francis. *A tragédia de Sacco e Vanzetti*. Trad. V. Martins. Rio de Janeiro: Civilização Brasileira, 1966, pp. 357/358.

julgamento, que o governador chame, em seu auxílio, uma comissão composta de cidadãos isentos de preconceitos, da mais alta inteligência e de reputação ilibada, os quais dirigirão uma investigação sobre o caso, e que o próprio governador participe desta investigação, se, como último recurso, ela se realizar. Acabamos de ler o último despacho no qual o juiz Webser Thayer, que presidiu o julgamento original, denegou o recurso por um novo julgamento e admitimos que a sua argumentação seja mais a de um advogado do que a de um árbitro. Na parte final, ele se refere a "um veredito aprovado pela Corte Suprema deste tribunal" e, mais tarde, repete a mesma frase. Com devido respeito, admitimos a Corte Suprema jamais aprovou o veredito. O que a Corte decidiu, repetindo as suas próprias palavras, foi o seguinte: "examinando cuidadosamente todas as exceções arguidas, na forma pela qual foram levantadas, e não tendo encontrado qualquer erro formal, decidimos que os vereditos deverão ser mantidos". A Corte certificou que, sem entrar no mérito da justiça ou não do veredito, o juiz de instrução realizou seus deveres dentro a lei, na forma processual exigida. A Corte Suprema do Estado negou provimento às exceções preliminares levantadas, mas não emitiu qualquer julgamento com relação à validade do veredito ou à culpa dos acusados. O juiz Thayer sabe muito bem disto.

A sombra da dúvida que paira sobre muitos que investigaram o caso se terá dissipado. E, se num segundo julgamento, Sacco e Vanzetti forem absolvidos, todos poderão se rejubilar com o fato de que não se perpetrou uma monstruosa injustiça. Admitimos estes pontos de vista e os oferecemos para exame, sem qualquer referência à personalidade dos acusados e sem menor alusão à atmosfera de radicalismo de que tanto se falou em 1921.[731]

---

731 RUSSELL, Francis. *A tragédia de Sacco e Vanzetti*. Trad. V. Martins. Rio de Janeiro: Civilização Brasileira, 1966, pp. 358-360.

O professor de psiquiatria de Harvard, Morton Prince[732] apoiou a posição do jornal *Herald* e assim se manifestou:

> Não hesito em afirmar que a testemunha principal da acusação prestou depoimento, sem dúvida, com as intenções mais honestas, que se baseavam numa impossibilidade psicológica. A Srta. Splaine disse que, embora só tivesse visto Sacco na hora do tiroteio, de uma distância de cerca de 20 metros, pelo período de um e meio a três segundos, dentro de um carro que andava à velocidade crescente de 25 a 30 km, viu-o com suficiente clareza para que pudesse descrever, passado um ano, dezessete detalhes diferentes de sua pessoa, desde o tamanho de sua mão, até o comprimento de seu cabelo e a cor de suas sobrancelhas. Para a memória, seria psicologicamente impossível registrar tais percepções em semelhantes condições e é fácil provar esta afirmação. Nenhum psicólogo desconhece este aspecto – nem mesmo Houdini. E que se pode pensar do ânimo e da honestidade de uma acusação que apresenta tal depoimento como base para uma condenação, sabendo muito bem que o júri seria demasiadamente ignorante para descartá-lo?
>
> Como é que a Srta. Splaine ficou sabendo de tantas características de Sacco?
>
> A resposta é muito simples. Sacco foi-lhe mostrado em diversas ocasiões. Teve a oportunidade de estudá-lo cuidadosamente. Mais do que tudo, sentou-se à sua frente no tribunal. No reconhecimento preliminar, na delegacia, não se lhe solicitou que indicasse Sacco em meio a um grupo de pessoas. Sacco foi-lhe apresentado sozinho. Todos sabem que, nestas circunstâncias, a imagem de uma pessoa se desenvolve ou pode desenvolver-se, na mente do observador, constituindo uma falsa memória. Esta memória é produzida pela sugestão. Todo advogado conhece esta capacidade de falsificação inconsciente da memória, devido a conhecimentos adquiridos posteriormente,

---

732 Morton Prince: professor e psiquiatra ligado à Harvard, que criticou a testemunha de acusação contra os réus.

> mesmo quando ignora a explicação psicológica do fenômeno. E, no entanto, o testemunho da Srta. Splaine foi apresentado ao júri pelo Estado.
>
> Por que a Srta. Splaine não foi solicitada a indicar Sacco em meio a um grupo de homens? Se se tivesse tomado tal precaução, a falsificação inconsciente da memória teria sido evitada.[733]

Entre os dias 27 e 28 de janeiro de 1927, o advogado de defesa Thompson realizou uma forte sustentação oral contra o desprezo do juiz Thayer, perante a Corte Suprema de Massachussetts:

> Devo referir-me a um assunto de que quase me envergonho de tratar. O juiz de instrução, tendo gastado uma página e meia em a vitupérios contra a minha pessoa, sugeriu que a minha crença, na inocência dos acusados em questão, era fruto de uma doença mental. Insinuou também que houve dolo e má-fé nos métodos utilizados para obtenção das provas.[734]

O juiz foi acusado de estar envolvido emocionalmente, não ter lógica em seu raciocínio, havia "excesso de exação judicial em seu detrimento".[735]

Diante dessa polêmica, o professor de Direito de Harvard, Felix Frankfurter,[736] escreveu o artigo *O caso Sacco e Vanzzetti* para o *Atlantic Monthly*, em sua edição de março, que explicava todos os passos do julgamento dos condenados.

---

733 RUSSELL, Francis. *A tragédia de Sacco e Vanzetti*. Trad. V. Martins. Rio de Janeiro: Civilização Brasileira, 1966, pp. 360/361.

734 RUSSELL, Francis. *A tragédia de Sacco e Vanzetti*. Trad. V. Martins. Rio de Janeiro: Civilização Brasileira, 1966, p. 367.

735 RUSSELL, Francis. *A tragédia de Sacco e Vanzetti*. Trad. V. Martins. Rio de Janeiro: Civilização Brasileira, 1966, p. 367.

736 Felix Frankfurter: professor de Harvard, escreveu o artigo "O caso Sacco e Vanzetti", no "*Atlantic Monthly*" e constatou as irregularidades do processo contra os acusados.

> Em estilo objetivo e conciso, o professor de Direito explicava as circunstâncias em que foram presos os dois homens, descrevia o método utilizado para a seleção dos jurados, relatava o interrogatório sádico levado a efeito por Katzmann e exemplificava a retórica patriótica do juiz Thayer, bem como o descrédito em que caíram posteriormente várias testemunhas. Aceitando a hipótese de que o assassinato de Braintree havia sido cometido pela quadrilha Morelli, comentava com "o mais profundo pesar" que o despacho de Thayer, indeferindo o recurso fundado no testemunho de Madeiros, era um "amontoado de citações errôneas, omissões, supressões e mutilações".[737]

Felix atacou o juiz, o júri, o veredito e o Poder Judiciário de Massachussetts, com repercussão em todos os EUA.

Era profundo crítico das interpretações tendenciosas da promotoria com base nos testemunhos apresentados, principalmente no depoimento falso do capitão Proctor, que afirmara "não achar que a bala fora disparada pela arma de Sacco, mas que tal hipótese não estava em choque com a realidade". E quando Katzmann, em resposta a Proctor, dizer que "não repetiria a pergunta".[738]

Em 5 de abril, a Corte Suprema confirmou a decisão do juiz Thayer em todos os pontos. Argumentava:

> A concessão ou o indeferimento de um recurso de protesto por novo júri no crime contra a vida fica a critério do juiz de primeira instância e o seu arbítrio não será atingido a menos que viciado de desvios processuais ou abuso de poder.
>
> O recurso de protesto por novo júri baseado em novos indícios não deve ser obrigatoriamente deferido, mesmo que as

---

737 RUSSELL, Francis. *A tragédia de Sacco e Vanzetti*. Trad. V. Martins. Rio de Janeiro: Civilização Brasileira, 1966, p. 368.

738 RUSSELL, Francis. *A tragédia de Sacco e Vanzetti*. Trad. V. Martins. Rio de Janeiro: Civilização Brasileira, 1966, p. 369.

provas adicionais, apresentadas a um júri, justificassem um veredito diverso.[739]

O promotor público Wilbar,[740] completando a decisão, requereu a execução da sentença, que foi efetuada no tribunal de Dedham, em 9 de abril. Durante a sessão, o escrevente Worthingon pediu a manifestação de Sacco, que falou:

> Sim, senhor. Não sou orador. Não domino bem a língua inglesa e o meu amigo Vanzetti tem mais coisa a dizer do que eu, pelo que sei. De forma que quero dar-lhe a oportunidade de falar.
>
> Depois desse introito hesitante, recobrou a fluência e se deixou levar pela paixão do momento. Com uma mão, segurava um pedaço de papel e, com a outra, batia de vez em quando na grade.
>
> Nunca tive notícia, nunca li e nem mesmo ouvi falar na história de coisa alguma que fosse tão cruel como este tribunal. Depois de sete anos de processo, ainda nos consideram culpados. E estas gentis pessoas estão conosco neste tribunal hoje. Sei que a sentença será proferida entre duas classes, a classe dos ricos e a dos oprimidos, e sempre haverá conflito entre uma e outra Nós queremos confraternizar com o povo com os livros, com a literatura. Vocês perseguem o povo, tiranizam-no e o matam. Sempre tentamos educar o povo. Vocês procuram colocar um caminho entre nós e outras nacionalidades que se detestam entre si. Estou hoje no banco dos réus porque pertenço à classe oprimida. Vocês pertencem a classe dos opressores. O senhor juiz Thayer sabe disso, o senhor que conhece toda a minha vida, sabe por que estou aqui e, depois de sete anos de perseguição para mim e para minha pobre mulher, ainda hoje o senhor nos condena à morte. Gostaria de contar toda

---

739 RUSSELL, Francis. *A tragédia de Sacco e Vanzetti*. Trad. V. Martins. Rio de Janeiro: Civilização Brasileira, 1966, p. 370.

740 Wilbar: promotor público, exigiu a execução da sentença contra os imigrantes.

> a minha vida, mas vejo que não adianta. O senhor sabe muito bem tudo o que eu disse antes e o meu amigo – isto é, meu camarada – falará depois, porque está mais familiarizado com a língua e eu quero dar-lhe esta oportunidade. Meu camarada, o homem bom, bondoso para com todas as crianças, o senhor o condenou duas vezes, tanto no caso de Bridgewater como no de Dedbam relacionado comigo, embora ninguém melhor do que o senhor saiba que ele é inocente. O senhor se esquece de todo este povo que esteve conosco durante estes sete anos, dando-nos toda a sua solidariedade e emprestando-nos toda a sua energia. O senhor não liga para eles. Entre este povo, os camaradas e os trabalhadores há uma legião de intelectuais que nos acompanharam nos últimos sete anos, protestando contra a sentença iníqua, mas, mesmo assim, o tribunal persiste. Agradecendo ao povo que esteve comigo nestes sete anos, meus camaradas, darei a meu amigo Vanzetti a oportunidade de falar.
>
> Esqueci de mencionar uma coisa que o meu camarada me faz recordar. O juiz Thayer conhece toda a minha vida e sabe que jamais fui culpado – nunca. Nem ontem, nem hoje e nem nunca.[741]

Em seguida Vanzetti se manifesta:

> Sim, o que tenho a dizer é que sou inocente, não apenas do crime de Braintree, como também do de Bridgwater e de qualquer outro. Não sou somente inocente destes dois crimes, mas, em toda a minha vida, nunca roubei, nunca matei e nunca derramei uma gota de sangue, mas sempre lutei, durante toda a minha vida, desde que cheguei à idade da razão, pela eliminação do crime na face da terra. Todos sabem que estes dois braços não precisariam ir para a rua matar um homem para tirar seu dinheiro. Posso viver do fruto do trabalho de meus braços e viver bem...

---

741 RUSSELL, Francis. *A tragédia de Sacco e Vanzetti*. Trad. V. Martins. Rio de Janeiro: Civilização Brasileira, 1966, p. 373.

Devo insistir que não somente sou inocente de todos estes crimes, como também que jamais cometi qualquer crime em toda a minha vida – talvez algum pecado, mas nenhum crime – não somente lutei toda a minha vida pela eliminação do crime, dos crimes que a legalidade e a moral oficial condenam, como lutei pela eliminação dos crimes que a legalidade e a moralidade oficial sancionam e santificam – a exploração e a opressão do homem pelo homem – e se há uma razão pela qual estou aqui como homem culpado e se há um motivo pelo qual daqui a alguns minutos os senhores poderão me condenar, é esta e nenhuma outra.

Será possível que apenas uns poucos jurados, só dois ou três homens, que seriam capazes de condenar a própria mãe para obter fortunas e honrarias terrenas; será possível que eles tenham razão contra o que o mundo, todo o mundo diz que está errado e eu sei que está errado? Se existe alguém que deveria saber, que deveria saber se realmente está certo ou errado, somos eu e este homem. Estamos presos há sete anos. O que sofremos nestes sete anos, não há língua humana capaz de descrevê-lo; e, no entanto, aqui estou eu, diante dos senhores, sem tremer e os senhores me veem, fitando-vos diretamente nos olhos, sem rubores, sem mudar de cor, sem temor ou vergonha.

Eugene Debs diz que nem mesmo um cachorro – alguma coisa desse tipo – nem mesmo um cachorro matador de galinhas poderia ser condenado por um júri norte-americano com as provas levantadas pela promotoria contra nós. Nem mesmo um cão leproso, digo eu, teria seu recurso recusado duas vezes pela Corte Suprema de Massachusetts norte-americano – nem um cão leproso... Sabemos que V. Exa. tem comentado sobre sua hostilidade manifesta contra nós, sobre o seu desprezo pelos nossos amigos, no trem, no clube da Universidade de Boston, no clube de golfe de Worcester. Temos certeza de que, se as pessoas que sabem tudo o que V. Exa. tem dito contra nós tivessem a coragem de subir ao banco das testemunhas para depor, talvez V. Exa. – e sinto ter de dizê-lo porque o senhor é um homem idoso e eu tenho um velho pai – mas talvez V. Exa. estivesse, neste momento, a nosso lado no interesse da justiça.

Vossa Excelência sabe que, se eu tivesse como defensor o Dr. Thompson ou qualquer dos irmãos McAnarney no primeiro julgamento em Plymouth, nenhum júri me condenaria. Meu primeiro advogado era sócio do Sr. Katzmann e continua a sê-lo até hoje. Meu primeiro advogado de defesa, o Sr. Vahey, não me defendeu, mas vendeu-me por trinta dinheiros, como Judas vendeu Jesus Cristo. Se aquele homem não lhe disse e nem a Katzmann que eu sou culpado, é porque ele sabe que não sou culpado. Aquele homem fez tudo para nos prejudicar indiretamente. Durante o julgamento fez uma grande arenga, perdendo-se em detalhes sem importância. Os pontos essenciais de minha defesa foram tratados com pouca atenção ou passados sob silêncio. Isto foi premeditado para dar ao júri a impressão de que o meu próprio advogado nada tinha a dizer, nada de bom tinha a apresentar em minha defesa, sendo consequentemente obrigado a estender-se em argumentos que nada tinham a ver com a questão, deixando passar os pontos essenciais sob o silêncio ou opondo uma resistência bem fraca.

Fomos julgados numa época que agora pertence à história. Quero dizer com isto que era um tempo de histerismo, de ressentimentos e de ódio contra as pessoas que defendiam os princípios que esposamos, de ódio contra os estrangeiros, contra os desertores. Parece-me que tanto V. Exa. como o Sr. Katzmann fizeram tudo dentro de suas possibilidades para trabalhar, para mobilizar ainda mais contra nós as paixões e os preconceitos dos jurados, mas o júri nos odiava porque éramos contra a guerra e o júri não sabia distinguir entre um homem que é contra a guerra por acreditar que ela é injusta, por não ter ódio contra nenhum país, por ser cosmopolita e um homem que é contra a guerra por esta luta contra o país que o abriga, sendo, por conseguinte, um espião em favor de outro país, a quem serve em detrimento daquele. Nós não somos homens desta espécie. Katzmann sabe muito bem disso. Katzmann sabe que nos opomos à guerra porque sabemos que a guerra não foi feita pelos motivos apresentados ao povo. Acreditamos no erro daquela guerra e acreditamos muito mais nesse erro agora, passados dez anos. A razão estava do nosso lado – confirmamos isso em virtude das consequências daquela mesma guerra. Agora, mais do que nunca, somos contra a guerra e alegro-me de estar no patíbulo dos condenados se posso agora dizer à humanidade – Cuidado, vocês estão na catacumba da flor da humanidade. Por quê? Porque tudo o que lhes prometeram era uma ilusão, uma mentira, um logro, uma fraude, um crime. Eles lhes prometeram a prosperidade. Onde está a prosperidade? Onde está a liberdade? Prometeram-lhes o progresso. Onde está o progresso?

Bem, já disse que não sou culpado destes dois crimes e também que não cometi crime algum, em toda a minha a vida – nunca roubei e nem matei, nunca derramei sangue e sempre lutei contra o crime. E mais: lutei e me sacrifiquei para eliminar aqueles crimes que a própria moral e a Igreja sacramentam e santificam.

O que tenho a dizer é o seguinte: não desejaria nem a um cão ou a uma serpente, nem à criatura mais desprezível sobre a face da terra – a ninguém desejaria os sofrimentos que me tem sido injustamente infligido. Minha convicção é de que fui torturado como um castigo pelas culpas que realmente carrego. Sou culpado de ser verdadeiramente radical, sou culpado de ser italiano, e sou de fato italiano. Tenho sofrido mais pela minha família e seres queridos do que por mim mesmo. Mas a minha certeza de estar do lado da justiça é tamanha que, mesmo que me executassem duas vezes e eu pudesse nascer de novo, repetiria, na nova vida, as mesmas ações.

Era o que tinha a dizer. Obrigado.[742]

Finalmente, o juiz Thayer se manifesta:

Primeiramente, este tribunal sentencia Nicola Sacco. O tribunal ordena que Nicola Sacco sofra a pena de morte, através da

742 RUSSELL, Francis. *A tragédia de Sacco e Vanzetti*. Trad. V. Martins. Rio de Janeiro: Civilização Brasileira, 1966, pp. 374-377.

> passagem de corrente elétrica pelo seu corpo no decorrer da semana que começa no domingo, décimo dia de julho deste ano da graça de 1927.
>
> Devo proferir a sentença. Bartolomeo Vanzetti sofrerá a pena de morte (...) através da passagem de corrente elétrica pelo seu corpo, no decorrer da semana que começa no domingo, décimo dia de julho desde ano de graça de 1927. Esta é a sentença da lei – fez uma pausa e, recolhendo sua toga num gesto preliminar anunciou: Está encerrada a audiência.[743]

Sacco, ao ouvir a sentença exclama: "V. Exa., sabe que sou inocente. São as mesmas palavras que pronunciei há sete anos. O senhor está condenando dois homens inocentes".

A última tentativa era pedir a comutação da pena pelo governador de Massachussetts, Alvin T. Fuller (Tutts Fuller).[744]

Foi pedida a clemência para os condenados em 4 de março de 1927. O governador nomeou a comissão de investigação Lowell. Cartas de apoio aos condenados chegavam as centenas. A petição foi encaminhada por Vanzzetti, porque Sacco não quis assiná-la.

Albert Lawrence Lowell,[745] originário de uma família tradicional, professor de Teoria Geral do Estado da Universidade de Harvard, favorável à Liga das Nações, foi nomeado por Fuller para a comissão de investigação, assim como o antigo juiz Grant. Vanzetti entrou em greve de fome.

---

743 RUSSELL, Francis. *A tragédia de Sacco e Vanzetti*. Trad. V. Martins. Rio de Janeiro: Civilização Brasileira, 1966, pp. 377/378.

744 Alvin T. Fuller (Tutts Fuller): governador de Massachusetts, organizou uma comissão para analisar o caso. Todavia, a comissão não levou em conta as provas. Essa posição consolidou a tragédia dos imigrantes.

745 Albert Lawrence Lowell: da Comissão Fuller, advogado e professor em Harvard. Endossou os julgamentos anteriores, entregando os réus à morte na cadeira elétrica.

Fuller, na fé de agilizar os trabalhos, visitou os condenados. Sacco apenas o cumprimentou, Vanzetti conversou com o governador e, com o secundário Medeiros, trocou apenas algumas palavras. Fuller saiu tenso da reunião, mas, para o diretor da prisão, Wanden Handry, comentou sobre Vanzetti: "Que personalidade atraente!" O governador visitou uma segunda vez este último.

Após algumas reuniões, os advogados de defesa, Thompson e Ehrmann,[746] perceberam que a comissão não considerava os argumentos e provas.

Ehrmann escreveu:

> O destino de nossos clientes parecia tão inevitável como o de Sócrates e nós não queríamos nos prestar a dar cobertura a uma farsa. Fomos desviados desta resolução, entretanto, por dois grandes juristas (o reitor Pound e o professor Frankfurter), que nos inspiraram alguma esperança. Este caminho talvez fosse o mais cauteloso, pois, se nos houvéssemos retirado, ter-se-ia alegado que havíamos perdido a fé em nossos clientes.[747]

O próprio governador chegou a interrogar 102 presos durante a análise do caso.

Em 27 de julho, a comissão Lowell concluiu o relatório e entregou a Fuller.

Em 3 de agosto, durante a noite, houve o seguinte comunicado governamental:

---

746 Thompson e Ehrmann: advogados de defesa, tentaram inocentar os réus e constataram as decisões premeditadas do Judiciário e do Executivo, no sentido de matar Sacco e Vanzetti sem provas concretas dos assassinatos.

747 RUSSELL, Francis. *A tragédia de Sacco e Vanzetti*. Trad. V. Martins. Rio de Janeiro: Civilização Brasileira, 1966, p. 420.

> Creio que (...) Sacco e Vanzetti (...) tiveram um julgamento imparcial. Não vejo qualquer indício de parcialidade na sua conduta durante o julgamento. É inevitável que tenha formado uma opinião com relação à culpabilidade ou à inocência dos acusados após ter ouvido as provas.[748]

Ao saber do resultado, Sacco escreveu a seguinte carta:

> Da cela da morte, acabamos de ser informados pelo Comitê de Defesa que o governador Fuller decidiu matar-nos no dia 10 de agosto. Não ficamos surpresos com tais notícias, porque sabemos que a classe capitalista ê dura e inclemente para com os soldados da revolução. Orgulhamo-nos da nossa morte a caímos como todo bom anarquista deve cair. Mas a vocês, ô amigos e camaradas, como já disse antes, somente vocês podem nos salvar, pois nunca tivemos fé no governador, porque sabíamos que o governador Fuller, Thayer e Katzmann são os nossos assassinos.[749]

Vanzetti se manifestou num rascunho:

> O governador Fuller é tão assassino quanto Thayer, Katzmann, os perjuros da acusação e todos os demais. Apertou a minha mão como um irmão, fez-me acreditar que estava honestamente bem-intencionado, que não nos concedeu clemência porque não tinha desculpa para tanto, depois de ter mandado os rapazes da garagem para a cadeira elétrica.
>
> Agora, ignorando e negando todas as provas da nossa inocência, ele nos insulta e determina o assassinato de inocentes.

---

748 RUSSELL, Francis. *A tragédia de Sacco e Vanzetti*. Trad. V. Martins. Rio de Janeiro: Civilização Brasileira, 1966, p. 427.

749 RUSSELL, Francis. *A tragédia de Sacco e Vanzetti*. Trad. V. Martins. Rio de Janeiro: Civilização Brasileira, 1966, p. 427.

> É assim que a plutocracia age contra a liberdade, contra o povo. Vinguem o nosso sangue! Morremos pelo anarquismo. Viva o anarquismo.
>
> Somos o seu oposto em tudo e por tudo, enquanto os nossos inimigos se afinam com ele em todos os detalhes. Conscientemente, inconscientemente ou subconscientemente, ele não pôde deixar de estar tremendamente predisposto contra nós. Mas me deu a impressão de estar sendo sincero; fez grandes esforços para descobrir a verdade e não se colocou, ao menos deliberadamente, contra nós, antes de começar o seu inquérito.
>
> Se ele ordena a nossa morte, não importa o quão honestamente esteja convencido de nossa culpa, pois a sua convicção não nos torna culpados. Somos e continuamos inocentes.[750]

O Texto da comissão Lowell foi:

> A Comissão é de opinião que Sacco é, sem dúvida, culpado. A Comissão sabe muito bem que isto implica no descrédito de seu álibi em Boston, mas, em face das provas, a Comissão não acredita que ele estivesse em Boston, naquele dia.[751]

Thompson e Ehrmann renunciaram do comitê de defesa e justificaram, em relação a Vanzetti:

> O álibi é decididamente fraco. Uma das testemunhas, Rosen, dá à Comissão a impressão de ter mentido durante o interrogatório da acusação. Outra, a Sra. Brini, jurou que ele estava em outro local quando ocorreu o crime de Bridgewater e outras duas testemunhas só parecem ter lembrado da data depois de conferenciarem entre si (...) quatro pessoas testemunharam no sentido de que o viram (...) seu rosto é muito fora do comum e

---

750 RUSSELL, Francis. *A tragédia de Sacco e Vanzetti*. Trad. V. Martins. Rio de Janeiro: Civilização Brasileira, 1966, pp. 427/428.

751 RUSSELL, Francis. *A tragédia de Sacco e Vanzetti*. Trad. V. Martins. Rio de Janeiro: Civilização Brasileira, 1966, pp. 431-434.

> mais fácil de marcar que o de Sacco. Tudo visto e examinado, acreditamos que Vanzetti é também, sem dúvida, culpado.[752]

Em relação a Madeiros:

> Sua ignorância dos fatos é extraordinária e grande parte desta ignorância não pode ser atribuída ao desejo de encobrir seus asseclas, já que nada tinha a ver com este aspecto (...). Na verdade, só um fato comprovável sobressai de seu testemunho (...) a declaração de que, depois do assassinato, o automóvel parou em frente à casa da Sra. Hewins para perguntar o caminho. Como esta casa era pouco distante do lugar onde Madeiros viveu posteriormente, é bem possível que tenha tido conhecimento do caso por ouvir dizer.
>
> Circula (...) a afirmação de que Madeiros confessou o homicídio de Braintree Sul. Por mais estranho que pareça, não é este o caso. Confessou ter estado presente (...), mas não que tivesse cometido os assassinatos (...). Se ele fosse julgado, sua própria confissão, se aceita integralmente, não seria suficiente para justificar um veredito de homicídio com agravantes.
>
> A comissão não encontrou qualquer ponto que provasse que o julgamento foi prejudicado pela parcialidade do juiz. Pelo contrário, a comissão é de entender que o juiz envidou os seus melhores esforços, e esforçou-se com sucesso, no sentido de garantir um julgamento imparcial aos acusados que o promotor não demonstrou, de modo algum, quebra da ética profissional, que conduziu a acusação de forma enérgica, mas não imprópria; e que o júri, um corpo capaz, imparcial e sem ideias preconcebidas, foi instruído eficazmente pelo juiz, tendo tentado, com sucesso, chegar a uma decisão justa.
>
> Das provas que nos foram apresentadas, somos forçados a concluir que o juiz agiu de maneira indiscreta em conversações mantidas fora do julgamento, com pessoas estranhas

752 RUSSELL, Francis. *A tragédia de Sacco e Vanzetti*. Trad. V. Martins. Rio de Janeiro: Civilização Brasileira, 1966, pp. 431-434.

> ao mesmo. Ele não deveria comentar o caso fora dos autos; agindo desta maneira, cometeu falta grave contra o decoro que lhe cumpria observar. Mas não acreditamos que tenha empregado algumas expressões que lhe são atribuídas e sem dúvida alguma existe exagero por parte das pessoas com quem falou. Além disto, acreditamos que estas indiscrições, na conversação coloquial, não afetaram a sua conduta durante o julgamento e nem a opinião do júri, que deste modo se declarou à comissão.
>
> É de nosso entender que os defendentes devem agora gozar do benefício de serem representados por advogados que possam assumir o caso sem ideias preconcebidas e que estejam menos perturbados do que nós por uma sensação de injustiça.[753]

Em 5 de agosto, houve atentados contra a decisão em Nova York, Filadelfia e Baltimore. Os prisioneiros estavam em greve de fome. A execução foi programada para 23 de agosto e o comitê de defesa apelou para que ocorresse uma marcha de cem mil americanos sobre Boston durante a vigília junto ao palácio e ao local da execução.

> Convocamos os líderes da cultura, da ciência, das artes da educação e da sociedade norte-americana para participarem da demonstração pacífica na prisão de Charlestown. Que venham de trem, de carro ou a pé. Que venham a Boston! Que todas as estradas do país convirjam para Beacon Hill. Venham com uma faixa preta na manga, venham armados da fé imperecível de que Sacco e Vanzetti viverão.[754]

Thompson ainda visitou Vanzetti e, ao sair da prisão, declarou: "Os prisioneiros continuam a protestar a sua inocência, não têm

---

753 RUSSELL, Francis. *A tragédia de Sacco e Vanzetti*. Trad. V. Martins. Rio de Janeiro: Civilização Brasileira, 1966, p. 429.

754 RUSSELL, Francis. *A tragédia de Sacco e Vanzetti*. Trad. V. Martins. Rio de Janeiro: Civilização Brasileira, 1966, p. 436.

mais qualquer esperança e sentença que estão morrendo por causa dos seus princípios".

Houve uma tentativa última de adiamento da execução com uma petição realizada apenas com a assinatura de Vanzetti. Sacco não assinou argumentando: "Se querem nos crucificar, que nos crucifiquem. Há sete anos nos pregam cravos no corpo".

Os advogados de defesa fizeram as últimas tentativas de parar impedir a execução entrando em contato com o Presidente da Corte Suprema dos EUA, Oliver Wernell Holmes,[755] e com o juiz federal George Anderson[756] e mais catorze juízes de quatro tribunais diversos, mas não alcançaram sucesso. O advogado Musmanno[757] foi pessoalmente a Washington protocolar petições na Suprema Corte dos EUA com base na Emenda 14 da Constituição "que garante que nenhum Estado pode retirar a vida, a liberdade ou a propriedade de qualquer pessoa sem antes realizar o devido processo legal", mas não conseguiu registrar a reivindicação por falta de um resumo do julgamento. O mesmo advogado já tinha conseguido uma declaração da viúva de Berardelli, que fora assassinado durante o assalto que dizia:

> Sou uma das que mais sofreram com os assassinatos de Brantree. Perdi o meu marido e o pai dos meus filhos, mas ficaria sentida se dois homens inocentes fossem levados à morte. Sempre tive

755 Oliver Wernell Holmes: Presidente Corte Suprema dos EUA que não acatou os argumentos favoráveis aos réus.

756 George Anderson: juiz federal que tinha, anteriormente, libertado imigrantes em Boston, contra as arbitrariedades das batidas repressivas de Palmer. As prisões foram realizadas pelo FBI.

757 Musmanno: advogado de defesa que tentou um *habeas corpus* para os prisioneiros, mas sem sucesso. Sacco não quis assinar a petição.

> dúvidas acerca da culpa de Sacco e Vanzetti e espero que o senhor os liberte e os deixe retornar à suas famílias.[758]

Nesse contexto, multiplicavam-se os piquetes de apoio aos dois condenados em diversos locais.

No dia 23 de agosto, Sacco e Vanzetti, por volta da meia-noite, foram executados afirmando que eram "inocentes". Também foi executado o gangster Constantino Medeiros (ou Madeiros). Antes de ser eletrocutado, Sacco gritou: "Viva o anarquismo". Vanzetti foi o último a ser levado para a cadeira elétrica, mas antes fez as seguintes considerações: "Agora desejo perdoar algumas pessoas pelo que fizeram contra mim", disse suavemente. Os olhos de Hendry encheram-se de lágrimas. Fez sinal ao carrasco. Em seguida, conseguiu, com dificuldade, pronunciar a fórmula de praxe: "De acordo com a lei, eu os declaro mortos, tendo sido executada a sentença do tribunal".[759]

A notícia foi considerada um "assassinato legalizado" em diversos países e explicitou a perseguição racial, política e ideológica nos EUA, contrariando a imagem de democracia americana. A notícia da execução manchou a imagem dos EUA. Em Portugal, por exemplo, diversas pessoas ficaram feridas num confronto em frente ao consulado americano. Houve atentados em Nova York, Baltimore e Filadelfia. Em São Paulo, os operários realizaram uma greve geral.

Os corpos, antes do enterro, ficaram expostos ao público durante três dias antes de serem cremados. Mais de cem mil pessoas foram ao velório.

---

758 RUSSELL, Francis. *A tragédia de Sacco e Vanzetti*. Trad. V. Martins. Rio de Janeiro: Civilização Brasileira, 1966, p. 408.

759 RUSSELL, Francis. *A tragédia de Sacco e Vanzetti*. Trad. V. Martins. Rio de Janeiro: Civilização Brasileira, 1966, p. 472.

O funeral, a partir da Avenida Hanover Street, foi muito tenso com uma enorme multidão acompanhando, durante o trajeto, os caixões de Sacco e Vanzetti, considerados mártires. Havia faixas desafiadoras com inscrições indignadas: *Aspettando L'ora di Vendetta* – "Vingança" e, ainda, "O estado de Massachussetts é o assassino".

A polícia agrediu a procissão que acompanhava o enterro de forma violenta. Diversas pessoas que usavam as braçadeiras vermelhas foram vítimas dos cassetetes policiais e algumas foram tiradas de dentro dos seus carros. No crematório em Walk Hill Street, a polícia montada vigiava as pessoas que chegavam para a despedida das vítimas do sistema.

A despedida na capela só foi permitida aos membros do comitê e amigos íntimos. Foi lido, diante dos caixões, por Mary Danovar,[760] o seguinte texto:

> Vocês, Sacco e Vanzetti, são as vítimas da plutocracia mais vil que o mundo conheceu: desde os tempos da antiga Roma (...). Agora o Estado de Massachusetts e os Estados Unidos da América assassinaram-nos (...) vocês foram assassinados porque eram anarquistas italianos (...). Com a bandeira de seu martírio, continuaremos a lutar e venceremos.[761]

Nomes de expressão mundial defenderam a inocência de Sacco e Vanzetti e pediram que fossem libertados, tais como Albert

---

760 Mary Danovar: ativista, leu o texto em frente aos caixões de forma emotiva e contundente.

761 RUSSELL, Francis. *A tragédia de Sacco e Vanzetti*. Trad. V. Martins. Rio de Janeiro: Civilização Brasileira, 1966, p. 483.

Einstein,[762] Romain Rolland,[763] Henri Barbusse,[764] H. G. Wells[765] entre outros.

H. G. Wells sugeriu a criação do neologismo *thayerismo*, para explicar "a mentalidade completamente errada das pessoas de direita". Declarou, em 5 de junho de 1927, para o *Sunday Express*:

> Não posso compreender que pessoas de bom-senso, depois de terem lido o resumo do professor, possam ter outra convicção senão a de que Sacco e Vanzetti são tão inocente dos assassinatos de Braintree, pelo qual foram condenados à morte, quanto Júlio César, ou – para citar um nome mais próximo ao assunto – Karl Marx.[766]

Vanzetti, em sua cela, esperando a morte, refletindo sobre o que tinha dito nas audiências, escreveu sobre Sacco:

> Falei muito de mim mesmo, mas esqueci-me de mencionar Sacco. Sacco também foi um trabalhador, desde a sua infância, um trabalhador especializado, amante do trabalho, com bom emprego e bom salário, conta bancária, uma mulher boa e dedicada, duas lindas crianças e uma casinha bem arrumada nas proximidades de um bosque perto de um córrego. Sacco é coração, fé, caráter, um homem. Um homem de bem, amante da natureza e da humanidade. Um homem que tudo deu, que sacrificou tudo à causa da liberdade e de seu amor

---

762 Albert Einstein (1879-1955): físico, desenvolveu a teoria da relatividade.

763 Romain Rolland (1866-1944): escritor francês, pacifista e dramaturgo. Autor de *Danton*, *Beethoven* e *João Cristovão*.

764 Henri Barbusse (1873-1935): escritor francês, pacifista e comunista. Escreveu o romance *Fogo* (sobre os combatentes da Primeira Guerra Mundial).

765 H.G. Wells (1866-1946): escritor inglês. Autor de romances científicos: *Guerra dos mundos*, *O homem invisível* e *A máquina do tempo*.

766 RUSSELL, Francis. *A tragédia de Sacco e Vanzetti*. Trad. V. Martins. Rio de Janeiro: Civilização Brasileira, 1966, p. 398.

à humanidade: dinheiro, lazer, ambições mundanas, sua própria mulher, seus filhos, ele mesmo e sua própria vida. Sacco nunca sonhou roubar, nem assassinar. Ele, como eu, jamais ingeriu qualquer bocado de comida, desde a sua infância até agora, que não tivesse ganho com o trabalho honrado e com o suor de seu rosto. Nunca. Sua família está também em boa reputação e tem ótima reputação.

Sim, pode parecer até engraçado, como alguns já disseram. Consigo expressar-me melhor do que ele, mas muitas e muitas vezes, ouvindo a sua voz inflamada de uma fé sublime, ao considerar o seu supremo sacrifício, lembrando o seu heroísmo, eu me sentia pequeno, minúsculo na presença de sua grandeza e me via forçado a fugir de sua presença para que ele não visse as minhas lágrimas – este homem a que chama de assassino e agora condenam. Mas o nome de Sacco viverá eternamente no coração do povo e na sua gratidão, enquanto o nome de Katzmann e os seus ossos ficarão dispersos nas areias do tempo, quando o seu nome, as suas leis, as suas instituições e falsos ídolos forem apenas a recordação de um passado maldito em que o homem era lobo do homem.[767]

Em algumas declarações, antes da execução, Vanzetti afirmou:

Nada existe, nem na terra e nem no céu, nada que transforme a verdade em mentira ou a mentira em verdade. Por verdade, entendo aquelas verdades reunidas que formam a verdade universal. Por verdade, entendo as condições reais, as faculdades, as essências das coisas enumeráveis e relativas que formam a verdade é universal, todas relacionadas entre si e cuja soma é a verdade universal – aquela que é realmente, em si mesma, a essência do ser e não apenas o que alguém – eu, vocês, nós todos – podemos pensar que seja (...).[768]

---

767 RUSSELL, Francis. *A tragédia de Sacco e Vanzetti*. Trad. V. Martins. Rio de Janeiro: Civilização Brasileira, 1966, pp. 377/378.

768 RUSSELL, Francis. *A tragédia de Sacco e Vanzetti*. Trad. V. Martins. Rio de Janeiro: Civilização Brasileira, 1966, pp. 448/449.

> Se não fora isto tudo, eu talvez passasse a minha vida a tentar comunicar-me nas esquinas das ruas com homens que me iriam desprezar. Eu poderia ter morrido desconhecido, fracassado. Agora não somos fracassados. Esta é a nossa carreira e o nosso triunfo. Nunca em nossa vida teríamos a esperança de realizar tanto em favor da tolerância, da justiça, do entendimento entre os homens, como o estamos fazendo agora por acaso.
>
> Nossas palavras, nossas vidas, nossas dores – nada! Tirar as nossas vidas – as vidas de um bom sapateiro e de um pobre peixeiro – tudo!
>
> O último momento nos pertence. Aquela agonia será o nosso triunfo![769]

Sacco deixou a seguinte mensagem para o filho: "Nunca procures a riqueza, pois o ouro não traz consigo a felicidade"

Repercussões posteriores:

- Em 1932, houve um atentado à bomba contra a casa do juiz Thayer.
- Vários intelectuais, juristas e jornalistas passaram a estudar, profundamente, o caso, com o objetivo de mostrar a injustiça cometida contra os anarquistas mortos.
- Em 1959, a Comissão Legislativa da Assembleia do Estado de Massachussets realizou uma revogação póstuma do veredicto contra Sacco e Vanzotti.
- Em 1961, houve um reexame das provas balísticas contra os executados e, finalmente, 50 anos depois, o governador

---

769 RUSSELL, Francis. *A tragédia de Sacco e Vanzetti*. Trad. V. Martins. Rio de Janeiro: Civilização Brasileira, 1966, p. 404.

Michael S. Dukakis,[770] reconheceu que as duas vítimas foram "submetidas a um processo viciado desde o princípio e realizado numa atmosfera de intolerância, hostilidade e ódio".

- Concluindo, foi uma condenação política contra os anarquistas e os socialistas que "amedrontavam" a elite e a classe média americana, temerosa de uma "revolução bolchevista, como tinha ocorrido na Rússia, em 1917".

Infelizmente, anos depois, o macartismo repetiu os mesmos erros nos EUA, ao perseguir, condenar os chamados "vermelhos" e rasgar os princípios de liberdade da própria Constituição.

No século XXI, esses paradoxos continuam ocorrendo nas Américas e em alguns locais do mundo, inclusive no Brasil.

8.3 Johnny Thomas Scopes (1900-1970) – A ciência condenada – O julgamento do macaco

Foi um professor do nível médio da Rhea County High School,[771] escola pública da cidade de Dayton, no Tenesse.

Inicialmente, lecionou educação física, matemática, física e depois biologia aos 24 anos.

Estudou Direito e Geologia. Após "O julgamento do macaco" em Dayton, fez pós-graduação em Geologia na Universidade de Chicago e optou por ser engenheiro de petróleo.

Em 1925, foi acusado de ensinar a Teoria da Evolução de Charles Darwin nesta cidade, que tinha 1.576 habitantes e predominava a elite branca, conservadora e direitista. A aula ocorreu em 7 ou 5 de maio de 1925.

---

770 Michael S. Dukakis: governador de Massachussetts, admitiu a injustiça contra Sacco e Vanzetti.

771 Rhea County High School: Escola Pública no Tenesse.

Além da obra citada *A origem das espécies* do naturalista Darwin, o professor também usava o livro *Biologia cívica* de George Hunter,[772] recomendado pelo Estado que descrevia o evolucionismo. Acontece que, no estado do Tennessee, vigorava a chamada Lei Butler, aprovada em março de 1925, que proibia o ensino de "qualquer teoria que negue a história da criação divina do homem como é exposta na *Bíblia*". O infrator era criminalizado e pagava multa. O legislador John Washington Butler,[773] evangélico dos "Primeiros Batistas", ao saber que jovens, inclusive de sua comunidade, que foram para a universidade, ao voltarem, defendiam a teoria evolucionista, apresentou um projeto de lei sobre o tema. Preocupado, passou a explicitar: "Por Deus, salvai nossos filhos", frase que serviu para conduzir os debates para a aprovação da lei no parlamento do Tennessee.[774]

A Lei Butler oferecia uma solução paradoxal com o crescimento dos EUA e do mundo após a Primeira Guerra Mundial, na medida que se chocava com o conhecimento científico e com o avanço da tecnologia. O inimigo, para a lei, era a ciência e a liberdade de expressão, como na Alemanha, naquela época, o jurista Carl Schmitt[775] considerava inimiga qualquer pessoa que desafiasse a "razão de Estado", representada por uma elite dominante e suas tradições. Posição também adotada pela "direita política".

---

772 George Hunter: escritor e biólogo. Autor de *Biologia Cívica*.

773 John W. Butler: parlamentar que aprovou a lei que proibia o ensino da *Teria da Evolução* de Darwin.

774 HOFSTADTER, Richard. *Antiintelectualismo nos Estados Unidos*. Rio de Janeiro: Paz e Terra, 1967, p. 159.

775 Carl Schmitt (1888-1985): jurista alemão, católico, ensaísta, aderiu ao nazismo. Foi chamado de "Jurista de Enfeite" de Hitler. Em 1945, foi preso. Criticou o positivismo jurídico e o normativismo de Kelsen, por não aceitarem o Direito na política. Aceitou a polaridade "amigo-inimigo". Acreditava que o Direito é uma administração da "inimizade e deve ser entendido a partir de situações revolucionárias e ditatoriais". Criticou o parlamentarismo liberal. Defendeu a "guerra justa". Foi profundamente reacionário.

A base da lei estava no fundamentalismo religioso e, portanto, no criacionismo. Defendia o tradicionalismo e determinava como deveriam ser os conteúdos escolares. O Tennessee foi o primeiro estado a adotar essa lei, mas que, posteriormente, avançou por 15 estados americanos.

Scopes pediu que seus alunos estudassem o capítulo do livro didático adotado "*A civic biology*", sobre "a evolução".

A União Americana pelas Liberdades Civis (ACLU) se posicionou contra a lei e passou a defender quem fosse acusado de ensinar o evolucionismo. Esta instituição foi criada em 1917 para defender "os direitos tanto das minorias quanto dos indivíduos", que estão sendo grosseiramente violados em todo o país. Defendia os americanos dos ataques às liberdades civis.

Em Dayton, George Rappleya,[776] empresário e dono de algumas minas na região, era contra a lei e tinha, também, interesse na divulgação publicitária da pequena cidade. Rappleya entrou em contato com Scopes e incentivou o professor a dar aulas enfocando "a evolução" para seus alunos.

Scopes executou a proposta, foi denunciado, preso, processado e condenado no Tennessee. O professor argumentou que ensinava o evolucionismo, mas não criticava o criacionismo, pois o livro utilizado era vendido com o aval do Estado e, portanto, oficial.

Era o início, mais uma vez, do choque entre o Direito e a religião, devido ao tema, recebeu o nome de "O julgamento do macaco".

A acusação foi entregue a William Jennings Bryan,[777] autor do livro *A ameaça do darwinismo* (1921), fundamentalista, ex-secretário

---

776 George Rappleya: empresário liberal não aceitava a lei draconiana implantada no Tennessee.

777 William Jennings Bryan: acusador de Scopes, defendia posições extremamente puritanas. Era fundamentalista.

de Estado e três vezes candidato a Presidente da República dos EUA. Foi designado como conselheiro do advogado-geral do Tennessee. A Associação Mundial de Cristãos Fundamentalistas, criada em 1919 num "congresso bíblico" na Filadelfia, apoiava o Bryan. Essa associação realizou uma campanha pela proibição legal de qualquer teoria que afirmasse ser o homem descendente de um ancestral em comum com os símios. Conseguiu sucesso em alguns estados que votaram leis antievolucionistas.

Bryan transformou-se no representante da América Rural e protestante contra o "materialismo científico", pois achava que este tipo de ensino contribuía à perda da fé dos estudantes nas Escrituras Sagradas, e o repúdio ao cristianismo, levando-os ao ateísmo.

Os professores, formados com estes princípios, tomaram de assalto as escolas públicas e destruíram a fé das crianças e, portanto, dos lares americanos. Iniciou essa cruzada na Universidade de Wisconsin em 1921 e na Assembleia Geral de Kentucky (1922). Gritava que tinham retirado o Senhor das escolas. Não aceitavam que os professores, pagos pelos impostos dos cidadãos, pudessem substituir por hipóteses improvadas dos cientistas as palavras "assim disse o senhor" da Bíblia destruindo a fé dos filhos dos contribuintes adeptos do cristianismo.

Apelava para que os parlamentares e os governantes proibissem o ensino da teoria evolucionista em todas as escolas públicas por intermédio de leis.[778] Falou em diversos legislativos estaduais e conseguiu ser ouvido no sul e centro-oeste americano, com apoio dos batistas e presbiterianos. É necessário informar que essas duas religiões não tinham unanimidade em relação ao tema e recusavam participar dessa grande polêmica. Muitos protestantes adotavam posições liberais e defendiam a liberdade de cátedra. Só no estado do Tennessee, essas ideias retrógradas tiveram sucesso imediato. Em

---

778 HOFSTADTER, Richard. *Antiintelectualismo nos Estados Unidos*. Rio de Janeiro: Paz e Terra, 1967, pp. 159/160.

1923, a universidade deste mesmo estado demitiu um professor de psicologia genética[779] e outros cinco docentes, considerados simpáticos ao evolucionismo.[780]

Bryan, em 1924 afirmava:

> (...) todos os males que padece a América podem ser atribuídos ao ensino de evolucionismo, seria melhor destruir todos os outros livros já escritos e deixar apenas os três primeiros versos do "Gênesis". O culto da inteligência é o grande pecado do mundo intelectual de hoje. A religião pode disciplinar as coisas da inteligência de modo que eles ajam para o bem.[781]

Percebe-se que ocorre, com esses posicionamentos, uma ligação entre a Democracia Direta de caráter populista e as arcaicas práticas religiosas. Os assuntos emocionais "do coração" estão no homem comum e "e sua intuição nessa matéria é tão boa, e melhor que a dos intelectuais, logo devem prevalecer no que se refere à religião".[782]

Isto significa que, num conflito entre ciência e religião, o povo e o público devem predominar, e não "a esses que avaliam os homens pelos diplomas e graus de instrução". O ensino da evolução, segundo Bryan, nas escolas era uma ameaça "à democracia popular", quando afirmou:

> (...) que direito tem os evolucionistas – uma percentagem relativamente pequena da população – de ensinar às expensas do

779 Professor de psicologia genética: foi demitido por ter posições em defesa da ciência e da pesquisa.

780 LINK, Arthur S.; CATTON, William B. *História moderna dos Estados Unidos*. Trad. de W. Dutra, A. Cabral e F. de Castro Ferro. vol. 3. Rio de Janeiro: Zahar, 1965, pp. 494/495.

781 HOFSTADTER, Richard. *Antiintelectualismo nos Estados Unidos*. Rio de Janeiro: Paz e Terra, 1967, pp. 159/160.

782 HOFSTADTER, Richard. *Antiintelectualismo nos Estados Unidos*. Rio de Janeiro: Paz e Terra, 1967, pp. 160/161.

> povo, uma interpretação da *Bíblia*, pretensamente científica, quando os cristãos ortodoxos não têm permissão para ensinar uma interpretação ortodoxa da *Bíblia*. (...) a ciência governo (...) os direitos são determinados pela maioria e deveria submeter a minoria, pois neste assunto os direitos das minorias seriam feridos.
>
> (...) eles não têm direito de reclamar pagamento por ensinar aquilo que os pais e os que pagam impostos não querem que seja ensinado. A mão que assina os cheques de pagamento governa a escola. Por que não se exige dos ateístas e dos agnósticos que construam as suas próprias escolas e colégios para eles ensinarem as suas doutrinas?[783]

Foi criado um movimento oposicionista, a partir de Nova York, para proteger as liberdades civis, procurando defender a expressão científica, acadêmica e intelectual dos americanos.

Comunicaram a H. G. Welles, escritor famoso, dedicado à ciência para defender o acusado que acabou recusando o apoio.

Scopes foi defendido por Clarence Darrow, este de 68 anos, grande orador, advogado famoso, adepto das liberdades democráticas, agnóstico e com apoio da ACLU. Combatia a pena de morte, o tratamento desumano das prisões, o fanatismo, a intolerância e defendia a ciência. Tinha atuado em aproximadamente dois mil julgamentos, sendo a maior parte sem remuneração. Sua família era de área rural e procurava defender os mais humildes, o sindicato dos mineiros da Pensilvânia em audiência de arbitragem. Criticou a Lei Seca quando afirmou: "Claro que é melhor para um homem que ele não beba álcool, mas, pode-se dizer o mesmo sobre comer torta?" Tinha interesse na educação e acreditava "que toda criança deveria ser mais inteligente que seus pais".

---

783 Se Brian tivesse sido Presidente dos EUA, "a ciência moderna" seria abolida das escolas públicas. Seria um caos para o desenvolvimento dos EUA (HOFSTADTER, Richard. *Antiintelectualismo nos Estados Unidos*. Rio de Janeiro: Paz e Terra, 1967, p. 159).

Ao saber que a educação estava sendo ameaçada pelo fanatismo religioso, aceitou participar da defesa do professor Scopes contra a Lei Butler. Acreditava que Brian atrasava o progresso e era ídolo de toda a "imbecilândia", pois o conhecia de longa data e já o tinha apoiado para a candidatura à Presidência da República anteriormente e se arrependido.

O primeiro teste desta batalha com grande repercussão ocorreu no tribunal de madeira da cidadezinha de Dayton. "Era a luta do tradicionalismo contra o modernismo, do Norte contra o Sul, da metrópole contra a pequena cidade, da tolerância contra o fanatismo, portanto, segundo alguns, de Deus contra o resto".[784]

O julgamento revolucionou Dayton, as calçadas foram tomadas pelo comércio de sanduíches e bebidas. Placas representando macacos estavam nas faixadas das lojas e casas. Dois chimpanzés foram expostos como participes e testemunhas do processo evolucionista. Diversas seitas desfilaram na cidade pregando a religiosidade, como foi o caso do Santo Gingado, que apresentava "êxtases e espasmos de emoção religiosa". A imprensa, com os jornalistas sensacionalistas, vibrava com este bizarro "festival do atraso", que acabou sendo transformado em manchetes, levado, inclusive, pelo rádio para todos os EUA, a Europa e o mundo. Dayton tinha um cinema para 75 pessoas e duas ruas asfaltadas.

Mais de mil pessoas se acotovelaram no Palácio da Justiça para apreciar o início do julgamento (10/07/1925). Era a luta de Deus contra o diabo. Brian, o acusador, quando chegou à cidade foi recebido com festas e honras pela população, pois defendia a lei antievolução, a família e a religião. Dayton foi recebido friamente na véspera do julgamento.

---

784 História do Século XX, nº 41; Enciclopédia Semanal, São Paulo: Abril Cultural, 1974, p. 1237.

O julgamento começou em 10 de julho de 1925, o juiz, que presidiu os trabalhos, Raulston,[785] era fundamentalista. O advogado de defesa, Darrow, baseava-se em provas científicas, realizadas por cientistas e peritos e explicitava que não podia haver conflitos com os fatos bíblicos.

Inicialmente, houve uma audiência preliminar em que Scope respondeu em liberdade e sem pagar fiança. Três alunos foram indicados para testemunhar contra o professor. A acusação ocorreu em 5 de maio. No início dos trabalhos efetivos da Corte (10/07), Bryan foi aplaudido intensamente pelo público presente.

O advogado de defesa começou a interrogar a primeira testemunha, procurando usar um critério científico para desqualificar a Lei Butler, quando foi interrompido por Bryan que afirmou: "Este não é o lugar para provar que a lei nunca deveria ter sido aprovada", e lançou-se numa condenação sarcástica e ilógica do darwinismo, tal como era apresentado num livro escolar: "(...) e, então, temos os mamíferos, 3.500, e há um pequeno círculo, onde se encontra o homem (...). Como ousam os cientistas colocar o homem num circulozinho desses, com leões, tigres e tudo o que há de ruim?"[786]

A plateia riu de forma escrachada. Darwin recebeu um pito do acusador, por ter feito o homem descender dos "macacos europeus", sem nenhuma consideração ou ligação com os "macacos americanos". Considerou este raciocínio completamente ridículo. Darrow, o advogado de defesa, tentou introduzir para depor cientistas e peritos, mas foi duramente criticado. A acusação contestou, tendo o apoio do juiz Raulson, que proibiu a participação de "testemunhos científicos ou especialistas" durante o julgamento. A justificativa era que a lei não estava em julgamento, mas sim o professor Scopes, que era o réu.

---

785 John Raulston: juiz do caso, fundamentalista.

786 Enciclopédia Semanal nº 41. *História do Século XX*. São Paulo: Abril Cultural. IONS, Edmund; ROBERTS, J. M., 1974, pp. 1237/1238.

O julgamento foi suspenso no final da semana e voltou numa segunda-feira, no pátio externo do Palácio da Justiça, por uma questão de segurança e do intenso calor reinante, pois a assistência tinha aumentado e poderia ocorrer um acidente no prédio.

Impedido de apresentar uma defesa baseada na ciência, Darrow mudou a tática usada para surpresa da massa presente, do juiz e de aproximadamente cem jornalistas, ao pedir para Bryan testemunhar com base na Bíblia, já que era especialista no assunto. O acusador aceitou desde que a ciência não fosse abordada.

Darrow, baseado no livro de "Gênesis", inicia o diálogo: "Você estudou a Bíblia de maneira considerável, não é mesmo Sr. Bryan? Sim, senhor, eu me esforcei".

O argumento inicial foi sobre a afirmação bíblica em que "Josué tinha paralisado o sol". Com dificuldade, o interrogado admitiu que a terra "girava em torno do sol" e não o contrário.

> Darrow: Acha que o Sol foi feito no quarto dia?
>
> Bryan: Sim.
>
> Darrow: E havia dia e noite sem sol?
>
> Bryan: Estou me referindo a períodos.
>
> Darrow: Então a criação estendeu-se por um longo período?
>
> Bryan: Continuou durante milhões de anos.
>
> Darrow: Eva foi feita a partir da costela de Adão? De onde saiu a mulher de Caim já que não havia mulheres disponíveis?
>
> Bryan: O único objetivo do Sr. Darrow é insultar a *Bíblia*.
>
> Darrow: Eu rejeito essa acusação. Estou apenas questionando as suas ideias ridículas, nas quais nenhum cristão inteligente em toda a face da terra acredita.[787]

---

787 LEPORE, Jill. *Estas Verdades*: história da formação dos Estados Unidos. Rio de Janeiro: Intrínseca, 2020, p. 467.

O debate mostrou que Bryan, como afirmava, não seguia a *Bíblia* ao "pé da letra", como afirmava. Mostrou, também, a sua ignorância em relação às outras civilizações e religiões. O povo, agora, ria do fundamentalista, que estava desorientado, suava e argumentava de forma desconexa.

Darrow ridicularizou o adversário e suas contradições. O darwinismo transferiu o ridículo para o criacionismo, obrigando o juiz Raulston, aliado do acusador, suspender a sessão com Bryan esperneando e propôs remover aqueles depoimentos dos registros.

Reaberta a sessão, na manhã seguinte, o juiz fundamentalista não deixou Bryan voltar à tribuna, como desejava, para efetuar seu discurso, preocupado com a desmoralização da Corte e da Lei. Colaborou para este encaminhamento a posição de Darrow, que "para economizar tempo" pediu a condenação de John Scopes, já que iria apelar para um Tribunal Superior como tinha planejado.

O júri se reuniu e levou exíguos oito minutos para condenar Scopes e aplicar uma multa de cem dólares.

Cinco dias após o julgamento, Bryan, diabético, tenso pela derrota e a desmoralização pública, faleceu. Darrow comentou "Nada de coração partido, ele morreu com o estômago arrebentado", insinuando que o adversário era um grande comilão. Contudo, "fiquei triste ao saber da morte de Bryan".

A defesa conseguiu reverter o resultado, um ano depois, na Corte Suprema de Tennessee, anulando o julgamento por "vício de forma", pois o juiz Raulston, independente do júri, tinha estabelecido o valor da multa e não o júri. Contudo, a lei Butler foi considerada constitucional.

A democracia, para o falecido, era baseada na crença de que as opiniões da maioria tinham que ser acatadas, pois eram absolutas, e não poderiam ser limitadas de nenhuma forma. O julgamento de Scopes, segundo ele, significava a predominância de uma opinião minoritária financiada pelos impostos, e, portanto, pelo tesouro público. A tese era: "A mão que assina o cheque de pagamento é soberana e pode dirigir a escola".

O professor Scopes, posteriormente, foi convidado para continuar lecionando em Dayton, mas não aceitou. Alegou, inclusive, que não se considerava "inimigo" da Lei Butler, comentou que não dera propriamente uma verdadeira aula sobre a Evolução e Darwin. Completou o seu raciocínio numa entrevista, quando afirmou "que o próprio Estado violava a lei, pois obrigava os professores a adotar um livro-texto que continha um capítulo sobre a evolução!"

A controvérsia sobre ciência e religião nos EUA continuou após este caso, como apontou uma pesquisa realizada doze anos após o "julgamento do macaco", em que metade dos professores "tinham medo" de ensinar os princípios darwinistas, ou seja, a evolução, nas escolas. A Lei Butler do Tennessee foi revogada quarenta e três anos depois em 1967. A Suprema Corte dos EUA considerou inválida qualquer lei estadual que proibisse o ensino da evolução em 1968. A decisão se baseou na Primeira Emenda da Constituição americana que não permite que um estado exija que o ensino e a aprendizagem sejam adaptados aos princípios ou proibições de qualquer seita ou doutrina religiosa em particular. A lei antievolução vinha agredindo os direitos fundamentais de um país que defendia princípios de uma democracia plena. Mas aquele equivocado raciocínio foi discutido deste, por Thomas Jefferson,[788] na Virgínia em 1786, baseado no princípio de que, compelir um homem e fornecer contribuições em dinheiro para a propagação ou opiniões nas quais ele não acredita e abomina, é "pecaminoso e tirânico". A discussão ocorreu no projeto de lei para o Estatuto de Liberdade Religiosa na Virgínia.[789]

---

788 Thomas Jefferson (1743-1826): político constituinte do EUA. Terceiro Presidente do EUA. Ajudou a fundar o Partido Democrata.

789 LEPORE, Jill. *Estas Verdades*: história da formação dos Estados Unidos. Rio de Janeiro: Intrínseca, 2020, pp. 464/465.

Daí o raciocínio originário de Bryan: “Que direito tem uma oligarquiazinha irresponsável, formada por supostos intelectuais, de exigir o controle das escolas dos Estados Unidos, nas quais 25 milhões de crianças estão sendo ensinadas do custo anual de 10 bilhões de dólares?”

Walter Lippman,[790] que se debruçou seriamente sobre o assunto, afirmou que Jefferson defendia que as pessoas não deveriam pagar pelo ensino do anglicanismo e que o Sr. Bryan questionou por que elas deveriam ser obrigadas a pagar pelo ensino do agnosticismo. Acreditava que estes fatos tinham sérias consequências numa democracia, pois, se os eleitores haviam decidido que a teoria evolucionista estava errada e não poderia ser ensinada nas escolas, o que as outras pessoas poderiam argumentar? A consequência era que uma concepção científica a respeito do que aconteceu e acontece na natureza, defendida por uma minoria de pessoas, seria impedida de divulgação e debate com a maioria, pois toda a geração tinha sido ensinada ao contrário e estava alienada por aqueles princípios arcaicos.[791]

Essa posição dos fundamentalistas e criacionistas feriram a liberdade acadêmica, e a separação entre a igreja e o Estado impondo uma ditadura da maioria e destruindo os princípios democráticos plenos. Desejavam os conservadores, os religiosos de direita que a legislação direta decretasse que Darwin e a ciência estavam errados. Era o uso de princípios da chamada Democracia Direta, oriunda de Atenas na Grécia Antiga de forma indevida. Sócrates já tinha sido vítima deste raciocínio. Nos EUA, a *Ku Klux Klan*, originária do século XIX, foi organizada por William J. Simmons,[792] professor

---

790 Walter Lippman: pesquisador, estudou o caso e situou a posição de Thomas Jeferson.

791 LEPORE, Jill. *Estas Verdades*: história da formação dos Estados Unidos. Rio de Janeiro: Intrínseca, 2020, p. 467.

792 William J. Simmons: organizou a *Ku Klux Klan* em 1915. Era um antigo oficial militar e propagandista do protestantismo.

de História, em 1915, próximo a Atlanta e defendia e defende perigosamente boa parte destas ideias retrógradas, usando, inclusive, violência contra quem os contestava e contesta. Em 1926, o líder do *Klan*, Hiram Evans,[793] o chamado "feiticeiro imperial" conclamava:

> Somos um movimento, das pessoas simples, muito pobres no que diz respeito à cultura, à base intelectual e à cultura de sua liderança. Estamos exigindo, e esperamos conseguir, o retorno do poder para as mãos do cidadão comum, sem alta cultura, sem superintelectualização, mas de velha cepa, inteiramente puro e não desamericanizado. Nossos adeptos e líderes são todos desse tipo, a oposição dos intelectuais e liberais que assumiram a liderança e traíram o americanismo, e de quem pretendemos arrancar o controle, é quase automática.
>
> Indubitavelmente, isto é um ponto fraco. Deixa-nos expostos à acusação de sermos caipiras, ingênuos e condutores de Fords de segunda-mão. Reconhecemos isso. Pior ainda, isso torna difícil defendermos nossa causa e advogar nossa cruzada da maneira mais eficiente, porque a maioria de nós carece de habilidade para se expressar (...).
>
> Todo movimento popular tem enfrentado essa mesma desvantagem (...).
>
> O *Klan* não acredita que o fato dele ser emocional e instintivo, em vez de friamente intelectual, seja uma fraqueza. Toda ação nasce mais da emoção que do raciocínio. Nossas emoções e os instintos em que elas se baseiam vêm se desenvolvendo em nós há milhares de anos, muito antes da razão ter se instalado no cérebro humano (...). Eles são o fundamento da civilização americana, até mais do que nossos grandes fatos históricos; merecem confiança naquilo em que o raciocínio especioso dos intelectuais desnaturados não merece.[794]

---

793 Hiram Evans: um dos líderes da *Ku Klux Klan*. Fanático e extreminsta. Amaricanista ferrenho.

794 HOFSTADTER, Richard. *Antiintelectualismo nos Estados Unidos*. Rio de Janeiro: Paz e Terra, 1967, pp. 156/157.

Os fundamentalistas divulgavam:

> Leia a *Bíblia*. Ela ensina como agir. Leia o livro de hinos. Ele contém a mais pura poesia jamais escrita. Leia o almanaque. Ele mostra como adivinhar que tempo vai fazer. Não existe nenhum outro livro cuja leitura seja necessária a ninguém. Sou, portanto, contra todas as bibliotecas.[795]

Bryan propunha, com base na Democracia Direta e populista, que a evolução fosse submetida a votos, porque os cristãos eram e estavam em maioria. Afirmava:

> A *Bíblia* condena o evolucionismo, tanto o evolucionismo teísta como o materialista, se é que podemos confiar no julgamento dos cristãos sobre o sentido da Bíblia. Nenhuma pessoa, em dez das que aceitam a *Bíblia* como a Palavra de Deus, pensou jamais em aplicar ao homem a hipótese da evolução. A menos que exista alguma lei pela qual uma pequena fração pode impor suas opiniões em substituição às opiniões mantidas pelas massas, o evolucionismo deve permanecer condenado como contrário à vontade expressa de Deus.[796]

Em decorrência dessas posições antidemocráticas é que, na década de 50, eclodiu o macartismo nos EUA, como se fosse uma cruzada anticomunista, vitimou professores, cientistas, artistas e liberais em geral.

O fundamentalismo acabou apoiando a extrema direita americana devido a algumas ideias divulgadas, como:

---

795 HOFSTADTER, Richard. *Antiintelectualismo nos Estados Unidos*. Rio de Janeiro: Paz e Terra, 1967, p. 157.

796 HOFSTADTER, Richard. *Antiintelectualismo nos Estados Unidos*. Rio de Janeiro: Paz e Terra, 1967, p. 161.

> Não compreendo a política de um ponto de vista acadêmico; não sou familiarizado com a obras-primas da arte europeia, mas declaro-vos esta noite: eu compreendo os corações do povo americano; os escribas e os fariseus do século XX (...) inundam a nação com sua propaganda dominadora, introduzindo estilos novos na política, atitudes religiosas, uma ética inferior e costumes baixos; vamos arrancar o governo das mãos desses trapaceiros urbanos e devolvê-lo ao povo que ainda acredita que dois mais dois são quatro, que Deus está no céu e que a Bíblia é palavra.[797]

É um raciocínio maniqueísta, que encara o mundo como um palco de luta entre o bem e o mal absoluto e critica os acordos democráticos por serem ambíguos. Confundem os liberais, democratas, sociais-democratas, socialistas como variantes do perigo comunista e ateísta.

Acreditam que a política é uma arena onde o conceito de verdade absoluta deve ser imposto e aplicaram essas ideias em alguns estados americanos até os dias atuais. O grave é que essas práticas atingiram outros países, como está acontecendo no Brasil atual, com o surgimento de falsos pastores parte dos quais inimigos da ciência e do saber, exploranto a boa fé dos verdadeiros crentes.

---

797 HOFSTADTER, Richard. *Antiintelectualismo nos Estados Unidos*. Rio de Janeiro: Paz e Terra, 1967, pp. 165/166 *apud* SMITH, Gerald L. K.; HUDSON, Charles B. "Apêndice". LOWENTHAL, Leo; GUTERMAN, Norbert. *Prophets of Decret*. Nova York: Harper & Brothers, 1949, pp. 109/110.

CAPÍTULO IX

A ÉPOCA DA CONJURAÇÃO MINEIRA E BAIANA – TIRADENTES E CIPRIANO BARATA

O processo colonial brasileiro se estendeu de 1530 a 1808. Nessa fase, ocorreu a plantação de cana-de-açúcar com a lavoura sendo implantada em São Vicente (São Paulo), por Martim Afonso de Souza,[798] tendo investimentos flamengos para a produção açucareira.[799] A tentativa de produção acabou frustrada, deixando apenas

798 Martim Afonso de Souza (1500-1571): fidalgo português, donatário da capitania de São Vicente e fundador das primeiras vilas no Brasil colônia.

799 Investimentos flamengos: o relacionamento entre Portugal e os holandeses (flamengos) iniciou-se na Idade Média com Flandres e depois dos descobrimentos. Os flamengos compravam drogas e gêneros exóticos em Lisboa. Investiram na produção do açúcar no Brasil, até o início do domínio espanhol. Posteriormente, com a ruptura ocorrida, devido aos espanhóis, invadiram o Brasil em 1624 (Bahia) e 1630 (Pernambuco). Flamengo é a denominação dada aos naturais de Flandres (Países Baixos).

o famoso Engenho dos Erasmus,[800] posteriormente chamado "do Governador".

Em 1537, a lavoura da cana foi introduzida no Nordeste com destaque para a capitania de Pernambuco, em Olinda, onde o açúcar passou a ser fabricado em larga escala. Depois se estendeu pelas outras capitanias, como Bahia e Alagoas. Aquela se projetou como a segunda produtora da agroindústria açucareira com uma concentração de canaviais no recôncavo baiano.

Era o início e a evolução do chamado "ciclo da cana-de-açúcar" no Brasil, que se estendeu, com grande sucesso, até meados do século XVII, quando os holandeses foram expulsos da colônia e passaram a investir na produção do produto em outras localidades.

A exportação do açúcar entre 1600 e 1700 alcançou 3 milhões de libras esterlinas, segundo Roberto Simonsen.

Na entrada do século XVIII, a agricultura brasileira estava em crise sendo afetada a produção açucareira que entrou em decadência paulatina nesse período apesar de continuar liderando as exportações agrícolas. Segundo Celso Furtado,[801] "nas últimas três décadas do século, processa-se uma contínua baixa no preço do

---

800 Engenho dos Erasmus (ou do Governador): primeiro engenho do Brasil, foi instalado em São Vicente (1532). Teve vários nomes, a saber: 1) Engenho do Sr. Governador; 2) Engenho dos Armadores; 3) Erasmo Schetz; 4) Engenho São Jorge dos Erasmus (Erasmo).

801 Celso Furtado (1920-2004): paraibano, com doutorado em economia na França (1948). Participou da CEPAL (órgão da ONU), diretor do Banco Nacional para o desenvolvimento econômico e criou a Sudene. Ministro Extraordinário do Planejamento de Jango Goulart. Exilado após o golpe de 1964, lecionou na Sorbonne, em Cambridge e Washington. Voltou ao Brasil (1967) e, depois, com a abertura, foi nomeado Ministro da Cultura no governo Sarney. Escreveu diversos livros sobre o desenvolvimento econômico do Brasil. Principais obras: *Formação econômica do Brasil*, *O Brasil pós-milagre*, *Formação econômica da América Latina*, *A fantasia desfeita*, *Economia colonial no Brasil nos séculos XVI e XVII* etc.

gênero. No século seguinte, a baixa se torna catastrófica, e se não fora a mineração – particularmente de ouro e diamantes – Portugal e sua colônia teriam sofrido uma seria *débâcle*".[802]

Concomitantemente, desenvolveu-se a pecuária e a agricultura de subsistência na colônia.

No setor agrícola, o fumo se destacou como lavoura comercial, assim como o algodão, durante o século XVII.

O fumo colaborou para o crescimento de Cachoeira e Inhambupe (na Bahia) e foi plantado, também, no Rio de Janeiro, São Paulo, Espírito Santo e Sul de Minas. Em determinado momento, a exportação do tabaco superou a do algodão, menos no final do século XVIII.

Já o algodão teve início como uma cultura secundária no século XVI, servindo para a confecção de pano para os escravos, e cresceu na segunda metade do século XVIII, devido à exportação para ser utilizado durante a "revolução industrial europeia". D. Maria proibiu a fabricação de tecidos no Brasil.[803]

Enquanto a agricultura brasileira oscilava em suas exportações de matéria-prima, causando crises e descontentamentos para os latifundiários nativos, desenvolveu-se à procura de riquezas minerais, tais como o ouro e pedras preciosas, base da prática mercantilista,[804] desde o final do século XV.

---

802 FURTADO, Celso. *Economia colonial no Brasil nos séculos XVI e XVII*. São Paulo: Editora Hucitec/ABPHE, 2001, p. 105.

803 D. Maria I (1734-1816): filha de D. José I, subiu ao trono em 1777 e mudou a política lusitana do antecessor, demitindo Pombal da Secretaria de Estado, daí o nome "A viradeira". Radicalmente católica, dura com a administração do Brasil, enlouqueceu por volta de 1792. A regência foi executada pelo filho D. João (VI). Reprimiu a Conjuração Mineira.

804 Prática Mercantilista: enriquecer com a acumulação de metais preciosos. Teoria adotada no início da Idade Moderna, no século XV, e que evoluiu até o século XVIII, sendo usada pelas nações colonialistas.

O ouro foi procurado desde os primeiros anos da colonização. O descobrimento do ouro nas "Gerais" apresenta diversas hipóteses, a saber: Achado por Rodrigues Arzão (1693),[805] ou Bartolomeu Bueno da Siqueira (1696),[806] ou Borba Gato,[807] na mesma época em Sabará. As entradas[808] e as bandeiras,[809] principalmente as paulistas, foram a base para a descoberta dos veios auríferos. No início do século XVIII, a retirada do ouro de aluvião[810] cresceu, permitindo bons lucros para os exploradores na Capitania de Minas Gerais, trazendo a coroa portuguesa para fiscalizar e regulamentar a sua exploração.

---

805 Antônio Rodrigues Arzão (?-1730): bandeirante paulista, que, segundo comentários no Brasil colônia, revelou o primeiro ouro de Minas Gerais (1693). Procurou esmeraldas em 1717. Preava índios.

806 Bartolomeu Bueno da Siqueira (1653-?): filho de Bartolomeu Bueno, denominado Anhanguera (fantasma-espectro). Como o pai (1670-1740), buscou a Serra dos Martírios (1722) procurando ouro, a lança e os cravos de Cristo esculpidos em pedra. Descobriu o ouro e ficou superintendente das "Minas de Goiás".

807 Manoel Borba Gato (1628-1718): paulista, genro de Fernão Dias Paes, ajudou a explorar Sabarabaçu (1674-1681). Acusado de matar D. Rodrigo Castelo Branco (administrador geral das minas), durante a sua busca de ouro, exilou-se nos sertões mineiros. Por volta de 1700, pediu perdão pelo delito ao governador de Minas Gerais, Arthur de Sá Menezes. Foi tenente-general de Sabará (1711) e teve papel moderador na Guerra dos Emboabas. Foi juiz ordinário.

808 Entradas: expedições exploratórias oficiais que, durante a fase colonial, entrava pelo interior brasileiro à procura de ouro, prata, diamantes e qualquer pedra considerada preciosa. Partiam, geralmente, do litoral em direção ao interior da colônia.

809 Bandeiras: expedições privadas (século XVII), a fim de prear índios e procurar metais e pedras preciosas. A coroa lusa incentivava estas "penetrações", principalmente em São Paulo. Eram fortemente armadas e belicosas.

810 Ouro de aluvião: pepitas misturadas aos cascalhos e areias ou depositadas nos fundos dos rios. Era o ouro de superfície e de fácil extração.

Em 1702, foi lançado o Regimento dos Superintendentes,[811] Guarda Mores e Oficiais Deputados para as minas de ouro, reservando, como era praxe, um quinto (1/5) do ouro extraído para o tesouro régio. Foi criada a Intendência das Minas[812] em todas as capitanias que explorasse o ouro, tendo a obrigação de fiscalizar, reprimir o contrabando do metal e cobrar o quinto real. Foram introduzidas as casas de fundição, que transforavam o ouro em barras, e retiravam o quinto da coroa.

As explorações auríferas ocorriam por intermédio das lavras[813] e dos faiscadores.[814] As lavras eram jazidas "organizadas em grande escala e com aparelhamento para a lavagem do ouro". Os faiscadores usavam ferramentas primitivas trabalhando por si em um ponto franqueado a todos. Geralmente, eram trabalhadores livres e pobres, apesar de haver escravos que também participavam, mas pagavam uma quantia ao senhor com o intuito de conseguir alforria.

Os diamantes foram encontrados na região diamantina de Minas (Distrito Diamantino)[815] por volta de 1729 e a exploração foi inferior à do ouro. Esta região foi isolada pelo governo e, para as

---

811 Regimento dos Superintendentes: normatização lançada em 1702, que ditava regras para a demarcação e para a exploração das datas em Minas Gerais. Incentivava novas descobertas auríferas, fiscalizava, julgava litígios, combatia o contrabando e concedia datas.

812 Intendências das Minas: órgão administrativo, encarregado de equacionar problemas nas regiões mineradoras, cobrando o quinto, fiscalizando as jazidas minerais e que deveria se instalar em qualquer capitania, onde houvesse mineração.

813 Lavras: local onde ocorria a exploração mineral.

814 Faiscação: local onde havia pequena extração mineral realizada por pessoas isoladas, "os faiscadores", que tinham poucos instrumentos e tecnologia.

815 Distrito Diamantino: era o Arraial do Tejuco, onde foram descobertos diamantes (1729) e, na sequência, criada a demarcação diamantina, com duras medidas administrativas.

pessoas circularem, era necessária a autorização do Intendente da região.[816] O Arraial de Tejuco era o centro administrativo.[817]

Todavia, em meados do século XVIII, as jazidas de ouro começaram a se esgotar, pois a maior parte deste encontrava-se sob a forma de aluviões, sendo raras as rochas matrizes[818] para maior exploração, por estarem desagregadas. A técnica usada era diferente. A administração só visava ao quinto e, quando este abaixava, os mineradores eram acusados de fraude, sendo acionados por cobradores da coroa.

Os diamantes decaíram junto ao ouro devido:

- Ao grande fluxo de diamantes no mercado europeu;
- À administração inepta, que não racionalizou a produção, gerando redução de custos.

Diante da crise, o governo instalou a Derrama,[819] para cobrar os chamados impostos atrasados, quando o quinto não atingia a quantidade desejada, a população teria de completar a diferença que faltava. O tributo deveria ser de cem arrobas no ano. Esse fato motivou a articulação para a Conjuração ou Inconfidência Mineira.

As consequências da mineração foram:

---

816 Intendente: funcionário nomeado pelo Rei para atuar nas intendências das comarcas, onde era fundido o ouro e se exploravam os diamantes.

817 Arraial do Tejuco: local onde se descobriu, incialmente, os diamantes (1729), posteriormente Distrito Diamantino e, hoje, a cidade de Diamantina.

818 Rochas matizes (ou matrizes): rocha no subsolo, onde ficava concentrado o ouro.

819 Finta Geral ou Derrama: cobrança dos impostos atrasados para completar o quinto. A população era obrigada a contribuir para completar o estipulado pela Coroa. A Coroa previa 100 arrobas de ouro por ano para o tesouro.

1) Ela ocupou, durante ¾ do século XVIII, a maior parte das atenções do país; com isso provocou a decadência das outras atividades, como a agricultura no Nordeste. Aventureiros, novos portugueses e os senhores rurais buscavam a exploração do ouro (corrida do ouro). Houve, portanto, o deslocamento do centro econômico do Nordeste para a região das minas.

2) Povoamento de um território imenso (interior da Bahia, Minas, Goiás, Mato Grosso) até então desabitado. São mais de 2 milhões de quilômetros quadrados. O povoamento foi esparso, através de pequenos núcleos, separados por imensas áreas desertas (será a forma característica do povoamento do Brasil centro-sul até nossos dias).

3) O grande desenvolvimento das cidades mineiras: Vila Rica, São João Del Rei, Diamantina, Sabará, Mariana; a intensificação da vida urbana e o aparecimento dos sobrados. A valorização da cultura; os jovens vão estudar na Europa – e o enfraquecimento do patriarcalismo. Estas cidades mineiras decaem com o ouro.

4) Os conflitos na região das minas, entre mineradores contra os fiscais portugueses e contra a política colonial em geral: Guerra dos Emboabas, Rebelião em Vila Rica e Inconfidência Mineira.

5) O desenvolvimento das regiões vizinhas como sul de Minas, São Paulo e Rio de Janeiro, que farão o abastecimento, em gêneros agrícolas e carne, da região das minas, própria para as atividades rurais. Assim se inicia o desenvolvimento do sul, mesmo do Rio Grande do Sul, como centro criador. O Rio de Janeiro, por onde se dava escoamento da produção das minas, transforma-se no principal centro urbano da colônia. Em 1763, o Rio se torna a capital.

Nessa época, em 1703, foi assinado entre Portugal e Inglaterra o Tratado de Methuen,[820] que colocava o vinho português no mercado inglês e a contrapartida era a abertura do mercado luso aos tecidos e manufaturas britânicos. A Inglaterra, com este tratado, abocanhou grande parte dos minérios do Brasil e atrasou a industrialização da metrópole e da colônia.

A mineração deslocou o eixo econômico do Nordeste açucareiro para a região centro-sul do Brasil e a capital foi deslocada de Salvador para o Rio de Janeiro (1763). O tráfico negreiro foi intensificado e contribuiu para o povoamento e surgimento de novas atividades econômicas no país. Portugal, no entanto, não realizou grandes investimentos para a própria industrialização e do Brasil. Houve, ao contrário, investimentos na construção de palácios, igrejas e luxos da Corte.

A mineração gerou uma economia clandestina com participação dos pobres, mas também com autoridades coloniais e desenvolveu o contrabando, que foi combatido pelas tropas militares situadas na capitania.

O século XVIII interiorizou o povoamento brasileiro acarretando um processo grande de urbanização e o surgimento de uma classe média local, ou seja, fomentou a mobilidade social. Nesse

820 Tratado de Methuen (1703): acordo de Portugal com a Inglaterra. O mercado inglês recebia os vinhos portugueses e os lusos, os tecidos e manufaturados ingleses. Prejudicou a industrialização portuguesa.

quadro, Vila Rica de Ouro Preto,[821] era a capital do ouro, e Simão Machado Ferreira,[822] no seu Trinfo Eucarístico (1734) afirmava:

> Nesta vila [Rica] habitam os homens de maior comércio, cujo tráfego e importância excede sem comparação o maior dos maiores de Portugal: a ela, como a porto, se encaminham, e recolhem as grandiosas somas de ouro de todas as Minas na Real Casa da Moeda: nela residem os homens de maiores letras, seculares, e eclesiásticos: nela tem assento toda a nobreza, e força da milícia; é por situação da natureza cabeça de toda a América, pela opulência das riquezas a pérola preciosa do Brasil.[823]

Aumentou a mobilidade social com a mineração na capitania de Minas Gerais, pois a colônia apresentava uma divisão quase estática:

- Burguesia reinol, intermediária com a Metrópole nos negócios, servia como ponto de apoio para a política extorsiva do erário real.
- Aristocracia rural, estava ligada aos comerciantes lusos, defendia os interesses da metrópole e seus privilégios equivalentes aos da fidalguia.

---

821 Truinfo Eucarístico (Vila Rica de Ouro Preto): descreve a "civilização da cidade e sua eloquência: a grande riqueza aurífera e exalta os homens letrados". Descrição de Simão Machado em *Triunfo Eucarístico*. Exemplar da cristandade lusitana em Vila Rica, Corte de capitania de Minas Gerais aos 24 de maio de 1773 (BOXER, C. R. *A Idade de Ouro no Brasil*: dores de crescimento de uma sociedade colonial. Trad. Nair de Lacerda. São Paulo: Companhia Editora Nacional, 1969, pp. 24/25).

822 Simão Machado Ferreira: autor do *Triunfo Eucarístico* (1734), que exalta a exploração do ouro em Vila Rica.

823 BOXER, C. R. *A Idade de Ouro no Brasil*: dores de crescimento de uma sociedade colonial. Trad. Nair de Lacerda. São Paulo: Companhia Editora Nacional, 1969, pp. 183/184.

- Aristocracia nativa, não tinha laços profundos com a coroa, sendo formada por descendentes dos lusitanos e tinham conseguido enriquecer.

- População livre, camada social que não tinha propriedades nem escravos, geralmente paupérrima, desocupados, sendo boa parte mestiça e formada por agregados, moradores urbanos, mascateiros, artesãos etc.

- Escravos – constituído por negros comprados pelo senhor, sem nenhum direito, exceto o de trabalhar e cumprir ordens. Muitas tarefas foram exercidas pelos cativos nas áreas rurais e urbanas, ou seja, nas fazendas, engenhos, mineração, residências, ambulantes etc. Eram considerados mercadorias.

Havia, também, a escravização de índios[824] e, muitas vezes, de pardos. A mineração abriu espaço para uma maior democratização social e Vila Rica foi um exemplo de mobilidade social.

Em Vila Rica, encontravam-se lojas de sapateiros, ferreiros, tamoeiros, carpinteiros, joalheiros, tendo inclusive ruas especializadas em determinas mercadorias ou serviços, com ampla participação dos mulatos, que, às vezes, organizavam-se em irmandades. A Câmara Municipal local regulamentou o artesanato (1753) e confeccionou tabelas de preços. A estrutura familiar era patriarcal.

A prestação de serviços era ampla e havia cirurgiões, barbeiros, boticários, mestres-escola, estalajadeiros, advogados etc.

A elite da cidade e da capitania exportava o ouro, os diamantes e importavam objetos do exterior, tais como talheres de prata, louças, tafetás, seda, cambraias, chapéus, candeeiros, ou seja, manufaturados entre outros.

---

824 Escravização de índios: realizadas, principalmente, pelos bandeirantes, vetada e combatida pelos jesuítas durante o período colonial brasileiro.

Os filhos dos abastados conseguiam estudar em Portugal principalmente em Coimbra ou na França e Inglaterra e traziam novas ideias para a colônia juntamente com livros, muitos considerados subversivos. Daí o destaque para diversos poetas intelectuais em Minas, como os pertencentes à Arcádia Mineira,[825] o desenvolvimento do Barroco,[826] das igrejas e da música sacra,[827] com a participação dos mestiços, como Joaquim Emérico Lobo de Mesquita.[828]

Portanto, a mineração, ao contrário da lavoura açucareira e da pecuária, abriu caminho para uma maior participação cultural e visão ampla das mudanças que estavam ocorrendo no mundo e nas Américas. Nesse contexto, Vila Rica ultrapassou Salvador e o Rio de Janeiro com o surgimento dos mineiros abastados e muitos críticos das imposições econômicas, políticas e sociais determinadas pela metrópole. Esse é o panorama que a elite da capitania das minas vivenciou, daí os atos de revoltas e rebeliões, como o surgimento da Inconfidência Mineira e Tiradentes.

---

825 Arcádia Mineira: iniciou-se com os trabalhos de Cláudio Manuel de Costa de caráter poético, de influência europeia (Iluminismo e estética italiana). Havia o culto bucólico, fuga da civilização, busca da simplicidade, imitação da natureza, uso da mitologia clássica, racionalismo e valorização dos escritores clássicos: Virgílio, Camões, Sá de Miranda e Ovídio.

826 Barroco Mineiro: adaptação ao Barroco europeu no Brasil. Apresentou, nas artes plásticas, exuberância de formas, gosto pelas oposições, prevalência da imagem sobre o desenho, profundidade dos planos da composição etc. Exemplo: as obras de Aleijadinho. Na literatura, apresentou estilo ornamentado, uso de antíteses e hipérboles, jogo de palavras. Na música, apresentou a "cantata" e o "concerto", junto ao virtuosismo instrumental ou vocal.

827 Música Sacra: tocada nas igrejas e conventos.

828 José Joaquim Emérico Lobo de Mesquita: compositor, mulato de Minas Gerais, organista da irmandade do Santíssimo Sacramento (Arraial do Tijuco) e da Ordem Terceira do Carmo (Vila Rica). Principais obras: "Te Deum", "Missa Grande", "O ofício dos defuntos", "Antífona de Nossa Senhora", entre outras. Existem 40 obras deste compositor.

É importante comentar que, de 1706 a 1750, Portugal foi governado por D. João V[829] de forma absoluta.[830] Não alavancou a economia lusa com o ouro e os diamantes do Brasil. Parte do ouro foi para a Inglaterra, para o luxo da Corte e para Roma, não conseguiu rever o Tratado de Mathuen, ficando na dependência da Inglaterra.

Com a entrada de D. José I[831] no governo, de 1750 a 1777, o despotismo esclarecido[832] chegou em Portugal e ocorreram propostas de reformas que procuravam considerar as ideias oriundas do Iluminismo, tendo como base a ciência e a razão.[833] Foi indicado como Primeiro Ministro, Sebastião José de Carvalho e Melo,[834] conhecido

---

829 D. João V (1689-1750), "O Magnânimo": Rei de Portugal (1706), imitou Luís XIV da França, com grande fausto, esbanjador das riquezas do Brasil e Portugal. Protegeu as artes e reinou durante 44 anos.

830 Forma Absoluta (de Absolutismo): governo em que todos os poderes ficam concentrados na pessoa do Rei, que exerce seu poder de direito e de fato. Concentra o Executivo, o Legislativo e o Judiciário em suas mãos. Está ligada à teoria do Direito Divino para os monarcas. Defensores: Jean Bodin, Maquiavel, Thomas Hobbes, Hugo Groutius, entre outros.

831 D. José I (1714-1777): reinou a partir de 1750, com estilo político neutro em relação aos conflitos europeus. Optou pelo "despotismo esclarecido", que seguia a tese de progresso, da razão, conforme pregava o Iluminismo. Marquês de Pombal foi o Ministro escolhido para executar a política da reforma na economia e no ensino. Expulsou os jesuítas de Portugal (1759) e, com Pombal, reconstruiu Lisboa, que tinha sido quase destruída por um terremoto.

832 Despotismo esclarecido: regime político europeu que absorveu as ideias liberais dos filósofos iluministas, realizando reformas, mas sem abandonar o absolutismo.

833 DORIA, Pedro R. *1789*: a história de Tiradentes e dos contrabandistas, assassinos e poetas que lutaram pela Independência do Brasil. Rio de Janeiro: Nova Fronteira, 2014, pp. 123-127.

834 Sebastião José de Carvalho e Melo (Marquês de Pombal 1699-1782): oriundo de família modesta, embaixador em Londres e Viena e Ministro de D. José I. Ajudou nas reformas ocorridas em Portugal, perseguiu os jesuítas, favoreceu os judeus, protegeu a agricultura, a indústria, a navegação e o ensino. Em relação ao Brasil, proibiu a escravidão indígena,

como Marquês de Pombal, que tentou aplicar à governança propostas destinadas ao desenvolvimento econômico e cultura da metrópole.

Pombal praticou uma política econômica similar à de Colbert,[835] Ministro de Luís XIV,[836] tentando impingir uma economia autônoma e nacionalista, sem mais dependência dos ingleses. Procurou incentivar a industrialização lusa e diminuiu a importação de produtos manufaturados. Fez o oposto de D. João V em relação ao Brasil, manteve a política mercantilista de exportação da colônia em função do desenvolvimento econômico da metrópole. Realizou novas concessões às companhias privadas,[837] para que pudessem se impor no comércio exterior. Apoiou a Companhia Geral de Comércio do Grão-Pará e Maranhão (1755-1778), a Companhia Geral do Comércio de Pernambuco e Paraíba (1759) e a Companhia de Pesca da Baleia nas Costas do Brasil. A primeira mantinha o monopólio colonial de navegação e do comércio do Grão-Pará e no Maranhão, controlava o tráfico negreiro, incentivava a produção de arroz e algodão e exportava diversas especiarias da região equatorial.

A segunda monopolizou o comando dessa região, vendendo produtos manufaturados, escravos e, comprando açúcar, fumo e

---

apoiou as Companhias de Comércio, criou o Tribunal de Relação do Rio de Janeiro, reduziu o poder da Inquisição etc.

835 Jean Baptiste Colbert (1619-1683): Ministro das Finanças de Luís XIV, aplicou a política mercantilista. Realizou uma reforma fiscal, incentivou o comércio, criou as Companhias de Comércio das Índias Ocidentais e Orientais. Incentivou a indústria naval.

836 Luís XIV, o Grande (1638-1715): Rei aos 5 anos sob a regência da mãe, Ana da Áustria. Teve, como Ministro, o cardeal Mazarino. Dirigiu a economia com Colbert. A Corte se instalou em Versalhes, onde acabou recebendo o título de "rei-sol". Investiu no imperialismo francês e se envolveu na "sucessão da Espanha". O final do seu governo foi crítico e a miséria atingiu os camponeses franceses.

837 Companhias de Comércio: companhias privadas, encarregadas, pelos governos europeus, de manter o tráfico mercantil com as suas colônias, principalmente nos séculos XVII e XVIII. Recebeu apoio em Portugal, durante o governo de D. José I e Pombal.

algodão, exorbitava nos preços, dessa forma as câmaras municipais locais pediram à Coroa Portuguesa que fossem interditados. Extinta em 1779.

A terceira foi criada em 1765, substituiu o monopólio real, diminuiu a pesca da baleia para fornecimento de óleo e ossos. Foi extinta em 1808.

O Ministro se destacou na recuperação da cidade de Lisboa, que foi quase destruída pelo terremoto em 1755. Perseguiu os jesuítas[838] no Brasil, devido ao comércio de produtos da Amazônia que realizavam, concorrendo com as Companhias de Comércio.

Proibiu a escravização dos índios e transferiu a capital da colônia de Salvador para o Rio de Janeiro. Em 1759, expulsou os jesuítas de Portugal.

As companhias de comércio exorbitaram em suas práticas e métodos no Brasil e geraram protestos e revoltas da elite e do povo, pois as mercadorias de péssima qualidade eram vendidas por altos preços; enquanto os produtos da região eram comprados por preços irrisórios, muitas vezes, venderam produtos deteriorados e fraudaram na passagem pelas aduanas.

Durante a administração pombalina, houve ampla regulamentação e aumento dos impostos. Em Minas Gerais, foram restabelecidas as Casas de Fundição e a fabricação da quota de cem arrobas anuais, para a arrecadação do fisco na região. Quando caiu a produção do ouro e a Derrama foi instituída, a população ficou inquieta e rebelde contra a metrópole. Esta nacionalização administrativa aumentou

---

838 Jesuítas: ordem de clérigos fundada em 1534, por Inácio de Loyola. Foi organizada sob o prisma militar do fundador. Os jesuítas seguem os "exercícios espirituais", a castidade, a pobreza, a obediência ao Superior Geral e ao Papa. Foram espalhados pelo mundo afora e, no Brasil, tiveram um papel importante na educação. Combateram o protestantismo e as heresias.

a opressão contra a colônia, levando aos movimentos chamados nativistas,[839] como em Minas e na Bahia.

- A Bahia, durante o século XVIII, estava em crise econômica, política e social durante o ciclo do ouro de Minas Gerais.

O açúcar continuava importante para a economia local, mesmo com oscilações de preço no mercado externo, devido às guerras e à concorrência das Antilhas,[840] pois o porto de Salvador era importante para o comércio brasileiro e da América do Sul. Em meados do século XVIII, tinha 122 engenhos. Outros produtos como o fumo e o algodão eram importantes para a Capitania.

O tabaco era usado para o escambo dos escravos africanos e Salvador era um polo importante de comércio de negros na colônia, abastecendo outras capitanias. O recôncavo baiano abrigava uma ampla agricultura de subsistência e fornecia carne, farinha e outros produtos para Salvador. O sertão era utilizado para uso da pecuária.

O comércio baiano era forte, mas, com a exploração aurífera, Salvador, que era a capital da colônia, perdeu a liderança para o Rio de Janeiro em 1763.

A sociedade baiana, como a da colônia, classificava como homens importantes os aristocratas, ou seja, nobres; e os "outros", os que não tinham *status* e poder. Os pobres não tinham valor nesta hierarquia social e representavam quase 90% da população; segundo estimativas, Salvador tinha 60 mil habitantes. Predominavam os mestiços e os escravos. Nesse quadro, ocorreu o aumento de proprietários ricos, mas, como dependiam de comércio externo, as dívidas também aumentaram para muitos deles, devido aos fornecedores de

---

839 Nativismo (Nativistas): movimento de revolta contra a opressão da Coroa e trouxe as raízes da Independência e da República brasileira.

840 Concorrência das Antilhas: onde se desenvolveu o tráfico de escravos no século XVI. Ocorreu a plantação de cana e produção do açúcar, a partir do século XVII, concorrendo com o açúcar brasileiro.

produtos, aos traficantes de escravos, aos impostos, às taxas, tributos e doações impostos pela coroa lusa. Por volta de 1770, Salvador tinha um comércio intensivo com a região aurífera, mas a lavoura não tinha alcançado os mesmos benefícios e os lucros ficavam com a burguesia mercantil portuguesa que enriqueciam. Essa conjuntura fomentou as contradições sociais, agravando a situação alimentar para a população livre sem bens, pobre, e que era vítima da alta de preços dos produtos de primeira necessidade. Nesse clima, ocorreram vários atos de rebeldia, com populares invadindo armazéns, sequestrando farinha e carne de maneira violenta, assim como ocorreu em 1797, com o saque de carne transportada para o comando militar de Salvador. Houve, na época, a destruição do pelourinho pelo povo, símbolo do poder real, que estava numa praça. Esse era o contexto que havia em Salvador e na Bahia, quando ocorreu a Primeira Revolução de caráter fortemente social no Brasil, a Conjuração dos Alfaiates ou Conjuração Baiana em 1798.

9.1 Tiradentes e a Conjuração Mineira (1789) – O "bode expiatório" da Inconfidência Mineira

Joaquim da Silva Xavier (1746-1792) – Tiradentes – nasceu entre São José e São João Del Rey (MG), na Fazenda Pombal, filho do lusitano Domingos da Silva Santos,[841] pequeno proprietário e conselheiro municipal em São João Del Rey e de Antônia da Encarnação Xavier.[842] Ficou órfão, precocemente, aos 11 anos e foi educado pelo padrinho,[843] que era cirurgião. Tinha sete irmãos e foi alfabetizado em casa, onde aprendeu noções gerais de tratamento dentário e

841 Domingos da Silva Santos (1698-1757): pai de Tiradentes e proprietário rural próximo ao Rio das Mortes.

842 Antônia da Encarnação Xavier (1721-1755): mãe de Tiradentes, ensinou-o a escrever e a ler.

843 Sebastião Ferreira Leitão: luso, minerador, procurador, vereador e juiz. Tratava e extraía dentes. Foi padrinho de Tiradentes.

médico. Dois irmãos eram padres, Domingos da Silva Xavier[844] e Antônio da Silva Santos.[845] Adolescente, trabalhou nas tropas de carga para o Rio de Janeiro. Quando jovem, adquiriu uma tropa de mulas para mascatear por conta própria e se dedicou, também, à mineração. Tentou a carreira de dentista e de pequenas cirurgias, mas sem o sucesso financeiro esperado; acabou, então, recebendo o codinome: Tiradentes.

Após as diversas profissões assumidas e fracassadas, optou por entrar no Regimento de Dragões em Minas Gerais (1769).[846] Em 1776, conseguiu o posto de Alferes[847] e foi trabalhar na patrulha do Caminho Novo,[848] a grande rota de ouro e dos diamantes para o Rio de Janeiro. Nesta função de comando, com a sua patrulha, enfrentou marginais e liquidou a quadrilha do famoso bandido regional, chamado Montanha.[849] No serviço, entrou em contato com diversos contrabandistas, ligados a pessoas ricas e influentes na política mineira de Vila Rica, mas dissimulava e fingia não ver a contravenção dos poderosos. Alguns envolvidos se consideravam

---

844 Domingos da Silva Xavier: irmão mais velho de Tiradentes. Foi Padre.

845 Antônio da Silva Santos (1745-1805): irmão de Tiradentes, estudou no seminário (Mariana), onde foi ordenado padre.

846 Dragões de Minas Gerais: tropa de segurança encarregada de manter a ordem na capitania de Minas , controlava os escravos, os indígenas, evitando rebeliões. Combatia o contrabando do ouro, outras ilicitudes e crimes para garantia do domínio colonial. Usavam casaca azul-turquesa, forrada de amarelo, calção azul turquesa, meias pretas e amarelas e bolsa preta. Em 1775, houve uma reforma nos Dragões e foi criado o Regimento Regular da Cavalaria de Minas.

847 Alferes: posto militar que está abaixo do tenente e acima do primeiro sargento. Era considerado um segundo tenente.

848 Caminhos Novos: estrada que ligava Rio de Janeiro e Minas Gerais, para deslocar o ouro à capital e, depois, a Lisboa.

849 "Montanha": Joaquim Oliveira, bandido que controlava a região da Mantiqueira e tinha a participação de ciganos. Era branco, atacava transportadores de ouro, caravanas de negociantes e autoridades.

amigos de Tiradentes, como o padre Oliveira Rolim,[850] Rodrigues de Macedo[851] e Joaquim Silvério dos Reis. O Padre Rolim sempre estava presenteando o juiz e delegado da Junta da Fazenda,[852] Tomás Antônio Gonzaga, e o advogado Cláudio Manuel da Costa, sócio de Domingos de Abreu Vieira, um tenente-coronel. Subornava algumas autoridades para manter, sem repressão, ao contrabando nesta estrada. Tiradentes, diante dos problemas enfrentados, foi afastado desse comando, preterido diversas vezes na carreira militar, e estacionou no posto de alferes durante quase treze anos. Patrulhou, também, o leste de Minas Gerais. Na vida pessoal, teve uma filha com Antônia Maria do Espírito Santo,[853] chamada Maria Joaquina,[854] mas acabou se afastando de forma conflituosa. Relacionou-se, posteriormente, com Eugenia Maria de Jesus[855] e teve, provavelmente, um filho que recebeu o nome de João de Almeida Beltrão,[856] para evitar a perseguição por infâmia, devido à condenação que Tiradentes recebeu pela participação na Conjuração Mineira. Há polêmica sobre este fato.

---

850 Padre José da Silva e Oliveira Rolim (1747-1835): contrabandista, traficante de escravos e falsificador de moedas. Participou da Conjuração. Atuou na comarca de Serro Frio.

851 João Rodrigues de Macedo (1739-1807): considerado o homem mais rico de Vila Rica. Era contratador e participou da Conjuração Mineira.

852 Junta da Fazenda: órgão administrativo, instalado em cada capitania, para organizar as tesourarias no sentido de preservar os negócios públicos. Era formada pelos "homens bons", geralmente comerciantes. Foi criada em 1765, por D. José I. Era presidida pelo governador e analisava a arrecadação e as despesas.

853 Antônia Maria do Espírito Santo: esposa de Tiradentes e mãe de Joaquina. Foi amante de Tiradentes antes de completar a maioridade.

854 Maria Joaquina (1785-?): filha de Tiradentes com Antônia Maria de Espírito Santo.

855 Eugenia Maria de Jesus: irmã de Antônia, cunhada de Tiradentes. Casada com o cadete José Pereira de Almeida Beltrão, colega de Tiradentes.

856 João de Almeida Beltrão: sobrinho de Tiradentes, filho de José Beltrão e Eugênia.

Durante este período, na tropa, Tiradentes entrou em contato com ideias iluministas[857] e revolucionarias, lendo a Constituição dos EUA, com a ajuda de um dicionário de francês. Revoltado com a sua vida precária, a situação financeira ruim e a opressão lusa sobre Minas, nas tavernas, procurava interpretar textos do livro após consumo de álcool. Falava de liberdade e república para os presentes. Em decorrência deste comportamento, recebeu os apelidos de "gramaticão" e "o república", em Vila Rica.

Em 1787, conseguiu uma licença do regimento, foi ao Rio de Janeiro, levou uma proposta de engenharia para acabar com a falta d'agua na cidade e equacionar as dificuldades existentes nos armazéns do porto, para tentar aumentar a sua renda e saldar as dívidas. Pretendia tirar as águas dos rios Andaraí e Maracanã e construir armazéns na Praia da Saúde. O Vice-Rei Luís de Vasconcelos[858] e a Câmara Municipal[859] do Rio de Janeiro negaram o projeto, que foi considerado inviável e sem orçamento. Ficou mais revoltado com a resposta dada ao seu plano e retomou a volta para Minas Gerais,

---

857 Iluministas: adeptos do Iluminismo, movimento literário, filosófico e político que ocorreu na Inglaterra (século XVII) e, depois, na França (século XVIII), apresentando novas ideias, baseadas na razão e longe da "ignorância". Defendiam "a liberdade, a igualdade e a fraternidade", que se tornaram a bandeira da Revolução Francesa. Destaques: Montesquieu, Voltaire, Rousseau, Diderot etc.

858 Vice-Rei Luís de Vasconcelos e Sousa (1742-1807): juiz e desembargador da Casa de Suplicação e do Paço, Conselheiro de Estado e Vice-Rei do Brasil (1778). Governou até 1790. Apoiou a cultura na colônia fundando a Sociedade Literária e reconstruiu a alfândega do Rio de Janeiro.

859 Câmara municipal: órgão local da administração lusa, criada em Salvador pelo governador Tomé de Souza (1549). Cuidava da administração municipal e da vida econômica, política e social na colônia. Funcionava, também, como Tribunal de Primeira Instância, especialmente para o setor civil. Era formada pelos "homens bons". Regulamentava as feiras, mercados, construção de edifícios, pontes e calçadas.

escoltando a esposa do governador Visconde de Barbacena.[860] No Rio de Janeiro, contudo, tinha entrado em contato com o Dr. José Alvares Maciel, que tinha chegado da Universidade de Coimbra, era cunhado do comandante Freire de Andrade, trazia ideias de liberdade discutidas na Europa e na luta pela independência dos EUA.

Em 1788, foi designado para governar Minas Gerais o Visconde de Barbacena, substituto de Luís de Cunha Meneses,[861] suspeito de corrupção e de péssima administração da região. Vinha com a missão de aplicar a Derrama e descobrir por que a arrecadação de ouro estava insatisfatória para a Coroa Portuguesa, ou seja, tinha diminuído abruptamente. Ao voltar a Vila Rica, revoltado, passou a entrar em contato e ter reuniões com os inconfidentes, que pertenciam à elite local e estavam propondo ideias revolucionárias contra a metrópole, com o intuito de conseguir a independência de Minas Gerais e, quiçá, a do Brasil. Nas reuniões, discutiam a independência das colônias inglesas na América do Norte,[862] ideias iluministas advindas da França, que pregavam a revolução e, também, a Constituição dos EUA.

---

860 Visconde de Barbacena – Luís Antônio Furtado de Castro de Rio de Mendonça e Faro – (1754-1830): fidalgo português, exerceu o cargo de Governador e Capitão-Geral de Minas. Era mineralogista e secretário da Academia Real de Ciências em Portugal. Reprimiu a Conjuração Mineira.

861 Luís da Cunha Pacheco e Meneses (1743-1819): conde de Lumiares, arrogante, corrupto, era Governador da capitania e foi satirizado com o nome de "Fanfarrão Minésio". Encarregou Tiradentes de patrulhar a área da Mantiqueira e levantar informações que eram encaminhadas ao Vice-Rei. Nas "Cartas Chilenas", foi alvo de críticas e sátiras.

862 Colônias inglesas (EUA – América do Norte): as 13 colônias inglesas se rebelaram, e as lutas ocorreram na Filadélfia para consolidar a Independência Americana.

Sonhavam com a independência de Portugal e a implantação de uma República[863] no Brasil e agregaram o alferes ao grupo, pois já pregava essas ideias nas tabernas, estalagens e ao público em geral.

Esse movimento de tendência revolucionária tinha a participação de vários personagens que deviam para o erário português. Os principais ativistas desse grupo, junto com Tiradentes, foram:

- Tomás Antônio Gonzaga (1744-1810) – bacharel em Direito por Coimbra, poeta e ouvidor geral, provedor do juízo de defuntos, capelães e resíduos ausentes e resíduos de Vila Rica de Nossa Senhora do Pilar de Ouro Preto (1782).
- Cônego Luís Vieira da Silva (1738-1809) – professor de Filosofia em Mariana e dono de uma grande biblioteca cujos livros eram considerados "subversivos" pela administração lusa. Tinha 276 obras, em 563 volumes que foram recolhidos durante a devassa. Conhecia profundamente as ideias iluministas e os princípios da independência norte-americana. Lia Montesquieu, Diderot, D'Alambert e Burfiel.
- Cláudio Manuel da Costa (1729-1789) – estudou com os jesuítas no Rio de Janeiro e formou-se em Direito na Universidade de Coimbra. Era poeta e exerceu o cargo de secretário do governador de Minas Gerais. Advogava, era latifundiário e praticava a mineração. Conhecia diversos contrabandistas, já que prestava para estes seus serviços advocatícios. Era vinculado à Igreja Católica e conseguiu ter o Hábito da Ordem de Cristo,[864] pagando 120 quilos de ouro ao tesouro real. Os conjurados faziam reuniões em sua residência.

---

863 República (Res-pública): organização política que tem, como objetivo, atender ao interesse público por intermédio do Estado. Incorpora princípios democráticos.

864 Ordem de Cristo: instituição religiosa, criada por D. Dinis, regulamentada pelo Papa João XXII (1319). Em 1357, foi transferida para o Castelo de Tomar por D. Pedro I. Tinha jurisdição eclesiástica sobre os

- Inácio José de Alvarenga Peixoto (1742-1792) – bacharel em Direito por Coimbra, juiz em Portugal e no Brasil, fazendeiro, coronel, poeta e minerador. Leitor de Voltaire e liberal, no campo religioso.

- José Alvares Maciel (1760-1804) – filho do capitão-mor de Vila Rica, José Alvares Maciel,[865] engenheiro, químico e militante da maçonaria. Viajou pela Inglaterra e sabia dos contatos com os revolucionários americanos, representados por Thomas Jefferson.

- Tenente-coronel Francisco de Paula Freire de Andrade (1752-1808) – pertencia ao regimento regular da cavalaria de Minas Gerais sendo comandante militar da capitania, fazendeiro e minerador. Era filho do governador Gomes Freire de Andrade[866] e compadre de Tiradentes.

- Domingos de Abreu Vieira (1724-1792) – tenente-coronel da cavalaria, contratador e comerciante.

- Padre José da Silva e Oliveira Rolim (1747-1835) – foi também contrabandista, falsificador de moeda e agiota. Era relacionado com uma das filhas de Chica da Silva.[867] Deixou diversos filhos e foi acusado de um assassinato, que tinha cometido.

---

territórios conquistados. Colaborou para a expansão marítima desenvolvida pelo infante D. Henrique, Grão Mestre da Ordem. A arquitetura militar colonial estava subordinada à Ordem de Cristo.

865 José Alvares Maciel (1760-1804): engenheiro químico, maçom, teve papel de suma importância na Conjuração.

866 Gomes Freire de Andrade – Conde de Bobadela (1685-1763): reprimiu a Revolta de Beckman no Maranhão. Governou as capitanias do Sul (1733-1763) do Rio de Janeiro. Fez uma boa administração, construiu os Arcos da Carioca, hospitais, fortalezas e apoiou as letras. Foi prestigiado por Pombal.

867 Chica da Silva (1732-1796): mulata, escrava no Distrito Diamantino, foi liberta e amante do contratador de diamantes lusitano João Fernandes de Oliveira. Ficou rica e chegou a ter um lago artificial com uma caravela

- Padre Carlos Correia de Toledo e Melo (1731-1803) – rico vigário da Vila de São José, viveu na Europa, tinha lavras de ouro, fazenda com gado e produzia panos em teares clandestinos, devido à proibição existente contra a fabricação de tecidos na colônia.
- Domingos Vidal Barbosa Lage (1761-1793) – médico, estudou na França (Monteplier) e teve contato com Thomas Jefferson. Era filho de latifundiários.
- Luiz Vaz de Toledo Piza (1739-1807) – sargento-mor de auxiliares, fazendeiro e Juiz dos Órfãos de São João Del Rey.
- Francisco Antônio de Oliveira Lopes (1750-1794) – coronel dos auxiliares (cavalaria) e latifundiário.
- José Aires Gomes (1734-1794) – coronel da cavalaria, fazendeiro, muito rico e sócio de João Rodrigues de Macedo.
- João Rodrigues de Macedo ou Roiz (1745-1807) – contratador, comerciante, latifundiário, um dos homens mais ricos de Minas Gerais.
- Joaquim Silvério dos Reis Montenegro Leiria Grutes (1756-1819) – coronel, contratador e delator da conjuração. Era fraudador, contrabandista e falsificador.
- José Joaquim de Maia (1751-1788) – médico que estava fora do Brasil e conseguiu um encontro com Thomas Jefferson, para conseguir apoio na luta pela independência de Minas Gerais.
- José Rezende da Costa (1730-1798) – capitão e fazendeiro no Vale do Rio das Mortes.

---

no Tejuco, construído pelo seu protetor. É uma figura lendária de Minas Gerais. Dava festas luxuosas e recebia, em sua casa, a elite mineira.

- José Vieira Couto (1752-1827) – estudou Filosofia Natural em Coimbra. Era médico e naturalista. Foi encarregado de estudar os minerais da capitania pelo governo luso. Tinha uma grande biblioteca com obras iluministas e revolucionárias. Fez um amplo trabalho cartográfico. Escreveu *Memórias*.

- José Joaquim da Rocha – português, dedicou-se à engenharia militar, serviu temporariamente à cavalaria, confeccionava mapas e projetava fortificações. Era amigo de Tiradentes que conseguiu trazê-lo para o projeto de independência de Minas Gerais. Realizou um amplo trabalho cartográfico na capitania, lançou o primeiro mapa da região e tinha documentos de interesse dos conjurados, como foi o chamado *Mapa das Almas*, censo que estimou a população da capitania em 400 pessoas, com informações de raça e sexo. Trabalhava para a Coroa e não podia divulgar as informações, por ser considerado segredo de Estado. Tiradentes queria usar o material para elaborar uma estratégia militar durante o levante e como propaganda para justificar a independência, pois mostrava que existia, na região, uma população suficiente para implantar uma República. Escreveu as *Memórias da Capitania*, aderiu ao movimento por falta de reconhecimento e pagamento pelo seu trabalho. Tinha conseguido apenas o título de "Sargento-Mor das Ordenanças dos Distritos das Capelas de São Luís da Conquista e Santo Antônio da Barra do Termo da Vila de Nossa Senhora do Bom Sucesso das Minas Novas de Araçuaí", mas sem grande valor. Tiradentes, durante a Devassa o isentou de responsabilidades no levante.[868]

As reuniões, para traçar os planos da revolta, foram agilizadas a partir de dezembro de 1788, devido à chegada do novo governador e a futura cobrança da Derrama.

---

868 SCHWARCZ, Lilia Moritz; STARLING, Heloisa Murgel. *Brasil*: uma biografia. São Paulo: Companhia das Letras, 2015, pp. 142/143.

O levante ocorreria no início da Derrama que seria marcada pelo Visconde de Barbacena, e a senha, combinada entre os inconfidentes para desencadear a luta, seria "Este dia é o dia do batizado". Nesta data, Tiradentes comandaria um grupo, invadiria a residência oficial do governo (em Cachoeira do Campo) e prenderia Barbacena com a família. Na sequência, o governador seria decapitado e sua cabeça levada e mostrada ao povo em Vila Rica. Contavam que a população aplaudiria o fato devido às cobranças de impostos que vinham ocorrendo e, principalmente, as dívidas atrasadas ou a Derrama.

Tomariam o Palácio do Governo, instalariam uma "Junta Provisória" para governar o estado e publicariam a *Declaração de Independência*. Acreditavam contar, posteriormente, com o apoio de outras capitanias como Rio de Janeiro e São Paulo, para concretizar a independência da colônia. Outras comarcas da capitania viriam à Vila Rica trazendo homens para se juntarem às tropas revoltosas. Alguns propunham a instalação de uma República. O primeiro governador seria Tomás Antônio Gonzaga, por três anos. Pretendiam ainda:

- Perdoar as dívidas de todos que tinham pendências com a Fazenda Real.
- A capital ficaria em São João Del Rey.
- Criar uma Casa da Moeda, com taxas de câmbio baixas.
- Emitir papel moeda.
- Aumentar o valor monetário do ouro.
- Liberar a circulação de diamantes.
- Organizar milícias populares para defender o poder conquistado. Não haveria exército permanente.
- Montar fábricas de tecidos, ferro e pólvora.
- Implantar uma universidade.

- A bandeira teria um dístico: "Liberdade ainda que tardia" (*Libertas quae sera tamen*) e um triângulo representando a Santíssima Trindade.

É importante frisar que não aceitaram impor o fim da escravidão. Maciel e outros consideravam um perigo para os brancos, como já tinha ocorrido em revoltas na américa central,[869] além do que eram fundamentais para o trabalho nas minas e considerados propriedades valiosas para os senhores.

Alguns revolucionários aventaram a possibilidade de alforria para negros e mulatos cativos, para defenderem o "novo estado" em caso de necessidade. Porém, não aventaram compensações para seus proprietários. Todos os inconfidentes tinham escravos, inclusive Tiradentes. Houve discussões sobre o que deveria ser feito com os europeus radicados na capitania e também sobre a forma de governo a ser adotada, ou seja, República ou Monarquia Constitucional.

Contudo, Barbacena adiou a execução da Derrama, obrigando Tiradentes a planejar uma nova viagem ao Rio de Janeiro, para obter informações sobre os últimos acontecimentos relativo à capitania de Minas Gerais.

É nesse contexto que ocorreu a denúncia dos planos por Joaquim Silvério dos Reis (inconfidente), Malheiro do Lago e Inácio Correia Pamplona (lusos) que pretendiam ter as dívidas anistiadas conforme a legislação da época, calcada nas Ordenações Filipinas.

O governador, em março de 1789, intimou os contratadores Joaquim Silvério dos Reis, João Rodrigues de Macedo, Domingos de Abreu Vieira e Joaquim Pereira Marques para saldarem as dívidas com o tesouro português.

---

869 Revoltas na América Central: destaque para a Revolta de São Domingos, liderada pelos negros, com o intuito de acabar com o escravismo e conseguir a independência, sob a influência das ideias revolucionárias, advindas da França. Em decorrência, foi criada uma nação, o Haiti.

Em 15 de março, Silvério dos Reis detalhou os planos dos conjurados para Barbacena e ficou incumbido de vigiar Tiradentes, que, por sinal, já se encontrava no Rio de Janeiro. Em maio, foi a esta cidade ratificar a denúncia com o Vice-Rei D. Luís de Vasconcelos, a pedido do governador.

A Derrama foi suspensa uma semana depois, e os conjurados perceberam que havia algum fato grave acontecendo e inviabilizando a revolta, pois não poderiam envolver a massa popular, conforme o planejado.

No Rio de Janeiro, Tiradentes ficou impedido de voltar sua capitania, pois não conseguira a autorização oficial do Vice-Rei. Preocupado, ficou escondido na residência de Domingos Fernandes da Cruz, onde foi preso em 10 de maio de 1789, durante a noite. Concomitantemente, a partir do dia 22 de maio, os outros inconfidentes foram presos em Minas Gerais e colocados na cadeia pública de Vila Rica. O Vice-Rei determinou uma Devassa no Rio de Janeiro para aquilatar os crimes e outra ocorreu, também, em Minas Gerais. Foram abertas duas investigações que causaram conflitos de jurisdição,[870] pois os magistrados, desejando mostrar eficiência em seus trabalhos e conseguir prestígio junto aos governantes e a coroa, deram interpretações divergentes, criando problemas que dificultaram o andamento do processo e sua rápida conclusão.

A farsa e o processo – inicialmente, Barbacena negociou proteção para alguns presos, desde que declarassem o que lhe interessava. As prisões foram realizadas de maneira truculenta, a cunhada de Alvarenga Peixoto foi violentada ao atacarem a casa do sogro.

---

870 Conflitos de jurisdição: a disputa entre os magistrados para se projetarem diante da administração. Acabou em interpretações diferentes e conflitantes.

Houve violência na prisão de Cláudio Manuel da Costa, realizada pelo sargento-mor Vasconcelos Parada e Souza,[871] seu inimigo, por ter recebido sátiras nas cartas chilenas.

A casa foi abruptamente invadida, o advogado adoentado foi empurrado da cama e teve seus bens roubados (ouro, joias, roupas, obras de arte etc.). A filha de Cláudio Manuel da Costa e o seu genro foram mortos no sítio da Vargem, onde moravam. Interrogado e preso em Vila Rica, foi encontrado morto em sua cela em 4 de maio de 1789. Os responsáveis pelo prisioneiro informaram que o réu tinha realizado suicídio,[872] mas houve divergência entre os médicos que realizaram o laudo da autopsia.

A suspeita é de assassinato, pois o poeta tinha preciosas informações sobre os conjurados e o governo de Barbacena, que temia que fossem alcançados os seus protegidos, denunciassem os assassinatos que ocorreram na sua família e os roubos durante a repressão. Com a chegada das informações sobre a Conjuração em Lisboa, com a diminuição do envio do ouro e o recesso econômico que acontecia, em abril de 1791, o Ministério português, baseado num relatório do desembargador Vasconcelos Coutinho, sugeriu uma anistia geral para os conspiradores principalmente os de grandes posses, com o intuito de normalizar o pagamento dos impostos e do comércio, que dominavam a capitania do estado. As sentenças já estavam acertadas em Portugal antes do julgamento.

Como havia duas Devassas no Brasil, a coroa lusa criou uma Comissão Especial de Alçada, em janeiro de 1791, para julgar a

---

871 Vasconcelos Parada e Souza: sargento-mor. Prendeu, de forma truculenta, Cláudio Manoel da Costa. Era seu inimigo por ter sido citado nas "Cartas Chilenas".

872 Suicídio de Cláudio Manoel da Costa: já ocorreram vários fatos similares a este no Brasil, ou seja, a pessoa é "suicidada" em interrogatórios policiais e em delegacias. Em pleno século XX, tivemos o caso do preso político Vladimir Herzog no interior da delegacia, onde funcionava o DOI-CODI em São Paulo.

Inconfidência. Os presos de Minas Gerais foram transferidos para o Rio de Janeiro. Os juízes tinham sido indicados por D. Maria I[873] para acompanhar o processo, além de Vasconcelos, participavam Antônio Gomes Ribeiro[874] e Antônio Dinis da Cruz e Silva,[875] em julho de 1790.

A lei deveria ser aplicada ao subversivo maior e líder do movimento, os figurões sociais importantes para a política lusa deveriam ser poupados e os padres deveriam ter um "julgamento secreto". Foi montado um grande teatro para mistificar o papel da justiça portuguesa, envolvendo 34 pessoas, sendo 5 do clero e 3 já mortos.

O primeiro depoimento de Tiradentes foi em 23 de maio, sendo identificado por dois magistrados e negado qualquer envolvimento com a Conjuração. Afirmou que "não tinha cometido crime algum" e estava no Rio para tratar dos seus projetos de engenharia. Os magistrados refutaram, colocando na mesa as delações de traição já conseguidas, inclusive com a "promessa de governantes, como Barbacena e o Vice-Rei serem mortos". O alferes refutou, afirmando que só teria dito essas besteiras se "estivesse bêbado ou doido" e que ele não tinha importância nenhuma, pois era "uma figura sem valimento nem riqueza para convencer um povo tão grande à semelhante asneira". Foram chamados para acareação com o acusado o ajudante de artilharia João José Nunes Carneiro,[876] que tinha sido convencido a participar do movimento por Tiradentes e Silvério dos

---

873 MAXWELL, Kenneth (Coord.). *et al. O livro de Tiradentes*: transmissão atlântica das ideias políticas no século XVIII. São Paulo: Penguin Classics/Companhia das Letras, 2013, pp. 13/14.

874 Antônio Gomes Ribeiro: um dos juízes nomeados por D. Maria I para dar a sentença aos conjurados mineiros.

875 Antônio Pinos da Cruz e Silva: um dos juízes nomeados por D. Maria I para dar a sentença aos conjurados mineiros.

876 João José Nunes Carneiro: ajudante de artilharia submetido à acareação com Tiradentes, para ratificar as informações de aliciamento para participar da Conjuração. Estava doente e Tiradentes convidou-o para se curar em Minas Gerais, dizendo "Vamos para as Minas, que logo

Reis, que estava detido na Ilha das Cobras de forma preventiva para a confirmação de suas denúncias. O traidor confirmou as acusações e adicionou o encontro que teve com o alferes na estrada quando este vinha ao Rio de Janeiro. Tiradentes refutou as acusações afirmando que "são coisas que lhe andavam armando". O depoimento do conjurado, na audiência, foi considerado mentiroso e vago na ata elaborada pelos magistrados.

Na outra semana, ocorreu **o segundo depoimento** na Ilha das Cobras e, perguntado se mantinha as respostas ditas anteriormente, Tiradentes fez ressalvas, dizendo ter conversado com Nunes Carneiro, mas sem instigá-lo à revolução, apenas tinha explicitado a pobreza dos mineiros e a insatisfação com a Derrama. Afirmou: "o povo de Minas está em desesperação" e que "se houvesse pessoas criminosas, poderiam atacar o ilustríssimo e excelentíssimo Vice-Rei". Contudo, "não tinha incitado ninguém para uma revolução".

Perguntado sobre os envolvidos na trama, afirmou que havia "muitos descontentes com a Derrama", mas os que estavam extremamente desgostosos eram: Silvério dos Reis, Gonzaga, o coronel Alvarenga Peixoto e o padre Toledo.[877] Não fez uma acusação peremptória que os incriminasse, porém insinuou o comportamento de Silvério dos Reis nas reuniões sobre a revolta. Os outros já estavam citados pelos traidores e dentro do Processo de Devassa. Foram chamadas mais duas novas testemunhas: Valentim Lopes da Cunha

---

sara com os ares benéficos e diferentes". Leia-se "ares diferentes" como a revolução em andamento.

877 Padre Carlos Correia de Toledo e Melo (1731-1803): liderou as discussões sobre a Conjuração Mineira em Rio das Mortes, sendo dono de terras e escravos.

(lapidário)[878] e o latifundiário Jerônimo de Castro e Sousa.[879] Ambos confirmaram as ameaças proferidas por Tiradentes numa reunião, na casa de Valentim, contra os cariocas que não aceitaram aderir à revolta.

A proposta do acusado, colocada na ata, foi evasiva, ou seja, "não se atreveu a negar, mas disse que lhe não se lembrava de tal ter dito".

A terceira audiência foi aberta com os magistrados acusando-o de não ter "falado com sinceridade" anteriormente. Pediram os nomes dos outros conjurados ou "sócios". Foram negadas as informações desejadas, e acrescentava que "nem sabia de sócios".

Novamente, foi chamado a testemunhar Silvério dos Reis que confirmou as acusações e acrescentou o diálogo que tivera com o réu no Rio de Janeiro, quando Tiradentes atacou os "cariocas" que não apoiaram a conjura e sua intenção de assaltar as carruagens, que tinham os "quintos" para começar o levante. Informou que o depoente estava desconfiado de uma traição e afirmara que "um cachorro (...) certamente o tinha vendido". O alferes aceitou ter dito apenas o comentário sobre "a traição". Após essa audiência, foram enviados os magistrados para ouvir os depoimentos dos acusados em Minas Gerais, pois o Vice-Rei desejava concluir a Devassa, enquanto Barbacena conduzia formalmente os processos em sua capitania. Este aguçava as delações, mas as manipulava com a agenda do

---

878 Valentim Lopes da Cunha: lapidário, dono de uma das casas em que Tiradentes foi recebido e explicitava as ideias revolucionárias do Rio de Janeiro. Foi testemunha no julgamento de Tiradentes.

879 Jerônimo de Castro e Sousa: fazendeiro carioca, que Tiradentes abordou para vender um escravo, e já tinha escutado impropérios contra o governo em contato com o alferes. Participou da reunião ocorrida na casa de Valentim e testemunhou contra o conjurado.

escrivão José Caetano César Manitti (ouvidor titular de Sabará).[880] Combinavam as respostas de alguns réus.

Foram protegidos do visconde: Joaquim Silvério dos Reis, Inácio Correia de Pamplona, os conjurados das tropas e João Rodrigues de Macedo (muito rico e com transações financeiras com o próprio governador). Barbacena também sofria a "boca pequena" acusações de ter desviado 40 mil cruzados do tesouro para uso próprio. Foi criado um clima de suspense e terror na capitania pela dubiedade na condução da Devassa, pois a chantagem estava presente.

A quarta audiência ocorreu meses depois do réu ficar numa solitária, perguntaram se mantinha o depoimento anterior, o que foi confirmado por ele. Pediram que "dissesse a verdade", pois já sabiam que ele era "o cabeça do motim", "recrutara pessoas de forma alucinada" e, portanto, exigiam os nomes dos "conjurados" para o ajudarem no andamento processual.

Exaurido, completamente abalado fisicamente, o alferes assumiu toda a culpa da Conjuração e afirmou que não tinha declarado anteriormente, "por querer encobrir sua culpa e não desejar prender ninguém".

Informou: "sem que nenhuma outra pessoa movesse, nem lhe inspirasse coisa alguma, tinha engendrado tudo". Citou nove pessoas, Silveiro dos Reis, José Alvares Maciel, Domingos de Abreu Vieira, Alvarenga Peixoto, Padre Rolim, Padre Toledo, João Dias da Mota, Fraca-Roupa (biscateiro), José Aires Gomes,[881] o médico Salvador do Amaral Gurgel, João da Costa Rodrigues (taberneiro) e

---

880 José Caetano César Manitti: escrivão da Devassa, ouvidor titular de Sabará, corrupto, chantageador, atacou, em seus relatórios, duramente os conjurados. Barbacena utilizou as informações e experiências deste ouvidor. Era torturador e manipulou as investigações. Colaborou com o Tribunal de Alçada do Rio de Janeiro.

881 José Aires Gomes ou José Aredomes Gomes (1734-1794): coronel, fazendeiro, amigo de Tiradentes, crítico dos portugueses, foi aliciado,

João Rodrigues de Macedo (ex-conjurado). Eximiu outros de culpa, como Tomás Antônio Gonzaga, Cláudio Manoel da Costa e José Joaquim da Rocha, o cartógrafo.

A quinta audiência foi considerada fraca, em relação a novas denúncias dos "sócios", mas radical em relação à própria culpa. Informou que os supracitados apenas eram "seguidores", pois "fora o primeiro que falara na matéria" do levante. Citou que poderia ter assassinado Barbacena, caso os companheiros decidissem por esta solução.

A sexta audiência foi conduzida por dois juízes novos, pois D. Maria I tinha criado um Tribunal Exclusivo para investigar e julgar os "rebeldes". Era o Tribunal de Alçada, liderado pelo chanceler Sebastião Xavier de Vasconcelos Coutinho,[882] que era crítico dos brasileiros.

Ao chegar ao Rio de Janeiro, o magistrado acreditava que "os filhos deste continente desejavam todas as riquezas locais com o intuito de sustentar o luxo e a vaidade, que, entre eles, é sem limite". **Na sétima audiência,** após a sua identificação, Tiradentes fez algumas declarações tentando desmentir ou suavizar os depoimentos anteriores, em que foram citados os outros conjurados.

Encerrada a reunião, o réu foi levado à sua cela, onde ficou 67 dias aguardando uma nova audiência.

---

indiretamente, para a Conjuração. A sua casa era um ponto de parada do alferes na Mantiqueira.

882 Sebastião Xavier de Vasconcelos Coutinho: conduziu a audiência de Tiradentes na fortaleza da Ilha das Cobras, por ser Presidente do Tribunal de Alçada. Foi auxiliado por Manitti, tentou conseguir os nomes dos outros implicados na Conjuração com o alferes. Coutinho já sabia das decisões judiciais sobre os inconfidentes antes de sair de Portugal, pois tinha uma carta de D. Maria I, com orientações sigilosas sobre a decisão final do tribunal.

A oitava audiência ocorreu em junho de 1791, e o chanceler tinha o apoio do escrivão da Devassa de Minas Gerais, José Caetano César Manitti, manipulador das investigações na capitania e o desembargador Pedro José de Araújo Saldanha.[883] Continuou repetindo os depoimentos anteriores e assumindo toda a culpa.

Após essa audiência, o mineiro foi transferido para a Cadeia da Relação, mais próxima ao Tribunal de Alçada, em frente ao palácio do governo. A nova audiência foi uma acareação com Domingos de Abreu Vieira,[884] seu compadre, que confirmou todas as denúncias contra os "revoltosos" e Tiradentes. **Na décima audiência,** houve depoimentos do Padre Toledo e do Tenente-Coronel Freire de Andrade, que se confrontaram com o exposto pelo réu, ou seja, "não saber e nem se lembrar de nada", comentou apenas que houve equívoco dos depoentes.

A última audiência, em junho de 1791, convocada pelo chanceler, foi infrutífera para obter mais nomes dos implicados no levante. Tiradentes disse que tinha vários amigos em Minas Gerais e no Rio de Janeiro devido à sua habilidade como dentista.

O julgamento envolveu Tiradentes e 34 conjurados. Todos acusados de traição pelo "crime de lesa-majestade",[885] artigo defi-

---

883 Pedro José de Araújo Saldanha: ouvidor de Vila Rica, desembargador sucessor de Tomás A. Gonzaga, negou a posse da escrava Maria Angola à Antônia, que tinha sido concubina de Tiradentes.

884 Domingos de Abreu Vieira: contratador, devia muito para a Fazenda Real. Era padrinho de Joaquina, filha de Tiradentes. Doou 100 mil réis para o levante prosseguir, e prometeu doar 100 barris de pólvora para as lutas que se aproximavam. Informou aos conjurados que estava velho demais para escaramuças, pois tinha 64 anos. Todavia, foi contra a proposta de Tiradentes de assassinarem Barbacena. Preso, chamou os antigos companheiros de demônios e delatou todos na acareação com Tiradentes.

885 Crime de lesa-majestade: crime de traição contra o Rei.

nido nas Ordenações Filipinas (Livro 5, título 6)[886] e que significava "morte natural cruelmente".

Quatro juízes dariam a sentença. Foi aberta a chance de um advogado de defesa, que foi indicado pela Alçada, com ajuda da Santa Casa. Esta instituição, que dava apoio e auxílio aos carentes e presos indicou o advogado Dr. José de Oliveira Fagundes[887] para defender os réus, já que era necessário para formalizar o julgamento. A defesa, apesar de questionar às folhas do processo, preparou-a em 22 dias e encaminhou o texto aos magistrados.

O conteúdo da peça apontava que os 29 réus utilizavam a fanfarrice sem resultados concretos, não sendo, portanto, revolucionários, apenas usavam "um criminoso excesso de loquicidade".

---

886 Ordenações Filipinas: código de leis, implementado em 1603, e draconiano. No livro 5, título 6, que definia os castigos para os feiticeiros, afirmava que os traidores de sua majestade deveriam sofrer "morte natural cruelmente" (com tortura), vivos poderiam ser queimados, esquartejados e enterrados. Recaía, também, sobre seus descendentes, considerados "infames" e não poderiam receber títulos honoríficos (os homens). Os bens eram sequestrados. Mas, no mesmo livro 5, título 6, parágrafo 12, a quem delatasse o cúmplice no "crime de lesa-majestade" e o entregasse à Justiça, receberia perdão e poderia requisitar "mercês", ou seja, favores do judiciário. Séculos, depois, ou melhor, no século XXI, a República Democrática brasileira reviveu este absurdo medieval, criando a "Lei da Denúncia Premiada", que foi ampla e arbitrariamente usada nos processos da "Lava Jato". Um dos atingidos foi o ex-Presidente Lula.

887 José de Oliveira Fagundes: advogado de defesa dos conjurados, carioca, diplomado por Coimbra em leis e matemática. Foi o único advogado que aceitou fazer a defesa dos conjurados. Teria de defender 29 acusados. Os padres teriam procedimento diferenciado. Realizou um texto longo. Trabalhou a pedido da "Santa Casa de Misericórdia" que, um ano depois, pagou a Fagundes 200 mil réis pela defesa realizada. Foi vereador e, depois, advogado dos juízes superiores do Tribunal da Relação.

Realizavam bravatas, que poderia se enquadrar num crime insignificante e "passível de perdão".[888]

Já Tiradentes foi caracterizado "por loquaz, sem bens, sem reputação, sem crédito", mas incapacitado para sublevar a elite da capitania do estado. Era autor de um "imaginário levante" e "doido", portanto não apresentava um perigo real contra a Coroa Portuguesa, apesar de ter conseguido envolver uma parte dos réus em sua insanidade. Pedia que D. Maria I os perdoasse por "suas loucuras e insânias".

Após a defesa se manifestar, o processo ficou paralisado durantes alguns meses e voltou à tona em abril de 1792, quando 11 prisioneiros foram trazidos à Cadeia da Delação.

Com o Tribunal de Alçada ativado novamente, os trabalhos processuais foram retomados de forma conclusiva e os réus notificados na prisão. O texto da decisão dos magistrados especificava que a "defesa era inócua" em seus argumentos e que as provas amealhadas mostravam um "terrível plano de insurreição", que não foi executado devido à suspensão da Derrama, em consequência das denúncias ocorridas, iniciadas por Silvério dos Reis. Tiradentes, ao contrário do que a defesa argumentou, era o "chefe e cabeça" do plano da revolta e, portanto, cometeu um crime de "alta traição". Os réus eram todos culpados, sendo o alferes o líder da Conjura, logo seria aplicada a pena de morte para todos, por enforcamento, os bens confiscados e as medidas determinadas pelas Ordenações Filipinas para os condenados. Os padres implicados tiveram um tratamento diferenciado e secreto.

Os condenados ficaram estupefatos e desesperados com a sentença e os padres, que acompanharam o veredicto, procuravam consolá-los. Diante desse resultado, o Dr. José de Oliveira Fagundes

---

888 FIGUEIREDO, Lucas. *O Tiradentes*: uma biografia de Joaquim José da Silva Xavier. São Paulo: Companhia das Letras, 2018, pp. 347/348.

pediu o direito de recorrer da sentença e defendeu que a alternativa justa para os condenados seria o "degredo perpétuo". Em relação a Tiradentes, reafirmou a sua loucura e "o pouco siso que é dotado".

O apelo do advogado de defesa foi negado pela Alçada que entrou com uma "contestação da sentença" diretamente para a rainha, suplicando pela "piedade" de D. Maria I. Examinado o pedido do Dr. Fagundes, o colegiado negou a apelação e confirmou a sentença dada aos conjurados.

Todavia, na sequência, o escrivão leu uma carta enviada por D. Maria I, posicionando-se acerca da sentença, em que comutaria a pena de enforcamento para os réus e os considerava ao degredo absoluto, por toda a vida, exceto para o "cabeça", que deveria ser penalizado com a morte. Portanto, 10 sentenciados à morte escaparam da execução. A epístola foi uma surpresa para todos, pois não havia possibilidade, devido à distância enfrentada pelos correios, de acompanhamento em tempo real do veredicto dado pelos juízes, logo deveria ter sido escrita com muito tempo de antecedência e, portanto, aquele julgamento era uma representação teatral, ou seja, uma farsa.

O chanceler, escalado para organizar e orientar o Tribunal de Alçada, já sabia do resultado a ser atingido a um ano e meio antes (no mínimo). A fase processual durou três anos.[889]

Todo o processo da Devassa foi manipulado, durante o período de análise, em Minas Gerais, no Rio de Janeiro e em Lisboa. Não foram considerados, nem analisados, os seguintes aspectos:

- O depoimento do falecido Cláudio Manuel da Costa estava cheio de falhas, tecnicamente inválido, porém foi utilizado pelos juízes para a condenação.

---

889 FIGUEIREDO, Lucas. *O Tiradentes*: uma biografia de Joaquim José da Silva Xavier. São Paulo: Companhia das Letras, 2018, p. 353.

- As frases proferidas por Silvério dos Reis dos diálogos com Tiradentes, como, por exemplo, as da estrada para o Rio, em que o alferes afirmava "Lá no Rio de Janeiro vou trabalhar para si", transformou-se em "lá vou para trabalhar para todos".
- A isenção de culpa para os militares da tropa de capitania de Minas Gerais para não mostrar a fraqueza do governador Barbacena.
- O envolvimento do ricaço João Rodrigues de Macedo na rebelião não foi sopesado.
- A investigação de Vendek,[890] que tinha se reunido com Thomas Jefferson, não foi aprofundada.
- A existência de outros conjurados no Rio de Janeiro e em São Paulo não foi esclarecida.
- A isenção de responsabilidade do governador Barbacena, principalmente das acusações de omissão inicial para o caso e de corrupção pessoal.

A execução de Tiradentes ocorreu em 21 de abril de 1792, ao meio-dia, com grande exuberância no ritual, com o condenado percorrendo algumas ruas centrais do Rio de Janeiro, em direção ao patíbulo que estava armado no Campo de São Domingos – Largo da Lampadosa. O desfile do condenado foi demorado e cercado de espectadores em todo o trajeto. O espetáculo tinha sido planejado

---

890 Vendek – José Joaquim Maia e Barbalho (1757-1788): era estudante de medicina (Montepellier) na França, enviou uma carta a Thomas Jefferson pedindo apoio para a Independência do Brasil e usou o pseudônimo de Vendek. Anteriormente, tinha estudado em Coimbra onde se formou em matemática (1785). Teve apoio de Vidal de Barbosa Laje e José Mariano Leal, comprometidos com a luta pela independência do Brasil. Houve o encontro com Jefferson, mas não prosperou a possibilidade de apoio dos EUA, que tinham interesse em manter uma boa relação com Portugal.

para "imprimir altamente, na memória dos povos, a atrocidade do delito".[891]

Após a execução, o carrasco concluiu o indicado pela sentença, no Campo de Santana (quartel), quando cortou o corpo de Tiradentes em cinco pedaços, salgou e colocou em embalagens de couro. No outro dia, uma comitiva levou as bolsas de couro a Vila Rica, parando em algumas vilas e a fim de exibir os membros do executado, para assustar a população e prevenir futuras revoltas ou revoluções. Em Vila Rica, na praça principal, a cabeça de Tiradentes foi colocada num poste de madeira, a casa onde morava foi demolida, o terreno foi salgado para impedir o nascimento de qualquer planta, os bens existentes sequestrados e seus descendentes considerados infames. Foi colocado um marco no terreno onde ele morava, com o seguinte texto "A infâmia deste abominável Tiradentes". As outras partes foram colocadas na estrada para Minas. Os outros condenados foram levados para outras colônias portuguesas na África.

Tiradentes, como personagem da História foi esquecido durante todo o período imperial, e passou a ser considerado apenas no final do século XIX, com a República que necessitava de um herói e de um mito.[892]

O respeitado historiador Capistrano de Abreu (1902)[893] considerava a Inconfidência Mineira e Tiradentes sem grande importância para a História do Brasil em *Capítulos da História Colonial.*

---

891 BARROS, Edgard Luiz de. *Tiradentes*. São Paulo: Moderna, 1985, pp. 80/81.

892 CHIAVENATO, Júlio José. *As várias faces da Inconfidência Mineira*: Tiradentes, herói ou charlatão. São Paulo: Editora Contexto, 1989, pp. 84/85.

893 João Capistrano de Abreu (1853-1927): cearense, historiador, jornalista, oficial da Biblioteca Nacional (1879) e professor concursado do Colégio D. Pedro II. Escreveu diversas obras sobre a ocupação do Brasil. Principais: *Capítulos da história colonial*, *Caminhos antigos e povoamento do Brasil*, *Ensaios e estudos*, *Correspondência* etc.

A campanha republicana, desencadeada a partir de 1870, iniciou a recuperação da figura de Tiradentes, e, com a Proclamação da República, foi alavancada a condição de herói e mártir, por se insurgir contra o colonialismo e a metrópole portuguesa.

Algumas considerações de historiadores sobre o tema:

> Robert Southey,[894] em *História do Brasil*, lançada em 1819, apenas considera secundária a Inconfidência Mineira.
>
> Varnhagen procurou desqualificar Tiradentes quando afirmou cumpre acrescentar que, para alguns dos malogros do mesmo alferes, em suas pretensões, além da circunstância de ser Tiradentes, devia contribuir também o seu físico. Era bastante alto e muito espaduado, de figura antipática, feio e espantado.[895]
>
> Para José Murilo de Carvalho,[896] o mito de Tiradentes mostrou a fragilidade e a pouca densidade histórica dos "candidatos a herói" em 1889, quando da Proclamação da República, como "paladino da liberdade".

---

894 Robert Southey (1774-1843): historiador, crítico e poeta inglês. Formado em Oxford, escreveu diversas obras, com destaque para uma *História do Brasil*, em 3 volumes.

895 Francisco Adolfo Varnhagen – Visconde de Porto Seguro (1816-1878): diplomata e historiador, pai alemão e a mãe portuguesa, é considerado o "pai da História do Brasil". O pai Francisco Luís Guilherme Varnhagen (1783-1842) era o engenheiro que lançou o primeiro alto forno no Brasil, em São João de Ipanema (SP). Foi membro da Academia de Ciências de Lisboa, secretário do Instituto Histórico e Geográfico e, depois, entrou no corpo diplomático. Escreveu: *História Geral do Brasil*, *História das lutas com os holandeses no Brasil desde 1624 a 1654*, *História da independência do Brasil*, perfazendo quase 60 livros sobre questões históricas.

896 José Murilo de Carvalho (1939-): professor emérito da UFRG, Doutor *honoris causa* (Universidade de Coimbra), Phd em Ciência Política (Universidade Stanford). Membro da ABL e ABC. Obras: *Os bestializados: o Rio de Janeiro e a República que não foi*, *Forças Armadas e Política no Brasil* etc.

> Joaquim Norberto Souza e Silva[897] ampliou a mitificação de Tiradentes, usando os "Autos da Devassa", associando-o à figura de Jesus Cristo, ao confrontá-lo com Judas, ou seja, no caso Silvério dos Reis.

A República, em 1890, marcou o dia 21 de abril como feriado nacional e em 1965, após Golpe Militar, a Lei n. 4897 o considerou "patrono cívico da Nação brasileira", com a fixação do seu retrato em todos os órgãos públicos do Brasil.

Contudo o brasilianista Kenneth Maxwell,[898] em seu livro *A Devassa da Devassa* (*Conflicts and conspiracies: Brasil e Portugal, 1750-1808*), após análise minuciosa da Inconfidência Mineira e a atuação de Tiradentes, afirma:

> A tranquila dignidade com que Tiradentes enfrentou a morte foi um dos poucos momentos heroicos do fracasso sombrio. Quase um século depois, quando o Brasil implantou a República, ele foi proclamado herói nacional. E esta condição de herói nacional do alferes dos Dragões de Minas não é injustificada: em comparação com o de seus companheiros e conspiração, o comportamento de Tiradentes, ao ser interrogado, foi exemplar, ninguém o sobrepujou em entusiasmo por uma Minas independente, livre e republicana, reclamou para si o maior risco e não há dúvida alguma de que estava disposto a assumi-lo. Conforme dizem em ter Cláudio Manuel da Costa afirmado, tomara que existissem mais homens desta tempera! Tiradentes não era um anjo, nenhum homem o é. Mas, em uma história particularmente carente de grandes

---

897 Joaquim Norberto Souza e Silva (1820-1891): Ministro da Fazenda de D. Pedro II, historiador e poeta, lançou a *História da Conjuração Mineira* (1873), com base nos "Autos da Devassa".

898 Kenneth Maxwell (1941-): historiador inglês e brasilianista. Principais obras sobre o Brasil: *A Devassa da Devassa*, *Mais malandros*, *Chocolate, piratas e outros malandros*.

> homens, Joaquim José da Silva Xavier impõe-se como uma exceção. [899]

Foi realmente injustiçado e um mártir das ideias de liberdade para as colônias e de princípios iluministas na defesa da implantação de uma república igualitária que, até hoje, não se concretizou no Brasil.

As irregularidades constatadas no processo comprovam a injustiça, a saber:

- Pré-julgamento secreto;
- Choques entre jurisdições (Minas-Rio-Coroa);
- Juízes manipuladores de testemunhas e documentos tentando se autopromover junto aos governantes;
- Depoimentos falsos, combinados ou sob pressão;
- Provas inconsistentes;
- Interesses econômicos e políticos induzindo à Devassa;
- Seleção dos que deveriam ser condenados por classe social.

9.2 A Inconfidência ou Conjuração Baiana ou dos Alfaiates (1798) – Cipriano Barata um médico aliado dos negros e dos pobres

Esta tentativa de revolução é diferenciada da Conjuração Mineira, porque teve a participação ativa de lideranças populares, como mulatos, negros alforriados e até escravos que propunham mudanças radicais no campo social. Os ideais pregavam a igualdade de raça,

---

899 MAXWELL, Kenneth. *A Devassa da devassa*: Inconfidência Mineira, Brasil e Portugal 1750-1808. Trad. João Maia. Rio de Janeiro: Editora Paz e Terra, 1978, p. 222.

cor, fim da escravidão, abolição de privilégios, independência e o ato sofreu a influência da Revolução Francesa, tanto nas camadas da elite intelectualizada como junto ao povo humilde de Salvador e do recôncavo baiano. Na época desse movimento, a situação econômica da capitania da Bahia[900] apresentava-se da seguinte forma, segundo Affonso Ruy:

> O comércio da praça da Bahia era todo de portugueses europeus; este comércio comprava aos estrangeiros suas mercadorias e fazia vir da Inglaterra as máquinas e utensílios para as serventias dos Engenhos, mas quase tudo era fiado. Fazia vir da costa da África escravatura, do Rio Grande as carnes e doutras partes farinhas. Toda a ação e movimento daquele comércio se dirigia a proporcionar-se artigos e meios para poder suprir e adiantar fundos aos senhores de engenho, estes que recebiam adiantado quando precisavam para o andamento de suas fábricas, hipotecando aos negociantes portugueses sua safra por contratos tácitos ou expressos. Os negociantes portugueses ato contínuo a hipotecavam aos estrangeiros, para pagamento dos gêneros e máquinas que lhes tinham tomado fiado. O sistema depravado de economia dos senhores de engenho fazia com que recebessem cada ano muito mais do que a importância de sua safra, acontecendo quase sempre, que a hipotecavam a três e quatro ao mesmo tempo, passando com tudo miseravelmente, e sendo isto um foco de querelas e demandas.[901]

---

900 Capitania da Bahia: doada a Francisco Pereira Coutinho, combatente na Índia, ao receber a capitania, veio com diversas pessoas para ocupar e povoar a região. Construiu a fortaleza de Vila Velha (Vila do Pereira) e incentivou a lavoura. Mas os tupinambás, instigados pelos franceses, cercaram a fortaleza e destruíram as plantações, obrigando Coutinho e os colonos a fugirem para o sul da Bahia (Ilhéus). Posteriormente, ao voltar a Vila Velha, naufragou e acabou prisioneiro dos indígenas que o mataram, assim como os seus acompanhantes.

901 Affonso Ruy (1893-1970): historiador baiano, autor de *A primeira revolução social brasileira: 1798*, *Dossiê do Marechal Pedro Labatut*,

> Como natural reflexo, o povo sofria, diretamente, a depressão econômica do alto, os contratadores dos gêneros de primeira necessidade oscilavam os preços até impunham, sob pretexto de falsa, a qualidade da moeda com que se lhes pagasse a mercadoria.
>
> Arrastava, na Bahia, a classe pobre e humilde um estado de quase penúria. Os incidentes sangrentos, tendo como causa o recebimento da moeda de cobre em circulação, introduzida de contrabando dos Estados Unidos, repetiam-se e a polícia tinha de intervir. E assim com o sal, com o azeite, com a carne que, pela deficiência, chegou a 600 réis a arroba, levando o povo e os soldados a arrombarem os açougues, tomarem, à força, a carne ali depositada e até arrebatarem-na das mãos dos escravos dos Ministros, alegando não serem estes melhores que eles.
>
> Essa reação da plebe, acossada pela miséria e flagelada pelo fisco, ia alastrando-se, amparada pelos senhores de latifúndios e pela inércia das autoridades que não resolviam o problema, mas se aparelhavam para extorquir-lhes os ganhos com a cobrança dos impostos, generalizou-se a inquietude em todas as classes; os quarteis iam sendo, aos poucos, invadidos pela subordinação e desrespeito à hierarquia; os conventos desobedeciam aos princípios rígidos das regras e das pastorais; os sertões reagiam contra a arrecadação do ouro para ser verificado na capital. Havia em tudo e em todos o descontentamento, a revolta.[902]

Os livros e documentos franceses, existentes nas bibliotecas dos conjurados, divulgavam as ideias e ideais revolucionários que já tinham sido cultivados na França e nos EUA.

História política e administrativa da cidade de Salvador, *Regras de história do Brasil* etc.

902 RUY, Affonso. *A Primeira Revolução Social Brasileira*: 1798. Rio de Janeiro: Laemmert, 1970, pp. 45/46.

Essas ideias chegaram à Bahia através de Portugal. Os livros em circulação eram poucos e estavam policiados. Leis severíssimas proibiam a leitura das obras de Voltaire,[903] Rousseau,[904] Volney,[905] Montesquieu,[906] D'Holbach.[907] Não obstante, na Universidade de Coimbra, no Porto e em Lisboa, existiam partidários das ideias desses autores proibidos e muitos simpatizantes da causa da Revolução Francesa. Com eles, aprenderam os jovens baianos que iam estudar na Europa. É

---

903 Voltaire – Marie François Arouet (1694-1778): francês, de família burguesa, dedicou-se à filosofia, à literatura, ao teatro e à crítica iluminista. Contestador, esteve preso na Bastilha por ridicularizar Felipe de Orleans. Defendia a razão e era anticlerical. Principais obras: *Cartas inglesas*, *Zadig*, *Cândido* e *Tratado sobre a tolerância*, em que defende os princípios da liberdade e tenta corrigir uma injustiça ocorrida com Jean Calas, quando foi condenado à morte por ser protestante.

904 Jean Jacques Rousseau (1712-1778): suíço, partiu para a França, onde tomou contato com Diderot e passou a escrever verbetes para a *Enciclopédia* (1742). Venceu o concurso da Academia de Dijon com o texto "O progresso das artes e das ciências fez mais para corromper ou apurar a moralidade?" (Discurso sobre as ciências e as artes). Defendia a "vontade geral", a "Democracia Direta e a igualdade". Principais obras: *O contrato social*, *Emílio*, *Discurso sobre a origem e os fundamentos da desigualdade entre os homens* etc.

905 Constantino Volney (1757-1820): intelectual francês, analista dos impérios, influenciou muitos revolucionários que lutavam pela independência das colônias e pela liberdade. Principal obra: *Ruinas ou meditações sobre as revoluções dos impérios*.

906 Montesquieu – Charles-Louis de Secondat (1689-1755): francês, de família aristocrática, advogado, Presidente do Parlamento em Bourdeaux e da Academia Francesa. Analisou o mundo político e intelectual de alguns países, inclusive da Inglaterra. Foi um jurista com profundos conhecimentos de história, sociologia e política. Defendeu a República e a Democracia. A sua obra-prima é o *Espírito das Leis*, em que desenvolve os princípios de fiscalização e harmonia entre os três poderes, Executivo, Legislativo e Judiciário. Outras obras: *Cartas Persas*, *Memória sobre a Constituição*, *Tratado dos Deveres*, *Ensaio sobre o Gosto* etc.

907 D'Holbach – Barão Paul Henry Thiry (1723-1789): nasceu em Hudelsheim, mas se fixou em Paris. Rico, abriu sua casa aos filósofos e aos enciclopedistas. Defendeu os princípios iluministas. Escreveu *O sistema da natureza*, *Etocracia* entre outros. Era adepto do materialismo.

> possível, portanto, que, nos anos de 1793 e 1794, já tenham circulação em Salvador alguns trechos do livro de Volney (*As Ruínas*), poesias de Rousseau e trechos do seu famoso livro *A Nova Heloísa* (...). Em torno das conversas, formou-se um grupo do qual pouco se sabe. Parece que faziam parte Dr. Cipriano Barata, os militares Hermógenes Francisco de Aguillar Pantoja e José Gomes de Oliveira Borges, o presbítero Francisco Agostinho Gomes, o professor de Retórica em Minas, do Rio das Contas, Francisco Moniz Barreto, José Raimundo Barata de Almeida, Pedro Leão de Aguilar Pantoja. Segundo alguns autores, reuniam-se num clube maçônico,[908] denominado Cavaleiros da Luz.[909]

Durante esse clima de discussões sobre as ideias iluministas e a Revolução Francesa, aportou o comandante Larcher,[910] em Salvador,

---

908 Clube maçônico: era uma associação, que defendia o "espírito de fraternidade universal", entre os seus membros, os maçons. A maçonaria tem uma origem ligada às corporações de mestres pedreiros que prestavam mútuo socorro e se reuniam em confrarias. Fortaleceu-se durante a Idade Média, mas suas raízes vêm da Antiguidade. A moderna maçonaria se desenvolve a partir do século XVIII, tendo ritos, cerimonial, graus, liturgia e filosofia. Defendiam a liberdade e adotaram princípios revolucionários iluministas. Em 1797, foi criada a "Loja Cavaleiros da Luz" na Bahia, que defendia a independência e a república e foi seguida por outras províncias brasileiras, que criaram diversas lojas comprometidas com estes princípios. Os clubes maçônicos, como, às vezes, eram chamados tiveram papel de suma importância na luta pela independência brasileira.

909 TAVARES, Luís Henrique Dias. *História da Bahia*. Salvador: Editora Itapuã, 1969, pp. 105/106.

910 M. Larcher: comandante francês da fragata "La Preneuse". Chegou à Bahia, vindo das Antilhas no navio espanhol "Boa viagem", em 1796. Foi recebido, pelo tenente Hermógenes, para vigiá-lo, por ser considerado perigoso devido às ideias propagadas sobre Revolução Francesa (divulgava ideias subversivas em diversas colônias). Foi apresentado à elite intelectual de Salvador e discutiu as ideias dos enciclopedistas no contato que teve na casa do farmacêutico João Ladislau na Barra. Larcher vinha de uma missão revolucionária com as colônias francesas nas Antilhas.

no barco Boa Viagem, trazendo o francês de posições revolucionárias que, ao ficar temporariamente na cidade (em novembro de 1796), entrou em contato com figuras de destaque e discutiu teses dos enciclopedistas[911] sobre políticas em geral.

As reuniões dos intelectuais baianos sobre esses temas vinham ocorrendo casualmente na casa do farmacêutico João Ladislau Figueiredo e Melo.[912] Os participantes desses serões: Cipriano Barata (médico), Padre Francisco Agostinho Gomes (abastado e culto),[913] Inácio Siqueira Bulcão (aristocrata),[914] Tenente Hermógenes de Aguilar,[915] José Gomes de Oliveira Borges,[916] Daniel da Silva Lisboa,[917] e Francisco Moniz Barreto.[918]

---

911 Enciclopedistas: derivado do trabalho realizado pelo filosofo Diderot, que organizou a *Enciclopédia ou Dicionário Racional* e reuniu vários pensadores para concretizar esta obra. O nome passou a ser dado para os filósofos que defendiam os princípios do Iluminismo.

912 João Ladislau Figueiredo e Melo: farmacêutico, em cuja residência, na Barra, os conjurados se reuniam para discutir as ideias iluministas e revolucionarias. Onde, provavelmente, originou-se a loja "Cavaleiros da Luz".

913 Padre Francisco Agostinho Gomes (1769-1842): riquíssimo, tinha uma biblioteca e era muito "ilustrado" para a época. Não foi preso por participar da Inconfidência Baiana.

914 Inácio Siqueira Bulcão: aristocrata, senhor de engenho no recôncavo baiano, cedeu terras para Cipriano Barata plantar cana-de-açúcar. Lucas Dantas fugiu para sua fazenda, onde foi preso.

915 Hermógenes Francisco de Aguilar Pantoja: tenente do segundo regimento, branco, casado, filho do sargento-mor Francisco de Alencar Pantoja, 29 anos. Preso em 1 de janeiro de 1799.

916 José Gomes de Oliveira Borges: tenente do "regimento pago da artilharia", branco, solteiro, filho do sargento mor Caetano de Oliveira Borges, preso em 24 de agosto.

917 Daniel da Silva Lisboa: participava das reuniões dos "Cavaleiros da Luz", teve contato com Larcher. Mantinha correspondência com Cipriano Barata, mas não foi preso durante a Devassa.

918 Francisco Moniz Barreto de Aragão: professor de Gramática Latina na Vila do Rio das Contas (Jacobina), branco, solteiro, filho de Antônio Felix de Aragão, 32 anos. Preso em 1° janeiro de 1799.

Seguindo informações genéricas daquela época, o Tenente Aguilar foi acompanhante do comandante francês, colocando-se em contato com esses letrados e personagens da sociedade baiana.

Em julho de 1797, o grupo fundou uma sociedade secreta denominada Cavaleiros da Luz, com o propósito de estudar e divulgar os princípios revolucionários, sendo agregados outros membros, a saber: Tenente José Gomes de Oliveira Borges, Francisco Moniz Barreto e Daniel da Silva Lisboa.

Os militares, Aguilar Panteja[919] e Oliveira Borges, iniciaram um trabalho de conscientização do segundo regimento pago de Salvador, a fim de agregarem simpatizantes para o movimento de forma veemente e radical; enquanto Moniz Barreto doutrinava e conquistava mulatos e negros com a ajuda do Padre Agostinho.

Cipriano Barata doutrinava a população humilde que ajudava, como médico, sendo bem recebido e respeitado pelos humildes da cidade. Essa composição social e trabalho dos intelectuais da elite branca apontava para um levante de fundo social e popular bem diferente da Conjuração Mineira.

> Com virulência, o germe revolucionário insinuou-se por entre artífices e servidores das profissões liberais, sujeitos à prepotência do governo e da corja fiscal; resvalou para as senzalas através das crias das amas de estimação das casas afidalgadas da cidade, serpentando, com emissários, nos engenhos fronteiros e irradiando-se, levados pelos comboios, pelas zonas dos sertões e da mineração.[920]

Era, portanto, um projeto revolucionário contraditório em suas raízes iniciais e fomentava as dicotomias da sociedade escravista

919 Aguilar Pantoja: pai de Hermógenes, sargento-mor.

920 RUY, Affonso. *A Primeira Revolução Social Brasileira*: 1798. Rio de Janeiro: Laemmert, 1970, p. 57.

baiana de forma dialética, abrindo caminho para o surgimento de líderes que representavam uma população mais humilde, negra e miscigenada da Bahia.

Dr. Cipriano Barata, branco, acreditava na ajuda francesa para a eclosão da revolta, era desfavorável à precipitação da conjuração, mas foi arrastado pelo chamado "radicalismo dos líderes populares, que eram artífices e se juntaram com os militares".

Entre os representantes que se destacavam eram apontados: João de Deus Nascimento, Manuel Faustino dos Santos (o Lira), mulatos e alfaiates, os soldados, Luís Gonzaga das Virgens e Lucas Dantas de Amorim Torres, pardos, estes que conseguiram muitos adeptos para o levante. Os "conjurados do povo" contavam com a promessa de alguns intelectuais que os senhores de engenho e os comerciantes, prejudicados e descontentes com a política de impostos e repressivas da Coroa Portuguesa, forneceriam meios para a eclosão da revolução, principalmente armas, como já havia exemplos em rebeliões anteriores.

Em 12 de agosto de 1798, foram pregados boletins revolucionários (11) em diversos pontos de Salvador, conclamando o povo para apoiar a luta pela independência do domínio português e implantação imediata de uma república com os princípios igualitários para toda a sociedade baiana. Alguns boletins afirmavam:

"Animai-vos povo bahinense que está por chegar o tempo feliz da nossa liberdade, o tempo em que seremos todos irmãos: o tempo em que todos seremos iguais".

"A liberdade consiste no estado feliz, no estado livre do abatimento: a liberdade é a doçura da vida, o descanso do homem com igual paralelo de uns para outros, finalmente a liberdade é o repouso e bem-aventurança do mundo".

Um deles explicitava o projeto revolucionário:

Aviso ao clero e ao povo bahinense,

O Poderoso e Magnífico Povo Bahinense Republicano desta cidade da Bahia Republicana, considerando nos muitos e repetidos latrocínios feitos com os títulos de imposturas, tributos e direitos que são cobrados por ordem da Rainha de Lisboa e no que respeita à inutilidade da escravidão do mesmo Povo tão sagrado e digno de ser livre, com respeito à liberdade e igualdade ordena, manda e quer que, para o futuro, seja feita nesta cidade e seu termo a sua revolução para que seja exterminado para sempre o péssimo jugo reinável na Europa, segundo os juramentos celebrados por trezentos e noventa dos Digníssimos Deputados Representantes da Nação em consulta individual de duzentos e oitenta e quatro Entes que adotam a total Liberdade Nacional, contida no geral receptáculo de seiscentos e setenta e seis homens segundo o prelo acima referido. Portanto faz saber e dá ao prelo que se acham as medidas tomadas para socorro estrangeiro e progresso do comércio de Açúcar, Tabaco e Pau-Brasil e todos os mais gêneros de negócios e mais vires, contanto que aqui virão todos os estrangeiros tendo Porto aberto, mormente a Nação Francesa: outrossim manda o Povo que seja punido com pena vil para sempre todo aquele Padre regular e não regular que no púlpito, confessionário, exortação, conversação por qualquer forma, modo e maneira persuadir os ignorantes, fanáticos e hipócritas, dizendo que é inútil a liberdade popular: também será castigado todo aquele homem que se achar na (mesma) culpa não havendo isenção de qualidade para o castigo. Quer o Povo que todos os membros militares de Linha, milícia e ordenanças, homens brancos, pardos e pretos concorram para a liberdade Popular; manda o Povo que cada soldado perceba de soldo dois tostões cada dia além das suas vantagens que serão relevantes. Os oficiais terão aumento de posto e soldo, segundo as Dietas cada um indagará quais sejam os tiranos opostos à liberdade e estado livre do Povo para ser notado: cada um Deputado escreverá os atos da igreja para notar qual seja o sacerdote contrário à Liberdade: o Povo será livre do despotismo do rei tirano ficando cada um sujeito às Leis do novo código e reforma do formulário, será maldito da

> Sociedade nacional todo aquele ou aquela que foi inconfidente à liberdade coerente ao homem, e mais agravante será a culpa, havendo dolo eclesiástico: assim seja entendido aliás.
>
> O Povo.[921]

Resumidamente, o apelo era o seguinte: "é chegada a hora povo bahiense, onde não haverá diferenças entre brancos, pardos e negros".

O governador da Bahia, Fernando José Portugal,[922] determinou uma Devassa,[923] para aprisionar os sediciosos, que deveria ser executada pelos desembargadores do Tribunal de Relação da Bahia. Avelar de Barbedo,[924] Manuel Magalhães Pinto e Francisco Sabino Alvares da Costa Pinto.[925]

O governador, que ousadamente fora convidado para aderir à revolta pelos conjurados, mandou examinar as diversas petições arquivadas na Secretaria Geral do Governo, para comparar as letras destes documentos com as que estavam nos boletins subversivos lançados na cidade, a fim de tentar identificar os autores destas

---

921 TAVARES, Luís Henrique Dias. *História da Sedição intentada na Bahia em 1798*: a conspiração dos alfaiates. São Paulo: Pioneira/MEC, 1975, pp. 22-30.

922 D. Fernando José Portugal: fidalgo, Governador da Bahia, recebeu informações de Lisboa, sobre "pessoas da cidade estavam infectas dos abomináveis princípios franceses". Foi enviada pelos conjurados uma carta ao governador pedindo a sua adesão ao movimento. O governador determinou a Devassa.

923 Devassa: inquérito judicial ou religioso para investigar fatos criminosos e identificar os envolvidos. As autoridades deveriam autorizar as Devassas, quando ocorriam motins, rebeliões e revoluções contra a metrópole portuguesa. Estabelecia as penalidades contra os envolvidos, que poderiam ser de confisco dos bens, degredo e pena de morte.

924 Manoel Pinto Avelar de Barbedo: desembargador e ouvidor geral do crime encarregado de ouvir os "sediciosos" denunciados.

925 Francisco Sabino Alvares da Costa Pinto: desembargador encarregado de verificar "fatos conexos" em relação aos envolvidos na Revolta.

conclamações. Foram achadas duas petições de Domingos da Silva Lisboa,[926] mulato português, que imediatamente foi preso e interrogado. Em sua casa, havia um caderno com cópia do texto "Orador dos Estados Gerais em 1789",[927] de Jean Louis Carra,[928] o poema *Liberdade* e quatro cadernos, que transcreviam trechos de *Les Rouines or Mediations sur les Revolutions de Empires*, conhecido como *As ruinas*, material literário censurado e proibido na metrópole e em todas as colônias. Posteriormente, cartas, que estavam no convento do Carmo (22/08) para o governador e o prior dos carmelitas, serviram para aprofundar as investigações. Ao compararem, novamente, as letras destes documentos, concluíram que o suspeito era o soldado Luís Gonzaga das Virgens e Lisboa foi solto.

O soldado foi preso e, no portão onde morava, foram apreendidas diversas anotações do "Orador dos Estados Gerais de 1789" e um discurso do parlamentar francês Boissy d'Anglas.[929]

Essa prisão gerou uma reunião na oficina de Luís Pires (ourives)[930] com a presença de Manuel Faustino Lira e João de Deus (alfaiates),

---

926 Domingos da Silva Lisboa: mulato, nascido em Lisboa, primeiro acusado de ser o responsável pelos boletins fixados em Salvador, conclamando "o povo baiense" à revolta. Preso, foi solto, posteriormente, devido à identificação dos reais autores dos panfletos.

927 Estados Gerais: Assembleia da França absolutista que reunia as três ordens da sociedade francesa: Clero, Nobreza e o Terceiro Estado (povo). Era convocada, eventualmente, em tempos de crise pelo Rei. A última convocação ocorreu com Luís XVI, antes da Revolução Francesa.

928 Jean Louis Carra (1742-1793): jornalista francês, autor do texto político "Orador dos Estados Gerais em 1789".

929 Boissy d'Anglas (1756-1826): deputado francês à convenção francesa em 1795 que fez incisivo discurso.

930 Luís de França Pires (ourives): pardo, ocorreu uma reunião dos conjurados, em sua oficina, e era divulgador da "Reunião do Dique do Desterro". Na reunião, estava armado com uma pistola e tentou atirar no tenente-coronel Alexandre Teotônio, mas foi impedido pelo soldado José Joaquim de Sirqueira. Foi jogado na Costa Africana em Cabo Corso, após a condenação.

Lucas Dantas de Amorim Torres (soldado), Nicolau de Nascimento Andrade (cravador/ourives)[931] e José Freitas Sacoto (comerciante de ouro).[932] Decidiram que deveria ocorrer uma reunião mais ampla no campo do Dique do Desterro, para aquilatarem o número de pessoas que iriam aderir ao desencadeamento da revolução para implantarem a "República Igualitária". Os convites foram realizados, imediatamente, (25) para os seguintes conjurados: José Raimundo Barata de Almeida (irmão de Cipriano), Luís de França Pires, Inácio Pires, Manuel José de Vera Cruz, José Felix da Costa (escravos dos senhores de engenho José Pires de Carvalho e Albuquerque, Secretário Perpétuo do Estado do Brasil e Francisco Vicente Viana, amigo do governador), Inácio da Silva Pimentel (soldado), José do Sacramento (alfaiate), Joaquim José da Veiga (ferreiro), Joaquim José de Santana (capitão da "milícia dos homens pardos" e barbeiro), Vicente (escravo africano), o garoto João (escravo e aprendiz de alfaiate) e José Joaquim de Sirqueira (soldado português). Nesse contexto da insurreição, não houve a ajuda esperada dos Senhores de Engenho, como do Rio das Contas e outras localidades, contavam apenas com o segundo regimento pago. A reunião do Dique, foi, contudo, denunciada por três dos convidados: Joaquim José de Santana,[933] Joaquim José da Veiga[934] e José Joaquim de Sirqueira.[935] Estavam presentes, no campo do Dique, apenas quatorze pessoas

---

931 Nicolau de Nascimento Andrade: oficial de gravador, filho de Boaventura de Andrade, branco. Preso em 26 de setembro, com 23 anos.

932 José de Freitas Sacoto (1767-1857): praticante de cirurgia, pardo, filho natural do padre Daniel de Freitas Sacoto, preso em 3 de outubro com 32 anos. Era comerciante de ouro.

933 Joaquim José de Santana (1800-1879): capitão da milícia dos homens pardos e barbeiro, convidado para a "Reunião do Dique", denunciou os conjurados e recebeu uma recompensa econômica do governo.

934 Joaquim José da Veiga: ferreiro, convidado para a reunião no Campo do Dique, acabou denunciando os conjurados.

935 José Joaquim de Sirqueira: soldado do regimento de linha, branco, nascido em Portugal, denunciou os conjurados.

e foi reprimida pelo Coronel Alexandre Teotônio de Souza.[936] Só houve um rebelde armado, Luís Pires, que foi impedido de reagir por um soldado do próprio grupo, o Sirqueira. A repressão e as prisões aumentaram a partir do dia 26 de agosto e se estenderam em "estilo dominó" até 1799. Foram presas quarenta e uma pessoas e o processo andou lentamente até 5 de novembro de 1799, quando as condenações foram determinadas.

Antes da repressão, já tinham ocorrido denúncias contra alguns "sediciosos", que foram ratificadas com as prisões, a saber:

- Cipriano Barata, denunciado por padre José Fonseca das Neves,[937] o qual comunicou a Lisboa que, juntamente com Marcelino Antônio de Sousa,[938] o músico, "publicava as suas depravadas paixões entre os rústicos povos, feitos uns novos legisladores" e de "falas livres contra a igreja".

- O tenente Hermógenes e o padre Francisco eram acusados de traduzirem trechos de *As ruínas*.

- Francisco Agostinho Gomes, acusado de adotar a ideologia *francizia*[939] e organizar jantares em dia santo onde havia o consumo de carnes.

- O professor Francisco Moniz Barreto de Aragão (lecionava gramática latina), acusado de contrabandear livros subversivos de Lisboa para o Brasil.

---

936 Tenente-Coronel Alexandre Teotônio de Souza: encarregado de fazer a diligência policial no Campo do Dique e prender os conjurados.

937 Padre José Fonseca das Neves: denunciou Cipriano Barata à Metrópole.

938 Marcelino Antônio de Sousa: músico, denunciado pelo Padre José Fonseca das Neves. Era, também, agricultor.

939 Francizia: explicita as ideias revolucionarias e iluministas francesas.

- Manuel Faustino Lira, quando foi preso, informou ter escutado a defesa do "sistema francês" do professor Moniz Barreto e aderido ao levante.

Prisão e julgamentos – o Tribunal de Relação foi moroso em seus trabalhos conclusivos. Esta instituição, de instância superior na colônia, era encarregada da justiça e funcionava como intermediária, subordinada à Casa de Suplicação em Lisboa. Até 1609, na colônia, a decisão da justiça estava nas mãos do ouvidor-geral. O Tribunal da Relação foi consolidado pelo regimento editado em 1609 e funcionou até 1626, quando foi suspenso. Voltou a funcionar em 1654, quando Portugal tinha consolidado a "restauração".[940] Foi sempre um tribunal polêmico, desde as primeiras tentativas de instalação durante a União Ibérica (1588),[941] devido ao seu custo, os choques entre as autoridades civis e clericais na Bahia e as críticas realizadas pelos administradores de Pernambuco (donatários).[942] Ao voltar a atuar, sentia-se muito eficaz nas decisões judiciais e superior ao ouvidor. Até 1698, havia oito desembargadores, quando foram elevados a dez magistrados. O chanceler, o desembargador mais antigo, presidia o órgão e tratava os processos de cunho militar. Os agravos eram tratados por três outros desembargadores. Um magistrado tinha o papel de ouvidor feral.

Existia um juiz encarregado dos feitos da coroa e fazenda, um Procurador da Coroa, um Provedor dos defuntos e resíduos e mais dois desembargadores extravagantes. Às vezes, tinha a função de um

---

940 Restauração: recuperação da Coroa portuguesa do domínio espanhol em 1640, iniciando a nova dinastia de Bragança, liderada pelo Duque de Bragança, depois D. João IV.

941 União Ibérica (União das Monarquias Ibéricas): foi a reunião das coroas portuguesa e espanhola, a partir de 1580, após a morte de D. Sebastião e D. Henrique (cardeal-rei), sob a tutela de Filipe II da Espanha. O domínio espanhol foi até 1640, com Filipe II, III e IV.

942 Donatários: responsáveis pelas capitanias hereditárias, tomavam posse de uma propriedade de 10 léguas de terra ao longo da costa, e benefícios para sua exploração.

conselho político e administrativo, trabalhando com o governador-geral ou vice-rei, que presidia o tribunal como "Regedor". As decisões políticas tomadas tinham a força da lei em seus "acórdãos".[943] Os desembargadores tinham contato com grupos econômicos e as elites coloniais, comprometendo as decisões jurídicas e os princípios da justiça, pois abandonavam a imparcialidade em inúmeras decisões, principalmente na Bahia. Em decorrência, foi instalado o Tribunal de Relação do Rio de Janeiro em 1752, após anos de críticas e reivindicações das câmaras municipais.

Essas eram as características do Tribunal encarregado de investigar e julgar os envolvidos na Conjuração Baiana.

A 5 de novembro de 1799, os desembargadores do Tribunal de Relação deram o veredicto final, à revelia das defesas apresentadas pelo advogado do preso José Barbosa de Oliveira, questionando as chamadas "provas materiais" apresentadas. A defesa apresentou embargos às decisões do colegiado do Tribunal, mas os argumentos de José Barbosa[944] foram rejeitados. O bacharel defendeu os trinta e dois presos, todos processados como revolucionários, apresentou 339 artigos de embargos em mais de 200 folhas de papel, em competente peça jurídica.

Segundo Afonso Ruy,

> (...) estudando o crime perante o direito natural e as ordenações em face dos autos, demonstrou Barbosa de Oliveira que, além da falta de formalidades essenciais, a falibilidade da prova anulava o processo. Pesando as responsabilidades de patrono de um crime em que o governo punha todo empenho em punir severamente, reafirmava a sua convicção jurídica na

---

943 Acórdãos: decisões, de caráter político, tomadas pelo Tribunal de Relação reunido sob a Presidência do Governador Geral.

944 José Barbosa de Oliveira: advogado dos presos, apresentou embargos às decisões dos desembargadores contra os réus, argumentou que não havia "provas materiais" contra os conjurados. Tio-avô de Ruy Barbosa.

> inculpabilidade dos presos, o que o levara a defendê-los e sem que nisso influísse a obrigação de defensor judiciário, como advogado que era da Casa de Misericórdia.[945] "Ninguém se persuada", – prossegue – "que nesta ação eu me determinasse a outro fim mais do que mostrar o grau de prova, em que cada um se acha, para ser excluído da pena da lei.[946]

Finalizando com o brocardo latino: *Judices, et Princepes Terreni debenti imitari Coelestem, scilicet Deum.*

A palavra ponderada e calma do advogado, tentando, com uma argumentação cerrada, irretorquível e lógica em face da legislação, aquebrantar a aplicação da pena de morte aos principais indigitados, deveria calar, no ânimo dos julgadores favoravelmente aos presos, não fosse a necessidade de satisfazer a vontade real e a de D. Fernando.[947]

A decisão do Tribunal de Relação foi a seguinte:

a) Acusados de "leves imputações" com apoio governamental:

- Tenente Hermógenes Francisco de Aguilar Pantoja e José Gomes de Oliveira Borges – brancos – ficaram em prisão temporária por seis meses.

- Cipriano Barata – branco – preso em 19 de setembro de 1798 e liberto em janeiro de 1.800.

---

945 Casa de Misericórdia: órgão dedicado à assistência da população carente, introduzido no governo de D. João II. Mantinha hospitais, fornecia alimentos e roupas aos necessitados, o enterro, a orientação dos prisioneiros nas cadeias. A primeira casa foi aberta em Salvador e, no final do século XVI, já se multiplicavam em vários locais da colônia.

946 RUY, Affonso. *A Primeira Revolução Social Brasileira*: 1798. Rio de Janeiro: Laemmert, 1970, pp. 119/120.

947 RUY, Affonso. *A Primeira Revolução Social Brasileira*: 1798. Rio de Janeiro: Laemmert, 1970, pp. 119/120.

b) Os degredados foram:

- José Raimundo Barata de Almeida – branco – na ilha de Fernando de Noronha.
- Pedro Leão de Aguilar Pantoja – branco, degredado no presídio de Benguela por dez anos.
- Cosme Damião Pereira Bastos – negro – condenado a cinco anos em Angola.

c) Açoitados e vendidos para fora da Bahia:

- Inácio Pires e Manuel José da Vera Cruz – pardos – foram aplicadas quinhentas chibatadas.

d) Condenados a serem largados na Costa Ocidental da África que não tivera o controle de Portugal.

- José de Freitas Sacota e Romão Pinheiro – pardos – jogados no espaço holandês.
- Luís de França Pires – pardo – Cabo Corso.
- José Felix da Costa – pardo – Fortaleza de Moura.
- José do Sacramento – pardo – espaço inglês (Comenda).
- Manuel de Santana – pardo – espaço dinamarquês (Raquito).
- Inácio da Silva Pimentel – pardo – espaço holandês (Castelo da Mina).

Antes de serem jogados na Costa africana, foram açoitados com quinhentas chibatadas e levados a assistirem às execuções dos companheiros conjurados.e) Condenados à morte na forca e, depois, a esquartejamento e à exposição pública:

- Luís Gonzaga das Virgens – era pardo baiano e soldado do segundo regimento. Filho de Joaquim da Costa Rubi e Rita Gomes. Destacou-se na organização da Inconfidência e foi responsável pela divulgação dos boletins. Delatado, foi preso em 24 de agosto de 1798. Em decorrência de seu encarceramento, os outros membros do movimento revolucionário precipitaram o "levante" numa tentativa de libertá-lo, mas frustrado. Foi condenado à morte por enforcamento, teve as duas mãos decepadas, o corpo esquartejado e exposto em logradouros públicos. A execução ocorreu em 8 de novembro de 1799, aos 37 anos.

- Lucas Dantas de Amorim Torres – era pardo, baiano e soldado do regimento de artilharia. Filho de Domingos e Vicência Maria. Um dos líderes populares da Inconfidência, foi preso em 15 de setembro de 1798, condenado à morte na forca, ao esquartejamento e à exposição de "suas partes" em logradouros públicos. Não aceitou a extrema-unção, oferecida por um frade, antes de ser enforcado em 8 de novembro de 1799. Tinha 24 anos.

- João de Deus Nascimento – era pardo, baiano, alfaiate e também cabo de esquadra do segundo regimento de milícia, em Salvador. Forte propagandista da Inconfidência, foi preso no mesmo dia de Luís Gonzaga. Condenado as mesmas penas dos companheiros de luta, foi executado em 8 de novembro de 1799, aos 37 anos.

- Manuel Faustino dos Santos Lira – era pardo, baiano e alfaiate. Filho de Raimundo Ferreira e da escrava Felizarda. Preso em 16 de setembro de 1898, negou a idade e se identificou como se tivesse 17 anos para minimizar a sua pena no futuro julgamento. As autoridades provaram que tinha 22 anos. Condenado às penas aplicadas aos companheiros, foi executado em 8 de novembro de 1799.

Os quatro condenados foram esquartejados e as suas "partes expostas" em vias públicas durante cinco dias para servirem de exemplos para quem tentasse se revoltar contra a coroa portuguesa. É importante frisar que havia um quinto condenado, Luís Pires (ourives) que conseguiu fugir e evitar o enforcamento. Romão Pinheiro[948] também foi condenado à morte, mas a sua pena foi suspensa e transformada em degreda.

Os membros foram expostos da seguinte forma:

- A cabeça de Lucas Dantas foi espetada no Campo do Dique do Desterro e os quartos do seu corpo na via que levava à sua casa (Cruzeiro de São Francisco).
- A cabeça de Manuel Faustino foi colocada no Cruzeiro de São Francisco.
- A cabeça de João de Deus ficou na Rua Direita do Palácio (atual rua Chile) e o restante do corpo foi espalhado nos locais que frequentava.
- A cabeça de Luís Gonzaga e as suas mãos foram pregadas no patíbulo.

Os processos de condenação, após debates e sessões secretas, comandadas pelo governador, foram relatados na reunião de 5 de novembro, tendo os seguintes acórdãos:

Processo de Luiz Gonzaga e Domingos Lisboa:

> Pela dedução dos factos descriptos e suas convincentes provas, tanto a primaria ingerencia que teve o R. na vulgarização dos incendiados libellos tendentes a predispor e fomentar a decompozição e quebrantam.to da ordem publica, como particular influencia na propagação das erroneas e absurdas reverias, que contaminavão os mais amotinadores, animados a transgredir os mais sanctos e sagrados vinculas da vassalagem: e conseguintem.te demonstrada plena, ampla e legalm.

948 Romão Pinheiro: foi degradado e deixado em Acará, sob o domínio holandês. Era soldado granadeiro do primeiro regimento, alfaiate, pardo e filho de João Pinheiro. Tinha 22 anos e foi preso em 30 de agosto.

> te a perpetração do horrendo crime de alta traição, e leza Magestade de primeira cabeça.
>
> Por tanto e mais dos Autos condemnão o mesmo execravel R. a que com baraço e pregão seja levado até o lugar da forca erigida para este supplicio, e que nella morra morte natural p.a sempre, sendo-lhe depois de morto decepadas as mãos e cortada a cabeça, as quais ficarão postadas no dito lugar da execução até que o tempo as consuma, na confiscação de todos os seus bens p.a o fisco, e Camara Real; e declarão infame sua memoria, de seus filhos e netos, e que sendo propria a caza da sua habitação seja demolida e salgada, p.a nunca mais se reedificar.
>
> Quanto ao segundo R. Domingos da S.a Lisboa, como de ambas as Devaças nada de pozitivo rezultou contra elle, julgão purgado pela diuturnidade da prizão algum leve e remoto indicio, q. o maculasse e os condemnão ambos nas custas deste processo.[949]

Processo de Lucas Dantas:

> O que tudo visto, e o mais dos autos, condemnão aos Reos Lucas Dantas d'Amorim Torres, João de Deos do Nascimento e Manoel Faustino dos San tos Lira, a que com bar aço e pregão, pelas ruas publicas desta cidade, sejão levados á Praça da Piedade, por ser tambem huma das mais publicas della, onde na forca, que para este supplicio se levantará, mais alta, do que a ordinaria, morrão morte natural p.a sempre, depois do que lhes serão separadas as cabeças e os corpos dos dous primeiros feitos em quartos, sendo conduzida a do R. Lucas Dantas ao sitio mais descuberto, e publico do Campo do Dique do Desterro, e pregada em hum poste levantado, té que o tempo a consuma, e da mesma sorte os quatro quartos, ficando em distancias proporcionadas, desde a caza q. foi

949 RUY, Affonso. *A Primeira Revolução Social Brasileira*: 1798. Rio de Janeiro: Laemmert, 1970, pp. 121/122. Essa obra contém o texto dos acórdãos referentes ao julgamento (documentos públicos).

> de sua habitação té o dito si tio, por ser o proprio destinado para o infame, e sedicioso ajuntamento da noute de 25 de Agosto; será igualmente posta a cabeça do R. João de Deos, defronte da caza que lhe servia de morada, e os quartos nos caes de maior frequencia e commercio desta dita Cidade até que huns e outros sejão consumidos pelo tempo, p.a ser assim patente a todos a enormidade do seu delicto, e a correspondente punição: e a cabeça do R. Manoel Faustino, por não ter habitação certa, se porá defronte da caza do primeiro R. Lucas Dantas onde fazia a sua maior assistencia, e esperou os convidados na referida noute de 25 de Agosto, encaminhando-os p.a o Campo do Dique. Outrosim declarão, q. as cazas dos dous primeiros RR., sendo proprias, sejão arrazadas, e salgadas, para que nunca mais ahi se edifique, levantando-se hum Padrão, em q. se conserve a lembrança da sua infamia: igualmente os condemnão na confiscação de todos os seus bens para o Fisco e Camara Real, e os julgão incursos no crime de leza Magestade de primeira cabeça, e por isso infames para sempre a sua memoria, seus filhos, e netos.
>
> Nas mesmas penas condemnão o R. auzente Luiz Pires, e o julgão bannido, e mandão ás justiças da dita Senhora, que appellidem contra elle toda a terra para o prenderem, e que qualquer do povo o possa matar, não sendo seu inimigo.
>
> Ao R. Romão Pinheiro tambem condemnão a que com baraço, e pregão seja conduzido pelas ruas publicas desta Cidade ao mesmo logar da forca, que se hade levantar, e nella morra morte natural para sempre, e declarão infame a sua memoria, seus filhos, e netos, e seus bens confiscados p.a o Fisco, e Camara Real.[950]

Fica claro que o julgamento foi manipulado pelos magistrados e o governador passa a condenar à morte os mestiços (pardos) de origem africana, pobres, para servirem de exemplo; os demais brancos foram poupados de pena capital por serem ligados ou originados da

950 RUY, Affonso. *A Primeira Revolução Social Brasileira*: 1798. Rio de Janeiro: Laemmert, 1970, pp. 121/122. Essa obra contém o texto dos acórdãos referentes ao julgamento (documentos públicos).

elite baiana. O Tribunal da Relação não tinha como objetivo um julgamento isento, mas recebia ordens da política vigente na Bahia, orientada pela coroa portuguesa, ou seja, poupar a elite branca e retaliar os mais humildes para amedrontar o povo em relação a qualquer tipo de rebeldia contra a coroa e, principalmente, a favor da independência e da república.

Essa revolta foi o maior projeto para independência e república antes de setembro de 1822.

A base do movimento era popular e abolicionista, os letrados se omitiram durante a eclosão da Conjuração, na maioria brancos, inclusive Cipriano Barata.

Os argumentos da defesa, realizada pelo Dr. José Barbosa de Oliveira, mostrando a contradição do julgamento, que usou medidas diferentes em suas decisões, de nada valeram, porque os juízes já tinham realizado um pré-julgamento dos réus logo após as prisões.

O caso polêmico de Cipriano José Barata de Almeida (1762-1838). Baiano, filho do Tenente Raimundo Nunes Barata[951] e de D. Luísa Josefa Xavier.[952] Estudou em Coimbra e se formou em Filosofia, sendo habilitado em Matemática e Medicina em 1790 (cirurgião). Em Portugal, conheceu José Bonifácio[953] e José da Silva Lisboa (Visconde de Cairu)[954] que, junto a ele, militaram em prol

951 Raimundo Nunes Barata: pai de Cipriano Barata, tenente do Exército Colonial Português no Brasil.

952 D. Luísa Josefa Xavier: mãe de Cipriano Barata.

953 José Bonifácio de Andrada e Silva (1763-1838): estudou em Coimbra junto com Cipriano Barata. Teve papel de destaque no processo de independência do Brasil. Foi escritor e cientista (ciências naturais), membro da Academia Real das Ciências de Lisboa. Participou da Constituinte Brasileira (1823) e teve atritos com Cipriano Barata. Após a abdicação de D. Pedro I, foi tutor de D. Pedro de Alcântara (II) e Deputado na Regência.

954 José da Silva Lisboa – Visconde de Cairu (1756-1835): economista, jurisconsulto e político baiano. Formou-se em Coimbra, sendo

da independência do Brasil. Entrou em contato com as pregações da Revolução Francesa e foi influenciado pelos princípios de "liberdade e igualdade".

Ao voltar à Bahia (1790), tomou conhecimento da frustrada Inconfidência Mineira e do clima de descontentamento social e econômico contra Lisboa. Abriu uma clínica médica em Salvador e atendia à população pobre da cidade, portanto, sem muito retorno financeiro. Tanto é que, para completar a sua renda, dava aulas particulares de gramática, latim e matemática.

Diante das dificuldades econômicas enfrentadas, tentou se dedicas à lavoura e arrendou terras com o intuito de sustentar melhor a família. Tinha seis escravos em sua "roça", que ajudavam na plantação, todos com nomes bíblicos.[955]

Em seu trabalho, tanto na área urbana como na rural, fazia pregações liberais e críticas à metrópole, sendo identificado como anticlerical, jacobino[956] ou *francezia*. Em consequência dessa posição ideológica, passou a se envolver com outros intelectuais críticos do contexto colonial e rebeldes em relação à política dominadora lusa que ocorria na Bahia e no Brasil. Acompanhava, também, as reclamações do povo contra a carestia e se manifestava em atos rebeldes

---

contemporâneo de Cipriano Barata. Participou do processo de "abertura dos portos", quando D. João VI chegou ao Brasil, em 1808. Foi professor de economia política e publicou as *Observações sobre o comércio franco*, *Os princípios do direito mercantil*, *Constituição moral e deveres do cidadão* etc.

955 Nomes bíblicos que tinham os escravos de Cipriano Barata, a saber: Noé, Moisés, Isaías, Custódia e Raquel. Devido a esses nomes foi acusado de querer disputar com a *Bíblia*.

956 Jacobinos: figuras que frequentaram os clubes revolucionários da França e se transformaram em deputados radicais na Assembleia Constituinte. O nome veio do refeitório dos monges jacobinos da Ordem dos Dominicanos em Paris, que foi alugado por estes parlamentares e simpatizantes. O terrorismo foi implantado na Revolução Francesa por este grupo, tendo, como um dos líderes, Robespierre.

em Salvador. Juntou-se com um círculo de letrados que discutiam os princípios de "liberdade, igualdade, fraternidade" e pretendiam sublevar-se em prol da independência da colônia. Era um suspeito de subversão pelas suas atitudes e comentários, foi denunciado, inicialmente pelo padre José da Fonseca Neves em carta de 3 de maio de 1798 para o ministro Rodrigo de Souza,[957] que afirmava:

> (...) por alcunha o Baratinha, cirurgião e Marcelino Antônio de Souza¸ músico, assistentes da dita freguesia e lavradores de canas nos engenhos de Joaquim Inácio da Siqueira Bulcão, são homens infensos em todos os sistemas ao alto decoro de V. M. (...) pois não se envergonham de publicar as suas depravadas paixões entre os rústicos povos, já com palavras, já com escritos feitos uns novos legisladores, não só das monarquias (...).[958]

Posteriormente, foi envolvido no depoimento dado pelo soldado Lucas Dantas de Amorim Torres, em 18 setembro de 1798, sobre uma reunião ocorrida, na qual foi discutido o levante que tinha como objetivo "constituir um governo democrático, livre e independente" de Portugal.

Manoel Faustino dos Santos Lira (22/09/1798) também citou Cipriano, como partícipe da reunião na qual se tramou a Conjuração. Afirmou que, durante a conversa com "o dito cirurgião", sem permitir que ele declarante continuasse lhe disse – deixasse semelhante projeto, porque a maior parte dos habitantes deste continente viviam debaixo da disciplina de um cativeiro, e não tinha capacidade para tal ação, e que melhor era esperar que viessem os franceses, os quais andavam nessa mesma diligência pela Europa e logo cá chegarão.

---

957 Ministro Rodrigo de Souza: oficiou a denúncia contra Cipriano Barata ao governador D. Fernando José de Portugal que foi enviada pelo padre José da Fonseca Neves.

958 RUY, Affonso. *A Primeira Revolução Social Brasileira*: 1798. Rio de Janeiro: Laemmert, 1970, pp. 121/122. Essa obra contém o texto dos acórdãos referentes ao julgamento (documentos públicos).

Cipriano Barata foi preso em 19 de setembro de 1798, negou a sua participação no levante e, sendo acareado com João de Deus, denunciado como o "cabeça da revolta", ético em relação aos princípios revolucionários, livrou o médico de qualquer comprometimento com a conjuração. Afirmou: "só conheço de vista a Cipriano Barata, que é cirurgião, segundo ouvi dizer, e nunca soube que entrasse no dito levantamento ou dele soubesse, e nem o viu em casa de Lucas Dantas; antes sabe que este é inimigo do dito Cipriano Barata".

Preso, Cipriano teve seus bens sequestrados, sendo levada a sua biblioteca de 74 livros, em francês na maioria e os 5 escravos. O advogado de defesa, José Barbosa de Oliveira, usou o depoimento de João de Deus, no trecho que afirmara: "Cipriano, apenas fora sabedor e não denunciara".

O médico foi absolvido junto com 13 réus na sentença que declarava: "numa debilidade de prova e em atenção também, a que tem purgado no delatado tempo de prisão algum indício que contra eles pudesse resultar os absolvem e mandam que sejam soltos".

No final do ano de 1799, Cipriano Barata foi solto. Conclui-se que a "visão revolucionária" deste não era a mesma dos outros conjurados, desde que o movimento se radicalizou, pois esperava ajuda militar francesa. Nesta primeira fase de sua vida, ele estava mais comprometido com as ideias e divulgação às massas populares, sem ter nenhum comprometimento com a *práxis* revolucionária. Uma posição típica dos intelectuais brasileiros daquela época. A experiência, que teve com esses acontecimentos, levou-o, posteriormente, a um engajamento concreto pela luta de independência do Brasil. Da teoria foi para a ação, a saber:

1818 – organizou o "comitê de anistia" para os que participaram da Revolução Liberal de 1817 em Pernambuco.

1820 – esteve no levante popular para depor o governador da Bahia.

1821 a 1829 – foi eleito deputado para representar o Brasil nas cortes lusas.[959] Em 17 de dezembro de 1821, em Lisboa defendeu, exaustivamente, a independência brasileira e foi vaiado pelos portugueses junto aos outros representantes nativos. Durante a defesa de vários temas, tais como liberdade de comércio, de ensino, de imprensa, contra os presídios infectos, pela intocabilidade dos presos, inviolabilidade de domicílio, extinção de impostos, contra a prisão sem culpa formada, acabou tendo um entrevero físico com o deputado Marechal Luiz Paulino de Oliveira Pinto de França[960] da Bahia que defendia os interesses coloniais portugueses em detrimento do Brasil. Cipriano empurrou o deputado na escada do parlamento, resultando na queda do "Sr. Pinto de França, pelos degraus que descem para a rua e ficasse ferido no rosto, e pisado em parte do corpo que caiu sobre as pedras à vista de muitas pessoas que ali se achavam". Este episódio de coragem, para o contexto, foi usado para cassá-lo da Assembleia, mas sem sucesso, devido ao apoio dado pela bancada nativa, como ocorreu com Feijó.

1822 – em 30 de setembro, recusou-se a jurar a Constituição Portuguesa, e, sentindo-se ameaçado em Lisboa, fugiu à Inglaterra com outros deputados brasileiros. Neste último país, lançaram um manifesto explicando o motivo real da fuga de Portugal. O documento foi assinado, também, pelos colegas Francisco Agostinho

---

959 Cortes lusas: denominação dada à Assembleia convocada pela Junta Provisional do Governo Supremo do Reino, instituída pelos participantes de Revolução do Porto (1820). Tinha, como objetivo, fazer uma Constituição para acabar com o Antigo Regime. Essa Assembleia Constituinte teve a participação de deputados brasileiros.

960 Marechal Luiz Paulino de Oliveira Pinto de França: eleito deputado brasileiro para as Cortes Lusas. Foi eleito pela Bahia e passou a defender os interesses de Portugal e não os da colônia. Em decorrência, entrou em atrito com Cipriano Barata, acabou em agressão física entre os dois.

Gomes,[961] José Lino Coutinho,[962] Antônio Manoel da Silva Bueno e Diogo Antônio Feijó.[963] É bom lembrar que, em 7 de setembro, D. Pedro I[964] havia declarado a Independência do Brasil.

1823 – volta ao Brasil e, devido à luta armada pela Independência na Bahia,[965] fica em Recife, onde lançou o combativo jornal *Sentinela da Liberdade*. Foi eleito para a Assembleia Constituinte do Brasil,[966] porém não tomou posse devido aos violentos atritos que teve com os Andradas, acusados de controlarem o parlamento

---

961 Francisco Augustinho Gomes: deputado baiano que aderiu às críticas a Constituinte Lusa. Era Liberal.

962 José Lino Coutinho (1784-1836): formado em medicina por Coimbra. Professor da Faculdade de Medicina da Bahia. Foi deputado às Cortes Portuguesas (1821). Assinou a Constituição Portuguesa e, depois, retirou sua assinatura, tendo que fugir à Inglaterra. Fez oposição a D. Pedro I, como deputado representado a Bahia.

963 Padre Diogo Antônio Feijó (1784-1843): sacerdote e político foi deputado por São Paulo às Cortes Lusas em Lisboa. Defendeu a Independência do Brasil e fugiu de Lisboa à Inglaterra. Foi Ministro da Justiça (1831) e Regente Único (1835). Participou da Revolução Liberal de 1842 e foi preso.

964 D. Pedro I (1798-1834): Príncipe Regente do Brasil, Imperador do Brasil e D. Pedro IV de Portugal. Proclamou a Independência do Brasil em 1822, iniciando o Primeiro Reinado. Outorgou a primeira Constituição Brasileira. Abdicou a Coroa brasileira em 1831, deixando, como herdeiro, o príncipe D. Pedro (depois Pedro II).

965 Independência da Bahia: declarada a Independência do Brasil em setembro de 1822, houve reação das tropas portuguesas na Bahia, comandadas pelo general Madeira, que dominaram Salvador. A reação baiana começou em 25 de junho em Cachoeira, liderada pelo miliciano Joaquim Pires de Carvalho e Albuquerque de Ávila Pereira. A expulsão dos portugueses se concretizou após diversas batalhas cruentas em 2 de julho de 1823. Data comemorada pelos baianos até os nossos dias.

966 Assembleia Constituinte no Brasil (1823): deputados eleitos pelas províncias para instalar e redigir a primeira Constituição Brasileira, em 3 de maio de 1823. A convocação foi realizada em 3 de junho de 1822. O anteprojeto foi redigido por Antônio Carlos Ribeiro de Andrada, com auxílio de uma comissão de deputados. Durante os trabalhos, houve fortes divergências com os representantes dos portugueses e de D. Pedro

pelo médico, em seu jornal. Foi preso em Recife, a pedido de José Bonifácio e seu irmão Antônio Carlos,[967] sendo levado ao Rio de Janeiro, em 9 de abril. O artigo, que irritou os Andradas no Jornal *Sentinela da Liberdade*, afirmava: "Os senhores Andradas, segundo todas as demonstrações, dominam o soberano congresso: o senhor Antônio Carlos como mestraço só usa frases embrulhadas e sesquipedais palavras; todas falam em linguagem da condescendência mais nojenta". Denunciava não poder estar na Assembleia dois irmãos como Ministros de D. Pedro I, porque "é proibido em todos os corpos legislativos, mesmo na Inglaterra", além do que elogiam constantemente "a sua majestade imperial (...). Eles têm saber, mas não tem juízo". Chegou preso na capital com 61 anos e as suas previsões sobre a crise instalada no país estava concretizada, a Assembleia Constituinte tinha sido dissolvida e vários parlamentares estavam detidos ou aprisionados.

1824 – neste ano, eclodiu a Confederação do Equador,[968] no Nordeste e, em decorrência "dos fatos ocorridos", colaborará para a

---

I, tendo, como consequência, a dissolução da Constituinte e a prisão de vários deputados.

967 Antônio Carlos Ribeiro de Andrada e Silva (1773-1845): estudou em São Paulo e Coimbra, onde se formou em Direito. Foi juiz em Santos, Ouvidor e Corregedor da comarca de Olinda (PE), onde participou da Revolução Pernambucana de 1817 e foi preso. Deputado paulista às Cortes de Lisboa e não assinou a Constituição lusa, tendo fugido para a Inglaterra. Voltou ao Brasil e foi eleito para a Constituinte como relator. Foi preso a mando de D. Pedro I e exilado na França. Participou do período regencial, como deputado e influenciou o chamado "golpe da maioridade" em 1840, que levou ao trono o menino D. Pedro II.

968 Confederação do Equador (1824): Revolta ocorrida em Recife contra a governança de D. Pedro I e instalou uma República que se estendeu ao Rio Grande do Norte, Ceará, Alagoas e Sergipe. A Carta Outorgada (1824), de tendência absolutista, por D. Pedro I, foi uma das causas do movimento, reprimido, violentamente, pelas tropas vindas do Rio de Janeiro. Os líderes foram presos e alguns condenados à morte, como Frei Caneca.

condenação de Cipriano Barata à prisão perpétua por suas posições ideológicas em 22/11/1825.

1829 – continuava preso e lançou um "manifesto" da prisão.

1830 – em 25 de setembro, foi solto no Rio de Janeiro e recebido de maneira festiva pelo povo. Regressou a Salvador, onde foi acolhido de forma triunfal pelos conterrâneos.

1831 – reorganizou o jornal *Sentinela da Liberdade* e defendeu a eleição direta para os Presidentes de províncias, além de realizar acidas críticas à política baiana e brasileira. Em 4 de abril, eclodiu uma manifestação popular contra o Presidente da província, o general João Crisóstomo Calado,[969] que foi deposto, com o apoio de Barata. O médico foi, mais uma vez, preso e levado ao Rio de Janeiro (26/05/1836). Na prisão, continuou escrevendo manifestos. Depois, foi transferido à Bahia, onde foi julgado e condenado a dez anos de prisão.

1833 – foi julgado o recurso apresentado pedindo revisão da condenação. Esta foi considerada nula e injusta. Libertado, voltou após algum tempo a Recife.

1834 – voltou a publicar o seu jornal em Pernambuco. Foi eleito suplente de Deputado da Assembleia Provincial (1835-1837). Teve também, neste período, o seu nome incluso numa lista tríplice pela província da Paraíba para ser parlamentar. Mudou para o Rio Grande de Natal.

1837 – em Natal, para sobreviver, montou uma farmácia e já estava com a saúde muito abalada. A doença se agravou neste ano.

---

969 João Crisóstomo Calado (1780-1857): comandante militar que apoiava D. Pedro I na Bahia e suas posições autoritárias. Em 4 de abril de 1831, as tropas do Barbalho rebelaram-se e pediram a sua deposição no comando das armas. Calado, foi afastado juntamente com diversos oficiais portugueses.

1838 – faleceu em 1° de junho.

As posições de Cipriano Barata durante a Conjuração Baiana foram objeto de críticas por historiadores como Clóvis Moura e Carlos Guilherme Mota entre outros.

- Clóvis Moura[970] em *Rebeliões da Senzala* afirma:

> (...) Esses intelectuais, dentre os quais vale destacar os nomes de Cipriano Barata, cirurgião e jornalista (...). Não foi, porém no seio da intelectualidade que a ideia revolucionária para a situação de crise da capitania se radicou e desenvolveu (...). O certo é que recaíram ou vacilaram à medida que os acontecimentos foram tomando caráter mais radical a ele vieram se incorporar artesãos, soldados, alfaiates, sapateiros, ex-escravos e escravos, será, pois, entre as camadas empobrecidas da capital baiana que o movimentou encontrará base social e consolidar-se-á politicamente.[971]

- Carlos Guilherme Mota[972] afirma em *A ideia de revolução no Brasil*:

---

970 Clóvis Moura – Clóvis Steiger de Assis Moura (1925-2003): nascido de mãe branca e pai mulato no Piauí, denunciou o preconceito e o racismo no Brasil. Foi sociólogo e historiador, recebendo o título de "Professor de Notório Saber" pela USP. Deu, de forma pioneira, um enfoque dialético às rebeliões e às revoltas dos negros no Brasil, em seu livro *Rebeliões da Senzala*, lançado em 1959. Sua obra é ampla, deixou um *Dicionário de Escravidão Negra no Brasil*, lançado após seu falecimento.

971 MOURA, Clóvis. *Rebeliões da Senzala*: Quilombos, Insurreições, Guerrilhas. São Paulo: Edições Zumbi, 1959, p. 53.

972 Carlos Guilherme Mota (1941-): professor aposentado da USP de História Contemporânea, de História da Cultura da Faculdade Mackenzie e de Mestrado da FGV. Historiador das mentalidades, tem ampla obra com destaque para: *A ideia de Revolução no Brasil e outras ideias*, *Nordeste 1817* e*Ideologia da cultura brasileira (1933-1974)*.

> Todavia, incorrera o analista em grave erro se considerar Cipriano Barata como um revolucionário emancipado dos problemas sociais e radicais de seu momento. Este homem, formado em Filosofia pela Universidade de Coimbra, cirurgião, era também proprietário de lavoura e proprietário de escravos (...). Afinal, a rebelião intentada na Bahia não era ainda aquela dos sonhos dos proprietários: era intentada – dizia Barata – por escravos de toda a casta, e mesmo de pretos, e pardos libertos em que tentavam matar todos brancos.[973]

O escritor e juiz de Direito em Minas Gerais, Paulo Garcia, que escreveu *Cipriano Barata ou a liberdade acima de tudo*, contestou as considerações efetuadas por Clóvis Moura.

Ocorre que o autor deste livro era amigo de Clóvis e o indicou para receber uma homenagem na Câmara Municipal de São Paulo, em 6 de maio de 1985, devido à sua pioneira obra *As rebeliões da senzala*. Como admirador deste competente historiador e sociólogo, com quem aprendeu muito, argumentou sobre as considerações que ele tinha feito a respeito de Cipriano Barata. Naquela época, Clóvis respondeu que aquela análise se referia à época colonial e ao envolvimento de Barata na Inconfidência Baiana e sugeriu que fossem lidas outras considerações sobre Cipriano Barata no mesmo livro citado, no capítulo "A Bahia no tempo das revoltas". Ao reler o texto encontrou, na página 135, a seguinte afirmação de Clóvis:

> A imprensa baiana, com uma equipe dos mais valentes e capazes verberava a situação exigindo, providências do governo. Entre os anos de 1831 e 1837 circularam na Bahia sessenta jornais. Jornalistas de talento e coragem como Cipriano Barata, Antônio Pereira Rebouças, Inácio Accioli e inúmeros outros tomavam posição radical contra o governo. Cipriano Barata, com seus *Sentinela da liberdade* e *A nova sentinela*

973 MOTA, Carlos Guilherme. *A ideia de Revolução no Brasil e outras ideias*. São Paulo: Editora Globo, 2008, pp. 107/108.

> *da liberdade* (...) agitavam os problemas do seu tempo com destemor (...).[974]

Moura explicou a Edson Simões que considerava Barata um dos grandes revolucionários na defesa de liberdade e da Independência do Brasil, assumindo posições claras e concretas após a sua primeira prisão que tinha ocorrido durante a Conjuração dos Alfaiates. A partir de 1800, esteve totalmente engajado nas lutas populares e na defesa do Brasil. Por isso, Clóvis o considerava-o um intelectual transparente e corajoso.

- Luís da Câmara Cascudo considerava Cipriano Barata um "patriota extremado" e "um revolucionário irredutível".[975]

---

974 GARCIA, Paulo. *Cipriano Barata ou a liberdade acima de tudo*. Rio de Janeiro: Topbooks, 1997, p. 135.

975 Luís da Câmara Cascudo (1898-1986): nasceu no Rio Grande do Norte e, logo cedo, passou a colaborar com o jornal *A imprensa*. Estudou medicina em Salvador, mas não concluiu o curso, acabou bacharelando-se em Direito, no Recife, e, concomitantemente, concluiu o curso de Etnografia, na Faculdade de Filosofia do Rio Grande do Norte. Passou a trabalhar com o folclore, etnografia, história e literatura, realizando uma grande obra sobre a cultura nacional. Principais obras: *Antologia do Folclore Brasileiro*, *Superstições e costumes*, *Coisas que o povo diz*, *Dicionário do Folclore Brasileiro* etc.

- Nelson Werneck Sodré,[976] no prefácio do livro de Paulo Garcia,[977] *Apóstolo da Liberdade*, afirma: "Ele soube, como poucos, unir o problema da independência com o problema da liberdade".[978]

- Mas quem sintetiza e coloca Barata, de forma dialética, no contexto de sua época é Caio Prado Junior,[979] que afirma:

---

976 Nelson Weneck Sodré (1911-1999): filho do advogado Heitor de Abreu Sodré e Amélia Werneck Sodré, estudou em Caçapava e Rio de Janeiro. Cursou o colégio militar do Rio de Janeiro (1924) e, depois, a Escola Militar de Realengo (1931). Foi graduado oficial em 1934 e percorreu a carreira militar sempre estudando, pesquisando e escrevendo. Passou por diversos postos chegando a general, quando se aposentou em 1961. Após o Golpe Militar de 1964, foi preso, perseguido e submetido a processos. Dedicou-se a estudos e pesquisas nas áreas de história, economia, política, geografia e literatura. Foi das "armas e das letras", tendo lançado diversas obras para o entendimento do Brasil, entre as quais, destacam-se: *Formação histórica do Brasil*, *História da burguesia brasileira*, *História da imprensa no Brasil*, *História da literatura brasileira*, *História militar do Brasil*, *Introdução à revolução brasileira*, *O que se deve ler para conhecer o Brasil*, *História da história nova* etc.

977 Paulo Garcia: advogado, formado pela Faculdade de Direito da Universidade Nacional, Juiz de Direito em Minas Gerais e jurista. Pesquisador das questões sociais e do contexto brasileiro, escreveu algumas obras, a saber: *Direito da Greve* e *Cipriano Barata ou a Liberdade acima de tudo*, entre outras.

978 GARCIA, Paulo. *Cipriano Barata ou a liberdade acima de tudo*. Rio de Janeiro: Topbooks, 1997, p. 9.

979 Caio Prado Júnior (1907-1990): de família tradicional e ligada ao café, cursou a Faculdade de Direito de São Paulo, historiador, geógrafo, economista, filósofo e professor. Ajudou a fundar o Partido Democrático, apoiou a Aliança Nacional Libertadora e foi preso após o "levante Comunista" de 1935. Exilou-se durante o Estado Novo e após a redemocratização, em 1945, tornou-se Deputado Estadual pelo PCB (1947). Foi cassado em 1948. Dedicou-se aos estudos do marxismo no Brasil e realizou uma grande obra. Destaque para: *Evolução Política do Brasil*, *Formação do Brasil contemporâneo*, *História econômica do Brasil*, *A revolução brasileira* etc. Fundou a Editora Brasiliense e editou a *Revista Brasiliense*. Foi preso e cassado pela Ditadura Militar de 64.

> Cipriano José Barata de Almeida é uma figura pouco lembrada na História revolucionária do Brasil. É, entretanto, uma das suas maiores expressões, porque, em sua longa vida, não teve um momento de descanso, dedicando às lutas populares todas as suas energias e seu grande talento.[980]

Concluindo, houve duas fases nas posições de Barata: uma teórica, intelectualizada, sem uma proposta concreta de ação revolucionária; e outra quando passou a agir concretamente em relação aos fatos políticos, transformando-se num dos paladinos da independência.

980 PRADO JÚNIOR, Caio. *Evolução Política do Brasil*: Colônia e Império. São Paulo: Brasiliense, 1933, p. 209.

CAPÍTULO X

A ÉPOCA DA CONFEDERAÇÃO DO EQUADOR – A GREVE DOS CARRASCOS E FREI CANECA

Ocorreu num período de repressão das ideias de independência e liberdade, oriundas do Iluminismo e da Revolução Francesa, no início do século XIX e tendo profundos traumas econômicos e sociais no período colonial brasileiro. Envolve a fase de emancipação da Colônia,[981] com a presença da Família Real no Brasil, a Independência e a implantação do Primeiro Reinado.

O Nordeste, no final do século XVIII, apresentava o seguinte quadro econômico (principalmente em Pernambuco): o algodão sofria uma valorização excepcional, enquanto a cana-de-açúcar tinha desvalorização no mercado capitalista. Este fato está ligado à Revolução

---

981 Fase de emancipação da colônia: Tem início em 1808 com a chegada da Família Real ao Brasil. Em 1815, o Brasil é considerado Reino Unido a Portugal e Algarve. Em 1821, D. João VI volta à Portugal e, posteriormente, o príncipe regente D. Pedro, que ficou no Brasil, proclama a Independência (1822). É a fase que vai de 1808 a 1822, em que ocorre o amadurecimento para a execução da Independência do Brasil.

Industrial,[982] que necessitou desta matéria-prima para a fabricação de tecidos, além de ter ocorrido a independência americana,[983] que dificultou a exportação de algodão para a Inglaterra, facilitando a entrada e a valorização do produto colonial brasileiro. A demanda fez com que o porto de Recife aumentasse as exportações de algodão, superando "o produto tradicional" (açúcar). A exportação do algodão foi de 37% do total das exportações em 1796, para 48% em 1806 e 83% em 1816. O açúcar, ao contrário, foi de 54% em 1796 para 45% em 1806 e chegou a 15% em 1816.

Em decorrência, o algodão passou a ser, rapidamente, cultivado em Pernambuco (na Mata do Norte),[984] Paraíba, Rio Grande do Norte e Ceará, usando terras antes ligadas à lavoura canavieira e à agricultura de subsistência.

Com a abertura dos portos,[985] devido à chegada da Família Real no Brasil em 1808, a exportação do algodão ia diretamente à Inglaterra; e o açúcar continuou sobre o controle da burguesia

---

982 Revolução Industrial: foi decorrência da substituição das ferramentas pelas máquinas, da força humana pela energia motriz e da produção doméstica pela fábrica. Ocorreu, inicialmente, na Inglaterra por volta de 1750, depois se espalhou por vários países.

983 Independência Americana: ocorreu em 1776, os colonos americanos se revoltaram contra os impostos cobrados pela Inglaterra, taxando principalmente o chá importado. Houve um ataque ao carregamento de chá no porto da Nova Inglaterra e jogado ao mar. A cobrança e a opressão aumentaram e, numa reunião em Filadélfia, os americanos reagiram, iniciando a guerra de independência que foi vitoriosa, sendo criada uma república presidencialista os EUA.

984 Mata do Norte (PE): região de Pernambuco mais contestadora em relação à Metrópole e onde havia plantação diversificada de algodão, ao contrário do Sul, onde predominavam os engenhos e a lavoura canavieira.

985 Abertura dos Portos às Nações Amigas: decreto de 28 de janeiro de 1808, que estabeleceu o livre comércio entre o Brasil e as nações amigas de Portugal. Foi influenciado pelo Visconde de Cairu, liberal e adepto de Adam Smith. O pacto colonial foi rompido e os ingleses passaram a controlar, diretamente, a economia brasileira.

mercantil lusitana, que levava o produto a Portugal. As exportações por Recife vão alcançar 2.923 mil contos, a Inglaterra absorvia ⅔ deste montante, junto com a França e Portugal recebia 10%. As importações chegavam a 1.982 mil contos, sendo que ⅓ era da Inglaterra. O saldo, para a alfândega de Recife, era de 941 mil contos. Sendo a maior parte oriunda do algodão.

Mas, com este produto tomando conta da lavoura, ocorreu a diminuição da produção de farinha, gênero básico para a alimentação da população rural e urbana da região. Pernambuco também, comprava o charque do Rio Grande do Sul e do Ceará. Considerando, portanto, essa questão comercial, a província tinha um saldo negativo de 548 mil contos, que, sumariamente, era abocanhado pelo governo central. Essa situação econômica em Pernambuco e no Nordeste, gerou tensões sociais e políticas, principalmente após a abertura dos portos para os ingleses e colaborou para as visões de independência, liberalismo, república, desenvolvendo conspirações, sublevações e revoluções em alguns pontos do Nordeste.

Ao entrar no século XIX, as regiões mais populosas da colônia foram Pará, Maranhão, Ceará, Pernambuco, Bahia, Minas, São Paulo e Rio Grande do Sul. Os contatos entre essas regiões eram feitos pela navegação, o uso do deslocamento interno era dificultoso e tosco e, no Nordeste, o porto de Recife era fundamental à exportação, à importação e à subsistência de suas populações. Todavia, era no Rio de Janeiro,[986] que estava o núcleo do poder e o governo tributava de maneira exorbitante as províncias nordestinas, com destaque para Pernambuco e Bahia.

Muitas vezes, os tributos para as mercadorias exportadas eram maiores do que os produtos importados. Além disso, no campo

986 Rio de Janeiro: a capitania do Rio foi estabelecida em 1567. Em 1763, tornou-se a capital da colônia, substituindo Salvador. Em 1808, com a regência de D. João, tornou-se o polo central do império luso. Em 1834, com a regência, transformou-se em município neutro.

político, os representantes nordestinos foram sempre esvaziados e desqualificados em suas tratativas com a capital, este que, normalmente, interferia nas políticas das províncias. Pernambuco era vítima de todos esses problemas.

Em 1808, com a chegada da Família Real ao Brasil, fugindo da invasão napoleônica, o Rio de Janeiro se fortaleceu ainda mais, tornando-se o polo das decisões de todo o império lusitano. O período, século XIX, transformou-se na base do comércio livre, em decorrência da mudança do capitalismo comercial[987] para o industrial. Era necessário comprar matéria-prima e vender produtos manufaturados para o mercado internacional.

Esse contexto econômico vai fundamentar o crescimento do liberalismo e da livre iniciativa, fortes adversários da intervenção estatal na economia.

Contudo, Portugal dependia do monopólio comercial, pois se mantinha como intermediário nas negociações, ou seja, vendia matéria-prima das colônias para os mercados consumidores e trazia manufaturados para os seus domínios. No caso brasileiro, este monopólio estava ligado às restrições e imposições às atividades econômicas, gerando revoltas e prejudicando a sociedade como um todo.

987 Capitalismo comercial para industrial: neste modelo predomina o capital mercantil sobre a produção. Os comerciantes monopolizavam o lucro e não os produtores. O capital se concentra no comércio. Predominou do século XVI ao XVIII. O capitalismo industrial cresceu na metade do século XVIII na Inglaterra com investimentos na produção, distribuição e circulação dos manufaturados. O trabalho assalariado se concretizou e avançou em diversos países.

A Europa, por sua vez, estava sofrendo com o bloqueio continental[988] decretado por Napoleão Bonaparte[989] que impedia negociações com a Inglaterra. Portugal, neste momento, foi intimado a fechar os seus portos à marinha inglesa, ceder os seus navios à marinha francesa, confiscar os bens e declarar guerra aos britânicos. Enfrentando essa pressão, a solução, encontrada pelo regente D. João,[990] foi fugir para o Brasil com a Corte sob a proteção inglesa. Vieram com a Família Real mais de 10 mil pessoas, em 14 navios e a viagem foi acidentada, sendo que D. João chegou em Salvador no final de janeiro de 1808; enquanto a outra parte da comitiva desembarcou na capital. De imediato, D. João fez a "abertura dos portos", às denominadas "nações amigas", derrubando o monopólio colonial e favorecendo a Inglaterra. Portugal estava na dependência absoluta dos ingleses e também o Brasil. O comércio, ligado à burguesia lusa,

---

988 Bloqueio Continental: decretado por Napoleão em 1806, para destruir o poderio inglês no comércio, fechando todos os portos europeus aos seus navios. Estratégia francesa para dominar a Europa.

989 Napoleão Bonaparte (1769-1821): nasceu em Ajaccio. Oficial da artilharia distinguiu-se no cerco de Toulon durante a Revolução Francesa. Fez uma brilhante campanha na Itália (1796) e invadiu o Egito (1798). Voltou à França e participou de um "golpe de estado" em novembro de 1799 (18 Brumário), derrubando o Diretório. Foi Primeiro-Cônsul da República e depois Cônsul Vitalício. Organizou a administração da França e, em 1804, foi proclamado Imperador com o título de Napoleão I. Determinou o Bloqueio Continental na Europa para debilitar e derrotar a Inglaterra. Venceu os prussianos, os austríacos e invadiu a Rússia, Espanha e Portugal. Tomou Moscou, mas teve que se retirar após o incêndio da cidade. A retirada das suas tropas da Rússia foi um desastre. A Europa coligou-se contra o seu domínio e obrigou-o a abdicar (20/04/1814). Foi levado à Ilha de Elba, de onde saiu em menos de um ano e voltou à França, originando o governo dos "Cem Dias". Finalmente, foi vencido em Waterloo pelos anglo-prussianos (1815). Ficou preso na ilha de Santa Helena onde faleceu em 1821.

990 D. João (1767-1826): filho de D. Pedro III e D. Maria I. Foi regente durante a doença da rainha-mãe (1792), fugiu para o Brasil em 1808, devido ao Bloqueio Continental e à invasão de Portugal por tropas francesas. Foi aclamado Rei de Portugal, Brasil e Algarve em 1818, com o título de D. João VI.

fica desestruturado e, na sequência, foi realizado um Tratado de Comércio (1810),[991] favorável aos ingleses que passaram a recolher uma taxa alfandegária de 15% *ad valorem* para as mercadorias importadas; enquanto os lusos pagariam uma taxa de 16% e outros países recolheriam 24% *ad valorem*.

A Corte, fixada no Rio de Janeiro, mudou, substancialmente as, atividades da antiga colônia em vários setores, pois foram revogadas as leis de proibição das indústrias, construídas estradas, ampliados os portos e até houve o incentivo à imigração de colonos europeus para o Brasil. Foram medidas liberais, mas a indústria brasileira[992] não conseguiu desenvolver-se devido à competição dos produtos estrangeiros.

Ao contrário do que o governo pretendia, com o aumento das importações, o comércio exterior brasileiro passou a ficar deficitário rapidamente e só conseguiu alguma melhoria na segunda metade do século XIX, com o crescimento do plantio do café. A administração portuguesa mudou e foi introduzida a Junta Geral do Comércio,[993] o Banco do Brasil, a Casa de Suplicação[994] e mais três ministérios: Marinha, Fazenda, Guerra e Estrangeiros.

---

991 Tratado de Comércio e Navegação (1810) entre Portugal e Inglaterra com 32 artigos, expressava o livre comércio e navegação, dava privilégios para os ingleses, e as taxas de importação explicitavam: 15% *ad valorem* para a Inglaterra, 16% *ad valorem* para as mercadorias lusas e 24% a outros países. Prejudicou muito Portugal.

992 Indústria brasileira: era proibida durante o período colonial, mas, com o liberalismo a partir de 1808, com a Corte lusa no Brasil, parecia surgir uma oportunidade de abertura de indústrias locais, mas, devido ao controle inglês e à venda dos seus manufaturados mais baratos e de qualidade, impossibilitou o desenvolvimento industrial no país.

993 Junta Geral de Comércio: criada em 1808 para controlar as atividades comerciais, a agricultura, fiscalizar os negociantes e supervisionar a instalação de fábricas e registrar patentes.

994 Casa de Suplicação: Tribunal Superior estabelecido no Rio por alvará de 1808, que substituiu o Tribunal de Relação.

Em 1815, o Brasil foi elevado a Reino Unido de Portugal e Algarves.

Um ano depois, com a morte da Rainha D. Maria I,[995] "a Louca", foi guindado a rei D. João VI (1818).

É, neste período de emancipação, que eclode a Revolução Pernambucana de 1817, tendo as seguintes causas:

- Econômicas – queda da produção açucareira, variação de preço do algodão, controle do comércio pela metrópole e burguesia portuguesa local, além de carestia dos produtos de primeira necessidade para a massa popular. Havia abusos em matéria fiscal que pesavam sobre a maioria da população menos para a elite (a nobreza e o clero).

- Justiça – o aparato judiciário, que recaía sobre o conjunto da população, era o do antigo regime. Isso significava, em primeiro lugar, que toda a legislação, especialmente a penal, estava teórica e, praticamente, baseada no reconhecimento de privilégios diante das leis. A gravidade dos crimes e com ela a das correspondentes punições era baseada na posição social dos sujeitos.

- Influência das ideias liberais contestando o absolutismo; defendendo a liberdade, a independência e a República.

- Em Pernambuco, os "nativos" contestavam as antigas políticas da metrópole e desenvolviam atos de rebelião. Com a chegada da Corte, as regalias dos reinóis aumentaram e os brasileiros eram preteridos na milícia e na burocracia pública.

---

995 D. Maria I (1734-1816): filha de D. José I, assumiu o trono em 1777 e afastou o Marquês de Pombal do governo. Daí o nome "a viradeira". Em 1792, foi considerada louca. Seu filho D. João assumiu o governo como Príncipe-Regente. D. Maria morreu no Brasil.

Eclode, então, a Revolução Pernambucana, mais bem organizada que as tentativas anteriores. Ocorreu em um momento em que o Brasil já havia sido elevado à condição de Reino Unido a Portugal e Algarves. Contou com a participação de duas lojas maçônicas que se instalaram na província, após a chegada da Família Real. Ambas pregavam a independência e a república com base nos ensinamentos da independência dos Estados Unidos e da Revolução Francesa. Também havia grande descontentamento com a metrópole. A presença do poder, no cotidiano da população, ocorria por intermédio da justiça, fiscalidade, recrutamento militar e preconceito étnico.

A revolução se precipita quando o governador Caetano Pinto[996] manda aprisionar alguns militares e o Capitão José de Barros (o Leão Coroado),[997] mata o brigadeiro luso Barbosa de Castro[998] no quartel.

A revolta se amplia e o governador foge.

Vitoriosos, os revoltosos instituíram um governo provisório, composto de cinco membros. Representavam o comércio (Domingos José Martins); a agricultura (Manuel Correia de Araújo); a magistratura (José Luís de Mendonça); a tropa (Domingos Teotônio Jorge); o clero (padre João Ribeiro) e eram assessorados por um conselho de notáveis locais, como o desembargador Antônio Carlos Andrada e Silva (irmão de José Bonifácio); o dicionarista Antônio de Morais

---

996 Governador Caetano Pinto de Miranda Montenegro (1747-1827): formado em Coimbra. Português, advogado, intendente do ouro, governador do Mato Grosso e de Pernambuco. Foi expulso de Pernambuco pelos revoltosos. Foi Ministro de D. Pedro I, nas pastas da fazenda e da justiça. Foi senador do Mato Grosso.

997 Capitão José de Barros Lima (1764-1817): militar revolucionário, violento, comandou a 9ª Companhia de Regimento de Artilharia do Recife, matou o seu comandante, Brigadeiro Joaquim Barbosa de Castro, iniciando a Revolução Pernambucana. Tinha o apelido de Leão Coroado.

998 Brigadeiro Manoel Joaquim Barbosa de Castro (1765-1817): português, construía fortificações militares e comandava o quartel de artilharia, quando foi assassinado por Leão Coroado.

Silva e o deão da Sé Bernardo Luís Ferreira Portugal; Miguel Joaquim de Almeida e Castro; o padre Miguelinho; professor de retórica do Seminário de Olinda, de secretário; Frei Caneca (Joaquim do Amor Divino); Padre Roma (atuou na Bahia);[999] José Martiniano de Alencar (Ceará) e Leão Coroado. A bandeira revolucionária, ainda usada no estado, tem, em seu topo, três estrelas, as quais representam Pernambuco, Paraíba e Rio Grande do Norte, as três províncias revoltosas.

A revolução teve a adesão das seguintes províncias: Paraíba, Rio Grande do Norte e ficariam na dependência de apoio do Ceará, Bahia e Rio de Janeiro. No Ceará, houve a colaboração de José Martiniano de Alencar (pai do escritor romântico José de Alencar)[1000] e Padre Roma, mas sem êxito.

Chegou-se a redigir uma Lei Orgânica a exemplo de uma Constituição. O referido documento pregava a liberdade de imprensa e a tolerância religiosa, representando o esboço de uma carta magna que, embora concentrasse, no governo provisório, os poderes Executivo e Legislativo, limitava o período de sua vigência até a elaboração de uma futura carta provincial.

No plano externo, os revoltosos buscaram apoio em Washington e Londres, porém sem sucesso. Por sua vez, no interno, hesitações e dissenções, como o receio dos proprietários de que fosse abolida a escravidão, enfraqueceram o movimento.

---

999 Padre José Inácio Ribeiro de Abreu Lima – conhecido com Padre Roma (1768-1817): foi da Ordem dos Carmelitas e estudou em Roma. Viajou de Pernambuco à Bahia, na divulgação da Revolução Pernambucana de 1817. Foi preso na Bahia e fuzilado sumariamente pelo Conde dos Arcos.

1000 José Martiniano de Alencar (1794-1860): cearense, político, suplente de deputado às Constituintes de Lisboa, esteve exilado na Inglaterra, participou da Revolução de 1817 e da Confederação do Equador. Foi deputado pelo Ceará, senador e Presidente da província (Ceará). Ajudou na montagem do "Clube da Maioridade" para colocar D. Pedro no trono, mesmo sendo menor.

A repressão foi violenta e orientada pelo Conde dos Arcos.[1001]

Houve vários combates entre revolucionários e legalistas. Estes levaram a melhor por causa do despreparo do exército rebelde. Sua maior fraqueza manifestava-se na falta de coesão política entre a elite dirigente. As divergências, surgidas em torno do futuro do trabalho escravo, e a utilização destes na luta, cindiram a frente revolucionária. Enquanto elementos ligados ao comércio nativo, como Domingos José Martins, formavam uma camada radical, empenhada numa perspectiva abolicionista, cuja bandeira facilitaria a utilização dos negros na resistência à contrarrevolução, única forma de mobilizar eficientemente a massa escrava homens como Francisco de Paula,[1002] representante da aristocracia rural, o grupo mais numeroso, mantiveram sua posição reacionária contra qualquer sugestão de mobilização dos escravos e muito mais a de abolição.

Em 19 de maio, os portugueses desembarcaram na cidade que tinha sido abandonada pelos revolucionários e se refugiaram no interior. Houve pequena resistência e outros foram para o sertão carregando a ideia de conseguir implantar uma "república ideal". O padre João suicidou-se no engenho paulista (enforcou-se). Muitos morreram pelo tacão da tirania, outros foram presos, com a possibilidade de renascerem com novas forças para lutar.

Após a vitória dos portugueses, houve tratamento diferenciado para cada um dos contendores. Os soldados da infantaria que não

---

1001 Conde de Arcos – D. Marcos Noronha e Brito (1711-1828): português, foi governador do Grão-Pará, da Bahia e último Vice-Rei do Brasil. Com D. João VI, no Brasil, foi Ministro da Marinha e Ultramar, além da Pasta do Reino e dos Estrangeiros. Atuou como conselheiro de D. Pedro I e, depois da Independência, foi deportado a Lisboa. Em sua governança, reprimiu violentamente as revoltas ocorridas.

1002 Francisco de Paula Sousa e Melo (1791-1851): aristocrata, político, foi grande orador e defensor da Independência do Brasil. Foi Deputado, senador, Ministro da Fazenda e do Império, além de Presidente do Conselho de Ministros. Era liberal.

foram classificados como cabeças da revolução foram anistiados, e outros 650 deles foram levados para Montevidéu e retornaram em 1822. Os escravos foram torturados de maneira sádica e devolvidos para os seus donos.

Os implicados na Revolução foram duramente castigados, sendo executados: Domingos Teotônio Jorge, Padre Miguelinho, José Mendonça, Domingos José Martins, capitão Barros Lima, Padre Pedro Tenório, o Padre Roma etc.

Frei Caneca, Antônio Carlos de Andrada e outros foram presos e anistiados, posteriormente, na coroação de D. João VI.

Uma parte significativa da população percebeu que a "revolução podia melhorar suas existências, libertá-los da escravidão, por exemplo, ou dar-lhes alguma igualdade com a gente branca e abastada. Pelo menos uma igualdade civil". Esse era o clima que antecedia o processo de independência do Brasil no início do século XIX.

Em 1820, ocorreu a Revolução Liberal do Porto,[1003] com apoio da maçonaria,[1004] que acabou com o absolutismo em Portugal e propôs o liberalismo com "uma nova Constituição" e a monarquia constitucionalista.[1005] Passaram a ser eleitos Deputados Constituintes para a Assembleia, inclusive, com a participação de representantes brasileiros. Foi pedido o juramento à futura Constituição para D. João VI, que o fez em 26 de fevereiro de 1821. Após a aprovação do

---

1003 Revolução Liberal do Porto (1820): ocorreu com o apoio da maçonaria e burguesia lusa. O Sinédrio participou da articulação e da vitória do movimento que exigiu uma Constituição liberal, o fim do absolutismo e a volta de D. João a Portugal.

1004 Sinédrio: foi uma sociedade secreta maçônica que participou da Revolução do Porto. Sociedade fundada em 1818 que era contra o absolutismo luso e teve papel fundamental na Revolução do Porto.

1005 Monarquia Constitucionalista: governo monárquico em que o rei obedece à Constituição, e o Parlamento tem um papel preponderante na participação da administração, indicando o Primeiro-Ministro. Exemplo: Inglaterra.

documento luso, as Cortes passaram a trabalhar para recolonizar o Brasil e exigir a volta de D. João VI para Lisboa. Em 26 de abril de 1821, a Família Real voltou a Portugal; já, no Rio de Janeiro, o príncipe herdeiro, D. Pedro, permanece como regente.

Este enfrentará o seguinte contexto social e político no Brasil:

- A burguesia mercantil portuguesa apoia a Constituição tendo como objetivo a pressão das Cortes para recolonizar o Brasil e eliminar a forte concorrência inglesa que enfrentavam desde a chegada de D. João VI ao Brasil. Os ingleses tinham privilégios especiais.

- A aristocracia rural nativa, que tinha obtido vantagens com o fim da economia colonial e das restrições econômicas, também passou a apoiar o movimento constitucional português, já que abria perspectivas de garantias às liberdades adquiridas e um caminho à independência.

- A classe média urbana e o povo simpatizavam-se com as ideias liberais vindas da Europa, com o intuito de melhorar as condições de vida e a maior participação política, sonhando com a independência.

Estava consolidado, no Brasil, um forte conflito entre as diversas classes sociais com repercussões internas e externas. Fica, também, transparente o choque entre os portugueses e brasileiros que acabou envolvendo o príncipe. Nesse clima, em Lisboa, os deputados brasileiros[1006] são "mal-recebidos" na Assembleia Constituinte; e alguns fogem para a Inglaterra para não jurarem a nova Constituição. Por sua vez, a maçonaria brasileira assume a propaganda favorável à

1006 Deputados Brasileiros: eleitos para representar o Brasil na Assembleia Constitucional Portuguesa após a Revolução do Porto. Contestaram as tentativas de recolonização do país e alguns pediram asilo à Inglaterra.

independência da colônia com apoio de diversos líderes, tendo entre eles José Bonifácio de Andrada e Silva.[1007]

Os fatos se precipitam no sentido da independência do Brasil, a saber:

- Dezembro de 1821 – a Corte envia dois decretos de tendências colonizadoras ao Brasil. Propõem: a volta de D. Pedro para a metrópole; a nomeação de um chefe de armas para cada província, sendo que cada um deles ficaria subordinado à Coroa; e a anulação da máquina política administrativa no Rio de Janeiro. Essas decisões causaram fortes tumultos no Rio de Janeiro, em outras províncias, e os jornais, junto à maçonaria, combateram, de forma veemente, a volta de D. Pedro.
- Petições e abaixo-assinados circularam no Brasil a fim de que o regente não aceitasse as determinações vindas de Portugal. Em 9 de janeiro de 1822, D. Pedro se manifestou com a seguinte frase: "Como é para o bem de todos e felicidade geral da nação, estou pronto: diga ao povo que fico". Era o famoso "Dia do Fico" (09/01/1822).

Daí em diante, os fatos se precipitaram no ano de 1822:

- Em 16 de janeiro, foi nomeado um ministério chefiado por José Bonifácio, que consegue a volta das tropas lusas do general Avilez[1008] a Lisboa, as quais protegiam D. Pedro. Era o Ministério da Independência.

1007 José Bonifácio de Andrada e Silva (1763-1838): escritor, poeta, cientista e político. Membro da Academia de Ciências de Lisboa. Voltou ao Brasil em 1819. Foi Vice-Presidente da Junta Governativa de SP, Ministro do Reino e Estrangeiros (1821) e deputado. Rompeu com D. Pedro I e exilou-se na França. Voltando ao Brasil, ficou tutor de D. Pedro II e depois deputado. Foi Grão-Mestre da Loja Maçônica Grande Oriente e teve papel decisivo no processo de Independência do Brasil.

1008 General Jorge de Avilez de Sousa Tavares (1785-1845): português, veio ao Brasil em 1817 para combater os revolucionários pernambucanos.

- Em fevereiro, foi lançado o "cumpra-se do regente", ou seja, nenhuma ordem da Coroa portuguesa seria cumprida sem o visto do Príncipe Regente.
- Em maio, D. Pedro foi homenageado, pela Câmara, com o título de "Defensor Perpétuo do Brasil".
- Em 3 de junho, foi convocada uma Assembleia Constituinte, formada por representantes de todas as províncias do Brasil, com o intuito de um governo constitucional. A Coroa lusa reage, ordenando a prisão de José Bonifácio e ameaça enviar tropas contra o Brasil.
- Em 1° de agosto, D. Pedro considera rompida as relações entre Brasil e Portugal, já que resolve não aceitar as decisões oriundas da Assembleia Constituinte lusa. Os portugueses, radicados no Brasil, reagem e o General Madeira de Mello[1009] ocupa pontos estratégicos na Bahia para impedir o avanço da luta pela independência na província. Agitações e desordens ocorreram em São Paulo. D. Pedro, tentando resolver a crise, dirige-se a São Paulo a fim de obter apoio para as suas decisões. Nesta cidade, recebeu correspondência de José Bonifácio informando que as Cortes propunham as seguintes medidas:

– Anulação do poder do Regente;

– Derrubada do Ministério e indicação de outros para ocupar os cargos;

Ficou na Bahia, exercendo a função de Comandante de Armas. Durante a Independência, em 1822, organizou forte resistência em Salvador contra D. Pedro I. As lutas na Bahia se estenderam até 2 de julho de 1823, quando foi derrotado e expulso do Brasil. A Independência da Bahia é comemorada nesse dia.

1009 General Inácio Luiz Madeira de Mello (1775-1833): comandante da Guarnição do Rio, exigiu que D. Pedro jurasse a Constituição Lusa e voltasse a Lisboa. D. Pedro I reagiu e o devolveu a Portugal.

– Abertura do processo de responsabilidade contra os "artífices" da constituinte brasileira;

Ao obter essas informações, D. Pedro declarou o Brasil independente em 7 de setembro de 1822 no Rio Ipiranga (São Paulo).

Com a Independência, instalou-se o Primeiro Reinado (1822-1831),[1010] que se caracterizou por grande agitação interna devido às rivalidades entre os portugueses e os brasileiros e, também, entre os próprios emancipadores. D. Pedro foi aclamado primeiro Imperador do Brasil em 12 de outubro de 1822 e continuou resistindo à ação das tropas lusitanas em vários pontos do país, são as denominadas Guerras de independência.[1011] Obteve sucesso na Bahia, Maranhão, Pará e Província Cisplatina (Uruguai)[1012] com o apoio das milícias populares locais, que combateram ferozmente os portugueses. Precisou organizar um novo exército nacional, a fim de consolidar a Independência e o reinado e contratou mercenários ingleses e alemães. Pediu o reconhecimento da Independência para diversos países e convocou uma Constituinte, em 3 de maio 1823, com representantes de todas as províncias para elaboração da primeira Constituição Brasileira. O anteprojeto constitucional[1013] foi entregue a Antônio Carlos Ribeiro

---

1010 Primeiro Reinado (1822-1831): período inicial do Império, em que foi aclamado D. Pedro I como imperador do Brasil. Fase de consolidação da Independência, da Constituinte, Constituição e, finalmente, da abdicação de D. Pedro I (1831).

1011 Guerras de independência: reação que ocorreu dos portugueses e de suas tropas radicadas no Brasil em algumas províncias brasileiras (Bahia, Grão-Pará, Piauí, Ceará, Maranhão, Província-Cisplatina), contra a Independência em 1822.

1012 Província da Cisplatina: era da Espanha. Estava antes do Rio da Prata e, hoje, corresponde ao Uruguai. A primeira intervenção ocorreu em 1811, com D. João VI e a anexação ao Brasil, foi consolidada em 1821, com o nome de Província Cisplatina. Em 1928, conquistou a Independência em relação ao Brasil.

1013 Anteprojeto Constitucional: foi realizado com a participação de Antônio Carlos Ribeiro de Andrada e Silva em 1823, levava em consideração a produção de farinha de mandioca para ser eleitor e também para ser

de Andrada (1823).[1014] Durante a elaboração da Carta Magna, houve muita retórica e debates entre os parlamentares, que representavam grandes interesses de classe. Os grupos portugueses ligados a D. Pedro, que desejavam um poder pessoal superior ao do Legislativo e do Judiciário. As divergências foram utilizadas por D. Pedro I para a dissolução da Assembleia Constituinte e a prisão de vários parlamentares contestadores, inclusive dos Andradas. Posteriormente, o imperador outorga uma Constituição (1824),[1015] a primeira do Brasil, que apresentou os seguintes poderes: Executivo, Legislativo, Judiciário e Moderador, apresentando robusto viés absolutista. Obriga, sumariamente, as câmaras municipais[1016] a aceitarem e jurarem a Carta Outorgada, que, aparentemente, é liberal; contudo de essência autoritária. D. Pedro I passou a controlar dois poderes: o Executivo

---

votado para o Parlamento, limitava os poderes do Imperador. Ficou conhecida como a "Constituição da Mandioca". D. Pedro I refutou e dissolveu a Constituinte prendendo os deputados dissidentes.

1014 Antônio Carlos Ribeiro de Andrada e Silva (1773-1845): estudou Direito em São Paulo e Coimbra. Foi juiz em Santos, ouvidor em Olinda, participou da Revolução Pernambucana de 1817 e ficou preso em Salvador, durante 4 anos. Foi deputado brasileiro em Lisboa. Defendeu a Independência brasileira e fugiu para a Inglaterra. Como deputado constituinte, foi um dos redatores do anteprojeto da Constituição. Dissolvida a constituinte, foi preso e exilado na França. Voltou a ser deputado no período regencial (1831-1840) e participou do Clube da Maioridade pró D. Pedro II.

1015 Constituição Outorgada (1824): foi imposta por D. Pedro I em 1824, após a dissolução da Assembleia Constituinte. Foi elaborada por uma comissão de 10 brasileiros e submetida, formalmente, às Câmaras Municipais. Tinha 179 artigos e estabelecia a Monarquia hereditária e constitucional. Determinava quatro poderes: Executivo, Legislativo, Judiciário e Moderador. Era centralizadora e o sistema eleitoral indireto (censitário), ou seja, dependia de renda. Mulheres não votavam.

1016 Câmaras Municipais: criadas no Brasil Colônia, foram mantidas durante o Império e tiveram papel importante na governança dos municípios. Às vezes, eram chamadas de Senado da Câmara.

e o Moderador, usando propostas de Benjamin Constant,[1017] jurista e parlamentar francês.

É nessa conturbada época que eclode a Confederação do Equador em Pernambuco.

Esta revolta foi uma tentativa de "revolução" que ocorreu em Recife, em 1824, contra as medidas autoritárias de D. Pedro I e uma continuação do descontentamento que vinha desde 1817 no Nordeste, principalmente em Pernambuco, onde já havia ocorrido uma revolta. O fato se deu no Primeiro Reinado (1824-1831), havia posições divergentes no Brasil devido à dissolução da Assembleia Constituinte, em novembro de 1829, à intervenção contra o Presidente eleito da província de Pernambuco, à promulgação da Carta Outorgada de 1824, ou seja, a "atos despóticos" contra a soberania popular. A aristocracia rural pernambucana continuava descontente com a situação econômica da região desde o início do século XIX.

As massas populares enfrentavam a carestia e a marginalização política e, diante de uma crise estrutural, juntaram-se à elite dominante para criticar, protestar e lutar contra o que estava acontecendo no Brasil independente, em pleno Primeiro Reinado. Nesse clima, recrudescem os ideais e ideias que tinham se manifestado no fim do Brasil Colônia e na Revolução de 1817, durante administração de D. João VI.

Após a proclamação da Independência (07/09/1822), realizada por D. Pedro, as atenções políticas foram concentradas no anteprojeto de primeira Constituição Brasileira em maio de 1823, para ratificar a soberania nacional, após o cruel período colonial. O responsável pela redação era Antônio Carlos Ribeiro de Andrade com o auxílio

---

1017 Benjamin Constant de Rebeque (1767-1830): jurista, escritor e político francês. Liberal, foi deputado na "restauração" e propôs a criação do poder Moderador na Constituição Francesa, que seria um poder independente para dirimir conflitos e divergências com os demais poderes.

de alguns parlamentares constituintes. O projeto tinha as seguintes características:

- Xenofobismo, com forte espírito antilusitano;
- Limitação do poder do Imperador e aumento dos poderes do Senado e da Câmara (Congresso);
- Forças armadas controladas pelo Parlamento;
- O voto comum seria permitido apenas para quem tivesse uma renda anual líquida de 150 alqueires de farinha de mandioca, ou seja, a latifundiários;
- Para ser deputado e senador, a renda anual aumentava para 250 alqueires de farinha de mandioca e 1.000 alqueires, respectivamente;
- As vantagens policiais ficaram com a aristocracia rural nativa em detrimento da elite portuguesa radicada no país.

Os jornais e a maçonaria, que participaram ativamente do processo de Independência, atacavam, contundentemente, os portugueses e os oficiais lusos admitidos nas tropas de segurança. Em decorrência, entreveros ocorreram no Rio de Janeiro e outras cidades do Brasil.

Em 10 de novembro de 1823, o Imperador decretou prontidão das tropas. Em consequência, Antônio Carlos convocou uma Assembleia Permanente para impedir atos absolutistas do Executivo. Os parlamentares criticaram, duramente, as ameaças do Imperador, mas em 12 de novembro de 1823, após uma noite de vigília, "Noite da Agonia", a Assembleia Constituinte foi dissolvida e vários deputados foram presos.

Após esse ato contundente, ocorreu a nomeação de uma comissão que elaborou uma nova Constituição para o Brasil.

Esta Carta Constitucional foi outorgada por D. Pedro I em 25 de março de 1824 de maneira absolutista, com a desculpa de que as Câmaras Municipais, representantes do povo, iriam referendá-la em todo o Brasil.

Esse fato levou à eclosão da Confederação do Equador em Pernambuco, mas que expressava a indignação de quase todo o Nordeste.

Em dezembro de 1823, tinha sido eleita uma junta para governar a província de Pernambuco, presidida por Manuel Carvalho Paes de Andrade,[1018] que já tinha participado do movimento revolucionário de 1817. Contudo, em janeiro de 1824, D. Pedro I nomeou, como Presidente da província, Francisco Paes Barreto.[1019] Esta nomeação foi contestada pelas Assembleias populares organizadas na província, em Olinda e Recife. Nesse contexto, o porto de Recife foi bloqueado pelo comandante inglês John Taylor,[1020] para proteger a cidade de ameaças da antiga metrópole e também garantir o cumprimento da decisão imperial sobre a província.

Em 11 de junho, o bloqueio foi suspenso, porém as determinações imperiais foram mantidas em relação à governança de Pernambuco, ficando a região exposta a conflitos interno e externos. A Carta Outorgada, portanto, preservava o centralismo do antigo

---

1018 Manuel Carvalho Paes de Andrade (1785-1855): comerciante e revolucionário. Filiado à maçonaria e líder da Revolução Pernambucana de 1817. Derrotado, fugiu aos EUA. Voltou em 1820 e presidiu a Junta Governativa de Pernambuco em 1823. Destituído por D. Pedro I, comandou a Confederação do Equador. Derrotado, ficou exilado na Inglaterra. Voltou no período regencial e foi senador pela Paraíba.

1019 Francisco Paes Barreto: proprietário de terras em Pernambuco, participou da "Junta Governativa dos Matutos". Posteriormente, foi nomeado por D. Pedro I para substituir Paes de Andrade, o que gerou a revolução. Apoiou as tropas de repressão contra o movimento revolucionário.

1020 John Taylor: comandou o bloqueio de Recife em 1824, contra a Confederação do Equador.

regime, submetendo o Nordeste a um poder que emanava do Rio de Janeiro e sua Corte. A província estava proibida de ter milícia própria e os cargos públicos eram ocupados por simpatizantes do governo e de origem portuguesa.

Em decorrência, Paes de Andrade, intendente da marinha, após diversas confabulações, assume a revolução e proclama a Confederação do Equador em 2 de julho de 1824.

O novo estado, imitando o sistema americano, propõe juntar as províncias do Nordeste, de maneira federalista,[1021] tendo um governo representativo e republicano. Foram conclamadas a aderir à revolução, as províncias do Maranhão, Ceará, Rio Grande do Norte, Paraíba, Alagoas e Bahia. Os revolucionários convocaram uma Constituinte com a montagem de uma Assembleia Legislativa para 7 de agosto de 1824. A proposta era adotar a Constituição da Colômbia[1022] como modelo. Estava uma república instalada e o tráfico negreiro foi, imediatamente, abolido do porto de Recife, assustando a aristocracia e a burguesia local. Foi implantado um "estado de emergência", tendo como membros da "junta provisória de governo" formada por: Paes de Andrade (Presidente), José Natividade Saldanha (secretário)[1023] e José de Barros Falcão (governador de armas).[1024] Houve o pedido de um recrutamento geral para a formação de tropas e pedido de compras de armas para os EUA e a Inglaterra. O Ceará aderiu ao

1021 Federalista (Federalismo): organização de um país em que as províncias ou estados se reúnem formando uma nação, mas sem ter autonomia absoluta.

1022 Constituição da Colômbia: republicana, avançada para a época, serviu de modelo para a Constituição que deveria ser elaborada pela Confederação do Equador.

1023 José Natividade Saldanha (1796-1830): secretário da Junta Provisória, foi condenado à morte junto com outros revolucionários, mas fugiu junto com Falcão.

1024 José de Barros Falcão: governador das armas, derrotado, foi condenado à morte, mas fugiu. Todavia, qualquer pessoa que o identificasse estava autorizada a executá-lo.

movimento com o Presidente Tristão de Alencar Araripe[1025] e o General José Pereira Filgueiras[1026] e suas tropas. O Rio Grande do Norte apoiou a revolução com o seu Presidente Tomas de Araújo Pereira.[1027] A Paraíba aderiu, temporariamente, à Confederação; porém recuou posteriormente. A bandeira dos revoltosos tinha como lema: "Religião, independência, união e liberdade".

A organização das tropas abriu espaço para uma participação das massas populares na Revolução, com mulatos, negros livres, brancos pobres e militares de baixa patente.

O jornal de Frei Caneca, *Typhis Pernambucano*[1028] protestou e conclamou: "Eia pernambucanos! A pátria está em perigo, cada um em seu posto, unamo-nos com as províncias limítrofes. Escolhamos um piloto, que mareie a nave ameaçada de iminente e desfechada tempestade; elejamos um governo supremo, que nos conduza à salvação e à glória!"

Os portugueses foram, duramente, hostilizados nesse período e D. Pedro I escalou o inglês Thomas Cochrane,[1029] com uma esqua-

---

1025 Tristão de Alencar Araripe (1790-1824): tio de José de Alencar, participou da Revolução de 1817, foi preso, libertado, integrou o governo provisório do Ceará e aderiu à Confederação do Equador, participando do governo republicano. Derrotado, fugiu e foi morto, quando atravessava o Rio Jaguaribe.

1026 José Pereira Filgueiras: general, Governador das Armas, derrubou o Presidente nomeado por D. Pedro I. Derrotado, rendeu-se em 8 de novembro no Crato.

1027 Tomás de Araújo Pereira: Presidente da província do Rio Grande do Norte, assinou os termos de união com Pernambuco e Rio Grande do Norte em 1824, para apoiar a Confederação do Equador.

1028 Typhis Pernambucano: publicado de 1823 a 1824, teve 28 números. Jornal criado por Frei Caneca para defender os princípios de liberdade, república, democracia e igualdade em Pernambuco, durante a Confederação do Equador.

1029 Thomas Alexander Cochrane – Lorde (1775-1860): almirante inglês, parlamentar, foi expulso da Câmara dos Comuns e da Marinha por

dra; e Francisco Lima e Silva,[1030] com tropas terrestres, para reprimir a revolta. Cochrane era um mercenário ligado a *South American Station*[1031] e à sua esquadra.

Foram suspensos, na Carta Régia de 25 de julho de 1824, os direitos e as liberdades individuais das províncias, que participavam da Confederação, imposto o estado de sítio e constituído tribunais militares para julgarem os "rebeldes". A repressão obteve financiamento dos ingleses.

O bloqueio por mar teve início em 19 de agosto; por terra as tropas de Caxias (Lima e Silva) se juntaram com as legalistas de Pernambuco, perfazendo um exército de 3.500 homens. Recife foi dominada em 12 de setembro de 1824, e os mercenários ingleses incendiaram casas, saquearam e fuzilaram civis. Os "revoltosos" recuaram para Olinda, porém tiveram que capitular diante do domínio militar, sob o comando de Lima e Silva. Os confederados fugiram para o Ceará, sob fogo das tropas imperiais, e se renderam em 29 de setembro de 1824. A tentativa de se juntarem às milícias rebeldes cearenses não ocorreu, porque o líder, Tristão de Alencar Araripe, tinha morrido em combate e o restante dos seus homens, comandados pelo general Filgueiras, renderam-se. Os líderes revolucionários

---

corrupção (1714) e abandonou a Inglaterra. Comandou forças navais mercenárias da América do Sul (Peru, Chile e Brasil). Foi contratado por D. Pedro I e comandou a Marinha Brasileira de 1823 e 1825 contra os portugueses que combateram a Independência. Comandou a repressão contra a Confederação do Equador junto com Lima e Silva e recebeu o título de Marquês do Maranhão. Foi reintegrado à Marinha Inglesa em 1831.

1030 Francisco de Lima e Silva (1785-1853): militar e político. Pai de Caxias. Em 1823, reprimiu a Confederação do Equador. Foi membro da Imperial Câmara em São Paulo e Governador das Armas. Foi senador em 1837 pelo Rio de Janeiro e Regente da Trina Provisória e Permanente, durante a menoridade de D. Pedro II.

1031 South American Station: empresa que cuidava de assuntos marítimos em geral, contratava mercenários e estava ligada ao Almirante Cochrane.

foram presos e levados a Recife, entre eles estava Frei Caneca, e submetidos a julgamento com pena de morte. Alguns conseguiram fugir,[1032] como foi o caso de Paes de Andrade, anistiado em 1825.

Na realidade, os "confederados" não desejavam um "movimento separatista" como alguns historiadores classificaram, mais sim uma Confederação, dentro dos princípios republicanos, contra o despotismo imperial e a ameaça portuguesa de recolonizar o Brasil. Frei Caneca enquadra-se nesse contexto.

10.1 Frei Caneca, um Republicano e Democrata no Império

Frei Joaquim do Amor Divino Rabelo e Caneca (1779-1825) era pernambucano, filho de Domingos da Silva Rabelo, tanoeiro[1033] português e Maria Alexandrina de Siqueira, tendo, na família, antecedentes mamelucos. Em 1796, tomou o hábito na Ordem dos Carmelitas[1034] e, posteriormente, foi ordenado em 1801, com 22 anos e adotado o sobrenome Caneca, em homenagem ao pai. Estudou Filosofia no seminário de Olinda, em 1800. A partir de 1803, passou a ser leitor de retórica e geometria em seu convento.

Em 1809, foi guindado à secretário do visitador geral da Ordem Carmelita. Lecionou geometria, filosofia e retórica.

Em 1817, participou da Revolução Pernambucana, sendo conselheiro das tropas republicanas. Após a repressão ao movimento,

---

1032 Fugiram: Manoel Carvalho Paes de Andrade, Coronel José de Barros Falcão de Lacerda e Bacharel José Natividade Saldanha. Foram para o estrangeiro (EUA). Manoel Carvalho Paes de Andrade, mesmo condenado à morte, foi anistiado em 07/03/1825 e, depois, eleito senador. Jurou à Constituição.

1033 Tanoeiro: que conserta tonéis e vasilhas semelhantes.

1034 Ordem dos Carmelitas: criada no século XII na Palestina, de caráter mendicante. Em 1451, foi criada uma ordem para as mulheres.

foi preso,[1035] condenado e levado a Salvador, onde ficou até a anistia de 1821.

Voltando a Recife, ajudou nas agitações pró-independência e orientava, politicamente, o governo de Manuel Carvalho Paes de Andrade. Em 1824, foi indicado, por D. Pedro I, Francisco Paes Barreto como Presidente da província, além de ocorrer o pedido de juramento à Carta Outorgada, posições que receberam críticas ferinas de Frei Caneca contra o poder central. Em decorrência, ocorreu o seu engajamento na Confederação do Equador por ter ideias republicanas e democráticas. Nesse período, era responsável pelo jornal *Typhis Pernambucano*, que passou a ser porta voz do combate ao despotismo imperial, executado por D. Pedro I com tintas de origem colonial.

Com a violenta repressão[1036] ocorrida contra a Revolução, foi preso, julgado, condenado à morte e executado em 13 de janeiro de 1825.

Erudito, deixou uma obra ampla, como *Breve Compêndio de Gramática Portuguesa*, *Dissertação sobre o que se deve entender por pátria do cidadão e deveres deste com a pátria*, *Cartas de Pítia a Damião* etc.

Foi um competente jornalista e publicitário das ideias libertarias e republicanas, no *Typhis Pernambucano*, lançado em 25 de dezembro de 1823. Denunciava as mazelas de D. Pedro I, que

---

1035 Caneca, na prisão baiana, foi humilhado e maltratado, mas não renegou as suas convicções, como alguns companheiros o fizeram, contemporizando com o governo do Conde dos Arcos que foi duríssimo durante a repressão na Bahia.

1036 Foram executados: Capitão Lázaro de Souza Fontes, Antônio Macário de Morais, Major Agostinho Bezerra Cavalcanti e Sousa, Capitão Antônio de Monte Oliveira, Tenente Nicolau Martins Pereira, Francisco Antônio Fragoso e o americano James Heide Roodgerss. No Rio de Janeiro, foram condenados: Guilherme Ratcliff, João Metrowich e Joaquim Loureiro.

aboliu as juntas provinciais eleitas pelo povo e impingia Presidentes manipulados pelo poder governamental.

Defendia uma Constituição que tivesse a participação do povo e criticava as intervenções nas províncias. A sua atividade teórica apresentava uma estrutura ética, procurando um resultado positivo para a sociedade. Esta concepção de teoria e práxis o levou a participar dos movimentos libertários e seguir os princípios dos enciclopedistas como Rousseau e Montesquieu. Afirmava:

> Império Constitucional?
>
> Collocado entre a monarchia e o governo democrático, reúne em si vantagens de uma e de outra forma, e repulsa para longe dos males de ambas. Agrilhoa o despotismo, e estanca os furores do povo indiscreto e volúvel.
>
> Esperavamos ser mais moderados, com o Imperio Constitucional porem o imperador iludiu-nos. Não aceitamos ferros.[1037]

O Frei tenta adaptar a influência do pensamento estrangeiro à realidade brasileira, criando uma ideologia literária nacional. Acreditava que "os brasileiros, tinham, um espírito de independência, de insubordinação e de liberdade extrema" e propõe uma espécie de liberalismo radical. Combateu o Poder Moderador no Brasil, inserido arbitrariamente na Carta Outorgada de 1824, mesmo sendo defendida por Benjamin Constant na Europa. Em discurso, explicitou o seu voto na Câmara Municipal de Recife:

> O poder moderador de nova invenção machiavelica é a chave mestra da oppressão da nação brazileira e o garrote mais forte da liberdade dos povos. Por elle o Imperador pode dissolver a camara dos deputados que é a representante do povo, ficando sempre no goso dos seus direitos o Senado, que é a

1037 CANECA, Frei Joaquim do Amor Divino. "Voto sobre o juramento do projeto de Constituição". *Jornal Typhis*, Pernambucano, 08 jul. 1824.

> representante dos apaniguados do Imperador. Esta monstruosa desigualdade das duas camaras, alem de se oppor de frente ao systema, que se deve chegar o mais possível a igualdade civil, dá ao imperador, que já tem de sua parte o Senado, o poder de mudar a seu bel prazer os deputados, que elle entender, que se oppõem aos seus interesses pessoaes, ficando o povo indefeso nos attentados do imperador contra seus direitos, e realmente escravo, debaixo porem das formas da lei, que é o cumulo da desgraça (...).[1038]

Defendeu, os conceitos de Direito Natural, como explicita este texto:

> Por ultimo fizemos vez, que nascendo o homem para a sociedade dos outros seus semelhantes, elle é mais dos outros, que de si mesmo, pelo que tudo quanto existe no homem, que seja bem physico ou moral, se deve applicar ao beneficio da sociedade, e ao feliz ser da república. E dando à caridade aquella ordem, sem a qual ella deixa de ser racional e justa, provamos, que na opposição dos deveres de cada um cidadão para o commum, e os particulares, as relações particulares, ainda as mais próximas e estreitas, como de pae, filho, irmão desapparecer, quando é necessário salvar-se a pátria e libertal-a do despotismo e escravidão: e sustentaram inabalavelmente nossas decisões a razão mais clara e evidente, a autoridade dos mais celebres philosophos e poetas antigos e modernos e afinal a pratica sempre constante de personagens conspicuas na historia do genero humano.[1039]

1038 CANECA, Frei Joaquim do Amor Divino; MELLO, Antônio Joaquim de. *Obras políticas e literárias de Frei Joaquim do Amor divino Caneca.* Colecionadas pelo Comendador Antônio Joaquim de Mello. Recife: Tipografia Mercantil, 1875, p. 4.

1039 CANECA, Frei Joaquim do Amor Divino; MELLO, Antônio Joaquim de. *Obras políticas e literárias de Frei Joaquim do Amor divino Caneca.* Colecionadas pelo Comendador Antônio Joaquim de Mello. Recife: Tipografia Mercantil, 1875, p. 220 (*In*: Tomo II: "sobre o que se deve

Caneca esclarece as suas ideias no texto sobre a Doutrina Constitucional e perigosa do *Conciliador Nacional nº 34*, da seguinte maneira:

> Sim, a doutrina deste número relativa à aristocracia e reunião das diversas regalias no chefe do poder Executivo, não só está em contradição com as ideias atuais, como as mesmas do *Conciliador* em outros números e de mais é sofistica, perigosa e oposta às obrigações de um escritor público, em tempo de crises políticas.
>
> A soberania dos povos é sustentada com rigor (nºs 3, 18, 22, 30); os povos não são heranças de ninguém (nº 4); Deus não quer sujeitar milhões de seus filhos aos caprichos de um só (nº 17); os reis não são emanações da divindade, sim autoridades constitucionais (nº 6); os reis não são pais dos povos, antes os povos são pais dos reis (nº 1); o povo, apesar das cortes, fica sem o poder soberano para alterar e suspender as cortes (nº 3); não se desobedece às cortes, quando encontrarem nossos direitos: se a Assembleia Legislativa falta às condições do pacto social, fica dissolvido o contrário e as províncias com direito salvo de cassar as procurações aos deputados e nomear outros (nº 25); os povos têm o direito de dissolver a forma de governo (nº 28); as cortes são superiores ao imperador (nº 23); a obediência ao Soberano Congresso deve ser razoável (nº 1); um congresso pode ser faccioso (nº 3) e opressor (nº 4); clamando-se ao soberano Congresso sobre alguma lei que dele dimanar, a qual contrária seja aos interesses dos povos, se estes não forem atendidos, desfeito está o pacto; cabe-nos então reassumir nossos direitos (nº 1); não se deve obedecer a leis prejudiciais (nº 4); o povo do Brasil deu por generosidade o trono ao imperador (nº 18); no sistema constitucional a lei é quem governa (nº 15); o governo constitucional é o melhor para o Brasil (nº 25); a Constituição deve dar cabo do despotismo que querem ser irmãos, não deve haver morgados (nº

---

entender por pátria do cidadão, e deveres deste para com a mesma pátria").

> 4); os grandes são vermes sutis, que vão roendo a liberdade (nº 15); nobreza hereditária, prejudicial ao Brasil (nº 19); os aristocratas tudo voltam em seu proveito contra todas as classes da sociedade (nº 20); a Câmara Alta inteiramente prejudicial; ataca a aristocracia em geral (nºs 25 e 29) e particularmente o partido aristocrata do Rio de Janeiro (nºs 16 e 17); estabelece a igualdade social (nºs 15 e 21); e diz afinal que não se deve retrogradar da carreira da honra (nº 5).[1040]

Após a dissolução da Assembleia Constituinte por D. Pedro I e a prisão de vários parlamentares, foi exigido o juramento da Carta Outorgada em todo o Brasil nas Câmaras Municipais. Contra esse pedido absolutista, Frei Caneca se insurgiu e deu o seguinte voto:

> Portanto, me abalanço a manifestar as minhas curtas e mesquinhas ideias na esperança de que dos sábios merecerei correção, e dos que não se acham nesta linha, desculpa e docilidade; digo, pois, que não se deve adotar, nem jurar como Constituição do Império o projeto oferecido para este fim.
>
> A certeza, em que estou, de falar entre cidadãos livres, patriotas e caroáveis da verdade, é o sustentáculo da liberdade e franqueza, com que avanço esta proposição, que, por mais escabrosa que pareça aos ânimos prejudicados, e idolatras fanáticos de antigos prejuízos, se fará aceitável, se me não engano, pelas razões que desenvolverei; e é a quanto aspiro.
>
> Parecia-me que seria útil, para melhor estabelecer o meu voto, fazer aqui uma ligeira exposição das vicissitudes e mudanças políticas, porque há passado a nossa pátria, o Brasil, desde que S. M. I. se dignou ficar conosco até agora; mas, respeitáveis senhores, lembrando-me que talvez a julgásseis supérflua, por estardes ao fato de tudo, a deixei de mão, e passo logo a tratar da matéria. Falarei primeiramente da qualidade do

---

1040 MELLO, Evaldo Cabral de (Coord.). *Frei Joaquim do Amor Divino Caneca*. São Paulo: Editora 34, 2001, pp. 246-248.

presente projeto, quanto posso alcançar, para depois examinar se deve ou não adotar.

Uma Constituição não é outra coisa que a ata do pacto social, que fazem entre si os homens quando se ajuntam e se associam para viver em reunião ou sociedade. Esta ata, portanto, deve conter a matéria sobre o que se pactuou, apresentando as relações em que ficam os que governam e os governados, pois que sem governo não pode existir sociedade. estas relações a que se dão o nome de deveres e direitos, devem ser tais que defendam e sustentem a vida dos cidadãos, a suas liberdades, a sua propriedade, e dirijam todos os negócios sociais à conservação, bem-estar e vida cômoda dos sócios, segundo as circunstâncias de seu caráter, seus costumes, usos e qualidade do seu território etc. Projeto de Constituição é o rascunho desta ata que ainda vai se passar a limpo, ou apontamentos das matérias que hão de ser ventiladas no pacto, ou, usando de uma metáfora, é o esboço na pintura, isto é, a primeira delineação, nem perfilada, nem acabada. Portanto, o projeto oferecido por s.m. vai contratar conosco. Vejamos, portanto, se a matéria aí lembrada, suas divisões e as relações destas são compatíveis com as nossas circunstâncias de independência, liberdade, integridade do nosso território, melhoramento moral e físico e segura felicidade.

O poder Moderador da nova invenção maquiavélica é a chave mestra da opressão da nação brasileira e o garrote mais forte da liberdade dos povos. Por ele, o imperador pode dissolver a Câmara dos Deputados, que é a representante do povo, ficando sempre no gozo de seus direitos o Senado, que é o representante dos apaniguados do imperador. Esta monstruosa desigualdade das duas Câmaras, além de se opor de frente ao sistema constitucional, que se deve chegar o mais possível à igualdade civil, dá ao imperador, que já tem de sua parte o Senado, o poder de mudar a seu bel-prazer os deputados que ele entender que se opõem aos seus interesses pessoais e fazer escolher outros de sua facção, ficando o povo indefeso nos atentados do imperador contra seus direitos, e realmente escravo, debaixo porém das formas da lei, que é o cúmulo da desgraça, como tudo agora está sucedendo na França, cujo rei em dezembro passado dissolveu a Câmara dos Deputados, e mandando-se eleger outros, foram ordens do ministério para os departamentos a fim de que os prefeitos fizessem eleger tais e pessoas para deputados, declarando-se-lhes logo que, quando o governo empregava a qualquer, era na esperança de que este marchara por onde lhe mostrassem a estrada. Ademais eu não posso conceber como é possível que a Câmara dos Deputados possa dar motivos para ser dissolvida, sem jamais poder dá-los a dos senadores. A qualidade de ser dos deputados temporária, e vitalícia a dos senadores, não só é uma desigualdade que se refunde toda em aumentar os interesses do imperador, como é o meio de criar Brasil, que felizmente não a tem a classe da nobreza opressora dos povos, a qual só se tem atendido naqueles povos, que foram constituídos depois de já terem entre si seus duques, seus condes, seus marqueses etc. E este é o mesmo fim da atribuição undécima do poder Executivo, que na minha opinião é o braço esquerdo do despotismo, sendo o direito o ministério organizado da maneira que se vê no projeto.

Não infere com o seu conhecimento e consentimento em negócio de tanta importância, multo principalmente quando se vê que o mesmo Executivo juga necessária a aprovação prévia da Assembleia Geral para execução das breves letras pontifícias, decretos de concilies, quando envolverem disposição geral (artigo 14).

A atribuição privativa do Executivo do empregar, como bem lhe parecer conveniente à segurança e defesa do império, a armada de mar e terra (artigo 148) é a coroa do despotismo e a fonte caudal da opressão da nação, e o meio de que se valeram todos os déspotas para escravizar a Ásia e a Europa, como nos conta a história antiga e moderna.

Pelos artigos 55, 56, 57, 58 e 59, a Câmara dos Deputados está quase escrava à dos senadores, e o remédio que se aplica, no caso da discórdia, me parece paliativo, obscuro e impraticável,

Os conselhos das províncias são uns meros fantasmas para iludir os povos; porque, devendo levar suas decisões à Assembleia Geral e ao Executivo conjuntamente, isto bem nenhum pode produzir às províncias: pois que o arranjo, atribuições e manejo da Assembleia Geral faz tudo em último resultado depender da vontade e arbítrio do imperador, que arteiramente evoca tudo a si, e de tudo dispõe a seu contento e pode oprimir a nação do modo mais prejudicial, debaixo das formas da lei. Depois, tira-se aos conselhos o poder de projetar sobre a execução das leis, atribuição esta que parece de suma necessidade ao conselho, pois que este, mais do que nenhum outro, deve de estar ao fato das circunstâncias do tempo, lugar etc., da sua província, conhecimentos indispensáveis para a cômoda e frutuosa aplicação das leis.

S. M. está tão persuadido que a única atribuição que tem sobre os povos é esta do poder da força, a que chamam outros a última razão dos Estados, que nos manda jurar o projeto com um bloqueio à vista, fazendo-nos todas as hostilidades; por cujo motivo não se deve adaptar nem jurar semelhante esboço de Constituição, pois o juramente para ligar em consciência, e produzir o seu efeito, é indispensável necessário ser dado em plena liberdade, e sem a menor coação, e ninguém jamais obrou livremente obrigado da fome e com bocas de fogo aos peitos.

Como agora podereis jurar uma carta constitucional, que não foi dada pela soberania da nação, que vos degrada da sociedade de um povo livre e brioso, para um valongo de escravos e curral de bestas de carga? Um projeto que destrói a vossa categoria no meio das nações livres do orbe? Seria injusta a matéria do primeiro juramento par anão vos ligar? Ou estareis agora loucos rematados? Ou haverá poder que, dispensando-vos do primeiro juramento, possa de vos exigir o segundo? Onde está vossa moral, vossos costumes, vossa religião? Se tal desgraça sucedesse, como olhariam para nós os outros povos nossos conterrâneos e externos? Quem quererá contratar com um povo tão imoral e tão sem respeito aos laços mais sagrados da sociedade e tão sem acatamento para a religião de que se faz gloria?

Porque havendo-se demonstrado que este artefato político é um sistema de opressão; que os principais anéis desta cadeia são inteiramente destruidores da nossa independência, da

> integridade do Brasil, liberdade política e civil, tem se feito ver o sistema é mau, opressor e ruinoso e, portanto, inadmissível, bem que alguns elos intermediários que seriam bons, como se veem algumas nas condições gerais. Depois disto, espera-se que o imperador, que teve a valentia de dissolver a assembleia constituinte com o maior escândalo da razão, e da constitucionalidade jurada; que se arrogou a monstruosa atribuição de dar Constituição a quem não devia dar, se abaixe a reformar o projeto de representação daqueles que ele julga com o dever de lhes obedecer cegamente.
>
> É por todas estas razoes que eu sou de voto que se não adote e muito menos jure o projeto de que se trata, por ser inteiramente mau, pois não garante a independência do Brasil, ameaça a sua integridade, oprime a liberdade dos povos, ataca a soberania da nação, e nos arrasta ao maior dos crimes contra a divindade, qual o perjúrio, e nos é apresentando da maneira mais coativa e tirânica.[1041]

O julgamento de Frei Caneca – ocorreu em 20 de dezembro de 1824, no Recife. Foi reunida uma comissão militar para "o fim de processar e julgar muito sumaria e verbalmente os chefes da insurreição e rebeldia, havida na província de Pernambuco, de que era principal cabeça Manuel Carvalho Paes de Andrade", em consequência, foram propostos como tais os réus "Frei Joaquim do Amor Divino Caneca, como escritor de papéis incendiários Agostinho Bezerra Cavalcanti,[1042] comandante do batalhão dos Henriques e Francisco de Souza Rangel,[1043] por ser do corpo de guerrilha". Assinava: Lima, brigadeiro e Thomas Xavier Garcia de Almeida.[1044]

1041 MELLO, Evaldo Cabral de (Coord.). *Frei Joaquim do Amor Divino Caneca*. São Paulo: Editora 34, 2001, pp. 559-566.

1042 Agostinho Bezerra Cavalcanti: foi preso e executado.

1043 Francisco de Souza Rangel: mandado à Bahia e a Alagoas para pedir apoio para a Confederação do Equador.

1044 MELLO, Evaldo Cabral de (Coord.). *Frei Joaquim do Amor Divino Caneca*. São Paulo: Editora 34, 2001, p. 609.

Para ratificar o ato de repressão, o Imperador enviou o seguinte comunicado:

> Coronel Francisco de Lima e Silva,
>
> Eu, o imperador constitucional e defensor perpétuo do Brasil, vos envio muito saudar. Tendo por decreto da data de ontem mandado criar uma comissão militar para serem por ela sentenciados os cabeças da atroz e abominável facção de alguns habitantes de Pernambuco, de que é chefe o rebelde revolucionário Manuel de Carvalho Paes de Andrade, encarregando-vos da presidência dela, e autorizando-vos para nomeardes os vogais, de que deve ser composta, e convindo marcar em conformidade da lei: hei por bem declarar-vos que, além de vós como Presidente, e do relator, deverá a mesma comissão ser composta de mais quatro vogais, que serão os oficiais de maior patente da brigada, que marcha debaixo do vosso comando para aquela província; o que me pareceu comunicar-vos para vossa inteligência e devida execução.
>
> Escrita no palácio do Rio de Janeiro, em 27 de julho de 1824, terceiro da Independência e do império.
>
> Imperador.
> Clemente Ferreira França.[1045]

Em decorrência, o coronel Francisco de Lima e Silva fez as seguintes nomeações em 18 dezembro de 1824:

> (...) senhor Salvador José Maciel, coronel efetivo do corpo de engenheiros, vogal; o senhor conde de Escragnolle, coronel graduado e comandante do 4° batalhão de caçadores da Corte, vogal, e servirá de interrogante; o senhor Manuel Antônio Leitão Bandeira, coronel graduado e comandante do 3° batalhão da Corte, vogal; o senhor Francisco Vicente de

1045 Clemente Ferreira França: ajudou José Bonifácio a alcançar o poder. Era latifundiário e conservador.

> Souto Maior, tenente-coronel comandante do 2° batalhão de caçadores da Corte, vogal; o senhor desembargador Tomás Xavier Garcia, para juiz relator.[1046]

O interrogatório – foram efetuadas diversas perguntas que tentaram comprometer drasticamente o réu, mas que foram respondidas de forma objetiva e clara, a saber:

- Sobre publicar ideias "subversivas":

> Respondeu que fora redator do periódico intitulado o *Typhis* no qual se contém as ideias que ele propagara, as quais eram as mesmas que havia lido em outros periódicos mesmo da Corte: e que não havendo nunca sido chamado a jurados, se regulava pela lei que então existia sobre os abusos da liberdade de imprensa, dirigindo-se sempre ao ministério, todas as vezes que atacava os desmandos públicos.[1047]

- Sobre a eleição de Manuel Carvalho Paes de Andrade,

> Respondeu que não interviera para a sua eleição, porquanto fora está feita pelos eleitores de paróquia; e quanto à sua conservação, sendo chamado para um conselho, como membro do corpo literário, aí emitira o seu voto, o qual corre impresso, e a ele se reporta, conforme nele se contém.[1048]

- Sobre o plano da Confederação do Equador e sua publicação no *Typhis*,

---

1046 MELLO, Evaldo Cabral de (Coord.). *Frei Joaquim do Amor Divino Caneca*. São Paulo: Editora 34, 2001, p. 611.

1047 MELLO, Evaldo Cabral de (Coord.). *Frei Joaquim do Amor Divino Caneca*. São Paulo: Editora 34, 2001, pp. 614-616.

1048 MELLO, Evaldo Cabral de (Coord.). *Frei Joaquim do Amor Divino Caneca*. São Paulo: Editora 34, 2001, pp. 614-616.

> Respondeu que nunca tivera ideia, nem nunca ouvira falar de semelhante Confederação, senão quando chegara ao sertão, onde viu algumas proclamações do Filgueiras a este respeito: e tão somente falou em seu periódico da união de algumas províncias do norte para o fim de se oporem a invasão da expedição portuguesa, que S. M. I. havia anunciado na ocasião de mandar retirar o bloqueio, recomendando-nos que nos defendêssemos dela.
>
> Foi instado se, dizendo ele que não havia nada cooperado para o plano da Confederação do Equador, como é que havia publicado em os números (...) do seu *Typhis* algumas bases que pareciam ter aplicação àquela forma de governo republicano.
>
> Respondeu que sim publicara essas bases, mas que, além de ser um papel que lhe foi dado pelo mesmo Manuel de Carvalho para o publicar, não o fez com alguma intenção determinada, mas sim como máximas gerais para qualquer governo que se quisesse constituir.[1049]

- Sobre seu extenso voto sobre o projeto da Carta Outorgada, respondeu que, sendo chamado pela Câmara para dar o seu parecer sobre esta matéria, o seu voto fora que não aceitasse tal projeto; referindo-se, em tudo o mais, ao dito seu voto, que consta dos livros da Câmara ou que corre impresso.

- Sobre o seu uso do vestido de jaquê na guerrilha, respondeu que não andou com jaquê de guerrilha, mas sim com jaqueta de chita, que trazia por baixo do hábito; o qual havia tirado na marcha do Cabo para o Recife, e se perdera por ir à garupa de um cavalo que desapareceu.

- Sobre se tinha mais coisas a acrescentar no final do interrogatório,

---

1049 MELLO, Evaldo Cabral de (Coord.). *Frei Joaquim do Amor Divino Caneca*. São Paulo: Editora 34, 2001, pp. 614-616.

> Respondeu que nada mais tinha que dizer, visto que lhe era permitido dar a sua defesa por escrito; mas que, como se achava sucumbido pela natureza do tribunal, e também pela qualidade dos juízes, que eram militares talvez sem os necessários conhecimentos das leis jurídicas, requeria que lhe fosse facultado consultar com um letrado no formalizar de sua mesma defesa, que o coadjuvasse nela: e assim deu a comissão por acabada, as perguntas, as quais sendo lidas ao réu, achou estarem conforme tinha respondido; pelo que assinou com o coronel interrogante: e eu Tomás Xavier Garcia de Almeida, juiz relator o escrevi.
>
> Assinaram o interrogatório:
>
> Conde de Escragnolle, Coronel interrogante.
>
> Frei Joaquim do Amor Divino Caneca.[1050]

As oito testemunhas arroladas, em sua maioria, estavam ligadas ao serviço público e, portanto, comprometidas, em seus depoimentos, no sentido de satisfazer ao Tribunal pretendia concluir, ou seja, condenar os réus.

A defesa que foi apresentada tinha o seguinte teor:

> Ilmo. e Exmo. Senhor Presidente e Ilmos. Senhores vogais:
>
> Aparece, na respeitável presença deste integérrimo juízo, frei Joaquim do Amor Divino Caneca, religioso carmelita turonense desta cidade do Recife, preso na cadeia da mesma, pelo imputado crime de rebelião, a dar as razões da sua conduta e a justificar-se de tão horrorosa imputação. A enormidade da acusação é tão grande que por si basta para aterrar o varão mais forte e o faria temer, se acaso se não lembrasse que eram seus juízes varões brasileiros, cheios de retidão, e que sabem dar descontos às fraquezas da humanidade, imitando a piedade e beneficência do príncipe magnânimo, que os revestiu

1050 MELLO, Evaldo Cabral de (Coord.). *Frei Joaquim do Amor Divino Caneca*. São Paulo: Editora 34, 2001, pp. 614-616.

de tão alta autoridade. Esta ideia consoladora anima o réu e lhe alivia os espíritos abatidos, para alçar a trêmula voz e fazer chegar ao conhecimento deste juízo os argumentos em que funda a sua defesa, e mostrar a sua constante adesão e obediência ao supremo imperante da nação brasileira.

Duas são as fontes donde a Intriga e a Inimizade pretendem deduzir a ruína do réu; os seus escritos, que correm impressos, e a marcha que fez desta praça em companhia das tropas, que deixavam a capital na ocasião em que nela entraram as tropas de S. M. I.

Naqueles pretende-se descobrir doutrinas anárquicas, revolucionárias, subversivas da ordem pública, e excitantes para a destruição da integridade do império; e nesta uma ação ou fato demonstrativo de um ânimo hostil e oposto às ordens do soberano.

Uma e outra pretensão deve-se qualificar de injustiça, e só apropositada a perder o réu e fazê-lo passar por trabalhos e por incômodos, se por felicidade sua não fossem seus julgadores pessoas tão conspícuas por sua filantropia, sua inteireza e ódio à malevolência e à intriga.

Conquanto parecesse ao réu que as doutrinas dos seus impressos não formam objeto do conhecimento desta comissão, por já estar determinado o tribunal dos jurados, como privativo dos abusos da liberdade da imprensa; contudo ignorando o réu as ordens imperiais, de que está escudada a mesma comissão, e que este reto juízo não ultrapassará os termos que lhe foram prescritos por S. M. I., não hesita dar conta de si nestes artigos, que passa a expender.

O réu, propondo-se a escrever o periódico, a que deu o título de *Typhis Pernambucano* nenhum outro fim teve em vistas que sustentar a independência do Brasil, a integridade do império, a justa liberdade de sua pátria e em última análise os direitos e a glória do imortal Pedro I, imperador do Brasil.

Os princípios em que se funda para desempenho deste encargo, são os correntes neste século de luzes, adotados pelos publicistas mais respeitáveis das nações cultas da Europa e América,

> repetidos nos periódicos da Corte, nos desta província, e até confessados por S. M. I. em muitas ocasiões.
>
> Que a soberania reside na nação, que a nação é quem se constitui e por meio dos seus representantes em Cortes – dois pontos cardeais em que rola toda a doutrina do *Typhis* – são duas verdades confessadas por S. M. no decreto de 8 de junho de 1822, no manifesto de 6 de agosto do mesmo agosto do mesmo ano aos povos e nações amigas, além de outras ocasiões.
>
> Que S. M. depois de ter chamado seus súditos para serem felizes, não lhes pode dizer não quero que o sejam mais – disse o *Regulador Brasileiro* a face do mesmo trono, sem a menor censura. É destes princípios, pois, que nasce o juízo feito sobre a dissolução da Assembleia do Rio de Janeiro, exposto nos números 1, 2 e 3 do *Typhis*.
>
> As consequências da dissolução da Assembleia Constituinte lembradas no número 6 são fundadas em se não atender aquela verdade, que S. M. confessou na sua proclamação, a saber, que a opinião pública é a gula, que deve de ter um governo constitucional, e que o monarca que ignora ou não atendendo a esta opinião precipita-se nos abismos, e ao seu reino ou ao seu império em um pélago de desgraças, umas após outras.
>
> Em nenhuma parte do *Typhis* se acha alguma coisa que revele mudança de governo, nem mesmo cisão da integridade do império.[1051]

E a defesa foi pontuando as respostas contra as acusações feitas no jornal *Typhis*, em diversos números, para mostrar que a posição explicitada era técnica e dentro dos padrões constitucionais de liberdade geral e, particularmente, de imprensa.

Em relação à fuga realizada pelo Frei após a repressão em Pernambuco, declarou a defesa:

1051 MELLO, Evaldo Cabral de (Coord.). *Frei Joaquim do Amor Divino Caneca*. São Paulo: Editora 34, 2001, pp. 628/629.

> Desta verídica exposição se vê que a Fugida do réu foi eleito do medo de ser preso, e passar por trabalhos; o que nunca será crime, pois à natureza horroriza a opressão; e quem corre e foge não resiste, pois, a resistência é o contraditório da fuga; menos ir na companhia de tais tropas, porque estas fugiam também de medo, e sempre debaixo do pavilhão do império, que nem cá deixaram.
>
> Ao depois o réu fez serviços aos povos, por onde marcharam as tropas, aconselhando que não atacassem lugar algum, que fossem seu caminho direito sem ofender a quem lhes dava passagem franca; donde procedeu na vila de Caicó aparecer uma conspiração de alguns soldados insubordinados, para prenderem o réu e mais alguns, de quem diziam eles que iam ali sem fazer nada, aconselhando as jornadas por travessias castradas apartadas das vilas, a fim de eles não terem o saque.[1052]

E a defesa concluiu:

> E, pois, Exmo. Senhor, o que o réu, nas apertadas circunstâncias em que se acha, pode oferecer à consideração deste juízo em sua defesa. protestando a pureza de suas intenções pela obediência a s. m. i., sem jamais lhe passar pela memória o detestável crime de rebelião: falou dos interesses do seu país natal, do império do Brasil, e da glória nacional, a glória de S. M. I. com aquele entusiasmo próprio de um brasileiro que ama a sua nação e se horroriza de ver o melhor dos príncipes ser iludido por ministros infiéis, e que lhe negavam a verdade, que ele tanto procura.[1053]

1052 MELLO, Evaldo Cabral de (Coord.). *Frei Joaquim do Amor Divino Caneca*. São Paulo: Editora 34, 2001, p. 635.

1053 MELLO, Evaldo Cabral de (Coord.). *Frei Joaquim do Amor Divino Caneca*. São Paulo: Editora 34, 2001, p. 635.

A sentença – a conclusão final do processo, em que foi expedido o veredicto, foi em 13 de janeiro de 1825 e, assim, expressava-se:

> Mostra-se, pelo que diz respeito ao réu frei Joaquim do Amor Divino Caneca, que, tendo-se pronunciado uma notável divergência nesta província, tendente a fazê-la desmembrar da geral associação do império brasileiro e eximi-la da obediência devida a S. M. I., que, por voto unânime da nação reconhecida, foi aclamado chefe representativo e defensor perpétuo da mesma nação, figurava o réu nesta facção demagógica como o mais empenhado colaborador daquele projeto desorganizador; e que mais adido pareceu aos interesses do partido revolucionário, não deixando de lhe dar o maior impulso em todas as ocasiões em que se pretendeu dirigir o espírito da província. Tratando-se de consultar o voto dos povos sobre a aceitação do projeto de Constituição oferecido à nação por S. M. I., não se contentou o réu de dar o seu voto negativo, mas antes tomou a tarefa de o analisar com a maior acrimônia, descrevendo-o com as mais negras cores e fazendo-o aparecer como a obra do despotismo e da tirania, dizendo à fl. 28 que o projeto degradava da sociedade de um povo livre e brioso para um valongo de escravos e curral de bestas de carga.[1054]

O pregão anunciou:

> Justiça que manda fazer S. M. I. e defensor perpétuo do império do Brasil a este réu Joaquim do Amor Divino Caneca, condenado em comissão militar a que morra de morte natural no lugar da forca, tendo já sido desautorado das ordens eclesiásticas, pelo crime de sedição e rebelião contra as imperiais ordens do mesmo augusto senhor.

1054 MELLO, Evaldo Cabral de (Coord.). *Frei Joaquim do Amor Divino Caneca*. São Paulo: Editora 34, 2001, p. 637.

> Certifico que publiquei o réu acima mencionado na igreja do Terço desta cidade, e ao pé da forca da mesma. Recife, 13 de janeiro de 1825.
>
> O porteiro Gaudêncio de Almeida.
>
> Certifico que o réu frei Joaquim do Amor Divino Caneca foi conduzido ao lugar da forca das Cinco Pontas, e aí pelas nove horas da manhã padeceu de morte natural, em cumprimento da sentença da comissão militar, que o julgou, depois de ser desautorizado das ordens da igreja do Terço, na forma dos sagrados cânones; e sendo atado a uma das hastes da referida forca, foi fuzilado de ordem do exmo. senhor general e mais membros da dita comissão, visto não poder ser enforcado pela desobediência dos carrascos; o que de tudo dou fé, sendo este ato presidido pelo vereador mais velho do Senado desta cidade, doutor Antônio José Alves Ferreira, arvorado em juiz de fora.
>
> Recife de Pernambuco, 13 de janeiro de 1825
>
> O escrivão do crime, Miguel Arcanjo Póstumo do Nascimento.[1055]

Houve, durante a execução, um ato de "degradação religiosa" – a excomunhão[1056] – em que a igreja concorda com a execução do Frei. Foram aplicadas a pena de morte, também, a Bezerra, a Bartolomeu, a Emiliano e a Nicolau.[1057]

> Esperava-se que a Corte do Rio, inteirada dos triunfos das suas armas, usasse de clemência para com os presos, posto que a Alçada Militar os tivesse condenado à pena de morte. E a confiança no perdão do monarca de tal maneira se arraigara no espírito público, que se tornaram constantes os boatos da chegada de instruções magnânimas do imperador, talvez

1055 MELLO, Evaldo Cabral de (Coord.). *Frei Joaquim do Amor Divino Caneca*. São Paulo: Editora 34, 2001, p. 40.

1056 Excomunhão: ato de excomungar. Pena eclesiástica. Degradação religiosa.

1057 Executados: Bezerra, Bartolomeu, Emiliano e Nicolau.

> despertados pela fuga de alguns responsáveis como Natividade Saldanha, Paes de Andrade e outros.[1058]

D. Pedro I não aceitou os pedidos de clemência que vieram em grande número para a sua decisão.

Os carrascos se recusaram, de forma veemente, ao enforcamento de Caneca, numa espécie de protesto, e o réu foi levado para ser executado pelo pelotão de fuzilamento, na frente do qual pediu: "meus amigos, não me deixem sofrer muito". Foi um fato inédito naquela época.

Conclui-se, portanto, que a pena dada foi realizada por um Tribunal Militar, portanto, de exceção, com testemunhas escolhidas e comprometidas para satisfazer o poder imperial, que escamoteava os fatos explicitados durante o ativismo do Frei, este o qual defendia os princípios de independência brasileira e uma Constituição que tivesse considerado os desejos do povo e de seus representantes. A Carta, outorgada por D. Pedro I, foi a negação de todos esses princípios.

O Brasil começava mal a sua independência de Portugal e a organização do Estado Imperial.

1058 DUQUE, Gonzaga. *Revoluções Brasileiras*: resumos históricos. HARDMAN, Francisco Foot; LINS, Vera (Coord.). São Paulo: Fundação da Editora da UNESP/Giordano, 1998, pp. 92/93.

O autor Gonzaga Duque nasceu em 1863 e faleceu em 1911.

CAPÍTULO XI

A FERA DE MACABU – MANOEL DA MOTTA COQUEIRO (1855) – UM LATIFUNDIÁRIO ENFORCADO INJUSTAMENTE

11.1 A época da Fera de Macabu

Após a abdicação de D. Pedro I, foi instalado o Período Regencial (1831-1840) e, na sequência, em 1840, teve início o Segundo Império, período que vai da maioridade de D. Pedro II até a Proclamação da República em 1889.

D. Pedro I abdicou em 7 de abril de 1831, deixando, como sucessor, o príncipe D. Pedro de Alcântara com cinco anos e quatro meses de idade. O desgaste daquele, na administração do Brasil, vinha desde a Carta Outorgada, em 1824, e se agravou com a sua proximidade com o "partido português" em detrimento dos brasileiros. Somado a isso, há a repressão à Confederação do Equador; a

Guerra Cisplatina,[1059] que fundamentou a independência e formação do Uruguai; a crise econômico-financeira devido aos empréstimos ingleses; e os escândalos em sua vida pessoal.[1060]

A gota d'água final dessa crise foi a posse do Ministério dos Marqueses[1061] ou dos Portugueses que, devido à pressão política e militar, obrigou-o a sair do governo.

Nesse contexto, voltou a Portugal, lutou contra seu irmão usurpador do trono, derrotou-o e assumiu o governo, como D. Pedro IV.

Foi designado, como tutor do príncipe-herdeiro, José Bonifácio de Andrada e Silva e, imediatamente, foi organizado um governo transitório eleito por deputados e senadores com o nome de Regência Provisória,[1062] composta pelo senador Nicolau Pereira

---

1059 Guerra Cisplatina: envolveu a região do Prata, em consequência da política externa de D. João VI no sul do país. A Banda Oriental, ligada à América espanhola, foi anexada ao Brasil em 1820. Em 1825, Lavalleja, líder uruguaio, iniciou a luta de Independência, e D. Pedro I reagiu militarmente, iniciando uma guerra. Em 1828, as tropas brasileiras capitularam, sendo criado o Uruguai.

1060 Vida Pessoal – D. Pedro I: Solteiro, teve uma vida dissoluta no Rio de Janeiro. Casou-se com Maria Leopoldina em 1817. Posteriormente, envolveu-se com Domitila de Castro (Marquesa de Santos) a partir de 1822, em São Paulo, e a trouxe para a Corte (RJ) em 1823. Como amante de D. Pedro I, lhe deu filhos. A ligação de D. Pedro com Domitila chocou o Rio de Janeiro e desgastou, profundamente, D. Leopoldina e a família. O caso escandalizou a Corte.

1061 Ministério dos Marqueses: formado por D. Pedro I, em 1831, constituído por cinco marqueses e um visconde, conservador e simpático ao "partido dos portugueses". Acusado de ser contra os interesses nacionais. Componentes: marqueses de Inhambupe, de Aracati, de Baependi, de Lages e de Paranaguá; e o Visconde de Alcantara.

1062 Regência Provisória: organizada após a abdicação de D. Pedro I, foi temporária, demitiu do exército os estrangeiros e manteve a ordem até a decisão que foi tomada com a Assembleia Geral. Nesse contexto, firmaram-se os grupos políticos dos "moderados" e "exaltados".

de Campos Vergueiro,[1063] Brigadeiro Franciso de Lima e Silva[1064] e José Joaquim Carneiro de Campos (Marquês de Caravelas).[1065] Esta regência readmitiu o ministério formado de brasileiros, anistiou os presos políticos e restringiu a atuação do poder Moderador, numa tentativa de manter a ordem no país.

Em 17 de junho de 1831, após a reunião da Assembleia Geral, foi eleita a Regência Permanente, formada pelos deputados José da Costa Carvalho,[1066] João Bráulio Muniz[1067] e o Brigadeiro Francisco de Lima e Silva. Nessa fase de governança, foi mantida a monarquia centralizante e um legislativo robusto, controlando o executivo. Durante essa regência, foi criada a Guarda Nacional[1068] e

---

1063 Nicolau Pereira de Campos Vergueiro (1778-1859): nasceu em Portugal. Formou-se em Direito na Universidade de Coimbra. No Brasil, advogou em São Paulo e transformou-se em fazendeiro. Foi Deputado às Cortes em 1821 e, depois, senador em 1828. Teve cargos importantes no império e substituiu a mão de obra escrava pelo "sistema de parceria" em sua fazenda, trazendo colonos estrangeiros ao Brasil, a partir de 1847.

1064 Brigadeiro Franciso de Lima e Silva (1785-1853): militar, era pai do Duque de Caxias. Reprimiu a confederação do Equador como coronel. Foi Governador das Armas das províncias de São Paulo e Rio de Janeiro. Adentrou na política como regente, depois ficou senador do Império pelo Rio de Janeiro. Morreu com o título de Barão de Barra Grande.

1065 José Joaquim Carneiro de Campos (1768-1836): formou-se em Direito pela Universidade de Coimbra. Constituinte em 1823, acabou colaborando na redação da Carta Outorgada. Foi Ministro da Justiça (1826) e senador pela Bahia.

1066 José da Costa Carvalho (1796-1860): Bacharel em Direito por Coimbra. Foi juiz de fora e ouvidor em São Paulo. Constituinte em 1823 e deputado, integrou a Regência. Foi diretor da Faculdade de Direito de São Paulo, senador e Ministro no Império, presidiu o Conselho de Estado. Adquiriu os títulos de Barão, Visconde e Marquês de Monte Alegre em 1854. Fundou o jornal *Farol Paulistano*.

1067 João Bráulio Muniz (1760-1835): Bacharel em Direito por Coimbra, latifundiário, deputado geral pelo Maranhão e regente. Morreu precocemente aos 39 anos.

1068 Guarda Nacional: milícia organizada em 1831, com o intuito de coibir distúrbios na fase regencial. Era formada por brasileiros que tivessem

promulgado o Código de Processo Criminal (1832),[1069] fortalecendo o cargo de Juiz de Paz,[1070] que era eleito e o controle jurídico político na localidade de sua atuação. Tudo foi organizado no sentido de "manter a unidade e a ordem no Brasil". Em 1834, foi aprovado o Ato Adicional,[1071] criando um município neutro (cidade do Rio de Janeiro), os Conselhos Gerais das Províncias[1072] foram transformados em Assembleias Provinciais. Houve a supressão do Conselho de Estado e o estabelecimento da Regência Una. O artigo 26 do Ato Adicional determinou a eleição de um só regente, para governar durante quatro anos, até a maioridade do príncipe D. Pedro.

O Padre Diogo Antônio Feijó assumiu a Regência e governou de 1835 a 19 de setembro de 1837, ganhando a eleição por margem pequena de votos: de 2.825 contra 2.251 votos. Nesse contexto,

---

uma renda mínima de cem mil réis, de homens entre 21 e 60 anos, comandados por latifundiários e tinham participação nas eleições primárias municipais. A aristocracia rural comandava. O título recebido era de "coronel" para o escolhido. Foi extinta em 1918.

1069 Código de Processo Criminal (1830): disposições legais para regular, em termos jurídicos, o Império e classificar os crimes e as penalidades aplicáveis à sociedade. Considerava os seguintes crimes: públicos, particulares e policiais. Atingia da perda de emprego à pena de morte. Deu autonomia judiciaria aos municípios, com a eleição dos "juízes de paz". Introduziu o *habeas corpus*.

1070 Juiz de Paz: eleito pela Câmara Municipal para ser uma autoridade judicial com função administrativa e de polícia. Nomeava as mesas para as eleições.

1071 Ato Adicional de 1834: modificou a Constituição de 1824 para conciliar as tendências políticas durante a regência e pacificar o país. Criou a Regência Una e o município neutro para o Rio de Janeiro.

1072 Conselhos Gerais das Províncias ou Conselho Provincial: composto por seis membros eleitos para assessorar cada Presidente de Província. Extinto pelo ato adicional.

destacaram-se dois partidos: o Progressista,[1073] o qual apoiava o governo; e o Regressista,[1074] em oposição ao governo.

O descontentamento com essa nova forma centralizadora gerou revoltas nas províncias. Eclodiram, no Pará, a Cabanagem[1075] e, no Rio Grande do Sul, a Revolta Farroupilha,[1076] de cunho republicano. Em decorrência da instabilidade política, o parlamento passou a não aceitar os projetos de lei do Regente Feijó; a imprensa fazia severas críticas; a oposição (regressistas) cresceu no Legislativo; até a Igreja engrossou as discordâncias contra o governo, que desejava acabar com o celibato. A saída foi a renúncia do Padre Feijó como regente, e sua substituição por um regente provisório – Pedro de Araújo Lima[1077] – até a confirmação da regência em eleições de 1838. As

---

1073 Partido Liberal Progressista: criado na década de 1860 em decorrência da Liga Progressista. Propunha: reforma da Constituição de 1824, eleição direta, descentralização política, liberdade individual, reforma judiciaria, segurança, reforma da guarda nacional etc.

1074 Partido Regressista: criado pelos adversários de Feijó durante a Regência Una. Favoráveis à centralização administrativa e contra o Ato Adicional. Foi usado para classificar, também, os que desejavam a volta de D. Pedro I ao Brasil. Posteriormente, originou o Partido Conservador.

1075 Cabanagem (1835-1840): Revolta armada no Grão-Pará de cunho popular. Exigiam: reformas, melhoria das condições de vida, expulsão dos portugueses considerados os responsáveis pela miséria regional e descentralização política. Participaram: Cônego Batista Campos, os irmãos Vinagre (lavradores), Angelim (seringueiro) e Félix Antônio Malcher (fazendeiro). Quase 30 mil pessoas morreram durante as lutas, por assassinatos, incêndios e confrontos com os legalistas.

1076 Revolta Farroupilha ou Guerra dos Farrapos (1835-1845): Levante dos estancieiros gaúchos contra o poder central durante a Regência, que desvalorizou o preço do charque gaúcho no mercado interno, comprando o produto do Uruguai e Argentina. Defendiam: o federalismo, a autonomia das províncias e as ideias republicanas. Participaram: Bento Gonçalves, David Canabarro, Bento Manoel Ribeiro, Garibaldi (Giuseppe), José Antônio de Souza Neto, entre outros. Caxias reprimiu a revolta em 1845.

1077 Pedro de Araújo Lima – Marquês de Olinda (1793-1870): Doutor por Coimbra, deputado às Cortes (1821), Constituinte (1823), Ministro

revoltas, contudo, não pararam, e eclodiu a Sabinada (na Bahia em 1837),[1078] continuou a Balaiada (no Maranhão – 1830-1840)[1079] e a Farroupilha (no Rio Grande do Sul), aprofundando a crise regencial.

Nesse período regencial, as discordâncias e conflitos aumentaram entre as forças políticas: liberais, liberais moderados, liberais exaltados, os conservadores e os restauradores (caramurus). As divergências e as violências aumentaram nas províncias e, como solução, foi apresentada a possibilidade de o príncipe D. Pedro assumir o trono, mesmo sendo menor de idade. Foi organizada a campanha para a maioridade deste, que logo completaria 14 anos, mesmo contrariando a Carta Outorgada. Os liberais comandaram essa proposta por intermédio do Clube da Maioridade e conseguiram a adesão de uma parte dos conservadores, que temiam as revoltas ocorridas na regência.

---

de Estado, Presidente do Conselho de Estado, senador e Regente Uno (1838). Durante a Regência, criou o Colégio Pedro II, o Arquivo Público e o Instituto Histórico e Geográfico Brasileiro. Propôs a Lei Interpretativa do Ato Adicional.

1078 Sabinada (1837-1838): ocorreu na Bahia contra a Regência e o governo provincial. Desejavam a independência baiana até a maioridade de D. Pedro II. Participaram as profissões liberais, artesãos, pequenos comerciantes e militares. Proclamaram a República Baiense (07/11/1837) e a libertação dos escravos com indenização aos proprietários. Destaque para o médico Francisco Sabino, Inocêncio da Rocha Galvão, João Carneiro da Silva Rego, entre outros. A repressão ocorreu em março de 1838, com a morte de 1.258 revoltosos e 2.989 presos.

1079 Balaiada (1838-1841): ocorreu no Maranhão, comandada pelos liberais (bem-te-vis) e contra a oligarquia local. Teve início com o vaqueiro Raimundo Gomes Vieira (Cara Preta), que se revoltou contra o recrutamento do irmão e outros vaqueiros. Ampliou-se no Piauí e Ceará e se destacaram: Cosme Bento das Chagas (ex-escravo), Manoel Francisco dos Anjos (fabricante de balaios, "O balaio"), entre outros. Caxias lutou durante 2 anos para liquidar a revolta popular, na qual morreram quase 6.000 pessoas.

Para superar a crise, deu-se a Lei de Interpretação do Ato Adicional[1080] em 12 de maio de 1840, que anulou as atribuições das Assembleias Provinciais e abriu caminho para o Golpe da Maioridade, o qual colocou D. Pedro, então com 14 anos e sete meses no trono, com o título de D. Pedro II. Outra proposta foi a Reforma do Código de Processo Criminal e a recriação do Conselho de Estado, comandadas pelos conservadores que desejavam fortalecer o poder central na justiça, polícia e administração.

Nesse momento, os liberais reagiram com a criação do clube denominado "sociedade promotora da maioridade do imperador, o príncipe D. Pedro". O início desta campanha foi realizado pelo senador José Martiniano de Alencar[1081] em sua casa, tendo o apoio e participação dos irmãos Andradas (deputados), os irmãos Cavalcanti (de Pernambuco), Antônio e Francisco de Paula (senadores),[1082] Teófilo Ottoni[1083] e o Padre António Marinho (de Minas Gerais).

Todavia, o projeto da Maioridade foi rejeitado no Senado, e na Câmara os conservadores predominavam e criticavam a proposta. A "campanha", então, foi levada às ruas no intuito de conseguir apoio

---

1080 Lei de Interpretação do Ato Adicional (1840): modificou o Ato Adicional e a proposta dos liberais, retirou a autonomia das províncias, centralizou o poder, indicando os Presidentes provinciais, controlou a magistratura e os cargos públicos.

1081 José Martiniano de Alencar (1794-1860): cearense, pai do escritor José de Alencar. Um dos líderes da Revolução de 1817, junto com a família (inclusive a mãe, Bárbara Pereira de Alencar). Após a prisão, foi deputado suplente à Constituinte em Lisboa, Constituinte em 1823, revoltoso na Confederação do Equador, deputado (1830), Presidente do Ceará, senador e organizador do Clube da Maioridade.

1082 António Francisco de Paula (1791-1851): paulista, liberal, autodidata, deputado e senador. Foi Ministro do Império, da Fazenda e presidiu o Conselho de Ministros.

1083 Teófilo Benedito Ottoni (1807-1869): marinheiro, jornalista, deputado liberal, líder da revolta de 1842 em Minas Gerais, desbravador do norte de Minas, protetor dos indígenas e senador (1864). Grande orador e fundador de Filadélfia, atual cidade de Teófilo Ottoni.

popular. A população aderiu à campanha e recitava: "Queremos Pedro segundo/ Embora não tenha idade/ A nação dispensa a lei/ E viva a maioridade!"

Em decorrência, houve uma grande passeata com a participação de populares em direção ao Senado que sofreu uma invasão, em 20 de julho de 1840.

Rapidamente, foi organizada uma comissão para consultar o príncipe, que, assessorado pelo tutor Itanhaém,[1084] o aio Frei de Santa Mariana e o Marquês de Sapucaí,[1085] aceitou a tese a fim de pacificar o país. O regente de plantão foi obrigado a aderir à proposta e a Assembleia Geral, reunida no Senado, em 23 de julho do mesmo ano, cercada por, aproximadamente, oito mil pessoas, endossa e decreta a maioridade de D. Pedro II. O novo governante tinha de pacificar, manter a unidade brasileira, enfrentar a pressão e controle dos ingleses, que desejavam acabar com o tráfico negreiro, e continuar dominando o mercado brasileiro. A Inglaterra boicotava a revisão do Tratado Comercial de 1827[1086] que estava prejudicando o desenvolvimento e a independência econômica do Brasil.

Para tentar contornar a crise, foi organizado um Ministério Liberal, com Antônio Carlos de Andrada e Silva, Martim Francisco

---

1084 Manuel Inácio de Andrade Souto Maior Pinto Coelho – Marquês de Itanhaém (1782-1867): político, foi tutor de D. Pedro II em 1833 e senador em 1844.

1085 Candido José de Araújo Viana (Marquês de Sapucaí 1793-1875): advogado, formado em Coimbra, Constituinte (1823), senador, Ministro da Fazenda e do Império e perceptor de D. Pedro II. Foi, também, Ministro do Supremo Tribunal.

1086 Tratado Comercial de 1827: renovação do Tratado de Comércio e Navegação (1810) para a Inglaterra reconhecer a Independência brasileira. Os produtos ingleses pagavam 15% *ad valorem* e mantiveram o domínio econômico sobre o Brasil, comprando a matéria-prima nacional e vendendo seus manufaturados.

Ribeiro de Andrada,[1087] Antônio Franciso de Paula Holanda Cavalcanti de Albuquerque,[1088] Francisco de Paula Cavalcanti de Albuquerque,[1089] Aureliano de Sousa e Oliveira Coutinho[1090] e Antônio Paulino Limpo de Abreu[1091] – o "Ministério dos Irmãos".

A política, realizada por este Ministério, foi vingativa e de perseguições partidárias. A violência predominou nas eleições de 1840 para garantir a vitória do Partido Liberal e foi denominada de "as eleições do cacete".[1092] Em março de 1841, o gabinete liberal foi substituído pelo partido conservador, com a participação de

---

1087 Martim Francisco Ribeiro de Andrada e Silva (1775-1844): Bacharel em Ciências Matemáticas e Naturais por Coimbra. Inspetor Geral das minas, Ministro da Fazenda (1822 e 1830), Constituinte (1823), Deputado (1830). Acompanhou as posições dos irmãos contra D. Pedro I e esteve exilado em Paris.

1088 Antônio Franciso de Paula Holanda Cavalcanti de Albuquerque – Visconde de Albuquerque (1797-1863): militar, deputado, senador, Ministro da Fazenda e do Império e Conselheiro de Estado.

1089 Francisco de Paula Cavalcanti de Albuquerque: capitão-mor de Olinda em 1817, comandou as tropas revolucionárias contra Recife. Derrotado, rendeu-se aos legalistas.

1090 Aureliano de Sousa e Oliveira Coutinho (1800-1855): estudou em Coimbra, foi senador, Presidente das Províncias de São Paulo e Rio de Janeiro, Ministro da Justiça e Negócios Estrangeiros, fundou a colônia alemã da Serra da Estrela, hoje Petrópolis.

1091 Antônio Paulino Limpo de Abreu – Visconde de Abaeté (1798-1883): português, tronou-se cidadão brasileiro após a Independência. Bacharel em Direito por Coimbra, parlamentar durante 57 anos, Presidente do Senado, Ministro do Exterior e Presidente do Conselho de Estado. Foi Ministro do Supremo Tribunal.

1092 Eleições do Cacete (1840): eleições legislativas coordenadas pelos liberais ("ministério dos irmãos"), usando fraude e violência para a legislatura de 1842. A maioria liberal foi eleita em detrimento dos conservadores. O imperador anulou as eleições e nomeou um gabinete conservador.

Aureliano Paulino José Soares de Souza, Clemente José Pereira[1093] e Miguel Calmon Du Pin e Almeida.[1094]

> Os conservadores passaram a modificar as leis a saber: da restauração do Conselho de Estado e da reforma do Código de Processo Criminal, que completavam a Lei de Interpretação do Ato Adicional (1840). A volta do Conselho de Estado, na realidade, foi o crisol[1095] dos nossos estadistas e a arca das tradições do governo. Dele se irradiará uma das mãos da tutela imposta a nação ocupada a outra mão e erguer sobre o povo o Senado vitalício, com o curso dos anos transformado no centro de gravidade política.[1096]
>
> A partir das medidas tomadas, o Imperador ficou livre para agir como "moderador" entre os partidos liberal e conservador, sendo implantado o chamado "parlamentarismo às avessas".[1097] O Conselho e o Senado, vitalícios, vão comandar a administração e a política do Brasil. A reforma do Código

1093 José Clemente Pereira (1787-1854): português, formado em Direito Canônico (Coimbra), veio ao Brasil em 1815. Foi Juiz de Fora em Niterói, maçon, Desembargador da Relação, deputado e senador. Incentivou o "Dia do Fico" e a convocação da Constituinte (1823). Apresentou o projeto do Código Criminal e o Decreto que criou o Supremo Tribunal de Justiça. Apoiou a "maioridade" e foi Ministro no gabinete conservador.

1094 Miguel Calmon Du Pin e Almeida (1794-1865): Bacharel em leis por Coimbra, deputado, senador, Ministro da Fazenda e dos Estrangeiros e Conselheiro de Estado (1843). Atuou na questão Christie. Recebeu o título de Marques de Abrantes (1854).

1095 Crisol: significa cadinho. Colocar em provas as qualidades de alguém.

1096 FAORO, Raymundo. *Os donos do poder*: formação do patronato político brasileiro. Rio de Janeiro: Editora Globo, 1975, p. 333.

1097 Parlamentarismo às avessas: governo instalado no Brasil, durante o Segundo Reinado, a partir de 1847, com o cargo de Presidente do Conselho de Ministros, nomeado ou demitido pelo Poder Moderador que poderia dissolver a Câmara e indicar um Gabinete. Manipulava as eleições, favorecendo o partido que estava no poder. Este modelo era diferente do inglês. Na realidade, o poder era exercido pelo Executivo e não pelo Legislativo.

> de Processo Criminal transferiu as prerrogativas políticas do "juiz de paz" para o "juiz municipal" nomeado pelo Executivo. As funções do "juiz de paz", de polícia ficaram com o "chefe de polícia", seus delegados e subdelegados, indicados pelos Presidentes de Províncias e o poder central. A forma eletiva judicial foi anulada e as autoridades locais ficaram submetidas ao "partido de plantão" no Ministério. Implantou-se uma forte burocracia que podia tomar decisões arbitrárias, favoritismo, opressão e ineficiência, ou seja, passou a afetar a segurança individual, limitar a liberdade e, como um monstro, a prisão arbitrária, segundo Justiniano José da Rocha.[1098] [1099]

As leis foram criticadas nas províncias e os liberais reagiram contra a dissolução da "câmara liberal" que havia vencido as "eleições do cacete". As câmaras municipais das províncias de São Paulo e de Minas Gerais protestaram e a oposição desencadeou as rebeliões nas respectivas províncias, em 1842.

A Revolta Liberal de São Paulo foi comandada por Rafael Tobias de Aguiar,[1100] destituído do cargo de Presidente da Província em

---

1098 Justiniano José da Rocha (1812-1862): estudou em Paris e formou-se em Direito no Largo São Francisco. Foi deputado, jornalista e professor do Colégio Pedro II. Era combativo.

1099 ROCHA, José Justiniano da. *Ação, reação e transação*. Revista do IHGB, Rio de Janeiro, 2019. *In*: MAGALHÃES JÚNIOR, Raimundo. *Três panfletários do Segundo Reinado*. São Paulo: Companhia Editora Nacional, 1956, p. 207.

1100 Rafael Tobias de Aguiar (1795-1857): abandonou os estudos em Coimbra devido à morte do pai. Pertencia ao Regimento das Milícias de Sorocaba e subiu na hierarquia militar. Fez parte do Conselho Provincial de São Paulo, Presidente da Província do mesmo Estado (1840). Fundou a Força Pública Paulista e, como Brigadeiro, participou da Revolta Liberal de 1842. Foi casado com a Marquesa de Santos.

maio de 1842. Feijó[1101] participou do movimento que foi sufocada por Caxias,[1102] comandante do "exército pacificador".

Os liberais mineiros iniciaram a revolta em junho de 1842, tendo, como um dos líderes, Teófilo Ottoni. Tentaram dominar Ouro Preto, capital da província, mas foram, também, derrotados por Caxias em 20 de agosto do mesmo ano. Os revoltados foram presos; alguns absolvidos pela justiça e, posteriormente, anistiados por D. Pedro II no início de 1844. Em decorrência, os liberais voltaram ao poder. Daí por diante, houve, durante o Segundo Império, um "rodízio de gabinetes" entre os liberais e os conservadores, dificultando a pacificação almejada pelo imperador.

Em 1845, foi sufocada a Revolução Farroupilha, após dez anos de luta, com a atuação de Caxias no Rio Grande do Sul.

Contudo, em 1848, eclodiu a Revolução Praieira em Pernambuco, liderada pelos liberais exaltados contra o domínio conservador, a burguesia lusa varejista e os ingleses monopolistas do mercado nacional. Os comerciantes brasileiros, com pouco capital, não conseguiram competir com esse monopólio e os lavradores, por sua vez, não tinham acesso às terras, controladas pela aristocracia

---

1101 Padre Diogo Antônio Feijó (1784-1843): paulista, presbítero, deputado às Cortes Portuguesas (1821), defendeu a Independência do Brasil e ficou exilado na Inglaterra. Foi deputado (1826), Ministro da Justiça (1831), senador (1833) e Regente Uno. Participou da Revolta Liberal em São Paulo (1842) e, depois, foi absolvido. Lançou o livro *Demonstração da necessidade da abolição do celibato clerical*.

1102 Luís Alves de Lima e Silva – Duque de Caxias (1803-1880): militar, lutou pela Independência da Bahia e na Guerra Cisplatina. Em 1837, como coronel, combateu os Farroupilhas, reprimiu a Balaiada e recebeu o título de Brigadeiro e Barão de Caxias. Debelou as Revoltas Liberais de 1842 e acabou com a Revolta Farroupilha (1845). Foi senador, presidiu o Ministério Conservador (1861-1862). Lutou contra Oribe e Rosas e comandou as tropas brasileiras contra o Paraguai (1867). É considerado patrono do Exército Brasileiro.

rural. Diante desse contexto, o "partido da praia" (liberal exaltado)[1103] liderou a revolta, que reivindicou as seguintes mudanças: voto livre e universal, liberdade de imprensa, trabalho para todos os cidadãos, participações de comerciantes nacionais no comércio varejista, extinção do poder moderador, reforma do poder judiciário, autonomia para as províncias, extinção dos juros, comércio de retalho e fim do recrutamento militar obrigatório. Essas reivindicações foram chamadas de "manifesto ao mundo"[1104] e redigida por Borges da Fonseca[1105] em 1849. Os jornais, que divulgaram e apoiaram os revoltosos, foram *O Diário Novo*, *A voz do Brasil* e *O Repúblico*.

As reivindicações, contidas nesse "manifesto", apresentavam ideias socialistas utópicas,[1106] adquiridas em Fourrier,[1107] Luís Blanc[1108] e na Revolução de 1848, ocorrida na Europa. O início do levante está

1103 Partido da Praia: ala dissidente do Partido Liberal em Pernambuco, dona do jornal *O Diário Novo*, situado em Recife, na rua da Praia. Fazia oposição ao Partido Liberal e Conservador, liderados pelos irmãos Cavalcanti, Pedro Francisco e Francisco de Paulo Cavalcanti de Albuquerque.

1104 Manifesto ao mundo: realizado pelos praieiros. Continha propostas igualitárias que se aproximavam dos socialistas utópicos.

1105 Antônio Borges da Fonseca (1808-1872): paraibano, jornalista e ativista político, fundou diversos jornais: *Gazeta Paraibana*, *Abelha Pernambucana*, *O Nazareno*, *O Tribuno* e *O Republico*. Participou da pressão contra D. Pedro I, que levou à abdicação e lutou na Revolução Praieira.

1106 Socialistas utópicos: preconizavam uma reflexão sobre os efeitos nocivos do capitalismo, com base no racionalismo e iluminismo. Contudo, não propunham a radicalização anticapitalista.

1107 Charles Fourrier (1772-1838): foi influenciado por Campanela e Morus, socialistas utópicos. Propunha uma falange (célula base de trabalhadores) e incentivo à agricultura. O rendimento seria divido pela "falange". Escreveu: *A teoria dos quatro movimentos e Destinos Gerais*, *A Teoria da unidade universal* e *O Novo mundo industrial e societário*.

1108 Luís Auguste Blanc (1805-1881): propunha uma ditadura do proletariado, fim da imprensa lacaia e armar o povo. Defendia a imposição de uma sociedade igualitária. Escreveu: *O prisioneiro*.

ligado à indicação, em 17 de outubro de 1848, de Herculano Ferreira Pena,[1109] conservador, para governar Pernambuco, quando Pedro Ivo Veloso da Silveira,[1110] capitão da artilharia, iniciou a ação armada.

Olinda foi a primeira a se rebelar e conseguir agregar mascates, boiadeiros, mulatos, negros e humildes arrendatários de terra. Participaram, ainda, da "revolução" Major Félix Peixoto de Brito e Melo,[1111] Nunes Machado,[1112] Borges da Fonseca entre outros. Conseguiram, incialmente, tomar Recife com Pedro Ivo, mas que capitulou por falta de reforços. Nunes Machado foi morto pelas tropas governamentais; e Felix Machado, bloqueado com a sua tropa em Soledade. A cidade de Recife foi retomada pelo Brigadeiro Joaquim Coelho,[1113] as tropas rebeldes se retiraram para o interior e marcharam para a Paraíba.

Borges da Fonseca foi preso, e Pedro Ivo organizou guerrilhas para resistir às forças legalistas. Resistiu durante dois meses e depois

---

1109 Herculano Ferreira Pena (1800-1867): adepto do Partido Conservador Mineiro, indicado para governar Pernambuco por Araújo Lima.

1110 Pedro Ivo Veloso da Silveira (1811-1852): capitão de artilharia, ligado ao movimento praieiro. Da cidade de Água Preta, iniciou o comando revolucionário. Liderou "os valentes cinco mil revolucionários". Destacou-se em batalhas como as de Maricota, Mussupinho, Cruangui. Após tomar Recife, retirou-se para o interior e, depois, Paraíba, onde organizou guerrilhas. Tornou-se uma figura mística e foi até exaltado por Casto Alves.

1111 Major Félix Peixoto de Brito e Melo (1807-1878): comandante chefe dos revolucionários propôs um ataque contra as tropas governamentais em duas colunas, por Afogados e Chora Menino, divergindo de Pedro Ivo. Enfraqueceu a resistência dos rebeldes.

1112 Joaquim Nunes Machado (1809-1849): estava no Rio de Janeiro quando a revolta armada teve início e não concordava com a precipitação, voltando rapidamente a Pernambuco. Aderiu, mais tarde, e foi morto em combate. Advogado, formado pela Faculdade de Direito de Olinda. Foi juiz de Direito, deputado e um dos líderes da Praieira. Grande tribuno.

1113 Brigadeiro José Joaquim Coelho (1797-1860): comandou as forças governamentais repressoras da Revolução Praieira.

capitulou, a pedido do seu pai tenente-coronel Pedro Antônio Veloso da Silveira,[1114] com a promessa de uma "Anistia Geral" em 1850, que não aconteceu.

Pedro Ivo foi preso, condenado e levado a Fortaleza de Laje, que tinha alta segurança. Conseguiu, depois de algum tempo prisioneiro, escapar e fugiu em um navio para a Europa, vindo a morrer por doença natural. Após esse episódio sangrento, a "pacificação" começa a se viabilizar para o Segundo Império. Na sequência, em 1853, ocorreu a chamada "política de conciliação",[1115] com o ministério de Hermeto Carneiro Leão (Marquês do Paraná),[1116] formado por liberais e conservadores que se revezaram no poder até 1868. Holanda Cavalcanti definiu essa fase: "Nada mais parecido com um Saquarema (conservador) do que um Luzia (liberal)".

Economia e mão de obra – no campo econômico, financeiro e social, os problemas não foram resolvidos satisfatoriamente. A Inglaterra continuou pressionando o Brasil para que fosse acatada a *Bill Aberdeen*,[1117] que proibia o tráfico negreiro, passou a tomar atitudes violentas com a apreensão de navios negreiros, e não

---

1114 Pedro Antônio Veloso da Silveira: pai de Pedro Ivo, Tenente-Coronel, pediu que o filho se rendesse para facilitar uma anistia geral. Após a prisão, a promessa não foi cumprida de imediato.

1115 Política de Conciliação (1853): desenvolvida pelo Marquês do Paraná (Hermeto), com intuito de pacificar liberais e conservadores e evitar violências no Segundo Império. Os partidos entraram num acordo e se revezavam no poder. O acordo foi rompido em 1868.

1116 Hermeto Carneiro Leão – Marquês do Paraná (1801-1856): formado em Direito por Coimbra. Foi Juiz de Fora, ouvidor, desembargador, deputado, Ministro da Justiça, Presidente de Província (Rio de Janeiro), senador e organizou o Ministério da Conciliação.

1117 Bill Aberdeen (1845): decreto aprovado pelo parlamento inglês, outorgando o direito de prender navios negreiros, traficantes e julgá-los pelos tribunais britânicos (vice almirantado). A proposta foi do Lord Aberdeen (Ministro). A marinha inglesa capturou entre 1845 e 1850, aproximadamente 400 negreiros. O tráfico continuou, tanto é que, no mesmo período, entraram, no Brasil, cerca de 60.000 escravos.

respeitava as "águas territoriais e os portos locais". Diante dessa realidade externa com profundos reflexos internos no país, em 4 de setembro de 1850, foi sancionada a "lei de extinção de tráfico negreiro no Brasil", denominada Lei Eusébio de Queiroz.[1118] Nesse momento, foram tomadas medidas para substituir a mão de obra escrava pela livre; o governo, então, passou a incentivar a vinda de colonos ao Brasil. Passaram a ser importados trabalhadores livres europeus à nação, que seriam fixados na forma de colonato,[1119] ou seja, uma parceria entre o empregado e o patrão. O colono tocaria a plantação, pincipalmente a de café, e teria uma percentagem da venda, além de poder realizar a sua agricultura de subsistência na fazenda onde estava trabalhando.

O sistema não prosperou imediatamente, porque muitos fazendeiros enganavam os colonos. Mas a imigração de 1850 a 1859 alcançou 108.045 pessoas entrando no Brasil e se consolidou na

---

1118 Lei Eusébio de Queiroz (1850): apresentada pelo Ministro da Justiça, Eusébio de Queiroz e apoiado pela Assembleia Geral, aboliu o tráfico negreiro no Brasil. Os traficantes seriam punidos pela marinha e os compradores pela justiça local. A lei normalizou o relacionamento com os ingleses e deu abertura para o uso da mão de obra livre. Foi o prenúncio da campanha abolicionista.

1119 Colonato (colônia): regime em que o trabalhador cria núcleos de povoamento e de policultura em pequenas propriedades, logo depois que chegou a Família Real ao Brasil. O sistema não teve, inicialmente, grande progresso. "O colonato paulista era o regime da parceria que consistia na prestação de serviços pelo colono para tratamento de determinado número de pés de café, com participação percentual na venda do produto, podendo ainda o colono plantar víveres entre os cafezais, sendo o produto repartido com o fazendeiro. Tal sistema ocasionou uma série de atritos entre colonos e fazendeiros, chegando por vezes a choques violentos e demandas judiciárias, o que provocou a intervenção diplomática das representações dos países dos colonos. Isso tudo levou ao fracasso do regime da parceria e a uma campanha no exterior contra a emigração para o Brasil". (LIMA, Heitor Ferreira. *História Político-Econômica e Industrial do Brasil.* vol. 347. Coleção Brasiliana. São Paulo: Companhia Editora Nacional, 1970, pp. 240/241).

década de 80 com 453.780 imigrantes,[1120] que vieram fortalecer a plantação de café,[1121] principalmente em São Paulo. A Lei Eusébio de Queiroz fomentou a aplicação de capitais em outros setores da economia, como transportes, serviços públicos, financeiro e comercial, além de abrir espaço para a futura campanha abolicionista. Devido a essas transformações, emergiu a figura de Irineu Evangelista de Sousa,[1122] que tentou fomentar a industrialização brasileira com o Estaleiro Naval da Ponta da Areia, a companhia Luz Esteárica, a Companhia de Curtumes e a Companhia pastoril, agrícola e industrial. Realizou investimentos nos serviços públicos, como iluminação a gás para o Rio de Janeiro, os serviços de bondes puxados a burro, Companhias de navegação a vapor para o Rio Grande do Sul e para o Amazonas. Realizou, ainda, a primeira ferrovia brasileira ligando o Rio de Janeiro a Petrópolis, com 18 quilomêtros, e se associou aos ingleses para viabilizar a *Recife and São Francisco Railway company*, a D. Pedro II e a *São Paulo Railway*. Ferrovias importantes para o desenvolvimento das exportações, importações e mobilidade social. Introduziu o telégrafo submarino no país e criou o Banco Mauá

1120 Imigrantes: estrangeiros que se estabelecem no Brasil como trabalhadores livres, para o plantio do café a partir de 1847-1848, para substituir a mão de obra escrava. Vieram: italianos, alemães, portugueses e belgas. O início foi desencadeado pelo senador Vergueiro e, até 1889, entraram, no Brasil, cerca de um milhão de imigrantes. Num cálculo mais realista, de 1850 a 1859, o total foi de 871.984 imigrantes.

1121 LIMA, Heitor Ferreira. *História Político-Econômica e Industrial do Brasil*. vol. 347. Coleção Brasiliana. São Paulo: Companhia Editora Nacional, 1970, pp. 240/241.

1122 Irineu Evangelista de Sousa – Visconde de Mauá (1813-1889): de família humilde, foi caixeiro no comércio do Rio de Janeiro, depois importador e, finalmente, empreendedor na década de 1840. Nessa empresa, montou os seus grandes negócios com muito sucesso. Posteriormente, devido à concorrência estrangeira, principalmente inglesa, entrou em falência, sem nenhum apoio do governo. Conseguiu se recuperar pagando todas as suas dívidas, apesar de ser afastado do mercado brasileiro. Construiu a primeira estrada de ferro do Brasil, Estaleiro Naval da Ponta da Areia, iluminação a gás (Rio de Janeiro), bancos, entre outros.

MacGregor e Cia com diversas agências fora do Brasil. Colaborou muito para o sucesso de Mauá a tarifa Alves Branco (1844),[1123] que pretendeu resolver a questão do *déficit* público e taxou os artigos importados entre 20 e 60%, que pagavam anteriormente só 15% *ad valorem*. A maioria dos artigos importados passavam a recolher uma taxa de 30% *ad valorem*. O autor da lei foi o Ministro da Fazenda Manoel Alves Branco,[1124] que estimulou as novas atividades econômicas do Segundo Império por intermédio das realizações de Mauá. Essas medidas favoreceram os empréstimos para investimentos industriais. O lucro, conseguido com a produção cafeeira, ajudou em investimentos realizados em novos setores da economia.

No entanto, após pressões, em 1860, a tarifa Alves Branco foi substituída pela Tarifa Sousa Franco,[1125] que reduziu para 15% *ad valorem* as taxas sobre a matéria-prima e máquinas adquiridas para a indústria brasileira, favorecendo os importadores estrangeiros, principalmente os ingleses. Esses produtos chegavam mais baratos e liquidaram a possibilidade de uma revolução industrial no país. Mauá não conseguiu o apoio necessário do governo e suas empresas acabaram falindo ou sendo vendidas a preços irrisórios a capitais estrangeiros.

Na década de 1850, a produção açucareira estava em crise e o café em ascensão no Rio de Janeiro, tendo como principal foco o

---

1123 Tarifa "Alves Branco": decreto do Governo em 1844 para acabar o *déficit* público. Incentivou empreendimentos nacionais, apesar de não ser protecionista, principalmente a tentativa de industrialização realizada por Mauá. As tarifas foram aumentadas de 20% a 60%. A maioria dos artigos pagava 30% *ad valorem*.

1124 Manoel Alves Branco – Segundo Visconde de Caravelas (1797-1855): formado em Direito por Coimbra. Foi deputado, senador e presidiu o Gabinete Ministerial. É autor da tarifa denominada "Alves Branco".

1125 Tarifa Sousa Franco (1857): substituiu a Tarifa Alves Branco, reduziu para 15% *ad valorem* a taxa que seria paga sobre matéria-prima e produtos industrializados.

Vale do Paraíba e o norte fluminense. Na sequência, atinge o Vale do Paraíba em São Paulo.

> O Rio de Janeiro até a década de 1850 era responsável por 78,4% do café exportado. O início desta lavoura ocorreu por volta de 1760, com a participação dos religiosos que faziam uma cultura doméstica das primeiras mudas de café e depois se irradiaram para São Gonçalo e Resende. A partir de São Gonçalo, o cultivo do café avançou na Baixada Fluminense até Campos, chegando à área montanhosa do Norte, alcançando Resende, adentrando o Vale do Paraíba, a mata mineira e também São Paulo.[1126]

No Rio de Janeiro, a expansão cafeeira levou quase meio século e, de início, era plantada como lavoura complementar à da cana-de-açúcar. Posteriormente, o café foi substituindo outras plantações e ocupando áreas florestais. Nesse avanço, destacou-se a cidade Vassouras,[1127] desenvolveu-se a região de Cantagalo, dinamizaram-se os portos de Macaé, da Estrela, das Caixas, de Mangaratiba, de Angra dos Reis e de Parati. O dicionário de *Saint-Adolphe*[1128] afirmava:

> A província do Rio de Janeiro é entre todas do Brasil a mais bem agricultada e hortada. Os cafezais são muitos e grandes, e por toda a parte se encontram, bem como bananais e palmeiras, laranjais e mangueiras, e outras árvores que, vindas da

---

1126LAPA, José Roberto do Amaral. *A economia cafeeira*. São Paulo: Brasiliense, 1983, p. 26.

1127Vassouras: local de grande desenvolvimento do plantio de café no Rio de Janeiro. Foi um dos primeiros produtores de café juntamente com Barra Mansa, Rezende e Valença. Houve um grande crescimento urbano local. Com o avanço do produto em todo o Vale do Paraíba.

1128Saint-Adolphe: escritor que visitou, estudou e descreveu a região.

> Índia, acostumaram-se ao clima do Brasil e o mesmo acontece aos pessegueiros e marmeleiros da Europa.[1129]

É, nesse teatro, que envolveu Campo dos Goytacazes, Macaé, Rezende, Cabo Frio, isto é, o norte do Rio de Janeiro que se desenvolveu a lavoura em geral, o plantio do café e a tragédia de Manoel da Motta Coqueiro.

Por sinal, Macaé pertencia a Cabo Frio e foi elevada à Vila com o nome de "São João de Machaé" em 27 de julho de 1813, por alvará de D. João VI, tendo, também, na região, os portos de Mangaratiba e de Cabo Frio. Macaé era usada para encobrir o tráfico negreiro, além da exportação açucareira e depois o café. Essa foi a época em que se desenrolou o caso da Fera de Macabu e que procura explicar a injustiça, as chicanas, as perseguições e a violência que levaram, à forca, Manoel Coqueiro e que, segundo alguns comentaristas, deixaram um complexo de culpa no jovem imperador D. Pedro II. Esse caso levou-o a conceder graças aos condenados à morte, depois de tomar conhecimento de todas as sórdidas manipulações realizadas pelo judiciário, os agentes públicos e a política que assassinaram Manoel. Afinal, D. Pedro II não lhe concedeu "a graça" naquele momento do pedido. Contudo, o imperador não mudou a lei e, na realidade, ocorreram ainda alguns enforcamentos durante a sua governança.

1129 AMARAL, Luís. *História Geral da agricultura brasileira*: no tríplice aspecto político-social-econômico. vol. II. São Paulo: Editora Nacional, 1958, p. 230.

11.2 A Fera de Macabu[1130] – Manoel da Motta Coqueiro e o julgamento do "ouvir dizer"

Manoel da Motta Coqueiro (1799-1855) – era filho de Manoel José da Motta e Ana Francisca do Nascimento, nasceu em Campos dos Goytacazes (Rio de Janeiro). O pai administrava a fazenda Coqueiro que pertencia à prima rica Ana Joaquina de Almeida e o Tenente-Coronel Manoel Baptista Pereira. Adolescente, ainda, foi trabalhar na Fazenda do Queimado, onde teve um filho bastardo com a mestiça Ana do Espírito Santo. Posteriormente, devido a esse fato, voltou a Campos dos Goytacazes, onde entrou em contato com o primo de segundo grau, Julião Baptista Coqueiro,[1131] filho dos donos da Fazenda Coqueiro. Esperava, na sua volta, apoio do padrinho Manoel Batista.

Por volta de 1819, o primo Julião foi estudar na cidade do Rio de Janeiro e deixa a noiva Joaquina Maria de Jesus sob a vigilância de Motta. Com Julião estudando fora, Manoel se apaixonou por Joaquina, casa-se com a moça em 07 de fevereiro de 1820, deixando o primo transtornado e revoltado pelo "ato de traição". Contudo, em 1823, Motta recebeu uma herança do tio-avô, juntamente com 11 primos, de 1.500 hectares (sesmaria) no sopé da serra de Santa Catarina, que desmatou e passou a se dedicar à agricultura, com sucesso. Os produtos da nova fazenda, chamada Bananal, eram transportados pelo Rio Macabu. Nesse ínterim, Manoel se juntou à prima Úrsula Maria das Virgens Cabral também latifundiária, trabalhadora e mãe de dois filhos que teve com o comendador João Pinto Ribeiro de Sampaio. O casamento se concretizou em 1832.

1130 O escritor Carlos Marchi lançou o importante livro para consulta sobre o tema, com o título: *Fera de Macabu: a história e o romance de um condenado à morte*, pela Editora Record, em 1998.

1131 Julião Baptista Coqueiro: parente de Manoel, filho dos proprietários da fazenda e estudante. A noiva rompeu o compromisso de casamento e se casou com Manoel da Mota. Julião sentiu-se traído por ambos e jurou vingança.

Tiveram três filhos: Ana Francisca Cabral da Motta (1834), Benedito Cabral da Motta (1835) e Domingos Maria Cabral da Motta (1836). Essa união alavancou a prosperidade de Motta, que adquiriu, em 1839, mais terras em Brejo dos Patos, montando outra fazenda com o nome de Carrapato, em área que pertencia aos Beneditinos.[1132]

Este latifúndio o levou a uma briga judicial com os Beneditinos, mas que saiu vitorioso, tendo o apoio da Câmara Municipal de Campos dos Goytacazes contra o Mosteiro de São Bento do Rio de Janeiro.

Em 1814, Manoel ampliou as suas terras em 2.187 hectares. Úrsula, por sua vez estendeu mais ainda os domínios do casal em 1842, acrescentando áreas que pertenciam ao seu tio aos que já tinha e formando mais uma fazenda. Amealharam cinco fazendas, sendo três de Manoel e duas de Úrsula. Estavam ricos e os seus nomes apareceram no *Almanak Laemmert*,[1133] que retratava as pessoas importantes do Segundo Império, principalmente os produtores de café. A prova dessa ascensão social foi o convite que receberam para participarem de uma recepção a D. Pedro II na Fazenda Jurubatiba, em 21 de março de 1847. Durante a recepção, beijaram a mão do Imperador. Devido à ascensão, Manoel também adicionou o termo Coqueiro ao seu nome.

Manoel da Motta, todavia, que já vinha angariando adversários em seu avanço econômico e social, entrou em litígio com o ex-cunhado André Ferreira dos Santos, viúvo de sua irmã Anna Francisca, por suspeitas de alteração em marcos divisórios, entre as respectivas fazendas do Bananal e Santa Mariana. Além disso, o cunhado administrava as fazendas de Julião Baptista Coqueiro,

---

1132 Beneditinos: ordem fundada por São Bento em 529, no Mosteiro de Monte Cassino, Itália. Eram ligados às Letras e às Ciências. Foram eruditos. Seguiam as regras de São Bento.

1133 Almanak Laemmert: divulgava as festas, os costumes e o calendário da Casa Imperial.

primo e inimigo de Motta. O entrevero entre os cunhados foi radical e quase chegaram às "vias de fato". Foram separados por escravos. Os dois passaram da "briga por terras" para divergências políticas, quando André foi guindado a "inspetor de quarteirão"[1134] em Paciência (1847), com o apoio de Julião Baptista Coqueiro e o grupo politizado de Carapebus.

Em 1849, Julião e o "grupo" conseguiram indicar Domingos Pinto de Oliveira como Juiz de Paz em Carapebus e, na sequência, o subdelegado, com o apoio do Chefe de Polícia da Província. Em 1850, Julião emplacou o subdelegado substituto de Carapebus, Rozendo Lopes, à revelia e com duras críticas de Manoel da Motta.

Nesse contexto, estava ocorrendo o início da substituição da mão de obra escrava pela livre, com a chegada dos colonos europeus, devido à repressão inglesa contra o tráfico negreiro. O contrabando, realizado pelos navios negreiros, tinha inflacionado o preço dos escravos trazidos da África. Diante dessa situação, Motta e a esposa passaram a usar a mão de obra de colonos brasileiros por não terem acesso aos estrangeiros que vinham ao Brasil, estimulados pelo governo e a forte elite econômica exportadora e importadora do império. Os colonos tinham liberdade e mais direitos que os escravos, tais como acesso à educação, participação de uma parte da produção agrícola e ausência de castigos físicos.

Motta contratou o colono Francisco Benedito da Silva para a Fazenda Bananal junto com a sua família, composta de esposa e seis filhos: José Benedito com 15 anos, Francisca com 12 anos, Antônia com 11 anos, Maria com 9 anos, Manoel com 3 anos e Francisco com 2 anos. O sétimo filho nasceu na fazenda com o nome de Bento, em 1849. O acordo com Francisco eram por cinco anos e englobava o regime de meeiro, um pequeno pedaço da terra para construir

1134 Inspetor de quarteirão: vigiava 25 casas e podia prender qualquer suspeito.

uma casinha de sapé e adobe no prazo de dois anos e uma moradia provisória na casa de farinha. Posteriormente, haveria outro contrato.

Ocorre que o colono era viciado em álcool e passou a ter conflitos com os escravos da fazenda, principalmente com o feitor Fidélis, esposo da escrava Balbina, muito ouvida e respeitada pelos outros escravos. Balbina tinha sido "ama de leite" do segundo filho do casal (Úrsula e Manoel), era considerada bruxa e odiava os brancos em geral, pois já tinha sofrido torturas por atos de rebeldia. Além disso, a escrava teve como amante Manuel João de Souza Mosso, escravo alforriado e casado com sua sobrinha e escrava Carolina.

Mosso tinha sido feitor da Fazenda Bananal entre 1851 e 1852, mas foi afastado por ter adquirido dívidas com os comerciantes locais. Surgiu um clima de confronto na fazenda entre os escravos e o colono, que desaguava em queixas para Manoel quando estava no Bananal. Francisco continuou aumentando o consumo de bebidas, enquanto os filhos cresciam. As filhas passaram a ser cortejadas pela vizinhança: Francisca pelo sitiante pobre Sebastião Correia Batista; Antônia por Lúcio Francisco José Ribeiro, um pobre agricultor.

Diante do conhecimento dessa situação amorosa, Motta passou a criticar e vetar os pretendentes junto do pai das moças, Francisco, desqualificando-os, e, portanto, adquirindo novos inimigos. Para agravar a situação, Manoel tornou-se amante de Francisca, filha mais velha do colono. Em consequência dos acontecimentos, as divergências entre Manoel e Francisco aumentaram, devido à baixa produtividade e, após a construção da casa estipulada no contrato, mas que tinha sido construída em local não autorizado e não sabido pelo patrão. O contrato foi, então, considerado descumprido e Manoel o expulsou da fazenda em 07 de dezembro de 1851.

O clima pessoal ficou belicoso entre as partes, e Sebastião Correa Batista, pretendente de Francisca, desqualificado por Manoel, denunciou o fazendeiro como "homem agressivo" e ameaçador para o colono e sua família ao subdelegado de Carapebus, Domingos Pinto d'Oliveira. O subdelegado informou o atrito que estava ocorrendo ao ex-cunhado de Manoel, André Ferreira dos Santos. As autoridades aconselharam Francisco a continuar na casa construída para assegurar os seus direitos.

Para agravar a crise, em abril de 1852, Francisca apareceu grávida e Motta resolveu propor ao colono duzentos mil réis para cobrir "o destrato", desde que saísse com a família da fazenda. O colono recusou e exigiu, também, o pagamento pela desonra ocorrida com a filha.

Propôs o reconhecimento da paternidade e a posse da fazenda Bananal para proteger o neto e a filha. Foi marcada uma reunião entre o fazendeiro e a amante Francisca para tentar resolver a questão em andamento. No local do encontro, de surpresa, aparecem o pretendente de Francisca e o seu pai, ambos deram uma violenta surra em Motta e quase o mataram. O fazendeiro foi salvo pela intervenção de alguns escravos que tinha levado para o encontro e ficaram escondidos na mata. Recuperado do ataque, Manoel passou a ter dois seguranças para se proteger: Florentino da Silva e Fernando Pereira da Silva.

Nas festas juninas de 1852, no dia de Santo Antônio, ocorreu uma festa na casa de Francisco com a presença de André Ferreira dos Santos, Domingos Pinto d'Oliveira, Rezende José, Sebastião Correia Batista e Lúcio Francisco Ribeiro (pretendente da filha mais nova do colono). Nessa reunião, estavam quase todos os inimigos de Manoel e que iriam participar da investigação contra ele. Ainda em 1852, novo confronto envolveu o fazendeiro, quando toras de madeira da Fazenda Bananal, vendidas a comerciantes de Macaé (Francisco José da Conceição e José Ignacio Lima e Silva), estavam empilhadas junto à margem do Rio Santa Catharina para serem embarcadas, porém foram derrubadas das pilhas, espalhadas, e boa parte, jogada no rio, perdeu-se. O feitor da fazenda, Fidélis, que tinha arrumado as toras, achou que o responsável pelo acontecido era Francisco, e com vários escravos foi pedir esclarecimentos ao colono em sua residência. Foram repelidos por Francisco em 10 de setembro de 1852.

No outro dia, o colono fez uma queixa ao "inspetor de quarteirão" André Ferreira dos Santos, contra Manoel e Fidélis, acusando-os de tentativa de assassinato contra ele e a família além de ameaçar tocar fogo na casa. Informado do ocorrido, o fazendeiro veio a Bananal na noite chuvosa de 11 de setembro do mesmo ano, numa canoa, sendo acompanhado por três escravos, o segurança Florentino da Silva e uma escrava (Catarina). Motta foi recebido pelos compradores da madeira e os vizinhos José de Medeiros Chaves, Pedro Gomes de Moura e Manoel Norbertino.

Houve um jantar com a presença de todos os comerciantes (Francisco José da Conceição e José Ignacio Lima e Silva) que se retiraram para dormir em outra fazenda. Os vizinhos, contudo, acomodaram-se na casa principal da Fazenda Bananal.

No outro dia, todos se encontraram no "cais" junto ao rio da fazenda para finalizar as negociações das toras de madeira e, após o acerto das contas, voltaram para os seus respectivos locais de origem. Manoel voltou para a casa da fazenda, almoçou calmamente e atendeu a um pedido de Faustino Pereira da Silva que desejava uma porção de açúcar.

O Crime – em 14 de setembro de 1852, foi comunicada uma chacina ao delegado de Macaé, por André Ferreira dos Santos, e quem recebeu a informação do acontecido foi Domingos Pinto d'Oliveira, subdelegado de Carapebus, portanto, inimigos de Manoel. Organizaram uma tropa policial que partiu para a Fazenda Bananal, em 16 de setembro, para encontrar Motta. O fazendeiro não foi localizado, mas foi realizado um "relatório" cheio de falhas sobre a chacina, que indicou seis mortos e não os oito assassinados, como de fato tinha ocorrido. Após essa inspeção, Domingos Pinto foi a Macaé relatar ao delegado interino Apolinário Pacheco (farmacêutico).

Levou as roupas ensanguentadas, cortadas por facão e foice, das vítimas, confirmando que aquele "massacre" era de responsabilidade de Manoel da Motta Coqueiro. A notícia chocou a população da cidade. A chacina tinha ocorrido entre os dias 11 e 12 de setembro de 1852 na Fazenda Bananal. Naquela noite chuvosa de 11 de setembro, chegaram, na casa de Francisco, várias pessoas com aspectos tenebrosos e o filho do colono, José Benedito, tentou fugir, mas levou uma paulada na cabeça que o levou à morte. O grupo arrombou a porta da casa e atacou Francisco que foi trucidado a golpes de foice e facão. A esposa, Amélia, foi golpeada a pauladas e esganada. Os filhos menores tiveram as cabeças esmagadas com pauladas, a saber: Antônia de 14 anos, Manoel de 6 anos, Francisco de 5 anos e Bento de 3 anos. Duas filhas conseguiram fugir, Maria e Francisca, e tentaram se esconder numa árvore.[1135]

Após a chacina, os matadores descobriram o esconderijo de Maria e a mataram a pauladas. Na sequência, o bando juntou todos os cadáveres dentro da casa e tocaram fogo no imóvel.

A matança escabrosa estava realizada, mas Francisca, viva, saiu do seu esconderijo no topo de uma árvore, horas depois e se escondeu numa mata próxima, dentro de uma gruta, fugindo dos bandidos. A chuva, no entanto, apagou o fogo tocado na casa. No dia 12 de setembro, Francisca, desnorteada, foi encontrada por transeuntes e levada à Fazenda de André Ferreira dos Santos, em Paciência, por sua vez, "inspetor de quarteirão", ex-cunhado e inimigo de Manoel.

No dia 14, devido aos urubus estarem rondando a casa do colono, escravos visualizaram a chacina e informaram o fazendeiro, que, chocado, tentou descobrir os autores do massacre. Imediatamente, um dos seus escravos, Carlos, informou ter participado do crime e foi punido. Os outros escravos interrogados se calaram e Manoel saiu da fazenda numa canoa levando o criminoso e mais dois acompanhantes. Foram à Fazenda Carrapato. Posteriormente, no dia 17 de setembro, Manoel voltou à sua residência em Campos dos Goytacazes para conversar com Úrsula, sua esposa. Mas, com medo das acusações e represálias, acabou fugindo no dia 18 de

---

1135MARCHI, Carlos. *Fera de Macabu*: a história e o romance de um condenado à morte. Rio de Janeiro: Editora Record, 1998, pp. 151-170.

setembro. A essa altura dos acontecimentos, o delegado de Macaé acreditava que o mandante do crime era Motta, conforme tinha relatado André Ferreira.

A investigação, o processo e o julgamento – os trabalhos foram desenvolvidos sem a presença do delegado titular e sob o comando dos dois inimigos de Manoel.

O primeiro depoimento foi dado pela escrava Balbina que acusou o patrão de ser o mandante do crime. Informou que o seu marido Fidelis, junto com Domingos, Carlos e Alexandre tinham sido contratados e incumbidos da "matança" daquela família no domingo. Afirmou que o fazendeiro tinha perguntado aos escravos, após os assassinatos, se tinham tocado fogo na casa, conforme "ouviu". Negou que Motta tivesse recebido visitas na véspera da chacina. As falhas neste depoimento são flagrantes a saber:

- Como o contrato realizado com "os matadores" tinha ocorrido no domingo e a chacina executada no sábado?
- Como os bandidos só informaram o resultado do crime na segunda-feira e não no próprio domingo?
- Como a casa não foi destruída pelo fogo, se não havia chuva na segunda-feira?

O depoimento, tecnicamente, não apresentava nenhum valor pela legislação do Segundo Império, pois eram vetadas informações de escravos contra os seus proprietários e senhores. Balbina, por sinal, pertencia oficialmente ao fazendeiro, mas devido à manipulação feita pelas "autoridades", foi considerada propriedade do "Collector de Rendas Geraes de Goytacazes", Manoel Joaquim Baptista Cabral (tio de Úrsula das Virgens).

- O depoimento seguinte foi da sobrinha de Balbina, a escrava Carolina, que ratificou o depoimento da tia, mas ressalvou ter sido informada dos crimes por outros escravos. Erradamente, declarou que o massacre ocorreu no dia 6 de setembro, ou seja, antes da data real do que tinha acontecido.

- O terceiro depoimento foi de Thereza, escrava que confirmou as informações anteriores por "ouvir dizer".
- A quarta testemunha foi o lavrador Bento Pereira da Silva, irmão de Faustino Pereira, segurança do fazendeiro. Confirmou ser amigo do colono morte e o "tinha aconselhado" no sentido de permanecer na Fazenda Bananal, tendo recebido críticas do segurança. Acusou, também, os seguranças de Manoel de terem comandado os escravos na "matança" da família, obedecendo a ordens do patrão. Adicionou, ainda, que os seguranças pretendiam matar André Ferreira dos Santos e Sebastião Correia Baptista.

O subdelegado decretou a prisão dos implicados, mas só Florentino foi preso; pois Faustino conseguiu fugir.

- Florentino da Silva prestou depoimento no dia 26 de setembro e descartou ter praticado "tal crime". Informou que chegou à Fazenda Bananal no dia 11 de setembro com o patrão, onde dormiu. No domingo, afirmou ter saído para negócios referentes a uma fazenda e tinha voltado na segunda-feira, quando se deslocou para a outra fazenda, a Carrapato. Inocentou, totalmente, Manoel, mas acusou Manoel João Mosso, ex-feitor, amante da escrava Balbina, além de Faustino Pereira da Silva e acompanhantes de serem os verdadeiros criminosos. Citou o açúcar pedido ao patrão naquele dia. Estas declarações desclassificavam as afirmações de Balbina.
- O depoimento de Sebastião Correia Baptista, inimigo de Motta devido ao envolvimento de Francisca com Manoel, apontou o fazendeiro como responsável pelas mortes. Apoiou o depoimento de Bento Pereira da Silva sobre as "ameaças de morte" e concluiu que o fazendeiro tinha pagado cem mil réis aos matadores. Acusou como executores dos crimes, Faustino,

Florentino, Guilherme e Peregrino (escravos). Mas cometeu uma inconfidência, quando informou sobre uma caixa que continha roupas dos mortos que estavam abaixo da cama de Balbina. Concluiu, citando a mulher do fazendeiro, Úrsula, que tinha afirmado que só voltaria à fazenda Bananal após as mortes da família do colono. Não explicou, contudo, como tinha conseguido ouvir de Faustino as "ameaças de morte". Ninguém pediu explicações sobre as roupas dos mortos que estavam com Balbina e nem abordaram a inimizade existente entre o depoente e Manoel, que já tinha atacado fisicamente o fazendeiro. Esse depoimento foi realizado na frente de Florentino, de forma irregular, que acabou mudando as suas informações anteriores e passou a acusar o fazendeiro e um outro escravo de nome Sabino como responsáveis pela chacina.

Chamado para depor, Manoel João de Souza Mosso afirmou:

– Ter ido cobrar uma dívida de cem mil réis para Manoel e ter passado a quantia para Faustino.

– Que a dívida não foi paga e Faustino, sentindo-se prejudicado, comentou que Manoel recebeu ainda várias desfeitas do colono.

– Que Faustino declarou ter sido contratado para matar Francisco e Sebastião por cem mil réis.

– Que, também, tinha sido convidado para realizar o crime.

O depoimento era totalmente suspeito, pois Mosso era uma testemunha parcial, já que tinha sido afastado do cargo de feitor da Fazenda Bananal. E, finalmente, se os assassinos não foram pagos, como se explica terem realizados a "matança"? Os crimes foram de graça para Manoel?

Com a prisão de Faustino, o seu depoimento foi realizado em 16 de outubro. Declarou-se inocente e afirmou "ter ouvido" que Motta era responsável pelas mortes e o executor tinha sido José de Souza Barão com outro assecla.

O fazendeiro foi preso e levado a Campos dos Goytacazes em 23 de setembro de 1852 e transferido a Macaé, onde quase foi linchado.

O primeiro depoimento de Manoel ocorreu em 23 de novembro e tomado pelo seu inimigo Domingos Pinto d'Oliveira, subdelegado, as respostas foram simplórias:

- Informou como tinha chegado a Fazenda Bananal, em 11 de setembro, debaixo de chuva.
- Como voltou a Goytacazes em 13 de setembro e com quem estava (Florentino e os escravos João, Peregrino e outro que nem sabia o nome).
- Reafirmou a sua inocência.
- O escravo Domingos depôs no dia 23 de novembro e informou não ter participado do crime, pois estava trabalhando naquele momento numa padaria em Campos dos Goytacazes.

Completou, afirmando "ter ouvido dizer" que Manoel era o mandante dos crimes.

O sumário de culpa foi realizado pelo farmacêutico Apolinário Pacheco, que nada entendia sobre leis, com o auxílio de Domingos Pinto de Oliveira.

Motta foi novamente arguido e, dessa vez, explicou melhor o seu conflito com o "colono", a agressão sofrida e as tentativas de afastá-lo da fazenda e indenizá-lo para o bom cumprimento do contrato. Acrescentou, ainda, que, com a venda das madeiras, pagaria Francisco e que adiantara 200 mil réis ao ex-feitor Manuel João para saldar uma dívida com o fazendeiro Franciso Gaspar, referente a uns bois que tinha comprado. Citou diversos nomes, como Pinto Neto, Francisco José da Conceição, José Inácio Lima e Silva, Antônio Pinheiro que nunca foram chamados para depor. Eram testemunhas que podiam confirmar as suas assertivas, ou seja, a briga com o falecido colono, a agressão sofrida, a janta e o pernoite das visitas, ocorridas de 11 para 12 de setembro na Fazenda Bananal, para compararem com o declarado pela escrava Balbina.

Houve outros depoimentos complementares ao de Balbina, de Carolina, de Fernandes e de Domingos, confirmando as declarações anteriores. Em 29 de dezembro, foram considerados réus Manoel da Motta Coqueiro, como mandante dos crimes, Florentino da Silva, Faustino Pereira da Silva, Fidélis (feitor) e completando a lista: Domingos, Alexandre, Peregrino, Sabino, Guilherme e Carlos (escravos). Todos considerados executores dos crimes. Mas, não havia provas reais sobre os crimes ocorridos, exceto o refrão "ouvi dizer".

O julgamento[1136] – em 4 de janeiro de 1853, foi oferecida a denúncia por Paulino Ferreira do Amorim,[1137] promotor, considerando apenas como responsáveis: Manoel, Florentino, Faustino e Domingos (escravo). O feitor, Fidélis, mesmo tendo a prova das roupas que foram encontradas embaixo da cama de sua mulher, Sabina, como uma possível prova do crime, assim como Alexandre e Carlos (escravos), citados nos depoimentos, foram poupados.

A acusação tinha, como base, o artigo 192[1138] do Código de Processo Criminal do Império, que rezava:

1136Há uma tese defendida em 2007, por Renato César Möller, na UERJ, com base em importante pesquisa, com o título: "A fera de Macabu: Memórias de um Crime, uma pena de morte e uma maldição".

1137Paulino Ferreira do Amorim: promotor de Cabo Frio e Macaé. De 10 acusados, destacou: Coqueiro, Faustino, Domingos e Flor. Baseou-se nas informações de Balbina.

1138Artigo 192: Código de Processo Criminal do Império, aprovado em 1830, elaborado por Bernado Pereira de Vasconcelos. Pelo Artigo, a morte deveria ser aplicada nos casos de insurreição escrava, homicídio com agravantes e roubos seguidos de mortes. Foi aplicado durante quase todo o período imperial.

> Art. 192. Matar alguém com qualquer das circumstancias aggravantes mencionadas no artigo dezaseis, numeros dous, sete, dez, onze, doze, treze, quatorze, e dezasete.
>
> Penas – de morte no gráo maximo; galés perpetuas no médio; e de prisão com trabalho por vinte annos no minimo.

O Juiz de Direito responsável pela comarca João José de Almeida Couto[1139] iniciou os trabalhos de julgamento em 17 de janeiro, dificultando a defesa pelo tempo exíguo para contestação da denúncia apresentada. A defesa dos réus ficou com:

- Dr. Luís José da Costa e Souza,[1140] como advogado dativo de Faustino e Florentino.
- Dr. Luís José Pereira da Fonseca[1141] ficou responsável pela defesa de Manoel. O julgamento levou a população presente ao paroxismo, pois acreditavam que todos os acusados eram cruéis assassinos e, portanto, culpados.

Os jornais ajudaram a criar um clima espetacular para a tragédia e o julgamento, além de apontavam Manoel como um animal, uma verdadeira fera de Macabu. Os advogados dos réus, nesse contexto, tiveram profundos dificuldades em suas exposições e na defesa como um todo. Já tinha ocorrido o pré-julgamento e

---

1139 João José de Almeida Couto (Barão de Desterro): sorteou os jurados, designou o defensor, comentou, pela cidade, que acreditava na culpa de Coqueiro. Achava necessária a pena de morte para os réus. Foi parcial e sem objetivo nos interrogatórios do Coqueiro. Fez um pré-julgamento. Recentemente, no século XXI, tivemos o mesmo comportamento do Juiz Federal Moro, na condenação de Lula, na Operação Lava-Jato.

1140 Luís José da Costa e Souza: advogado de defesa dativo.

1141 Luís José Pereira da Fonseca: advogado de Manoel Coqueiro, contratado na prisão. O advogado, devido à pressão contra o réu, efetuou a defesa em duas etapas. Objetivava acalmar a opinião pública e os jurados, tentando provar o cerceamento de defesa. Negou que o réu fosse o criminoso.

o fazendeiro era o principal culpado para os presentes e o público em geral. Foram criadas notícias falsas na imprensa, a fim de que o público fizesse pressão durante o julgamento contra os jurados e as autoridades presentes, no sentido de uma rápida condenação.

A mídia condenou os réus e influenciou o povo. Até as roupas das vítimas, estraçalhadas e sujas de sangue, foram penduradas em postes nas ruas de Macaé para sensibilizar a população contra os acusados, ou seja, algumas provas do crime não foram protegidas, como manda a lei, e ficaram expostas, mostrando uma completa irresponsabilidade das autoridades pelo julgamento.

No dia do julgamento, os réus foram levados da cadeia para a sala da audiência pelos soldados e, durante o trajeto, foram xingados e ofendidos pela massa presente nas ruas da cidade.

O juiz na sessão realizou o interrogatório de forma displicente, pois, de antemão, já estava convicto da culpa dos acusados. As testemunhas Manoel João de Souza Mosso, Joaquim José Licério, Amaro Antônio Baptista, Lúcio Francisco José Ribeiro, José Medeiros Chaves e os escravos considerados informantes. Balbina, Fernando, Carolina e Thereza foram ouvidos novamente. A sessão se prolongou até a manhã de 18 de janeiro, quando o juiz propôs os requisitos para o júri cheio de falhas, tais como: "O réu Manoel Motta Coqueiro mandou fazer esta morte com incêndio?"

Os jurados se pronunciaram apenas no dia 19 de janeiro, considerando todos os réus culpados por unanimidade, exceto no item sobre "as circunstâncias atenuantes", que, por maioria, consideravam "inexistir". Todos foram considerados culpados e condenados à pena de morte.

O processo ocorreu com uma rapidez excepcional, pois do "sumário de culpa", em 29 de dezembro à condenação em 19 de janeiro de 1853, levaram-se apenas 21 dias.

Os condenados e seus respectivos advogados de defesa exigiram um novo julgamento para o juiz João José que enviou o pedido ao Presidente da província. Em 18 de fevereiro de 1853, foi deferido o pedido com o seguinte texto:

> Convindo que não demore o julgamento dos condenados Manuel da Motta Coqueiro e outros corréus dos bárbaros assassinatos perpetrados na freguesia de Carapepus, cumpre que vossa mercê de todas as providências, a fim de que, com a possível brevidade, se reúna extraordinariamente o novo júri, pelo que eles protestaram.[1142]

O novo julgamento ocorreu em 28 de março de 1853, com a participação ilegal do promotor e do juiz que tinham realizado a condenação anteriormente.

A lei vetava este procedimento do juiz e do promotor (Paulino e João).

Havia um novo advogado de defesa para Manoel, o Dr. Thomé José Ferreira Tinoco,[1143] que pediu desmembramento do julgamento, para individualizá-lo, mostrando a impossibilidade de uma defesa comum, já que os "dativos" dos outros réus tinham sido designados na última hora. O juiz, que estava presidindo os trabalhos João da Costa Lima e Castro,[1144] aceitou o pedido e o primeiro a ser julgado foi Manoel da Motta Coqueiro. Este segundo julgamento foi uma repetição do primeiro e os jurados nem deram atenção à defesa,

1142 NEVES, José Roberto de (Coord.). *et al. Os grandes julgamentos da história*. Rio de Janeiro: Nova Fronteira, 2018, p. 572.

1143 Thomé José Ferreira Tinoco: segundo advogado de Manoel Coqueiro. Era vereador e famoso em Campo dos Goytacazes. Pediu o desmembramento do julgamento com base no Artigo 276 do Código de Processo Criminal. O intuito era conseguir julgá-lo de forma isolada.

1144 João da Costa Lima e Castro: Juiz municipal e delegado de Macaé, determinou que cada um dos quatro réus fosse julgado separadamente. Todos foram condenados.

obrigando o advogado a reclamar: "Que valor podem ter as minhas palavras, que reboam sobre um júri que não as ouve, que ressona". O resultado foi a condenação dos três réus à pena de morte pela forca, sem nenhuma prova contra eles, como explicitava o código de processo criminal (alterado a 11 anos) e, portanto, a decisão, novamente, estava eivada de irregularidades.

Foi realizado, ainda, um último recurso para o Tribunal de Relação pelo advogado Antônio Fermino Gouveia,[1145] pedindo a anulação do julgamento devido à participação do juiz do primeiro julgamento.

Em 17 de setembro de 1854, o Tribunal de Relação, por intermédio dos seus magistrados, não aceitou o provimento ao recurso pedido, por dez votos a um. O argumento, para negar, foi o de que o juiz João José de Almeida Couto Costa fez "apenas a chamada dos jurados, a verificação das cédulas e os atos preparatórios", e completando afirmaram que "as demais faltas alegadas são meras irregularidades que não induzem nulidade do processo, no qual se observarão todas as fórmulas substanciaes". Consideraram a forma, os atos proibidos ao juiz do primeiro julgamento, sem entrar na substância processual e endossando a pena de morte.

Novamente, o advogado de defesa agiu, pedindo "graça" ao imperador D. Pedro II, ato obrigatório, em que mostrava todas as ilegalidades ocorridas nos dois julgamentos, que foram "sem provas" e na base do "ouvir dizer".

1145 Antônio Fermino Gouveia: terceiro advogado de Manoel Coqueiro, pediu a Graça Imperial (31/06/1854). Argumentou que havia falta de provas para a condenação do réu. Argumentou contra as informações dadas pelas escravas Balbina e Carolina. Os escravos não podiam depor, contra os seus proprietários (senhores).

O pedido, como era praxe, passou pelo Presidente da Província do Rio de Janeiro, Luiz Antônio Barbosa,[1146] que enviou ao Ministro da Justiça, que encaminhou ao Conselho de Estado e, na sequência, à seção de Justiça para dar um parecer. Os inimigos de Motta passaram a realizar contatos políticos por intermédio de Julião Batista Coqueiro e família para agilizar e negar o pedido realizado. Colaborou com esta ação o ex-Ministro da Justiça e Deputado Provincial José Bernardino Baptista Pereira de Almeida,[1147] que pediu a agilização do processo para o Presidente da Província e ao Ministro da Justiça que o recebeu em 10 de janeiro de 1855.

Em 8 de fevereiro, o Ministro da Justiça, José Thomaz Nabuco de Araújo,[1148] pediu à Seção de Justiça, por intermédio do Marquês d'Abrantes, para manifestação rápida sobre o caso da "Fera de Macabu". O imperador também, pediu agilidade, no mesmo dia, para o Conselho de Estado.

No dia 12 de fevereiro de 1855, foram concluídas as análises dos autos com a participação do Marquês de Abrantes, Miguel Calmon Du Pin e Almeida,[1149] Visconde de Maranguape, Caetano Maria Lopes Gama,[1150] sendo realizado o parecer. O texto do parecer explicitava que a culpa do condenado estava totalmente provada

---

1146 Luiz Antônio Barbosa: Presidente da província do Rio de Janeiro, foi pressionado para impedir mais recursos. Considerava Manoel o culpado pelos crimes.

1147 José Bernardino Baptista Pereira de Almeida: Ex-Ministro da Justiça e deputado. Pressionava Barbosa para apressar a tramitação da petição de Graça para Coqueiro.

1148 José Thomaz Nabuco de Araújo (1813-1878): advogado formado por Olinda, magistrado, senador, Presidente de São Paulo, Ministro da Justiça e Conselheiro de Estado. Pai de Joaquim Nabuco.

1149 Miguel Calmon Du Pin e Almeida – Marquês de Abrantes (1794-1865): formado em leis por Coimbra, deputado, senador, Ministro da Fazenda, dos Estrangeiros e conselheiro de Estado.

1150 Caetano Maria Lopes Gama – Visconde de Maranguape (1795-1864): político, foi Ministro da Justiça.

pelas informações dadas pelas escravas Balbina, Carolina, Thereza e pelas outras testemunhas. Mantinham as decisões do Tribunal de Relação da Corte e do Supremo Tribunal de Justiça, e acrescentavam: "O acusado não tinha apresentado provas em sua defesa".

O procurador da Coroa despachou: "Não descubro, pois, alguma razão em favor do suplicante".

A Seção de Justiça do Conselho de Estado afirmou: "O réu Manoel da Motta Coqueiro não merece a imperial clemência".

E, finalmente, D. Pedro II, no próprio parecer, escreveu: "Como parece, Paço 17 de fevereiro de 1855".

A pena de morte estava consolidada para o fazendeiro Manoel da Motta Coqueiro, cerceado em sua defesa e argumentos, sem nenhuma prova do crime que era acusado, com julgamentos irregulares e com desrespeito total do Código Criminal do Império. Houve um pré-julgamento articulado pelos seus inimigos, apoiado pela imprensa, alcançando a "opinião popular", que, por sua vez, pressionou a Corte de julgamento e os jurados. Foram usadas chicanas, manobras políticas e *fake news*, que culminou no enforcamento do fazendeiro. Tempos depois, surgiram as perguntas e as dúvidas sobre as decisões que condenaram Motta Coqueiro.

A vingança predominou nesse escabroso caso e envolveu até o imperador D. Pedro II, que, segundo posteriores afirmações, passou a acatar pedidos de "graça" de diversos condenados à morte no Segundo Império, mas não mudou a legislação que continha a pena máxima.

O fim – a execução ocorreu no dia 6 de março de 1855 em Macaé, quando foi levado à forca.

Processaram o ritual de sempre para os condenados, com a população apreciando os passos lentos e dificultosos do condenado, que estava fragilizado e sendo ajudado por dois soldados nas ruas da cidade, até a praça onde estavam localizados o patíbulo e a forca.

A massa popular, que estava presente, dizia impropérios contra o condenado.

No cadafalso, mais uma vez, foi lida a sentença e o carrasco foi autorizado a realizar o enforcamento. O Manoel antes da execução, segundo comentários da época exclamou: "Eu sou inocente. Minha maldição é que esta cidade vai pagar cem anos de atraso pelo que fez".

Após estar no alto do patíbulo, o carrasco cobriu a sua cabeça com um capuz, colocou a corda "com o grosso laço", em seu pescoço, abriu o alçapão, o corpo caiu, mas o condenado não morreu imediatamente, ficou com o corpo balançando e se debatendo. Diante desse impasse, o carrasco subiu na trave superior da forca, agarrou a corda, colocou os pés com força sobre os ombros do condenado e conseguiu quebrar o seu pescoço. Minutos depois, o corpo imóvel balançou na ponta da corda.

Segundo Marchi:

> (...) relatos posteriores davam conta de que a verdadeira mandante do crime foi Úrsula das Virgens, a mulher de Motta. Motivada por ciúmes por causa do caso do marido com Francisca, além dos vários problemas causados pelo colono, ela teria ordenado a chacina da família Silva ao feitor Fidélis. A ordem era: 'todo mundo, Fidélis, todo mundo. Não é prá deixar pedra sobre pedra'. Motta ficou sabendo que a mulher havia ordenado o crime quando um enteado o visitou na Fortaleza de Santa Cruz, onde estava preso e lhe contou tudo. Mas decidiu não revelar o seu nome para que ela não tomasse o seu lugar na forca. Pouco tempo antes de ser executado, recebeu a visita do padre Freitas a quem confessou tudo, mas o sacerdote, muito perturbado pela revelação, manteve o silencia da confissão e não a revelou a seus acusadores. Úrsula enlouqueceu nos 31 meses entre os assassinatos e a morte de Motta e vivia repetindo a frase que falou para Fidélis.
>
> O crime também foi atribuído, por outras fontes, ao primo e rival de Motta, Julião Coqueiro, que o detestava por ter

> tomado a sua noiva. Teria sido uma tentativa de incriminar o primo no crime. Julião era muito bem relacionado politicamente e teve condições de evitar que Motta conseguisse a clemência do Imperador.[1151]

Depois do assassinato de Motta, inocente do crime que era acusado, o Imperador D. Pedro II chegou a declarar que era contrário à pena de morte. No entanto, essa forma bárbara de punição só foi extinta na República, em 20 de setembro de 1890, depois de existir por 390 anos.

> Anos mais tarde, a confissão do verdadeiro criminoso trouxe à tona um dos maiores erros judiciários de que se tem notícia no Império, levando José Patrocínio, em 1877, a escrever *Motta Coqueiro ou a pena de morte*, um libelo contra essa forma de punição.[1152]

A arbitrariedade e a injustiça ficaram realizadas e entronizadas no Brasil e continuaram durante a República.

1151 MARCHI, Carlos. *A fera de Macabú*: a história e o romance de um condenado à morte. Rio de Janeiro: Record, 1998, pp. 328-337.

1152 VAINFAS, Ronaldo (Coord.). *Dicionário do Brasil Imperial*: 1822-1889. Rio de Janeiro: Objetiva, 2002, p. 146.

CAPÍTULO XII

JOÃO CÂNDIDO E AS CHICOTADAS DA REPÚBLICA

12.1 A época da Revolta da Chibata e João Cândido

É o período que corresponde à chamada República Velha (1889-1930). A Proclamação da República é fruto de um golpe de Estado, coordenado por militares, em 15 de novembro de 1889.

O ato final ocorreu quando Marechal Deodoro da Fonseca, monarquista, aderiu à conspiração e, junto com uma coluna de 600 homens, marchou contra o Ministério de Ouro Preto, culminando com a derrubada da monarquia. O povo não participou da quartelada e nem sabia o que estava acontecendo.

A *Gazeta da Tarde* publicou: "A partir de hoje, 15 de novembro de 1889, o Brasil entre numa nova fase, pois se pode considerar finda a monarquia, passando a regime francamente democrático com todas as consequências de liberdade". Completou, Aristides

Lobo,[1153] republicano, quando escreveu: "O povo assistiu bestializado à Proclamação da República".

A implantação da República "foi uma transformação de cúpula, foi o resultado de uma composição da burguesia com uma parte da plutocracia rural".[1154] Os participantes do movimento republicano foram a burguesia em ascensão; os latifundiários ligados ao trabalho assalariado; a pequena camada média da população; e o exército,[1155] cuja oficialidade poderia ser considerada da classe média.

Posteriormente, os cafeicultores (barões do café) ligados ao partido republicano chegarão ao poder e consolidarão o domínio das oligarquias. Após a derrubada de D. Pedro II, foi organizado um governo provisório, presidido por Deodoro da Fonseca,[1156] que decretou:

1153 Aristides da Silveira Lobo (1839-1896): assinou o "manifesto republicano" (1870), jornalista e político. Dirigiu o jornal *A República*. Foi Ministro do Interior, deputado e senador.

1154 Plutocracia rural: predominância da rica aristocracia rural no Governo do país. O dinheiro garantiu esta influência.

1155 Exército: a reorganização das tropas lusas, a partir de 1762 no Brasil é considerada a origem do Exército. Contudo, o exército se concretiza durante a Guerra do Paraguai, pois, no Império, a Guarda Nacional era "predominante" para o Governo e a elite. O exército era colocado em segundo plano. A guerra obrigou D. Pedro II a organizar uma força militar autônoma, constituída de brancos, negros e mulatos, ou seja, o povo. Após a guerra, o exército se fortaleceu, tendo, em suas fileiras, representantes da classe média (oficialidade) e os soldados vindos da população mais humilde.

1156 Marechal Manuel Deodoro da Fonseca (1827-1892): alagoano, iniciou a carreira militar em 1843, participou da Guerra do Paraguai e chegou a marechal, em 1884. Fundou o "Clube Militar" (1887) e, na última hora, aderiu ao Golpe de Estado que derrubou a Monarquia. Era monarquista. Presidiu o "Governo Provisório da República" e, depois, foi eleito Presidente pelo Congresso. Fechou o Parlamento devido às críticas à sua administração (03/11/1891), mas renunciou em 23 de novembro de 1891.

Artigo 1º – Fica proclamada provisoriamente e decretada como forma de governo da Nação Brasileira – a República Federativa.

Artigo 2º – As províncias do Brasil, reunidas pelo laço da Federação, ficam constituindo os Estados Unidos do Brasil.

Foi convocada uma Assembleia Geral Constituinte,[1157] que concluiu os seus trabalhos em 24 de fevereiro de 1891, quando foi promulgada a primeira Constituição da República e a segunda do Brasil.

A base do anteprojeto estava na Constituição dos EUA.[1158] Havia algumas influências argentinas e suíças, mas o modelo era americano. Apresentou um viés centralizador e tinha 91 artigos.

As eleições eram diretas e todos poderiam votar (com mais de 21 anos), exceto as mulheres, analfabetos, mendigos, praças de pré e religiosos da ordem monástica.

A participação popular era mínima. Para cada grupo de 70.000 habitantes haveria um deputado, cada estado teriam 3 senadores, inclusive o Distrito Federal. Os senadores permaneceriam por nove anos. O Presidente da República, eleito, permaneceria quatro anos no Executivo, mas sem direito à reeleição. O Judiciário, representado pelo STF, poderia julgar a legalidade dos atos do Executivo. Os estados teriam a sua magistratura própria. Os governadores, também,

---

1157 Assembleia Geral Constituinte (1891): convocada por Deodoro, elaborou a Constituição Republicana e tinha uma orientação liberal, com influência do presidencialismo americano. Houve três anteprojetos. Ruy Barbosa fez a revisão para a promulgação da Constituição que apresentou 91 artigos.

1158 Constituição dos EUA: foi organizada durante a "guerra de independência" contra a Inglaterra. Teve a influência do Iluminismo e introduziu os princípios de liberdade, igualdade, soberania do povo e a ideia de "felicidade". Optou pelo presidencialismo. Apresentou os três poderes: Executivo, Legislativo e Judiciário, nos moldes do "Espírito das Leis" de Montesquieu.

seriam escolhidos por eleição direta. Apresentava, como de praxe, a Declaração dos Direitos. Aparentemente era uma Constituição liberal.

Após a promulgação da Constituição da República, o congresso elegeu por voto indireto, como Presidente da República, Marechal Deodoro da Fonseca e, como vice-Presidente, Marechal Floriano Peixoto.[1159] O governo daquele foi de choque com o Congresso e de posições arbitrárias e ditatoriais, que culminou em Declaração de Estado de sítio[1160] e dissolução do Congresso, em 3 de novembro de 1891. Houve reação militar e civil contra o fato; e a marinha[1161] reagiu, tendo o navio Riachuelo atirado contra a Baía de Guanabara.

Diante da iminência de uma guerra civil, Deodoro renunciou e assumiu o vice-Presidente Floriano Peixoto.

1159 Marechal Floriano Vieira Peixoto (1839-1895): primeiro vice-Presidente e segundo Presidente do Brasil. Entrou na Escola Militar em 1861. Participou da Guerra do Paraguai e chegou a marechal em 1889. Era positivista radical e governou até 1894, enfrentou a Revolta da Armada, a Revolução Federalista (RS) e consolidou a República. Atuou, de forma autoritária, e com o apoio dos "jacobinos" (radicais). Foi chamado de "Marechal de Ferro".

1160 Estado de sítio (1891): medida de exceção, com o argumento de Defesa do Estado contra atos considerados subversivos e de comoções violentas. É aplicado em caso de anormalidade institucional, dando poderes absolutos ao Executivo. As garantias da sociedade e as liberdades ficam suspensas. Deve ser transitório, aprovado pelo Congresso e os executores são responsáveis pelos atos praticados. No Brasil, tem sido usado para a implantação de ditaduras.

1161 Marinha: originária no período colonial brasileiro, foi consolidada com D. João VI, quando da criação da Academia e do Arsenal da Marinha. Com a Independência, foram contratados marinheiros estrangeiros para dinamizar a marinha. O aperfeiçoamento e a autonomia se desenvolveram durante a Guerra do Paraguai. A oficialidade era originária da elite socioeconômica e a marujada das camadas populares.

O governo deste foi agitado e enfrentou uma profunda crise econômica e financeira.[1162]

Em janeiro de 1892, ocorreu a rebelião da Fortaleza de Santa Cruz e Lage, logo esmagada por tropas leais ao governo.

Em 1893, eclodiu a Revolução Federalista[1163] no Rio Grande do Sul, apresentando os seguintes objetivos: derrubar Júlio de Castilhos do governo estadual; a adoção do sistema parlamentar no país; a oposição ao governo de Floriano Peixoto; questionava, também, a predominância do poder federal em detrimento do estadual.

Concomitantemente, a marinha se revoltou em 5 de setembro de 1893, e o Executivo passou a governar em "estado de sítio", ocasionando muita violência e arbitrariedades em vários pontos do Brasil.

Essa fase militar da República, foi autoritária e prejudicial à implantação da democracia, pois tinha o germe do autoritarismo, coronelismo e elitismo. Era a "república da espada".

Em 1º de março de 1894, foi eleito o civil Prudente de Morais, da aristocracia do café, dando início a uma segunda fase republicana,

---

1162 Crise econômica e financeira (Encilhamento): tentativa de estimular a indústria nacional, realizada por Ruy Barbosa, quando Ministro da Fazenda (1889-1891). Incrementou o meio circulante, com a criação de bancos emissores que usavam, como lastro, os títulos da Dívida Pública, cujos empréstimos ajudavam as indústrias. Houve especulação na Bolsa de Valores do Rio de Janeiro, gerando falências e inflação. Não houve os investimentos desejados na industrialização, o café continuou reinando e sendo privilegiado na República, gerando uma grande crise no país.

1163 Revolução Federalista no Rio Grande do Sul (1893): lutas ocorridas no estado contra o caudilho Júlio de Castilhos (positivista). Lutavam os federalistas (maragatos) contra os castilhistas (pica-paus). Destaques: Conselheiro Gaspar da Silveira Martins e Gumercindo Saraiva (maragatos). As lutas foram controladas por Floriano, mas o choque dessas forças políticas do Sul continuaram até o "Pacto de Pedras Altas", na década de 20, quando entraram em acordo, pacificando o Rio Grande do Sul.

na qual predominou o interesse dos cafeicultores e a organização de uma robusta oligarquia na administração do Brasil até 1930.

Prudente de Morais (1894-1898) representou a elite paulista e se chocou com o interesse dos militares. Enfrentou uma revolta da Escola Militar e a famosa "Guerra de Canudos",[1164] do sertão baiano, liderada por Antônio Conselheiro.[1165] A revolta teve um caráter messiânico e esperava a volta de D. Sebastião,[1166] quando "o sertão iria virar mar, e o mar virar sertão".

1164 Guerra de Canudos: ocorreu nas últimas décadas do século XIX, no sertão baiano, sob a liderança do messiânico Antônio Conselheiro, no arraial de Canudos. Formado por "retirantes da seca", chegou a 20 mil moradores, junto ao Riacho Vaza-Barris. Considerados fanáticos, nocivos à República e aos coronéis do sertão baiano, além de serem considerados monarquistas, foram massacrados por tropas federais e locais, em 1897. Houve quatro expedições militares contra o Arraial, mas só a última conseguiu a vitória e contava com o equivalente a 6.000 homens e forte artilharia pesada do exército.

1165 Antônio Vicente Mendes Maciel ou Antônio Conselheiro (1828-1897): cearense, teve algum estudo, exerceu diversas profissões, mas sem nenhum sucesso. Abandonou a cidade onde morava, Quixeramobim, devido a brigas da família com os latifundiários locais. Juntou-se aos retirantes da "seca dos três sete" (1877, 1878 e 1879), que fugiram ao sul, levando uma vida ascética e errante, ajudando a repararem cemitérios, construírem capelas e pregavam a volta de D. Sebastião, para uma espécie de julgamento final da humanidade. Passou a liderar os "retirantes" e se fixou na Bahia, construindo o Arraial de Canudos (1893). Criticava o casamento civil, incrementado pela República e foi acusado de monarquista. Passou a incomodar a elite rural baiana do sertão e organizou uma forte tropa de jagunços, para defender o local devido aos ataques que foram desferidos pelo Governo estadual da Bahia e, depois, o federal, com o exército. Foi um líder popular, messiânico e com forte comunicação com os lavradores fixados na região. Morreu durante o cerco do Arraial, mas, depois do massacre ocorrido contra os moradores, foi desenterrado e decapitado. A sua cabeça foi o troféu apresentado à sociedade e à imprensa pelas tropas vitoriosas, em 1897.

1166 D. Sebastião (1554-1578): Rei português, aclamado aos 14 anos. Educado pelo Cardeal D. Henrique (tio-avô) e os jesuítas, empreendeu um ataque aos mouros em Marrocos, onde foi derrotado e desapareceu na batalha de Alcácer-Quibir, em 1578. Foi denominado "o desejado",

Os sertanejos derrotaram três expedições militares contra o Arraial de Canudos e foram vencidos pela quarta expedição do exército, que contava com 6.000 homens e vários canhões. Canudos foi praticamente destruída, seus defensores massacrados e os sobreviventes foram colocados numa espécie de campo de concentração. O escritor Euclides da Cunha[1167] retratou esses acontecimentos para o jornal *O Estado de São Paulo* e em seu famoso livro *Os Sertões*.[1168]

O desdobramento desses fatos culminou numa tentativa de assassinato de Prudente de Morais em 05 de novembro de 1897, quando foi receber as tropas "vitoriosas" de Canudos. O soldado Marcelino Bispo Mello[1169] foi o executor do atentado, mas falhou

---

a população lusitana aguardava sua volta durante muitos anos, trazendo este culto messiânico ao Brasil.

1167Euclides Rodrigues Pimenta da Cunha (1866-1909): cursou a Escola Militar da Praia Vermelha, mas foi expulso junto com alguns colegas por confronto com o Ministro da Guerra (Tomás Coelho) durante uma solenidade, por ser um republicano de formação positivista. Após a implantação da República, foi reintegrado e concluiu o curso de engenharia na Escola Superior de Guerra. Em 1893, demitiu-se do exército e foi viver como engenheiro e jornalista. Colaborando com o jornal *O Estado de São Paulo*, fez a cobertura da Guerra de Canudos e escreveu, posteriormente, a obra-prima *Os sertões*. Foi morto pelo militar Dilermando Candido de Assis num tiroteio, devido a questões conjugais.

1168Os Sertões: obra lançada em 1902, por Euclides da Cunha, narra a repressão violenta contra Canudos, considerado um crime republicano praticado pelo exército. Analisa como um movimento social e não como um reduto de fanáticos e monarquistas. Apresenta como uma consequência da miséria e abandono das autoridades pelo sertão nordestino. Retrata a epopeia em três partes: "A Terra", "O Homem" e "A Luta".

1169Marcelino Bispo Bello (1875-1897): suboficial do exército que tentou assassinar Prudente de Morais, à bala, durante a "revista" das tropas vitoriosas de Canudos. Era alagoano, tinha 22 anos e adepto de Floriano Peixoto, ou seja, jacobino. Durante o atentado, o Ministro da Guerra reagiu para proteger o Presidente da República e foi esfaqueado mortalmente (05/11/1897). Posteriormente, foi encontrado enforcado na prisão ("suicidado").

em seu intento que resultou na morte do Marechal Carlos Machado Bittencourt (Ministro da Guerra)[1170] por um golpe fatal de arma branca. Há indícios de que o vice-Presidente da República, Manoel Vitorino, considerado florianista, ou seja, "jacobino",[1171] participou dessa conspiração.

O segundo Presidente civil foi **Manuel Ferraz de Campos Sales** (1898-1902),[1172] que enfrentou uma profunda crise econômico-financeira. Nomeou como Ministro da Fazenda, Joaquim Duarte Murtinho,[1173] que, tentando solucionar o problema, defendeu a seguinte tese: "É tempo de tornar o caminho certo; e o que devemos fazer para esse fim é nos esforçarmos para exportar tudo quanto pudermos produzir em melhores condições do que os outros países e importar tudo quanto eles possam produzir em melhores condições do que nós".

1170 Marechal Carlos Machado Bittencourt (1840-1897): iniciou a carreira militar em 1857. Participou da Guerra do Paraguai. Foi promovido a marechal em 1895 e, depois, a Ministro da Guerra de Prudente de Morais. Estava no Arsenal de Guerra durante o evento com as tropas vencedoras de Canudos, quando, ao proteger o Presidente da República de um atentado, foi assassinado por Marcelino Bispo.

1171 Jacobinos: adeptos do florianismo, radicais na visão republicana. Foram comparados aos revolucionários franceses de 1789. Eram militares e representantes da classe média.

1172 Manuel Ferraz de Campos Sales (1841-1913): paulista, advogado pela faculdade do Largo São Francisco e republicano histórico. Foi deputado, Ministro da Justiça, senador, Presidente de São Paulo e, finalmente, Presidente da República, eleito em 1898. Destacou-se no campo financeiro durante a sua administração e na implantação da chamada "Política dos Govenadores".

1173 Joaquim Duarte Murtinho (1848-1911): médico, engenheiro e político. Foi senador por Mato Grosso e participou da Constituinte republicana. Foi Ministro da Viação no governo de Prudente de Morais e da Fazenda na presidência de Campos Sales. Aplicou o *funding loan* na tentativa de melhorar as finanças do país. Elevou o câmbio, tentou saldar a dívida externa, mas não obteve sucesso desejado e foi duramente criticado.

Esta proposta inviabilizou o desenvolvimento industrial que se iniciava na República, pois a base era incentivar a exportação de matéria-prima, principalmente o café, em troca dos manufaturados estrangeiros. Um modelo quase colonial. Foi um conchavo entre as oligarquias regionais e os grupos capitalistas internacionais. Em 1898, ocorreram negociações com os banqueiros ingleses, culminando num *Funding Loan*,[1174] ou seja, moratória concedida para o Brasil, que era devedor. Foram emitidos novos títulos, representando os encargos da dívida e das operações com os excedentes comerciais. Campos Sales ofereceu, como garantia de pagamento da dívida, a renda da alfândega do Rio de Janeiro, as receitas da estrada de ferro Central do Brasil e do serviço de abastecimento de água da cidade. Houve, também, a queima de papel-moeda, gerando deflação. Nesse momento, teve início a chamada "política dos governadores",[1175] que consagrou o princípio da independência das oligarquias em relação ao poder central e fortaleceu o coronelismo[1176] no país. A partir dessas mudanças, consolidou-se a "política do café com leite",[1177] liderada por São Paulo e Minas Gerais, que se estendeu até a Revolução de 1930. Nesse contexto, os presidenciáveis tinham que se submeter a um acordo que passava por estes estados.

1174 *Funding Loan*: moratória dos credores para o Estado devedor. São emitidos novos títulos em relação aos encargos da dívida e das operações com os excedentes comerciais.

1175 Política dos governadores: prestigiava os deputados federais e senadores ligados aos governadores dos estados em troca de apoio ao Executivo Federal. Segundo Campos Sales: "o poder legislativo, controlado pelo Presidente, só aceitaria, em seus quadros, o elemento eleito pela política dominante do respectivo estado".

1176 Coronelismo: oriundo do período colonial e império, impôs-se à República, como poder político e cresceu durante a chamada República Velha (1889-1930).

1177 Política do "café com leite": acordo entre Minas Gerais e São Paulo, envolvendo os produtores de café e pecuaristas mineiros, para indicar os Presidentes da República do Brasil e o revezamento no Poder Executivo Federal.

Rodrigues Alves (1902-1906)[1178] substituiu Campos Sales e continuou o seu roteiro político-administrativo, isto é, protegeu a exportação do café, elevou o câmbio e realizou mais empréstimos no exterior. Investiu em obras públicas, fazendo uma revolução urbana no Rio de Janeiro, acompanhada de saneamento básico, combate à febre amarela e a campanha de vacina contra a varíola, organizada pelo médico Oswaldo Cruz.

Em decorrência das medidas no campo da saúde, houve a Revolta da Vacina,[1179] obrigatória no Rio de Janeiro, com apoio de um grupo militar do Exército e da Escola Militar. A insurreição, em 14 de novembro de 1904, durou oito dias, mas foi reprimida pelo governo. Nesse período, foi assinado o "convênio de Taubaté",[1180] um acordo entre os três estados cafeeiros São Paulo, Minas e Rio de Janeiro. Para financiar o plano, foi criada a taxa de 3 francos-ouro que incidia sobre o café exportado, para cobrir os serviços de amortização e juros dos empréstimos a serem contraídos. No campo

---

1178 Francisco Paula Rodrigues Alves (1848-1918): paulista, advogado pela faculdade de Direito do Largo São Francisco, vereador, juiz, promotor, deputado, governador de São Paulo, conselheiro Constituinte (1891) e Ministro da Fazenda, de Floriano e Prudente de Morais. Substituiu Campos Sales na presidência, em 1903. Governou como Presidente, até 1906 e, posteriormente, voltou a administrar São Paulo. Reeleito Presidente da República em 1908, veio a falecer precocemente. Foi substituído pelo vice-Presidente Delfim Moreira, que convocou novas eleições.

1179 Revolta da Vacina (1904): ocorreu no Rio de Janeiro contra a "vacina obrigatória", sob a orientação de Dr. Oswaldo Cruz, sanitarista, a fim de proteger a população e higienizar a cidade. Houve inúmeros mortos, quebra de bondes e lampiões, fogo em imóveis e barricadas na cidade. Aproveitando-se deste contexto, os militares se revoltaram junto à população, com o intuito de derrubar o governo de Rodrigues Alves. Houve uma forte reação do Executivo contra a rebelião.

1180 Convênio de Taubaté (1906): firmado entre os estados produtores de café, São Paulo, Minas Gerais e Rio de Janeiro, procurando valorizar o produto no mercado internacional por meio do controle da oferta. Procurava evitar a superprodução para valorizar o preço do café.

social e político, o povo continuou marginalizado, mesmo porque, como rezava a Constituição, a maioria não votava nessa República.

Afonso Pena (1906-1909)[1181] assumiu o governo e cercou-se de ministros jovens, formando o chamado "jardim da infância",[1182] no qual se destacava Davi Campista,[1183] Ministro da Fazenda. O senador Pinheiro Machado[1184] fez oposição ao governo e ao novo ministério, porque os jovens políticos ameaçavam a sua influência e o controle do parlamento, além de sabotar a sua participação no Executivo. Pena era legalista e afirmava "nem o poder Executivo deve procurar legislar, nem o Congresso governar, o contrário importaria na violação flagrante do regime em ponto essencial". Enfrentou a superabundância do café e a instabilidade da taxa cambial que vinha elevando-se nos últimos tempos, porém seguiu o planejamento do Convênio de Taubaté. Realizou três vultuosos empréstimos.

1181 Afonso Augusto Moreira Pena (1847-1909): mineiro, bacharel em Direito pelo Largo São Francisco, deputado no império, Ministro da Guerra, da Justiça e da Agricultura (Império). Na República, foi constituinte, Presidente de Minas, vice-Presidente da República (1903) e Presidente (1906). Tentou realizar a estabilidade cambial com a "caixa de conversão". Não concluiu o seu governo, falecendo no palácio (1909). Montou um ministério de políticos novos e jovens.

1182 Jardim da infância: Afonso Pena tentou governar de forma independente e escolheu políticos jovens para o seu ministério, como Davi Campista e Miguel Calmon, entre outros. Entrou em conflito com a "política dos governadores" e o seu ministério foi batizado de "jardim de infância" de maneira pejorativa.

1183 Davi Moretzsohn Campista (1963-1911): Carioca, formou-se em Direito pelo Largo São Francisco, promotor e defensor da causa republicana. Deputado e administrador, foi Ministro da Fazenda (1906-1909) de Afonso Pena. Era o preferido para suceder o Presidente, mas foi descartado.

1184 José Gomes Pinheiro Machado (1851-1915): Gaúcho, estudou na Escola Militar, lutou na Guerra do Paraguai, participou da Revolução Federalista e teve grande influência na política brasileira daquele período. Apoiou o Marechal Hermes da Fonseca para a presidência e angariou muitos inimigos políticos, sendo assassinado em setembro de 1915, por Manso Paiva.

Incentivou a industrialização e o povoamento do país, com o lema "governar é povoar". Recebeu os primeiros japoneses no Brasil (em 1908). Investiu na modernização da Marinha, continuando o plano do almirante Júlio de Noronha,[1185] como ministro de Rodrigues Alves para a compra de encouraçados.

Essa modernização da marinha não atingiu os marujos, e a instituição continuou recrutando analfabetos, infratores da lei, despreparados e aplicando a chibata em seus marinheiros. Enfrentou uma substancial greve operária em São Paulo, em 1907, que reivindicou a jornada de oito horas de trabalho e teve sucesso. O Senado realizou forte oposição ao seu governo, liderada por Caudilho Pinheiro Machado e a pobreza continuou predominando no Brasil. Afonso Pena não concluiu seu mandato, faleceu em 14 de junho de 1909 e foi substituído pelo vice-Presidente Nilo Peçanha.[1186]

Nilo Peçanha (1909-1910) administrou as eleições para a presidência da República com forte agitação política. Davi Campista, o candidato preferido de Afonso Pena para Presidente, foi descartado. Os candidatos que disputaram o cargo presidencial foram Ruy Barbosa[1187] e o Marechal Hermes da Fonseca.

1185 Almirante Júlio Cesar de Noronha: Ministro da Marinha, foi reconhecer a posição dos marinheiros revoltosos liderados por João Cândido. No governo Rodrigues Alves, propôs o reaparelhamento da marinha de guerra.

1186 Nilo Procópio Peçanha (1867-1924): carioca, formou-se em Direito por Recife (1887). Fez a "campanha abolicionista e republicana". Foi constituinte (1891), Presidente do Rio de Janeiro, vice-Presidente de Afonso Pena e Presidente da República por um ano e três meses. Fomentou a policultura, o povoamento do país e enfrentou uma profunda crise durante a "campanha civilista", que ocorreu entre Ruy Barbosa e Hermes da Fonseca, para a sucessão presidencial.

1187 Ruy Barbosa de Oliveira (1849-1923): baiano, formou-se em Direito pelo Largo São Francisco, transformou-se em jurisconsulto, jornalista, escritor e político. Foi deputado (Império), senador, Ministro da Fazenda, revisor da Constituição (1891) e candidato à Presidente da República, derrotado por Hermes da Fonseca. Desenvolveu a

O partido Republicano Paulista (PRP)[1188] apoiou Ruy e lançou a "campanha civilista" em seu apoio, contra o militarismo de Hermes; a Bahia deu apoio a Ruy e houve uma divisão dos grupos oligárquicos nesta eleição. O senador Pinheiro Machado (do Rio Grande do Sul) deu forte apoio a Hermes durante toda a campanha eleitoral.

Este era Ministro da Guerra de Afonso Pena e teve a cobertura do exército, que foi modernizado em sua gestão. Tinha, também, a simpatia dos "coronéis" e da máquina governamental. Já Ruy, contestando a candidatura militar, afirmava que, no exterior, "a interpretação seria que estava sendo retomado o regime militar, e, portanto, a República da Espada". Denunciava a ligação entre as forças armadas e o governo: "No Brasil não se organiza exército contra o estrangeiro, mas sim contra a ordem civil". Os militares revidavam, atacando a "corrupção" existente entre os civis. A campanha eleitoral foi tensa e agressiva e houve um atentado à bala contra o deputado Irineu Marinho,[1189] no plenário do Congresso Nacional por defender o "civilismo".

O país ficou divido e, no dia 1º de março de 1910, quando se realizou o pleito, a vitória ficou com Hermes que teve o apoio da maioria dos "currais eleitorais", controlados pelos coronéis governistas. Estes ditavam à população em quem deveriam votar. O voto não era secreto, era de "cabresto" e tinha muita fraude nas eleições.

"campanha civilista". Representou o Brasil na Conferência de Paz em Haia. Candidatou-se, novamente, à presidência em 1919 contra Epitácio Pessoa e perdeu. Foi membro da Academia Brasileira de Letras. Deixou uma ampla produção literária.

1188PRP – Partido Republicano Paulista: criado na cidade de Itu (1873), obteve um papel de destaque durante a República Velha (1889-1930). Para a "convenção de Itu", havia 133 convencionais, sendo 78 fazendeiros e 55 de outras profissões, principalmente das camadas médias da população.

1189Irineu Marinho (1876-1925): carioca, jornalista, político e fundador dos jornais *A noite* e *O Globo*.

Ruy criticava duramente o "voto de cabresto"[1190] e a fraude que ocasionava. Hermes, vitorioso, conseguiu 403.867 votos e Ruy 222 mil.

Hermes Rodrigues da Fonseca (1910-1914) assumiu a presidência tendo um país em profunda crise política e prometendo "varrer a roubalheira dos civilistas". Inicialmente, tentou pacificar as forças políticas e convidou Ruy Barbosa para formar o seu ministério que, de pronto, rejeitou o convite.

O Rio de Janeiro, nessa época, tinha uma população que superava um milhão de habitantes, havia sofrido uma modernização urbanística devido à atuação do prefeito Pereira Passos,[1191] que abriu a avenida central e construiu o Theatro Municipal. Os bondes elétricos estavam substituindo os de "tração animal" e a cidade estava ficando cosmopolita.[1192]

Os homens e as mulheres das elites e da classe média copiavam as indumentárias europeias, principalmente a moda francesa.[1193]

Ainda, comemorando a vitória, curtindo uma apresentação de ópera no Theatro Municipal do Rio de Janeiro com a família, em

---

1190 Voto de cabresto: é o voto dado pelo eleitor para o indicado pelo "coronel", sem que o votante saiba "quem é ou o que fez". Predominou no Brasil, inclusive na República Velha.

1191 Francisco Pereira Passos (1836-1913): engenheiro, foi adido da Legação Brasileira em Paris, frequentou a Escola de Pontes e Calçadas na França. Voltou ao Brasil (1866) e foi nomeado Diretor de Obras Públicas do Rio de Janeiro, colaborou na construção da estrada de ferro D. Pedro II (Central do Brasil). Foi indicado pelo Presidente Rodrigues Alves à prefeitura do Distrito Federal. Fez uma "revolução urbanística" no Rio de Janeiro, denominada "bota abaixo", com a derrubada de cortiços e pardieiros. Realizou, com Oswaldo Cruz, o saneamento da Capital Federal e a abertura de amplas avenidas.

1192 Cosmopolita: pessoa que se considera cidadão de todo o mundo e adota os costumes do país onde estiver.

1193 Os homens, usavam ternos, coletes, luvas, polainas, chapéu-coco e bengala; as mulheres com muita seda, perfumes franceses, bem no estilo feminino da *Belle Époque*.

22 de novembro de 1910, o Presidente foi surpreendido com uma revolta dos marinheiros por causa dos castigos físicos aplicados à categoria. Os navios de guerra, adquiridos pelo governo, apontavam os canhões contra a cidade do Rio de Janeiro, detonaram alguns tiros e exigiam o fim da chibata na marinha, liderados por um jovem marinheiro chamado João Cândido, depois intitulado "O almirante negro". Esse é o contexto social e político que predominou durante o governo militar de Hermes da Fonseca, caracterizado por "estado de sítio" e violência.

A Revolta da Chibata foi o início da turbulência que o país sofreria. A "eminência parda" do governo foi o senador e caudilho Pinheiro Machado, o "coronel dos coronéis".

Hermes decretou "intervenções" ou "salvações"[1194] em vários estados, numa tentativa de impor "novas oligarquias" e desmontar "as velhas", provocando revoltas na Bahia, Ceará, Pernambuco, Alagoas, Piauí, Amazonas, Rio Grande do Sul e São Paulo. As cidades que resistiram foram bombardeadas, como Salvador e Manaus.

No Ceará, eclodiu um movimento armada liderado por Floro Bartolomeu[1195] e apoiado pelo carismático Padre Cícero Romão Batista[1196] na cidade de Juazeiro, tendo a participação de sertanejos e jagunços contra a política intervencionista do poder federal.

1194 Salvações: intervenções ocorridas nos estados durante o governo de Hermes da Fonseca, com apoio do senador Pinheiro Machado.

1195 Floro Bartolomeu (1876-1926): médico, deputado, protegido do Padre Cícero Romão de Juazeiro (Ceará), foi indicado à Presidente da Assembleia Legislativa cearense, ocasionando a intervenção federal. Em decorrência, rebelou-se contra o poder central e dominou o quartel da força pública de Juazeiro, iniciando uma revolta com a participação de jagunços.

1196 Padre Cicero Romão Batista (1844-1934): ordenou-se, em 1870, e radicou-se em Juazeiro do Norte, que conseguiu transformar numa grande cidade a partir da sua igreja. Ajudou Floro Bartolomeu a derrubar o Presidente Franco Rabelo. Foi deputado e vice-Presidente do Ceará. Tinha apoio dos jagunços e lavradores. Criou uma fama de

Na divisa entre Santa Catarina e Paraná, surgiu um movimento messiânico, liderado pelo monge José Maria Agostinho,[1197] contra a espoliação das terras dos camponeses, chamado "O contestado" (1912-1916). Os caboclos reclamavam: "Nóis não têm direito a terra, tudo é para as gentes de Oropa. O governo da república toca os filhos brasileiros dos terrenos que pertence a nação e vende para o estrangeiro, nóis agora estemo disposto a fazer prevalecê os nossos direitos". Assim começou a Guerra do Contestado,[1198] massacrada pelas Forças Armadas, com o uso pioneiro da aviação contra o povo da região. Em 1916, segundo o governo, "a zona estava pacificada".

No âmbito econômico-financeiro, o governo de Hermes da Fonseca realizou cinco empréstimos no exterior e realizou um novo *Funding-Loan*. Houve emissões de papel moeda e inflação. O café

---

taumaturgo e comandava as beatas locais, como Mocinha, Maria de Araújo e o beato José Loureço. Foi suspenso do exercício de padre por autoridades eclesiásticas de Fortaleza, mas não obedeceu às determinações. Era considerado um "santo" pela massa popular e transformou-se em figura lendária para o sertanejo.

1197Monge José Maria Agostinho (do Contestado): por volta de 1896, apareceu um eremita que se dizia "monge" João Maria de Jesus, mas se chamava Anastas Marcof e era francês. Acreditava fazer milagres e curar doentes. Ajudava os miseráveis e tornou-se lenda. Em 1912, um ex-policial desertor, chamado Miguel Lucena apareceu na região, dizendo chamar-se José Maria do Santo Agostinho, dizendo ser "o novo monge", pois o anterior era o "seu tio". Era curandeiro, profeta e pregava a volta de D. Sebastião e da Monarquia. Passou a atacar o Governo e a defender as terras para os camponeses. Organizou uma "guerra pessoal de elite" com 24 sertanejos, que dominou os "12 pares da França" e passou a atacar os latifundiários do Contestado. Foi o início de uma guerra local, na divisa do Paraná e Santa Catarina.

1198Guerra do Contestado: com o monge adentrando o Paraná, houve uma reação militar do Governo do Estado, que foi rechaçada por José Maria e os seus místicos seguidores. As lutas continuaram tendo a intervenção federal ocorrida com o General Setembrino de Carvalho, dominando a região até 1915. Foi usada a aviação para bombardear os revoltosos. Foi uma repressão violenta contra os humildes lavradores da região e similar ao massacre de canudos.

continuou sendo o principal produto de exportação e a indústria não avançou. Com o início da Primeira Guerra Mundial, diminuíram as importações para o Brasil e caiu a receita pública.

A administração militarista de Hermes da Fonseca, com apoio de uma parte da sociedade civil, foi extremamente negativa para o Brasil. Todavia, mesmo o povo estando marginalizado e empobrecido, ainda mantinha um certo humor, expressado em anedotas e gozações contra o Presidente da República, que era chamado de "Dudu", "Dudu da Urucubaca"[1199] e "Dudu do Corta-Jaca".[1200] Hermes tinha a fama de "azarado" e foi alvo da música "Ai, Philomena",[1201] que insinuou, inclusive, ato de corrupção em sua letra:

> Ai, Philomena,
> Se eu fosse como tu
> Tirava a "urucubaca"
> Da careca do Dudu.
> Se o Dudu sai a cavalo
> O cavalo logo empaca
> Só começa a andar

1199 A má sorte, denominada "urucubaca" pelo povo era devido aos seguintes fatos: o empréstimo que Hermes conseguiu com o Lloyds Bank Limited de dois milhões de quatrocentas mil libras, depositadas num banco russo que faliu dando prejuízo ao Brasil; as revoltas contra o governo e o estado de sítio; na homenagem que foi feita ao Rei Português, D. Manuel II (1889-1932), chegou o aviso da queda da Monarquia lusa por um golpe; ao passear com a esposa Nair de Teffé em sua charrete, ocorreu um acidente em que sua mulher fraturou a bacia e o fêmur.

1200 Dudu do Corta-Jaca: a primeira-dama, Nair de Teffé, convidou a maestrina Chiquinha Gonzaga (pianista) para tocar no Palácio do Governo as suas composições musicais. Entre elas, a música "Corta-jaca", considerada popular. Em decorrência, houve muitas críticas ao Governo e surgiu este apelido para o Presidente Hermes da Fonseca.

1201 "Ai Philomena": Música de J. Carvalho Bulhões, interpretada por Baiano para o selo Odeon. Era uma adaptação da canção italiana "Viva Garibaldi", ridicularizando o Presidente Hermes da Fonseca.

Ao ouvir o "corta-jaca"
Dudu tem uma casa
Que nada lhe custou
Porque nesse "presente"
Foi o povo quem "marchou".

Foi nesse quadro conturbado que ocorreu a Revolta da Chibata e a tragédia de João Cândido, o "almirante negro".

12.2 João Cândido Felisberto (1880-1969) – "O almirante negro" lutando pela justiça

Nasceu em Encruzilhada (Rio Grande do Sul), filho de João Cândido Velho e Ignácia, ex-escravos, que trabalhavam na fazenda de João Felipe Correia, em Rio Pardo. A cidade tinha a economia ligada à pecuária, ao arroz, ao trigo e à erva-mate. Precocemente, foi enviado a Porto Alegre onde se preparou para entrar na marinha. Nesse período, trabalhou numa fábrica como ajudante. Aos 13 anos, foi encaminhado à marinha pelo Almirante Alexandrino de Alencar,[1202] amigo de seu pai.

Em 1894, entrou na Escola de Aprendizes de Marinheiros do Rio Grande do Sul sob a proteção do Almirante Alexandrino.

Um ano depois, foi deslocado ao Rio de Janeiro onde se fixou como praça da 40° Companhia do Corpo de Marinheiros Nacionais, aos 15 anos. Logo, foi servir no cruzador Andrada, que precisava de novos homens em sua tripulação. Durante o período que ficou no

---

1202 Alexandrino Faria de Alencar (1848-1926): gaúcho, Ministro da Marinha diversas vezes, inclusive no governo Afonso Pena. Apoiou o ensino para marinheiros e oficiais, ajudou na formação de uma moderna esquadra para o país. Propôs a criação da aviação naval. Foi rebelde durante a Revolta da Armada (1893-1894) no governo de Floriano Peixoto. Esteve em missão oficial na Europa e foi senador.

cruzador, destacou-se pelas suas iniciativas e lideranças, servindo como interlocutor entre os marujos e a oficialidade.

Depois, foi transferido para o encouraçado Riachuelo. Com 20 anos, já era instrutor de aprendizes-marinheiros. Acompanhou Campos Sales, Presidente da República, na viagem oficial que realizou a Montevidéu e a Buenos Aires. Participou do trabalho de demarcação de terras na região amazônica durante a Questão do Acre,[1203] quando este território foi anexado ao Brasil, após as lutas entre os seringueiros brasileiros e o exército boliviano, que culminou em vitória nacional sob a liderança de Plácido de Castro.[1204] Durante os meses que ficou nessa missão, contraiu tuberculose e teve que ser internado no Hospital da Marinha no Rio de Janeiro. Recuperado, foi deslocado para os serviços de fiscalização na fronteira com o Peru e, depois, foi servir no Tiradentes, encarregado da "missão" no Paraguai. Serviu, também, na base militar de Ladário em Mato Grosso.

1203 A questão do Acre: brasileiros foram explorar a borracha no território boliviano, ou seja, o Acre, no final do século XIX. Em julho de 1901, o governo boliviano arrendou para a empresa americana "The Bolivians Syndicate of New York City in North America" o território acreano, com direito soberano sobre a região. Em consequência, os brasileiros, liderados pelo seringalista Plácido de Castro, reagiram com armas, iniciando uma guerra contra a empresa e o governo boliviano. O exército da Bolívia foi derrotado pelas guerrilhas dos brasileiros em 1º de maio de 1903. Derrotada, a Bolívia assinou o "Tratado de Petrópolis" (17/11/1903) em que o Brasil anexa o Acre ao seu território, mas paga 2 milhões de libras esterlinas para o governo boliviano e se compromete a fazer a estrada de ferro Madeira-Mamoré em plena selva amazônica, para facilitar o comércio entre os dois países e o exterior.

1204 José Plácido de Castro (1873-1908): estudou na escola militar de Porto Alegre. Foi para o Acre extrair borracha em 1899. Liderou a revolta dos seringueiros contra os bolivianos com muito sucesso, conseguiu anexação do território ao Brasil. Usou a tática de guerrilhas para derrotar as tropas bolivianas. Foi eleito prefeito do Alto Acre e assassinado numa emboscada.

Após essas experiências, foi destacado para ir à Europa, nos estaleiros de New Castle na Inglaterra, onde estavam acabando a confecção do encouraçado "Minas Gerais", pelo industrial *Vickers-Armstrong.*

Vários marinheiros foram escalados para aprender como funcionava a embarcação que estava sendo fabricada. Na Europa, João Cândido entrou em contato com as reivindicações dos marinheiros ingleses, que melhoraram a categoria entre 1903 e 1906. Tomou conhecimento, também, da revolta de encouraçado Potemkin[1205] na Rússia, em 1905, contra a má alimentação e o tratamento inadequado dos marujos naquela embarcação. A partir dessas novas informações, João Cândido e os colegas passaram a discutir o que ocorria na Armada Nacional.

A marinha brasileira tinha dificuldades para integrar os marujos, e, geralmente, requisitava jovens rebeldes, indisciplinados, analfabetos, envolvidos em crimes com o intuito de serem reeducados como marinheiros. Havia o castigo físico aos indisciplinados, em que as chibatadas eram costumeiramente aplicadas. Ao contrário, os oficiais, tinham uma série de privilégios e tratamento completamente diferenciado. Além disso, a marinha pagava mal aos marujos, o trabalho era exaustivo e a alimentação ruim. Esse procedimento ocorria desde o período colonial e tinha se prolongado com a República, objetivando "educa-los". A Inglaterra, porém, aboliu a prática de castigos físicos na marinha em 1881.

1205 Encouraçado Potemkin: revolta dos marinheiros lotados neste encouraçado em 1905, na cidade de Odessa e a guarnição de Kronstdat, contra os maus tratos e a falta de alimentação durante o regime tzarista. A população russa apoiou o movimento grevista de Odessa e foi exigido o fim da autocracia. Serguei Eisenstein, cineasta russo, produziu um filme sobre essa rebelião.

Após a Guerra do Paraguai,[1206] o governo imperial deixou de investir neste setor que entrou numa fase de sucateamento.

Na Inglaterra, João Cândido aprendeu lições de navegação, o mecanismo de funcionamento do "Minas Gerais" e fundamentos da língua inglesa.

Os Presidentes Campos Sales e Rodrigues Alves passaram a reinvestir na nesta instituição, adquiriram novas embarcações, contudo os marujos continuavam relegados a segundo plano, com péssimas condições de trabalho e soldos defasados. Durante o governo de Rodrigues Alves, foi aprovado, pelo Congresso Brasileiro (1904), a compra de três encouraçados de quase 13 mil toneladas de deslocamento; três cruzadores-encouraçados de até 9.500 toneladas de deslocamento; seis caças-torpedeiros de 400 toneladas de deslocamento; seis torpedeiros de 50 toneladas de deslocamento; três submarinos e um transporte para carregar 6 mil toneladas de carvão.

Essa proposta foi ampliada e melhorada durante o governo de Afonso Pena. É importante frisar que a Inglaterra, grande potência dos mares, só tinha um encouraçado de guerra (Dreadnought). O Brasil passou a ser classificado como terceira potência naval do mundo. Essas embarcações, as mais modernas, apresentavam dificuldades de manejo para a maior parte dos marinheiros brasileiros, por falta de um aprendizado profundo de mecânica, eletricidade e

---

1206 Guerra do Paraguai (1865-1870): conflito entre a aliança formada por Brasil, Argentina e Uruguai contra Solano Lopez, ditador do Paraguai, pela hegemonia regional. Em 1864, o navio brasileiro "Marques de Olinda" foi aprisionado por Lopes no Rio Paraguai, iniciando a famosa "guerra". No início, o exército paraguaio invadiu o Brasil. Em 1865, o Brasil reagiu junto com seus aliados, usando os "Corpos de Voluntários da Pátria" e a marinha. Em 1866, as tropas aliadas invadiram o Paraguai. Em 1869, Assunção foi tomada e Lopez fugiu, sendo morto em Cerro-Corá (01/03/1870). A população masculina paraguaia foi quase dizimada durante a guerra.

hidráulica. Os jornais deste período explicitaram esses problemas em suas páginas para desgosto do Clube Naval e sua oficialidade.

No princípio de 1910, João Cãndido e os marinheiros que estavam na Europa voltaram no "Minas Gerias", passando pelos Açores e os EUA. O encouraçado acompanhou o cruzador americano North Caroline que trouxe os restos mortais do embaixador Joaquim Nabuco[1207] ao Brasil. Durante este trajeto, João Cândido se consolidou como líder dos marujos.

No Brasil, o novo encouraçado foi muito festejado ao entrar na Baía de Guanabara, pois significava a "autonomia e a potência" militar da república brasileira.

Neste ínterim, Afonso Pena tinha morrido em 14 de junho de 1909, e foi substituído pelo vice-Presidente Nilo Peçanha, que governou até 15 de novembro de 1910. O Ministro da Marinha, neste período, era o almirante Alexandrino de Alencar, protetor de João Cândido, e que, junto ao Presidente da República, estava enfrentando resistências e insubordinações dos marinheiros, devido ao adiamento do plano de carreira que propunha melhorar o soldo, dar uma boa qualidade de vida e trabalho à categoria. Nesse contexto, João Cândido foi convidado a comparecer ao Palácio do Governo para uma audiência com o Presidente da República e o Ministro. Durante a reunião, o marinheiro levou um desenho a carvão que tinha feito de Nilo Peçanha na Inglaterra.

Após o protocolo oficial, a conversa teve como foco a indisciplina na marinha pelas autoridades, que pediram ajuda a João Cândido para que acalmasse a marujada e defendesse o governo.

1207 Joaquim Aurélio Barreto Nabuco de Araújo (1849-1910): pernambucano, formou-se em Direito por Recife, parlamentar, escritor e diplomata. Apoiou a Abolição da Escravatura como deputado. Defendeu uma Monarquia Federativa e a eleição direta. Com a República, representou o Brasil em Londres e Roma. Morreu como embaixador nos EUA, em Washington.

Na realidade, foi proposta uma aliança, mas Cândido aproveitou a oportunidade para pedir "o fim da chibata em nome da marujada" ao Presidente da República e seu Ministro da Marinha. Estes ficou surpreso com a reação do "seu protegido". Estava em andamento a campanha eleitoral, tendo dois candidatos à presidência, o civil Ruy Barbosa e o Marechal Hermes da Fonseca, que representava os militares. A "campanha civilista" estava nas ruas e "pegou fogo" em todo o Brasil, ocorrendo choques entre ambos candidatos, com tiroteios e acusações sobre fraudes que poderiam ocorrer durante as eleições. O pleito ocorreu em 29 de fevereiro de 1910. A vitória ficou com Hermes da Fonseca que tomou posse em 15 de novembro do mesmo ano.

Em junho de 1910, foram enviados três navios para a comemoração do centenário de Independência do Chile, o "Bahia", o "Timbiras" e o "Tamoio". Durante o trajeto, o marinheiro Antenor Silva foi punido com 25 chibatadas por ter bebido cachaça, deixando os colegas revoltados. Em decorrência, inicia-se um movimento subterrâneo contra os "maus tratos na marinha" e foi colocado, embaixo da porta do quarto do comandante, um bilhete com o texto: "Venho, por meio destas linhas, pedir para não maltratar a guarnição deste navio, que tanto se esforça para trazê-lo limpo. Aqui ninguém é salteador, nem ladrão. Desejamos paz e amor. Ninguém é escravo de oficiais e chega de chibata. Cuidado!". O autor foi identificado como o marinheiro Francisco Dias Martins[1208] e punido, juntamente, com outros marujos de maneira violenta, tanto que alguns desertaram em Buenos Aires.

Ao chegarem ao Rio de Janeiro, as lideranças dos marinheiros, que representavam os navios "Bahia", "São Paulo" e "Deodoro"

1208 Francisco Dias Martins: denominado o "mão negra", colocou uma carta debaixo da porta do camarote do comandante do navio contra os péssimos tratamentos que os marujos recebiam. Não aceitava o uso da chibata contra os marinheiros.

discutiram como deveriam agir para mudar as regras desumanas da instituição.

A Revolta da Chibata – em 16 de novembro de 1910, foi supliciado o marinheiro Marcelino Rodrigues Menezes com 250 chibatadas, ao contrário do que recomendava o decreto n. 328, que estipulava apenas 25. A chibata tinha uma corda média, com pequenas agulhas de aço, e, para inchar a corda, punha-a de molho, a fim de aparecer as pontas das agulhas. A guarnição formava, e vinha o marinheiro faltoso algemado. Era lida a proclamação pelo comandante, tiradas as algemas do réu, que era suspenso, nu da cintura para cima e açoitado diversas vezes. O marujo punido tinha ferido com uma navalha o cabo Valdemar Rodrigues de Souza por ter sido denunciado. Durante as chibatadas, Marcelino desmaiou e, após à tortura, foi levado ao porão do navio, onde colocaram iodo em suas costas totalmente retalhadas. Os cortes eram profundos e o sangramento abundante. Após esse fato irregular de extrema violência, os marujos do "Minas Gerais", juntos com Cândido optaram pela rebelião. Segundo depoimento deste, dado ao jornalista e escritor Edmar Morel:[1209]

> Pensamos no dia 15 de novembro. Acontece que caiu forte temporal sobre a parada militar e o desfile naval. A marujada ficou cansada e muitos rapazes tiveram permissão para ir à terra. Ficou combinado, então, que a revolta seria entre 24 e 25. Mas o castigo de 250 chibatadas no Marcelino Rodrigues precipitou tudo. O Comitê Geral resolveu, por unanimidade, deflagar o movimento no dia 22. O sinal seria a chamada da corneta das 22 horas. O "Minas Gerais", por ser muito grande, tinha todos os toques de comendo repetidos na proa

1209 Edmar Morel (1912-1988): jornalista e escritor brasileiro. Realizou uma ampla obra, a saber: *Gago Coutinho e sua vida aventurosa*, *E Fawcett não voltou*, *Padre Cicero, o santo de Juazeiro*, *Dragão do Mar – o jangadeiro da abolição*, *A revolta da Chibata*, *O golpe começou em Washington*, *Reportagens que abalaram o Brasil* etc.

> e popa. Naquela noite o clarim não pediria silêncio e sim combate. Cada um assumiu o seu posto e os oficiais de há muito já estavam presos em seus camarotes. Não houve afobação. Cada canhão ficou guarnecido por cinco marujos, com ordem de atirar para matar contra todo aquele que tentasse impedir o levante.[1210]

A revolta eclodiu na noite do dia 22 de novembro de 1910, no "Minas Gerais", quando o novo Presidente Hermes da Fonseca estava com a família apreciando a ópera "Tannhäuser"[1211] no Theatro Municipal do Rio de Janeiro e escutou um forte tiro de canhão ecoando por toda a cidade. De imediato, aderiam à revolta os encouraçados "São Paulo", "Deodoro" e o cruzador "Bahia".[1212]

Os chefes revoltosos foram: João Cândido, Gregório Nascimento (cabo-marinheiro), André Avelino (cabo),[1213] Ricardo Freitas e Francisco Dias Martins, o "Mão Negra".

Os rebeldes enviaram a seguinte mensagem: "Não queremos a volta da chibata. Isso pedimos ao Presidente da República, ao Ministro da Marinha. Queremos resposta e já e já. Caso não tenhamos, bombardearemos a cidade e navios que não se revoltarem". A população carioca entrou em pânico. Durante a revolta, houve feridos e mortos, a saber:

1210 MOREL, Edmar. *A Revolta da Chibata*. Rio de Janeiro: Graal, 1979, p. 73.

1211 Tannhäuser: ópera de Richard Wagner, de estilo romântico em três atos. O tema se desenrola num concurso de canto no castelo de Wartburg e do comportamento de um antigo cavaleiro menestrel (Tannhäuser).

1212 CARNEIRO, Glauco. *História das Revoluções Brasileiras*. Rio de Janeiro: Editora Record, 1989, p. 164.

1213 André Avelino: cabo do encouraçado Deodoro, que participou da conspiração. Durante a repressão, fugiu para o norte. Foi Presidente de uma sociedade literária.

- O comandante, capitão do mar e guerra João Batista das Neves,[1214] quando voltava de um jantar, por volta das 22 horas, reagiu ao assalto sofrido no "Minas Gerais" e foi morto.
- O segundo Tenente Álvaro Alberto da Mota Silva[1215] recebeu um golpe de baioneta, mas conseguiu fugir numa canoa.
- O capitão-tenente Mário Lahmeyer[1216] reagiu e foi morto a tiros.
- O primeiro-tenente Mario Alves de Souza[1217] foi morto à bala no "Bahia".
- O capitão-tenente Américo Sales de Carvalho[1218] reagiu e foi morto no "São Paulo".
- Alguns marujos também foram mortos nos entreveros.
- O tenente Castro e Silva[1219] fugiu a nado.

Na manhã do dia 23, os navios amotinados se deslocaram na Baía de Guanabara e dispararam tiros esparsos contra a cidade, enquanto esperavam a resposta do governo à revolta.

1214 João Batista das Neves: comandante, capitão de mar-e-guerra, ao voltar ao seu navio (Minas Gerais), tentou conter os revoltosos e foi morto.

1215 Álvaro Alberto da Mota Silva: segundo-tenente, foi atingido por um golpe de baioneta e conseguiu fugir do encouraçado.

1216 Mário Lahmeyer: capitão-tenente, recebeu uma descarga de balas, caiu no mar e foi recolhido morto pelo navio Carlos Gomes.

1217 Mario Alves de Souza: primeiro-tenente do cruzador Bahia que foi morto. Participou, anteriormente, da salvação de náufragos japoneses da ilha Wake.

1218 Américo Sales de Carvalho: capitão-tenente, morto por um grumete do navio São Paulo.

1219 Castro e Silva: tenente, jogou-se na água e, nadando, conseguiu fugir.

As fortalezas do Rio de Janeiro não reagiram contra os amotinados com medo da potência de fogo dos encouraçados.

Ruy Barbosa, no Senado Federal discursou: "A marinhagem não obedece a outro intento senão o de melhorar a sua condição pecuniária e de se forrar no suplício infamante da chibata".

O escritor e jornalista Gilberto Amado[1220] afirmou: "Para esses marinheiros não precisa a marinha de instrutores estrangeiros. Joao Cândido é formidável. Entre nós é excepcional um marujo que sabe navegar, dirigir um navio, fazer parnasianismos de manobra".[1221]

Diante da surpresa e terror que ocorreu na capital federal, o senador Pinheiro Machado, caudilho e defensor de Hermes da Fonseca, pediu ao parlamentar e oficial da Marinha, José da Costa Carvalho,[1222] para representar o governo junto aos revoltosos. O oficial se dirigiu ao "São Paulo" e ao "Minas" para dialogar e ouvir sobre as causas daquela revolta. Escutou dos marinheiros, "que desejavam o perdão pela falta praticada sobre a alucinação de castigos bárbaros" e recebeu um ofício que explicitava:

> Nós, marinheiros, cidadãos brasileiros e republicanos, não podendo suportar mais a escravidão na Marinha brasileira, a falta de proteção que a Pátria nos dá; e até então não nos

1220 Gilberto Amado (1877-1969): Bacharel em Direito por Recife, especialista em Direito Penal, poeta, romancista, memorialista, jurista e político. Foi deputado e senador por Sergipe. Entrou na carreira diplomática a partir de 1934 e foi membro da Comissão de Direito Internacional da ONU. Pertenceu à Academia Brasileira de Letras (1963). Obras: *História da minha infância*, *Depois da política*, *Mocidade no Rio e primeira viagem à Europa*, *Presença na política* etc.

1221 CARNEIRO, Glauco. *História das Revoluções Brasileiras*. Rio de Janeiro: Editora Record, 1989, p. 168.

1222 José da Costa Carvalho: deputado e oficial, emissário do Catete junto ao Minas Gerais, recebeu um ofício dos rebeldes para entregar ao Presidente Hermes. Trouxe para o arsenal da Marinha um praça muito ferido por diversas chibatadas.

> chegou; rompemos o negro véu que nos cobria os olhos do patriótico e enganado povo. Achando-se todos os navios em nosso poder, tendo a seu bordo, prisioneiros, todos os oficiais, os quais têm sido os causadores da Marinha brasileira não ser grandiosa, porque, durante vinte anos de República, ainda não foi bastante para tratar-nos como cidadãos fardados em defesa da Pátria, mandamos esta honrada mensagem para que V. Exa. faça aos Marinheiros brasileiros possuirmos os direitos sagrados que as leis da República nos facilitam, acabando com a desordem e nos dando outros gozos que venham engrandecer a Marinha brasileira; bem, assim, como retirar os oficiais incompetentes e indignos de servir à nação brasileira. Reformar o código imoral e vergonhoso que nos rege, a fim de que desapareçam a chibata, o bolo e outros castigos semelhantes; aumentar o nosso soldo pelos últimos planos de José Carlos de Carvalho, educar os marinheiros que não têm competência para vestir a orgulhosa farda, mandar pôr em vigor a tabela de serviço diário, que a acompanha. Tem V. Exa. o prazo de doze horas para mandar-nos a resposta satisfatória, sob pena de ver a Pátria aniquilada.[1223]

Todos os marinheiros assumiram a revolta e mostraram o corpo do marinheiro submetido as 250 chibatadas para o emissário governamental. O parlamentar ficou chocado com a situação física do torturado e afirmou: "Esse pobre homem mais parece uma tainha lenhada para ser salgada". Trouxe o ferido para ser medicado no Hospital da Marinha.

Os oficiais da marinha desejavam enfrentar os revoltosos, mas o poder executivo recuou e passou a discutir a possibilidade de uma anistia para todos os marujos com os ministérios e parlamentares governistas. Rapidamente, no Senado, Ruy Barbosa apresentou um projeto de anistia, com o seguinte teor:

1223 CARNEIRO, Glauco. *História das Revoluções Brasileiras*. Rio de Janeiro: Editora Record, 1989, p. 169.

"Artigo 1 – É concedida anistia aos insurretos da parte dos navios da Armada Nacional, se os mesmos, dentro do prazo que lhes for marcado pelo Governo, se submeterem às autoridades constituídas.

Artigo 2 – Revogam-se as disposições em contrário.

24/11/1910".[1224]

E realizou um brilhante discurso:

> Ou o governo da República dispõe dos meios cabais e decisivos para debelar esse lamentável movimento – e então justo seria que os empregasse para restituir imediatamente a tranquilidade do País –, ou desses meios não dispõe o Governo da República e, em tal caso, o que a prudência, a dignidade e o bom-senso lhe aconselham é a submissão às circunstâncias do momento. Extinguimos a escravidão sobre a raça negra, mantemos, porém, a escravidão no Exército e na Armada, entre os servidores da Pátria, cujas condições tão simpáticas são a todos os brasileiros.[1225]

O projeto foi aprovado no senado e na câmara. Ao receberem a notícia, os amotinados, liderados por João Cândido, radiografaram a José Carlos de Carvalho:

"Entraremos amanhã ao meio-dia. Agradecemos os seus bons ofícios em favor da nossa causa. Se houver qualquer falsidade, o senhor sofrerá as consequências. Estamos dispostos a vender caro nossas vidas.

Os revoltosos". [1226]

1224 GRANATO, Fernando. *João Cândido*. São Paulo: Editora Selo Negro, 2010, p. 59.

1225 GRANATO, Fernando. *João Cândido*. São Paulo: Editora Selo Negro, 2010, p. 60.

1226 GRANATO, Fernando. *João Cândido*. São Paulo: Editora Selo Negro, 2010, p. 60.

No dia 26, os navios rebeldes, sem a bandeira vermelha dos revoltosos, são entregues aos oficiais escalados para recebê-los, com a participação de João Cândido, ou seja:

- João Pereira Leite, capitão de mar e guerra para o “Minas”;
- Silvinato Moura, capitão de fragata para o “São Paulo”;
- Raimundo Vale, capitão de fragata para o “Bahia”;
- Álvaro Correia, capitão de fragata para o “Deodoro”.

Mais tarde, o governo, em 28 de novembro, publicou o decreto n. 8400 que decidia:

> Atendendo ao que lhe expôs o ministro de Estado dos Negócios da Marinha, resolve autorizar a baixa, por exclusão, das praças do Corpo de Marinheiros Nacionais, cuja permanência se torna inconveniente à disciplina; dispensando-se a formalidade exigida pelo artigo150 do Regulamento anexo ao Decreto n. 7.124, de 24 setembro de 1908, e revogando-se as disposições em contrário.
>
> Rio de Janeiro, 28 de novembro de 1910. 89º da Independência e 22º da República.
>
> (assinados) Hermes Rodrigues da Fonseca e Joaquim Marques Batista Leão.[1227]

Os marinheiros, sobressaltados com esta decisão do governo, perceberam que estava “no ar um clima de retaliação”, pois ocorreram muitas demissões na marinha após a publicação do documento. Foram presos na ocasião, 22 marujos, acusados de “conspiração”, em 4 de dezembro, na Ilha das Cobras.

1227 GRANATO, Fernando. *João Cândido*. São Paulo: Editora Selo Negro, 2010, pp. 63/64.

No dia 9 de dezembro, à noite, o batalhão naval se rebelou na Ilha das Cobras e gritava no pátio do quartel:

"Viva a liberdade. Morram os oficiais". Em seguida, assaltaram o paiol de munição, pegaram as armas e soltaram os presos.

Concomitantemente, o navio "Rio Grande do Sul" aderiu à revolta e disparou tiros contra a cidade do Rio de Janeiro.

O governo reagiu, imediatamente, e os encouraçados "Minas Gerais", "São Paulo", "Bahia" e "Deodoro" bombardearam a Ilha das Cobras. João Cândido, que cuidava do "Minas", ajudou a reprimir os fuzileiros rebelados, atirando contra o Batalhão Naval. A luta acabou ao anoitecer do dia 10 de dezembro, com boa parte dos rebelados mortos, além de feridos. Muitos oficiais foram mortos nos dormitórios.

O jornal *Diário de Notícias* revelou o que ocorreu na ilha:

> (...) é um montão de ruínas, sepultando centenas de cadáveres. Dos seiscentos soldados, que constituíam o Batalhão Naval, restam sessenta vencidos pelo desespero. Os outros correram, fugiram ou entregaram-se ao governo.[1228]

A infantaria do Exército tomou de assalto a ilha. As informações, desencontradas, sobre o saldo da revolta informou que havia 60 gravemente feridos, 20 mortos, 132 pessoas tinham sido atingidas por estilhaços de granada e balas. João Cândido saiu ferido com um estilhaço de granada.

Hermes da Fonseca, em consequência do levante, pediu "estado de sítio" ao Congresso Nacional e obteve sucesso. Na realidade, agindo pelos bastidores, o próprio governo incentivou a rebelião, com o intuito de uma revanche contra os que participaram da Revolta da

---

1228 CARNEIRO, Glauco. *História das Revoluções Brasileiras*. Rio de Janeiro: Editora Record, 1989, p. 175.

Chibata. Após o controle do "levante", no outro dia, João Cândido, ao desembarcar de "Minas Gerais" foi preso, acusado de desrespeitar "ordens superiores" – juntamente com outros três marinheiros, por não terem ido ao cais da marinha.

As prisões são generalizadas, inclusive contra civis suspeitos e todos são trancafiados no Regimento de Infantaria.

Em 24 de dezembro, Cândido e dezessete marujos foram levados à Ilha das Cobras pelo exército, onde já estavam aprisionadas mais de 600 pessoas. Foram colocados numa prisão solitária (os dezoito), localizada num subterrâneo, encravada na rocha. A ventilação do local ocorria por furos pequenos numa porta de ferro e noutra de madeira. E era só!

O comandante da prisão, Marques da Rocha,[1229] ordenou ao carcereiro que prendesse os dezoito homens neste cubículo e trouxesse as chaves para que guardasse.

Na madrugada de Natal (25/12), os guardas e o carcereiro notaram movimentos anormais "dentro da cela", pois escutaram gritos abafados. Comunicaram o acontecido ao comandante e, no outro dia, ao fiscalizarem o local, encontraram 16 prisioneiros mortos. Estavam vivos, apenas João Cândido e o fuzileiro naval João Avelino. Posteriormente, aquele declarou:

> Foi horrível! Dos 18 camaradas no meu cubículo, só escaparam dois. Eu e o "Pau de Lira", que trabalha na estiva, no cais dos Mineiros, no Caju. O resto foi comido pela cal, jogada com água dentro do subterrâneo. Outros, de tão inchados, pareciam sapos.[1230]

1229 Francisco José Marques da Rocha: capitão de Fragata, comandou a prisão da "Ilha da Maldição". Foi violento e torturador nas prisões. Comandou a detenção e prisão de João Cândido.

1230 MOREL, Edmar. *A Revolta da Chibata*. Rio de Janeiro: Graal, 1979, pp. 181/182.

Mergulhou o pensamento no passado, para trazer, com todo o seu cortejo de misérias, o extermínio de seus companheiros anistiados, numa catacumba encravada na terra.

> A prisão era pequena e minava água por todos os lados. As paredes estavam pichadas. A gente sentia um calor de rachar. O ar, abafado. A impressão era de que estávamos sendo cozinhados dentro de um caldeirão. Alguns, corroídos pela sede, bebiam a própria urina. Fazíamos as nossas necessidades num barril que, de tão cheio de detritos rolou e inundou um canto da prisão. A pretexto de desinfetar o cubículo jogaram água com bastante cal. Havia um declive e o líquido, no fundo da masmorra, se evaporou, ficando a cal. A princípio ficamos quietos para não provocar poeira. Pensamos resistir os seis dias de solitária, com pão e água. Mas o calor, ao cair das 10 horas, era sufocante. Gritamos. As nossas súplicas foram abafadas pelo ruflar dos tambores. Tentamos arrebentar a grade. O esforço foi gigantesco. Nuvens de cal se desprendiam do chão e invadiam os nossos pulmões, sufocando-nos. A escuridão, tremenda. A única luz era um candeeiro a querosene. Os gemidos foram diminuindo, até que caiu o silêncio dentro daquele inferno, onde o Governo Federal, em quem confiamos cegamente, jogou 18 brasileiros com seus direitos políticos garantidos pela Constituição e por uma lei votada pelo Congresso Nacional. Quando abriram a porta já tinha gente podre. O médico do Batalhão Naval, um homem muito querido, o Dr. Guilherme Ferreira, negou-se a fornecer os atestados de óbito como morte natural. Retiraram os cadáveres e lavaram a prisão com água limpa, e nós dois, os únicos sobreviventes, fomos metidos, novamente, na desgraçada prisão. Lá fiquei até ser internado como louco no hospício.[1231]

Os prisioneiros morreram por asfixia, devido à mistura de água e cal. A cal, após a evaporação da água, entrou nos pulmões,

---

1231 MOREL, Edmar. *A Revolta da Chibata*. Rio de Janeiro: Graal, 1979, pp. 181/182.

matando-os, tanto é que o médico plantonista não assinou os atestados de óbito, que dava como "insolação" a causa das mortes. Após essa diabólica forma de tortura, Cândido foi mantido preso na Ilha das Cobras, para, no dia 18 de dezembro de 1911, ser levado a um hospício.

O caso "Satélite"[1232] – durante a noite tumultuada de 25 de dezembro de 1910, em pleno Natal, um cargueiro do Lloyde Brasileiro, "O satélite" foi encarregado de levar alguns revoltosos para a Amazônia (Acre). Alguns dos presos, durante o trajeto, foram mortos em alto mar por fuzilamentos. A embarcação levava um número controverso de pessoas. Incialmente, as informações davam conta de:

- 66 marinheiros que estavam presos num quartel do exército;
- 31 marinheiros que estavam presos no 1º regimento de infantaria;
- 45 mulheres presas na Casa de Detenção.

O jornal *A Folha do Norte*, do Pará, quando o navio ancorou em Belém, noticiou: "O satélite, traz 250 ladrões, 180 facínoras e desordeiros, 120 cáftens, 250 marinheiros revoltosos e 44 meretrizes".

Mas, em documento publicado por Morel, em seu livro, encaminhado ao "Sr. Diretor do L. B. (Buarque de Macedo) pelo comandante Carlos Brandão Storry" do "Satélite", consta o seguinte texto: "Nestas condições partimos conduzindo 105 marinheiros, 292 vagabundos, 44 mulheres e 5 praças do exército (05/03/1911)". Os que não foram executados, durante a longa viagem até o Acre, transformaram-se em cativos, quando entregues aos "coronéis dos seringais". A maioria adoeceu e faleceu na Amazônia e pouquíssimos conseguiram voltar do chamado "Inferno Verde". A imprensa

---

1232 O Caso Satélite: navio que levou os prisioneiros para o Acre e os entregou aos seringueiros para trabalharem na extração de borracha, praticamente como escravos.

denunciou essa violência governamental como a criação ilegal de uma "Sibéria Equatorial".[1233]

Por muita sorte, João Cândido não foi incluído nessa viagem. Levado ao hospício, ele carregava um ofício e um atestado médico, com o seguinte teor:

> Ao Sr. Contra-almirante, Dr. Inspetor da Saúde Naval. Levo ao vosso conhecimento que a Junta médica abaixo-assinada, nomeada por esta Inspetoria, em obediência ao ofício número 746, de 3 de abril do corrente ano, do Estado-Maior da Armada, foi à Ilha das Cobras onde inspecionou de saúde o marinheiro João Cândido e, findo o exame a que submeteu e mais instruída pela observação do seu médico assistente, é de parecer que está esta praça sofrendo de astenia cerebral, com melancolia e episódios delirantes, pelo que julgo necessário ser o internamente em lugar conveniente, a fim de ser mais bem observado e tratado. Saúde e fraternidade, Dr. Joaquim Dias Laranjeiras, Capitão-de-Fragata Médico; Dr. Julião Freitas do Amaral, Capitão-de-Corveta Médico; Dr. José Julião Freitas do Amaral, Capitão-de-Corveta, Médico; Dr. José Cleomenes da Silva Ferreira, Capitão-Tenente Médico.[1234]

O "Almirante Negro" não estava louco e, com o decorrer de sua estadia no manicômio, isso foi comprovado por anotações realizadas pelo médico Humberto Mathias Costa,[1235] diretor do Centro Psiquiátrico Nacional. O relatório hospitalar, em sua ficha, dois meses depois da internação, afirmava:

1233 MOREL, Edmar. *A Revolta da Chibata*. Rio de Janeiro: Graal, 1979, p. 163.

1234 MOREL, Edmar. *A Revolta da Chibata*. Rio de Janeiro: Graal, 1979, pp. 182/183.

1235 Dr. Humberto Mathias Costa: psiquiatra de renome. Foi diretor do Centro Psiquiátrico Nacional.

> Nos primeiros dias era acentuado o abatimento. É orientado no meio, tempo e lugar. Fala com precisão, sendo as respostas conexas e refletidas. O seu humor é variável, tendo sido, nos primeiros dias, extremamente reservado e triste. Melhorou, entretanto, depois que se familiarizou conosco. No dia em que entrou, era profundo o seu abatimento, conservando-se mudo e cabisbaixo, trazendo constantemente a mão a cabeça, dizendo unicamente, quando inquirido, sentir dor. Alimentou-se, apenas, com um copo de leite. À tarde falou espontaneamente, entregando 400 réis ao enfermeiro, pedindo-lhe para comprar no dia seguinte o *Jornal do Brasil*, onde esperava encontrar qualquer coisa a seu respeito, segundo havia dito um repórter. Às vezes, tem-se mostrado irascível, porém também alegre, e ri gostosamente durante as nossas palestras. Até que ficou mais comunicativo e passou a relatar, com precisão, fatos da revolta dos marinheiros. Podemos apurar que o nosso observado, quando ainda na prisão da ilha das Cobras, teve alucinações visuais, auditivas e verbais. Ele viu e ouviu seus companheiros mortos, que o chamavam; atribuiu isto a morte dos camaradas no mesmo cárcere em que se achava. Acha-se aqui muito melhor. Disse saber que estava num hospital. Sempre respondeu aos questionários com certa demora, o que ocorre por conta do seu receio, que se nota no olhar (...) perguntamos certa vez: – és brasileiro? – Sim e sofrendo muitas injustiças.
>
> Diante desta análise e de seu comportamento, foi levado novamente à Ilha das Cobras, onde ficou preso durante 18 meses, tendo uma recaída da tuberculose.[1236]

Julgamento – foi, então, marcado o julgamento de Cândido e seus companheiros pelo Conselho de Guerra. A irmandade da Igreja Nossa Senhora do Rosário,[1237] protetora dos negros, contratou três

---

1236 MOREL, Edmar. *A Revolta da Chibata*. Rio de Janeiro: Graal, 1979, p. 184.

1237 Igreja Nossa Senhora do Rosário: Santa cultuada pelos negros no Brasil. Há uma conexão com o culto de São Benedito desde a época colonial.

advogados para a defesa dos réus: Evaristo de Moraes,[1238] Jerônimo de Carvalho[1239] e Caio Monteiro de Barros,[1240] que exigiram "não receber nenhum centavo" pelo trabalho que seria realizado.

O julgamento teve início em 29 de novembro de 1912. A lista dos acusados era enorme, mas só dez estavam à disposição para serem julgados; os outros foram considerados "desaparecidos, excluídos, inexistentes, extraviados, falecidos por insolação, fuzilados!".

A acusação era a de que João Cândido e os seus camaradas do encouraçado "Minas Gerais" tinham, na revolta do batalhão naval, em 9 de dezembro, "mudado o navio, do "poço" para a ilha de Moçanguê; ter enviado radiogramas ao governo; de ter hasteado sinais e armado a tripulação e de não cumprir as ordens de seus superiores".[1241]

O conselho de guerra era formado por: almirante João Adolfo dos Santos,[1242] Presidente; Capitão-de-Mar-e-Guerra Artur Alvim, interrogante; Capitão-de-Fragata Pedro Max Fernando Frontin, Capitães-de-Corveta Severino da Costa Oliveira Maia, Wenceslau

---

Os negros construíram uma igreja para a Santa em Recife, em 1777, daí a preocupação e a defesa da "irmandade" quando injustiçados ou em dificuldades para sobreviver.

1238 Evaristo de Moraes (1871-1939): advogado e historiador. Defendeu as leis trabalhistas e os injustiçados. Foi consultor jurídico do Ministério do Trabalho. Obras: *Apontamentos do Direito Operário*, *A campanha abolicionista*, *A escravidão africana no Brasil – das origens à extinção* (1933).

1239 Jerônimo de Carvalho: advogado, defendeu os marujos revoltosos e João Cândido. Apresentou suspeição dos juízes. Pediu piedade para os réus.

1240 Caio Monteiro de Barros: advogado de defesa dos marujos. Entrou o mérito jurídico do processo contra os réus. Defendeu João Cândido.

1241 CARNEIRO, Glauco. *História das Revoluções Brasileiras*. Rio de Janeiro: Editora Record, 1989, p. 176.

1242 João Adolfo dos Santos: almirante, Presidente que interrogou João Cândido e concluiu pela irregularidade dos autos.

Albuquerque Caldas e engenheiro-maquinista Capitão-de-Corveta João Carlos Alves Siqueira e o escrevente José Joaquim Sousa, tiveram início os trabalhos. João Pessoa de Cavalcante e Albuquerque[1243] funcionou como promotor cuja função era acusar, o que fez sem entusiasmo.[1244] O interrogatório foi iniciado com a identificação do acusado:

– Como se chama? – interrogou o Comandante Arthur Alvim.[1245]

– João Cândido – respondeu com energia.

– De quem é filho e de onde é natural? – perguntou o Juiz Militar.

– Sou filho de João Cândido Velho e Ignácia Cândido Velho. Peço que fique consignada uma retificação. Não sou argentino, conforme foi dito e escreveram. Sou brasileiro e assumo inteira responsabilidade pela mudança do Minas Gerais para a ilha do Mocanguê – diz com altivez o preto que acabou com a chibata na Marinha.

O Almirante João Adolfo dos Santos ao réu:

– Nasceu na cidade do Rio Grande ou na capital do Estado?

O acusado replicou:

– Na vila da Encruzilhada, no Rio Pardo, no Rio Grande do Sul. Sou praça desde 10 de dezembro de 1895, da 40ª Companhia do Corpo de Marinheiros Nacionais.

O Dr. Bulcão Viana:[1246]

– Sabe a causa da sua prisão?

1243 João Pessoa de Cavalcante e Albuquerque: esse personagem se tornaria, depois, Presidente da Paraíba e Ministro do STF no Governo de seu tio como Presidente da República (Epitácio Pessoa).

1244 MOREL, Edmar. *A Revolta da Chibata*. Rio de Janeiro: Graal, 1979, p. 200.

1245 Arthur Alvim: capitão-de-Mar-e-Gerra, interrogou João Cândido.

1246 Bulcão Viana: auditor da marinha, também interrogou João Cândido.

> — Das testemunhas ouvidas no processo, conheço apenas, quatro: o Comandante Saddock de Sá, o Tenente Azeredo Coutinho, o maquinista Bernardo e o Capitão-Tenente Guedes. E quanto à contradita aos seus depoimentos, deixo-a ao meu defensor.
>
> O Comandante Alvim:
>
> – Tem fatos que provém ou mostrem sua inocência?
>
> João Cândido, com um sorriso que antevia a sua vitória no Conselho de Guerra, respondeu:
>
> – Tenho! Os meus advogados farão a minha defesa.[1247]

Na sequência, foram interrogados outros marinheiros: Manoel Gregório do Nascimento,[1248] Ernesto Roberto dos Santos,[1249] Deusdedit Teles de Andrade e Francisco Dias Martins.

Pelos depoimentos, ficou claro que o "Minas Gerais" tinha sido abandonado pelo Comandante Pereira Leite[1250] e Cândido assumiu a responsabilidade pelo navio e, por isso, enviou um telegrama para o Ministro da Marinha em solidariedade ao governo e não de forma ameaçadora como afirmaram. Os advogados de defesa passaram a se manifestar de maneira enfática e firme, a saber:

- Jerônimo de Carvalho afirmou:

1247 MOREL, Edmar. *A Revolta da Chibata*. Rio de Janeiro: Graal, 1979, pp. 200/201.

1248 Manoel Gregório do Nascimento: cabo, coordenou a conspiração no encouraçado São Paulo. Foi torturado. Foi criado do Marechal Hermes e acabou tornando-se "tira" do órgão de Ordem Social.

1249 Ernesto Roberto dos Santos: depois de muita pressão, foi um dos absolvidos por total falta de provas.

1250 João Pereira Leite: capitão-de-Mar-e-Guerra que abordou o Minas Gerais, fundeado próximo à Ilha Fiscal. Chegou a elogiar, por lealdade, João Cândido. Leite, durante o levante, abandonou a bela nave Minas Gerais, 24 horas antes da rebelião da Ilha das Cobras.

> Não venho por interesse material de fazer a defesa de João Cândido. Quero prestar um serviço à causa da Justiça. João Cândido nunca pensou em desrespeitar, empunhando armas, não quis desprestigiar a farda de seus superiores hierárquicos.[1251]

E destacou que o navio foi deslocado do ancoradouro devido à falta de oficiais a bordo.

- Evaristo de Moraes, com brilhante oratória, expressou-se:

> Não quero suscitar paixões, mas reconheço a generosidade do proceder de João Cândido. O seu ato foi um ato humano, de justiça, realçando ainda mais nessa época política. Estivemos à sua mercê, e ele nos poupou. Todo o País tremeu ante os marinheiros; a anistia saiu desse pavor. Sempre pensei estarem os acusados envolvidos no mesmo processo da sublevação da Ilha das Cobras. A função negativa da sentença condenatória sobrepujou a sua função positiva. É nisto que está a psicologia do caso.[1252]

Ratificou, ainda, sobre o deslocamento do "Minas Gerais": "Porque a bordo não existiam oficiais. E desses oficiais que abandonaram a belonave, não se procurou apurar sua responsabilidade, e processam-se os marinheiros, que salvaram o *dreadnought*".[1253]

Finalmente, Caio Monteiro de Barros completa a defesa com as seguintes explicações:

1251 MOREL, Edmar. *A Revolta da Chibata*. Rio de Janeiro: Graal, 1979, p. 202.

1252 MOREL, Edmar. *A Revolta da Chibata*. Rio de Janeiro: Graal, 1979, pp. 203/204.

1253 MOREL, Edmar. *A Revolta da Chibata*. Rio de Janeiro: Graal, 1979, p. 204.

– Compareço a este Tribunal pelo meu sentimento cívico, meus sentimentos de homem que se revolta contra todas as iniquidades. Não falo como advogado. Falo como cidadão, protestando contra as tiranias e os vilipêndios ao Direito.

Entrando a apreciar o fato sob o ponto de vista inteiramente jurídico, argumenta com João Vieira, o seu mestre. Há nos autos prova de que os acusados pegaram em armas, maquinaram ou procederam contra as ordens legais? Não.[1254]

Não há, portanto, prova de revolta do Batalhão Naval, e isto é palpável e evidente.

Que crime praticaram os marinheiros, e em que artigos do Código Penal Militar eles estão incursos?

Não podem responder porque o despacho de pronúncia, peça essencial do processo, não diz, deixando o Auditor sem elementos necessários para consubstanciar a acusação.

Não é recurso de defesa dizer-se que o Conselho de Investigação é uma peça bárbara, revelando que João Cândido, durante três dias, sem a menor piedade, fora inquirido, perseguido. É uma indignidade própria dos velhos tempos da Inquisição.

Só depois do acusado João Cândido manifestar sinais visíveis de doença é que os inquisidores o deixaram.

Alfredo Maia, um dos acusados, conta 16 anos; com essa idade, apesar de dispositivo terminante da lei, essa criança, foi bárbara e impiedosamente encerrada em masmorras terríveis, imundas, onde cumprem penas criminosos da pior espécie.[1255]

(...) O processo é uma revivescência das antigas devassas do absolutismo régio.

– Quando o povo peruano, há anos, há séculos, jazia escravizado, oprimido, tiranizado pelos impiedosos e sanguinosos invasores europeus, Villa Pampa, nos alcantis dos Andes, era o derradeiro e único refúgio da liberdade. Para ali olhavam

---

1254 MOREL, Edmar. *A Revolta da Chibata*. Rio de Janeiro: Graal, 1979, pp. 204/205.

1255 MOREL, Edmar. *A Revolta da Chibata*. Rio de Janeiro: Graal, 1979, p. 205.

> ansiosos todos os infelizes peruanos. Também para os acusados este Tribunal é sua Villa Pampa – último refúgio – da liberdade – e que ele se pronuncie abrindo-lhes os cárceres – libertando esses tiranizados, oprimidos, martirizados – os desgraçados, infelicíssimos brasileiros que já dois anos jazem nas terríveis masmorras, nas horríveis prisões das insolações e das dores inigualáveis.[1256]

O julgamento se prolongou por dois dias e o Conselho de Guerra se reuniu, mesmo sem luz elétrica, usando lamparina para decidir a sorte dos acusados, na ilha, durante a madrugada, o conselho volta ao salão de julgamento, liderado pelo Presidente da Corte e realiza a leitura da sentença:

> Vistos e examinados os presentes autos, deles consta que o conselho de investigação foi convocado a 16 de dezembro de 1910, pelo Almirante Chefe do Estado-Maior da Armada de então, para apurar as responsabilidades sobre os fatos posteriores ao decreto de anistia que ocorreram nos diversos navios da Armada.
>
> Iniciando os seus trabalhos a 19 do mesmo mês e ano, terminou o conselho a sua missão a 2 de outubro de 1911, pela pronúncia de 70 marinheiros.
>
> Apesar do grande número de testemunhas ouvidas e das diligências a que procedeu, ele não conseguiu fazer a luz sobre aqueles acontecimentos de modo a poder indicar a participação que neles teriam tido os indiciados.
>
> Daí resultou que a sentença da pronúncia deficiente, lacunosa, formulada em termos vagos, nem precisou, como fora de rigor, os fatos por que devia responder cada um dos acusados, nem mesmo indicou o parágrafo do artigo 93 do Código Penal Militar em que os considerara incursos.

1256 MOREL, Edmar. *A Revolta da Chibata*. Rio de Janeiro: Graal, 1979, p. 206.

Dos elementos de prova coligidos, se apura que, apaziguada a revolta que em fins de novembro de 1910, assestara contra esta capital, colhida de improviso, os canhões dos nossos mais poderosos vasos-de-guerra, se empenhavam os poderes públicos no afã patriótico de reparar os danos incalculáveis, morais e materiais que ela havia semeado, quando foram surpreendidos com um novo levante, que desta vez partiu da ilha das Cobras e do cruzador "Rio Grande do Sul".

A impressão de que no espírito público produziram os dois lamentáveis sucessos, foi tão funda e duradoura, que não é necessário rememorar-lhe os tristes episódios.

Sobre o primeiro, o Congresso, em sua. sabedoria, lançou o véu da anistia, impondo silêncio ao processo que se lhe deveria seguir para apuração das responsabilidades e punição dos culpados. A referência que aqui se faz obedece exclusivamente à necessidade de estabelecer a filiação do segundo, que dele foi indiscutivelmente uma consequência, senão um prolongamento.

E tanto menos se podia evitá-la quando é certo que a lembrança ainda recente daquele sucesso, o precedente que ele viera instituir, o estado de indisciplina de que fora alarmante sintoma a desconfiança que insinuara entre a oficialidade, que ainda trazia o luto dos bravos companheiros vitimados no seu posto e a marinhagem apenas restituída à sua missão ordinária são elementos imprescindíveis para a psicologia do caso objeto do presente processo.

Só eles explicam a situação gerada pelo levante da ilha das Cobras, agravada pela suspeita, que desde logo tomou vulto, de que o movimento não esteve circunscrito a este estabelecimento, senão que se generalizava pelas tripulações de todos os vasos-de-guerra.

Esta suspeita era inevitável, ela pesou no espírito público, aumentando-lhe os temores, agravou as dificuldades com que tinha já de lutar a autoridade pública para o restabelecimento da ordem e criou, para os próprios suspeitados, uma posição difícil, obrigando-os a demonstrações cuja iniciativa seria indesculpável se não obedecesse ao propósito de restaurar a confiança justamente abalada e ao empenho de colaborar na pacificação do movimento sedicioso.

Outra não foi, em resumo, a missão incumbida ao presente Conselho, senão a de dizer da procedência ou improcedência desta suspeita a vista dos fatos apurados, relativamente aos acusados.

Para desempenhá-la cumpre-lhe examinar o que a respeito de cada um deles se encontra no processo.

Considerando que, a mudança do ancoradouro do navio, para evitar que fosse atingido pelos projéteis dos rebeldes, a expedição de radiogramas ao Governo, protestando-lhe solidariedade, o armamento da tripulação, para repelir um esperado assalto dos mesmos rebeldes, a prisão de alguns destes que foram ter ao "Minas Gerais", e os disparos feitos contra a ilha revoltada, únicos fatos apurados com relação ao réu João Cândido, e não só não constituem infração do preceito transcrito, como ainda induzem à prova de que os réus não estavam de inteligência com os insurretos e, pelo contrário, se dispunham a combate-los mantendo-se fiéis à legalidade;

Considerando que, assim procedendo, concorreram eficazmente para o restabelecimento da ordem, facilitando a tarefa do Governo e levando o desânimo aos rebeldes pela certeza de que não contariam com o concurso das tripulações dos vasos-de-guerra;

Considerando que, assim, seria iníquo e absurdo atribuir àquelas demonstrações o caráter de atos sediciosos para o efeito de punir os seus autores como cúmplices de uma rebelião, quando o que se lhes censura é exatamente o fato de se haverem excedido na reprovação dela e no propósito de combatê-la;

Considerando, finalmente, que não existe nos autos nenhuma prova de que os réus tenham praticado qualquer ato, que, autorizando a suspeita de participação na referida revolta, revista a figura jurídica do art. 93 do Código Militar, e que as faltas que lhes são imputadas constituem simples infrações disciplinares, cujo conhecimento escapa da competência do Conselho de Guerra, artigo 219, do Regimento citado, por

> unanimidade de votos julga não provada a acusação para o fim de absolver, como absolve, os réus João Cândido Ernesto Roberto dos Santos, Deusdedit Teles de Andrade, Francisco Dias Martins, Raul de Faria Neto, Alfredo Maia, João Agostinho, Vitorino Nicácio de Oliveira, Antônio de Paula e Gregório do Nascimento, ficando porém, suspensa a execução desta sentença em virtude da apelação necessária, interposta para o Supremo Tribunal Militar, na forma da lei.[1257]

Vitoriosos, os advogados foram cumprimentados pela vitória conseguida pelos réus absolvidos. João Cândido abraçou Evaristo de Morais e chorou.

12.3 Reflexos do processo na vida pessoal de João Cândido

Ficou livre "o almirante negro", todavia sem emprego, sem dinheiro e voltou a enfrentar a tuberculose que tinha se agravado nos dezoito meses de prisão arbitrária.

É ajudado, apenas, pela Irmandade da Igreja de Nossa Senhora do Rosário. Frequenta a Praça XV, como se fosse mais um desocupado. Afinal, conseguiu uma moradia com o carpinteiro Freitas em Laranjeiras e iniciou um namoro com sua filha Marieta. Passou a trabalhar no veleiro "Antonico" que levava açúcar ao sul do país, de propriedade do angolano José d'Almeida Santos. Melhorou, com este emprego, um pouco a sua vida e se casou com Marieta aos 33 anos.

Após um ano de trabalho, já com um filho, foi demitido do serviço, porque o comandante dos portos de Santa Catarina, Ascâncio Montes, o conhecia do "Minas Gerais" e não tolerava a sua presença no comando do "Antonico".

1257 MOREL, Edmar. *A Revolta da Chibata*. Rio de Janeiro: Graal, 1979, pp. 207-211.

Desempregado novamente, sem dinheiro e tendo que sustentar a família, foi trabalhar no cargueiro "Ramona" que transitava entre Vitória e Paranaguá, transportando café e cereais no setor da descarga. A tuberculose se agravou e foi internado na Santa Casa de Santos, durante uma viagem.

Voltou a trabalhar no veleiro Miramar na linha Rio-Buenos Aires e foi alvo de reportagens na Argentina devido ao seu passado. Em decorrência, foi contratado para servir no navio de luxo "Ana", que transportava passageiros entre Florianópolis e Rio de Janeiro, pertencente à famosa empresa "Carlos Holpcke e Cia". Foi criticado, novamente, por Ascânio Montes, comandante dos portos de Santa Catarina, e demitido do emprego. Em síntese, a marinha mercante considera João Cândido um criminoso e o impede sempre de trabalhar, exercendo a sua profissão original.

Em 1917, ficou viúvo. A esposa faleceu devido a uma infecção intestinal.

Em 1920, casou-se, novamente, com a mulata Maria Dolores de 18 anos. Estava com 40 anos e foi morar em São João do Meriti, trabalhando, agora, no Mercado da Praça XV durante a noite. Dormia durante o dia. Esta vida dura o leva ao alcoolismo. Brigas passaram a ocorrer com a esposa por causa de ciúmes. A mulher acreditava que, durante as noites que estava fora de casa, o marido se dedicava à boêmia e a outras mulheres.

Nesse momento, já tinha quatro filhos.

Revoltada, Maria Dolores saiu de casa levando os filhos e foi morar na casa de sua madrinha em Botafogo com as duas filhas maiores (Nauça, 8 anos e Zelândia, 4 anos), os outros filhos deixou com uma parente.

Em 13 de setembro de 1928, a esposa morreu após colocar álcool nas vestes e tocar fogo na praia em frente às filhas menores. Estava grávida e bateu, violentamente, com a barriga na ponta de uma calçada. Foi socorrida e hospitalizada durante quinze dias, mas acabou falecendo. Após discussões sobre o futuro dos filhos com a madrinha da falecida e os seus familiares, conseguiu recuperá-los e trazê-los para casa em São João do Meriti. Continuou sobrevivendo com a venda de pescados que trazia num caiaque.

Ainda na década de 20, durante o governo de Artur Bernardes,[1258] foi convidado a trabalhar na polícia como delator, mas não aceitou.

Em setembro de 1930, foi acusado de estar envolvido com opositores de esquerda do Presidente Washington Luiz[1259] e preso.

Foi solto após um dia na cela. Neste período, tem muitas desavenças com a filha Nauça que estava namorando com um branco mais velho.

Conheceu, então, Ana do Nascimento e passou a "morarem juntos".

Sofreu uma recaída da tuberculose e ficou internado no Hospital São Francisco de Assis, onde se tratou.

O início da década de 30 foi muito tumultuado no Brasil, devido à Revolução de Vargas[1260] e à organização de grupos de esquerda e direita que se chocavam regularmente.

1258 Arthur da Silva Bernardes (1875-1955): mineiro, advogado formado no largo São Francisco, vereador, deputado, secretário das finanças de Minas Gerais, Presidente mineiro, Presidente da República (1922-1926) e senador.

1259 Washington Luiz (1869-1957): nasceu em Macaé (RJ), estudou no colégio Pedro II e formou-se em Direito no Largo São Francisco. Foi promotor, vereador (SP), prefeito de Batatais e de São Paulo, Presidente de São Paulo e Presidente da República (1926). Foi deposto pela Revolução de 1930 e exilou-se na Europa e nos EUA. Historiador, pertenceu à Academia Paulista de Letras, tendo diversos livros e ensaios publicados.

1260 Getúlio Dorneles Vargas (1883-1954): gaúcho, advogado formado em Porto Alegre, deputado, Ministro da Fazenda (Washington Luís),

Em 1932, foi envolvido por Plínio Salgado,[1261] que o trouxe para a Ação Integralista Brasileira (AIB),[1262] movimento de tendência nazifascista que teve grande penetração junto aos marujos e oficiais da marinha. A AIB apoiou Vargas na ditadura implementada em 1937, com o título de Estado Novo,[1263] mas foi descartada, posteriormente, em seus planos de chegar à presidência com Plínio Salgado.

Presidente do Rio Grande do Sul. Candidato à Presidência da República pela Aliança Liberal, sem sucesso. Liderou a Revolução de 1930, foi Presidente da República de 1930 a 1945 de forma autoritária. Afastado em 1945, com a derrubada do "Estado Novo" (ditadura de 1937 a 1945), foi eleito senador. Eleito Presidente, novamente, em 1950, devido a fortes acusações contra a sua administração, suicidou-se em 1954.

1261 Plínio Salgado (1895-1975): paulista, jornalista, escritor e político. Crítico literário e romancista, participou do Movimento Modernista de 1922. Organizou um movimento de extrema direita, sofrendo a influência nazifascista, denominado "ação integralista". Foi parlamentar e tentou dar um golpe de estado contra Vargas em 1938 (*Putsch*). Exilou-se em Portugal. Voltando ao Brasil, continuou dedicando-se à política e colaborou com a ditadura militar implantada em 1964. Obras: *O estrangeiro*, *O esperado*, *A vida de Jesus* etc. Fundou, também, o PRP (Partido de Representação Popular). Foi deputado federal de 1958 a 1970.

1262 Ação Integralista Brasileira (AIB): criada por Plínio Salgado, inspirado por ideologias de extrema direita (fascismo e nazismo), com propostas totalitárias, nacionalistas, católicas e anticomunistas. O lema era "Deus, Pátria e Família". O símbolo, a letra grega *Sigma*. A saudação entre os membros era *Anauê* ("Você é meu parente"). O uniforme usado por cada militante era uma camisa verde, gravata preta, calça preta ou branca e braçadeira no braço esquerdo com o símbolo do movimento.

1263 Estado Novo (1937-1945): nome do regime ditatorial implantado no Brasil por Getúlio Vargas, após um Golpe de Estado, ocorrido em 1937. Dissolveu o congresso nacional, outorgou uma nova Constituição, recebeu apoio das Forças Armadas e da maioria dos governadores, que passaram a ser denominados "interventores". Os poderes do Presidente da República eram discricionários e podiam expedir decretos e leis. Foi estabelecido o protecionismo alfandegário, a nova legislação trabalhista e o incentivo à industrialização. Neste período, o Brasil participou da Segunda Guerra Mundial contra a Alemanha e cedeu o Nordeste para a implantação de bases militares para os Aliados (EUA). Em 1945, Vargas

Em represália, os integralistas tentaram derrubar Vargas do governo em 11 de maio de 1938, assaltando o Palácio do Governo, mas foram contidos e esmagados pelo ditador. No jardim do palácio, alguns integralistas foram mortos, outros presos e os demais fugiram. Joao Cândido participou deste "*putsch* integralista".[1264]

Em outubro de 1938, sua filha Nauça, com 18 anos, após mais um entrevero com o pai, saiu de casa e, na Pavuna, tocou fogo no próprio corpo, como já havia ocorrido com a mãe. Acudiram, foi levada ao hospital, porém faleceu sete dias depois. O "almirante negro" entrou em profunda depressão, mas continuou trabalhando na venda de peixes na Praça XV.

Em 1960, Cândido se casou a companheira Ana Nascimento, após muitos anos de convivência, numa cerimônia simples, na Igreja Metodista, aos 80 anos.

Em 1961, seria homenageado pela Câmara Municipal de Porto Alegre, recebendo o título de cidadão e pelo governador Leonel Brizola.[1265] Contudo, oficiais da marinha criticaram a homenagem,

---

foi afastado do governo e se iniciou o processo de redemocratização do país.

1264 *Putsch* Integralista (1938): revolta integralista contra a extinção do partido, por Vargas, que culminou num ataque frustrado ao palácio da Guanabara. O ataque contra a residência de Vargas foi planejado por Plínio Salgado, Belmiro Valverde, Gustavo Barroso, Barbosa Lima, Tenente Severo Fournier, Tenente Júlio Nascimento, Tenente Arnoldo Hasselmann e o general Castro Júnior. Invadiram o palácio na madrugada de 11 de maio de 1938, mas houve uma resistência interna comandada pelo Presidente e, com a chegada de reforços externos, os integralistas se renderam. Vários destes foram mortos no confronto.

1265 Leonel de Moura Brizola (1922-2004): gaúcho, de família modesta, formou-se em Engenharia (1949). Casado com Neuza Goulart (irmã de Jango Goulart), afilhado de Vargas, filiado ao PTB, deputado federal (1954), depois prefeito de Porto Alegre e governador do Rio Grande do Sul (1958). Com a renúncia de Jânio Quadros, garantiu a posse do cunhado como Presidente da República (1961) que os militares desejavam impedir. Deputado eleito em 1962, resistiu ao Golpe Militar de

considerando-o subversivo e comunista, sendo o evento suspenso, assim como um busto que havia sido oferecido pelo governo de Brizola.

Apesar dessas retaliações, a câmara do Rio Pardo conseguiu aprovar uma pensão de 5 mil cruzeiros ao ex-oficial, seguida pela Assembleia Legislativa do Estado, que aprovou uma pensão de oito mil cruzeiros e invalidou a primeira oferta.

Na Guanabara, em 1961, recebeu do governo roberto Silveira duzentos mil reis, da verba pessoal de representação para construir uma casa própria.

A residência foi construída num terreno comprado pelo filho na periferia de São João de Meriti, em Coelho da Rocha, local humilde e num barranco.

Em março de 1964, durante a Rebelião dos Marinheiros, que antecedeu o golpe militar, foi chamado a uma reunião, num sindicato próximo à Central do Brasil. Saiu desanimado pelo que observou na reunião. Posteriormente, os "rebeldes" foram presos, sob a liderança do cabo Anselmo, que, na realidade, era um espião infiltrado para delatar os marinheiros considerados revolucionários.

Depois do golpe militar de 1964,[1266] o "Almirante Negro" ficou isolado em casa.

1964, foi cassado e exilou-se no Uruguai, de onde foi expulso em 1977. Posteriormente, exilou-se nos EUA e Portugal. Regressou ao Brasil em 1979 e fundou o PDT. Foi eleito governador do Rio de Janeiro em 1982. Candidatou-se à presidência e perdeu em 1988. Em 1998, fez dobradinha com Lula, sendo candidato a vice-Presidente.

1266 Golpe Militar de 1964: dado pelas Forças Armadas em 1964, com a participação de políticos civis, contra o Presidente Jango Goulart, em 31 de março. As tropas marcharam de Minas Gerais, comandadas pelo General Olímpio Mourão Filho, em direção ao Rio de Janeiro e tiveram apoio de São Paulo. Em 1º de abril, o Congresso Nacional declarou a vacância da Presidência de República e os militares assumiram o poder. O regime ditatorial foi implantado, com a supressão dos direitos

Em dezembro de 1969, João Cândido, aos 89 anos, morreu devido a um câncer no intestino.

Antes de falecer, em 1968, tinha dado uma entrevista ao Museu de Imagem e do Som, em que afirmou:

> Nós, que viemos da Europa, em contato com outras Marinhas, não podíamos mais admitir que, na Marinha do Brasil, ainda um homem tirasse a camisa para ser chibatado por outro homem.
>
> Nós queríamos combater os maus-tratos, a má alimentação na Marinha. E acabar definitivamente com a chibata, o causo era só este.
>
> Depois da Revolta da Chibata caí na penúria. Quando houve a epidemia espanhola, em 1918, estive a serviço dos navios ingleses que estavam aqui, no momento de limpeza, desinfecção, enterrando ingleses. Todos os dias, morriam de trinta a quarenta ingleses. Depois ingressei na pesca, por falta de outra oportunidade. Trabalhei quarenta anos no mercado de pesca.
>
> (...) Em 1959, ali no entreposto da Praça XV, completei quarenta anos no serviço e abandonei esse trabalho. Não tinha resultados, creio que ia morrer de fome!
>
> Abandonei o serviço e fui para o Rio Grande do Sul, sabe fazer o quê? Pedir esmola.
>
> O Estado dera-me uma pensão de oito mil cruzeiros. Hoje, graças a Deus, estou com uma pensão sabe de quanto? Recebi do Banco do Estado este mês 58 cruzeiros, graças a Deus. Hoje estou com 58 cruzeiros, imagine se dá para alguém comer.[1267]

---

constitucionais, perseguição policial e militar, censuras, prisão e tortura contra a oposição. O regime instaurado durou até 1985.

1267 GRANATO, Fernando. *João Cândido*. São Paulo: Editora Selo Negro, 2010, pp. 118-120.

Depois de sua morte, com muita luta contra a censura, João Bosco[1268] e Aldir Blanc[1269] compuseram a música "O mestre-sala dos mares" que expressa a vida de João Candido:

"Salve o navegante negro
Que tem por monumento
As pedras pisadas do cais".

No caso de Cândido, negro e pobre marinheiro, podemos constatar que continua atual a frase do escritor uruguaio Eduardo Galeano: "A Justiça é como uma serpente. Só morde os pés descalços".

No caso da música de João Bosco, cujo título seria "O Almirante Negro", os compositores foram forçados a trocar o nome por "Navegante Negro", por força da censura dos militares.

Em 2008, Lula sancionou a anistia póstuma ao velho, competente e injustiçado marinheiro, ou seja, quase um século depois.

Este foi mais um exemplo de injustiça e das perseguições que ocorreram e ainda ocorrem no Brasil.

1268 João Bosco (1946-): estudou engenharia, mas passou a se dedicar a música brasileira (MPB). Compõe e canta com desembaraço, usando uma linguagem metafórica durante a ditadura (1964-1985), para ludibriar a forte censura existente.

1269 Aldir Blanc (1946-2020): estudou medicina. Foi psicanalista e, também, dedicou-se à MPB, fazendo parceria com João Bosco. A dupla realizou grandes composições e participou pela luta a favor da redemocratização do país.

CAPÍTULO XIII

A ÉPOCA DO CASAL PRESTES, DE GRACILIANO RAMOS E DOS IRMÃOS NAVES

Washington Luiz (1869-1957) – eleito dentro da chamada "política dos governadores", café com leite, assumiu a presidência em 15 de novembro de 1926 e governou até 24 de outubro de 1930, pretendia restaurar as finanças, abrir estradas e pacificar o país. O seu lema era: "Governar é construir estradas" e considerava "a questão social como um caso de polícia". A economia e as finanças do Brasil enfrentavam sérios problemas a algum tempo, devido à variação dos preços do café no mercado externo e à que moeda não estava estabilizada.

> Desde 1925, a distribuição e o financiamento do café paulista estavam sob controle do Instituto do Café do Estado de São Paulo, fundado por Washington Luís. Através do instituto, os produtores tinham acesso aos empréstimos estrangeiros, pois o Estado de São Paulo, como as demais unidades da Federação, não podia emitir. O Banco do Estado de São Paulo recolhia os fundos do Instituto para financiar plantadores. Cabia ao instituto o controle do mercado de preços de exportação, cujas quotas vendáveis eram decididas anualmente. Também retinha

> estoques para manter os preços através do equilíbrio da oferta e da procura. Até 1928, o esquema funcionou, embora sustado pelo recurso ao financiamento estrangeiro, e pela estocagem crescente. A crise de 1929[1270] rompeu o sistema, provocando a diminuição dos credito, a baixa de preços e agravando o problema dos estoques invendáveis, que alcançaram 22 milhões de sacas. Tentando manter os estoques e os preços, o Instituto do Café apelou para o Presidente Washington Luís (1926-1930) e para o Banco do Brasil. Washington Luís, que adotara uma orientação financeira deflacionaria, não somente se recusou a emitir papel-moeda, como também a pressionar o Banco do Brasil a conceder um empréstimo de cem mil contos para atender aos produtores.[1271]

O Ministro da Fazenda era Getúlio Vargas e foi criada a "Caixa de Estabilização", no sentido de conseguir o equilíbrio do câmbio. Foi implantada uma nova moeda, o cruzeiro. Contudo, as tentativas de resolver a crise não tiveram sucesso. Pois havia:

- Aumento das dívidas federais, estaduais e municipais no valor de 50 milhões de libras, tendo, ao mesmo tempo, diminuído a importação e tendo sido exportados, todos os *stocks* de ouro;
- Valorização artificial do café, anulando os lucros da exportação do principal produto com os juros dos empréstimos, das letras, a inflação do papel do crédito, ocasionando a superprodução e a confusão dos mercados. Ao mesmo tempo, acabou reduzindo a capacidade de aquisição das populações rurais da zona mais rica do país, o que se refletiu em todos os negócios;

1270 Crise de 1929: consequência do *crash* da Bolsa de Valores de Nova York, que gerou uma crise econômica mundial. O resultado foi uma forte depressão e o desemprego nos anos 1930. As ações despencaram e as mercadorias ficaram desvalorizadas.

1271 ALBUQUERQUE, Manuel Maurício de. *Pequena História da Formação Social Brasileira*. Rio de Janeiro: Graal, 1981, p. 446.

- Remessa para o exterior em moeda metálica e estrangeria de 26 milhões de libras, só em 1930, apesar de créditos e empréstimos no valor de 10 milhões.

Caíram as exportações de café, cacau e borracha.

A situação econômica do Brasil, portanto, em 1929, era catastrófica e a saturação do povo contra a política dos cafeicultores acabou gerando o golpe de Estado, contra Washington Luís, em 1930.

No campo social e político, as classes médias e o povo não aceitavam a situação caótica em que se encontrava a economia nacional. O tenentismo procurou representar os anseios da população principalmente das classes médias.

Nesse contexto, ocorreram as discussões para a sucessão presidencial de 1930. Washington Luís, então, rompeu com a "política café com leite", indicando para a presidência Júlio Prestes,[1272] governador de São Paulo; ao invés de Antônio Carlos Ribeiro de Andrada,[1273] que presidia Minas Gerais, iniciando uma grande crise política.

Os governos de Minas Gerais, do Rio Grande do Sul e da Paraíba não aceitaram passivamente a ruptura que apresentava o seguinte quadro:

- Antônio Carlos, em Minas, sentiu-se preterido por São Paulo e contestou a indicação de Júlio Prestes, passando a apoiar a oposição ao Executivo Federal.

1272 Júlio Prestes de Albuquerque (1882-1946): advogado pelo Largo de São Francisco, deputado e governador de São Paulo. Foi lançado à presidência por Washington Luís (1929), que rompeu com o acordo da "política dos governadores" (política do café com leite). Foi eleito Presidente, mas não tomou posse, devido à Revolução de 1930, indo ao exílio.

1273 Antônio Carlos Ribeiro de Andrada (1870-1945): mineiro, advogado, formado pelo Largo de São Francisco, deputado federal, Ministro da Fazenda, Presidente de Minas Gerais (1926 a 1930). Desejava ser candidato à Presidência da República (1929), mas foi preterido e apoiou a Revolução de 1930. Participou da Constituinte de 1933.

- Getúlio Vargas, no Rio Grande do Sul, ainda indeciso, recebeu o apoio do patriarca Borges de Medeiros,[1274] para rejeitar a candidatura oficial.

- No Nordeste, a rejeição a Júlio Prestes ocorre por intermédio do governante João Pessoa (Paraíba).

Em decorrência da dissidência, foi criada a Aliança Liberal em 1929, em que o Partido Republicano Mineiro (PRM) lançou a candidatura do governante Getúlio Vargas (Rio Grande do Sul) para a Presidência da República e João Pessoa[1275] da Paraíba, para a vice-presidência.

Para conquistar as camadas populares, principalmente as urbanas, lançaram o seguinte programa em 2 de janeiro de 1930:

– Anistia geral;

– Resolução dos problemas dos sertanejos;

– Revogação das leis compressoras da liberdade;

– Criação de colônias agrícolas;

– A questão social deveria ser estudada.

Em suma: – “O programa é mais do povo que do candidato”.

1274 Antônio Augusto Borges de Medeiros (1863-1961): político gaúcho, advogado, líder do Partido Republicano do Rio Grande do Sul e Presidente do Estado (1898-1907 e de 1913 a 1928). Foi deputado à Assembleia Constituinte de 1933 e candidatou-se à Presidente da República contra Vargas (1934), sendo derrotado. Apoiou a Revolução de 1930 e a Revolução Constitucionalista de São Paulo em 1932.

1275 João Pessoa (1878-1930): paraibano, advogado, auditor da Marinha, Ministro do Supremo Tribunal Militar, governou a Paraíba (1928) e candidatou-se à vice-Presidente da República na chapa de Getúlio Vargas (Aliança Liberal, 1929). Foi assassinado pelo opositor, João Dantas, em Recife.

O Partido Republicano Paulista[1276] não se dedicou a um programa definido ao lançar Júlio Prestes para Presidente, tendo como vice Vital Soares. Dentro da Aliança Liberal, havia alguns políticos jovens e radicais, formados por João Neves da Fontoura,[1277] Osvaldo Aranha[1278] e Virgílio de Melo Franco[1279] que se aproximaram dos "tenentes e não rejeitavam a possibilidade de uma revolta armada em caso de derrota nas urnas". A campanha eleitoral foi violenta, ocorreram choques entre as duas correntes, sendo que, em Montes Claros (Minas Gerais), houve tiroteios com mortos e feridos.

Na Paraíba, em 28 de fevereiro, teve início uma revolta na cidade de Princesa,[1280] liderada por João Pereira Lima, líder do município, contra a tributação aplicada por João Pessoa ao estado, prejudicando

---

1276 Partido Republicano Paulista (PRP): criado em 1873, em São Paulo, propunha a defesa dos ideais republicanos e federativos. Houve uma forte participação dos bacharéis formados em Direito ligados à aristocracia do café.

1277 João Neves da Fontoura (1887-1963): gaúcho, advogado, jornalista, político, escritor e diplomata. Foi prefeito de Cachoeira, parlamentar estadual, deputado federal, vice-Presidente do Rio Grande do Sul (1927). Organizou a Aliança Liberal no estado e participou, ativamente, da Revolução de 1930. Depois, apoiou a Revolução Constitucionalista em 1932 (SP) e, em 1934, foi eleito deputado federal. Posteriormente, optou pela carreira diplomática, sendo indicado a embaixador na França (onde foi impedido pelo domínio nazista) e Lisboa, respectivamente. Em 1946 e 1951, ocupou a cadeira de Ministro das Relações Exteriores. Foi membro da Academia Brasileira de Letras.

1278 Osvaldo Aranha (1894-1960): gaúcho, estudou no Colégio Militar (RJ) e formou-se, também, em Direito. Foi prefeito de Alegrete, deputado federal, secretário do Interior do Estado (1928) e amigo de Vargas. Foi Ministro da Justiça, da Fazenda, embaixador em Washington e Ministro das Relações Exteriores (1938). Defendeu a entrada do Brasil na Segunda Guerra Mundial junto com os "aliados".

1279 Virgílio Melo Franco (1897-1948): mineiro, advogado, jornalista e político. Apoiou e, depois, rompeu com Vargas devido ao Estado Novo. Foi um dos fundadores da União Democrática Nacional (UDN), partido de direita.

1280 Revolta de Princesa: liderada por José Pereira Lima contra a política de tributos, adotada pelo Presidente da Paraíba, João Pessoa.

os "coronéis" que negociavam por intermédio do porto de Recife e foram obrigados a levarem as suas mercadorias para o Porto de Cabedelo (Paraíba). Em 1º de março, foram realizadas as eleições e o candidato oficial, Júlio Prestes, ganhou com 1.100.000 votos; contra 737.000 de Vargas. Segundo os derrotados houve "fraude eleitoral" em todo o Brasil.

Após a derrota, iniciou-se a conspiração para um movimento revolucionário, ocorrendo uma aliança entre os civis e os militares, oriundos das Revoltas Tenentistas, com o intuito de derrubar o governo e impedir a posse de Júlio Prestes. Participaram do complô: Osvaldo Aranha, Batista Luzardo,[1281] João Neves da Fontoura, Francisco Campos,[1282] Virgílio de Melo Franco, Flores da Cunha[1283] e os

---

1281 João Batista Luzardo (1892-1982): gaúcho, médico, fez oposição a Flores da Cunha e Borges Medeiros. Lutou na Revolução Federalista que terminou em 1923, com o Pacto de Pedras Altas. Eleito deputado federal, transferiu-se para o Distrito Federal em 1924, onde fez oposição ao Presidente Arthur Bernardes. Divulgou a Coluna Prestes na Câmara Federal. Ajudou na organização da Aliança Liberal e apoiou a Revolução de 1930, sendo indicado para chefiar a polícia do Distrito Federal. No cargo, tomou medidas anticomunistas. Em 1932, renunciou ao cargo e tentou apoiar a Revolução Constitucionalista de SP, mas não obteve sucesso. Exilado, voltou ao Brasil em 1934 e foi eleito para a Câmara dos Deputados. Incialmente, foi opositor do governo e, posteriormente, apoiou Vargas. Foi embaixador no Uruguai e na Argentina. Apoiou a volta de Getúlio à presidência e defendeu a posse de Jango em 1961.

1282 Francisco Luís da Silva Campos (1891-1968): mineiro, jurista, ministro de diversos governos. Foi o responsável pela Carta Outorgada de 1937, que determinou o Estado Novo de Vargas. A famosa "Constituição Polaca" que consolidou a ditadura de 1937 a 1945.

1283 José Antônio Flores da Cunha (1880-1956): general honorário do Exército, advogado e político. Foi deputado federal (Ceará e Rio Grande do Sul), senador, interventor no Rio Grande do Sul após 1930, governador eleito no estado (1934). Contestou o "Golpe de Estado" em 1937 e foi afastado, exilando-se na Argentina. Voltou à política em 1946, como deputado.

militares Juarez Távora,[1284] João Alberto,[1285] Cordeiro de Farias[1286] e Gois Monteiro[1287] entre outros. O capitão Luís Carlos Prestes não aceitou o convite para participar da Revolução.

Em 26 de julho, a crise ampliou-se radicalmente com o assassinato de João Pessoa, em Recife, por intermédio de João Duarte

---

1284 Juarez Távora (1898-1975): cearense, general, estudou na Escola Militar de Realengo (RJ), participou do levante dos 18 do forte de Copacabana, da Revolta Paulista (1924) e da Coluna Prestes. Apoiou a Revolução de 1930 e reprimiu a Revolução Constitucionalista (1932). Participou da retirada de Vargas da presidência em 1945 e foi opositor em 1954. Foi candidato à Presidência da República contra JK e derrotado. Em 1958, foi eleito deputado federal e, posteriormente, apoiou o Golpe Militar de 1964.

1285 João Alberto Lins Barros (1899-1955): pernambucano, cursou engenharia geográfica (PE) e a Escola Militar do Realengo. Participou do movimento tenentista em 1922, da Coluna Prestes e da Revolução de 1930. Foi interventor Federal em São Paulo. Eleito deputado federal, participou da Constituinte de 1934. Exerceu o cargo de Ministro plenipotenciário brasileiro em Washington (1935) e participou da Liga das Nações em Berna e Otawa. Exerceu diversos cargos durante o Estado Novo, como Diretor-Geral do Conselho Federal da Comissão de Defesa Econômica Nacional (1940) e Coordenador da mobilização econômica (1942). Ajudou na penetração e exploração do Oeste brasileiro. Escreveu: *Memórias de um revolucionário*.

1286 Oswaldo Cordeiro de Farias (1901-1981): gaúcho, Marechal de Exército, participou do movimento tenentista (1922 e 1924) da Coluna Prestes e da Revolução de 1930.

1287 Pedro Aurelio de Góis Monteiro (1889-1956): alagoano, general, estudou na Escola Preparatória do Realengo e na Escola Militar de Porto Alegre (RS). Escreveu para o jornal O *Debate* de Getúlio Vargas. Procurou reprimir a Coluna Prestes (1929-1926) e chefiou as tropas revolucionarias gaúchas para depor Washington Luís em 1930. Criou a "Legião de Outubro" que defendia posições fascistas e reprimiu a Revolução Constitucionalista de 1932. Apoiou a implantação do Estado Novo em 1937. Namorou, inicialmente, o Eixo (Alemanha, Itália e Japão) e, depois, foi designado para o Comitê de Defesa da Constituinte (1944). Ajudou a depor Vargas em 1945 e foi eleito senador (1947-1950). Atuou, também, como Ministro do Superior Tribunal Militar (1952).

Dantas,[1288] da elite social paraibana, adversária do candidato a Vice-Presidência da República e apoiador da "Revolta de Princesa".

No Congresso, a situação ficou bastante tensa, e o parlamentar Lindolfo Collor[1289] acusou o Presidente da República de ser o responsável pelo assassinato, quando, em discurso, afirmou:

> Presidente Washington Luís o que fizestes com João Pessoa?
>
> Era a "gota d'água" para o andamento do plano revolucionário. O movimento foi planejado para eclodir em todo o Brasil.
>
> No Sul, seria dirigido por Osvaldo Aranha, com a participação de vários chefes militares, inclusive Luís Carlos Prestes; no Norte, seria chefiado por João Pessoa e contraria com a direção militar de Juarez Távora; em Minas, a liderança caberia a Antônio Carlos, com a direção militar de Leopoldo Néri da Fonseca. O movimento teria também repercussão em São Paulo, sob a direção de Siqueira Campos, e no Distrito Federal, com o apoio de Pedro Ernesto Batista.[1290]

1288 João Duarte Dantas (1888-1930): advogado, opositor do governo de João Pessoa, devido à divulgação de suas cartas íntimas (amorosas), assassinou-o em Recife. Foi preso e morto na cadeia por linchamento.

1289 Lindolfo Leopoldo Boekel Collor (1890-1942): gaúcho, formado em Farmácia, jornalista, poeta e adepto das ideias liberais. Frequentou a Escola de Altos Estudos Sociais, jurídicos e econômicos (RJ). Militou no PRR e tornou-se positivista. Dirigiu o jornal *A Federação*. Foi deputado federal, aderiu à Aliança Liberal e participou da Revolução de 1930. Com Vargas na Presidência da República, foi nomeado para o Ministério do Trabalho Indústria e Comércio, recém-criado, em novembro de 1930. Demitiu-se do cargo em 1932 e apoiou a Revolução Constitucionalista de São Paulo contra o autoritarismo de Vargas. Ficou exilado até 1934, quando houve anistia geral. Foi preso durante a implantação do Estado Novo e, liberado, exilou-se na França e em Portugal. Voltou ao Brasil com a saúde precária (1941) e faleceu no Rio de Janeiro, em 21 de setembro de 1942.

1290 ABREU, Alzira Alves de; BELOCH, Israel (Coord.). *et al. Dicionário Histórico-Biográfico Brasileiro*: 1930-1983 – DHBB. Rio de Janeiro: Forense Universitária FGV/CPDOC-FINEP, 1984, p. 4998.

A revolução eclodiu em 3 de outubro de 1930 em Porto Alegre, que foi dominada pelo comando de Gois Monteiro. No dia 4, Vargas conclamou os gaúchos para a luta armada e conseguiu a adesão de 50 mil voluntários. Em Minas, a revolução se iniciou no mesmo dia, sob o comando do tenente coronel Aristarco Pessoa[1291] e Osvaldo Cordeiro de Farias. A Paraíba deu iniciou à revolução no dia 4 de outubro, liderada por Juarez Távora e José Américo de Almeida.[1292] A marcha dos revolucionários das diversas regiões do Brasil tinha como alvo a capital federal (Rio de Janeiro).

> A marcha das colunas revolucionárias gaúchas continuava em direção a São Paulo. O destacamento principal deslocava-se por via férrea, sob as ordens de Miguel Costa, que, sem maiores obstáculos, chegou a Ponta Grossa. Enviado a Curitiba para coordenar a ação das tropas que estavam sendo transportadas do Rio Grande do Sul, João Alberto não encontrou dificuldades para avançar até Capela da Ribeira, a leste de Itararé, além da divisa do Paraná com São Paulo.[1293]

1291 Aristarco Pessoa Cavalcanti de Albuquerque (1879-1949): coronel, irmão de João Pessoa, comandou as tropas mineiras contra Washigton Luís em 1930.

1292 José Americo de Almeida (1887-1980): paraibano, escritor, advogado e político. Foi Secretário do Interior no governo de João Pessoa, Procurador Geral e interventor do Estado da Paraíba (1930). Foi Ministro da Viação (1935), Ministro do TCU e candidato à Presidência da República (1937). Com o Estado Novo, afastou-se da política e fez oposição à ditadura. Em 1951, foi eleito senador e, depois, governador da Paraíba. Em 1953, voltou à pasta da Viação. Obra: *A bagaceira*, *A Paraíba e seus problemas*, *O ciclo revolucionário do ministério da Viação* etc. Pertenceu à Academia Brasileira de Letras e ao Instituto Histórico e Geográfico de São Paulo.

1293 ABREU, Alzira Alves de; BELOCH, Israel (Coord.). *et al*. *Dicionário Histórico-Biográfico Brasileiro*: 1930-1983 – DHBB. Rio de Janeiro: Forense Universitária FGV/CPDOC-FINEP, 1984, p. 5001.

> Enquanto o avanço das tropas ocorria, "um grupo de oficiais-generais, liderados por Augusto Tasso Fragoso,[1294] exigiu a renúncia do Presidente através de um documento encaminhado por intermédio de Dom Sebastião Leme,[1295] cardeal-arcebispo do Rio de Janeiro. Ante a negativa de Washington Luís, no dia 24 de outubro, os militares determinaram o cerco do palácio Guanabara e sua prisão. Washington Luís foi substituído por uma junta governativa provisória, composta pelo general Tasso Fragoso, seu chefe, o general João de Deus[1296] e o almirante Isaías de Noronha.[1297] [1298]

Em 31 de outubro, Vargas chegou ao Rio de janeiro, com um uniforme militar e foi recebido por uma grande manifestação popular. Tomou posse em 3 de novembro como Chefe do Governo Provisório instalado. O ex-Presidente deposto partiu para o exílio.

1294 Augusto Tasso Fragoso (1869-1945): maranhense, estudou na Escola Militar do Rio de Janeiro, engenheiro, historiador militar e general. Presidiu a Junta Militar Pacificadora após o afastamento de Washington Luís em 1930. Escreveu *A História da Guerra entre a tríplice aliança e o Paraguai*.

1295 Sebastião Leme da Silveira Cintra (1882-1942): capixaba, estudou na Universidade Gregoriana de Roma e recebeu as ordens sacras em 1904. Foi Bispo-Auxiliar do Rio de Janeiro (1911), Arcebispo de Olinda (1916) e Cardeal em 1930. Esteve do lado do Presidente Washington Luís durante o seu afastamento do governo para evitar violência física. Foi responsável pela construção do Cristo Redentor no Corcovado (RJ).

1296 João de Deus Mena Barreto (1874-1933): gaúcho, cursou a Escola Militar do Rio Grande do Sul e concluiu os estudos na Praia Vermelha (RJ). General de divisão, participou da Junta Militar, que assumiu o governo após a deposição de Washington Luís (1930). Foi interventor no Rio de Janeiro, Ministro do STM e participou da Revolução Constitucionalista de 1932.

1297 José Isaías de Noronha (1873-1963): carioca, cursou a Escola Naval, foi contra-almirante (1923) e dirigiu a Escola Naval até 1925. Participou da Junta Militar que governou, temporariamente, o país em 1930.

1298 ABREU, Alzira Alves de; BELOCH, Israel (Coord.). *et al. Dicionário Histórico-Biográfico Brasileiro*: 1930-1983 – DHBB. Rio de Janeiro: Forense Universitária FGV/CPDOC-FINEP, 1984, p. 5001.

A partir desse momento, a "República Velha" foi encerrada e teve início o predomínio dos exportadores, importadores, da burguesia financeira e industrial, caracterizando "a República Nova".[1299] A elite, ligada apenas à terra, passou a ser substituída pela elite do dinheiro. Vargas compôs um ministério heterogêneo e formado por:

Fazenda – José Maria Whitaker[1300] (banqueiro paulista);

Exterior – Afrânio de Melo Franco[1301] (representante de Minas);

Justiça – Osvaldo Aranha (representante do Rio Grande do Sul);

Agricultura – Assis Brasil[1302] (estanceiro gaúcho);

Guerra – General Leite de Castro (da Junta Provisória);

Marinha – Almirante Isaías de Noronha (da Junta Provisória);

Viação e obras públicas – Juarez Távora (representando os tenentes);

1299 República Nova (1930-1985): nome adotado após a Revolução de 1930 para classificar as transformações econômicas sociais e políticas que o Brasil sofreu a partir da administração de Getúlio Vargas. A República Velha (1889-1930) foi considerada obsoleta e conservadora.

1300 José Maria Whitaker (1878-1970): paulista, advogado pelo Largo São Francisco, banqueiro, secretário da Fazenda de Washington Luiz, Presidente do Branco do Brasil, Ministro da Fazenda (indicado por Vargas e em 1955) e Presidente do Banco Comercial do Estado de São Paulo.

1301 Afrânio de Melo Franco (1870-1943): mineiro, formado em Direito pelo Largo São Francisco, promotor, jurisconsulto, político e diplomata. Foi deputado federal (1906), Ministro da Viação (1918), representante do Brasil na Liga das Nações (1923 a 1926), Juiz da Corte Permanente de Arbitragem de Haia e apoiou a Aliança Liberal. Atuou na VIII Conferência Pan-Americana de Lima (1938).

1302 Joaquim Francisco de Assis Brasil (1857-1938): gaúcho, advogado formado pelo Largo de São Francisco, republicano histórico, apoiou a Revolução de 1930, Ministro da Agricultura do "Governo Provisório", escritor e historiador. Escreveu: *História da República Riograndense*, *Unidade Nacional*, *Democracia Representativa*, entre outras obras.

Foram criados os Ministérios do Trabalho, Indústria e Comércio; e o da Educação e Saúde Pública, e, respectivamente, designados para os cargos Lindolfo Collor e Francisco Campos. A chefia de polícia ficou com Batista Lusardo. A "Era Vargas" estava tendo seu início.

13.1 O Ciclo de Vargas

- Economia – o Brasil e o mundo estavam enfrentando a crise oriunda da queda da bolsa de Nova York.

> O valor médio da saca de café exportada desceu de 4,71 libras em 1929 a 1,80 entre os anos 1923-1934, chegando a 1,29 nos três anos seguintes. A revolução, que representava a negativa em prosseguir uma nova política de defesa do indefensável, retrocedeu em seus propósitos, pois, a partir de 1932, o governo passou a auxiliar os produtores com uma série de medidas, entre as quais a redução pela metade de suas dívidas bancárias. Como sempre, a classe senhorial voltava a recompor sua unidade depois das divisões transitórias. E afastava novamente a classe média, representada em particular pelos militares do tenentismo, aos quais as novas condições de luta política haviam cortado toda a possibilidade de participar dos acontecimentos.
>
> O problema principal consistia em saber de que modo a economia brasileira enfrentaria uma crise de tão graves proporções e de efeitos tão profundos. A primeira forma de reação consistiu em defender os níveis de exportação com outros produtos além do café, já que a economia nacional dependia da exportação e não era possível modificar repentinamente esse cenário tradicional. Adquiriu, então, importância um produto agrícola que, aproveitando os fatores de produção deixados em disponibilidade pelo café, teve rápido incremento graças a condições externas favoráveis: o algodão. O valor-ouro da exportação vinha sofrendo desde 1910 uma redução progressiva: a média anual de 1926-1930 havia sido de 88.200.000 libras-ouro e no quinquênio 1931-1935 foi de apenas 38.000.000, fato que se refletiu na violenta queda do

> valor da moeda. Em consequência, o Brasil passou a importar menos, reduzindo a dois terços o valor das importações. A capacidade de importar não se recuperou nos anos da década de 30: em 1937 era ainda mais baixa que em 1929. Se a reação se limitasse à substituição do café pelo algodão, não se alcançariam os antigos níveis de desenvolvimento. Os fatos mostraram, entretanto, que aquela reação era possível. Em 1933, quando ainda não haviam se manifestado nos Estados Unidos os sinais da recuperação, já a renda nacional brasileira começava a crescer. Isso provava com absoluta clareza que a recuperação brasileira não dependia, como era tradicional, de fatores externos, mas que se apoiava em fatores internos. Assinalava-se, desta maneira, um fato novo na economia do país. A redução das importações era compensada pela oferta interna e a demanda interna provou ser um elemento dinâmico da economia nacional. O processo assinalou, então, a transferência de capitais de um setor a outro, e não só do café ao algodão, mas também do setor agrícola a outros, principalmente ao industrial. Daí por diante, qualquer teoria ou planejamento que não levasse em conta o mercado interno estaria condenado ao fracasso ou ao descrédito.[1303]

Houve a chamada "metamorfose do capital agrário" para o setor secundário, segundo Celso Furtado,[1304] em *Formação Econômica*

1303 SODRÉ, Nelson Werneck. *Evolução Social e Econômica do Brasil*. Porto Alegre: Editora da Universidade UFRGS, pp. 86-88.

1304 Celso Furtado (1920-2004): paraibano, estudou Direito no Rio de Janeiro, doutor em economia na França (1948), integrou o CEPAL (Comissão Econômica para a América Latina, em 1949), presidiu o BNDE-CEPAL (grupo misto de estudos, 1953-1957) e realizou o Plano de Metas de JK. Foi superintendente da Sudene, Ministro Extraordinário do Planejamento de Jango e autor do Plano Trienal, que propôs as reformas de base. Exilado, lecionou em Cambridge (Inglaterra), Sorbonne (França) e Washington (EUA). Voltou ao Brasil durante a abertura política e foi Ministro da Cultura do governo Sarney. Escritor e historiador lançou: *Formação Econômica no Brasil*, *O Brasil pós-Milagre*, *A Fantasia Desfeita*, entre outras obras.

do Brasil. Para contornar a desvalorização do produto, foi criado o Conselho Nacional do Café (CNC) que passou a realizar a queima de do produto no sentido de contornar a superprodução e tentar aumentar o valor da rubiácea.

"O CNC mediante uma taxa de 10 *shillings*" (depois elevada a 15), com uma contribuição do Governo Federal, comprará os estoques excedentes para incineração à razão de 10 milhões de sacas por ano. Até 1937, pelo fogo e pela água, lançadas ao mar, foram destruídas 70 milhões de sacas. O CNC desenvolveria, ainda, intensa propaganda em prol dos cafés finos, cujo preço era muito maior no mercado internacional. Trataria, também, o CNC de conquistar novos mercados inclusive a União Soviética. E, finalmente, diminuiria o custo de produção, pela redução de salários e tarefas dos colonos, a 50%. Ao fim de um ano dessa política, os preços não haviam ainda melhorado.

Por volta de 1931, havia, no Brasil, cerca de 2 milhões de desempregados ou semidesempregados.

No campo político, Vargas realizou intervenções nos estados para a retirada das oligarquias tradicionais, gerando reações contra a sua governança. Algumas manifestações de descontentamento ocorreram no período:

- Em dezembro de 1930, ocorreu um conflito, no baixo meretrício do Rio de Janeiro, que foi reprimido violentamente pela polícia, tendo vários mortos e feridos.
- Em janeiro de 1931, houve choque entre a polícia e os soldados do exército em Niterói.
- Na mesma época, ocorreu um violento tiroteio entre os moradores do Morro do Salgueiro e militares que tentaram dominar o local.
- Em 1º de maio de 1931, a Força Pública Paulista ensaiou uma rebelião por intermédio de três batalhões.

- Ainda em maio, ocorreu um levante em Recife do 21º batalhão, que foi abortado.

Os militares, representados pelos tenentes, para defender as suas teses criaram o “Clube 3 de outubro”, incentivados por Góis Monteiro. O Clube pretendia introduzir e fixar os militares em disputas políticas, fora dos quartéis, pois pretendiam algumas reformas sociais e não confiavam na elite política do país.

Para antagonizar com o Clube, foi criada a “Legião de outubro” por Francisco Campos, civil, que congregava elementos fascistas, os “camisas pardas”. As ideologias, consideradas de direita e esquerda, passavam a se apresentar e a digladiar no início da época Vargas.

13.2 A Revolução Constitucionalista em São Paulo (1932)

A oligarquia cafeeira tinha perdido o controle da República, sofria, na própria carne, a desvalorização do café e ainda era obrigada a aceitar interventores em São Paulo. Além disso, o Governo Provisório não estava respeitando os princípios da Constituição de 1891 e nem consolidava uma “nova constituinte” para o Brasil. Diante desse contexto, a elite paulistana começou a planejar uma revolução em defesa dos princípios constitucionais, envolvendo Minas Gerais e Rio Grande do Sul, nas pessoas de João Neves da Fontoura e Artur Bernardes. Reivindicavam, também, a nomeação de um governante civil para São Paulo.

Houve a coligação do Partido Republicano Progressista – PRP (São Paulo) e Partido Libertador (Rio Grande do Sul).

A evolução dos fatos em 1932:

- Em fevereiro – houve agitações nas ruas, escolas e faculdades contra o Governo e em defesa da Constituição de 1891.
- Em 23 de maio, um grupo estudantil tentou depredar e invadir o local onde estava a Legião Revolucionária de Miguel Costa

e, com a reação dos militares, foram mortos quatro manifestantes: Miragaia, Martins, Dráuzio e Camargo (MMDC).

- Em junho, as agitações aumentaram, e teve início uma forte campanha à base de *slogans*: "São Paulo conquistado", "São Paulo dominado por gente estranha" e até "Convocação imediata da Constituinte".
- Em 9 de julho, teve início a Revolução em São Paulo, esperando apoio de Minas Gerais e do Rio Grande do Sul.
- Em 10 de julho, foi lançado o "Manifesto ao povo paulista", assinado pelos líderes: General Isidoro Dias Lopes e pelo Coronel Euclides de Figueiredo.[1305] Foi criada uma Junta Revolucionária com a participação do general Bertoldo Klinger (chefe militar do movimento),[1306] Francisco Morato (PD),[1307] Pádua Sales (PRP)[1308] e Coronel Júlio Marcondes Salgado (Comandante da força pública).[1309]

1305 Euclides de Oliveira de Figueiredo (1883-1963): militar, opositor de Vargas, participou da Revolução Constitucionalista de 1932, foi preso após o "*putsch* integralista" (1938) e exilou-se. Pai do futuro Presidente da República, João Batista Figueiredo.

1306 Bertoldo Ritter Klinger (1884-1969): gaúcho, estudou na Escola Militar da Praia Vermelha (RJ), cursou engenharia militar, participou da Coluna Prestes e foi chefe de polícia no Rio de Janeiro, em 1930. Rompeu com Vargas e participou da Revolução Constitucionalista de 1932.

1307 Francisco Morato (1868-1948): paulista, advogado pelo Largo de São Francisco, inspetor escolar, Promotor, vereador, deputado e professor. Líder do PD. Apoiou a Aliança Liberal e participou da Revolução de 1930. Rompeu com Vargas devido à intervenção tenentista em São Paulo e ajudou na organização da Revolução Constitucionalista de 1932. Estava exilado em Lisboa e Paris após a derrota militar de São Paulo em 1932. Publicou: *Os dez mandamentos do civismo*, *A Nação: Manifesto político*, *O Papel do Jurista* etc.

1308 Antônio de Pádua Sales (1860-1957): representou o PRP.

1309 Júlio Marcondes Salgado (1890-1932): militar, comandou a Força Pública de São Paulo.

São Paulo tornou-se um campo de batalha, mas os paulistas ficaram isolados do resto do país, poies não conseguiram o apoio de outros estados, como desejavam, foram cercados pelas tropas governistas e acabaram, após diversas batalhas, capitulando em 1º de outubro, com um armistício negociado entre os generais Bertoldo Klinger e Góis Monteiro, representante de Vargas.

> Essa revolução, ainda tão comemorada em certos círculos, foi a "utilização de sentimentos e princípios que se antagonizavam com o tenentismo. E o tenentismo era o que no governo existente persistia como revolucionário". Assim, a oposição à revolução de 1932 teria decidido apoio do tenentismo que não possuía "um programa revolucionário bem definido e que faz com que, vitorioso militarmente, deixe que o movimento contrarrevolucionário prossiga e alcance a sua vitória em 1934, com a volta ao regime constitucional (...). O equilíbrio das forças políticas, após a derrota militar da revolução de 1932 poderia ser esquematizado na seguinte forma: o tenentismo ganhara nova projeção na vida política, mas com a perda parcial do seu espírito de grupo, e especialmente, do seu espírito revolucionário". E, se assim podemos dizer, o espírito da revolução de 1932 progrediu, obtendo, de fato, afinal, a vitória. "O próprio ditador com a sua vocação civilista e o seu espírito de desgastar as forças que pudessem romper com a ordem social, põe-se ao lado da reconstrução constitucional, talvez temeroso de que se desencadeasse um estado crônico de conflitos militares, ou mesmo civis. Em 1934, o país recebe a sua nova Constituição e entra no regime de legalidade.[1310]

Como fim da revolução paulista, Vargas convocou uma "constituinte" para normalizar a situação política e jurídica do país.

1310 CRUZ COSTA, J. *Pequena História da República*. Rio de Janeiro: Civilização Brasileira, 1968, p. 126.

A Terceira Constituinte Brasileira[1311] foi instalada em 10 de novembro de 1933, contando com 250 representantes na câmara e 50 representantes classistas. A 16 de julho de 1934, foi aprovada a "nova Constituição", que, em suas disposições transitórias, afirmava, em seu artigo 1º, que haveria "eleição indireta para Presidente da República". Foi eleito, como Presidente, Getúlio Vargas, para governar até 3 de maio de 1938.

As inovações, trazidas com a Constituição, foram:

O artigo 116, que dá à União poderes para monopolizar, por motivo de interesse público, determinadas indústrias.

O artigo 117, o qual prevê a nacionalização progressiva dos bancos de depósitos e as das empresas de seguros, "devendo constituir-se em sociedade brasileira, as que operam no país".

Parágrafo único – do artigo 120 – A lei assegurará a pluralidade sindical e a completa autonomia dos sindicatos. Garante ao trabalhador, jornada de 8 horas, proibição de trabalho a menores de 14 nos, repouso semanal obrigatório, férias remuneradas, indenização por dispensa sem justa causa, assistência e licença remunerada à gestante etc.

O parágrafo 4º do artigo 120 afirmava: "O trabalho agrícola será objeto de regulamentação especial, em que se atenderá tanto quanto possível, ao disposto neste artigo".

O artigo 122, afirmava: "Para dirimir questões entre empregados e empregadores regida pela legislação social, fica instituída a justiça do trabalho".

1311 Terceira Constituinte Brasileira – Após a tentativa frustrada de afastar Vargas da presidência com a Revolução Constitucionalista Paulista de 1932, houve a convocação de uma Constituinte (1933) para democratizar o país. A Constituinte ficou encarregada de realizar a terceira Constituição brasileira. Anteriormente, o Brasil tinha a experiencia da Constituições de 1824 (Império) e de 1891 (republicana). A Constituição foi promulgada em 1934.

O art. 125 – O usucapião passa a ser aplicado dentro de um período de 10 anos, quando a Constituição anterior exigia um prazo de 30 anos, para a posse da terra produtiva não reclamada pelos seus possíveis proprietários.

Parágrafo único – A constituição dos Tribunais do Trabalho e das Comissões de Conciliação obedecerá sempre ao princípio da eleição dos membros, metade pelas dos empregadores, sendo o Presidente de livre nomeação do governo.

Nessa nova fase da governança de Vargas, os "tenentes", que chegaram ao poder, desvincularam-se de suas ideologias anteriores.

João Alberto afirmava: "Os tenentes engordaram, não brigam mais". O "Clube 3 de Outubro" foi fechado por intermédio de Góis Monteiro. Mas, neste período, explodiram, no cenário político nacional, duas tendências ideologicamente bem definidas, a Aliança Nacional Libertadora (ANL), de esquerda e a Aliança Integralista Brasileira (AIB), de direita.

13.3 A Aliança Nacional Libertadora

Criada segundo os moldes da Frente Popular Internacional (do Partido Comunista).[1312] Visava estabelecer uma frente única anti-imperialista, incorporar a massa ao movimento popular revolucionário e trabalhar pala Instauração do Poder da Aliança Nacional – Libertadora.

A ANL era, portanto, um instrumento tático legal de ação entre as massas, manipulada pelos comunistas, particularmente pelo Capitão Luís Carlos Prestes, que havia rompido com o movimento Tenentista.

1312 Partido Comunista: o Partido Comunista Soviético tentava apoiar movimentos de esquerda com o trabalho da Frente Popular Internacional. Apoiava Revoluções Socialistas e se posicionava contra o imperialismo em diversos locais. No Brasil, tinha ligação com o PCB.

O "programa básico" da ANL era:

1) Suspensão definitiva do pagamento das dívidas imperialistas do Brasil, consideradas já pagas, e, aplicação da quantia assim retida, em benefício do povo explorado do Brasil.

2) Nacionalização imediata de todas as empresas imperialistas pôr a considerarmos "arapucas", para as quais os brasileiros trabalham como cães; enquanto os seus lucros vão para o bolso de alguns magnatas estrangeiros.

3) Proteção aos pequenos e médios proprietários e lavradores; entrega das terras dos grandes proprietários aos camponeses e trabalhadores rurais que as cultivam, por considerarmos terem sido eles os que as valorizaram com o seu trabalho, e, portanto, são os seus únicos e legitimes proprietários.

4) Gozo das mais amplas liberdades populares pelo povo brasileiro, nele incluídos os estrangeiros que aqui trabalharam e são aflorados como nós próprios. Estas liberdades foram conquistadas pelo povo que nunca as gozou, de fato, em toda sua plenitude. Hoje, ele as reclama e é legitimo o direito que tem de ser satisfeito, custe o que custar.

5) Constituição de um "governo popular", orientado somente pelos interesses do povo brasileiro, e do qual poderá participar qualquer pessoa na medida da eficiência da sua colaboração.

Devido à situação reinante, à crise econômica social e política, a "Aliança" congregou, em menos de um ano, muitos partidários oriundos da "classe média".

Devido à "tendência comunista", a ANL foi fechada, em 1935, como uma proteção natural aos interesses do governo.

Aderiram ao movimento:

O capitão de Mar e Guerra Hercolino Cascudo, os generais Miguel Costa e Felipe Moreira Lima, além de estudantes, que, como Carlos Lacerda, divulgaram as ideias da Aliança.

A Aliança Integralista Brasileira (AIB) – criada sob os modelos fascistas, defendeu os interesses das classes conservadores de extrema direita. O movimento foi criado por Plínio Salgado,[1313] autor dos romances: *O esperado*, *O estrangeiro* e o *Cavaleiro de itararé*. Propunha um Estado autoritário e nacionalista, uma sociedade hierarquizada, uma suprema autoridade do chefe da nação acima dos cidadãos, instituições e ordem social rígidas. Um dos seus ideólogos, Gustavo Barroso,[1314] admitia o racismo, defendendo a superioridade dos brancos (arianos). Criticavam o liberalismo democrático, eram anticomunistas e defendiam os regimes fascistas e nazistas europeus. Usavam "camisas verdes", a saudação com braço levantado e mão espalmada, exclamando: – *Anauê* (salve). Faziam desfiles similares aos de Hitler e Mussolini. Desejavam, o chamado "Estado Integral", uma síntese final das realidades nacionais. Usavam o lema populista: "Deus, Pátria e Família". Em pouco tempo, transformou-se num partido político e conseguiu reunir mais de 300 mil adeptos em todo o Brasil. Os grupos integralistas, constantemente, entravam em choque com os defensores da democracia, e os denominados socialistas ou comunistas em seus desfiles nas praças e ruas.

1313 Plínio Salgado (1895-1975): paulista, jornalista, escritor e político. Participou do Movimento Modernista e foi chefe da AIB. Organização que imitava o fascismo italiano e o nazismo alemão, portanto de extrema direita. Combateu os comunistas de forma radical. Escreveu: *O estrangeiro*, *O Esperado*, *A vida de Jesus* etc. O governo Bolsonaro usou o *slogan* na sua ascensão ao poder de 2018 a 2022.

1314 Gustavo Dodt Barroso (1888-1959): cearense, jornalista, escritor, historiador, diplomata e político. Advogado, Secretário do Interior e da Justiça do Ceará, deputado federal e secretário da delegação brasileira à Conferência de Paz em Versalhes (1919). Integralista radical, participou da conspiração para derrubar Vargas em 1938. Foi membro da ABL. Escreveu: *História Militar do Brasil*, *Uniformes do Exército Brasileiro*, *Tamandaré, o Nelson Brasileiro*, *O Brasil na Lenda e na Cartografia Antiga* etc.

O país, novamente, estava em ebulição política, que explodiu com a Revolta da ANL, dominada "intentona comunista".

13.4 A Revolta da ANL ou a denominada Intentona Comunista

Após o lançamento do "Manifesto de 5 julho", realizado pela "Aliança", orientada por Luís Carlos Prestes, o governo determinou o fechamento da entidade, que passou a atuar na clandestinidade. Foi preparada uma insurreição político-militar, sob a tutela do PCB, mas com a participação de liberais, democratas, socialistas, sindicalistas, comunistas e opositores de Vargas. Com o intuito de derrubá-lo do governo.

A insurreição foi planejada para eclodir em novembro de 1935.

A marcha dos acontecimentos:

- 23 de novembro, eclodiu o movimento no Rio Grande do Norte com a sublevação do 27° batalhão de Caçadores. Participaram soldados e sargentos que depuseram o governador Rafael Fernandes.[1315] Os revoltosos esperavam apoio popular, mas ficaram isolados, a massa não acompanhou o "movimento".

A junta governativa foi composta por: Lauro Cortez Lago, Quintino Clementino e João Galvão.

- 24 de novembro, eclodiu o "movimento" em Recife, comandado por Nilo Meireles, Gregório Bezerra[1316] e outros. Toda-

1315 Rafael Fernandes (1891-1952): nasceu no Rio Grande do Norte, formou-se em medicina e dedicou-se à política. Foi prefeito de Mossoró, deputado federal e Governador do estado (1935). Foi deposto durante o levante comunista ocorrido em Natal (27/11/1935) e ficou refugiado no navio da companhia francesa Latecoère. Depois, retomou o governo.

1316 Gregório Lourenço Bezerra (1900-1983): pernambucano, de família de lavradores, carregador, vendedor de jornais (ambulante) e ajudante de obras em Recife. Foi preso em 1917, durante uma greve em Recife.

via, a sublevação do 29° batalhão de Caçadores falhou, e os revoltosos foram obrigados a render-se ao governo.

– 26 e 27 de novembro, sublevação do 3° regimento de infantaria do Rio de Janeiro, sediado na Praia Vermelha, sob a direção de Álvaro de Souza[1317] e Agildo Barata.[1318] Os revoltosos do-

---

Entrou no Exército em 1922, foi deslocado para o Rio de Janeiro um ano depois. Neste período, conseguiu se alfabetizar, optou pela carreira militar e chegou a sargento – instrutor em 1927. Posteriormente, foi transferido a Pernambuco (21° BC) e iniciou os contatos com o PCB. Em 1930, transformou-se em militante comunista, organizando uma célula de militares. Ajudou na divulgação da ANL e ficou responsável pelo levante em Recife (1935). Durante tentativa de sublevar o quartel-general (24), entrou em luta corporal com alguns oficiais, saindo ferido e atingindo dois adversários. Ferido, ao ser atendido num pronto-socorro, foi preso e levado ao hospital militar. Durante à sua prisão, foi torturado e condenado a uma pena de 27 anos. Foi anistiado em 1945 e eleito deputado federal nas eleições do mesmo ano em Pernambuco. Foi preso, novamente, após a cassação dos parlamentares comunistas. Em 1964, quando Jango foi deposto pelos militares, foi preso, seviciado e arrastado pelas ruas de Recife. Foi libertado em 1969, junto com 14 presos políticos em troca do embaixador dos EUA, Charles Burke Elbrick que tinha sido sequestrado. Esteve em Cuba e exilou-se na URSS. Voltou ao Brasil com a abertura política (1979) e realizou críticas ao PCB devido às posições moderadas do partido. Ajudou o PMDB nas eleições de 1982 como candidato a deputado federal por Pernambuco. Ganhou apenas uma suplência. Faleceu em 1983.

1317 Álvaro de Souza (1923): estudou na Escola Militar de Realengo (RJ, em 1923). Após a Revolução de 1930, engajou-se na "Legião Cívica 5 de Julho" (tenentista). De tenente foi promovido à Capitão (1935), participou da ANL e do Levante denominado comunista (1930). Estava com o 3° Regimento a Infantaria (3° RI) na Praia Vermelha e, como comandante da Companhia de Metralhadoras, liderou a rebelião contra o Governo. Fez parte da cúpula do movimento. Álvaro foi preso e expulso do exército. Em 1937, foi condenado a 10 anos de prisão. Em 1945, foi anistiado.

1318 Agildo da Gama Barata Ribeiro (1905-1968): carioca, estudou no Colégio Militar e depois na Escola Militar de Realengo (RJ). Participou do movimento tenentista e da Revolução de 1930. Posteriormente, foi para a oposição a Vargas e apoiou a Revolução Constitucionalista de 1932. Esteve preso devido à Revolta Paulista. Exilou-se em Portugal e

minaram o quartel, porém não receberam adesões completas da oficialidade.

Os revoltosos estão isolados e não recebem apoio das massas populares; por conseguinte, são logo dominados pelas tropas legalistas comandadas pelo general Góis Monteiro.

O movimento, que se dizia do povo, não durou nem 48 horas e a massa popular ficou completamente alienada ao que ocorria neste momento. A revolta de cúpula do PCB, encetado por Luiz Carlos Prestes, abortara.

Dominada a "intentona", ocorreu a maior limpeza política já realizada no país com prisões em massa efetuadas pelo chefe de polícia do governo Filinto Müller.

As prisões ocorrem arbitrariamente, envolvendo pessoas que não tinham nada a ver com o problema, como foi o caso de Graciliano Ramos (escritor); a mulher de Prestes, Olga Benário, grávida, que foi entregue aos nazistas alemães entre outros.

Estava preparado o golpe de Estado do governo Vargas.

---

integrou-se à ideologia de esquerda, lendo autores anarquistas e comunistas. No final de 1933, voltou ao Brasil, foi anistiado e promovido a Capitão. Em 1935, entrou no PCB e integrou-se à ANL. Em 27 de novembro, ajudou a tomar o quartel do 3º RI e aprisionar os oficiais legalistas. Durante o ataque, foram mortos o tenente Tomas Meireles e o Major Misael de Mendonça, legalista. Foram cercados, bombardeados pela aviação e derrotados pelo governo. Foi condenado a dez anos de prisão. Em 1945, foi anistiado e eleito Vereador do Distrito Federal (1947). Com a cassação do PCB perdeu o mandato e se dedicou a organizar as finanças do partido. Após a divulgação dos "crimes de Stalin", em 1956, por Nikita Kruschev, saiu do PCB (1957). Em 1962, publicou *A vida de um revolucionário*. Ficou semiparalítico e faleceu em 1968.

Participaram do movimento: o Capitão de Mar e Guerra Herculino Cascarado,[1319] o general Miguel Costa, o Coronel Filipe Moreira Lima[1320] e o estudante Carlos Lacerda[1321] entre outros.

A violenta repressão foi comandada por Filinto Müller.

Com a derrota dos revolucionários, o governo desencadeou uma violenta e sistemática repressão contra todas as forças populares e oposicionistas, inclusive aquelas que não tiveram envolvimento

---

1319 Herculino Cascarado (1900-1967): estudou na Escola Naval (RJ) e foi promovido a tenente. Participou do levante em 1924, tomando o couraçado "São Paulo", contra Artur Bernardes. Após a derrota, exilou-se no Uruguai e foi expulso da Marinha. Voltou ao Brasil e apoiou a Revolução de 1930. Foi anistiado e reintegrado à Marinha pelo novo governo instalado no posto de capitão-tenente. Foi interventor no Rio Grande do Norte por indicação do "Clube 3 de Outubro". Participou da repressão à Revolução Constitucionalista de São Paulo (1932). Ajudou a organizar a ANL e foi detido em 1935. Em 1936, foi desligado da Marinha e, na sequência, condenado a 10 meses e 15 dias de reclusão. Posteriormente, apoiou o Estado-Novo e foi reintegrado à marinha. Ajudou na fundação da UDN, mas como dissidente do programa apresentado foi para o Partido Socialista Brasileiro (1947). Reintegrado na Marinha, alcançou o posto de almirante-de-esquadra. Faleceu em 1967.

1320 Filipe Moreira Lima (1880-1960): nasceu na Paraíba e estudou na Escola Militar do Realengo (RJ). Participou da reunião no Clube Militar que simpatizava com a Revolução de 1930 e preso. Após a posse de Vargas, integrou a Legião Cívica de 5 de julho que defendia os ideais tenentistas e, também, o Clube 3 de Outubro. O irmão, Lourenço Moreira Lima, foi interventor federal no Ceará (1934-1935). Não participou intensivamente da chamada "intentona comunista", mas foi chamado para depor e fugiu com apoio dos revolucionários. Foi decretada a sua prisão e, depois, cassada a sua patente militar. Foi reintegrado à área militar em 1945. Ajudou a fundar a UDN e apoiou Eduardo Gomes à presidência da República em 1945. Posteriormente, aderiu ao Partido Socialista Brasileiro. Faleceu em 1960.

1321 Carlos Lacerda (1914-1977): foi jornalista e político. Militou na juventude comunista e, depois, foi membro da UDN. Exerceu os cargos de vereador, deputado federal e Governador do Estado da Guanabara. Fez oposição a Vargas e JK. Participou do Golpe de 1964, depois criou a Frente Ampla contra a ditadura militar e foi cassado (1968). Fundou o jornal *A tribuna de imprensa*.

direto nos levantes. Ao mesmo tempo, desenvolveu-se uma articulada e massiva campanha baseada em mentiras e distorções. Aproveitando-se do erro cometido pelos dirigentes comunistas, que prepararam o movimento armado num momento em que as condições para seu êxito não estavam reunidas, o governo e todas as forças reacionárias não hesitaram em lançar mão até de grosseiras mentiras, como a conhecida calúnia de que oficiais legalistas teriam sido assassinados na cama, quando dormiam.

No entanto, como afirmou Astrojildo Pereira, considerando o relatório Bellens Porto, (delegado que comandou o inquérito) fonte oficial e básica dos fatos apurados em rigoroso inquérito, a conclusão só pode ser uma e única: não houve morte de soldados e oficiais legalistas na cama.

Foram milhares de prisões, inúmeros os casos de arbítrio e selvagens torturas a que foram submetidos os que caíam nas mãos da polícia. Os cárceres ficaram repletos. Nas palavras de Werneck Sodré, "foram necessários dois anos de propaganda maciça, de violências de toda espécie, de terror policial, para criar as condições indispensáveis à suspensão de todas as garantias". Nos dois anos seguintes a novembro de 1935, uma série de medidas de exceção acabou, na prática, com as garantias constitucionais da Carta de 1934. Entre essas medidas, figuraram a criação do monstruoso Tribunal de Segurança Nacional (STN) e o prolongamento sistemático do estado de sítio, logo transformado em estado de guerra.

> O terrorismo policial e ideológico visava também aos militares. Tratava-se não somente de aniquilar os elementos militares que tiveram contatos ou simpatia pela ANL, mas também de fazer um "saneamento" ideológico e político no seio das Forças Armadas, de maneira a criar um abismo intransponível entre elas e as aspirações populares e democráticas. Mais ainda, a institucionalização do terrorismo político do Estado daria a Vargas instrumentos para combater também seus adversários políticos das elites, oposicionistas, que, perplexas e incapazes de perceber o processo, entregaram a Getúlio as armas

preliminares para a instauração da ditadura do Estado Novo, em novembro de 1937.[1322]

Com o clima de terror instalado em todo o país, foi divulgado o chamado "Plano Cohen",[1323] atribuído ao oficial Olímpio Mourão Filho, que pretendia "matar" o Presidente e a elite política nacional, para a implantação de um regime comunista. Diante da divulgação desaa "ação revolucionária comunista", Vargas solicitou um novo estado de guerra ao Congresso, a fim de coibir esta "perigosa ameaça". O parlamento debateu o pedido e, mesmo com a oposição denunciando a autenticidade do "Cohen", como uma manobra autoritária do governo para conseguir poderes excepcionais, o pedido foi aprovado.

Na realidade, o "Plano Cohen" era apócrifo e engendrado com a participação de integralistas, como Olímpio Mourão Filho. Este fato objetivava impedir as futuras eleições que apresentavam as seguintes candidaturas para a presidência da República: Armando Sales de Oliveira (ligado ao grupo "Estadão"),[1324] José Américo de

---

1322 MENDES JÚNIOR, Antônio; RONCARI, Luiz; MARANHÃO, Ricardo. *Brasil História*: texto e consulta – A Era de Vargas. vol. 4. São Paulo: Brasiliense, 1981, p. 144.

1323 Plano Cohen: nome de um documento apresentado ao país em setembro de 1937, com supostas instruções dos comunistas soviéticos para tomarem o poder à força, por intermédio de uma Revolução. Haveria assassinatos em massa dos que resistissem contra o plano. O plano era falso e teve a participação do capitão Olímpio Mourão Filho. Este *fake* foi usado para a instalação do Estado-Novo e, portanto, a ditadura (1937-1945). O general Góis Monteiro participou desta conspiração como chefe de Estado Maior do Exército.

1324 Armando Sales de Oliveira (1887-1945): paulista, engenheiro e jornalista. Dirigiu o jornal *O Estado de São Paulo* (1935 a 1938) e foi interventor federal em São Paulo. Elegeu-se Governador de São Paulo em 1934 e fundou a USP. Candidato à presidência da República foi tolhido pelo "golpe de estado" de Vargas (1937) que implantou o Estado Novo. Foi preso e exilado. Voltou em 1945.

Almeida (Escritor paraibano, ex-secretário de João Pessoa, ex-ministro de Vargas) e Plínio Salgado (pela AIB).

Os integralistas faziam um "jogo duplo", pois acreditavam que Vargas poderia abrir espaço para o chefe Plínio Salgado chegar, futuramente, ao poder.

Estava tudo pronto para o golpe, a nova Constituição já havia sido elaborada por Francisco Campos, que substituiu a de 9 de novembro, José Carlos de Macedo Soares, e todos os governadores, silenciosamente, participavam do plano de Vargas.

Só Flores da Cunha, no Rio Grande do Sul, com os seus "provisórios", atrapalhava a execução, mas devido a uma perfeita estratégia política-militar, Vargas dominou a situação no Sul, colocando Caudilho para fora do país.

O Congresso, acovardado, a essa altura, devido ao plano Cohen, acaba fazendo tudo o que o Executivo desejava e votou, inclusive, o estado de guerra. As portas do Congresso foram fechadas a 10 de novembro de 1937, pelo novo Ministro da Guerra, General Dutra.

Estava consolidado o golpe de Vargas, e o Diário Oficial divulgou a "Nova Constituição Outorgada". Era o fim, segundo alguns, da "velha república nova".

> O golpe de novembro, oriundo embora do estilo pessoal getuliano de governo – que, segundo Góis Monteiro, não sabia governar um Congresso funcionando – só foi possível porque um conjunto de circunstâncias se havia acumulado no processo histórico nacional e internacional. Em primeiro lugar, o ascenso mundial do nazifascismo, das tendências totalitárias e fascistas da burguesia. Em segundo, porque a própria burguesia brasileira, aterrorizada com o fantasma do socialismo e das frentes populares, estava disposta a receber com bons olhos, como de fato recebeu, um governo forte que liquidasse de vez com a veleidades liberaloides e socializantes das massas. Acresce que a burguesia estava cansada de quinze

> anos de agitações políticas. Desde 1922, as massas e o próprio país viviam em constantes agitações. Era necessário fortalecer o poder executivo, dar-lhe os meios necessários para impor uma paz interna por um longo tempo.[1325]

O Estado Novo – as portas do congresso foram "lacradas" a 10 de novembro de 1937 e instalado o "Estado Novo" (1935-1945). A ditadura estava consolidada. O Presidente se transformou na "autoridade suprema do Estado", coordenador dos órgãos representativos do grau superior, dirigia a política interna e externa. Promovia ou orientava a política legislativa de interesse nacional e superintendente da administração do país, segundo a Carta Magna.

A violência e as perseguições aumentaram contra todos que se opunham ao novo regime, alcançando; inclusive antigos aliados como os integralistas, que foram manipulados pelo "astuto" Vargas. Os integralistas ajudaram na perseguição dos comunistas, colaboraram com a implantação do "Estado Novo", o Presidente, porém, mandou "fechar" todos os partidos, inclusive o integralista (AIB) em dezembro de 1937. Diante dessa realidade, os integralistas arquitetaram a derrubada do Presidente à "mão armada".

O Putsch Integralista (1938) – o ataque ao palácio Guanabara foi efetuado em 11 de maio de 1938, assim como a tentativa da tomada de alguns quartéis. Os sitiados no palácio, juntos com Vargas, resistiram à bala e, após 5 horas de luta, chegaram as tropas governistas que dizimaram os invasores.

Segundo Leôncio Basbaum:

> O plano de ataque ao Palácio Guanabara foi desencadeado na madrugada de 11 de maio de 1938, seis meses após o golpe de

1325 BASBAUM, Leôncio. *História Sincera da República*: de 1930 a 1960. vol. 3. São Paulo: Fulgor/ Alfa-Ômega, 1968, p. 100.

novembro. Por motivos vários, o que quase sempre acontece nesse tipo de quartelada, não pode ser seguido à risca, pois os assaltos a alguns quartéis, ao Ministério da Marinha, a alguns chefes políticos e generais haviam fracassado antes de haverem começado, pelo pavor que se apoderou dos assaltantes. Mas o ataque ao Palácio Guanabara, onde residia Getúlio, foi levado a efeito, com alguma violência, embora com pouca decisão. Aí, um grupo de civis e marinheiros à paisana e alguns fuzileiros navais fardados mesmo, haviam conseguido transpor os portões do jardim, com a conivência da guarda palaciana e já estavam atirando para dentro do palácio.

Enquanto isso, o General Canrobert da Costa,[1326] chefe do Gabinete Militar do Ministro da Guerra, General Dutra, era aprisionado pelos conspiradores, os quais não souberam que fazer com ele. Um ataque era tentado contra o Ministério da Marinha, sob o comando do tenente Hasselmann,[1327] que supunha já haver sido instalado a Junta Governativa, conforme comunicara precipitadamente uma estação de rádio pertencente aos rebeldes. Essa Junta seria constituída pelo

---

1326 Canrobert Pereira da Costa (1895-1955): Carioca, estudou no Colégio Militar e na Escola Militar de Realengo (RJ). Colaborou com a repressão a revolta paulista (1924) e não participou da Revolução de 1930. Combateu os paulistas em 1932. Foi nomeado chefe de gabinete do Ministro da Guerra, general Eurico Dutra, na patente de tenente-coronel. Foi sequestrado pelos integralistas durante o *putsch* de 1938. Foi promovido a general-de-brigada (1942) e assumiu o Ministério da Guerra durante a gestão Dutra. Tentou ser indicado para disputar a presidência da República, mas não obteve sucesso. Fez oposição a Vargas entre 1950 e 1954 e afirmou que o país vivia sob um regime de "falsidade democrática" (1955).

1327 Arnoldo Hasselmann Fairbairn (1909-1992): carioca, cursou a Escola Naval e foi membro da AIB de Plinio Salgado na patente de tenente. Participou do "*putsch* integralista", tomando o prédio do Ministério da Marinha (RJ). Durante o levante, ficou ferido e, depois, foi condenado a 10 anos de prisão. Posteriormente, voltou à carreira militar e chegou ao posto de Almirante. Participou do Golpe Militar de 1964 contra Jango Goulart.

General Castro Junior,[1328] Dr. Belmiro Valverde[1329] e Almirante Raul Tavares.[1330] Encontrando inesperada resistência, o bando debandara.

Os sitiados do Palácio Guanabara trataram evidentemente de pedir socorro de fora, mas as linhas telefônicas estavam cortadas, só restando uma linha secreta ligada diretamente à Chefia de Polícia que, avisada, prometeu enviar socorros, os quais chegaram (...) com 5 horas de atraso! Afinal, chegaram. Cercados, com a retaguarda indefesa, os assaltantes se renderam, ou melhor, abandonaram as armas e trataram de fugir pelos morros vizinhos. Muitos foram presos e a seguir sumariamente fuzilados nos fundos dos jardins do Palácio.

1328 João Cândido Pereira de Castro Jr. (1880-1952): maranhense, militar em 1898, formou-se em engenharia, conseguiu o título de bacharel em matemática e ciências físicas, chegando a coronel em 1929. Legalista, não participou da Revolução de 1930. Contudo, se envolveu com os integralistas no início do Estado Novo para derrubar Vargas e foi indicado para "chefe" do complô, denominado *putsch*, que invadiu o palácio da Guanabara. Foi detido e processado pelo TSN e acabou recebendo uma pena de um ano e nove meses de reclusão. Reformou-se em outubro de 1938.

1329 Belmiro de Lima Valverde (1884-1963): baiano, formado em medicina (1906), premiado pela Academia Nacional de Medicina (1921), crítico do governo Artur Bernardes, acabou exilando-se na Europa. Voltando ao Brasil, apoiou a Revolução Constitucionalista de 1932 e entrou para a AIB (1933). Chefiou o setor de finanças dos integralistas (1934-1936) e participou da conspiração para derrubar Vargas. Ficou no comando do Rio de Janeiro. No dia do *putsch* não participou da invasão ao palácio Guanabara e fugiu. Preso, foi condenado a 16 anos e meio de prisão. Foi anistiado em 1945 e dedicou-se ao seu consultório médico. Escreveu *A lepra no Brasil*, *Aspectos da vida do Brasil: Verdade, justiça, moral* etc.

1330 Raul Tavares (1876-1953): carioca, estudou na Escola Naval, chegou a capitão-tenente (1903) e capitão-de-fragata (1920). Após a Revolução de 1930, recebeu a patente de Capitão-de-mar-e-guerra. Foi nomeado subchefe do gabinete militar da presidência da República e chegou a Contra-Almirante (1932). Foi Presidente do STM em 1944 e aposentou-se no mesmo ano. Foi membro dos Instituto Histórico e Geográfico Brasileiro. Obra: *Guerra hispano-americana*, *Guerra russo-japonesa*, *Marechal Moltke*, *Síntese histórica da marinha brasileira* etc.

> Observe-se que nenhum dos sitiados ou defensores do palácio foi morto ou sequer ferido, apesar do intenso tiroteio.
>
> Quanto ao tenente Severo Fournier,[1331] um patriota desesperado – não integralista – conseguiu fugir e asilar-se, com auxílio de oficiais amigos, na embaixada italiana. O fato motivou uma questão internacional, pois a embaixada se recusava a entregar o asilado, o qual estava ao abrigo de normas internacionais de asilo político, com as quais Filinto Müller e Getúlio não concordavam. Acreditando nas promessas deste último, o pai do tenente convenceu-o a entregar-se, o que realmente fez. Para seu mal, pois, depois de alguns anos de cadeia, abandonado sem tratamento, terminou por morrer de uma tuberculose pulmonar, adquirida na prisão.[1332]

O "Estado Novo" agiu com uma censura rígida a todas as ideias liberais e democráticas pelo Departamento de Imprensa e Propaganda (DIP),[1333] além da forte repressão, tortura e violência

---

1331 Severo Fournier (1908-1946): estudou na Escola Militar (1926) e optou pela cavalaria. Chegou a primeiro-tenente em 1931. Apoiou a Revolta paulista (1932), como ajudante do coronel Euclides Figueiredo, atuando no Vale do Paraíba. Derrotada a Revolução, foi expulso do exército. Anistiado em 1934, voltou às fileiras do exército. Em 1937, passou a colaborar com os integralistas, mesmo não sendo membro da AIB. Em 1938, apoiou a proposta de um "golpe de estado" contra Vargas, foi indicado a coordenador da revolta no Rio de Janeiro e acabou comandando o ataque ao palácio Guanabara para aprisionar o Presidente da República. O *putsch* falhou, Fournier escapou e passou à clandestinidade. Conseguiu asilo na embaixada da Itália (25/06/1938), mas acabou se entregando às autoridades brasileiras por não ter apoio absoluto do embaixador Vincenzo Lojacomo. Posteriormente, foi preso e torturado na Fortaleza de Laje, onde contraiu tuberculose, sob as ordens de Filinto Müller. Anistiado em abril de 1945, faleceu um ano depois devido à tuberculose.

1332 BASBAUM, Leôncio. *História Sincera da República*: de 1930 a 1960. vol. 3. São Paulo: Fulgor/ Alfa-Ômega, 1968, pp. 110/111.

1333 DIP (Departamento de Imprensa e Propaganda): criado por Getúlio Vargas para dar publicidade positiva ao seu governo. Obteve grande sucesso durante o Estado Novo usando o rádio, a imprensa, a música e

contra os opositores do regime Vargas, então, afirmou: "O governo não tem mais intermediário entre ele e o povo".

> O Estado Novo era também a derrota do extremismo da direita, a liquidação dos sonhos dos integralistas que, meses antes do golpe de 1937, davam a todos a impressão de possuir grande força política. Mas, logo, eles, como os comunistas, estariam fora da lei, o que aliás constituiu duvidoso console a muito esquerdista "num esquema simplista" – escreve Nelson Werneck Sodré – "a ditadura fascista de 1937 correspondia a uma tentativa de realizar a revolução burguesa sem o proletariado". Sob a camada que lhe dava fisionomia, atrás da fachada policial, o Estado Novo, realmente, buscaria compor as novas forças econômicas internas. E, na fase ascensional do fascismo, tomava a este as suas exterioridades mais tristes. Mas se o fascismo italiano e o nazismo alemão correspondiam a uma fase capitalista desenvolvida, o Estado Novo deveria corresponder a uma etapa capitalista inicial. As contradições de que surgiu o Estado Novo, e as que se mantiveram ou apareceram na sua vigência, apresentaram-se com uma complexidade que o aparato policial, a brutalidade repressiva e a extremada centralização apenas disfarçaram. Diferenciou-se o Estado Novo, por outro lado, as formas ditatoriais que se tornaram – correntes na América Latina, após a crise de 1929, todas destinadas, aliás, a impedir que a crise desembocasse em alterações mais profundas. Nos dois anos que precederam à eclosão da Segunda Guerra Mundial, as exportações aumentaram restabelecendo-se os negócios, o que veio permitir que se alargasse o prestigio do chefe do Estado Novo. Apesar da moeda brasileira ter baixa cotação, ela ainda não perdera substancialmente, como hoje, o seu valor no mercado interno. No campo, o trabalhador continuava, porém, abandonado como sempre, sem assistência, com salários de fome. Nos grandes centros, São Paulo, Rio

---

o cinema. Realizava, também, censura a tudo que criticasse o Governo. Introduziu a "Voz do Brasil", no rádio brasileiro.

> de Janeiro, Porto Alegre, Belo Horizonte, o surto fabril e imobiliário atraía massas crescentes de gente do interior e do sertão para viverem muitos, nesses centros urbanos, em condições de negra miséria. Assim, surgiram, nas grandes cidades, os elegantes bairros residenciais, os apartamentos – a especulação imobiliária era um fabuloso negócio – e, ao lado disto, as favelas. Opulência e miséria se avizinhavam, a orla dos apartamentos de Copacabana e as favelas dos morros, os hábitos tradicionais de vida se modificavam. A mulher começava a trabalhar. O sistema de vendas a prestações, imitação do *american way of life*, instalava-se dando uma aparência de prosperidade à classe média e até ao trabalhador urbano. Começavam a funcionar as faculdades de filosofia, ciências e letras, as quais ocorreu a pequena burguesia. A vida intelectual é mais intensa; o marxismo (nem sempre muito puro...) tem larga audiência, até nos meios esnobes, sucedendo-lhes ou acompanhando-o, as correntes do pensamento filosófico alemão, o existencialismo – tudo um tanto confuso e vago. Um interesse maior dirige a mocidade para os problemas concretos da vida nacional e ela dedica-se fortemente à sociologia moderna, pois que a sociologia a muitos se lhes afigura ser, como dizia Mário de Andrade, a "Arte de salvar rapidamente o Brasil..." Ao lado disso, os jovens ocupam-se mais seriamente com os estudos econômicos e revelam cada vez um maior interesse pelos problemas nacionais.[1334]

13.5 O Brasil na Segunda Guerra Mundial

Com a eclosão da 2ª Guerra Mundial, a partir de 1939, o Brasil foi obrigado, pelas circunstâncias, a participar junto aos Aliados na luta contra o nazifascismo. O Brasil lutou devido aos ataques efetuados aos navios brasileiros: Baependi, Itagiba, Araraquara, Aníbal Benévolo, Araras, no Oceano Atlântico em agosto de 1942.

1334 CRUZ COSTA, J. *Pequena História da República*. Rio de Janeiro: Civilização Brasileira, 1968, pp. 137-139.

Nesse contexto, a opinião pública brasileira estava revoltada e, a 22 de agosto, Vargas, com seu ministério, declarava guerra ao Eixo.

Daí por diante, o Brasil, até o fim da guerra – serviu para base aérea e naval dos Aliados na região nordestina, e a marinha deu cobertura aos navios que levavam materiais para a guerra, pelo Atlântico Sul.

Em 1944, partiu para a Itália as Forças Expedicionárias Brasileira (FEB), sob o comando do General Mascarenhas de Morais.[1335] O nosso primeiro escalão comandado pelo general Zenóbio da Costa,[1336] após desembarcar em Nápoles, ficou incorporado ao 5º Exército Americano e irá agir na Região Norte da Itália.

As batalhas em que houve atuação brasileira, foram Monte Castelo, Ca Maiore, Castelo Nuovo, Montese e Fornovo.

1335 João Batista Mascarenhas de Morais (1883-1968): gaúcho, sentou praça em 1899, cursou a Escola Militar da Praia Vermelha (RJ), alcançando a patente de coronel (1931), general de brigada (1937) e de divisão em 1942. Foi nomeado comandante da Força Expedicionária Brasileira (FEB) em 1943 para lutar na Itália, com os aliados, contra os nazistas e fascistas. Foi promovido a marechal em 1951.

1336 Euclides Zenóbio da Costa (1892-1963): nasceu em Mato Grosso, estudou no Colégio Militar e na Escola Militar de Realengo (RJ). Como oficial, combateu a Revolta do Contestado e a Revolta do Forte de Copacabana em 1922. Promovido a capitão (1928), participou discretamente da Revolução de 1930. Combateu a Revolução Paulista de 1932 e chegou ao posto de Major. Durante o Estado Novo, chegou ao posto de coronel e, depois, a general de brigada em 1941. Participou da FEB como voluntário para preparar as tropas para a guerra. Comandou 5.800 homens para a 2ª Guerra Mundial e desembarcou em Nápoles em 16 de julho de 1944. Ao voltar ao Brasil (07/1945) comandou a Zona Militar Leste e estrou em conflito com o general Estillac Leal, escolhido como Ministro da Guerra de Vargas em 1950. Assumiu o Ministro da Guerra em 1954 a convite de Vargas, Zenóbio defendeu o afastamento do Presidente com um pedido de licença. Com o suicídio de Vargas, foi substituído no ministério pelo General Henrique Teixeira Loft. Defendeu a posse de JK (1955) e chegou ao posto de Marechal em 1957.

Com o fim da guerra em 1945, o Brasil havia perdido 37 navios e aproximadamente 2000 soldados. A sociedade mundial, daí por diante, sofreu uma série de modificações na forma de conduzir a economia e a política. O Brasil sofreu estes reflexos da Segunda Guerra Mundial.

A Democratização do Brasil – durante a guerra, surgiram as primeiras críticas à Ditadura de Vargas, que apresentava radicais contradições em relação às teses da liberal-democracia que estava sendo defendida na Europa e nos EUA. Em 1943, foi lançado o chamado "Manifesto dos Mineiros", que pedia uma consulta à nação para saber se a Constituição seria definitiva ou não.

Em 1945, José Américo deu uma entrevista ao Jornal *Correio da Manhã*, pedindo eleições diretas. Na mesma época, o 1º Congresso Brasileiro de Escritores exigia a Democracia para o Brasil. O general Góis Monteiro, ao chegar em Montevidéu, onde esteve no Comitê de Defesa Política da Américas, declarou que viera "para acabar com o "Estado Novo", do qual ele fora com o general Dutra, um dos principais fiadores".

Posteriormente, o Governo Federal publicou uma emenda à "Carta de 1937", em que abre o alistamento para a eleição de um Congresso Constituinte.

A essa altura das reivindicações, os políticos aglutinaram-se e criaram alguns partidos políticos, como: UDN (União Democrática Nacional), PTB (Partido Trabalhista Brasileiro), PRP (Partido Republicano Progressista, de Adhemar de Barros), PR (Partido Republicano, de Arthur Bernardes), PSD (Partido Social Democrático) e PSB (Partido Socialista Brasileiro). A UDN será o partido que fará mais oposição a Vargas, pois foi criada em São Paulo e tinha como programa a Declaração de Princípios o "I Congresso de Escritores".

Daí por diante, a UDN caracterizou-se pela oposição ao governo e por "bloquear as mais urgentes reformas em nome da pureza Constitucional".

O Partido Trabalhista apoiou Getúlio, pregando o seu continuísmo (Queremismo).[1337] A partir desse contexto, foi decretada a "anistia geral" e muitos presos foram soltos, inclusive os comunistas que defenderam a legalidade do PCB. O Brasil vivia momentos de tensão, os políticos temiam novo golpe de Vargas.

Alguns políticos desejavam a Constituinte com Getúlio; todavia a perspectiva de novo golpe de Vargas, que nomeou seu irmão Benjamin para Chefe de Polícia, em 25 de outubro, substituindo João Alberto, os chefes militares, encabeçados por Góis Monteiro e Dutra, impuseram uma renúncia para Getúlio, ameaçando-o com o dispositivo militar que estava montado no Rio de Janeiro.

Em 29 de outubro de 1945, Vargas foi obrigado a retirar-se do governo para sua fazenda em São Borja.

Após o seu afastamento, o ex-Presidente modificou a sua política direcionada para a elite dominante. Passou a criticar os americanos e procurou aproximar-se das massas populares. O fato deixou alguns políticos receosos, daí o apoio à sua deposição. Foi substituído pelo Ministro do Supremo Tribunal Federal, José Linhares.

As eleições foram realizadas contando com os seguintes candidatos à presidência da República: Eduardo Gomes (UDN e PR), Eurico Dutra (PSD e PTB), Rolim Telles (Partido Agrário),[1338] Yêdo Fiuza (PCB).

As eleições ocorreram sem violências, após o "Estado Novo".

1337 Queremismo: tentativa dos seguidores de Vargas de mantê-lo na Presidência da República (1945) com uma campanha que tinha como palavra de ordem: "Queremos Vargas". A proposta não teve sucesso, e Vargas foi deposto.

1338 Mário Rolim Telles (1887-1980): paulista, latifundiário, ligado ao café. Fundou o PAN (Partido Agrário Nacional) e foi candidato à Presidência da República. Conseguiu apenas 10.001 votos. Antes, apoiava o PRP. O PAN depois se fundiu ao PRP e o PPS (Partido Popular Sindicalista) e formou o PPSP, comandado por Ademar de Barros.

Foi eleito, a 2 de dezembro de 1945, por intermédio de eleições democráticas ocorridas em todo o país, Gaspar Dutra, conjuntamente com Nereu Ramos, vice-Presidente.

Pela primeira vez, apareciam representantes de todos os partidos nas Assembleias Legislativas. Foi eleito um senador comunista, Luiz Carlos Prestes pelo Rio de Janeiro e também 15 deputados federais. Houve a criação de uma nova Assembleia Constituinte para dar uma Carta Magna ao país.

A Constituição foi promulgada a 18 de setembro de 1946 e apresentou a mesma linha da "Carta de 1891", ou seja, impregnada de liberalismo, mas sem procurar resolver os problemas infraestruturais do Brasil.

Foi nessa época atribulada que foram perseguidos, presos e injustiçados Luís Carlos Prestes, Olga Benário Prestes, Graciliano Ramos e os irmãos Naves. Foi uma época tenebrosa, cheia de medo e terror na política brasileira. O poder judiciário e a justiça sucumbiram durante esse período.

13.6 Olga Benário Prestes e Luís Carlos Prestes – Uma vindita ideológica da justiça – Retaliação ao extremo

Luís Carlos Prestes (1898-1990) – nasceu em Porto Alegre, filho do militar Antônio Pereira Prestes e da professora Leocádia Felizardo Prestes. O pai era capitão da arma de engenharia, positivista,[1339] defensor do movimento republicano e a mãe lecionava no curso primário, ambos com princípios humanistas e de justiça.

1339 Positivista (Positivismo): doutrina filosófica de Auguste Comte, em que todo o conhecimento advém dos dados dos sentidos. Acredita que o pensamento humano se divide em três estágios: o religioso, o metafísico e o científico.

A família se deslocou várias vezes a Porto Alegre, devido à carreira de Antônio, e morou no Rio de Janeiro.

Em 1906, Prestes iniciou o primário na Capital Federal, tendo ficado órfão de pai em 1908. A família passou a ter dificuldades financeiras, levando-o a fazer o concurso para o Colégio Militar. Aprovado duas vezes, não foi matriculado, por não ter apoio de um "pistolão".[1340] Diante desse impasse, a sua mãe pediu ajuda ao General Bento Ribeiro,[1341] conhecido de seu pai, para conseguir a tão desejada vaga, obtendo sucesso em 1909. Na Escola Militar, optou pela religião católica, sendo batizado em 1916, devido à influência do Padre Pio Santos e do professor de latim, Joaquim da Silva Gomes. Essa decisão religiosa tardia foi consequência de uma reflexão paterna que acreditava que a escolha religiosa dos filhos deveria ocorrer após os dezoito anos. Nessa fase de estudos, Prestes aprofundou as leituras dos clássicos da Filosofia, como Voltaire,[1342] Rousseau[1343] e Diderot,[1344] que encontrou na "biblioteca positivista" do seu pai.

1340 Pistolão: gíria para explicitar apadrinhamento, proteção dada por gente influente a alguém.

1341 Bento Ribeiro: general, amigo da família de Prestes.

1342 François-Marie Arouet Voltaire (1694-1778): filósofo, historiador, escritor e dramaturgo francês iluminista. Obras: *Cândido*, *Tratado da tolerância*, *Dicionário filosófico*, *O século de Luís XIV*, *A história de Carlos XII*, *Cartas inglesas* etc.

1343 Jean Jacques Rousseau (1712-1778): filósofo suíço, radicado na França, iluminista, defendeu a tese de um "contrato social" e o "princípio da igualdade". Obras: *Emílio*, *A nova Heloísa*, *Discurso sobre as ciências e as artes*", *Discurso sobre a origem e os fundamentos da desigualdade entre os homens*, *O Contrato Social* etc.

1344 Denis Diderot (1713-1784): filósofo iluminista francês. Editor e pesquisador da famosa "*Enciclopédia*". Obras: *Pensamentos filosóficos*, *A religiosa*, *Cartas sobre os cegos* etc.

Em 1916, ingressou na Escola Militar de Realengo (RJ) e teve como colegas, Juarez Távora,[1345] Eduardo Gomes,[1346] Oswaldo Cordeiro de Faria[1347] e Newton Prado,[1348] personagens ativos do movimento tenentista a partir da Revolta do Forte de Copacabana, em 1922. Cursou a arma de engenharia e foi considerado aspirante-oficial em 1918. Dois anos depois, obteve o título de bacharel em Ciências Físicas e Matemáticas. Com 22 anos, era respeitado por ser um dos primeiros alunos da Escola Militar. Formado, foi servir na 1ª Companhia Ferroviária de Deodoro (RJ). Em 1920, já como segundo-tenente, exerceu a função de instrutor da Escola Militar.

Após a experiência como instrutor, demitiu-se do cargo da Escola Militar, por discordar das orientações relativas à distribuição do material didático para os estudantes. Voltou para a 1ª Companhia Ferroviária de Deodoro.

1345 Fernandes do Nascimento Juarez Távora (1898-1975): cearense, estudou na Escola Militar de Realengo, participou do "levante" contra Epitácio Pessoa e Artur Bernardes. Esteve na Coluna Prestes. Apoiou Vargas na Revolução de 1930. Reprimiu a Revolução Constitucionalista de 1932 (SP). Participou do governo de Vargas e, depois, passou à oposição. Foi candidato à Presidência da República (1955). Destacou-se durante o movimento tenentista.

1346 Eduardo Gomes (1896-1981): cursou a Escola de Aviação e, como tenente, participou da Revolta do Forte de Copacabana (1922), onde foi gravemente ferido. Participou da Revolução de 1930, ajudou na organização da FAB (Força Aérea Brasileira) e do Correio Aéreo Nacional. Foi duas vezes candidato à Presidência da República pela UDN (1945 e 1950).

1347 Oswaldo Cordeiro de Faria (1901-1981): gaúcho, participou das "revoltas tenentistas" e da Coluna Prestes. Apoiou a Revolução de 1930, combateu a Revolução Constitucionalista de 32, como chefe da polícia de São Paulo. Foi interventor no Rio Grande do Sul. Comandou a FEB no setor de artilharia. Ajudou a depor Vargas em 1945 e criou a ESG (Escola Superior de Guerra). Participou do Golpe Militar de 1964 e foi Ministro do Presidente Castelo Branco. Criticou o AI-5 e apoiou a abertura política.

1348 Newton Prado: segundo tenente que participou da Revolta do Forte de Copacabana (Os 18 do Forte), sendo morto na ocasião.

Em 1922, o Brasil enfrentou uma profunda crise política, social e econômica. Epitácio Pessoa,[1349] como Presidente, conduziu a eleição polêmica de Artur Bernardes[1350] ao governo e um grave conflito no setor militar. A oposição ao candidato oficial à presidência se aliou ao Marechal Hermes da Fonseca,[1351] que representava o Clube Militar e, juntos, participaram do conflito sobre o episódio das "Cartas Falsas"[1352] em que Bernardes era acusado de denegrir os militares. Prestes esteve, no Clube Militar, presente em assembleia sobre o tema que gerou a revolta dos Tenentes contra o governo. Com a vitória de Artur Bernardes à presidência, Prestes se licenciou do exército, devido a "problemas de saúde" e passou a lecionar Matemática e Geometria para alguns alunos particulares a fim de manter a família.

Nesse ínterim, eclodiu a crise política em Pernambuco, envolvendo o Clube Militar que, por intermédio de Hermes da Fonseca, criticou duramente o Executivo Federal. Em decorrência, o governo decretou o fechamento do Clube Militar e a prisão de Hermes, seu

---

1349 Lindolfo da Silva Epitácio Pessoa (1865-1942): paraibano, advogado pela Faculdade de Direito de Recife, promotor, deputado, Ministro da Justiça (1898) e do STF (1902). Eleito Presidente da República em 1919, enfrentou a revolta tenentista (1922) e a grave crise social e econômica. Foi juiz da Corte de Justiça Internacional de Haia.

1350 Artur da Silva Bernardes (1875-1955): mineiro, formado em Direito pelo Largo de São Francisco (SP), deputado (estadual e federal), Governador de Minas (1918) e Presidente da República (1922-1926). Enfrentou as revoltas tenentistas da década de 20 com estado de sítio. Ajudou a Revolução de 1930 e, depois, foi opositor de Vargas, apoiando a Revolução Constitucionalista de 32. Apoiou a redemocratização em 1945.

1351 Hermes Rodrigues da Fonseca (1855-1923): militar, sobrinho de Deodoro, chegou a Marechal em 1906. Reorganizou o exército como Ministro da Guerra (1908) e foi eleito Presidente da República em 1910. Governou em estado de sítio e com uma política intervencionista nos estados. Casou-se, em 1913, com Nair de Teffé, 31 anos mais jovem. Apoiou a Revolta do Forte de Copacabana (1922).

1352 Cartas Falsas: atribuídas a Artur Bernardes contra Hermes da Fonseca e os militares, durante as eleições de 1922.

Presidente, ocasionando a Revolta do Forte de Copacabana, em 05 de julho de 1922.[1353]

Prestes esteve em reuniões para articular o "levante", mas não atuou no dia da rebelião por estar doente. No mesmo ano (1922), foi transferido ao Rio Grande do Sul (Santo Ângelo, Santiago do Boqueirão e São Nicolau), tendo, agora, a patente de Capitão.

Em Santo Ângelo, atuou no 1º Batalhão Ferroviário como Chefe de Departamento de Construção e acabou denunciando casos de corrupção administrativa no setor. Em 1924, envolveu-se na "conspiração" para derrubar o Presidente Artur Bernardes e, novamente, pediu licença, por "motivo de saúde", para atuar de forma concreta na trama. A "revolução" planejada eclodiu em 5 de julho de 1924, nos estados de São Paulo, Sergipe e Amazonas.

Contudo, apenas São Paulo resistiu à repressão governamental, graças à atuação da Força Pública, comandada pelo General Isidoro Dias Lopes, que obteve o apoio do Major Miguel Costa. Durante três semanas, os revolucionários paulistas resistiram às "tropas legalistas", mas a cidade foi bombardeada e parcialmente destruída.[1354]

Depois recuaram para Mato Grosso e em seguida ocuparam Guaira (PR). No sul, Prestes ficou demissionário do exército e passou a organizar o levante militar gaúcho em Santo Ângelo. Em 28 de outubro de 1924, iniciou rebelião, junto com o tenente Mario Portela Fagundes, tendo a participação de 300 soldados da companhia do

---

1353 Revolta dos 18 do Forte de Copacabana: ocorreu em 5 de julho de 1922 no Rio de Janeiro contra Epitácio Pessoa e Artur Bernardes, iniciando o movimento tenentista. Vinte e oito oficiais saíram do forte e enfrentaram as tropas legalistas. No final, estavam apenas dezoito militares que foram metralhados. Escaparam somente Eduardo Gomes e Siqueira Campos, feridos.

1354 ASSUNÇÃO, Moacir. *São Paulo deve ser destruída*: a história do bombardeio à Capital na Revolta de 24. São Paulo: Editora Record, 2015, p. 38.

1º Batalhão ferroviário, que estava abrindo a estrada de ferro local. O manifesto, lançado pelos revoltosos, apoiou o General Isidoro,[1355] para a derrubada de Bernardes e denunciou a entrega das alfândegas brasileiras para a Inglaterra em consequência de acordo feito sobre a dívida externa. Imediatamente, tropas rebeldes se manifestaram em São Borja, Alegrete, Cachoeira do Sul, São Luiz, Gonzaga e Uruguaiana. Os oficiais, que comandaram estas revoltas, respectivamente, foram: Tenentes Siqueira Campos,[1356] João Alberto Lins de Barros,[1357] Renato da Cunha Lima, Capitão Fernando Távora, Tenente João Pedro Gay e Juarez Távora. Durante os confrontos com as "tropas legalistas", Prestes se destacou e passou a comandar a coluna de resistência ao governo, formada pelo 2º e 3º Regimentos de Cavalaria e o 1º batalhão ferroviário, com aproximadamente 2.000 homens. Os "revolucionários" se deslocaram para São Luiz Gonzaga, liderados pelo Capitão, e foram cercados por quase 10 mil soldados governistas, então, optaram por marchar para o norte, com o intuído de se unirem a Isidoro. Passaram, também, a usar a tática da "guerra de movimento", ou seja, guerrilha.

1355 General Isidoro Dias Lopes (1865-1949): general do exército reformado, comandou a revolta paulista de 1924 contra Artur Bernardes. Ocupou São Paulo e se retirou diante dos ataques legalistas para o interior do Estado. Posteriormente, juntou-se às tropas revolucionárias, originando a Coluna Prestes.

1356 Antônio de Siqueira Campos (1898-1930): paulista, militar, participou dos movimentos tenentistas (Revolta do Forte de Copacabana, Revolução de 1924, Coluna Prestes). Morreu num desastre aéreo, quando tentava chegar a Buenos Aires para convencer Prestes a apoiar Vargas, na Revolução de 1930.

1357 João Alberto Lins de Barros (1889-1955): militar pernambucano, participou do movimento tenentista, cursou a Escola Militar do Realengo. Participou da Coluna Prestes, da Revolução de 1930, foi interventor em São Paulo e Constituinte em 1934. Foi Ministro em Washington e participou de diversos cargos no governo Vargas. Escreveu: *Memórias de um revolucionário*.

O encontro dos revoltosos gaúchos e paulistas ocorreu em Foz do Iguaçu (12/04/1925) e decidiram prosseguir na luta, numa "marcha" pelo Brasil, com o intuito de conseguir tirar Artur Bernardes da presidência, "contando" com o apoio da oposição em vários pontos do país. Com a junção das colunas, o comando ficou com Miguel Costa, que foi promovido pelos rebeldes a general-de-brigada.

Nesse momento, a chamada 1ª Divisão Revolucionária, tinha cerca de 1.500 homens, sendo 800 do Rio Grande do Sul. Diante dessa situação, o comandante-geral, Miguel Costa, delegou, na prática, a coluna para ser conduzida por Prestes, iniciando a "Grande Marcha"[1358] pelo Brasil, em 29 de abril de 1925.

A "coluna", chefiada pelo capitão, lutou contra as tropas do governo durante dois anos e três meses, percorrendo treze estados brasileiros, aproximadamente 25.000 km e enfrentou 53 combates. Foram derrotados treze generais do exército pela "coluna", além de representantes do coronelismo, jagunços e cangaceiros aliados do poder central. Em 1926, Miguel Costa e Prestes lançaram o manifesto "Motivos e ideais da Revolução", que abordou os seguintes pontos sobre o país:

- Impostos exorbitantes, falta de justiça, corrupção, voto de cabresto, censura à imprensa, retaliações políticas, ingerência na autonomia dos estados, abandono aos problemas sociais e abuso do "estado de sítio".
- Propuseram o ensino gratuito para todos (primário, ensino técnico e profissionalizante), liberdade de expressão, voto secreto e obrigatório, unificação da justiça sob o comando do STF e do fisco, punição aos corruptos, equação da dívida pública e apoio às forças produtivas do país.

1358 A Grande Marcha: consequência da coligação de tropas paulistas e gaúchas, sob o comando de Miguel Costa e Luís Carlos Prestes. Usaram a tática de guerra de guerrilhas e percorreram o Brasil durante quase 2 anos, numa tentativa de derrubar Artur Bernardes da presidência.

Em 1926, foi eleito o Presidente Washington Luís,[1359] e como natural consequência, o comando da "coluna" decidiu partir ao exílio e ingressaram na Bolívia no início de 1927. A "coluna", que recebia o nome de Prestes, pela sua competência na condução dos militares, estava com apenas 620 homens, que tinham sentido na própria carne as agonias e a miséria do povo brasileiro, principalmente no interior do Brasil. Após esta marcha, Prestes se transformou em líder militar nacional e passou a ser chamado de "O cavaleiro da esperança", contra o que predominava na República Velha. No exílio (Bolívia, Argentina e Uruguai), Prestes resolveu estudar a realidade brasileira e analisar os problemas sociais, entrando em contato com as obras de Lênin,[1360] Marx[1361] e Engels.[1362]

Na Bolívia, trabalhou no saneamento da região oriental, contratado pela *Bolivian's Concession Limited*, que colonizou o país.

1359 Washington Luís Pereira de Sousa (1870-1957): carioca, advogado formado pela São Francisco (SP), promotor, historiador e político. Foi vereador, deputado, Secretário da Justiça (SP), Prefeito (SP), Governador (SP) e, depois, Presidente da República. Foi deposto pela Revolução de 1930, liderada por Vargas.

1360 Lenin – Vladimir Ilyich Ulianov (1870-1924): Pensador e revolucionário russo. Liderou a Revolução Bolchevique de 1917 que criou a URSS (União das Repúblicas Socialistas Soviéticas). Refletiu sobre a teoria e a práxis, com base nos escritos de Marx e Engels. Obras: *O Estado e a Revolução*, *Cadernos filosóficos* etc.

1361 Karl Marx (1818-1883): alemão, filósofo, jornalista, economista e revolucionário. Redigiu, com Engels, *O manifesto comunista* (1848). Foi expulso da Alemanha, França e Bélgica devido às suas posições ideológicas. Exilou-se em Londres, onde faleceu. Obras: *O Capital*, *A ideologia alemã* etc.

1362 Friederich Engels (1820-1895): alemão, filósofo, empresário e socialista. Encontrou-se com Marx na década de 1840, fazendo uma competente parceria nas críticas ao capitalismo. Obras: *Anti-Dhüring*, *A origem da família, da propriedade privada e do Estado*, *A sagrada família* etc.

Em 1927, Astrojildo Pereira,[1363] secretário geral do PCB,[1364] encontrou-se, em Puerto Suarez, com o "capitão" a fim de realizar um acordo entre o "proletariado revolucionário e as massas populares", que foram influenciadas pela "Grande Marcha", mas não conseguiu realizar este objetivo. Em 1928, deslocou-se para Buenos Aires e, em contato com o "porta-voz" de Siqueira Campos, recebeu a sugestão de voltar ao Brasil na clandestinidade para continuar a "luta revolucionária". Não aceitou a proposta e aprofundou os seus estudo sobre o "marxismo-leninismo". Na Argentina, trabalhou como comerciante de café e de madeira, além de participar na construção de uma avenida em Santa Fé. Nesta fase, vários revolucionários argentinos, uruguaios, bolivianos e paraguaios o procuraram para conseguir o seu apoio e engajamento nas tentativas de rebeliões sociais nos seus respectivos países.

Em 1929, encontrou-se com o intelectual e militante do PCB, Leôncio Basbaum,[1365] que estava na I Conferência Latino-Americana dos Partidos Comunistas e recebeu a proposta de se candidatar à Presidência da República, numa frente ampla, para suceder Washington Luís, mas rejeitou.

No Brasil, com o acordo entre Minas Gerais, Rio Grande do Sul e Paraíba, foi lançada a "Aliança Liberal" (1929),[1366] que lançou

---

1363 Astrojildo Pereira (1890-1965): escritor, anarquista, um dos fundadores do PCB em 1922 (RJ). Crítico literário, dedicou-se a estudos sobre Machado de Assis. Obras: *Interpretações*, *Ensaios históricos e políticos*, *URSS, Itália, Brasil*, *Machado de Assis, ensaios e apontamentos* etc.

1364 PCB – Partido Comunista do Brasil: fundado em 1922, com a participação de ex-anarquistas. Defendia uma revolução proletária com a influência da URSS.

1365 Leôncio Basbaum (1907-1969): pernambucano, médico, escritor e militante comunista. Obras: "*História sincera da república* (4 volumes), *Sociologia do materialismo*, *Processo evolutivo da história*, *História e consciência social*, *Alienação e humanismo* etc.

1366 Aliança Liberal (1929): acordo entre as forças políticas de Minas Gerais, Rio Grande do Sul e Paraíba contra a candidatura de Júlio Prestes à

Getúlio Vargas candidato à presidência contra Júlio Prestes,[1367] obtendo, também, o apoio dos "tenentes" ligados às revoltas na década de 20. Prestes não apoiou a "Aliança Liberal" e comentou: "Dia a dia aumenta em mim a convicção de que os tais liberais desejam tudo menos a Revolução". Nesse período, numa tentativa de seduzir "O cavaleiro da esperança",[1368] Vargas realizou dois encontros clandestinos na tentativa de um acordo com "o capitão", mas foram infrutíferos. Em 1930, rejeitando todas as "propostas dos companheiros-tenentes", para apoiar Getúlio, lançou o "Manifesto de maio" no *Diário Nacional*, criticando-os pelo "adesismo" à "Frente Liberal" e propondo uma revolução socialista.

Usou, para elaborar o texto, documentos do "Partido Comunista do Brasil" (PCB) e da "Internacional Comunista (IC).[1369]

Nas eleições de 1° de março de 1930, Júlio Prestes foi eleito Presidente da República e começaram os acordos da oposição derrotada para desencadear uma "revolução", mas sem o apoio do "Cavaleiro da Esperança". Prestes defendeu que a mudança de homens no poder, o voto secreto, a liberdade eleitoral, a honestidade administrativa, o respeito à Constituição, a moeda estável, e outras panaceias não resolveram os problemas da população. Era necessário o apoio de

---

presidência. Apoiou a candidatura de Getúlio à presidência e João Pessoa em 1930. João Pessoa governava a Paraíba.

1367 Júlio Prestes de Albuquerque (1882-1946): advogado pelo Largo de São Francisco, deputado e governante de São Paulo. Foi lançado à presidência por Washington Luiz (1929), que rompeu com o acordo da "política dos governadores" (política do café com leite). Foi eleito Presidente, mas não tomou posse, devido à Revolução de 1930, indo para exílio.

1368 Cavaleiro da Esperança: nome dado a Luís Carlos Prestes durante a "Grande Marcha" pelo Brasil, entre 1924-1926.

1369 Internacional Comunista (IC): surgiu em oposição ao oportunismo da 2ª Internacional que apoiou a burguesia nacionalista durante a Primeira Guerra Mundial (1914-1918). Apoiava os socialistas revolucionários internacionalistas. O primeiro congresso da IC ocorre em 1919.

qualquer revolução que se fizesse, pois, ao contrário, seria uma luta entre as oligarquias dominantes.

Em 2 de outubro de 1930, na Argentina, devido a uma entrevista à *United Press*, criticando os militares argentinos, considerados coniventes com o imperialismo norte-americano, Prestes foi preso e depois solto desde que fosse para o outro país. Deslocou-se, então, para Montevidéu, onde, em manifesto, passou a apoiar princípios da Revolução Bolchevique[1370] e propostas do PCB. Em 3 de outubro de 1930, eclodiu a Revolução com Vargas e os tenentes, que derrubaram W. Luiz, levando-o ao comando da nação. Em contato com o Partido Comunista Uruguaio, em 7 de novembro de 1931, o "Cavaleiro da Esperança" aceitou a proposta de se deslocar para Moscou juntamente com a mãe e irmãs. Em Moscou, tentou se filiar ao Partido Comunista da URSS (PCUS),[1371] mas não foi aceito, devido à proibição de novas filiações engendradas por Stalin.[1372] Em agosto de 1934, foi admitido oficialmente no PCB com o apoio do Bureau Internacional Comunista (Komintern)[1373] e, posteriormente, veio

---

1370 Revolução Bolchevique (1917): neste mesmo ano, foi deposto o tzar Nicolau II da Rússia e foi organizado um "governo provisório" comandado por Kerensky. Em outubro, Lênin e o Partido Bolchevique afastaram o "governo provisório" e impuseram o socialismo na Rússia. Enfrentou a resistência dos russos brancos (contrarrevolucionários) e, posteriormente, implantou a chamada URSS.

1371 URSS: União das Repúblicas Socialistas, oficializada em 1922.

1372 Joseph Stalin (1879-1953): militante político que participou dos movimentos revolucionários da Rússia e integrou-se ao Partido Bolchevique com Lênin. Foi preso diversas vezes. Após a Revolução (1917), foi secretário geral do PCUS (1921-1922). Com a morte de Lênin, chegou ao poder, afastando Trotsky (1927). Governou de forma autocrática, reprimiu os camponeses e os dissidentes do Partido Comunista. Realizou o pacto germano-soviético (1939) que não obteve o sucesso desejado. Acabou resistindo à invasão de Hitler contra a URSS, durante a Segunda Guerra Mundial com o apoio dos aliados.

1373 Komintern (Bureau Internacional Comunista): nome dado à diversas associações de trabalhadores socialistas e comunistas. A primeira foi criada em 1864 na Inglaterra com o nome de Associação Nacional

ao Brasil, onde enfrentava um processo de "deserção do exército". Durante a estadia em Moscou, participou de planos para impedir a ascensão do fascismo[1374] e do nazismo.[1375] Entrou em contato com o VII Congresso Internacional Comunista, onde se discutiam planos para a organização de "frentes populares", contra essas ideologias com representantes de vários países latinos (Brasil, Peru, Uruguai, Paraguai, Bolívia e México). Por decisões coletivas, com posicionamento da IC, chegaram a conclusões de que deveria ocorrer uma Revolução no Brasil, que já estava "preparado para a luta armada" e o comando deveria ser integral a Luís Carlos Prestes, por ser considerado o verdadeiro estrategista da "grande marcha" (1924-1926).

O "Cavaleiro da Esperança" voltou ao Brasil em 29 de dezembro de 1934 e contava com a assessoria do alemão Arthur Ernest Ewert

---

dos Trabalhadores. A segunda foi em 1889, em Paris, no Congresso Internacional dos Trabalhadores. A Terceira Internacional ou Komintern foi criada pelos Bolcheviques na URSS. Durante o período stalinista atuou de forma repressora, tendo apoiado os expurgos realizados pelo governo.

1374 Fascismo: regime político, implantado na Itália, liderado por Bento Mussolini (1929 a 1945). Tinha um programa nacionalista e contra o liberalismo. Defendiam a ditadura e os *fasci* (esquadrões). Atacavam os sindicatos, cooperativas e opositores às suas propostas. Usavam camisas pretas e marcharam sobre Roma, tomando o poder. Cultuavam o chefe do partido e do Estado, como se fosse "o mito". Consideravam inimigos, os liberais, os socialistas, os comunistas e os democratas. Foram corporativos e altamente belicosos.

1375 Nazismo: abreviatura dada ao Partido Nacional Operário Alemão (1920), fundado com o apoio de Adolf Hitler. Foi um contraponto à derrota alemã na 1ª Guerra Mundial. Congregava militares, comerciantes, estudantes, marginais da sociedade e defendia a ditadura, o antissemitismo, o nacionalismo, a censura e a guerra.

(Harry Berger),[1376] Rodolfo Ghioldi (argentino),[1377] Jules Lêon Valée (belga),[1378] Victor Allen Barron (americano)[1379] e Pavel Stuchevski (ucraniano).[1380]

Em 12 de março de 1935, ocorreu a fundação da "Aliança Nacional Libertadora" (ANL), que congregava diversas forças políticas liderada pelo PCB, ou seja, católicos, democratas, socialistas, comunistas entre outros, com o intuito de combater o fascismo, o nazismo, o "autoritarismo de Vargas", o latifúndio e o imperialismo.

Em abril de 1935, Prestes entrou clandestinamente no Brasil, com falsa identidade. Adotou o nome de Antônio Vilas, português e tendo como esposa Maria Bergner Vilar, que, na verdade, chamava-se Olga Benário, militante do Partido Comunista Alemão. Em 30 de março de 1935, Prestes foi guindado à "Presidente de honra" da ANL, em evento ocorrido no teatro João Caetano (RJ), proposta feita pelo

---

1376 Arthur Ernest Ewert – Harry Berger (1890-1959): membro do PC alemão, exilou-se na URSS durante a implantação do nazismo (1933). Veio ao Brasil em 1935 para apoiar o PCB e Prestes. Ajudou a formar a ANL (1935) e a chamada intentona comunista. Foi preso, torturado e condenado a 16 anos de prisão. Enlouqueceu durante a prisão e foi repatriado em 1945.

1377 Rodolfo Ghioldi (1897-1985): argentino, jornalista, membro do PC (argentino), veio ao Brasil em 1935 com a esposa Carmen de Fayr para ajudar Prestes e a ANL. Com a derrota da insurreição (intentona comunista) foi preso, torturado e colocado em Fernando de Noronha.

1378 Jules Lêon Valée: belga, veio ao Brasil com a esposa Alphosine, para ajudar a ANL, cuidando das finanças, instalação e manutenção do grupo e do movimento.

1379 Victor Allen Barron (1910-1936): americano, técnico em comunicação, deveria efetuar as ligações com Moscou. Foi preso após o levante frustrado da ANL (1933) e informou o paradeiro de Prestes à polícia. Foi torturado e morto na prisão, que informou ter ocorrido apenas um suicídio.

1380 Pavel Stuchevski (1890-1939): ucraniano, estudou Direito, casado com Sofia Semionovas. Aderiu ao bolchevismo. Cuidou do serviço secreto russo no Brasil, era membro do Departamento de Espionagem Exterior (OGPU) e sua esposa conheceu Olga Benário Prestes, na Academia.

estudante de direito Carlos Lacerda,[1381] militante de esquerda. Em 5 de junho de 1935, o "Cavaleiro da Esperança" lançou um manifesto conclamando: "Abaixo o fascismo! Abaixo o governo odioso de Vargas! Por um governo popular nacional revolucionário! Todo poder à ANL!". Na sequência, Vargas aplicou a lei de Segurança Nacional (LSN)[1382] contra a ANL, fechando-a por subversão. Na clandestinidade, a ANL organizou a revolta para a derrubada de Getúlio por "via armada" para instalar um "governo nacional", sob o comando de Prestes, com a participação de operários e camponeses. Os levantes militares deveriam eclodir em várias regiões do país com o apoio das massas populares. Todavia, a rebelião se precipitou em Natal (23/11/1935), com a atuação do 21° Batalhão de Caçadores (21° BC), em Recife (25/11/1935) com o 29° BC. As duas revoltas foram dominadas pelas "tropas legalistas". Em decorrência, houve uma tentativa frustrada de "levantes" em Minas Gerais, Rio Grande do Sul e na capital federal (Rio de Janeiro).

Neste último, o "levante" só ocorreu no 3° Regimento de Infantaria (3° RI) da Praia Vermelha e na Escola Militar do Campo

---

1381 Carlos Lacerda (1914-1977): jornalista e político, militou na juventude comunista e, depois, foi membro da UDN. Foi vereador, deputado federal, adversário de Vargas e JK e governador do estado da Guanabara. Participou do "golpe de 1964", depois criou a Frente Ampla contra a Ditadura Militar e foi cassado (1968). Fundou o jornal *A tribuna de imprensa*.

1382 Lei de Segurança Nacional: criada por Vargas devido à instabilidade social para defender os agentes do poder. O anteprojeto foi apresentado por Vicente Rao e Raul Fernandes (1935). Inicialmente, escandalizou o parlamento e houve o substitutivo de Henrique Bayma, mais brando. Transformou-se na Lei número 38 (04/04/1938), que propôs combater os que praticam a "violência contra os anseios legítimos da nação". Os capítulos abordam: crimes contra a ordem política, social, a imprensa, funcionários civis e militares. Era dirigida contra a esquerda, os liberais e os democratas. Procurava, também, atingir os estrangeiros com ameaça de expulsão do país.

dos Afonsos. O Executivo requisitou o "estado de sítio"[1383] para o Congresso e reprimiu violentamente a revolta com o bombardeio pela marinha e aviação do quartel da Praia Vermelha (27/01), além do cerco militar realizado pelo comandante Eurico Gaspar Dutra (1º RM). Tendo dominada a rebelião, Vargas iniciou perseguições e prisões em todo o país, dos que eram considerados envolvidos na conspiração, assim como "simpatizantes e suspeitos de subversão".

Eram todos acusados de "comunistas!". Milhares de prisões ocorreram em diversas regiões do Brasil com o fortalecimento do governo. A tentativa de revolta passou a ser denominada de "intentona comunista",[1384] com denúncia de fuzilamentos de oficiais governistas e como uma ameaça à "liberdade e à democracia brasileira".

Filinto Müller,[1385] chefe de polícia, passou a realizar uma verdadeira caça aos denominados "comunistas" e priorizou, como alvo, o "Cavaleiro da Esperança".

Prisão e processo – em 5 de março de 1935, Prestes e sua companheira Olga foram presos em sua casa no bairro do Meyer. Durante a prisão, Olga evitou o assassinato do marido, colocando-se à sua frente e gritando com os policiais. Filinto tinha orientado, possivelmente, os seus comandados para executá-lo. O subchefe da

---

1383 Estado de sítio: período em que os direitos individuais ficam suspensos, cabendo ao Estado os poderes excepcionais, controle e até a mobilidade do cidadão.

1384 Intentona Comunista: nome dado à insurreição da ANL em 1935 contra o governo Vargas que não obteve sucesso, tendo em seus componentes, socialistas, democratas, liberais e comunistas.

1385 Filinto Müller Strubling (1900-1973): militar, nascido em Cuiabá, participou da Coluna Prestes e da Revolução de 1930. Foi chefe de polícia do DF durante o Estado Novo. Simpático aos integralistas, entregou Olga Benário Prestes ao IIIº Reich alemão. Foi senador e um dos fundadores da Arena durante a Ditadura Militar (1964-1985). Morreu num desastre de avião ocorrido na França.

operação era José Torres Galvão[1386] e ordenou: "Renda-se, capitão, senão morre!". Olga se colocou à frente de Prestes, que exclamou: "não é preciso me matar, eu não sou nenhum dinamitério. Eu me entrego". O prisioneiro estava com pijama e foi levado junto com a mulher para a Delegacia Auxiliar Especial,[1387] que estava apurando "as causas e as responsabilidades do levante". A imprensa estava presente e documentou, com fotos, a prisão do casal. O delegado Eurico Bellens Porto[1388] realizou o interrogatório de Prestes, que admitiu ser revolucionário de 1922 e que ratificou suas ideias, expressas em manifesto de sua autoria, publicado por toda a imprensa.

As outras perguntas não foram respondidas, exceto "que iria organizar a sua defesa e, oportunamente, apresentaria a mesma". Interrogada, a sua companheira, recusou-se "a dar qualquer outra informação para não comprometer seu marido, exceto que se chamava Maria Prestes". Realizados os interrogativos, a esposa ficou num espaço da segurança política e seu companheiro foi colocado no quartel da política especial, localizada no morro de Santo Antônio. A polícia tinha apreendido vários documentos durante as prisões, que foram utilizados para incriminá-lo, assim como os "seus camaradas". O prisioneiro ficou à disposição da polícia especial até julho de 1937, sendo acusado de "cabeça da rebelião" e de "deserção do exército". O inquérito foi realizado pela polícia civil sob a responsabilidade do delegado Eurico e, depois, encaminhado ao Tribunal de Segurança Nacional[1389] sob os cuidados do promotor Honorato Himalaia Vir-

---

1386 José Torres Galvão: chefiou a ação que prendeu Luís Carlos Prestes e Olga Benário. Foi exímio torturador de presos políticos durante o Estado Novo. Operava na "polícia especial", sob o comando de Filinto Müller.

1387 Delegacia Auxiliar Especial: encarregada de investigar, prender e torturar presos políticos para extrair depoimentos.

1388 Eurico Bellens Porto: delegado auxiliar que interrogou Prestes após a sua prisão e outros personagens detidos durante a "intentona comunista".

1389 Tribunal de Segurança Nacional: criado por decreto em 11 de setembro de 1936, funcionaria como órgão da Justiça Militar e duraria durante

gulino.[1390] O "Cavaleiro da Esperança" recusou um advogado de defesa, a princípio, mas a OAB indicou o defensor católico Heráclito Fontoura Sobral Pinto,[1391] para acompanhá-lo durante o processo e protegê-lo das violências que estavam ocorrendo nas prisões, em diversos pontos do país. As torturas e as ilegalidades praticadas pela polícia contra os presos políticos, nesta época, obrigaram Sobral Pinto, para fundamentar as suas defesas, a usar a "lei de proteção aos animais", em seu artigo 14, que considerava, "nenhum animal pode ser posto em situação de desacordo com a sua natureza". O exemplo das barbaridades, que estavam ocorrendo, teve como protagonista Victor Allan Barron, americano, preso quando tentava voltar aos EUA e ligado a Prestes. Segundo a polícia, para fugir da prisão, da sala onde estava detido, ao dirigir-se para o banheiro, jogou do 2° andar da Delegacia de Segurança Política e Social, caiu no pátio interno do prédio e, levado ao hospital pela ambulância, veio a óbito. A repressão afirmava que ocorreu o suicídio de Barrone. Os parentes do falecido, não acreditando na versão policial, enviaram, de Nova York, o advogado Joseph Brodosky para esclarecer o acontecido que concluiu ser o americano vítima de tortura, tendo até o corpo queimado. O suicídio fora simulado para encobrir o assassinato.

---

o chamado Estado de Guerra para julgar os casos de "subversão". Foi um Tribunal de Exceção.

1390 Honorato Himalaia Virgulino: procurador do TSN, visitou Prestes ao ser preso, que se recusou a dar qualquer depoimento. Participou do processo e julgamento de Prestes e dos companheiros da ANL.

1391 Heráclito Fontoura Sobral Pinto (1893-1991): mineiro, advogado pela Faculdade Nacional de Direito (RJ), Procurador criminal, católico fervoroso, defendeu as liberdades democráticas. Defendeu Prestes e Harry Berger das participações na "intentona" e procurou impedir as violências e as torturas que os submeteram na prisão. Invocou a Lei de Proteção dos Animais. Criou a Liga da Defesa da Legalidade (1955) e criticou a Ditadura Militar de 1964. Defendeu presos políticos gratuitamente e participou da "Campanha das Diretas" (1984). Obras: *Lições de liberdade*, *Porque defendo os comunistas* etc.

O jornal O *Correio da Manhã* (07/04/1936), em sua página 3, publicou o fato:

"Arremessaram o corpo pela janela e o médico legista corroborou o testemunho". O advogado Brodsky conseguiu a colaboração do deputado americano Marcantoni, que, na Câmara dos Representantes, acusou o Departamento de Estado de negligente e interpelou o Governo de seu país, pedindo abertura de inquérito. A imprensa de Buenos Aires noticiou o fato.[1392]

Na Polícia Especial, Prestes apresentou o seguinte depoimento no Inquérito Policial-Militar:

> Disse que as ideias políticas do depoente têm sido devidamente externadas por publicações numerosas, entre as quais o Manifesto de 5 de julho de 1935, da autoria do depoente, sendo, portanto, inteiramente solidário com o movimento revolucionário de novembro do ano findo, e todos aqueles que se relacionarem com o programa de Aliança Nacional Libertadora, visando à independência do Brasil, e à emancipação de seu povo; que é membro do PCB e da ANL, da qual é Presidente de honra, que não pode responder onde se encontrava por ocasião do movimento que irrompeu nesta capital em 27 de novembro de 1935, bem como nos dias anteriores, e nos que se seguiram, até a data de sua prisão; que se nega a declarar se ao chegar ao Brasil servia-se de um passaporte com o nome de Antônio Vilar; fazendo-se acompanhar de uma senhora com o nome de Maria Bergner Vilar; que por enquanto se nega a fazer qualquer declaração, reservando-se para fazer oportunamente. Relativamente ao bilhete dirigido ao capitão Trifino Correia, como ainda ao salvo-conduto a Harry Berger, que assume inteiramente a responsabilidade política dos movimentos irrompidos em novembro do ano findo, na capital federal e no Norte do país; que vê na sua prisão o ato de um

1392 SILVA, Hélio. *O Estado Novo*: 1937-1938. São Paulo: Editora Três, 1975, p. 53.

> Governo a serviço do capital financeiro internacional , dos interesses de todos os seus lacaios nacionais e que só se pode manter no poder encarcerando, perseguindo e martirizando os brasileiros que lutam pela independência do Brasil, pela liquidação do feudalismo, contra a reação, pela união nacional e pelo progresso do país; que o depoente, como membro do PC, está naturalmente, na vanguarda de todos os lutadores, pela independência do país, motivo pelo qual se encontra, presentemente, preso; que oportunamente, quando cessada a sua incomunicabilidade e verificar as acusações que pesam sobre o depoente, cuidará de fazer sua defesa e esclarecer a sua situação; que, tendo sido preso, foi conduzido à Polícia Central e na, mesma data, à tarde, recolhido à Polícia Especial; que não tem qualquer outra declaração a prestar".[1393]

Em 9 de abril de 1935, Vargas assinou e publicou o decreto n. 741 – "Perda da patente e postos de oficiais do exército" que determinava:

> O Presidente da República dos Estados Unidos do Brasil considerando:
>
> Que a sublevação irrompida na Escola de Aviação Militar, no 3° RI, no 21° e 29° Batalhões de Caçadores, em novembro de 1935, era parte de um plano geral de subversão das instituições políticas e sociais vigentes que está exuberantemente provado, através de inquéritos procedidos a respeito, os oficiais abaixo-indicados participaram ativamente para aquele fim, decreta nos termos da Emenda n. 2 à Constituição da República:
>
> Arttgo 1° – perdem a patente e, em consequência, o posto, sem prejuízo de outras penalidades e ressalvados os efeitos

1393 SILVA, Hélio. *O Estado Novo*: 1937-1938. São Paulo: Editora Três, 1975, p. 55.

> da ação judicial que no caso couber, os seguintes oficiais: Capitães Luís Carlos Prestes etc.[1394]

Havia um processo antigo envolvendo o capitão, que datava de 27 de setembro de 1924, em que pedia "demissão do serviço ativo do exército" e nunca fora despachado no ministério da guerra.

Em 8 de novembro de 1930, o decreto n. 19.395 anistiou os oficiais envolvidos nas rebeliões tenentistas, mas Prestes não reassumiu as fileiras do exército. Em 1931, foi intimado pelo Departamento do Pessoal "a comparecer ao exército no prazo de oito dias, ou seria considerado desertor por não ter se apresentado anteriormente". Não compareceu e foi classificado como desertor. Em 1936, preso, o processo foi retomado pelo Conselho de Justiça Especial, formado pelo Coronel Francisco de Paula Farias Junior, Tenente Coronel Roberto Mendes Malheiro, Major Euclides Goulart Bueno e Ranulfo Bocaiuva Cunha (auditor). Este julgamento ocorreu em 13 de agosto, na auditoria do Departamento Pessoal do Exército, e o autor descartou a tese de deserção do capitão, "pois só uma vez se ausentara da caserna em 1924, tendo antes solicitado demissão". Os advogados de defesa foram Targino Ribeiro[1395] e Bulhões Pedreira,[1396] indicados pela OAB. Após as discussões ocorridas, o Coronel Farias Jr., ao proclamar os votos do colegiado (que foram 4 a 1), considerou o processo nulo. Insatisfeitos com o resultado, foi organizado outro Conselho de Justiça, formado por quatro oficiais, que obteve a seguinte decisão:

1394 SILVA, Hélio. *O Estado Novo*: 1937-1938. São Paulo: Editora Três, 1975, p. 64.

1395 Targino Ribeiro: advogado de defesa que indicou Sobral Pinto para defender e acompanhar Prestes.

1396 Mario Bulhões Pedreira: advogado, defendeu o prefeito Pedro Ernesto no Tribunal.

> De acordo com os motivos expostos e a prova dos autos, o Conselho de Justiça julga nulo o processo de deserção a fls. 3 e todo o processado; é extinta a presente ação penal de deserção, por ter sido, o réu, ex-capitão Luís Carlos Prestes, anistiado pelo artigo 62, nº II do CPM.[1397]

O promotor não concordou com a decisão e recorreu ao Supremo Tribunal Militar (STM), ficando o pedido engavetado até 1941, quando o capitão foi inocentado mais uma vez.

Nesse contexto, o governo pediu à câmara a priorização do "Estado de Guerra"[1398] e "licença" para processar os parlamentares, que estavam presos, obtendo sucesso. O Senado também aprovou a criação do Tribunal de Segurança Nacional.

Em 26 de fevereiro, durante o julgamento de Prestes, ainda sob a acusação de "deserção" e com a presença de populares no Conselho de Justiça, ocorreram os seguintes fatos, segundo o Correio da Manhã (27/02/1937):

> Prestes não quis sentar-se, apesar do convite do Presidente do Conselho. O Presidente dá-lhe amplo direito de defesa e pergunta se tem advogado, ou se quer que lhe seja designado um. Responde Prestes: "Mas não sei do que se trata".
>
> – O senhor vai responder a um Conselho de Justiça.
>
> – Como posso eu saber, se há um ano me acho segregado do mundo, completamente incomunicável, no meio do terror policial? Antes de aceitar advogado, quero saber qual o crime de que me acusam.

1397 SILVA, Hélio. *O Estado Novo*: 1937-1938. São Paulo: Editora Três, 1975, p. 68.

1398 Estado de Guerra (21/03/1936): suspendeu diversas garantias individuais que o estado de sítio havia respeitado, como as imunidades parlamentares.

> O Presidente deu a palavra ao auditor Darci Roquete. Prestes esboça um sorriso irônico: "Os senhores não ignoram a minha situação. Estando rigorosamente incomunicável, como poderei me defender? Estou há treze anos afastado da vida militar. Nesse período, a lei sofreu modificações que eu preciso antes conhecer para poder me defender".
>
> Depois que o Conselho resolve facilitar ao réu todos os meios para sua defesa, dirige-se ao Presidente: "Senhor Presidente, o Conselho não ignora a minha situação atual. Sou comunista, isto é notório. E sou dirigente da ANL. E prossegue: Dada essa minha situação, vejo-me impossibilitado de escolher advogado de minha confiança, pois a pessoa que eu escolher ficaria comprometida. Vejam o exemplo do senador Abel Chermont".[1399]

Em 7 de maio de 1937, o Tribunal de Segurança Nacional se reuniu para julgar os implicados no "levante de 1935", com destaque para o "Cavaleiro da Esperança", durante a sessão. O tribunal foi presidido pelo desembargador Barros Barreto,[1400] acompanhado pelos juízes Raul Machado,[1401] Lemos Bastos,[1402] Costa Neto[1403] e

---

1399 SILVA, Hélio. *O Estado Novo*: 1937-1938. São Paulo: Editora Três, 1975, pp. 75/76.

1400 Frederico de Barros Barreto: realizou interrogatórios dos prisioneiros no navio "Pedro I", de Prestes e de Harry Berger. Presidiu o TSN por ter interrogado centenas de presos políticos.

1401 Raul Machado: juiz do TSN, visitou Prestes na cadeia da Polícia Especial como o Procurador Himalaia e procurou dificultar a defesa de Sobral Pinto com os prisioneiros. Atrapalhou a liberdade de comunicação entre o réu e o advogado.

1402 Alberto Lemos Bastos: capitão de mar e guerra da marinha, posicionou-se contra os relatórios dos investigadores de polícia, considerados inverídicos.

1403 Luís Carlos da Costa Neto: coronel do exército, pediu a transferência dos prisioneiros para a Casa de Detenção (Agildo Barata e Álvaro de Sousa). Por discordância, demitiu-se do TSN, mas foi convencido por Dutra a continuar no órgão. Era a favor da liberação dos casos em que não houvesse prova de crime grave.

Pereira Braga,[1404] além do procurador Himalaia Virgulino. Foram realizadas discussões acaloradas e apresentados relatórios sobre os acusados, até que o juiz Costa Neto acentuou que a procuradoria não conseguiu fazer provas das acusações.

Diante dessa realidade, o juiz Pereira Braga pediu a suspensão da sessão. Ao reabri-la, em 6h10min, o relator Raul Machado sintetizou as considerações do procurador e, posteriormente, o colegiado se reuniu "secretamente". Na sessão, reaberta novamente, foi dado o seguinte veredicto: Luís Carlos Prestes e Harry Berger condenados a dezesseis anos e oito meses de prisão, o prefeito Pedro Ernesto[1405] a três anos e quatro meses.

> Hercolino Cascardo, Roberto Sisson e Amoreti Osório foram condenados a dez meses e quinze dias de prisão; Francisco Mangabeira, Manuel Venâncio Campos da Paz e Benjamim Cabelo tiveram a condenação de seis meses. Os Acusados militares, punidos com a pena mínima, serão reintegrados em seus postos (Cascardo, Sisson e Amoreti Osório, que não chegaram a perder a patente). Os não-denunciados foram soltos.[1406]

Houve recurso da apelação para o Supremo Tribunal Militar (STM), que realizou o julgamento em 7 de setembro de 1937, com os acusados realizando as suas defesas por escrito, segundo o *Correio da Manhã*, 3ª página, em 29/07/1937:

1404 Antônio Pereira Braga: civil, ouviu, em 6 de janeiro de 1937, na sala do Conselho de Correção, a defesa de oito ex-policiais do exército. Como juiz, declarou-se impedido de julgar o deputado João Mangabeira por ter antiga amizade.

1405 Pedro Ernesto (1884-1942): prefeito do Distrito Federal, foi envolvido na trama da ANL e preso. Posteriormente, solto. Acusaram-no de fornecer dinheiro aos comunistas. Foi absolvido por unanimidade.

1406 SILVA, Hélio. O *Estado Novo*: 1937-1938. São Paulo: Editora Três, 1975, p. 78.

Estavam presentes Luís Carlos Prestes, Agildo Barata, Agliberto Vieira de Azevedo, Harry Berger, Adalberto Fernandes e Rodolfo Ghioldi. À entrada do edifício, um dos policiais foi revistar Prestes, que resistiu, energicamente. Prestes foi esbofeteado. Minutos depois, apresentando a face ensanguentada, foi socorrido pela Assistência. Introduzido no recinto pelos guardas que o escoltavam, olhou os presentes e depois, com insistência, os juízes. Fez a saudação comunista com o punho fechado, sentando-se a seguir. Antes de entrar, encontrando-se com o general Andrade Neves, a ele relatou a agressão sofrida, dizendo que, vindo da prisão, não podia trazer consigo arma de fogo. O processo é bastante volumoso. São 58 volumes. Após uma suspensão da sessão, reiniciados os trabalhos, Prestes teve a palavra para protestar contra a agressão sofrida por parte da Polícia, ao chegar ao Supremo Tribunal Militar.

Os advogados lamentavam a exiguidade do tempo – quinze minutos – para falar em nome de cada um de seus constituintes. Iniciados os trabalhos, o almirante Frontin deu a palavra ao ministro Barbosa Lima, relator, que fez um resumo dos 58 volumes. Os condenados pelo Tribunal de Segurança são 26 e este é o número de apelantes. Alguns alegam contradições, outros falta de ligação, terceiros a nulidade de todo o processo por vícios insanáveis, com fundamento de ser competente a Justiça Federal e não um tribunal de exceção para processá-los e julgá-los. Os trabalhos foram iniciados à hora regimental: a uma hora da tarde.

Pouco depois das três horas, o Ministro Max Max Frontin[1407] suspende a sessão para descanso. Ao reiniciar os trabalhos, Prestes pede a palavra, que já lhe havia sido concedida. Suas primeiras expressões são de protesto à agressão sofrida por parte da Polícia, ao chegar ao STM, o que de certo modo não o predispunha para uma defesa moral eficiente. Diz não estar de perfeito acordo com determinadas razões finais,

1407 Pedro Max Fernando de Frontim (1867-1939): almirante, comandou a Escola Naval de Guerra e a chefia do Estado Maior da Armada.

apresentadas pelo seu advogado, desejando retificá-las. Isso acontecera pelo fato de não ter mantido contato íntimo com o patrono da sua causa. Daí algumas falhas que corrigiria. Esgotado o tempo regimental, Prestes solicita prorrogação que o Presidente lhe concede. Prestes fez sua profissão de fé comunista. Depois de tanto tempo comparecia, afinal, perante a verdadeira justiça, porque não reconhecia, no Tribunal de Segurança, competência para julgá-lo e até lhe desconhecia a existência. Referiu-se aos maus tratos recebidos da Polícia Especial. Quanto à prova documental e indiciária, que contra ele foi colecionada no processo que lhe instauraram, não passa de obra arquitetada pela Polícia. Referiu-se a vários fatos articulados na denúncia e procura destruí-los relatando, depois, o encontro que teve com o sr. Raul Machado, juiz desse Tribunal de Segurança que desconhece. Prossegue lendo sua defesa e procurando menosprezar a ação policial e os julgados do Tribunal de Segurança. Prestes, ao terminar, disse que o dinheiro que lhe foi entregue passara pelas mãos de Getúlio Vargas e Osvaldo Aranha.[1408] Dr. Pedro Ernesto nada recebera.

A seguir Harry Berger declara-se francamente comunista e não nega a missão que o trouxera ao Brasil. Não tem a mínima esperança de ser solto; está ali apenas para dizer alguma coisa e afiançar que nem tudo está terminado. O terceiro a falar é Agildo Barata. Devido à enfermidade que o atacou na prisão, esse ex-oficial encontra-se bastante abatido. Durante o relatório de Barbosa Lima, tomou várias notas a lápis. Aparenta calma. Sua defesa, escrita, incrimina a Polícia e o integralismo. Relata todos os movimentos ocorridos no Brasil a partir de 1922 até 1935 quando, em doze horas de

---

1408 Osvaldo Aranha (1894-1960): gaúcho, estudou no Colégio Militar (RJ) e formou-se, também, em Direito. Foi prefeito de Alegrete, deputado federal, Secretário do Interior do Estado (1928) e amigo de Vargas. Foi Ministro da Justiça, da Fazenda, Embaixador em Washington e Ministro das Relações Exteriores (1938). Defendeu a entrada do Brasil na guerra ao lado dos Aliados. Presidiu a Assembleia Geral das Nações Unidas (1947).

> luta contra 1.800 homens, não houve um só que declarasse estar em combate por um Governo de operários. O quarto é Agliberto Vieira de Azevedo. Também traz defesa escrita. Em certo ponto, toca na questão da acusação que lhe cabe pelo assassínio do tenente Benedito Bragança. Diz como os fatos se passaram e prosseguiu na sua defesa. Outro acusado, Adalberto Fernandes, protesta contra as violências sofridas a Polícia e pede ao Presidente que lhe dê garantias assim, que os trabalhos terminem e sejam conduzidos de novo as prisões. Rodolfo Ghioldi, ao assumir a tribuna, faz mais uma profissão de fé comunista do que, propriamente, uma defesa. A sessão se encerra às dezesseis horas.[1409]

É importante frisar que Osvaldo Aranha, que estava na função de embaixador, confirmou ter entregado mil contos de réis a Prestes, em 1930, mas ficou surpreso pelo dinheiro, anos depois, ser utilizado pelos "comunistas".

Em resumo, durante o julgamento, houve queixas de violência e maus tratos na Polícia Especial, informações sobre a manipulação de documentos apresentados pela polícia, sobre o dinheiro usado para a "intentona" ter vindo dos EUA e não de Moscou, ter sido entregue por Aranha a mando do próprio Vargas para tentar cooptar o "capitão" para sua causa. Apesar de todos os argumentos, a sentença dada pelo Tribunal de Segurança foi mantida para os réus, exceto para o prefeito Pedro Ernesto, que foi absolvido. A confirmação ocorreu em 13 de setembro pelo STM.

Os prisioneiros, posteriormente, foram levados à julgamento no Tribunal de Segurança Nacional, órgão praticamente à margem do poder judiciário, o qual funcionou para executar uma "justiça de exceção". Os réus não aceitaram submeter-se a esta "excrecência institucional" e foram defendidos por advogados dativos indicados

---

1409 SILVA, Hélio. *O Estado Novo*: 1937-1938. São Paulo: Editora Três, 1975, pp. 80-83.

pela OAB, entre eles se destacou Heráclito Fontoura Sobral Pinto, que defendeu Prestes.

O TSN passou a exercer o papel do STM nas apelações e também julgou "crimes contra a economia popular", pelo decreto lei de 1938. O seu poder foi ampliado e fortalecido pelo governo. Segundo Prestes:

> O Tribunal de Segurança Nacional, que me julgaria pela segunda vez, reuniu-se na própria Polícia Especial. O Presidente do tribunal fez tudo para que eu não falasse e indicou o dr. Eugênio Nascimento para me defender. Eu acabei falando e ridicularizei o dr. Nascimento, que era até um homem honesto. Contei a história de um camponês que tinha um amigo urso. Certa vez, esse urso viu uma mosca no rosto do amigo e, para espantá-la, atirou-lhe uma pedra na cabeça. Dr. Eugênio ficou tão encabulado que não quis mais falar. Eu aí pedi para ter acesso à minha documentação, que estava na Europa e na União Soviética. Chegaram documentos até de Moscou. No último estado de guerra de Getúlio, Filinto Müller apreendeu a documentação. Fui duas vezes ao tribunal, exigir que o material me fosse devolvido. Finalmente, Filinto Müller me devolveu fotocópias. Meu novo julgamento só aconteceu no dia 20 de junho de 1941, véspera do ataque de Hitler[1410] à União Soviética.[1411]

É necessário frisar que, além das acusações de "deserção" e de participação na denominada "intentona comunista", Prestes foi

---

1410 Adolf Hitler (1889-1945): liderou e fortaleceu o partido nazista alemão, chegando a chanceler (1932). Assumiu, ditatorialmente, o governo alemão a partir de 1934. Defendeu o expansionismo alemão, o racismo e o antissemitismo. Era favorável à superioridade ariana e iniciou a Segunda Guerra Mundial com a invasão da Polônia (Moravia, Boemia, Sudetos e Áustria, em 1939). Organizou o eixo com Itália e Japão. Ao ser derrotado, suicidou-se juntamente com sua esposa Eva Braun.

1411 MORAES, Dênis de; VIANA, Francisco. *Prestes*: lutas e autocríticas. Petrópolis: Vozes, 1982, p. 87.

acusado do assassinato de Elsa Fernandes,[1412] mulher do militante comunista Miranda,[1413] a mando do PCB. Sobre esta acusação, o "capitão" se defendeu da seguinte forma:

> Eu não mandei matar Elsa. O que ocorreu foi que a polícia ligou a morte dela com uma carta minha, escrita antes de ser preso, em que eu recomendava punição para os traidores. Quem mandou matar Elsa foi o partido. Aliás, eu não sabia nem da existência desse processo, porque Sobral Pinto não me comunicou. Eu lembro bem: antes do julgamento, Sobral Pinto me segredou no ouvido que eu seria absolvido. Eu indaguei: "E os demais?" Estes serão condenados, ele respondeu. Não aceitei isso. Estávamos em 7 de novembro de 1940 (aniversário da Revolução Russa, pelo calendário gregoriano) e a situação não era animadora: o Comitê Central do Partido, Bangu, Honório Xavier, toda a direção, enfim, tinha caído. Quando entrei para ser julgado, o juiz era o Mayard, tenente de 22. Eu denunciei as condições em que vivia Berger, que deveria estar num asilo e disse: "É um orgulho estar diante deste Tribunal reacionário no dia do aniversário da gloriosa Revolução Russa (...)" Mayard respondeu que aquilo não tinha nada a ver com o recinto e eu o contestei: "O aniversário da Revolução Russa é uma data da humanidade". Foi aí que Raquel Geetel, que assistia ao julgamento, gritou: "Viva Prestes!" A polícia invadiu o recinto, ela foi presa. Eu acabei sendo condenado a 30 anos, embora estivesse absolvido. Quem lê a sentença, percebe claramente que o juiz transformou, no último momento, a absolvição em condenação. E eu realmente merecia ser absolvido porque não tinha nada com o crime – um ato brutal que devia ser evitado. O Honório, quando foi

---

1412 Elsa Fernandes (1920-1936): considerada "traidora" pelo PCB, foi assassinada. Era companheira de Miranda e se chamava Elvira Cupelo Calônio. Presa, deu informações sobre os camaradas do partido.

1413 Antônio Maciel Bonfim Miranda Correia (1905-1947): Secretário geral do PCB, foi preso, torturado e denunciou os membros do partido.

> preso, confessou sua responsabilidade. Outros membros do partido também.[1414]

O julgamento de Elsa Copelo Coloni (Elsa Fernandes) ocorreu em 7 de novembro de 1940 pelo Tribunal de Segurança Nacional, que adicionou mais 30 anos de prisão a Prestes.

Sobre a recusa de um advogado de defesa, após dez meses de prisão, totalmente incomunicável e seu encontro com Sobral Pinto, Prestes afirmou que disse o seguinte:

> "Não me interessa sua defesa. O que pode fazer por mim um advogado das classes dominantes?" E também fez acusações à imprensa, ao governo, enfim, levou meia hora falando sozinho, destilando contra o jovem Sobral Pinto todo o ressentimento que acumulara no isolamento. Sobral ouviu tudo em silêncio. Respondeu: "Eu tenho dez dias para apresentar a defesa". E Prestes, mais irritado ainda, retrucou: "O senhor está proibido de fazer minha defesa. Se o senhor fizer, ao sair daqui – e vou sair – o denunciarei à opinião pública mundial como um farsante". Paciente, Sobral disse: "Não sei se o senhor terá esse prazer ou desprazer; só o tempo dirá".
>
> Eu não conhecia o Dr. Sobral. Recusei a defesa dele porque queria fazer a minha própria defesa e a fiz. No dia em que o Tribunal de Segurança se reuniu dentro do próprio quartel da Polícia Especial, eu me defendi. O plenário estava cheio de policiais, mas eu falei durante duas horas. Não queria advogado de jeito nenhum. Recusei o Dr. Sobral, como recusei o Dr. Eugênio Nascimento. Mas o Dr. Sobral venceu porque é muito persistente. No México, minha mãe soube que ele era meu advogado e mandou-lhe uma carta. De posse dessa carta, o Dr. Sobral mandou me dizer que a correspondência era de minha mãe e eu resolvi recebê-lo. Foi mal atendido, ele mesmo conta. Conversamos e eu disse: "O senhor não vai

---

1414 MORAES, Dênis de; VIANA, Francisco. *Prestes*: lutas e autocríticas. Petrópolis: Vozes, 1982, p. 88.

> dizer uma palavra em minha defesa". Eu sabia que nenhum advogado me adiantaria. Nenhuma defesa seria diferente.[1415]

Mas, posteriormente, aceitou a defesa realizada por Sobral Pinto, que foi persistente e brilhante.

A aplicação da justiça no Brasil sempre foi polêmica. Nesse contexto, segundo depoimento de Agildo Barata:[1416]

> A justiça não funcionava. Um incidente pode dar uma ideia do grau de subserviência a que baixara o Poder Judiciário: um dia, me encerraram num porão úmido e frio, tão baixo que nem eu, com meus poucos 163 centímetros de altura, podia nele ficar em pé. Meu advogado, o Dr. Fernando Castro, aliás indicado pela polícia política mancomunada com a Ordem dos Advogados, resolveu pedir um *habeas corpus*, visando obter minha transferência de tão insalubre e desumano socavão. Era evidente que um ser animal não sobreviveria por muitos dias, se conservado em tão inóspito cárcere. Nessa época, eu estava *subjudice* do Supremo Tribunal Militar e o Presidente desta alta corte da justiça era um tal almirante Frontin. Meu advogado foi, pessoalmente, levar a petição ao agaloado almirante que usava o pomposo título de Presidente do Supremo Tribunal Militar. (...) O almirante recebeu-o, apavorado: "O senhor está maluco? Como é que o senhor aceita ser advogado de um homem desses? Deixe essa petição comigo, mas não espere nada de bom. – E despediu o Dr. Fernando que, a esta altura, já estava também contaminado pela pusilanimidade do almirante mascarado de juiz.[1417]

1415 MORAES, Dênis de; VIANA, Francisco. *Prestes*: lutas e autocríticas. Petrópolis: Vozes, 1982, pp. 83/84.

1416 Agildo Barata (1905-1968): participou dos movimentos tenentistas, da ANL e da Intentona Comunista. Pertenceu ao PCB, foi vereador e rompeu com Prestes. Escreveu *Memórias de um revolucionário*.

1417 BARATA, Agildo. *A vida de um revolucionário* (memórias) – Ed Melso Soc. Anônima – RJ, p. 308.

A prisão e a condenação de Prestes e seus companheiros repercutiram internacionalmente e houve vários pedidos a Vargas, para que desse anistia aos prisioneiros políticos. Houve apelos, comunicados, envolvimento de figuras proeminentes, tais como: André Malraux,[1418] Romain Rolland,[1419] Dolores Ibarruri (La Passionaria),[1420] Pablo Neruda,[1421] César Uribe, Lázaro Cardenas,[1422] Charlie Chaplin,[1423] Max Weber,[1424] Thomas Mann,[1425] Groucho

---

1418 André Malraux (1901-1976): escritor e político francês. Lutou com os republicanos na Guerra Civil Espanhola e foi Ministro dos assuntos culturais da França (1959 a 1969). Obras: *A condição humana*, *La Voye Royale*, *L'Espoir*, entre outras.

1419 Romain Rolland (1866-1944): escritor francês pacifista. Escreveu vários dramas: *Danton*, *14 de Julho*, entre outras e sua obra-prima *João Cristovão*. Ganhou o Prêmio Nobel em 1916.

1420 Dolores Ibárruri – "*La Pasionaria*" (1895-1989): líder durante a guerra civil espanhola. Afirmou: "Eles não passarão". Era stalinista.

1421 Pablo Neruda (1904-1973): poeta chileno. Lançou poemas sociais e revolucionários. Foi prêmio Nobel (1971). Escreveu: *O canto geral*, entre outras obras.

1422 Lázaro Cardenas (1895-1970): general, ex-Presidente mexicano, ofereceu-se para ajudar Prestes a ir ao México, a fim de acompanhar o enterro da mãe. Propôs substituí-lo na prisão como um refém.

1423 Charlie Chaplin (1889-1977): ator inglês, diretor cinematográfico, produtor e músico. Filmes realizados: "As luzes da cidade", "Tempos modernos", "O grande ditador", "Luzes da ribalda", "Monsieur Verdaux" etc. Criou o personagem Carlitos.

1424 Max Weber (1864-1920): fundador da sociologia alemã, analista do capitalismo e da burocracia. Considera a economia, a política e a religião interligadas. Ajudou a redigir a Constituição de Weimar. Autor de *A ética protestante e o espírito do capitalismo*, *Estudos sobre a sociologia das religiões*, *Economia e sociedade*, entre outras obras.

1425 Thomas Mann (1875-1955): romancista alemão, naturalizado americano. Obras: *Buddenbrooks*, *Doutor Fausto*, *A montanha mágica* etc. Foi prêmio Nobel em 1929.

Marx,[1426] Howard Fast,[1427] Michael Gold[1428] entre outros, mas sem alcançar o aval do ditador.

Condenado e confinado, o tratamento dado ao "capitão" oscilava: às vezes podia receber correspondência, jornais e livros, para, em seguida, sofrer interrupções abruptas, dependendo do humor dos carcereiros.

Prestes ficou na prisão até 1945, quando foi anistiado no final do Estado Novo durante a abertura política, pelo decreto assinado por Vargas. Estava com 47 anos.

Olga Benário Prestes (1908-1942) – alemã, de família judaica abastada, filha do advogado Léo Benário e Eugenie Gutmann Benário, saiu de casa aos 16 anos de idade, para dedicar-se ao Movimento da Juventude Trabalhadora de Berlim. Entrou no Partido Comunista Alemão (KPD), por volta de 1926 e passou a atuar, politicamente, na divulgação dos princípios leninistas-marxistas.[1429] Trabalhou na ligação comercial da URSS em Berlim de 1926 a 1928. Foi presa por atividades subversivas, nesse período, acusada de ataques contra o Estado e a República, mas, depois, solta.

1426 Groucho Marx (1890-1977): ator cômico americano, fundou o *nonsense* no cinema com os seus irmãos. Filmes: "Diabo a quatro", "Os quatro batutas" etc.

1427 Howard Fast (1914-2003): autor do romance histórico *Spartacus*, de concepção esquerdista.

1428 Michael Gold (1894-1967): escritor de origem judaica, morador do Nova York, autor do livro *Judeus sem dinheiro*.

1429 Leninistas-marxistas: estes consideram a evolução científica da sociedade proposta por Marx e Engels. Consideram o leninismo uma ciência das leis de desenvolvimento da natureza e da sociedade, no sentido de alcançar uma sociedade comunista. Acreditam no marxismo como uma *práxis* do processo revolucionário do proletariado.

Em 1928, o professor Otto Braun,[1430] comunista, seu namorado, foi preso e condenado por "alta traição à pátria', na prisão Moabit.

Em decorrência, Olga participou dos assaltos em 21 de abril de 1928, à prisão de Moabit (Berlim), à mão armada, com seus companheiros, e soltaram o prisioneiro Otto Braun. Perseguidos pelas autoridades policiais, fugiram para Moscou. Na Rússia, passou a usar codinome Olga Sinck. Atuou, de forma intensiva, na divulgação das ideias socialistas em países europeus. Em 1931, estava em Paris, trabalhando na Comissão Executiva da Juventude Comunista com o nome de Eva Kruger e, ao voltar a Moscou, foi designada para o *presidium* do V Congresso da Juventude Comunista Internacional.[1431]

Olga colaborou para o Serviço Secreto Militar dando informações sobre o que acontecia no exterior desde 1932.

Em 1934, foi escalada por Dimitri Manuilski,[1432] dirigente da IC (Internacional Comunista) para servir como segurança do líder comunista Luís Carlos Prestes, que estava retornando ao Brasil clandestinamente, a fim de liderar um movimento revolucionário. Saíram da Rússia com codinomes de Pedro Fernandez, espanhol, e Olga Sinek, em viagem de "lua-de-mel", que durou três meses até a chegada ao Brasil (1935).

Chegaram ao Rio de Janeiro usando os nomes de Antônio Vilar, português, e Maria Berger Vilar, sua esposa. Radicados no Rio de

---

1430 Otto Braun (1872-1974): professor alemão, comunista, foi preso por "alta traição à pátria". Libertado da prisão com a participação de Olga Benário, exilou-se na URSS. Namorou Olga Benário.

1431 *Presidium* do V Congresso da Juventude Comunista Internacional: órgão coletivo que agrega membros da juventude comunista e tem ligação com o *Presidium* do Soviete Supremo que tem poderes similares aos de um chefe de Estado.

1432 Dimitri Manuilski (1883-1959): dirigente do Comintern, secretário da III Internacional. Engendrou a volta de Prestes ao Brasil a fim de comandar uma "revolução".

Janeiro, clandestinamente, passaram a articular a organização da ANL e o levante de 1935 contra Getúlio Vargas.

Com a repressão ao "levante" em 1935, foram presos pela polícia política e levados à delegacia auxiliar, onde Olga se declarou esposa do "capitão". Afirmava se chamar Maria Prestes.

José Torres Galvão, da Política Especial, chefiou a prisão do casal e, no ato, deu a seguinte ordem aos policiais: "Entrem atirando! É Prestes!". Os policiais avançaram sobre "o capitão" e Olga ficou em sua frente, protegendo-o e gritando: "Não atirem! Ele está desarmado!". Prestes ratificou o seu apelo.

Olga estava grávida e ficou presa no prédio da segurança pública, sendo, depois, transferida para o presídio da rua Frei Caneca.

Mas, após informações obtidas pelo embaixador brasileiro na Alemanha, José Joaquim Moniz de Aragão,[1433] a Gestapo,[1434] enviou um dossiê para o chanceler José Carlos de Macedo Soares[1435] sobre Olga, informando "ser uma comunista muito ativa, deveras eficiente, de grande inteligência e coragem".

Filinto Müller, chefe de polícia, ao receber o relatório do inquérito sobre a "intentona comunista", percebeu que era impossível punir as mulheres estrangeiras, como Olga, Elise Ewert[1436] e Carmen

---

1433 José Joaquim Moniz de Aragão (1887-1974): embaixador brasileiro na Alemanha. Enviou o *dossiê* sobre Olga ao Ministério da Justiça, conseguido com a polícia secreta nazista.

1434 Gestapo: polícia secreta do Estado nazista, extremamente violenta e repressora.

1435 José Carlos de Macedo Soares (1883-1968): político ativo, esteve na Revolução de 1930, foi Secretário do Interior e da Justiça em São Paulo. Deputado Constituinte (1934), Ministro da Justiça das Relações Exteriores (1938-1955-1958).

1436 Elise Ewert (1907-1940): alemã, esposa de Arthur Ernest Ewert, viajaram com passaportes americanos. Arthur era quadro político do Comintern.

Ghioldi,[1437] pois não tinham cometido crimes que as comprometessem e optou pela sugestão dada pelo delegado Eurico Bellens Porto[1438] de as deportarem do Brasil.

Contudo, devido a gravidez da prisioneira (Olga), a Constituição Brasileira "garantia às mulheres que estivessem esperando filhos de pai brasileiro o direito de tê-los no país".

Diante dessa questão, Olga delegou, por escrito, a sua defesa para o advogado Heitor Lima,[1439] que, respondendo a pedido encaminhado pelo Capitão Miranda Correia,[1440] afirmou:

> Senhor Capitão
>
> Affonso de Miranda Correia
>
> Del. de Segurança Política e Social
>
> A resposta ao vosso ofício comporta três ordens de considerações.
>
> Em primeiro lugar, a conduta do governo, facilitando a defesa dos indiciados em crimes contra a ordem política e social, quando o Estado de Guerra lhe facilitaria, com aparências de legitimidade, a coercitação do direito de defesa, deve ser posta em relevo. Quero assinalar esse fato, que satisfaz a consciência jurídica nacional.
>
> Em segundo lugar, se, salvo casos especialíssimos, ao advogado não é lícito recusar o seu ministério a quaisquer acusados, por mais horrendo que seja o delito a eles atribuído, mais

---

1437 Carmen Alfaya de Ghioldi: argentina, esposa de Rodolfo Ghioldi, viajou com seu nome original, ao contrário do marido que usava codinome. Vieram para dar apoio a Prestes e Olga.

1438 Eurico Bellens Porto (1898-1965): delegado de polícia política, participou do interrogatório de Prestes. Foi indicado por Filinto Müller.

1439 Heitor Lima (1905-1989): advogado recomendado por Prestes para defender Olga.

1440 Afonso de Miranda Correia (1901-1963): lugar-tenente de Filinto Müller como Delegado Especial de Segurança Política e Social. Ficou encarregado de investigar e prender os revolucionários.

> imperativo, instante e compulsório é o dever de assistência, quando se trata de presos incomunicáveis, feridos pelo repúdio geral, numa situação adequada à infringência das fórmulas sem cuja observância toda condenação será iníqua, porque não representará a dedução lógica e jurídica dos debates livres entre acusação e defesa. Sobreleva ainda que, num período em que, ao advogado não se outorgam imunidades, a recusa do patrocínio redundaria em ato de covardia.
>
> Em terceiro lugar, e finalmente, é uma mulher que invoca o meu nome. – Bastaria tal circunstância para que eu, fiel à atitude de combate pela mitigação do infortúnio feminino na face da terra, e empenhado em resgatar, em parcela mínima embora, os crimes da civilização masculina contra a mulher, nos quais como homem tenho a minha parte de responsabilidade, bastaria tal circunstância, repito, para que eu acudisse ao apelo. Leio, porém, nos jornais, que a indiciada se prepara para o acontecimento culminante na vida da mulher: a maternidade. Está, portanto, nimbada de uma auréola que a torna por assim dizer, sagrada. Quaisquer, pois, que fossem os riscos da tarefa, eu os afrontaria, dedicando-me a ela enquanto encontrar na lei recursos para o desempenho da minha missão.
>
> Saudações.[1441]

Imediatamente, Heitor fez um pedido de *habeas-corpus* ao STF (Supremo Tribunal Federal), argumentando que Olga trazia "no seu seio o fruto do seu amor apaixonado, tormentoso, inexaurível e cego por Luís Carlos Prestes", e que "o ente, gerado no Brasil, estava sob a proteção da legislação". Afirmava:

> O decreto de expulsão contra Maria Prestes será a sentença de morte proferida ao mesmo tempo contra a mãe e filho...
>
> A paciente não quer mais deixar o Brasil. Grandes revoluções morais operam-se no coração de Maria Prestes. Dir-se-ia que, preparando-se para a maternidade, um novo mundo se elabora

1441 MORAIS, Fernando. *Olga*. São Paulo: Alfa-Ômega, 1985, pp. 196/197.

> dentro de sua alma e novos horizontes se rasgam às suas aspirações. O modo como alude ao advento do ser que alimenta dentro de si com o próprio sangue, e fará viver pelo amor, prenuncia radicais transformações na sua conduta futura...
>
> Quando Maria Prestes fala no filho, os seus olhos ganham um brilho úmido e amplo, e a sua beleza desfeita, os traços prematuramente deformados pela fadiga, pelas lágrimas, pelas privações e pela saudade, parecem refletir uma ânsia infinita de paz...[1442]

E concluía:

> Se o *habeas-corpus* for concedido, que sucederá? Presa e incomunicável continuará a paciente. Prosseguirá o inquérito, no qual a polícia vê fortes elementos para a condenação. O Poder Judiciário, tomando conhecimento das provas que a polícia afirma irrefragáveis contra a paciente, condená-la-á. Ficará, assim, Maria Prestes reduzida à condição de nada fazer de nocivo à ordem pública. Mas, embora presa e condenada, muito poderá fazer de útil, como esposa e mãe.
>
> A presente petição não vai selada, nem devidamente instruída, porque a paciente se encontra absolutamente desprovida de recursos. O vestido que traz hoje é o mesmo que usava quando foi presa, e o pouco dinheiro, os valores e as roupas que a polícia apreendeu na sua residência até hoje não lhe foram restituídos.
>
> Requer, pois, o impetrante, que esta egrégia Corte Suprema:
>
> 1º Determine que o presente pedido se processe sem custas.
>
> 2º Solicite do Sr. Ministro da Justiça informações sobre o alegado neste requerimento, do qual lhe remeterá cópia.
>
> 3º Requisite os autos do processo de expulsão.

1442 HILTON, Stanley. *A Rebelião Vermelha*. Rio de Janeiro: Record, 1986, p. 110.

> 4º Ordene o comparecimento da paciente para a sessão de julgamento.
>
> 5º Faça submeter a paciente a uma perícia médica, no sentido de precisar o sou estado de gravidez.
>
> 6º Solicite que o Sr. Chefe de Polícia informe se, no inquérito a que, juntamente com Luís Carlos Prestes, responde a paciente, é Maria Prestes acusada de vários delitos contra a ordem política e social.
>
> 7º Conceda afinal a ordem de *habeas-corpus*, a fim de que a paciente não seja expulsa do território nacional, sem prejuízo do processo ou processos a que esteja respondendo ou venha a responder.
>
> O advogado, Heitor Lima.[1443]

O Presidente da Suprema Corte, Ministro Edmundo Lins,[1444] despachou o seguinte texto no pedido de *habeas-corpus*: "Pague o selo devido e volte querendo".

Heitor Lima contestou alegando:

> Se a justiça masculina, mesmo quando exercida por uma consciência do mais fino quilate, como o insigne Presidente da Corte Suprema, tolhe a defesa a uma encarcerada sem recursos, não há a história da civilização brasileira de recolher em seus anais judiciários esta nódoa: a condenação de uma mulher, sem que a seu favor se elevasse a voz de um homem no Palácio da Lei. O impetrante satisfará as despesas do processo.[1445]

1443 MORAIS, Fernando. *Olga*. São Paulo: Alfa-Ômega, 1985, p. 198.

1444 Edmundo Lins (1863-1944): Ministro, Presidente da Suprema Corte, negou a "isenção de custas" pedida para Olga Benário Prestes.

1445 MORAIS, Fernando. *Olga*. São Paulo: Alfa-Ômega, 1985, p. 199.

Foi designado, como relator do processo, o Ministro Antônio Bento de Farias,[1446] que pediu informações sobre Maria Prestes ao Ministro da Justiça para facilitar as suas conclusões sobre o caso. O final do processo ocorreu em 17 de junho, com o Ministro responsável pelo pedido de *habeas-corpus*, não aceitando a solicitação de Heitor Lima, já que:

- Não havia prova do casamento com Luís Carlos Prestes;
- A paternidade da criança não estava provada;
- Olga tinha péssimos antecedentes;
- Não havia nenhuma lei contra a deportação de mulheres grávidas.

A decisão teve apoio do colegiado, formado por Edmundo Lins (Presidente), Plínio Casado,[1447] Hermenegildo de Barros,[1448] Laudo de Camargo,[1449] Costa Manso,[1450] Otávio Kelly[1451] e Ataulfo de Paiva.[1452] Três Ministros da Corte votaram pelo "conhecimento"; mas negaram o pedido, a saber: Eduardo Espínola,[1453] Carvalho

---

1446 Antônio Bento de Farias (1876-1959): Ministro da Suprema Corte encarregado do relatório sobre Olga Benário Prestes.

1447 Plínio de Castro Casado (1870-1964): Ministro da Suprema Corte. Votou com o relator, ou seja, contra Olga Benário Prestes.

1448 Hermenegildo de Barros (1866-1955): Ministro da Suprema Corte. Votou com o relator, ou seja, contra Olga Benário Prestes.

1449 Laudo de Camargo (1881-1963): Ministro da Suprema Corte. Votou com o relator, ou seja, contra Olga Benário Prestes.

1450 Costa Manso (1876-1957): Ministro da Suprema Corte. Votou com o relator, ou seja, contra Olga Benário Prestes.

1451 Otavio Kelly (1878-1948): Ministro da Suprema Corte. Votou com o relator, ou seja, contra Olga Benário Prestes.

1452 Ataulpho de Paiva (1867-1955): Ministro da Suprema Corte. Votou com o relator, ou seja, contra Olga Benário Prestes.

1453 Eduardo Espínola (1899-1963): Ministro da Suprema Corte, desconheceu o pedido de *habeas corpus* para Olga.

Mourão[1454] e Carlos Maximiliano.[1455] A unanimidade do STF rejeitou o pedido do advogado de defesa de Olga.

A última carta de Heitor Lima foi um apelo feito à Primeira Dama Darcy Vargas,[1456] pedindo sua interferência em prol da acusada, porém sem nenhum sucesso.

> Exma. Sra. Darcy Vargas,
>
> Somente impelido por móveis relevantes, ousaria um patrício vosso a dirigir-vos a palavra, sem prévia apresentação. Como advogado de Maria Prestes, fui hoje incumbido por um grupo de mães brasileiras de encaminhar à minha constituinte a importância com que possa adquirir uma passagem de primeira classe, e ainda cercar-se, durante a travessia e no porto de desembarque, dos cuidados exigidos pelo seu delicadíssimo estado de saúde, preservando, assim, a vida do filho que vai nascer.
>
> Imediatamente, dirigi ao ilustrado Ministro da Justiça uma carta, solicitando-lhe que me facilitasse o desempenho de tão honrosa incumbência. Todavia, por muito que confie na inteligência do professor Vicente Rao, não devo esquecer que a mentalidade viril é a menos apta a perceber os problemas femininos. Desbastado e polido por muitos séculos de civilização, guarda o homem ainda, sob a pompa verbal e a hipocrisia das maneiras, os instintos cavernários que, desde a noite dos tempos lhe mostraram na companheira a escrava inerme, a serviço de seus prazeres e caprichos.
>
> A fábula de que a mulher é um enigma foi inventada precisamente para justificar as atrocidades da civilização masculina contra ela. Não há nada mais facilmente acessível que a alma

---

1454 Carvalho Mourão: Ministro da Suprema Corte, desconheceu o pedido de *habeas corpus* para Olga.

1455 Carlos Maximiliano (1873-1960): Ministro da Suprema Corte, desconheceu o pedido de *habeas corpus* para Olga.

1456 Darcy Vargas (1895-1968): Esposa de Getúlio Vargas. Realizou um forte trabalho de assistência social.

> da mulher. O homem, porém, finge não entendê-la a fim de furtar-se a uma soma de enormes deveres para com ela. Neste episódio tinha eu, pois, de dirigir um apelo aos sentimentos maternais da Primeira Dama da sociedade brasileira, rogando a sua intervenção junto ao nobre Presidente da República, simplesmente para que se permitisse que o gesto dessas mães que se cotizaram para mitigar o infortúnio de Maria Prestes não se perdesse.
>
> A mulher brasileira é inexcedível na dedicação, na piedade, na tolerância. Não sabe odiar; o que mais sabe, o que sabe sempre é orientar, socorrer, acudir e perdoar. Numa palavra: só sabe amar. Eu amesquinharia a atitude dessas almas sublimes se me atrevesse a qualificá-la; vós, porém sentir-lhe-eis a grandeza suprema. Em nome das mães brasileiras que me procuraram, insisto pela vossa interferência. O Brasil já se habituou a considerar-vos uma figura tutelar, pronta sempre a cooperar em todas as iniciativas humanitárias. Singela, despretensiosa e natural como sois, não é o mundanismo que vos atrai aos lugares onde se cuida do infortúnio alheio, mas o puro sentimento de solidariedade humana, o vosso espírito harmonioso, o vosso fino e comovido coração.
>
> Provai ainda uma vez que a vossa generosidade excede a vossa beleza: tereis sido, então, imensamente generosa.[1457]

Na prisão, a repercussão pela decisão judicial foi péssima e os presos políticos acenaram com uma possível revolta, pois sabiam que a deportação seria o fim de Olga, ao ser entregue aos nazistas, por "ser judia e comunista".

Vargas e o Ministro da Justiça, Vicente Rao,[1458] com a orientação do Chefe de Polícia, Filinto Müller, assinaram o decreto de expulsão em 27 de agosto de 1936.

1457 MORAIS, Fernando. *Olga*. São Paulo: Alfa-Ômega, 1985, pp. 208/209.

1458 Vicente Rao (1892-1978): Ministro da Justiça, desejava a prisão e punição de Prestes.

Filinto Müller, em 21 de setembro de 1936, determinou a transferência da prisioneira para o navio "La Coruña", que estava no porto do Rio de Janeiro e iria para Hamburgo. O policial, encarregado da operação, Carlos Brandes,[1459] dirigiu-se à prisão com o apoio de dois agentes, três policiais armados, mais o chefe da guarda da prisão e informou que levaria Olga a um hospital "devido ao seu estado físico", a fim de evitar que houvesse um "parto prematuro e arriscado", comprometendo o governo.

O denominado "coletivo",[1460] que representava os prisioneiros, sublevou-se, gritando: "Não levam! Não Levam! Para tirar Maria Prestes daqui vocês terão que nos matar a todos, um por um".

Rodolfo Ghioldi, argentino, representante do grupo, propôs que o médico Valério Konder,[1461] pedisse ao diretor do presídio, Aloysio Nerva,[1462] uma garantia para que realmente Olga fosse levada a um hospital com recursos e não deportada para a Alemanha.

Nessa confusão estabelecida na cadeia, os militares prisioneiros, usando estiletes feitos de latas de goiabada, pegaram o Chefe da Guarda e os dois soldados que o acompanhavam naquele momento e levaram-nos para uma cela com o intuito de conseguirem um acordo favorável para Olga. Enquanto esses fatos ocorriam, os presos, rebelados, batiam as canecas no chão e nas paredes, além de

---

1459 Carlos Brandes: policial, frequentador da alta sociedade carioca, identificava-se como funcionário do Itamaraty, mas era ligado à "Intelligence Service do Brasil".

1460 Coletivo: organizada pelos presos políticos da esquerda, coordenava as atividades do grupo em relação à administração do presídio. Realizavam cursos, aulas, orientavam a disciplina e procurava manter a unidade e proteger os prisioneiros contra o abuso dos carcereiros. Arrecadava, também, contribuições como escovas para os dentes, doces, cigarros etc.

1461 Valério Konder (1911-1968): médico. Ajudou a realizar as negociações durante a retirada de Olga da Prisão. Procurou falar com Aloysio Neiva.

1462 Aloysio Nerva: diretor do presídio onde estava Olga. Fez a proposta final para a retirada da prisioneira.

jogarem objetos para fora das celas. Enfrentando essa sublevação, o diretor do presídio, Aloysio, propôs que uma comissão de presos eleitos pelo "coletivo", acompanhassem a "companheira grávida" até o hospital. Olga aceitou a solução proposta e dois presos foram escalados para acompanhá-la até o hospital Gaffree Guinle, Dr. Campos da Paz Junior[1463] e a advogada Maria Werneck de Castro.[1464]

Mas o combinado não foi cumprido, o médico foi confinado num camburão e a advogada ficou com Olga numa ambulância, que as levou até a frente do hospital, quando foi entregue, novamente à polícia. A prisioneira foi escoltada, sob as ordens da Alemanha, por um comboio militar até o porto e colocada na embarcação que a levou até a ditadura de Hitler e à morte.

O escritor Graciliano Ramos,[1465] prisioneiro nessa ocasião, ao analisar o fato em *Memórias do Cárcere*, afirmou: "percebemos que Olga Prestes e Elisa Berger iam ser entregues a Gestapo!".

Chegando na Alemanha, foi colocada numa prisão feminina em Berlim, onde, em 1936, nasceu a sua filha, Anita Leocádia Prestes.

Nesse contexto, foi realizada uma campanha internacional liderada pela mãe de Prestes, D. Leocádia[1466] para resgatar a neta dos nazistas a partir de Paris.

1463 Dr. Manuel Venâncio Campos da Paz Junior (1878-1947): médico, era o locutor da chamada "voz da liberdade" que transmitia notícias para os presos. Foi escolhido para acompanhar Olga no hospital por sugestão do diretor do presídio.

1464 Maria Werneck de Castro (1909-1994): advogada que acompanhou Olga ao hospital.

1465 Graciliano Ramos (1892-1953): grande escritor alagoano. Obras: *São Bernardo*, *Caetés*, *Angústia*, *Vidas Secas*, *Memórias do Cárcere* etc.

1466 Leocádia Felizardo Prestes (1874-1943): mãe de Prestes, acompanhou-o à URSS, quando o filho esteve preso, lutou e conseguiu tirar a neta Anita da mão dos nazistas que tinham matado a mãe (Olga) no campo de concentração.

Esta esteve na Alemanha com a mãe de Olga e foi rechaçada, não conseguindo o apoio necessário para ajudar a nora e a neta. O pai de Olga já era falecido. O advogado Francois Drujon[1467] se prontificou a realizar a defesa da mãe encarcerada e da criança. D. Leocádia resgatou a neta em 1938 e foi para o México com o apoio do Presidente Lázaro Cárdenas, envolvido também com a campanha pela libertação do "Cavaleiro da Esperança". D. Leocádia faleceu em 14 de junho de 1943. O Presidente mexicano disponibilizou um avião para que Prestes viesse se despedir da mãe e apelou para o espírito humanitário de Vargas, no sentido de liberá-lo transitoriamente, dando todas as garantias de que não haveria fuga, mas não houve resposta ao pedido. Filinto Müller vetou o pedido de Cárdenas. O enterro de D. Leocádia, com toda a pompa e respeito do governante mexicano, ocorreu em 18 de julho de 1943.

Durante a sua prisão, Olga foi deslocada para várias prisões e campos de concentração do Reich. Foi assassinada na câmara de gás do campo de concentração de Bernburg em abril de 1942, como desejava o chefe de polícia, Filinto Müller.

Prestes ficou sabendo da morte alguns anos depois.

Epílogo

Prestes continuava preso e, a partir de 1942, período em que o PCB, estava sendo reorganizado, Vargas rompeu com o eixo (Alemanha, Itália e Japão) e acabou sendo indicado para Secretário Geral do Partido na conferência da Serra da Mantiqueira.[1468] Foi

1467 Francois Drujon: advogado francês, conservador, aceitou defender, gratuitamente, Olga, a pedido da sogra, durante a sua prisão na Alemanha.

1468 Conferência da Serra da Mantiqueira (PCB): onde Prestes foi levado à Secretaria do partido. Criou uma Comissão Executiva do Comitê Nacional. Houve escolha dos chefes.

substituído, temporariamente, por José Medina (operário)[1469] e, depois, por Álvaro Ventura.[1470]

Nesta conjuntura internacional, o "Cavaleiro da Esperança" passou a concordar com as decisões governamentais contra o nazifascismo que levou as Forças Armadas do Brasil ao palco da Segunda Guerra Mundial, ou seja, à Europa.

O comitê central do PCB era formado por João Amazonas,[1471] Maurício Grabois,[1472] José Maria Crispim,[1473] Carlos Marighella,[1474] Pedro Pomar[1475] e Diógenes de Arruda Câmara,[1476] todos favoráveis à luta contra a Alemanha e a Itália, ou seja, contra o nazismo e o fascismo e de apoio aos Aliados.

1469 José Medina: Secretário Geral do PCB, inconsequente, falastrão, não aceitava contestação vinda "de baixo". Era operário eletricista do Loide brasileiro. Era amante de Elza Fernandes.

1470 Álvaro Ventura (1893-1989): estivador em Santa Catarina, Constituinte classista em 1933-1934.

1471 João Pedroso Amazonas (1912-2002): paraense, fazia parte do Comitê Regional do Pará (PCB). Esteve preso após a Intentona Comunista e fugiu. Posteriormente, na década de 1960, saiu do chamado "partidão", como dissidente e fundador do PCdoB. ficou na comissão executiva com a reorganização do PCB em 1945.

1472 Maurício Grabois (1912-1973): baiano, era da Comissão Nacional de Organização provisória do PCB.

1473 José Maria Crispim (1911-): sargento, colaborador do PCB, auxiliava o novo secretário do Comitê Regional.

1474 Carlos Marighella (1912-1969): baiano, participou da Intentona Comunista e foi preso. Sofreu torturas. Anistiado foi eleito deputado federal (1945). Organizou a Aliança de Libertação Nacional que defendia à luta armada. Organizou guerrilhas contra a Ditadura Militar na região sudeste (SP e RJ). Foi morto pela repressão na cidade de São Paulo.

1475 Pedro Pomar (1913-1976): paraense. Estudou medicina. Foi ao Rio de Janeiro em 1941. Chegou a exercer a função de pintor de parede. Foi morto pela polícia em uma casa no bairro da Lapa, em São Paulo.

1476 Diógenes de Arruda Câmara (1914-1979): membro do PCB, deputado federal Constituinte e stalinista.

A campanha pela redemocratização do país cresceu com o avanço da Segunda Guerra Mundial. Em 18 de abril de 1945, Vargas assinou o decreto de anistia que liberou os prisioneiros políticos. Livre da prisão, Prestes passou a defender a tese de "União Nacional" para concretizar a democratização do país, e foram realizados diversos comícios, com destaque para os feitos no Estádio de São Januário (Vasco da Gama, RJ, em 23 de maio de 1945) e no Pacaembu (SP, em 15 de julho de 1945).

O "Cavaleiro da Esperança" participou desses dois grandes eventos, defendendo a convocação de uma Assembleia Constituinte e acabou colaborando para o Movimento Queremista, que desejava a continuação de Vargas no poder.

Discursando no estádio do Vasco da Gama (RJ), em 23 de maio, afirmou:

> O que o nosso povo espera agora do senhor Getúlio Vargas, prestigiado como está pela vitória de nossas armas na Itália, são eleições realmente livres e diretas. Este é o seu dever de homem e cidadão. Apesar de todas as divergências políticas que já nos separaram de sua Excelência, contra cujo governo já lutamos de armas na mão, não temos o direito de duvidar do patriotismo do Chefe da Nação.[1477]

Em 28 de fevereiro de 1945, Vargas tinha promulgado o Ato Adicional que convocou eleições para a Presidência da República, sendo lançadas as candidaturas de Eduardo Gomes e do General Eurico Gaspar Dutra, consolidadas em abril.

Houve tentativas de aproximação frustradas entre Prestes e Eduardo Gomes. Em 29 de outubro de 1945, Vargas foi afastado do governo por um Golpe de Estado liderado pelos militares. Com a

---

1477 BASBAUM, Leôncio. *História Sincera da República*: de 1930 a 1960. vol. 3. São Paulo: Fulgor/ Alfa-Ômega, 1968, pp. 110-113.

abertura política, o PCB lançou a candidatura à presidência de Yeddo Fiuza.[1478] As eleições foram realizadas em 2 de dezembro e Dutra[1479] foi eleito Presidente da República; enquanto Prestes chegou ao Senado com 157.397 votos, pelo Distrito Federal. O PCB conseguiu eleger uma bancada respeitável (14 Deputados) para o Congresso Nacional, apesar de pouco tempo de campanha. Em fevereiro de 1946, foi instalada a Assembleia Constituinte[1480] com a participação dos parlamentares comunistas liderados pelo "Cavaleiro da Esperança" que passaram a defender vários "direitos sociais".

Em 16 de março de 1946, o jornal *Tribuna Popular* publicou uma matéria em que Prestes, numa suposição de guerra entre o Brasil e a URSS, afirmava que faria como o povo da resistência francesa, o povo italiano, que se ergueu contra Pétain e Mussolini, que combateria uma guerra imperialista contra a URSS e empunharia armas para fazer resistência em nossa pátria contra um goverso retrógrado que desejava a volta do fascismo. Disse, ainda, que, se algum governo cometesse esse crime , os comunistas lutariam pela transformação da guerra imperialista em guerra de libertação nacional!

Este texto do senador passou a ser utilizado como prova de que o PCB era favorável à URSS e contra o Brasil. Na realidade, iniciaram uma campanha discriminatória contra os comunistas

---

1478 Yeddo Fiuza (1894-1975): gaúcho, Prefeito de Petrópolis (RJ), Diretor Geral do DNR (1934). Presidente da Comissão do Plano Rodoviário Nacional (1937). Foi candidato pelo PCB à Presidência da República.

1479 Eurico Gaspar Dutra (1885-1974): militar, político, lutou contra a Revolução Constitucionalista (1932) e a Intentona Comunista (1935). Foi Ministro da Guerra de Vargas durante o Estado Novo. Organizou a FEB. Eleito Presidente da República (1946-1951) rompeu com a URSS. Promulgou a Constituição de 1946.

1480 Assembleia Constituinte: formada por representantes do povo que compõem uma Assembleia com o objetivo de realizar uma Constituição para a nação, ou seja, um pacto social e político.

que estava inserida dentro do clima da chamada Guerra Fria,[1481] entre americanos e russos. A histeria anticomunista toma conta da política brasileira.

Em 23 de março de 1946, Honorato Himalaia Virgulino, que exerceu a função de Procurador Geral do famigerado Tribunal de Segurança Nacional, durante o "Estado Novo" pediu ao Tribunal Superior Eleitoral (TSE) o cancelamento do registro do PCB. No mesmo período, o Deputado Edmundo Barreto Pinto (PTB)[1482] pediu o cancelamento do registo do PCB, acusando-o de ser conivente com a URSS.

Após uma sindicância manipulada pelo TSE, o PCB foi cancelado da política nacional em 7 de maio de 1947 e passou, novamente, à ilegalidade.

Em janeiro de 1948, todos os parlamentares comunistas foram cassados pelo Congresso Nacional e Prestes voltou a agir na clandestinidade, ficando isolado de uma participação política explícita no território brasileiro. Em 1950, foi expedido um mandado de prisão contra Prestes. Em 1953, ele se uniu a Maria do Carmo Ribeiro[1483] e, com ela, teve sete filhos.

1481 Guerra Fria: ocorreu após a 2ª Guerra Mundial, sendo um confronto entre a URSS e os EUA na disputa geopolítica mundial.

1482 Edmundo Barreto Pinto (1900-1972): entrou no Tribunal Eleitoral denunciando o PCB, por ter dois estatutos e por utilizar símbolos estrangeiros como a "foice e o martelo". Foi usado, também o depoimento de Prestes sobre a URSS. Em 1947, o registro do PCB foi cassado, assim como os seus parlamentares. Em 1948, pediu a criminalização dos parlamentares e militantes comunistas com base na LSN. Seu parceiro, nessas acusações, foi Himalaia Virgulino.

1483 Maria do Carmo Ribeiro (1932-): filha de um comunista pernambucano, foi cuidar do "aparelho' onde morava Preste, Secretário Geral do PCB. O aparelho ficava no Jabaquara. Em decorrência, acabou namorando e se juntando a Prestes durante 40 anos. Teve 7 filhos com o "Cavaleiro da Esperança".

Em 1954, após ataques contra o governo inicial de Vargas, Prestes e o PCB passaram a aceitá-lo, principalmente depois de sua morte.

Durante o governo de Juscelino Kubitschek[1484] houve uma semilegalidade para o PCB, Prestes atuou mais explicitamente na política nacional e compareceu a uma manifestação pública de apoio ao governo.

Durante a renúncia de Jânio Quadros[1485] à presidência, o PCB e Prestes defenderam a posse de Jango Goulart[1486] e o parlamentarismo implantado.

Após o Golpe Militar de 1964, que derrubou Jango da presidência, Prestes teve seus direitos políticos cassados e foi exilado.

Após abertura política de 1979,[1487] foi anistiado e voltou ao Brasil.

Em 1980, foi afastado da Secretaria Geral do PCB e abandonou o partido.

1484 Juscelino Kubitschek de Oliveira – JK (1902-1976): mineiro, médico, Prefeito de Belo Horizonte, Governador de Minas Gerais, deputado federal e Presidente da República do Brasil. Construiu Brasília e incentivou a industrialização do país. Foi cassado após 1964. Morreu em um acidente de carro durante a Ditadura Militar.

1485 Jânio da Silva Quadros (1917-1992): professor, vereador, deputado, Prefeito (SP) e Governador (SP). Presidente (1961), renunciou no mesmo ano. Foi cassado após o Golpe Militar de 1964.

1486 João Belchior Goulart – Jango (1918-1976): gaúcho, ligado a Vargas e ao PTB. Foi deputado, Ministro do Trabalho, vice-Presidente e Presidente da República (1961-1964) tentou realizar algumas reformas sociais e foi deposto pelos militares em 1964.

1487 Abertura Política: na segunda metade dos anos de 1970, ocorreu uma ampla campanha para a volta dos exilados e os perseguidos políticos no Brasil. O objetivo era alcançar uma anistia e a redemocratização do país.

Em 1984, participou do movimento Diretas Já.[1488]

Em 1990, faleceu no Rio de Janeiro devido à leucemia.

Após sua morte, foi anistiado pelo exército e recebeu a promoção de coronel.

Foi uma vida sofrida, vítima de perseguições, retaliações e injustiças.

13.7 Graciliano Ramos – prisão sem processo e julgamento

Graciliano Ramos (1892-1953) – nasceu em Quebrangulo (Alagoas), filho de um lojista de tecidos, Sebastião Ramos de Oliveira e de Maria Amélia Ferro e Ramos. Foi o primogênito de mais 15 irmãos e irmãs. Aprendeu as primeiras letras com dificuldade e medo, em consequência da pedagogia da palmatória.

Matriculado na escola pública, consolidou o processo de alfabetização e entrou em contato com os primeiros romancistas, como

1488 Diretas Já: movimento político de mobilização para aprovação de uma Emenda Constitucional, cujo projeto foi realizado pelo deputado federal Dante de Oliveira para eleições gerais no Brasil. Derrotada a proposta, o governador Franco Montoro (SP) encampa a tese e desenvolve uma forte campanha para alcançar a redemocratização brasileira.

José de Alencar,[1489] Joaquim Manoel de Macedo,[1490] Júlio Verne.[1491] Posteriormente, via correio, começou a adquirir livros da Editora Francisco Alves e Garnier, entrando em contato com escritores como Aluísio Azevedo,[1492] Cervantes,[1493] Victor Hugo[1494] e Daniel Defoe,[1495] incentivado pelo servidor do correio local (Viçosa), Mario Venâncio.

Cursou o ginásio no Colégio Quinze de Março (internato), em Maceió, onde se dedicou ao estudo de línguas estrangeiras e à consulta de dicionários, para conhecer melhor as palavras. Data

---

1489 José Martiniano de Alencar (1829-1877): cearense, advogado, jornalista, escritor e político. Pertenceu ao romantismo brasileiro. Principais obras: *Cinco minutos*, *Viuvinha*, *O Guarani*, *Iracema*, *Ubirajara*, *O tronco do Ipê*, *Lucíola*, *Senhora*, *As Minas de Prata*, entre outras. Foi um romancista indianista.

1490 Joaquim Manoel de Macedo (1820-1882): carioca, iniciou o romance propriamente brasileiro. Médico, professor, jornalista, escritor e político. Principais obras: *A moreninha*, *O Moço Loiro*, *A Carteira do Meu Tio*, *Um Passeio pela Cidade do Rio de Janeiro* etc.

1491 Júlio Verne (1828-1905): romancista francês, principalmente de aventuras e com toque científico. Principais obras: *Vinte mil léguas submarinas*, *A volta ao mundo em 80 dias*, *A ilha misteriosa* etc.

1492 Aluísio Tancredo Gonçalves de Azevedo (1857-1813): maranhense, cursou Belas Artes (RJ), jornalista, escritor e diplomata. Optou pela corrente realista/naturalista. Principais obras: *O Mulato*, *Casa de Pensão*, *O cortiço*, *Livro de uma sogra*, *Mistérios da tijuca*, etc.

1493 Miguel Cervantes Saavedra (1547-1616): famoso escritor espanhol e militar. Autor do imortal *D. Quixote de la Mancha.*

1494 Victor Hugo (1802-1885): escritor francês e político. Liderou o romantismo francês. Teve uma assombrosa produção literária, com poesia, romances, dramas, críticas, história, sátiras etc. Principais obras: *Os miseráveis*, *O homem que ri*, *Nossa Senhora de Paris*, *Os trabalhadores do mar*, *Noventa e três*, entre outros. Foi opositor de Napoleão III e passou dezoito anos no exílio.

1495 Daniel Defoe (1660-1731): romancista e publicista inglês. Autor de *A vida e as aventuras de Robinson Crusoé*. Foi empresário falido, agente eleitoral, espião, autor e editor.

desta fase o contato com as obras de Balzac,[1496] Zola,[1497] depois Tolstói[1498] e Dostoiévski.[1499]

No início da adolescência, enviou sonetos para a revista *O Malho* no Rio de Janeiro, usando pseudônimo, e para os jornais do estado, *Correio de Maceió* e *Jornal de Alagoas*.

Em 1910, a família se mudou para Palmeira dos Índios, e Graciliano, que já tinha concluído o ginásio, foi auxiliar o pai na loja de tecidos, recém-inaugurada na cidade. Por volta de 1914, aprofundou as suas leituras com textos de Charles Darwin[1500] e Karl Marx.[1501]

1496 Honoré de Bazalc (1799-1850): escritor francês, autor de mais de noventa romances, reunidos sob o título de *A comédia humana*. Fez uma análise da sociedade francesa de sua época. Principais obras: *Tio Goriot*, *Eugenia Grandet*, *As ilusões perdidas*, *O lírio do vale*, *A procura do absoluto* etc.

1497 Emile Zola (1840-1902): famoso romancista francês, adepto da escola naturalista (usando concepções científicas), jornalista, crítico social e político. Denunciou a injustiça contra Dreyfus. Principais obras: *Os Rougon-Macquart*, *Três cidades*, *Germinal*, *O crime do padre Mouret*, *Nana* etc.

1498 Conde Leon Tolstói (1828-1910): nobre russo, moralista e romancista, descreveu a sociedade russa e defendeu princípios do cristianismo primitivo. Principais obras: *Guerra e paz*, *Anna Karenina*, *Ressureição* etc.

1499 Fiódor Dostoiévski (1821-1881): escritor russo que realizou uma obra de profunda análise psicológica e social. Foi opositor do tzarismo e preso na Sibéria, onde quase o fuzilaram. Obras: *Crime e castigo*, *Os irmãos Karamazov*, *Memórias da casa dos mortos*, *O idiota*, *O jornal de um escritor* etc.

1500 Charles Robert Darwin (1809-1882): naturalista e fisiologista inglês, dedicou-se aos estudos das espécies. Pesquisou na América do Sul e escreveu: *Da origem das espécies por via da seleção natural*. Desenvolveu a "Teoria da evolução" que passou a se chamar "Darwinismo". Defendeu que a sobrevivência do mais forte é a base da evolução biológica. Logo, o homem teria, como ancestral, o macaco. Chocou o mundo da época.

1501 Karl Marx (1818-1883): advogado alemão, filósofo e político. Defensor do socialismo, do comunismo e do materialismo científico, observa o mundo com base nos fatos econômicos, sociais e históricos. Fundou a "Primeira Internacional" e foi parceiro de Friedrich Engels (1820-1895).

Passou a lecionar, temporariamente, para um curso noturno de português. Resolveu viajar para o Rio de Janeiro em agosto de 1914, onde foi morar numa pensão na Lapa. Passou a colaborar com o jornal *Correio da Manhã* e revisor de *O século* e depois *A tarde*.

Em meados de 1915, a peste bubônica[1502] assolou Palmeiras dos Índios e atingiu a família, matando três irmãos e um sobrinho. Em agosto, a mãe e as duas irmãs ficaram adoentadas em estado grave. Ao receber essas informações, Graciliano voltou a Alagoas.

Em 21 de outubro de 1915, casou-se com Maria Augusta de Barros. Entre 1916 e 1920, o casal teve quatro filhos, Márcio Ramos, Júlio Ramos, Múcio Ramos e Maria Augusta Ramos. Durante o quarto parto, sua esposa veio a falecer, deixando-o, precocemente, viúvo.

Em 1921, retoma os seus trabalhos jornalísticos no periódico *O índio* e, em 1925, começou a escrever o romance *Caetés*.

Em outubro de 1927, envolveu-se com a política local e foi eleito prefeito de Palmeira dos Índios, tomando posse no início do ano seguinte, em 1928.

Em 1928, casou-se com Heloísa Leite de Medeiros, de 18 anos, e concluiu o romance *Caetés*.

Lançou o *Manifesto comunista* (1848) e *O Capital* em que considera que as riquezas se concentram numa elite e a pobreza alcança quase toda a população. Logo, os trabalhadores organizados devem sublevar-se e derrubar este regime capitalista, pois são os criadores das riquezas e impor uma sociedade coletivista, socialista e, depois, comunista.

1502 Peste bubônica: ocorre quando os "bubões" da virilha se inflamam e gangrenam, exalando mal cheiro. Ataca, também, as axilas, o pescoço e os pulmões. É conhecida como peste negra e veio da Ásia Central, transmitida por uma bactéria transportada por pulgas que atacam os ratos e picam os humanos. A peste atacou Atenas (430-429 a.C.) e o continente europeu durante o século XIV, matando mais de um terço da população (entre 25 a 50 milhões de europeus). Predominou, de forma cíclica e intensiva, até por volta de 1700.

Um ano depois, prestou contas da sua administração da cidade ao governador de Alagoas, por intermédio de um texto sofisticado, preciso e com qualidade literária. Data do conhecimento desse relatório, o interesse do editor Augusto Frederico Schmidt[1503] pelos seus escritos.

Em 1930, renunciou à prefeitura e se mudou com a família para Maceió, onde foi nomeado para a diretoria da Imprensa Oficial do Estado. A esta altura, já era pai de dois filhos com Heloísa, Ricardo Ramos[1504] e Roberto Medeiros Ramos. Em 1931, nasceu a sua filha Luiza Medeiros Ramos. Descontente com o cargo que exercia, saiu da Impressa Oficial de Alagoas.

Voltou a Palmeira dos Índios e passou a escrever o romance *São Bernardo* (1932). No mesmo ano, foi operado da perna direita após ter sofrido uma queda, que gerou uma inflamação no músculo da região ilíaca (pcoite) em Maceió, onde também nasceu sua filha Clara Medeiros Ramos.

Em 1933, foi indicado para Diretor da Instrução Pública de Alagoas e publicado, Rio de Janeiro, o romance *Caetés* pelo editor Schmidt.

Um ano depois, foi publicado em mil exemplares, pela Editora Ariel, o famoso romance *São Bernardo*, que recebeu elogios de

---

1503 Augusto Frederico Schmidt (1906-1965): carioca, empresário, poeta, representou uma reação contra a poetização do "primitivo" e "pitoresco" dos brasileiros. Foi uma reação do poeta, na tentativa de realizar uma poesia brasileira, mas não em termos de "localismo" e sim em termos de um "canto universal do homem brasileiro". Obras: *Cantos do liberto*, *Canto da Noite*, *Estrela Solitária* etc. (AMORA, Antônio Soares. *História da literatura brasileira*. São Paulo: Saraiva, 1967, p. 167).

1504 Ricardo Ramos (1928-1992): filho de Graciliano, escritor e também publicitário.

Agripino Grieco,[1505] Octavio Tarquinio de Sousa,[1506] Carlos Lacerda e Jorge Amado.[1507]

Os seus romances passavam pelo crivo de intelectuais como José Lins do Rego,[1508] Rachel de Queiroz,[1509] Jorge Amado e Gilberto Freyre.[1510]

1505 Agripino Grieco (1888-1973): professor, ensaísta e poeta. Premiado pela Academia Brasileira de Letras pelo livro *Ânforas*. Escreveu a *Evolução da Prosa Brasileira*. Tinha instinto literário, visão satírica e era antiacadêmico.

1506 Octavio Tarquinio de Sousa Amaranto (1889-1959): carioca, advogado, jornalista, funcionário dos correios, Procurador do TCU, Ministro e Presidente do TCU e Presidente da Associação Brasileira de Escritores. Dirigiu a *Revista do Brasil* e coordenou a coleção Documentos Brasileiros da Editora José Olímpio. Foi tradutor, historiador, ficcionista e crítico literário. Faleceu durante um acidente aéreo no Rio de Janeiro. Obras: *Monólogo das Coisas*, *A mentalidade da constituinte*, *Evaristo da Veiga*, *Diogo Antônio Feijó*, *História do Brasil* (com Sérgio Buarque de Holanda), *História dos Fundadores do Império* etc.

1507 Jorge Amado (1912-2001): escritor baiano que uniu a crítica social à descrição dos costumes e misticismos locais e brasileiros. Foi Deputado Constituinte pelo PCB (1946) e seus livros, traduzidos em quase cinquenta idiomas. Obras: *Cacau*, *Terra do sem fim*, *São Jorge de Ilhéus*, *Capitães da Areia*, *Jubiabá*, *Dona Flor e seus dois maridos*, *Gabriela cravo e canela*, *A tenda dos milagres*, *Tereza Batista cansada da guerra*, *Tieta do Agreste* etc. Foi membro da Academia Brasileira de Letras.

1508 José Lins do Rego (1901-1957): paraibano, estudou em Recife e sua obra retrata o povo místico, messiânico, os coronéis dos engenhos, os cangaceiros e o sertão. Principais obras: *Menino do engenho*, *Doidinho*, *Banguê*, *Usina*, *Pureza*, *Os cangaceiros*, *Pedra Bonita*, *Riacho Doce* etc.

1509 Rachel de Queiroz (1910-2003): escritora cearense, regionalista, professora e jornalista. Obras: *História de um nome*, *O quinze*, *As três Marias*, *São Miguel*, *Caminhos de pedras*, *Memorial de Maria Moura* etc.

1510 Gilberto de Mello Freyre (1900-1987): pernambucano, após os estudos no Brasil, foi cursar a Universidade de Columbia (EUA), onde aperfeiçoou-se em antropologia e sociologia. Estudou a questão do negro, do mestiço, dos índios e dos portugueses na formação da sociedade brasileira. Exalta a mestiçagem e defende uma espécie de "democracia racial" no Brasil. Foi Deputado Constituinte em 1946 pela UDN.

Em 1935, a política fervilhava no Brasil, com o choque entre a direita integralista e os progressistas, ligados à ANL e ao PCB. A ANL congregava socialistas, liberais e democratas contra o fascismo e o nazismo e foi fechada por Vargas usando a LSN. A intelectualidade brasileira se rebelou contra as posições do governo e envolveu os literatos nordestinos, como Rachel de Queiroz,[1511] Alberto Passos Guimarães, chegando até Graciliano que se posicionou com a seguinte frase: "Creio que a revolução social me levaria à fome, ao suicídio. Mas como segundo o Evangelho, nem só de literatura vive o homem, é razoável que se procure o bem-estar de outros trabalhadores". Ao eclodir a "intentona comunista", Graciliano estava confinado em casa, concluindo o romance *Angústia* e, em carta, à esposa disse que ignorava completamente o que se passava da porta do corredor para fora. Que presumia que não houvera nenhum terremoto. Pois, pelo menos ali, seu Américo não lhe havia dito nada a respeito. Mas se tivesse havido algum, ali, na rua do Macena, e não tivessem lhe dado a notícia desagradável, esperaria tomar conhecimento do desastre na segunda feira.

Em Alagoas, os reflexos, que conclamavam o povo a colaborar com o movimento do levante da ANL, não passaram dos muros pichados contra Vargas.

Em dezembro de 1935, o escritor, em sua correspondência à esposa, que estava em Palmeira dos Índios, informava: "Não tenho lido jornais, ignoro a guerra dos pretos, a política atrapalhada revolucionária e agora reacionária que há por aí além".

Apoiou o golpe militar de 1964. Obras: *Casa grande e senzala*, *Sobrados e mocambos*, *Ordem e progresso* etc.

1511 Alberto Passos Guimarães (1908-1993): alagoano, escritor, secretário regional do PCB, crítico da insurreição da ANL, processado pela LSN. Autor de *Quatro séculos de latifúndio*.

O país estava em estado de sítio e a repressão era violenta contra intelectuais – acusados de "comunistas" – jornalistas, sindicalistas, professores, militares e quem fosse suspeito.

É, nesse quadro tétrico, que, no início de 1936, Graciliano passa a receber telefonemas anônimos no Departamento de Instrução Pública com ameaças à sua pessoa. Passou a ser acusado de irregularidades em sua gestão na Instrução Pública pelo jornal *Gazeta de Alagoas* e reagiu provando que eram inverídicas, principalmente no concurso para as vagas na Escola Normal de Maceió.

Informou, ainda, que tinha aumentado o número de matrículas no ensino primário que de 9.691, em 1931; aumentou para 12.286 em 1934.

Em fevereiro de 1934, o seu cargo foi pedido pelo governador Osman Loureiro.[1512] Não aceitou a proposta de uma "demissão voluntária" e esperou o seu afastamento por intermédio do executivo. Passou a receber alertas que os integralistas estavam pressionando o governador para que o prendessem. Em 3 de março, foi preso em casa, baseado nas ordens emanadas pelo General Newton de Andrade Cavalcanti, comandante da 7ª Região Militar, que determinara a prisão de todos os comunistas, que estivessem agitando ou escondidos nas capitais nordestinas.

Em *Memórias do Cárcere*, descreve:

1512 Osman Loureiro de Farias (1895-1979): alagoano, advogado, promotor, professor, interventor federal em Alagoas e governador eleito pela Assembleia Legislativa (1935). Apoiou a pesquisa de petróleo no seu estado e se manteve no governo durante o Estado Novo com o apoio da família Góis Monteiro. Indicou Graciliano Ramos para a pasta da Educação e ampliou o número de grupos escolares no estado, além de fundir o Instituto de Educação, dentro dos planos apresentados pelo escritor.

> Quisesse andar alguns metros, chegaria à praia, esconder-me--ia por detrás de uma duna, lá ficaria em segurança. Se me resolvesse a tomar o bonde, iria até o fim da linha, saltaria em Bebedouro, passaria o resto do dia a percorrer aqueles lugares que examinei para escrever o antepenúltimo capítulo do romance. Não valia a pena. Expliquei em voz alta que não valia a pena.
>
> Naquele momento a ideia da prisão dava-me quase prazer: via ali um princípio de liberdade. Eximira-me do parecer, do ofício, da estampilha, dos horríveis cumprimentos ao deputado e ao senador; iria escapar a outras maçadas, gotas espessas, amargas, corrosivas. Na verdade, suponho que me revelei covarde e egoísta: várias crianças exigiram sustento, a minha obrigação era permanecer junto a elas, arranjar-lhes por qualquer meio o indispensável. Desculpava-me afirmando que isto se havia tornado impossível.[1513]

Foi preso por um tenente que desejava apoiar uma sobrinha no concurso para o curso normal e fora rechaçado por Graciliano. Levava apenas uma pequena maleta.

Não havia fundamento algum para a prisão do romancista, pois não pertencia ao PCB e nem apoiara a "intentona comunista". Foi preso no batalhão de caçadores de Maceió e, depois, levado a Recife onde ficou no Forte das Cinco Pontas. Assim, começou a peregrinação do escritor, preso sem nenhuma prova, com acusações apócrifas, sem um inquérito e processo legal.

Em Recife, entrou em contato com o capitão José de Figueiredo Lobo,[1514] que tentou ajudá-lo, com oferta de dinheiro para a

---

1513 MORAES, Denis de. *O Velho Graça*: uma biografia de Graciliano Ramos. São Paulo: Boitempo Editorial, 2012, p. 113.

1514 José de Figueiredo Lobo: capitão que procurou emprestar dinheiro para Graciliano na sua transferência do Nordeste ao Rio de Janeiro. O capitão era leitor de Graciliano, tinha sido ajudante de ordem do general Euclides Figueiredo, durante a Revolução Constitucionalista de

sua manutenção devido à sua transferência para o Rio de Janeiro, mas não aceitou. Estava profundamente desconfiado dos militares.

Na caserna, Graciliano cruzou com o general Newton Cavalcanti[1515] e, assim, descreveu o encontro:

> O homem alto pregou-me um olhar irritado:
>
> – Comunista, hein?
>
> Atrapalhei-me e respondi:
>
> – Não.
>
> – Não? Comunista confesso.
>
> – De forma nenhuma, não confessei nada.
>
> Espiou-me um instante, carrancudo manifestou-se:
>
> – Eu queria que o governo me desse permissão para mandar fuzilá-lo.
>
> – Oh, general – murmurei – Pois não estou preso?
>
> O general afastou-se e o escritor comenta:
>
> – Eu era bem insignificante e a minha morte passaria despercebida, não serviria de exemplo. E se me quisessem elevar depois de finado, isto seria talvez prejudicial à reação: dar-me-iam papel de mártir, emprestar-me-iam qualidades

32 em São Paulo e tinha curtido o Exilio até ser anistiado. Sabem que Graciliano não tinha recursos. Afirmou, anos depois: “Quis ajudá-lo com algumas economias que guardava no banco”.

1515Newton de Andrade Cavalcanti (1885-1965): alagoano, estudou na Escola Militar do Realengo (RJ), na Escola de Guerra de Porto Alegre (RS), na Escola de Artilharia e Engenharia e trabalhou na construção de linhas telegráficas no Mato Grosso, tendo, como engenheiro chefe, o tenente-coronel Cândido Rondon. Participou da Revolução de 1930 e ajudou na repressão contra a Revolução Paulista de 1932. Foi interventor federal em Mato Grosso e Rio de Janeiro. Combateu a chamada “Intentona Comunista” e apoiou a implantação do Estado Novo. Demonstrou simpatia às ideias autoritárias do integralismo. Foi contra a volta de Vargas à presidência e teve sempre posições reacionárias.

> que nunca tive, úteis à propaganda, embrulhar-me-iam em folhetos clandestinos, mudar-me-iam em figura notável.[1516]

Não houve interrogatório em Recife.

Na sequência, os presos foram colocados no vapor Manaus e deslocados para o Rio de Janeiro. Na embarcação, estavam presos, trazidos do levante ocorrido em Natal, misturados com ladrões e vagabundos jogados no porão sujo e fedorento, como se fossem objetos, naquele pequeno espaço. A comida era repugnante e o cubículo, onde ficaram, insignificante para acomodar um "ser vivente". Na viagem, sentiu dores na perna operada e teve uma hemorragia intestinal. Os 116 prisioneiros chegaram à Capital Federal em 14 de março de 1936 e foram levados à casa de detenção da Rua Frei Caneca. Durante a identificação neste último local, o servidor que executava o trabalho, impaciente, travou a conversa com Graciliano no quesito referente à religião, pois o escritor informou: "– Pode inutilizar este quesito. – Não posso fazer isso, todos se explicam. – O senhor não vai me convencer de que eu tenho uma religião qualquer. Faça o favor de escrever nenhuma".

O funcionário, desgostoso e irritado, anotou o determinado pelo escritor. Graciliano foi encaminhado para o chamado "pavilhão dos primários", um espaço diferenciado para prisioneiros políticos.

Ao entrarem neste pavilhão, os prisioneiros foram bem recebidos pelos futuros companheiros que ali estavam há algum tempo, eram aproximadamente 200, que cantavam o Hino Nacional, o da ANL e o da Internacional. Era o coletivo, que tinha destaques

---

1516 MORAES, Denis de. *O Velho Graça*: uma biografia de Graciliano Ramos. São Paulo: Boitempo Editorial, 2012, p. 119.

revolucionários como Rodolfo Ghioldi,[1517] Agildo Barata, Hermes Lima,[1518] Valério Konder,[1519] Olga Benário, Maria Werneck de Castro,[1520] Nise Silveira, Eneida de Moraes,[1521] Elisa Ewert, Beatriz Bandeira, Manuel Venâncio Campos da Paz Junior,[1522] Aparício

---

1517 Rodolfo Ghioldi (1897-1985): argentino, jornalista, membro do PC (argentino), veio ao Brasil em 1935, com a esposa Carmen de Faya para ajudar Prestes e a ANL. Com a derrota da insurreição (Intentona Comunista), foi preso, torturado e colocado em Fernando de Noronha.

1518 Hermes Lima (1902-1978): baiano, advogado, jornalista, professor de Direito Constitucional (na Bahia, no Largo São Francisco e na Universidade do Rio de Janeiro. Ligado à ANL e preso durante a repressão. Participou do 1º Congresso Brasileiro de Escritores (1945) e da fundação da UDN. Deputado Constituinte (1946) e ajudou a organizar o PSB. Foi contra a cassação dos parlamentares comunistas. Chefiou o Gabinete Civil do Presidente Jango Goulart, foi Ministro do Trabalho, Primeiro-Ministro e das Relações Exteriores durante a fase parlamentarista, que ocorreu no país. Foi Ministro do STF até 1969, quando foi afastado pelo Presidente Costa e Silva (AI-5). Obras: *Introdução à ciência do Direito*, *Problemas do nosso tempo*, *Tobias Barreto, a época e o homem*, *Anísio Teixeira, estadista da educação*, *Travessia* (memórias). Foi membro da ABL.

1519 Valério Régis Konder (1911-1968): catarinense, médico, inspetor de ensino, militante da ANL e do PCB. Trabalhou como médico na África (1945) e Grécia. Apoiou a Revolução Cubana e foi cassado pelo golpe militar de 1964.

1520 Maria Moraes Werneck de Castro (1909-1994): carioca, advogada da Caixa Econômica Federal e ligada à ANL. Foi presa e libertada em 1937. Exilou-se na Argentina durante o Estado Novo. Voltou em 1945 ao Brasil e foi readmitida na Caixa. Filiou-se ao PCB durante a sua legalidade. Na década de 1980, apoiou o PT e o PDT. Escreveu: *Sala 4: primeira prisão política feminina.*

1521 Eneida de Moraes ou Eneida Vilas Boas Costa (1904-1971): dentista, jornalista, escritora, crítica literária e ativista política. Militou no PCB e ficou presa durante um ano e seis meses na casa de detenção. Obras: *Cão da madrugada*, *Alguns personagens*, *Aruanda*, *História do carnaval carioca*, *Caminhos da terra*, *Banho de cheiro* etc.

1522 Manuel Venâncio Campos da Paz Junior (1878-1947): médico, inspetor sanitário, participou da ANL e foi eleito vereador. Foi condenado a seis meses de prisão pelo TSN.

Torrely (Barão de Itararé),[1523] Antônio Maciel Bonfim (Miranda – ex-secretário do PCB), Leônidas de Rezende[1524] e o líder Prestes.

Ghioldi, coordenador do coletivo, saudou "os revolucionários do Nordeste" e, quando este foi cumprimentá-lo pela recepção otimista e calorosa, incitou o seguinte diálogo com o romancista, perguntando-o se acreditava realmente e tinha convicção do que tinha dito:

> – Eu acredito em rigorosamente tudo o que falei para vocês.
>
> – Não sei exatamente qual é a sua história, mas eu sou do Nordeste e conheço bem o meu povo. E esse é um povo que está tão atrasado, tão embrutecido pela miséria, que creio que não poderá fazer a revolução jamais. Ghioldi tentou demovê-lo, argumentando: – O mujique russo era muito mais atrasado que o nordestino e, no entanto, fez uma revolução que vai mudar a face do mundo. A revolução não depende apenas do grau cultural de um povo. E sem esses camponeses russos, atrasados e embrutecidos, não teria existido a Revolução Russa.
>
> Sem se convencer, Graciliano desviou o assunto.[1525]

Tempos depois, o alagoano se enturmou com o pessoal do coletivo, tomando aulas de inglês e russo, jogando pôquer e xadrez. Ficou mais íntimo do professor Hermes Lima, que conhecia por

---

1523 Aparício Torrely – Barão do Itararé (1895-1971): gaúcho, estudou medicina, jornalista e humorista. Fundou o jornal *A Manhã* e realizava críticas ao integralismo. Foi sequestrado por oficiais integralistas da Marinha em represália aos seus artigos, espancado, colocado sem roupas e com a cabeça raspada largado na Barra da Tijuca. Apoiou a ANL e foi preso. Solto, continuou criticando e satirizando os governos por intermédio dos jornais com que colaborou. *A Manhã* sobreviveu até 1957.

1524 Leônidas de Rezende (1899-1950): advogado, professor universitário de Direito. Ligado ao PCB, foi preso e despedido da Universidade do Rio de Janeiro.

1525 MORAES, Denis de. *O Velho Graça*: uma biografia de Graciliano Ramos. São Paulo: Boitempo Editorial, 2012, p. 124.

intermédio de artigos na imprensa. Achava o professor "a pessoa mais civilizada que já tinha visto". Hermes tinha a seguinte ideia do romancista:

> Graciliano aparentava asperezas de mandacaru e era, pessoalmente, seco de físico e de maneiras. Elas o defendiam da mistura, da promiscuidade, defendiam seu direito não tanto de ser só como de ser ele próprio. Precisava dar crédito, sentir afinidade, para vencer, de alguma sorte, o pudor de falar de si mesmo.[1526]

Opinou sobre alguns companheiros em *Memórias de Cárcere*, mas sobre os militares, ressabiado, afirmou:

> Tinham sido eliminados do Exército, mas ainda vestiam farda, guardavam hábitos da caserna; eram assíduos na ginástica, não se tinham eximido à hierarquia e à disciplina; deram-me a impressão de olhar para os paisanos com desdém, julgá-los fracos e imóveis; o espírito de casta ainda permanecia.[1527]

Sobre Prestes afirmou:

> Eu não tinha opinião firme a respeito desse homem. Acompanhara-o de longe em 1924, informara-me da viagem romântica pelo interior, daquele grande sonho, aparentemente frustrado. Um sonho, decerto: nenhum excesso de otimismo nos faria ver na marcha heroica finalidade imediata. Era como se percebêssemos na sombra um deslizar de fantasma ou sonâmbulo. Mas essa estranha figura de apóstolo disponível tinha os olhos muito abertos, examinava cuidadosamente a vida miserável das nossas populações rurais, ignorada pelos estadistas capengas

---

1526 MORAES, Denis de. *O Velho Graça*: uma biografia de Graciliano Ramos. São Paulo: Boitempo Editorial, 2012, p. 125.

1527 MORAES, Denis de. *O Velho Graça*: uma biografia de Graciliano Ramos. São Paulo: Boitempo Editorial, 2012, p. 126.

> que nos dominavam. Defendia-se com vigor, atacava de rijo; um magote de vagabundos em farrapos alvoroçava o exército, obrigado a recorrer aos batalhões patrióticos de Floro Bartolomeu, ao civismo de Lampião. Que significava aquilo? Um protesto, nada mais. Se por milagre a Coluna alcançasse a vitória seria um desastre, pois nem ela própria sabia o que desejava. Sabia é que estava tudo errado e era indispensável fazer qualquer coisa. (...) Depois de marchasse contramarchas fatigantes, o exílio, anos de trabalho ásperos. E quando, num golpe feliz, vários antigos companheiros assaltaram o poder [Revolução de 1930] e quiseram suborná-lo, o estranho homem recusava o poleiro, declara-se abertamente pela revolução.[1528]

Graciliano não se alimentava corretamente e ficou deprimido com o seguinte incidente, ocorrido durante uma refeição que era servida, neste dia, pelo Capitão Euclides de Oliveira,[1529] após receber os caixões de comida dos faxineiros:

> Tinha proposto trocar uma banana e uma laranja por duas bananas e o capitão recusou. Ficou parado na fila esperando a troca, quando Euclides o perguntou:
>
> – Que é que há?
>
> – Estou esperando a sobremesa.
>
> –Já dei.
>
> – Perfeitamente. Deu, mas não concordou em trocá-la. Eu restituí, não se lembra?
>
> – Já dei.

1528 MORAES, Denis de. *O Velho Graça*: uma biografia de Graciliano Ramos. São Paulo: Boitempo Editorial, 2012, p. 127.

1529 Euclides Quandt de Oliveira (1919-2013): carioca, cursou a Escola Naval (RJ), capitão, especializado em eletrônica e diretor da Escola da Marinha Mercante. Após o Golpe Militar de 1964, foi indicado como adjunto da subchefia da Marinha no Gabinete Militar da Presidência da República e Presidente do Conselho Nacional de Telecomunicações (Contel). Foi para a reserva em 1969.

> – O senhor está equivocado. Ora essa! – disse Graciliano, indignado. – O senhor julga que lhe venho furtar duas bananas? Que é isso?
>
> Em meio ao alvoroço, Graciliano voltou à cela, onde, em um acesso de cólera, jogou o prato no chão. Outro preso, o capitão Walter Pompeu, recriminou lhe a grosseria contra Euclides, sendo prontamente rechaçado:
>
> – Ele é que foi grosseiro comigo.
>
> Pompeu caiu na asneira de dizer:
>
> – E depois ele é um capitão do Exército. Você devia pensar nisso.
>
> Graciliano se ergueu tomado de ódio:
>
> – Um Capitão do Exército, sim. Senhor. Devia ter pensado. Você também é capitão. Na sua presença ficamos de pé, firmes, em posição de sentido, fazendo a continência. Somos cabos. "Pronto, seu capitão!" É o que vocês desejam. Capitães. Gente horrorosa. Vocês são todos umas pestes.[1530]

Minutos depois, o capitão entregou-lhe as duas bananas e pediu desculpas.

Heloisa, a mulher de Graciliano, veio ao Rio de Janeiro em maio de 1936 para lutar pela sua libertação e fez uma peregrinação pelos Ministérios da Guerra e da Justiça, o Palácio do Catete, a Chefatura de Polícia, procurando informações sobre a sua real situação perante a lei, descobriu que não havia nenhuma acusação formal e consistente, nem tampouco, um processo. Continuou batalhando junto às companheiras dos prisioneiros no sentido de defendê-lo do arbítrio executado pelo Estado Novo, que tinha "respaldo do estado de guerra".

1530 MORAES, Denis de. *O Velho Graça*: uma biografia de Graciliano Ramos. São Paulo: Boitempo Editorial, 2012, p. 128.

Já acostumado com a convivência no pavilhão dos primários, Graciliano recebe uma triste notícia, seria levado com outros prisioneiros para a temida e célebre Ilha Grande, onde havia torturas, violências e mortes executadas pelos guardas na colônia correcional. Era um verdadeiro inferno.

Foram levados, à Ilha Grande, 16 prisioneiros e lá já havia 1.388, passando a 1.936.

Ao desembarcar na ilha, junto com uma escolta militar, os prisioneiros, em fila, caminharam até a colônia, enfrentando 12km de serra. O cronista andou com muita dificuldade por causa da sua perna operada e, durante o deslocamento, recebeu conselhos de uma guarda sobre os perigos de roubo e adquiriu, em um boteco da estrada, muitos cigarros.

Ao chegar, tiraram da sua bagagem papel e lápis e deixaram o dinheiro, que ultrapassava, por sinal, a quota exigida. Rasparam a sua cabeça. A sujeira era total e Graciliano nada comeu. Tudo estava misturado nos galpões improvisados, inclusive os ladrões e homicidas com os presos políticos. O trabalho era obrigatório, forçado e o chefe da guarda enfatizou: "– Escutem. Nenhum direito. Quem foi grande esqueça-se disso. Aqui não há grandes. Tudo igual. Os que têm protetores ficam lá fora. Ninguém vem se corrigir aqui. Vocês vêm pra morrer".

Interrogado sobre a sua idade por um tenente, Graciliano respondeu: "– Calcule. – 65 anos. – Por aí, pouco mais ou menos", respondeu.

Foi dispensado e tinha apenas 43 anos.

Ficou amigo de dois marginais e comprou de um deles, chamado gaúcho, uma cama velha e suja, pois não suportava mais dormir numa esteira antiga que estava no chão. Em decorrência deste "luxo", um representante do coletivo requisitou a cama e Graciliano cedeu, mas passou a dar um "pito": "– Você fala como se fosse dono dela. Quem lhe deu Ordem?" O escritor retrucou: "– A cama é propriedade minha. Dei 7 mil-réis a gaúcho por ela. Daqui não saio, entende? Sou um proprietário".

A situação era complexa e perigosa, e Graciliano entrou, até em luta corporal, porque tinha se recusado a almoçar aquela comida repugnante, com um tal de cubano que era "pau mandado" dos guardas.

O diálogo entre os dois foi o seguinte: "– Obrigado, não quero almoçar. – Eu não estou perguntando se o senhor quer, estou mandando. Entre na fila".

O escritor reclamou: "– Eu não posso deixar o senhor morrer de fome. Vai à força".

Assim começou o entrevero, interrompido por um prisioneiro que tinha sido esfaqueado na barriga e estava sangrando.

Depois, Graciliano reconheceu que o tal cubano estava preocupado com a sua saúde, que, cada vez mais, degradava-se com dores, náuseas e torpores comentou: "– Tinha um coração humano, sem dúvida, mas adquiria hábitos de animal".

A esposa, ao saber da transferência de Graciliano para a Ilha Grande, passou a pedir ajuda aos amigos, como o escritor José Lins do Rego e o banqueiro Edgard de Góis Monteiro, do Banco de Crédito Real, irmão do general Pedro Aurélio de Góis Monteiro.[1531]

1531Edgard de Gois Monteiro (1909-1973): alagoano, irmão de Pedro Aurélio de Góis Monteiro, Prefeito de Maceió, Chefe de Política, Secretário do Interior de Alagoas, Interventor Federal (AL), Presidente do IAA (Instituto do Açúcar e do Álcool) e Diretor do Banco de Crédito Real de Minas Gerais. Lançou *Problemas e diretrizes da política açucareira*.

A ajuda trouxe, novamente, o autor para o antigo presídio na rua Frei Caneca. Ao se despedir da colônia, falando com o diretor, Graciliano travou o seguinte diálogo:

> – Levo recordações excelentes, doutor. E hei de pagar um dia a hospitalidade que os senhores me deram.
>
> – Pagar como?
>
> – Contando lá fora o que existe na Ilha Grande.
>
> – Contando?
>
> – Sim, doutor, escrevendo. Ponho tudo isso no papel.
>
> – O senhor é jornalista?
>
> – Não, senhor. Faço livros. Vou fazer um sobre a Colônia Correcional. Duzentas páginas, ou mais. Os senhores me deram assunto magnífico. Uma história curiosa, sem dúvida.[1532]

O diretor comentou: "– A culpa é desses cavalos que mandam para aqui gente que sabe escrever".

Os rascunhos sobre a colônia ficaram escondidos neste mesmo local. Voltando à antiga prisão, foi muito bem recebido pelos antigos companheiros que ficaram estarrecidos com a aparência física do escritor. Estava doente, envelhecido e muito debilitado. Foi encaminhado à enfermaria onde encontrou Eneida de Mores e Nise da Silveira.[1533] Neste momento, foi publicado o livro *Angústia*, comemorado pelas companheiras e sua esposa na enfermaria. A crítica do romance foi boa, sendo comentado por Octávio Tarquinio de

---

1532 MORAES, Denis de. *O Velho Graça*: uma biografia de Graciliano Ramos. São Paulo: Boitempo Editorial, 2012, p. 138.

1533 Nise da Silveira (1905-1999): alagoana, médica e psiquiatra. Foi presa durante 16 meses em 1936, sob acusação de comunista. Seguiu as teses de Carl Gustav Jung e criou a clínica para o tratamento em regime aberto de pacientes psiquiátricos. Desenvolveu a denominada terapia humanizadora. Escreveu: *Jung* (Biografia), *Imagem, ação, afeto* e *Imagens do inconsciente*.

Sousa, Murilo Miranda,[1534] Moacir Werneck de Castro,[1535] Mário de Andrade[1536] e Dias da Costa.[1537]

Durante o período em que estava na Frei Caneca, ocorreram os fatos que levaram a retirada de Olga Benário Prestes, grávida, para Alemanha, já enfocados, nesta obra, ou seja, uma rebelião dos presos políticos contra esta violência.

Com apoio de José Lins do Rego e Rodrigo Mello Franco,[1538] o jurista Sobral Pinto, que já tinha experiência na defesa dos presos políticos, foi indicado para defendê-lo.

Não havia processo no caso do escritor, mas o advogado sabia das dificuldades para conseguir um *habeas corpus*, devido ao decreto de estado de guerra, que impedia este tipo de pedido ao Poder Judiciário, castrado durante a ditadura.

O advogado pediu ao TSN uma investigação sobre as provas que poderiam estar incriminando Graciliano, "para evitar que perdurem por mais tempo injustiças patentes como as que vêm ferindo o requerente". Argumentou ainda: "A única coisa que o requerente sabe que se lhe atribui – e isto em virtude do encontro casual que teve com o general Newton Cavalcanti – é que esse militar lhe emprestava a qualidade de comunista perigoso". Além disso, na Ilha

---

1534 Murilo Miranda (1913-1971): fundador da *Revista Acadêmica* (1933). Dedicou uma edição à obra de Graciliano.

1535 Moacir Werneck de Castro (1915-2010): advogado, militou na juventude comunista como estudante. Morou na pensão de Graciliano. Foi membro do PCB.

1536 Mário Raul de Morais de Andrade (1893-1945): paulista, formado no Conservatório Dramático Musical de São Paulo, escritor, ensaísta, folclorista, crítico literário e professor. Participou da Semana da Arte Moderna. Obras: *A escrava que não era Isaura*, *Pauliceia desvairada*, *Macunaíma*, *Aspectos da literatura brasileira*, entre outras.

1537 Dias da Costa: crítico literário, autor de "Canto do Beco".

1538 Rodrigo Mello Franco (1898-1969): trabalhava no serviço de patrimônio histórico.

Grande "foi agregado" aos mais destacados elementos da escória social e completou: "Sua atividade quer como Diretor da Instrução Pública, quer como escritor, orientou-se sempre por uma linha de severa austeridade, aferida pelos critérios da moral tradicional do nosso país".

Foi realizada uma campanha para a libertação dos presos políticos. Com a participação da ABI (Associação Brasileira de Imprensa), de vários intelectuais e de pronunciamentos na Câmara dos Deputados por políticos favoráveis, como Octavio Mangabeira, pedindo a libertação "dos impronunciados".

Até Augusto Frederico Schmidt, considerado anticomunista, pediu a soltura de Graciliano, no Diário Carioca, no seguinte artigo:

> O sr. Graciliano Ramos é um dos nomes mais significativos das letras novas do Brasil. Romancista de altos méritos, não transformou absolutamente a sua arte em instrumento de ação política, conservando-a, pelo contrário, num plano livre e puro. (...) Se foi preso, por engano de pessoa, estou certo de que as nossas dignas autoridades não insistirão em apartá-lo da sociedade que ele tanto dignifica.[1539]

José Lins do Rego e José Olympio, por sua vez, entraram em contato com o gabinete de Vargas e pediram ajuda a Herman Lima,[1540] escritor e Assessor da Presidência da República, pedindo a libertação do romancista.

O diálogo entre Herman e Vargas ficou antológico: "– Você diga ao Presidente que ele precisa mandar soltar o Graciliano Ramos.

1539 MORAES, Denis de. *O Velho Graça*: uma biografia de Graciliano Ramos. São Paulo: Boitempo Editorial, 2012, p. 145.

1540 Herman Lima (1897-1981): escritor e auxiliar de gabinete de Getúlio Vargas. Obras: *Variações sobre o conto*, *O Conto* etc.

Graciliano está preso há um ano, tem sofrido os maiores horrores de prisão em prisão. Esse martírio não pode continuar".

No dia seguinte, em sua residência no Palácio Guanabara, Getúlio Vargas, de roupão azul, fumando o indefectível charuto enquanto despachava a papelada, mirou um ponto imaginário no ar antes de responder a Herman:

> – Você diga ao Zé Lins que nesse caso do comunismo eu não mandei prender ninguém, mas também não mando soltar ninguém. Isso é lá com a polícia. Mas autorizo-o a falar com o general Pinto, dizendo-lhe de minha parte que indague ao Filinto Müller se há alguma coisa apurada contra o Graciliano, e, do contrário, naturalmente que soltem o homem.[1541]

Herman Lima se comunicou com o General Francisco José Pinto, Chefe de Gabinete Militar que informou Filinto Müller sobre o pedido do ditador. Filinto entrou em contato com as autoridades de Alagoas e o Secretário do Interior de Alagoas, Correia Neves,[1542] mandou o telegrama com o seguinte texto: "Resposta oficial 370. Informo V. Exa. não haver inconveniente libertação de Graciliano Ramos. Atenciosas saudações".

O Chefe da Polícia deu a seguinte ordem por telegrama após esta informação: "Ponha-se em liberdade".

Foi solto em 13 de janeiro de 1937, após uma prisão arbitrária, sem processo, jogado de uma prisão para outra, o que lhe causou dores e abalou à sua saúde.

Graciliano resolveu se radicar definitivamente no Rio de Janeiro, devido "Alagoas não me fizera mal nenhum, mas, responsabilizando-a

---

1541 MORAES, Denis de. *O Velho Graça*: uma biografia de Graciliano Ramos. São Paulo: Boitempo Editorial, 2012, p. 146.

1542 Correia das Neves: Secretário do Interior de Alagoas.

pelos meus desastres, deve ter-me involuntariamente considerado autor de qualquer obra de vulto não reconhecida".

Após a libertação, passou alguns dias na casa de José Lins do Rego e, depois, foi morar numa pensão por falta de emprego e dinheiro. Heloísa, a esposa, voltou a Alagoas com o objetivo de trazer os filhos para a Capital Federal.

Nesse contexto, o Estado Novo foi implantado e o escritor temeroso só frequentava a livraria José Olympio, onde se encontrava com colegas escritores, como Jorge Amado, Josué Montello,[1543] José Américo de Almeida, José Lins do Rego, Marques Rebelo,[1544] Adalgisa Nery,[1545] Prudente de Morais[1546] e Amando Fontes.[1547]

Na pobreza, lutando para sobreviver, escreveu um conto sobre a morte de uma cachorra, denominado "Baleia" para *O jornal*, ganhando apenas os necessitados 100 mil-réis. Achava a descrição das agruras do animal muito fraca, mas a recepção foi um sucesso, e depois transformou-se no famoso romance *Vidas Secas*, publicado em 1938.

1543 Josué Montello (1917-2006): escritor, jornalista, crítico literário. Obras: *Janelas Fechadas*, *História da vida Literária*, *A luz da estrela morta* etc.

1544 Marques Rebelo (1907-1973): escritor, crítico literário, jornalista. Obras: *Outono*, *Marafa*, *A estrela sobe* etc. Ajudou a renovar o conto brasileiro.

1545 Adalgisa Nery (1905-1980): carioca, casada com o pintor Ismael Nery, jornalista, escritora e política. Casou-se, novamente, com Lourival Fontes, diretor-geral do DIP. Foi deputada estadual (PSB) pela Guanabara e combateu Carlos Lacerda (governador). Foi cassada pelo governo militar (1969). Obras: *A mulher ausente*, *Ar do deserto*, *A imaginária*, *Og*, *Neblina* etc.

1546 Prudente de Morais Neto (1904-1977): jornalista, crítico literário, elogiou o livro *Caetés* de Graciliano Ramos.

1547 Amando Fontes (1899-1967): romancista social. Escreveu a *Rua do siriri*.

Conseguiu um emprego de assistente-técnico na secretaria geral da Universidade do Distrito Federal (UDF) de três meses, em 1938. Posteriormente, por apoio de amigos escritores, principalmente Drummond, Graciliano foi nomeado Inspetor de Ensino do Ministério da Educação e Saúde com uma baixa remuneração.

A esposa chegou de Alagoas com as crianças e foram morar na pensão num cubículo, onde o escritor pensava escrever e viver precariamente com a família. Neste local, manifestou-se a tuberculose de Graciliano obrigando-os, com o auxílio dos amigos, a se deslocarem para um pequeno apartamento, onde as filhas ficavam mais protegidas do contágio. Heloísa, para conseguirem o sustento, conseguiu um trabalho no Colégio Universitário (da Universidade do Brasil). Com o tratamento de saúde e uma melhor alimentação, o romancista conseguiu melhorar e se recuperar. É preciso informar que, para completar a renda, o já famoso autor colaborou com suas crônicas para a revista *Cultura Política* lançada pelo DIP. Lançou nela "Quadros e Costumes do Nordeste". Recebeu críticas indevidas de personagens ligadas à direita por ter colaborado com a revista. Precisava sustentar a família.

Ao fazer 50 anos, o seu nome já estava consagrado na Literatura Brasileira e foi homenageado, num jantar, onde recebeu o prêmio Felipe de Oliveira por sua obra em 1942. A convite do Secretário Geral Prestes, em 1945, filiou-se ao PCB. Já tinha publicado, nesta fase, mais dois livros: *A Terra dos Meninos Pelados* e *Histórias de Alexandre*. Efetuou, também, traduções como *Memórias de um Negro* de Booker T. Washington (1940) e depois *A Peste* de Albert Camus (1950).

Foi Presidente da Associação Brasileira de Escritores.

Em 1950, ficou profundamente abalado, com o suicídio do seu filho epilético, Márcio Ramos.

Em 1952, viajou para a URSS, Tchecoslováquia, França, Portugal e, ao voltar, declarava, na redação do *Correio da Manhã*, para os seus ouvintes perplexos:

> O negócio é este, nós temos de fazer as coisas para o país andar, ir para a frente, assim como estão fazendo os russos. Não podemos deixar as coisas para amanhã. Agora, eu não tenho dúvida alguma de que uma pessoa com o meu temperamento, que gosta de falar o que pensa, talvez seja uma das primeiras a serem presas se for instalado aqui um regime como o soviético.[1548]

Em agosto de 1952, no banheiro do *Correio da Manhã*, o escritor cuspiu sangue pela boca e passou mal, pensou ser a volta da tuberculose. Após exames, foi localizado câncer na pleura.

O Brasil não tinha especialistas para operá-lo e, com o auxílio econômico de amigos e do PCB, foi operar em Buenos Aires com cirurgião Takara,[1549] que não cobrou honorários. Depois foi Ministro da Saúde de Peron.

Após a operação, ficou internado no Sanatório Anchorena para recuperação em Buenos Aires. Ao voltar ao Rio de Janeiro, com fortes dores no peito, recebendo injeções de morfina, "transformou-se em pele e osso só". Segundo o filho e escritor Ricardo Ramos: "nós aplicávamos a injeções e no fim era só pele. Nunca mais na vida dei injeção em ninguém".

Depois de muita dor e sofrimento, Graciliano faleceu na manhã de 20 de março de 1953. Deixou uma obra extraordinária.

1548 MORAES, Denis de. *O Velho Graça*: uma biografia de Graciliano Ramos. São Paulo: Boitempo Editorial, 2012, pp. 281/282.

1549 Takara: cirurgião que operou Graciliano Ramos em Buenos Aires.

> Toda a sua obra é profundamente marcada por um nordeste privado de exotismo: nem descrição complacente das paisagens, nem visão paternalista dos problemas, mas atitude crítica, estudo do homem em seu meio, sua luta pela sobrevivência, seus sofrimentos e suas aspirações. Escreveu romances, contos, crônicas e relatos autobiográficos. Os três primeiros romances, escritos na primeira pessoa, consagram-se a uma dissecação psicológica do ser.
>
> À imagem do universal hostil, a linguagem é seca e despojada. O adjetivo é banido, G. Ramos busca a concisão, a palavra certa; as expressões populares sertanejas fazem ingresso na literatura. O autor se ergue contra a linguagem pedante e floreada dos "bacharéis". Graciliano soube captar o essencial da personalidade humana, reconciliando regionalismo e universalidade. Depois de **Machado de Assis**, é um dos melhores romancistas brasileiros. Suas obras foram traduzidas para vários idiomas e inspiraram os maiores cineastas: Nélson Pereira dos Santos, com *Vidas Secas* (1963) e *Memórias do cárcere* (1984) e Leon Hirszman, com *São Bernardo* (1973).
>
> **Romances:** *Caetés*, Rio, Schmidt, 1933; *S. Bernardo*, Rio, Ariel, 1934; *Angústia*, Rio, J. Olympio, 1936; *Vidas Secas*, Rio, J. Olympio, 1947. **Contos:** *Dois dedos*, Rio, Rev. Acadêmica, 1945; *Insônia*, Rio, J. Olympio, 1947; *A terra dos meninos pelados*, Porto Alegre, Globo, 1939; *Histórias de Alexandre*, Rio, Leitura, 1944. **Crônicas:** *Linhas tortas*, São Paulo, Martins, 1962; *Viventes das Alagoas*, São Rubio, Martins, 1962; **Memórias:** *Infância*, Rio, J. Olympio, 1945; *Memórias do cárcere*, Rio, J. Olympio, 1953. **Viagens, cartas:** *Viagem*, Rio, J. Olympio, 1954; *Cartas*, Rio, Record, 1981.[1550]

O retrato da perseguição e injustiça que o "Graça" sofreu ficou sintetizado nestas suas palavras:

1550 TEYSSIER, Paul (Coord.). *Dicionário de Literatura Brasileira*. São Paulo: Martins Fontes, 2003, pp. 112-114.

> Ignoro as razões por que me tornei indesejável na minha terra. Acho, porém, que lá cometi um erro: encontrei 20 mil crianças nas escolas e em três anos coloquei nelas 50 mil, o que produziu celeuma. Os professores ficaram descontentes, creio eu. E o pior é que se matricularam nos grupos da capital muitos negrinhos. Não sei bem se pratiquei outras iniquidades. É possível. Afinal o prejuízo foi pequeno, e lá naturalmente acharam meio de restabelecer a ordem.
>
> Creio que não servi direito: por circunstâncias alheias à minha vontade, fui remetido para o Rio de maneira bastante desagradável. Percorri vários lugares estranhos e conheci de perto vagabundos, malandros, operários, soldados, jornalistas, médicos, engenheiros e professores da Universidade. Só não conheci o delegado de polícia, porque se esqueceram de interrogar-me. Depois de onze meses abriram-me as grades, em silêncio, e nunca mais me incomodaram. Donde concluo que a minha presença aqui não constituía perigo.[1551]

Lembrou sobre emprego que, "adotei, em falta de melhor, uma profissão horrível: esta de escrever, difícil para um sujeito que em 1930 era prefeito na roça". E lembrando que Vargas se considerava escritor, concluiu:

> V. Excia. é um escritor. Mas, embora lance os seus livros com uma tiragem que nos faz inveja, não vai ganhar muito e sabe que neste país a literatura não rende. Andaria tudo bem se tivéssemos exportação, pois o mercado interno é lastimável. Um *bluff* a exportação. (...) Enfim não possuímos literatura, o que temos é diletantismo, um diletantismo produtor de coisas ordinariamente fracas.[1552]

1551 MORAES, Denis de. *O Velho Graça*: uma biografia de Graciliano Ramos. São Paulo: Boitempo Editorial, 2012, pp. 172/173.

1552 MORAES, Denis de. *O Velho Graça*: uma biografia de Graciliano Ramos. São Paulo: Boitempo Editorial, 2012, p. 173.

13.8 Os Irmãos Naves – O Judiciário atrelado à ditadura – A violência e a injustiça no Estado Novo

Em Araguari (MG), situada no triângulo mineiro, havia, na década de 30, um excelente desenvolvimento econômico no cultivo de grãos. Era um local estratégico para a região, alcançada pela Companhia Mogiana de Estada de Ferro e pela Estrada de Ferro Goiás, facilitando o transporte de matéria-prima agrícola e pessoas. Havia o crescimento da produção de arroz na área e a comercialização ocorria em Araguari.

Os irmãos Naves, Sebastião e Joaquim, tinham um caminhão de transporte de cereais e moravam na cidade, onde recebiam, quase sempre, o "primo" Benedito, negociante deste polo econômico. Era filho do latifundiário João Pereira da Silva e negociava com o arroz, usando empréstimos fornecidos pela família. O "parente" também tinha sociedade com os Naves no caminhão.

Em 28 de novembro de 1937, Benedito estava com 90 contos e 48 mil e 500 réis em sua posse, resultante da transação feita com arroz, e resolveu participar da festa de inauguração da Ponte do Veloso, levando consigo, para aquela época, esta pequena fortuna. A festa, com distribuição de bebidas e churrasco, ocorreu tranquilamente com a presença dos "primos".

Naquela noite, Benedito jantou na residência de Joaquim e saiu com seu pacote de dinheiro, apesar do "primo" alertá-lo para o perigo que corria, portando aquele alto valor, mas não foi ouvido.

Posteriormente, Benedito se encontrou com o amigo Sebastião Vieira da Costa e foram para a pista de dança de um cabaré. No local, dançou com a prostituta chamada Nenê, sua velha conhecida.

Os amigos, ao saírem do baile pela alta madrugada, despediram-se em frente à venda de Manoel, onde Sebastião trabalhava, e Benedito continuou o seu caminho.

No dia 29 de novembro, os Naves não conseguiram localizar Benedito, pois não dormira, como previsto, na casa de Joaquim Naves.

Procuraram-no até na casa de Nenê (Florisa Martins da Silva) a prostituta. Reviraram a cidade à caça do "primo" sem nenhum sucesso. A cidade ficou em polvorosa com o sumiço de Benedito, com a quantidade de dinheiro envolvida e acreditavam estar diante de um roubo e homicídio.

Os irmãos Naves, exaustos pela procura, registraram um boletim de ocorrência na delegacia que era comandada pelo Delegado Civil Ismael Benedito do Nascimento, por sinal farmacêutico. Explicaram o caso à "autoridade" e, posteriormente, foram à fazenda de João Pereira, progenitor de Benedito, onde comunicaram o que estava ocorrendo.

Em 30 de novembro, foi instaurado um inquérito policial com os depoimentos dos irmãos Naves, de Sebastião da Costa, de José Lemos da Silva (industrial), de João Batista Ferreira (João Santinho, o ferreiro), de Nenê e do pai de Benedito. Sem nenhuma pista para desvendar o caso, o delegado pediu ajuda a Belo Horizonte, que enviou, para acompanhar o inquérito em Araguari, o primeiro-tenente da Força Pública, Francisco Vieira dos Santos (denominado Chico Vieira), em 22 de dezembro de 1937. O militar tinha 53 anos e estava na carreira desde 1908, sendo considerado eficiente nas missões que sempre fora designado. Após receber as informações básicas e incompletas sobre o sumiço de Benedito, deduziu, apressadamente, que os suspeitos eram os irmãos Naves. Passou a acusá-los de terem matado "o primo" e sumido com o corpo para não haver provas. A cidade passou a acreditar naquela hipótese, ou seja, assassinato seguido de roubo (latrocínio) e a hostilizar os irmãos Joaquim e Sebastião Naves,

Joaquim Naves tinha 27 anos, era casado com Salvina Olinda de Jesus, pai de dois meninos e cuidava da mãe Ana Rosa, viúva, chamada por Don'Ana. Junto com o irmão, negociava arroz e diversos produtos na região, sendo o caminhão fundamental para este trabalho. Diante do acontecido, Don'Ana procurou a delegacia informando que tinha recebido a visita de Sebastiana Romana, que criara, junto com José Joaquim Teodoro de Lima (Zé Prontidão), oriundos de Uberlândia, que estava procurando um pastor alemão "sumido" que pertencia ao seu patrão e poderia estar em Araguari. Durante a conversa, Zé Prontidão informou à mãe dos Naves que havia visto uma pessoa parecida com Benedito, há muitos dias atrás, de passagem por Uberlândia.

Diante dessas novas informações, o "delegado" acreditou estar sendo ludibriado pelos Naves e ordenou a prisão imediata de Joaquim. O tenente Chico Vieira mandou a polícia escoltar Zé Prontidão de Uberlândia a Araguari a fim de prestar depoimento sobre a conversa ocorrida com Don'Ana. Desconfiado da narrativa apresentada, acreditando estar diante de uma testemunha plantada, mandou prender o depoente e obteve mais informações dos Naves e sua mãe sobre o sumiço de Benedito. Tudo foi exaustivamente confirmado, mas Joaquim foi preso como suspeito do crime.

Devido à prisão do irmão, Sebastião procurou o seu cunhado João Antônio de Oliveira ("Inhozinho") em sua roça, para trocar ideias sobre os fatos acontecidos e pediu que guardasse três contos e quinhentos mil réis, para que a família não ficasse desguarnecida caso fosse preso, afinal a população da cidade estava acreditando na versão explicitada pelo "tenente-delegado".

Inhozinho não aceitou a proposta integral do cunhado, mas acabou ficando com quinhentos mil réis para saldar uma dívida por frangos, comprados anteriormente. O troco do dinheiro foi entregue à esposa de Sebastião.

Diante desse contexto, nenhum advogado aceitou o pedido de defesa para Joaquim, que estava detido, mas sem provas do crime que era acusado. A partir dessa situação, Chico Vieira pressionou violentamente Zé Prontidão, que passou, em depoimento, a acusar Joaquim de aliciá-lo para que desse informações falsas à polícia sobre a passagem de Benedito em Uberlândia, com promessa até de "gratificação" pelo favor que seria prestado. Taxativamente, acusou os Naves de terem assassinado o "primo". Em decorrência desse novo depoimento, foi decretada a prisão de Sebastião Naves e sua mãe, como se a família toda estivesse envolvida no roubo e morte de Benedito. Nesse ínterim, Guilherme Malta Sobrinho prestou depoimento, informando que tinha visto Benedito na festa de inauguração da ponte e, também, um caminhão parecido com o de Joaquim, circulando na cidade, o que significava envolvimento do citado naquela noite com o primo. O tenente concluiu que Joaquim mentira ao afirmar que estava dormindo naquela noite fatídica.

Acreditando em sua hipótese, Chico Vieira resolveu, por intermédio de violência e tortura, conseguir a confissão dos Naves e de sua mãe, sobre a suposta morte de Benedito.

Acompanhado dos soldados Araguari, Ladislau, Damásio, Heitor, Turquinho e Mão de Fogo, passou a torturar os acusados dentro da delegacia da cidade.

A tortura aplicada consistiu em golpes de sabre, pancadas de fuzil, unhas e dentes arrancados com alicate, alfinetes espetados nas unhas, cadeiras com pregos para as vítimas se sentarem, corpo costurado com a ponta do sabre etc.

Os irmãos Naves foram obrigados a bater na própria mãe que estava nua e depois foi estuprada, aos 71 anos, pelos militares torturadores. Os Naves ainda foram amarrados pelos tornozelos e punhos a cruzes de madeira, enquanto os soldados sapateavam em cima, pendurados de cabeça para baixo em árvores, tiveram os corpos untados com mel e colocados num formigueiro, ingeriam água com vidro moído e urina, foram jogados no Rio Araguari (Rio das Velhas) para se afogarem, sofriam disparos de armas de fogo, sendo que Joaquim foi baleado nas nádegas. Em cada sessão de tortura, naquele porão da delegacia, os gritos das vítimas ecoavam sem que ninguém escutasse para acudi-los, num cenário de terror digno dos contos de Edgar Allan Poe.[1553] Durante essas sessões de tortura, a mãe implorava para que os filhos não confessassem um crime que não tinham executado.

Após Chico Vieira soltar Don'Ana, que nada tinha para confessar, a mãe, traumatizada, conseguiu o apoio do advogado João Alamy Filho para a defesa dos filhos. A sua narrativa foi chocante para o advogado que aceitou a defesa da causa e passou a esconder aquela senhora, profundamente machucada e desonrada pela delegacia local.

A primeira medida de João Alamy foi pedir um *habeas corpus* para os irmãos Naves em Uberlândia, após denunciar as torturas aplicadas aos prisioneiros.

Conseguiu o *habeas corpus*, mas a decisão não foi cumprida, porque o delegado e os soldados informaram ao oficial de justiça que os Naves já estavam soltos. A prova está neste certificado:

1553 Edgar Allan Poe (1809-1849): americano, escritor que apresenta um mundo além da realidade e mórbido. Focaliza algumas questões sobre o prisma policial e muito sombrio. Escreveu: *O Corvo*, *Histórias extraordinárias*, *As aventuras de Arthur Gordon Pym*, etc. Naquela época, teve uma existência paupérrima e a sua obra foi ignorada nos EUA. O sucesso veio após a sua morte.

Imagem 1: Documento do Caso dos Irmãos Naves.

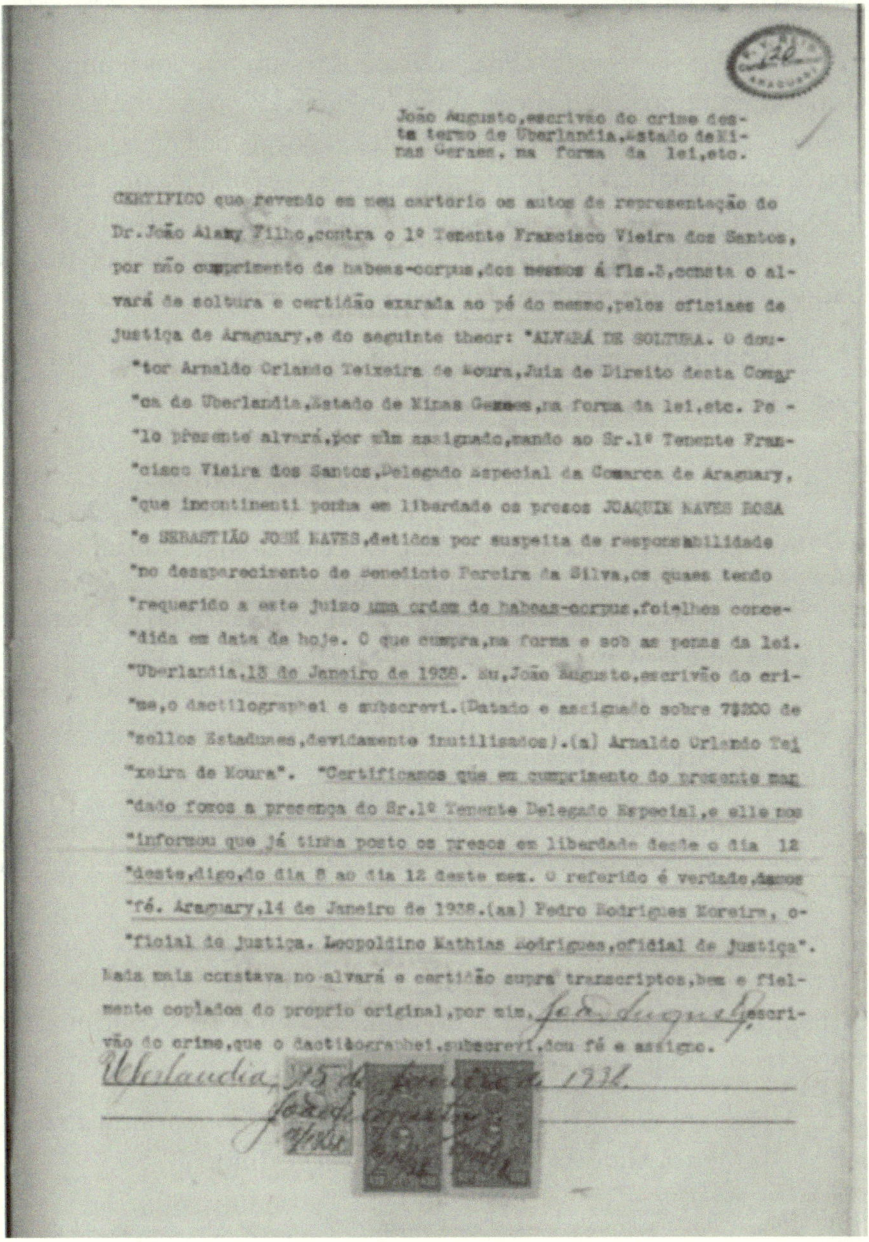

João Augusto, escrivão do crime deste termo de Uberlandia, Estado de Minas Geraes, na forma da lei, etc.

CERTIFICO que revendo em meu cartorio os autos de representação do Dr. João Alamy Filho, contra o 1º Tenente Francisco Vieira dos Santos, por não cumprimento de habeas-corpus, dos mesmos á fls. 3, consta o alvará de soltura e certidão exarada ao pé do mesmo, pelos officiaes de justiça de Araguary, e do seguinte theor: "ALVARÁ DE SOLTURA. O dou-
"tor Arnaldo Orlando Teixeira de Moura, Juiz de Direito desta Comar-
"ca de Uberlandia, Estado de Minas Geraes, na forma da lei, etc. Pe-
"lo presente alvará, por mim assignado, mando ao Sr. 1º Tenente Fran-
"cisco Vieira dos Santos, Delegado Especial da Comarca de Araguary,
"que incontinenti ponha em liberdade os presos JOAQUIM NAVES ROSA
"e SEBASTIÃO JOSÉ NAVES, detidos por suspeita de responsabilidade
"no desapparecimento de Benedicto Pereira da Silva, os quaes tendo
"requerido a este juizo uma ordem de habeas-corpus, foi-lhes conce-
"dida em data de hoje. O que cumpra, na forma e sob as penas da lei.
"Uberlandia, 13 de Janeiro de 1938. Eu, João Augusto, escrivão do cri-
"me, o dactilographei e subscrevi. (Datado e assignado sobre 7$200 de
"sellos Estaduaes, devidamente inutilisados). (a) Arnaldo Orlando Tei
"xeira de Moura". "Certificamos que em cumprimento do presente man
"dado fomos a presença do Sr. 1º Tenente Delegado Especial, e elle nos
"informou que já tinha posto os presos em liberdade desde o dia 12
"deste, digo, do dia 8 ao dia 12 deste mez. O referido é verdade, damos
"fé. Araguary, 14 de Janeiro de 1938. (aa) Pedro Rodrigues Moreira, o-
"ficial de justiça. Leopoldino Mathias Rodrigues, oficial de justiça".
Nada mais constava no alvará e certidão supra transcriptos, bem e fielmente copiados do proprio original, por mim, João Augusto, escrivão do crime, que o dactilographei, subscrevi, dou fé e assigno.

Fonte: http://museudojudiciariomineiro.com.br/

Na realidade, os Naves estavam amarrados e escondidos no porão da delegacia.

Em 12 de janeiro de 1938, os irmãos foram levados a uma zona rural em Araguari, à guisa de uma "diligência", pendurados numa árvore e, novamente, torturados, para se declararem criminosos. Houve uma simulação de fuzilamento de Sebastião para que Joaquim se declarasse culpado de assassinato. Diante das surras que levou, sem alimentação e com a informação sobre o fuzilamento do irmão, Joaquim se declarou culpado. Mas, Sebastião ainda estava vivo.

A confissão, engendrada por Chico Vieira para Joaquim Naves, dizia:

> Em 29 de novembro de 1937, os Naves convidaram Benedito às 2 horas da madrugada para um passeio em Uberlândia, no caminhão da família. Ao passarem na ponte do Pau Furado, propuseram tomar água nas margens do Riu Araguari (Rio das Velhas). Ao saltarem, Benedito foi agarrado por Joaquim e Sebastião passou uma corda no pescoço da vítima, asfixiando-o após puxarem a extremidade da corda. Após a morte do "primo", Sebastião pegou o dinheiro (90 contos), que estava na cueca do falecido e colocou numa lata de soda cáustica vazia e atiraram o cadáver no rio. Posteriormente, enterraram a lata num local perto do crime e voltaram para as respectivas casas em Araguari. No outro dia, passaram a procurar Benedito para encobrir o crime que haviam cometido.[1554]

Contudo, era necessário achar o corpo da "vítima" e o dinheiro, como provas materiais do crime e as torturas continuaram contra os prisioneiros.

A procura dos 90 contos – Chico Vieira levou Joaquim ao local onde o dinheiro, supostamente, estaria escondido.

1554 Disponível em: http://museudojudiciariomineiro.com.br/. Acessado em: 12.08.2023.

Participaram desta diligência: Jorge Alves de Souza (motorista do tenente), Miguel Arcanjo Camarano (industrial) e Octacílio Pinto de Oliveira (servidor municipal) como testemunhas.

Durante a procura do dinheiro, Joaquim cavava a terra com as próprias mãos e nada conseguia encontrar, mesmo com torturas. Submetido a novo depoimento, incriminou o irmão Sebastião, acusando-o de ter desenterrado a lata com o dinheiro e a entregado ao cunhado Inhozinho, para guardar os 90 contos de réis em suas terras.

Inhozinho também foi detido, submetido à tortura e prestou depoimento sob forte pressão, informando sobre os três contos e quinhentos mil réis que Sebastião tinha pedido para guardar.

Em síntese, a família Naves estava condenada pelo assassinato de Benedito, pelo tenente-delegado e pela população local. Ninguém, nem os parentes ousaram ajudar na defesa dos irmãos.

O advogado de defesa João Alamy clamou por justiça e denunciou as violências e torturas realizadas por Chico Vieira. Diante das acusações, o tenente requisitou a "prisão preventiva" dos Naves ao "Juiz de Direito substituto" João da Silva Oliveira, que não era advogado, mas contador nomeado como "juiz de paz". A função de promotor foi exercida por um farmacêutico.

Em 15 de janeiro de 1938, a denúncia contra os irmãos Naves foi realizada, pelo denominado Ministério Público de Araguari, usando *in totum* o inquérito presidido pelo tenente Chico Vieira.

O texto acusatório descrevia:

Imagem 2: Documento do Caso dos Irmãos Naves.

Vistos estes autos:

O representante do M. P., nesta comarca, offereceu denuncia contra os individuos SEBASTIÃO JOSÉ NAVES e JOAQUIM NAVES ROSA, pelo facto delictuoso que póde ser assim resumido:

Benedicto Pereira Caetano tornou-se amigo dos denunciados, a ponto de hospedar-se constantemente em casa de Joaquim, todas as vezes que vinha a esta cidade negociar cereaes. Esperando concluir vultosa venda de arroz com a firma Antonio Lemos & Filhos, desta praça, em novembro do anno passado, esteve a victima varios dias na casa do seu supposto amigo, até que no dia vinte e seis do mez referido ultimou a transacção, recebendo em pagamento um cheque contra o Banco Hypothecario e Agricola, da quantia de Rs. 90:048$500, o qual foi descontado no dia seguinte, por isso que pretendia a victima regressar á casa paterna no dia 30, ultima terça-feira de novembro. Senhores dos passos da victima, os denunciados concertaram um plano tenebroso para se apoderarem da elevada importancia, mesmo com o sacrificio da vida daquelle que lhes merecia o nome de amigo. Na noite de 28 para 29 do referido mez de novembro, depois de um passeio que fizeram á Ponte do Velloso, cuja inauguração assistiram, aguardaram os indiciados que Benedicto voltasse de uma festa de barraquinhas, o que occorreu por volta das duas horas da madrugada, e mal chegava a victima á residencia de Joaquim, os seus amigos o convidaram a fazer um passeio á Uberlandia. De nada suspeitando, Benedicto annuiu ao convite, tomando com os denunciados um caminhão que comprara de sociedade com Joaquim, e seguiram os três pela estrada que leva á visinha cidade de Uberlandia. Ao chegarem ao logar denominado Ponte do Pau Furado, sobre o rio das Velhas, ás três horas da madrugada, mais ou menos, parou o caminhão a pretexto de beberem agua. O accusado Joaquim levava uma córda do comprimento de um metro, mais ou menos, para enforcar a victima, e uma lata de sóda, vazia, para occultar o dinheiro roubado. Em dado instante, Sebastião segura a victima pelas costas, tolhendo-lhe os movimentos de defesa, emquanto o outro denunciado Joaquim atira ao pescoço de Benedicto o laço adrede preparado, apertando ambos os denunciados o nó para o estrangulamento immediato da victima. Morto Benedicto, os accusados revistaram-lhe o corpo e encontraram a quantia cubiçada, de que se apoderaram, arremessando, então, o cadaver do amigo á correnteza do rio das Velhas.

Praticado o monstruoso crime, trataram os indiciados de regressar a esta cidade, enterrando antes o dinheiro roubado, dentro da lata de soda, a quinhentos metros, mais ou menos, da estrada de automoveis. Eram cinco horas da madrugada quando aqui chegaram os denunciados, que, com o intuito de illudirem a policia e afastarem de si as justas suspeitas, já ás 7 horas da manhã fingiam elles procurar a victima, mostrando-se preoccupados com o desapparecimento do seu amigo Benedicto.

Recebida a denuncia, procedeu-se á instrucção do processo, tendo sido ouvidas varias testemunhas, na presença dos réus, preventivamente presos, acompanhados de seu advogado, a despeito de não existir nos autos a respectiva procuração. Afinal, interrogados, offereceu o representante do M.P. o additamento á denuncia que se encontra a fls. 106, contra ANNA ROSA NAVES, mãe dos denunciados, como cumplice no crime de latrocinio acima narrado, affirmando-se que a denunciada recebera o producto do roubo, conhecendo-lhe a procedencia criminosa, sendo certo que não ha noticia exacta do paradeiro da vultosa somma.

Dahi por deante correu o processo tumultuariamente, mal ordenadas as respectivas peças, tanto que o recebimento da denuncia additada e o decreto de prisão preventiva se acham a fls. 104, antes, pois, do additamento.

Seguiu-se a formação da culpa, sendo tomados os depoimentos de três testemunhas informantes e três numerarias, sendo a ré interrogada - (Fls. 132).

Indo os autos ao M.M. Dr. Juiz de Direito de Uberlandia, foi o julgamento convertido em diligencia, por despacho a fls. 137, para ser feito o auto de corpo de delicto directo ou indirecto. Cumprido este despacho e novamente interrogados os réos, juntaram aos autos as allegações de defesa e os documentos a fls. 147- 153.

Tudo visto e attentamente examinado:

O crime de que se occupa este processo é da especie daquelles que exigem do julgador uma intelligencia aguda, uma attenção permanente, um cuidado extraordinario, no exame das provas, pois no juizo penal, onde estão em perigo a honra e a liberdade alheias, deve o julgador preoccupar-se com a possibilidade tremenda de um erro judiciario. É que o amôr á responsabilidade, que deve guiar a consciencia do magistrado, obriga á reflexão demorada e ao exame repetido da prova que se apresenta no processo como resultado da investigação da verdade, dessa investigação que envolve o interesse publico, pois se de um lado se levanta uma accusação forrada de monstruosidade, do outro se ergue a vóz da Justiça, serena e augusta, imparcial e humana, e, por isso mesmo sujeita ás contingencias da fallibilidade.

Já uma vez accentuámos o pavôr que nos desperta a fraquesa do testemunho humano, que nem sempre procura o caminho da verdade, mas se lança na estrada poeirenta da mentira, no lodaçal da vingança, na explosão dos sentimentos vís, dos interesses inconfessaveis, perdendo innocentes e salvando criminosos.

Trata-se de um crime grave e horripilante: o latrocinio.

CARRARA ensina que o latrocinio é - "omicidio comesso per fine di lucro e se compone di due estremi, cioé, il lucro come fine e la necessitá come mezzo".

No crime de latrocinio ha duas infracções penaes: um crime contra a cousa e outro contra a pessôa, sendo o primeiro o facto principal, ao passo que o segundo é apenas circumstancial. Presume-se que a intenção do réo toma a direcção do furto, emquanto que o ataque á pessoa não é senão um meio de afastar os obstaculos encontrados para a consummação do designio criminoso. Logo, o delinquente não se arma da intenção directa e inequivoca de matar, mas apenas com a morte quér impedir que a pessôa defenda os seus bens.

No caso em apreço, em que o cadaver da victima não appareceu, como não appareceu tambem o dinheiro furtado, a prova gyra quasi que exclusivamente em torno das confissões prestadas pelos indi-

indiciados á autoridade policial, sendo de notar que o patrono dos accusados, nas razões de fls. 143, informa ao juiz que taes confissões foram extorquidas e são o producto da truculencia, dos maus tratos e da deshumanidade de que fez uso e abuso o delegado nas investigações primarias do delicto.

Compulsadas as paginas do processo com a maior cautela, não se divisa, porém, a prova de extorsão das declarações dos inculpados. Não queremos dizer com isso que a violencia não seja a arma commum, para a vergonha da nossa civilisação, de que se servem os esbirros policiaes, no afan de obterem confissões, custe o que custar, soffra quem soffrer. Não queremos dizer tambem que houve violencia policial para a obtenção das reiteradas declarações que os denunciados prestaram durante o inquerito e até depois delle. Os autos não fornecem ao juiz elementos de convicção nesse sentido. Apenas o que existe são as confissões dos denunciados em varias phases do processo. Essas confissões, bem ou mal conseguidas, foram repetidas em juizo por pessôas, sob juramento, reforçadas com a declaração de que foram livre e expontaneamente prestadas.

Ora, a confissão do réo, livre, expressa e expontanea, versando sobre o facto principal, prestada em juizo competente e coincidindo com as circumstancias do facto criminoso narrado na denuncia, constitue *omnium probationum maxima*, prova completamente o delicto. A confissão, revestida de taes virtudes, é tida como a rainha das provas.

HAUS, o notavel criminalista belga, pondera que a confissão só deve satisfazer á consciencia do juiz, quando feita com sinceridade, o que se verifica quando existe harmonia com as circumstancias principaes do facto, que se apuram atravéz de meios differentes, para o esclarecimento completo da verdade.

A jurisprudencia tem assentado que a confissão do réo prestada na policia e não ratificada em juizo, no summario, tem todo valor, constituindo meia prova, como adverte Edgard Costa, Consol. das Leis do Proc. Crim., pag. 66, nota 123.

Até mesmo a confissão alcançada por meio de torturas, uma vez que coincida com as demais circumstancias do crime, por outro mo-

modo provadas, seja qual for a irregularidade, ou mesmo a criminalidade que a autoridade haja empregado para obtel-a.- (Arch. Jud. vol. 3º, pag. 471).

Bem de reparar, todavia, que, no caso sub-judice, não ha uma confissão apenas, mas diversas confissões, pois os accusados chamaram a si a responsabilidade do crime que lhes é imputado.

FLAMARINO MALATESTA doutrina que o testemunho de um accusado sobre o crime de outrem, é um meio de prova, por isso que dizer a verdade sobre o proprio acto, não póde deixar de conduzir, logicamente, senão á facilidade de dizer a verdade sobre a infracção alheia.

Convem salientar, de resto, que não ha, unicamente, no processo, confissões extra-judiciaes; existem, outrosim, confissões prestadas em juizo competente, como, v. g., a fls. 123, no interrogatorio do accusado Joaquim Naves Rosa, e a de fls. 132, prestada por Anna Rosa Naves durante o seu interrogatorio.

Ademais, não se pode contestar que as confissões prestadas pelos réos não estão isoladas dentro dos autos, pois surgem indicios vehementes durante a formação da culpa, coincidentes com as circumstancias que rodeiam o facto criminoso de que se occupa este processo, mostrando a suspeita fundada da responsabilidade criminal que peza sobre os indiciados.

Observa GARRAUD que todo processo penal começa, effectivamente, por uma suspeita, competindo ao accusador mudal-a em certesa, de modo a levar o juiz a se convencer da criminalidade do suspeitado - (La Preuve par indices dans le proces penal, p. 2).

De accordo com o nosso systema probatorio, os indicios autorisam a pronuncia do accusado, obrigando-o á prisão até que possa elle destruir os fundamentos da accusação e recuperar a liberdade, demonstrando a sua innocencia em plenario de julgamento.

Provado, como se acha, o desapparecimento de Benedicto Pereira Caetano e da avultada quantia por elle conduzida, na noite tenebrosa de 28 para 29 de novembro do anno preterito, vejamos nos autos quaes os indicios que forçam a credibilidade das confissões pelos réos prestadas judicial e extra-judicialmente:

1º) A testemunha Guilherme Malta Sobrinho, depois de ter visto a victima dentro de uma barraca onde se dansava, na noite fatidica, viu tambem um caminhão amarello, por volta de uma hora da madrugada encontrando-se, bem cedo, no dia seguinte, com um caminhão muito parecido com o que avistara á noite, caminhão esse dirigido pelo denunciado Sebastião;

2º) Sebastião Vieira da Costa, depondo a fls. 112, affirma que foi em companhia da victima ao Parque de Diversões, onde estiveram passeiando até ás duas horas da madrugada, quando se retirou com Benedicto, cada qual para a sua casa, sabendo, por ouvir dizer, que os denunciados esperavam a chegada da victima em casa de Joaquim, um dos denunciados, e onde Benedicto pernoitava, para fazerem um passeio á Uberlandia;

3º) João Baptista Ferreira, a fls. 88, confirma ter visto Benedicto dansando uma vez nas barraquinhas e que, ás duas horas da madrugada, deixou a victima, e em sua companhia, no recinto da Exposição, a testemunha Sebastião de tal, empregado de Manoel Marques Povoa;

4º) Salvina Olina de Jesus, esposa do accusado Sebastião, prestando informações a fls. 109, declara que seu marido sabia que naquella data a victima tinha retirado do Banco o valor correspondente ao cheque em seu poder, o que lhe contou;

5º) João Cardoso, cujo depoimento se vê a fls. 111, assevera que viu, no dia 29 de novembro passado, mais ou menos ás 5 horas da madrugada, da porta de sua casa que fica á beira da estrada, entre Uberlandia e esta cidade, quando passava o caminhão pertencente ao denunciado Joaquim e á victima, sendo certo que dito caminhão era guiado pelo proprio Joaquim, estando nelle o outro denunciado Sebastião, esclarecendo ainda que reconheceu perfeitamente ambos os denunciados e que o caminhão era de côr amarella;

6º) Antonia Rita de Jesus, mulher do accusado Joaquim Naves Rosa e cunhada do denunciado Sebastião, ao prestar informações á Justiça, narrou que, mais ou menos, ás três horas da madrugada, seu marido se levantou e lhe disse que ia para Uberlandia, de caminhão, tendo ouvido o convite que o seu marido fez á victima para ir com elle á Uberlandia, reconhecendo-lhe a vóz, ao acceitar o convite, indo ambos, depois, á casa de Sebastião, de onde partiram, para regressarem ás 5 horas da madrugada, mais ou menos, com a noticia terrivel de que Benedicto havia desapparecido. As informações desta testemunha, conjugadas com os elementos de convicção constantes dos autos, são impressionantes, pois desvendam a conversa intima havida entre marido e mulher, mostram a confidencia secréta de esposos, revelam o barbaro crime nos seus minimos detalhes. E não se diga que taes declarações foram extorquidas pela Justiça...

7º) Causa estranheza o depoimento prestado no summario pela testemunha informante João Antonio de Oliveira, primo e cunhado dos réos, pois esse cidadão habituado a guardar dinheiro de Sebastião, ao ser procurado por este, no ultimo dia de dezembro passado, não consentiu em guardar 3:000$000, em 6 notas de 500$000, nem permittiu que sua esposa o fizesse, temendo ficar responsabilisado pela importancia que poderia desapparecer de sua casa, pois desde a primeira vez que Sebastião o procurara, já o declarante sabia do desapparecimento da victima com a elevada quantia de 90:000$000, mais ou menos, tendo até conversado com o réo sobre tal assumpto. João Antonio ainda informa que ouviu da bocca de Joaquim a confissão de terem sido elle e seu irmão Sebastião os autores da morte de Benedicto, de quem tiraram os 90 contos, isso na presença das autoridades policiaes.

É curioso que o desapparecimento de Benedicto se désse justamente no dia em que recebeu no Banco 90:048$500, producto da venda de arroz á firma Antonio Lemos & Filhos, conhecendo os réos esse recebimento, pois a victima era hospede de um delles, merecendo até o infortunado Benedicto uma censura em familia pelo facto de ter descontado o cheque no mesmo dia em que deveria voltar á sua fazenda (Fls. 109 v.).

- Quanto ao additamento á denuncia contra ANNA ROSA NAVES:

Não padece duvida que a denunciada recebeu citação, em fórma regular, realisando-se o summario com o interstício legal, conforme o mandado a fls. 121 e certidão respectiva no verso.

Depuzeram testemunhas em numero legal, sendo que as informantes a fls. 127 e 128 declaram, de modo preciso, que a accusada guardou o producto do roubo em seu poder, sabendo, perfeitamente da procedencia criminósa do dinheiro, e as numerarias reproduzem a confissão da accusada no tocante á receptação.

Uma these importante em Direito, todavia, surge no caso: será punivel e criminoso o procedimento da ré?

Sustento a negativa, com o apoio de GARRAUD, HAUS, ROSSI, PUGLIA, CHAUVEAU ET FAUSTIN.

Apesar da má redacção do inciso 3º do art. 21, não ha como sustentar o contrario, pois, em face da nossa lei penal, não é punivel a cumplicidade <u>post factum</u>.

A receptação póde ser pura e simples, como no caso sob meu exame: a ré é accusada de ter guardado a quantia de 90 contos, mais ou menos, roubada por seus filhos á victima. Não ha próva de que ella conhecesse ou tomasse parte no plano delictuoso.

Ora, se o receptador foi alheio a qualquer das phases anteriores ao delicto, se não prometteu receptação antes da acção criminosa, assegurando ao delinquente que receberia ou occultaria as cousas obtidas por meio criminoso, não ha cumplicidade a punir, salvo se ficar patenteada a habitualidade de receptação, constituida como meio de vida para o receptador. A razão disso noi-a dão CHAUVEAU ET FAUSTIN, quando ensinam: "Car cette habitude, fait présumer un concert préexistant au crime entre les malfaiteurs et les receleurs, et cette connivence qui peut avoir facilité et même décidé l'execution du vol, est un mode de participation qui peut constituer l'acte de complicité" (Theor. do Codigo Penal, p. 198).

PUGLIA doutrina que, tratando-se de receptação, a participação criminosa só alcança os actos precedentes e concomitantes, dada a prova do concurso de delinquentes na preparação do delicto. Relativamente, porém, á participação consequente á consummação do crime, é de notar que não basta que o delinquente tenha conhecimento do delicto para ser reputado cumplice,- "ma é necessario che si sia stato un concerto, un accordo precedente fra costui e coloro che consumarono il reato, ed é per virtu di questo accordo o concerto, che gli atti commessi

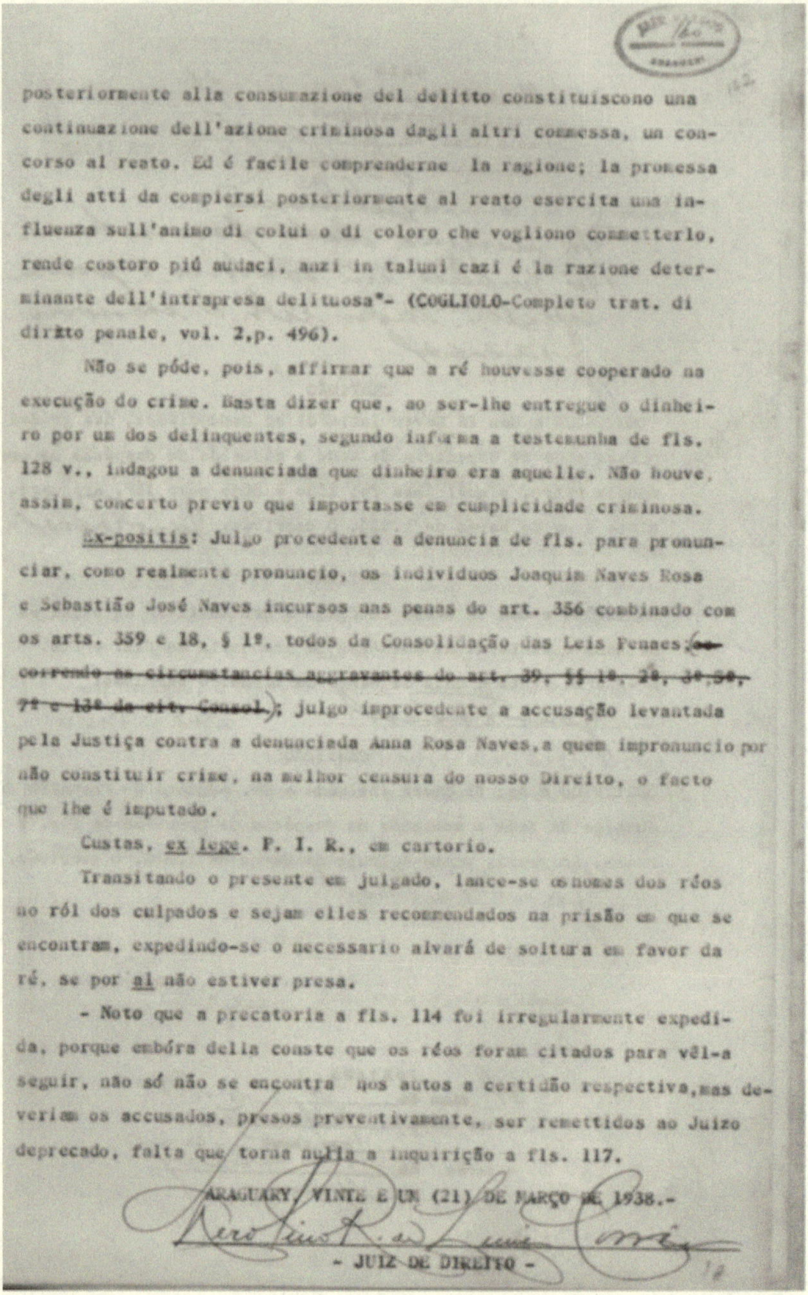

posteriormente alla consumazione del delitto constituiscono una continuazione dell'azione criminosa dagli altri commessa, un concorso al reato. Ed é facile comprenderne la ragione; la promessa degli atti da compiersi posteriormente al reato esercita una influenza sull'animo di colui o di coloro che vogliono commetterlo, rende costoro più audaci, anzi in taluni cazi é la razione determinante dell'intrapresa delituosa"- (COGLIOLO-Completo trat. di diritto penale, vol. 2,p. 496).

Não se póde, pois, affirmar que a ré houvesse cooperado na execução do crime. Basta dizer que, ao ser-lhe entregue o dinheiro por um dos delinquentes, segundo informa a testemunha de fls. 128 v., indagou a denunciada que dinheiro era aquelle. Não houve, assim, concerto previo que importasse em cumplicidade criminosa.

Ex-positis: Julgo procedente a denuncia de fls. para pronunciar, como realmente pronuncio, os individuos Joaquim Naves Rosa e Sebastião José Naves incursos nas penas do art. 356 combinado com os arts. 359 e 18, § 1º, todos da Consolidação das Leis Penaes; ~~concorrendo as circumstancias aggravantes do art. 39, §§ 1º, 2º, 3º, 5º, 7º e 13º da cit. Consol.~~; julgo improcedente a accusação levantada pela Justiça contra a denunciada Anna Rosa Naves, a quem impronuncio por não constituir crime, na melhor censura do nosso Direito, o facto que lhe é imputado.

Custas, ex lege. P. I. R., em cartorio.

Transitando o presente em julgado, lance-se os nomes dos réos no ról dos culpados e sejam elles recommendados na prisão em que se encontram, expedindo-se o necessario alvará de soltura em favor da ré, se por al não estiver presa.

- Noto que a precatoria a fls. 114 foi irregularmente expedida, porque embóra della conste que os réos foram citados para vêl-a seguir, não só não se encontra nos autos a certidão respectiva, mas deveriam os accusados, presos preventivamente, ser remettidos ao Juizo deprecado, falta que torna nulla a inquirição a fls. 117.

ARAGUARY, VINTE E UM (21) DE MARÇO DE 1938.-

- JUIZ DE DIREITO -

Fonte: http://museudojudiciariomineiro.com.br/

A justiça autorizou a prisão preventiva dos Naves que já estavam, há muito tempo, presos e foram transferidos para a cadeia pública.

Em novo depoimento, em 24 de janeiro, Joaquim acusou a esposa e a mãe de participarem do crime, por receberem o dinheiro do "falecido".

Além disso, a esposa Antônia sabia do plano para o assassinato de Benedito naquela noite. As mulheres e os filhos dos irmãos Naves foram presos e torturados para os incriminarem. Durante os interrogatórios, simularam espetar a criança Alice, de um ano, num sabre para desespero e terror de Antônia. Ao ser ameaçada de estupro, Antônia realizou o seguinte depoimento:

> (...) que, mais ou menos, às três horas da madrugada, seu marido se levantou e lhe disse que ia para Uberlândia, de caminhão, tendo o ouvido que seu marido fez á victima para ir com elle á Uberlândia, reconhecendo-lhe a vóz, ao aceitar o convite, indo ambos depois, á casa de Sebastião, de onde partiram, para regressarem às 5 horas da madrugada, mais ou menos, com a notícia terrível de que Benedicto havia desapparecido. As informações desta testemunha, conjugadas com os elementos de convicção constantes dos autos, são impressionantes, pois desvendam a conversa intima havida entre marido e mulher, mostram a confidencia secreta de esposos, revelam o bárbaro crime nos seus mínimos detalhes. E não se diga que taes declarações foram extorquidas pela justiça (...).[1555]

A esposa de Sebastião, Salvina Olinda de Jesus, também denunciou o marido como criminoso, "declarou que seu marido sabia que, naquela data, a victima tinha retirado do Banco o valor correspondente ao cheque em seu poder, o que lhe contou".

1555 Disponível em: http://museudojudiciariomineiro.com.br/. Acessado em: 12.08.2023.

A esposa estava presa há dias na delegacia, sem comer e impedida de amamentar o filho de 9 meses que estava doente. Por sinal, o menino Ilson veio a falecer em decorrência de subalimentação, em 26 de fevereiro de 1938.

Em 3 de fevereiro do mesmo ano, Sebastião confessou o crime com as mesmas palavras usadas pelo tenente. A mãe foi presa preventivamente seis dias depois.

Em 14 de fevereiro, os acusados foram ouvidos pelo juiz e a única que negou o crime foi Don'Ana, ratificando as denúncias de tortura realizadas por Chico Vieira. Defendida por Alamy, a mãe foi solta, mas os filhos continuaram presos.

Na sequência do processo, em abril, foi enviado da capital o coronel da Força Pública Luiz Fonseca, para localizar a prova do crime, a lata com o dinheiro.

Em 12 de abril, Sebastião foi levado ao local onde supostamente estava escondido os 90 contos de reis sem a participação do irmão que estava totalmente debilitado. Sebastião, novamente, foi barbaramente torturado, despido, besuntado com mel, pendurado de cabeça para baixo em árvores e teve os dentes puxados por um alicate de pressão. Nesse momento, sem forças, com dores horríveis, desmaiou. Aparentando estar morrendo, os soldados o abandonaram no mato e voltaram à delegacia.

O coronel, para se justificar, informou que, durante a diligência, o prisioneiro tinha fugido e sumido na mata, mas que iria recapturá-lo, enviando patrulhas para aprisioná-lo, conforme reza o documento expedido:

Imagem 3: Documento do Caso dos Irmãos Naves.

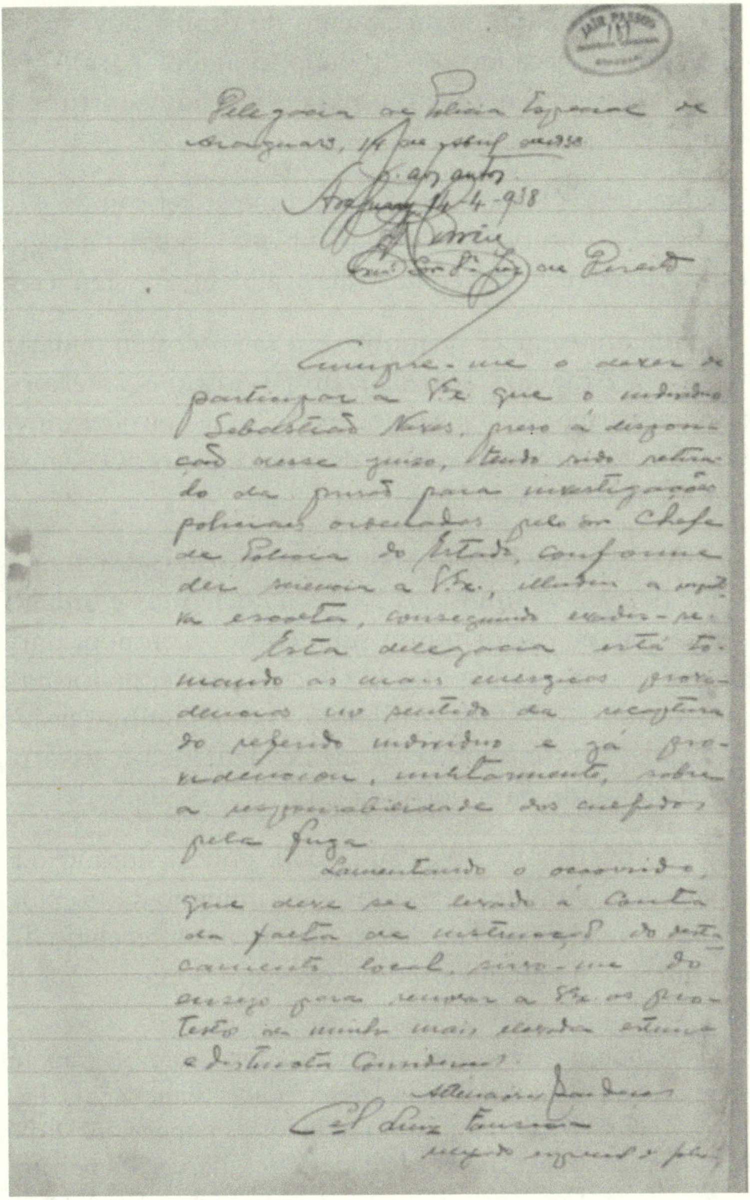

Delegacia de Polícia Especial de Araguari, 14 de abril de 1938

J. aos autos
Araguari 14-4-938
[illegible]

Exmo. Snr. Dr. Juiz de Direito

Cumpre-me o dever de participar a V.Ex. que o indivíduo Sebastião Naves, preso á disposição desse juízo, tendo sido retirado da prisão para investigações policiais ordenadas pelo Sr. Chefe de Polícia do Estado, conforme deu sciencia a V.Ex., illudiu a vigilância da escolta, conseguindo evadir-se.

Esta delegacia está tomando as mais energicas providencias no sentido da recaptura do referido indivíduo e já providenciou, igualmente, sobre a responsabilidade dos culpados pela fuga.

Lamentando o occorrido, que deve ser levado á conta da falta de instalação de destacamento local, sirvo-me do ensejo para renovar a V.Ex. os protestos da minha mais elevada estima e distincta consideração.

[illegible]

Cel. Luiz [illegible]

Delegado especial de polícia

Fonte: http://museudojudiciariomineiro.com.br/

Por sorte, Sebastião foi localizado pelo Coronel Zeca Polura, estendido em suas terras, sendo recolhido e tratado até recuperar a consciência. Tomando conhecimento do drama dos Naves, dias depois, o coronel Zeca levou o "pseudo foragido" para Araguari e conseguiu as garantias necessárias para evitar novas torturas contra Sebastião.

Diante dessas fraudes, o coronel Luiz se retirou de Araguari discretamente. Contudo, o juiz de plantão considerou a fuga como verdadeira em seu relatório, como tinha originalmente sido registrado.

Julgamento – em 27 de junho de 1938, ocorreu o julgamento dos Naves em Araguari, sem os traumas sofridos anteriormente. Os acusados afirmaram "suas inocências" e se consideram vítimas da repressão, torturas e mentiras de Chico Vieira. Os acusadores mantiveram as versões do latrocínio.

O advogado de defesa, Alamy, introduziu o testemunho dos presos que ficaram vizinhos dos Naves na delegacia e tinham visto as torturas que os irmãos foram submetidos. Contudo, durante o julgamento, de surpresa, apareceu Chico Vieira e, de forma intensiva e provocadora, procurou intimidar as testemunhas, os jurados, os réus, o juiz, o promotor, o advogado de defesa e até a plateia, andando de um lado para outro da sala.

Era a forma de atuação da autoridade policial durante o Estado Novo, ou seja, a ditadura que tinha sido implantada no país. Sem medo, Alamy, o advogado de defesa, que já tinha recebido diversas ameaças durante o andamento do processo, falou:

> A polícia é um órgão do Estado para assegurar a tranquilidade e o direito dos cidadãos. Da sociedade. Remunerada. Paga com o dinheiro dos impostos recebidos da população. De nós. Sua função era a de nos defender e resguardar. A polícia servia a nós. Era sua função. Mas, quando a polícia rompe o seu dever pela ofensa ao cidadão, pela violação de seus direitos, pela violentação de sua pessoa física ou moral, descumpria

> a Lei. Violentava a Lei. Afrontava a sociedade que ela devia proteger. A polícia (diz apontando para o delegado) tinha amedrontado, espancado, triturado esses miseráveis trapos humanos aqui sentados no banquinho dos réus! A polícia tinha violentado física e moralmente as testemunhas do processo! A polícia tinha nos ameaçado a integridade física e a vida, quando cumpríamos o nosso dever! A polícia havia subvertido o sentido da ordem e da Lei! A polícia, que não é a polícia outra coisa! Está aqui! De pé, com a mesma hostilidade de sempre. Querendo acovardar a defesa, para que a defesa não conte o que sofreram os acusados! Quer perturbar a defesa, para que ela não mostre ao júri, o seu monstruoso procedimento na realização do processo, uma das mais vexatórias farsas criminais de todos os tempos. A polícia quer completar seu trabalho de destruição de dois inocentes. A polícia está aqui e julga ser a Lei. Mas não é a Lei. É a violência. Julga ajudar a Justiça, mas afronta a Justiça. Sua presença amesquinha o tribunal do júri, ofende a dignidade dos jurados e quebra a sua majestade. Pois a presença da polícia aqui, tem o propósito de intimidar os sete cidadãos que compõem o conselho de sentença, que não acreditam na honestidade dessa polícia.[1556]

Irritado, o tenente se retirou do plenário do tribunal. O resultado deste julgamento foi favorável aos irmãos Naves, que foram absolvidos por seis votos a um.

Em 8 de novembro de 1938, o tribunal de justiça de Minas Gerais anulou o julgamento.

O novo julgamento, em 21 de março de 1939, absolveu os Naves, com o mesmo resultado de seis a um, conforme reza a sentença:

1556 MOURA, George; ARAÚJO, Flávio (Coord.). *Crimes que abalaram o Brasil*. São Paulo: Editora Globo, 2007, pp. 92/93.

Imagem 4: Documento do Caso dos Irmãos Naves.

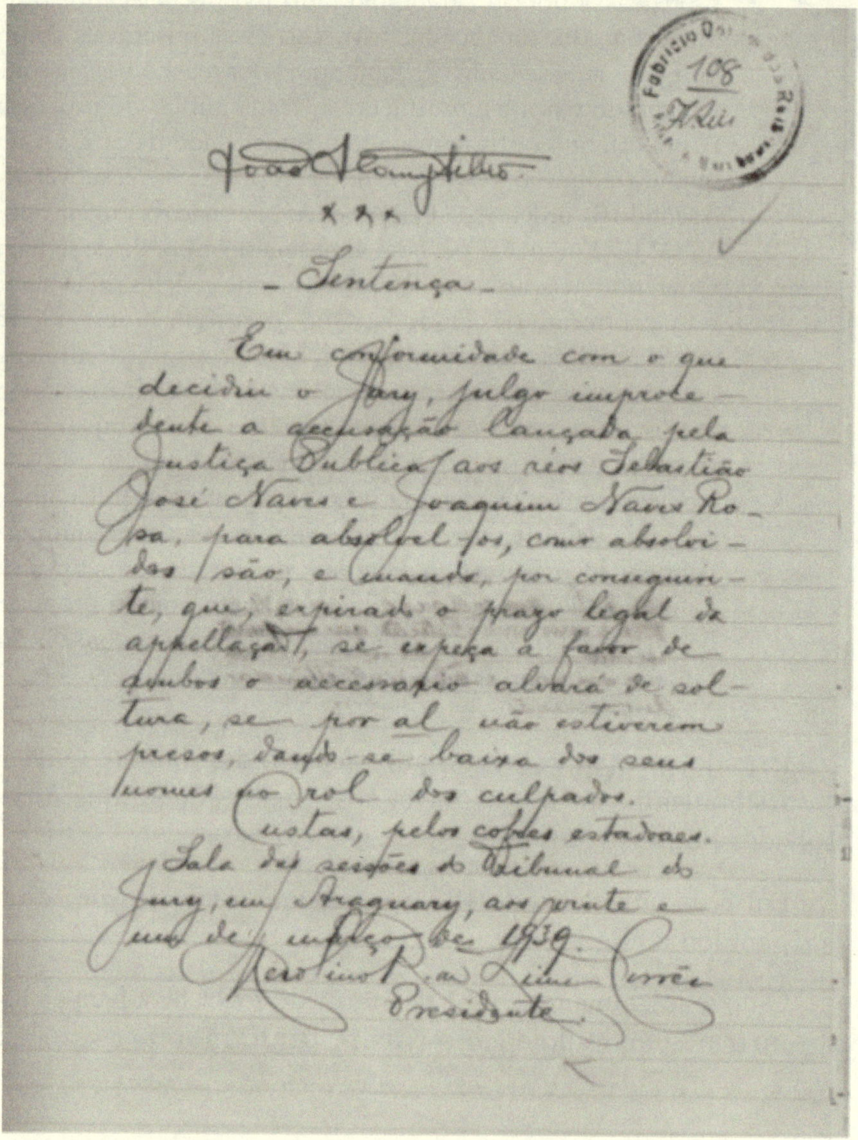
João Alamy Filho.

- Sentença -

Em conformidade com o que decidiu o Jury, julgo improcedente a accusação lançada pela Justiça Publica aos réos Sebastião José Naves e Joaquim Naves Rosa, para absolvel-os, como absolvidos são, e mando, por conseguinte, que, expirado o prazo legal de appellação, se expeça a favor de ambos o necessario alvará de soltura, se por al não estiverem presos, dando-se baixa dos seus nomes no rol dos culpados.

Custas, pelos cofres estadoaes.

Sala das sessões do Tribunal do Jury, em Araguary, aos vinte e um de março de 1939.

Marcolino R. da Lima Corrêa

Presidente

Fonte: http://museudojudiciariomineiro.com.br/

O promotor Moisés Rodrigues realizou nova apelação com o seguinte argumento revisado:

Imagem 5: Documento do Caso dos Irmãos Naves.

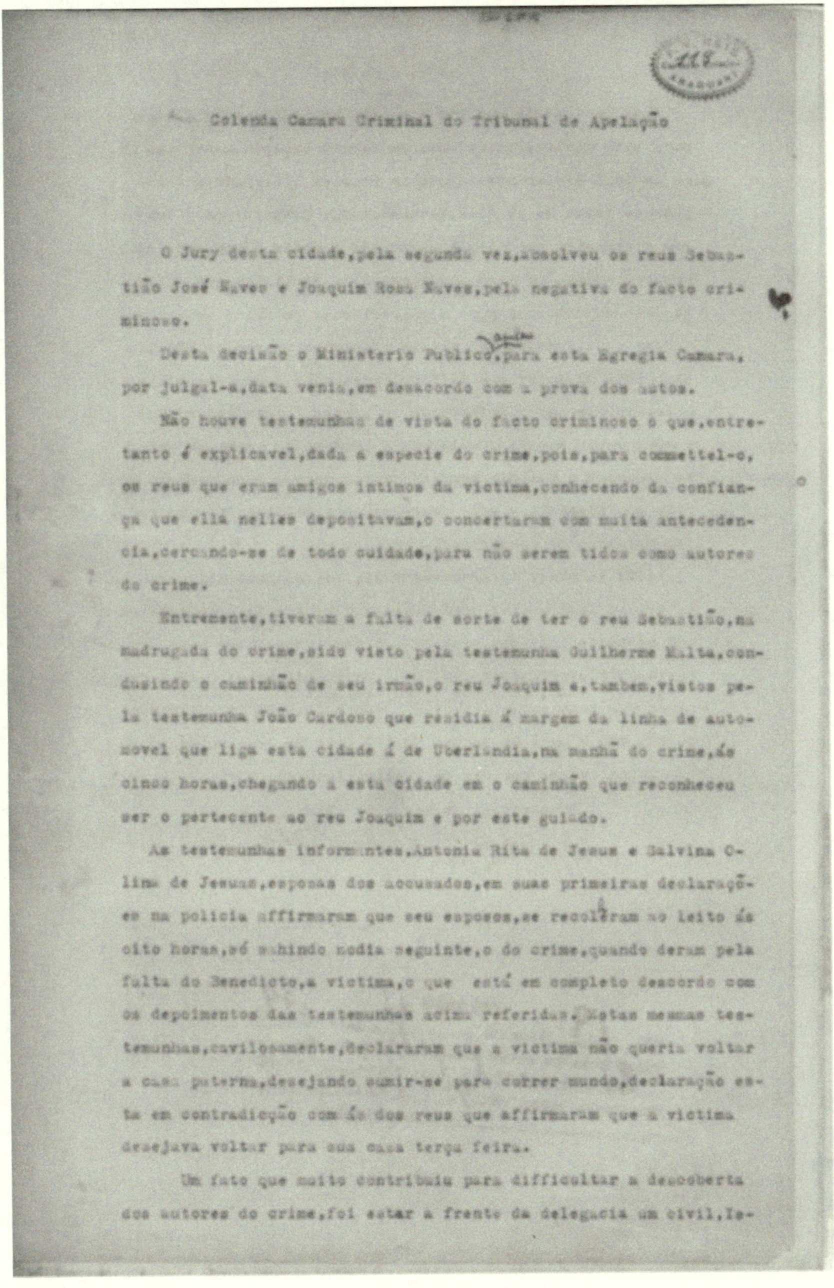

Colenda Camara Criminal do Tribunal de Apelação

O Jury desta cidade, pela segunda vez, absolveu os reus Sebastião José Naves e Joaquim Rosa Naves, pela negativa do facto criminoso.

Desta decisão o Ministerio Publico appellou, para esta Egregia Camara, por julgal-a, data venia, em desaccordo com a prova dos autos.

Não houve testemunhas de vista do facto criminoso o que, entretanto é explicavel, dada a especie do crime, pois, para commettel-o, os reus que eram amigos intimos da victima, conhecendo da confiança que ella nelles depositavam, o concertaram com muita antecedencia, cercando-se de todo cuidado, para não serem tidos como autores do crime.

Entrementes, tiveram a falta de sorte de ter o reu Sebastião, na madrugada do crime, sido visto pela testemunha Guilherme Malta, conduzindo o caminhão de seu irmão, o reu Joaquim e, tambem, vistos pela testemunha João Cardoso que residia á margem da linha de automovel que liga esta cidade á de Uberlandia, na manhã do crime, ás cinco horas, chegando a esta cidade em o caminhão que reconheceu ser o pertecente ao reu Joaquim e por este guiado.

As testemunhas informantes, Antonia Rita de Jesus e Salvina Olima de Jesus, esposas dos accusados, em suas primeiras declarações na policia affirmaram que seu esposos, se recolheram ao leito ás oito horas, só sahindo nodia seguinte, o do crime, quando deram pela falta do Benedicto, a victima, o que está em completo desacordo com os depoimentos das testemunhas acima referidas. Estas mesmas testemunhas, cavilosamente, declararam que a victima não queria voltar a casa paterna, desejando sumir-se para correr mundo, declaração esta em contradição com ás dos reus que affirmaram que a victima desejava voltar para sua casa terça feira.

Um fato que muito contribuiu para difficultar a descoberta dos autores do crime, foi estar a frente da delegacia um civil, le-

Nael Nascimento que, por sua absoluta falta de pratica para este mister, poz os reus em liberdade, após haver tomado as suas declarações. Assim os reus em liberdade por espaço de cerca de 30 dias, tivaram tempo bastante para buscarem o dinheiro que haviam escondido e nelle darem destino seguro, tenio, alem disso, desapparecidos vestigios que muito teriam contribuidos para esclarecimento do facto criminoso.

Teve a policia, um mez depois, quando se iniciou, de novo, as pesquizas de lutar com difficuldades, dada a resistencia e solercia com que manifestaram as partes interessadas, reus e suas esposas, para occultarem a pratica do crime. No entanto conseguiu a policia confissões dos reus e suas esposas que, pela sua fluencia e pela descripção de detalhes não podem serem arguidas de mentirosas.

Assim, em vista do depoimento das testemunhas Guilherme Malta e João Cardoso, das confissões dos reus e de suas esposas, e uma serie de indicios encontrados nos autos, julga esta promotoria sufficientemente provado o facto criminoso para a condemnação dos reus Sebastião José Naves e Joaquim Rosa Naves, de accordo com o Art. 96 da lei No. 167 de 5 de Janeiro de 1938.

Assim espera por ser de inteira Justiça

Araguary, 31 de Março de 1939

Fonte: http://museudojudiciariomineiro.com.br/

O Tribunal de Justiça de Minas Gerais se manifestou, novamente, reformando a sentença dada pelos jurados e considerando apenas a posição do Promotor e do Juiz, ou seja, os irmãos Naves foram condenados a 25 anos e 6 meses de prisão.

A decisão da Câmara Criminal do Tribunal de Apelos estava fundamentada na Constituição ditatorial de 1937, a chamada "Polaca",[1557] que tinha abolido a soberania histórica do júri, tirando um dos pilares fundamentais para se exercer a justiça em qualquer país que tenha o Estado de Direito Democrático.

Tempos depois, os Naves foram encaminhados para a penitenciária agrícola de Ribeirão das Neves, condenados, sem provas, por um crime que não tinham cometido.

Mas, devido ao comportamento exemplar dos irmãos, a pena foi reduzida, posteriormente, para 16 anos e 6 meses.

Em 1943, o advogado de defesa, Alamy, fez um pedido de indulto, mas os irmãos não concordaram no "pedido de perdão", pois se consideravam inocentes. O ditador Vargas não aceitou indultá-los.

Em 1946, com o fim do Estado Novo (19377-1945), a deposição de Vargas (em 1945), após eleições democráticas e uma nova Constituinte, os Naves conseguiram a liberdade condicional (12/08/1946) e voltaram a Araguari. Estavam destruídos física, psicológica e socialmente. Apresentavam dificuldades para locomoção, não tinham dentes, não conseguiam trabalho e viviam adoentados, tendo apenas o auxílio do asilo de São Vicente de Paulo que cedeu uma casinha para morarem com os familiares.

1557 Polaca: nome dado à Constituição outorgada de 1937. Foi uma Constituição ditatorial e parecida com a aplicada na Polônia, ou seja, totalitária. A Polaca consolidou o Estado Novo (1937-1945) de Getúlio Vargas.

Em 28 de agosto de 1949, devido às agonias que tinha passado, faleceu com a grave doença estomacal, consequência do que tinha sido obrigado a ingerir pelos torturadores, Joaquim Naves Rosa.

Sebastião Naves, mesmo doente, capengando e levando cestos nas costas, tentava negocias verduras, ovos e frangos, como fizera nos tempos áureos, para o sustento da família. Continuava defendendo a inocência dos Naves.

Uma bomba contra a justiça – em 24 de julho de 1952, por intermédio de um telegrama, Sebastião Naves foi informado por um parente (Fernando Naves) que Benedito estava vivo nas "terras do pai".

O juiz foi informado do fato e Sebastião pediu autorização para se deslocar da cidade, indo ao encontro do primo que considerava morto. Não conseguiu, imediatamente, o aval da justiça e passou a informação para a imprensa, representada pelo jornalista Felício de Lucca Neto, que divulgando o fato, conseguiu autorização para uma diligência com o capitão Georgino Jorge de Souza (delegado), para confirmar a volta de Benedito. O juiz liberou a ação. Em 25 de julho de 1952, a polícia chegou de surpresa na fazenda de João Pereira da Silva, onde, segundo as informações, escondia-se o filho Benedito. Não encontraram o "primo", que estava dormindo na residência de um cunhado e foi rapidamente localizado.

Pego desprevenido, Benedito, com medo, implorou o perdão para Sebastião, que emocionado, exclamou: "Graças a Deus você está vivo. Vamos para Araguari, para a cidade toda ver que eu e meu irmão somos inocentes".

O "desaparecido" foi detido e conduzido à cidade, onde quase foi linchado pela população. O juiz decretou a sua prisão, pois a "estória" contada por Benedito era inverossímil. Dizia "que fora roubado por marginais que levaram os 90 contos e, temeroso por não poder quitar os credores, tinha fugido para Anápolis, depois Itumbiara (Goiás), Corumbá (Mato Grosso) e Bolívia". Voltou, depois para Paxoréu (Mato Grosso) e se casou com Geneliza de Abreu Sodré, tendo dois filhos. Em seguida, deslocou-se para Jataí em Goiás, onde conseguiu recuperar as finanças e, finalmente, veio saldar as dívidas adquiridas em Minas Gerais. Mudara o nome para José Alves Gomes, conhecido como José Goiano e informou desconhecer o que tinha ocorrido com os irmãos Naves. Contudo, o pai, João Benedito desmentiu o filho, que na realidade sumira para "girar pelo mundo", ou seja, conhecê-lo. Edilson Alves da Cunha, comerciante, também desmentiu Benedito, pois se encontrara com ele em 1942 e travaram comentários sobre a prisão dos Naves.

Mas, para a formalização e reconhecimento oficial de Benedito, foi convocada a família em Goiás, que serviria para identificá-lo e concretizar as provas sobre a sua existência.

Durante a viagem da mulher e dos dois filhos pelo Avião da Companhia de Transportes de Goiânia para Rio Verde, houve uma explosão durante a decolagem, matando todos os passageiros e a família de Benedito. O "primo" dos Naves, ao saber da notícia, tentou um suicídio frustrado. Solto, nunca mais se recuperou da tragédia que esteve envolvido e foi "tentar a sorte" em Mato Grosso à procura de ouro. Sumiu de Mina Gerais.

Epílogo – em 14 de outubro de 1953, o Tribunal de Justiça mineiro anulou o processo dos irmãos Naves e apontou para uma possível indenização. A revisão explicativa:

Imagem 6: Documento do Caso dos Irmãos Naves.

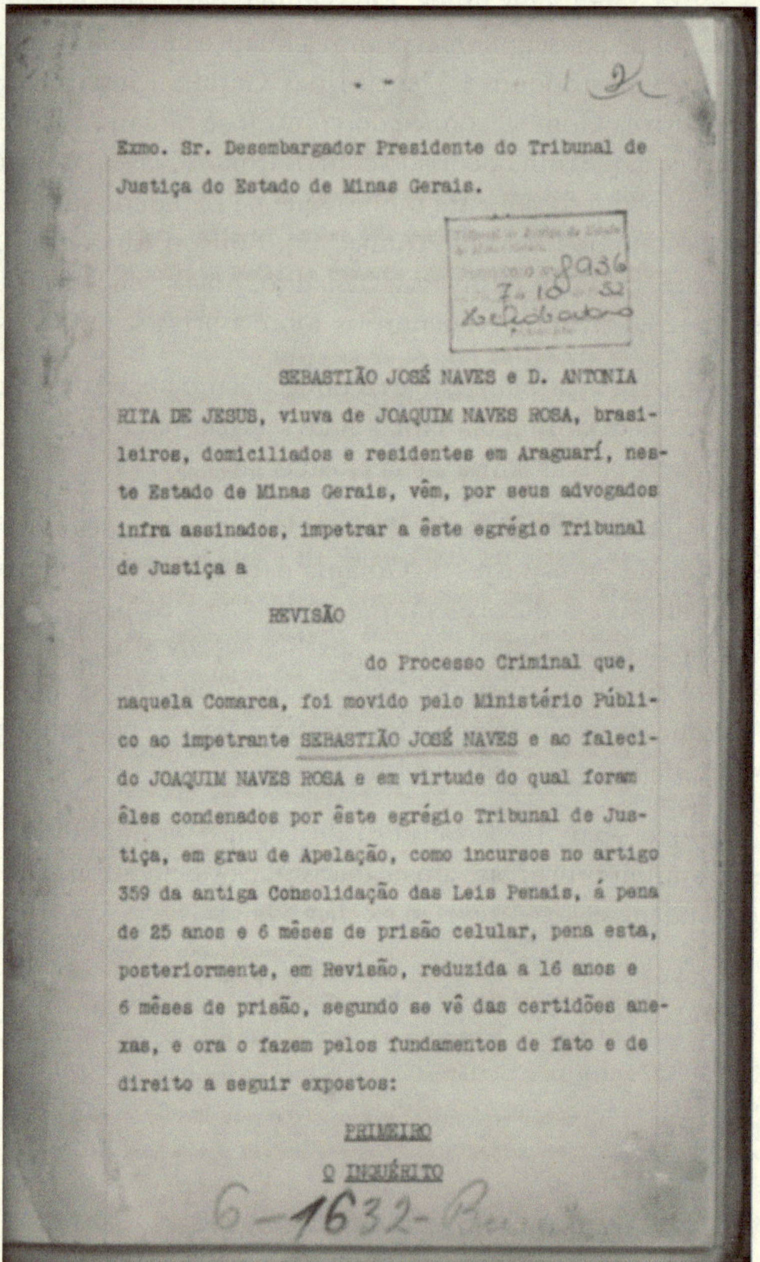

Exmo. Sr. Desembargador Presidente do Tribunal de Justiça do Estado de Minas Gerais.

SEBASTIÃO JOSÉ NAVES e D. ANTONIA RITA DE JESUS, viuva de JOAQUIM NAVES ROSA, brasileiros, domiciliados e residentes em Araguarí, neste Estado de Minas Gerais, vêm, por seus advogados infra assinados, impetrar a êste egrégio Tribunal de Justiça a

REVISÃO

do Processo Criminal que, naquela Comarca, foi movido pelo Ministério Público ao impetrante SEBASTIÃO JOSÉ NAVES e ao falecido JOAQUIM NAVES ROSA e em virtude do qual foram êles condenados por êste egrégio Tribunal de Justiça, em grau de Apelação, como incursos no artigo 359 da antiga Consolidação das Leis Penais, á pena de 25 anos e 6 mêses de prisão celular, pena esta, posteriormente, em Revisão, reduzida a 16 anos e 6 mêses de prisão, segundo se vê das certidões anexas, e ora o fazem pelos fundamentos de fato e de direito a seguir expostos:

PRIMEIRO

O INQUÉRITO

109

Vistos, relatados e discutidos os presentes autos de Revisão Criminal, nº 1.632, da Comarca de Araguari,

PETICIONÁRIOS- Sebastião José Naves e Dª Antônia Rita de Jesus (viúva de Joaquim Naves Rosa),

ACORDAM os Juizes do Tribunal de Justiça, in fine assinados, em Câmaras Criminais Reunidas, havendo como relatório o de fls. 52 a 53 no Parecer sintético do Dr. Sub-Procurador Geral do Estado, Dr. Mauro Gouveia, em, julgando válido o processo, deferir o pedido - e absolvendo os réus, Sebastião José Naves e Joaquim Naves Rosa, reconhecer-lhes o direito a uma indenização justa, pelo Estado, dos prejuízos sofridos, a qual se liquidará no Juízo cível, f. legal, o que assim decidem pelos motivos seguintes, em resumo:

É patente dos autos, pelo reaparecimento de Benedito Castano Pereira (justificação de fls. 1 a 32), o êrro do acórdão condenatório de fls. 129/131v., do Tribunal de Justiça. Realmente,

Crime algum ocorreu no caso dos autos, como reconhece , probamente, o Parecer, citado,a fls. 153, linhas 1 a 7.

- E o Estado pagará aos Réus, injustamente condenados - uma justa indenização pelos prejuízos sofridos,

A injustiça da condenação, ressaltada pela ressurreição do"morto" imaginário, decorreu, na espécie, principalmente, de não haver o acórdão condenatório se estribado em corpo de delito qualquer, direto ou indireto, para reconhecer o assassínio de Benedito com o escôpo do furto. É, também, de se haver como livre uma confissão manifestamente extorquida pela violência policial, confissão que, assim, impede a imunização do Estado prevista no § 2º do art. 630 do C.P.P. como é de uniforme doutrina. E custas na forma da lei. Belo Horizonte, 14 de Outubro de 1953.

Fonte: http://museudojudiciariomineiro.com.br/

Não prosperou a decisão proposta e a família Naves apelou para o STF, que determinou o pagamento de 12 milhões de cruzeiros para os Naves, em 8 de janeiro de 1960, portanto muitos anos depois da violência e injustiça cometida contra Joaquim e Sebastião.

O dinheiro recebido, mas desvalorizado, só deu para adquirir duas modestas casinhas para Sebastião e a viúva de Joaquim.

Este foi mais um dos grandes erros judiciários que ocorreu e vem ocorrendo no Brasil. O drama rocambolesco[1558] originou um filme espetacular dirigido pelo cineasta paulista Luís Sérgio Person,[1559] falecido num acidente de carro, quando voltava para a sua casa, com o nome "O caso dos irmãos Naves", baseado no livro do advogado de defesa dos Naves, João Alamy, com o mesmo título. É uma obra-prima do cinema brasileiro.

Sebastião Naves morreu, também, precocemente, como o irmão, aos 53 anos por questões cardiológicas, em decorrência da saúde prejudicada durante as sessões de torturas e violências que tinha sofrido durante a sua prisão.[1560]

1558 Rocambolesco: extraído do romance que tem como personagem Rocambole, de Ponson du Terrail. As aventuras mais extraordinárias e inverossímeis ocorrem com o protagonista da obra. Ponson (1829-1871) foi um romancista francês que publicara os seus textos em forma de folhetos nos jornais da época.

1559 Luís Sergio Person (1939-1976): cineasta paulista, jornalista e publicitário. Foi ator, diretor e roteirista para o cinema e o teatro. Faz parte do movimento chamado "cinema novo" e dirigiu duas obras-primas do cinema brasileiro: *O Caso dos irmãos Naves* e *São Paulo S/A*, realizou ainda: *Marido Barra Limpa*, *Trilogia do Terror*, *Cassy Jones, o magnífico sedutor* e *Panca do Valente*.

1560 O Caso dos Irmãos Naves não tem uma bibliografia extensa, o livro-chave foi escrito pelo advogado de defesa Dr. Alamy. A outra fonte de pesquisa foi os autos do processo.

CAPÍTULO XIV

A ÉPOCA DE HERZOG E DO RIOCENTRO – OS MILITARES, A TORTURA E O PODER (1945-1985)

O fim da Segunda Guerra Mundial levou o Brasil a optar pelo regime democrático. Após A derrubada de Vargas (29/10/45) pelos militares e a posse transitória de José Linhares,[1561] Presidente do STF, teve início o preparatório das eleições que levaram o general Eurico Gaspar Dutra à presidência.

Foram criados diversos partidos para concorrerem as eleições: o PTB (Partido Trabalhista Brasileiro) com base nas massas populares urbanas e ligado a Vargas; o PSD (Partido Social Democrático), de tendência moderada e voltado aos centros urbanos; a UDN (União Democrática Nacional) representando os conservadores; o PRP (Partido de Representação Popular) de direita e ligado aos integralistas; o PSP (Partido Social Progressista Brasileiro)controlado por Ademar

1561José Linhares (1886-1957): cearense, advogado, juiz, desembargador, Ministro e Presidente do STF. Assumiu a presidência após a deposição de Vargas em 1945. Convocou eleições e a Assembleia Constituinte. Passou o cargo para Dutra em 31/01/1946.

de Barros; o PCB (Partido Comunista Brasileiro) legalizado sob a liderança de Prestes; e ainda o PR (Partido Republicano) e o PDC (Partido Democrático Cristão) etc.

Os principais candidatos à presidência foram: o Brigadeiro Eduardo Gomes (UDN) e o General Dutra (PTB-PSD). A vitória ficou com Eurico Gaspar Dutra (1946-1950), eleito pelo PSD e com o apoio do PTB, tinha sido Ministro da Guerra (1936-1945) de Vargas durante o Estado Novo. Iniciou o seu governo abrindo os trabalhos da Assembleia Nacional Constituinte que trabalhou pela Constituição democrática de 1946.

Pela primeira vez, havia representantes de todos os partidos nas Assembleias Legislativas, e até um senador comunista Luiz Carlos Prestes, eleito pelo Rio de Janeiro. Havia também vários Deputados Federais comunistas. Após as eleições, houve a criação de uma nova Assembleia Constituinte para dar uma Constituição ao Brasil.

A Constituição foi promulgada a 18 de setembro de 1946 e apresentou a mesma linha da Carta de 1891, ou seja, impregnada de liberalismo, todavia sem procurar resolver os problemas infra estruturais do país.-

A princípio, o governo seguiu princípios liberais-democráticos e, posteriormente, tomou posições reacionárias fechando a CGT (Confederação Geral dos Trabalhadores) e interferindo em diversos sindicatos, acusando-os de "subversivos". Atrelado aos interesses americanos, Dutra assume, junto com os militares, a "tensão" criada com a Guerra Fria e fecha o PCB, cassando os parlamentares comunistas, em 1947, e rompendo com a URSS. O PCB, que esteve na ilegalidade durante anos, tinha conseguido eleger 14 deputados federais, com destaque para o escritor Jorge Amado, Carlos Marighella, Gregório Bezerra, João Amazonas e como senador Luís Carlos Prestes. Os militares brasileiros por intermédio da ESG (Escola Superior de

Guerra-1948)[1562] e, portanto, Dutra eram aliados e alinhados com os EUA, daí a perseguição e retaliação aos comunistas.

A ESG vai trabalhar no sentido do "anticomunismo" da década de quarenta até o golpe de 1964 e continuou defendendo estes princípios depois da redemocratização em 1985.

No campo econômico continuou o desenvolvimento industrial, mas as reservas em moeda adquiridas anteriormente foram dilapidadas.

> Cercado de seus colegas de geração, dos homens de sua confiança que o acompanhavam desde o 10 de novembro, quando, como Ministro da Guerra, havia desfechado o golpe, o Presidente Dutra não podia ver com bons olhos as concessões que Getúlio, ao apagar das luzes da ditadura, fizera às esquerdas – e até aos comunistas – nos seus esforços desesperados para salvar o poder. (...) Com Dutra e seus amigos fardados a situação era diferente. A adesão, mais ou menos forçada, à causa democrática, fora uma imposição das circunstâncias internacionais. Mas, no grupo, sempre ficou viva a flama do anticomunismo, que havia sido a razão principal da conspiração fascista de 1937, em cujo bojo Getúlio e Campos se serviram desses sentimentos do Exército para garantir e levar a efeito os planos de derrocada das instituições livres e dos assentamentos da fase do poder pessoal (...). "A colocação do comunismo fora de lei e a expulsão dos seus representantes do Congresso eram menos reivindicações dos meios civis do que discretas imposições dos militares". Outras causas, demagógicas, e essa mesma constante, conduziriam a novas vicissitudes da nossa democracia (...).

1562 ESG – Escola Superior de Guerra: criada em 22/10/1948, subordinada à Presidência da República, através do Estado Maior das Forças Armadas (EMFA). Acompanhou os moldes dos EUA. Objetiva preparar as elites militares e civis. Os cursos duram um ano. O curso de comando é privativo das Forças Armadas.

> Creio, isso sim que, no governo do general Dutra, teve início uma fase em que começamos a sentir, sob nova e diferente face, a preponderância militar na política, "uma política de toque de corneta", como diz Barbosa Lima Sobrinho (...).[1563] Em 1947, as forças armadas se me afiguram já bem diversas sob este ponto de vista, do que eram antes de 1937 e talvez até do que ainda foram durante o Estado Novo. A partir daí, a nossa política, como diz Tristão de Ataíde, tornou-se "mais rígida e mais geométrica" – embora eu não veja mais fluida e imprevista a realidade nacional. Quando à separação, que ele julga crescente a partir do golpe civil e militar de 1964, entre o País real e o País oficial, creio que ela sempre existiu. Basta lembrar a total ou quase total indiferença do povo em face das vicissitudes políticas pelas quais o País passou (...). Afastado da participação nos negócios públicos, essa é a maneira de reagir do povo. O que ele nos possa reservar no futuro, isto é assunto que diz respeito aos profetas. E os que existem, prenunciam alternativas fatais e pouco animadoras(...).[1564]

Apesar dessas questões, Dutra procurava consultar o "livrinho" de bolso que o acompanhava, ou seja, a Constituição de 1946.

14.1 Vargas novamente – A volta

Por volta de 1949, começaram os partidos a movimentarem-se no sentido de indicar os seus candidatos à presidência.

1563 Barbosa Lima Sobrinho (1897-2000): pernambucano, advogado, jornalista, promotor, deputado federal, Governador de Pernambuco (1948) e Presidente da AIB (Associação Brasileira de Imprensa). Opositor da Ditadura Militar (1964-1985). Apoiou o *impeachment* de Collor. Obras: *Antologia de Barbosa Lima Sobrinho*, *Cem anos de vida pelo Brasil* etc.

1564 CRUZ COSTA, J. *Pequena História da República*. Rio de Janeiro: Civilização Brasileira, 1968, pp. 156-158.

Os candidatos indicados foram: Eduardo Gomes (UDN), Cristiano Machado (PSD),[1565] João Mangabeira (PSS),[1566] Getúlio Vargas (PTB-PSP).

As eleições ocorreram em 3 de outubro de 1950, vencendo Getúlio Vargas e João Fernandes de Campos Café Filho (Vice-Presidente).

O povo elegeu o velho patriarca, todavia os seus inimigos políticos, comandados pela UDN, fizeram uma séria oposição ao seu governo. Vargas enfrentou, desde o início, uma grande inflação. Durante sua governança, foram tomadas as seguintes medidas:

– Fixou o salário mínimo com a colaboração do Ministro do Trabalho, João Goulart. Todavia, com essa medida, as críticas ao seu governo populista aumentaram.

– Aprovou a Criação da Petrobrás, ferindo os interesses dos EUA, que não aceitou passivamente o monopólio estatal sobre o petróleo e criticou a medida pela mídia.

– Procurou fixar a remessa de lucros para o exterior, criticando a administração anterior por ter deixado sair do limite imposto que era 8%.

– Não aceitou a criação de uma força interamericana de paz.

1565 Cristiano Machado (1893-1953): mineiro, advogado, farmacêutico, secretário da educação (MG), prefeito (BH), deputado federal, candidato à Presidência da República (1949-1950, derrotado) e diplomata na Santa Sé.

1566 João Mangabeira (1880-1964): baiano, advogado, jornalista, prefeito de Ilhéus, deputado federal e apoiador de Rui Barbosa (campanha civilista). Participou da redemocratização, pós 1930, durante a constituinte. Foi preso durante o Estado Novo. Participou da Organização da UNE e, posteriormente, filiou-se ao PSB. Foi Ministro da Justiça de Jango. Escreveu: *Em torno da Constituição* (1934) e *Rui Barbosa discursos e conferências*.

A partir dessas medidas, os americanos começaram a hostilizar a política brasileira e isso foi decisivo para a queda de Vargas. A revista *Current History* – afirmara: "É duvidoso que Getúlio acabe o seu mandato".

O nacionalista Vargas sofreu sérias restrições das forças mais retrógradas do país, que consideravam necessário derrubar o populista que pretendia chamar para si as massas e fazer uma política antiamericana".

As acusações, efetuadas pelos jornais, eram violentas contra Vargas, que teve como crítico e adversário o jornalista Carlos Lacerda.[1567]

> No Congresso e na imprensa apreciam as denúncias de escândalos financiamentos no Banco do Brasil, de malversações de dinheiro público que envolviam políticos ligados ao governo, enfim a prática da corrupção que data dos tempos coloniais.[1568]

Devido a esse clima, em fevereiro de 1954, aparecia o Manifesto dos Coronéis, que criticava o aumento dos salários mínimos, decretado por Jango (que será afastado, pois acusam-no de estar desejando criar uma república sindicalista, semelhante à de Peron). Tramava-se um golpe, faltava apenas uma oportunidade para explodir o complô. Um fato isolado precipitará os acontecimentos.

> Carlos Lacerda, diretor d'*A Tribuna da Imprensa*, o jornal que mais rudemente atacava Vargas e seu governo, regressava na madrugada de 5 de agosto de 1954, de uma reunião

1567 SIMÕES, Edson. *A luta pela Democracia no Brasil*: de Vargas a Bolsonaro. (Coleção Constituições e Democracia no Brasil e no Mundo: da Antropofagia à Autofagia). vol. 5. São Paulo: Grupo Almedina (Portugal), 2022, p. 175.

1568 COSTA, Cruz. *Pequena História da República*. Rio de Janeiro: Editora Civilização Brasileira, 1968, pp. 163-166.

> em que falara no Colégio São José. Acompanham-no, um de seus filhos e o major da Aeronáutica, Rubens Florentino Vaz. Despediam-se à porta da residência de Lacerda, à rua Toneleros, em Copacabana, quando alguém disparou um tiro que atingiu o jornalista em um pé O major, dando volta em torno do seu carro, surpreendeu então o pistoleiro e avançou para ele. Novo disparo de revólver e o oficial caía mortalmente ferido. O agressor, aproveitando a escuridão, fugira em um táxi, ferindo antes, porém um guarda municipal que tentara detê-lo. Tinha início, nessa madrugada, com a morte do oficial aviador, uma crise muito séria para o governo. Este, no dia seguinte, quando foi noticiado o ocorrido, publicava uma nota em que declarava que o agressor, qualquer que ele fosse e custasse o que custasse, seria severamente punido.[1569]

Era o "Crime da Rua Toneleros", que culminou com uma investigação realizada pela aeronáutica com apoio do exército e da marinha e a criação da famosa "República do Galeão",[1570] na qual militares conseguiram identificar pessoas ligadas ao "círculo íntimo" de Vargas, como era Gregório Fortunato (de São Borja),[1571] chefe da sua "guarda pessoal". Diante deste escândalo criminoso, Vargas afirmou: "tenho a impressão de me encontrar sobre um mar de lama". Em decorrência, as Forças Armadas propuseram o afastamento e,

---

1569 CRUZ COSTA, J. *Pequena História da República.* Rio de Janeiro: Civilização Brasileira, 1968, pp. 163-166.

1570 República do Galeão (1954): organizada pelos militares, após o atentado da Rua Toneleros contra Carlos Lacerda e a morte de um oficial da aeronáutica, Major Vaz, para descobrir e punir os responsáveis. Objetivava criminalizar o governo de Getúlio e pedir a sua renúncia. A aeronáutica liderava o processo e a investigação.

1571 Gregório Fortunato (1900-1962): gaúcho, negro e peão na Fazenda dos Vargas (São Borja), participou da guarda pessoal do Presidente. Durante o inquérito militar da aeronáutica, foi comprovado o envolvimento de comparsas de Gregório no atentado da rua Toneleros e decretada a sua prisão, condenado a 25 anos de prisão. Foi assassinado na penitenciária (RJ) em 1962 por Feliciano Damas Emililano.

depois, a demissão do Presidente e, finalmente, informaram que o iriam depor, como em 1945.

No dia 23 de agosto, Vargas comentou com o escritor Augusto Frederico Schmidt:

> Não me faço ilusões sobre o momento. Conheço a gravidade de tudo, mas, assim mesmo, estou tranquilo. Não são os acontecimentos de fora que nos perturbam, mas o que está em nós mesmos. O difícil, e que provoca a indecisão, é a necessidade de tomarmos uma resolução. Mas quando, enfim, nós resolvemos, quando sabemos para onde vamos e o que devemos fazer, isso nos tranquiliza. Eu sei o que devo fazer e para onde vou e é por isso que lhe digo que estou tranquilo.[1572]

Na madrugada do dia 24 de agosto, o ministério se reuniu e concluiu que Vargas deveria pedir licença, soltando uma nota esclarecedora e defendendo a Constituição de 1946. Vargas não participou totalmente desta reunião e, no mesmo dia, às 8h30min, suicidou-se com um tiro no coração, deixando uma carta impactante para o povo e a história, chamada de "testamento político". Explicitava no testamento:

> Mais uma vez as forças e os interesses contra o povo coordenaram-se e se desencadeiam sobre mim. Não me acusam, insultam; não me combatem, caluniam; e não me dão o direito de defesa. Precisam sufocar a minha voz e impedir a minha ação, para que eu não continue a defender, como sempre defendi, o povo e principalmente os humildes. Sigo o destino que me é imposto. Depois de decênios de domínio e espoliação dos grupos econômicos e financeiros internacionais, fiz-me chefe de uma revolução e venci. Iniciei o trabalho de libertação e instaurei o regime de liberdade social. Tive de

1572 CRUZ COSTA, J. *Pequena História da República*. Rio de Janeiro: Civilização Brasileira, 1968, p. 170.

renunciar. Voltei ao governo nos braços do povo. A campanha subterrânea dos grupos internacionais aliou-se à dos grupos nacionais revoltados contra o regime de garantia do trabalho. A lei de lucros extraordinários foi detida no Congresso. Contra a Justiça da revisão do salário mínimo se desencadearam os ódios. Quis criar a liberdade nacional na potencialização das nossas riquezas através da Petrobras, mal começa esta a funcionar a onda de agitação se avoluma. A Eletrobrás foi obstaculada até o desespero. Não querem que o povo seja independente. Assumi o governo dentro da espiral inflacionária que destruía os valores do trabalho. Os lucros das empresas estrangeiras alcançavam até 500% ao ano. Nas declarações de valores do que importávamos existiam fraudes constatadas de mais de 100 milhões de dólares por ano. Veio a crise do café, valorizou-se nosso principal produto. Tentamos defender seu preço e a resposta foi uma violenta pressão sobre a nossa economia a ponto de sermos obrigados a ceder. Tenho lutado mês a mês, dia a dia, hora a hora, resistindo a uma pressão constante, incessante, tudo suportando em silêncio, tudo esquecendo e renunciando a mim mesmo, para defender o povo que agora se queda desamparado. Nada mais vos posso dar a não ser o meu sangue. Se as aves de rapina querem o sangue de alguém, querem continuar sugando o povo brasileiro, eu ofereço em holocausto a minha vida. Escolho este meio de estar sempre convosco. Quando vos humilharem, sentireis minha alma sofrendo ao vosso lado. Quando a fome bater à vossa porta, sentireis em vosso peito a energia para a luta por vós e vossos filhos. Quando vos vilipendiarem, sentireis no meu pensamento a força para a reação. Meu sacrifício vos manterá unidos e meu nome será a vossa bandeira de luta. Cada gota de meu sangue será uma chama imortal na vossa consciência e manterá a vibração sagrada para a resistência. Ao ódio respondo com perdão. E aos que pensam que me derrotam respondo com a minha vitória. Era escravo do povo e hoje me liberto para a vida eterna. Mas esse povo, de quem fui escravo, não mais será escravo de ninguém. Meu sacrifício ficará para sempre em sua alma e meu sangue terá o preço do seu resgate. Lutei contra a espoliação do Brasil. Lutei contra

> a espoliação do povo. Tenho lutado de peito aberto. O ódio, as infâmias, a calúnia não abateram meu ânimo. Eu vos dei a minha vida. Agora ofereço a minha morte. Nada receio. Serenamente dou o primeiro passo no caminho da eternidade e saio da vida para entrar na história.[1573]

A nação ficou consternada ao tomar conhecimento do suicídio e da carta. O povo foi para as ruas e praças e houve distúrbios no Rio de Janeiro, São Paulo e Porto Alegre, amedrontando e fazendo recuar os inimigos de Vargas em relação a um golpe imediato. No imaginário popular, Vargas, de vilão, transformou-se em vítima e herói.

A transição – assume o governo o Vice-Presidente João Café Filho, que nomeou como ministros: Eduardo Gomes (Aeronáutica), Caronbert Pereira da Costa (Estado-Maior das Forças Armadas), Huarez Távora (Casa Militar), Eugênio Gudin[1574] (Fazenda) entre outros conservadores de direita.

Organizou um governo com os elementos da UDN, partido inimigo de Vargas. A essa altura os jornais americanos escreviam como o *Wall Street Journal*: "Funcionários americanos, predizem que Café Filho pode eventualmente abrir a possibilidade de investimentos de interesses estrangeiros nas indústrias de petróleo e da energia do Brasil".

1573 SIMÕES, Edson. *A Luta pela Democracia no Brasil*: de Vargas a Bolsonaro. (Coleção Constituições e Democracia no Brasil e no Mundo: da Antropofagia à Autofagia). vol. 5. São Paulo: Grupo Almedina (Portugal), 2022, p. 175.

1574 Eugenio Gudin (1886-1986) – carioca, engenheiro, economista, professor, representante da escola monetarista liberal. Trabalhou para os ingleses em ferrovias. Foi ministro da fazenda (1954) e critico da "corrente desenvolvimentista". Apoiou o Golpe Militar de 1964. Escreveu: "As origens da crise mundial", "Capitalismo e sua evolução monetária".

O *New York Times* afirmou: "Não é nenhum exagero dizer-se que, se o Brasil modificar sua política nacionalista para o fomento de seus recursos petrolíferos jacentes, sua economia poderia transformar-se". Acrescentando paternalmente que a nacionalização da indústria e do petróleo, efetuada pelo governo Vargas, deixou de fora os investimentos estrangeiros, sem os quais não poderia haver indústria petrolífera no país.

O jornal afirmou, ainda, que o Brasil faria muito bem se estudasse a nova indústria petrolífera do Canadá, onde se recebia, com agrado, o capital estrangeiro. Citou, também, a Venezuela como um modelo de nação inteligente que se beneficia da regulamentação dos investimentos.

O acordo de cooperação Atômico-Brasil-USA, saiu posteriormente.

Em seguida, houve a rescisão da lei 2004, a respeito dos minérios e petróleo.

A essa altura os partidos políticos encetavam a propaganda para a Presidência da República, e concorriam: Juscelino Kubitschek de Oliveira, Juarez Távora, Ademar de Barros e Plínio Salgado.

O governo provisório, temendo que a situação liberalizante voltasse ao *status* anterior, tentou adiar as eleições, em 3 de outubro de 1955, mas falhou.

As eleições foram realizadas normalmente saindo vencedores JK e Jango apoiados pelo PSD-PTB e PR.

A partir desse momento, uma série de tramas foram unidas pela oposição para impedir a posse dos eleitos, pois pretendiam um golpe de estado. O jornalista Lacerda era um dos favoráveis ao fechamento do Congresso.[1575]

1575 SIMÕES, Edson. *A luta pela Democracia no Brasil*: de Vargas a Bolsonaro. (Coleção Constituições e Democracia no Brasil e no Mundo:

A marcha dos acontecimentos.

– Em 2 de novembro, Café Filho é acometido de complicações cardíacas, fuga ideal para não se comprometer com o golpe que pretendiam dar. Foi substituído pelo Presidente da Câmara, Carlos Luz.[1576]

– Na mesma data, o Coronel Mamede,[1577] componente da Escola Superior de Guerra, no enterro do General Canrobert Pereira da Costa (antigo Ministro do General Dutra), fez violento discurso contra os eleitos e a sua posse.

– Em 9 de novembro, o General Lott, Ministro da Guerra, pede a prisão do Coronel Mamede, e não é recebido pelo Presidente. Pediu demissão, mas, em seguida, voltou atrás na decisão e preparou um contragolpe, juntamente com seus companheiros de farda, que não aceitavam o "regime de exceção da UDN".

– Em 11 de novembro, as tropas foram colocadas na rua. O exército dominou os pontos estratégicos e Carlos Luz foi deposto, frustrando o plano de Carlos Lacerda de impedir a posse dos eleitos.

---

da Antropofagia à Autofagia). vol. 5. São Paulo: Grupo Almedina (Portugal), 2022, p. 177.

1576 Carlos Luz (1894-1961): mineiro, advogado, promotor, Prefeito (Leopoldina), Secretário de Estado, Deputado Federal e ocupou a Pasta da Justiça. Como Presidente da Câmara Federal, substituiu Café Filho na Presidência da República durante a crise de 1955. Foi deposto pelo Ministro da Guerra, General Lott (11/11/1955).

1577 Jurandir de Bizarria Mamede (1906-1998): baiano, cursou a Escola Militar de Realengo (RJ) e apoiou o movimento tenentista. Em 1931, foi promovido a Coronel Comissionado, dando o primeiro salto para avançar na carreira militar e alcançar, depois, o generalato. Foi chefe de polícia de Recife (1937). Participou da FEB e militou na ESG. Apoiou, ativamente, o "Manifesto dos Coronéis" contra o governo Vargas. Participou do Golpe Militar de 1964. Como general, assumiu o cargo de Ministro do STM (1970).

Nesse contexto, os conspiradores fugiram sob a proteção da marinha, no cruzador Tamandaré, para Santos. Pretendiam efetuar uma resistência com a ajuda do Brigadeiro Eduardo Gomes (Aeronáutica), mas falharam em seus propósitos. O exército dominou todo o país.

- Um novo governo foi criado, ficando a presidência com senador Nereu Ramos (Vice-Presidente do Senado).[1578]
- Foi decretado estado do sítio.
- Em 21 de novembro, Café Filho tentou retomar o governo, mas foi impedido pelos generais, com o apoio do Congresso. Dois impedimentos foram votados em poucos dias. O exército garantiu a posse dos eleitos.
- Em 31 de janeiro de 1956, JK e Jango tomaram posse. Todavia, a oposição manteve-se em ação e conspiração.

14.2 Juscelino (JK) e Jango Goulart (Vice-Presidente) – 1956-1961 – O Presidente "Bossa Nova"[1579]

O governo empossado procurou defender a bandeira do desenvolvimento e incutir o "otimismo nos brasileiros".

1578 Nereu de Oliveira Ramos (1888-1958): catarinense, advogado, apoiou a Revolução de 1930, Deputado Constituinte (1933 e 1945), governador de SC (1935), vice-Presidente da República (de Dutra) e senador (1954). Como vice-Presidente do Senado, substituiu Carlos Luz da Presidência da República (1955), que tinha sido deposto pelo General Lott.

1579 Presidente Bossa Nova: nome dado a JK, com base no movimento musical brasileiro, denominado "Bossa Nova": considerado revolucionário culturalmente e que teve a participação de Vinícius de Moraes, Antônio Carlos Jobim, Johnny Alf, Carlos Lira, Menescal, Bôscoli, entre outros. O nome estendia-se para JK por ser considerado moderno e dinâmico na administração do país.

Nesse período, houve a conjunção de interesses internos e externos. Abandona-se o modelo do governo anterior, o setor econômico, e coloca-se, em pauta, uma política desenvolvimentista com a ajuda do capital internacional. O passo para a internacionalização é dado com o Programa de Metas do Sr. JK que irá criar a indústria automobilística. Pretendia fazer o Brasil progredir 50 em 5 anos. A instrução 113, permitiria a entrada do país de grande número de indústrias estrangeiras.

As medidas tomadas foram:

- Construção de Brasília, que foi inaugurada em 21 de abril de 1960 (planejada pelos arquitetos Lúcio Costa e Osmar Niemeyer). Os gastos colaboraram com o processo inflacionário.
- Aumento da produção de energia elétrica por intermédio da CEMIG (Três Marias – Furnas em Minas Gerais).
- Construção de várias rodovias e melhoria das estradas de ferro.[1580]

O modelo adotado foi o de "substituição das importações"[1581] com princípios da escola estruturalista,[1582] mas que abriu espaço para o crescimento da inflação.

1580 SIMÕES, Edson. *A luta pela Democracia no Brasil*: de Vargas a Bolsonaro. (Coleção Constituições e Democracia no Brasil e no Mundo: da Antropofagia à Autofagia). vol. 5. São Paulo: Grupo Almedina (Portugal), 2022, p. 198.

1581 Substituição das importações: a tentativa de implantar o modelo de "substituição das importações" para o desenvolvimento industrial do país, que se caracterizava apenas como exportador de matéria prima desde a época colonial. O conceito veio da CEPAL (Comissão Econômica da América Latina) para estimular o desenvolvimento interno do país, no intuito de superar o subdesenvolvimento. Celso Furtado era um dos defensores da tese.

1582 Estruturalismo: corrente econômica ligada à CEPAL, que analisava a questão do desenvolvimento econômico, sob a visão dos obstáculos

A inflação alcançou, neste período, 40%.

Concomitantemente, ao resolver construir Brasília para sediar a Capital Federal em Goiás, na região Centro-Oeste, ideia que tinha sido aventada pelos "inconfidentes" (século XVIII) e retomada por José Bonifácio de Andrada (em 1822) e pelos republicanos (em 1891).

Durante esse governo, o Brasil conquistou: a Copa do Mundo na Suécia (1958); surgiu a "Bossa Nova";[1583] artistas como João Gilber-

---

estruturais que dificultaram o crescimento econômico dos países subdesenvolvidos. Atacava a inflação e a deterioração das relações de troca que provocavam *déficits* comerciais e do balanço de pagamentos, levando os países a uma forte desvalorização cambial, que alimentava o processo inflacionário e a elevação do "custo de vida" nos centros urbanos e aumentando a miséria do povo. Propunha, esta corrente liderada por Raul Prebish, "a reforma agrária e a transição de uma economia exportadora de matérias-primas para outra que vendesse ao exterior produtos manufaturados". (SANDRONI, Paulo (Coord.). *Novíssimo Dicionário de Economia*. São Paulo: Editora Best Seller, 2003, p. 225).

1583 Bossa Nova: este termo significava um jeito novo, engenhoso, diferente de fazer a música popular brasileira. Em 1958, em um *show* no Grupo Universitário Hebraico do Brasil (RJ), os músicos foram apresentados para a plateia como "um grupo bossa-nova". O termo agregava uma maneira de cantar e tocar o samba, de forma suave (musical e poética), com um pequeno e remoto toque de *jazz*. Vários compositores e cantores participaram do movimento, mas João Gilberto foi o grande destaque devido à batida do seu violão em "Chega de Saudade".

to,[1584] Antônio Carlos Jobim[1585] e Vinicius de Moraes[1586] divulgaram

---

1584 João Gilberto (1931-2019): baiano, iniciou a carreira cantando no conjunto "Garotos da Lua". Em 1952, gravou um disco usando o estilo de Orlando Silva. No Rio, morou em apartamento de amigos na tentativa de conseguir sucesso, mas sem nenhuma renda consistente. Durante este duro período, treinava o violão e a voz num quarto, dia e noite. Enturmou-se com Antônio Carlos Jobim, Roberto Menescal, Ronaldo Boscoli, Aloysio de Oliveira, Carlos Lyra, entre outros e fez o seu primeiro grande sucesso na gravação de "Chega de Saudade" e "Desafinado". Lançou três LP's que obtiveram grande sucesso: "Chega de saudade" (1959), "O amor, o sorriso e a flor" (1960) e "João Gilberto" (1961). Foi morar nos EUA em 1962, iniciando uma carreira internacional, junto com sua esposa Astrud Gilberto. Gravou com o saxofonista Stan Getz um álbum de Bossa Nova que repercutiu no mundo musical inteiro da época. Depois ficou no México e voltou ao Brasil, faleceu no Rio de Janeiro.

1585 Antônio Carlos Jobim (1927-1994): carioca, aprendeu a tocar piano e violão entre a infância e a adolescência. Estudou música com o maestro alemão Hans-Joachim Koellreuter e tinha, como paradigma, Villa Lobos. Entrou na Faculdade de Arquitetura, para sobreviver, passou a tocar piano nos bares noturnos de Copacabana, onde conheceu o cantor Johnny Alf. Alcançou o primeiro sucesso com a música "Tereza da Praia" em parceria com Billy Blanco (1954). Em 1956, compôs para a peça de Vinicius de Moraes, "Orfeu da Conceição" que, depois, transformou-se num filme produzido pela França/Itália e dirigido por Marcel Camus (1959). O filme obteve Palma de Ouro no Festival de Cannes (1959), Oscar de melhor filme estrangeiro (1960) e Globo de Ouro (1960), mas sem grandes vantagens financeiras para os autores e para o Brasil. Em 1962, Jobim participou do Festival de Bossa Nova no famoso Carnegie Hall de Nova York, iniciando sua brilhante carreira internacional. Em 1962, com Vinicius, lançou "Garota de Ipanema", uma das canções mais conhecidas e gravadas mundialmente. Em 1967, gravou, com Frank Sinatra, o disco "Francis Albert Sinatra e Antônio Carlos Jobim". Passou a trabalhar nos EUA com músicos como Stan Getz, Ella Fitzgerald, Andy Williams, e Nelson Riddle entre outros. O sucesso foi absoluto. Em 1994, durante uma operação que envolvia a bexiga e a próstata, teve uma parada cardíaca que o levou à morte. Deixou inúmeras músicas, mas com destaque para: "Desafinado", "Samba de uma nota só", "Sabiá", "Corcovado", "Retrato em branco e preto", "Wave" e "Águas de março". Divulgou a Bossa Nova mundialmente.

1586 Marcus Vinicius Cruz de Mello Moraes (1913-1980): carioca, advogado, poeta, músico e diplomata. Ingressou no Itamaraty em 1943, quando já tinha lançado "O caminho para a distância" (1933), "Forma

a música brasileira no exterior; também o "cinema novo",[1587] que foi lançado sob a liderança de Nelson Pereira dos Santos,[1588] com "Rio 40 graus" e "Rio, zona norte" alcançaram sucesso internacional.

---

e exegese" (1935) e "Ariana, a mulher" (1936). Estudou em Oxford (Inglaterra, 1938). Em 1946, foi representar o Brasil nos EUA, ficando, incialmente, em Los Angeles. Esteve, também, em Paris (1953). Em 1953, fez o samba "Quando tu passas por mim", passou a se dedicar à dramaturgia, e publica a peça "Orfeu da Conceição" (1954). Em 1956, iniciou uma parceria com Tom Jobim para a apresentação da peça "Orfeu da Conceição". Em 1958, Elizeth Cardoso, acompanhada de João Gilberto, gravou "Chega de saudade" e "Outra vez", composições realizadas com Jobim. No início dos anos 60, ampliou a sua atuação na MPB, compondo com Pixinguinha, Carlos Lyra, Edu Lobo, Dorival Caymmi, Baden-Powell e Francis Hime. Após a implantação da Ditadura Militar (1964-1985), foi acusado de comunista e vulgaridade diplomática, sendo afastado do serviço diplomático em 1968. A partir de 1969, dedicou-se totalmente à música, fez parceria com o violinista Toquinho e se apresentou em diversos shows no Brasil e no exterior. O sucesso foi total e chamou atenção os afrossambas feitos com Baden-Powell, como "Berimbau e "Canto de Ossanha". Nos *shows*, apresentou-se, também, com as cantoras Maria Creuza, Marilia Medalha, Miucha e com o Quarteto em Cy. Em 1963, escreveu outra peça com Carlos Lyra, chamada "Pobre Menina Rica". Gravou diversos Lp's: "Vinicius e Caymmi no Zum Zum", "Poeta, moça e violão", "Tom, Vinicius, Toquinho e Miucha", "Encontro", entre outros. Teve nove casamentos oficiais. Conforme Drummond: "O único poeta brasileiro a viver como poeta".

1587 Cinema Novo: "O Cinema Novo Brasileiro" representou uma linguagem nova para expressar um realismo crítico do contexto nacional, uma crítica engajada, um idealismo combativo e uma poesia de imagens conectado aos textos. Foi lançado e trabalhado pelo cineasta Nelson Pereira dos Santos, a partir de filmes lançados na década de 50 e seguido por diversos produtores e diretores na década de 60. Procurou evitar os modelos estrangeiros e a "colonização cultural".

1588 Nelson Pereira dos Santos (1928-2018): paulista, jornalista, cineasta radicado no Rio de Janeiro e membro da Academia Brasileira de Letras. É considerado o fundador do Novo Cinema do Brasil. Sua obra agrega da periferia do Rio de Janeiro à tragédia nordestina do sertanejo, passando por filmes satíricos, abordando a sociedade brasileira. Principais filmes: "Rio 40 graus", "Rio, Zona Norte", "Boca de Ouro", "Mandacaru", "Vidas Secas", "El Justiceiro", "Azyllo Muito Louco", "Como era

Contudo, a administração JK teve como reflexos:

a) Emissão de moedas em demasia.

b) Desvalorização do cruzeiro, sendo que o dólar, que valia 50 cruzeiros (1956), foi para 250 cruzeiros.

c) A expansão industrial proporcionada não se traduziu em desenvolvimento nacional efetivo. Ocorreu apenas a expansão industrial e não a chamada industrialização e desenvolvimento nacional, como desejado.

d) Agravamento da pobreza do Nordeste, pois não houve prioridade para esse problema crônico da região, apesar da criação da SUDENE.

e) Ausência de iniciativas para resolução dos problemas agrários do Brasil, o que seria viável para o seu governo, que foi de conciliação

f) Permissividade excessiva com o capital internacional, conduta que acarretou o enfraquecimento e a marginalização da burguesia nacional. A penetração do capital estrangeiro criou "déficits", e por conseguinte a desvalorização da moeda brasileira.

g) Disparo da inflação, e aumento do "custo de vida".

h) Rompimento com o FMI[1589] (Fundo Monetário Internacional).

i) Não obstante certa tranquilidade política, ainda houve duas rebeliões lideradas por militares, ameaçando a democracia no país: uma em Jacareacanga (1955) e outra em Aragarças

---

gostoso meu francês", "Amuleto de Ogum", "A tenda dos milagres', "A estrada da vida", "Memorias do cárcere", "Jubiabá", entre outros.

1589 FMI (Fundo Monetário Internacional): organização financeira criada em 1944 durante a Conferência Internacional de Bretton Woods (EUA). A sede fica em Washington e está ligada à ONU, junto com a BIRD (Banco internacional de Reconstrução e Desenvolvimento). Tenta promover a cooperação monetária no mundo capitalista e "auxiliar" os países que tiveram dificuldades nos pagamentos internacionais. A cooperação é monetária e dentro dos princípios capitalistas.

> (1959), ambas ligadas à FAB (Força Aérea Brasileira) e a políticos da UDN que faziam oposição ao governo. Foram debeladas, e JK anistiou os rebeldes. A instabilidade política no Brasil continuava em decorrência da posição das Forças Armadas.[1590]

Em suma, apesar das boas intenções e do governo realmente democrático que realizou JK sem perseguições e prisões arbitrárias, o Brasil continuava com os mesmos problemas de sempre, adicionando-se, agora, mais elementos negativos para a crise que iria desenvolver-se.

Eleições – concorreram à presidência, nas eleições de 3 de outubro de 1960, os seguintes candidatos: Jânio Quadros, Marechal Lott e Ademar de Barros.

Jânio da Silva Quadros, usando o símbolo da vassoura e o discurso anticorrupção, venceu as eleições com 5.600.000 votos (48%). Jango Goulart, que concorreu pelo PTB – partido adversário de Jânio – foi reeleito como Vice-Presidente.

Jânio da Silva Quadros (31/01/1961 – 25/06/1961) – populista e, segundo o historiador Cruz Costa:

> Jânio Quadros, o "homem da vassoura", símbolo de sua campanha e do expurgo (dizia-se que essa vassoura só varria o lixo para dentro...), apresentava-se com a austeridade postiça de que é capaz esse consumado histrião. Capaz de todas as promessas e de a todas faltar, Jânio Quadros foi para muitos, principalmente para a classe média que nele via espelharem-se

---

1590 SIMÕES, Edson. *A luta pela Democracia no Brasil*: de Vargas a Bolsonaro. (Coleção Constituições e Democracia no Brasil e no Mundo: da Antropofagia à Autofagia). vol. 5. São Paulo: Grupo Almedina (Portugal), 2022, p. 410.

> os seus próprios ressentimentos, a sua ânsia de poder e o seu moralismo, uma esperança.[1591]

O primeiro discurso, contundente de Jânio Quadros, ocorreu na noite de 31 de janeiro de 1961 (dia da posse) com o seguinte teor:

> Se não me faltar o arrimo da inspiração divina se não me faltar o apoio das multidões, se não me faltar o apoio do Legislativo e do Judiciário, sei de mim que resgatarei a palavra de fé empenhada nas praças.
>
> Somos um Estado democrático cujos fins se contém no Governo do povo, pelo povo e para o povo.
>
> É terrível a situação financeira do Brasil. Nos últimos 5 anos, o meio circulante passou de 57 bilhões para 206 bilhões de cruzeiros. Desenhadas em centenas de milhares, devemos ao estrangeiro 3 bilhões e 802 bilhões de dólares, o que marca, só a este título e naquele período, a elevação de 1 bilhão de 435 milhões de dólares. E só no corrente exercício, de 600 milhões de dólares.
>
> Em novembro último, não dispúnhamos de 47 milhões e 700 mil dólares para cobrir os ajustes com Fundo Monetário Internacional. Faltaram, igualmente, recursos para quitar duas obrigações do Eximbank, uma de 8 milhões e 200 mil dólares, outra de 20 milhões e 100 mil dólares. Tomou-se, apenas, a providência de descarregar as faturas vencidas sobre a administração que ora se instala. Devo pagar, entre 1961 e 1965, 1 bilhão, 853 milhões e 650 mil dólares de prestações o que significa, fazendo-se a conversão do dólar a taxa do câmbio livre, na base de 200 cruzeiros o dólar 370 bilhões e 730 milhões de cruzeiros.
>
> Atentem bem: 370 bilhões e 730 milhões de cruzeiros.
>
> Vejo o favoritismo, o filhotismo, o compadrio sugando a seiva da Nação e obstando o caminho aos mais capazes. Na vida

1591CRUZ COSTA, J. *Pequena História da República*. Rio de Janeiro: Civilização Brasileira, 1968, p. 178.

> pública mal se divisa a distinção entre o que é sagrado e o que é profano. O grau de dissolução a que chegamos derivou, em parte da crise de autoridade e de austeridade do Poder, comprometido seu prestígio por um rol consternador de escândalos oficiais, incentivados pela mais arrepiante impunidade. O meu governo, entretanto, representa um paradeiro a isso, definitivo e último.
>
> Que Deus onipotente me ajude, e nos ajude. Meus compatriotas, viva o Brasil![1592]

As iniciativas do governo de Jânio foram:

- Tentativa de moralizar o Serviço Público;
- Repressão ao contrabando, pois o Serviço Federal de Prevenção e Repressão das Infrações contra a Fazenda Nacional havia constatado que, a partir do ano de 1954, 10 mil carros contrabandeados haviam entrado no país, o que causou, para o tesouro, 33 milhões de dólares de prejuízo, isto é, 8 bilhões e 400 milhões de cruzeiros;
- Combate ao jogo, principalmente os jóqueis clubes (que passaram a funcionar apenas aos domingos e feriados);
- Moralização do Cinema, Rádio e TV;
- Tentativa de efetuar a "reforma cambial 204",[1593] para solucionar os problemas dos *déficits* (Instrução 204);

1592 SIMÕES, Edson. *A luta pela Democracia no Brasil*: de Vargas a Bolsonaro. (Coleção Constituições e Democracia no Brasil e no Mundo: da Antropofagia à Autofagia). vol. 5. São Paulo: Grupo Almedina (Portugal), 2022, p. 411.

1593 Reforma Cambial 204: ligada à Instrução 204, procurou resolver o *déficit* que o país estava enfrentando, porém não conseguiu o sucesso desejado.

- Criação da Lei Antitruste, a fim de evitar abusos das empresas internacionais;
- Abertura de sindicâncias contra a corrupção existente ao país.
- Produção de Estudos para a Reforma Urbana e Agrária, e para a participação dos empregados nos lucros das empresas;
- Limitação dos lucros para o exterior.

Nesse contexto, Jânio foi procurado pela liderança das classes produtoras (CONCLAP), que criticou a sua atuação. Como resposta, afirmou:

> Quando assumi a Presidência, este país era um caos. Não estou usando uma figura, uma imagem literária. Encontrei um caos, administrativo. Tenho de aplicar medidas drásticas e ásperas, a fim de conduzir este país à sanidade. São-me indiferentes os aplausos e os apupos. Os senhores compreendem: aos 44 anos, atingi a Presidência da República, máximo que um homem pode aspirar. Agora, minha única ambição é a servir apenas a de servir, e de servir bem.[1594]

Na política externa, tomou as seguintes medidas:

- Abriu relações diplomáticas com países comunistas, pois, segundo ele: "Em matéria de política exterior, temos sido muito tímidos".
- Defendeu a autodeterminação de Cuba e concedeu ao líder revolucionário cubano Che Guevara a Grã-Cruz, condecoração mais importante do Brasil (18/08/1961).

1594 SIMÕES, Edson. *A luta pela Democracia no Brasil*: de Vargas a Bolsonaro. (Coleção Constituições e Democracia no Brasil e no Mundo: da Antropofagia à Autofagia). vol. 5. São Paulo: Grupo Almedina (Portugal), 2022, p. 416.

A crise se ampliou, e alguns jornais criticavam violentamente esta atitude radical do governo. *O Globo* chegou a afirmar que a capacidade do povo brasileiro de suportar agressões a seus sentimentos e a seus ideais (que não era inesgotável) chegara ao limite com a outorga da Ordem Nacional do Cruzeiro do Sul a Ernesto Guevara,[1595] ex-cidadão argentino que havia renunciado à sua pátria e aderido ao bolchevismo, tendo participado da revolução cubana.O jornal ainda criticou os Ministros da Guerra, da Marinha e do Exterior por fazerem parte do Conselho da Ordem por terem concordado com a honraria ao "sócio de Fidel Castro".

No mesmo dia, Carlos Lacerda, que rompera com Quadros, condecorou a Manuel Verona,[1596] adversário de Fidel Castro.

O governador Carlos Lacerda e outros políticos promoveram uma campanha violenta em todo o país, contra as "atitudes loucas" de Jânio Quadros e acusavam-no de querer dar um golpe de Estado (fechando o Congresso). A opinião pública não sabia quem tinha razão.

Lacerda denunciou a proposta feita pelo Ministro da Justiça, Oscar Pedroso Horta de um golpe de Estado, pela televisão, em 24 de agosto de 1961.

1595 Ernesto Che Guevara (1928-1967) – Argentino, médico, político, marxista e revolucionário. Conheceu Fidel Castro no México (1955) e participou da expedição de luta contra a ditadura cubana de Fulgêncio Batista (1956). Participou das guerrilhas e das lutas que levaram a derrubada do regime em 1 de janeiro de 1959. Participou do governo revolucionário cubano, chefiou a milícia, foi Presidente do Banco Nacional e Ministro da Economia Nacional (1961). Propôs levar a revolução socialista para a América Latina e África e desligou-se de Cuba em abril de 1965. Esteve no Congo e liderou um movimento de guerrilha na Bolívia, contra o regime autoritário do país. A CIA apoiando o exercito boliviano matou-o numa emboscada em 9 de outubro de 1967. Virou mito internacional.

1596 Manuel Antônio de Veron: opositor de Fidel Castro, liderou um movimento para a derrubada do regime socialista em Cuba.

Com a adesão dos militares ao movimento, a crise teve o seu final rapidamente. O governo foi acuado, e só restou a renúncia, que aconteceu no dia 25 de agosto do mesmo ano. A causa que levou mais rapidamente Jânio à queda foi a sua política exterior, todavia isto fazia parte de um plano arquitetado, pois ele disse a um político famoso:

> Ora Tancredo, eu vi a tática de Nasser.[1597] Ele namorou todos os países socialistas e comunistas do mundo para efeito externo. Eu iria fazer aqui no Brasil o que ele faz sabiamente no Egito. Encherei o Brasil de campos de concentração para comunistas e agitadores.[1598]

Acabou renunciando à Presidência.

É sabido que Jânio jogou com sua renúncia, como já havia jogado com a renúncia de sua candidatura antes das eleições.

> Vindo de Brasília, ninguém sabe se a caminho do Rio ou de São Paulo, ficou detido várias horas no Aeroporto de Cumbica, esperando... esperando... O quê? Que os seus cinco milhões de votantes se levantassem em seu favor para recolocá-lo na presidência, possivelmente sem Congresso, para que pudesse governar à sua vontade.
>
> Mas como ninguém se levantou em seu favor, não só pela surpresa, pelo inesperado de sua atitude, mas por não ter um

---

1597 Gamal Abdel Nasser (1918-1970): Primeiro Presidente da República Egípcia após a derrubada de Faruque do governo. Foi Presidente do governo instalado e do Conselho de Revolução. Em 1956, foi eleito Presidente da República e nacionalizou o Canal de Suez, conflitando-se com as forças inglesas e francesas. Manobrou, tomou posições de esquerda e simpáticas à URSS. Acabou tornando-se chefe de Estado Árabe Unido (Egito, Síria, Iémen).

1598 BASBAUM, Leôncio. *História Sincera da República*: de 1930 a 1960. vol. 3. São Paulo: Fulgor/ Alfa-Ômega, 1968, p. 244.

> Partido, um jornal a seu lado, não teve outro remédio senão seguir o seu caminho.
>
> Não lhe fora possível "desrenunciar", como havia feito quando candidato para libertar-se da UDN, então argumentou: "Foram as forças ocultas" (...).[1599]

A crise, novamente, abalou o país e a democracia. A chefia da nação passou para o Presidente da Câmara de Deputados, Ranieri Mazzilli, pois o Vice-Presidente, Jango, estava na China.

A crise ampliou-se. Lacerda juntamente com outros implicados na conspiração não desejavam dar a presidência ao substituto legal, o Vice João Goulart.

Para defender a legalidade, o Marechal Lott publicou um manifesto a favor da posse constitucional ao Vice-Presidente e, com isso, foi preso, pelo Coronel Ardovino ligado à Lacerda, em 26 de agosto de 1961.

O manifesto afirmava:

> Tomei conhecimento nesta data, da decisão do Senhor Ministro da Guerra, Marechal Odílio Denis,[1600] manifestada ao

---

1599 BASBAUM, Leôncio. *História Sincera da República*: de 1930 a 1960. vol. 3. São Paulo: Fulgor/ Alfa-Ômega, 1968, p. 244.

1600 Odílio Denis (1892-1985): carioca, estudou na Escola Militar do Realengo (RJ), participou do movimento tenentista, foi preso e condenado a um ano e quatro meses de reclusão. Solto, envolveu-se na conspiração para rebelar o couraçado "São Paulo" em 1924, que foi reprimida pelo governo. Novamente foi preso. Após a posse de W. Luís, foi promovido a capitão em 1927. Participou da conspiração para a Revolução de 1930 e ajudou na repressão a Revolução de 1932. Foi promovido a major em 1933 e, depois, exerceu o cargo de Oficial de Gabinete do General Góis Monteiro. Foi promovido a tenente-coronel em 1937 e a coronel 1938. Não concordou com a derrubada de Vargas em 1945, pois estava no comando da polícia militar (RJ). Em 1952, foi promovido a general de exército. Ficou ao lado de Vargas até 1954.

> representante do Governo do Rio Grande do Sul, Deputado Rui Ramos,[1601] no Palácio do Planalto, em Brasília, de não permitir que o atual Presidente da República, Sr. João Goulart, entre no exercício de suas funções, e ainda, de detê-lo no momento em que pise território nacional.
>
> Mediante ligação telefônica, tentei remover aquele eminente colega da prática do semelhante violência, sem obter resultado. Embora afastado das atividades militares, mantenho um compromisso de honra com a minha classe, com a minha pátria e as suas instituições democráticas e constitucionais. E, por isso, sinto-me no indeclinável dever de manifestar o seu repúdio à solução anormal e arbitrária que se pretende impor à Nação.
>
> Dentro dessa orientação, conclamo todas as forças vivas do país, as forças da produção e do pensamento, dos estudantes e intelectuais, dos operários e do povo em geral, para tomar posição decisiva e enérgica no respeito à Constituição e preservação integral do regime democrático brasileiro, certo ainda, de que meus camaradas das Forças Armadas saberão porta-se altura das tradições legalistas que marcam sua história no destino da Pátria.[1602]

Com essa situação política, o Congresso ficou apreensivo, debates e discussões foram travados, pois poderia estourar uma guerra civil caso não se cumprisse a Constituição.

Foi Ministro da Guerra no período do JK. Foi contra a posse de Jango Goulart e participou da sua derrubada em 1964. Posteriormente, não exerceu função política nem militar.

1601 Rui Ramos (1909-1962): gaúcho, advogado, promotor, deputado federal e integrou a FPN (Frente Parlamentar Nacionalista) que combatia a participação do capitalismo e a remessa de lucros para o exterior no país. Apoiou a reforma agrária. Faleceu num desastre aéreo no Rio Grande do Sul (Guaíba).

1602 VAGNER, Willian. *O soldado absoluto*. Rio de Janeiro: Record, 2002, p. 146.

Todavia, os Ministros Militares (General Odilo Denis, Almirante Sílvio Heck,[1603] Brigadeiro Grun Moss)[1604] continuaram no firme propósito de impedir a posse de Goulart.

A situação ficou tensa em todo o país. A reação veio do Rio Grande do Sul, por intermédio do governador Leonel Brizola (PTD), que criou a Rede da Legalidade para defender a posse de seu cunhado. Conclamou o povo à resistência e recebeu o apoio do comandante do III Exército, José Machado Lopes,[1605] que resolveu,

---

1603 Silvio de Azevedo Heck (1905-1988): carioca, cursou a Escola Naval, chegou a primeiro-tenente (1929), participou da repressão a Revolução Constitucionalista de 1932, promovido a capitão de corveta (1942), representou a marinha nos EUA. Ao voltar ao Brasil (1948), foi considerado capitão de mar e guerra (1952). Participou do grupo antigetulista e conspirou contra JK. Foi promovido a vice-almirante em 1959. No governo Jânio Quadros, respondeu pelo Ministério da Marinha. Com a renúncia de Jânio Quadros, fez parte da junta militar que tentou impedir a posse de Jango, lançando um manifesto. Neste período, foi afastado da Marinha após a posse de Goulart e continuou tramando contra o Governo. Ajudou o Golpe Militar (1964) e, depois, tramou contra o Presidente Castelo Branco. O último cargo exercido foi o de embaixador especial e Plenipotenciário do Brasil na Nicarágua.

1604 Gabriel Grun Moss (1904-1989): carioca, estudou na Escola Naval (1923), era legalista, não apoiou a Revolução de 1930, como capitão-tenente combateu a Revolução Paulista (1932) e foi capitão de corveta (1939). Optou pela FAB em 1941, deixou a Marinha e, depois, foi subchefe do Gabinete Militar do governo Dutra. Em 1955, foi promovido a brigadeiro e apoiou a revolta de Aragarças contra Juscelino Kubitschek. Vetou a posse de Jango em 1961 e participou da junta militar após a renúncia de Jânio Quadros. Após o plebiscito de 1963 que optou pelo presidencialismo, passou a conspirar contra o Governo. Apoiou totalmente o Golpe Militar de 1964 e foi indicado para o STM em 1965. Em 1979, concordou com a abertura política.

1605 José Machado Lopes (1900-1990): carioca, estudou no Colégio Militar de Barbacena, na Escola Militar do Realengo (RJ-1921), combateu o movimento tenentista (1922), a Revolução Paulista (1924) e a Coluna Prestes. Combateu a Revolta de 1935 (ANL) e foi promovido a major (1936). Participou da FEB em 1944 e do ataque contra os nazistas em Monte Castelo (1946). Foi Interventor Federal no Estado do Ceará e Adido Militar nos EUA (1954). Em 1956, foi promovido a general de

com sua oficialidade, obedecer à Constituição. A Brigada Gaúcha também aderiu.

Afinal, com o país à beira de uma "grande revolução", em 29 de agosto de 1961, o Congresso rejeitou o impedimento ao Vice-Presidente Goulart e defendeu a legalidade constitucional. Os ministros aceitaram a determinação parlamentar para evitar a luta fratricida, mas, em 2 de setembro, a Constituição foi emendada e houve a criação do sistema parlamentarista para controlar o novo Presidente.

A Emenda Constitucional abriu perspectivas para um plebiscito (Ato Adicional). Enquanto, ocorriam esses fatos, Goulart chegou ao Brasil, via Uruguai, Porto Alegre, em 1º de setembro de 1961.

No dia 5 do mesmo mês, Jango chegou a Brasília e tomou posse em 7 de setembro de 1961 perante o Congresso Nacional.

João Belchior Goulart (Jango, 1961-1964) – após receber o governo, Goulart indicou o seu Ministério para aprovação do Congresso, que teve a seguinte Constituição:

"Premier" – Tancredo Neves (PSD – Minas Gerais);

Exterior – San Tiago Dantas (PTB);[1606]

Divisão no governo Jânio Quadros, comandou o IIIº Exército (RS), defendeu a posse de Jango (1961), o respeito à Constituição e à legalidade. Foi Ministro da Guerra Interino (1962) e promovido a marechal (1964).

1606 Francisco Clementino de San Tiago Dantas (1911-1964): carioca, advogado, integralista (1931), assessor do manifesto da educação de Francisco Campos, professor da Universidade do Brasil e membro da Comissão Brasileiro-Americana de Estudos Econômicos (1948, Missão Abbink). Foi assessor de Vargas (1951) e apoiou a criação da Petrobrás. Eleito deputado federal por MG (1958, PTB), apoiou JK. Com a posse de Jango (1961), foi indicado para Ministro das Relações Exteriores e defendeu uma política externa independente, reatando com a URSS e defendendo a permanência de Cuba na OEA. Voltando o país ao regime presidencialista, foi indicado para o Ministério da Fazenda (1963) e tentou conseguir a estabilização da moeda, sem sucesso. Voltou ao parlamento (1963), adoentado faleceu após o Golpe Militar de 1964.

Minas e Energia – Gabriel Passos (UDN);[1607]

Fazenda – Walter Moreira Salles (banqueiro);[1608]

Todavia, esse ministério, de tendência conciliatória, não resolveu a situação política do Presidente em relação aos seus opositores; além disso, Jango queria "reinar e governar" e, por isso, lutou para a reforma Constitucional, desejava o plebiscito para acabar o Parlamentarismo. Novamente, a crise política se ampliou entre o Legislativo e o Executivo.

Em 26 de junho de 1962, Goulart indica outro ministério, que teve como "premier" Santiago Dantas, o Congresso rejeitou a indicação, pois a considerou de "tendência esquerdizante".

A 3 de julho, foi indicado o pecuarista Auro de Moura Andrade,[1609] que foi aceito pelo Congresso, mas as classes trabalhadoras

---

1607 Gabriel de Resende Passos (1901-1962): mineiro, advogado, professor, jornalista, apoiou a Aliança Liberal (1930), deputado constituinte (1933), Secretário do Interior e Justiça (MG) e Procurador-Geral Interino da República (1936). Com o fim do Estado Novo, voltou à Câmara Federal e presidiu a CPI sobre a energia atômica no Brasil (1955). Defendeu o monopólio do petróleo brasileiro e, portanto, teve uma posição nacionalista. Foi Ministro das Minas e Energia no regime parlamentarista (1961) e defendeu as jazidas de minério de ferro (MG).

1608 Valter Moreira Sales (1912-2001): mineiro, advogado, banqueiro, diretor da SUMOC (Superintendência da Moeda e do Crédito, 1951), embaixador nos EUA (1952) e Ministro da Fazenda (1961). Durante a crise do governo Jango, o Banco Moreira Sales ajudou, financeiramente, o IPES (Instituto de Pesquisa Social) que colaborou para a derrubada de Jango. Posteriormente, passou a se dedicar à expansão do seu banco, transformando-o no Unibanco, que agregava, aproximadamente, 333 agências no país.

1609 Auro Soares de Moura Andrade (1915-1982): paulista, advogado, jornalista e político. Foi deputado estadual (1947), federal (1950) e senador. Presidia o Senado durante a renúncia de Jânio Quadros e encaminhou a mudança de presidencialismo para parlamentarismo, a fim de dar posse a Jango. Fez oposição a Jango Goulart e colaborou para o Golpe Militar de 1964. Posteriormente, entrou em conflito com

decretam uma greve geral, e Auro renunciou. No dia 10 do mesmo mês, outro ministério foi formado, encabeçado pelo professor Brochado da Rocha (gaúcho).[1610] O Congresso aprovou esta última petição em 13 de julho.

Enquanto a querela entre os dois poderes era resolvida, ocorreram greves e agitações em todo o país. A UDN comandou os ataques ao governo com o apoio de Lacerda, do seu jornal *Tribuna de Imprensa*. Os jornais *O Globo* e *O Estado de São Paulo* também participaram das críticas ao governo.

Para tentar uma solução ampla e contentar a CGT, o "premier" Brochado da Rocha, em 10 de agosto de 1962, apresentou ao Congresso uma pauta de reivindicações sobre os quais o governo desejava legislar:

1 – Repressão ao poder econômico;

2 – Monopólio da importação de petróleo e derivados;

3 – Monopólio do comércio de minérios e materiais nucleares;

4 – Regulamentação do Estatuto do Trabalhador Rural;

5 – Controle da moeda e do crédito.

As reivindicações ficaram em "estudo" para um futuro pronunciamento.

---

a Ditadura Militar devido aos limites que o Congresso passa a ter a partir de 1966, com a edição de Atos Institucionais. Retirou-se da vida pública no âmbito federal em 1971.

1610 Francisco de Paula Brochado da Rocha (1910-1962): gaúcho, advogado, Secretário da Educação e Cultura (RS, 1946), deputado estadual, professor, Secretário de Segurança Pública, Secretário do Interior e da Justiça (RS, 1959-1960). Implantado o parlamentarismo, foi indicado para Primeiro-Ministro em 1962 e tentou realizar algumas reformas, mas não encontrou apoio do Congresso. Apoiou o plebiscito de 1962 e pediu que o Congresso aprovasse o seu pedido de delegação de poderes, todavia, como não obteve apoio, acabou renunciando.

Em 13 de setembro, o "premier" complementou o seu projeto, pedindo ao Congresso o Plebiscito para 7 de outubro, mas a recusa foi imediata e o Ministro Brochado renunciou, com todo o ministério.

A situação se agravou em todo o país, principalmente no Rio Grande do Sul, que apoiava o plebiscito. No dia 15 de setembro, foi apresentado ao Congresso a Lei Capanema Valadares (PSD), favorável ao plebiscito. Em decorrência, a Câmara dos Deputados aprovou o projeto de Lei Complementar, estabelecendo o *Referendum* para 6 do janeiro de 1963.

Em seguida, Goulart constituiu um "Ministério Tampão", com base no anterior e aguardou o plebiscito. Destaque para os seguintes ministérios:

Primeiro-Ministro e Ministro do Exterior – Hermes Lima;

Justiça – João Mangabeira;

Fazenda – Miguel Calmon;[1611]

Trabalho – João Pinheiro Neto;[1612]

1611 Miguel Calmon du Pin e Almeida Sobrinho (1912-1967): baiano, engenheiro, com curso de especialização em Paris, professor e político. Foi deputado federal (1959), Ministro da Fazenda (1962) e Reitor da Universidade Federal da Bahia. Como Ministro da Fazenda, não conseguiu estabilizar a moeda e o *déficit* de tesouro. Contudo, na reitoria, modernizou a universidade.

1612 João Pinheiro da Silva Neto (1928-2006): nasceu em Roma, advogado, jornalista, Procurador da Justiça do Trabalho, professor e Ministro do Trabalho (1962). Como Ministro, criticou o FMI, o Embaixador Linion Gordon (EUA), o embaixador Roberto Campos (EUA) e Otávio Gouveia (SUMOC) por subordinação aos interesses americanos, gerando uma crise governamental. Foi afastado do b. Depois, nomeado para o SUPRA (Superintendência da Política Agrária), com a missão de implantar a reforma agrária. Propôs uma desapropriação das terras nas margens das rodovias por decreto assinado no Comício da Central do Brasil por Jango Goulart. Após o Golpe Militar, foi destituído do órgão e cassado pelo Ato Institucional 1. Na sequência, foi preso, solto

Educação – Darcy Ribeiro;[1613]

Agricultura – Renato Costa Lima;[1614]

Guerra – General Amauri Kruel;[1615]

Após as eleições efetuadas em todo o Brasil, para aprovar ou rejeitar o Parlamentarismo, a vitória fica com Jango. No dia 23 de janeiro, era revogado o Ato Adicional n. 4 e promulgada a Emenda Constitucional, que dava ao Brasil o sistema presidencialista com base na Constituição de 1946.

---

e perseguido. Foi lecionar na Escola Nacional de Funcionários Públicos na Espanha.

1613 Darcy Ribeiro (1922-1997): mineiro, sociólogo pela USP, etnólogo do Serviço de Proteção aos Índios, Chefe da Casa Civil da Presidência da República (1963-1964), Ministro da Educação, fundador da Universidade de Brasília, Vice-Governador do Rio de Janeiro e senador (RJ). Após o Golpe Militar, foi cassado e exilou-se no Uruguai. A sua obra é imensa, alguns títulos: *Religião e Mitologia Kadiwéu*, *Línguas e culturas indígenas do Brasil*, *Arte plumária dos índios Kaapor*, *A política indigenista brasileira*, *O povo brasileiro – a formação e o sentido do Brasil*, *As Américas e a Civilização*, *O processo civilizatório*, *Os índios e a civilização*, *Uirá – Sai a procura de Deus*, *A universidade necessária*, *Maíra*, *O mulo*, *Utopia selvagem*, *Migo*, entre outros.

1614 Renato Costa Lima (1916-1993): paulista, estudou na escola Superior de Agricultura Luís Queirós (curso incompleto), Secretário da Agricultura (SP, 1953-1955), presidiu o IBC (Instituto Brasileiro do Café, 1958), Ministro da Agricultura (1962). Afastado da política, dedicou-se a atividades empresariais.

1615 Amauri Kruel (1901-1996): gaúcho, cursou a Escola Militar do Realengo (RJ, 1918), apoiou a Revolução de 1930, pertenceu ao Clube 3 de outubro, foi promovido a tenente-coronel, estagiou nos EUA (1943), lutou pela FEB, na Itália, contra os alemães, foi promovido a coronel (1947) e a general-de-brigada (1954). Assumiu a Pasta da Guerra em 1962 e apoiou o plebiscito. Assumiu o II° Exército como General-do-Exército em 1963 e não aceitou participar da conspiração para derrubar Jango. Em 1966, foi para a reserva e promovido a Marechal, saiu candidato a deputado federal pela Guanabara (MDB), ficando apenas como suplente. Em 1967, assumiu a cadeira na Câmara Federal que terminou em 1971.

O Congresso, presidido por Moura Andrade, investiu Goulart como Presidente da República com amplos poderes. Em seguida, Jango organizou seu Ministério, que teve a seguinte composição:

Justiça – João Mangabeira;

Fazenda – San Tiago Dantas;

Trabalho – Almino Afonso;[1616]

Educação – Teotônio Monteiro de Barros;[1617]

Exterior – Hermes Lima;

Saúde – Paulo Pinheiro Chagas;[1618]

1616Almino Monteiro Alvares Afonso (1929-): amazonense, advogado, apoiou a criação da Petrobrás, foi Presidente do Centro Acadêmico 11 de Agosto (1953), deputado federal pelo Amazonas (PST) e Ministro do Trabalho e Previdência Social (1963). Como Ministro, na tentativa de preservar o direito dos trabalhadores, entrou em conflito com o Presidente da República e foi afastado do cargo (1963). Em 1964, após o Golpe Militar, foi cassado pelo Ato Institucional nº 1 e teve os direitos políticos suspensos por 10 anos. Em consequência, exilou-se na embaixada da Iugoslávia em Brasília, depois foi para o Chile, Uruguai, Peru e Argentina. Voltou ao Brasil em 1976, durante a abertura política e fixou-se em São Paulo. Passou a defender a redemocratização do país e escrevia artigos para a *Folha de S. Paulo*. Em 1979, filiou-se ao MDB, pertencendo à ala dos "autênticos', que defendia os interesses do povo. Em 1982, foi candidato ao Senado (PMDB) e o segundo mais votado, com 1.861.092 votos, perdendo para o empresário Severo Gomes. No governo Franco Montoro (1983 SP), foi Secretário dos Negócios Metropolitanos e, depois, vice-Governador na chapa vitoriosa de Orestes Quércia (governador). Em 1995 foi eleito Deputado Federal pelo PSDB e votou contra a aprovação da reeleição. Escreveu diversos livros.

1617Teotônio Monteiro de Barros (1901-1974): paulista, advogado, participou da Revolução Paulista de 1932, Deputado Constituinte (1933), professor, Secretário da Educação e Saúde (SP-1942), Ministro da Educação e Cultura de Jango.

1618Paulo Pinheiro Chagas (1906-1983): mineiro, médico e político. Participou do PRM (Partido Republicano Mineiro) e fez oposição ao governo provisório de Vargas. Foi suplente de deputado constituinte

Viação – Hélio de Almeida;[1619]

Minas e Energia – Eliezer Batista[1620]

Agricultura – José Ermírio de Morais[1621]

Indústria e comércio – Antônio Balbino;[1622]

(1933). Estudou Direito e exerceu a função de jornalista (1934). Assinou o Manifesto dos Mineiros que pediu a redemocratização do país (1943). Ajudou a fundar a UDN e, depois, militou no PSD. Foi indicado Ministro da Saúde (1963), no governo Jango. Após o Golpe de 1964, ingressou na ARENA e foi reeleito deputado, exercendo o mandato até 1971. Pertencia à Academia Mineira de Letras e ao Instituto Histórico e Geográfico do mesmo estado. Escreveu diversos livros, a saber: *Semiótica do ritmo respiratório*; *Teófilo Ottoni: Ministro do Povo*, *Pela liberdade de Imprensa*, *Democracia e Parlamento*, entre outros.

1619 Hélio Melo de Almeida (1919-2002): carioca, engenheiro (1943), Presidente da UNE (1942), Ministro da Viação e Obras Públicas (1962), deputado federal (1974-MDB). Defendeu a abertura política e a redemocratização do país.

1620 Eliezer Batista da Silva (1924-2018): mineiro, engenheiro, professor, dirigiu a companhia Vale do Rio Doce (1961), Ministro de Minas e Energia (1962-1963 e 1979) e Secretário dos Assuntos Estratégicos (SAE) no Governo Collor. Recebeu o título de *honoris causa* da Academia Russa de Ciências pela competência no campo científico e administrativo.

1621 José Ermírio de Morais (1900-1973): pernambucano, engenheiro, assumiu a diretoria da Sociedade Anônima Votorantim (1925), combateu a Aliança Liberal e apoiou a Revolução Paulista de 1932. Foi superintendente da Votorantim (1933), Presidente da Bolsa de Mercadorias (SP-1935), criou a Companhia Nitro Química Brasileira (1937) e foi eleito senador por Pernambuco (1962). No governo Jango, foi Ministro da Agricultura (1963). Voltando ao Senado, criticou o Golpe Militar de 1964 e o acordo entreguista realizado com os EUA, tomando uma posição nacionalista.

1622 Antônio Balbino (1912-1992): baiano, advogado, jornalista, cursou economia política na Sorbonne (1933-1934), deputado estadual (1934), professor, deputado federal (1950), Ministro da Educação e Cultura, Ministro da Saúde (1953), Governador da Bahia (1955), Procurador-Geral da República (1961), Ministro da Indústria e Comércio (1963) e senador. Durante a Ditadura Militar optou por ficar no MDB.

Extraordinário para a reforma administrativa – Ernani Amaral Peixoto;[1623]

Guerra – General Amauri Kruel;

Marinha – Almirante Pedro Paulo do Araújo Suzano;[1624]

Aeronáutica – Brigadeiro Reinaldo de Carvalho;[1625]

1623 Ernani Amaral Peixoto (1905-1989): carioca, cursou a Escola Naval (RJ) e formou-se engenheiro-geógrafo (RJ). Apoiou a Revolução de 1930 e participou do "Clube 3 de Outubro". Foi promovido a capitão-tenente (1932), ajudante de ordens do Presidente Vargas (1933), Interventor no Rio de Janeiro (1937) e casou-se com a filha de Getúlio, Alzira Vargas (1939). Apoiou a entrada do Brasil na 2ª Guerra Mundial. Foi eleito deputado constituinte em 1946 e governador do Rio (em 1950). No governo JK, foi nomeado embaixador nos EUA (1956). Em 1959, assumiu o Ministério da Viação e Obras públicas. No governo Jânio Quadros, foi nomeado Ministro do TCU (Tribunal de Constas da União) e, posteriormente com Jango, ficou com a Pasta para Assuntos da Reforma Administrativa. Em 1963, foi eleito Deputado Federal. No governo de Jânio Quadros foi nomeado Ministro do TCU, e, posteriormente, voltou à Câmara Federal (1963). Neste período, ficou com a pasta de Assuntos da Reforma Administrativa (1963). Após o Golpe Militar de 1964, filiou-se ao MDB. Em 1970, foi eleito senador pelo Rio de Janeiro. Em 1978, foi indicado como senador biônico pelo Rio de Janeiro. Em 1980, filiou-se ao PDS.

1624 Pedro Paulo do Araújo Suzano (1903-1978): carioca, estudou na Escola Naval e chegou a almirante. Participou da repressão contra o levante do Forte de Copacabana (1922), a Revolução de 1924 e a Coluna Prestes. Lutou pela Revolução Paulista de 1932 e foi preso. Em 1932, foi anistiado. Em 1945, apoiou o "queremismo". Foi adido naval em Washington e Canadá (1951) e Ministro da Marinha durante o governo de Jango, apoiando as reformas e propostas. Após o Golpe Militar de 1964, foi reformado e teve seus direitos políticos cassados por 10 anos.

1625 Reinaldo Joaquim Ribeiro de Carvalho Filho (1903-1973): carioca, cursou a Escola Naval e integrou-se ao quadro de aviador da Marinha. Foi para a FAB (1943), esteve na Inglaterra efetuando treinamento para a participação na 2ª Guerra Mundial. Patrulhou a Costa da Espanha. Foi promovido a brigadeiro em 1950. Com Jango, foi indicado para Ministro da Aeronáutica. Após o Golpe Militar de 1964, foi para a reserva com o título de marechal-do-ar.

> Libertando-se do sistema de governo parlamentarista, o Presidente João Goulart ganhou, portanto, maior liberdade de ação para conduzir a política administrativa. No entanto, o estado econômico-financeiro do país já estava bastante desfavorável.[1626]
>
> Em 1962, o "déficit" do balanço de pagamentos era de 360 milhões de dólares contra 14 milhões em 1961; a produção agropecuária aumentara, apenas, em 1,3% contra 7,7% do ano anterior; a produção industrial alcançava 6% contra 8% em 1961; o papel-moeda emitido era da ordem de 503 bilhões e 780 milhões de cruzeiros contra 313 bilhões e 800 milhões do ano passado; o custo de vida, consequentemente, elevava-se a 52,7% contra 43,2%; a taxa de crescimento nacional era do 3,7% contra 7,7% em 1961.[1627]

O governo procurou, daí por diante, conseguir os seguintes objetivos:

- Política externa independente;
- Reformas de base (reforma agrária, bancária e tributária).

A crise ampliou-se gradativamente com os militares e, como reação, aguçou os movimentos comandados pela CGT. Para conseguir coesão em suas propostas, o governo indicou outro ministério, com destaque para

Justiça – Abelardo Jurema;[1628]

1626 SIMÕES, Edson. *A luta pela Democracia no Brasil*: de Vargas a Bolsonaro. (Coleção Constituições e Democracia no Brasil e no Mundo: da Antropofagia à Autofagia). vol. 5. São Paulo: Grupo Almedina (Portugal), 2022, pp. 213-215.

1627 VICTOR, Mário. *5 anos que abalaram o Brasil*: de Jânio Quadros ao Marechal Castelo Branco. Rio de Janeiro: Editora Civilização Brasileira, 1965, p. 447.

1628 Abelardo de Araújo Jurema (1914-1999): paraibano, advogado, Prefeito de Itabaiana (1937), Procurador-Adjunto da Secretaria da Fazenda

Fazenda – Carvalho Pinto;[1629]

Trabalho – Amauri Silva;[1630]

Educação – Paulo de Tarso;[1631]

(1938-PB), Secretário da Educação (1946-PB), Prefeito de João Pessoa (1946-47), suplente de senador (1950), deputado federal (1958) e Ministro da Justiça de Jango (1963). Após o Golpe Militar de 1964, foi submetido a um IPM (inquérito policial militar), porque organizou a "cadeia da legalidade" na defesa do Presidente deposto e exilou-se no Peru. Voltou ao Brasil em 1974 e foi anistiado em 1979. Em 1983, foi indicado para a diretoria do BNDES.

1629 Carlos Alberto Alves de Carvalho Pinto (1910-1987): paulista, advogado, professor, assessor jurídico do Prefeito Pestes Maia (1938-1945), Secretário de Finanças da Prefeitura (1953) e do Estado com Jânio Quadros (1955). Em 1958, disputou eleições para governador e venceu com apoio deste Presidente. Foi levado ao Ministério da Fazenda em 1963 e se demitiu posteriormente, devido a atritos com Brizola (19/12/1963). Apoiou o Golpe Militar de 1964, filiou-se ao ARENA, partido do governo e foi eleito para o Senado (1966). Em 1974, perdeu o Senado para Orestes Quércia. Posteriormente, dedicou-se à vida privada. Contudo, ainda deu apoio a Maluf (1979) para Governador e Antônio Ermírio de Morais em 1986.

1630 Amauri de Oliveira Silva (1924-2002): paranaense, advogado, vereador em Londrina, deputado estadual, senador (1962), Ministro do Trabalho e Previdência Social no governo Jango (1963). Foi cassado, perdeu os direitos políticos por dez anos e exilou-se no Uruguai. Voltou ao Brasil em 1970 e filiou-se ao MDB. Foi indicado para o Tribunal de Contas do Estado do Paraná em 1984.

1631 Paulo de Tarso Santos (1926-2019): mineiro, advogado, vereador por São Paulo (1955), deputado federal (SP, 1958), Prefeito do Distrito Federal (1961) e Ministro da Educação de Jango (19630). Após o Golpe Militar de 1964, foi cassado e perdeu os direitos políticos por dez anos. Foi preso e depois exilou-se no Chile. Voltou ao Brasil em 1971, filiou-se ao MDB. Em 1983, assumiu a Secretaria de Educação do Estado de São Paulo no governo de Franco Montoro e, depois, foi indicado para o TCE-SP (1985). Defendeu as reformas durante o governo Jango e a autodeterminação dos povos.

Indústria e Comércio – Egídio Michaelsen;[1632]

Agricultura – Oswaldo Lima Filho;[1633]

Guerra – General Jair Dantas Ribeiro;[1634]

Marinha – Almirante Sílvio Mota;[1635]

1632 Egídio Michaelsen (1908-1972): gaúcho, advogado, Prefeito de São Sebastião do Cai (1935), deputado estadual (RS, 1948), deputado federal (1951), Secretário do Interior e Justiça (RS, 1952) e Ministro da Indústria e Comércio de Jango Goulart. Posteriormente, exerceu cargos em empresas privadas.

1633 Oswaldo Cavalcanti da Costa Lima Filho (1921-1994): pernambucano, advogado, jornalista, promotor, Delegado da Ordem Política e Social (PE, 1940), deputado estadual (PE, 1947), deputado federal (1954), Ministro da Agricultura de Jango Goulart (1963). Continuou na Câmara Federal até a sua cassação pelo AI-5 (1968) e teve os direitos políticos suspensos por dez anos. Em 1982, voltou à Câmara dos deputados por Pernambuco e apoiou a campanha das eleições diretas e votou em Tancredo Neves para a Presidência (1985).

1634 Jair Dantas Ribeiro (1900-1969): nasceu no Rio Grande do Norte, cursou a Escola Militar do Realengo, participou da Revolta Paulista (1924). Foi general-de-brigada (1953), Diretor de Ensino e de Instrução da Academia Militar das Agulhas Negras (1953-1955), promovido a general-de-exército (1962) comandou o III° Exército e Ministro da Guerra (1963). Como Ministro da Guerra, enfrentou as turbulências do governo Jango. Estava hospitalizado quando o Golpe Militar foi desencadeado em 31 de março de 1964 e foi substituído pelo General Costa e Silva. Foi cassado pelo AI n°1 (1964) e transferido para a reserva.

1635 Sílvio Borges de Sousa Mota (1902-19690): carioca, cursou a Escola Naval, promovido a capitão-de-mar-e-guerra (1950) e Almirante de Esquadra em 1962. Foi nomeado Ministro da Marinha (1963) e enfrentou os membros da Associação de Marinheiros e Fuzileiros Navais que desejavam homenagear os trabalhadores da Petrobrás, devido à encampação das refinarias privadas. Mota considerou quebra de regulamento disciplinar e ameaçou dar punições aos envolvidos. Mas, os marujos e fuzileiros desobedeceram e realizaram a reunião no sindicato dos bancários e agregaram diversas reivindicações da categoria. Foi decretada a prisão da "direção da associação", acusando-os de "subversivos". Na sequência, houve uma reunião no Sindicato dos Metalúrgicos (RJ), para comemorar o aniversário da associação com os que tiveram a prisão

Aeronáutica – Brigadeiro Anísio Botelho;[1636]

Nesse ministério, a esquerda participou com o Ministro Paulo de Tarso e Egídio Michaelsen.

Medidas tomadas foram:

- **Plano Trienal:** destinado a deter a inflação sem parar o desenvolvimento. Criado por Celso Furtado, que previa o aumento de 7% no índice de crescimento industrial e o abaixamento progressivo do 10% de taxa de inflação. O total de investimentos previstos era da ordem de 4 bilhões de dólares, sendo dois terços fornecidos pelo setor privado e o restante pelo Estado, que deveria reduzir as suas despesas, limitar as emissões, aumentar alguns impostos e suprimir subvenções e determinados bens de consumo.

---

decretada. A reunião foi conduzida pelo Cabo Anselmo, Presidente da associação que deu apoio às "reformas de base" do governo e atacou o imperialismo e o latifúndio. Houve reivindicações para melhoria da alimentação nos navios e mudança do regimento disciplinar da Marinha. O Ministro determinou a prisão dos responsáveis e envolvidos pelo ato dos fuzileiros navais. Contudo, o vice-almirante Cândido Aragão apoiou a reunião e a tropa aderiu aos revoltosos no sindicato. Sílvio Mota, sentindo-se desrespeitado e sem o apoio governamental, pediu demissão do cargo e os revoltosos acabaram livres, em 29 de março de 1964. Com o Golpe Militar, vitorioso, o Almirante Sílvio Mota foi para a reserva, por determinação do AI nº 1.

1636 Anísio Botelho (1908-1986): mato-grossense, cursou a Escola Militar do Realengo (RJ), Capitão (1934), migrou para a FAB em 1941. Foi promovido a major-brigadeiro (1963) e foi indicado para Ministro da Aeronáutica. Enfrentou a Revolta dos Sargentos em Brasília que teve a participação dos elementos da Aeronáutica e da Marinha (1963). Foi um dos que pediram o estado de sítio ao Presidente, devido às ameaças contra o governo de Carlos Lacerda. Após a implantação da Ditadura Militar (1964-1985) foi para a reserva e teve os direitos políticos suspensos por 10 anos (AI-1).

Tempos depois, "o plano" já não tinha mais sentido, pois, devido ao número de greves e agitações em todo o país, Goulart fora obrigado a aumentar o funcionalismo público, (onerando o Tesouro); o café baixou o preço; o dólar continuou subindo (o cruzeiro chegou a custar Cr$ 1.300,00, sendo que, dois anos antes, valia Cr$ 250,00)

- **Reforma Agrária:** após uma pesquisa efetuada, ficou comprovada que 5 ou 6% apenas das terras aráveis pertenciam ao Governo Federal, Jango resolveu encampar as terras dos latifundiários e distribuir para os camponeses. Todavia, para solucionar essa questão, era necessário pagar aos proprietários, aproximadamente, um trilhão de cruzeiros velhos. Este pagamento deveria ser efetuado em títulos da dívida pública, resgatáveis no fim de alguns anos.

Todavia a imprensa e o Congresso atacaram violentamente o projeto.

- **Petição De Estado De Sítio:** No mesmo período, em 12 de setembro de 1963, ocorreu a Revolta dos Sargentos da Marinha e da Aeronáutica[1637] em Brasília. Tendo, como principal causa, a recusa do STF em reconhecer a candidatura a deputado de suboficiais (ou sargentos). Os militares ocuparam os pontos estratégicos da capital e tiveram apoio da CGT.

A revolta foi contornada e serviu, juntamente com a greve dos bancários, para Jango pedir, em outubro de 1962, ao Congresso o Estado de Sítio, para suprimir as agitações no país. Todos criticaram esta atitude governamental, tanto a esquerda como a direita.

1637 Revolta dos Sargentos da Marinha e Aeronáutica (1963): ocorreu em Brasília, em setembro, quando sargentos da Marinha e Aeronáutica se rebelaram e tomaram posições estratégicas cercando os principais prédios da cidade, onde estavam localizados o Executivo, o Legislativo e o Judiciário (STF). Foi uma reação tomada pelos sargentos e militares de baixa patente contra a decisão do STF que considerava serem inelegíveis, como dispunha a Constituição de 1946. A capital foi tomada pelos militares.

O governo pretendia "dar um golpe", segundo os jornais. A crise ampliou-se com a propaganda contra a visita do Marechal Tito[1638] ao Brasil. Os jornais atacaram o visitante comunista.

Completamente isolado, sendo pressionado pelos esquerdistas e direitistas, Jango tentou governar por Decreto-Lei. Seus **principais decretos** foram:

> – Tabelamento dos preços dos remédios, obrigando os laboratórios a venderem a preço de custo.
>
> – Imposição às indústrias têxteis e de calçados à fabricação de produtos com preço barato, segundo anseios populares.
>
> – Obrigatoriedade para os colégios de adotarem livros para vários anos, a fim de evitar gastos.
>
> – Edição de nova Lei do Inquilinato, permitindo ao morador adquirir a casa onde residia e proibindo a majoração de aluguéis.
>
> – Criação da SUPRA (Superintendência da Reforma Agrária), a fim de encampar áreas próximas às rodovias e às ferrovias, da Federação a fim de revendê-las aos trabalhadores do campo a preços baratíssimos. O motivador do Decreto foi João Pinheiro Neto.
>
> – Encampação das refinarias de petróleo particulares como: Manguinhos, Capuava, Matarazzo, Amazonia, Ipiranga, que era representante da Gulf etc., a fim de controlar a importação de petróleo e seus derivados.
>
> Estes decretos seriam assinados em Solenidade Pública no dia 13 de março de 1964.[1639]

1638 Josip Broz Tito (1982-1980): marechal e político iugoslavo. Lutou contra os alemães, durante a ocupação do seu país e foi artífice da criação da República Federal da Iugoslávia em 1945, que adotou o regime socialista. A região estava dividida e, com a sua liderança, houve a união das regiões, superação das divergências, levando-o a ser considerado um chefe vitalício. Após a sua morte, a Iugoslávia desintegrou-se e enfrentou uma violenta e triste guerra civil.

1639 SIMÕES, Edson. *A luta pela Democracia no Brasil*: de Vargas a Bolsonaro. (Coleção Constituições e Democracia no Brasil e no Mundo:

A crise continua, devido aos seguintes acontecimentos: com essas atitudes, as revoltas e agitações cresceram em todo o país, contra os que combatiam as reformas. Os progressistas exigiram reformas radicais e decretaram greves. As ligas camponesas nordestinas ameaçaram tomar atitudes violentas sob o comando de Julião, e Brizola criticou até o cunhado Jango.

Os líderes udenistas e outras forças coligadas apontavam o clima de instabilidade no país e acusavam Jango de estar tomando posição "comunizante". O Ministro Carvalho Pinto, ameaçado e criticado pelo Deputado Brizola, renunciou, em 20 de dezembro de 1963, pois o Plano Trienal já não funcionava. Para completar a crise, ocorreu o Regulamento da Lei de Remessa de Lucros para o exterior, colocando os grupos econômicos internacionais contra o governo.

Começou, então, a coligação definitiva das forças opositoras, que planejaram a tomada de poder. Os estados, comandados por Lacerda (Estado da Guanabara), Ademar de Barros (São Paulo) e Magalhães Pinto (Minas Gerais), organizaram-se para ajudar a derrubar o Governo Federal.

O comício das reformas: foi realizado no dia 13 de maio de 1964, na Guanabara, na Praça Cristiano Ottoni e Campo de Santana, ao lado do Ministério de Guerra. O local estava repleto de populares, mais de 200 mil pessoas ao redor do palanque. O ambiente era de tensão, a praça estava cercada por soldados, para evitar qualquer agitação. Foram destaque no comício:

Jango e sua mulher (D. Maria Tereza);

Darcy Ribeiro (chefe da Casa Civil);

---

da Antropofagia à Autofagia). vol. 5. São Paulo: Grupo Almedina (Portugal), 2022, pp. 219-220.

Brizola, Eloy Dutra,[1640] Almino Afonso (Deputados);

Seixas Dória (Governador de Sergipe);[1641]

Badger Silveira (Governador do Rio);[1642]

Miguel Arrais (Governador de Pernambucano);[1643]

1640 Eloy Ângelo Coutinho Dutra (1916-1990): carioca, advogado, funcionário da CEF e jornalista. Serviu na 2ª Guerra Mundial como voluntário na aviação dos EUA. Em 1945, já no Brasil, apoiou a redemocratização e a derrubada de Vargas. Posteriormente, passou a apoiar Getúlio, em consequência dos ataques radicais de Lacerda (entre 1951 e 1954). Foi eleito deputado federal (1958, DF) pelo PTB. Fez oposição a JK. Era municipalista, favorável ao limite da remessa de lucros para o exterior, favorável à reforma agrária e ao monopólio estatal do petróleo. Após o Golpe Militar de 1964, exilou-se no Uruguai e teve os seus direitos políticos cassados por dez anos (AI-1). Em 1979, foi anistiado e reintegrado à CEF. Filiou-se, novamente, ao PTB. Escreveu *O banco dos Municípios*.

1641 João Seixas Doria (1917-2012): sergipano, advogado e político. Foi Secretário da Prefeitura de Aracajú, deputado estadural (UDN); deputado federal (1954) e Governador de Sergipe (1962). Apoiou Jango e as reformas de base propostas. Com o Golpe de 1964, foi preso, afastado do governo sergipano, e teve cassado seus direitos políticos. Voltou à política em 1982 e ficou como suplente de deputado federal. Em 1989, tornou-se Assessor de Sarney. Escreveu: *Sílvio Romero, jurista e filósofo* e *Eu, réu sem crime*.

1642 Badger Teixeira da Silveira (1916-1999): carioca, advogado, vereador, Secretário da Educação, Conselheiro do TCE (RJ) e Governador (RJ). Defendeu as reformas de base e o governo Goulart, por isso sofreu um *impeachment* após o Golpe Militar de 1964 e teve os direitos políticos cassados por 10 anos (AI-1). Foi anistiado em 1979.

1643 Miguel Arraes de Alencar (1916-2005): cearense, estudou Direito, funcionário do IAA (Instituto do Açúcar e do Álcool) em Recife, Secretário da Fazenda (PE), Prefeito de Recife e Governador de PE (1962). Fez uma administração voltada para a massa popular, teve apoio do PCB e intermediou acordos entre os usineiros e as ligas camponesas. Apoiou as reformas de base propostas por Jango. Com o Golpe Militar de 1964, foi preso e cassado, tendo os direitos políticos suspensos por dez anos. Exilou-se na Argélia e voltou com a anistia de 1979. Aderiu ao PMDB e

José Serra (Representando a UNE – União Nacional dos Estudantes);[1644]

Além de ministros, militares etc.

Foram proferidos violentos discursos contra o Congresso, acusado de impedir a governabilidade do país. No ato foram assinados os decretos governamentais acima referidos.

O comício terminou depois das 21 horas. A sorte estava selada para Jango.

A Marcha Da Família Com Deus Pela Liberdade: ocorreu em São Paulo, no dia 19 de março de 1964, idealizada pela irmã Ana de Lurdes e colocada em prática pelo Deputado Cunha Bueno,[1645] diretor da Willys do Brasil. Os jornais efetuaram grande propaganda em todo o estado, contra "Jango e seus amigos comunistas" e a favor da Constituição, conseguindo congregar mais de 100 mil pessoas na Praça da Sé.

---

foi eleito deputado federal por Pernambuco. Posteriormente, foi eleito, duas vezes, governador do mesmo estado e filiou-se ao PSB.

1644 José Serra (1942-): paulista, cursou a Escola Politécnica de Engenharia (SP), foi Presidente da UNE (União Nacional dos Estudantes, 1963), participou do Comício da Central do Brasil com Jango, denunciou a conspiração em andamento contra a Democracia brasileira (1964). Após o Golpe Militar, exilou-se no Chile. Neste país, foi professor e pesquisador e, depois do golpe dado pelo General Pinochet, foi para os EUA. Voltou ao Brasil (1978) e lecionou na UNICAMP. Foi Secretário do Planejamento no governo de Franco Montoro (1983-1986), deputado constituinte (1986), senador (1994), Ministro do Planejamento (1995), Ministro da Saúde (1998), Prefeito de São Paulo (2008), Governador e Senador até 2022.

1645 Antônio da Silva Cunha Bueno (1918-1987): paulista, advogado, procurador, deputado estadual (SP), federal e organizador da Marcha da Família com Deus pela Liberdade. Foi cassado pelo AI-5 (1969).

Participaram da manifestação: Lacerda, senador Auro de Moura Andrade, Ademar de Barros, General Nelson do Mello, Padre Calazans[1646] etc.

Na oportunidade, o Presidente do Senado disse:

"Pela consciência cristã do Brasil, estamos presentes a esta manifestação. Hoje é dia decisivo para a existência do Brasil. Confiemos nas Forças Armadas, confiemos na democracia, ergamos as mãos pela democracia".

Quando o senador Auro de Moura Andrade encerrou seu discurso, ouviu-se um acorde musical: era a Banda da Guarda Civil entoando a Canção do Soldado. Em seguida, foi rezada uma missa pela "salvação" da Democracia.

Nesse exato momento, ocorreu a reunião explícita entre os militares e os civis contra o Governo Federal. Ocorreu a coligação definitiva entre São Paulo, Guanabara, e Minas Gerais contra o Governo. Vários manifestos foram lançados em todo o país a fim de acabar com a chamada "anarquia governamental".

Manifestações Finais: Revolta dos marinheiros – no dia 24 de março, alguns marinheiros reúnem-se no Sindicato dos Bancários da Guanabara, para estudarem a situação da categoria em relação ao contexto brasileiro.

O Ministro da Marinha (Almirante Silvio Mota) mandou prender os 12 diretores da Associação dos Marinheiros e Fuzileiros Navais. No dia 25, aproximadamente 2.000 praças destas corporações reuniram-se no Sindicato dos Metalúrgicos a fim de "comemorarem o aniversário" do seu órgão de classe.

1646 Benedito Mário Calazans (1911-2007): paulista, padre, deputado estadual (1950) e senador (1958). Apoiou o Golpe Militar de 1964, pertencia à ARENA.

Contudo, essa reunião tornou-se pretexto para propaganda política e divulgação de ideias radicais a favor das reformas. Participaram da reunião: Brizola, Abelardo Jurema (Ministro da Justiça),[1647] General Osvino Alves,[1648] o velho marinheiro João Cândido etc.

O líder dos marinheiros, Cabo José Anselmo,[1649] efetuou violentos discursos.

1647 Abelardo de Araújo Jurema (1914-): paraibano, advogado e político. Foi Prefeito de Itabaiana (1937-1938); Secretário da Paraíba; Prefeito de João Pessoa (1940-1947); suplente de senador (1950), senador (1953-1954); Secretário do Interior e Justiça da Paraíba (1957-1958); deputado federal (1962) e Ministro da Justiça (1963-1964) de Jango. Após o Golpe de 1964, foi cassado e teve os direitos políticos suspensos. Em 1980, foi anistiado. Escreveu: *JK e Jango*, *A presença da Paraíba no Brasil, Entre os Andes e a Revolução, Exílio os 102 dias no exílio* etc.

1648 Osvino Ferreira Alves (1897-1981): gaúcho, estudou na Escola Militar de Realengo (RJ) e general de exército (1959). Apoiou a posse de Jango Goulart em 1961 e comandou o Iº Exército (RJ, 1961). Era legalista, respeitava as instituições e admitia o direito de greve. Foi para a reserva como marechal (1963) e enfraqueceu a defesa do Jango Goulart na área militar. Após o Golpe Militar de 1964, foram cassados os seus direitos políticos pelo AI-1.

1649 José Anselmo dos Santos (1941-): sergipano, marinheiro (1958), filiado ao AMFNB (Associação dos Marinheiros e Fuzileiros Navais do Brasil), foi diretor dessa Associação e estudou Direito. Liderou, em 25 de março de 1964, a rebelião contra o almirantado, defendeu as reformas de base e a anistia para os sargentos da Marinha e Aeronáutica que tinham se revoltado me Brasília. Esta posição levou a uma grave crise militar e a demissão do Ministro da Marinha, Almirante Sílvio Mota. Teve o apoio do Almirante Cândido Aragão e dos fuzileiros navais. Esteve com Jango na reunião do Automóvel Clube (RJ) dos sargentos da Polícia Militar, em seu último pronunciamento. Após o Golpe Militar de 1964, foi cassado pelo AI-1, asilou-se na Embaixada mexicana. Depois, foi preso e fugiu para o Uruguai. Militou no MNR (Movimento Nacionalista Revolucionário) de Leonel Brizola. Esteve em Havana (1967), engajando-se em projetos de guerrilhas para a América Latina. Voltou ao Brasil clandestinamente (1970), ligado à VPR (Vanguarda Popular Revolucionária). Em decorrência, começaram a ocorrer prisões e mortes de militares das esquerdas, o que levou à suspeita de que ele era espião da repressão e denunciava os membros do movimento guerrilheiro no

A reunião degenera.

O Ministro da Marinha deu ordens para que a "festa" fosse dissolvida, mas o Contra-Almirante Candido Aragão,[1650] Comandante do Corpo de Fuzileiros Navais, não cumpriu a ordem superior.

A sublevação se concretizou. A hierarquia militar estava "quebrada", era o caos, segundo os militares.

Na quinta-feira santa, dia 26, uma escolta de fuzileiros navais devia tomar o Palácio do Aço, onde se encontram concentrados os marujos; contudo, a escolta lançou as armas fora e confraternizou com seus colegas.

---

país. Em 1972, foi comprovado que era um policial infiltrado e tinha denunciado membros da ALN e do PCdoB. O Cabo Anselmo colaborou para a morte da própria mulher (Soledad Barret Viedma) na repressão militar ocorrida em Recife contra a VPR, em que diversos militantes foram mortos. Foi denunciado, também, como agende da CIA, infiltrado na área militar, para ajudar na derrubada do Presidente Jango Goulart. Era amigo do Delegado Sérgio Fleury (torturador) e, para se proteger de um atentado dos antigos companheiros, realizou uma operação plástica alterando o rosto e ganhou nova identidade em 1973. Em 1999, lançou o livro *Eu, Cabo Anselmo* em parceria com o jornalista e escritor Percival de Sousa.

1650 Cândido da Costa Aragão (1907-1998): paraibano, entrou na marinha como praça no Regimento Regular de Fuzileiros Navais em 1962, "fugindo da fome" nordestina. Fez uma carreira intensiva e chegou a contra-almirante (1960) e vice-almirante (1963). Na sequência, passou ao Comando-Geral do Corpo de Fuzileiros Navais. Era ligado ao deputado Leonel Brizola e apoiava as reformas do governo. Deveria reprimir os amotinados militares que estavam no sindicato dos metalúrgicos, mas acabou apoiando o movimento dos praças da marinha sublevados. Causou o rompimento da hierarquia militar e radicalização do complô para a derrubada do Presidente da República em 1964. Aragão foi preso na madrugada do Golpe Militar (1964) e foi para a reserva. Com o AI-1 teve cassados seus direitos políticos por dez anos. Posteriormente, asilou-se na embaixada do Uruguai e foi demitido da Marinha. Exilou-se no Uruguai, Cuba, Chile, Portugal e Venezuela. Em 1979, com a anistia, voltou ao Brasil.

Jango, que estava em S. Borja, correu para o Rio de Janeiro, e procurou contornar a rebelião sozinho, pois o chefe da casa Militar, General Assis Brasil,[1651] não estava presente, o Ministro da Guerra, General Jair Dantas,[1652] estava doente e o Ministro Sílvio Mota pediu demissão (após mandar prender o insubimisso Aragão).

1651 Argemiro de Assis Brasil (1909-1982): gaúcho, estudou na Escola Militar de Realengo (RJ), apoiou a Revolução Paulista (1932), foi preso e exilou-se em Portugal, Espanha e Inglaterra. Anistiado (1934), voltou ao Brasil e reassumiu a carreira militar, sendo promovido a coronel em 1955. Foi adido militar em Buenos Aires (1961). Promovido a general-de-brigada e, na sequência, assessor militar e chefe do gabinete militar da Presidência da República (1963). Dizia ter um "forte dispositivo militar" de apoio a Jango, que impediria uma possível conspiração dos militares. No dia do Golpe Militar (1964), acompanhou a retirada do Presidente ao Rio Grande do Sul e depois ao Uruguai. O dispositivo não existia. Na sequência, foi colocado na reserva e teve cassados seus direitos políticos pelo AI-1. Voltando ao Brasil (1964), foi preso e demitido do exército. Em 1974, novamente com seus direitos políticos, reconquistou os seus proventos de general-de-exército em dezembro de 1979.

1652 General Jair Dantas Ribeiro (1900- 1969): nasceu no Rio Grande do Norte, sentou praça no Rio de Janeiro em 1918, estudou na Escola Militar de Realengo e participou da Revolta Tenentista em São Paulo (1924). Foi promovido a capitão (1932), a major (1937), a tenente-coronel (1943), a coronel (1945), Dirigiu o Colégio Militar do Rio de Janeiro, Chefe do Estado-Maior do Iº Exército (1957, com JK), general de divisão (1961) e, finalmente, general do Exército. Durante o governo de Jango, devido à sua posição legalista, foi indicado como Ministro da Guerra num contexto de crise devido às reformas de base (1963) e as insubordinações no Exército e Marinha. Esteve com Goulart no famoso comício da 13 de março de 1964, que desencadeou a conspiração final para a derrubada de Jango. Em 20 de março de 1964, após uma circular para a oficialidade lançada por Castelo Branco (EME), alentando sobre o "comunismo" no país, Jair foi hospitalizado para uma operação, mas continuou defendendo a legalidade. Com a revolta dos marinheiros, reassumiu o Ministério e afastou Castelo Branco da chefia da EME. Contudo, voltou a ser hospitalizado. O Golpe Militar contra Jango se consolidou em 31/03/1964, e Dantas Ribeiro obteve informações pelo rádio. Propôs ao Presidente a extinção da CGT, em 1º de abril, e Goulart não acatou. Em consequência, abandonou o Ministério da Guerra, que foi ocupado pelo General Costa e Silva. Os

Houve a coligação de tropas das três armas para conter os rebeldes que foram aprisionados. Contudo, para surpresa geral, foram posteriormente libertados.[1653]

O Último Ato Populista: Com a "Resolução da Crise", o país entrou num período curto de breve calmaria, onde a trama caminha nos bastidores.

No dia 30 de março, Jango comparece aos Automóvel Clube, na Guanabara, onde a Associação dos Sub-tenentes e Sargentos da Polícia Militar irão comemorar o 40° aniversário de sua fundação.

Os discursos proferidos aí foram tremendamente violentos e, após a reunião, estava selada a derrocada do Presidente.

Um Golpe De Estado Chamado De Revolução: No dia 31 de março, o movimento para depor Jango eclodiu em Minas Gerais, sob a orientação do General Olímpio Mourão Filho[1654] e do Governador

---

seus direitos políticos foram cassados, foi transferido para a reserva e reformado. As suas medalhas honoríficas foram anuladas.

1653 SIMÕES, Edson. *A luta pela Democracia no Brasil*: de Vargas a Bolsonaro. (Coleção Constituições e Democracia no Brasil e no Mundo: da Antropofagia à Autofagia). vol. 5. São Paulo: Grupo Almedina (Portugal), 2022, pp. 221-225.

1654 Olímpio Mourão Filho (1900-1972): mineiro, cursou a Escola Militar do Realengo (RJ), reprimiu a Revolução Paulista de 1924, sendo contra o tenentismo. Após a Revolução de 1930, foi promovido a capitão (1931), aderiu à AIB (1932) de tendência fascista e ajudou a organizar a milícia do partido. Em 1937, participou da elaboração do Plano Cohen, considerado apócrifo, que alardeava ser um plano comunista para dominar o país. Este plano deu sustentação para a implantação do Estado-Novo (1937 a 1945). Participou da FEB (1945). Foi promovido a general-de-divisão em 1962 e passou a conspirar contra o Presidente da República. No dia 31 de março de 1964, precipitou o Golpe Militar dentro da chamada "operação silêncio" e comandou o levante em Minas Gerais para derrubada de Jango, marchando com tropas para a direção da Guanabara, onde chegou em 2 de abril de 1964. Posteriormente, foi promovido a General-de-Exército (1964) e Ministro do STM. Acabou se desiludindo com a chamada "Revolução de 1964" e escrevendo um

Magalhães Pinto. No Paraná, o Governador Ney Braga[1655] aguardou os acontecimentos. No Rio Grande do Sul, o Governador Meneghetti[1656] ficou na expectativa. Brizola preparou uma nova "Cadeia da Legalidade". Em São Paulo, Ademar de Barros aderiu, juntamente com o General Kruel do II Exército, ao movimento.

Em Recife, o Comandante do IV Exército (contrário a Jango) cercou o Palácio do Governo para prender Arrais. Já no Rio de Janeiro, o Comandante dos Fuzileiros Navais, Cândido de Aragão (governista) cercou o Palácio Guanabara, na tentativa de prender Lacerda.

Sem muitas possibilidades para uma defesa institucional, Jango saiu do Rio de Janeiro para Brasília, e de lá a Porto Alegre.

No Congresso, Auro de Moura Andrade declarou vago o cargo de Presidente da República.

Após uma tentativa frustrada de defesa, em Porto Alegre, Jango acabou fugindo para Montevidéu.

Devido à fuga do Presidente, toma posse, em seu lugar, Ranieri Mazzili (Presidente da Câmara).

---

diário que recebeu o nome de *Memórias: A verdade de um revolucionário*, transformando em livro postumamente.

1655 Nei Amintas de Barros Braga (1917-2000): paranaense, estudou na Escola Militar de Realengo (RJ), foi Chefe de Polícia do estado (PR), Major e Prefeito eleito de Curitiba (1954). Elegeu-se deputado federal (1954), apoiou Jânio Quadros para a presidência e chegou a Governador do Paraná em 1961. Apoiou a posse de Jango em 1961 e a volta ao presidencialismo. Posteriormente, aderiu à conspiração contra Goulart e acabou apoiando o Golpe Militar de 1964. Foi Ministro da Agricultura (1965), senador (1967) pela ARENA, Ministro da Educação e Cultura (1974), Governador do Paraná (1979).

1656 Ildo Meneghetti (1895-1980): gaúcho, engenheiro, vereador, (Porto Alegre 1947), prefeito (Porto Alegre, 1948 e 1951) e Governador do Rio Grande do Sul (1954 e 1962). Fez oposição a Goulart e participou da conspiração que levou à implantação da Ditadura Militar de 1964.

Em seguida, o Comando Supremo da Revolução (General Arthur da Costa e Silva[1657] – Almirante Augusto Rademaker –[1658] Correa de Mello etc) começa a determinar medidas como cassações de políticos, de militares oposicionistas ao Golpe, e de civis considerados "subversivos"; corte de autonomia das universidades; militarização do Estado; censura e edição do primeiro Ato Institucional depois do Golpe.[1659]

Conforme disposto no Ato Institucional supracitado, em 11 de dezembro de 1964 houve a eleição indireta para Presidente e

---

1657 Arthur da Costa e Silva (1899-1969): gaúcho, cursou a Escola Militar de Realengo (RJ), recusou-se a participar da repressão a Revolta do Forte de Copacabana (1922) e foi preso. Solto, foi mantido na carreira militar e participou da tomada do Palácio Guanabara durante a Revolução de 1930. Legalista, participou de repressão a Revolução Constitucionalista de 1932 (SP) e apoiou o general Lott na garantia da posse de JK. Em 1961, foi promovido a General-de-Exército. Foi opositor do governo de Jango Goulart e participou da conspiração e do Golpe Militar de 1964. Posteriormente, foi Ministro da Guerra e chegou à Presidência da República em 1967, já tendo o título de Marechal. Era ligado à chamada "linha dura", editou o AI-5, que solidificou a Ditadura Militar, espalhou cassações e terror por todo o país. Gravemente doente (1968) DE trombose cerebral, faleceu no ano seguinte, deixando uma Junta Militar, governando o Brasil.

1658 Augusto Hamann Rademaker Grünewald (1905-1985): cursou a Escola Naval (RJ) e chegou a vice-almirante em 1986. Apoiou o Golpe Militar de 1964 e participou do Comando Supremo da Revolução, junto com o Brigadeiro Francisco de Assis Correia de Melo e o General Costa e Silva. Foi Ministro da Marinha e apoiou a Linha Dura. Participou da Junta Militar que substituiu o Presidente Costa e Silva (1969). Assinou a Emenda Constitucional nº 1, que determinava até a pena de morte no Brasil. Foi vice-Presidente durante o governo de Garrastazu Médici e reformado como Almirante-de-Esquadra.

1659 SIMÕES, Edson. *A luta pela Democracia no Brasil*: de Vargas a Bolsonaro. (Coleção Constituições e Democracia no Brasil e no Mundo: da Antropofagia à Autofagia). vol. 5. São Paulo: Grupo Almedina (Portugal), 2022, p. 227.

Vice-Presidente. Foi escolhido o General Castelo Branco[1660] para assumir a Presidência, e José Maria Alkmin[1661] para a Vice-Presidência. Ambos tomaram posse no dia 15 de abril de 1964.[1662]

Além do fim das eleições diretas para Presidência da República, o Ato Institucional trouxe outras mudanças, dentre as quais: ampliação dos poderes do Presidente da República no processo legislativo

---

1660 Humberto de Alencar Castelo Branco (1897-1967): cearense, cursou o Colégio Militar de Porto Alegre e Escola Militar do Realengo (RJ, 1918). Não participou do Movimento Tenentista e combateu os revoltosos paulistas sediados no Oeste do Paraná e, depois, impediu o crescimento da Coluna Prestes em outros estados. Após a Revolução de 1930, ingressou na *École Supérieure de Guerre* em Paris (1931), foi promovido a Major e voltou ao Brasil (1938). Fez estágio em bases militares dos EUA (1943) e participou da FEB, indo lutar na Itália (1944), onde organizou o ataque a defesa rígida dos alemães em Monte Castelo. Voltou ao Brasil em 1945, foi promovido a coronel e depois a bb-de-brigada (1952). Realizou críticas ao governo de Vargas, apoiando o pedido de renúncia do Presidente em 1954. Apoiou a posse de JK (1956) defendida pelo Marechal Lott. No governo de Jango, participou da conspiração e, depois, organização do Golpe Militar de 1964. Posteriormente, foi escolhido como candidato à Presidente da República e foi vitorioso na eleição indireta realizada pelo Congresso Nacional. Assumiu a Presidência em 15 de abril de 1964. Durante o seu governo, houve conflitos com a Linha Dura e realizou muitas cassações. O seu governo foi estendido até 1967. Neste ano, foi aprovada a sexta Constituição Brasileira, apresentando características autoritárias ou semi-ditatoriais. A sucessão presidencial foi tumultuada devido à candidatura do Ministro da Guerra, Costa e Silva, apoiado pela Linha Dura e aprovado pelo Congresso Nacional. Encerrando o mandato presidencial, ao voltar a Fortaleza, numa viagem realizada no território cearense, o pequeno avião, que o transportava, chocou-se com um jato da base aérea cearense, causando a sua morte em 18 de julho de 1967.

1661 José Maria Alkmin (1901-1974): mineiro, político, foi deputado constituinte em 1934 e 1946, Ministro da Fazenda (1955) e vice-Presidente da República no governo Castelo Branco (1964-1967).

1662 SIMÕES, Edson. *A luta pela Democracia no Brasil*: de Vargas a Bolsonaro. (Coleção Constituições e Democracia no Brasil e no Mundo: da Antropofagia à Autofagia). vol. 5. São Paulo: Grupo Almedina (Portugal), 2022, pp. 225-227.

de aprovação de emendas à Constituição (incluindo o poder de iniciativa); suspensão, por seis meses, das garantias constitucionais e/ou legais de vitaliciedade e estabilidade para ocupantes de cargos públicos, cujos sujeitos podiam ser demitidos ou cassados, com ou sem remuneração assegurada, mediante uma "investigação sumária"; conceção ao Comando Revolucionário de prerrogativas de cassar mandatos parlamentares suspender direitos políticos e instaurar inquéritos policiais e administrativos.

Inteiro Teor do Ato Institucional editado pelo Comando Supremo da Revolução:

> É indispensável fixar o conceito do movimento civil e militar que acaba de abrir ao Brasil uma nova perspectiva sobre o seu futuro. O que houve e continuará a haver neste momento não só no espírito e no comportamento das classes armadas como na opinião pública nacional é uma autêntica revolução.
>
> A revolução vitoriosa se investe no exercício do Poder Constituinte. Este se manifesta pela eleição popular ou pela revolução. Esta é a forma mais expressiva e mais radical do Poder Constituinte. Assim, a revolução vitoriosa, como o poder constituinte se legitima por si mesma. Ela destitui o Governo anterior e tem a capacidade de constituir o novo governo. Nela se contém a força normativa, inerente ao Poder Constituinte. Ela edita normas jurídicas sem que nisto seja limitada pela normatividade anterior à sua vitória. Os chefes da revolução vitoriosa graças à ação das Forças Armadas e ao apoio inequívoco da Nação representam o Povo e em seu nome exercem o Poder Constituinte de que o Povo é o único titular. O Ato Institucional que é hoje editado pelos Comandantes-em-chefe do Exército da Marinha e da Aeronáutica em nome da revolução que se tornou vitoriosa com o apoio da Nação na sua quase totalidade se destina a assegurar ao novo Governo a ser instituído os meios indispensáveis à obra de reconstrução econômica financeira política e moral do Brasil de maneira a poder enfrentar de modo direto e imediato os graves e urgentes problemas de que depende a restauração da

ordem interna e do prestígio internacional da nossa Pátria. A revolução vitoriosa necessita de se institucionalizar e se apressa pela sua institucionalização a limitar os plenos poderes de que efetivamente dispõe.

O presente Ato Institucional só poderia ser editado pela revolução vitoriosa representada pelos Comandos em Chefe das três Armas que respondem no momento pela realização dos objetivos revolucionários cuja frustação estão decididas a impedir. Os processos constitucionais não funcionaram para destituir o Governo que deliberadamente se dispunha a bolchevizar o país. Destituído pela revolução só a esta cabe ditar as normas e os processos de constituição de novo Governo e atribuir-lhe os poderes ou os instrumentos jurídicos que lhe assegurem o exercício do Poder no exclusivo interesse do País para demonstrar que não pretendemos radicalizar o processo revolucionário decidimos manter a Constituição de 1946 limitando-nos a modificá-la apenas na parte relativa aos poderes do Presidente da República a fim, de que este possa cumprir a missão de restaurar no Brasil a ordem econômica e financeira e tomar as urgentes medidas destinadas a drenar o bolsão comunista, cuja purulência já se havia infiltrado não só na cúpula do Governo como nas suas dependências administrativas. Para reduzir ainda mais os plenos poderes de que se acha investida a revolução vitoriosa resolvemos, igualmente, manter o Congresso Nacional, com as reservas relativas aos seus poderes, constantes do presente Ato Institucional.

Fica, assim, bem claro que a revolução não procura legitimar-se através do Congresso. Este é que recebe deste Ato Institucional resultante do exercício do Poder Constituinte inerente a todas as revoluções a sua legitimação.

Em nome da revolução vitoriosa, e no intuito de consolidar a sua vitória, de maneira a assegurar a realização dos seus objetivos e garantir ao País um Governo capaz de atender aos anseios do povo brasileiro, o Comando Supremo da Revolução, representado pelos Comandantes-em-Chefe do Exército, da Marinha e da Aeronáutica resolve editar o seguinte ato institucional:

Art. 1º São mantidas a Constituição de 1946 e as Constituições Estaduais e respectivas Emendas com as modificações constantes deste Ato.

Art. 2º A eleição do Presidente e do Vice-Presidente da República, cujos mandatos terminarão em trinta e um de janeiro de 1966, será realizada pela maioria absoluta dos membros do Congresso Nacional, dentro de dois (2) dias a conter deste Ato, em sessão pública e votação nominal.

§ 1º – Se não for obtido o *quorum* na primeira votação outra realizar-se-á, no mesmo dia, sendo considerado eleito quem obtiver maioria simples de votos; no caso de empate prosseguir-se-á na votação até que um dos candidatos obtenha essa maioria.

§ 2º – Para a eleição regulada neste Artigo não haverá inelegibilidades.

Art. 3º – O Presidente da República poderá remeter ao Congresso Nacional projetos de emenda da Constituição.

Parágrafo Único – Os projetos de emenda constitucional enviados pelo Presidente da República, serão apreciados em reunião do Congresso Nacional, dentro de trinta (30) dias, a contar do seu recebimento, em duas sessões, com o intervalo mínimo de dez (10) dias, e serão considerados aprovados quando obtiverem, em ambas as votações, a maioria absoluta dos membros das duas casas do Congresso.

Art. 4º – O Presidente da República poderá enviar ao Congresso Nacional projetos de lei sobre qualquer matéria os quais deverão ser apreciados dentro de trinta (30) dias, a contar do seu recebimento na Câmara dos Deputados e de igual prazo no Senado Federal; caso contrário, serão tidos como aprovados.

Parágrafo Único – O Presidente da República, se julgar urgente a medida, poderá solicitar que a apreciação do projeto se faça, em trinta (30) dias, em sessão conjunta do Congresso Nacional, na forma prevista neste artigo.

Art. 5º – Caberá, privativamente, ao Presidente da República, a iniciativa dos projetos de lei que criem ou aumentem a despesa pública; não serão admitidas a esses projetos, em qualquer das Casas do Congresso Nacional, emendas que aumentem a despesa proposta pelo Presidente da República.

Art. 6º – O Presidente da República, em qualquer dos casos previstos na Constituição, poderá decretar o estado de sítio, ou prorrogá-lo, pelo prazo máximo de trinta (30) dias; o seu ato será submetido ao Congresso Nacional, acompanhado de justificação, dentro de quarenta e oito (48)h.

Art. 7º– Ficam suspensas, por seis (6) meses as garantias constitucionais ou legais de vitaliciedade e estabilidade.

§ 1º – Mediante a investigação sumaria, no prazo fixado neste artigo os titulares dessas garantias poderão ser demitidos ou dispensados ou ainda com vencimentos e as vantagens proporcionais ao tempo de serviço, postos em disponibilidade, apresentados, transferidos para a reserva ou reformados mediante atos do Coando Supremo da Revolução, até a posse do Presidente da República, e depois de sua posse, por decreto presidencial, ou, em se tratando de servidores estaduais por decreto do Governo do Estado desde que tenham tentado contra a segurança do País e regime democrático e probidade da administração pública, sem prejuízo de sanções penais a que estejam sujeitos.

§ 2º – Ficam sujeitos às mesmas sanções os servidores municipais, neste caso, a sanção prevista no parágrafo primeiro lhes será aplicada por decreto do Governador do Estado mediante proposta do Prefeito Municipal.

§ 3º – Do ato que atingir servidor estadual ou municipal vitalício, caberá recursos para o Presidente da República.

§ 4º – O controle jurisdicional desses atos limitar-se-á ao exame de formalidades extrínsecas, vedada a apreciação dos fatos que os motivaram, bem como da sua conveniência ou oportunidade.

Art. 8º – Os inquéritos e processos visando à apuração da responsabilidade pela prática de crime contra o Estado ou seu patrimônio e a ordem política e social ou de atos de guerra revolucionária poderão ser instaurados individual ou coletivamente.

> Art. 9º – A eleição do Presidente e do Vice-Presidente da República que tomarão posse em 31 de janeiro de 1966, serão realizadas em 3 de outubro de 1965.
>
> Art. 10º – No interesse da paz e da honra nacional, e sem as limitações previstas na Constituição, os Comandantes-em-Chefe que editam o presente Ato poderão suspender os direitos políticos pelo prazo de dez (10) anos e cassar mandatos legislativos federais, estaduais e municipais, excluída a apresentação judicial desses atos.
>
> Parágrafo Único – Empossado o Presidente da República, este, por indicação do Conselho de Segurança Nacional, dentro de sessenta (60) dias, poderá praticar os atos previstos neste artigo.
>
> Art. 11º – O presente ato vigora desde a sua data até 31 de janeiro de 1966; revogada as disposições em contrário. Rio de Janeiro 9 de abril de 1964 a.) Gen. Ex. Arthur da Costa e Silva; Ten.-Brig. Francisco de Assis Correia de Mello; Vice-Almirante Augusto Hamann Rademaker Grunewald.[1663]

No governo de Castelo Branco, foram editados outros três Atos Institucionais:

O AI-2 extinguiu os partidos políticos; deu ao Presidente da República o direito de baixar atos complementares, decretos-leis sobre matérias de Segurança Nacional: determinar o recesso do Congresso Nacional, das Assembleias Legislativas e das Câmaras de Vereadores em Estado de Sítio ou fora dele. Note-se que, durante o recesso parlamentar, o Poder Executivo ficava autorizado a legislar mediante decretos-leis, em todas as matérias previstas na Constituição.

O AI-3 instituiu a eleição indireta também para os governos dos estados.

1663 SIMÕES, Edson. *A luta pela Democracia no Brasil*: de Vargas a Bolsonaro. (Coleção Constituições e Democracia no Brasil e no Mundo: da Antropofagia à Autofagia). vol. 5. São Paulo: Grupo Almedina (Portugal), 2022, pp. 62-64.

O AI-4 convocou o Congresso Nacional para votar o projeto elaborado pelo governo que consistia na nova Constituição do país. O projeto foi apresentado ao Congresso no dia 12/12/1966 e a Carta foi promulgada a 24/01/1967.[1664] A entrada em vigor dessa Constituição institucionalizou a ditadura pós golpe de 1964. Abaixo as características da nova Carta:

Continua a República Federativa sob o Regime representativo

- Presidente e Vice-Presidente seriam eleitos, de maneira indireta, pelo Congresso Nacional e delegados das Assembleias Legislativas dos Estados.
- Concessão de poderes ao Presidente da República a propor leis e baixar decretos leis em casos de urgência.
- A União legislará em relação ao Direito Internacional, Civil, Comercial, Eleitoral, Trabalhista etc.
- Manteve-se a organização do Legislativo, com três senadores por Estado, e deputados com mandato de quatro anos em número proporcional à população dos Estados.
- A ordem econômica objetivava realizar a "justiça social".

No setor econômico, as principais medidas tomadas foram:

- Combate à inflação;
- Modificação da Lei de Remessa de Lucros, eliminando o limite que era de 10% (para a remessa);

1664 SIMÕES, Edson. *A luta pela Democracia no Brasil*: de Vargas a Bolsonaro. (Coleção Constituições e Democracia no Brasil e no Mundo: da Antropofagia à Autofagia). vol. 5. São Paulo: Grupo Almedina (Portugal), 2022, p. 64.

- Promulgação da Lei de Garantia de Investimentos, por intermédio de Juraci Magalhães (embaixador em Washington), dando mais garantia às empresas americanas, fixadas no Brasil;
- Instituição do FGTS, que acabou com a estabilidade do trabalhador no emprego;
- Criação da nova moeda chamada de cruzeiro novo;
- Redução da emissão de moeda, cujo aval foi dado pelo Ministro Roberto Campos,[1665] economista liberal e favorável aos americanos.

As Modificações da nova Carta, em relação à Constituição de 1946, foram:

- Eleições indiretas para Presidente e Vice-Presidente da República: o artigo 74 da Nova Carta determinava que a eleição deveria ser efetuada pelo Colégio Eleitoral numa sessão pública e mediante votação nominal. O Colégio Eleitoral era composto pelo Congresso Nacional, por três delegados indicados por cada Assembleia Legislativa, e mais um delegado para cada grupo de 500.000 eleitores inscritos em cada Estado, não podendo nenhuma representação ter menos de quatro delegados.
- O Poder Legislativo era formado pelo Senado e Câmara dos Deputados, só que, no Artigo 51, obrigava o Congresso Nacional a apreciar projetos de Lei enviados pelo Presidente sobre qualquer matéria no prazo de 45 dias a contar do recebimento pela Câmara dos Deputados (mesmo prazo com o Senado).

1665 Roberto Campos (1917-2001): diplomata, economista e político. Planejou o modelo econômico usado pelos militares após o Golpe de 64. Participou da Comissão Mista Brasil-EUA (1950-1953), dirigiu o BNDE, foi embaixador nos EUA e Ministro do Planejamento (1964-1967). Foi Deputado Federal e Senador. Obras: *Economia, planejamento e nacionalismo*, *Ensaios de história econômica e sociologia*, *A moeda, o governo e o tempo*, *A nova economia brasileira*, *Lanterna de popa*.

Caso não ocorra nenhuma deliberação durante este prazo, os projetos serão considerados aprovados.

- O Poder Judiciário era composto dos seguintes órgãos: Supremo Tribunal Federal (STF), que teve o número de Ministros reduzido de 16 para 11; Tribunal de Recursos e Juízes Federais; Tribunais e Juízes Militares; Tribunais e Juízes Eleitorais; Tribunais e Juízes do Trabalho;
- Em relação aos municípios, os prefeitos das capitais de estado e dos municípios, considerados Estâncias Hidrominerais, tinham a nomeação efetuada pelos governadores, com aprovação da Assembleia Legislativa.
- Os municípios, considerados de segurança nacional, tinham os prefeitos nomeados pelos governadores com a aprovação do Presidente da República.
- O número máximo de vereadores serão vinte e um, guardando-se a proporção em relação ao eleitorado do município.
- Os partidos políticos tinham novas limitações para registro e eram proibidas as coligações partidárias.
- Em relação aos Direitos e Garantias Individuais, não havia foro privilegiado, nem tribunais de exceção.
- Na parte referente ao Ensino, era obrigatório o ensino primário gratuito para alunos de 7 a 14 anos; o ensino secundário não era gratuito, exceto para os que tivessem ótimo aproveitamento e falta de recursos.

Sintetizando o período do Marechal Castelo Branco na Presidência, temos:

- Foi autoritário, apesar de falar em democracia.
- Realizou três atos institucionais.
- Dissolveu os partidos políticos existentes.

- Criou o bipartidarismo com a ARENA (Aliança Renovadora Nacional) para defender o governo e o MDB (Movimento Democrático Brasileiro) para fingir ser oposição.
- Estabeleceu eleições indiretas para Presidente e governadores.
- Cassou parlamentares em geral.
- Suspendeu os direitos políticos de centenas de civis.
- Interferiu e manipulou os sindicatos (mais de 70%).
- Criou o SNI (Serviço Nacional de Informações), que funcionou como uma polícia política e fortemente repressora.
- Impôs ao Congresso a aprovação da Nova Constituição.
- Atuação do grupo LIDER (Liga Democrática da Revolução), composta de oficiais que pretendiam acabar com a corrupção no país, denominado de "Linha Dura".[1666]

Elio Gaspari afirmou: "Castelo nada fez para defender a ordem constitucional que presidia".[1667] Castelo Branco governou de 11 de abril de 1964 até 15 de março de 1967.

Em outubro, pelo Congresso Nacional, foi eleito, de 1967 a 1969, Presidente da República, o ex-ministro da Guerra, Marechal Artur da Costa e Silva.

A sucessão presidencial foi tumultuada, o Marechal Costa e Silva, Ministro da Guerra, lançou-se como candidato, tendo o apoio da "Linha Dura" e constrangeu Castelo Branco, impedindo-o de apoiar outro candidato. Em viagem ao exterior, quando o perguntaram se

---

1666 Linha Dura: grupo de militares radicais que participaram da Ditadura Militar e que não aceitavam princípios liberais nem democráticos. Eram favoráveis até ao extermínio dos adversários, principalmente os opositores políticos.

1667 GASPARI, Elio. *A Ditadura Envergonhada*. São Paulo: Companhia das Letras, 2002, p. 240.

continuaria Ministro: "Saio Ministro e volto Ministro", sem consultar o Presidente Castelo Branco.[1668]

Arthur da Costa e Silva (1967-1969) – Foi eleito Presidente de forma indireta pelo Congresso Nacional com o apoio da ARENA e tomou posse em 15 de março de 1967. O seu governo foi conturbado, crescendo as críticas e a oposição à ditadura. Ocorreu uma grande censura à imprensa, ao cinema, ao teatro, à música, aos livros, às escolas, às universidades, aos estudantes, aos sindicatos, aos intelectuais e aos artistas.

Agitações estudantis – em 1968, foi assassinado no restaurante chamado "Calabouço", o estudante Edson Luís,[1669] numa ação repressiva da polícia militar carioca.

Em consequência, o enterro de Edson transformou-se em protesto contra a ditadura, com a presença de mais de 50 mil pessoas, entre estudantes, intelectuais, artistas e cidadãos revoltados pelo repugnante fato ocorrido. Em seguida, houve uma passeata estudantil fortemente reprimida com tiros pela polícia militar, tendo quatro mortos, centenas de detidos e vinte feridos. A população reagiu contra a violência usada, apoiando os estudantes.

No mesmo período, em 1968, os movimentos estudantis[1670] ocorriam em Paris e se estendiam por vários países. Aqui não era

---

1668 Estranhamente, em julho de 1967 Castelo Branco foi vítima de um acidente aéreo no Ceará vindo a falecer. Houve um choque entre o seu avião com outro da FAB, que conseguiu pousar sem molestar o piloto.

1669 Edson Luís de Lima Souto (1950-1968): estudante assassinado pela repressão militar durante a tomada do "Calabouço", que gerou movimentação estudantil e popular, de protestos de rua e passeatas.

1670 Movimento Estudantil em Paris (1968): revolta estudantil ocorrida na França, com núcleo em Paris, de duras críticas ao governo de Charles de Gaulle, que se alastrou em diversos países em 1968. De Gaulle acabou renunciando em 1969. Foi paradigma para os estudantes brasileiros se revoltarem em 1968.

diferente, a juventude estava nas ruas combatendo o arbítrio e o autoritarismo governamental.

Uma nova manifestação foi organizada contra a violência e a repressão ocorrida com o apoio de professores, religiosos, intelectuais, artistas e cidadãos no Rio de Janeiro, em defesa da liberdade e da democracia. A passeata teve a participação de mais de 100 mil pessoal. Estavam presentes Chico Buarque de Holanda,[1671] Caetano

1671 Francisco Buarque de Holanda (1944-): filho de Sérgio Buarque de Holanda (famoso historiador), nasceu no Rio de Janeiro. Recuperou, para a MPB, a modinha, o chorinho e a seresta. Exaltou o samba e a marchinha. Participou dos Festivais de MPB (*Record* e *Globo*) e se engajou na luta contra a Ditadura Militar. As suas músicas foram censuradas. Musicou a obra do poeta João Cabral de Mello Neto, "Morte e Vida Severina". Escreveu diversas peças de teatrais, com destaque para: "Roda-Viva"; "Ópera do Malandro"; e colaborou com Rui Guerra. Lançou diversos livros, a saber: "Estorvo"; "Benjamin e Budapeste" etc. Durante a ditadura, exilou-se na Itália (autoexílio).

Veloso,[1672] Gilberto Gil,[1673] Edu Lobo,[1674] Norma Benguell,[1675] entre outros nomes de expressão popular nacional.

Os artistas vinham também sofrendo perseguições e censura em seus trabalhos e se aliaram, fortemente, ao movimento estudantil.

Paralelamente, sem possibilidade de participação política, alguns grupos de esquerda se estruturaram no sentido de implementar

---

1672 Caetano Veloso (1942-): baiano, nasceu em Santo Amaro da Purificação. Irmão da cantora Maria Bethânia. Cantor e compositor, destacou-se nos Festivais de MPB na década de 60. Participou do "movimento tropicalista". Foi censurado, preso pela Ditadura Militar e exilado em Londres (1969-1972). As suas músicas sempre alcançaram muito sucesso, com destaque para: "Alegria, Alegria"; "É Proibido Proibir"; "London, London"; "Marinheiro só"; "Menino do Rio" etc. Escreveu o livro *Verdades Tropicais* e também se dedicou ao cinema.

1673 Gilberto Gil (1942-): baiano, administrador de empresas (pela FGV), cantor e compositor. Destacou-se, também, nos Festivais de MPB. As suas músicas misturam ritmos africanos, nordestinos, samba e até *reggae*. Participou do Movimento Tropicalista, foi preso e exilou-se em Londres com Veloso (1969-1972) durante a Ditadura Militar. As suas músicas foram alvo da censura. Voltando ao Brasil, dedicou-se, também, à política. Foi vereador (Salvador); Secretário de Cultura Salvador e Ministro da Cultura (Governo Lula 2002). Tem um amplo repertório musical, com destaque para: "Procissão"; "Domingo no Parque"; "Aquele Abraço" etc.

1674 Edu Lobo (1943-): filho do compositor Fernando Lobo, nasceu no Rio de Janeiro em 1943. Compositor, cantor e maestro. Destacou-se nos Festivais de MPB dos anos 60. Compôs diversas trilhas musicais para o teatro e para o cinema, a saber: "Arena contra Zumbi'; "O Grande Circo Místico"; "Cambaio" (teatro); "Barra Pesada"; "Guerra de Canudos" (teatro) etc. Destaque para as suas músicas: "Arrastão"; "Memória de Marta Saré"; "Canção da Terra"; "Reza"; "Zumbi"; "Chegança"; "Upa Neguinho"; "Ponteio"; Borandá"; "Casa Forte" etc. Não fez concessões para as chamadas "modernidades musicais".

1675 Norma Benguell (1935-2013): nasceu no RJ, foi atriz, cantora e cineasta. Foi considerada "símbolo sexual" na década de 60 e a primeira atriz brasileira a aparecer em uma cena de nu frontal, no filme "Os cafajestes", de Ruy Guerra. Trabalhou, também, no cinema europeu e dirigiu os filmes "Eternamente Pagu" e "O Guarani". Faleceu marginalizada e com diversas pendências financeiras.

"guerra de guerrilhas" com o intuito de desgastar e tentar derrubar o governo militar. Passaram a assaltar bancos para conseguirem fundos para o financiamento das guerrilhas. A esquerda ficou dividida, e o PCB foi considerado conservador em suas reações "moderadas" contra a ditadura militar. Em consequência, os militares da "Linha Dura" pressionaram Costa e Silva para aumentar a repressão contra todos que criticassem e se colocassem contra o regime autoritário, implantado no país.

Em setembro de 1968, o Deputado Federal Márcio Moreira Alves[1676] do MDB da Guanabara fez um discurso na Câmara Federal criticando a invasão que ocorreu na Universidade de Brasília pela polícia militar.

Em sua manifestação, propôs que as moças não aceitassem namorar com os jovens oficiais militares enquanto durasse a repressão e que ninguém participasse das festividades de independência, em 7 de setembro.

O governo propôs uma punição para o deputado e pediu a anuência do Congresso para retirar a prerrogativa de "imunidade parlamentar" que Márcio tinha direito. O pedido foi recusado pelo plenário da Câmara Federal. Diante da recusa, Costa e Silva, em 16 de dezembro de 1968, editou o AI-5, após uma reunião com o Conselho de Segurança Nacional. O texto foi redigido pelo Ministro da Justiça Gama e Silva,[1677] com o aval de todos os ministros que assinaram o documento.

1676 Márcio Emanuel Moreira Alves (1936-2009): carioca, jornalista e político brasileiro. Como deputado federal, fez um discurso contundente na Câmara contra os militares em 1968. O seu texto foi considerado um "boicote ao militarismo", foi usado para decretar o AI-5 e radicalizar a ditadura brasileira. O deputado saiu protegido do Congresso Nacional e foi exilado.

1677 Luís Antônio da Gama e Silva (1913-1979): paulista, advogado, jornalista, professor da USP, e jurista. Apoiou o Golpe Militar de 1964. Foi indicado como Ministro da Justiça e da Educação e Cultura,

O AI-5 não apresentou tempo de vigência e deu total poder ao Executivo para cassar direitos políticos, aposentar, demitir servidores públicos e magistrados, fechar o congresso, tirar o direito de *habeas corpus*, intensificar a censura (a imprensa, os livros e as artes) e aumentar, violentamente, a repressão militar em todo o Brasil.

O congresso foi imediatamente fechado e se iniciou os chamados "anos de chumbo".

Os estudantes continuaram a reagir contra o governo. Em outubro, ocorreram conflitos entre alunos da USP e do Mackenzie, que tinham apoio dos grupos de direita como era o caso do CCC (Comando de Caça Comunistas), contrário à organização do Congresso da UNE.

Os alunos da USP tentavam conseguir fundos para realizar o congresso, pedindo recursos à população que circulava naquela região das duas faculdades. Durante as refregas entre os dois grupos, foi morto um estudante secundarista por tiros que vieram do prédio do Mackenzie e a agitação se radicalizou em São Paulo, principalmente após a violenta repressão contra o Congresso da UNE, que ocorreu em Ibiúna. Os estudantes foram quase todos presos com a forte ação da PM.

Em agosto de 1969, Costa e Silva adoeceu, teve uma trombose cerebral e o *staff* presidencial passou a esconder o verdadeiro estado de saúde do Presidente. Diante da gravidade da doença, era necessário

---

temporariamente, pelo Presidente da Câmara Federal Ranieri Mazzilli. Tornou-se Ministro da Justiça durante o Governo de Costa e Silva, ajudou na elaboração do AI-5 e suas medidas mais duras contra o movimento estudantil. Propôs até a extinção do Congresso e do STF em suas propostas durante a crise. Ajudou, também, na elaboração do AI-14, que estabeleceu as penas de morte e a prisão perpétua para os crimes de guerra externa, revolucionária ou subversiva. Estas medidas foram ratificadas pela LSN (Lei de Segurança Nacional). Com a posse do Presidente Médici, foi substituído por Alfredo do Buzaid. Posteriormente, indicado para Embaixador Extraordinário em Lisboa.

o afastamento de Costa e Silva e a posse do Vice-Presidente Pedro Aleixo,[1678] respeitando a previsão constitucional, mas os ministros militares vetaram esta possibilidade legal. Foi implantada, diante desse contexto, uma Junta Militar (31/08 a 30/10/69) formada pelos Ministros Aurélio de Lira Tavares (Exército),[1679] Márcio de Sousa e Melo (Aeronáutica) e Augusto Rademaker (Marinha). A "Linha Dura" passou a influenciar totalmente o governo e o Vice-Presidente foi alijado do processo governamental.

A radicalização aumentou devido à forte repressão existente, por intermédio da extrema esquerda, representada pela ANL (Aliança de Libertação Nacional), o MR8 (Movimento Revolucionário 8 de outubro) e culminou com o sequestro do embaixador dos EUA, no Rio de Janeiro, Charles Elbrick[1680] para ser oferecido em troca de 15 presos políticos que estavam sendo maltratados e torturados na prisão. Os prisioneiros foram liberados e enviados ao México, já o embaixador, que estava escondido num bairro carioca, foi solto pelos sequestradores em 7 de setembro. O fato teve ampla divulgação pela mídia por imposição dos "revolucionários" que obrigaram a leitura de um "manifesto à nação", justificando aquele ato.

1678 Pedro Aleixo (1901-1975): mineiro, político, participou da Revolução de 1930, assinou o "Manifesto dos Mineiros" (1943). Foi Ministro da Educação (1966) e vice-Presidente da República (1967-1969).

1679 Aurelio de Lira Tavares (1905-1998): paraibano, militar (pertencia ao exército), participou do Golpe Militar (1964), Ministro do Exército (1967-1969). Integrou a "Junta Militar" que assumiu o governo após Costa e Silva adoecer e morrer (1969). Ajudou a endurecer, profundamente, a Ditadura Militar e colaborou para o lançamento da Emenda Constitucional nº 1. Escreveu: *O Brasil da minha geração*, *Nosso Exército, essa grande escola* etc.

1680 Charles Burke Elbrick (1908-1983): diplomata dos EUA. Foi Embaixador em Portugal, Iugoslávia e no Brasil. Em 1969, foi sequestrado no Rio de Janeiro pelos guerrilheiros da MR8 e trocado pela libertação de 15 presos políticos, que estavam sendo torturados e maltratados na prisão.

Os jovens esquerdistas tinham a influência do texto *Revolução na Revolução* do francês Regis Debray,[1681] que pregava a luta armada para a derrubada das ditaduras na América Latina e a implantação de um regime socialista.

Foi decretada a LSN (Lei de Segurança Nacional),[1682] em 18 de setembro e a Emenda Constitucional n. 1,[1683] em 17 outubro, que se apresentou como se fosse uma "nova Constituição", implantando a pena de morte e o banimento, do Brasil, de guerrilheiros, subversivos e opositores da ditadura implantada.

Durante a intensificação dos aparelhos repressivos, Carlos Marighella, líder da ANL foi morto, após uma emboscada, em São Paulo organizada pelo delegado Sérgio Paranhos Fleury.[1684]

1681 Jules Regis Debray (1940-): revolucionário francês de esquerda, filósofo, jornalista, visitou Cuba em 1959, fez pesquisas na América Latina durante suas viagens (1963-1964) e professor em Havana (1966). Em março de 1967, foi à Bolívia para entrevistar Che Guevara e acompanhou-o nas guerrilhas. Foi recusado como guerrilheiro por Guevara. Foi preso e condenado a 30 anos de prisão na Bolívia. Posteriormente, foi anistiado e voltou à França (1970). Obras: *Revolução na Revolução*, *Castroismos: a longa marcha da América Latina* etc.

1682 Lei de Segurança Nacional (LSN): Lei brasileira de exceção que foi ratificada por vários governos. Surgiu em 1935 contra os "crimes políticos" e determinava punições rigorosas sem considerar as garantias processuais do código penal. Foi usada e reeditada em 1969, 1978 e 1983, durante a Ditadura Militar contra os políticos da oposição e os movimentos sociais. Foi revogada em 2002.

1683 Emenda Constitucional nº 1 (1969): editada pela Junta Militar funcionou como se fosse uma Nova Constituição. Abriu caminho para um Estado totalitário, favorecendo a intervenção federal nos Estados e Municípios e limitava a atuação do Congresso Nacional, Assembleias Legislativas, Câmaras Municipais etc. Limitava os direitos fundamentais da população brasileira. Consolidou uma ditadura absoluta.

1684 Sérgio Fernando Paranhos Fleury (1933-1979): carioca, escrevente de polícia, investigador, advogado e Delegado. Trabalhou no DOPS (Departamento Estadual de Ordem Política e Social) para ajudar a reprimir os movimentos armados de esquerda e os opositores à política governamental. Reprimiu violentamente o XXX Congresso da UNE em

A sucessão de Costa e Silva e do Triunvirato Militar enfrentou a concorrência de dois candidatos: o general Garrastazu Médici[1685] e Albuquerque Lima.[1686] Venceu Médici, que tinha chefiado o SNI e portava quatro estrelas. O nacionalista General Albuquerque Lima só tinha três estrelas. A mudança das regras para dar a estrela de Médici foi realizada pela Junta Militar para assegurar a sua vitória e excluiu Albuquerque Lima. O almirante Rademaker foi indicado a Vice-Presidente.

A repressão e a tortura, neste momento, estavam predominando no país. Segundo Antônio Carlos Fon,[1687] no livro *Tortura*,

---

Ibiúna, onde prendeu quase mil estudantes. Exterminou marginais na liderança do chamado "esquadrão da morte". Passou a colaborar com a OBAN (Operação Bandeirantes) que combatia os considerados "subversivos'. Cercou e matou Carlos Marighella, líder da ANL. Prendeu diversos padres dominicanos e submeteu-os à tortura. Perseguiu o capitão Carlos Lamarca, líder de guerrilha. Foi acusado de atos violentos e tortura contra presos políticos, tendo ligação com a morte de Bacuri (Eduardo Leite) e Joaquim Câmara Ferreira da ALN.

1685 Emílio Garrastazu Médici (1905-1985): gaúcho, militar (General do Exército), chefiou o SNI (1967-1969) e Presidente da República (1969-1974). Governou com forte repressão aos movimentos estudantis, sindicais, de esquerda e a imprensa. Radicalizou a censura ao cinema, ao teatro e à mídia em geral. Representou os "anos de chumbo" da ditadura. Divulgou o chamado "milagre brasileiro".

1686 Afonso Augusto de Albuquerque Lima (1905-1981): cearense, cursou a Escola Militar de Realengo (RJ), aderiu a Revolução de 1930, reprimiu a ANL, fez oposição ao Estado Novo e assinou o "manifesto dos coronéis" (1954). Participou da conspiração contra Jango. Foi Ministro do Interior (governo Costa e Silva) e teve posições nacionalistas. Com a doença de Costa e Silva recebeu apoio para ser candidato a Presidência da República, mas não obteve sucesso e perdeu para Médici. Foi para a reserva como General-de-Divisão.

1687 Antônio Carlos Fon (1946-): baiano, jornalista, colaborou para os jornais *O Dia* (SP, 1967), *Diário Popular* e *Jornal da Tarde*. Trabalhou nas revistas *Visão* (1974), e *Veja*. Participou do lançamento do jornal *Aqui São Paulo* (1975). Foi preso em 29 de setembro de 1969, quando estava dormindo no quarto de seu irmão (Aton Fon Filho), pelo Delegado (suspeito de torturas) Raul Nogueira, colaborador do Comando de Caça

havia diversos métodos para torturar os chamados "subversivos e comunistas", tais como: arrancando os dentes; o sistema inglês (de caráter psicológico); afogamento; geladeira (o prisioneiro ficava nu, a ventilação ambiental variava de frio insuportável a calor altíssimo, acompanhava um volume de som variável, com passos, trens correntes, turbinas de jato etc. e as luzes ficavam piscando ininterruptamente ou apagadas); soro da verdade (aplicação do pentotal sódico aplicado na veia para a vítima ficar em letargia e responder ao interrogatório); torturas químicas (aplicação de amoníaco e éter nas vias respiratórias para sufocar o preso, queimá-lo e levá-lo à loucura passageira, às vezes pingavam éter no ânus – as aplicações podiam gerar necrose e gangrena); torniquete (aplicação de um círculo de folha de aço ajustável no crânio do supliciado, através de um mecanismo de rosca e parafuso, comprimindo o crânio da vítima); espancamento (usavam chicotes, palmatórias, pedaços de madeira, cortas molhadas, correntes de aço, cassetetes de borracha, velas, cigarros acessos navalhas, estiletes, socos e pontapés); cadeira do dragão (poltrona tosca, de madeira, tendo placas de metal nos braços, encosto e assento ligados a fios terminais numa maquininha de choque para eletrificar a vítima sentada); usavam, também, um microfone elétrico (para que os gritos do eletrocutado aumentasse a voltagem); pau de arara (dois cavaletes de madeira e uma ranhura na parte superior onde se encaixava um cano de ferro, o interrogado nu é levantado e pendurado entre os cavaletes), maquininha de choque ou manivela (magneto de telefone campanha acionado por uma

aos Comunistas (CCC) e o Capitão do Exército Maurício Lopes Lima. Foi levado para a "Operação Bandeirantes" na rua Tutoia (34° Distrito Policial, DOI-CODI). Foi torturado no "pau-de-arara", espancado e submetido a choques elétricos na cabeça. Ficou preso 17 dias. Depois, foi levado para o DOPs e submetido a mais uma sessão de tortura. Posteriormente, ficou preso 15 dias no presídio Tiradentes. Colocado em liberdade escreveu o livro: *Tortura*, sobre a violência ocorrida durante a ditadura militar. (FON, Antônio Carlos. *Tortura*: a história da repressão política no Brasil. São Paulo: Global Editora e Distribuidora Ltda, 1979, pp. 71-79).

manivela que fornece uma descarga elétrica na vítima, foi usada pela gestapo nazista e introduzida no Brasil na década de 40); pianola Boilesen (tem um teclado como os instrumentos musicais, que, ao serem premidos, fornecem uma descarga elétrica, mal aplicado, pode matar o interrogado); polé ou roldana (usado na inquisição, a vítima tem os pés amarrados por uma corda que passa por uma polia presa ao teto ou ao galho de uma árvore, a vítima fica de cabeça para baixo, suspensa do chão, esta forma ajuda no espancamento, ou a queima com pontas de cigarro) etc.

Emílio Garrastazu Médici (1969-1974) foi o governo mais repressivo e torturador da ditadura militar. As guerrilhas continuavam com o Capitão Carlos Lamarca[1688] e a VPR (Vanguarda Popular Revolucionária).

Lamarca, instrutor de tiros de seguranças de banco, desertou do exército levando um caminhão com armas pesadas do quartel de Quitaúna (SP). Assaltou o cofre com 2,5 milhões de dólares de Adhemar de Barros, que estava na casa de sua amante, chamada "Dr. Ruy" no Rio de Janeiro. Organizou um ponto de guerrilha no Vale do Paraíba (Sul de SP), mas foi inviabilizado e teve que fugir do local. Foi morto no sertão baiano em setembro de 1971.

Combateu a Guerrilha Araguaia (entre o Pará, Maranhão e Goiás), que vinha agindo desde 1970 e matou a maioria dos seus participantes. Em 1973, a guerrilha foi totalmente desbaratada.

Nessa fase, a repressão tinha assassinado quase 150 pessoas e sumido com 125 suspeitos de subversão. Este trabalho era executado pelos DOI-CODIs (Departamentos de Operações e Informações e Centro de Operações da Defesa Interna), financiado por empresários

1688 Carlos Lamarca (1937-1971): carioca, militar (capitão) abandonou o exército para se dedicar à luta armada contra a Ditadura Militar. Participou de assaltos a bancos e sequestrou o embaixador suíço no Brasil (1970). Foi líder da VPR e tentou implantar a guerrilha no campo sem conseguir sucesso. Foi morto no sertão baiano.

para acabarem com a subversão e os "comunistas". Em São Paulo, atuava a OBAN (Operação Bandeirantes).

Em 1973, o governo tinha dizimado os "focos de guerrilha" e vivia a glória do chamado "milagre econômico".[1689]

A economia avançou entre 1969 e 1973, sendo que o PIB (Produto Interno Bruto) cresceu mais 11% e a inflação média anual chegou a 18%. O governo conseguiu empréstimos externos, aumentou a arrecadação e realizou projetos faraônicos, construindo a ponte Rio-Niterói, a Rodovia Transamazônica e a Hidrelétrica de Itaipu. Houve manipulações dos índices de desenvolvimento do governo.

O economista Delfim Neto[1690] foi responsável pelo "milagre econômico". A tese era de que "o bolo cresceria para, depois, ser dividido com o povo". Total quimera, pois só a elite usufruiu, de fato, desse modelo econômico.

Mas, nesse contexto, a popularidade de Médici cresceu, principalmente com a classe média e a elite nacional. A palavra de ordem oficial era:

"Este é um país que vai pra frente", acompanhado do refrão "Brasil ame-o ou deixe-o".

1689 Milagre Econômico: nome dado ao crescimento econômico brasileiro entre 1969 e 1973. O PIB cresceu a uma taxa média de 11% ao ano. Houve aplicação de investimentos em infraestrutura no Brasil (rodovias, telecomunicações, portos, usinas e ferrovias). Havia um clima de vitória no país, que parecia caminhar para se transformar num "país emergente".

1690 Antônio Delfim Neto (1928-): paulista, economista e político. Foi Ministro da Fazenda (1967-1974) e comandou o chamado "milagre econômico" ou "brasileiro", assumiu o Ministério da Agricultura (1979) e a Secretaria do Planejamento (1985-1989). Foi deputado constituinte por São Paulo (1987-2002).

> Porém, o "milagre brasileiro" – expressão cunhada na época – tornou o país excessivamente dependente do crédito internacional, e o crescimento econômico implicou a também dependência de produtos importados, como o petróleo, tendo o crescimento da indústria automobilística atingindo taxas anuais de 30%. A política econômica acentuou a concentração de renda, pois favorecia a acumulação de capitais. O Brasil caracterizou-se por um grande desenvolvimento industrial, que caminhava lado a lado com a negligência da distribuição social confirmada por baixos indicadores de saúde, educação e habilitação.[1691]

Na realidade, a administração do país ficou sob a responsabilidade de três ministros Orlando Geisel (Exército),[1692] Antônio Delfim Neto (assuntos econômicos) e Leitão de Abreu (Casa Civil e assuntos políticos).[1693]

Os tecnocratas planejavam o governo, e Thomas Skidmore[1694] afirmou: "Cada um tinha seus poderes de vice-rei dentro de seu

---

1691 KOIFMAN, Fábio (Coord.). *Presidentes do Brasil*: de Deodoro a FHC. Universidade Estácio de Sá (Departamento de Pesquisa). Rio de Janeiro: Editora Rio, 2002, p. 687.

1692 Orlando Geisel (1905-1979): gaúcho, militar, participou da Revolução de 1930, combateu a Revolução Paulista (1932), aderiu à conspiração para o Golpe Militar de 1964 e chefiou o Estado Maior do Exército. Foi Ministro do Exército (Governo Médici), ajudou o irmão Ernesto Geisel a chegar à Presidência da República.

1693 João Leitão de Abreu (1913-1992): gaúcho, advogado, jornalista, professor, Secretário da Educação e Cultura (RS), redigiu o Ato Institucional nº 12 (afastando o vice-Presidente Pedro Aleixo de substituir Costa e Silva), chefiou o Gabinete Civil do Presidente Médici e foi nomeado Ministro do STF. Voltou ao Gabinete Civil em 1981.

1694 Thomas Elliot Skidmore (1932-2016): professor da Universidade de Wisconsin, graduado pela Universidade de Oxford, defendeu a tese de PHD sobre a História Moderna da Alemanha. Indo a Harvard, transformou-se em estudioso da História do Brasil e, portanto, um "brasilianista". O livro de seu projeto foi *Brasil: de Getúlio a Castelo*, no qual enfoca da era Vargas até a implantação da Ditadura Militar.

território; os tecnocratas e até outros ministros tinham que trabalhar através deles".[1695]

O Congresso era liderado pelo senador Filinto S. Müller (ARENA). Os decretos-leis predominaram a partir de abril de 1970. Foi imposta a censura prévia aos jornais e aos livros. Era os "anos de chumbo"[1696] da ditadura.

Sucessão – a escolha do novo Presidente teve a participação discreta dos simpatizantes do falecido Castelo Branco, que ficaram marginalizados, desde 1967, da política nacional. Um dos artífices foi o General Golbery de Couto e Silva[1697] e o escolhido foi o General Ernesto Geisel, que presidia a Petrobrás.

Médici, que não tinha um candidato preferido, seguia a tese de "rotatividade" de generais na presidência do Brasil, aceitou a proposta, apoiada por Orlando Geisel (irmão do indicado).

A oposição lançou a candidatura do Deputado Federal Ulisses Guimarães (MDB)[1698] para contrapô-lo no colégio eleitoral, apenas

---

1695 SKIDMORE, Thomas Elliot. *Brasil*: de Castelo a Tancredo, 1964-1985. Rio de Janeiro: Paz e Terra, 1988, p. 216.

1696 Anos de Chumbo: período em que a Ditadura Militar radicalizou contra os opositores ao regime. Prendeu, perseguiu, torturou, censurou e até matou. A Linha Dura predominava e comandava a repressão em todo o país. Teve início em 1968 e foi até 1974. Predominou no Governo Médici.

1697 Golbery de Couto e Silva (1911-1987): gaúcho, militar, participou do "manifesto dos coronéis", foi opositor de Vargas e Jango e participou, ativamente, do Golpe Militar de 1964. Era teórico da "doutrina de segurança nacional" desenvolvida na ESG. Criou o SNI. Chefiou o Gabinete Civil (1974-1981), defendeu a abertura política e a volta a democracia. Afastou-se do governo devido ao atentado ao Riocentro. Escreveu diversas obras, com destaque para *Geopolítica do Brasil*.

1698 Ulisses Guimarães (1916-1992): paulista, advogado, político, Ministro da Indústria e Comércio (1961-1962). Membro do MDB e do PMDB. Deputado federal, presidiu a Constituinte, líder da campanha "Diretas Já", foi candidato à Presidente da República duas vezes, em 1973 contra

como forma de contestação ao regime. Era o anticandidato. Geisel obteve 400 votos e Ulysses 70 votos, em 15 de janeiro de 1974.

Ernesto Geisel (1974-1979) – tomou posse comprometido com a redemocratização do país, que deveria ocorrer com uma "abertura de forma gradual dos militares dos quartéis". O processo teria de ocorrer "lento, gradual e seguro". No início do governo, enfrentou a crise internacional do petróleo, o aumento das taxas de juros, a redução de crédito, prejudicando a dívida externa brasileira e, portanto, enfrentando uma "recessão mundial". A crise, iniciada no Oriente Médio, com o Egito e Síria enfrentando Israel para retomar territórios perdidos em 1967, acabou aumentando os preços do petróleo, em represália ao apoio ocidental e dos EUA aos judeus. Os árabes criaram a OPEP (Organização dos Exportadores de Petróleo), em 1973, e triplicaram os preços desta matéria-prima. O Brasil ficou seriamente prejudicado, pois importava 4 em cada 5 barris que consumia, e o "milagre econômico" se esfacelou.

No campo político, o MDB e a oposição ao regime se fortaleceram durante as eleições de novembro de 1974, quando conquistaram 59% dos votos para o Senado e 48% para a Câmara dos Deputados. Obtiveram, ainda, a vitória em 79 cidades com mais de 100 mil habitantes. A ARENA conseguiu a vitória com apenas 11 cidades com mais de 100 mil habitantes.

A censura à imprensa foi suspensa em 1975.

Diante do avanço da "abertura política" a "Linha Dura" militar, reagiu e aumentou a repressão contra os denominados "subversivos e comunistas", principalmente os ligados ao PCB.

---

a Ditadura Militar e 1989 contra Fernando Collor. Morreu num suspeito desastre de helicóptero.

É, neste quadro de radicalismo, que foram assassinados o jornalista Vladimir Herzog e o operário Manuel Fiel Filho[1699] no DOI-CODI em São Paulo, obrigando o Presidente Geisel a afastar os responsáveis pelo ocorrido e circunscrever as ações da Linha Dura.

Em 1976, o MDB venceu novamente as eleições. Pressionado pelos militares, Geisel, usando o AI-5, fechou o Congresso Nacional em 1º de abril de 1977 e lançou o "pacote de abril". Com este "pacote", as regras eleitoras foram modificadas para a proteção da ARENA. Foi criada a figura do "senador-biônico", eleito indiretamente pelas Assembleias Legislativas Estaduais e o mandato presidencial aumentou para seis anos. Impôs uma reforma no judiciário e acabou cassando os deputados oposicionistas Marcos Tito[1700] e Alencar Furtado do MDB.[1701]

1699 Manuel Fiel Filho (1927-1976): operário, participava do Sindicato dos Metalúrgicos de São Paulo, foi preso e levado para o DOI-CODI no início de 1976. Em 17 de janeiro, apareceu morto na cela daquele órgão de repressão. A morte por enforcamento foi considerada suicídio. Era o terceiro "suicidado" no DOI-CODI do II Exército. No Brasil, os "suicidados" já tinham chegado a 39 vítimas, sendo que 19 por enforcamento. Foi um escândalo nacional. A tortura e a morte de prisioneiros políticos estavam escancaradas. O fato gerou uma crise profunda na área militar e política e culminou, depois, no afastamento do Ministro do Exército Sylvio Frota (1977).

1700 Marcos Wellington de Castro Tito (1940-): mineiro, advogado, deputado estadual e federal (1974) ligado aos "autênticos" do PMDB (esquerda). Foi cassado em 1978 com base no AI-5. Anistiado, filiou-se ao PMDB. Participou da campanha das "Diretas Já". Assumiu, temporariamente, a Assembleia Legislativa de Minas Gerais em 1985 e, depois, tornou-se Presidente da Junta Comercial do Estado de Minas Gerais.

1701 José Alencar Furtado (1925-2021): cearense, advogado, deputado estadual e federal (1971, PR) ligado aos "autênticos" do MDB. Foi cassado em 1977 pelo AI-5 e teve os direitos políticos suspensos por 10 anos. Passou a se dedicar à advocacia e à literatura. Voltou à Câmara Federal em 1982. Apoiou a Emenda Dante de Oliveira. Escreveu *Órgãos do Talvez*, *Salgando a terra* e *A posseira e o doutor* etc.

Em 1978, enviou a Emenda Constitucional n. 11 que liquidou o AI-5 e restaurou o *habeas corpus*, a partir de janeiro de 1979. Revogou, também, o banimento de 100 exilados brasileiros.

Em 1978, iniciou-se uma nova fase do sindicalismo brasileiro, liderado por Luís Inácio da Silva (Lula), que organizou uma greve maciça dos operários da Scania.

Geisel impediu, ainda, uma conspiração para derrubá-lo, afastando o suspeito Ministro do Exército, General Sylvio Frota,[1702] que estava tramando com a Linha Dura para chegar à Presidência da República.

No campo externo, Geisel fez um acordo nuclear com a Alemanha no valor de 10 bilhões de dólares para construir "oito centrais nucleares e usinas de enriquecimento de urânio e reprocessamento de combustível nuclear". Foi duramente criticado pelos EUA. Criou o "pró-ácool" e aprovou o divórcio no país.

Para sucedê-lo, foi indicado o general João Baptista de Oliveira Figueiredo, chefe do SNI, que concorreu com o general Euler Bentes Monteiro (MDB).

No final do seu governo, a inflação estava em média 37,9% e a dívida externa alcançava 43,5 bilhões de dólares.

1702 Sylvio Couto Coelho da Frota (1910-1996): carioca, cursou a Escola Militar de Realengo, posicionou-se contra a posse de JK e apoiou o Golpe Militar de 1964. Foi indicado para Ministro do Exército (1974) e passou a defender os mesmos princípios da Linha Dura. Acabou conflitando com o Presidente Geisel, principalmente, depois da morte do operário Manuel Fiel Filho (1976) no DOI-CODI (SP). Atacava os opositores, classificando-os de "comunistas" e "subversivos' na contramão da "abertura política". Pretendia suceder a Geisel na Presidência e passou a criticá-lo. Em decorrência, foi exonerado do cargo pelo Presidente (1977), quando tentava organizar uma "conspiração" para se viabilizar como futuro chefe da nação. A sua demissão foi um período arriscado para a "abertura política".

General João Baptista Figueiredo (1979-1985) – mantendo como Ministro Golbery de Couto e Silva, o novo Presidente continuou executando a "abertura política" planejada pelo seu antecessor.

A Anistia – a proposta era para uma "anistia ampla, geral e irrestrita". De um lado, os militares da Linha Dura eram contra a "anistia" para os "sequestradores" e os que participaram das guerrilhas (urbana e rural), do outro lado era exigido punição aos "torturadores".

Em 28 de agosto de 1979, foi sancionada a Lei da Anistia aos acusados ou condenados sob a suspeita de "crime político". Os líderes políticos, que estavam exilados, começaram a voltar para o Brasil. Os acusados de tortura também foram anistiados, deixando a oposição ao governo revoltada com esta inclusão na lei. Aproximadamente, 5 mil pessoas foram liberadas pela anistia.

Em 1980, com a extinção do bipartidarismo, novos partidos foram criados, sendo fundado o PT (Partido dos Trabalhadores), liderado pelo metalúrgico e sindicalista Lula. O PT conseguiu agregar esquerdistas, religiosos católicos (Comunidades Eclesiais de Base), intelectuais, artistas, estudantes, elementos da classe média e passou a disputar espaços políticos com o PMDB.

O PTB ressurgiu com Ivete Vargas, parente de Getúlio e com amplo trânsito com o governo federal. O PDT (Partido Democrático Trabalhista) foi criado por Leonel Brizola, que fora afastado e praticamente vetado no PTB. Surgiu o PP (Partido Popular), que congregou os ligados a centro-direita brasileira.

A lei que proporcionou essas transformações foi a denominada "orgânica dos partidos", que teve, como objetivo, enfraquecer e dividir o MDB, que, na realidade, era "uma frente ampla, popular e abrigava a esquerda, o centro e os liberais democratas durante os anos de chumbo". Com esse processo veloz de redemocratização, a Linha Dura se insurgiu e passou a realizar atos terroristas, tais como sequestros de opositores ao regime, bombas passam a ser jogadas em bancas de jornais, além do uso de "cartas bomba".

Houve um atentado com "carta bomba" contra a sede da OAB do Rio de Janeiro, matando a secretária da instituição.[1703]

O atentado mais espetacular, que tentaram fazer, ocorreu com bombas colocadas no Riocentro (30/04/1981), mas que falhou e matou um dos executores do plano. A bomba explodiu dentro do carro e no seu colo. Foi um escândalo, pois atingiria quase 10 mil pessoas que presenciavam um show de MPB em comemoração ao Dia do Trabalho, mas explicitou que os verdadeiros terroristas no Brasil estavam dentro das Forças Armadas e da máquina governamental.

A repressão ficou desmascarada e Golbery, que defendia a punição dos envolvidos no atentado, demitiu-se do governo.

Eleições de 1982 – as eleições municipais, que seriam em 1980, foram adiadas para 1982. Em 1982, as eleições abrangiam as câmaras municipais, as prefeituras, os governadores, a câmara federal e o Senado. Todos seriam escolhidos pelo "voto popular".

1703 Lida Monteiro da Silva (1920-1980): secretária da Ordem dos Advogados de Brasil, em 27 de agosto de 1980, ao abrir um pacote enviado para a Instituição, foi vítima da explosão de uma bomba que estava escondida, levando-a à morte. Neste período, diversos atentados foram realizados pela "direita militar", contra a "abertura política", que estava ocorrendo no país.

O PMDB saiu vitorioso, nestas eleições, em 9 estados de grande importância para a República, como Franco Montoro[1704] em São Paulo, Tancredo Neves em Minas Gerais e José Richa[1705] no Paraná.

Brizola foi eleito no Rio de Janeiro (PDT), após denunciar uma tentativa de manipulação de votos para impedir a sua vitória.

A partir de 1983, iniciou-se uma nova campanha pela "oposição", pedindo as "Diretas Já". A proposta foi realizada pelo deputado federal Dante de Oliveira[1706] do PMDB de Mato Grosso, por intermédio de uma Emenda Constitucional.

Posteriormente, Franco Montoro, Brizola e outros governadores encamparam a ideia e passaram a apoiá-la. Tiveram, inclusive, o apoio de Lula.

Em 25 de janeiro de 1984, Montoro convocou um grande comício em São Paulo, levando milhares de pessoas para o Marco Zero Paulista (Praça da Sé). O mote era: "Eu quero votar para Presidente" e tomou conta do país, ocorrendo vários comícios em diversos centros urbanos, com a participação de grandes massas populares,

---

1704 André Franco Montoro (1916-1999) – Paulista, advogado, professor e político. Foi Deputado Federal, senador e Governador de SP (1983-1987) eleito pelo PMDB. Apoiou o parlamentarismo em 1961 e foi indicado para Ministro do Trabalho e Previdência Social. Foi um dos líderes importantes da campanha "Diretas Já", realizando o primeiro comício em SP.

1705 José Richa (1934-2003): carioca, criado no Paraná, estudou Direito e Economia, Deputado Federal (Paraná, 1963 a 1967, 1971), senador (1978 e 1987), governador (PR, 1983). Atuou na Constituinte (1988). Publicou, em 1970: *Análise da economia cafeeira no país*.

1706 Dante de Oliveira (1952-2006): nasceu em Mato Grosso, político ligado ao PMDB. Como deputado federal (1982), apresentou a Emenda que propunha eleições diretas para a Presidência da República, sendo derrotado no Congresso Nacional. Foi Ministro da Reforma e Desenvolvimento Agrário (1986-1987) e governador de Mato Grosso duas vezes (1995-2001).

exigindo as "eleições diretas". Ulisses Guimarães residente do PMDB, destacou-se nesta campanha e recebeu o título de "Senhor Diretas".

A Emenda foi votada em 25 de abril de 1984, pela Câmara Federal e derrotada, sob forte pressão militar, que colocou diversos obstáculos para que as caravanas de apoio não chegassem a Brasília. A repressão, neste dia, foi realizada pelo general Newton Cruz,[1707] que cercou o Congresso Nacional, realizou prisões e evitou manifestações populares. A emenda obteve 298 votos, mas não conseguiu alcançar os 320 votos necessários para se viabilizar, ou seja, dois terços como rezava a Constituição de 1967.

Em decorrência de toda essa movimentação política, a oposição e a "situação" acabaram aceitando a "eleição indireta" para a Presidência da República.

O PMDB lançou Tancredo Neves como candidato e a "situação" representada pelo PDS (antiga ARENA) lançou o Deputado Federal Paulo Maluf, ex-governador paulista. Contudo, o PDS estava "rachado", devido aos pré-candidatos Aureliano Chaves[1708]

1707 Newton de Araújo de Oliveira e Cruz (1924-2022): carioca, militar de arma de artilharia (exército), adjunto do SNI, general de brigada (1976), Chefe do SNI (1977) e Comandante Militar do Planalto. Durante a votação da Emenda Dante de Oliveira, usou truculência em Brasília, ocupando com tropas a cidade e realizando ameaças contra os que participavam do processo de abertura política. Defendia a Linha Dura e, também, foi envolvido no assassinato do jornalista Alexandre Von Baumgarten, ex-diretor da revista *O Cruzeiro*, que tentou fazer uma ponte entre o SNI e a revista.

1708 Antônio Aureliano Chaves de Mendonça (1929-2003): Mineiro, engenheiro, professor, Deputado Estadual, Secretário da Educação (1964), deputado federal (1967), governador (MG, 1974) e vice-Presidente da República na chapa do General João Batista Figueiredo·(1979). Foi candidato à Presidência da República contra Maluf e Andreazza pelo PDS e foi inviabilizado. Ajudou na organização do PFL e passou a defender as eleições diretas para Presidente da República. Participou da Frente Liberal que apoiou Tancredo Neves à Presidente da República. Posteriormente, foi Ministro das Minas e Energia (1985-1988). Foi

e Mário Andreazza[1709] terem sidos preteridos durante as manobras políticas de Maluf e passaram a se aproximar de Tancredo Neves. Consolidando essa "aproximação", lançaram a candidatura de José Sarney à Vice-Presidência de Tancredo Neves. O PDS foi implodido, facilitando a vitória do PMDB, com Tancredo Neves, no Colégio Eleitoral.

Nesse momento, foi organizada a "Frente Liberal", que junto ao PMDB (oposição), formou a Aliança Democrática que deu todo o apoio à candidatura de Tancredo Neves e Sarney (Presidente e Vice, respectivamente). A eleição indireta ocorreu em 15 de janeiro de 1985, dando vitória a estes dois políticos. Tancredo obteve 480 votos e Maluf 180. Foi o início, de fato, da redemocratização no Brasil, com os civis no comando.

É preciso relembrar que os militares no Brasil, com o surgimento da República Nova, sempre desejaram o controle do poder, em 1930, ajudaram a derrubada de Washington Luiz apoiando Vargas. Participaram das intervenções nos estados, ajudaram a esmagar o movimento, denominado "comunista" em 1935, sustentaram o golpe de 1937, que criou o Estado Novo (1937-1945), derrubaram Getúlio em 1945, ajudaram a eleger o general Dutra-Presidente (1945), fizeram oposição à volta de Vargas à presidência (1950), conspiraram contra o governo entre 1950 e 1954, contribuindo para o suicídio do Presidente Vargas (1954). Continuaram rebelando-se contra JK, tentaram evitar a posse de Jango, após a renúncia de Jânio e, finalmente, em

candidato à Presidência da República (1989-PFL), mas teve uma votação insignificante. Defendeu o monopólio da Petrobrás contra a posição tomada por FHC de privatização.

1709 Mario Davi Andreazza (1918-1988): gaúcho, cursou a Escola Militar do Realengo (RJ), chegou a coronel (1965) e Ministro dos Transportes (1967). Como Ministro, inaugurou a Transamazônica (1974) dentro do programa de integração nacional. Assumiu o Ministério do Interior (1979) e foi candidato à Presidência da República pelo PDS, contra Maluf e Aureliano Caves, perdendo a indicação.

1964, derrubaram o Presidente legal do Brasil e implantaram uma ditadura que se estendeu até 1985.

Foi, com a perda deste poder conquistado por Golpe de Estado, que a ala mais radical das Forças Armadas tentou impedir a "abertura política" e a redemocratização do país de forma violenta, usando princípios da Guerra Fria e que culminou em arbitrariedade, torturas, o assassinato de Herzog e o atentado terrorista do Riocentro.

14.3 Vladimir Herzog – O jornalista "suicidado" – Tortura e morte no cárcere

O DOI-CODI ligado ao II Exército, órgão de repressão da ditadura militar (1964-1985), estava investigando a presença de "comunistas" na TV Cultura Canal 2, em São Paulo, após a demissão do professor João Walter Smolka,[1710] que comandava o jornalismo da emissora e lecionava na Escola de Comunicação e Artes da USP, para a entrada do jornalista Vladmir Herzog no seu lugar.

Em 3 de setembro, a Cultura tinha apresentado um pequeno documentário britânico sobre o líder Ho Chi Minh[1711] do Vietnã, mas sem nenhuma consulta ou participação de Herzog na indicação do tema.

1710 João Walter Smolka (1931-2002): jornalista, dirigiu a *TV Cultura Paulista* durante a época da ditadura, sendo colega de Herzog. Foi demitido, iniciando uma crise que culminou na prisão de diversos colegas e o assassinato de Herzog.

1711 Ho Chi Minh (1890-1969): estudou na França e foi líder dos vietnamitas contra o domínio americano. Organizou as guerrilhas para lutar contra os marines americanos e unificar o Vietnã do Norte com o do Sul. A reação militar movida pelos *vietcongs* guerrilheiros do Vietnã do Norte, derrotou o império americano. Houve um grande desgaste dos EUA nessa Guerra do Vietnã.

Concomitantemente, o jornalista Cláudio Marques[1712] do pequeno semanário *Shopping News* denunciou o fato, como se fosse uma armação publicitária dos comunistas infiltrados no canal ligado ao *Estado de São Paulo*.

Na sequência, o deputado estadual Wadih Helu, da ARENA,[1713] discursou na Assembleia Paulista, repercutindo o fato e exigindo apuração sobre as denúncias ocorridas contra a TV Cultura. Obteve comentários durante a sua manifestação do colega parlamentar José Maria Marin.[1714]

Herzog, conhecido como Vlado, havia realizado trabalhos na BBC (Londres) durante a sua estadia com a família na Inglaterra e estava empolgado com o cinema, o teatro e a música, acreditando que a televisão seria um excelente meio para divulgar para a população a educação e a cultura em São Paulo e no Brasil.

O general Ednardo d'Avila Melo,[1715] comandante do II Exército em São Paulo, e divergindo do governador biônico Paulo Egydio

---

1712 Claudio Marques: jornalista que denunciou Herzog como um comunista infiltrado na *TV Cultura*.

1713 Wadih Helu (1922-2011): deputado estadual paulista ligado ao Esporte Clube Corinthians que acusou o jornalismo da *TV Cultura* de realizar propaganda comunista. Ratificou as acusações de Cláudio Marques, atingindo Herzog e agilizando a sua prisão.

1714 José Maria Marin (1932-): paulista, advogado, esportista, vereador, deputado estadual (1970-1974-1978), vice-governador na chapa de Maluf (1978) e governador (1982). Pertencia à ARENA e foi envolvido nas denúncias contra a *Tv Cultura* e Herzog. Apoiou Tancredo Neves para Presidência e Jânio para Prefeito de São Paulo (1985). A partir da década de 90, dedicou-se ao setor esportivo.

1715 Ednardo d'Avila Melo (1911-1984): carioca, cursou a Escola Militar de Realengo (RJ), integrou a FEB (1944), assinou o "Manifesto dos Coronéis" de críticas a Vargas (1954) e apoiou o Golpe Militar de 1964. Atingiu o posto de general-de-exército em 1973 e foi comandar o II Exército (1974). Durante a sua administração, houve torturas e mortes em São Paulo envolvendo o DOI-CODI, sendo vítimas o tenente

Martins,[1716] incentivava uma verdadeira "caça às bruxas" contra os críticos e opositores do regime autoritário, classificando-os de comunistas e dando apoio ao DOI-CODI e à repressão. Vários jornalistas foram detidos nessa época, acusados de "comunistas", e Herzog entrou nesta ampla "lista" de repressão e tortura.

Na noite de 24 de outubro de 1975, uma sexta-feira, dois agentes foram à redação da TV Cultura, onde Vlado comandava o jornalismo, para levá-lo a um interrogatório no DOI-CODI. Herzog estava preparando a edição do telejornal "A hora da notícia", com auxílio dos colegas, e também de sua esposa Clarice e filhos, que tinham chegado naquele momento na "estação", conseguiu continuar o seu trabalho, prometendo que se apresentaria no outro dia, em 25 de outubro, um sábado, na Rua Tomás Carvalhal, 1030.

Segundo Hamilton Almeida Filho, colega de Vlado, houve o seguinte diálogo com os agentes:

> Vlado: "A que horas?"
>
> R: "Às oito".
>
> Vlado: "Devo procurar por quem?"
>
> R: "Capitão Borges" (foi o que entendi).
>
> Vlado: "Estarei pontualmente lá. Agradeço a compreensão dos senhores. Boa noite".[1717]

---

da PM José Ferreira de Almeida, Herzog e Manuel Fiel Filho. Diante destes fatos, o Presidente Geisel o demitiu (1976).

1716 Paulo Egydio Martins (1928-2021): paulista, engenheiro, político, participou da conspiração contra Jango, Ministro da Indústria e do Comércio (1966) e governador (1975). Enfrentou as acusações contra a *Tv Cultura* e as mortes ocorridas no DOI-CODI. Em 1979, declarou ser favorável à legalização do PCB, à volta do secretário Luís Carlos Prestes e à volta de um partido que tivesse características fascistas no país. Adotou uma posição liberal. Participou da Aliança Liberal que elegeu Tancredo Neves como Presidente.

1717 FILHO, Hamilton Almeida. *A sangue quente*: a morte do jornalista Vladimir Herzog. São Paulo: Alfa-Ômega, 1978, p. 19.

No outro dia, como havia prometido, apresentou-se ao DOI--CODI, que, imediatamente, obrigou-o a trajar um macacão de prisioneiro e teve início o "interrogatório" numa sala do órgão repressor. Trouxeram dois jornalistas Rodolfo Osvaldo Konder[1718] e George Benigno Jatahy Duque Estrada (presos anteriormente),[1719] para uma acareação com Herzog que era acusado de "agente comunista" e tinha um "capuz de pano negro em sua cabeça". O investigador de polícia, que estava tratando do "caso Vlado", era Pedro Antônio Mira Grancieri,[1720] posteriormente elevado a Delegado de Polícia em São Paulo. Os jornalistas foram obrigados a aconselharem Herzog de que "não adiantava sonegar informações", pois o órgão repressivo já tinha conhecimento de "tudo" sobre eles. Vlado, que estava sentado num banco de choques elétricos, afirmava "que nada sabia sobre a acusação de que participava ativamente de uma célula do PCB". Esclarecendo o que tinha ocorrido, em documento espontâneo assinado em 7 de novembro de 1975, no escritório de advocacia de José Carlos Dias,[1721] Arnaldo Malheiros Filho, Maria Luiza Flores da Cunha Bierrenbach e José Roberto Leal de Carvalho, o jornalista Konder, prestou declarações sobre a prisão e morte de Vlado, a saber:

> Às 6 horas da manhã, do dia 24 de outubro do corrente, tocaram a campainha de minha casa, e, quando fui atender, vi que eram três agentes da Polícia, os quais me disseram que eu deveria acompanhá-los para prestar alguns esclarecimentos.

1718 Rodolfo Osvaldo Konder (1938-2014): Jornalista da *TV Cultura*, acusado de pertencer ao PCB e preso no DOI-CODI. Posteriormente, foi Secretário Municipal de Cultura de São Paulo.

1719 George Benigno Jatahy Duque Estrada: Jornalista ligado ao *Estado de São Paulo*.

1720 Pedro Antônio Mira Grancieri: investigador de Polícia e, depois, Delegado de Polícia. Foi encarregado do caso Herzog.

1721 José Carlos Dias (1939-): advogado, defendeu os presos políticos e participou ativamente da luta contra a Ditadura Militar. Defendeu sempre o Estado Democrático de Direito. Foi Ministro da Justiça do Presidente FHC (1999).

Fui levado numa caminhonete até as dependências do DOI, na rua Tomás Carvalhal, 1.030, endereço este que vim a conhecer posteriormente. Na entrada, colocaram-me um capuz de pano preto na cabeça e me levaram para o interior do DOI. Lá dentro me fizeram tirar a roupa e me deram um macacão do Exército e eu fiquei sentado num banco com o macacão e o capuz. Fiquei cerca de uma hora esperando, tempo que eu não posso calcular com certeza por terem me tirado o relógio, e fui chamado para o interrogatório. Fui levado para o primeiro andar, pois estava no térreo, e alguém começou a me fazer perguntas sobre minhas atividades políticas. Esta pessoa eu não posso identificar porque eu estava com o capuz na cabeça. Ela começou a se exasperar e me fazer ameaças, porque-não estava satisfeita com as respostas que eu dava, pediu uma delas que trouxesse a "pimentinha", que é uma máquina de choques elétricos, e a partir daí eu comecei a ser torturado. Uma pessoa que mais tarde pela voz eu identifiquei como o chefe da equipe, e era forte, barrigudo, moreno, de cara raspada. Este homem me batia com as mãos e gritava que ele era um anormal, o que eu achei muito estranho. Depois instalaram nas minhas mãos, amarrando no polegar e no indicador, as pontas de fios elétricos ligados a essa máquina; a ligação era nas duas mãos e também nos tornozelos. Obrigaram-me a tirar os sapatos para que os choques fossem mais violentos. Enquanto o interrogador girava a manivela, o terceiro membro da equipe, com a ponta de um fio, me dava choques no rosto, por cima do capuz e às vezes na orelha, para isso levantando um pouco o capuz, para que o fio alcançasse a orelha. Para se ter uma ideia de como os choques eram violentos, vale a pena registrar o fato de que eu não pude me controlar e defequei, e frequentemente perdia a respiração.

No sábado de manhã, percebi que Vladimir Herzog tinha chegado. Como o capuz é solto, por baixo dele, quando a vigilância não é severa, pode-se ver os pés das pessoas que estão perto. Ao meu lado estava sentado George Duque Estrada, de O Estado de S. Paulo, e eu comentei com ele que Vladimir Herzog estava ali presente, isto porque Vladimir Herzog era muito meu amigo e nós comprávamos sapatos juntos, e eu o reconheci pelos sapatos. Algum tempo depois Vladimir foi retirado da sala. Nós continuamos sentados lá no banco, até que veio um dos interrogadores e levou a mim e ao Duque Estrada a uma sala de interrogatório no andar térreo, junto à sala em que nós nos encontramos. Vladimir estava lá, sentado numa cadeira, com o capuz enfiado e já de macacão. Assim que entramos na sala, o interrogador mandou que tirássemos os capuzes, por isso nós vimos que era Vladimir, e vimos também o interrogador, que era um homem de 33 a 35 anos, com mais ou menos 1,75 m de altura, uns 65 quilos, magro, mas musculoso, cabelo castanho-claro, olhos castanhos apertados e uma tatuagem de uma âncora na parte interna do antebraço esquerdo, cobrindo praticamente todo o antebraço. Ele nos pediu que disséssemos a Vladimir "que não adiantava sonegar informações". Tanto eu como Duque Estrada, de fato, aconselhamos Vladimir a dizer o que sabia, inclusive porque as informações que os interrogadores desejavam ver confirmadas já tinham sido dadas por pessoas presas antes de nós. Vladimir disse que não sabia de nada e nós dois fomos retirados da sala e levados de volta ao banco de madeira onde antes nos encontrávamos, na sala contígua. De lá, podíamos ouvir nitidamente os gritos, primeiro do interrogador e depois de Vladimir, e ouvimos quando o interrogador pediu que lhe trouxessem a "pimentinha" e solicitou ajuda de uma equipe de torturadores. Alguém ligou o rádio, e os gritos de Vladmir se confundiam com o som do rádio. Lembro-me que, durante esta fase, o rádio dava notícia de que Franco havia recebido a extrema-unção, e o fato me ficou gravado, pois naquele mesmo momento Vladimir estava sendo torturado e gritava. A partir de um determinado momento, a voz de Vladimir se modificou, como se tivessem introduzindo alguma coisa em sua boca; sua voz ficou abafada, como se lhe tivessem posto uma mordaça. Mais tarde os ruídos cessaram. Depois do almoço, não sei exatamente a que horas, o mesmo interrogador veio me perguntar sobre uma reunião política na minha casa, realizada em 1972, com a presença de um homem de cabelos grisalhos. Eu não me lembrava dessa pessoa, embora me lembrasse de um único encontro realizado em minha casa

> naquele ano, com a presença de uma outra pessoa, está de cabelos escuros. O interrogador saiu, novamente, da sala e dali a pouco voltou para me apanhar pelo braço e me levar até a sala onde se encontrava Vladimir, permitindo mais uma vez que eu tirasse o capuz. Vladimir estava sentado na mesma cadeira, com o capuz enfiado na cabeça, mas agora me parecia particularmente nervoso, as mãos tremiam muito e a voz era débil. Respondendo a perguntas que lhe foram feitas por algumas das pessoas que assistiram às suas declarações, disse Rodolfo Osvaldo Konder:
>
> Que o declarante, da mesma forma que todos os outros presos que teve oportunidade de ver nas dependências do DOI, foi deixado apenas com o macacão, o capuz e os sapatos, sendo que, das pessoas que usavam sapatos com o cordão para amarrar, os cordões eram retirados, não ficando qualquer instrumento que pudesse ser usado contra a vida.
>
> Que, quando se iniciou a tortura de Vladimir, o declarante, estando na sala ao lado, chegou a ouvir sons de pancadas que lhe eram desferidas.[1722]

Este depoimento se contrapunha à cínica nota oficial do DOI--CODI apresentada pelo II Exército que assim se expressava:

> O Comando do II Exército lamenta informar o seguinte:
>
> 1) Em prosseguimento às diligências que se desenvolvem na área do II Exército, que revelam a estrutura e as atividades do Comitê Estadual do Partido Comunista, apareceu, citado por seus companheiros, o nome do sr. Vladimir Herzog, diretor--responsável de telejornalismo da TV-Cultura Canal 2, como militante e integrante de uma célula de base do citado partido.

1722 SILVA, Hélio; CARNEIRO, Maria Cecília Ribas. *Os Presidentes*: Ernesto Geisel. São Paulo: Grupo de Comunicação Três, 1983, pp. 60/61.

2) Convidado a prestar esclarecimentos, apresentou-se, acompanhado por um colega de profissão, às 9 horas do dia 25, do mês corrente, sendo tomadas por termo suas declarações.

3) Relutando, inicialmente, sobre suas ligações e atividades criminosas, foi acareado com os seus delatores, Rodolfo Oswaldo Konder e George Benigno Jatahy Duque Estrada, que o aconselharam a dizer toda a verdade, pois assim já haviam procedido.

4) Nessas circunstâncias, admitiu o sr. Vladimir Herzog sua atividade dentro do PCB, sendo-lhe permitido redigir suas declarações de próprio punho.

5) Deixado após o almoço e por volta das 15 horas, em sala, desacompanhado, escreveu a seguinte declaração: Eu, Vladimir Herzog, admito ser militante do PCB desde 1971, ou 1972, tendo sido aliciado por Rodolfo Konder; comecei contribuindo com Cr$ 50,00 mensais, quantia que chegou a Cr$ 100,00 em 1974 ou começo de 1975; meus contatos com o PCB eram feitos através de meus colegas Rodolfo Konder, Marco Antônio Rocha, Luís Weiss, Antônio de Brito, Miguel Urbano Rodrigues, Antônio Prado e Paulo Markun,[1723] enquanto trabalhava na revista Visão. Admito ter cedido minha residência para reuniões desde 1972; recebi o jornal Voz Operária uma vez pelo correio e duas ou três vezes das mãos de Rodolfo Konder. Relutei em admitir neste órgão minha militância, mas, após acareações e diante das evidências, confessei todo o meu envolvimento e afirmo não estar interessado mais em participar de qualquer militância político-partidária. Assinatura: (ilegível).

6) Cerca das 16 horas, ao ser procurado na sala onde fora deixado, desacompanhado, foi encontrado morto enforcado, tendo para tanto utilizado uma tira de pano. O papel contendo suas declarações, foi achado rasgado, em pedaços, os

---

1723 Paulo Markun (1952-): jornalista da *Tv Cultura*, também preso no DOI-CODI. Posteriormente, escritor e âncora do jornal de cultura denominado *Roda-Viva*.

> quais, entretanto, puderam ser recompostos para os devidos fins legais.
>
> 7) Foi solicitada à Secretaria de Segurança a necessária perícia técnica, positivando os senhores peritos a ocorrência de suicídio.
>
> 8) As atitudes do sr. Vladimir Herzog, desde sua chegada ao órgão do II Exército, não faziam supor o gesto extremo por ele tomado.
>
> 9) As prisões até hoje efetuadas se enquadram, rigorosamente, dentro dos preceitos legais, não visando a atingir classes, mas tão somente salvaguardar a ordem constituída ·e a Segurança Nacional. (Comunicado oficial do Comando do II Exército distribuído à imprensa domingo; em Folha de S. Paulo, página 3, 27/10/75, segunda-feira).[1724]

A polícia técnica só foi chamada duas horas após a morte de Herzog. Àquela altura dos acontecimentos no Brasil, já havia ocorrido 38 "suicidados" no prédio daquele órgão repressivo, sendo 18 por enforcamento.

O enforcamento de Vlado, segundo a versão, foi realizado com uma "tira de pano", que era a "cinta do seu macacão". Contudo, os macacões usados na prisão não tinham cinto. O jornalista e escritor Elio Gaspari assim descreve:

> Depois que entrou no DOI, Vlado trocou as roupas e vestiu o macacão dos presos. Pela manhã, foi acareado com dois colegas. Negou que pertencesse ao PCB e ficou a sós com um interrogador numa sala do andar térreo. Os dois colegas, num corredor contíguo, ouviram seus gritos e a ordem para que fosse trazida a máquina de choques elétricos. Um rádio, em volume alto, abafava os sons. A certa altura, o noticiário

---

1724 FILHO, Hamilton Almeida. *A sangue quente*: a morte do jornalista Vladimir Herzog. São Paulo: Alfa-Ômega, 1978, pp. 20-22.

informou que o generalíssimo Francisco Franco,[1725] ditador da Espanha desde 1936, recebera a extrema-unção. Um dos presos foi levado à sala e viu Herzog, encapuzado, com as mãos trêmulas e a voz débil. Em algum momento, provavelmente posterior a esse encontro e anterior à hora em que se transmitiu a mensagem à Agência Central do SNI, Vladimir Herzog redigiu uma confissão reconhecendo três ou quatro anos de militância, o pagamento de mensalidades de cem cruzeiros e a realização de algumas reuniões em sua casa. Das sete horas que Vlado ficou no DOI, só se sabe o que lhe aconteceu numa faixa de tempo que pode ir de uma a duas horas. Elas estão magnificamente contadas no livro que o amigo Fernando Pacheco Jordão[1726] escreveu sobre o episódio. No meio da tarde, fez-se um grande silêncio na carceragem.

Às 22h08min, a Agência Central do SNI recebeu uma nova mensagem: "Info que hoje, dia 25 out, cerca das 15hs, o jornalista Vladimir Herzog suicidou-se no DOI/CODI/II Exército (...)".

O DOI levou por volta de duas horas para chamar a Polícia Técnica. O SNI paulista, que levara três horas e 25 minutos para notificar uma detenção rotineira, demorara sete horas e oito minutos para informar que acabara de morrer mais um preso.

Herzog teria se enforcado amarrando o nó na primeira barra da grade, a 1,63 m do piso, e ficara sem espaço para que seu corpo pendesse. Tinha os pés no chão e as pernas curvadas. Suicídios desse tipo são possíveis, porém raros. Na história da repressão política brasileira o mais remoto fora o do inconfidente Cláudio Manuel da Costa, em 1789. No porão,

---

1725 Francisco Franco (1892-1975): militar espanhol, político, liderou o movimento nacionalista de tendência fascista durante a guerra civil (1936-1939) contra os republicanos, liberais, democratas e socialistas, sendo vitorioso. Assumiu a chefia do governo com o título de "generalíssimo" e instaurou um regime ditatorial. Em 1969, indicou, como o seu sucessor, com o título de Rei, Don Juan Carlos de Bourbon.

1726 Fernando Pacheco Jordão (1930-2017): jornalista da *Tv Cultura*, amigo de Herzog, escritor.

> tornaram-se maioria. O último, em São Paulo, havia sido o de Piracaia, na mesma cela. Dos dezessete casos anteriores de suicídio por enforcamento, oito não tiveram vão livre. Em dois, os presos teriam morrido sentados.
>
> Herzog não precisava ter amarrado a tira de pano na grade inferior. Na cela especial nº 1 havia uma cadeira. Poderia ter subido nela e feito o nó na barra superior, projetando-se em vão livre. Morrera de macacão, mas fora mandado ao Instituto Médico Legal com as roupas de sua chegada ao DOI.[1727]

A indignação foi geral, repercutindo em todo o Brasil, e o Sindicato dos Jornalistas de São Paulo, dirigido por Audálio Dantas,[1728] lançou a seguinte nota oficial:

> O Sindicato dos Jornalistas Profissionais do Estado de São Paulo cumpre o doloroso dever de comunicar a prisão e morte do jornalista Vladimir Herzog (Vlado) ocorrida ontem nas dependências do Departamento de Operações Internas (DOI), do II Exército, em São Paulo.
>
> A sequência dos acontecimentos que conduziram a esse trágico desfecho foi esta:
>
> 1) Sexta-feira, dia 24, às 21h30, agentes de segurança foram à TV-Cultura, local de trabalho do jornalista. Os agentes de segurança, após consulta a seus superiores, comunicaram ao

1727 GASPARI, Elio. *A ditadura encurralada*: o sacerdote e o feiticeiro. São Paulo: Companhia das Letras, 2004, pp. 176-178.

1728 Audálio Ferreira Dantas (1929-2018): alagoano, jornalista, escritor e sindicalista a partir de 1965. Lutou contra a Lei de Imprensa e o regime militar. Foi Presidente do Sindicato dos Jornalistas Profissionais do Estado de São Paulo (1975) e passou a defender e a protestar contra as prisões arbitrárias que vitimavam a categoria. Enfrentou a Ditadura Militar na defesa de Herzog, pois não aceitava a tese de suicídio. Foi eleito deputado federal em 1978 (SP) pelo MDB e lutou contra a censura e a LSN. Defendeu as eleições diretas, a anistia, a Constituinte e os direitos humanos. Escreveu diversos livros: *Resistência*, *O circo do desespero*, *Repórteres*, entre outros.

jornalista Vladimir Herzog que ele deveria comparecer no dia seguinte, sábado às 8 horas, àquele departamento, a fim de prestar um depoimento. O jornalista comprometeu-se a ir, sem necessidade de escolta policial.

2) No sábado, à hora marcada, o jornalista chegou ao D01 num táxi, acompanhado de um colega de trabalho da TV--Cultura, que foi dispensado em seguida.

3) As primeiras horas da noite de sábado, as autoridades de segurança informaram que o jornalista se suicidara na prisão e que uma nota oficial do II Exército seria distribuída. O fato foi comunicado à família através do Presidente da TV-Cultura e o Instituto Médico Legal forneceu um atestado de óbito, informando como causa da morte "asfixia mecânica por enforcamento", como local, a rua Tomás Carvalhal, 1030 (sede do DOI) e "hora ignorada".

Segundo informações chegadas à família, o corpo do jornalista Vladimir Herzog tinha sido entregue no Instituto Médico Legal por volta das 17 horas.

Não obstante as informações oficiais fornecidas pelo II Exército, em nota distribuída à imprensa, o Sindicato dos Jornalistas deseja notar que, perante a lei, a autoridade é sempre responsável pela integridade física das pessoas que coloca sob sua guarda.

O Sindicato dos Jornalistas, que ainda aguarda esclarecimentos necessários e completos denuncia e reclama das autoridades um fim a esta situação em que jornalistas profissionais, no pleno, claro e público exercício de sua profissão, cidadãos com trabalho regular e residência conhecida, permanecem sujeitos ao arbítrio de órgãos de segurança, que os levam de suas casas, ou de seus locais de trabalho, sempre a pretexto de que irão apenas prestar depoimento, e os mantêm presos, incomunicáveis, sem assistência da família e jurídica, por vários dias e até por várias semanas em flagrante desrespeito à lei.

Trata-se de uma situação, pelas suas peculiaridades, capaz de conduzir a desfechos trágicos, como da morte do jornalista Vladimir Herzog, que se apresentara espontaneamente para um depoimento.

> O Sindicato dos Jornalistas Profissionais do Estado de São Paulo comunica ainda que o sepultamento do jornalista Vladimir Herzog será realizado segunda-feira, às 10h30, saindo do velório do Hospital Albert Einstein, no Morumbi, para o Cemitério Israelita, no km 15 da Rodovia Raposo Tavares. E conclama os jornalistas de todas as redações de jornais, revistas, rádio e televisão, sem exceção, a que compareçam para prestar a última homenagem ao companheiro desaparecido. A DIRETORIA.[1729]

A informação chegou até o cardeal D. Paulo Evaristo Arns[1730] que movimentou a Comissão de Justiça e Paz da Arquidiocese de São Paulo no sentido de acompanhar o caso Herzog e dos jornalistas que tinham sido presos naquele período, alcançando 80 prisões. Após ser liberado pelo IML, o corpo de Vlado foi levado ao Hospital Albert Einstein, onde ocorreu o velório e o ritual judaico.

> As cerimônias do enterro de Vladimir Herzog realizaram-se por completo e de acordo com os ritos seguidos pelas correntes liberais da religião judaica, à qual os familiares de Herzog são filiados. Foram as cerimônias normais, pois o Chevrah Kadish – Sociedade Sagrada – não encontrou indícios que comprovassem o suicídio do jornalista, o que implicaria a alteração do procedimento, inclusive o sepultamento em local diferente.
>
> (...) Henry I. Sobel (rabino da Congregação Israelita Paulista)[1731] assegura que todas as etapas do cerimonial judaico foram

---

1729 FILHO, Hamilton Almeida. *A sangue quente*: a morte do jornalista Vladimir Herzog. São Paulo: Alfa-Ômega, 1978, pp. 22/23.

1730 D. Paulo Evaristo Arns (1921-2016): catarinense, padre franciscano, Bispo (1966), Arcebispo (1970) e Cardeal (1973), radicado em São Paulo. Enfrentou a Ditadura Militar. Em nome dos direitos humanos, confrontou-se com os torturadores e realizou a missa de sétimo dia de Herzog na catedral da Sé. O evento foi ecumênico.

1731 Henry Isaac Sobel (1944-2019): nasceu em Lisboa e foi naturalizado americano. Radicou-se no Brasil e foi chefe da Congregação Israelita

> cumpridas, inclusive a *Tahara*, que é a purificação do corpo, com sua lavagem. O corpo chegou ao velório do Hospital Albert Einstein às 16h30 de domingo, e a *Tahara* começou às 17 horas realizada por três componentes do *Chevrah Kadish* e um amigo da família presente. (O Estado de S. Paulo, 31/10, sexta-feira).[1732]

Vlado foi sepultado no cemitério israelita do Butantã e segundo o Jornal da Tarde (28/10):

> O jornalista Vladimir Herzog foi sepultado ontem de manhã no Cemitério Israelita do Butantã, durante uma cerimônia simples e rápida, assistida por uns 600 repórteres, redatores, editores, cinegrafistas, radialistas, artistas, estudantes, deputados e senadores. Não houve nenhum incidente durante o enterro, com exceção da indignação de familiares pela pressa com que foi feito: a mãe de Vlado, como ele era chamado, chegou à quadra número 28 do cemitério quando seu filho já tinha sido enterrado no túmulo 64. A cerimônia de sepultamento durou apenas quinze minutos, e não as duas horas que costuma durar quando são observados todos os rituais e preceitos judaicos. O cardeal D. Paulo Evaristo Arns compareceu ao Hospital Albert Einstein, onde o corpo de Vladimir estava sendo velado desde a tarde de domingo, quando foi liberado pelo Departamento de Operações Internas do II Exército, em cujas dependências ele morreu sábado passado.
>
> O cardeal estranhou a ausência de rabinos no velório: foi recebido por colaboradores do *Chevrah Kadish* ou Santa Sociedade, organização que se encarrega de cumprir o ritual fúnebre previsto pela religião judaica. Entrou no velório em

---

Paulista a partir de 1970. Defendeu os Direitos Humanos, criticou a tortura e a ditadura. Esteve ao lado dos jornalistas presos e torturados no DOI-CODI e participou do evento realizado na Catedral da Sé em prol de Herzog, junto com o Cardeal D. Evaristo Arns.

1732 FILHO, Hamilton Almeida. *A sangue quente*: a morte do jornalista Vladimir Herzog. São Paulo: Alfa-Ômega, 1978, p. 27.

> companhia do senador Franco Montoro e cumprimentou os familiares do jornalista que, delicadamente – "para evitar emoções dolorosas" –, lhe pediram para não fazer qualquer pronunciamento público. O cardeal orou em silêncio durante alguns minutos, confortou os amigos de Vladimir e saiu, sempre em companhia do senador e vários deputados federais e estaduais que o acompanhavam. O clima, enquanto isso, era de intensa expectativa, mais por causa dos agentes armados que passaram a madrugada no hospital, que logo cedo foram substituídos por fotógrafos e cinegrafistas que não pertenciam ao sindicato ou a qualquer órgão de imprensa: houve casos de desmaio e as crises de choro foram frequentes. Às 10h30, quando mais de 600 pessoas se avolumavam no hospital, o caixão negro contendo a urna lacrada em que o corpo de Vladimir foi encerrado pelas autoridades, foi transportado ao carro funerário.[1733]

O enterro foi muito tenso e sob a pressão dos representantes da repressão, infiltrados, que fotografavam e filmavam os movimentos das pessoas que estavam presentes. Era o serviço de espionagem da ditadura em ação.

Os jornalistas presos, concomitantemente, com Herzog, Paulo Sérgio Markun, George Duque Estada, Anthony de Cristo e Rodolfo Konder foram liberados pelo DOI-CODI para estarem no enterro e choravam. Teriam que voltar à prisão no outro dia às 8 horas. Audálio Dantas ao falar, junto ao túmulo, recitou Castro Alves: "Senhor Deus dos desgraçados / Dizei-me vós, Senhor Deus / Se é delírio ou é verdade / Tanto terror perante os céus" ("Navio negreiro").

Em consequência da manifestação realizada, Audálio e a diretoria do sindicato dos jornalistas foram convocados para uma reunião no quartel-general do II Exército, pelo general Antônio

1733 FILHO, Hamilton Almeida. *A sangue quente*: a morte do jornalista Vladimir Herzog. São Paulo: Alfa-Ômega, 1978, pp. 28/29.

Ferreira Marques,[1734] chefe do Estado-Maior. Durante a reunião, com a participação dos militares Ferreira Marques, Ariel Pacca (generais)[1735] e o coronel Paes (chefe do serviço secreto) houve críticas ao sindicato e a Audálio Dantas. Após esta absurda interpretação, os jornalistas realizaram uma reunião na sede do sindicato para decisões importantes sobre aquele fatídico e trágico fato que tinha acontecido. Esta reunião foi a base para a organização do "culto ecumênico" que se realizou, posteriormente, na Catedral da Sé.

A *TV Cultura*, para informar a morte do seu jornalista, leu apenas a nota oficial do II Exército no jornal, apresentado ao meio-dia, e sem muita repercussão.

A crise atingiu o governo do estado e, principalmente, o Secretário de Cultura, Ciência e Tecnologia, José Mindlin,[1736] que se manifestou defendendo os jornalistas da *TV Cultura*, acusados de propagarem "ideias comunistas". Afirmou: "O jornalista Vladmir Herzog é um sujeito sério que merece a confiança da Fundação Padre Anchieta".

O Culto Ecumênico – ocorreu numa sexta-feira, em 31 de outubro de 1975, na Catedral da Sé (centro de São Paulo), com o acompanhamento de quase 500 policiais à paisana, espionando o

---

1734 Antônio Ferreira Marques (1916-2004): paraense, cursou a Escola Militar de Realengo (RJ), reprimiu a "Revolta Comunista" (1935) e os integralistas (1938), integrou a FEB (1944), participou do Golpe Militar de 1964 e foi general-de-brigada em 1970. Assumiu a chefia do Estado Maior do II° Exército em 1974 e se encarregou de controlar os "agitadores e subversivos" em São Paulo. Enfrentou a crise do DOI-CODI que acabou exonerando Melo. Apoiou a "abertura política'.

1735 Ariel Pacca Fonseca (1915-1985): gaúcho, cursou a Escola Militar de Realengo (RJ), Chefe do Gabinete Militar de Castelo Branco (1964), dialogou com Audálio Dantas. Liberal, favorável às reformas políticas. Em 1976, foi promovido a general-de-exército.

1736 José Midlin (1914-2010): empresário, colecionador de livros raros, Secretário da Cultura, Ciência e Tecnologia do Estado de São Paulo, participava da administração da *TV Cultura*.

evento. Era a chamada "Operação Guttemberg". Além desta providência, a ditadura, usando a fiscalização do trânsito de São Paulo, procurou bloquear as diversas avenidas e ruas da cidade para dificultar a mobilidade de centenas de pessoas que iriam ao culto ecumênico.

No "culto", ocorrido das 15h às 18h, apesar de todas as sabotagens ocorridas, houve a participação de quase dez mil pessoas, dentro e fora da Catedral da Sé. Participaram, D. Evaristo Arns, Henry Sobel (rabino da Congregação Israelita Paulista), Jaime Wright (reverendo das igrejas evangélicas) e D. Helder Câmara (Bispo de Olinda),[1737] além de diversas autoridades, sindicalistas, estudantes, representantes do MDB e das oposições ao regime ditatorial. O *Jornal da Tarde*, no outro dia noticiou:

> Às 18 horas de ontem, os meios políticos de Brasília já tinham trocado o estado de tensão por um clima de euforia mal contida. As principais lideranças partidárias davam por findas as suas ligações telefônicas com São Paulo – que se prolongaram pela manhã e à tarde – sendo seguramente informadas: o ambiente na cidade permaneceu tranquilo, antes, durante e depois do culto ecumênico pela morte de Vladimir Herzog, celebrado na Catedral da Sé; e o Presidente Geisel recebeu calorosa acolhida em todos os locais que visitou.[1738]

O Presidente Geisel estava em São Paulo no dia do culto ecumênico. Posteriormente, este, em entrevista para Maria Celina de Araújo[1739] e Celso Castro, comentou sobre a questão:

1737 Dom Helder Pessoa Câmara (1909-1999): cearense, religioso, Arcebispo de Olinda e Recife (1964), criticou a Ditadura Militar, defendeu os direitos humanos, fundou a CNBB e fez "opção pelos pobres". Recebeu o "Prêmio Popular da Paz na Noruega" (1974).

1738 FILHO, Hamilton Almeida. *A sangue quente*: a morte do jornalista Vladimir Herzog. São Paulo: Alfa-Ômega, 1978, pp. 28/29.

1739 Maria Celina de Araújo: Doutora em ciência política, pesquisadora do CPDO/FGV e professora da UFF. Obras: *O segundo governo Vargas*,

Depois do enforcamento do Herzog ia haver uma missa de sétimo dia em São Paulo e eu, já muito antes, tinha programado uma. Haveria um evento na Federação do Comércio, a inauguração de uma área esportiva ou recreativa para a qual fui convidado. Eu tinha me comprometido a comparecer, e a viagem estava marcada. Aconselharam-me a não ir, porque era o dia da missa, São Paulo estava muito agitado, mas resolvi ir assim mesmo. Mares Rego me acompanhou. Assisti à inauguração, e à noite o Paulo Egídio deu uma recepção no palácio. Dormi essa noite em São Paulo e determinei ao Frota e ao Ednardo a imediata instauração de um inquérito sobre o enforcamento. Várias vezes, em encontros com Ednardo em Brasília, eu havia dito: "Ednardo, olha São Paulo, vê lá o teu comando, as coisas não estão bem". Quando resolvi mandar abrir o inquérito, e Ednardo opôs algumas dificuldades, vi que havia problemas. Mas exigi que o inquérito fosse feito e que tudo fosse apurado. Não se se o inquérito estava certo ou não, mas o fato é que apurou que Herzog tinha se enforcado. A partir daí o problema de Herzog, para mim, acabou.

Quer dizer que quando o senhor chegou a São Paulo, uma semana após a morte do Herzog, nem o ministro Frota nem o general Ednardo tinham mandado abrir inquérito?

Não. Eu achava que era fundamental fazer o inquérito. Cheguei lá e exigi, disse para o Frota e para Ednardo: "Vamos apurar isso". Depois, no outro dia, quando eu estava me despedindo para ir embora, o Ednardo, conversando a sós comigo, pediu para não fazer o inquérito, sob o argumento de que iriam aparecer as pessoas de confiança que ele tinha naquele serviço todo, sargentos e outros. Essas pessoas naturalmente iam ser chamadas a depor, e aí o dispositivo de segurança ou de informação que ele tinha ia se tornar público. Ia-se queimar de certa forma esses auxiliares. Respondi que isso não tinha importância, pois se substituía por outros, mas que se tinha que fazer o inquérito. Quer dizer, a resistência a

---

Sindicatos, carisma e poder, *Ernesto Geisel* (em parceria com Celso Castro) etc.

> fazer o inquérito foi muito grande, o que para mim era muito suspeito. Se as coisas fossem limpas, se não tivesse havido nada, se o enforcamento do Herzog tivesse sido espontâneo da parte dele, qual o inconveniente do inquérito, de que se apurasse?[1740]

E, concluindo a entrevista, afirmou:

> A verdade também é que todo o serviço de repressão em regra se corrompe. Vejam os acontecimentos depois da revolução de 35, com Filinto Müller, que era chefe de polícia no tempo do Getúlio: o que houve ali da repressão a civis, de maus tratos etc. aquele alemão, que era representante soviético, ficou maluco, acabou doido de tanta coisa que fizeram com ele.[1741]

Em 1976, o Presidente Geisel exonerou o general Ednardo D'Ávila Mello do comando do II Exército (SP), substituindo-o pelo General Dilermando Gomes Monteiro.[1742] Responsabilizando-o pelas tragédias ocorridas em São Paulo.

Os escalões menores, também, foram mudados no II Exército, com oficiais de confiança do Presidente. O General Ednardo não aceitou o seu afastamento e se aposentou, indo para a reserva. É importante frisar que, em 19 de janeiro de 1976, mataram o operário José Manuel Filho, nas dependências do DOI-CODI, da mesma

---

1740 D'ARAÚJO, Maria Celina; CASTRO, Celso (Coord.). *Ernesto Geisel*. Rio de Janeiro: Editora da Fundação Getúlio Vargas, 1997, pp. 370/371.

1741 D'ARAÚJO, Maria Celina; CASTRO, Celso (Coord.). *Ernesto Geisel*. Rio de Janeiro: Editora da Fundação Getúlio Vargas, 1997, p. 371.

1742 Dilermando Gomes Monteiro (1913-1994): nasceu em Mato Grosso, estudou na Escola Militar de Realengo (RJ), lutou contra a Intentona Comunista (1935), foi adido militar em Paris, apoiou o Golpe Militar de 1964, foi general-de-exército (1974) e assumiu o Comando do II Exército para pacificar São Paulo e o Brasil. Impedindo violência e torturas no DOI-CODI, que se estendia desde 1974. Dialogou com políticos, com D. Evaristo Arns e com o sindicalista Lula.

forma que tinha ocorrido com Herzog, ou seja, por enforcamento. Novamente, a repressão e seus agentes atestaram como suicídio, usando um laudo fraudulento do médico Harry Shibata.[1743] Foi a gota d'água para o Presidente Geisel agir, pois estava saturado das insubordinações da Linha Dura militar.

Em 8 de janeiro de 1976, os advogados da família Herzog fizeram uma petição na 1ª Auditoria da Guerra, requisitando informações sobre os autos do IPM a respeito da morte do jornalista. Concomitantemente, foram encaminhados à Justiça Militar documentos questionando o assassinato de Herzog por jornalistas.

Em 19 de abril de 1976, a equipe de advogados representados por Heleno Claudio Fragoso, Sérgio Bermudes, Marco Antônio Rodrigues Barbosa e Samuel Mac Dowell de Figueiredo entraram no Juízo de Direito da 7ª Vara Federal com uma ação declaratória contra a União Federal, devido à morte do jornalista. Segundo Raymundo Faoro:

> (...) não pretendendo obter qualquer indenização, e também consciente da inviabilidade de uma ação condenatória, de procedimento demoradíssimo (imposto pela necessidade de se terminar a extensão dos danos para quantificar seu ressarcimento), os advogados, fundados no artigo 4º, I, do Código de Processo Civil, que permite a propositura de ação para o reconhecimento da existência de qualquer relação jurídica, iniciaram contra a União a demanda na qual, longe de pedir fosse ela condenada ao pagamento de uma indenização, postularam apenas o reconhecimento da existência de um vínculo entre União e seus clientes. Tal vínculo estaria consubstanciado na obrigação da União de indenizar os danos sofridos pela

---

1743 Harry Shibata: médico, fornecia laudos falsos para mortos, devido a torturas e a violências sofridas nas dependências do II Exército.

> viúva e os filhos de Vladimir em decorrência da sua prisão arbitraria, das torturas que ele sofreu e de sua morte.[1744]

O questionamento pretendia demonstrar, com a manifestação do Judiciário, que a prisão fora arbitrária, com tortura e morte sob a responsabilidade da União.

A União tentou se defender reafirmando que ocorrera apenas o "suicídio" de Vlado, mas sucumbiu a todas evidencias que a incriminavam, a saber:

1) Prisão ilegal do jornalista, pois não fora por determinação judicial, nem em flagrante, nem por ordem do responsável pelo inquérito. Foi totalmente arbitrária, ferindo a legislação vigente no país.

2) A tortura estava institucionalizada no DOI-CODI e, portanto, no II Exército para investigar "crimes contra a segurança nacional" e tinha matado Herzog.

3) O laudo pericial era fraudulento na defesa do "suicídio', pois o cadáver não fora examinado e nem visto pelo médico.

4) Que a tese de "suicídio", baseada no uso do "cinto do macacão" do DOI-CODI que Herzog usava era, também, mentirosa, pois os presos recebiam a "indumentária" sem cinta para impedir atentados contra a própria vida.

A decisão do judiciário foi favorável à vítima, considerando:

1) Prisão arbitrária e ilegal realizada pela União.

2) Que Vlado fora torturado no DOI-CODI e as provas processuais foram encaminhadas ao MPM para responsabilizar os responsáveis.

1744 SILVA, Hélio; CARNEIRO, Maria Cecília Ribas. *Os Presidentes*: Ernesto Geisel. São Paulo: Grupo de Comunicação Três, 1983, p. 61.

3) O laudo pericial tinha sido forjado, logo, mentiroso.

4) A União não conseguiu demonstrar o "suicídio" de Herzog.

5) Que a responsabilidade, portanto, era da União pela morte do jornalista. Logo a ação era totalmente procedente.

A decisão foi tomada pelo Juiz Federal Márcio José de Morais e prolatada em 27 de outubro de 1978, na 7ª Vara de São Paulo. O magistrado explicitou:

> Pelo exposto, julgo a presente ação procedente e o faço para, nos termos do artigo 4º, inciso I do Código de Processo Civil, declarar a existência de relação jurídica entre os autores e a ré, consistente na obrigação desta indenizar aqueles pelos danos materiais e morais decorrentes da morte do jornalista Vladimir Herzog, marido e pai dos autores, ficando a ré condenada em honorários advocatícios que, a teor do artigo 20, parágrafo 4º do mesmo diploma legal, fixo em Cr$ 50.000,00 (cinquenta mil cruzeiros).
>
> Determino, outrossim, com fundamento no artigo 40 do Código de Processo Penal, sejam extraídas e remetidas ao sr. Procurador-geral da Justiça Militar, para as providências legais que couberem, cópias autenticadas pela Secretaria desta sentença e de todos os depoimentos das testemunhas ouvidas por este Juízo. Custas ex lege. Oportunamente, observadas as cautelas legais, subam os autos ao Egrégio Tribunal Federal de Recursos, para os fins do duplo grau de jurisdição.[1745]

Houve a apelação da Procuradoria da República contra a sentença de Márcio ao TRF (Tribunal Federal de Recursos) e pedido de vista do chamado de "Ministro" Lauro Leitão.[1746]

1745 SILVA, Hélio; CARNEIRO, Maria Cecília Ribas. *Os Presidentes*: Ernesto Geisel. São Paulo: Grupo de Comunicação Três, 1983, p. 69.

1746 Lauro Franco Leitão (1917-): gaúcho, advogado professor, Prefeito de Iraí (RS), deputado estadual (RS), federal (1963), Secretário da Educação e Cultura (RS) e Ministro do STJ (1977).

No julgamento, o "Ministro" João César Leitão Krieger acompanhou o relator da matéria, José Pereira de Paiva,[1747] concordado com a tese de suicídio, afirmando sobre as testemunhas ouvidas "estarem todas elas irmanadas pelas mesmas ideias, a partir do jornalista Rodolfo Konder, que esteve preso com Herzog no DOI-CODI, em São Paulo".

E ainda, que Herzog, "como toda a família sofria o trauma da perseguição nazista, encontrando-se por isso em tratamento médico". Disse o Ministro nada haver de censurável no procedimento de Harry Shibata, como médico-legista, ao firmar o laudo de exame cadavérico sem ver o corpo. Quanto à entrega a Herzog do macacão do detento, com o cinto com o qual, segundo ele, o jornalista se enforcou, o juiz considerou o fato apenas uma "irregularidade administrativa".

> O ministro Leitão Krieger, além de acompanhar as conclusões do relator, entendeu que a ação movida por Clarice Herzog, que é declaratória da responsabilidade da União, deverá ser convertida imediatamente em indenizatória, a fim de evitar que os familiares do jornalista tenham de recorrer a novo processo.[1748]

Esta foi a lamentável decisão do órgão denominado TFR no Brasil.

A luta contra o arbítrio – a atuação da Comissão Interamericana de Direitos Humanos (CIDH) – de forma sintética, algumas considerações gerais do relatório n. 75/15 – caso 12.879 – Vladimir Herzog e outros Brasil (28/10/2015).

1747 José Pereira de Paiva (1913-): mineiro, advogado, Prefeito de Abre Campo (MG), Juiz municipal de Nova Rezende, Juiz Federal (1967) e Ministro do STJ (1980).

1748 SILVA, Hélio; CARNEIRO, Maria Cecília Ribas. *Os Presidentes*: Ernesto Geisel. São Paulo: Grupo de Comunicação Três, 1983, p. 70.

1. Em 10 de julho de 2009, a Comissão Interamericana de Direitos Humanos (doravante, "a Comissão" ou a "CIDH") recebeu uma petição apresentada pelo Centro pela Justiça e o Direito Internacional (CEJIL/Brasil), a Fundação Interamericana de Defesa dos Direitos Humanos (FidDH), o Centro Santos Dias da Arquidiocese de São Paulo e o Grupo Tortura Nunca Mais de São Paulo (doravante, "os peticionários"), na qual alegaram a responsabilidade internacional da República Federativa do Brasil (doravante, "o Estado" ou o "Brasil") pela violação de direitos humanos em prejuízo do jornalista Vladimir Herzog (doravante, também, "o jornalista" ou "Herzog") e seus familiares.

2. Os peticionários alegaram a responsabilidade internacional do Estado pela prisão arbitrária, tortura e morte do jornalista Vladimir Herzog, ocorrida em uma dependência do Exército em 25 de outubro de 1975, e pela contínua impunidade dos fatos, em virtude de uma Lei de Anistia promulgada durante a ditadura militar brasileira. Afirmaram que essas ações configuram uma violação dos artigos I, IV, VII, XVIII, XXI, XXII e XXV da Declaração Americana dos Direitos e Deveres do Homem (doravante, "a Declaração Americana"); dos artigos 1, 2, 5, 8, 13 e 25 da Convenção Americana sobre Direitos Humanos (doravante, "a Convenção Americana"); e dos artigos 1, 6 e 8 da Convenção Americana para Prevenir e Punir a Tortura (doravante, também, "CIPST").

3. O Estado afirmou ter adotado uma série de medidas pelas quais reconheceu, em âmbito interno, sua responsabilidade em relação à prisão arbitrária, tortura e assassinato do jornalista Vladimir Herzog por agentes do Estado. O Estado solicitou à Comissão que, ao avaliar o mérito do presente caso, considere as medidas adotadas até o presente.

4. Em 8 de novembro de 2012, a CIDH aprovou o relatório n. 80/12, pelo qual declarou a admissibilidade da petição em relação aos artigos I (direito à vida, à liberdade, à segurança e integridade da pessoa), IV (direito de liberdade de investigação, opinião, expressão e

difusão), XVIII (direito à justiça) e XXV (direito de proteção contra prisão arbitrária) da Declaração Americana; aos direitos consagrados nos artigos 5.1 (direito à integridade pessoal), 8.1 (garantias judiciais) e 25 (proteção judicial) da Convenção Americana, em relação com as obrigações gerais estabelecidas nos artigos 1.1 e 2 do mesmo instrumento; e aos artigos 1, 6 e 8 da Convenção Interamericana para Prevenir e Punir a Tortura.

5. Após analisar o mérito do caso, a Comissão concluiu que o Estado é responsável pela violação dos direitos consagrados nos artigos I, IV, VII, XVIII, XXII e XXV da Declaração Americana e dos direitos consagrados nos artigos 5.1, 8.1 e 25.1 da Convenção Americana, em relação aos artigos 1.1 e 2 do mesmo instrumento. A Comissão também concluiu que o Estado é responsável pela violação dos artigos 1, 6 e 8 da Convenção Interamericana para Prevenir e Punir a Tortura.

Tramitação perante a comissão após relatório de admissibilidade.

6. Em 30 de novembro de 2012, a Comissão notificou as partes a respeito do Relatório de Admissibilidade; concedeu um prazo de três meses para que os peticionários apresentassem observações adicionais quanto ao mérito da petição, e colocou-se à disposição das partes para facilitar um processo de solução amistosa

7. Em 21 de novembro de 2014, os peticionários apresentaram suas observações adicionais em relação ao mérito da petição. Adicionalmente, em 11 de dezembro de 2014, os peticionários apresentaram os anexos do presente caso. Em 13 de janeiro de 2015, a Comissão transmitiu ao Estado as partes pertinentes do escrito citado e solicitou que o Estado apresentasse suas observações no prazo de um mês.

8. Em 13 de agosto de 2015, o Estado apresentou suas observações a respeito do mérito da petição. Também apresentou seu interesse em iniciar um processo de Solução Amistosa.

Posição das partes:

14. Os peticionários ressaltaram que essa ação declaratória estabeleceu cabalmente que Vladimir Herzog foi preso arbitrariamente, torturado e assassinado nas dependências do DOI/CODI em São Paulo, mediante sentença emitida em 27 de outubro de 1978. Apesar disso, os peticionários argumentam que após essa decisão, em 28 de agosto de 1979, foi sancionada a Lei 6.683 ("Lei de Anistia" ou "Lei 6.683/79"), que extinguiu a responsabilidade penal de todos os indivíduos que haviam cometido "crimes políticos ou conexos com estes" no período de 2 de setembro de 1961 a 15 de agosto de 1979. Os peticionários argumentaram que a referida Lei de Anistia continua em vigência até o presente e representa um obstáculo à persecução penal de graves violações de direitos humanos, assim como o são os fatos denunciados em sua petição, e que, portanto, ela é incompatível com as obrigações do Estado emanadas da Convenção Americana.

17. Os peticionários observam que, com base nos novos fatos citados e no direito internacional, em 5 de março de 2008, representantes do Ministério Público Federal de São Paulo, sem prerrogativa criminal, solicitaram ao Procurador da República de São Paulo que instruísse funcionários da área criminal desse Ministério Público Federal a iniciar uma investigação a respeito da morte de Vladimir Herzog. De acordo com os peticionários, essa solicitação baseou-se no fato de que a competência, para tal investigação, seria da Justiça Federal, uma vez que os agentes do DOI/CODI eram agentes federais; por tratar-se de um crime de lesa-humanidade imprescritível e não suscetível de anistia; e em virtude das obrigações internacionais do Estado brasileiro, incluindo as obrigações previstas na Convenção Americana.

18. Segundo os peticionários, o representante do Ministério Público Federal responsável pela área criminal discordou com seus colegas e solicitou o arquivamento do processo. Os peticionários indicam que o processo foi arquivado em virtude da decisão da

juíza federal encarregada, em 9 de janeiro de 2009. Nessa sentença, a juíza federal reconheceu que a competência original era da Justiça Federal. Contudo, determinou que a decisão anterior adotada pela Justiça Estadual de São Paulo constituía coisa julgada material e que os crimes perpetrados contra Vladimir Herzog haviam prescrevido. Os peticionários apontaram que a figura da coisa julgada material, supostamente produzida por meio da decisão do Tribunal Superior de Justiça, e a incorreta aplicação da prescrição seriam outro obstáculo ao julgamento das alegadas violações de direitos humanos.

21. Nesse sentido, os peticionários se referiram à sentença da Corte Interamericana no caso Gomes Lund e outros, na qual a Corte determinou que a Lei 6.683/79 não podia continuar representando um obstáculo para a investigação e punição dos responsáveis por graves violações de direitos humanos. Do mesmo modo, indicaram que a Corte Interamericana ressaltou que este ponto resolutivo da sentença teria efeitos para outros casos de graves violações de direitos humanos que ocorreram no Brasil. Assim, de acordo com os peticionários, isso se aplicaria ao caso de Vladimir Herzog, uma vez que a sua tortura e execução arbitrária seriam graves violações de direitos humanos. A esse respeito, indicaram que os obstáculos legais utilizados pelas autoridades nacionais no caso de Vladimir Herzog seriam os mesmos que foram afastados pela Corte no caso Gomes Lund e outros. Assim, segundo os peticionários, essa sentença teria produzido coisa julgada internacional e tem um caráter obrigatório e vinculante para todos os órgãos estatais.

23. De acordo com os peticionários, as circunstâncias dos fatos denunciados no presente caso causaram danos à integridade psíquica e moral da mãe de Vladimir Herzog, Zora Herzog, que, segundo os peticionários, morreu em 18 de novembro de 2006; de sua viúva Clarice Herzog, e de seus dois filhos André e Ivo Herzog.

Posição do Estado:

26. O Estado alegou que não incorreu em omissão em relação aos fatos denunciados no presente caso, e que inclusive reconheceu

formalmente em âmbito interno sua responsabilidade pela prisão arbitrária, tortura e assassinato do jornalista Vladimir Herzog por agentes do Estado, na sede do DOI-CODI/II Exército, em 1975. A esse respeito, o Estado referiu-se à sentença de 1978 proferida pela Justiça Federal, mediante a qual se declarou a responsabilidade do Brasil por esses fatos. O Estado também afirmou ter promovido um conjunto de medidas de reparação e não repetição, em relação com a morte de Vladimir Herzog. Ressaltou, nesse sentido, que em março de 1996, a Comissão Especial de Mortos e Desaparecidos Políticos reconheceu a responsabilidade do Estado pela morte de Vladimir Herzog, em conformidade com o disposto no artigo 4º, I, "b" da Lei 9.140/95 e, como consequência, outorgou a reparação monetária de R$100.000,00 (cem mil reais) à sua viúva, Clarice Herzog. O Estado destacou que a morte de Herzog revelou as violações de direitos humanos perpetradas contra os presos políticos durante a ditadura militar, abrindo a discussão rumo à redemocratização do Brasil.

Atuações da Comissão Nacional da Verdade (CNV) pela Lei n. 12.528/2011

132. Em 18 de novembro de 2011, foi promulgada a Lei n. 12.528/2011, que criou a Comissão Nacional da Verdade (doravante, "CNV"). De acordo com o artigo 1º dessa Lei, a CNV teve o propósito de "[e]xaminar e esclarecer as graves violações de direitos humanos" praticadas durante a ditadura militar, "[a] fim de efetivar o direito à memória e à verdade histórica e promover a reconciliação nacional". Suas atividades foram desenvolvidas de maio de 2012 até 10 de dezembro de 2014, quando foi publicado o seu Relatório Final com conclusões e recomendações.

133. Para alcançar seus objetivos, a Lei n. 12.528 atribuiu à CNV faculdades para promover audiências públicas; solicitar informações, dados e documentos de órgãos e entidades do poder público, incluindo informações classificadas em qualquer grau de sigilo; determinar a realização de perícias e diligências para a coleta ou recuperação de informações, documentos e dados; e requisitar

o auxílio de entidades e órgãos públicos para a execução de seus objetivos, entre outros poderes.

134. No âmbito de suas atribuições, em 30 de agosto de 2012, a Comissão Nacional da Verdade solicitou ao Juiz da 2ª Vara de Registros Públicos da Comarca de São Paulo a retificação da causa da morte registrada no assento de óbito de Vladimir Herzog. Em 24 de setembro de 2012, o Juiz emitiu sentença, na qual ordenou a retificação do registro de óbito para que nele constasse que a morte de Vladimir Herzog "decorreu de lesões e maus tratos sofridos em dependência do II Exército – SP (DOI-CODI)".

Análise do mérito:

140. No presente caso, os peticionários alegaram que a prisão arbitrária, tortura e execução do jornalista Vladimir Herzog constituíram uma grave violação de direitos humanos, enquadradas em padrões sistemáticos, resultando na violação dos artigos I e XXV da Declaração Americana, em prejuízo do jornalista.

240. Nesse sentido, basta reiterar que, após a ratificação da Convenção Americana, as ações iniciadas pelo Estado em matéria de justiça não foram eficazes para dar cumprimento à sua obrigação de investigar com a devida diligência os fatos do presente caso, processar e punir os seus responsáveis, em prejuízo dos direitos à verdade e de acesso à justiça dos familiares de Vladimir Herzog, consagrados nos artigos 8.1 e 25 da Convenção. Pelos motivos acima, para os efeitos do presente caso, a CIDH entende que não é necessária uma determinação em separado das alegadas violações "continuadas" dos artigos 4, 5, 7 e 13 da Convenção Americana neste caso.

Análise do direito à vida, à integridade, à segurança e integridade da pessoa.

241. O artigo I da Declaração Americana reconhece o direito à integridade pessoal de toda pessoa. Por sua vez, o artigo 5.1 da Convenção Americana estabelece que "[t]oda pessoa tem o direito de

que se respeite sua integridade física, psíquica e moral". No tocante aos familiares de vítimas de determinadas violações de direitos humanos, a Corte apontou que estes podem ser considerados, por sua vez, como vítimas. E o artigo VII da Declaração dispõe que "[...] toda criança, [tem] direito à proteção, cuidados e auxílios especiais".

246. De fato, em conformidade com as alegações dos peticionários, e sem refutação pelo Estado, Clarice Herzog "experimentou severos sentimentos de angústia, temor e apreensão", do momento em que seu esposo Vladimir Herzog foi informado de que seria detido, até o presente. Segundo a declaração de Clarice Herzog no Inquérito Policial Militar de 1975, quando ela recebeu a notícia de sua morte, "em crise nervosa, aos gritos" disse que "seu marido tinha sido assassinado". Clarice também declarou que:

> [E]videntemente tudo o que ocorreu considerou um pesadelo, pois a morte de [Vladimir] refletiu em todos os aspectos de sua vida, principalmente emocional e familiar, visto que na época (...) seus filhos tinham apenas nove e sete anos, (...) afora o aspecto financeiro; que de um momento para o outro, a declarante e seus filhos viram-se privados da proteção econômica que [Vladimir] lhes dava.

247. Particularmente grave é o impacto na integridade psíquica e moral dos familiares do jornalista após a disseminação da versão falsa de sua morte e a pressão e vigilância exercida por autoridades das forças militares durante os ritos do seu sepultamento. A grave violação desse direito é evidente nos casos de Ivo e André Herzog, filhos do jornalista, que na época dos fatos tinham nove e sete anos de idade, respectivamente. Os familiares de Vladimir Herzog também cumpriram um importante papel na busca da justiça e da verdade, e por isso é evidente que a impunidade que subsiste há mais de 40 anos desde a ocorrência dos fatos lhes produza uma profunda dor e angústia.

248. Como consequência, sem deixar de valorizar as iniciativas empreendidas pelo Estado para indenizar os familiares de Vladimir Herzog e esclarecer a verdade do ocorrido, a Comissão conclui que

o Estado violou o direito à integridade psíquica e moral consagrado no artigo I da Declaração Americana, e o artigo 5.1 da Convenção Americana em relação às obrigações estabelecidas no artigo 1.1 da mesma, em prejuízo de Zora Herzog (falecida em 18 de novembro de 2006); Clarice, André e Ivo Herzog; e o artigo VII da Declaração Americana em prejuízo de Ivo e André Herzog.

VII. CONCLUSÕES

249. Em conformidade com as considerações de fato e de direito vertidas no presente relatório de mérito, a Comissão conclui que o Estado brasileiro é responsável pela violação dos direitos consagrados nos artigos I, IV, VII, XVIII, XXII e XXV da Declaração Americana e dos direitos consagrados nos artigos 5.1, 8.1 e 25.1 da Convenção Americana, em conexão com os artigos 1.1 e 2 do mesmo instrumento. A Comissão também concluiu que o Estado é responsável pela violação dos artigos 1, 6 e 8 da Convenção Interamericana para Prevenir e Punir a Tortura.

VIII. RECOMENDAÇÕES

250. Em virtude das conclusões acima,

A COMISSÃO INTERAMERICANA DE DIREITOS HUMANOS RECOMENDA AO ESTADO DO BRASIL,

1. Determinar, na jurisdição de direito comum, a responsabilidade criminal pela prisão arbitrária, tortura e assassinato de Vladimir Herzog, por meio de uma investigação judicial completa e imparcial dos fatos nos termos do devido processo legal, a fim de identificar os responsáveis por tais violações e puni-los penalmente; e publicar os resultados dessa investigação. No cumprimento da presente recomendação, o Estado deverá considerar que tais crimes de lesa-humanidade são inanistiáveis e imprescritíveis.

2. Adotar todas as medidas necessárias para garantir que a Lei n. 6.683/79 (Lei de Anistia) e outras disposições do direito penal, como a prescrição, a coisa julgada e os princípios da irretroatividade

e do non bis in idem, não continuem representando um obstáculo para a persecução penal de graves violações de direitos humanos, a exemplo do presente caso.

3. Outorgar uma reparação aos familiares de Vladimir Herzog, que inclua o tratamento físico e psicológico, e a celebração de atos de importância simbólica que garantam a não repetição dos crimes cometidos no presente caso e o reconhecimento da responsabilidade do Estado pela prisão arbitrária, tortura e assassinato de Vladimir Herzog, e pela dor de seus familiares.

4. Reparar adequadamente as violações de direitos humanos declaradas no presente relatório, tanto no aspecto material, quanto moral.

A arbitrariedade do Estado brasileiro não ficou e nem está totalmente corrigido, apenas ficou clara a violência aplicada contra os opositores do regime na década de 70. Contudo, atualmente, o Presidente da República, Bolsonaro,[1749] insiste em defender torturadores como foi o caso de Ustra e ameaçar os opositores de represálias como aconteceu no Brasil durante a ditadura (1964-1988).

1749 Jair Messias Bolsonaro (1955-): paulista, capitão do exército, vereador, deputado federal (1988 a 2018) e Presidente da República (2019-2022). Foi crítico dos baixos salários dos militares, ameaçou colocar bombas em unidades militares no Rio de Janeiro, foi processado e absolvido. Como deputado, em 28 anos, defendeu a violência e a tortura. Aprovou apenas um Projeto de Lei. Representou a extrema direita no Parlamento. Após chegar à Presidência, continua com os mesmos princípios reacionários. Foi contra a vacinação da população contra a Covid-19, colaborando para as 650 mil mortes ocorridas entre 2020 e 2022. Colabora com as *fake news*, com a inflação, briga com diversos países, ataca o STF e o Legislativo e tem a família envolvida com "rachadinhas e milicianos".

14.4 O atentado do Riocentro – O feitiço contra o feiticeiro – Terrorismo da própria ditadura

Durante a presidência do General João Batista Figueiredo, em plena abertura política, ocorreu o atentado do Riocentro.

Em 30 de abril de 1981, foi programado um show de MPB (Música Popular Brasileira) pelo Cebrade (Centro Brasileiro Democrático), para comemorar o Dia do Trabalho, com a participação de cantores e compositores de alto nível da música popular, como Elba Ramalho,[1750] Chico Buarque de Holanda e Alceu Valença,[1751] no amplo centro de convenções da Zona Oeste do Rio de Janeiro, o Riocentro.

Havia, no espetáculo, aproximadamente, dez mil pessoas. Após o início do show, às 21h50min, quando Elba Ramalho cantava, no pátio do estacionamento, uma bomba explodiu dentro de um carro Puma, no colo de Guilherme Pereira do Rosário (35 anos),[1752] sargento do exército, matando-o. No mesmo automóvel, estava, ao lado dele, o capitão paraquedista Wilson Luís Chaves Machado (33 anos),[1753] que, com as vísceras expostas, saiu pedindo socorro do veículo.

1750 Elba Maria Nunes Ramalho (1951-): paraibana, cantora, compositora, multi-instrumentista e atriz. Ganhou dois Grammy Latino (2008 e 2009). Estava dando um *show* no Riocentro, quando ocorreu o atentado à bomba.

1751 Alceu Paiva Valença (1946-): pernambucano, advogado, jornalista, poeta, cineasta e músico. Iniciou a carreira musical nos festivais de MPB. Estava apresentando-se no *show* do Riocentro durante o atentado à bomba.

1752 Guilherme Pereira do Rosário (1946-1981): sargento paraquedista estava numa "missão clandestina" dentro de um automóvel Puma no estacionamento do pavilhão do Riocentro, em um *show* em homenagem ao Dia do Trabalho, (30/04/1981), quando uma bomba explodiu em seu colo, matando-o.

1753 Wilson Luís Chaves Machado (1947-): capitão de infantaria, dirigia o automóvel Puma acompanhado do Sargento Guilherme. Wilson, muito ferido, escapou. O carro levava outras três bombas e duas granadas.

Logo depois, outra bomba explodiu junto à central de energia, com o intuito de gerar um apagão durante o evento, mas sem nenhum sucesso. A festa continuou.

O capitão Wilson, pedindo ajuda, tentou pegar um táxi, mas não conseguiu. Neste momento, entrava para o show Andrea Neves (neta do senador Tancredo Neves, futuro Presidente da República),[1754] que, diante daquele quadro dantesco, socorreu o militar ferido gravemente, levando-o ao Hospital Lourenço Jorge e, depois, ao Miguel Couto, que tinha mais recursos para o atendimento daquele tipo de ferimento grave.

Segundo Andrea, o capitão não explicou durante o caminho o que tinha ocorrido, mas, depois de anestesiado no hospital, murmurou: "Deu tudo errado". Após o socorro recebido, quase delirando, o militar pediu que telefonassem para um determinado local (2087742) e o bombeiro, que executou o pedido, foi atendido por um tal de Aloísio Reis, identificado, posteriormente, como o tenente-coronel Freddie Perdigão Pereira do SNI (Serviço Nacional de Informações). O capitão foi operado e conseguiu sobreviver.

No local da explosão, foram encontrados, espalhados, partes do corpo do sargento morto, como uma mão, um dedo em cima de outro veículo e vísceras no chão. Era um quadro horripilante e assustador. As bombas, que explodiram, tinham o intuito de acabar com o show e causar vítimas, durante o tumulto que ocorreria, quando os espectadores, no escuro, tentassem fugir daquele atentado. Naquele show programado pelos opositores do regime, que lutavam pela redemocratização do país, haveria mortos e feridos.

Acompanhavam o Puma mais seis carros com 15 militares ligados ao DOI e ao CIE. Pelo que tudo indica, estavam encarregados de um atentado terrorista no *show* do Riocentro.

1754 Andrea Neves da Cunha (1959-): mineira, jornalista, neta de Tancredo Neves e irmã de Aécio Neves.

As versões – de imediato, versões mentirosas (*fake news*) passaram a repercutir pela mídia, oriundas dos setores militares e governamentais sobre aquele ato de terror. Havia apenas uma certeza para a opinião pública, os militares, envolvidos, estavam ligados ao DOI-CODI do Rio de Janeiro. O general Gentil Marcondes Filho,[1755] comandante do I Exército, de imediato, defendeu a inocência dos dois militares que estavam no carro Puma e os considerou "vítimas de um atentado dos comunistas".

Segundo a versão dada, estavam em "missão" no Riocentro, para acompanharem o show, organizado pelo CEBRADE, considerado de esquerda, por ordem do I Exército, para segurança dos espectadores. Além disto, os militares tinham sofrido um atentado, pois alguém havia colocado a bomba no carro para matá-los, pois tinham sido reconhecidos como agentes de segurança das Forças Armadas e, portanto, defensores do regime. Foram surpreendidos por esta ação criminosa e, portanto, transformaram-se em "vítimas". O general Marcondes, inclusive, compareceu ao enterro e a missa do sargento Rosário, que, como "vítima", foi promovido a "herói nacional". Visitou também o capitão que estava hospitalizado.

Até o Presidente Figueiredo colaborou com essa versão, pois, segundo Elio Gaspari, ao saber do ocorrido, no dia seguinte, exclamou:

1755 Gentil Marcondes Filho (1916-1983): carioca, iniciou a carreira militar em 1934 e chegou a general-de-exército em 1979. Comandava o 1° Exército no episódio Riocentro (RJ) e tentou inocentar os envolvidos no atentado (1981). Segundo depoimento de colegas de farda, não teve conhecimento prévio do atentado planejado pela Linha Dura e teve a saúde afetada pelo acontecimento.

"Até que enfim os comunistas fizeram uma bobagem", ao dialogar com Heitor Ferreira (assessor)[1756] pelo telefone.[1757]

Na sequência, ao visitar no Rio de Janeiro, o general Marcondes, o Presidente declarou, tentando inocentar os milhares vitimados: "Lancem as bombas sobre mim".

Contudo, a realidade era outra, e a revista *Isto É* (13/05/1981) apresentou a seguinte versão sobre o atentado Riocentro:

> O artefato explodiu dentro do Puma do capitão Wilson, na noite de 30 de abril, matando o sargento Guilherme Pereira Rosário, era uma bomba relógio e a sua carga explosiva era de trotil, um explosivo de uso restrito às Forças Armadas. Isto segundo informações de peritos.
>
> A bomba é montada com um relógio parado por falta de corda. Ela é provida de um detonador elétrico, cujo circuito é fechado por um dos ponteiros do relógio. Quando a bomba vai ser colocada, o terrorista dá corda e o ponteiro começa a mover-se em direção ao ponto onde provocará a explosão. Nesse momento qualquer erro é fatal: o homem, sentado ao lado do motorista, tinha a bomba sobre o colo e se preparava para ativá-la, dando corda ao relógio.
>
> Seu erro – esta é a hipótese mais provável – foi ter esquecido de cortar as unhas naquela semana. Ao pegar o pino para dar corda ao relógio, sua unha escorregou e levantou o pino. Por isso, ao girá-lo, ele não estava dando corda ao relógio, mas adiantando o seu ponteiro. Na penumbra do automóvel,

---

1756 Heitor Aquino Ferreira: como tenente, participou do Golpe Militar de 1964. Era ligado ao General Golbery do Couto e Silva e foi secretário particular dos Presidentes Geisel e Figueiredo. Dedicou-se à política e participou das decisões da Executiva Nacional da ARENA, que davam sustentação ao regime implantado.

1757 GASPARI, Elio. *A ditadura acabada*. Rio de Janeiro: Intrínseca, 2016, p. 196.

> não deu para perceber isso, e o ponteiro chegou ao ponto do disparo.
>
> O homem que manipulava a bomba morreu instantaneamente; as pernas, as mãos e o ventre estraçalhados pela explosão. Seu companheiro, o motorista, com ferimentos no braço direito e no ventre, ainda conseguiu abrir a porta do automóvel – que rodava com chapas falsas – e desceu pedindo por socorro.[1758]

O General Sérgio Ari Pires,[1759] Chefe de Gabinete do Ministro de Walter Pires, apoiou a versão mentirosa afirmando: "Não há menor dúvida de que a bomba foi colocada no carro das vítimas, pois estavam no Riocentro, para dar tranquilidade e segurança às pessoas".

O coronel Job Lorena de Santana,[1760] concordando com a versão defendida pelo comandante do I Exército, apoiou publicamente, com uma nota, a versão de que os militares foram vítimas do terrorismo de esquerda. O general Machado tinha afirmado: "Foi um atentado, intencional ou não, a que foram submetidos dois auxiliares nossos no exercício de suas funções".

É necessário esclarecer que havia pichações nas publicidades colocadas nas placas do Riocentro, com a sigla VPR (Vanguarda Popular Revolucionária), organização de esquerda, ligada à guerrilha,

---

1758 SILVA, Hélio; CARNEIRO, Maria Cecília Ribas. *Os Presidentes*: João Figueiredo. São Paulo: Grupo de Comunicação Três, 1983, p. 89.

1759 Sérgio Ari Pires (1918-): carioca, cursou o Colégio Militar do Rio de Janeiro e, depois, a Escola Militar de Realengo. Foi capitão (1945) e major (1952). Participou do Golpe de 1964 e foi promovido a coronel (1965), chegando a General em 1973 (Governo Médici). Promovido a General do Exército em 1981 e Ministro do STM (1984), colaborou para tentar inocentar os envolvidos no ato terrorista do Riocentro.

1760 Job Lorena de Santana: tentou esconder os fatos do Riocentro em suas investigações. Manipulou o processo do Riocentro e desqualificou as provas contundentes dessa tentativa de ato terrorista, realizada pelos militares envolvidos, ligados à Linha Dura.

mas que tinha sucumbido durante a repressão na presidência do General Médici, em 1973. A sigla VPR foi usada porque, durante a luta armada, costumava panfletar o local de suas ações, esclarecendo para o público as causas de sua luta revolucionária, tentando explicar que era um ato contra a ditadura. Todavia, nunca realizaram pichações. Estava sendo citada como uma espécie de "bode expiatório" para a defesa das teses apresentadas pela repressão.

Em síntese, a versão oficial era totalmente confusa e falsa.

A investigação e a reconstrução do atentado

Foi apurado que, na tarde do dia 30 de abril de 1981, num restaurante na estrada Grajaú-Jacarepaguá (RJ), estavam 15 pessoas bem armadas estudando um mapa. Os empregados da casa, suspeitando daquela reunião, achando que eram assaltantes, comunicaram o fato à polícia e informaram que havia um carro Puma OT-0297.

Naquele mesmo dia, o Coronel Nilton Cerqueira,[1761] que comandava a Polícia Militar do Rio de Janeiro, comunicou ao tenente-coronel Fernando Antônio Pott (chefe do seu Estado-Maior) que tirasse o policiamento daquele show. Internamente, no Riocentro, Maria Ângela Lopes Capobianco, diretora de operações, retirou o tenente César Machulel da chefia de segurança do evento, mandando-o fiscalizar as bilheterias.

Paralelamente, durante o show, estavam abertos apenas 5 portões, dos quase 30 existentes, o que dificultaria, em caso de pânico e emergência, a saída da massa espectadora. Às 21h15min houve a explosão da bomba no Puma, seguida de outra, às 21h45min na

---

1761 Nilton de Albuquerque Cerqueira (1930-): cearense, cursou a Academia de Agulhas Negras (RJ), comandou o DOI-CODI em Salvador e chefiou a operação que levou a morte Carlos Lamarca na Bahia, chefiou o SNI em Recife e comandou a Polícia Militar do Rio de Janeiro em 1981, durante o atentado do Riocentro. Foi secretário de segurança (RJ) e Deputado Federal (1995).

casa de energia (força) do Riocentro, mas sem conseguir o blecaute desejado.

Neste ínterim, um carro Opala, ao sair do local, teve um ocupante gritando para os porteiros: "Vocês ainda não viram nada! O pior vai acontecer lá dentro!".

Às 22 horas, Amaro Ribeiro Pereira, segurança do local, deparou-se com duas pessoas ao lado do veículo Puma, que disseram ser oficiais do exército e capitães. Durante esse período, chegou o tenente Divany Carvalho Barros, "o Doutor Áureo do DOI, que foi ao estacionamento do Riocentro e limpou o Puma explodido. Retirou a caderneta de telefones do sargento (que só seria periciada dezenove anos depois), uma granada e um revólver".[1762]

Durante esses acontecimentos, os jornais cariocas receberam telefonemas anônimos que informavam, em nome de um tal "Comando Delta" que aquele atendado era para "acabar com manifestações subversivas".

Nesse período, tinham ocorrido 74 ações terroristas em todo o país. Por volta da meia-noite, Humberto Guimarães, que estava fazendo a peritagem, informou à imprensa que havia mais uma bomba dentro do Puma.

A TV Globo mostrou este artefato em suas informações jornalísticas sobre o atentado e, posteriormente, desmentiu a reportagem.

> Mostrou, na sua audiência nacional, no dia 1º, dois cilindros alongados, pintados de vermelho, dizendo que eram bombas achadas no Puma, mas recuou e mostrou novamente os cilindros para dizer, desta vez, que eram granadas de gás lacrimogêneo. No entanto, o jornal O Globo, no dia 6, insistiu na manchete: "Laudo confirma que havia duas bombas no Puma". No dia

1762 GASPARI, Elio. *A ditadura acabada*. Rio de Janeiro: Intrínseca, 2016, p. 198.

> seguinte, O Globo apresentava nova manchete: "Fonte do I Exército afirma: no Puma só havia a bomba que explodiu". O Estado de São Paulo, no dia 7, informou a existência de "relatório da polícia Federal onde está indicada a existência de mais duas bombas".[1763]

O Ministro da Justiça Ibrahim Abi-Ackel,[1764] comentou: "A bomba explodiu dentro do governo".

O IPM (Inquérito Policial Militar)

Foi escolhido, para presidir o IPM, o coronel Luiz Antônio do Prado que encontrou indícios de que os militares considerados "vítimas" estavam envolvidos na execução do atentado. Criticado e pressionado por não concordar com as interpretações equivocadas que foram dadas ao caso pelos seus superiores, pediu afastamento do IPM por questão de saúde, ou seja, "médicas".

O segundo nome que foi cogitado era do general de brigada Vinicius Kruel, mas que, ao ser convidado explicitou: "Devo deixar claro que não aceitarei pressões de qualquer tipo. Nem de companheiros, nem de imprensa, nem outras, partam de onde partirem. Vou buscar a verdade e os responsáveis pelo atentado para que sejam punidos".[1765]

1763 SILVA, Hélio; CARNEIRO, Maria Cecília Ribas. *Os Presidentes*: João Figueiredo. São Paulo: Grupo de Comunicação Três, 1983, p. 93.

1764 Ibrahim Abi-Ackel (1946-): mineiro, advogado, jornalista, filiou-se à ARENA e tornou-se deputado estadual (1966). Participou da Constituição Estadual Mineira (1967). Em 1974, foi eleito deputado federal e reeleito em 1978. Foi indicado a Ministro da Justiça do Presidente Figueiredo em 1980. Enfrentou as críticas realizadas contra o governo após o atentado do Riocentro. Considerou os atentados que ocorreram naquela época "uma forma de comportamento incompatível com a orientação democrática do governo". Lançou: *Rui e o civilismo* (monografia), *O Código Tributário em face da Constituição* etc.

1765 PASQUALETTE, Bernardo Braga. *Me esqueçam*: Figueiredo, a biografia de uma Presidência. Rio de Janeiro: Editora Record, 2020, p. 204.

O general foi preterido devido à sua posição clara para efetuar a apuração dos fatos, indo até as últimas consequências na procura dos criminosos. Foi escolhido para atuar no IPM, o coronel Job Lopes de Santana, envolvido com o comandante do I Exército e defensor dos suspeitos de terrorismo. As críticas foram amplas contra a nomeação de Job para conduzir o IPM.

A conclusão do IPM, realizada pelo coronel, foi rápida e finalizada em 30 de junho de 1981, sendo apresentada em 5 volumes, contendo 700 páginas. Apresentou, primeiro, aos militares e, depois, à imprensa, que não pôde fazer perguntas. O relatório foi uma obra facciosa:

- Acusava a VPR do atentado. Completamente anacrônica e inverossímil esta acusação.
- Colocava os verdadeiros envolvidos como vítimas da esquerda.
- A bomba, afirmava, não tinha explodido no colo do sargento Rosário, pois o rosto não fora afetado e nem a genitália. Uma mentira absurda, pois o jornal *O Estadão*, ao divulgar a autópsia do sargento, tinha informado que a genitália e o rosto estavam dilacerados, com base em laudos técnicos (peritos e médicos).
- Não considerou o depoimento do coronel da reserva Dickson Melges Grael (ex-diretor do Riocentro), que informava que a porta direita do Puma não tinha sido pulverizada durante a explosão e, em decorrência, a bomba não estava no local suposto por Job em seu relatório.

Em síntese, as conclusões do coronel para o IPM foram:

> a) A vista das conclusões das diligências realizadas ao longo deste inquérito policial militar, detalhadamente relatadas no item 3 anterior, não há como inculpar os militares ocupantes do carro sinistrado.

b) O serviço que as vítimas desempenhavam resumia-se num trabalho de informações, com a coleta de dados relacionados ao evento comemorativo da Festa do Trabalhador, e a serem posteriormente encaminhados aos superiores órgãos do Sistema Nacional de Informações para exame, análise e difusão necessários.

A presença de militares como observadores sigilosos de festividades civis, como aquela em 30 de abril de 1981, no Riocentro, é atividade normal.

O DOI é um elemento incorporado ao Comando do I Exército, com rigorosa seleção do pessoal, sujeito aos mesmos rigores disciplinares que qualquer outra fração do Exército. Atua em busca de informações. Subordinado ao general chefe do Estado-Maior, tem todas suas ações controladas pelo chefe da 2ª seção.

c) Foram coletados indícios significativos de que os militares atingidos fossem já reconhecidos ou indicados por elementos da contrainformação de organização extremistas.

d) Não restou dúvida que as explosões promoveram de forma inédita o espetáculo promovido pelo CEBRADE. Diante do ocorrido, pode-se presumir que os organizadores da reunião aproveitaram para mostrar ao grande público a inocência do evento e o risco que a teria estado os promotores do espetáculo. Artistas, convidados, pagantes, e todos os elementos da infraestrutura local. Na verdade, o único pronunciamento público de natureza foi feito já na parte final da exibição artística.[1766]

O IPM foi encaminhado para a Justiça Militar. O promotor ao receber os cinco volumes do relatório, pediu o arquivamento por não ter encontrado nenhum indício de autoria do atentado e foi acompanhado pelo juiz Edmundo de Oliveira, com as seguintes considerações: "todo mundo tem que apoiar o Presidente Figueiredo para garantir as eleições, sendo preciso

---

1766 SILVA, Hélio; CARNEIRO, Maria Cecília Ribas. *Os Presidentes*: João Figueiredo. São Paulo: Grupo de Comunicação Três, 1983, p. 96.

salvar as instituições mesmo com o sacrifício de convicções pessoais". O arquivamento se concretizou em 4 de agosto.

Preocupado com a falta de base solida nas conclusões que levaram ao arquivamento do processo no Riocentro, o juiz corregedor Célio Lobão Ferreira, propôs, antes de finalizar o mês de agosto, o desarquivamento do IPM, para esclarecimento de "pontos sombrios" ao STM (Supremo Tribunal Militar).

O STM, composto por 15 ministros, apresentou apenas cinco membros que concordaram com a proposta: os brigadeiros Deoclécio de Lima Siqueira[1767] e Antônio Geraldo Pinheiro, os almirantes Júlio de Sá Bierrenbach[1768] e Djaci Pinheiro, e finalmente, o general Dilermando Monteiro.[1769]

1767 Deoclécio de Lima Siqueira (1916-1998): paulista, cursou a Escola Militar de Realengo, pertenceu ao 1º Regimento de Aviação (RJ) e foi capitão-aviador (1944). Foi promovido a major-brigadeiro do ar (1969) e assumiu a Chefia do Estado Maior da Aeronáutica (EMAER). Foi nomeado Ministro do STM em 1977. Apoiou a abertura promovida por Geisel e defendeu o Estado de Direito.

1768 Júlio de Sá Bierrenbach (1919-2015): paulista, cursou a Escola Naval (1935), chegou a almirante de esquadra em 1975 e foi guindado a Ministro do STM em 1977. Posicionou-se contra o arquivamento do IPM no Riocentro num voto de 52 páginas e pediu a abertura de um novo inquérito. Contudo, foi derrotado. Foi favorável às eleições diretas. Escreveu: *Riocentro: quais os responsáveis pela impunidade* e *1954-1964: uma década política*.

1769 Dilermando Monteiro (1913-1994): nasceu em Cuiabá. Cursou a Escola Militar de Realengo (RJ), foi Capitão (1940) a major (1950), tenente-coronel (1954), coronel (1960). Foi adido militar em Paris, apoiou o Golpe Militar (1964), foi para o generalato em 1966 e a general de exército (1974). Assumiu o Comando do II Exército durante a crise de repressão, tortura e morte em São Paulo. A missão era combater a violência do aparelho repressivo sediado na capital paulista. Solidário a Geisel, apoiou Figueiredo à Presidência. Dialogou com líderes sindicais, políticos, religiosos e empresariais. Reuniu-se com Lula durante a greve dos metalúrgicos em 1978. Em 11 de setembro de 1978, tomou posse como Ministro do STM.

Em 2 de outubro, em sessão secreta, por dez votos contra quatro, foi rejeitada a proposta de Célio Lobão. O tribunal apoiou o arquivamento do IPM do Riocentro.

O Almirante Bierrenbach declarou, em seu voto, pela abertura de um novo inquérito:

> "Por muito menos o tribunal já condenou muito mais". Lamentou estar o crime à beira da impunidade e de não ter nenhuma dúvida de que a bomba explodiu no colo do sargento Rosário, quando este manuseava: "Já que os militares se encontravam em missão secreta do Exército, o capitão Wilson Machado deveria ter sido ouvido como indiciado, ou como vítima, não como testemunha; de outro modo, a competência para a instauração do inquérito policial caberia à polícia federal. Deixou claro que o primeiro encarregado do inquérito, o coronel Prado Ribeiro, "substituído por razões de saúde, um dia antes de ouvir o capitão Wilson Machado, chegaria à mesma conclusão que ele – a de que a bomba explodiu no colo do sargento.
>
> Acentuou que, para chegar à mesma conclusão do inquérito do coronel Job Santana, precisava "retirar a bomba do colo do sargento Rosario", e continua: "Difícil de entender como o sargento conseguiu entrar no Puma, sem provocar a detonação e sem deixar cair para fora do carro um engenho explosivo colocado naquela posição".[1770]

Após o episódio Riocentro, o governo foi considerado conivente com os fatos acontecidos pela mídia e a opinião pública, perdeu a credibilidade, a respeitabilidade e a honradez tão apregoadas por Figueiredo. O *Jornal do Brasil*, em editorial, tinha se pronunciado, em 03 de maio de 1981, da seguinte forma:

1770 SILVA, Hélio; CARNEIRO, Maria Cecília Ribas. *Os Presidentes*: João Figueiredo. São Paulo: Grupo de Comunicação Três, 1983, p. 97.

> É de real gravidade o momento brasileiro. Desde às vésperas do AI-5 a nação não vive momento tão alarmante.
>
> (...) Para prosseguir o seu programa, o Presidente Figueiredo não pode contemporizar com atos que abalam o princípio da autoridade por ele exercida.
>
> (...) A nação está à espera da definitiva demonstração do Presidente da República de que não admite sequer a demora ou a falta de resultados na apuração dos fatos com uma gravidade desafiadora.
>
> (...) A sociedade escolheu a democracia e o Presidente fez desta aspiração nacional o seu compromisso de posse. Terá de ser sua, portanto, a iniciativa para repor o lado democrático em vantagem exclusiva sobre os seus inimigos ocultos na sombra.[1771]

A crise, desde o início, estava instalada.

O Ministro Golbery do Couto e Silva, um dos artífices da abertura política, ainda tentou conscientizar o Presidente sobre o escândalo causado pelo caso Riocentro e escreveu numa carta:

> E para quem sabe, como nós, de fontes altamente fidedignas (não utilizáveis embora, em qualquer investigação formal ou processo criminal), que tal convicção tem fundamento real mesmo – problema muito mais grave e que não é apenas problema de consciência, exige decisão lastreada no conhecimento da verdade dos fatos. Decisão nunca protelatória, nem retardada, muito menos ambígua.
>
> Verdade indiscutível é que um grupo radical, minoritário apenas, irresponsável e adepto de práticas terroristas, se não dominou ou controla, pelo menos infiltra os órgãos "vulgarmente chamados de DOI-CODI" e, desde ar, a coberto dessas organizações e valendo-se, assim, de grandes facilidades e

1771 PASQUALETTE, Bernardo Braga. *Me esqueçam*: Figueiredo, a biografia de uma Presidência. Rio de Janeiro: Editora Record, 2020, p. 211.

> largas somas de poder, desencadeou ações terroristas múltiplas obedecendo a linha hierárquicas distintas das legais e legítimas e que se estendem não se sabe até que níveis superiores dos escalões governamentais.
>
> Daí: ou a existência alarmante de um núcleo do governo paralelo, agindo com êxito que só lê acrescerá, dia a dia, a arrogância do poder – o que prenuncia para o futuro das coisas ainda mais graves, no mesmo quadro de ações terroristas e irresponsáveis, inclusive o terrorismo –, ou o que seria até mais grave, estariam sendo postas em duvidas as incisivas declarações do próprio Presidente quanto à sinceridade e honestidade com que impressionaram e confortaram a nação toda, quando ditas e reditas.
>
> Algo precisa e deve ser feito.
>
> Ao parecer – ordem presidencial – presidencial porque só a imagem e autoridade do Presidente que precisam ser resguardadas e consolidadas – para que sejam logo extintos "os chamados DOI-CODI", claramente, expressa e difundir sem estardalhaço, embora nem comportando justificativas para tanto servirá, certamente.[1772]

Golbery se demitiu do governo Figueiredo, em 5 de agosto de 1981, e foi cuidar da sua vasta biblioteca que estava num sítio próximo da Capital Federal.

A oposição, receosa de um retrocesso na denominada "abertura política", acabou dando apoio a Figueiredo, por intermédio de uma frente antiterrorismo. Esta Frente Nacional, contra o terror, contou com o apoio dos políticos nacionais e de várias instituições da sociedade civil (ABI, OAB e CNBB).

Epílogo – em 1996, voltou à tona a discussão sobre o terrorismo de direita que tinha ocorrido no Brasil e, principalmente,

---

1772 PASQUALETTE, Bernardo Braga. *Me esqueçam*: Figueiredo, a biografia de uma Presidência. Rio de Janeiro: Editora Record, 2020, pp. 212-214.

a questão manipulada pelos militares do atentado ao Riocentro. Havia novas informações sobre a questão, dadas pelo Coronel Ilen Marlen Lobo que substituiu, naquela tarde do atentado, o coronel Sebastião de Paula, que comandava o batalhão da PM situado no bairro de Jacarepaguá (RJ).

Lobo realizou o isolamento da área do atentado do Riocentro e, convocado para depor no IPM, não lhe interrogaram sobre o tema, o que causou muita estranheza. No Riocentro, os agentes do exército o procuraram querendo saber como seria seu relatório sobre as explosões, e pertenciam ao DOI-CODI. Além, de informarem que havia outra bomba que poderia estar numa caixa d'agua ou embaixo do palco. A bomba foi localizada e desarmada pelos agentes. O relatório, feito pelo batalhão da PM sobre o atentado (30/04/81), apresentou o nome destes militares e foi encaminhado ao coronel Newton Cerqueira (Comandante Geral da PM).[1773] Os seguranças normais, ligados ao Riocentro, não foram convocados para depor no IPM, mas declararam ter visto os militares durante o show, sendo que três agentes do exército foram observados atrás do palco do espetáculo. Foi permitido, pela "segurança normal" (Magno Brás de Oliveira), que o Puma ficasse no estacionamento para os artistas por serem do exército e circulassem até a "casa de força" (energia), onde houve a segunda explosão de uma bomba.

No momento dessas novas informações, o Almirante da reserva Bierrnbach, que tinha votado contra o arquivamento do IPM, declarou que o atentado foi um ato explícito de terrorismo de direita,

---

1773 Newton de Albuquerque Cerqueira (1930-): alagoano, cursou a Academia Militar de Agulhas Negras, foi promovido a Major e Comandou o DOI-CODI (Salvador), quando chefiou a operação que matou o guerrilheiro Carlos Lamarca, no sertão baiano. Comandou a polícia militar do Rio de Janeiro (1981) e negou-se a garantir a segurança do *show* do Riocentro. Afirmou "ainda mais porque o espetáculo tinha o patrocínio de um organismo de tendências marxistas". Posteriormente, dedicou-se à política, conseguindo alcançar o mandato de deputado federal.

que tentou impedir a "abertura política" e as eleições programadas para 1982. Observou, ainda, que o exército acobertou o atentado para proteger a alta oficialidade envolvida e manter a ditadura. A esta altura, o capitão Wilson tinha sido promovido à coronel, virou chefe da Seção de Ensino no Departamento de Ensino Militar do Colégio de Brasília e nada declarava sobre o caso do Riocentro.

O Coronel Job, acusado de fraudar os laudos técnicos durante o IPM, acabou promovido a General.

Mas, apesar de todas as manobras para esconder o que tinha acontecido no Riocentro, em 1998, os parlamentares da Comissão de Direitos Humanos da Câmara pediram a reabertura das investigações. Recebendo o pedido, Gilda Pereira de Carvalho, subprocuradora, aceitou-o. Na sequência, foi encaminhado ao Ministério Público Militar por Geraldo Brindeiro,[1774] Procurador Geral da República.

Em junho de 1999, Kleber de Carvalho Coêlho, Procurador--Geral da Justiça Militar, pediu a abertura de um novo inquérito tendo ouvido onze depoimentos.

Havia provas de que o Coronel Job tinha pressionado os peritos para mudarem os laudos do Riocentro.

O IPM de 1981 foi desqualificado e novas investigações mais amplas foram aprovadas, baseadas nas declarações do general Newton Cruz, que tivera conhecimento naquela noite de 30 de abril, por intermédio de um agente do serviço militar, que seriam jogadas bombas no show por militares do exército. Informou, ainda, que não tomara nenhuma providência, pois os envolvidos já estavam no evento e que seriam detonadas "apenas uma das bombinhas, sem

---

[1774] Geraldo Brindeiro (1948-2021): pernambucano, advogado, professor, procurador do INCRA e Procurador Geral da República. Propunha despolitizar o Ministério Público. Foi criticado pela Associação Nacional dos Procuradores da República que o acusava de "não atuar contra os aliados de FHC".

perigo de matar ninguém". Afirmou que os dois agentes envolvidos (sargento Rosário e Capitão Wilson) estavam agindo isoladamente e "por conta própria".

Os militares se revoltaram com a reabertura do caso Riocentro, principalmente o deputado federal Jair Bolsonaro (ex-capitão reformado), depois Presidente da República, que era protegido de Newton Cruz. De forma agressiva, considerou revanchismo e retaliação das esquerdas contra as Forças Armadas.

Durante as investigações, Ronald James Watters, que se intitulava Agente da CIA (*Central Intelligence Agency*) e fora acusado do atentado à bomba contra a OAB do Rio de Janeiro, que culminou com a morte da secretária Lida Monteiro, apresentou a versão chocante de que a bomba, colocada no Puma, era para matar os dois agentes militares, ou seja, uma "queima de arquivo", muito comum nos serviços secretos. A assertiva se baseava em depoimentos do coronel José Ribamar Zamith, pertencente ao setor de inteligência do I Exército, que afirmara ser o objetivo dos "trabalhos", acobertar a explosões das bombas no Riocentro.

Afirmava estar envolvido, no complô, o marceneiro Hilário José Corales, que preparou as bombas. Wattes e Zamith acusaram o general Otávio de Medeiros[1775] de ser o responsável pelos diversos "atentados terroristas" entre 1980 e 1981 para impedir a redemocratização do Brasil.

1775 Otávio Aguiar de Medeiros (1922-2005): carioca, cursou a Escola Militar de Realengo (RJ), foi adjunto e, depois, chefe do SNI. Era um possível candidato à Presidência da República, já que era general-de-divisão desde 1980, o episódio Riocentro e do jornalista assassinado Alexandre Von Baumgarten impediu esta possibilidade de ascensão política. Além disso, foi acusado, pelos pesquisadores do projeto "Tortura nunca mais", ligados a D. Paulo Evaristo Arns, de ter sido conivente com as torturas praticadas pelos militares no país.

Em 10 de junho de 1999, foi determinada a realização de um novo IPM para o exército, que ficou sob a responsabilidade do general de divisão Sérgio Conforto.

Durante os trabalhos do IPM, foram analisadas as declarações do antigo agente do SNI, Freddie Perdigão Pereira (que foi de major a tenente-coronel),[1776] que informara ao general Newton Cruz a respeito do plano para a execução do atentado. O general Otávio de Medeiros teve que se manifestar sobre o Riocentro, pois vinha fugindo de comentários sobre o assunto há muito tempo. Declarou que fora informado antecipadamente sobre o "atentado" pelo General Newton Cruz, mas acreditou que o "plano" não seria executado, devido ao receio dos implicados e da confiança nos comentários de Perdigão e do General Newton Cruz.

Foram chamadas "novas testemunhas" e identificados os militares que estiveram no Riocentro durante o atentado, como o sargento Guilherme, o sargento da Aeronáutica Carlos Alberto Henrique de Melo, o soldado Hiroito Peres Ferreria (da PM), o Freddie Perdigão Pereira e o Capitão Wilson.

O IPM foi encerrado em 19 de outubro de 1999, com as seguintes conclusões:

- O Coronel Wilson Machado foi acusado de homicídio qualificado, devido à morte do sargento Rosario, e enquadrado numa pena de 12 a 13 anos.

1776 Freddie Perdigão Pereira (1936-1996): fez carreira militar indo de tenente a tenente-coronel, adotou codinomes durante o período ditatorial, a saber: Dr. Roberto frequentando a "casa da morte"), no SNI (Dr. Flávio) e no episódio do Riocentro (30/04/1981) era Aluísio Reis. Foi o responsável por jogar uma bomba na casa de força do Riocentro. Foi acusado de comandar grupos de extermínio. Esteve presente na prisão do Deputado Rubens Paiva e na morte do Jornalista Alexandre Von Baumgarten, da Revista *O Cruzeiro*. A "casa da morte" ficava em Petrópolis e servia para torturar e matar os presos políticos considerados perigosos. Originalmente, Perdigão era do CIE e foi deslocado ao SNI.

- O General Newton Cruz foi acusado de falso testemunho e enquadrado numa pena de 2 a 5 anos e, como tinha confrontado e desobedecido ao IPM, foi adicionada outra penalidade de 6 meses a 1 ano.
- O Coronel Freddie Perdigão Pereira foi condenado, mas já havia falecido.
- O sargento Guilherme Rosário também foi condenado, mas já tinha falecido. Era especialista em explosivos.
- O General Conforto relatou que dois grupos participaram do atentado, um formado pelo capitão Wilson, outro com Perdigão e o carpinteiro Hilário José Correlas, todos com posições de extrema direita.
- Estranhamente, o General Otávio de Medeiros foi poupado de responsabilidades sobre o "caso" e não foi penalizado.
- A realidade é que, em 1981, com a diminuição da repressão, houve uma revolta dos agentes do DOI-CODI pela diminuição de suas "missões" e o avanço da "abertura política" que os levaram a realizar diversos atos terroristas, no sentido de evitar a queda da ditadura e a redemocratização do Brasil. Desejavam semear o pânico na população e continuar na "caça aos comunistas", mantendo, dessa maneira, a ditadura implantada em 1964. Realizaram 74 atentados terroristas, principalmente contra bancas de jornais e foram responsáveis pela carta-bomba enviada à OAB, que assassinou a secretária da instituição em agosto de 1980. Pretendiam criminalizar as organizações de esquerda, usando princípios equivocados da chamada "Guerra Fria", que envolvia o choque dos EUA com a URSS.

Foi um período tenebroso para o Brasil, cercado de injustiças e perseguições durante 21 anos.

CAPÍTULO XV

O CASO LULA – CRÔNICA DE UMA CONDENAÇÃO PREMEDITADA EM PLENO SÉCULO XXI

15.1 A época do metalúrgico – Luiz Inácio Lula da Silva – A luta pela Democracia

Tancredo de Almeida Neves (1910-1985) – eleito Presidente pelo Colégio Eleitoral, 12 horas antes de assumir o governo, sentiu-se mal, com dores no abdômen, e foi levado ao Hospital de Base de Brasília, onde foi operado. Estava, segundo alguns médicos, com "diverticulite" e suspeita de um tumor intestinal. Posteriormente, foi transferido ao INCOR em São Paulo, onde foi submetido a sete cirurgias durante o período de internamento, que foram 38 dias. Faleceu em consequência de "septicemia", ou seja, falência de múltiplos órgãos, em 21 de abril de 1985.

O povo, ansioso para a sua posse, porém chocado, em massa, acompanhou o corpo de bombeiros que levou o corpo de Tancredo até o aeroporto de Congonhas (SP), de onde foi transportado à sua terra natal, São João Del Rei, local do sepultamento. Era o início traumatizante da "Nova República", que iria substituir a ditadura militar instalada em 1964. Havia forte preocupação com oficiais generais que comandaram o exército, participaram do antigo regime e as suas lealdades aos governos civis.

O Vice-Presidente, José Sarney, que militou na ARENA (Aliança Renovadora Nacional), partido que dava sustentação à ditadura, assumiu como Presidente Interino.

O início do primeiro governo civil foi confuso e com desentendimento entre os ministros, que tinham sido escolhidos pelo falecido Presidente. A morte de Tancredo colocou Sarney, tendo um mandato de plenos poderes na Presidência.

José Ribamar Ferreira de Araújo Castro – José Sarney (15/03/1985 a 1990) – não houve solenidade para a passagem da faixa presidencial, porque o general Figueiredo tinha fortes divergências com Sarney, por ter saído do partido governamental (PDS)[1777] sem comunicá-lo. Dessa forma, procurou impedir o constrangimento de ambos evitando o ritual da posse. Incialmente, o novo governo deu autonomia política aos municípios considerados de "segurança nacional", o direito de voto para os analfabetos e adolescentes com 16 anos, o fim da "fidelidade partidária" e a legalização do PCB[1778] e do PCdoB[1779] (partidos de esquerda).

Economia – naquele momento, a inflação tinha alcançado 235,5% e havia problemas graves na economia do país para ser administrado pelo novo Ministro da fazenda Francisco Dornelles (sobrinho de Tancredo).[1780] Posteriormente, numa tentativa de contornar

1777 PDS: Partido Democrático Social (sucedeu a ARENA).

1778 PCB: Partido Comunista Brasileiro.

1779 PCdoB: Partido Comunista do Brasil.

1780 Francisco Osvaldo Neves Dornelles (1935-): mineiro, sobrinho de Tancredo Neves, advogado, professor, Ministro da Fazenda (1985), deputado federal, Ministro da Indústria, Comércio e Turismo (1996), Ministro do Trabalho e Emprego, publicou *A relação jurídica tributária*,

a crise econômico-financeira, Sarney nomeou Dílson Funaro,[1781] no lugar de Dornelles, e João Sayad[1782] como Ministro do Planejamento, começando uma série de "planos econômicos", numa tentativa de conseguir um desenvolvimento sustentável e o apoio popular.

No início de 1986, foi implantado o "Plano Cruzado", que pretendia "austeridade monetária e fiscal", acenando com melhorias de rendas para os assalariados. A moeda (o cruzeiro) foi mudada para o "cruzado", a correção monetária foi extinta, os preços e os salários foram congelados. Surgiram, também, o "gatilho salarial"[1783] e o "seguro-desemprego" no "plano". O povo foi convocado a "fiscalizar" os preços em todo o país, chamado de "o fiscal do Sarney". Denúncias contra o aumento dos preços "pipocaram" e ocorreram detenções policiais de comerciantes e gerentes de supermercados do norte ao sul do Brasil. Houve um controle parcial da inflação e o aumento transitório do poder aquisitivo da população. A popularidade do Presidente cresceu. Contudo, devido ao aumento do consumo, as mercadorias ficaram escassas, sumiram das lojas e supermercados, surgindo o famoso "ágio" sobre os produtos vendidos, fazendo ressurgir a inflação. Filas enormes para compras se multiplicaram no comércio.

Direito tributário brasileiro e as relações econômicas Brasil-Portugal: acordo para evitar a dupla tributação de renda (1971).

1781 Dilson Domingos Funaro (1933-1989): paulista, empresário e político. Industrial na área de materiais plásticos. Presidente do BNDES (1985) e Ministro da Fazenda (1985-1987). Implantou o Plano Cruzado.

1782 João Sayad (1945-2021): paulista, economista (USP) e professor. Foi Secretário da Fazenda (SP), Ministro Chefe da Secretaria de Planejamento da Presidência da República, participou do Plano Cruzado e foi Secretário das Finanças da cidade de SP com Marta Suplicy. Escreveu: *Crédito Rural no Brasil*, *Agricultura e inflação* etc.

1783 Gatilho Salarial: na medida que a inflação aumentava, o salário, automaticamente, acompanhava o índice inflacionário.

Todavia, o plano foi mantido e facilitou nas eleições ocorridas em 1986, a vitória para o PMDB[1784] e PFL,[1785] que davam sustentação ao governo. Elegeram os governadores de quase todos os estados brasileiros, exceto o de Sergipe, conseguindo fazer a maioria dos Deputados Federais e senadores. Esse fato foi considerado um "estelionato eleitoral" pelos críticos.

Após as eleições, foi lançado o Plano Cruzado II, para ajustar as falhas do primeiro.

O "novíssimo plano" liberou os preços das mercadorias, serviços e aluguéis. As tarifas públicas foram reajustadas, assim como os impostos indiretos. A inflação passou a ser calculada com base nos gastos das famílias, que tivessem rendas até cinco salários-mínimos.

O plano desmoronou, pois a inflação aumentou e os preços dos produtos dispararam. A população criticou o "plano", não o apoiou a passou a hostilizar o governo.

Em 1987, Funaro foi afastado e substituído por Luís Carlos Bresser Pereira[1786] no Ministério da Fazenda. Foi lançado o denominado "Plano Bresser", quando a inflação já tinha alcançado 23,26% por mês. O plano atingiu as cadernetas de poupança em seus rendimentos, congelou os salários e os preços dos aluguéis por três meses, cortou o subsídio do trigo e adiou diversas obras importantes para o país, como o polo petroquímico do Rio de Janeiro e a ferrovia Norte-Sul. A execução do plano foi um insucesso interno e externo para o Brasil, e a inflação chegou, naquele ano, a 366%. Nessa fase, ocorreu a "moratória" e a suspensão do pagamento da

---

1784 PMDB: Partido do Movimento Democrático Brasileiro.

1785 PFL: Partido da Frente Liberal.

1786 Luiz Carlos Bresser Gonçalves Pereira (1934-): paulista, economista, secretário de governo (Montoro-SP), Ministro da Fazenda (Sarney), Ministro da Administração Federal e da Ciência e Tecnologia (FHC). Escreveu: *Desenvolvimento e crise no Brasil*.

dívida externa do país. A impopularidade de Sarney aumentou em todo o território nacional, e as greves se multiplicaram.

Em 1988, Mailson da Nóbrega substituiu Bresser no Ministério da Fazenda com o intuito de evitar a hiperinflação e foi lançado o "plano verão" ou "plano cruzado novo", que congelou, novamente, os preços, cortou os gastos públicos, exonerou funcionários para diminuir as despesas da união e propôs a "privatização das estatais". A moeda passou a ser chamada de "Cruzado Novo". O plano fracassou, e a inflação alcançou 933%, colocando o país numa trágica "recessão". O povo estava revoltado, principalmente a "classe média", que clamava impropérios contra o governo.

Nesse período conturbado, foi convocada uma Assembleia Nacional Constituinte, com o objetivo de restaurar o Estado de Direito no Brasil (1987). Foram criadas 24 subcomissões, que se transformaram, depois, em oito comissões para consolidar as propostas e transformá-las em oito títulos, que explicitou o projeto. As divergências constitucionais foram representadas pela atuação do grupo denominado "centrão" e dos "progressistas" que desejavam avanços sociais na futura Carta. O relator-geral foi o Deputado Federal Bernardo Cabral,[1787] que organizou os textos e mandou aos membros da comissão de Sistematização. O material apresentado abordava: Organização do Estado; sistema de governo; soberania e "direitos do homem"; sistema tributário e financeiro; ordem econômica; ordem social e família; educação e cultura. Houve ampla discussão, abordando o "direito de os cidadãos" apresentarem propostas e emendas, ou seja, "a iniciativa popular" e pressões de variados grupos para aprovação de "propostas" com seus "interesses". Os *lobbies* foram amplos e diversificados. A nova Constituição foi promulgada em 5 de outubro de 1988, com 245 artigos e 70 disposições transitórias. A regulamentação ficou pendente, devendo ser realizada pelo

---

1787 José Bernardo Cabral (1935-): Amazonense, advogado, professor e deputado federal constituinte. Foi Ministro da Justiça (1990) e senador pelo Amazonas (1995-2003).

Congresso Nacional. O texto apresentou diversas ambiguidades. O PT discordou de vários pontos e não assinou a carta, sendo que o famoso sociólogo e Deputado Federal (PT), Florestan Fernandes,[1788] manifestou-se da seguinte maneira:

> É estranho o que está acontecendo: há um poder soberano, absoluto que interfere no trabalho da Constituinte e, com isso, afeta também o trabalho da Câmara e do Senado (...). Ora, se o processo de elaboração da Constituição é democrático, então seria necessário que as emendas fossem a espinha dorsal da nova Constituição e que o Presidente da República se retraísse ao seu papel. Provavelmente S. Exa. se sente apoiado por forças militares, pelo poder da corrupção, pelo temor dos parlamentares que se acostumaram a um regime no qual eram destituídos de maior liberdade; então se criou um conjunto de circunstâncias negativas para a elaboração do processo constituinte.[1789]

Ulisses Guimarães, que presidiu a Assembleia Constituinte, na entrega da Carta Constitucional, deixou a seguinte mensagem:

> A Constituição certamente não é perfeita. Ela própria o confessa ao admitir a reforma. Quanto a ela, discordar, sim. Divergir, sim. Descumprir, jamais. Afrontá-la, nunca. Traidor da Constituição é traidor da pátria. Conhecemos o caminho maldito. (...) Temos ódio à ditadura. Ódio e nojo. (...) A corrupção é o cupim da República. República suja pela corrupção impune tomba nas mãos de demagogos que a pretexto de salvá-la a tiranizam. Não roubar, não deixar roubar, pôr na cadeia

---

1788 Florestan Fernandes (1920-1995): paulista, sociólogo, professor e deputado constituinte. Estudou a sociedade indígena e as "relações sociais". Escreveu: *Organização social dos tupinambás*, *A integração dos negros na sociedade de classes*, entre outras obras.

1789 VIEIRA, Evaldo Amaro. *A República Brasileira 1951-2010*: de Getúlio a Lula. São Paulo: Cortez Editora, 2015, p. 402.

> quem roube, eis o primeiro mandamento da moral pública. (...) A nação quer mudar. A nação deve mudar. A nação vai mudar. A Constituição pretende ser a voz, a letra, a vontade política da sociedade rumo à mudança. Que a promulgação seja o nosso grito. Mudar para vencer. Muda, Brasil.[1790]

O sistema de governo, presidencialismo ou parlamentarismo, ficou pendente, devendo ser confirmado num plebiscito futuro. As eleições seriam diretas. Sarney negociou o seu mandato para 5 anos, doando concessões de canais de tv e rádio aos parlamentares que o apoiassem.

O jurista Carlos Ari Sundfeld fez as sucintas considerações sobre a Carta:

> Sustento que a Carta de 1988, para os homens de Direito, tem valido mais pela aura que por seus preceitos, que ela é uma Constituição chapa-branca, não uma romântica Constituição cidadã, e, ainda que ela tem um potencial desestabilizador cuja superação tem dependido do compromisso com a governabilidade do meio político e dos Tribunais. (...) Em suma, os cidadãos que tiveram a atenção primária da Constituição foram policiais, fiscais tributários, militares, Juízes, membros do Ministério Público, Advogados públicos, Defensores, professores de universidades oficiais, profissionais de saúde pública, e assim por diante. (...) Ao fortalecerem-se esses organismos e corporações, pelo poder derivado da inserção constitucional, tornaram-se eles – e não os cidadãos – os verdadeiros protagonistas do fenômeno constitucional brasileiro.[1791]

1790 VIZEU, Rodrigo. *Os Presidentes*: a história dos que mandaram e desmandaram no Brasil, de Deodoro a Bolsonaro. São Paulo: Harper Collins, 2019, p. 229.

1791 VIEIRA, Evaldo Amaro. *A República Brasileira 1951-2010*: de Getúlio a Lula. São Paulo: Cortez Editora, 2015, p. 403.

Os liberais e a direita brasileira consideravam que a Constituição exagerava na oferta de direitos, mas sem os recursos necessários para torná-los reais. Lula, Deputado Constituinte, fez alguns reparos à Constituição. Roberto Campos afirmou que ela é "saudavelmente libertária no político, cruelmente liberticida no econômico, comoventemente utópica no social".[1792]

Já Luís Carlos Prestes, secretário geral do PCB, considerava "a mais reacionária da História do Brasil".

Mas a "Constituição Cidadã", segundo afirmação de Ulisses Guimarães, reconheceu direitos políticos e sociais dos cidadãos em geral e de minorias, como os dos indígenas. Limitou a jornada de trabalho a 44 horas semanais; estipulou o seguro-desemprego; ampliou a licença maternidade e introduziu a licença-paternidade, fixada depois, em cinco dias. Proibiu a ingerência do Estado nos sindicatos e assegurou aos funcionários públicos o direito de se organizar sindicalmente. Também procurou desestimular as demissões, ao determinar o pagamento de multa de 40% sobre o valor total do Fundo de Garantia por Tempo de Serviço (FGTS) em caso de demissão sem justa causa. Criou o *habeas data,* assegurando às pessoas o direito de obter dados de seu interesse constantes dos arquivos das entidades governamentais, e previu o Código de Defesa do Consumidor. Estabeleceu, ainda, as eleições diretas em dois turnos para a Presidência da República, governos estaduais e prefeituras com mais de 200 mil eleitores.[1793]

1792 SIMÕES, Edson. *A luta pela Democracia no Brasil*: de Vargas a Bolsonaro. (Coleção Constituições e Democracia no Brasil e no Mundo: da Antropofagia à Autofagia). vol. 5. São Paulo: Grupo Almedina (Portugal), 2022, p. 797.

1793 SIMÕES, Edson. *A luta pela Democracia no Brasil*: de Vargas a Bolsonaro. (Coleção Constituições e Democracia no Brasil e no Mundo: da Antropofagia à Autofagia). vol. 5. São Paulo: Grupo Almedina (Portugal), 2022, p. 797.

O Presidente Sarney afirmou que "não poderia governar com esta Constituição". Durante a sua administração, enfrentou 12 mil greves. Entre 1988 e 1989, foram realizadas 50 medidas provisórias, sendo que uma delas (a de número 50), limitava o direito de greve, estimulando penalidades, como detenção de seis meses a dois anos e multa. No final deste governo, havia uma CPI no Senado para investigar suspeitas de corrupção na administração pública, risco de hiperinflação e descrédito da população. A ressalva apresentada é que vice-Presidente não apresenta "plano de governo", neste caso, foi levado ao poder por uma tragédia (morte de Tancredo) e uma boa parte do PMDB não o aceitava, ao contrário, hostilizava-o.

Em 1989, ocorreu a primeira eleição direta para a presidência da República desde 1960, ou seja, 29 anos depois, com 22 candidatos ligados a 30 partidos que foram criados com a "Nova República".

Os analfabetos e os jovens entre 16 e 18 anos iriam votar pela primeira vez. Havia 82 milhões de eleitores, sendo 75% com renda que não alcançava dois salários mínimos, quase metade sem o "primeiro grau concluído" e 90% sem participação sindical. A maioria dos partidos não eram conhecidos da população e a propaganda gratuita, no raio e na tv, continuava a mesma da ditadura.

Os presidenciáveis com destaque foram: Fernando Collor de Mello (PRN),[1794] Lula (PT), Mário Covas (PSDB),[1795] Leonel Brizola (PDT), Ulisses Guimarães (PMDB) e Maluf (PDS).

Aproveitando a crise nacional, o candidato Collor, de forma viperina no horário eleitoral, falava:

1794 PRN: Partido da Reconstrução Nacional.

1795 Mario Covas Filho (1930-2001): paulista, engenheiro, político, deputado federal cassado (MDB, 1969), Prefeito de São Paulo (1983-1985), senador e constituinte. Fundador do PSDB, Governador de São Paulo por duas vezes (1994-2001). Foi candidato à Presidência da República, mas não obteve sucesso.

> Peço licença, minha gente, para hoje falar com (...) um homem que desgraçadamente ainda ocupa a Presidência da República. Gostaria de tratar o senhor José Sarney com elegância e respeito. Gostaria, mas não posso. Não posso porque estou falando com um irresponsável, um omisso, um desastrado, um fraco. (...) O senhor sempre foi um político de segunda classe, nunca teve uma atitude de coragem, pegou uma carona na história, beneficiando-se de uma tragédia que emocionou o país. O senhor é o culpado pela maior inflação de todos os tempos. (...) Passou todo o tempo do seu governo apadrinhando seus amigos, familiares, muitos dos quais hoje estão sendo processados por atos de corrupção. (...) Acabou o tempo da corrupção e do conchavo de políticos desonestos. Chegou, senhor José Sarney, a vez dos homens de bem. Chegou a nossa vez.[1796]

As eleições diretas tiveram apoio financeiro do capital privado e transformou-se em seu aparato num grande negócio comercial, no apoio aos candidatos do Executivo e do parlamento. Collor era considerado "o caçador de marajás", atacando os salários dos funcionários públicos, considerados "bodes expiatórios" da crise financeira-econômica do país, prometia colocar o Estado em prol dos "descamisados", numa cópia do peronismo argentino. Prometeu construir milhares de casas, prender os corruptos, aumentar as aplicações na saúde e investir 40 bilhões de dólares em educação. Color conseguiu, segundo Mario Sergio Conti,[1797] o apoio de Roberto Marinho,[1798] dono da Tv Globo, devido às suas "ideias privatistas", após uma entrevista, julgou Collor:

1796 VIZEU, Rodrigo. *Os Presidentes*: a história dos que mandaram e desmandaram no Brasil, de Deodoro a Bolsonaro. São Paulo: Harper Collins, 2019, p. 229.

1797 Mario Sergio Conti (1954-): jornalista, escreveu: *Notícias do Planalto: a imprensa e Fernando Collor*. Editor da revista *Veja*, *Jornal do Brasil* e de *Piauí*.

1798 Roberto Marinho (1904-2003): carioca, jornalista, empresário no setor de comunicações, diretor do jornal *O Globo*, dono da Rádio Globo, Tv

"Mais assentado, mais ponderado e mais equilibrado do que os outros concorrentes". Se o candidato continuar nesse caminho, acrescentou, "vou influir o máximo a favor dele". Dito e feito.

Cinco dias depois da entrevista, Roberto Marinho esteve outra vez com Collor e lhe disse: "Eu soube que há emissoras de tv que não te apoiam. Quero que você me diga quem são, porque vou conversar com eles". Roberto Marinho aderiu à candidatura de Collor, porque era a que tinha mais condições de derrotar Lula e Brizola. Mas, logo, passou a gostar dele, considerando-o um jovem bem-apessoado, educado, com ideias sensatas para governar o país. Collor veio a integrar a lista dos políticos que mais admirou e com quem teve melhor relação: Castelo Branco, o único que considerou um "estadista", Antônio Carlos Magalhães e José Sarney. João Roberto Marinho teve outra atitude, apesar de concordar com o programa de governo de Collor. Sempre dizia ao pai: "Vamos ficar com um pé atrás porque o Collor se acha acima do bem e do mal e pode dar com os burros n'água".

Collor, "quando sentia que o noticiário lhe era desfavorável", procurava o dono da Globo e lhe dizia: "Doutor Roberto, fale para o seu pessoal me tratar bem". Este costumava perguntar: "Mas não estão te tratando bem? Você precisa ser bem tratado". Quando alguma matéria era excepcionalmente boa, Collor lhe falava: "Que bela matéria que o senhor fez ontem".[1799]

Brizola (PDT), que despontava em primeiro lugar nas pesquisas, com 19% das intenções de voto no início de 1989 e representava as "forças de esquerda", foi superado pelo candidato do PT, Lula. Este partido usou as mobilizações populares, além de penetrar nos meios de comunicação, defendendo teses populares e de oposição a Sarney. Propunha: reforma agrária e urbana; estatização da assistência médica;

Globo e Globosat. Organizou um grande império midiático e passou a influenciar a política nacional.

1799 CONTI, Mario Sergio. *Notícias do Planalto*: a imprensa e Fernando Collor. São Paulo: Companhia das Letras, 1999, p. 169.

investimentos na rede pública de educação; produção e distribuição de medicamentos à população.

Foram vitoriosos, no primeiro turno, Collor e Lula. Como esperado, aquele conseguiu 28,6% dos votos validos e este 16,1%. Os debates televisivos foram manipulados para alavancar Collor em detrimento de Lula. No debate final, durante o segundo turno, na Globo, Lula foi acusado pela ex-namorada Miriam Cordeiro de propor um aborto quando estava grávida. A acusação era facciosa, mas trouxe muitos problemas ao candidato.

Luiz Inácio foi acusado de comunista, de ameaça à propriedade privada, à moral da família brasileira, devido "ao aborto" e de confisco das poupanças.

No segundo turno, Collor obteve 35.089.998 votos válidos (42,75%), contra 31.076.364 (37,86%) de Lula.

Fernando Afonso Collor de Mello (15/03/1990 a 02/10/1992) – tomou posse como Presidente da República da modernidade, aos 40 anos, em clima de euforia, como o mais jovem Presidente do Brasil. Encontrou uma dívida mobiliária interna de 706,6 bilhões de cruzados novos (97% da dívida pública interna); dívida externa de 114,8 bilhões de dólares, PIB de 1,36 trilhão de cruzados novos; renda per-capita de 2.059 dólares; inflação de 74,5% e um acúmulo inflacionário (89 e 90) de 1.782,9%.

Segundo a cartilha do "famigerado liberalismo", após a posse, tendo como Ministra da economia Zélia Cardoso de Mello,[1800] foi lançado o "Plano Collor" que confiscou todas as contas bancárias do país superiores a 50 cruzados (31/01/1991). Fossem contas correntes,

---

1800 Zélia Cardoso de Mello (1953-): paulista, Economista (USP), trabalhou na Secretaria do Tesouro Nacional e foi Ministra da Economia de Collor. Lançou o Plano Collor e o Plano Collor 2, com o intuito de combater a inflação. Bloqueou depósitos à vista e a prazo, as cadernetas de poupança e as aplicações financeiras, mas não obteve sucesso. Prejudicou muito a sociedade brasileira à época.

poupanças ou aplicações financeiras. Os correntistas tinham o saldo congelado por 18 meses e só poderiam retirar um determinado valor. O cruzado foi extinto e voltou o cruzeiro como a "nova" moeda nacional. Foram congelados os salários e os preços, sendo reformulados os índices da correção monetária. Acompanhou o plano, a demissão de funcionários públicos, a extinção de autarquias, fundações, empresas públicas, a abertura econômica brasileira, a competição externa, facilitando a entrada de mercadorias e capitais estrangeiros. A privatização foi acelerada com a venda de imóveis. Prometia derrubar a inflação com uma "bala de prata". A "classe média", que tinha colaborado com a sua eleição, ficou prejudicada e revoltada com as medidas tomadas. Segundo Rubens Ricupero:[1801] "Fracassou e devastou a vida de milhares de pessoas".

Politicamente, Collor afirmava que "os descamisados" (o povo), não seriam prejudicados, porque não tinham investimentos no mercado e nem renda. Determinou, ainda, o aumento do preço da gasolina, do álcool, do gás de cozinha e das tarifas públicas.

A economia do país entrou em "recessão com inflação". A FIESP, que tinha como Presidente Mario Amato,[1802] criticou o plano devido à "recessão econômica" e, também, "à exposição radical da indústria brasileira a concorrência estrangeira gerando falências e concordatas".

Concomitantemente, Collor radicalizava em promoção da própria "imagem modernizadora", ao pilotar "jet-skis", usar camisetas

---

1801 Rubens Ricupero (1937-): paulista, advogado, professor, diplomata, embaixador nos EUA, Ministro do Meio Ambiente e da Amazônia legal e Ministro da Fazenda (1994). Deu continuidade à execução do Plano Real. Na campanha de FHC à presidência, numa entrevista à *Tv Globo*, cometeu uma inconfidência em conversa reservada: "O que é ruim a gente esconde, o que é bom a gente mostra", que foi ao ar, causando a sua demissão do Ministério. Publicou diversos livros.

1802 Mario Amato (1918-2016): paulista, empresário e Presidente da FIESP. Escreveu: *Pequena história do sindicalismo brasileiro*.

motivacionais, andar em aviões a jato e utilizar factoides publicitários quase todos os dias.

Em 1990, publicou 148 medidas provisórias, 867 decretos, 174 leis, 95 projetos de lei e enfrentou 782 greves.

O governo era uma fotografia da oligarquia e do patrimonialismo brasileiro. Foram vendidas 17 empresas em leilão público, com um valor adquirido de 3,4 bilhões de dólares, sendo pagos com "dinheiro podre", isto é, "títulos da dívida pública".

A "opinião pública", em geral, passou a demonstrar uma profunda revolta com a administração, que se radicalizou com as acusações de corrupção contra o governo, a saber:

- Favorecimentos a SOS-rodovias (1990);
- Favorecimento na publicidade (1990);
- Favorecimento nas negociações da VASP;
- Desvios na LBA (Legião Brasileira de Assistência);
- Escândalos na Zona Franca de Manaus (1991);
- Proteção e favorecimentos a usineiros (1991);
- Desvios no Data-Prev.

Houve denúncias de que o governo estava cobrando até 30% de propinas na contratação de empreiteiras.

As denúncias se agravaram com o depoimento de Pedro Collor, irmão do Presidente, que deu entrevista, em 10 e 24 de maio de 1992, à revista *Veja*, acusando de corrupção Paulo César Farias, vulgo PC,[1803] ministros e o próprio irmão. Diante dos fatos, foi ins-

1803 Paulo Cesar Cavalcanti de Farias – PC Farias (1945-1996): alagoano, empresário e tesoureiro da campanha do Presidente Collor. Foi acusado

talada uma CPMI,[1804] em maio de 1992, pelo Congresso Nacional para decifrar o famoso esquema PC, ligado ao Presidente. Foram localizadas "contas famosas" que pagavam as despesas da família Collor (Roseane,[1805] ex-mulher, mãe etc.), movimentando mais de 260 milhões de dólares em dois anos.

Em 29 de setembro do mesmo ano, a Câmara Federal autorizou o *impeachment* e encaminhou para o Senado concluir o processo, assumindo, temporariamente, o Vice-Presidente Itamar Franco. Em 29 de dezembro de 1992, Collor renunciou ao mandato para não ser cassado e consolidou Itamar na presidência, mas o Senado concluiu o julgamento, condenando-o à perda do cargo de Presidente e inabilitando-o por 8 anos de exercer qualquer cargo público. Nesse período,

> (...) as manifestações de massa foram intensas e se tornaram referência incontornável para os atores usuais daquele campo, produzindo mudanças nas suas "jogadas" costumeiras e nos cálculos que as sustentavam, favorecendo claramente a oposição, com raríssimas exceções. De fato, a mobilização de massa legitimou as ações da coalizão partidária de centro-esquerda e da CPMI e sublinhou os prejuízos políticos que teriam os que se mantivessem ao lado do Presidente. Acelerou, com isso, a conquista da direita parlamentar pela oposição e a solução da crise política pelo impeachment. Mais ainda: a mobilização de massa produziu no topo da sociedade a percepção – não importa se sobredimensionada – de que a frustração da vontade expressa nas ruas pudesse ocasionar maior instabilidade política, o que estimulou o *establishment* – ministério,

---

de corrupção, envolveu o Governo e colaborou para o *impeachment* presidencial. Foi assassinado em Alagoas.

1804 CPMI – Comissão Parlamentar Mista de Inquérito: formada por deputados e senadores.

1805 Roseane Collor de Mello (1964-): alagoana, foi esposa de Fernando Collor. Após o *impeachment*, divorciaram-se. Escreveu: *Tudo o que vi e vivi: o testemunho corajoso da primeira-dama*.

Supremo Tribunal Federal e elites empresariais – a agir em favor de uma solução rápida e institucional da crise política. Se a mobilização de massa legitimou a ação pró-*impeachment* da oposição e acentuou a percepção das consequências negativas prováveis da preservação de Collor no poder, a construção negociada do futuro governo do Vice-Presidente Itamar Franco sublinhou, para a maioria dos políticos profissionais, as vantagens que teriam com a aprovação do *impeachment*. O governo Itamar seria, desde logo, um governo de coalizão, "congressual" negociado com as direções dos partidos políticos. Valorizaria, assim, o Congresso Nacional, colocado à margem por Fernando Collor. E a coalizão governamental não incluiria apenas os partidos condutores do processo de impeachment incorporaria também aqueles, conservadores, que se juntaram ao movimento ao longo do processo. Com isso, atendiam-se as demandas em relação à dimensão político-operacional da democracia incluindo na coalizão quase todos os partidos. Em segundo lugar, a despeito da recusa do PT em participar da gestão de Itamar Franco o governo em formação se orientou por uma postura de centro-esquerda, comprometendo-se a dar prioridade ao "social", como rezava a Constituição de 1988. Em terceiro lugar, comprometendo-se a manter a liberalização econômica em andamento, ainda que de forma moderada, Itamar franco evitou confrontar os partidos de direita e de centro, as elites empresariais e a fração das classes médias que se inclinava naquela direção.[1806]

Itamar Augusto Cautiero Franco (02/10/1992 a 1º/01/1995) – assumiu interinamente, com o país tendo uma profunda recessão econômica, grave inflação e a opinião pública revoltada com os acontecimentos ocorridos. Logo, criou o IPMF (Imposto Provisório sobre a Movimentação Financeira, em 09 de dezembro), para equilibrar o

---

1806 FERREIRA, Jorge; DELGADO, Lucilia de Almeida Neves (Coord.). *O Brasil Republicano*. vol. 5. O tempo da Nova República: da transição democrática à crise política de 2016: Quinta república (1985-2016). Rio de Janeiro: Civilização Brasileira, 2018, pp. 185/186.

tesouro. Era o imposto de 0,25% sobre todos os cheques emitidos no sistema bancário.

Em dezembro, com a renúncia de Collor, efetivou-se no cargo presidencial, prometendo um governo transparente e respeito ao Legislativo. A base governista ficou composta pelo PSDB,[1807] PMDB, PDT, PSB,[1808] PFL, que se chocavam por defenderem ideias liberais e estatizantes. A hiperinflação atropelava a sociedade brasileira, os produtos sumiam dos supermercados, a remarcação de preços era diária e a moeda se desvalorizava. Diante desse contexto, Itamar apoiou estudos para um "novo" plano econômico e convidou Fernando Henrique Cardoso, Ministro das Relações Exteriores, para assumir a pasta da Fazenda em maio de 1993. Enfrentou, também, o plebiscito (21/04/1993), que iria defender a forma de governo no país, ou seja, presidencialismo, parlamentarismo ou volta da Monarquia. A vitória republicana foi a do presidencialismo.

Em abril de 1993, foi lançado o "Plano de Estabilização Econômica" para combater a inflação, realizar o ajuste fiscal, zerar o *déficit* público e impedir a sonegação de impostos.

Plano Real – em 28 de julho, dentro do planejado, o "cruzeiro real" foi lançado para substituir o cruzeiro e teve o corte de três zeros. Foi criada, depois, a URV (Unidade Real de Valor, cotada em 2.750 cruzeiros, equivalente a um dólar), que ficou indexada ao dólar americano. Havia, portanto, duas moedas no país. Era a base preparatória para o lançamento do Plano Real.

Em julho, portanto, foi lançado definitivamente o Plano Real, para conseguir a estabilização sem usar artifícios, como o congelamento de preços e salários. Os gastos públicos foram contidos, aumentaram as privatizações das estatais, a demanda passou a ser contida com a elevação dos juros e passou a facilitar as importações. O câmbio

---

1807 PSDB: Partido da Social Democrata Brasileira.

1808 PSB: Partido Socialista Brasileiro.

ficou associado ao dólar. Foram mantidas a abertura econômica e o apoio à modernização das empresas nacionais. Em consequência, a inflação caiu mais 2.708% em 1993, para 15% em 1995.

O PT criticou o "Plano". Maria da Conceição Tavares explicitou:

> O modelo de estabilização adotado pelo governo com a implantação do Plano Real seguiu as linhas gerais da política neoliberal, generalizada a partir da experiência mexicana. A sobrevalorização cambial e a abertura comercial foram mais bruscas no Brasil, tendendo a provocar rapidamente *déficits* na balança comercial, que o governo supunha continuariam a ser financiados pela entrada de capitais.[1809]

Com o sucesso do Plano Real, FHC foi lançado candidato à Presidência da República pelo PSDB, com o apoio de Itamar. As eleições de 3 de outubro de 1994, apresentaram os seguintes candidatos: FHC (PSDB-PFL-PTB-PPB), Orestes Quércia (PMDB), Leonel Brizola (PDT), Espiridião Amin (PPR),[1810] Lula (PT), Carlos Antônio Gomes (PRN), Hernani Fontoura (PSC)[1811] e Enéas Ferreira Carneiro (PRONA).[1812]

Com a ajuda da queda da inflação, FHC conseguiu se eleger no primeiro turno com 34.377.198 votos válidos (54,03%); Lula, o principal concorrente, ficou com 17.123.296 (27,04%) dos votos e, para surpresa geral, Eneas Carneiro[1813] conseguiu 4.672.026 (7,38%), em terceiro lugar.

1809 TAVARES, Maria da Conceição. *Destruição não criadora*: memórias de um mandato popular contra a recessão, o desemprego e a globalização subordinada. Rio de Janeiro: Editora Record, 1999, p. 79.

1810 PPR: Partido Progressista Reformador.

1811 PSC: Partido Social Cristão.

1812 PRONA: Partido da Reedificação da Ordem Nacional.

1813 Enéas Ferreira Carneiro (1938-2007): nasceu em Rio Branco, Acre, pobre, favelado, estudou na Escola de Sargentos do Exército e conseguiu

Fernando Henrique Cardoso – assumiu o governo em 1º de janeiro de 1995. Administrou o país durante dois mandatos. O primeiro foi até 1º de janeiro de 1999 e o segundo, de 1999 até 1º de janeiro de 2003.

Primeiro mandato – encontrou uma inflação aproximada de 3% e com dívidas sociais que deveriam ser enfrentadas urgentemente. Havia *déficit* habitacional, falta de saneamento básico, de abastecimento de água, problemas de saúde (a CPMF foi criada para ajudar a saúde, mas não equacionou o problema) etc.

Para tentar combater a miséria, criou o "Programa Comunidade Solidária", presidido pela esposa e socióloga Ruth Cardoso, que se transformou no prenúncio da "Bolsa Família". Contudo, a preocupação de FHC era manter a inflação controlada, já que considerava a mais eficaz política social. Diante deste raciocínio, criou o PROER (Programa de Estímulo à Reestruturação e ao Fortalecimento do Sistema Financeiro Nacional), com juros subsidiados para propostas de fusões e incorporações de instituições bancárias para combater falências no sistema. Mas o desemprego continuava para mais de um milhão de brasileiros. Os bancos estatais foram sucateados e os privados tiveram forte apoio do executivo federal.

Em 1996, propôs uma Reforma na Previdência Social e Administração, que teve críticas e resistências no Congresso, devido às mudanças nas aposentadorias.

Apesar da reação ocorrida, conseguiu aprovar mudanças no tempo mínimo de contribuição para o pedido de aposentadoria, introduziu a contribuição dos inativos e um piso máximo para o recebimento de pensões. Foi enorme o prejuízo para os usuários. Neste mesmo ano, foi discutido e colocado em pauta a questão da

---

formar-se em Medicina (1965). Criou o PRONA e foi candidato à Presidência da República, derrotado três vezes. Tinha uma posição nacionalista e estatizante.

reeleição, que foi conduzida no Congresso por Sergio Motta, homem de extrema confiança de FHC.

Houve acusações de compra de votos. O jornalista Roberto Pompeu na Revista *Veja*, em 21 de maio de 1997, colocava em seu artigo:

> Como pode isso acontecer? É que no meio do caminho havia uma pedra, havia uma pedra no meio do caminho. Uma pedra dura, áspera, pontuda, cheia de perigos, que o Presidente confundiu com uma pepita de ouro. Essa pedra chamava-se reeleição, ou a possibilidade de reeleição. Há um Fernando Henrique antes e um depois dessa pedra. No momento em que se deixou seduzir por ela, atrapalhar-se e cegar por ela, produziu-se um corte na percepção das pessoas que o observavam, de longe ou de perto.
>
> A emenda da reeleição, uma situação inédita na política brasileira, acabaria, enfim, aprovada em junho de 1997. O Presidente e seu vice, Marco Maciel (PFL),[1814] em uma situação também incomum, não precisaram se desincompatibilizar dos seus cargos para concorrer às funções. Permaneceram à frente do Executivo, significando uma grande vantagem ante seus adversários, que nem tinham como reclamar. Na área social, não houve muita preocupação. Foi registrada uma grande queda de qualidade nos serviços públicos, com o sucateamento da saúde, segurança pública e crise na educação.[1815]

1814 Marco Antônio de Oliveira Maciel (1940-2021): pernambucano, advogado, professor e político. Foi senador (1983-1999), Ministro da Educação (1985-1986), Governador de Pernambuco, Chefe da Casa Civil (1986-1987) e vice-Presidente de FHC. Foi considerado articulador e discreto em sua atuação política.

1815 SIMÕES, Edson. *A luta pela Democracia no Brasil*: de Vargas a Bolsonaro. (Coleção Constituições e Democracia no Brasil e no Mundo: da Antropofagia à Autofagia). vol. 5. São Paulo: Grupo Almedina (Portugal), 2022, p. 769.

Com o argumento da atração de dólares no país e a redução da dívida externa e interna, foi acelerado o "programa de privatização". Os compradores tinham a facilidade de comprar as empresas estatais com "moedas podres" (títulos antigos lançados pelo governo que foram comprados por, aproximadamente, 50% do valor nominal). Foram negociadas a CSN (Companhia Siderurgia Nacional) por R$ 1,05 bilhões de reais, sendo R$ 1,01 bilhão em "moedas podres". O BNDES (Banco Nacional de Desenvolvimento Econômico e Social) foi vendido pela metade do valor de mercado, para que fosse pago em 12 anos.

A Telebrás (Telecomunicações Brasileiras S/A) foi leiloada por R$ 8,8 bilhões e fornecidos empréstimos aos compradores no valor de metade do valor pago no leilão. Além disso, o governo já havia aplicado R$ 21 bilhões em diversas obras antes da negociação. As ferrovias foram vendidas com entradas de 20% do valor real e o restante a ser quitado em 30 anos. A CVRD (Companhia do Vale do Rio Doce) foi comprada por US$ 3,3 bilhões (dólares em 1997). A empresa tinha um caixa de US$ 700 milhões (dólares), era formada por 54 empresas e um faturamento de US$ 2 bilhões por ano.

A Petrobrás passou a ser criticada pelo alto preço da gasolina e entrou na "campanha de privatização". Havia promessas de preços menores para a gasolina, óleo e gás, caso ocorresse a venda da estatal.

Em 1997, foi criada a ANP (Agência Nacional de Petróleo), abrindo caminho para a Petrobrás se associar a outras empresas (decreto 64 da ANP). Aloysio Biondi assim se manifestou sobre o tema:

> A nova lei permitiu que todo e qualquer setor de atividades da Petrobras possa ser "roubado" da empresa e vendido a grupos privados. Por exemplo: o governo pode criar uma empresa "nova" somente para ser dona das refinarias da Petrobras, ficando, portanto, com o setor de refino. Em seguida pode vender a empresa. A mesma coisa poderia ser feita — nova empresa e venda — para a exploração de gás. Ou para os oleodutos e gasodutos. Ou para a própria exploração de petróleo.

> Em resumo: no final de algum tempo, todas as atividades da Petrobras já não existiriam. Ela seria uma empresa existente apenas no papel. Uma empresa "casca de ovo", como dizem os especialistas.[1816]

Sintetizando, de 1990 a 1994, foram vendidas 33 estatais, em 1999 o governo privatizou 119 empresas. A explicação para essas negociações continuava sendo o atraso do parque industrial brasileira, gerado pela fase Vargas no governo, que era estatizante. FHC queria acabar com o "mito atrasado" do varguismo, reduzir o estado brasileiro para melhorar os serviços prestados ao povo e investir no ensino e segurança pública. Todavia, o país continuou importando tecnologia e a remessa de lucros para o exterior aumentou, por intermédio das multinacionais. Entre 1995 e 1998, a maioria das estatais foi vendida para o capital estrangeiro. O governo arrecadou US$ 11 bilhões (dólares) e os compradores receberam US$ 5,9 bilhões.

Em 1998, FHC enfrentou a reeleição. Os concorrentes foram: Lula (PT), Ciro Gomes[1817] (PPS),[1818] Eneas (PRONA) entre outros.

Foi reeleito no primeiro turno, com 35.936.540 votos válidos (53,06%), Lula obteve 21.475.278 (31,7%) e Ciro Gomes 7.426.190 votos (10,97%).

Para o <u>segundo mandato</u>, FHC prometeu "eu peço a você mais quatro anos, porque juntos vamos derrubar a inflação e juntos vamos vencer o desemprego".

1816 BIONDI, Aloysio. *O Brasil privatizado*: um balanço do desmonte do Estado. São Paulo: Editora Fundação Perseu Abramo, 1999, p. 34.

1817 Francisco de Ciro Gomes (1957-): paulista, Economista, político, deputado estadual pelo Ceará (1983), Prefeito de Fortaleza (1989-1990), Governador do Ceará (1991-1994). Foi Ministro da Fazenda (1994) e da Integração Nacional (2003-2006). Candidatou-se diversas vezes à Presidência da República.

1818 PPS: Partido Popular Socialista.

O governo enfrentou, de imediato, as crises internacionais que envolveram os "tigres asiáticos" (Hong Kong, Cingapura, Formosa, Coreia do Sul, Malásia, Tailândia, Indonésia e Rússia). O dólar subiu e houve aumento da dívida pública.

A dívida pública alcançou 328 bilhões de dólares, a dependência do FMI aumentou e, para equacionar o problema, o imposto sobre o cheque e os inativos previdenciários passaram a contribuir com 11%. Os salários maiores de R$ 1.000,00 foram tributados em 20% e o IR (imposto de renda) foi elevado em 10%. A tributação no Brasil foi considerada a mais alta entre todos os países do mundo. Nessa crise, o FMI forneceu ao Brasil 6 bilhões de dólares. Essa situação fez com que o IAB (Instituto dos Advogados Brasileiros), fundado no Segundo Império (1843), lançasse o seguinte manifesto:

> (...) o governo continua comprometendo a riqueza nacional, para atender as políticas do FMI [Fundo Monetário Internacional]. (...) Não é nacional o governo que entrega o câmbio, a moeda e Banco Central aos praticantes auxiliares da especulação internacional.
>
> (...) Não vale acenar com a modernidade e oferecer a estagnação das atividades agrícolas, industriais e comerciais e do capital científico e tecnológico, a recessão, o desemprego e, sobretudo, a imobilizante ausência de perspectivas. (...) Um governo é eleito para administrar o bem público em benefício da população e não para dele desfazer-se como pródigo que deita fora a fortuna que não lhe pertence, mas que é comum.
>
> (...) Com sua política submissa aos interesses opostos à independência e ao desenvolvimento, o governo viola, de maneira unipessoal e arrogante, o direito à autodeterminação do povo, não só em seu conteúdo político, mas principalmente em sua expressão econômica e social. A autodeterminação implica na

soberania sobre recursos naturais e na inadmissibilidade de um povo ser privado dos seus próprios meios de subsistência.[1819]

Além dessas dificuldades, enfrentadas em 2001, explodiu o "apagão" no país, pois a Eletrobrás[1820] não conseguiu cumprir as propostas no setor energético, devido à falta de investimentos das empresas energéticas privatizadas no setor como tinha sido proposto e planejado. Os blecautes de multiplicaram, e o governo pediu que a população economizasse energia.

No mesmo período, foi lançada a "Carta de Porto Alegre", assinada pelos governadores do Rio de Janeiro, Rio Grande do Sul, Alagoas, Mato Grosso do Sul, Amapá e Acre, denunciando "o preço insuportável" que os brasileiros estavam pagando por uma falsa estabilidade econômica, pois havia ocorrido acelerado desequilíbrio nas contas externas, a corrosão das finanças públicas, o sucateamento do mercado interno e o crescimento do desemprego. O Brasil tinha se tornado "refém" dos grandes especuladores internacionais, prejudicando os Estados, com a queda da arrecadação, aumento das taxas de juros e das dívidas estaduais. O desemprego havia aumentado em todo o país.

Em 1999, FHC já tinha lançado 3.223 medidas provisórias para serem analisadas pelo Congresso Nacional e com o intuito de contornar os problemas enfrentados no país. A população, em pesquisa, reclamava do desemprego, salário, saúde, drogas, segurança pública, ensino e inflação. Nesse clima, foi aventado um pedido de *impeachment* que não prosperou e ameaças de CPIs, mas sem nenhum sucesso.

Em 2002, o dólar equivalia a quatro reais, a moeda tinha sido corroída pela inflação. No mesmo ano, as eleições apresentaram os

---

1819 VIEIRA, Evaldo Amaro. *A República Brasileira 1951-2010*: de Getúlio a Lula. São Paulo: Cortez Editora, 2015, p. 595.

1820 Eletrobrás (Centrais elétricas brasileiras S.A.): estatal criada em 1961.

seguintes candidatos à Presidência da República: Lula (PT), José Serra (PSDB), Ciro Gomes (PPS-PDT-PTB) e Anthony Garotinho (PSB).[1821]

O PT adotou o slogan "Lulinha paz e amor" e foi lançada a "Carta aos brasileiros", para acalmar a elite empresarial, o mercado e endossar o acordo feito com o FMI.

Ficaram para o segundo turno, Lula e José Serra. No segundo turno, Lula conseguiu 52.669.720 votos válidos (61,2%) e Serra ficou com 32,8 milhões de votos (38,6%). A vitória ficou com o PT.

Luiz Inácio Lula da Silva (01/01/2003 a 31/12/2006 – 1º mandato) – para enfrentar a crise econômica, adotou procedimentos ortodoxos, nomeou Antônio Palocci[1822] para Ministro da Fazenda e Henrique Meirelles (oriundo do Banco Central)[1823] como Presidente do Banco de Boston. Manteve os fundamentos estruturais do Plano Real. A manutenção destas medidas foi criticada pelas esquerdas,

---

1821 Anthony William Mateus de Oliveira – Anthony Garotinho (1960-): carioca, radialista, evangélico, político populista, Prefeito de Campos, Governador do Rio de Janeiro, deputado federal (2010) e Secretário de Segurança (RJ) da governadora Rosa Garotinho (sua esposa). Foi acusado de corrupção e detido algumas vezes. Foi candidato à Presidência (2002), mas sem alcançar sucesso.

1822 Antônio Palocci Filho (1960-): paulista, médico, político, Prefeito de Ribeirão Preto e Ministro da Fazenda de Lula. Foi ligado ao movimento estudantil denominado LIBELU (Liberdade e Luta – trotskista). Manteve a estabilidade econômica do governo anterior (FHC). Foi envolvido e preso durante a operação Lava-Jato e, para ser libertado, realizou uma "denúncia premiada", sem provas, contra os governos petistas. Não obteve o sucesso desejado, pois a denúncia não oferecia provas consistentes e foi questionada pelo judiciário.

1823 Henrique de Campos Meirelles (1945-): nasceu em Anápolis, administrador de empresas, oriundo do Bank Boston, foi indicado para a direção do Banco Central, com o intuito de alertar os especuladores (Governo Lula). Estava no PSDB, tinha sido eleito deputado, mas renunciou ao parlamento para assumir o cargo. Foi Ministro da Fazenda do Governo Michel Temer (2016-2018), Secretário da Fazenda e Planejamento do Estado de São Paulo (com Dória). Candidatou-se à Presidência da República (2018), mas foi derrotado.

mas reduziram a dívida pública (de 76% do PIB para 61% em 2010). Aumentou, também, os juros. Conseguiu reduzir a taxa inflacionária, que foi de 12,5$ (2002) para 3,1% (2006). O dólar, em 2005, passou a valer 2,3 reais.

Mas, no primeiro ano do governo, o crescimento do PIB caiu de 2,7% (2002) para 1,1% (2003) e a taxa de desemprego subiu. Em 2004, a economia voltou a crescer, chegando o PIB a alcançar 6% (2007).

A situação da economia internacional colaborou com este crescimento, pois houve um *boom* das *commodities*, valorizando as exportações brasileiras. A China aumentou as suas importações do Brasil e as reservas em dólares do país atingiram 300 bilhões. A dívida externa sofreu uma profunda queda, o Brasil liquidou a sua dívida com o FMI e passou a ser credor.

> Outra medida importante para a melhora econômica de boa parte da população foi o início de recuperação do valor do salário mínimo o que, a partir de 2005, iria se transformar numa política permanente. Com isso, as parcelas mais pobres da população tiveram aumentado o seu poder de compra. No conjunto, é possível deduzir que, embora tenha mantido a política econômica do período anterior, o governo procurava mover-se para promover mudanças, mesmo que fossem inicialmente as de caráter da microeconomia. Aliado a isso, o governo contou com uma conjuntura internacional particularmente favorável, na qual foram registradas altas nos preços de bens primários, como soja e minério de ferro, exportados pelo país, o que ensejou um ciclo de forte crescimento econômico. Com isso, uma vez que não havia crises internacionais à vista, a vulnerabilidade externa do país foi radicalmente reduzida, a ponto de o país quitar sua dívida integralmente com o FMI. Na dívida interna, a situação continuava crítica, com o nível de juros extremamente alto. Mesmo com essas características, houve uma trégua nas reivindicações do MST

> e da CUT, conseguida pela esquerda petista, logo no início do governo Lula.
>
> Lula tinha, como única tática visível, olhar simultaneamente para os dois extremos sociais, mantendo uma política ortodoxa que favorecia os mais ricos, ao mesmo tempo que introduzia importantes mudanças em favor dos mais pobres. Mas, para além dessa diretriz muito geral, operava ainda, em boa medida, mais como árbitro do PT do que como Presidente da República. O governo estava dividido essencialmente entre facções do partido que seguiam se digladiando por espaço. E Lula, como fazia antes de sua eleição, como principal liderança do partido, continuava a se colocar acima das dissensões, na posição de "último recurso" que sempre ocupou nas disputas internas do PT. Essa situação fez com que as figuras de José Dirceu (Ministro-Chefe da Casa Civil) e de Antônio Palocci (Ministro da Fazenda) se sobressaíssem e passassem a canalizar as disputas internas ao governo em duas facções concorrentes. Dirceu apoiado no PT, Palocci como porta-voz de outras forças partidárias dentro do governo e do mercado financeiro.[1824]

No entanto, a carga tributária brasileira continuou alta e bateu novo recorde em 2003.

Em 30 de janeiro, o Presidente lançou o "Programa Fome Zero", com o objetivo de minimizar a miséria e propôs o investimento inicial de 3,2 bilhões de dólares. Os vales-alimentos variaram de R$ 50,00 a R$ 250,00 por mês, levando em consideração o número de filhos por família. Foram lançados, também, o Bolsa-Família, o Programa Primeiro-Emprego, abrindo vagas para jovens carentes de 16 a 24 anos e o fortalecimento dos cursos de profissionalização. O programa propôs a abertura de 250 mil vagas.

1824 SIMÕES, Edson. *A luta pela Democracia no Brasil*: de Vargas a Bolsonaro. (Coleção Constituições e Democracia no Brasil e no Mundo: da Antropofagia à Autofagia). vol. 5. São Paulo: Grupo Almedina (Portugal), 2022, pp. 773/774.

Em julho, Lula reabriu a SUDENE[1825] e a SUDAM,[1826] que tinham sido fechadas por FHC. Combatendo a corrupção, Lula sancionou a lei (12/12) que ampliou o tempo de prisão para os condenados por crime de corrupção. A pena, que estipulava de um a oito anos de prisão, foi aumentada para 12 anos.

Foram propostas as seguintes reformas: Previdenciária e Agrária.

- Previdenciária:

> O conteúdo da Proposta de Emenda Constitucional (PEC) 40/2003 foi definido pelo escritório de consultoria de Gushiken.[1827] A inspiração da reforma é o Banco Mundial, que a batizou como a "Previdência dos três patamares". Um primeiro patamar seria estatal. Este "patamar" seria financiado com contribuições dos trabalhadores ou diretamente pelo Estado sobre a base dos impostos gerais. Um segundo seria privado (fundos ou companhias de seguros), com contribuições obrigatórias dos trabalhadores acima do percentual de contribuição do primeiro patamar. O terceiro também seria privado. Com este esquema, o que se quer é reduzir a aposentadoria estatal, de modo a diminuir o gasto em aposentadorias, e aumentar os pagamentos da dívida do Estado (no caso, da dívida externa). Assim, o Estado "garantiria", por exemplo, um "benefício universal", e qualquer excedente sobre essa soma proveria de contribuições a um fundo, o trabalhador assumindo o risco pelo investimento do fundo.[1828]

1825 SUDENE: Superintendência do Desenvolvimento do Nordeste.

1826 SUDAM: Superintendência do Desenvolvimento da Amazônia.

1827 Luiz Gushiken (1950-2013): Paulista, graduado em administração de empresas, escriturário do Banespa e militante da LIBELU. Participou da fundação do PT e da CUT, foi diretor do sindicato dos bancários, deputado federal (constituinte) e colaborador do Governo Lula.

1828 SIMÕES, Edson. *A luta pela Democracia no Brasil*: de Vargas a Bolsonaro. (Coleção Constituições e Democracia no Brasil e no Mundo: da Antropofagia à Autofagia). vol. 5. São Paulo: Grupo Almedina (Portugal), 2022, pp. 407/408.

> Na realidade, o aposentado brasileiro foi o único punido pelo *déficit* orçamentário nas reformas previdenciárias de 1998 (FHC) e de 2003 (Lula), porque outras categorias conseguiram manter os seus direitos adquiridos, como os militares e os parlamentares.[1829]

- Reforma Agrária:

> O período foi decepcionante nesse sentido. Em janeiro de 2003, os movimentos agrários exigiam do governo Lula o assentamento de 400 mil famílias sem-terra, naquele ano. Inicialmente, falou-se em assentar 140 mil no primeiro ano, depois se baixou a promessa para 60 mil. Terminando o ano, o balanço do Incra apontou para pouco mais de 20 mil famílias assentadas. Do orçamento, destinado à reforma agrária, 65% foram cortados.[1830]

Mensalão – nesse período, explodiu a denúncia de corrupção denominada Mensalão (2005).

A "denúncia" ocorreu em 5 de junho de 2005, sendo realizada pelo Deputado Federal Roberto Jefferson (PTB),[1831] que informou à *Folha de São Paulo* sobre um pagamento mensal que era feito a

---

1829 VIEIRA, Evaldo Amaro. *A República Brasileira 1951-2010*: de Getúlio a Lula. São Paulo: Cortez Editora, 2015, p. 174.

1830 SIMÕES, Edson. *A luta pela Democracia no Brasil*: de Vargas a Bolsonaro. (Coleção Constituições e Democracia no Brasil e no Mundo: da Antropofagia à Autofagia). vol. 5. São Paulo: Grupo Almedina (Portugal), 2022, p. 409.

1831 Roberto Jeferson Monteiro Francisco (1953-): carioca, advogado, deputado federal (PTB) ligado ao Presidente Collor. Posteriormente, apoiou o Presidente Lula. Esteve envolvido no caso do "Mensalão" e da "Lava-Jato". Atualmente, usando o PTB, envolveu-se com o Presidente Bolsonaro, espalhou *fake news* e ameaças aos adversários políticos, até com uso de armas nos vídeos. Em decorrência, o STF decretou sua prisão por atos antidemocráticos.

diversos parlamentares, desde 2003, para apoiarem e votarem com o governo. A causa da revelação foi o envolvimento do Deputado e seu partido em corrupção que acontecia nos Correios e que ficou sem uma defesa do poder executivo. Para defender-se, a sua sigla procurou mostrar que havia corrupção em diversas áreas do governo.

O personagem que intermediou as negociações foi o publicitário mineiro Marcos Valério,[1832] que já tinha captado recursos para o PSDB.

O Congresso reagiu abrindo uma CPI que, ao interrogar o marqueteiro Duda Mendonça, teve a confirmação do recebimento de 10,5 milhões por intermédio de "caixa dois" em pagamento da campanha petista em 2002. Envolveu expoentes do governo Lula, inclusive o Ministro da Casa Civil, José Dirceu,[1833] acusado de comandar o mensalão.

José Dirceu, que era Deputado Federal, afastou-se do ministério e voltou à Câmara Federal, mas foi "cassado" em seu mandato. O Ministro da Fazenda, Palloci, também foi envolvido e afastado do ministério, posteriormente, em 2006. O MP encaminhou a denúncia ao STF (2007) e o julgamento final ocorreu em 2012, envolvendo 38 réus.

1832 Marcos Valério Fernandes de Souza (1961-): mineiro, empresário e publicitário. Dono de agências de comunicação (DNA e SMPeB), prestou serviços políticos em campanhas eleitorais. É considerado o operador do "mensalão". Já esteve preso.

1833 José Dirceu de Oliveira e Silva (1946-): mineiro, advogado, líder estudantil (UNE-1968). Foi preso durante a Ditadura Militar e libertado em troca do embaixador americano, Charles Elbrick. Exilou-se em Cuba e foi anistiado em 1979. Ajudou a fundar o PT. Foi eleito Deputado Federal (1990), Ministro da Casa Civil (Governo Lula). O mandato foi cassado em 2005, durante o episódio do "mensalão". Foi condenado com base na "teoria do domínio do fato" pelo STF. Preso, foi solto recentemente. Escreveu: *Zé Dirceu: memórias, volume 1* e *Tempos de Planície*.

Foram condenados mais de vinte, todos considerados envolvidos. José Dirceu foi condenado sem provas concretas, como reza a Legislação, com base na "teoria do domínio do fato", que explicita:

> (...) a autoria no crime poderá ser atribuída àquele que tem o controle final do fato. Mesmo reconhecendo que a autoria do crime, resulta de uma decisão volitiva (determinando pela vontade do autor), o conhecimento e a capacidade de influência do sujeito intelectual poderá transformá-lo em senhor do fato.[1834]

Essa concepção de origem alemã foi adotada pelo sistema jurídico brasileiro, seguiu propostas de Hans Kelsen,[1835] que defendeu a objetividade das normas jurídicas. Contudo, a subjetividade persiste em várias decisões jurídicas e podem se contrapor às ciências jurídicas. A "teoria do domínio do fato" se desenvolveu com Hans Welzel (1939)[1836] defensor do "finalismo", e considerava "que a autoria do crime pode, também, ser atribuída aquele que tem o controlo final do

---

1834 SILVA FILHO, João Antônio da. *O sujeito oculto do crime*: considerações sobre a Teoria do Domínio do Fato. São Paulo: Verbatim, 2017, pp. 23/24.

1835 Hans Kelsen (1881-1973): professor na Áustria e Alemanha. Jurista. Durante o nazismo, foi lecionar nos EUA. Considerou as normas jurídicas como juízes hipotéticos. Construiu uma "teoria pura" de Direito e pertencia ao "Círculo de Viena do neopositivismo ou positivismo lógico".

1836 Hans Welzel (1904-1977): alemão, advogado, Jurista e Filósofo do Direito. Em 1936, foi "professor interino" da universidade de Göttingen, posteriormente foi promovido a "professor extraordinário" e depois "ordinário". Desenvolveu a "teoria finalista da ação" e a conexão com a "teoria do domínio do fato". O "finalismo" coloca o dolo como elemento de "tipicidade subjetiva", e, para a culpabilidade, importa a "consciência da ilicitude". Portanto, remete à denominada teoria estrita da culpabilidade, segundo a qual o erro sobre as circunstâncias justificantes, não exclui o dolo. Na realidade, o "finalismo" se concentra no rechaço às estruturas lógico-objetivas, enquanto dados pré-jurídicos, que são o fundamento de toda a teoria welzeliana (Henrique Severo

fato", ou seja, apresenta a "influência do sujeito intelectual", como senhor do fato. Esta teoria se desenvolveu na Alemanha nazista, durante a década de 30.

A teoria foi retomada por Claus Roxin (1963),[1837] que considerou "na prática de um crime" poder existir um autor imediato, agindo de forma oculta, por detrás do sujeito responsável principal. Há uma fusão daquele que está por trás do executor como o autor do fato delituoso. No Brasil, esta teoria aparece nos artigos 29 a 31 do Código Penal (1984). A teoria parece objetiva-subjetiva, todavia está com as portas abertas para "subjetividades" de forma absoluta, dependendo do juiz. O Ministro Joaquim Barbosa[1838] do STF aplicou esta teoria no julgamento de José Dirceu.

É necessário explicitar que Roxin retomou dos conceitos de Welzel, em plena Guerra Fria,[1839] com a Alemanha dividida entre

---

Palma: *Análise crítica do conceito de dolo na teoria finalista de Hanz Welzel*).

É importante frisar que a "teoria prosperou durante o regime nazista na Alemanha e Welzel permaneceu passivo em relação a Hitler, num clima em que a maioria apoiou a ditadura implantada. Nesta época, "o Führer" não só detinha o poder governativo máximo, mas também era o legislador e o juiz supremo, a Filosofia do Direito Nacional Socialista declarou-o até guardião da constituição" (KAUFMANN, A.; HASSEMER, W. (Coord.). *Introdução à Filosofia do Direito a à teoria do Direito contemporâneo*. Lisboa: Fundação Calouste Gulbenkian, 2015, pp. 123/124).

1837 Claus Roxin (1931-): Jurista alemão, professor, desenvolveu o "princípio da alteridade ou transcendentalidade no Direito Penal". Desenvolveu a "Teoria do domínio do fato" com base no princípio funcionalista. É preciso lembrar que o próprio Roxin alertou que esta teoria não deve ser aplicada a organismos amparados em ordem jurídica.

1838 Joaquim Benedito Barbosa Gomes (1954-): nasceu em Maracatu, advogado, professor, promotor, ex-Ministro do STF, aplicou a "teoria do domínio do fato" para punir alguns envolvidos no "mensalão", seguindo os "princípios" desenvolvidos pelos filósofos e juristas da Alemanha.

1839 Guerra Fria: Estado de "choque" entre EUA e URSS, envolvendo os respectivos aliados (de 1945 a década de 90), gestou dois blocos com

o capitalismo e o socialismo. Havia uma Alemanha ocidental[1840] e oriental[1841] envolvidas na disputa da Guerra Fria, que procuravam achar e criminalizar suspeitos de "conspiração" nas duas regiões ideologicamente conflitantes. É preciso lembrar que este princípio já se encontrava nas Ordenações Filipinas e foi aplicado no Brasil colônia na repressão às revoltas nativistas.

> Da perspectiva privilegiada de quem sabe o desdobramento futuro dos eventos, podemos compreender melhor, hoje, que o caso "mensalão" foi impulsionado pelo desejo de desestabilizar o projeto de poder petista. Pode-se dizer que foi o primeiro *round* da "luta contra a corrupção" e também a primeira tentativa de destruir o projeto petista. Não se trata de defender os acusados de corrupção. Indícios de práticas desonestas no partido começaram a ser denunciadas por seus próprios militantes, ainda nos anos 1990.Os atos ilícitos começaram pela necessidade de financiar as campanhas eleitorais, com adoção de esquemas parecidos aos utilizados pelos outros partidos. Mas o problema causava mais mal-estar no PT por suas origens e por seu discurso, já que, desde a fundação, ele se apresentou como partido de novo tipo e inclemente contra a corrupção. Para muitos militantes, era inadmissível cometer os mesmos desvios dos partidos tradicionais, o que gerou situação anômala no Brasil, com quadros do próprio partido

---

ideologias diferentes e robusta organização militar. A "guerra fria" deixou de ser praticada pelas potencias envolvidas com a queda do muro de Berlim e o chamado "regime comunista" na URSS, hoje Rússia.

1840 Alemanha Ocidental ou República Federal da Alemanha: obteve ajuda dos EUA (Plano Marshall) durante a ocupação das tropas inglesas, francesas e ianques, após a Segunda Guerra Mundial. Conseguiu recuperar a economia e serviu para receber muitos refugiados do leste europeu, principalmente da Alemanha Oriental.

1841 Alemanha Oriental ou República Democrática Alemã: ocupada por tropas soviéticas após a Segunda Guerra Mundial. Dirigida pelo Partido Socialista Unificado, seguiu o modelo da URSS. Havia o chamado "Muro de Berlim" que dividia as duas Alemanhas e que foi derrubado em 1989. Na sequência, houve a unificação das duas Alemanhas.

denunciando a corrupção. Se já havia práticas ilícitas em governos municipais, é fácil imaginar a ampliação de escala no caso do Governo Federal, em que as campanhas eleitorais envolviam gastos milionários.

O problema do caso "mensalão" e dos outros que viriam a seguir é o modo como foram realizadas e manipuladas as denúncias de corrupção. Além de versões exageradas e caricatas, os denunciantes demonstraram um viés seletivo, ou seja, só tinham olhos para os malfeitos do PT, às vezes, atribuindo a este partido a origem de todos os males. Além disso, não se pode confiar na sinceridade do ímpeto moralista de denunciantes, que são eles mesmos bastante corruptos, tanto certos líderes políticos, como empresas de comunicação acostumadas a – e cevadas por – relações promíscuas com o Estado. Foi flagrante a desproporção da cobertura jornalística do "mensalão", com a grande mídia demonstrando maior interesse em investigar as acusações contra o governo Lula do que havia feito com o governo FHC. Chama a atenção também o *timing* político do escândalo, que se desenvolveu um ano antes da corrida presidencial.[1842]

Eleições – em novembro de 2005, Lula comunicou que iria concorrer à reeleição para Presidente da República, apesar do clima de profundas críticas ao PT.

1842 FERREIRA, Jorge; DELGADO, Lucilia de Almeida Neves (Coord.). *O Brasil Republicano*. vol. 5. O tempo da Nova República: da transição democrática à crise política de 2016: Quinta república (1985-2016). Rio de Janeiro: Civilização Brasileira, 2018, pp. 426/427.

Os candidatos principais foram: Geraldo Alckmin (PSDB),[1843] Cristovam Buarque (PDT),[1844] Heloísa Helena (PSOL).[1845]

No primeiro turno, Lula obteve 48,61% dos votos válidos e Alckmin 41,64%.

No segundo turno, Lula saiu vitorioso com 58,3 milhões de votos válidos (60%), contra 37,5 milhões de Alckmin.

A reeleição teve a influência dos resultados econômicos e sociais conseguidos pela administração petista.

Até banqueiros, como Olavo Setúbal (Itaú),[1846] tinham declarado, durante a campanha eleitoral: "Não tem diferença de ponto de vista do modelo econômico. Eu acho que a eleição de Lula ou Alckmin é igual".

Na realidade, o Presidente tinha conciliado, segundo André Singer,[1847] o "conceito de reduzir a pobreza sem confrontar o capital".

1843 Geraldo Alckmin (1952-): paulista, médico, professor, vereador e Prefeito de Pindamonhangaba (MDB), deputado estadual e federal, vice-Governador com Mário Covas (SP) e Governador (SP). Foi candidato à Presidência da República sem sucesso. Saiu do PSDB e optou em ser candidato a vice-Presidente na chapa de Lula (2022). Está no PSB.

1844 Cristovam Ricardo Cavalcanti Buarque (1943-): pernambucano, professor, escritor e político. Foi deputado federal (PT), Reitor da UNB (DF, 1994-1998), Ministro da Educação (2003-2004) e tem diversas publicações.

1845 Heloísa Helena Lima de Moraes Carvalho (1962-): nasceu em Pão de Açúcar, Alagoas, foi deputada estadual e senadora (PT). Por divergências políticas, foi expulsa do PT. É enfermeira e professora. Presidiu o PSOL (2004), fundou o Partido Socialismo e Liberdade e, depois, o Partido da Sustentabilidade.

1846 Olavo Egydio Setúbal (1923-2008): paulista, filho do escritor Paulo Setúbal, engenheiro, professor, empresário, banqueiro e político. Fundou o Banco Itaú. Foi Prefeito biônico de São Paulo e Ministro das Relações Exteriores.

1847 André Singer (1958-): paulista, sociólogo, professor, jornalista (USP), colaborou com a *Folha de S. Paulo*, foi porta-voz e secretário de

O PMDB passou a apoiar o segundo mandato de Lula.

O governo optou por abrir as portas do BNDES para o empresariado nacional e por investir no desenvolvimento do país. O economista Guido Mantega (Ministro da Fazenda)[1848] passou a trabalhar sintonizado com Luciano Coutinho,[1849] Presidente do BNDES.

> Pois, com o tempo, não apenas as grandes empreiteiras, as grandes empresas industriais, mineradoras e de serviço aderiram ao pacto lulista, mas também – fato inédito – os setores ruralistas, que até ali continuavam a hostilizar o PT e o governo Lula.
>
> Se é fato que o *boom* de *commodities* teve grande influência nessa adesão, foi pelo menos de igual importância para isso a sua representação no governo mediante a aliança com o PMDB. Esse movimento de adesão continuou se ampliando até o governo Dilma, momento em que se alinharam ao pacto até mesmo lideranças ruralistas tradicionais de oposição,

---

imprensa da Presidência da República (2003-2007). Autor de *Esquerda e direita no eleitorado brasileiro: a identificação ideológica nas disputas presidenciais de 1989 e 1994*, *Os Sentidos do Lulismo*, *O Lulismo em crise*, entre outras obras.

1848 Guido Mantega (1949-): italiano (naturalizado brasileiro), economista (USP), Doutor em sociologia e professor. Foi chefe da Secretária Municipal de Planejamento (SP), participou do CEBRAP, Ministro do Planejamento Orçamento e Gestão, Presidente do BNDES, Ministro da Fazenda (2006 a 2014). Foi envolvido pela Operação Lava Jato por supostas fraudes na Petrobrás.

1849 Luciano Galvão Coutinho (1946-): pernambucano, economista (USP), professor da UNICAMP, Presidente do Conselho Regional de Economia (2ª Região), Secretário Geral do Ministério da Ciência e Tecnologia e Presidente do BNDES. Articulista da *Folha de S. Paulo*, *Estadão* e da *Revista Exame*.

como foi o caso da senadora Kátia Abreu,[1850] Presidente da Confederação da Agricultura e Pecuária do Brasil (CNA).[1851]

Com esta prática o Brasil cresceu, obteve controle da inflação e conseguiu melhorar um pouco a distribuição de renda. A taxa de crescimento, que era de 2,3% com FHC, foi para 3,3% e, depois, 4,5% minimizando a desigualdade social brasileira.

A crise (2008) que alcançou os bancos dos EUA, como o *Leman Brothers* que faliu não afetou a estrutura econômica brasileira. Diante desses fatos, Lula afirmou: "Lá, nos EUA, ela é um tsunami, aqui se ela chegar, vai ser uma marolinha que não dá nem para esquiar". Governo aposto, para evitar a crise, no aumento do consumo das famílias, Lula afirmou em 23 de dezembro de 2008:

> Quero dizer, com toda a serenidade, que a crise não nos assusta. O país está preparado e tem comando. Seguiremos acompanhando com lupa a situação da economia, vinte e quatro horas por dia. O que tiver que ser feito, será feito. No tempo certo e na dose adequada. E sempre dialogando com o país. Mas é fundamental que todos façam sua parte. É importante que os empresários sigam investindo. É imprescindível que os trabalhadores defendam a produção e o emprego. Já o setor financeiro deve trabalhar para estimular o crédito e baixar os juros, que estão muito altos. E vocês, meu amigo e minha amiga, não tenham medo de consumir com responsabilidade. Se você está com dívidas, procure antes equilibrar seu orçamento. Mas, se tem um dinheirinho no bolso ou recebeu o décimo terceiro e está querendo comprar uma geladeira, um fogão ou trocar de carro, não frustre seu sonho, com medo

1850 Kátia Abreu (1962-): nasceu em Goiânia, empresária, psicóloga, pecuarista e política. Senadora (2007), Ministra da Agricultura, Pecuária e Abastecimento, no segundo Governo de Dilma.

1851 NOBRE, Marcos. *Imobilismo em movimento*: da abertura democrática ao governo Dilma. São Paulo: Companhia das Letras, 2013, pp. 116-134.

> do futuro. Porque, se você não comprar, o comércio não vende. E se a loja não vender, não fará novas encomendas à fábrica. E aí a fábrica produzirá menos e, a médio prazo, o seu emprego poderá estar em risco. Assim, quando você e sua família compram um bem, não estão só realizando um sonho. Estão também contribuindo para manter a roda da economia girando. E isso é bom para todos.[1852]

O país estava sendo orientado pelo PAC número 1 (Programa de Aceleração do Crescimento) e, depois, PAC número 2.

Mesmo com essas medidas, houve uma queda na produção industrial no final de 2008, apesar do país continuar sendo um dos líderes mundiais na exportação de *commodities*. O incentivo do consumo aumentou o endividamento interno e houve muitos calotes neste período.

Na política externa, Lula se destacou, recebendo elogios até do Presidente americano Obama,[1853] que sobre ele afirmou: "É o cara".

Concomitantemente, o "mensalão" continuou no STF, agregado com outras denúncias genéricas de corrupção. Lula permaneceu com um índice alto de aprovação pública e, com muita habilidade, não foi atacado diretamente pelas denúncias de corrupção que envolveu outros personagens do PT em 2009. Ajudaram muito a melhoria que tinha conseguido em relação às desigualdades sociais, a valorização do salário mínimo, os investimentos governamentais e a redução do desemprego. Os bancos e os empresários lucraram, a distribuição de renda melhorou e Lula afirmou: "Foi preciso um torneiro mecânico,

---

1852 NOBRE, Marcos. *Imobilismo em movimento*: da abertura democrática ao governo Dilma. São Paulo: Companhia das Letras, 2013, pp. 116-136.

1853 Barack Hussein Obama (1961-): nasceu em Honolulu, político democrata, senador (Illinois 2005-2008), Presidente dos EUA (2009). Foi o primeiro afro-americano a alcançar este cargo. Ganhou o Prêmio Nobel da Paz (2009).

metido à socialista para fazer o país virar capitalista". Saiu do governo com alta popularidade.

Em 2010, entrou em pauta a sucessão presidencial e a candidata escolhida foi a Ministra da Casa Civil, Dilma Rousseff, substituta de José Dirceu.

Concorreram também à presidência: José Serra (PSDB), Marina Silva (PV), Plínio de Arruda Sampaio (PSOL),[1854] José Maria Eymael (PSDC), José Maria de Almeida (PSTU), Levy Fidelix (PRTB), Ivan Pinheiro (PCB) e Ruy Costa Pimenta (PCO).

No primeiro turno, Dilma liderou obtendo 46,9% dos votos válidos, contra 32,6% de Serra. No segundo turno, aquela alcançou a vitória com 56,03% dos votos válidos.

Dilma Rousseff (2011-2014) – foi a primeira mulher Presidenta da República brasileira. Mineira, economista, participou do "Comando de Libertação Nacional"[1855] e da "Vanguarda Armada Revolucionária Palmares",[1856] na luta de guerrilhas contra a ditadura

1854 Plínio de Arruda Sampaio (1930-2014): paulista, advogado, presidiu a JUC (Juventude Universitária Católica), Subchefe da Casa Civil do Governador Carvalho Pinto, procurador, Secretário dos Negócios Jurídicos da Prefeitura (SP), deputado federal cassado pelo primeiro Ato Institucional. Exilou-se no Chile. Ao voltar ao Brasil, filiou-se ao PT (1981), foi eleito deputado federal (1986, constituinte) e candidato derrotado à Presidência da República (PSOL-2010).

1855 Comando de Libertação Nacional: grupo armado que realizou guerrilhas contra a Ditadura Miltiar. Assaltava bancos.

1856 Vanguarda Armada Revolucionária Palmares: foi criada com a fusão da VPR com a COLINA (Comando de Libertação Nacional). É importante frisar que a dissidência da POLOP (Política Operária) em Minas Gerais colaborou para o surgimento da VPR-Palmares. O Estatuto da organização se apresentou como "uma organização político-militar de caráter partidário, marxista-leninista que deve seguir todas as tarefas da guerra revolucionária e da construção do Partido da Classe Operária, objetivando tomar o poder e construir o socialismo". A VAR-Palmares solidificou-se, em 1969, sendo formada por 300 militantes. Procurou

militar, sendo presa e torturada entre 1970 e 1972. A tortura ocorreu, inicialmente, no DOI-CODI de São Paulo, chefiado pelo oficial do exército Alberto Brilhante Ustra,[1857] com pau de arara e choques elétricos.

O problema imediato, que enfrentou, foi a crise econômica mundial, que passou a atingir o Brasil.

A economia – em 2011, a economia cresceu menos, de 6,2% foi para 4,7% (07/2011), com o setor industrial atingido pelo início da recessão econômica e voltando uma pequena inflação. Os gastos aumentaram com a Copa do Mundo, programada para 2014, e as Olimpíadas, em 2016, no Brasil.

Os juros aumentaram e a dívida externa atingiu R$ 284 bilhões (2011). As PPPs (Parcerias Público-Privadas)[1858] multiplicaram-se nas

---

ligar as propostas da luta de massas nas cidades e com a guerrilha rural, guinando-se por princípios do leninismo. Praticou atentados, choques com a repressão e assaltos. As ações acabaram concentrando-se nas áreas urbanas e foram denominadas "desapropriações" na ocasião dos assaltos que foram realizados a bancos. Assaltaram, também, o cofre do Adhemar de Barros, recheado de dólares, que estava sob a guarda de Ana Capriglione (sua amante) no Rio de Janeiro, em Santa Tereza. Dilma Rousseff participou da ação.

1857 Carlos Alberto Brilhante Ustra ou Dr. Tibiriçá ou "Major" (1962-2015): nasceu em Santa Maria, Coronel do Exército, Comandante do DOI-CODI-SP (1970-1974), acusado de participar de torturas e mortes de prisioneiros políticos. Em 2021, foi promovido a marechal após a sua morte. Foi condenado pela justiça devido ao envolvimento com torturas. Escreveu: *Rompendo o silêncio* e *Verdade sufocada*.

1858 PPP's (Parcerias Público-Privadas): a Lei veio para tentar incrementar a operação público-privada, conectando a dita conjugação de eficiência da gestão privada e sua capacidade de financiamento das infraestruturas, levando em conta a "incapacidade" do Estado em lidar com a carência de importantes serviços. Facilitando o subsídio estatal aos serviços praticados pelo privado. Contudo, esse procedimento pode gerar a ampliação da dívida do ente público, gerando problemas na questão orçamentária. Os regulamentos advêm da Lei Complementar n. 101/2000.

obras dos estádios para os eventos mundiais, aumentando de 23,4 bilhões para R$ 112 bilhões no início do seu governo.

O Brasil estava profundamente dependente do setor primário em suas exportações e importava produtos mais baratos de grande concorrência com a indústria nacional.

Mensalão – em 2012, o STF julgou o "mensalão", e os

> (...) os ministros Rosa Weber e Luiz Fux seguiram o voto do relator, Joaquim Barbosa, e condenaram José Dirceu por "crime de corrupção ativa". Ricardo Lewandowski votou pela sua absolvição, alegando que as acusações contra Dirceu não passavam de "ilações" e "conjecturas". Em seu voto, o Ministro Marco Aurélio Mello estranhou: "Não tem mandante?" Tudo teria sido uma articulação do ex-tesoureiro Delúbio Soares? Lewandowski apenas repetiria o mantra: "Não tenho provas para condenar José Dirceu'". A ministra Rosa Weber disse que também não tinha provas para condenar José Dirceu, mas o faria porque a literatura jurídica o permitia. O réu famoso disse que "havia sido condenado somente porque era Ministro".[1859]

Em março de 2014, também, iniciou-se a "Operação Lava-Jato", envolvendo corrupção na Petrobrás e doleiros, que foi liderada pelo juiz federal Sergio Moro[1860] em Curitiba. Além da crise econômica,

---

1859 SIMÕES, Edson. *A luta pela Democracia no Brasil*: de Vargas a Bolsonaro. (Coleção Constituições e Democracia no Brasil e no Mundo: da Antropofagia à Autofagia). vol. 5. São Paulo: Grupo Almedina (Portugal), 2022, pp. 419-422.

1860 Sergio Fernando Moro (1972-): paranaense, advogado, Juiz Federal e professor. Nos EUA, realizou estudo sobre lavagem de dinheiro com apoio do departamento de estado americano. Utilizou o modelo da "operação mãos limpas", Itália, na Operação Lava-Jato. Foi acusado de exorbitar das prerrogativas de juiz e condenar réus sem provas com o apoio de alguns promotores. O exemplo típico foi a condenação de Lula. O STF anulou os processos considerados conflitantes com a

com reflexos no regime político, eclodiram manifestações em junho de 2013 nas ruas e avenidas das principais cidades do país.

Os protestos tiveram início com os aumentos das tarifas de transportes e extrapolou para confrontos com a polícia. Houve ocupações, greves e choques com a repressão ocorrida em diversos pontos do Brasil.

> As Revoltas de Junho não tiveram lideranças, palanques nem discursos. As passeatas se formaram, se dividiram e se reuniram sem roteiro estabelecido. É difícil até mesmo prever onde vão surgir e ganhar corpo. Organizaram-se a partir de catalisadores nas redes sociais e no boca a boca das mensagens de texto. Tão importante quanto se sentir parte é fazer a sua própria manifestação, é encenar a individualidade sem diluí-la no coletivo, sem colá-la em uma liderança ou grupo. Mesmo fora do âmbito dos novos grupos que se reúnem em torno de ideias radicais de auto-organização, a recusa da subordinação se fez presente de diferentes maneiras.
>
> Foi uma nova cultura política democrática que, apesar de um sistema político amorfo e blindado, se formou na base da sociedade e irrompeu nas ruas. As Revoltas de Junho produziram um incontável número de grupos de discussão, presenciais e virtuais. Não produziram apenas manifestações de massa, mas abriram caminho para que uma impressionante quantidade de protestos menores, localizados, se espalhasse pelo país. As reivindicações e passeatas se multiplicaram, levantando problemas de bairro e de rua, problemas locais, regionais, nacionais, mundiais, tudo ao mesmo tempo. Irrupções nas periferias que se dirigiram contra o absurdo das horas de

---

Constituição. Renunciou ao cargo de juiz para ser Ministro da Justiça de Bolsonaro. Foi afastado, posteriormente, indo trabalhar para uma empresa americana (Alvarez & Marsal) que defende réus condenados na Operação Lava-Jato. Desejava ser candidato à Presidência da República pelo partido PODEMOS, mas, sem sucesso, optou pelo Senado, para o qual foi eleito pelo Estado do Paraná.

> vida perdidas dentro do transporte público, contra os baixos salários, contra a péssima qualidade dos empregos, em um país que se encontra em situação próxima do pleno emprego. O caso do transporte público é também exemplo de como a estratégia de crescimento econômico por meio do estímulo ao consumo cobrou sua conta: com seu exército de novos automóveis, levou o caos urbano ao limite do intolerável.[1861]

Reeleição – nesse contexto, em 2014, Dilma concorreu à reeleição, enfrentado os seguintes presidenciáveis de destaque: Aécio Neves (PSDB)[1862] e Marina Silva (PSB). Dilma obteve 41,6% dos votos válidos no primeiro turno, Aécio Neves 33,5% e Marina 21,3%.

No segundo turno, Dilma com 54,5 milhões de votos válidos (51,6%) foi reeleita contra 51 milhões (48,36) de Aécio Neves. A diferença foi mínima.

Aécio se insurgiu contra os resultados e pediu uma auditoria especial no resultado da eleição.

> Exatamente no início do governo, viriam aumentos da conta de luz, dos juros da casa própria, dos combustíveis, do transporte público e corte de verbas na educação e saúde. Logo, o conjunto de majorações ganharia o apelido de "pacote de maldades". As primeiras pesquisas de opinião apontavam uma

---

1861 SIMÕES, Edson. *A luta pela Democracia no Brasil*: de Vargas a Bolsonaro. (Coleção Constituições e Democracia no Brasil e no Mundo: da Antropofagia à Autofagia). vol. 5. São Paulo: Grupo Almedina (Portugal), 2022, p. 482; e SOLANO, Esther *et al.* *Mascarados*: a verdadeira história dos adeptos da tática Black Bloc. São Paulo: Geração Editorial, 2014, pp. 20/21.

1862 Aécio Neves da Cunha (1960-): mineiro, neto de Tancredo Neves, Economista, deputado federal (PMDB), constituinte, senador, candidato à Presidência da República derrotado por Dilma Rousseff. Foi envolvido em acusações de corrupção. Atualmente é Deputado Federal.

> queda sensível na popularidade da Presidente na passagem do primeiro para o segundo mandato.[1863]
>
> O governo só parecia saber fazer política na plena posse do seu próprio modelo de economia – uma espécie de social-desenvolvimentismo, ou capitalismo social, se olharmos daqui ou dali – e ter de realizar cortes fortes nos gastos públicos, de tipo neoliberal, desorientou definitivamente a bússola governista para o próprio trabalho. Além disso, logo, a nova organização social à direita, a nova paixão política à direita, prosseguiu sua feroz crítica ao governo nas ruas, criando um fator de forte instabilidade que o PT não conhecia.[1864]

Dilma não conseguiu desvencilhar-se da crise econômica e o modelo anterior estava desgastado.

Em decorrência, ocorreram novas manifestações contra o governo em 15 de março, 12 de abril e 16 de agosto de 2015 levando, aproximadamente, 5 milhões de pessoas nas ruas em protesto contra a situação econômica e o governo. A inflação tinha alcançado 10% e o dólar estava em R$ 4,00.

Nesse quadro, Dilma entrou em conflito com o Presidente da Câmara Federal, Eduardo Cunha,[1865] adepto do fisiologismo político, segundo a Presidente.

1863 SIMÕES, Edson. *A luta pela Democracia no Brasil*: de Vargas a Bolsonaro. (Coleção Constituições e Democracia no Brasil e no Mundo: da Antropofagia à Autofagia). vol. 5. São Paulo: Grupo Almedina (Portugal), 2022, p. 793; e VILLAVERDE, João. *Perigosas pedaladas*: os bastidores da crise que abalou o Brasil e levou ao fim do Governo Dilma Rousseff. São Paulo: Geração Editorial, 2015, p. 80.

1864 SIMÕES, Edson. *A luta pela Democracia no Brasil*: de Vargas a Bolsonaro. (Coleção Constituições e Democracia no Brasil e no Mundo: da Antropofagia à Autofagia). vol. 5. São Paulo: Grupo Almedina (Portugal), 2022, p. 488; e AB'SÁBER, Tales. *Dilma Rousseff e o ódio político*. São Paulo: Hedra, 2015, pp. 16-18.

1865 Eduardo Cosentino da Cunha (1958-): carioca, Economista, radialista, evangélico e político. Foi deputado federal (2003 a 2016, PMDB),

Em 15 de outubro de 2015, houve o pedido de *impeachment* assinado pelos juristas Miguel Reale Jr.,[1866] Hélio Bicudo (ex-PT)[1867] e a professora Janaina Paschoal[1868] contra Dilma, que foi entregue à Câmara Federal.

Eduardo Cunha, Presidente da Câmara, aceitou o pedido. À essa altura, Dilma tinha rompido, também, com o Vice-Presidente Michel Temer[1869] e o PMDB, estando isolada no Palácio do Planalto.

Diante desta profunda crise política, a Presidente tentou nomear Lula para Ministro da Casa Civil e houve reação do judiciário liderado pelo juiz da primeira instância, Sergio Moro, que, arbitrariamente, divulgou parte de uma conversa gravada entre ambos (Dilma e Lula).

A acusação hipotética era que Lula aceitava o cargo para conseguir imunidade e fugir da "Lava Jato".

Presidente da Câmara Federal, presidiu o *impeachment* de Dilma. Foi envolvido na Operação Lava-Jato, cassado em 2016 e preso.

1866 Miguel Reale Júnior (1944-): paulista, advogado, jurista, professor e político. Foi Ministro da Justiça de FHC. Propôs o *impeachment* de Dilma. Participou da comissão revisora da parte geral do Código Penal e da Lei de Execução Penal (1980-1984).

1867 Hélio Bicudo (1922-2018): paulista, advogado, Promotor, combateu "o esquadrão da morte", defendeu os direitos humanos e a abertura política. Foi vice-Prefeito de São Paulo, com Marta Suplicy, e participou do pedido de *impeachment* de Dilma.

1868 Janaina Paschoal (1974-): paulista, advogada, professora e Deputada Estadual (PSL). Participou do pedido de *impeachment* de Dilma Rousseff com Miguel Reale e Hélio Bicudo. Ficou ligada ao bolsonarismo e tem defendido ideias conservadoras e de direita, na Assembleia Legislativa Paulista.

1869 Michel Miguel Elias Temer Lulia (1940-): paulista, advogado, professor, procurador-geral do Estado (SP), Secretário da Segurança Pública (SP), deputado federal, vice-Presidente da República, com Dilma, e Presidente da República (2016 a 2019). Autor de *Território Federal nas Constituições Brasileiras*, *Seus Direitos na Constituinte*, *Constituição e política* etc.

Em consequência, o Ministro Gilmar Mendes[1870] do STF anulou a nomeação do ex-Presidente para o ministério.

O Brasil, em 2016, entrou em crise profunda no campo político, social e econômico, com o incentivo e colaboração da "Lava Jato", que conduzia os processos contra Lula e membros do PT. As acusações contra o ex-Presidente eram as de que tinha adquirido um triplex no condomínio Solaris (Guarujá) e um sítio em Atibaia com produto de propina advinda da corrupção na Petrobrás realizada por empreiteiras, Odebrecht[1871] e OAS.[1872]

Enquanto o alvo Lula não era atingido com prisão, o marqueteiro João Santana e a sua esposa, Mônica Moura, que fizeram a campanha no PT, foram presos por Sergio Moro.

Em março de 2016, Lula foi vítima de uma arbitrária condução coercitiva determinada pela "República de Curitiba", comandada por Sergio Moro e o procurador Dallagnol. Houve reações em defesa de Lula e também, contra o ex-Presidente.

1870 Gilmar Ferreira Mendes (1955-): nasceu em Diamantina, advogado, professor, Advogado Geral da União, jurista e Ministro do STF (2002). Autor de: *Curso de Direito Constitucional*, *Comentários à Constituição do Brasil* (organizador).

1871 Odebrecht: construtora Norberto Odebrecht ou Grupo Odebrecht (Bahia). Conglomerado nacional que atuou e atua nas áreas de construção e engenharia, química, petroquímica e energia. Antes da Lava Jato, estava alcançando sucesso no exterior e tinha milhares de empregados. Atualmente está em crise.

1872 OAS – Oliveri, Araújo e Suarez: radicada na Bahia. Construtora que cresceu na década de 70 e se dedicou e dedica a obras públicas. Concorre com a Odebrecht e, também, esteve envolvida na Lava Jato. Dava milhares de empregos, mas está em crise. Atuou em 22 países. Léo Pinheiro, ex-Presidente da OAS, foi condenado pela Lava Jato, por corrupção ativa, lavagem de dinheiro e de organização criminosa. Léo Pinheiro realizou, em sua delação premiada, acusações a Lula. Após as denúncias contra a "República de Curitiba", que atingiu os promotores e Sérgio Moro, no "Vaza-Jato", Léo Pinheiro escreveu uma carta à mão desmentindo as diversas acusações que fez contra o ex-Presidente.

Em 18 de março, houve uma manifestação na avenida Paulista com a participação de quase 1,3 milhão de pessoas favoráveis ao PT, segundo os partidários do Governo. O país ficou dividido politicamente.

Em 17 de abril, o processo de *impeachment* foi a voto na Câmara Federal e passou com 367 votos a favor e 137 contra, sendo encaminhado ao Senado. A sessão foi transmitida em rede de TV e rádio para todo o país.

A acusação para o afastamento de Dilma se baseava em dois pontos: a abertura de créditos orçamentários, por meio de decreto antes da aprovação da meta fiscal, excluindo o Legislativo, e uma única "pedalada fiscal",[1873] devido a um banco oficial "emprestar" recursos ao governo, seu controlador. A denominada "pedalada fiscal" foi relatada pelo TCU, através do Ministro Augusto Nardes,[1874] que acusou a Presidente de ter liberado R$ 2,5 bilhões em créditos orçamentários extraordinários, sem o aval do Congresso. O Ministro da Justiça, José Eduardo Cardoso,[1875] fez uma fundamentada defesa da Presidente, informou que o fato já havia ocorrido em governos passados, e nunca tinham sido apontadas como uma "grave violação" que implicasse em afastamento da presidência.

1873 Pedalada Fiscal: significa abertura de créditos orçamentários, por meio de Decreto, antes da aprovação de meta fiscal pelo Congresso. Havia uma "pedalada" sobre uma dívida do tesouro nacional com o Banco do Brasil, em 2015, como cobertura pelos empréstimos do Plano Safra, que contrariava a Lei de Responsabilidade Fiscal, segundo o Ministro do TCU, Nardes.

1874 Augusto Nardes (1952-): gaúcho, administrador de empresas e político. Foi vereador de Santo Ângelo, deputado estadual e federal. Atualmente é Ministro do TCU.

1875 José Eduardo Martins Cardoso (1959-): paulista, advogado, Procurador do Município de São Paulo e político. Foi vereador (SP), deputado federal, Advogado Geral da União e Ministro da Justiça.

Contudo, o Senado aprovou o *impeachment*, em 31 de agosto, por 61 votos a favor e 20 contra, mas os direitos políticos de Dilma foram mantidos com o apoio de Renan Calheiros (PMDB),[1876] Presidente do Senado e do Ministro Ricardo Lewandowiski do STF.[1877]

> Em sua defesa no Senado, a própria Presidente negaria ter cometido qualquer crime e chamou de usurpadores o vice-Presidente Michel Temer, e o Presidente da Câmara, Eduardo Cunha, vistos por ela como líderes de um golpe. "As acusações são meros pretextos. Está claro que não houve crime de responsabilidade. Não é legítimo, como querem meus acusadores, afastar o chefe de Estado por não concordarem com o conjunto da obra. Quem afasta pelo conjunto da obra é o povo," afirmou, depois de chamar de "destruição da Previdência" a proposta de seu sucessor para a área.[1878]

O jornal *New York Times*, analisando o andamento processual, afirmou:

> (...) Há um consenso amplo de que o governo Dilma empregou manobras orçamentárias para esconder um crescente *déficit* e aumentar suas chances durante uma luta dura na campanha pela reeleição em 2014 (...), mas especialistas em Direito e constitucionalistas estão divididos quanto à possibilidade

1876 José Renan Vasconcelos Calheiros (1955-): alagoano, político, deputado federal (1983-1991), senador e Ministro da Justiça.

1877 Enrique Ricardo Lewandowski (1948-): carioca, advogado, sociólogo, professor, Jurista e Ministro do STF. Presidiu a EMPLASA, foi Secretário de Governo e de Assuntos Jurídicos em São Bernardo do Campo, Juiz do Tribunal de Alçada Criminal (SP) e Desembargador do TJ (SP).

1878 SIMÕES, Edson. *A luta pela Democracia no Brasil*: de Vargas a Bolsonaro. (Coleção Constituições e Democracia no Brasil e no Mundo: da Antropofagia à Autofagia). vol. 5. São Paulo: Grupo Almedina (Portugal), 2022, p. 799; e VILLAVERDE, João. *Perigosas pedaladas*: os bastidores da crise que abalou o Brasil e levou ao fim do Governo Dilma Rousseff. São Paulo: Geração Editorial, 2015, p. 257.

> dessa ação ser alçada ao nível de uma ofensa que mereça seu afastamento da Presidência. "O governo mentiu sobre a situação ruim da casa ao colocar uma janela bonita", disse Carlos Pereira, cientista político na Fundação Getúlio Vargas, uma universidade de elite brasileira. "O governo traiu a população e por isso deve ser punido". Mas os defensores da Presidente dizem que essas irregularidades fiscais não qualificam como crime, o requerimento constitucional que permitiria que o Senado confirme o *impeachment*. Pedro Serrano, professor de Direito Constitucional na PUC-SP, disse que os inimigos de Dilma estão usando uma interpretação ampla da lei, num movimento que agride a jovem democracia do país.[1879]

Assumiu o governo o Vice-Presidente Michel Temer. O *impeachment* foi considerado um golpe parlamentar por vários analistas.

O sociólogo Jessé Souza[1880] afirma:

> O Mensalão foi o ensaio geral para o golpismo de agora, especialmente do seu núcleo fundamental: a ação concertada entre mídia e aparato jurídico-policial do Estado. Como o combate efetivo à corrupção é o último dos objetivos da nossa mídia-partido de elite, a estratégia é novelizar a política e reduzi-la ao embate mocinho *versus* bandido. O bandido é o PT e as classes populares, assim como o projeto de sociedade que eles representam. O mocinho é o aparato jurídico-policial

---

1879 SIMÕES, Edson. *A luta pela Democracia no Brasil*: de Vargas a Bolsonaro. (Coleção Constituições e Democracia no Brasil e no Mundo: da Antropofagia à Autofagia). vol. 5. São Paulo: Grupo Almedina (Portugal), 2022, pp. 510/511; e VILLAVERDE, João. *Perigosas pedaladas*: os bastidores da crise que abalou o Brasil e levou ao fim do Governo Dilma Rousseff. São Paulo: Geração Editorial, 2015, p. 507.

1880 Jessé José Ferreira de Souza (1960-): nasceu em Natal, advogado, sociólogo, professor, pesquisador e escritor. Analisa as desigualdades e as classes sociais do Brasil. Presidiu o IPEA (2015-2016). Escreveu: *A ralé brasileira*, *A radiografia do Golpe*, *A elite do atraso*, *A classe média no espelho* etc.

> elevado à condição de paladino da higiene moral da nação. O pano de fundo da corrupção "apenas estatal", para tomar invisível a corrupção da elite no mercado que domina, legal e ilegal, é a compreensão hegemônica que permite que toda a farsa funcione. O fundamental aqui é a manutenção da "fulanização da corrupção", ou seja, manipular o discurso da corrupção tornando invisível seu núcleo real e institucional, concentrando-se apenas em pessoas sempre da esquerda ou da base de apoio da esquerda.
>
> (...) Existe uma linha clara de continuidade entre as glorificadas e midiaticamente manipuladas manifestações de junho de 2013, as assim chamadas "jornadas de junho", e o golpe de abril de 2016. Nesse intervalo de quase três anos, o ataque ao governo federal foi realizado sem tréguas até a vitória final no processo de *impeachment*. As manifestações de junho de 2013 marcam o ponto de virada da hegemonia ideológica até então dominante e das altas taxas de aprovação aos Presidentes dos governos petistas. Na verdade, representam o início do cerco ideológico até hoje mal compreendido pela enorme maioria da população. A grande questão é como protestos localizados com foco em políticas municipais foram manipulados de tal modo a se "federalizarem" e atingirem a popularidade da Presidenta Dilma, que àquela altura gozava dos mais altos índices de aprovação no seu governo.[1881]

Havia uma concepção que a democracia tinha sido violentada no Brasil, como no texto do livro *A democracia na encruzilhada*.

> O golpe de 2016 marca uma fratura irremediável no experimento democrático iniciado no Brasil em 1985. Ainda que com limitações e contradições, a ordem balizada pela Constituição de 1988 garantia a vigência das instituições mínimas da democracia liberal: o voto popular como meio necessário para a obtenção do poder político e o império da lei. A derrubada

---

1881 SOUZA, Jessé. *A radiografia do Golpe*: entenda como e por que você foi enganado. São Paulo: LeYa, 2015, p. 50.

> da Presidenta Dilma, mediante um processo ilegal, sinalizou que tais institutos deixaram de operar e, por consequência, o sistema político em vigor no país não pode mais receber o título de "democracia" – mesmo na compreensão menos exigente da palavra.[1882]

Já para a jurista Mônica Herman Caggiano, professora da USP, o *impeachment* "intensifica o estado de intranquilidade política". Um processo de impedimento, de acordo com ela, compreende aspectos penais, políticos e jurídicos que não estiveram presentes na argumentação para a cassação da petista.

> Não nos parecem jurídicas e factíveis as razões a embasar o impeachment da Presidente da República. Os fatos noticiados, na verdade, não incidem em qualquer um dos tipos elencados no artigo 85 da Constituição. Ao invés, ofendem, se configuram lesivos e investem contra um direito público subjetivo, o direito de sufrágio que, na sua formulação passiva é garantidor do exercício do mandato político conquistado nas urnas.[1883]

Michel Temer (2016-2018) – primeiramente, assumiu o governo de forma interina, entre maio e agosto de 2016, com a proposta de recuperar a economia e unir o país por meio de um grande acordo nacional. Foi nomeado Henrique Meirelles para o Ministério da Fazenda.

A "Lava Jato", neste período, mais uma vez, de maneira açodada, gravou e divulgou um áudio em que o aliado e Ministro Romero

---

1882 FILIPE, Miguel Luís. *A democracia na encruzilhada*: por que gritamos Golpe? Para entender o *impeachment* e a crise política no Brasil. São Paulo: Boitempo Editorial, 2016, p. 31.

1883 SIMÕES, Edson. *A luta pela Democracia no Brasil*: de Vargas a Bolsonaro. (Coleção Constituições e Democracia no Brasil e no Mundo: da Antropofagia à Autofagia). vol. 5. São Paulo: Grupo Almedina (Portugal), 2022, p. 520.

Jucá (PMDB)[1884] em conversa com Sergio Machado, ex-Presidente da Transpetro, afirmava "ser necessário" acabar com as investigações para "estancar a sangria" criada pela "República de Curitiba". Foi exonerado. A partir de 31 de agosto de 2016, Temer assumiu definitivamente a presidência e, na sequência, passou a ser pressionado e investigado pelo Ministério Público e pela Polícia Federal.

> No caso das investigações que envolviam o Presidente, uma das acusações era de corrupção passiva, organização criminosa e obstrução da Justiça. Temer havia recebido o empresário Joesley, da JBS, em um encontro fora da agenda, à noite, na garagem do Palácio do Jaburu. A conversa entre ambos foi gravada por Joesley, que acusou Temer de ordenar que ele continuasse oferecendo dinheiro ao Presidente da Câmara cassado, o ex-deputado Eduardo Cunha (MDB) para que este – um tradicional aliado do Presidente – não o denunciasse. A frase pronunciada por Temer – "tem que manter isso aí, viu?" – foi interpretada pela PGR como um aval à compra do silêncio do emedebista, condenado pelo juiz Sérgio Moro por corrupção.[1885]
>
> O Presidente enfrentou uma série de polêmicas durante sua administração. Uma das principais foram as duas denúncias ao Supremo Tribunal Federal (STF) por parte da PGR, então

---

1884 Romero Jucá (1954-): pernambucano, Economista, gerente da CONAV (Companhia de Navegação do Nordeste), professor de Teoria Geral de Recursos Humanos (UNICAMP), Secretário Extraordinário de Coordenação de Recife (prefeitura) e Governador, nomeado por Sarney do Território de Roraima. Foi aprovado também como Governador do Estado de Roraima, após a nova Constituição, pelo Senado. Em 1994, foi eleito Sanador por Roraima, iniciando uma longa presença nessa Câmara alta. No governo de Michel Temer, foi indicado para o Ministério do Planejamento e depois afastado, devido a diversas denúncias políticas e críticas à Lava Jato.

1885 SIMÕES, Edson. *A luta pela Democracia no Brasil*: de Vargas a Bolsonaro. (Coleção Constituições e Democracia no Brasil e no Mundo: da Antropofagia à Autofagia). vol. 5. São Paulo: Grupo Almedina (Portugal), 2022, p. 537.

> comandada pelo procurador Rodrigo Janot. As denúncias, baseadas nas declarações do dono da JBS,[1886] Joesley Batista,[1887] trouxeram muita preocupação ao Presidente e sua *entourage*.
>
> Depois, em 18 de abril de 2017, o ex-assessor de Temer, Rocha Loures,[1888] foi pego em imagens da Polícia Federal recebendo uma mala repleta de dinheiro, no valor de 500 mil reais, no estacionamento de uma pizzaria, recebida do executivo da J&F Ricardo Saud, a ser supostamente entregue a Temer. De acordo com a delação de Joesley Batista, Loures fora indicado por Temer para tratar de uma demanda da JBS no CADE. Loures acabou sendo afastado da Câmara por decisão do STF.[1889]

O país vivia momentos tensos. Em 10 de junho de 2018, enfrentou uma ampla greve dos caminhoneiros incentivada pelo, então Deputado Federal, Jair Bolsonaro, que paralisou o país, dando um prejuízo, aproximado, de quase 100 bilhões de reais e prejudicando o agronegócio. Foram encaminhados dois processos de *impeachment* contra o Presidente que não prosperou na Câmara Federal.

No setor econômico, Temer conseguiu alguns bons índices, diminuindo a inflação e reduzindo a taxa de juros. Mas o desemprego

---

1886 JBS-AS: empresa do agronegócio, fundada em 1953 por Zé Mineiro (pai de Joesley). Opera com carnes suínas, bovinas, ovinas, frango e processa couros. Comercializa, também, produtos de limpeza.

1887 Joesley Batista (1972-): nasceu em Formosa (Goiás), empresário, ligado ao agronegócio, presidiu o conselho da JBS. É um dos bilionários do Brasil, segunda a Revista *Forbes*. Foi envolvido na Lava Jato, acusado de distribuir propinas a políticos e a servidores públicos. Gravou um diálogo com o Presidente Temer com o intuito de incriminá-lo e levá-lo ao *impeachment*.

1888 Rodrigo Rocha Santos Loures (1996-): paranaense, administrador de empresas e deputado federal. Foi acusado de corrupção e preso em 3 de junho de 2017.

1889 SIMÕES, Edson. *A luta pela Democracia no Brasil*: de Vargas a Bolsonaro. (Coleção Constituições e Democracia no Brasil e no Mundo: da Antropofagia à Autofagia). vol. 5. São Paulo: Grupo Almedina (Portugal), 2022, pp. 533/534.

continuava. Executou a polêmica reforma trabalhista, considerada inconstitucional por vários magistrados trabalhistas e que trouxe prejuízos aos assalariados.

O Presidente, no entanto, tinha alta rejeição popular graças ao clima em que assumira o governo e aos ataques de corrupção, levantado pelo Judiciário, representado pela Procuradoria Geral (Janot),[1890] Lava-Jato e a oposição.

As eleições, para a sucessão presidencial, foram muito disputadas em 2018.

A Lava Jato, com Mouro e Dallagnol[1891] prenderam o candidato Lula, que estava liderando as pesquisas eleitorais, inviabilizando-o com base na Lei da Ficha Limpa. O PT lançou, para substituí-lo, o ex-prefeito de São Paulo, Fernando Hadad[1892] para a presidência.

1890 Rodrigo Janot Monteiro de Barros (1956-): mineiro, advogado, Promotor e Procurador-Geral da República (2013-2017). Participou, ativamente, da operação Lava Jato. Pediu a prisão de vários políticos: Sarney, Renan Calheiros, R. Jucá e Eduardo Cunha. Lançou suspeitas sobre a atuação do Ministro do STF, Gilmar Mendes, e desejava matá-lo, conforme narra em seu livro *Nada menos que tudo*. Atacou o Presidente Michel Temer, numa tentativa de levá-lo ao *impeachment*.

1891 Deltan Martinazzo Dallagnol (1980-): paranaense, advogado, Procurador da República (2003 a 2021) e comandou a força tarefa da operação Lava Jato. Investigou a corrupção da Petrobras usando meios nem sempre constitucionais. Ajudou a condenar Lula e outros investigados, sem provas consistentes, como as denúncias realizadas pelo "Vasa Jato" sobre a manipulação dos processos, acabou demitindo-se da MPF. Filiou-se ao "PODEMOS", junto com Sérgio Moro. Foi eleito Deputado Federal e, em 2023, foi afastado do cargo pela Justiça e pela Câmara Federal por infringir a legislação eleitoral.

1892 Fernando Haddad (1963-): paulista, advogado, professor (USP) e intelectual. Foi Ministro da Educação (2005 a 2012) e Prefeito da cidade de São Paulo. Exerceu cargo de Subsecretário de Finanças e Desenvolvimento Econômico do Município de São Paulo. Foi candidato à Presidência da República (2018) indo para o segundo turno contra Bolsonaro. Foi bem votado, apesar do pouco tempo de campanha.

Este fato colaborou para a ascensão do candidato à Presidência Jair Bolsonaro, que enfrentou Fernando Haddad (PT), Ciro Gomes (PDT), Marina Silva (REDE), Geraldo Alckmin (PSDB), João Amoedo (Novo), Guilherme Boulos (PSOL)[1893] e Cabo Daciolo (Patriota).

Durante a campanha, proliferaram-se as *fake news* a favor de Bolsonaro.

> Em reportagem de 18 de setembro de 2018, a repórter Patrícia Campos Mello, da *Folha de S. Paulo*, publicou reportagem segundo a qual a campanha de Bolsonaro contratou, por meio de empresas, disparos em massa de *whatsApp* contra seu rival, com notícias negativas, muitas delas falsas. Somente a Havan, do empresário Luciano Hang,[1894] teria destinado R$ 12 milhões para contratar mensagens com *fake news* contra o petista. A reportagem foi usada pelo PT em uma ação contra a campanha do ex-militar no Tribunal Superior Eleitoral (TSE). Os acusados negaram ter contratado o serviço, mas o próprio *whatsApp* suspendeu várias empresas de publicidade que usavam a plataforma do serviço de mensagens para enviar os *fake news* e o TSE entrou na história também, exigindo explicações da candidatura. Dias depois da publicação da reportagem, a repórter passou a ser perseguida por apoiadores do candidato. Um deles, um *hacker*, conseguiu entrar no telefone celular dela e, de lá, enviar mensagens de apoio a Bolsonaro. Em todas as suas redes sociais, apareciam ameaças contra a vida de Patrícia, experiente repórter com muitas coberturas internacionais. A empresa pediu à Polícia Federal a proteção de seus jornalistas. O candidato também entrou com ação na

---

1893 Guilherme Castro Boulos (1982-): paulista, Bacharel em Filosofia (USP), professor e ativista político. Filiado ao PSOL, foi candidato à Prefeito (SP) e à Presidência da República (2018). É coordenador do MTST (Movimento dos Trabalhadores sem Teto).

1894 Luciano Hang (1962-): nasceu em Brusque, empresário, proprietário da rede de lojas Havan. É tecnólogo e pertence ao grupo que apoia Bolsonaro de forma radical. Esteve envolvido em divulgações de *fake news* e está sendo processado.

Justiça contra a *Folha* e a jornalista, sem sucesso, pedindo a retirada do texto. Dias depois, diria que o jornal "estava acabado" e que retiraria verbas publicitárias do governo eventualmente investidos na empresa que o edita. A medida anunciada foi criticada por órgãos de defesa dos jornais e dos jornalistas.[1895] O discurso ético, em contraposição à suposta "corrupção" do PT também foi muito usado, de forma competente, pelo ex-capitão durante a campanha. O processo da Lava Jato, em Curitiba, contribuiu nesse sentido, a partir da atuação do então juiz Sergio Moro e do ex-coordenador da Lava Jato, o procurador da República Deltan Dallagnol, além de outros, como, por exemplo, o juiz federal no Rio de Janeiro Marcelo Bretas. O julgamento de supostas irregularidades envolvendo Lula e outras figuras ligadas ou apoiadores de partidos de esquerda se transformou num grande espetáculo midiático, inclusive com a condução coercitiva – mesmo sem ter sido chamado para depor – do próprio ex-Presidente, que acabaria condenado por Moro, em decisão ratificada pelo Tribunal Regional Federal 3 (TRF-3), sediado em Porto Alegre – passando ao vivo no noticiário da TV e da internet. Instaurou-se o que se convencionou chamar de "Partido da Lava Jato), acusado de perseguir políticos de esquerda e que se propunha a "ser contra tudo o que está aí", indiretamente colaborando com a eleição de Bolsonaro. Até mesmo uma delação do ex-Ministro petista Antônio Pallocci foi liberada a poucos dias da eleição, com o propósito de prejudicar o candidato do PT. A Lava Jato, que se iniciou com uma investigação sobre irregularidades contábeis num posto de gasolina em Brasília, atingiu a política em geral e particularmente a ala progressista do País. Temos, então, alguns fatores que colaboraram para a vitória de Jair Bolsonaro à Presidência: 1) o antipetismo militante; 2) o elitismo histórico, com a colaboração da população votante; 3) A religiosidade, com a

---

1895 SIMÕES, Edson. *A luta pela Democracia no Brasil*: de Vargas a Bolsonaro. (Coleção Constituições e Democracia no Brasil e no Mundo: da Antropofagia à Autofagia). vol. 5. São Paulo: Grupo Almedina (Portugal), 2022, pp. 544-547.

> adesão em massa dos evangélicos; 4) O aparente confronto com o sistema (a crítica à "velha política" na campanha; 5) O uso da tecnologia na área da comunicação, ajudando na manipulação da população; 6) Apoio empresarial – foi o caso do dono da rede de lojas Havan, entre outros personagens do mundo do empresariado.[1896]A proposta do futuro Presidente era, aparentemente, de ruptura com a política ou ao menos com o que chamava de "velha política". "A energia, a belicosidade na fala de Bolsonaro, afrontando constante e deliberadamente o politicamente correto, também ajudou a dominar essa agenda. O tom aguerrido era percebido como firmeza, determinação, energia para combate ao crime. Suas bandeiras eram cortantes: diminuição da maioridade penal, ampliação do direito civil ao porte de armas, pena de castração química para os estupradores e mais garantias legais de proteção aos policiais em ação de combate, entre outras". Durante a campanha, havia feito, ainda, menções à Venezuela, dizendo que o PT ia transformar o Brasil numa Venezuela – país em forte crise econômica e social – e muitas outras mentiras que acabaram pegando. Outra foi sobre a tal "caixa-preta do BNDES", uma referência ao banco de desenvolvimento brasileiro que financiaria ditaduras como a cubana e a venezuelana.[1897]

Patrícia Mello descreve os fatos no livro *Maquina do Ódio* lançado pela editora Companhia de Letras.

1896 SIMÕES, Edson. *A luta pela Democracia no Brasil*: de Vargas a Bolsonaro. (Coleção Constituições e Democracia no Brasil e no Mundo: da Antropofagia à Autofagia). vol. 5. São Paulo: Grupo Almedina (Portugal), 2022, p. 552.

1897 SIMÕES, Edson. *A luta pela Democracia no Brasil*: de Vargas a Bolsonaro. (Coleção Constituições e Democracia no Brasil e no Mundo: da Antropofagia à Autofagia). vol. 5. São Paulo: Grupo Almedina (Portugal), 2022, pp. 544/545.

Houve, também, um atentado contra Bolsonaro, a faca, em 6 de setembro de 2018 num comício em Juiz de Fora, cometido por Adélio Bispo, considerado um alienado mental pela Justiça.

Este episódio o tirou da campanha e dos debates televisivos, poupando-o de muitos desgastes.

Bolsonaro e Haddad foram ao segundo turno, e o capitão venceu com 57.797.259 votos validos (55,13%), contra 47.039.717 (44,87%) de Haddad.

Jair Messias Bolsonaro (2019-2022) – militar aposentado, com a patente de capitão, Deputado Federal durante 28 anos, com uma posição radical de direita, apoiado no discurso contra a corrupção, foi beneficiado com a prisão de Lula, pela Laja-Jato, determinada pelo Juiz Federal Sergio Moro, que enquadrou o ex-Presidente na lei da Ficha Limpa, tirando-o da eleição de 2018. Desqualificou, durante a sua carreira e campanha o sistema político, as urnas eletrônicas, defendeu a tortura, a prisão dos adversários políticos e ameaçou fuzilar a "petralhada" e até FHC.

Defendeu a ditadura militar, os milicianos e comentou que "o regime autoritário deveria ter matado uns 30 mil dissidentes, pois eram comunistas".

Nomeou com "cheque em branco", o economista e banqueiro Paulo Guedes,[1898] para Ministro da Fazenda, chamando-o de "posto Ipiranga".

1898 Paulo Roberto Nunes Guedes (1949-): carioca, Economista, especulador financeiro, banqueiro e professor. Cursou a Universidade de Chicago, trabalhou no Chile e fundou o Banco Pactual e o IBMEC. Foi Ministro da Economia de Bolsonaro (2019), que o chama de "Posto Ipiranga", e acreditava num "milagre econômico". Todavia, a crise econômica foi grave no país e a inflação chegou aos 12% (2022). O dólar já alcançou R$ 5,70 e o euro chegou até R$ 6,70.

Colocou, no Ministério da Justiça, o ex-juiz Sergio Moro, que abandonou a magistratura precocemente e se integrou ao governo.

O ministério formado era, em sua maioria, de extrema-direita e de alguns seguidores do astrólogo e filósofo Olavo de Carvalho.[1899]

> O Presidente seguiu, em muitas ocasiões, conselhos do autodenominado "filósofo" Olavo de Carvalho, sediado em Virgínia, nos Estados Unidos, influenciador de toda a família do Presidente, em especial do filho Eduardo. Os dois primeiros Ministros da Educação, Ricardo Vélez[1900] e Abraham Weintraub,[1901] o Ministro das Relações Exteriores, Ernesto

---

1899 Olavo Luiz Pimentel de Carvalho (1947-2022): paulista, astrólogo, jornalista, escritor, professor e se autoproclamava filósofo. Influenciador digital, defendeu o conservadorismo e a extrema direita brasileira no apoio a Bolsonaro para Presidência da República. Criticou o "politicamente correto" e lançou diversas *fake news* nas redes sociais. Colaborou com o "negacionismo" e a campanha contra a vacina da Covid-19. Usava um vocabulário chulo. Estava morando nos EUA e exerceu forte influência na família Bolsonaro, tendo indicado ministros para o Governo instalado em 2019. Escreveu: *O mínimo que você precisa saber para não ser um idiota*, *O jardim das aflições*, *O imbecil coletivo* etc.

1900 Ricardo Vélez Rodrigues (1943-): colombiano, ensaísta, filósofo e professor. Amigo de Olavo de Carvalho. Lecionou na UFJF (Juiz de Fora), na Escola do Comando e Estado Maior do Exército. Foi Ministro da Educação (2019). Defende a direita e ataca o globalismo. Escreveu: *Republicanismo brasileiro*, *Da esquerda para a direita: minha opção liberal conservadora* etc.

1901 Abraham Bragança de Vasconcellos Weintraub (1971-): paulista, Economista, professor. Ligado a Olavo de Carvalho foi Ministro da Educação (2019-2020) e, depois, Diretor Executivo do 15º Distrito do Banco Mundial. Bolsonarista radical até a saída do governo e ativista em redes sociais. Cortou as verbas das universidades federais, propôs denúncias e espionagens contra professores em suas aulas. Inculto, chamou Franz Kafka de "Kafta", entre outros depoimentos cheios de erros gramaticais e de falso conteúdo científico. O escritor Ignácio de Loyola Brandão, da Academia Brasileira de Letras, chamou-o de um "Ministro da Educação sem educação, grosso, horrendo, nojento"

Araújo,[1902] e o assessor especial para Relações Externas, Felipe Martins,[1903] foram indicações dele para o governo.

Foram indicados um total de 22 ministros. Algumas nomeações do Presidente geraram polêmicas. Por exemplo, a Ministra da Cidadania e Direitos Humanos, a pastora evangélica Damares Alves,[1904] teve divulgado um vídeo anterior à sua chegada ao ministério no qual afirmava que havia visto "Jesus no pé de goiabeira". O de Meio Ambiente, Ricardo Salles,[1905]

(SPERB, Paula. "Romance mostra Brasil governado por 'Presidente sem cérebro', assolado por epidemias e sem Ministro da Saúde". *Folha de São Paulo*, 11 ago. 2020. Disponível em: https://www1.folha.uol.com.br/poder/2020/04/a-reacao-ja-comecou-com-a-desobediencia-civil-diz-ignacio-de-loyola-brandao-autor-de-distopia-politica.shtml).

1902 Ernesto Henrique Fraga Araújo (1967-): gaúcho, graduado em Letras e diplomata. Assessorou o Mercosul, tem posições de extrema direita e reflexões conspiratórias na política. Amigo da família Bolsonaro e ligado a Olavo de Carvalho, foi Ministro das Relações Exteriores. A sua gestão foi desastrosa nas relações diplomáticas do Brasil.

1903 Luiz Felipe Barros Martins Rodrigues: Assessor do Planalto para assuntos internacionais com o apoio de Olavo de Carvalho. Faz parte da chamada "turminha das redes" e defende que a "guerra cultural é um instrumento de propaganda da esquerda que deveria ser combatida, mesmo que, para isso, se realize com ataques abaixo da linha da cintura" para desmoralizar o interlocutor. As redes sociais, portanto, transformaram-se em excelentes ferramentas para essa prática, com divulgação de calúnias, injúrias, palavrões, piadas e *fake news*. Durante uma sessão do Senado, fez um gesto racista com as mãos. O gesto está ligado à "supremacia branca" e foi denunciado pelo MPF.

1904 Damares Regina Alves (1964-): paranaense, advogada, pastora evangélica e política. Foi auxiliar parlamentar em Brasília com o senador Magno Malta. Fundamentalista, defende a extrema-direita, crítica do feminismo e da "ideologia de gênero", foi indicada por Bolsonaro para Ministra da Mulher, da Família e dos Direitos humanos. Foi eleita Senadora em 2022.

1905 Ricardo de Aquino Salles (1975-): paulista, advogado e político. Foi Secretário Particular do governador paulista Geraldo Alckmin e Secretário do Meio Ambiente (SP). De extrema direita, foi Ministro do Meio Ambiente (2019 a 2021). Colaborando com o desmatamento e protegendo-o. Conseguiu polêmicas com diversos países por ter

> foi condenado pela Justiça por crime ambiental, quando era secretário da mesma pasta no Estado de São Paulo. O responsável pelas Relações Exteriores, Ernesto Araújo, por sua vez, à época de sua nomeação, enfrentou enorme oposição interna no Itamaraty por suas posturas anti-globalistas e desprestígio às posições historicamente assumidas pelo país na área. Admirador de Trump e indicado pelo astrólogo Olavo de Carvalho, o guru da família Bolsonaro, Araújo foi qualificado como "maluco" e "despreparado" por diplomatas mais velhos, com influência no Itamaraty.[1906]

Em toda sua trajetória anterior na pasta, ele jamais havia ocupado cargos importantes. Vingativo, o Ministro demitiu, de seus postos, diplomatas importantes como Paulo Roberto de Almeida,[1907] que dirigia o Instituto de Relações Internacionais (Ipri), órgão ligado ao Itamaraty, e Sérgio Amaral,[1908] embaixador brasileiro em Washington. Almeida havia criticado Carvalho, dizendo que ele

---

contribuído para destruir a proteção ambiental. Foi eleito Deputado Federal em 2022.

1906 SIMÕES, Edson. *A luta pela Democracia no Brasil*: de Vargas a Bolsonaro. (Coleção Constituições e Democracia no Brasil e no Mundo: da Antropofagia à Autofagia). vol. 5. São Paulo: Grupo Almedina (Portugal), 2022, pp. 562/563.

1907 Paulo Roberto de Almeida (1949-): paulista, sociólogo, escritor, professor e diplomata. Desentendeu-se com Olavo de Carvalho num programa de Tv nos EUA (2018) devido a interpretações anticientíficas do tal "filósofo", foi perseguido no governo Bolsonaro. Afastado da presidência do IPRI (Instituto de Pesquisa da de Relações internacionais). Em 46 anos de carreira no Itamaraty, escreveu diversos livros, a saber: *Nunca antes na diplomacia: a política externa brasileira em tempos não convencionais*, *A Constituição contra o Brasil: ensaios de Roberto Campos sobre a Constituinte e a Constituição de 1988*, *O Itamaraty num labirinto de sombras* etc.

1908 Sérgio Silva Amaral (1944-2023): paulista, advogado, professor e diplomata. Foi Ministro Chefe e Porta-Voz da Secretaria de Comunicação Social de FHC e Ministro do Desenvolvimento Indústria e Comércio Exterior. Foi Embaixador brasileiro nos EUA (2016 a 2019). Foi membro do Instituto Fernando Braudel de Economia Mundial.

era "absolutamente inepto em matéria de relações internacionais" e reproduziu textos de Fernando Henrique Cardoso e do ex-Ministro Rubens Ricupero, críticos à condução atual da política externa brasileira. Amaral, por sua vez, um dos mais experientes diplomatas brasileiros, foi transferido para um escritório do Itamaraty em São Paulo. O Presidente havia avisado que ia demitir vários diplomatas por causa da "imagem ruim de seu governo no exterior".

Outro indicado pelo astrólogo, o colombiano Ricardo Vélez Rodriguéz, se manteve pouco mais de dois meses à frente da pasta da Educação, Rodriguéz se celebrizou por medidas tidas como absurdas por educadores, como a de determinar que as escolas do país tocassem o hino antes das aulas e, ao final, repetissem o lema de campanha de Bolsonaro "Brasil acima de tudo, Deus acima de todos". Depois de várias confusões, o Ministro, que mal falava o português, foi demitido. Havia se indisposto com seu apoiador, Carvalho. Em seu lugar, foi indicado outro amigo do astrólogo, Abrahan Weintraub. Assim como seu líder, Weintraub também prometia se insurgir contra um imaginário "marxismo cultural" nas universidades públicas. Chegou a afirmar, sem prova alguma, que os laboratórios das Universidades Federais processavam drogas.

No exercício da pasta desde 9 de abril de 2019, Weintraub tem seguido a orientação do Executivo no sentido de pôr em prática as diretrizes do programa Escola Sem Partido, visto que, por iniciativa do Ministério da Educação, agora batizada de "Escola de Todos", foi providenciado o envio de um oficio a todas as secretarias estaduais e municipais de ensino do país contendo orientações sobre como não haver "doutrinação", nem propaganda político-partidária nas escolas.

> Ainda mais uma Ministra, Tereza Cristina, da Agricultura, ligada à bancada ruralista, especializou-se em dar declarações polêmicas. Em uma delas, afirmou que "o brasileiro não morria de fome porque no país havia muita manga". Somente nos primeiros meses de ministério, ela aprovou a liberação de mais de 100 agrotóxicos – sob a denominação "remédios de

> plantas" – para uso no Brasil, embora fossem expressamente proibidos na Europa e em outras partes do mundo, por conterem agentes cancerígenos e causarem a morte de insetos úteis ao meio ambiente, como abelhas.[1909]

Bolsonaro, em sua carreira militar, criticou o governo Sarney pelo "salário baixo para os militares" em uma reportagem da Revista *Veja*, e articulou com outro colega uma "grande explosão de bombas em quarteis cariocas". Foi processado pelo "Conselho de Justificação Militar" e acusado de conduta irregular.

Levado ao Superior Tribunal Militar par julgamento, foi absolvido por 9 a 4. Contou com a ajuda do General Newton Cruz durante o andamento dos processos.

No início do seu governo, o filho senador, Flávio Bolsonaro,[1910] ex-deputado pelo Rio de Janeiro, foi acusado de praticar "rachadinhas", tendo Fabricio Queiroz, seu amigo, ligado aos milicianos, como coordenador do esquema ocorrido na Assembleia Legislativa carioca. As "rachadinhas" são divisões irregulares do salário do servidor indicado pelo parlamentar, que aceita receber apenas parte da renda sem trabalhar, devolvendo o restante a quem o indicou para o cargo.

No primeiro ano de governo, atacou a mídia, (principalmente a *Folha de S. Paulo* e a *Globo*), os seus antigos aliados políticos, a

---

1909 SIMÕES, Edson. *A luta pela Democracia no Brasil*: de Vargas a Bolsonaro. (Coleção Constituições e Democracia no Brasil e no Mundo: da Antropofagia à Autofagia). vol. 5. São Paulo: Grupo Almedina (Portugal), 2022, pp. 562/563.

1910 Flávio Nantes Bolsonaro (1981-): carioca, advogado, empresário e político. É filho do ex-Presidente Bolsonaro. Foi deputado estadual (RJ, 2014) e senador (RJ, 2018). Defende a extrema-direita e tem posições muito polêmicas. Exaltou a Ditadura Militar, é favorável à pena de morte. É acusado de "homofobia" e "rachadinhas". Tendo como apoio o seu ex-funcionário Fabricio Queiroz. Tem ligações históricas com a milícia carioca.

democracia, diversos países, como foi o caso do Presidente francês Emmanuel Macron[1911] e a esposa, a Argentina, o Uruguai, a Venezuela e a China.

Considerou como grande aliado, Donald Trump, os EUA e Israel, deixando preocupados os árabes do Oriente Médio, pois desejava transferir a embaixada do Brasil para Jerusalém.

Entrou em confronto com os governadores do Nordeste, como Flávio Dino[1912] do Maranhão e Ruy Costa[1913] da Bahia. Atacou o governador João Dória de São Paulo. Satirizou o pai do Presidente da OAB, Felipe Santa Cruz,[1914] que foi um dos desaparecidos durante a Ditadura Militar.

Em relação ao combate à corrupção, uma promessa eleitoral do Presidente, não conseguiu executar o prometido, pois mantêm,

---

1911 Emmanuel Jean-Michel Frédéric Macron (1977-): francês, banqueiro, funcionário público, político e Presidente da República Francesa. Foi Secretário-Geral Adjunto da Presidência da República (2012) e Ministro da Economia (2014). Foi criticado por Bolsonaro e seu clã, ridicularizado por ser a Primeira-Dama da França mais velha que o Presidente Macron. A diplomacia entre o Brasil e a França foi profundamente prejudicada devido às posições do ex-Presidente Bolsonaro.

1912 Flavio Dino de Castro e Costa (1968-): maranhense, advogado, professor, ex-Magistrado e filiado ao PSB. Foi Governador do Maranhão (2022), foi constantemente atacado por Bolsonaro e seguidores. Atualmente (2023) é Ministro da Justiça.

1913 Ruy Costa dos Santos (1963-): baiano, Economista e filiado ao PT. Governador da Bahia (2022) e tem sido fortemente criticado por Bolsonaro e seguidores. É de origem operária e trabalhou no polo Petroquímico de Camaçari. Como Governador da Bahia (2022) foi muito criticado pelos bolsonaristas. Atualmente (2023) é Ministro do governo Lula.

1914 Felipe de Santa Cruz Oliveira Scaletsky (1972-): carioca, advogado, filho de Fernando Santa Cruz (desaparecido durante a Ditadura Militar) e ex-Presidente da OAB. Democrata, sempre defendeu o direito de manifestação e criticou atos violentos. Teve a memória de seu pai ofendida pelo ex-Presidente Bolsonaro e reagiu fortemente, denunciando os equívocos e mentiras do Governo e seus seguidores.

em sua pasta, sem problema algum, o Ministro do Turismo, Marcelo Álvaro Antônio, indiciado e denunciado no esquema das candidaturas de laranjas do PSL. Além disso, se vê às voltas com o caso Fabricio Queiroz, amigo de longa data e ex-assessor do filho Fábio, suspeito de operar esquemas de "rachadinhas" no gabinete de Flávio Bolsonaro, atual senador pelo Rio, quando era Deputado Estadual na Assembleia Legislativa do Rio de Janeiro (Alerj). Nesse esquema, servidores devolvem parte do salário a seus chefes. Outro Ministro, o do Meio Ambiente, Ricardo Sales, é investigado pelo Ministério Público paulista por suspeita de enriquecimento ilícito. Entre 2012 e 2018, seu patrimônio saltou de 1,4 milhão para 8,8 milhões. Além disso, um Assessor do Ministro da Economia Paulo Guedes, Esteves Colnago, foi denunciado pelo juiz da 10ª Vara Federal de Brasília, Vallisney de Oliveira, com mais 28 pessoas, sob acusação de fraudes de R$ 5 bilhões em fundos de pensão de várias empresas públicas estatais.

> Ao contrário do que havia dito, Bolsonaro apoiou ação de defesa do filho Flávio, o que resultou em decisão liminar do Ministro e Presidente do STF, Dias Toffoli, congelando por quase cinco meses aos menos 935 investigações e ações penais em todo o país, inclusive a que envolvia o filho do Presidente no caso Queiroz, de acordo com a Procuradoria Geral da República (PGR). A alegação da defesa era de que não teria havido o pedido da Justiça para compartilhamento dos dados do Conselho de Controle de Operações (Coaf), que apontou as referidas movimentações suspeitas daquele valor em um ano nas contas de Queiroz. Bolsonaro transformou o Coaf num outro departamento, à Unidade de Inteligência Financeira (UIF), com menos poder.[1915]

1915 SIMÕES, Edson. *A luta pela Democracia no Brasil*: de Vargas a Bolsonaro. (Coleção Constituições e Democracia no Brasil e no Mundo: da Antropofagia à Autofagia). vol. 5. São Paulo: Grupo Almedina (Portugal), 2022, pp. 566/567.

Defendeu e fez propaganda da posse de armas para toda a sociedade brasileira.

As queimadas se multiplicaram na Floresta Amazônica, causando processos internacionais e sem reação do governo para coibir esta violência ecológica. Demitiu o "braço direito" de sua campanha política, Gustavo Bebbiano,[1916] da Secretaria Geral da Presidência da República, a pedido do filho Vereador Carlos. Saiu do PSL e atacou o Presidente da legenda Luciano Bivar,[1917] Deputado Federal, que foi alvo de uma ação especial da PF à procura de "candidaturas-laranja" de mulheres na cota parlamentar. Fez papel ridículo na abertura do Fórum Econômico Mundial em Davos, afirmando que "defendeu a família e que o país estava à espera de visitantes para desfrutar as belezas naturais do Brasil", numa fala de apenas 6 minutos.

Em 2019, ainda explodiu o escândalo denominado "Vaza-Jato",[1918] com a divulgação do site de jornalismo investigativo *The Intercetpt Brasil*, dirigido por Gleen Greenwald,[1919] jornalista

---

1916 Gustavo Bebbiano Rocha (1964-2020): carioca, advogado e político. Ajudou a eleger Bolsonaro como Presidente por intermédio do PSL. Foi nomeado Secretário-Geral da Presidência da República (2019). Contudo, foi acusado de conspirar contra o Presidente pelo Vereador Carlos Bolsonaro (filho do Presidente) sendo afastado do cargo. Desgostoso e considerando-se injustiçado, foi vitimado por um infarto, em 14 de março de 2020.

1917 Luciano Caldas Bivar (1944-): pernambucano, advogado, empresário e político. Filiado ao União Brasil e deputado federal. Preside o PSL que levou Bolsonaro à Presidência da República. Entrou em conflito com Bolsonaro e seus filhos durante a saída do Presidente do PSL.

1918 Vaza-Jato: divulgação de áudios que envolveram os Promotores e o Juiz Sérgio Moro durante a operação Lava Jato. O conteúdo mostra as tramas e as conspirações envolvendo, principalmente, Sérgio Moro e Dallagnol para condenar Lula e outros réus sem provas concretas. Foram apresentadas manobras da chamada "república de Curitiba" e a mídia nacional divulgou esse grande escândalo jurídico brasileiro. O início das divulgações ocorreu por intermédio da *Folha de São Paulo*.

1919 Gleen Edward Greenwald (1967-): americano, advogado, jornalista e escritor radicado no Rio de Janeiro. Famoso, divulgou os programas

americano radicado no Brasil, de vários diálogos mantidos em rede social entre procuradores da Lava-Jato, principalmente do coordenador da força-tarefa Deltan Dallagnol e o Juiz Sergio Moro. O material foi recebido de forma anônima, mas depois os *hackers* foram identificados e presos pela Polícia Federal. A divulgação do material foi realizada pela *Folha de S. Paulo*, *El País*, *Veja* e no programa de rádio do jornalista Reinaldo Azevedo.[1920] As informações chocaram o público e comprovaram que houve manipulação na condenação e prisão de Lula, para tirá-lo das eleições em 2018.

Em 2020, a crise do governo Bolsonaro e, portanto, do país continuou, com destaque para os seguintes fatos:

- O Secretário da Cultura, Roberto Alvim,[1921] fez um discurso nazista (17/01), imitando o Ministro Joseph Goebbels[1922] de

---

secretos de vigilância global dos EUA, realizados pela NSA (Agência de Segurança Nacional), trabalhou neste caso com Edward Snowden para o jornal inglês "*The Guardian*". Fundou o "*Intercep*" em 2013. Por intermédio do denominado "jornalismo investigativo", conseguiu e divulgou as informações sobre as irregularidades ocorridas durante a "Operação Lava Jato". Tem sido criticado e ameaçado por ter divulgado o "Vaza-Jato".

1920 José Reinaldo Azevedo e Silva (1961-): paulista, jornalista, professor, escritor e defensor dos princípios liberais. É colunista da *Folha de São Paulo* e mantém um programa na Rádio Band News FM. Trabalhou nas revistas *Primeira Leitura*, *Bravo* e *Veja*, na rádio *Jovem-Pan* e na *Rede TV!* Divulgou o Vaza-Jato, junto com a *Revista Veja* e a *Folha de São Paulo*. Escreveu: *O país dos petralhas* (1 e 2), *Contra o Consenso*, *Máximas de um país mínimo*, *Objeções de um Rottweiler amoroso* etc.

1921 Roberto Rêgo Pinheiro ou Roberto Alvim (1973-): carioca, dramaturgo, Diretor Geral da Fundação Nacional de Artes e Secretário Especial da Cultura no Governo Bolsonaro. Copiou textos do nazista Joseph Goebbels e o imitou num vídeo institucional, causando polêmicas e revoltas no Brasil, principalmente da comunidade judaica. Foi exonerado em 17 de janeiro de 2020, tendo ficado no cargo por, aproximadamente, dois meses. Foi substituído pela atriz Regina Duarte.

1922 Joseph Goebbels (1897-1945): político nazista que comandou a propaganda do Reich, Hitler. Com a derrota militar alemã, suicidou-se junto com toda a família.

Hitler[1923] e recebeu duras críticas da sociedade e da mídia, que provocou a sua demissão, apesar de ter agradado o Presidente. Foi substituído pela atriz Regina Duarte,[1924] que também durou pouco tempo no cargo. A Cultura estava sendo marginalizada no país.

- O câmbio passou a ter uma taxa crescente, chegando até R$ 4,80. Em junho, a economia brasileira encolheu 8%.
- No campo da saúde, a pandemia de Coronavírus causou um cataclisma nacional. Bolsonaro atacou as vacinas e passou a recomendar o uso de um *kit* de cloroquina e hidroxicloroquina para evitar a doença, já que considerava "uma gripezinha". Não comprou as vacinas no prazo previsto para imunizar a população, discordou das medidas preventivas do Ministério da Saúde, Luiz Henrique Mandetta[1925] e o demitiu.

1923 Adolf Hitler (1889-1945): austríaco, soldado, pintor, escritor, fundador do Partido Nazista, Chanceler, ditador da Alemanha (anos 30 e 40) e responsável pela Segunda Guerra Mundial (1939-1945). Racista, esteve preso por tentativa de golpe em Munique contra a democracia alemã. Escreveu: *Mein Kampf*, atacava os comunistas e os judeus. Derrotado pelas tropas aliadas, suicidou-se em Berlim (1945).

1924 Regina Blois Duarte (1947-): paulista, atriz, trabalhou na Tv *Excelsior* e depois foi para a Tv *Globo* (1969). Representou diversos personagens e transformou-se numa atriz bastante popular. Nas novelas apresentadas pela Tv *Globo*: "Irmãos Coragem", "Selva de Pedras", "Roque Santeiro", "Rainha da Sucata", "Malu Mulher" etc. Foi chamada de "Namoradinha do Brasil'. Aceitou, de Bolsonaro, a Secretaria Especial de Cultura em 4 de março de 2020 e saiu em 20 de maio para assumir a cinemateca brasileira (SP), fato que não se concretizou. Foi criticada por várias colegas por sua defesa política de Bolsonaro e posições de extrema direita.

1925 Luiz Henrique Mandetta (1964-): nasceu em Campo Grande, médico ortopedista e político. Foi deputado federal (Mato Grosso do Sul, 2011 a 2019) e Ministro da Saúde (2019 a 2020) indicado por Bolsonaro. No ministério, tomou posições moderadas, defendeu a ciência, procurou manter os médicos cubanos, travou diversos conflitos com Bolsonaro, família e seguidores devido à pandemia da Covid-19. O Presidente

Em 24 de março, em cadeia nacional de rádio e TV, Jair Bolsonaro alertou: "Algumas poucas autoridades estaduais e municipais devem abandonar o conceito de "terra arrasada", bem como as medidas relacionadas à proibição de transportes, ao fechamento do comércio, ao confinamento em massa ou a um isolamento geral, pois causará desemprego e queda na economia". Condenou, também, o uso de máscaras contra a Covid-19. Entrou em confronto com vários governadores, principalmente João Dória[1926] de São Paulo. Em protesto, houve um "grande panelaço" contra as posições do Presidente em vários pontos do país. Os governadores de 25 estados fizeram uma carta unificada recomendando "bom senso" a Bolsonaro.

Jornais internacionais, como o *Washington Post*, o *Clarin* e a agência de notícias *Bloomberg*, informaram que o Presidente brasileiro menospreza as recomendações da OMS e os estudos científicos para evitar o contágio da Covid-19.

Além dessa posição, após a saída de Mandetta, o Ministério da Saúde passou a não dar informações sobre os mortos pela pandemia, obrigando os jornais *Estadão*, *O Globo*, *FSP* e *UOL* a coletarem informações nas secretarias de 26 estados e DF para informar o número de mortos no Brasil.

---

criticava as vacinas, o isolamento da população e indicava remédios (*kit*), que considerava importantes para combater a doença, como a cloroquina. Mandetta discordou e acabou sendo demitido em 16 de abril de 2020. Lançou: *Um paciente chamado Brasil*.

1926 João Agripino da Costa Dória Junior (1957-): paulista, filho do parlamentar baiano, João Agripino da Costa Doria (cassado e exilado pós 1964), jornalista, publicitário, empresário e político. Foi Secretário de Turismo (SP) e Presidente da Paulistur (1983-1985) no Governo municipal de Mário Covas. Presidia a Embratur (1986-1988) e, depois, atuou na área privada. Filiou-se ao PSDB (2001), foi Prefeito da cidade de São Paulo (2017-2018) e eleito Governador do Estado (SP, 2019). Defendeu e produziu a vacina contra a pandemia da Covid-19 pelo Instituto Butantã e se confrontou com Bolsonaro. Ex-candidato à Presidência da República, desistiu de competir ao constatar que não teria apoio em seu partido, o PSDB (2022).

No final de 2020, já havia 198.974 mortos pela covid no Brasil.

Em abril, o Ministro da Justiça Sergio Moro se desentendeu com o Presidente devido a uma troca do superintendente da Polícia Federal no Rio de Janeiro. O choque entre ambos desgastou profundamente o ex-juiz da Lava Jato.

> Segundo o ex-Ministro, o Presidente afirmou desejar da PF, principalmente no Rio, alguém "com quem pudesse colher relatórios internos de inteligência". "Imagine se, no governo passado, a ex-Presidenta Dilma, que tinha seu partido investigado na Lava Jato, pedisse relatórios à PF", comparou. A saída de Moro, Ministro com índices de popularidade maiores que os do próprio Presidente, fez com que o ex-juiz passasse a ser chamado de "traidor" pelas hostes bolsonaristas nas redes sociais e até de "Judas" pelo Presidente.
>
> No dia do seu pedido de demissão, em entrevista coletiva, Moro afirmou que desembarcou do governo porque o Presidente pretendia "interferir na Polícia Federal". O descontentamento de Moro no governo, expressado naquela manhã, foi revelado por meio destas afirmações, que motivaram a abertura de um inquérito:
>
> – Foi-me prometido carta branca para nomear todos os assessores.
>
> – Na ocasião, foi dado equivocadamente que teria sido colocada como condição para eu assumir uma nomeação ao Supremo Tribunal Federal. Nunca houve isso.
>
> – O Presidente me disse mais de uma vez que ele queria ter uma pessoa do contato pessoal dele [na Polícia Federal] que ele pudesse ligar, colher relatórios de inteligência.
>
> – É certo que o governo da época tinha inúmeros defeitos, aqueles crimes gigantescos de corrupção que aconteceram naquela época. Mas foi fundamental a manutenção da autonomia da PF pra que fosse possível realizar esse trabalho.
>
> – O Presidente também me informou que tinha preocupação com inquéritos em curso no Supremo Tribunal Federal e que a troca também seria oportuna da Polícia Federal.

> Atacado por Bolsonaro na mesma data, também em coletiva, ao lado de vários ministros, que o acusou de pretender "barganhar" uma indicação ao Supremo em troca da troca na PF, o ex-juiz negou e divulgou uma mensagem no WhatsApp em que Bolsonaro questiona uma investigação contra 12 deputados bolsonaristas, na verdade por determinação do STF. "Mais um motivo para a troca", escreveu o Presidente no texto endereçado ao Ministro.[1927]

Bolsonaro ratificou publicamente, diversas vezes, a acusação contra Moro, acusando-o de tentar "barganhar uma indicação para Ministro do STF em troca das mudanças na Polícia Federal".

O procurador geral, Augusto Aras,[1928] pediu ao STF um inquérito sobre as declarações do ex-Ministro da Justiça contra o Presidente da República, a acusação era a de falsidade ideológica, envolvendo Moro e Bolsonaro. Este inquérito descambou para a divulgação de um vídeo sobre uma reunião ministerial com o Presidente da República em 22 de abril de 2020, pelo Ministro do STF, Celso de Mello,[1929] relator da matéria.

1927 SIMÕES, Edson. *A luta pela Democracia no Brasil*: de Vargas a Bolsonaro. (Coleção Constituições e Democracia no Brasil e no Mundo: da Antropofagia à Autofagia). vol. 5. São Paulo: Grupo Almedina (Portugal), 2022, pp. 639/640.

1928 Antônio Augusto Brandão de Aras (1958-): baiano, advogado, professor, jurista e Procurador-Geral da República. Foi indicado por Bolsonaro apesar de não constar na lista tríplice votada pelos representantes do MP Federal. Foi considerado "conservador", daí a escolha do ex-Presidente. Tem recebido críticas de omissão em relação às posições tomadas por Bolsonaro contra as instituições, os ministros do STF e o Presidente do TSE, ministro Luís Roberto Barroso, além de atacar o voto eletrônico, gravar informações falsas e atacar o Estado Democrático de Direito.

1929 José Celso de Mello Filho (1945-): paulista, advogado (USP), professor, Promotor e Ministro do STF, indicado por Sarney. Teve posições consideradas progressistas e democráticas. Mandou investigar o ex-Presidente Bolsonaro por interferência na PF, conforme denúncia do ex-Ministro da Justiça, Sérgio Moro. Está aposentado.

Durante a reunião, Bolsonaro afirmou:

> O trecho liberado pela AGU e depois visto no vídeo destaca o seguinte da fala de Bolsonaro: "Já tentei trocar gente da segurança nossa no Rio de Janeiro oficialmente e não consegui. Isso acabou. Eu não vou esperar... minha família toda de sacanagem, ou amigo meu, porque eu não posso trocar alguém da segurança na ponta da linha que pertence à estrutura. Vou trocar; se não puder trocar o chefe [Valeixo – diretor-geral da PF], troco o Ministro. E ponto final. Não estamos aqui para brincadeira", afirmou o Presidente na ocasião. Desde agosto de 2019, o mandatário pressionava o então Ministro da Justiça para substituir Valeixo na Direção-Geral da PF e, assim, também trocar a chefia no Rio.[1930]

Houve ataques ao STF e diversos ministros se manifestaram.

O Ministro da Educação, Abraham Weintraub, declarou:

> Eu não quero ser escravo nesse país. E acabar com essa porcaria que é Brasília. Isso daqui é um cancro de corrupção, de privilégio. Eu tinha uma visão extremamente negativa de Brasília. Brasília é muito pior do que eu podia imaginar. (...) A gente tá perdendo a luta pela liberdade. É isso que o povo tá gritando. (...)
>
> Eu, por mim, botava esses vagabundos todos na cadeia. Começando no STF. E é isso que me choca. Era só isso, Presidente, eu... eu... realmente acho que toda essa discussão de "vamos fazer isso, vamos fazer aquilo", ouvi muitos Ministros que vi... chegaram, foram embora. Eu percebo que tem muita gente com agenda própria. Eu percebo que tem, assim, tem o jogo que é jogado aqui, mas eu não vim pra jogar o jogo. Eu

---

1930 SIMÕES, Edson. *A luta pela Democracia no Brasil*: de Vargas a Bolsonaro. (Coleção Constituições e Democracia no Brasil e no Mundo: da Antropofagia à Autofagia). vol. 5. São Paulo: Grupo Almedina (Portugal), 2022, pp. 642/643.

> vim aqui pra lutar. (...) A gente tá conversando com quem a gente tinha que lutar. A gente não tá sendo duro o bastante contra os privilégios, com o tamanho do Estado e é o... eu realmente tô aqui de peito aberto, como cês sabem disso, levo tiro... odeia... odeio o partido comunista (...).
>
> Eu sou, evidentemente, eu tô no grupo dos Ministros que tá mais ligado com a militância. Evidente, porque eu era um militante. Eu tava militando de peito aberto, continuo militando.[1931]

O Ministro do Meio Ambiente, afirmou que o governo deveria aproveitar a Covid-19, para "passar a boiada" e "simplificar normas ambientais do país".

> A oportunidade que nós temos, que a imprensa não tá... tá nos dando um pouco de alívio nos outros temas, é passar as reformas infralegais de desregulamentação, simplificação, todas as reformas que o mundo inteiro nessas viagens que se referiu o Onyx [Lorenzoni] certamente cobrou dele, cobrou do Paulo [Guedes].

A Ministra da Cidadania, Damares Alves, sugeriu a prisão de prefeitos e governadores que defendiam o isolamento social para combater a pandemia.

O Ministro Paulo Guedes fez a seguinte consideração: "era necessário priorizar a ajuda às grandes empresas" afirmou que "vai ganhar dinheiro, usando recursos públicos para salvar grandes companhias". "Agora, nós vamos perder dinheiro salvando empresas pequenininhas".

1931 SIMÕES, Edson. *A luta pela Democracia no Brasil*: de Vargas a Bolsonaro. (Coleção Constituições e Democracia no Brasil e no Mundo: da Antropofagia à Autofagia). vol. 5. São Paulo: Grupo Almedina (Portugal), 2022, p. 644.

O Ministro Augusto Heleno[1932] do Gabinete de Segurança Institucional (GSI) vociferou após a repercussão do vídeo liberado pelo STF. "O pedido de apreensão do celular do Presidente da República é inconcebível e, até centro ponto inacreditável, pois seria uma afronta à autoridade máxima do poder Executivo e interferência inadmissível de outro poder" e que "poderá ter consequências imprevisíveis".

O combate às *fake news* pelo STF e ao chamado "gabinete do ódio", levou Bolsonaro ao paroxismo: "afirmou que a referida ação tratou-se de uma série de ordens absurdas" e que não seriam mais cumpridas. Ele afirmou: "Não teremos outro dia como ontem [dia 27 de maio de 2020], chega! Querem tirar a mídia que eu tenho a meu favor sob o argumento mentiroso de *fake news*". Depois, à noite, em uma transmissão ao vivo nas redes sociais, disse que o inquérito no STF não tinha base legal e era inconstitucional: "Ontem foi um dia triste para os que lutam para que o país continue democrático".

Alexandre de Moraes[1933] tomou as providências necessárias por ser o relator da matéria.

1932 Augusto Heleno Ribeiro Pereira (1947-): paranaense, general de exército aposentado e ex-Chefe de Gabinete de Segurança Institucional da Presidência da República (Bolsonaro). Foi Comandante Militar da Amazônia, Chefe do Departamento de Ciência e Tecnologia e pertenceu à Linha Dura, após o Golpe Militar de 1964. Ofereceu cobertura total a Bolsonaro e seus polêmicos depoimentos no país.

1933 Alexandre de Moraes (1968-) – Paulista, advogado (USP), Promotor, jurista, escritor e político. Foi Secretário da Justiça e da Defesa da Cidadania do Estado de São Paulo (governo Alckmin 2002-2005), Presidente da FEBEM (atual CASA), participou do CNJ (2005-2007), Secretário Municipal de Transportes do Município (SP), Secretário de Segurança Pública do Estado de São Paulo e Ministro da Justiça e Segurança Pública (com Michel Temer). Foi indicado para o STF em 2017 após a morte do ministro Teori Zavascki em acidente aéreo. Tem atuado intensivamente contra a "fake-news" e determinou a prisão de bolsonaristas que exorbitaram em ameaças às instituições democráticas e particularmente contra o STF. Determinou a prisão de Roberto Jefferson, Presidente do PTB e tem sofrido ameaças nas redes sociais dos bolsonaristas e também do Presidente da República. Escreveu:

No seu despacho, Moraes definiu o "gabinete do ódio" como uma "associação criminosa" e determinou a quebra do sigilo fiscal e bancários dos empresários desde julho de 2018 – quando ocorria a campanha que elegeu Bolsonaro – e abril de 2020. O Planalto considerou "abusiva e desnecessária" a operação da PF.[1934]

Para Conrado Gontijo,[1935] doutor em Direito Penal pela USP, "Bolsonaro subiu o tom porque se deu conta de que o inquérito das *Fake News* está cada vez mais próximo de pessoas de seu núcleo de governo. (...) Até mesmo familiares dele poderão ser identificados como artífices desse chamado "gabinete do ódio", que é responsável por propagar *fake news* na internet. (...) A declaração sobre o Ministro Alexandre de Moraes se configura em mais um de uma centena de crimes de responsabilidade que ele [Bolsonaro] tem praticado nos últimos meses, ao distorcer a lógica das instituições e ameaçar a democracia.

No dia 15 de junho, foi presa pela Polícia Federal a militante bolsonarista Sara Winter, nome fantasia de Sara Giacomini, sob acusação de participar de atos antidemocráticos. Ela é a líder do grupo de extrema-direita autodenominado 300 do Brasil, que estava acampado na Praça dos Três Poderes. Dois dias antes, a Polícia do Distrito Federal havia desmontado o acampamento dos 300 – na verdade cerca de 30 pessoas. Em represália, integrantes do grupo jogaram fogos de artifício contra a sede do STF, ao mesmo tempo em que gritavam ofensas e ameaças contra os ministros. Sara é um dos alvos

---

"Constituição do Brasil interpretada", "Direitos humanos fundamentais".

1934 SIMÕES, Edson. *A luta pela Democracia no Brasil*: de Vargas a Bolsonaro. (Coleção Constituições e Democracia no Brasil e no Mundo: da Antropofagia à Autofagia). vol. 5. São Paulo: Grupo Almedina (Portugal), 2022, p. 649; e G1. "Empresário foram alvo de busca e apreensão da PF". 27 mai. 2020. Disponível em: https://g1.globo.com/politica/noticia/2020/05/27/inquerito-aponta-cinco-supostos-financiadores-de-esquema-de-fake-news-e-ataques-a-autoridades.ghtml.

1935 Conrado Almeida Corrêa Gontijo: Advogado, professor, atua no Direito Penal.

do inquérito das *fake news*, presidido pelo Ministro do STF Alexandre de Moraes, que investiga ameaças de morte e de agressões contra os magistrados do STF. No dia 24, ela foi libertada da cadeia, mas passou a usar tornozeleira eletrônica.[1936]

O *Estado de São Paulo* se posicionou em relação à manifestação do Presidente, da seguinte forma:

> À medida que o cerco judicial se fecha em torno das ilegalidades do movimento bolsonarista, com o avanço das investigações contra os camisas pardas das redes sociais e a quebra do sigilo bancário de parlamentares que integram a tropa de choque de Jair Bolsonaro no Congresso, o Presidente da República demonstra crescente nervosismo – talvez por perceber que os rosnados bolsonaristas não têm sido suficientes para intimidar o Judiciário e fazê-lo dobrar-se a seu projeto de poder. "Eles estão abusando", disse o Presidente um dia depois da operação da Polícia Federal para desbaratar a máquina bolsonarista de destruição de reputações na internet, em investigação no âmbito do Supremo Tribunal Federal (STF), e, da ordem do Supremo, a pedido da Procuradoria Geral da República, para apurar o suposto envolvimento de parlamentares bolsonaristas no fomento de manifestações golpistas. O Supremo e o Ministério Público não fizeram nada além de sua obrigação, especialmente ante a escalada fascistoide protagonizada pelos bolsonaristas, sob inspiração do Presidente. É preciso demonstrar a estes liberticidas, de maneira cabal, que a democracia tem seus mecanismos de defesa. (...) Isso não significa que o bolsonarismo esmorecerá. Bolsonaro não conhece outro comportamento que não seja o do confronto. (...) Quando o Presidente cobra do STF observância à democracia e à

1936 SIMÕES, Edson. *A luta pela Democracia no Brasil*: de Vargas a Bolsonaro. (Coleção Constituições e Democracia no Brasil e no Mundo: da Antropofagia à Autofagia). vol. 5. São Paulo: Grupo Almedina (Portugal), 2022, pp. 650/651.

> Constituição, como tem feito nos últimos dias, obviamente não é por reverência a uma ou outra, já que jamais as respeitou. O que ele pretende é confundir a opinião pública, convencendo-a que o único exegeta legítimo da Constituição é ele próprio, por ser alegadamente a encarnação da vontade popular. (...) Com base nestes pressupostos absurdos, o Presidente advertiu: "Está chegando a hora de tudo ser colocado no devido lugar". É o que o Supremo está fazendo.[1937]

Em 19 de abril, Bolsonaro participou de manifestações contra o STF, com os seus apoiadores, pedindo o fechamento da instituição e do Congresso Nacional. Houve proposta de um novo AI-5 pelos manifestantes.

No ato, o Presidente discursou:

> Nós não queremos negociar nada. Nós queremos é ação pelo Brasil. Acabou a época da patifaria. Agora é o povo no poder". Em meio a acessos de tosse – que afirmou ser de refluxo –, Bolsonaro completou sua fala: "eu estou aqui porque acredito em vocês", referindo-se à plateia, de golpistas em potencial. Os militares, apesar de não terem se pronunciado oficialmente, ficaram agastados com o uso do QG da Força como cenário para um espetáculo antidemocrático. No vídeo em que o Presidente divulgou pelo *WhatsApp* convocando seus apoiadores ao ato, um locutor, em tom emocionado, dizia: "ele luta por nós e quase morreu por nós", mostrando imagens do Presidente internado em função do ataque a faca que sofreu durante a campanha.[1938]

1937 O ESTADO DE SÃO PAULO. "A caravana passa". 18 jun. 2020. Disponível em: https://www.estadao.com.br/opiniao/a-caravana-passa/.

1938 SIMÕES, Edson. *A luta pela Democracia no Brasil*: de Vargas a Bolsonaro. (Coleção Constituições e Democracia no Brasil e no Mundo: da Antropofagia à Autofagia). vol. 5. São Paulo: Grupo Almedina (Portugal), 2022, p. 656.

Em 17 de maio, Paulo Roberto Franco Marinho, pioneiro no apoio a Bolsonaro (2018), empresário e suplente do senador Flávio, deu uma entrevista à *Folha* (FSP), incriminando-o. Declarou ao jornal que Flavio soube com antecedência da operação da PF denominada "Furna da Onça" em 2018, que investigava as "rachadinhas" e Fabricio Queiroz.

> Marinho também revelou que policiais federais, simpatizantes da candidatura de Jair Bolsonaro, teriam postergado a operação para que ela ocorresse apenas após a realização do segundo turno. O delegado teria sugerido que Flávio tomasse "providências" antes da operação. Na versão de Marinho, Flávio Bolsonaro teria dito que um assessor seu de confiança, o ex-coronel Miguel Ângelo Braga (que depois virou chefe de seu gabinete no Senado), recebeu, logo após o primeiro turno, uma ligação de um delegado da PF do Rio de Janeiro que dizia ter uma informação de interesse de Flávio. Este, consultado, mandou Braga encontrá-lo. A reunião teria ocorrido na porta da Superintendência da PF na Praça Mauá, zona portuária do Rio, na presença do advogado Victor Granado Alves e de outra pessoa da confiança do senador, Val Meliga, que é irmã de dois notórios milicianos do Rio de Janeiro.
>
> O diálogo entre Flávio e Marinho teria acontecido em 13 de dezembro de 2018, quando a operação "Furna da Onça" já havia sido deflagrada. O filho de Bolsonaro havia procurado o empresário, porque queria uma indicação de advogado criminalista, uma vez que as investigações o implicavam, segundo o relato. Participaram do encontro e foram testemunhas da conversa, garante o empresário, o advogado Victor Granado Alves, da confiança de Flávio, e o advogado Christiano Fragoso, indicado à defesa do Senador na ocasião.
>
> Cobrado por ter demorado tanto tempo para fazer a denúncia, Marinho informou que tomou a decisão de fazer as revelações após a demissão do ex-Ministro da Justiça Sergio Moro. A revelação agravou a crise política em volta do Presidente, e elevou a pressão sobre o procurador geral da República, Augusto Aras, à frente da investigação de potenciais crimes

> que o Presidente possa ter cometido, após as acusações de Moro. Marinho contou que Flávio soube, por intermédio de um delegado simpatizante de Bolsonaro, sobre o curso da operação "Furna da Onça", que investigava transações suspeitas de dinheiro e passavam pelas chamadas "rachadinhas" da Assembleia Legislativa do Rio de Janeiro. Queiroz, amigo de longa data do Presidente, trabalhava para Flávio quando ele era Deputado Estadual. O hoje Senador foi Deputado entre 2003 e 2018. "Eu vou te contar uma história que nunca revelei antes porque não tinha razão para falar disso. Eu tenho até datas anotadas e vou ser bem preciso no relato que vou fazer", disse Marinho na entrevista.
>
> O vazamento espontâneo da agenda de operações da PF ainda contou com outro detalhe preocupante. Segundo Marinho, o delegado simpatizante de Bolsonaro disse ao coronel Braga que a operação ia ser adiada para não atrapalhar o segundo turno das eleições presidenciais de 2018.[1939]

Cercado e criticado internamente e externamente, o Presidente se aproximou do questionado "centrão",[1940] principalmente após mais de 100 pedidos de *impeachment* entregues à Câmara Federal no final de 2020, contrariando as suas posições colocadas durante a campanha eleitoral. O descontentamento contra Bolsonaro e família era geral e demonstrado pelas pesquisas, que o consideram "ruim ou péssimo", como informou o instituto IPESPE.

1939 SIMÕES, Edson. *A luta pela Democracia no Brasil*: de Vargas a Bolsonaro. (Coleção Constituições e Democracia no Brasil e no Mundo: da Antropofagia à Autofagia). vol. 5. São Paulo: Grupo Almedina (Portugal), 2022, pp. 673/674.

1940 Os partidos ligados ao "centrão", entre eles o PL, ao qual se filiou o Presidente, eram os mais beneficiados pelo chamado "orçamento secreto", que destinava recursos sem necessidade de prestar contas aos Tribunais de Contas, aos governos e às prefeituras, administrados pelos partidos daquele grupo político.

Em 2019, o governo era aprovado por 40% de "ótimo ou bom" e caiu, em maio de 2020, para 25%.

O escritor acadêmico Ignácio Loyola Brandão, espelhando a "massa popular" escreveu em sua crônica "Se eu morrer, saibam quem me matou":

> Quando vejo noticiário, desligo se o Presidente começa a falar, enraivecido, espalhando perdigotos, tossindo, espirrando, dando a mão, insensível, abusado.
>
> (...) Aqueles olhos claros que poderiam ser amorosos e cordiais nos fuzilam com chispas de ódio. (...) E esse Presidente se diz religioso, vai a cultos, agrada a fiéis, bispos, pastores, o que for. Quem ele quer enganar?
>
> (...) Diz Joan Rule em *Os Foes da Papua-Nova Guiné* (As Religiões do Mundo) que, naquele país, na tribo dos *foes*, "os homens com uma relação com as coisas maléficas e que sabiam os encantamentos devidos eram favorecidos e não seriam incomodados. Porém os que provocassem a ira do espírito ficariam com as pernas ou o estômago inchados". É ou não é uma definição justa para bolsonarismo, milícias, o gabinete do ódio, redes de *fake news*, destruição de personalidades, ataques à natureza?
>
> (...) Rule nos revela outra crença que é metáfora perfeita para nossos tempos. Cita a existência dos "Soros, espíritos errantes que andam aqui e acolá, sempre à espreita para prejudicar os humanos". Esses espíritos estão encarnados naqueles que fazem carreatas contra isolamento, pregam a hidroxicloroquina (nenhum jornal perguntou quem está lucrando com essa história), o fim do Supremo, a volta da ditadura, da tortura, do AI-5, do fechamento do Congresso. (...) Sabemos que todas as investigações morrerão nas mãos do procurador Aras. Não nos iludamos e esta minha crônica é propositalmente desestruturada, algo caótica, porque retrata tempos que vivemos, não sabemos onde ir, o que fazer, pensar, para onde ir, de quem esperar.

> O que fazer muitos sabem e têm nas mãos os poderes. Mas não fazem. Não querem. O que aconteceu, gente? Estamos anestesiados? Hipnotizados? Amortecidos? Deprimidos? Ou temos fumado muito, mas muito, muito *crack*? Para finalizar, quero dizer que, se eu morrer de covid-19, saibam que fui assassinado.[1941]

No início de 2021, já haviam morrido pela Covid, no Brasil, mais de 200 mil pessoas.

CPI da Covid – em fevereiro de 2021, o número subiu para 250 mil mortos. Em março, o país alcançou 285 mil, quando foi criada a CPI da Covid no Senado Federal.

> A CPI revelou, dias depois, que o governo Bolsonaro planejou comprar a vacina indiana Covaxin contra a Covid-19 por um preço até 1000% mais alto do que havia anunciado a própria fabricante, a Barath Biotech, seis meses antes. Um telegrama da embaixada brasileira em Nova Délhi de agosto do ano passado afirmava que a dose da vacina da empresa indiana estaria sendo vendida por US$ 1,34 a dose. Em fevereiro de 2021, no entanto, o Ministério da Saúde fechou contrato para comprar o imunizante a US$ 15 a unidade, a mais cara das seis vacinas compradas até aquela data. Um total de R$ 1,6 bilhões seriam gastos para adquirir 20 mil doses do imunizante. A compra, que acabou sendo suspensa após suspeitas de corrupção, seria intermediada pela empresa Precisa Medicamentos, dirigida por Francisco Maximiano,

---

1941 SIMÕES, Edson. *A luta pela Democracia no Brasil*: de Vargas a Bolsonaro. (Coleção Constituições e Democracia no Brasil e no Mundo: da Antropofagia à Autofagia). vol. 5. São Paulo: Grupo Almedina (Portugal), 2022, p. 682; BRANDÃO, Ignácio Loyola. “Se eu morrer, saibam quem me matou”. *O Estado de São Paulo*, 22 mai. 2020. Disponível em: https://www.estadao.com.br/cultura/ignacio-de-loyola-brandao/se-eu-morrer-saibam-quem-me-matou/.

que entraria no foco da CPI. Maximiano teve o seu sigilo fiscal e bancário quebrados.[1942]

A empresa já tinha sido investigada pelo MPF devido à acusação de fraude na venda de testes para Covid.

> Muitas discussões, revelações e escândalos ocorreram durante a CPI e, no dia 8 de outubro de 2021, com o Brasil alcançando a marca de mais de 600 mil mortes, o senador Randolfe Rodrigues (vice- Presidente da CPI) pediu o adiamento para encerrar os trabalhos devido a "novos fatos ocorridos". Afirmou o senador: "tenho certeza que Bolsonaro tinha conhecimento dessas quadrilhas. E em algum momento, teve participação direta nisso. Ele indicou o diretor do Instituto Evandro Chagas. Aí tem a digital de Bolsonaro. Temos elementos de que ele cometeu crime de epidemia, crime contra a saúde pública, crime contra a ordem sanitária e prevaricação. Ainda precisamos ter uma análise maior sobre a corrupção passiva. Acho que, ao todo, hoje, temos de sete a oito tipos de infrações penais que pesam contra o Presidente. Só o crime de epidemia prevê de 10 a 12 anos de prisão. E como agravante ele ser praticado por um agente público quando pode chegar a 20 anos. Sem falar do charlatanismo, prevaricação e os outros malfeitos que pesam contra Bolsonaro".[1943]

Em setembro, o número de pedidos de *impeachment* chegou a 130, mas o Presidente da Câmara Arthur Lira e o "centrão" impediram a abertura do processo.

1942 SIMÕES, Edson. *A luta pela Democracia no Brasil*: de Vargas a Bolsonaro. (Coleção Constituições e Democracia no Brasil e no Mundo: da Antropofagia à Autofagia). vol. 5. São Paulo: Grupo Almedina (Portugal), 2022, pp. 719/720.

1943 SIMÕES, Edson. *A luta pela Democracia no Brasil*: de Vargas a Bolsonaro. (Coleção Constituições e Democracia no Brasil e no Mundo: da Antropofagia à Autofagia). vol. 5. São Paulo: Grupo Almedina (Portugal), 2022, pp. 720/721.

> Em maio, o então Ministro do Meio Ambiente, tido como um dos mais fiéis a Bolsonaro e mais polêmicos, Ricardo Salles, tornou-se alvo da Polícia Federal (PF) em uma operação de venda de madeira ilegal para os Estados Unidos. A ação, deflagrada sob autorização do Ministro do STF Alexandre de Moraes, investigava a venda ilegal de madeira apreendida para os EUA, denunciando às autoridades brasileiras o envio de produtos ilegais para aquele país, sob olhares complacentes dos órgãos ambientais brasileiros. O Presidente do Ibama, Eduardo Bin, teve seu afastamento determinado pelo Ministro. Moraes também anotou na decisão uma "movimentação atípica" entre 2012 e 2020 de valores superiores a R$ 14 milhões em contas de um escritório de advocacia do qual o ministro Salles é sócio em São Paulo. Moraes determinou buscas em escritórios de Salles, que reagiu afirmando que "o Ministro foi induzido ao erro". Pouco tempo depois, desgastado e respondendo a processos, o titular do Meio Ambiente foi afastado do governo.[1944]

Em dezembro de 2021, Moro, que estava trabalhando nos EUA, voltou ao Brasil e se colocou como candidato à Presidência da República, e Dallagnol se demitiu do MPF, pretendendo ser parlamentar, filiou-se ao Podemos junto com o ex-juiz. Ambos estão mostrando a verdadeira face política que vêm trilhando desde 2018, quando ajudaram com as suas decisões irregulares a eleger Bolsonaro como Presidente do Brasil. Hoje o contestam. "Os brasileiros não elegeram para o palácio do planalto um indivíduo, sim um clã familiar".[1945]

Em dezembro de 2021, a Covid já matou quase 620 mil brasileiros.

1944 SIMÕES, Edson. *A luta pela Democracia no Brasil*: de Vargas a Bolsonaro. (Coleção Constituições e Democracia no Brasil e no Mundo: da Antropofagia à Autofagia). vol. 5. São Paulo: Grupo Almedina (Portugal), 2022, p. 726.

1945 VIEIRA, Joaquim. *Bolsonaro, um Capitão no Planalto*. Lisboa: Edição Glaciar e Cofina, 2020, p. 106.

Essa foi a época de vivência de Lula, que, de personagem importante na história política do país, passou a ser exorcizado e preso sem provas concretas, mas resistiu de forma estoica a essas agruras. Infelizmente, a realidade brasileira, neste momento (2021) é a de "que está um país sem rumo".

15.2 Lula – uma vítima conciliadora em prol da República e da Democracia

Luiz Inácio Lula da Silva nasceu em Garanhuns (PE) em 1945, filho de Aristides Inácio da Silva e Euridice Ferreira de Melo (D. Lindu),[1946] lavradores. Tiveram sete filhos. Procurando "melhorar de vida", o pai migrou para Santos (SP), onde foi trabalhar nas docas, como carregador. Reapareceu em Garanhuns, após cinco anos de ausência e já tendo constituído uma nova família. Durante esse período, a sobrevivência difícil da família dependeu de D. Lindu que se dedicou à agricultura de subsistência. Foram tempos amargos.

Em 1952, D. Lindu e os filhos vieram de "pau-de-arara"[1947] para São Paulo a procura de seu Aristides. Chegaram em Santos e foram surpreendidos com a "nova família" do pai, que tinha se "juntado" com uma prima.

As dificuldades foram enormes para a sobrevivência da família na área urbana paulista e os filhos tiveram que procurar "bicos" para sobreviverem. O garoto Lula foi trabalhar como ambulante.

1946 Euridice Ferreira de Melo – D. Lindu (1915-1980): pernambucana, lavradora, mãe de Lula. Migrou para Santos (SP) e depois para a capital (SP). Morreu durante a prisão de Lula no DOPS, em 1980.

1947 Pau de Arara: transporte irregular, barato que foi e é usado no Nordeste, durante o êxodo para o Sul do Brasil. É um caminhão adaptado, com uma lona em cima da carroceria que está acima da cabeça dos passageiros, imitando, uma espécie de tenda. Levava, também, animais.

Em 1956, deslocaram-se para São Paulo (capital) e foram residir na Vila Carioca (Ipiranga).

Lula teve dificuldades para compatibilizar estudos e trabalho, mas conseguiu cursar até a 5ª série, enquanto trabalhava numa tinturaria e, posteriormente, como *office boy*. Por volta de 1959, foi trabalhar na fábrica de "Parafusos Marte" e conseguiu fazer um curso no SENAI (Serviço Nacional de Aprendizagem Industrial) que o transformou em torneiro mecânico e, portanto, metalúrgico.

Foi contratado na "Metalúrgica Independência" e, num plantão noturno, perdeu o dedo mínimo da mão esquerda devido ao braço de uma máquina ter escapado do controle de um colega, atingindo-o.

Em 1965, ficou desempregado, conseguindo, posteriormente, trabalho na "Metalúrgica Villares" no ABC paulista, em São Bernardo do Campo. Orientado pelo irmão Frei Chico,[1948] militante do PCB, entrou no sindicato dos metalúrgicos de São Bernardo do Campo e Diadema em 1967.

Em 1969, foi eleito suplente do sindicato. Em 1972, foi eleito primeiro-secretário do sindicato e licenciou-se da "Villares".

De 1972 a 1975, cuidou da área jurídica do sindicato, quando ganhou a eleição para Presidente da entidade.

Nesse contexto, tomou contato com a violência da ditadura militar, principalmente, após Frei Chico ter sido preso e torturado devido à sua militância política. Passou a contestar o regime. Lançou, também, uma campanha para recuperação dos salários dos metalúrgicos, que estava defasado em 34,1%, ficando conhecido em São Paulo e no Brasil por liderar esta luta salarial.

1948 José Ferreira da Silva – Frei Chico (1942-): irmão de Lula, levou-o para a área sindical, era militante do PCB e foi preso em 1975, sendo torturado. Tentou doutrinar Lula comentando o pensamento de Marx e Lenin, mas não obteve sucesso.

Defendeu a liberdade e a autonomia dos sindicatos, criando o chamado "novo sindicalismo" fora da influência do chamado "peleguismo sindical" e da CLT (Consolidação das Leis do Trabalho). Passou a apoiar as greves que ocorriam contra a exploração dos trabalhadores.

Conseguiu o segundo mandato presidencial e, em 1978, participou de uma greve ampla que teve início na Scania, envolvendo 150 mil metalúrgicos em São Paulo. Atuou como intermediário nas negociações com os patrões, mas, sem o resultado esperado (1979) por consequência, convocou uma "greve geral" que durou 15 dias. O ponto alto das reivindicações ocorreu no Estádio da Vila Euclides, em São Bernardo do Campo, quando reuniu mais de 80 mil metalúrgicos. Conseguiu negociar com os patrões os seguintes itens:

- Reajuste salarial mínimo;
- Fim da intervenção no sindicato;
- Anistia aos grevistas;
- Continuação das negociações no prazo de 45 dias.

Em 1980, o acordo não foi respeitado e Lula organizou uma nova greve que durou 41 dias, por consequência, foi preso junto com outros dirigentes e enquadrado na LSN (Lei de Segurança Nacional). Processado, conseguiu ser absolvido pelo STM (Supremo Tribunal Militar), mas foi afastado do sindicato. A categoria voltou ao trabalho sem o desejado aumento salarial.

Diante desse impasse político, Lula passou a maturar a criação de um partido dos trabalhadores que foi organizado a partir de 1979. Em fevereiro de 1980, numa reunião ocorrida no Colégio Sion (SP) foi lançado o manifesto para a criação do PT e, em outubro do mesmo ano, o partido conseguiu um registo provisório no TSE (Tribunal Superior Eleitoral). Após conseguir o registro definitivo, o PT enfrentou as eleições ocorridas em 1982, e Lula foi lançado como candidato a governador para o Estado de São Paulo. O mote, durante a eleição, foi "trabalhador vota em trabalhador" e considerava o PMDB o grande adversário do PT. Enfrentou o candidato pemedebista Franco Montoro para governador e conseguiu 1.144.648 votos, tendo um bom desempenho nos debates ocorridos pela TV. Montoro foi vitorioso com 5.209.952 votos.

Em São Paulo, o PT conseguiu alcançar 5% dos votos e no Brasil apenas 3,3%. Elegeu 12 deputados estaduais e 8 federais. Em São Paulo, foram eleitos 6 deputados federais e o prefeito de Diadema. Após as eleições, Lula e o PT participaram da campanha pelas "Diretas Já" e apoiaram a emenda do deputado federal Dante de Oliveira (PMDB), que foi derrotada no Congresso Nacional. Os petistas não apoiaram, contudo, a campanha eleitoral que elegeu, de forma indireta, Tancredo Neves à presidência da República.

Em 1986, Lula foi eleito Deputado Federal por São Paulo com 651.763 votos, ou seja, o mais votado do Brasil e participou da Assembleia Nacional Constituinte, de forma dinâmica, criticando a proposta de pena de morte, os países com discriminação racial e o mandato de 5 anos para o Presidente Sarney.

Em 1989, foi candidato à Presidente da República com o apoio da Frente Brasil Popular (PT, PSB, PV e PCdoB), tendo, como vice, o senador José Paulo Bisol (PSB-RS)[1949] e confrontou-se com Fernando Collor de Melo do PRN (Partido da Reconstrução Nacional), Brizola (PDT) e Mário Covas (PSDB). Collor de Melo se autodenominava "caçador de marajás", isto é, de funcionários públicos e abusou do "populismo".

1949 José Paulo Bisol (1928-2021): gaúcho, advogado, Desembargador, escritor e político. Foi deputado estadual (RS, MDB), senador (1987 a 1998), candidato à vice-Presidente na chapa de Lula (1989). Todavia cedeu à sua candidatura como vice-Presidente para Aluísio Mercadante, pois foi acusado de emendas superfaturadas para ajudar o município de Buritis. Depois, entre 1999 e 2002, foi Secretário de Justiça e Segurança do Rio Grande do Sul.

No primeiro turno das eleições, Lula obteve 14,6% dos votos, contra 25,11% de Collor e 13,6% de Brizola.

No segundo turno, num debate patrocinado pela TV Globo (14/12), a edição da matéria jornalística do JN (Jornal Nacional) foi manipulada e favorável a Collor, que estava empatado nas pesquisas com Lula. Esta reportagem, em horário nobre, favoreceu Collor, que venceu o sindicalista. Aquele obteve 42,75% dos votos e Lula 37,86%.

Durante o governo de Collor, o PT comandou a oposição criando um "governo paralelo", para analisar as medidas tomadas pelo "novo executivo" e participou, ativamente, nas mobilizações populares favoráveis ao *impeachment* do Presidente.

Em 1994, novamente candidato à presidência, Lula enfrentou o tucano FHC e o "plano real", perdendo, no primeiro turno, com 27% dos votos válidos, enquanto o adversário alcançava 54,3%.

Em 1998, confrontou-se, novamente, com FHC, que tinha aprovado a reeleição no país e era candidato preferencial. Organizou a "Frente de esquerda" (PT-PSB-PCdoB-PDT) e teve, como vice, Leonel Brizola. FHC foi vitorioso no primeiro turno, com 53,06% dos votos válidos e Lula obteve 31,71%.

Em 2002, após três derrotas consecutivas, Lula enfrentou, mais uma vez, uma eleição presidencial, apresentando um discurso moderado e conciliador, tendo, como adversário, José Serra (PSDB), Ciro Gomes (PPS-PDT-PTB) e Anthony Garotinho (PSB). No primeiro turno, alcançou 39.455.233 votos válidos e o segundo colocado, José Serra, obteve 19.705.445.

No segundo turno, Lula consolidou a vitória, obtendo 61,27% dos votos válidos contra os 38,73% de José Serra.

Tomou posse em 1º de janeiro de 2003, junto com o Vice-Presidente José de Alencar (empresário), tendo a presença de, aproximadamente, 150 mil pessoas, além de representantes de 117 países.

Era a primeira vez que um operário chegava ao poder no Brasil. Durante o período de 2003 a 2006, em seu primeiro mandato, Lula trabalhou concomitantemente com a elite e a população mais pobre do país. Os mais ricos, envolvidos no mercado financeiro, foram representados pelo Ministro Palocci que manteve o acordo com o FMI (Fundo Monetário Internacional), indicou Henrique Meirelles como Presidente do Banco Central (ex-Presidente do Banco de Boston), garantindo estabilidade na condução da política econômica. Houve um crescimento do Brasil em 2,3% ao ano (2005), a inflação foi controlada, teve início a recuperação do salário mínimo e o país foi favorecido nas exportações pelas altas nos preços das matérias-primas, como minério de ferro e soja. Nesse contexto, foi quitada a dívida brasileira com o FMI. Foram lançados os programas "Fome Zero" e "Bolsa Família" para combater a miséria brasileira. As famílias carentes passaram a receber vale-alimento entre R$ 50,00 a R$ 250,00 por mês. Já a "Bolsa família" procurou transferir renda para as famílias pobres manterem os filhos na escola, com a entrega inicial, variando entre R$ 15,00 e R$ 95,00 reais.

Houve o início de diversas reformas, entre elas a agrária e a previdenciária. Deu apoio à ciência e à tecnologia e procurou estimular a indústria audiovisual nacional.

Enfrentou, também, diversas crises: ministeriais, problemas com o MST, especulações sobre o assassinato do prefeito Celso Daniel em 2002 e o escândalo do "mensalão" que gerou uma CPI.

O "mensalão" foi produto da denúncia do Deputado Federal Roberto Jefferson (PTB), sobre a corrupção nos correios, envolvendo o Ministro da Casa Civil, José Dirceu, para safar o PTB de envolvimento profundo nessa questão e responsabilizar o PT na obtenção de "propinas" para entregar aos parlamentares do Congresso Nacional, a fim de conseguir apoio para o governo. Jefferson e Dirceu, ambos deputados, foram cassados e condenados pela justiça. Jefferson, posteriormente, aliou-se a Bolsonaro.

Lula se defendeu dessas acusações, procurou se distanciar do escândalo e, finalmente, considerou-se "traído" por este esquema de corrupção envolvendo membros da cúpula petista.

Na política externa, Lula se destacou no Fórum Econômico de Davos, na luta contra a fome. Apoiou a diplomacia sul-sul do Itamaraty e a aproximação com diversos países africanos. Participou da missão de paz no Haiti.

Neste contexto de turbulência política, ocorreu as eleições de 2008, com Lula candidato à reeleição. Enfrentou para Presidência Geraldo Alckmin (PSDB), Cristovam Buarque (PDT) e Heloísa Helena (PSOL). No primeiro turno, conseguiu 46.662.365 votos válidos contra 39.968.369 de Alckmin. Venceu, no segundo turno, com 58.295.042 votos, contra 37.543.178 de Alckmin.

O segundo mandato presidencial, foi de 1º de janeiro de 2007 a 31 de dezembro de 2010, teve o apoio do PMDB, enfrentou a crise econômica mundial (2008) sem grandes traumas para o Brasil, apesar da queda do *boom* de *commodities*. Nesse período, havia uma aliança com o empresariado nacional, conseguindo:

- crescimento de taxas altas para o país;
- inflação baixa;
- melhor distribuição de renda;
- taxa de crescimento em 4,5%;
- aumento de consumo das famílias.

Foi lançado o PAC (Programa de Aceleração do Crescimento 1 e 2) para tentar consolidar o desenvolvimento brasileiro, mas sem o grande sucesso esperado. Apesar de todo o esforço governamental, ocorreu uma queda na produção industrial do país.

Nas eleições municipais de 2008, o PT conseguiu ampliar o número de prefeituras que governava com o apoio do governo federal.

Ainda nesta administração, foram abertos os arquivos da ditadura militar e voltou a ser discutida a questão da anistia dada em 1979 que alcançou, inclusive, os torturadores da fase ditatorial.

Na política externa, Lula foi acusado de compactuar com os países bolivarianos, ou seja, Venezuela e Bolívia, por defenderem políticas de esquerda. Também foi criticado por aceitar o fugitivo italiano Cesare Battisti[1950] no país, acusado de terrorismo, membro do "Grupo de esquerda proletários armados pelo comunismo" e condenado à prisão perpétua em seu país. Foi acusado pela morte de quatro pessoas.

Enfrentou, também, a questão do desmatamento da Amazônia e conseguiu aprovar o "Estatuto da igualdade social".

Apesar dos problemas enfrentados e do "mensalão", o índice de aprovação do governo Lula era muito alto e foi lançada a candidatura da Ministra Dilma Rousseff para a Presidência em 2010. Concorreram, nestas eleições contra Dilma, José Serra (PSDB), Marina Silva (PV), e Plínio de Arruda Sampaio (PSOL).

1950 Cesare Battisti (1954-): italiano, ativista dos Proletários Armados pelo Comunismo (ligado ao terrorismo) e escritor. Foi acusado de quatro homicídios na Itália e condenado à prisão perpétua. Fugiu para França, México e, finalmente, chegou ao Brasil com documentos falsos. Em 2007, foi preso no Rio de Janeiro e conseguiu que o Ministro da Justiça, Tarso Genro, concedesse o direito de um refugiado político. A Itália reagiu ao *status* dado para Cesare. Em 2009, o STF considerou ilegal o rótulo de refugiado e permitiu a extradição para a Europa. Mas o Executivo, na pessoa do Presidente, tem poderes para negar a extradição e Lula não permitiu a volta de Cesare para a Itália. Foi libertado em 2011. Em setembro de 2015, o Tribunal Regional Federal da Primeira Região (Brasília), contrariou a anulação de visto de permanência que tinha ocorrido em 2015. Em 2018, o STF determinou a prisão de Cesare e Temer autorizou a extradição. Ao fugir, foi preso na Bolívia e extraditado para a Itália, onde se encontra numa prisão de segurança máxima.

No primeiro turno, Dilma conseguiu 47.651.434 votos válidos e José Serra, 33.132.283.

No segundo turno, Dilma, com total apoio de Lula, obteve 55.752.529 votos e José Serra 43.711.388. O Vice-Presidente eleito foi Michel Temer (PMDB). Dilma, a vencedora, foi a primeira "Presidenta" mulher do Brasil e devido à popularidade de Lula.

Dilma, inicialmente, governou o Brasil de 2011 até 2014 e a economia entrou em retrocesso, com o crescimento de 6,2% para 4,7% em julho de 2011. O setor industrial ficou travado e sofreu com a alta de juros, mas o PIB cresceu e alcançou 7,5%.

Nesse período, desenvolveram-se as obras de infraestrutura para a "Copa do Mundo" em 2014 e a Olimpíada em 2016, que enfrentaram duras críticas da sociedade e da mídia.

Posteriormente, a inflação aumentou e o crescimento do PIB recuou em 2011, prejudicando a governança de Dilma.

Em setembro de 2011, ocorreram as primeiras condenações dos envolvidos no "mensalão" e o processo foi concluído em 17 de dezembro de 2012, com diversas condenações e cassações de parlamentares. José Dirceu foi condenado por crime de "corrupção ativa" e, segundo a Ministra do STF Rosa Weber,[1951] "não havia provas para condená-lo, mas o faria porque a literatura jurídica o permitia".

Nesse momento, eclodem as denúncias de corrupção na Petrobrás, constituindo um novo escândalo denominado "o Petrolão", que envolvia desvio e lavagem de dinheiro realizado por políticos e executivos em geral.

Foram arrolados, como responsáveis pela corrupção na estatal, Lula e diversos empreiteiros que tinham financiado campanhas

1951 Rosa Maria Pires Weber (1948-): gaúcha, advogada, ex-Ministra do TST e atual Ministra do STF.

eleitorais do PT. O "esquema de corrupção" passou a ser investigado pela "Operação Lava-Jato", a partir de 17 de março de 2014.

Lava-Jato – o nome do caso "Lava Jato" decorre do uso de uma rede de postos de combustíveis e lava a jato de automóveis, localizada em Brasília, para movimentar recursos ilícitos pertencentes a uma das organizações criminosas inicialmente investigadas. Embora os trabalhos tenham avançado para outros rumos, o nome inicial se consagrou. No primeiro momento, foram investigadas e processadas quatro organizações criminosas lideradas por doleiros, que são operadores do mercado paralelo de câmbio. Depois, o Ministério Público Federal recolheu supostas provas de um imenso esquema criminoso de corrupção envolvendo a Petrobras. Nesse esquema, grandes empreiteiras, organizadas em cartel, pagavam propina para altos executivos da estatal e outros agentes públicos. O valor da propina variava de 1% a 5% do montante total de contratos bilionários superfaturados. Esse suborno era distribuído por meio de operadores financeiros do esquema, incluindo doleiros investigados na primeira etapa.

> Desde o início das ações, a operação liderada pelo Ministério Público Federal, com apoio da Polícia Federal, apontou irregularidades na Petrobras, maior empresa estatal do país, que teria sido lesada em mais de R$ 6 bilhões, bem como em contratos vultosos como da construção da usina nuclear de Angra 3, incriminando muitos políticos e empresários poderosos – vários dos quais foram presos – além de propor inquéritos criminais junto ao Supremo Tribunal Federal (STF) e Superior Tribunal de Justiça (STJ) contra as pessoas que têm prerrogativa de função. Os diretores da empresa petrolífera, Paulo Roberto Costa e Nestor Cerveró foram alguns dos primeiros presos e delatores da operação, que envolveu, principalmente, políticos do MDB, PT e PP.[1952]

1952 SIMÕES, Edson. *A luta pela Democracia no Brasil*: de Vargas a Bolsonaro. (Coleção Constituições e Democracia no Brasil e no Mundo:

Os responsáveis de maior destaque, na investigação do caso, foram o Juiz Federal Sérgio Moro e o Procurador Deltan Dallagnol. O alvo foi o ex-Presidente Lula, além de José Dirceu (ex-Ministro), Eduardo Cunha (Presidente da Câmara Federal-PMDB), Sérgio Cabral (ex-Governador do RJ), Luiz Fernando Pezão (Vice-Governador RJ),[1953] Anthony Garotinho e Rosinha Garotinho (ex-governadores do RJ),[1954] senadores, deputados, políticos em geral de diversos partidos, empresários e executivos.

No campo empresarial, foram envolvidos Marcelo Odebrecht,[1955] Eike Batista[1956] e outros 30 empresários com menor destaque.

---

da Antropofagia à Autofagia). vol. 5. São Paulo: Grupo Almedina (Portugal), 2022, pp. 477/478.

1953 Luiz Fernando de Souza ou Luiz F. Pezão (1955-): carioca, Economista e político. Foi vereador, Prefeito de Piraí, Secretário de Governo (2005) e de Obras (RJ), vice-Governador de Sérgio Cabral Filho e, finalmente, Governador (2014). Foi cassado em 2017, pelo TER (RJ). Em 2018, foi acusado de corrupção e preso por envolvimento com a operação Lava Jato.

1954 Rosângela Barros Assed Matheus de Oliveira – Rosinha Garotinho (1963-): carioca, radialista, apresentadora de TV e política. É casada com o ex-governador Anthony Garotinho. Foi Secretária de Ação Social e Cidadania no Governo do marido e, depois, foi eleita Governadora do Rio de Janeiro (2002). Foi acusada de corrupção e presa, em 2017, junto com o marido, envolvida pelas delações da JBS.

1955 Marcelo Bahia Odebrecht (1968-): baiano, engenheiro, empresário e filho de Emílio Alves Odebrecht. Foi acusado de corrupção por envolvimento com a operação Lava Jato, preso e condenado a dezenove anos e quatro meses de prisão. Em 2017 foi solto, para cumprir a pena em prisão domiciliar.

1956 Eike Fuhrken Batista da Silva (1956-): mineiro, empresário, explorador de minérios (gás, petróleo, etc.) e ligado à indústria naval. Fundou o grupo EBX. Em 2012, tinha uma fortuna de 30 bilhões de dólares (segundo a *Forbes*). Em 2017, foi preso devido às investigações da Operação Lava Jato, acusado de corrupção e lavagem de dinheiro. Está solto e colabora com a justiça.

O processo, encaminhado ao STF, ficou sob a responsabilidade do Ministro Teori Zavascki,[1957] que abriu inquéritos contra 28 políticos, principalmente do PT, PMDB e PP.

O doleiro envolvido Alberto Youssef, em depoimento, informou que Lula (ex-Presidente) e Dilma (Presidenta) sabiam do desvio de dinheiro da Petrobras e, portanto, eram coniventes com a corrupção existente na empresa.

Em 2014, ocorreu a reeleição de Dilma Rousseff, que estava enfrentando uma preocupante crise econômica no país, além de agitações de rua, iniciadas em junho de 2013, com reivindicações no setor de transportes público, que se espalhou por diversas capitais brasileiras.

Durante esse segundo mandato da Presidenta, foi pedido o seu *impeachment* na Câmara Federal e, em junho de 2015, o TCU considerou irregulares as suas contas, acusando-a de "pedaladas fiscais", ou seja, tinha infringido a Lei de Responsabilidade Fiscal (LRF).[1958]

Em 2015, Dilma foi afastada do cargo, com base no pedido de *impeachment*, formulado pelos juristas Miguel Reale e Hélio Bicudo, auxiliados pela advogada Janaina Paschoal.

1957 Teori Albino Zavascki (1948-2017): nasceu em Faxinal dos Guedes, advogado, professor, jurista e Magistrado. Foi Juiz Federal (RS-1979), Desembargador no TRF (4ª Região), Ministro do STJ (2002 a 2012) e Ministro do STF. Era relator da operação Lava Jato e faleceu num desastre aéreo ocorrido em Paraty.

1958 Lei de Responsabilidade Fiscal: Lei Complementar n. 101, estabelece um conjunto de normas de finanças públicas ligadas à responsabilidade na gestão fiscal, com o intuito de prevenir riscos e corrigir desvios que prejudiquem o equilíbrio das contas públicas. Controla os gastos dos municípios, estados e federação.

Nesse contexto, as acusações e as investigações contra Lula aumentaram, sob o comando da Lava Jato, que passou a considerar os seguintes fatos:

– Lula era o dono de um triplex no condomínio Solaris, no Guarujá (SP), o qual ficava num prédio construído pela BANCOOP (Cooperativa Habitacional dos Bancários de São Paulo), que tinha sido dirigida por João Vaccari Neto,[1959] depois tesoureiro do PT, envolvido na Lava Jato. Era atribuído à empresa OAS, uma reforma do tal apartamento para beneficiar o ex-Presidente, logo, sinal de propina. Sobre a BANCOOP, o Ministério Público de São Paulo já tinha aberto um inquérito sobre desvio de recursos e processado Vaccari.

– O ex-Presidente, também, foi acusado de ser o proprietário de um sítio em Atibaia (o Santa Bárbara), porque os verdadeiros proprietários Jacob Bittar[1960] e Jonas Suassuna[1961] eram sócios de seu filho Lulinha e, portanto, "laranjas". A reforma, que tinha ocorrido no sítio, foi atribuída à empresa Odebrecht e considerada uma forma de propina, logo, corrupção.

Em 27 de janeiro de 2016, a PF passou a trabalhar na segunda fase da Operação Lava Jato, denominada "Triplo x", tendo como base o apartamento do Guarujá. A OAS era proprietária

---

1959 João Vaccari Neto (1958-): paulista, bancário, sindicalista, ex-tesoureiro do PT, ex-Presidente do BANCOOP. Foi preso em 2015 pela Operação Lava Jato, acusado de corrupção e solto em 2019, beneficiado por indulto natalino de Michel Temer.

1960 Jacob Bittar (1940-): paulista, petroleiro, sindicalista. Presidiu o Sindicato dos Petroleiros e foi Prefeito de Campinas. Trabalhou na refinaria Presidente Bernardes (Cubatão) e nas refinarias do Planalto, Paulínia.

1961 Jonas Suassuna: proprietário de um sítio em Atibaia, pediu acesso a mensagens sequestradas da Lava Jato. É acusado de corrupção com o Governo do Estado do Rio de Janeiro (Cabral) e envolvimento com a OI telefonia que desenvolveu o projeto "Conexão Educação". Acusado de ter ligação com Fábio Luís Lula da Silva (Filho de Lula).

de apartamentos no condomínio Solaris e acusada de lavagem de dinheiro, fruto da corrupção em negócios com o governo Lula. O MP de São Paulo intimou Lula e a esposa, Marisa Letícia,[1962] para explicarem as acusações sobre o triplex do Guarujá (164A) que tinha sido reformado pela OAS.

Na sequência, foi publicada uma explicação pelo instituto Lula com o título "Os documentos do Guarujá: desmontando a farsa", que tentava explicar a realidade sobre o tal apartamento. Informava que a esposa de Lula era associada do BANCOOP desde 2005 e tinha comprado uma cota do apartamento 141, tendo pago as prestações mensais durante quase cinco anos. O valor aplicado tinha sido de 286 mil reais. Em 2009, o prédio foi cedido para a OAS e Marisa não aceitou a nova proposta, deixando de realizar os pagamentos do imóvel. Contudo, ainda poderia reivindicar a cota de participação e adquirir outro apartamento do referido prédio. Tudo foi declarado no IR (Imposto de Renda). Posteriormente, o casal esteve visitando o triplex 164A, com Leo Pinheiro,[1963] Presidente da OAS, que estava à venda. Em 2015, Marisa não aceitou a proposta de venda do apartamento e reivindicou o dinheiro que tinha sido aplicado nas cotas. É preciso informar que Guarujá, antes frequentada pela elite paulistana, estava em decadência e sem o *glamour* de antigamente.

Para agravar as denúncias, entrou em cena, o sítio de Atibaia (SP) com uma matéria publicada pela *Folha de S. Paulo*, informando que a empresa Odebrecht tinha feito uma ampla reforma no Santa Bárbara e que a família Lula era frequentadora constante do local. A

1962 Marisa Letícia Lula da Silva (1950-2017): esposa de Lula e primeira-dama do Brasil (2003 a 2011). Militou no sindicato junto com o marido e costurou a primeira bandeira do PT (1980). Liderou passeata de mulheres contra a prisão de Lula e outros sindicalistas. Foi alvo da Operação Lava Jato em 2016, devido ao apartamento do Guarujá e de São Bernardo do Campo. Mas, sem provas, as acusações foram extintas após o seu falecimento.

1963 Leonardo Alexandre Gorgueira Pinheiro Fontes – Léo Pinheiro (1976-): carioca, fotógrafo, técnico em publicidade e jornalista.

PF, investigando o caso, concluiu que a Odebrecht, a OAS e o fazendeiro José Carlos Bumlai (amigo de Lula)[1964] estavam no comando da reforma do sítio. Com estas informações, o Juiz Sergio Moro manteve 21 acusações e, concomitantemente, o MP de São Paulo pediu ao casal que fosse depor em 17 de janeiro de 2016. Contudo o CNMP suspendeu a audiência.

Em fevereiro, ainda, foram presos os marqueteiros João Santana e sua esposa, Mônica Moura, acusados de receberam propina na campanha eleitoral do PT, a pedido de Sérgio Moro e sua força-tarefa. O casal tinha recebido pagamentos em contas no exterior (2013 e 2014) e 3 milhões de dólares da Odebrecht. As redes sociais replicavam as notícias e as atitudes de Moro e da força-tarefa da Lava-Jato, situada em Curitiba, e a sociedade estava dividida em relação às denúncias contra Lula. O caldeirão político estava pegando fogo no Brasil, entre prós e contras, o PT.

Em março, o MP/SP denunciou Lula à justiça por lavagem de dinheiro no caso do apartamento do Guarujá e exigiu a sua "prisão preventiva". O judiciário paulista, por intermédio da juíza Maria Priscila, encaminhou a denúncia a Curitiba, devido aos crimes estarem na alçada federal. De posse desde encaminhamento, Moro passa a grampear Lula e sua família.

Em 4 de março de 2016, em decorrência dessas acusações, Lula foi levado, de forma coercitiva, a pedido de Moro, para depor, de forma irregular, no aeroporto de Congonhas (SP). Acontece que o ex-Presidente não tinha se recusado a depor e, portanto, a determinação foi arbitrária e objetivava expô-lo de forma espetacular,

---

1964 José Carlos da Costa Bumlai (1944-): nasceu em Corumbá, engenheiro, empresário e pecuarista. Foi envolvido pela Operação Lava Jato devido a um empréstimo considerado fraudulento. Amigo de Lula, foi acusado pelo MPF de obstrução da justiça e considerado réu do processo. Foi condenado, em 2016, a 9 anos e 10 meses de prisão pela Lava Jato. Devido à saúde abalada, Sergio Moro determinou a prisão domiciliar de Bumlai por três meses.

para o povo brasileiro, no sentido de desmoralizá-lo, pois era forte candidato à Presidência da República em 2018.

Nesse ínterim, Lula foi nomeado Ministro da Casa Civil, pela Presidente da República e, sob pressão da Lava-Jato, da mídia e das manifestações populares, o STF suspendeu a nomeação por meio do Ministro Gilmar Mendes. O abuso do poder da chamada "República de Curitiba", liderada pelo juiz Moro, chegou ao ápice nesta ocasião, quando divulgaram uma conversa telefônica entre Dilma e Lula, de forma ilegal, pois um juiz de primeira instância não pode divulgar conversas de Presidente da República, além de ter usado um grampo que tinha caducado, ou seja, sem obedecer ao tempo legal determinado pelo Poder Judiciário.

No STF, o Ministro Teori Zavascki reagiu, pedindo que Moro enviasse ao STF todas as investigações sobre o ex-Presidente. Determinou sigilo absoluto sobre as conversas telefônicas de Lula, numa crítica direta à divulgação das gravações do ex-Presidente e Dilma. O juiz federal, tentou se retratar junto ao STF, por meio de um ofício, que explicitava: "Ainda que este julgador tenha se equivocado em seu entendimento jurídico e admito, à luz da controvérsia está instaurada, que isso pode ter ocorrido, jamais, porém foi a intenção desse julgador, ao proferir a aludida decisão de 16/03, provocar polêmicas, conflitos ou provocar constrangimentos, e, por ele, renovo minhas respeitosas escusas a este egrégio STF". Todavia, continuou atropelando a lei, numa perseguição titânica, estilo Javert[1965] contra Jean Valjean, da obra de Victor Hugo,[1966] *Os Miseráveis*, sendo que, agora, o alvo era Lula.

1965 Javert: personagem do romance *Os Miseráveis*, de Victor Hugo. Perseguiu Jean Valjean, condenado a trabalhos forçados por ter roubado um pão para alimentar os sobrinhos famintos, Javert é um policial vingativo que o persegue toda a vida, tentando prendê-lo novamente, mesmo o personagem estando recuperado e inocentado.

1966 Victor Hugo (1802-1885): escritor francês romântico e político. Durante 50 anos, produziu romances, poesias, dramas e críticas de literatura.

Em julho de 2017, Moro condenou o ex-Presidente a nove anos e seis meses de prisão no processo do apartamento do Guarujá. Não apresentou provas concretas, mas o enquadrou por "crimes de corrupção", e "lavagem de dinheiro" por ter recebido o imóvel como presente da OAS, devido a favores prestados à empresa. Foi considerado o líder da corrupção no caso da Petrobrás. A sentença afirmava:

> Ainda antes das alegações finais, na petição do evento 730, a defesa de Luiz Inácio Lula da Silva alegou que haveria prova documental de que o apartamento 164-A, triplex, no condomínio Solaris, no Guarujá, não seria de propriedade dele, pois teria sido arrolado entre os bens da OAS empreendimentos no processo de recuperação judicial que tramita perante a 1ª Vara de Falência e Recuperações judiciais da Justiça Estadual do Estado São Paulo (processo 0018687-94.2015.8.26.01000). Juntou na oportunidade documentos. 810. Ora, como já adiantado nos itens 304-309, não só está aqui a discutir a titularidade formal do imóvel ou questões de Direito Civil, mas sim crime de corrupção e lavagem de dinheiro, este último pressupondo condutas de dissimulação e ocultação (...). Estando o imóvel formalmente em nome da OAS Empreendimentos era de se esperar que fosse arrolado no processo de recuperação judicial da empresa já que esta é obrigada a indicar todos os seus bens. Isso era ainda mais esperado, considerando que a recuperação judicial foi iniciada em 2015, ou seja, após a prisão cautelar de José Adelmário Pinheiro Filho e depois das divulgações de notícias na imprensa acerca de possíveis crimes envolvendo o apartamento triplex, quando a transferência formal do imóvel ao ex-Presidente tornou-se algo arriscado (...). Então o argumento da defesa é absolutamente insubsistente.[1967]

Destaque para *Hernani* (drama), *Os Miseráveis*, *Nossa Senhora de Paris*, *Trabalhadores do Mar*, *Noventa e três*, *O Homem que ri* etc.

1967 KERCHE, Fábio; FERES, João (Coord.). *Operação Lava Jato e a democracia brasileira*. São Paulo: Contracorrente, 2018, p. 47.

E afirmou ainda:

> Poder-se-ia cogitar, nestes autos, de ato de ofício ilegal consistente na alteração do procedimento da Petrobras, uma vez que esta começou, por solicitação de José Adelmário Pinheiro Filho junto ao Governo Federal, a convidar a Construtora OAS para grandes obras, mas não restou demonstrando que a alteração dessa praxe, embora motivada pelas propinas, se fez com infração da Lei n. 890. Mesmo na perspectiva do ex-Presidente Luiz Inácio Lula da Silva, a indicação por ele dos diretores da Petrobrás que se envolveram nos crimes de corrupção, como Paulo Roberto Costa e Renato de Souza Duque e a sua manutenção no cargo, mesmo ciente de seu envolvimento na arrecadação de propinas o que é conclusão natural por ser também um dos beneficiários dos acertos de corrupção, representa a prática de atos de ofícios em infração da lei. É certo que, provavelmente, o ex-Presidente Luiz Inácio Lula da Silva não tinha conhecimento de detalhes e nem se envolvia diretamente nos acertos e arrecadações de valores, pois tinha subordinado para tanto, mas tendo sido beneficiado materialmente de parte de propina decorrentes de acerto de corrupção em contratos da Petrobras, ainda que através de uma conta geral de propinas, não tem como negar conhecimento do esquema criminoso.[1968]

É um sofisma na sentença, baseada na jurisprudência dos EUA, rechaçada pela própria Suprema Corte do país, quando considera:

> Basta para a configuração que os pagamentos sejam realizados em razão do cargo ainda que em troca de atos de ofício indeterminados, a serem praticados assim que as oportunidades apareçam. Citando Direito Comparado, "é suficiente que o agente público entenda que dele ou dela era esperado que

---

1968 KERCHE, Fábio; FERES, João (Coord.). *Operação Lava Jato e a democracia brasileira*. São Paulo: Contracorrente, 2018, p. 49.

> exercitasse alguma influência em favor do pagador assim que as oportunidades surgissem" ("US v. DiMasi", n. 11-2163, 1st Cir. 2013, no mesmo sentido, v.g.,"US v.Abbey", 6th Cir.2009," US v.Terry", 6th Cir. 2013, "US v. Jefferson", 4th Cir.2012, todos de Cortes de Apelação Federais dos Estados Unidos).[1969]

A Suprema Corte americana considerou a necessidade de ato de ofício no julgamento do recurso do governador da Virginia Robert F. McDonnell, por unanimidade.

Na sequência, em janeiro de 2018, os desembargadores do TRF da 4ª Região, que deveriam revisar o processo da Lava Jato, concordaram com a sentença e aumentaram a pena em mais 2 anos e 7 meses, perfazendo 12 anos e um mês de prisão. A defesa de Lula contestou o veredicto em segunda instância, que tramitou "a jato", em 42 dias, ou seja, de forma manipulada, pois, normalmente, demoraria no mínimo 4 meses. É necessário explicitar que foi mudado o depoimento inicial de Léo Pinheiro da OAS, por conta de muita pressão dos julgadores para criminalizar Lula.

Juristas sérios e chocados criticaram Moro, acusando-o de irregularidades no processo e, portanto, de ser parcial.

O advogado de defesa do Ex-Presidente pediu *habeas corpus* para o STF, mas foi negado. Lula foi, imediatamente, preso em 7 de abril de 2018 e levado à superintendência da PF em Curitiba.

A esta altura, mesmo com todos estes acontecimentos, continuava a ser considerado um candidato a Presidente viável nas eleições de 2018, pois liderava as pesquisas de intenção de votos. A Datafolha divulgou uma pesquisa em 22 de agosto, tendo "Lula com 39% das intenções de voto" e Jair Bolsonaro com 22%. A prisão de Lula assegurou a liderança, em primeiro lugar, para Bolsonaro.

1969 KERCHE, Fábio; FERES, João (Coord.). *Operação Lava Jato e a democracia brasileira*. São Paulo: Contracorrente, 2018, p. 50.

Neste período, o Comitê de Direitos Humanos da ONU defendeu que Lula tinha direito à candidatura para ser Presidente do Brasil, com base no artigo 25 do Pacto de Direitos Civis da ONU. A prova desta posição de caráter político da Lava Jato de Curitiba foi a decisão da 4ª Vara Criminal de São Paulo, dada pela Juíza Maria Priscila Ernandes Veiga Oliveira, que absolveu os doze réus denunciados pelo MP/SP envolvidos no caso BANCOOP em 19 de abril de 2017. Neste caso, Léo Pinheiro foi absolvido e abriu caminho para novo depoimento a Moro, sem litispendência, conforme reza o Código Penal Brasileiro de 1940.

Para enterrar de vez a candidatura de Lula, Moro divulgou uma "delação premiada" pedida por Antonio Pallocci, atingindo-o e ao PT. A delação não apresentava grande consistência, mas serviu para causar estragos numa possibilidade de viabilização da candidatura presidencial de Lula. Esta divulgação, no andamento da campanha eleitoral, ajudou Bolsonaro a ganhar a presidência. Negando que a sua posição era política afirmou, em 5 de novembro, para o jornal *O Estado de São Paulo* "Jamais entraria para a política. Não seria apropriado da minha parte qualquer espécie de cargo político porque isso poderia, vamos dizer assim, colocar em dúvida a integridade do trabalho que eu fiz até o presente momento".

Mesmo negando a conotação política, estava claro que a 13ª Vara de Justiça Federal estava cometendo falhas processuais contra Lula como se percebe durante todo andamento processual e o julgamento.

> Assim, ao final do julgamento do ex-Presidente Lula, pairava a dúvida se a Lava Jato e as ações da 13ª Vara da Justiça Federal eram um ponto fora da curva no que toca a relação entre sistema jurídico e Estado de Direito ou se havia de fato uma tentativa sistemática do judiciário de atuar fora da sua tradição em relação à corrupção e, em especial, contra atores políticos da esquerda no Brasil.

O julgamento do recurso impetrado pelo ex-Presidente Lula junto ao Tribunal Regional da 4ª região nos ajuda a responder esta questão. Primeiro vale anotar que tal corte que já havia reivindicado padrões de excepcionalidade jurídica para o caso do ex-Presidente, algo em si já bastante preocupante. A dimensão mais importante do julgamento foi, contudo, a resposta à indagação sobre a legitimidade das ações do poder judicial no Brasil. O Direito Penal é a joia da coroa do sistema jurídico. É ali, antes de tudo, que se coloca a questão se o sistema de justiça é um instrumento de opressão dos fracos pelos poderosos ou se ele tem a missão de garantir direitos a todos, a despeito de sua posição social ou política. Membros da assim chamada força-tarefa da Operação Lava Jato justificaram suas ações por meio do mote "ninguém está acima da lei", mas frequentemente eles revelaram ter concepções bastante primitivas acerca da natureza da lei, não raro identificando suas próprias ações com ela. Como mímicos do velho adágio absolutista, reclamavam "a lei somos nós".

O Brasil é o único país entre as grandes democracias do mundo no qual um juiz pode orientar uma delação premiada contra um réu, instruir um processo e julgá-lo. A delação premiada brasileira está mal inserida em um sistema no qual o réu não pode se submeter ao júri popular ou a um juiz diferente daquele que supervisionou a delação. Ou seja, Sérgio Moro, no caso do ex-Presidente Lula, orientou a delação premiada, aceitou a denúncia, reconheceu a posse de um apartamento por meio de ilações e alegou ter fórum para todas essas ações, ainda que o STF só tenha lhe concedido foro sobre as ações ligadas à Petrobras. A despeito de tudo isso, condenou o ex-Presidente. E isso depois de ser censurado pelo ex-ministro Teori Zavascki acerca de vazamentos de gravações que contrariam a lei brasileira sobre o assunto, chegando inclusive a mandar gravar conversas dos advogados de defesa do ex-Presidente.[1970]

1970 KERCHE, Fábio; FERES, João (Coord.). *Operação Lava Jato e a democracia brasileira*. São Paulo: Contracorrente, 2018, pp. 44/45.

O que de fato preocupa àqueles que prezam o Estado de Direito é o abandono da dimensão investigativa, substituída pela prisão e pela coerção na busca da prova não investigada. Nas palavras de um dos promotores da Lava Jato:

> Existem basicamente dois modos de você responder uma acusação, o primeiro modo é mostrar que aquilo que a pessoa disse é mentira e que está errado, o segundo é desacreditar e tirar a credibilidade das pessoas que te acusam. O que vários acusados têm feito diante da robustez das provas e buscar agredir o acusador, tentando tirar desse modo a credibilidade. Mas isso é criar uma espécie de teoria da conspiração.
>
> O promotor se esquece da terceira possibilidade, pouco utilizada na Lava Jato, que é a comprovação do crime por meio de evidências produzidas na investigação, sem coerção física. Ou seja, a força tarefa da Lava Jato opera com hipóteses, nega a presunção da inocência é substituída por prisões preventivas que tem como objetivo forçar a delação. Assim, temos a criação de uma juristocracia que alega se legitimar em um interesse público não sancionado democraticamente para criminalizar o sistema político.[1971]

A Lava Jato esqueceu o básico, ou seja,

> (...) a ideia de propriedade e os critérios para se provar propriedade. É sabido que o tríplex não está em nome de Lula e que nem ao menos um contrato assinado a Lava Jato conseguiu produzir. Nenhuma testemunha foi produzida, com exceção do infeliz Léo Pinheiro, que teve que amargar um tempo extra na prisão porque poderia dar à Lava Jato o que ela queria.[1972]

1971 KERCHE, Fábio; FERES, João (Coord.). *Operação Lava Jato e a democracia brasileira*. São Paulo: Contracorrente, 2018, p. 43.

1972 KERCHE, Fábio; FERES, João (Coord.). *Operação Lava Jato e a democracia brasileira*. São Paulo: Contracorrente, 2018, p. 47.

> Quando analisamos a sentença de Sérgio Moro, baseados neste princípio, percebemos o absurdo lógico que a estrutura. O que Moro afirma na sentença do tríplex é basicamente o seguinte: como o caso diz respeito ao direito criminal, me eximo de ter que apresentar evidências relacionadas ao direito de propriedade que reside no campo civil. A afirmação de Moro poderia ainda fazer sentido se ele tivesse evidências preponderantes ou além da dúvida razoável no caso criminal. Sabemos que ele não as tem, já que a única coisa que apresentou foi o testemunho de uma pessoa coagida a depor depois de ser presa, o que mais uma vez é terminantemente proibido em diversos países.[1973]

Portanto, as suspeições pesam no julgamento de Curitiba sobre Lula, a saber:

> Coube ao próprio juiz arguir sua neutralidade e interpretar a censura que recebeu do ex-Ministro do STF, Teori Zavaski. Não houve qualquer tipo de revisão das decisões de Sérgio Moro por outro juiz, como ocorre na Europa e nos EUA. O segundo problema com a sentença é a banalização do Direito Penal e uma negação de qualquer princípio do Direito Civil. O ex-Presidente Lula não só não tem a propriedade, como não esteve, não morou e não usufruiu do bem. Mesmo se a condição fosse o imóvel estar sob a tutela da OAS, esta condição não se cumpre quando ele é executado pela vara de execução fiscal de Brasília. Como diz um articulista no jornal New York Times "a evidência contra o Sr. da Silva está muito abaixo dos padrões que seriam levados a sério, por exemplo, no sistema judicial dos Estados Unidos". Por fim, temos o problema do ato de ofício, mais uma vez negado por Sérgio Moro, e que é condição necessária na maior parte dos sistemas judiciários de democracias liberais.
>
> Enganam-se aqueles que acreditam que Sérgio Moro e a Lava Jato colocarão o Brasil em alguma lista seleta de países onde

---

1973 KERCHE, Fábio; FERES, João (Coord.). *Operação Lava Jato e a democracia brasileira*. São Paulo: Contracorrente, 2018, p. 48.

> impera a justiça e a democracia. Se o colocarem será no rol dos países que têm um o judiciário engajado politicamente, que não têm instituições que sustentem um estado de direito suficientemente forte e que tem um Supremo Tribunal omisso em relação ao direito de defesa. Mais do que o ex-Presidente Lula, quem está sob julgamento hoje é o sistema de justiça no Brasil, que permitiu as fortes violações do Direito Penal perpetradas pelo juiz Sérgio Moro.
>
> A sentença do TRF-4 jogou por terra todas as esperanças daqueles que acreditavam que a instância revisora adotaria alguma compatibilização entre a Lava Jato e o Estado de Direito. Infelizmente, descobrimos no dia 24 de janeiro de 2018, que Moro é um juiz criterioso comparado a seus superiores hierárquicos do TRF-4. Todos os recursos da defesa foram descartados pelo tribunal com a frase "não foi cerceado o direito de defesa". O que o TRF-4 fez foi uma defesa ideológica da Operação Lava Jato que se colocou acima da defesa do estado de direito ou dos princípios do código penal. Ainda mais grave, o tribunal se juntou àqueles que atacam o sistema político com acusações banais e pouco fundamentadas ao presidencialismo de coalizão que justificaram um aumento da pena imposta ao ex-Presidente.[1974]

Moro, mesmo com estas posições, decisões arbitrárias e de cunho político, continuou instrumentalizando a Lava Jato para os seus objetivos políticos e pessoais e, em 2019, condenou novamente Lula no caso do sítio de Atibaia. Usou praticamente a mesma lógica do triplex do Guarujá, acusou as empresas OAS e Odebrecht de terem reformado a propriedade a pedido de Lula, para saldar uma suspeita de propina oriunda de corrupção na Petrobras. O caso foi rejeitado em Brasília. Neste diapasão, houve a montagem de mais 16 processos contra Lula, todos baseados na metodologia da "república de Curitiba", logo com os princípios usados por Moro e Dallagnol (terreno

---

1974 KERCHE, Fábio; FERES, João (Coord.). *Operação Lava Jato e a democracia brasileira*. São Paulo: Contracorrente, 2018, pp. 51/52.

para o instituto Lula, doações para o instituto, quadrilhão do PT, obstrução de justiça, palestras, operação zelotes, LSN, *touchdown*, Frei Chico, Angola, *Carta Capital*, Guiné Equatorial, reabertura do caso do sítio de Atibaia, Odebrecht-BNDES e tráfico de influência).

A questão foi tão grave que o polêmico ex-procurador geral da república Rodrigo Janot, em seu livro autobiográfico *Nada menos que tudo*, declarou:

> Youssef e outros três doleiros menores já estavam presos, mas ainda não havia qualquer sinal das delações dele e de Costa. Outro detalhe: o procurador do caso, Pedro Soares, seria substituído por outro, Deltan Dallagnol. Até hoje não entendi por que Soares saiu do caso, mas, se era vontade dele, tudo bem. Dallagnol seria o substituto natural. Decidi criar a força-tarefa de Curitiba. Dallagnol teria carta branca para montar o grupo e para tocar livremente a investigação. Era a primeira vez que se criava esse tipo de força-tarefa no Ministério Público Federal. A ideia da força-tarefa se encaixava numa promessa de minha campanha de criar unidades volantes de combate à corrupção. A Itália tem a Procuradoria Nacional Antimáfia. Nós teríamos uma Procuradoria Nacional Anticorrupção.[1975]
>
> A partir desse momento, a Lava Jato foi crescendo gradativamente. Eu só sabia dos episódios mais relevantes, como abertura de novos inquéritos, delações e prisões, por intermédio da imprensa. Certa vez, numa entrevista coletiva, um repórter me perguntou qual seria a dimensão da investigação. Eu, num tom grave, disse: “Grande, muito grande, muito dinheiro”.
>
> Ao longo do ano, quando começaram a surgir nomes de políticos com foro no Supremo, Dallagnol e Carlos Fernando dos

---

1975 JANOT, Rodrigo *et al*. *Nada menos que tudo*: bastidores da operação que colocou o sistema político em xeque. São Paulo: Planeta do Brasil, 2019, p. 41.

> Santos Lima,[1976] outro procurador da força-tarefa, pediram que eu autorizasse a continuidade deles nos interrogatórios. A atribuição era do procurador-geral, mas, por razões práticas, achei melhor que eles mesmos, que já estavam à frente do caso, o fizessem. Depois me mandariam o pacote das delações, e, aqui em Brasília, conduziríamos os inquéritos e eventuais processos.[1977]

Segundo Janot, as bombas estavam prontas, segundo "Curitiba" para implodir o executivo e boa parte do Congresso Nacional, mas a realidade era outra, ou seja:

> O estopim estava aceso, e bastaria a nós, destinatários das delações em Brasília, buscar uma boa posição para assistir de camarote à implosão de um sistema podre. Verdade?
>
> Não foi bem assim. Quando vimos o conteúdo das delações conduzidas por Curitiba e começamos a destrinchar os anexos das "bombas atômicas que iam arrebentar Brasília", tivemos uma grande decepção.
>
> "Isso tá uma merda, não tem nada, tá raso esse negócio!", eu disse numa conversa com Pelella e Vladimir Aras, assessores próximos.
>
> Aras se lembrou, então, de um diálogo que teve com Souza, menos incensado que Dallagnol, mas, certamente, o principal estrategista da força-tarefa no Paraná. Segundo ele, Souza disse que a intenção da força-tarefa era "horizontalizar para chegar logo lá na frente", e não "verticalizar" as investigações, e que, por isso, teríamos dificuldade em fundamentar

---

1976 Carlos Fernando Santos Lima (1964-): paranaense, advogado, procurador regional da república, atuou na força-tarefa Lava Jato até 2018 junto com Sérgio Moro e Dallagnol. Foi acusado de engavetar o *dossiê* sobre o caso Banestado, porque a sua esposa trabalhou na filial do Banestado em Foz do Iguaçu. Está aposentado.

1977 JANOT, Rodrigo *et al. Nada menos que tudo*: bastidores da operação que colocou o sistema político em xeque. São Paulo: Planeta do Brasil, 2019, p. 42.

os pedidos de inquérito. O que seria "horizontalizar para chegar logo lá na frente"? Não entendi direito o conceito. Creio que meus colegas também não. Só depois de muito tempo, quando vi Sergio Moro viajando ao Rio de Janeiro para aceitar o convite para ser o Ministro da Justiça do governo Jair Bolsonaro, é que me veio de novo à cabeça aquela expressão. Horizontalizar implicaria uma investigação com foco num determinado resultado? Eu não quis imaginar isso lá atrás e também não quero me esticar nesse assunto agora, mas isso ainda me incomoda um bocado, sobretudo quando penso em dois episódios separados no tempo, mas muito parecidos. Estou falando dos vazamentos de trechos de depoimentos de Youssef e do ex-Ministro Antônio Palocci na reta final das eleições presidenciais de 2014 e 2018, respectivamente. As declarações de Youssef, segundo o qual Lula e Dilma sabiam das falcatruas na Petrobras, eram destituídas de qualquer valor jurídico. Youssef não compartilhava da intimidade do Palácio do Planalto e não tinha provas do que dizia. Mas, mesmo assim, eram de forte conteúdo político, e não há dúvidas de que tiveram enorme impacto eleitoral. A divulgação de parte da delação de Palocci teve reflexo menor. O tema abordado já não era novo. Mas não é demais supor que também ajudou a municiar um dos lados do jogo político. Esses dois casos, a meu ver, expõem contra a Lava Jato, que a todo momento tem que se defender de atuação com viés político.

Agora, voltando aos fatos e deixando de lado essas considerações de natureza subjetiva, não teríamos como pedir alguns importantes inquéritos só com base nas parcas informações fornecidas por Youssef e Paulo Roberto Costa. O Supremo certamente não atenderia a esses pedidos. Seria um vexame. Por outro lado, se não pedíssemos inquéritos sobre os políticos referidos, depois de tudo que vinha sendo dito sobre os segredos do doleiro e do ex-diretor da Petrobras, seríamos acusados de não levar adiante uma das mais importantes etapas da Lava Jato, que era a caçada a deputados, senadores e ministros, os donos do poder, que ainda estavam no topo. Estávamos numa enrascada. Naquele dia fui para casa deprimido. Dizia para mim mesmo: "Eu tô ferrado, todo mundo especulando com o

> negócio da lista do Janot, todo mundo fazendo um escarcéu danado, e a lista do Janot vai virar um traque".
>
> Na sequência, tive que tomar duas decisões. A primeira, muito particular, foi que, a partir dali, eu não mais delegaria parte das minhas atribuições à força-tarefa de Curitiba. Os próximos acordos de delação relacionados a políticos com foro especial seriam conduzidos pela minha equipe de Brasília. Eu tinha criado um grupo de trabalho, vinculado ao meu gabinete, para conduzir as investigações perante o Supremo. Caberia a integrantes desse grupo tocar também todas as colaborações onde aparecessem suspeitos com prerrogativa de foro, mesmo que as negociações tivessem tido início em Curitiba. Se mais tarde eu seria responsabilizado pelo sucesso ou fracasso dessas delações, nada mais justo que atuar nesses acordos desde o nascedouro.
>
> A outra decisão foi arregaçar as mangas e promover, em tempo recorde, novos depoimentos de Youssef e Costa.[1978]

Percebe-se que a atuação do judiciário patinava nos processos, pois não havia provas concretas para condenar o ex-Presidente e tinham que ser criadas, maquiadas e executadas a margem da legislação vigente no país e da Constituição.

Em relação à economia brasileira, foi um desastre e destruiu a estrutura produtiva, que facilitava a recuperação e a evolução da economia brasileira. Segundo Leonardo Avritzer:

> As ações do juiz Moro rompem com o princípio fundamental que organiza o Poder Judiciário desde Montesquieu, que é o do equilíbrio associado à ocupação de uma posição de pouca visibilidade pública. À medida em que Moro se converte em figura pública e ponta de lança de um processo de politização/

1978 JANOT, Rodrigo *et al*. *Nada menos que tudo*: bastidores da operação que colocou o sistema político em xeque. São Paulo: Planeta do Brasil, 2019, pp. 44/45.

> radicalização do país pela via judicial, luzes amarelas emergem sobre a estabilidade institucional da democracia brasileira. Caberá ao guardião supremo da Constituição, o STF, avalizar ou não essa aventura de politização do judiciário que arrisca conduzir o país a uma radicalização política e social aos moldes venezuelanos.
>
> Como a propriedade do tríplex do Guarujá não ficou comprovada, optou-se pela intenção do réu em ocultá-la, um raciocínio bem mais adequado aos tribunais da época do nacional socialismo do que à boa tradição do direito empírico anglo-saxão. Na sentença não há qualquer tentativa de traçar uma relação entre atos de ofício ou da presidência ou da Petrobras e os recursos que a princípio seriam de Lula, como a lei exige. Mas a grande pérola da sentença é a admissão pelo juiz de que não houve ato de ofício.
>
> Como lhe conveio, ignorou decisão do STF segundo a qual é necessário o ato de ofício para a condenação, e citou jurisprudência norte-americana omitindo o fato de que ela havia sido anulada pela Suprema Corte daquele país.[1979]

A jurisprudência, com base no artigo 317, do Código Penal estabelecia que, dada a configuração do crime. Percebe-se que,

> Ao longo de todo o processo da Lava Jato o magistrado buscou apequenar as garantias constitucionais. Fez pouco caso da imparcialidade nas investigações (violando indiretamente o decidido pelo STF na ADI 1.570), decretou prisões em inquéritos porque convencido da culpa de investigados e assim ignorou a presunção de inocência, sustentou que a prova para condenar não haveria de necessariamente excluir a credibilidade de versões defensivas, e, por fim e pelo conjunto da obra, deu crédito à tese processual penal do período pré-1988, talvez fiel ao que defendem alguns Procuradores da República: de

1979 KERCHE, Fábio; FERES, João (Coord.). *Operação Lava Jato e a democracia brasileira*. São Paulo: Contracorrente, 2018, pp. 44/45.

> que é necessário relativizar a proibição de uso de prova ilícita (*male captum bene retentum*).
>
> Em suma, na Lava Jato o magistrado construiu sua própria Constituição, à revelia daquela que dirige os atos dos juízes no estado de direito. Se confiasse na legalidade de seu ponto de vista – e sinceramente confiasse no STF – o juiz simplesmente enviaria os autos ao Supremo, pois no STF seriam tomadas as medidas repressivas que reputassem necessárias.[1980]

Foram violados os princípios do "juiz natural" na Lava Jato, segundo Rubens Casara:

Nos processos oriundos da chamada "Operação Lava Jato", cercados de espetacularização semelhante à da AP 470, também se percebe a prática de relativizar ou mesmo ignorar os obstáculos legais aos objetivos repressivos, moralizantes ou explicitamente políticos que cercam esses casos. No âmbito desses casos penais, na esteira do que sustentam as defesas técnicas de vários acusados, pode-se afirmar que, mais uma vez, confere-se uma interpretação atípica que leva à relativização da garantia do juiz natural. Em apertada síntese, a hipótese é de que os órgãos encarregados da persecução penal, com o apoio dos meios de comunicação de massa e a omissão de diversos órgãos do Poder Judiciário, escolheram um determinado juiz (Sérgio Moro), que conta com o apoio de considerável parcela da sociedade (a partir de um processo midiático de construção de imagem), para determinadas causas. Três seriam as causas da violação do princípio do juiz natural nos processos dirigidos pelo juiz Sérgio Moro na 13ª Vara Federal de Curitiba relacionados à Operação Lava Jato:

a) A inexistência da conexão pretendida pelos atores processuais.

1980 ZANIN MARTINS, Cristiano; MARTINS, Valeska Teixeira Zanin; VALIM, Rafael *et al.* *O Caso Lula*: a luta pela afirmação dos direitos fundamentais no Brasil. São Paulo: Contracorrente, 2017, pp. 67/68.

Afirma-se que a reunião de processos na 13ª Vara Federal de Curitiba deve-se ao fenômeno da conexão entre infrações penais. Não é o que ocorre. As hipóteses de conexão estão previstas expressamente no artigo 76 do Código de Processo Penal brasileiro, isso para evitar o risco de decisões contraditórias através de um só julgamento para duas ou mais infrações que guardem determinadas particularidades. Trata-se de fenômeno excepcional que produz a modificação da competência para um determinado caso penal e, portanto, as regras que fixam o juiz natural a partir da conexão devem ser interpretadas restritivamente.

Nos processos oriundos da Operação Lava Jato, a conexão afirmada pelos atores jurídicos para permitir a reunião dos processos em um mesmo órgão jurisdicional é a chamada "instrumental/probatória", prevista no inciso III do artigo 76 do Código de Processo Penal. Em outras palavras, segundo os atores jurídicos envolvidos na "Operação Lava Jato", seria possível a reunião de processos sobre a direção do juiz Sergio Moro porque "a prova de uma infração ou de qualquer de suas circunstâncias é capaz de influir na prova de outra infração". Essa tese, na realidade, revela-se equivocada.

Basta a leitura do disposto no artigo 76, inciso III, do Código de Processo Penal brasileiro para se perceber que não se trata de uma mesma prova que pode ser utilizada em mais de um processo, mas da "prova de uma infração ou de qualquer de suas circunstâncias" capaz de influir "na prova de outra infração", ou seja, capaz de ajudar na resolução de uma "questão prejudicial homogênea", de um ponto controvertido em um processo que, para ser solucionado, depende da resolução de um ponto controvertido em outro processo. Assim, na mesma linha que defende Afrânio Silva Jardim, não é possível concordar com "a interpretação elástica",[1981] que produz em concreto a violação ao princípio do juiz natural, de regra que deveria ser

---

1981JARDIM, Afrânio Silva. *Equívocos em relação à competência do juiz Sérgio Moro na chamada operação lava-jato*. Rio de Janeiro: Mimeo, 2016, pp. 204-206.

interpretada restritivamente. Na Lava Jato, reconheceu-se a conexão instrumental sem a existência de "questão prejudicial homogênea".

Mas, não foi só. Em muitos dos processos que acabaram direcionados à 13ª Vara Federal de Curitiba, nada há que recomende, a não ser os interesses do espetáculo que se confunde com o caso penal, que as infrações atribuídas aos réus sejam objeto de julgamento simultâneo. Não há sequer prova comum ou qualquer outra relação que justifique a ampliação, ou mesmo a fixação, da competência naquele órgão (por evidente, também não se pode aceitar que a decretação de uma prisão ou de qualquer outra medida cautelar por juiz incompetente torne-o competente pela prevenção para o julgamento). A grosso modo, pode-se afirmar que bastava a alegação de que um determinado fato tinha ligação, ainda que remota, com crimes cometidos contra ou através da Petrobras S.A. para que os autos fossem encaminhados para serem julgados pelo juiz federal Sergio Moro, isso porque existiu um crime da competência da justiça federal que acabou julgado naquele órgão e que seria conexo com um dos crimes investigados na Lava Jato.

Ainda como recorda Afrânio Silva Jardim, mesmo que existisse conexão,

> (...) se os crimes já foram processados em autos separados e já houve um julgamento de mérito, não há por que modificar as competências de foro, de juízo ou de justiça. Vale dizer, já não mais haverá possibilidade de julgamento conjunto dos crimes conexos (...).[1982]

1982 ADI 1570. Tribunal Pleno do Supremo Tribunal Federal. Relator: Ministro Maurício Corrêa. Requerente: Procurador-Geral da República. Julgamento em 12 de fevereiro de 2004. Neste julgamento o STF definiu a proibição de os juízes investigarem. Muito embora o juiz Sérgio Moro não aja diretamente como acusador, o conjunto de atuações que desenvolve, produzindo em cada processo elementos probatórios sem pertinência para o caso, com o propósito de utilizar estes elementos em futuros processos, caracteriza técnica indireta de investigação, de

Isso por pressa disposição legal, artigo 82:

> Se, não obstante a conexão ou continência, forem instaurados processos diferentes, a autoridade prevalente deverá avocar os processos que corram perante os outros juízes, salvo se já estiverem com sentença definitiva.[1983]

Após a prisão, em 7 de abril de 2018, Lula foi levado à Superintendência da Polícia Federal em Curitiba. A esta altura, continuava a ser considerado viável nas eleições de 2018 para a Presidência da República, liderando nas pesquisas de intenção de voto. Para enterrar de vez a possibilidade de Lula ser candidato, Moro divulgou uma "delação premiada" pedida por Antônio Palocci, atingindo-o e ao PT. Esta divulgação, usada na campanha eleitoral, ajudou Bolsonaro a ganhar a presidência.

Segundo Bittar, a palavra "delatar", proveniente do latim, sob o ponto de vista etimológico, significa "ação de delatar, denunciar,

---

atribuição constitucional exclusiva da Polícia e do Ministério Público. Constituição da República: "Art. 129. São funções institucionais do Ministério Público: I – promover, privativamente, a ação penal pública, na forma da lei;

Art. 144. A segurança pública, dever do Estado, direito e responsabilidade de todos, é exercida para a preservação da ordem pública e da incolumidade das pessoas e do patrimônio, através dos seguintes órgãos: "(...) § 1º A polícia federal, instituída por lei como órgão permanente, organizado e mantido pela União e estruturado em carreira, destina-se a:

I – Apurar infrações penais contra a ordem política e social ou em detrimento de bens, serviços e interesses da União ou de suas entidades autárquicas e empresas públicas, assim como outras infrações cuja prática tenha repercussão interestadual ou internacional e exija repressão uniforme, segundo se dispuser em lei".

1983 ZANIN MARTINS, Cristiano; MARTINS, Valeska Teixeira Zanin; VALIM, Rafael *et al.* *O Caso Lula*: a luta pela afirmação dos direitos fundamentais no Brasil. São Paulo: Contracorrente, 2017, pp. 204-206.

revelar".[1984] De Plácido e Silva,[1985] em sua obra *Vocábulo Jurídico*, ao definir "delação" consigna que: "originado de *delatio*, de *deferre* (na sua acepção de denunciar, delatar, acusar, deferir), é aplicado na linguagem forense mais propriamente para designar a denúncia de um delito".

Aplicada na ciência criminal, o vocábulo encontra-se qualificado pela expressão "premiada" e consiste na assunção da própria responsabilidade dentro de uma perspectiva criminal em que o agente estava inserido, auxiliando na identificação dos demais envolvidos. Ante a colaboração deste agente, é facultado ao juiz a aplicação de benesses quando da análise da conduta e da pena.

Em outras palavras, consiste "na redução da pena, ou em alguns casos, até mesmo o seu perdão, para o colaborador que preencher os requisitos legais, somente sendo concedida ao fim do processo criminal, na sentença condenatória".[1986]

Para o Procurador de Justiça Cândido Furtado Maia Neto,[1987] que não poupa críticas ao instituto da delação premiada,

---

1984 BITTAR, Walter Barbosa. "Delação premiada no Brasil e na Itália: uma análise comparativa". *Revista Brasileira de Ciências Criminais*, São Paulo, vol. 229, nº 88, jan./fev. 2011, p. 226.

1985 Vocabulário Jurídico. 18a ed. Rio de Janeiro: Companhia Editora Forense, 2001, p. 247.

1986 FONSECA, Tiago Dutra; FRANZINI, Milena de Oliveira. "Delação premiada: metástase política". *Boletim IBCCRIM*, São Paulo, vol. 13, nº 156, nov. 2005, p. 9.

1987 EMPÓRIO DO DIREITO. "Delação (colaboração) Premiada e os Direitos Humanos: modelo de justiça com tortura psíquica legalizada, imputação generalizada, pena anunciada e condenação antecipada". Santa Catarina, 2015. Disponível em: http://emporiododireito.com.br/delacao-colaboracao-premiada-e-osdireitos-humanosmodelo-de-justica-com-tortura-psiquica-legalizada-imputacaogeneralizada-penaanunciada-e-condenacao-antecipada-por-candido-furtadomaia/. Acessado em: 15.09.2016.

> A "delação ou colaboração premiada" é uma espécie de confissão espontânea (ou melhor, insistimos, sob pressão psíquica) sem garantia certa ao acusado, se o Estado-Juiz vai ou não acatar ou considerar as informações prestadas, para fins de desconto da pena anunciada, numa forma de condenação em perspectiva, ou melhor, via "extorsão oficializada" ou "extorsão legalizada".
>
> Instituto importado de outros países, notadamente da Itália, a delação premiada, também denominada colaboração espontânea com a justiça, surgiu na década de 70, quando dos julgamentos dos delitos praticados pela famigerada máfia italiana.[1988] Em verdade, não obstante o instituto tenha sido empregado na década de 1980 na Espanha, no âmbito das práticas terroristas, o modelo que de fato influenciou e influencia diversos ordenamentos jurídicos é o modelo italiano.
>
> Não se pode negar que a base da delação premiada, independente do berço de origem, está no reconhecimento da falência do Estado para combater a tão proclamada "criminalidade organizada".
>
> Uma digressão quanto ao percurso da legislação brasileira demonstra que a delação premiada ganhou seus primeiros traços ainda nas Ordenações Filipinas, em vigência de 1603 a 1830, e que consignava a faculdade de se perdoar o indivíduo que delatasse conspirações ou conjurações, bem como fornecia dados que ajudassem na prisão dos envolvidos ("Como se perdoará aos malfeitores, que derem outros à prisão").[1989]

No entanto, o termo inicial do instituto, já com a denominação de "delação premiada", teve início após a promulgação da Constituição da República que, inspirada no Movimento da Lei e Ordem,

---

1988 Sobre a máfia italiana, ver BITTAR, Walter Barbosa. "Delação premiada no Brasil e na Itália: uma análise comparativa". *Revista Brasileira de Ciências Criminais*, São Paulo, vol. 229, nº 88, jan./fev. 2011, p. 228.

1989 BITTAR, Walter Barbosa. "Delação premiada no Brasil e na Itália: uma análise comparativa". *Revista Brasileira de Ciências Criminais*, São Paulo, vol. 229, nº 88, jan./fev. 2011, p. 240.

trouxe dispositivo acerca da criação da lei dos crimes hediondos (artigo 5°, inciso XLIII, da CR).

Influenciados pela excitação gerada pela operação italiana *mani pulite*, bem assim pelo clamor social advindo da sensação de insegurança incrementada pelos meios de comunicação sensacionalistas e pelo aumento do crime de extorsão mediante sequestro de pessoas tidas como importantes, a primeira imersão do instituto sob análise no ordenamento jurídico brasileiro ocorreu com o advento da Lei n. 8.072/90 (Lei de Crimes Hediondos).

Além da previsão legal quanto ao crime de extorsão mediante sequestro, a Lei de Crimes Hediondos, especificamente em seu artigo 8°,[1990] trouxe outra possibilidade de delação premiada, desta feita, estabelecendo causa de diminuição de pena, no patamar de um a dois terços, aplicável exclusivamente ao crime de bando ou quadrilha,

---

1990 Há quem diga que o art. 8º da Lei n. 8.072/90 foi tacitamente revogado. "Deve ser destacado que, embora o legislador – em consequência da promulgação de leis posteriores e que também tratavam do beneplácito – não tenha sido explícito, quanto à revogação das hipóteses de delação premiada previstas nas Leis n. 8.072/1990 (parágrafo único do art. 8º) e 9.269/1996 (§ 4º do art. 159 do CP), a amplitude concedida ao instituto por força da Lei n. 9.807/1999, segundo Alberto Silva Franco, teria revogado a Lei n. 9.269/1996, ao não estruturar novos tipos incriminadores sobre determinada matéria de proibição ou reformular tipos preexistentes, tendo apenas o duplo objetivo de estabelecer normas para a organização e manutenção de programas especiais de proteção a vítima e testemunhas ameaçadas, aliadas ao fato de que o texto dos arts. 13 e 14 desta lei ter criado as hipóteses de perdão judicial e de causa redutora de pena, com ampla abrangência e sem nenhuma vinculação a determinados tipos legais, também não houve manifestação explícita sobre a hipótese de não contemplar a Lei n. 9.807/1999, a exclusão de sua incidência o §4º do art. 159 do CP e o parágrafo único do art. 8o da Lei n. 8.072/1990 e, finalmente, por se tratar (no caso da Lei n. 9,807/1999) de norma penal mais benéfica, devendo retroagir, conforme determinação do art. 5º, XL, da CF/1988". (BITTAR, Walter Barbosa. "Delação premiada no Brasil e na Itália: uma análise comparativa". *Revista Brasileira de Ciências Criminais*, São Paulo, vol. 229, nº 88, jan./fev. 2011, pp. 244/245).

constituído para a prática de crimes hediondos, de tortura, tráfico de drogas ou terrorismo, para o participante ou associado que necessariamente auxilie no seu desmantelamento, através da delação à autoridade competente.

Finalmente, com a entrada em vigor da Lei n. 12.850/2013 – Lei de Organização Criminosa – no capítulo II, referente à investigação e os meios de obtenção da prova, há uma seção inteira dedicada à "colaboração premiada". Embora óbvio, é importante ressaltar que a lei somente se aplica quando verificada a existência de organização criminosa e não qualquer caso de mero concurso eventual de agentes ou mesmo de associação criminosa (antigo bando ou quadrilha).

Ao lado da questão ética, uma das questões mais discutidas no campo da delação ou colaboração premiada diz respeito ao seu valor probatório.

Em relação, especificamente, à palavra de coréu ou cúmplice como meio de prova, valiosa é a lição de Mittermayer, *in verbis*:

> O depoimento do cúmplice apresenta graves dificuldades. Têm-se visto criminosos que, desesperados por conhecerem que não podem escapar à pena, se esforçam em arrastar outros cidadãos para o abismo em que caem; outros denunciam cúmplices, aliás inocentes, só para afastar a suspeita dos que realmente tomaram parte no delito, ou para tornar o processo mais complicado ou mais difícil, ou porque esperam obter tratamento menos rigoroso, comprometendo pessoas colocadas em altas posições.[1991]

Em igual sentido, Alberto Silva Franco para quem

1991 MITTERMAYER, C. J. A. *Tratado da Prova em Matéria Criminal*. 3ª ed. Campinas: Bookseller, 1996, p. 295.

> (...) a exclusiva palavra do coacusado constitui-se numa palavra deficiente, precária, inidônea. Equivale a prova nenhuma. E se uma sentença se fundamenta numa prova dessa ordem, revela-se, inequivocadamente, contrária à evidência dos autos.[1992]

O esdrúxulo instituto da "delação ou colaboração premiada" tem sido utilizado de forma desgovernada, abusiva e arbitrária, principalmente como meio de obtenção da confissão e da entrega de outros investigados/acusados em troca da liberdade.

> A delação premiada não se constitui em um recurso moderno do processo penal, assim como não se apresenta como repercussão de nenhum avanço especial havido na persecução criminal. Em verdade, a delação premiada sempre representou, juntamente com a prática da tortura, uma das ferramentas fundamentais dos processos arbitrários, em especial os medievos de índole inquisitorial (...). Efetivamente o procedimento de índole inquisitorial, com apego às ideias fundamentais desenvolvidas pelo Tribunal do Santo Ofício, tem na delação praticada pelo acusado um dos elementos essenciais de prova, além, evidentemente, de constituir medida investigatória fundamental.[1993]

Na maioria absoluta dos casos, a delação vem daqueles que estão presos e que, para obterem a liberdade, mandam às favas os escrúpulos e acabam delatando outras pessoas. No processo penal autoritário, a prisão preventiva, que deveria se pautar pelo caráter da necessidade e da excepcionalidade, além de sua natureza cautelar,

---

1992 YAROCHEWSKY, Leonardo Isaac. "Precisamos falar de delação: a palavra do delator". *Empório do Direito*, 5 mai. 2018. Disponível em: https://emporiododireito.com.br/leitura/precisamos-falar-de-delacao-a-palavra-do-delator. Acessado em: 23.07.2023.

1993 TASSE, Adel El. "Delação premiada: novo passo para um procedimento medieval". *Ciências Penais: Revista da Associação Brasileira de Professores de Ciências Penais*, São Paulo, vol. 3, nº 5, jul./dez. 2006, p. 274.

vem transformando-se em regra e em antecipação da tutela penal para, também, forçar a delação.

Maria Lúcia Karam, em referência aos abusos cometidos no âmbito da famigerada Operação Lava Jato, conduzida pelo juiz Federal da 13ª Vara Federal de Curitiba Sérgio Moro, notadamente, o número elevado de decretação de prisões provisórias com o claro intuito de obtenção de delações, observa que:

> Trazendo para o trono de "rainha das provas", a famigerada delação premiada, obtida em quantidade astronômica através da abusiva decretação de prisões provisórias com o nítido, chantagista e torturante objetivo de levar investigados ou réus a fornecer as provas que o Ministério Público cômoda e ilegitimamente se dispensa do ônus de produzir, a midiática "operação lava jato" tem aprofundado a totalitária tendência, já há algum tempo introduzida no processo penal brasileiro, de utilização de insidiosos e invasivos meios de investigação e busca de prova para ilegitimamente fazer com que, através do próprio indivíduo investigado ou acusado, se revele a verdade sobre suas ações tornadas criminosas.[1994]

Graças ao "gigantismo penal" é que se pode, segundo Ferrajoli,

> (...) desenvolver um conúbio perverso entre encarceramento preventivo e colaboração premiada com a acusação: o primeiro utilizado como meio de pressão sobre os imputados para obter deles a segunda, e está como instrumento de ratificação da

1994 KARAM, Maria Lúcia. "A midiática 'Operação Lava Jato' e a totalitária realidade do processo penal brasileiro". *Empório do Direito*, 9 mar. 2016. Disponível em: https://www.emporiododireito.com.br/leitura/a-midiatica-operacao-lava-jato-e-a-totalitaria-realidade-do-processo-penal-brasileiro-1508702851. Acessado em 23.07.2023.

> acusação às vezes além de toda a verificação e inclusive de confrontos com a chamada do corréu.[1995]

Ao que se refere ao aspecto processual da delação, o processualista Geraldo Prado é definitivo em afirmar que:

> Não há na delação premiada nada que possa, sequer timidamente, associá-la ao modelo acusatório de processo penal. Pelo contrário, os antecedentes menos remotos deste instituto podem ser pesquisados no Manual dos Inquisidores. Jogar o peso da pesquisa dos fatos nos ombros de suspeitos e cancelar, arbitrariamente, a condição que todas as pessoas têm, sem exceção, de serem titulares de direitos fundamentais, é trilhar o caminho de volta à Inquisição (em tempos de neofeudalismo isso não surpreende).[1996]
>
> Assim sendo, é lamentável que a delação (colaboração) premiada venha substituindo a atividade investigativa do Estado. O Estado passou a conceder ao infrator (traidor-delator) o poder de determinar quem deve ser punido. Abrindo mão em favor do delator (colaborador) do monopólio do *jus puniendi*, o Estado revela sua incompetência e sua falência na pretensão de combater a famigerada criminalidade organizada.[1997]

Outro crime muito usado pela Lava Jato foi a de obstrução de justiça para manter os acusados presos, com princípios do sistema penal americano.

1995 FERRAJOLI, Luigi. *Direito e razão*: teoria do garantismo penal. São Paulo: Revista dos Tribunais, 2002.

1996 PRADO, Geraldo. "Da delação premiada: aspectos de direito processual". *Boletim IBCCRIM*, São Paulo, vol. 13, nº 159, fev. 2006, pp. 10-12.

1997 ZANIN MARTINS, Cristiano; MARTINS, Valeska Teixeira Zanin; VALIM, Rafael *et al. O Caso Lula*: a luta pela afirmação dos direitos fundamentais no Brasil. São Paulo: Contracorrente, 2017, pp. 249-266.

No Brasil, a definição do chamado crime de obstrução da justiça aparece no arcabouço de um provimento legislativo de guerra ao crime, que introduz o modelo americano de controle do crime (*crime control model*) no sistema de justiça criminal brasileiro e, assim, transforma o processo penal em instrumento de luta contra a criminalidade, que sacrifica direitos e garantias políticas às exigências autoritárias de uma justiça penal eficiente, preocupada única e exclusivamente com o controle da criminalidade. A consequência dessa invasão bélica do sistema punitivo foi a relativização ou deslocamento do modelo do devido processo legal (*due legal process*), introduzido na Constituição como garantia do cidadão, com os corolários da presunção de inocência e do Direito Penal do fato e da culpabilidade, que asseguram a primazia dos direitos e garantias individuais sobre o dever do Estado de repressão dos delitos.[1998]

Nesse contexto, o papel político do segmento do Poder Judiciário atuante na Lava Jato é exercido mediante reiteradas violações do devido processo legal, com relativização ou supressão pura e simples dos princípios do contraditório, da ampla defesa, da proteção contra a autoincriminação, da presunção de inocência e de outras conquistas históricas da civilização. A justiça criminal brasileira produz, no âmbito da Operação Lava Jato, a sensação perturbadora de que o processo penal brasileiro não é o que diz a lei ou a ciência processual, mas o que imaginam os responsáveis pelos processos penais instrumentalizados pela legislação de guerra importada. É possível concluir, repetindo antigo conceito de Rui Barbosa, que "a pior ditadura é a ditadura do Poder

---

1998 Ver PRADO, Geraldo. "O trânsito em julgado da decisão condenatória". *Boletim do IBCCRIM*, São Paulo, nº 277, ano 23, dez. 2015, pp. 10-12.

Judiciário", como lembrou o Ministro Marco Aurélio,[1999] da Suprema Corte Brasileira.[2000]

15.3 Vaza Jato detona a República de Curitiba – O escândalo da Lava Jato

Em 8 de junho de 2019, uma denúncia chocante ocorreu pelo site de jornalismo investigativo "*The Intercept Brasil*", pelo jornalista americano Gleen Greenwald sobre uma série de diálogos mantidos pela rede social Telegram entre os procuradores da Lava Jato e o juiz federal Sergio Moro. A conversa envolvia profundamente o coordenador da força-tarefa da operação Deltan Dallagnol. O diretor do site, Greenwald, informou que tinha recebido o material de fonte anônima, mas, posteriormente, a PF identificou os *hackers* Walter Delgatti Neto (o Vermelho), Luiz Molição, Thiago Martins (o Chiclete), Danilo Cunha Marques, Priscila de Oliveira e Eliezer Martins Santos como os autores dessa proeza, ou seja, grampear os envolvidos na Operação Lava Jato. Foram presos. As denúncias foram, também, publicadas em diversas mídias, tais como *Folha de S. Paulo*, *Veja* e *El País*, mostrando o envolvimento do procurador com o juiz que feria a legislação brasileira e, portanto, ilegais.

Com a divulgação das conversas, obtidas, de acordo com *The Intercept*, a partir de cessão por fonte anônima, a situação de Moro e de Dallagnol, além da própria Operação Lava Jato, ficou complicada. No STF começou a se aventar a possibilidade de, até mesmo, anular decisões do ministro (na época juiz), das quais a mais polêmica foi a prisão em Curitiba do ex-Presidente Luiz Inácio

---

1999 Marco Aurelio de Mello (1946-): carioca, advogado, professor, Jurista e escritor. Foi Ministro do TST e STF.

2000 ZANIN MARTINS, Cristiano; MARTINS, Valeska Teixeira Zanin; VALIM, Rafael *et al. O Caso Lula*: a luta pela afirmação dos direitos fundamentais no Brasil. São Paulo: Contracorrente, 2017, pp. 241/242 e 245/246.

Lula da Silva. Os responsáveis pelo site, que provocaram um terremoto institucional na política brasileira, alertaram que o material divulgado era somente cerca de 1% do que dispunham. O restante seria disponibilizado nos dias seguintes. Em um primeiro momento, nem Moro nem Dallagnol negaram a autenticidade das conversas. Sugeriram, entretanto, ilegalidade na divulgação sem autorização da justiça. O Ministro e alguns membros do Ministério Público, entre eles o próprio Dallagnol e a juíza Gabriela Hardt, substituta de Moro durante alguns meses, alegaram que tiveram seus celulares invadidos por um *hacker.* A Telegram negou, no entanto, que sua rede cibernética tenha sido invadida.

Nos diálogos, parte dos quais foram publicados no site, o então juiz aparece em situação de camaradagem com a equipe do MP, como se fosse um investigador e não um juiz, responsável por julgar, em um comportamento tido como, no mínimo, antiético e inadequado. Comporta-se como um parceiro da força-tarefa voltada a investigar escândalos de corrupção. O Código de Processo Penal (CPP), em seu artigo 254, inciso IV, aponta para a possibilidade de anulação das decisões de um juiz que demonstre parcialidade flagrante no seu trabalho e tenha "aconselhado qualquer uma das partes", exatamente o que teria feito Moro, de acordo com o material do *Intercept.* Da mesma forma, o Código da Magistratura e até mesmo a Constituição definem a importância da imparcialidade do juiz julgador. A defesa de Lula já entrou com um pedido de suspeição do ex-juiz no Supremo Tribunal Federal (STF).

Quando foi preso e considerado inelegível após decisão do juiz, em novembro de 2017, Lula liderava a corrida eleitoral de 2018. Sua exclusão da eleição foi uma peça-chave para a vitória de Bolsonaro que, depois, nomearia Moro como seu Ministro da Justiça e Segurança Pública. Ao publicar as reportagens, o *Intercept* fez questão de avisar que o material havia sido obtido semanas antes de o Ministro denunciar uma invasão de seu telefone celular por um suposto *hacker* e afirmar que não houve coleta de conteúdo. O site lembrou que a decisão de Moro de grampear uma conversa privada entre a então Presidenta Dilma Roussef e o ex-Presidente Lula foi decisiva para colocar a opinião pública contra o PT e abrir caminho para o *impeachment* de Dilma.

Em um dos trechos, os membros da força-tarefa em Curitiba discutem formas de inviabilizar uma entrevista do ex-Presidente Lula, autorizada pelo Ministro do STF, Ricardo Lewandowski, aos jornalistas Mônica Bergamo, da *Folha de S. Paulo*, e Florestan Fernandes, do *El País*. Para os procuradores, a entrevista, realizada menos de duas semanas antes da eleição presidencial, poderia "eleger o Haddad" e "permitir a volta do PT ao poder". Apesar disso, garantiam que seu trabalho era "técnico, imparcial e apartidário". Comportaram-se, na verdade, como militantes políticos preocupados com uma possível vitória do "inimigo", no caso, o ex-Ministro da Educação do governo Lula, Fernando Haddad.

A discussão, segundo o site, começou quando o Ministro do STF autorizou a entrevista, com base no princípio da liberdade de imprensa. Em seguida, na rede social, a procuradora Laura Tessler exclamou: "que piada!!! Revoltante!! Lá vai o cara fazer palanque na cadeia. Um verdadeiro circo. E depois de Mônica Bergamo, pela isonomia, devem vir tantos outros jornalistas... e a gente fica aqui só fazendo papel de palhaço com um Supremo desse...". Uma outra procuradora, Isabel Groba, comentou com apenas uma palavra: "mafiosos!!!" Voltando à carga, Laura afirmou que "sei lá... mas uma coletiva antes do segundo turno pode eleger o Haddad". Como se vê, os procuradores demonstram, nos diálogos, serem tudo menos "apartidários, técnicos e imparciais". O próprio Dallagnol também se posicionou, de acordo com o *Intercept*.

Enquanto essas mensagens eram trocadas no grupo dos procuradores da Lava Jato, Dallagnol conversava, em paralelo, com uma amiga e confidente identificada no seu Telegram apenas como "Carol PGR" (cuja identidade não foi confirmada pelo *Intercept*). Lamentando a possibilidade de Lula ser entrevistado antes das eleições, os dois estavam, expressamente, de acordo que o objetivo principal era impedir o retorno do PT à presidência e concordaram que rezariam para que isso não ocorresse.

O diálogo sobre o tema:

> Carol PGR – 11:22:08 Deltannn, meu amigo.
>
> Carol PGR – 11:22:33 toda solidariedade do mundo a você nesse episódio da Coger, estamos num trem desgovernado e não sei o que nos espera.
>
> Carol PGR – 11:22:44 a única certeza é que estaremos juntos.
>
> Carol PGR – 11:24:06 ando muito preocupada com uma possível volta do PT, mas tenho rezado muito para Deus iluminar nossa população para que um milagre nos salve.
>
> Deltan Dallagnol – 13:34:22 Valeu Carol!
>
> 13:34:27 Reza sim.
>
> 13:34:32 Precisamos como país.[2001]

Não se trata de uma confissão isolada. Toda a discussão, que se estendeu por várias horas, parece mais uma reunião entre estrategistas e operadores anti-PT do que uma conversa entre procuradores supostamente imparciais.

Outro procurador, Athayde Ribeiro Costa, sugeriu, expressamente, que a Polícia Federal manobrasse, para que a entrevista fosse feita depois das eleições, já que não havia indicação explícita da data em que ela deveria ocorrer. Dessa forma, seria possível evitar a entrevista sem descumprir a decisão.

> Athayde Costa – 12:02:22 N tem data. Só a PF agendar pra dps das eleições. Estará cumprindo a decisão.

2001 GREENWALD, Glenn *et al.* "As mensagens secretas da Lava Jato". *Intercept Brasil*, 9 jun. 2019. Disponível em: https://www.intercept.com.br/2019/06/09/procuradores-tramaram-impedir-entrevista-lula/. Acessado em: 23.07.2023.

> 12:03:00 E se forcarem antes, desnuda ainda mais o caráter eleitoreiro.
>
> Júlio Noronha – 17:43:37 Como o Lewa já autorizou, acho que só há dois cenários: a) A entrevista só para a *FSP*, possivelmente com o "circo armado e preparado"; b) tentar ampliar para outros, para o "Ciro" ser menor armado e preparado, com a chance de, com a possível confusão, não acontecer.[2002]

Os procuradores da força-tarefa estavam tão alarmados com a possibilidade de uma entrevista de Lula levar o PT à vitória que compartilharam um artigo irônico do Antagonista. Publicado naquele dia, o texto sugeria que, num eventual governo Haddad, "Lula sai da cadeia e os procuradores da Lava Jato entram no lugar dele".

> Januário Paludo – 23:41:02 Eu fiquei sabendo agora...
>
> Deltan – 23:41:32 Rsrsrs
>
> Athayde Costa – 23:42:02 O clima no STF deve tá ótimo.
>
> Januário Paludo – 23:42:11 vai ser uma guerra de liminares...[2003]

Nota-se, que mesmo com Lula preso, os procuradores continuavam trabalhando para prejudicá-lo, enfrentado até decisão do STF.

Caso Lula e Bancoop – pelo que se percebe das conversas dos procuradores e do Ministro Moro (então juiz federal), havia uma certa insegurança sobre o teor das denúncias contra o ex-Presidente

---

2002 GREENWALD, Glenn *et al.* "As mensagens secretas da Lava Jato". *Intercept Brasil*, 9 jun. 2019. Disponível em: https://www.intercept.com.br/2019/06/09/procuradores-tramaram-impedir-entrevista-lula/. Acessado em: 23.07.2023.

2003 SIMÕES, Edson. *A luta pela Democracia no Brasil*: de Vargas a Bolsonaro. (Coleção Constituições e Democracia no Brasil e no Mundo: da Antropofagia à Autofagia). vol. 5. São Paulo: Grupo Almedina (Portugal), 2022, pp. 590-600. (Entrevista de Lula à rede Band/Canal Livre).

Lula, que acabaram levando-o à prisão, em Curitiba, em 2016. De acordo com o *The Intercept*:

Faltavam apenas quatro dias para que a denúncia que levaria o ex-Presidente Luiz Inácio Lula da Silva à prisão fosse apresentada, mas o coordenador da força-tarefa da Lava Jato em Curitiba tinha dúvidas sobre a solidez da história que contaria ao juiz Sergio Moro. A apreensão de Deltan Dallagnol, que, junto com outros 13 procuradores, revirava a vida do ex-Presidente havia quase um ano, não se devia a uma questão banal. Ele estava inseguro justamente sobre o ponto central da acusação que seria assinada por ele e seus colegas: que Lula havia recebido de presente um apartamento triplex na praia do Guarujá após favorecer a empreiteira OAS em contratos com a Petrobras.

No dia 9 de setembro de 2016, precisamente às 21h36min daquela sexta-feira, Deltan Dallagnol enviou uma mensagem a um grupo batizado de Incendiários ROJ, formado pelos procuradores que trabalhavam no caso.

Ele digitou:

> Falarão que estamos acusando com base em notícia de jornal e indícios frágeis... então é um item que é bom que esteja bem amarrado. Fora esse item, até agora tenho receio da ligação entre Petrobras e o enriquecimento, e depois que me falaram tô com receio da história do apto... São pontos em que temos que ter as respostas ajustadas e na ponta da língua.[2004]

As matérias de jornais a que o procurador se referiu são as dezenas citadas na peça de acusação. Dallagnol fazia sua última

---

2004 GREENWALD, Glenn *et al.* "As mensagens secretas da Lava Jato". *Intercept Brasil*, 9 jun. 2019. Disponível em: https://www.intercept.com.br/2019/06/09/procuradores-tramaram-impedir-entrevista-lula/. Acessado em: 23.07.2023.

leitura da denúncia e debatia o texto com o grupo, analisando ponto a ponto cada item que seria oferecido à 13ª Vara de Curitiba, onde Sergio Moro atuava como juiz.

Naquele dia, ninguém respondeu à dúvida de Dallagnol: se o apartamento triplex poderia ser apontado como propina para Lula nos casos de corrupção na Petrobras. O documento seria anunciado ao público, com direito a um hoje famoso *Power Point*, dali a poucos dias.

Sem essa ligação, o caso não poderia ser tocado em Curitiba, onde apenas ações relacionadas à empresa eram objeto de investigação. A ligação do apartamento com a corrupção, na petrolífera, tinha gerado uma guerra jurídica nos primeiros meses daquele 2016. De um lado, o Ministério Público do Estado de São Paulo. Do outro, a força-tarefa de Curitiba.

Caso o caso ficasse em São Paulo, não seria julgado por Sergio Moro, o atual Ministro da Justiça de Jair Bolsonaro e ex-juiz que ajudou coordenar a operação quando era o encarregado pela 13ª Vara Federal de Curitiba, como mostram diálogos revelados pelo *Intercept*.

O MP/SP já investigava o caso Bancoop muito antes de Curitiba. Em uma disputa que envolveu até mesmo o Supremo Tribunal Federal, a Lava Jato tentava tirar o caso das mãos dos paulistas para denunciar e julgar Lula em Curitiba. Para isso, o imóvel de Lula precisaria obrigatoriamente ter relação com a corrupção na Petrobras.

Não era o entendimento dos promotores de São Paulo. Em março de 2016, ao recorrerem de uma decisão judicial que jogava o caso nas mãos de Dallagnol, eles disseram:

> Em 2009/2010 não se falava de escândalo na Petrobras. Em 2005 quando o casal presidencial, em tese, começou a pagar pela cota-parte do imóvel, não havia qualquer indicação do escândalo do "petrolão". Ao contrário, estávamos no período

> temporal referente ao escândalo do "mensalão". Não é possível presumir genericamente e sem conhecer detidamente as investigações que tramitam perante a 13ª Vara Criminal Federal de Curitiba que tudo tenha partido de corrupção na estatal envolvendo desvio de recursos federais.[2005]

Mas a Lava Jato venceu e, pouco tempo depois, os procuradores conseguiram tirar o caso de São Paulo, alegando que o caso do triplex tinha, sim, envolvimento com a Petrobras. Agora, com a revelação das conversas secretas do grupo da Lava Jato, descobre-se que os procuradores blefaram – eles não tinham certeza dessa relação nem mesmo poucas horas antes de apresentarem a denúncia. E, assim, o caso parou no colo do aliado Sergio Moro.

Cerca de 24 horas depois, no sábado, 10, quando aparentemente chegou ao item 191 do documento (que teria, em sua redação final, 274 itens), Dallagnol vibrou com o que leu. Ele escreveu, às 22h45: "tesão demais essa matéria do *O GLOBO* de 2010. Vou dar um beijo em quem de vcs achou isso". A reportagem a qual ele se referia – "Caso Bancoop: tríplex do casal Lula está atrasado" – foi a primeira a tratar do apartamento no Guarujá, muito antes da Lava Jato. Sem mencionar OAS ou Petrobras, ela dizia apenas que

---

2005 "As acusações contra Lula foram apresentadas por Dallagnol, num *power point* com muitas bolinhas, que indicava o ex-Presidente como culpado de corrupção no caso Petrobras. Simplório e mal formulado, sem provas para demonstrar sua tese, o *power point* foi ridicularizado por vários setores da sociedade e chegou a ser criticado por membros da Suprema Corte. Na internet, muitos memes (piadas, visuais próprias dos ambientes digitais) também ridicularizaram a exposição do procurador, que chamou vários órgãos de imprensa para registrar as "descobertas" do MPF em um hotel de luxo, em Curitiba, onde ocorreu a entrevista coletiva". (GREENWALD, Glenn *et al.* "As mensagens secretas da Lava Jato". *Intercept Brasil*, 9 jun. 2019. Disponível em: https://www.intercept.com.br/2019/06/09/procuradores-tramaram-impedir-entrevista-lula/. Acessado em: 23.07.2023).

a falência da cooperativa que construía o prédio poderia prejudicar o casal Lula.

Seguiu-se, então, uma série de mensagens de Dallagnol a respeito da reportagem:

> Deltan Dallagnol – 23:05:11 – Sabemos qual a fonte da matéria? Será que não vale perguntar para a repórter, a Tatiana Farah, qual foi a *vonte* dela? [O procurador certamente quis escrever "fonte"]
>
> 23:05:29 – Acho que vale. Informalmente e, se ela topar, dá para ouvi-la.
>
> 23:05:58 – Pq se ele já era dono em 2010 do triplex... a reportagem é um tesão, mas se convertermos em testemunho pode ser melhor.
>
> 23:06:08 – Podemos fazer contato via SECOM, topam?
>
> 23:06:27 – Vou pedir pra ASCOM o contato.[2006]

Testemunha forjada – de acordo com as interceptações, o juiz até mesmo sugeriu uma testemunha de acusação aos procuradores, cruzando definitivamente a linha que separa o juiz do acusador, o que o transformou em uma espécie de assistente informal de acusação. Em 7 de dezembro de 2015, ele passou uma pista sobre o caso de Lula para que o MP investigasse. Na transcrição, é possível perceber que ele obteve uma informação de uma suposta fonte que delataria a lavratura de escrituras de imóveis por pessoas que seriam ligadas ao ex-Presidente e praticamente determina ao MP que a intime para que ela preste as informações. De acordo com o *Intercept*, a conversa foi assim:

2006 GREENWALD, Glenn *et al.* "As mensagens secretas da Lava Jato". *Intercept Brasil*, 9 jun. 2019. Disponível em: https://www.intercept.com.br/2019/06/09/procuradores-tramaram-impedir-entrevista-lula/. Acessado em: 23.07.2023.

> "Ainda desconfio muito de nossa capacidade institucional de limpa. Então. Seguinte. Fonte me informou que a pessoa do contato estaria incomodado por ter sido a ela solicitada a lavratura de minutas de escrituras para transferências de propriedade de um dos filhos do ex-Presidente. Aparentemente a pessoa estaria disposta a prestar a informação. Estou então repassando. A fonte é séria", escreveu Moro.
>
> "Obrigado!! Faremos contato", respondeu Dallagnol pouco depois. "E seriam dezenas de imóveis", acrescentou o juiz. O procurador disse que ligou para a fonte, mas ela não quis falar. "Estou pensando em fazer uma intimação oficial até, com base em notícia apócrifa", cogitou Dallagnol. Ao que tudo indica, o procurador estava considerando criar uma denúncia anônima para justificar o depoimento da fonte ao MP. O juiz Sergio Moro poderia condenar a solução – ou ficar quieto. Mas endossou a gambiarra: "Melhor formalizar entao", escreveu Moro.[2007]

Apenas três dias depois, a então Presidenta Dilma tentou nomear Lula para a Casa Civil e Moro divulgou a famosa conversa gravada entre ambos, como uma suposta prova de que a Presidenta tentaria tornar Lula Ministro para que este, ganhando foro privilegiado, escapasse das investigações da Operação Lava Jato. Naquela manhã, Dallagnol e Moro discutiram a divulgação dos áudios e se consultaram sobre a estratégia a ser usada no caso. Segue, a transcrição da combinação entre ambos: "Dallagnol – 12:44:28. – A decisão de abrir está mantida mesmo com a nomeação, confirma?/ Moro – 12:58:07. – Qual é a posição do mpf?/ Dallagnol – 15:27:33. – Abrir".

As críticas de juristas, políticos e, até membros do STF, à divulgação dos áudios entre a Presidenta e o ex-Presidente foram

---

2007 GREENWALD, Glenn *et al.* "As mensagens secretas da Lava Jato". *Intercept Brasil*, 9 jun. 2019. Disponível em: https://www.intercept.com.br/2019/06/09/procuradores-tramaram-impedir-entrevista-lula/. Acessado em: 23.07.2023.

muito fortes. Com isso, seis dias depois, ambos ainda discutiam o acerto ou não da estratégia:

> Dallagnol – 21:45:29. – A liberação dos grampos foi um ato de defesa. Analisar coisas com *hindsight privilege* é fácil, mas ainda assim não entendo que tivéssemos outra opção, sob pena de abrir margem para ataques que estavam sendo tentados de todo jeito (...).
>
> Moro – 22:10:55. – Não me arrependo do levantamento do sigilo. Era melhor decisão. Mas a reação está ruim.[2008]

O juiz, no entanto, fortemente criticado pelo Ministro do Supremo e relator da Lava Jato na Corte, Teori Zavascki (que morreria num acidente de avião meses depois), retratou-se da divulgação indevida e pediu "escusas" pelo comportamento no caso. Uma bronca do juiz em Dallagnol foi anotada no dia 8 de maio de 2017, data em que Lula seria ouvido pessoalmente por Moro, como réu no caso do Triplex do Guarujá. O Ministro e ex-juiz cobrava uma ideia que havia surgido de adiar o depoimento do ex-Presidente. Abaixo, a transcrição do site:

> Em meio ao clima de tensão, Moro disparou uma mensagem a Dallagnol em que, duramente, o cobrava sobre a intenção de adiar, em cima da hora, o depoimento do ex-Presidente. "Que história é essa que vcs querem adiar? Vcs devem estar brincando", escreveu, às 19h09. "Não tem nulidade nenhuma, é só um monte de bobagem", completou.
>
> Dallagnol *só respondeu no dia seguinte, às 8h41. "Passei o dia fora ontem. Defenderemos manter. Falaremos com Nivaldo", ele prometeu. Referia-se a Nivaldo* Brunoni, juiz de primeira instância que cobria as férias do relator da Lava

2008 GREENWALD, Glenn *et al.* "As mensagens secretas da Lava Jato". *Intercept Brasil*, 9 jun. 2019. Disponível em: https://www.intercept.com.br/2019/06/09/procuradores-tramaram-impedir-entrevista-lula/. Acessado em: 23.07.2023.

> Jato no Tribunal Regional Federal da 4ª Região, João Pedro Gebran Neto. Naquele mesmo dia, Brunoni rejeitou pedido da defesa do petista para adiar o interrogatório.
>
> Dois dias depois, uma outra conversa que revela o clima de camaradagem entre juiz e acusação. "Caro, foram pedidas oitivas na fase do 402, mas fique à vontade, desnecessário dizer, para indeferir. De nossa parte, foi um pedido mais por estratégia", teclou Dallagnol. Moro respondeu antecipando a sua decisão: "Blz, tranquilo, ainda estou preparando a decisão, mas a tendência é indeferir mesmo".[2009]

Nulidade de decisões – havia uma dúvida, no âmbito jurídico, se as declarações do Ministro e ex-juiz e do procurador obtidas pelo *The Intercept* poderiam levar à nulidade de suas decisões e mesmo ao descrédito total da Lava Jato. A maior parte dos especialistas, ouvidos pela imprensa, concordava que o efeito do vazamento seria mais na área política do que na jurídica, embora não se possa afastar, de imediato, a possibilidade de que o juiz seja considerado suspeito pelos tribunais superiores em alguns casos.

O advogado e professor de Direito da Universidade de São Paulo (USP), Gustavo Justino de Oliveira, afirmou que as mensagens reveladas pelo *The Intercept* indicam que houve, ao menos, quebra do decoro judicial por parte do Ministro e ex-juiz Sergio Moro, que pode caminhar para a "comprovação de uma ilegalidade", mas ainda não se pode falar que levarão à nulidade de processos da Lava Jato. "Tem que se analisar todos os fatos e ver se os diálogos correspondem a decisões tomadas nos processos. Não dá para dizer que tudo é vício porque Moro agiu parcialmente, partidariamente, que não foi neutro", diz Oliveira, que afirma, no entanto, que "em qualquer outro país, o Ministro já teria renunciado". Marcelo Rocha Monteiro,

---

2009 SIMÕES, Edson. *A luta pela Democracia no Brasil*: de Vargas a Bolsonaro. (Coleção Constituições e Democracia no Brasil e no Mundo: da Antropofagia à Autofagia). vol. 5. São Paulo: Grupo Almedina (Portugal), 2022, p. 604.

procurador de justiça do Ministério Público carioca e professor da Universidade do Estado do Rio de Janeiro (Uerj), considera que as conversas entre Moro e Dallagnol não levarão à anulação de processos porque não há provas. "Por enquanto, você só tem relatos na imprensa, não tem sequer *print*, áudio, mas, mesmo que surjam, não vejo, por ora, que comprometa os processos".[2010]

Ainda assim, as reações contra as falas das autoridades envolvidas com a Lava Jato foram grandes. O Conselho Federal da Ordem dos Advogados do Brasil (OAB) sugeriu o afastamento temporário do Ministro Sergio Moro e dos procuradores citados nas reportagens. Em nota, o Conselho defendeu a "investigação plena, imparcial e isenta" diante da "gravidade dos fatos" e do que chama de "possível relação de promiscuidade" na condução das ações penais no âmbito da Lava Jato. O corregedor nacional do Ministério Público, Orlando Rochadel, por sua vez, abriu um processo administrativo disciplinar contra o coordenador da força-tarefa da Lava Jato em Curitiba, Deltan Dallagnol, e os demais procuradores citados nos vazamentos. Em sua decisão, Rochadel determina que os procuradores prestem contas à entidade no prazo de dez dias. "Sem adiantar qualquer juízo de mérito, observa-se que o contexto indicado assevera eventual desvio de conduta de membros do Ministério Público Federal o que, em tese, pode caracterizar falta funcional", escreveu o corregedor.[2011]

A divulgação também fez com que o STF marcasse, para 25 de junho daquele ano, uma análise sobre o pedido da defesa de Lula que alegava "suspeição" de Moro para conduzir o julgamento contra o petista. A chamada ala garantista do STF, liderada pelo Ministro Gilmar Mendes, quer usar o julgamento de um pedido de

---

2010 MONTEIRO, Marcelo Rocha. *Valor*, edição de 11 jun. 2019, p. A-7.

2011 ROCHADEL, Orlando. "Conselho agora com o caso Deltan já aplicou cinco punições". *Folha de S. Paulo*, 11 jun. 2019. Disponível em: https://www1.folha.uol.com.br/poder/2019/06/agora-com-o-caso-deltan-conselho-ja-aplicou-cinco-punicoes-por-atuacao-politica.shtml. Acessado em: 23.07.2023.

habeas corpus da defesa do ex-Presidente para declarar a suspeição de Moro no processo que levou Lula à prisão em novembro de 2017. A segunda turma que deverá julgar o caso é formada por Mendes, Ricardo Lewandowski, Celso de Mello, Carmen Lúcia e Edson Fachin. O último é relator da Lava Jato no Supremo.[2012]

No editorial, *Muito a esclarecer*,[2013] publicado em 11 de junho de 2019, o jornal *O Estado de S. Paulo* sugeriu que o Ministro Sergio Moro renunciasse e os demais membros da força-tarefa se afastassem de suas funções até que o caso fosse elucidado. Para o jornal, a posição do ministro pode ficar "insustentável" dentro do governo. Causou compreensível estupefação o conteúdo de conversas atribuídas a integrantes da força-tarefa da Lava Jato e a Sergio Moro, então juiz responsável pelos processos relativos à operação e, hoje, Ministro da Justiça. Se as mensagens forem verdadeiras indicam uma relação totalmente inadequada – e talvez ilegal – entre o magistrado e os procuradores da República, com implicações políticas e jurídicas ainda difíceis de mensurar. Por muito menos, outros ministros já foram demitidos. (...) Presume-se que os efeitos políticos da divulgação dessas conversas serão graves. Não é possível ficar indiferente à suspeita, levantada pelas mensagens, de que o então juiz Sergio Moro pode ter dado orientações ao procurador Deltan Dellagnol, responsável pela Lava Jato, em casos relacionados à operação. Como explicou o Ministro do Supremo Tribunal Federal, Marco Aurélio Mello, "a troca de mensagens entre juiz e Estado acusador tem de ser no processo, com absoluta publicidade".

2012 FOLHA DE S. PAULO. "Defesa de Lula vê mudança de cenário em julgamento". *Folha de S. Paulo*, 13 jun. 2019. Disponível em: https://www1.folha.uol.com.br/poder/2019/06/defesa-de-lula-ve-mudanca-de-cenario-em-julgamento-no-stf-sobre-suspeicao-de-moro.shtml. Acessado em: 23.07.2023.

2013 O ESTADO DE SÃO PAULO. "Muito a esclarecer". *O Estado De São Paulo*, 13 jun. 2019. Disponível em: https://www.estadao.com.br/opiniao/muito-a-esclarecer-2/. Acessado em: 23.07.2023.

Três dias depois da primeira divulgação de conversas entre Moro e Dellagnol, um novo conjunto de questões foi repassado pelo *The Intercept.* Nele, Dallagnol relata a Moro uma conversa reservada que tivera com o Ministro do STF, Luiz Fux, em 22 de abril de 2016, cinco dias depois que a Câmara votou a admissibilidade do processo de *impeachment* contra a ex-Presidenta Dilma Roussef. No texto, o procurador explica que o Ministro se colocou à disposição da Lava Jato para ajudar no que fosse preciso. Em seguida, ele encaminha uma mensagem a Moro, que diz confiar no Ministro. "*In Fux we trust*" (Em Fux nós confiamos), escreve o então juiz, em referência à frase estampada nas notas de dólar *In God we trust* (Nós confiamos em Deus). O teor da mensagem do procurador, inicialmente dirigida aos promotores e depois redirecionada ao juiz, revela uma grande camaradagem entre os membros da operação e o Ministro.

"Caros, conversei hoje com o Fux mais uma vez. Reservado, é claro: o Ministro Fux disse quase espontaneamente que Teori Zavascki fez uma queda de braço com Moro e viu que se queimou", escreveu Dallagnol. Ele continuou:

> Fux disse para contarmos com ele para o que precisarmos, mais uma vez. Só faltou, como bom carioca, chamar-me para ir à casa dele. Mas os sinais foram ótimos. Falei da importância de nos protegermos enquanto instituições, principalmente no novo governo.[2014]

A queda de braço é uma referência às críticas que Zavascki fez aos métodos de Moro e da Lava Jato, que disse considerar "medievais e desrespeitosos". O "novo" governo era o de Michel Temer, que assumiu após o *impeachment* de Dilma.

2014 FOLHA DE S. PAULO. "Ex-magistrado e procurador comemoram aproximação". *Folha de S. Paulo*, 12 jun. 2019. Disponível em: https://www1.folha.uol.com.br/poder/2019/06/in-fux-we-trust-diz-moro-a-deltan-em-mensagem-sobre-ministro-do-stf.shtml. Acessado em: 23.07.2023.

Moro e Dallagnol tentaram se defender das acusações de direcionamento de decisões apelando para a questão legal. De acordo com ambos, que não questionaram o conteúdo das mensagens, haveria uma ilegalidade na obtenção dos vazamentos, que teriam sido obtidos, de forma fraudulenta, por meio de hackers. "Se quiserem podem divulgar tudo, não há problema algum", desafiou Moro em entrevista ao jornal *O Estado de São Paulo*. Para ele, que disse que não se afastaria do cargo, "o alvo são as instituições". Moro afirmou ver viés político-partidário nas divulgações e disse estar "tranquilo" com a lisura de suas comunicações. No entanto, passados cinco dias da divulgação das mensagens, Dallagnol e vários procuradores citados nos diálogos continuavam resistindo a entregar seus aparelhos celulares à Polícia Federal (PF) para que eles passassem por uma perícia técnica. Moro e a juíza substituta Gabriela Hardt entregaram seus aparelhos à Polícia. A verificação não apontou extração de informações do celular de Moro. Hardt, por sua vez, ameaçou processar quem divulgar conversas suas nas redes sociais.

Em outro desdobramento da divulgação das conversas, o Ministro do STF Marco Aurélio de Melo foi questionado por jornalistas se teria receio de ter suas conversas em aplicativos de rede social divulgadas. Ele aproveitou para alfinetar o Ministro da Justiça e ex-juiz: "Podem pesquisar. Não tem nada, eu sempre falo somente nos autos e nunca dou orientações para uma parte de processo", afirmou, em uma clara referência crítica à atitude de Moro à frente da Lava Jato. Gilmar Mendes, também Ministro, por sua vez, afirmou que Deltan Dallagnol era um "bobinho" e o verdadeiro chefe da operação era o ex-juiz Sergio Moro. Para Mendes, provas obtidas de forma ilegal podem ser usadas para anular uma condenação. O Ministro explicou a situação usando um exemplo: "digamos que uma pessoa seja condenada por assassinato e apareça uma prova ilegal que comprova claramente que a condenação é equivocada, e ela não é autora do crime, deve-se considerar essa prova válida", afirmou, em entrevista ao jornal *Folha de S. Paulo*.

Showzinho – no dia 14 de junho de 2019, o *The Intercept* Brasil voltou a divulgar trechos de supostas conversas entre os procuradores e o juiz no âmbito da Lava Jato. De acordo com o site, enquanto julgava o ex-Presidente Luiz Inácio Lula da Silva, o então juiz sugeriu a Dallagnol que fizesse uma nota para rebater a defesa de Lula que, segundo ele, havia feito seu *showzinho*. A sugestão foi acatada pelo então procurador Carlos Fernando de Lima, um dos responsáveis pela Lava Jato. Para os jornalistas do site, a situação comprova que o ex-juiz atuava, na prática, como um coordenador informal da força-tarefa da Lava Jato, em vez de cumprir o seu papel, de julgador isento e imparcial.

O episódio em que o então juiz referiu-se à atuação da defesa ocorreu, de acordo com o site, em 10 de maio de 2017, quando Moro já presidia um processo criminal contra o ex-Presidente no caso do Triplex do Guarujá. Eram 22h04min, quando o então juiz federal enviou uma séria de mensagens a Santos Lima, da força-tarefa da Lava Jato no Ministério Público Federal, em Curitiba. "O que achou?", quis saber Moro. Ele referia-se ao depoimento de Lula no processo em que era acusado – e no qual foi preso – de receber como propina de construtoras um apartamento tríplex no Guarujá. O embate entre Lula e Moro, no momento do depoimento, havia sido disponibilizado em vídeo pelo Tribunal. Seguiu-se o seguinte diálogo:

> Santos Lima – 22:10 – Achei que ficou muito bom. Ele começou polarizando conosco, o que me deixou tranquilo. Ele cometeu muitas pequenas contradições e deixou de responder muita coisa, o que não é bem compreendido pela população. Você ter começado com o Triplex desmontou um pouco ele.
>
> Moro – 22:11 – A comunicação é complicada, pois a imprensa não é muito atenta a detalhes.
>
> Moro – 22:11 – E alguns esperam algo conclusivo.[2015]

2015 GREENWALD, Glenn *et al.* "As mensagens secretas da Lava Jato". *Intercept Brasil*, 14 jun. 2019. Disponível em: https://www.intercept.com.br/2019/06/14/sergio-moro-enquanto-julgava-lula-sugeriu-a-lava-jato-emitir-uma-nota-oficial-contra-a-defesa-eles-acataram-e-pautaram-a-imprensa/. Acessado em: 23.07.2023.

Naquele dia, o ex-Presidente havia saído do prédio da Justiça Federal, após o depoimento e, na Praça Santos Andrade, em Curitiba, fez um pronunciamento diante de uma multidão. Por 11 minutos, atacou a Lava Jato, o *Jornal Nacional* e o então juiz Sergio Moro. Disse que estava sendo "massacrado" e encerrou com uma frase em que demonstrava sua intenção de concorrer novamente à Presidência da República: "Eu estou vivo e estou me preparando para voltar a ser Presidente desse país". Era o lançamento informal de sua candidatura às eleições de 2018, que, depois, seria proibida pelo Tribunal Superior Eleitoral (TSE), após sua condenação em segundo grau pelo Tribunal Regional Federal (TRF-4). Um minuto depois da última mensagem, Moro mandou para o procurador Santos Lima uma orientação privada para que a procuradoria pautasse o debate na imprensa:

> Moro – 22:12 – Talvez vcs devessem amanhã editar uma nota esclarecendo as contradições do depoimento com o resto das provas ou com o depoimento anterior dele
>
> Moro – 22:13 – Porque a Defesa já fez o showzinho dela.
>
> Santos Lima – 22:13 – Podemos fazer. Vou conversar com o pessoal.
>
> Santos Lima – 22:16 – Não estarei aqui amanhã. Mas o mais importante foi frustrar a ideia de que ele conseguiria transformar tudo em uma perseguição sua.[2016]

Em 10 de maio, Santos Lima copiou a conversa que teve em seu *chat* privado com Moro – em que o juiz sugere a nota pública para apontar as contradições de Lula – e colou em outro *chat* privado, com o coordenador da Lava Jato no MPF, Deltan Dallagnol.

2016 GREENWALD, Glenn *et al.* "As mensagens secretas da Lava Jato". *Intercept Brasil*, 14 jun. 2019. Disponível em: https://www.intercept.com.br/2019/06/14/sergio-moro-enquanto-julgava-lula-sugeriu-a-lava-jato-emitir-uma-nota-oficial-contra-a-defesa-eles-acataram-e-pautaram-a-imprensa/. Acessado em: 23.07.2023.

Eram 22h38min. Naquele mesmo momento, os procuradores da força-tarefa discutiam num *chat* chamado Filhos de Januário se deveriam comentar publicamente o depoimento de Lula. Às 22h43min, Santos Lima escreveu no grupo, dirigindo-se a Dallagnol: "leia o que te mandei". Ele se referia às mensagens que trocara com Moro. Três minutos depois, Dallagnol responderia em quatro postagens consecutivas no grupo, na qual, aparentemente, deixava claro que já sabia que o *Jornal Nacional*, da Rede Globo, citado como JN, iria explorar o assunto:

> Deltan – 22:46:46 – Então temos que avaliar os seguintes pontos: 1) trazer conforto para o juízo e assumir o protagonismo para deixá-lo mais protegido e tirar ele um pouco do foco; 2) contrabalancear o *show* da defesa.
>
> Deltan – 22:47:19 – Esses seriam porquês para avaliarmos, pq ng tem certeza.
>
> Deltan – 22:47:50 – O "o quê" seria: apontar as contradições do depoimento.
>
> Deltan – 22:49:18 – E o formato, concordo, teria que ser uma nota, para proteger e diminuir riscos. O *JN* vai explorar isso amanhã ainda. Se for para fazer, teríamos que trabalhar intensamente nisso durante o dia para soltar até lá por 16h.[2017]

Foi a vez então de Dallagnol mandar uma mensagem ao grupo Análise de *clipping*, dos assessores de imprensa.

> Deltan – 23:05:51 – Caros, mantenham avaliando a repercussão de hora em hora, sempre que possível, em especial verificando se está sendo positiva ou negativa e se a mídia está explorando as contradições e evasivas. As razões para

---

2017 GREENWALD, Glenn *et al.* "As mensagens secretas da Lava Jato". *Intercept Brasil*, 14 jun. 2019. Disponível em: https://www.intercept.com.br/2019/06/14/sergio-moro-enquanto-julgava-lula-sugeriu-a-lava-jato-emitir-uma-nota-oficial-contra-a-defesa-eles-acataram-e-pautaram-a-imprensa/. Acessado em: 23.07.2023.

> eventual manifestação são: a) contrabalancear as manifestações da defesa. Vejo com normalidade fazer isso. Nos outros casos não houve isso. b) tirar um pouco o foco do juiz que foi capa das revistas de modo inadequado.[2018]

Três minutos antes de mandar essas mensagens ao grupo, Dallagnol havia escrito a Moro. Além de elogiá-lo pela condução da audiência, o procurador falou sobre a nota:

> Deltan – 23:02:20 – Caro, parabéns por ter mantido controle da audiência de modo sereno e respeitoso. Estamos avaliando eventual manifestação. A *GN* acabou de mostrar uma série de contradições e evasivas. Vamos acompanhar.
>
> Moro – 23:16:49 – Blz. Tb tenho minhas dúvidas dá pertinência de manifestação, mas eh de se pensar pelas sutilezas envolvidas.[2019]

O pedido de Moro, para apontar as contradições da defesa de Lula, seria discutido no *chat* Filhos do Januário 1 até o fim da noite e, também, na manhã do dia seguinte, 11 de maio. E, finalmente, atendido. Os procuradores, acatando a sugestão do juiz, distribuíram uma nota à imprensa, repercutida pela *Folha de S. Paulo*, pelo *Estadão*, pela *Jovem Pan* e todos os principais veículos e agências do país. As notícias são centradas justamente na palavra desejada pelo juiz: "contradições". Na nota, a força-tarefa expõe o que considera serem três contradições do depoimento de Lula e refuta diretamente

---

2018 GREENWALD, Glenn *et al.* "As mensagens secretas da Lava Jato". *Intercept Brasil*, 14 jun. 2019. Disponível em: https://www.intercept.com.br/2019/06/14/sergio-moro-enquanto-julgava-lula-sugeriu-a-lava-jato-emitir-uma-nota-oficial-contra-a-defesa-eles-acataram-e-pautaram-a-imprensa/. Acessado em: 23.07.2023.

2019 GREENWALD, Glenn *et al.* "As mensagens secretas da Lava Jato". *Intercept Brasil*, 14 jun. 2019. Disponível em: https://www.intercept.com.br/2019/06/14/sergio-moro-enquanto-julgava-lula-sugeriu-a-lava-jato-emitir-uma-nota-oficial-contra-a-defesa-eles-acataram-e-pautaram-a-imprensa/. Acessado em: 23.07.2023.

uma alegação da defesa do petista, que os procuradores consideraram mentirosa.[2020]

FHC – um trecho do *chat* privado entre Sergio Moro e o procurador Deltan Dallagnol revela que o ex-juiz discordou de investigações sobre o ex-Presidente Fernando Henrique Cardoso na Lava Jato, porque, nas palavras dele, não queria "melindrar alguém cujo apoio é importante". O diálogo ocorreu em 13 de abril de 2017, um dia depois do *Jornal Nacional* ter veiculado reportagem a respeito de suspeitas contra o tucano.

Naquele dia, Moro chamou Deltan Dallagnol em um *chat* privado no Telegram para falar sobre o assunto. O juiz dos processos da Lava Jato em Curitiba queria saber se as suspeitas contra o ex-Presidente eram "sérias". O procurador respondeu acreditar que a força-tarefa – por meio de seu braço em Brasília – propositalmente não considerou a prescrição do caso de FHC e o enviou ao Ministério Público Federal de São Paulo, segundo ele, "talvez para [o MPF] passar recado de imparcialidade".

À época, a Lava Jato vinha sofrendo uma série de ataques, sobretudo de petistas e outros grupos de esquerda, que a acusavam de ser seletiva e de poupar políticos do PSDB.[2021]

2020 SIMÕES, Edson. *A luta pela Democracia no Brasil*: de Vargas a Bolsonaro. (Coleção Constituições e Democracia no Brasil e no Mundo: da Antropofagia à Autofagia). vol. 5. São Paulo: Grupo Almedina (Portugal), 2022, pp. 602-605.

2021 Posteriormente, Aécio Neves teve sua imagem pública muito prejudicada com a divulgação de conversas gravadas em que pedia "um empréstimo" de R$ 2 milhões ao empresário Joesley Batista, da JBS, para pagar os advogados e dizia que mandaria um primo, Frederico, para retirar o dinheiro. Ele seria uma pessoa que poderia "ser morta antes de delatar". Temer, por sua vez, chegou a ser preso duas vezes pela Polícia Federal (PF) sob acusação de corrupção e lavagem de dinheiro, em parceria com sócios de longa data.

> Moro – 09:07:39 – Tem alguma coisa mesmo séria do FHC? O que vi na TV pareceu muito fraco?
>
> Moro – 09:08:18 – Caixa 2 de 96?
>
> Dallagnol – 10:50:42 – Em pp sim, o que tem é mto fraco.
>
> Moro – 11:35:19 – Não estaria mais do que prescrito?
>
> Dallagnol – 13:26:42 – Foi enviado pra SP sem se analisar prescrição.
>
> Dallagnol – 13:27:27 – Suponho que de propósito. Talvez para passar recado de imparcialidade.
>
> Moro – 13:52:51 – Ah, não sei. Acho questionável pois melindra alguém cujo apoio é importante.[2022]

FHC foi citado na Lava Jato pelo menos nove vezes. Caso fossem investigados e comprovados, nem todos os possíveis crimes cometidos pelo ex-Presidente estariam prescritos. Naquele dia, antes de responder a Moro, Dallagnol encaminhou a dúvida do juiz para um chat em grupo, chamado Conexão Bsb-CWB, no qual estavam procuradores das duas cidades. Foi de Brasília, onde o caso tramitava, que ele recebeu a resposta de que a documentação foi encaminhada a São Paulo sem a análise sobre a prescrição.

> Dallagnol – 11:42:54 – Caros o fato do FHC é só caixa 2 de 96? Não tá prescrito? Teve inquérito?
>
> Sérgio Bruno Cabral Fernandes – 11:51:25 – Mandado pra SP.
>
> Sérgio Bruno Cabral Fernandes –11:51:44 – Não analisamos prescrição.
>
> Dallagnol – 13:26:11 – 👍👍😉[2023]

2022 SIMÕES, Edson. *A luta pela Democracia no Brasil*: de Vargas a Bolsonaro. (Coleção Constituições e Democracia no Brasil e no Mundo: da Antropofagia à Autofagia). vol. 5. São Paulo: Grupo Almedina (Portugal), 2022, pp. 603/604.

2023 GREENWALD, Glenn *et al.* "As mensagens secretas da Lava Jato". *Intercept Brasil*, 14 jun. 2019. Disponível em: https://encurtador.com.br/opsL6Acessado em: 23.07.2023.

No dia 23 de junho de 2019, um domingo, um jornal da grande imprensa, a *Folha de S. Paulo*, fez uma parceria com o site *The Intercept* para divulgar as conversas, que teriam como alvos o ex-juiz e posteriormente Ministro da Justiça e os procuradores da Operação Lava Jato, em especial o chefe da força-tarefa Deltan Dallagnol. Como nas conversas anteriores, o Ministro Sergio Moro aparece reprendendo e aconselhando Dallagnol – agindo, na prática, como o verdadeiro chefe da força-tarefa, a respeito dos passos da investigação. Ele chega a antecipar decisões que tomará, em uma conduta que se choca com a previsão de juiz distanciado das partes no Direito brasileiro. Os diálogos, divulgados no material obtido pela *Folha* – que o jornal atesta a veracidade ao confirmar com seus jornalistas as conversas com o ex-juiz e os procuradores – acontecem durante um capítulo emblemático da Lava Jato, dias depois do movimento mais controverso e de mais impacto de Moro até então: a divulgação da interceptação telefônica entre a então Presidenta Dilma Roussef e o ex-Presidente Luiz Inácio Lula da Silva. Moro foi duramente criticado nesse episódio pelo, então relator da Lava Jato no Supremo, Ministro Teori Zavascki, por juristas e profissionais da área, já que a gravação das conversas foi feita depois do horário-limite para o grampo. No entanto, a divulgação teve um efeito prático ao ampliar as marchas pró-*impeachment* de Dilma e levar o STF, na figura do Ministro Gilmar Mendes, a impedir a posse de Lula como Ministro da Casa Civil. A *Folha* informou que usou várias técnicas para constatar a veracidade das informações do *The Intercept* a que teve acesso. Uma delas foi consultar seus jornalistas que cobrem o caso sobre as mensagens deles enviadas ao juiz e ao promotor que batiam com as datas do material consultado. "A Folha não encontrou nenhum indício de adulteração no material", afirmou o jornal em seu texto de abertura.[2024]

2024 FOLHA DE S. PAULO. "Entenda o vazamento entre a conversa de Moro e Deltan". *Folha de S. Paulo*, 10 jun. 2019. Disponível em: https://encurtador.com.br/luzY0. Acessado em: 23.07.2023.

Nesse caso, as mensagens entre Moro e Dallagnol começam a partir de 23 de março de 2016. O então juiz parece preocupado com a divulgação negativa da gravação de Lula e Dilma e todo um pacote de investigações envolvendo a família do ex-Presidente, algumas sem qualquer ligação com as investigações. Havia críticas pelo açodamento de Moro de divulgar os áudios minutos depois de recebê-los, especialmente por causa do trecho envolvendo Dilma que, como Presidenta, tinha foro privilegiado, ou seja, fora da alçada do então juiz. Outra crítica referia-se ao fato de a captação ter ocorrido fora do período legal autorizado. Moro havia sido advertido pelo então relator, Ministro Teori Zavaski, e temia alguma punição no Conselho Nacional de Justiça (CNJ), o que não ocorreu. Nesse contexto, o ex-juiz avaliou que a Polícia Federal havia cometido "lambança", ao permitir a divulgação de uma lista apreendida em escritórios da construtora Odebrecht, que supostamente implicava parlamentares e outros políticos com foro privilegiado em doações ilegais. Isso levaria o caso ao Supremo Tribunal Federal (STF), tirando-o das mãos de Moro. "Não pode cometer esse tipo de erro agora", disse ele a Dallagnol. Em resposta, o procurador tenta animar Moro e promete apoio: "Faremos tudo o que for necessário para defender você de injustas acusações", escreveu. Em outro trecho, Moro critica os "tontos" do Movimento Brasil Livre (MBL), grupo de extrema-direita muito atuante no período do *impeachment*, por terem protestado contra Zavaski no condomínio do Ministro. "Isso não ajuda, evidentemente", lamentou.[2025] O procurador chega

---

2025 Dias depois da divulgação das interceptações, o Ministro Sergio Moro divulgou um áudio em que, surpreendentemente, pedia desculpas (ou escusas, como prefere dizer) ao MBL por ter, supostamente, chamado os seus militantes de "tontos". Afirmou, na mensagem, que "tinha muito respeito pelo MBL, um movimento que fez muito pelo Brasil", ressaltando que não lembrava se havia dito isso, mas se tivesse dito, estava desculpando-se. O curioso é que, ao admitir a fala e até pedir desculpas por ela, o ex-juiz admite ter se referido dessa forma ao movimento aliado nas transcrições do material do *The Intercept Brasil* e da *Folha*.

a mandar uma mensagem ao delegado da Polícia Federal Márcio Anselmo, que chefiava as investigações sobre a Odebrecht, e disse: "Moro está chateado". Anselmo respondeu horas mais tarde, reconhecendo que tinha sido apressado, mas defendeu-se dizendo que "não via motivo para todo esse alvoroço". Deltan respondeu: "O receio é que isso seja usado pelo STF contra a operação e contra o Moro. O momento é que ficou ruim. Vem porrada".

Dois inquéritos e uma ação penal que corriam em Curitiba, incluindo a lista da Odebrecht, foram enviadas ao STF em fins de março. Poucas semanas depois, Teori devolveu os inquéritos a Curitiba, mantendo no STF somente as planilhas da empreiteira que listavam políticos com foro, como manda a lei, as mesmas que Moro não queria mandar ao Supremo. Segundo levantamento feito pelo Conselho Nacional de Justiça (CNJ), a pedido da *Folha*, 55 processos foram abertos para examinar a atuação de Moro na Lava Jato e 34 já foram arquivados, sem punição para o ex-juiz, incluindo diversas reclamações por causa da divulgação de escutas em 2016. O jornal constatou, com base nas transcrições do material, que procuradores na linha de frente da Operação Lava Jato se articularam para proteger Sergio Moro e evitar que tensões entre ele e o Supremo Tribunal Federal paralisassem as investigações num momento crítico para a força-tarefa em 2016. O objetivo era evitar que a divulgação de papéis encontrados pela Polícia Federal na casa de um executivo da Odebrecht acirrasse o confronto com o STF ao expor dezenas de políticos que tinham direito a foro privilegiado – e que só podem ser investigados com autorização da Corte. O ex-juiz estava preocupado porque um dia antes ele havia sido repreendido pelo STF – na figura do Ministro Teori Zavascki – por causa da divulgação das escutas telefônicas que tiveram o ex-Presidente Luiz Inácio Lula da Silva como alvo naquele ano. Os procuradores e o ex-juiz temiam que o ministro desmembrasse o inquérito da Odebrecht que estavam sob controle de Moro em Curitiba. E ele determinou que Moro enviasse ao STF vários processos que estavam sob sua responsabilidade.

No dia 28 de junho, uma sexta-feira, a revista *Veja* também entrou, assim como a *Folha de S. Paulo*, na história divulgada pelo *The Intercept*. A revista, a mais importante do Brasil, foi atrás de duas testemunhas contra Lula que haviam sido sugeridas pelo ex--juiz e Ministro ao MPF. Nesse caso, também divulgado por meio do aplicativo Telegram, Moro admitiu a autenticidade do diálogo e alegou que havia sido um "descuido" de sua parte repassar a informação aos procuradores. "Eu recebi aquela informação, e aí, sim, vamos dizer que foi até um descuido meu, apenas passei pelo aplicativo. Mas não tem nenhuma anormalidade nisso. Não havia uma ação penal sequer em curso. O que havia é: é possível que tenha um crime de lavagem e eu passei ao Ministério Público", afirmou após uma cerimônia na Polícia Rodoviária Federal, em Brasília. Na conversa com Deltan pelo Telegram, Moro afirmou que havia uma testemunha "aparentemente disposta" a depor sobre imóveis do ex-Presidente Lula e de sua família. Seguindo a orientação do juiz, Dallagnol procurou as pessoas citadas, mas elas teriam se recusado a colaborar. Em resposta a Moro, o procurador chegou a sugerir que se forjasse uma denúncia anônima para justificar a expedição de uma intimação que obrigasse as testemunhas a depor no MP. No entanto, não fica claro na troca de mensagens entre os dois se de fato houve essa testemunha forjada.

A seguir, a transcrição do diálogo entre o então juiz e o procurador:

> Moro: Então. Seguinte. Fonte me informou que a pessoa do contato estaria incomodado por ter sido a ela solicitada a lavratura de minutas de escrituras para transferências de propriedade de um dos filhos do ex-Presidente. Aparentemente a pessoa estaria disposta a prestar a informação. Estou então repassando. A fonte é séria.
>
> Dallagnol: Obrigado!! Faremos contato.

> Moro: E seriam dezenas de imóveis.[2026]

Às 18h08min08s, depois de se comunicar com "a pessoa do contato", o procurador enviou uma mensagem a Moro:

> Dallagnol: Liguei e ele arriou. Disse que não tem nada a falar etc... quando dei uma pressionada, desligou na minha cara... Estou pensando em fazer uma intimação oficial até, com base em notícia apócrifa.
>
> Moro: Estranho, pois ele é quem teria alertado as pessoas que me comunicaram. Melhor formalizar então.
>
> Moro: Supostamente teria comentado com (SUPRIMIDO) que por sua vez repassou a informação até chegar aqui.
>
> Dallagnol: Posso indicar a fonte intermediária?
>
> Moro: Agora, já estou na dúvida.
>
> Moro: Talvez seja melhor vcs falarem com este (SUPRIMIDO) primeiro.
>
> Dallagnol: ok
>
> Dallagnol: Ok, obrigado, vou ligar.[2027]

De acordo com a publicação, o técnico em contabilidade, Nilton Aparecido Alves, de 57 anos, e o empresário Mário César Neves, dono de um posto de combustível em Campo Grande (MS), teriam sido as duas testemunhas indicadas pelo então juiz Sergio Moro ao chefe da força-tarefa da Lava Jato, Deltan Dallagnol. Com isso, ele, na prática, confirmou que auxiliou uma das partes, no caso a

---

2026 GREENWALD, Glenn *et al.* "As mensagens secretas da Lava Jato". *Intercept Brasil*, 9 jun. 2019. Disponível em: https://www.intercept.com.br/2019/06/09/chat-moro-deltan-telegram-lava-jato/. Acessado em: 23.07.2023.

2027 GREENWALD, Glenn *et al.* "As mensagens secretas da Lava Jato". *Intercept Brasil*, 9 jun. 2019. Disponível em: https://www.intercept.com.br/2019/06/09/chat-moro-deltan-telegram-lava-jato/. Acessado em: 23.07.2023.

acusação, no processo, o que é terminantemente proibido de acordo com a legislação brasileira. A reportagem da revista semanal, em parceria com o site *The Intercept*, mostra que Nilton Aparecido tem um escritório no centro de Campo Grande. Ele é conhecido, na região, por fazer negócios "nem sempre lícitos" relacionados a terras. Ao ser abordado pela revista, ele não quis comentar muito sobre o episódio. "Não sei por que meu nome está nessa história. Alguém deve ter falado alguma coisa errada". A revista perguntou a ele se teria informações referentes aos filhos de Lula e se havia prestado depoimento aos procuradores da Lava Jato em relação ao tema. Alves encerrou a conversa dizendo que não iria declarar mais nada. O dono do posto de combustível Mário Cesar Neves, por sua vez, confirmou que, em dezembro de 2015, um representante do Ministério Público Federal entrou em contato com ele para pedir informações sobre o técnico em contabilidade Nilton Aparecido. "O pessoal do Ministério Público me ligou, não sei mais o nome da pessoa, mas ela queria saber quem era o Nilton, que serviços ele prestava e como poderia encontrá-lo", afirmou.

Ele também confirmou que repassou ao MPF o endereço e o telefone de Nilton. "Eu soube que o Nilton foi chamado para prestar depoimento logo depois dessa ligação para mim", disse Neves. Se confirmada a ligação entre as supostas testemunhas contra Lula e a ação do MP, a situação de Moro complica-se ainda mais do ponto de vista jurídico. A comprovação de que o Ministério Público, de fato, não apenas ouvia, mas seguia suas orientações, reforça a tese de que quando magistrado, Moro abandonou a posição de imparcialidade para instruir um dos lados da ação, algo considerado ilegal pelo Código de Processo Penal e pela Lei da Magistratura. A revista ainda revela que o técnico é conhecido em seu Estado por fazer negócios fraudulentos relacionados a imóveis rurais. "Agentes do Grupo de Atuação Especial de Repressão ao Crime Organizado (Gaeco) do Mato Grosso do Sul fizeram uma operação de busca e apreensão na casa de Nilton e recolheram escrituras, agendas, extratos bancários e pens drives. Mas essa investigação tem relação com a da Procuradoria da República no Paraná", afirma a publicação.[2028]

A relação entre Moro e Dallagnol era tão próxima que abre espaço para que eles comemorem, nas conversas, o sucesso de algumas etapas da Lava Jato, como se fossem companheiros de trabalho festejando metas alcançadas. Em 14 de dezembro de 2016, Dallagnol escreve ao parceiro para contar que a denúncia de Lula seria protocolada em breve, enquanto a de Sérgio Cabral já seria registrada no dia seguinte (o que de fato ocorreu). Moro responde com um *emoticon* de felicidade, ao lado da frase: "um bom dia afinal". A proximidade rendeu ainda lances curiosos. Em 9 de julho de 2015, Dallagnol saúda o colega: "bem vindo ao telegram!!". Cinco meses depois, dá dicas ao juiz de como usar o programa no *desktop*, enviando no *chat* um *link* para o *download*. "Se puder me mandar no e-mail, agradeço. O tico e o teco da informática aqui não são muito espertos", responde Moro. Em março de 2017, Dallagnol escreve ao juiz para tirar uma dúvida: ele assina o primeiro nome com ou sem acento? O motivo é que o procurador estava revisando um livro sobre Moro. "Não uso normalmente o acento", responde o juiz. Em julho de 2018, Dallagnol atua como assessor de imprensa, perguntando a Eduardo El Hage, um colega do Ministério Público Federal no Rio, detalhes de um pedido de participação de Moro em um programa do canal fechado HBO: "Eles contataram o Moro aqui e ele queria ter o contexto e informações que possam ser úteis pra ele decidir se atende". Em um dos períodos mais tensos da operação, o que se seguiu à ação do juiz que torna público o famoso trecho do grampo telefônico em que Dilma Rousseff envia o "Bessias" para entregar a Lula o termo de posse em seu Ministério, Dallagnol combina em um dos *chats* com procuradores uma nota de apoio a Moro e repassa ao

---

2028 ROCHA, Marcelo *et al.* "As testemunhas que puseram em xeque a imparcialidade de Sergio Moro". *Veja*, 28 jun. 2019. Disponível em: https://veja.abril.com.br/politica/as-testemunhas-que-puseram-em-xeque-a-imparcialidade-de-sergio-moro. Acessado em: 23.07.2023.

grupo uma sugestão do próprio juiz para o texto. Na mesma época, Moro também recebe um afago e conselho de um interlocutor no Telegram (tudo indica, o procurador Carlos Fernando dos Santos Lima). "O movimento seria nas sombras, como você mesmo disse", escreve, referindo-se ao convite de Dilma para Lula. "O seu capital junto à população vai proteger durante um tempo. As coisas se transformam muito rápido".

Parcialidade – até mesmo a imagem do próprio então juiz, Sergio Moro, é questionada pelos procuradores da Lava Jato, principalmente a partir de outubro de 2018, quando ele aceitou o convite do Presidente eleito, Jair Bolsonaro (PSL), para ser seu Ministro da Justiça. Elogiado em público, ele era criticado no privado por vários procuradores, entre eles Monique Cheker que, em uma das mensagens refere-se ao magistrado da seguinte forma: "Moro viola sempre o sistema acusatório e é tolerado por seus resultados", escreveu, de acordo com o *The Intercept* Brasil.

A violação do sistema levou a Lava Jato a conspirar, depois de um comentário de Moro, para além das fronteiras do Brasil. Os procuradores se articularam para vazar informações sigilosas da delação da Odebrecht para a oposição venezuelana, mesmo que isso representasse "mais convulsão social e mais mortes", como ponderou o procurador Paulo Galvão em um grupo. O colega dele, Athayde Ribeiro Costa, advertiu: "Imagina se ajuizamos e o maluco manda prender todos os brasileiros no território venezuelano". Deltan Dallagnol não se comoveu: "é algo que cabe aos cidadãos venezuelanos ponderarem".

Um dia antes do anúncio de Moro, em 31 de outubro, quando circulavam fortes boatos de que Moro participaria do governo Bolsonaro, a procuradora Jerusa Viecili, integrante da força-tarefa em Curitiba, escreveu no grupo Filhos do Januario 3: "Acho péssimo. Só dá ênfase às alegações de parcialidade e partidarismo". A procuradora Laura Tessler, também da força-tarefa, concordou com a avaliação:

> Tb acho péssimo. MJ nem pensar... além de ele não ter poder para fazer mudanças positivas, vai queimar a LJ. Já tem gente falando que isso mostraria a parcialidade dele ao julgar o PT. E o discurso vai pegar. Péssimo. E Bozo é muito mal visto... se juntar a ele vai queimar o Moro.[2029]

Viecili completou: "E queimando o moro queima a LJ". Outro procurador da operação, Antônio Carlos Welter, enfatizou que a postura de Moro era "incompatível com a de Juiz". Abaixo, algumas das conversas transcritas no *The Intercept*:

> 31 de outubro de 2018 – Filhos do Januario 3
>
> Isabel Groba – 09:24:41 – É o fim ir se encontrar com Bolsonaro e semana que vem ir interrogar o Lula.
>
> Jerusa Viecili – 09:25:20 – Concordo com tudo, Isabel!
>
> Laura Tessler – 09:25:27 – Tb!
>
> Laura Tessler – 09:26:01 – Pelo amor de Deus!!!! Alguém fala pro Moro não ir encontrar Bolsonaro!!!
>
> Antônio Carlos Welter – 09:44:35 – Deltan Min do STF é um cargo no judiciário, que seria o reconhecimento máximo na carreira. Como ministro da justiça vai ter que explicar todos os arroubos do Presidente, vai ter que engolir muito sapo e ainda vai ser profundamente criticado por isso. Veja que um dos fundamentos do pedido feito ao comitê da Onu para anular o processo do Lula é justamente o de falta de parcialidade do juiz. E logo após as eleições ele é convidado para ser Ministro. Se aceitar vai confirmar para muitos a teoria da conspiração. Vai ser um prato cheio. Às vezes, o convite, ainda que possa representar reconhecimento (merecido), vai significar para muita gente boa e imparcial, que nos apoia,

2029 GREENWALD, Glenn *et al.* "As mensagens secretas da Lava Jato". *Intercept Brasil*, 29 jun. 2019. Disponível em: https://www.intercept.com.br/2019/06/29/chats-violacoes-moro-credibilidade-bolsonaro/. Acessado em: 23.07.2023.

> sem falar da imprensa e o PT, uma virada de mesa, de postura, incompatível com a de Juiz.[2030]

No dia seguinte, 1º de novembro, quando ficou claro que Moro seria anunciado como Ministro da Justiça, outros procuradores do MPF, não envolvidos com a Lava Jato, aderiram ao coro. Conversando no grupo BD, do qual faziam parte procuradores de vários estados, eles dispararam duras críticas ao ex-juiz:

> 1º de novembro de 2018 – BD
>
> Ângelo – 10:00:07 – Cara, eu não confio no Moro, não. Em breve vamos nos receber cota de delegado mandando acrescentar fatos à denúncia. E, se não cumprirmos, o próprio juiz resolve. Rs.
>
> Monique – 10:00:30 – Olha, penso igual.
>
> Monique – 10:01:36 – Moro é inquisitivo, só manda para o MP quando quer corroborar suas ideias, decide sem pedido do MP (variasssss vezes) e respeitosamente o MPF do PR sempre tolerou isso pelos ótimos resultados alcançados pela lava jato
>
> Ângelo – 10:02:13 – Ele nos vê como "mal constitucionalmente necessário", um desperdício de dinheiro.
>
> Monique – 10:02:30 – Se depender dele, seremos ignorados.
>
> Ângelo – 10:03:02 – Afinal, se já tem juiz, por que outro sujeito processual com as mesmas garantias e a mesma independência? Duplicação inútil. E ainda podendo encher o saco.
>
> Monique – 10:03:43 – E essa fama do Moro é antiga. Desde que eu estava no Paraná, em 2008, ele já atuava assim. Alguns colegas do MPF do PR diziam que gostavam da pro atividade dele, que inclusive aprendiam com isso.

2030 GREENWALD, Glenn *et al.* "As mensagens secretas da Lava Jato". *Intercept Brasil*, 29 jun. 2019. Disponível em: https://www.intercept.com.br/2019/06/29/chats-violacoes-moro-credibilidade-bolsonaro/. Acessado em: 23.07.2023.

> Ângelo – 10:04:30 – Fez umas tabelinhas lá, absolvendo aqui para a gente recorrer ali, mas na investigação criminal – a única coisa que interessa –, opa, a dupla polícia/ juiz eh senhora.
>
> Monique – 10:04:31 – Moro viola sempre o sistema acusatório e é tolerado por seus resultados.[2031]

É particularmente significativo que procuradores tenham chamado algumas absolvições de Moro de "tabelinhas" – destinadas a criar uma falsa percepção de imparcialidade – já que as absolvições haviam sido citadas pelo ex-juiz e por Deltan Dallagnol justamente para refutar acusações de que Moro era o verdadeiro chefe dos procuradores. Quando Moro foi, finalmente, confirmado como Ministro da Justiça, o procurador Sérgio Luiz Pinel Dias, que atua na Lava Jato no Rio de Janeiro, digitou no grupo MPF GILMAR MENDES que, daquele momento em diante, seria muito difícil "afastar a imagem de que a LJ integrou o governo de Bolsonaro":

> 1º de novembro de 2018 – Grupo MPF GILMAR MENDES
>
> Thaméa Danelon – 10:19:01 – Bom dia pessoal. Qual a opinião de vcs sobre Moro no MJ?
>
> José Augusto Simões Vagos – 10:44:57 – Acho inoportuno.
>
> Sérgio Luiz Pinel Dias – 10:50:51 – Thamea e colegas, pessoalmente acho ruim para o legado da LJ, por melhor que sejam as intenções dele de tentar influir por dentro... Para mim, LJ, além de ser um símbolo, é um método de atuação das nossas instituições, que nos permitiu, até aqui, surfar juntos em uma excelente onda. Mas será difícil, muito difícil, hoje e provavelmente no futuro, com a assunção de Moro ao MJ, afastar a imagem de que a LJ integrou o governo de

---

2031 GREENWALD, Glenn *et al.* "As mensagens secretas da Lava Jato". *Intercept Brasil*, 29 jun. 2019. Disponível em: https://www.intercept.com.br/2019/06/29/chats-violacoes-moro-credibilidade-bolsonaro/. Acessado em: 23.07.2023.

> Bolsonaro. Vejo, por esse motivo, com muita preocupação esse passo do Moro.
>
> Mônica Campos de Ré – 10:54:12 – Concordo![2032]
>
> Em uma nova parceria com a revista *Veja*, o *The Intercept* apontou, em 11 de julho, o que poderiam ser classificados como "diálogos impróprios" entre o procurador da Operação Lava Jato Deltan Dallagnol e o desembargador do Tribunal Regional Federal da Quarta Região (TRF-4), em Porto Alegre, João Pedro Gebran Neto, que atua como relator dos casos da operação. Gebran Neto se tornou célebre pela condenação de Lula, quando, na condição de relator, disse ter lido as mais de 500 páginas do processo do petista em apenas dois dias. O caso bateu todos os recordes de velocidade do tribunal. Embora ele não esteja falando do caso Lula nas interceptações, os diálogos parecem sugerir que o desembargador, amigo pessoal de Sergio Moro, teria repassado a Dallagnol informações sigilosas sobre as quais ainda estava se debruçando.[2033]

Dallagnol, nesse período conturbado, aproveitou para vender palestras e pensou em montar uma empresa de eventos e palestras.

Contexto a partir de 25 de junho – a divulgação dos diálogos havia começado dia 9 daquele mês – o coordenador da força-tarefa da Lava Jato, Deltan Dallagnol, começou a aparecer mais nas conversas obtidas pelo *The Intercept*. Em um diálogo com outros procuradores, em especial com Roberson Pozzobon, descobriu-se que o coordenador pretendia se aproveitar do prestígio obtido com a Lava Jato para montar uma empresa de palestras e eventos

---

2032 GREENWALD, Glenn *et al.* "As mensagens secretas da Lava Jato". *Intercept Brasil*, 29 jun. 2019. Disponível em: https://www.intercept.com.br/2019/06/29/chats-violacoes-moro-credibilidade-bolsonaro/. Acessado em: 23.07.2023.

2033 SIMÕES, Edson. *A luta pela Democracia no Brasil*: de Vargas a Bolsonaro. (Coleção Constituições e Democracia no Brasil e no Mundo: da Antropofagia à Autofagia). vol. 5. São Paulo: Grupo Almedina (Portugal), 2022, p. 607.

e, segundo suas palavras, "faturar alto" na esteira da fama e dos contatos conseguidos durante a operação. Em parceria com o jornal *Folha de S. Paulo*, os diálogos demonstram que Dallagnol e seu colega discutiram a formação de uma empresa, na qual eles não apareceriam formalmente como sócios, uma estratégia para evitar questionamentos legais e críticas. A ideia do procurador era colocar a empresa nos nomes de suas respectivas mulheres ou outros parentes. Eles também discutiram a criação de um instituto sem fins lucrativos para pagar altos cachês a eles mesmos, além de parceria com uma firma que organiza formaturas para alavancar os ganhos do projeto. A lei não proíbe que procuradores sejam sócios, investidores ou acionistas, desde que não tenham poderes de administração ou gestão da empresa. Os *chats*, examinados pela *Folha* e pelo *Intercept*, indicam que Dallagnol ocupou os serviços de duas funcionárias da Procuradoria em Curitiba para organizar sua atividade pessoal de palestrante no decorrer da Lava Jato. As conversas mostram, ainda, que o procurador incentivava outras autoridades ligadas ao caso a realizar palestras remuneradas, entre eles o ex-juiz e atual Ministro da Justiça e da Segurança Pública, Sergio Moro, o ex-procurador-geral da República Rodrigo Janot e outros procuradores que atuaram no escândalo de corrupção.

Criticado por colegas pelo fato de se dedicar ao trabalho de palestrante, Dallagnol disse, em um *chat* com o procurador Carlos Fernando Santos Lima, em fevereiro de 2015, que a atividade compensava um prejuízo financeiro decorrente da Lava Jato.

> Estou a favor de maior autonomia, mas não me encham o saco, pra usar sua expressão, a respeito de como uso meu tempo. To me ferrando de trabalhar e ta parecendo a fábula do velho, do menino e do burro. Uns acham que devo atender menos a SECOM, outros que é importante. Uns acham que devo acompanhar cada um, outros acham que os grupos devem ter mais liberdade. E chega de reclamar dos meus cursos ou viagens. Evito dormir nos voos pra render. To até agora resolvendo e-mails etc.

> Essas viagens são o que compensa a perda financeira do caso, pq fora eu fazia itinerancias e agora faria substituições. Enfim, acho bem justo e se reclamar quero discutir isso porque acho errado reclamar disso.[2034]

Dallagnol se refere a dois tipos de trabalho no Ministério Público que podem engordar o contracheque. A itinerância é quando um procurador substitui as funções de outro, geralmente em outras cidades, com recebimento de diárias. Como integrante de uma força-tarefa, que exige dedicação exclusiva, ele foi impedido de ocupar posições fora de Curitiba. Já no caso das substituições, o membro do MP assume o cargo de outro – como alguma função de chefia –, mas de forma mais modesta.

A ideia de criar uma empresa de eventos para aproveitar a repercussão da Lava Jato foi manifestada por Dallagnol nos *chats* em dezembro passado. "Vamos organizar congressos e eventos e lucrar, ok? É um bom jeito de aproveitar nosso *networking* e visibilidade", afirmou em conversa com a esposa. No mesmo mês, o procurador e seu colega na força-tarefa da Lava Jato, Roberson Pozzobon, criaram um *chat* específico para discutir o tema, com a participação das mulheres de ambos. "Antes de darmos passos para abrir empresa, teríamos que ter um plano de negócios e ter claras as expectativas em relação a cada um. Para ter plano de negócios, seria bom ver os últimos eventos e preço", afirmou Dallagnol no chat. Pozzobon respondeu: "Temos que ver se o evento que vale mais a pena é: i) Mais gente, mais barato ii) Menos gente, mais caro. E um formato não exclui o outro". Após a troca de várias mensagens sobre formatos do negócio, em 14 de fevereiro deste ano Dallagnol propôs que a empresa fosse aberta em nome das esposas, e que a organização dos eventos ficasse a cargo da firma Star Palestras e Eventos.

2034 AUDI, Amanda *et al.* "As mensagens secretas da Lava Jato". *Intercept Brasil*, 14 jul. 2019. Disponível em: https://www.intercept.com.br/2019/07/14/dallagnol-lavajato-palestras/. Acessado em: 23.07.2023.

> 14 de fevereiro de 2019 – chat Empresas palestras
>
> Deltan Dallagnol – 21:41:10 – Caros, se formos tocar nós mesmos, não vai funcionar. E se eu passar pra SUPRIMIDO da Star organizar isso e combinar que dividiremos os lucros? Se tivermos a empresa em nome de SUPRIMIDO e SUPRIMIDO, jogamos pra ela organizar tudo e dividimos por 3 o resultado, sendo 1/3 pra SUPRIMIDO da Star. Estão de acordo?
>
> Dallagnol – 21:42:03 – Se estiverem de acordo passo pra ela a ideia e começamos fazendo na Unicuritiba e talvez 1 em SP inserindo um professor como SUPRIMIDO, e enquanto isso as meninas abrem a empresa.
>
> Roberson Pozzobon – 21:42:13 – Gostei da ideia, Delta![2035]

Dallagnol detalhou, então, como seria a organização formal da empresa. "Só vamos ter que separar as tratativas de coordenação pedagógica do curso que podem ser minhas e do Robito [Pozzobon] e as tratativas gerenciais que precisam ser de Vcs duas, por questão legal". Em seguida, o procurador alertou para a possibilidade de a estratégia levantar suspeitas. "É bem possível que um dia ela seja ouvida sobre isso pra nos pegarem por gerenciarmos empresa". Pozzobon, então, comentou, em tom jocoso: "Se chegarem nesse grau de verificação é pq o negócio ficou lucrativo mesmo rsrsrs. Que veeeenham". Em dezenas de conversas analisadas pela *Folha* e pelo *Intercept*, Dallagnol mostrou grande interesse quanto ao valor de cada palestra. Em um dos *chats*, ele somou os lucros da atividade apurados em setembro de 2018. "As palestras e aulas já tabeladas neste ano estão dando líquido 232k. Ótimo... 23 aulas/palestras. Dá uma média de 10k limpo", afirmou. No mês seguinte, o procurador manifestou a expectativa para o fechamento de 2018. "Se tudo der certo nas palestras, vai entrar ainda uns 100k limpos até o fim do ano. Total líquido das palestras e livros daria uns 400k. Total de

---

2035 AUDI, Amanda *et al.* "As mensagens secretas da Lava Jato". *Intercept Brasil*, 14 jul. 2019. Disponível em: https://www.intercept.com.br/2019/07/14/dallagnol-lavajato-palestras/. Acessado em: 23.07.2023.

40 aulas/palestras. Média de 10k limpo", disse o procurador. Em 2016, Dallagnol havia faturado R$ 219 mil com as palestras. Como procurador, o coordenador da força-tarefa recebe um salário bruto de R$ 33.689,11 por mês, conforme o portal de transparência do MPF – um total que pode superar R$ 430 mil neste ano. Em 2018, ele recebeu cerca de R$ 300 mil em rendimentos líquidos, sem considerar valores de indenizações.[2036]

Há *chats* que revelam, ainda, que Dallagnol usou os serviços de duas funcionárias da Procuradoria para organizar sua vida de palestrante. As mensagens contêm pedidos de registro de recibos e contratos relativos aos eventos, além da administração do fluxo de convites que ele recebia.

> 18 de agosto de 2016 – *chat* privado com funcionária da procuradoria.
>
> Deltan Dallagnol – 20:36:38 – Oi SUPRIMIDO, tarefinha pra volta: quanto às palestras pagas, Vc faria o favor de preencher a tabela anexa e me passar os documentos comprobatórios conjuntamente (contrato e comprovantes de depósitos)? Quero controlar conforme forem acontecendo, mas não consigo tempo para fazer o conttrole direitinho.[2037]

Nas conversas mantidas com autoridades, muitas vezes, Dallagnol encorajou os interlocutores a também realizar palestras remuneradas. Em abril de 2017, o procurador antecipou um convite ao então juiz responsável pela Lava Jato, Sergio Moro, para participar

---

2036 SIMÕES, Edson. *A luta pela Democracia no Brasil*: de Vargas a Bolsonaro. (Coleção Constituições e Democracia no Brasil e no Mundo: da Antropofagia à Autofagia). vol. 5. São Paulo: Grupo Almedina (Portugal), 2022, p. 606.

2037 AUDI, Amanda *et al*. "As mensagens secretas da Lava Jato". *Intercept Brasil*, 14 jul. 2019. Disponível em: https://www.intercept.com.br/2019/07/14/dallagnol-lavajato-palestras/. Acessado em: 23.07.2023.

de um evento em São Paulo e contou ao atual ministro da Justiça como estava cobrando pela atividade.

> Caro, o SUPRIMIDO vai te convidar nesta semana pra um curso interessante em agosto. Eles pagam para o palestrante 3 mil. Pedi 5 mil reais para dar aulas lá ou palestra, porque assim compenso um pouco o tempo que a família perde (esses valores menores recebo pra mim... é diferente das palestras pra grandes eventos que pagam cachê alto, caso em que estava doando e agora estou reservando contratualmente para custos decorrentes da Lava Jato ou destinação a entidades anticorrupção – explico melhor depois)...[2038]

A princípio, Moro disse que já estava com a agenda cheia, mas, posteriormente, aceitou o convite e participou com Dallagnol, em agosto de 2017, do 1º Congresso Brasileiro da Escola de Altos Estudos Criminais em São Paulo. Em junho de 2018, o chefe da Lava Jato, em Curitiba, tentou convencer Rodrigo Janot a participar de um evento em São Paulo. Fazia quase seis meses que eles não se falavam pelo Telegram, segundo o histórico de mensagens. Depois de abordar o evento, ele emendou:

> [Moro] Tava aqui gerenciando msgs e vi que fui direto ao ponto kkkk. Tudo bem com Vc? Espero que esteja aproveitando bastante, tomando muita água de coco e dormindo o sono dos justos rs... Agora, vou te dizer, Vc faz uma faaaaaaaltaaaaa.
>
> [Janot] Oi amigo kkkkkk. Considero sim mas teremos que falar sobre cache. Grato pela lembra.

2038 AUDI, Amanda *et al.* "As mensagens secretas da Lava Jato". *Intercept Brasil*, 14 jul. 2019. Disponível em: https://www.intercept.com.br/2019/07/14/dallagnol-lavajato-palestras/. Acessado em: 23.07.2023.

Dallagnol perguntou se o cachê oficial do ex-chefe era de R$ 30 mil e sinalizou que faculdades normalmente "não pagam esse valor... mas se pedir uns 15k (R$ 15 mil), acho que pagam".

No dia 10 de julho, um mês depois do início da divulgação das conversas no *Intercept*, um outro Ministro do STF, além de Fachin e Fux, também foi citado nas conversas entre os procuradores. Trata-se de Luís Roberto Barroso que, de acordo com o jornalista Reinaldo Azevedo, do programa *É da coisa*, da Rádio Bandeirantes, marcou um jantar com Dallagnol e Moro em sua casa, no Rio de Janeiro. De acordo com a mensagem, de 3 de agosto de 2016, Dallagnol relata a Moro que recebeu um e-mail do Ministro Luiz Roberto Barroso em que este os convidava para um encontro privado, "com máxima discrição". Abaixo, o diálogo:

> 06:39:57 Moro – Está confirmado o jantar no Barroso?
>
> 10:04:51 Deltan – Ele acabou de confirmar. Estou adiantando meu voo porque terça estarei na comissão especial. Boa reunião amanhã c eles!!
>
> 12:29:19 Moro – Obrigado. Preciso do endereço e horário do jantar
>
> 13:48:37 Deltan – Não tenho ainda tb... passo assim que ele indicar...
>
> 13:48:54 Deltan – Lembrando que ele é carioca... talvez tenha convidado e não passe o endereço mesmo kkkk
>
> 16:38:29 Moro – Boa[2039]

A conversa é retomada à noite. No diálogo, vão se misturar duas coisas: o jantar na casa de Barroso e uma entrevista que Deltan concedeu a Jô Soares (conforme original).

2039 SIMÕES, Edson. *A luta pela Democracia no Brasil*: de Vargas a Bolsonaro. (Coleção Constituições e Democracia no Brasil e no Mundo: da Antropofagia à Autofagia). vol. 5. São Paulo: Grupo Almedina (Portugal), 2022, p. 608.

Tentativa de incriminar Ministro do STF – chantagem

A sucursal brasileira do jornal espanhol *El País* também se juntou, depois de *Veja, Folha de S. Pau*lo e do jornalista Reinaldo Azevedo, ao site *The Intercept* Brasil, nas apurações dos vazamentos da Vaza Jato. Na ocasião, a reportagem conjunta, que envolveu profissionais do *El País* e do *The Intercept*, revelou que os procuradores de Curitiba, liderados por Deltan Dallagnol, planejaram investigar – de forma ilegal, já que a legislação brasileira não permite – um Ministro do Supremo Tribunal Federal (STF), Gilmar Mendes. A matéria demonstrou o esforço de coleta de dados de Mendes, tido como um crítico da operação Lava Jato. Outro Ministro, o atual Presidente da Corte, Dias Toffoli, já havia sido investigado clandestinamente por membros da Lava Jato. A reportagem demonstra que tudo começou quando Dallagnol compartilhou com seus colegas um boato segundo o qual Mendes seria proprietário de parte do dinheiro mantido em contas no exterior por Paulo Preto, tido como o operador de propinas do PSDB. O desenrolar da conversa entre os procuradores demonstra que o grupo de procuradores apostou que o ministro poderia ser beneficiário de contas e cartões que o operador mantinha na Suíça. "Vai que tem um para o Gilmar...", diz o procurador Roberson Pozzobon nos *chats*. "Aí, você estará investigando ministro do Supremo, Robinho... não pode", alertou, com ironia, o procurador Athayde Ribeiro da Costa. "Ahhhaha", devolveu Pozzobon. "Não que estejamos procurando", completa ele. "Mais vai que..." Procuradores, promotores e juízes de primeira instância não podem investigar membros do Supremo, que só podem ser inquiridos pelo Conselho Nacional de Justiça. "Eles [os procuradores] planejaram acionar investigadores na Suíça para tentar reunir munição contra o ministro, ainda que buscar apurar fatos ligados a um integrante da Corte Superior extrapolasse suas competências constitucionais", afirmou a reportagem de *El País*.[2040]

2040 *El País*, 6 de ago. 2019.

Nas conversas secretas, Deltan deixa claro que sabia que extrapolava suas competências legais ao determinar a investigação de um Ministro de Corte Suprema. "Nós não podemos dar a entender que investigamos GM [Gilmar Mendes]", diz em certo momento. Mesmo assim, o coordenador da força-tarefa decide ir adiante: "Vale ver ligações de PP [Paulo Preto] para telefones do STF". A ideia dos procuradores e de Deltan, de acordo com o *El País*, era pedir a suspeição e até o *impeachment* de Mendes. A estratégia contra este foi discutida ao longo de meses, em conversas de membros da força-tarefa pelo aplicativo Telegram, enviadas ao *The Intercept* por uma fonte anônima e analisadas em conjunto com o *El País*. Na guerra contra o Ministro do Supremo, os procuradores se mostraram particularmente animados em 19 de fevereiro deste ano. "Gente, essa história do Gilmar hoje!! (...) Justo hoje!!! (...) Que Paulo Preto foi preso", começa Dallagnol no *chat* grupo Filhos do Januário 4, que reúne procuradores da força-tarefa. A conversa se desenrola e se revela a ideia de rastrear um possível elo entre o magistrado e Paulo Vieira de Souza, o Paulo Preto, preso em Curitiba, num desdobramento da Lava Jato e apontado como operador financeiro do PSDB. Uma aposta era que Gilmar Mendes, que já havia concedido dois *habeas corpus* em favor de Preto, aparecesse como beneficiário de contas e cartões que o operador mantinha na Suíça, um material que já estava sob escrutínio dos investigadores do país europeu.[2041]

Nas mensagens, que o *El País* optou por deixar com a grafia original, tudo começa porque Dallagnol comenta saber de "um boato" vindo da força-tarefa de São Paulo (FT-SP) de que parte do dinheiro mantido por Paulo Preto, em contas no exterior, pertenceria a Mendes. "Mas esse boato existe mesmo?", pergunta o procurador Costa. "Pessoal da FT-SP disse que essa info chegou a eles", responde Júlio Noronha, em referência aos colegas paulistas. Procurada pelo jornal, a assessoria de imprensa do FT-SP afirmou que "jamais recebeu qualquer informação sobre suposto envolvimento de Gilmar

---

2041 *El País*, 6 de ago. 2019.

Mendes com as contas no exterior de Paulo Vieira de Souza". E também que "se recebesse uma informação a respeito de Ministro do STF, essa informação seria encaminhada à PGR [Procuradoria Geral da República]". E que "jamais passaria pela primeira instância para depois ir para a PGR".[2042]

O artigo 102 da Constituição determina que os Ministros do Supremo só podem ser investigados com autorização de seus pares, a não ser que apareçam em uma investigação já em curso, a chamada investigação cruzada. Caso seja este o caso, a competência é necessariamente da Procuradoria Geral da República (PGR). Para o procurador da República Celso Três, que atuou no início do caso Banestado, um marco contra a lavagem de dinheiro, e trabalhou diretamente com o ex-juiz Sergio Moro, os procuradores não cogitam nos diálogos apenas um atalho para chegar a Mendes. "É uma violação grave do devido processo legal", afirmou, em entrevista ao *El País*. Ele avalia que, nas conversas, os procuradores de Curitiba demonstraram intenção de desviar a finalidade da investigação, porque tinham autoridade para escrutinar o operador do PSDB, mas planejaram aprofundar essa colaboração com o intuito de atingir o Ministro do Supremo. "Não estou defendendo Gilmar, mas está muito claro que estavam em seu encalço". A reportagem questionou à força-tarefa de Curitiba se os procuradores pediram informações aos investigadores na Suíça sobre possíveis ligações de Mendes e Paulo Preto. E, caso tenham encontrado elementos, se foram enviados à PGR. Por meio da assessoria de imprensa, os procuradores afirmaram que "não surgiu nas investigações nenhum indício de que cartões da conta de Paulo Vieira de Souza tenham sido emitidos em favor de qualquer autoridade sujeita a foro por prerrogativa de função". "Qualquer ilação nesse sentido, por parte de quem for, seria mera especulação", ressaltou a nota.

2042 *El País*, 6 ago. 2019.

> Em todos os casos em que há a identificação de pagamentos de vantagens indevidas e lavagem de ativos no exterior, o Ministério Público busca fazer o rastreamento do destino de todos os ativos ilícitos, para identificar os destinatários desconhecidos.[2043]

Eles insistem que, sempre que surgem indícios do envolvimento em crimes de pessoas com foro privilegiado, a força-tarefa encaminha as informações à Procuradoria-Geral da República e ao Supremo Tribunal Federal.

Não foi somente Gilmar que foi investigado pelos procuradores. Também o então Presidente do STF, Antonio Dias Toffoli, alimentou o interesse dos procuradores de buscar informações sobre ele. Havia uma tentativa de ligar os ministros ao esquema de corrupção do Petrobras. "Sonho que Toffoli e Gilmar acabem fora do STF", afirmou Dallagnol em uma das conversas. Em outra conversa, que segue abaixo, os procuradores Antonio Carlos Welber e Dallagnol discutem uma notícia segundo a qual o STF iria redistribuir quase 40 dos inquéritos da Lava Jato.[2044]

Um outro material obtido pelo *The Intercept* Brasil demonstrou que os membros da força-tarefa da Lava Jato usaram vazamentos de informações à imprensa, principalmente ao *Estadão*, entre outros veículos, com o objetivo de manipular suspeitos, fazendo-os acreditar que sua denúncia era inevitável, mesmo que não fosse. O intuito desse método era, conforme eles próprios afirmaram em *chats* do Telegram, era intimidar seus alvos, para que eles fizessem delações. Os vazamentos desmontam a versão do coordenador da Lava Jato, Deltan Dallagnol, que mentiu publicamente ao negar categoricamente

---

2043 *El País*, 6 ago. 2019.

2044 SIMÕES, Edson. *A luta pela Democracia no Brasil*: de Vargas a Bolsonaro. (Coleção Constituições e Democracia no Brasil e no Mundo: da Antropofagia à Autofagia). vol. 5. São Paulo: Grupo Almedina (Portugal), 2022, p. 609.

que agentes públicos passassem informações da operação. Em um dos vazamentos obtidos pelo site, o próprio coordenador efetuou o tipo exato de vazamento que ele negou publicamente que partisse da força-tarefa.

Em um exemplo, em 21 de junho de 2015, o procurador da Lava Jato, Orlando Martello, enviou a seguinte pergunta ao colega Carlos Fernando Santos Lima, no grupo FT MPF Curitiba 2, que reúne membros da força-tarefa: "qual foi a estratégia de revelar os próximos passos na Eletrobrás etc?" Santos Lima disse não saber do que Martello falava, mas afirmou, com toda a franqueza, que "meus vazamentos objetivam sempre fazer com que pensem que as investigações são inevitáveis e incentivar a colaboração". A Lei das Organizações Criminosas, que estipulou regras para as delações premiadas, prevê que o acordo só pode ser feito se a pessoa tiver colaborado "efetiva e voluntariamente", mas o procurador confessou ao colega que usava a imprensa para forjar um ambiente hostil e, com isso, conseguir delações por meio da manipulação do medo do preso o que, além de demonstrar uma ética questionável, interfere no caráter voluntário da delação. Abaixo, estrato da conversa entre ambos:

> 21 de junho de 2015 – Grupo FT MPF Curitiba 2
>
> Orlando Martello – 09:03:04 – CF (leaks) qual foi a estratégia de revelar os próximos passos na Eletrobrás etc?
>
> Carlos Fernando dos Santos Lima – 09:10:08 –*http://m.politica.estadao.com.br/noticias/geral,na-mira-do-chefe-,1710379*
>
> Santos Lima – 09:12:21 – Nem sei do que está falando, mas meus vazamentos objetivam sempre fazer com que pensem que as investigações são inevitáveis e incentivar a colaboração.
>
> Santos Lima – 09:15:37 – Li a notícia do Flores na outra lista. Apenas notícia requentada.
>
> Santos Lima – 09:18:16 – Aliás, o Moro me disse que vai ter que usar esta semana o termo do Avancini sobre Angra

> Martello – 09:25:33 – CFleaks, não queremos fazer baem Angra e Eletrobrás? Pq alertou para este fato na coletiva?
>
> Martello – 09:26:00 – Para não perder o costume?[2045]

A conversa ocorreu dois dias depois da 14ª fase da Lava Jato (voltada às empreiteiras Odebrecht e Andrade Gutierrez). Os procuradores estavam debatendo estratégias para conseguir um acordo de delação com Bernardo Freiburghaus, apontado como operador de propinas da Odebrecht. Freiburghaus escapou da operação, porque havia se mudado para a Suíça em 2014 e já havia contra ele uma ordem de prisão preventiva com alerta da Interpol. No *chat*, Santos Lima assume, sem qualquer constrangimento, que vazava informações para a imprensa. Além disso, o seu próprio comentário insinua que se tratava de uma prática habitual, dado que ele se refere aos vazamentos no plural — "meus vazamentos". E o procurador afirma, com aparente orgulho e convicção, que agia assim com objetivos bem definidos: induzir os suspeitos a agirem de acordo com seus interesses.

No mesmo dia, Deltan e Orlando anunciaram no *chat* terem vazado a informação de que os Estados Unidos iriam ajudar a investigar Bernardo para repórteres do *Estadão*, como forma de pressionar o investigado. Eles estavam antecipando a um jornalista uma movimentação da investigação. Foi Dallagnol o responsável pelo vazamento, como mostra sua conversa como o repórter do jornal (não foi identificado pelo *The Intercept*, que suprimiu sua identificação do material). A seguir:

2045 GREENWALD, Glenn *et al.* "As mensagens secretas da Lava Jato". *Intercept Brasil*, 29 ago. 2019. Disponível em: https://www.intercept.com.br/2019/08/29/lava-jato-vazamentos-imprensa/. Acessado em: 23.07.2023.

> 21 de junho de 2015 – Chat privado
>
> Deltan Dallagnol – 11:43:49 – O operador da Odebrecht era o Bernardo, que está na Suíça. Os EUA atuarão a nosso pedido, porque as transações passaram pelos EUA. Já até fizemos um pedido de cooperação pros EUA relacionado aos depósitos recebidos por PRC. Isso é novidade. Vc tem interesse de publicar isso hoje ou amanhã,SUPRIMIDO, mantendo meu nome em off? Pode falar fonte no MPF. Na coletiva, o Igor disse que há difusão vermelha para prendê-lo, e há mesmo. Pode ser preso em qualquer lugar do mundo. Agora com os EUA em ação, o que é novidade, vamos ver se conseguimos fazer como caso FIFA com o Bernardo, o que nos inspirou.
>
> SUPRIMIDO – 11:45:44 – Putz sensacional!!!!! Publico hj!!!!!!![2046]

A conversa prossegue, e o repórter avisa que a matéria sobre a ajuda dos americanos no caso Odebrecht (que não estava formalizada à época) seria manchete do *Estadão* no dia seguinte. De volta ao grupo FT MPF Curitiba 2, uma conversa, entre os dias 21 e 22, detalha as intenções da força-tarefa em relação a Bernardo:

> 21 de junho de 2015 – Grupo FT MPF Curitiba 2
>
> Deltan Dallagnol – 20:33:52 – Amanhã cooperação com EUA pro Bernardo é manchete do *Estadão*
>
> Dallagnol – 20:34:00 – Confirmado
>
> Carlos Fernando dos Santos Lima – 20:55:16 – Tentei ler, mas não deu. Amanhã vejo. Vamos controlar a mídia de perto. Tenho um espaço na *FSP*, quem sabe possamos usar se precisar.[2047]

2046 GREENWALD, Glenn *et al.* “As mensagens secretas da Lava Jato”. *Intercept Brasil*, 29 ago. 2019. Disponível em: https://www.intercept.com.br/2019/08/29/lava-jato-vazamentos-imprensa/. Acessado em: 23.07.2023.

2047 GREENWALD, Glenn *et al.* “As mensagens secretas da Lava Jato”. *Intercept Brasil*, 29 ago. 2019. Disponível em: https://www.intercept.

A informação, vazada pela força-tarefa, de fato virou manchete do jornal e os métodos de pressão sobre o delator são retomados pouco depois, no mesmo *chat*:

> 22 de junho de 2015 – Grupo FT MPF Curitiba 2
>
> Deltan Dallagnol – 01:56:40 – Acho que temos que aditar para bloquear os bens dele na Suíça
>
> Dallagnol – 01:56:48 – Conta, Imóvel e outros ativos
>
> Dallagnol – 01:57:00 – Ir lá e dizer que ele perderá tudo
>
> Dallagnol – 01:57:20 – Colocar ele de joelhos e oferecer redenção. Não tem como ele não pegar.[2048]

No fim das contas, a estratégia fracassou, e Bernardo Freiburghaus não delatou. O que faz disso ainda mais relevante é que Dallagnol tem negado publicamente que os membros da Lava Jato tenham feito qualquer vazamento. Numa entrevista à BBC Brasil, após um discurso que ele proferiu em Harvard, em abril de 2017, Dallagnol disse que "agentes públicos não vazam informações — a brecha estaria no acesso inevitável a dados secretos por réus e seus defensores". Quando perguntado diretamente se a força-tarefa havia cometido vazamentos, o procurador respondeu: "Nos casos em que apenas os agentes públicos tinham acesso aos dados, as informações não vazaram". Não é o que o material do *The Intercept* Brasil tem demonstrado.[2049]

---

com.br/2019/08/29/lava-jato-vazamentos-imprensa/. Acessado em: 23.07.2023.

2048 GREENWALD, Glenn *et al.* "As mensagens secretas da Lava Jato". *Intercept Brasil*, 29 ago. 2019. Disponível em: https://www.intercept.com.br/2019/08/29/lava-jato-vazamentos-imprensa/. Acessado em: 23.07.2023.

2049 GREENWALD, Glenn *et al.* "As mensagens secretas da Lava Jato". *Intercept Brasil*, 29 ago. 2019. Disponível em: https://www.intercept.com.br/2019/08/29/lava-jato-vazamentos-imprensa/. Acessado em: 23.07.2023.

Dallagnol fez política no MPF e desejava ser político.

Um outro conjunto de mensagens divulgadas pelo *The Intercept* Brasil demonstrou que o procurador Deltan Dallagnol considerou, durante um ano, candidatar-se ao Senado nas eleições de 2018. Em um *chat* em que mandava mensagens para si mesmo, e que funcionava como um espaço de reflexão do procurador, ele chegou a se considerar "provavelmente eleito". Ao mesmo tempo, afirmou considerar que a mudança, que desejava implantar no país, dependeria de "o MPF lançar um candidato por Estado". A atuação político-partidária de procuradores e membros do Ministério Público é proibida pela Constituição e pelo estatuto da categoria. As mensagens ainda indicam que a candidatura não era apenas um plano pessoal de Dallagnol, mas, diante de "um sistema político derrubado", um desejo dos procuradores que ia além da Lava Jato e do Paraná. Em mais de um momento, ele afirma que teria apoio da força-tarefa caso decidisse concorrer, o que indica que a provável candidatura foi tema de debates internos entre os membros da Operação. Apesar de levar em conta relatos de conselheiros que viam a política como algo que não estava em seu destino, Dallagnol decidiu, no fim de 2017, permanecer procurador da República, mas não abandonou a ideia de ver seu retrato nas urnas.

Afinal, por enxergar "riscos", Dallagnol ficou no MPF, mas não descartou concorrer em 2022. Até o procurador Aras, naquele momento, apoiou a ideia de candidatura ao senado do coordenador da Lava-Jato.

> 14 de dezembro de 2016 – Chat privado
>
> Vladimir Aras – 10:30:29 – Vc tem de pensar no Senado.
>
> Deltan Dallagnol – 12:58:02 – Obrigado pelo incentivo, mas vejo muitos poréns.
>
> Aras – 13:09:38 – Vc se elege fácil e impede um dos nossos inimigos no Senado: Requiaoou Gleisecaem.

> Dallagnol – 13:29:56 – Não resolve o problema. Ajuda se o MPF lançar um candidato por Estado. Seria totalmente diferente e daria trabalho, mas pode ser uma das estratégias para uma saída.
>
> Dallagnol – 13:30:22 – No PRnão precisaria ser eu rs, mas eu apoiaria fortemente essa rede de candidatos.
>
> Dallagnol – 13:30:44 – Ou pensamos alguma saída maluca, ou estamos ferrados.
>
> Aras – 13:45:12 – Vc e Moro.
>
> Aras – 13:45:14 – Ou Carlos.[2050]

Meses depois, no começo de 2017, a possível candidatura se espalhou pelos corredores do Ministério Público Federal. A procuradora Luciana Asper, do Distrito Federal, voluntária da campanha pelas dez medidas, abordou Dallagnol em março daquele ano. Ele desconversou — mas não negou.

> 1º de março de 2017 – Chat privado
>
> Luciana Asper Valdir – 10:41:42 – Tem alguma chance de vc se candidatar a senador?? Alguns estão me perguntando.
>
> Dallagnol – 11:49:22 – Valeu Lu!
>
> Dallagnol – 11:50:43 – Não tem urgência, vou aguardar então, obrigado![2051]

Um novo material do *The Intercept* demonstrou que o ex-juiz e Ministro da Justiça do governo Bolsonaro, Sergio Moro, não conspirou somente com a força-tarefa da Lava Jato, mas também liderou operação da Polícia Federal, como se fosse o chefe da polícia

---

2050 MARTINS, Rafael M. *et al.* "As mensagens secretas da Lava Jato". *Intercept Brasil*, 03 set. 2019. Disponível em: https://www.intercept.com.br/2019/09/03/deltan-senado-candidato/. Acessado em: 23.07.2023.

2051 MARTINS, Rafael M. *et al.* "As mensagens secretas da Lava Jato". *Intercept Brasil*, 03 set. 2019. Disponível em: https://www.intercept.com.br/2019/09/03/deltan-senado-candidato/. Acessado em: 23.07.2023.

judiciária do governo federal. *Chats* de grupos da Lava Jato no Telegram indicam que o então juiz ordenou busca e apreensão na casa de suspeitos sem provocação do Ministério Público, o que é irregular. "Russo deferiu uma busca que não foi pedida por ninguém...hahahah. Kkkkk", escreveu Luciano Flores, delegado da PF alocado na Lava Jato, em fevereiro de 2016, no grupo Amigo Secreto — referindo-se a Moro pelo apelido usado pelos procuradores e delegados. "Como assim?!", respondeu Renata Rodrigues, outra delegada da PF trabalhando na Lava Jato. O delegado Flores, em resposta, avisou ao grupo: "Normal... deixa quieto...Vou ajeitar... kkkk". Desde o início da Vaza Jato, foram documentados inúmeros casos do então juiz conspirando em segredo e de forma ilegal com os procuradores na construção dos casos que ele, depois, dizia julgar de maneira imparcial. Durante os anos em que Moro esteve à frente da Lava Jato, ele chegou inclusive a influir na agenda de operação, conforme mostram as reportagens do *Intercept* e seus parceiros, realizadas a partir das mensagens secretas trocadas por meio do aplicativo Telegram e entregues ao *Intercept* por uma fonte anônima. Os diálogos a seguir, que ocorreram dias antes da condução coercitiva para depoimento do ex-Presidente Luiz Inácio Lula da Silva e da tentativa fracassada da ex-Presidenta Dilma Rousseff de indicá-lo como Ministro Chefe da Casa Civil, demonstram que Moro não conspirou somente com os procuradores, mas também com a Polícia Federal:

A seguir os diálogos:

> 27 de fevereiro de 2016 – Grupo Amigo Secreto
>
> Rodrigo Prado – 15:48:19 – Senhores: SUPRIMIDO utiliza seu email particular para receber email que seriam direcionados ao LILS. Seria interessante a quebra. Podemos obter informacoes boas
>
> Prado – 15:49:00 – Gmail
>
> Athayde Ribeiro Costa – 15:52:32 – Otimo
>
> Costa – 15:52:39 – Tem o endereco ja?

Prado – 15:59:00 – Sim

Prado – 15:59:47 – Ja passo

Prado – 16:03:15 – SUPRIMIDO

Márcio Anselmo – 16:03:34 – Kct

Anselmo – 16:03:42 – Esse e-mail deve ser destruidor

Luciano Flores – 16:06:16 – Com essas informações sobre o envolvimento de SUPRIMIDO, não seria o caso de pedir apreensão do smartphone dele???

Prado – 16:07:16 – Exato. Acho que esse telefone é muito importante.

Prado – 16:07:35 – So que se apreendermos, perdemos o grampo

Prado – 16:07:47 – O LILS fala muito nesse telefone

Prado – 16:07:50 – O tempo todo

Prado – 16:07:58 – É o fone seguro dele

Prado – 16:08:16 – Fala com PEPs somente nesse

Flores – 16:10:16 – Talvez seja mais um motivo para apreendermos... se até lá ainda não tenha caído alguma prerrogativa de foro que justifique a subida dos autos... aí diminuiríamos as chances disso acontecer

Costa – 16:56:44 – Não caiu nada sobre as palestras ainda?

Flores – 17:47:27 – Prezados, temos 8 conduções coertivas. Quem tiver quesitos para serem perguntados favor me enviar para eu repassar às equipes que farão as oitivas ainda na manhã do dia D.

Flores – 17:48:24 – Procs, favor informar se vão participar de alguma oitiva dos conduzidos

Flores – 17:48:48 – Até o momento...

Roberson Pozzobon – 18:08:51 – Beleza, Luciano

Orlando Martello – 18:09:52 – Luciano, Por enquanto está mantida a data?

Costa – 18:10:44 – Ok. Vamos formular e enviamos

Flores – 18:12:08 – Sim. Mantida a data de sexta-feira, né?

Flores – 18:18:04 – Russo deferiu uma busca que não foi pedida por ninguém...hahahah

Renata Rodrigues – 18:18:20 – Kkkkk

Rodrigues – 18:18:20 – Como assim?!

Flores – 18:18:37 – Normal... deixa quieto...

Flores – 18:19:40 – Vou ajeitar...kkkk[2052]

A aprovação de Moro para a busca e apreensão e para a condução do ex-Presidente não é irregular — operações desse tipo demandam necessariamente de aprovação judicial. O que os diálogos revelam, pela primeira vez, é que o ex-juiz ajudou também no planejamento da operação, tendo, inclusive, direcionado quais materiais deveriam ser apreendidos — uma violação do sistema acusatório:

Grupo Amigo Secreto

Márcio Anselmo – 10:50:34 –Vai pedir pra apreender as caixas do sindicato???

Roberson Pozzobon – 10:53:23 – Moro pediu parcimônia nessa apreensão. Acho que vale a pena ver exatamente o que vamos apreender

Anselmo – 10:53:45 – O pessoal lá pediu pra retificar o mandado

Anselmo – 10:53:58 – Não sei o que fazer

Anselmo – 10:54:05 – Vivo ainda continua um impasse

Igor Romario de Paula – 10:54:38 – Vai ser difícil checar isso no local

Anselmo – 10:55:58 – Aguardo decisão de vcs

Deltan Dallagnol – 10:56:20 – concordo, tudo

Anselmo – 10:56:21 – Tem coisa muito valiosa

Pozzobon – 10:56:29 – Igor, pode ligar para o Moro para explicar?

2052 THE INTERCEPT BRASIL. "As mensagens secretas da Lava Jato". *The Intercept Brasil.* Disponível em: https://theintercept.com/2019/10/19/sergio-moro-policia-federal-lava-jato/. Acessado em: 23.07.2023.

> Anselmo – 10:56:33 – Moscardi disse que tem coisa que vale mais de 100 mil
> Pozzobon – 10:56:41 – Ou Marcio
> Anselmo – 10:56:41 – Moro tá em audiência
> Pozzobon – 10:57:24 – Acho que vale a pena pedir para a equipe esperar um pouco para termos o aval do juiz
> Dallagnol – 10:57:52 – boa
> Renata Rodrigues – 10:58:16 – Márcio tá pedindo extensão do mandado pra possibilitar apreensão
> Anselmo – 10:59:01 – Pedi
> Dallagnol – 10:59:06 – Boa[2053]

Por último, a insensibilidade e sadismo em relação ao sofrimento dos mortos.

Em 27 de agosto, outras revelações, desta vez em parceria com o site *Uol Notícias*, demonstraram que os procuradores da Lava Jato agiram com ironia e sadismo diante da dor do ex-Presidente Lula, que perdeu a esposa, Marisa Letícia, o irmão Vavá e o neto Arthur durante o período de sua prisão. Ao pedir autorização à Justiça para ir ao velório do irmão, ele não foi autorizado. Somente quando o neto morreu, foi permitido que ele comparecesse ao velório, mesmo que por pouco tempo. De acordo com os vazamentos das conversas obtidos pelo *The Intercept* Brasil, o chefe da operação, o procurador Deltan Dallagnol comparou dona Marisa a um vegetal. "Um amigo de um amigo de uma prima disse que Marisa chegou ao atendimento sem resposta, como um vegetal". A também procuradora Laura Tessler foi mais longe ainda, ao comentar os sentimentos de Lula diante do episódio: "Quem for fazer a próxima audiência do Lula, é bom que vá com uma dose extra de paciência para a sessão de vitimização". Seu colega procurador Antônio Carlos Welter disse que "a morte

---

2053 THE INTERCEPT BRASIL. "As mensagens secretas da Lava Jato". *The Intercept Brasil*. Disponível em: https://theintercept.com/2019/10/19/sergio-moro-policia-federal-lava-jato/. Acessado em: 23.07.2023.

de Marisa fez uma mártir petista e ainda liberou ele pra gandaia sem culpa ou consequência política". A também procuradora Jerusa Viecilli ainda brincou: "querem que eu fique para o enterro?"[2054]

A procuradora Laura Tessler fez outros comentários após a morte de Marisa. De acordo com ela, "ridículo... uma carne mais salgada já seria suficiente para aumentar a pressão... ou uma dos humilhantes milhares de pulos de cerca de Lula". No episódio da morte do irmão, quando já estava preso em Curitiba e teve negado seu pedido para participar do velório de Vavá, de quem era muito próximo, Lula também foi agredido nas mensagens pelos procuradores. O procurador Januário Paludo disse que "o safado só queria passear", em referência ao ex-Presidente, que queria ir ao enterro do irmão, mas foi impedido pela Justiça, a pedido do Ministério Público Federal. Logo que se soube da morte de Arthur, o também procurador Roberson Pozzobon ironizou a preocupação do ex-Presidente de querer ir ao velório do menino. "É uma estratégia para se humanizar, como se isso fosse possível no caso dele rsrsrs", afirmou. Lula foi ao velório de Arthur, em São Bernardo, com forte aparato policial. E só pôde ficar poucos minutos no local.

Logo que saíram as revelações no site *Uol,* a procuradora Jerusa Viecili, da força-tarefa da Operação Lava Jato em Curitiba, publicou, no *Tweeter*, um pedido de desculpas público ao ex-Presidente Lula. Com o pedido, ela, na prática, reconhecia a autenticidade das mensagens que os seus colegas têm negado constantemente. No texto, Jerusa afirma: "Errei. E minha consciência me leva a fazer o correto: pedir desculpas à pessoa diretamente afetada, o ex-Presidente Lula",[2055] escreveu em suas redes sociais. Em seguida, publicou

2054 MELLO, Igor *et al.* "Procuradores da Lava Jato ironizam morte de Marisa Letícia e luto de Lula". *UOL*, 27 ago. 2019. Disponível em: https://noticias.uol.com.br/politica/ultimas-noticias/2019/08/27/lava--jato-morte-marisa-leticia-lula.htm. Acessado em: 17.07.2023.

2055 VIECILI, Jerusa B. *Errei. E minha consciência*. Disponível em: https://twitter.com/jerusabv/status/1166502935053918209. Acessado em: 17.07.2023.

outras mensagens, na mesma rede social, em que procurava reduzir o impacto de sua revelação: alegava que o fato de reconhecer a autenticidade de uma mensagem não significava validar todo o conjunto, já que se tratava de texto escrito há anos.[2056]

15.4 O STF, Lula e as ilegalidades da Lava Jato

Em 8 de março de 2021, de surpresa, o Ministro Luiz Eduardo Fachin,[2057] relator da Lava Jato no STF, declarou a incompetência da 13ª Vara Federal de Curitiba para julgar as ações que tinham como réu Luiz Inácio Lula da Silva, principalmente nos casos do triplex do Guarujá, sítio de Atibaia, sede e doações do instituto Lula. As ações foram transferidas para serem julgadas na Justiça Federal do Distrito Federal. Os processos foram anulados desde o recebimento da denúncia até as sentenças proferidas. Com a anulação da sentença do triplex do Guarujá, que teve condenação com a participação de um órgão colegiado, Lula recuperou os seus direitos políticos.

O Ministro Edson Fachin concluiu:

> Ante o exposto, com fundamento no art. 192, caput , do RISTF e no art. 654, § 2º, do Código de Processo Penal, concedo a ordem de *habeas corpus* para declarar a incompetência da 13ª Vara Federal da Subseção Judiciária de Curitiba para o processo e julgamento das Ações Penais n. 5046512-94.2016.4.04.7000/PR (Triplex do Guarujá), 5021365-32.2017.4.04.7000/PR (Sítio de Atibaia), 5063130-17.2018.4.04.7000/PR (sede do Instituto Lula) e 5044305-83.2020.4.04.7000/PR (doações

---

2056 *Folha de S. Paulo*, 28 ago. 2019, p. A-6.

2057 Luiz Eduardo Fachin (1958-): natural de Rondinha (RS), advogado, professor e Ministro do STF. Atualmente, é o relator da Operação Lava Jato. Escreveu: *Intervenções de terceiros no processo civil*, *Comentários à Constituição Federal*, *Estabelecimento da filiação e paternidade presumida*, *Teoria crítica do Direito Civil*, *Comentários do Código Civil Brasileiro no Direito de Família* etc.

> ao Instituto Lula), determinando a remessa dos respectivos autos à Seção Judiciária do Distrito Federal.[2058]

Todavia, segundo a *Revista Veja*,

> (...) com uma manobra política mal dissimulada, a intenção de Fachin foi preservar a reputação pessoal do ex-juiz Moro, que seria julgado por suspeição por causa das decisões tomadas quando comandava a 13ª Vara de Curitiba. A partir da anulação da competência, o ministro imaginava que a questão estaria encerrada e Moro salvo. Seria uma espécie de chicana jurídica.[2059]

Segundo Fachin, Curitiba deveria realizar apenas "o julgamento dos fatos que vitimaram a Petrobrás". Ao trazer casos que envolviam o ex-Presidente, a 13ª Vara Federal de Curitiba extrapolou de suas prerrogativas por não representar o chamado "Juiz Natural"[2060] e não provar as conexões com a Petrobras. Afinal, "as ações não poderiam ter ocorrido em Curitiba, pois os fatos apontados não têm relação direta com o esquema de desvio da Petrobrás".

Assim contestou em um trecho da referida decisão:

> Com efeito, o único ponto de intersecção entre os fatos narrados na exordial acusatória e causa atrativa da competência da 13ª Vara Federal de Curitiba é o pertencimento do Grupo

---

2058 CARTA CAPITAL. "Fachin anula todas as condenações de Lula na Lava Jato". *Carta Capital*, 08 mar. 2021. Disponível em: https://www.cartacapital.com.br/politica/fachin-anula-todas-as-condenacoes-de-lula-na-lava-jato/. Acessado em: 17.07.2023.

2059 VEJA. 12 mar. 2021. Disponível em: https://veja.abril.com.br/politica/carta-ao-leitor-uma-manobra-desastrosa. Acessado em: 23.07.2023.

2060 Juiz Natural: não pode haver juiz ou tribunal de exceção e "ninguém será processado nem sentenciado senão pela autoridade competente". Impede a criação de novos juízos ou tribunais para julgar fatos ocorridos antes de sua criação. Está no Artigo 5º XXXVII da CF/88.

> OAS ao cartel de empreiteiras que atuava de forma ilícita – dentre outros órgãos públicos, sociedades de economia mista e empresas públicas –, em contratações celebradas com a Petrobras S/A.

Fachin também concluiu que

> (...) não há apontamento de qualquer ato praticado por Lula no contexto das específicas contratações realizadas pelo Grupo Odebrecht com a Petrobrás, o que afasta, por igual, a competência da 13ª vara Federal de Curitiba ao processo e julgamento de acusações.

Em consequência da anulação, os crimes apontados nas condenações podem estar prescritos, porque Lula, com mais de 70 anos, é beneficiados pelos prazos de tramitação antes da prescrição que devem ser reduzidos pela metade, passando para 8 anos.

Em 8 de novembro de 2019, após 580 dias de prisão o ex-Presidente foi libertado. O STF também considerou ilegal aprisionar o réu após um julgamento de segunda instância, como foi o caso de Lula. Para aprisionar um réu é necessário ter ocorrido o "trânsito em julgado", quando ficarem esgotados todos os recursos da defesa, ou seja, após a apreciação dos tribunais superiores.

A suspeição de Moro – desde 2018, havia o pedido de suspeição de Moro no STF realizado pela defesa de Lula, mas, durante o julgamento, o Ministro Gilmar Mendes tinha pedido vistas e não mais o havia pautado para julgamento.

A decisão de Fachin declarou a perda de objeto de 10 *habeas corpus* e de quatro reclamações apresentadas pela defesa de Lula, entre eles a ação em que questionava a suspeição de Moro. Contudo, o Ministro Gilmar Mendes, da Segunda Turma do STF, rejeitou a perda de objeto da ação que questiona a suspeição do ex-juiz e colocou-o em votação, após a decisão de Fachin ter considerado a respectiva perda do objeto. Esta decisão abriu caminho para anulação dos processos julgados por Moro na Lava-Jato, apesar da afirmação do Ministro Gilmar Mendes:

> Estamos tomando uma decisão só na esfera penal e só no caso Lula, não tem repercussão direta sobre os outros casos. Vamos ter que examinar, se é que isto virá ao Tribunal, outros casos relativos à Lava Jato e às punições que ocorreram. Estamos aqui tratando exclusivamente do caso Lula. Portanto, as investigações e aquilo que foi presidido pelo juiz Moro é afetado, nada mais do que isso.
>
> São várias medidas apontadas como abusivas, dispensáveis e que caracterizariam a parcialidade do magistrado (...). Tudo revela que o modelo era impróprio segundo os ditames da Constituição. Isso envolve mais coisas, a ação da polícia monitorando advogado, isso fica bem evidente. Dando notícias em tempo real do que o advogado está fazendo no gabinete ou escritório do Lula, isso não tem nada a ver com um processo penal democrático.[2061]

A Segunda Turma do STF, por 4 votos a um (exceto Fachin), apoiou o prosseguimento do julgamento.

Com o início da sessão, os Ministros Gilmar e Lewandowski votaram por reconhecer a parcialidade de Moro.

Após o Ministro Gilmar enunciar seu profundo voto, o novo Ministro, Nunes Marques (indicado por Bolsonaro), pediu vista.

2061 JORNAL NACIONAL. "Gilmar Mendes vota pela suspeição de Moro e diz que não se combate crime com outro crime". *G1*, 09 mar. 2021. Disponível em: https://g1.globo.com/jornal-nacional/noticia/2021/03/09/gilmar-mendes-vota-pela-suspeicao-de-moro-e-diz-que-nao-se-combate-crime-com-outro-crime.ghtml. Acessado em: 23/07/2023. Houve também uma entrevista ao Canal Livre na Rede Bandeirantes de TV.

O Ministro Gilmar Mendes foi duro e objetivo no seu voto afirmando que não se combate ao crime com outro crime e apontou vários momentos do processo que comprovam a parcialidade do então juiz contra Lula e o PT.

> A história recente do Poder Judiciário ficará marcada pelo experimento de um projeto populista de poder político cuja tônica assentava-se na instrumentalização do processo penal, na deturpação dos valores da Justiça e na elevação mítica de um juiz subserviente a um ideal feroz de violência às garantias constitucionais do contraditório, da ampla defesa, da presunção de inocência e, principalmente, da dignidade da pessoa humana. O presente voto não apenas descreve uma cadeia sucessiva de atos lesivos ao compromisso de imparcialidade, ele explicita as condições do surgimento e do funcionamento do maior escândalo judicial da nossa história.

Em seguida, acrescentou que ninguém deve se sentir "o ó do borogodó". No seu voto, o Ministro listou sete indícios da parcialidade do então juiz. Entre eles, a condução coercitiva de Lula, que Gilmar considerou ilegal, numa das fases da Lava Jato; a quebra dos sigilos telefônicos do ex-Presidente, dos parentes e dos advogados dele – que considerou arbitrária; a divulgação de conversas entre o ex-Presidente e a então Presidenta Dilma Rousseff; e o fato de Moro ter assumido o Ministério da Justiça do governo Bolsonaro – um opositor do ex-Presidente Lula, que foi beneficiado com sua prisão.

Até mesmo a Ministra Carmen Lúcia, uma das defensoras da Lava Jato na Corte Suprema, escandalizou-se com o grampo dos telefones dos advogados, ordenado pelo juiz e pelos promotores. "Isso é gravíssimo", criticou durante o voto de Lewandowski. Prometeu, também, revisar o seu voto anterior, contrário a Lula.

O Ministro Lewandowski disse, em seu voto, considera "uma violência inominável" a condução coercitiva de Lula. "Nem animais para o matadouro se leva como se levou um ex-Presidente da República".[2062]

A votação final – na sessão do dia 23 de março, o Ministro Kassio Nunes Marques[2063] devolveu o processo que tinha pedido vistas, sobre a suspeição do então juiz Sérgio Moro no julgamento do caso do triplex, no qual Lula foi condenado. Deu o seu voto contra a posição do Ministro Gilmar Mendes, ou seja, favorável ao ex-magistrado Moro. Defendeu que o *habeas corpus* não é meio processual correto para determinar a suspeição de um juiz e considerou que Gilmar tinha apoiado o seu voto nas mensagens dos *hacker*s que denunciaram as falhas de Moro e sua imparcialidade. Explicitou: Os arquivos foram obtidos por *hackers*. Com a devida vênia tenho que são absolutamente inaceitáveis tais provas, por serem obtidas diretamente de crimes. Seria uma forma transversa de legalizar atividades hackers no Brasil.[2064]

Nunes Marques foi criticado duramente por Mendes, que rechaçou, de forma contundente, a sua exposição, considerada desligada do mérito processual, já que não considerou as mensagens para o seu voto e sim os fatos acontecidos. Afirmou: "Não se trata de áudios ou hackers, mas do que está no processo. As provas estão nos autos. É isso que precisa ser examinado".[2065]

2062 SIMÕES, Edson. *A luta pela Democracia no Brasil*: de Vargas a Bolsonaro. (Coleção Constituições e Democracia no Brasil e no Mundo: da Antropofagia à Autofagia). vol. 5. São Paulo: Grupo Almedina (Portugal), 2022, pp. 723/724.

2063 Kassio Nunes Marques (1972-): nasceu em Teresina, advogado, Juiz do Tribunal Regional Eleitoral do Piauí, Desembargador do Tribunal Federal da 1ª Região e Ministro do STF. Indicado, recentemente, pelo ex-Presidente Bolsonaro.

2064 EXAME. "Uso de mensagens obtidas por *hackers* dividem o STF". *Exame*, 02 mai. 2021. Disponível: https://exame.com/brasil/uso-de-mensagens-obtidas-por-hackers-divide-o-stf/. Acessado em: 23.07.2023.

2065 JORNAL NACIONAL. "Gilmar Mendes vota pela suspeição de Moro e diz que não se combate crime com outro crime". *G1*, 09

Na sequência, a Ministra Carmen Lúcia mudou o seu voto anteriormente dado e acompanhou Mendes e Lewandowski, que, em 9 de março, comentara: "Não há dificuldade em identificar a indisfarçável parcialidade de todos os atores que levaram à condenação do paciente".[2066]

Carmen Lúcia, completando o seu posicionamento, afirmou: "Neste caso o que se discute basicamente é algo que para mim é basilar: todo mundo tem o direito a um julgamento justo e ao devido processo legal e à imparcialidade do julgador".[2067] A Segunda Turma do STF, portanto, decidiu que o ex-juiz Sérgio Moro foi totalmente parcial ao condenar Lula, por um placar de 3 a 2.

A Lava Jato amargou uma grande derrota neste julgamento, deixando os seus protagonistas (promotores, juízes e PF) apreensivos com o futuro sobre as suas decisões e carreiras. Para completar o quadro, o relator Fachin concluiu: "esta decisão poderá implicar na anulação de todos os processos julgados pelo ex-magistrado".[2068]

---

mar. 2021. Disponível em: https://g1.globo.com/jornal-nacional/noticia/2021/03/09/gilmar-mendes-vota-pela-suspeicao-de-moro-e-diz-que-nao-se-combate-crime-com-outro-crime.ghtml. Acessado em: 23.07.2023.

2066 JORNAL NACIONAL. "Gilmar Mendes vota pela suspeição de Moro e diz que não se combate crime com outro crime". *G1*, 09 mar. 2021. Disponível em: https://g1.globo.com/jornal-nacional/noticia/2021/03/09/gilmar-mendes-vota-pela-suspeicao-de-moro-e-diz-que-nao-se-combate-crime-com-outro-crime.ghtml. Acessado em: 23.07.2023.

2067 JORNAL NACIONAL. "Gilmar Mendes vota pela suspeição de Moro e diz que não se combate crime com outro crime". *G1*, 09 mar. 2021. Disponível em: https://g1.globo.com/jornal-nacional/noticia/2021/03/09/gilmar-mendes-vota-pela-suspeicao-de-moro-e-diz-que-nao-se-combate-crime-com-outro-crime.ghtml. Acessado em: 23.07.2023.

2068 SIMÕES, Edson. *A luta pela Democracia no Brasil*: de Vargas a Bolsonaro. (Coleção Constituições e Democracia no Brasil e no Mundo: da Antropofagia à Autofagia). vol. 5. São Paulo: Grupo Almedina (Portugal), 2022, p. 725.

A situação dos processos contra Lula ficou da seguinte maneira:

Imagem 7: Processos de Lula:

O PETISTA E A JUSTIÇA

PROCESSO	DECISÃO	STATUS
Triplex do Guarujá	Lula foi condenado, mas a 13ª Vara de Curitiba foi declarada incompetente e Sérgio Moro, parcial, invalidando provas e depoimentos. O caso deve voltar à estaca zero.	Caso anulado
Sítio de Atibaia	O petista também foi condenado, mas, com as decisões sobre Moro e a competência de Curitiba, o caso foi reiniciado em Brasília, onde a denúncia foi rejeitada.	Caso anulado
Terreno para Instituto Lula	Suspeição de Moro levou à anulação de provas. Lula ainda pode ser condenado, mas apuração retrocedeu.	Caso anulado
Doações para instituto	Ministro do STF Ricardo Lewandowski suspendeu caso.	Caso suspenso
'Quadrilhão' do PT/ 'Quadrilhão' do PT (2)	A Justiça Federal do DF absolveu Lula e outros petistas por falta provas. Uma nova denúncia foi rejeitada.	Absolvido e denúncia negada
Obstrução da Justiça	O juiz substituto da 10ª Vara Federal do DF, Ricardo Leite, absolveu Lula, acusado de silenciar Nestor Cerveró.	Absolvido
Palestras	A juíza Gabriela Hardt, da 13ª Vara Federal de Curitiba, reconheceu a legalidade das palestras.	Legalidade reconhecida
Operação Zelotes	O juiz Frederico Botelho de Barros Viana, da 10ª Vara Federal de Brasília, absolveu o ex-presidente na ação sobre incentivos fiscais a montadoras.	Absolvido
Lei de Segurança Nacional	A base da investigação foi a declaração de Lula sugerindo que Bolsonaro era "miliciano". O caso foi arquivado.	Caso arquivado
Touchdown	Justiça arquivou investigação contra Lula e seu filho, Luís Cláudio, a partir de delações da Odebrecht.	Caso arquivado
Frei Chico	Juiz Ali Mazloum rejeitou denúncia em que Lula e o irmão eram acusados de receber "mesada" da Odebrecht.	Denúncia rejeitada
Angola	A Quarta Turma do TRF-1 trancou ação na qual Lula era acusado em caso envolvendo Odebrecht e BNDES.	Ação trancada
Ocupação do triplex	A Primeira Turma Recursal do Juizado Especial Federal da 3ª Região reconheceu que a acusação prescreveu.	Absolvido
Revista 'Carta Capital'	A 10ª Vara Criminal Federal de São Paulo arquivou o caso sobre contratos da Odebrecht com a revista.	Caso arquivado
Guiné Equatorial	A 5ª Turma do TRF-3 ordenou o trancamento da ação em que Lula era acusado de tráfico de influência.	Ação trancada
Tentativa de reabrir o caso do sítio de Atibaia	A Justiça Federal de Brasília rejeitou a denúncia reapresentada pelo MPF contra o petista no caso do sítio.	Denúncia rejeitada
Odebrecht/BNDES	O juiz federal Frederico Botelho de Barros Viana, da 10ª Vara da Justiça Federal do DF, trancou ação penal.	Ação trancada
Tráfico de influência	A juíza Maria Carolina Akel Ayoub mandou trancar inquérito que apurava tráfico de influência internacional.	Investigação trancada

Fonte: *O Estado de São Paulo*.

Epílogo – A interpretação, no campo jurídico, considera Moro e Dallagnol como rasgadores da Constituição, devido ao conluio ocorrido entre o juiz e a acusação, representada pela promotoria, com todos os indícios de crime contra o réu Lula.

O jurista Joaquim Falcão[2069] fez as seguintes considerações sobre o tema:

> Suponhamos agora que este mesmo país redemocratize seu sistema jurídico-político. Como fizemos com a Constituição de 1988, que optou pelo Estado democrático de Direito (...).
>
> Com a redemocratização o pêndulo parece ter-se movido para a esquerda do seu ponto de equilíbrio. Observa-se no comportamento das ruas e da mídia ou mídias sociais, sobretudo, seja nas conversas, notícias ou discursos, uma luta contra o que se chamou de "impunidade" (...).
>
> O problema é que a partir daí podem-se abrir graves lacunas em relação ao problema contrário: o da possível punição dos inocentes. Um risco que estamos correndo agora. Em suma, estabelece-se o risco de um dos culpados serem preservados, como é seu direito perante a lei (...).[2070]

O promotor aposentado e ex-procurador-geral da justiça do estado de São Paulo, Antônio Araldo Ferraz Dal Pozzo, fez as seguintes assertivas sobre o MP:

> O pior é que tudo vai para a mídia local, em letras garrafais, para praticamente destruindo o patrimônio político do

---

2069 Joaquim de Arruda Falcão Neto (1943-): carioca, advogado, professor, Jurista e escritor. Trabalhou na Fundação Roberto Marinho e criou o *Globo Ecologia*, *Futura* e o *Telecurso 2000*. Participou do Conselho Nacional de Justiça. Escreveu: *A favor da democracia*, *Mensalão: Diário de um julgamento*, *Reforma Eleitoral no Brasil* etc.

2070 FALCÃO, Joaquim. O *Supremo*. Rio de Janeiro: Edições de Janeiro, 2015, pp. 260-262.

investigado. Nem o posterior arquivamento e nem a absolvição devolvem a ele o prestígio que perdeu.

Essa publicidade incontida, desmesurada, que avançou muito, chegando mesmo a ensejar que a televisão flagrasse a prisão ou a busca e apreensão de objetos e coisas que poderiam, futuramente, servir de prova do ato ilícito, muito provavelmente contribuiu para que o Ministério Público tenha perdido o senso do equilíbrio funcional, o senso de medida .que sua posição requer, passando a se considerar responsável pela moralidade pública (moralidade em sentido amplo), espiolhando tudo que lhe parecia suspeito, sem se preocupar minimamente com a pessoa que está do outro lado.

Percebi que cabe ao Promotor de Justiça promover o entendimento e não a discórdia, a orientação e mão forte quando for preciso. Que ele pode ser amigo sem se comprometer, que pode conviver com os poderosos e os fracos, que pode agir em nome da ordem constitucional, sem partidarismos. Que não é preciso frequentar manchetes e buscar ser a estrela do espetáculo para ganhar a confiança de sua comarca - que de ser o mais igual, se quiser promover a igualdade.

Deveria ser um agente político cooperativo e indutor de soluções – e não de enfrentamento (por investigações e ações judiciais). O interesse público requer, sem dúvida, tutela – mas não necessariamente repressiva. Requer urgência e não interrupções de obras e serviços.

Se a legitimidade política do Legislativo e do Executivo advém do voto, a do Poder Judiciário decorre de sua absoluta imparcialidade e a do Ministério Público do exercício de suas funções de maneira adequada, necessária, proporcional aos fins colimados. A falta de razoabilidade retira a legitimidade deste último - e aqueles princípios devem ser supervalorizados quando do enfrentamento de alguém que foi escolhido pelo povo para exercer os poderes administrativos vinculados e discricionários que lhes são inerentes.

Há um outro fator a ser aqui considerado – a utilização, pelo Ministério Público, de mecanismos distantes da ortodoxia

> legal, com o beneplácito – e, às vezes, até com o aplauso – do Judiciário.
>
> Nessa linha, fatos bem mais recentes passaram a intervir de forma incisiva na atuação do Ministério Público e do Poder Judiciário, na senda a que se propuseram a trilhar.
>
> Tudo partiu da constatação de um assombroso sistema de corrupção no âmbito federal, envolvendo políticos do Poder Executivo e do Poder Legislativo, além das maiores empreiteiras do Brasil, que todos passaram a conhecer pelo seu codinome: OPERAÇÃO LAVA JATO.
>
> Às vezes, nem dá para acreditar na extensão e na profundidade dos mecanismos engendrados por políticos e grandes empresas para verdadeiramente assaltar os cofres públicos. O tamanho do gigante acabou permitindo o uso de estratagemas não ortodoxos, com desvios do direito positivo, para derrotá-lo. O monstro acabou gerando até mesmo armas legais e exegeses inusitadas.
>
> Exemplos foram as conduções coercitivas determinadas de ofício, o sistema de delação premiada, normalmente sob coação; a interpretação pelo Supremo Tribunal a respeito da prisão após condenação em Segunda Instancia (entendimento revogado nestes dias) e assim por diante.[2071]

Algumas decisões tomadas pelos juízes de Direito, especialmente nos processos conhecidos em conjunto como OPERAÇÃO LAVA JATO, foram frontalmente desfeitas por Ministros do Supremo Tribunal Federal, que praticaram atos jurisdicionais, abrandando os efeitos daqueles levados a efeito pelos juízes: essa paradoxal situação (quase incompreensível para os leigos), causou o endeusamento de alguns e o *opróbrio* de outros: duas situações de alto risco para o Estado de Direito, que exige total imparcialidade do judiciário e firmeza das instituições. A imparcialidade do juiz não é sentida no

2071 DAL POZZO, Antônio Arnaldo Ferraz. *Revisitando uma história sem fim*: o Ministério Público em tempos de crise. São Paulo: Contracorrente, 2020, pp. 63-70 e 77/78.

dia a dia, mas sua falta, assim como a falta de saúde, é percebida de imediato.

O apoio dado pelo povo nas ruas indica com clareza que a população viu e constatou a parcialidade dos integrantes do judiciário e o mais preocupante, é que foram apoios a favor e contra! Porém, como os órgãos jurisdicionais não agem de ofício, o gatilho, por assim dizer, que vence a sua obrigatória inércia, foi acionado pelo Ministério Público que se viu envolvido nas mesmas manifestações de pró e contra.

Portanto, os juízes e promotores foram envolvidos nesse movimento – que lembrava, segundo muitos, a operação MÃOS LIMPAS, ocorrida na Itália – eles agiam como se fossem missionários, empenhados na construção de um novo e limpo Brasil.

Mutatis mutandis, veja alguma semelhança com o período da Revolução Francesa que passou a ser conhecido como "Período do Terror", durante o qual vários líderes revolucionários foram mortos (como Danton, Marat e Robespierre, em circunstâncias diversas). São momentos em que os "revolucionários" começam a criar segmentos ideológicos diversos e passam a disputar o poder. A operação LAVA JATO ensejou esse fenômeno, que ficou claro com as disputas entre os candidatos (e respectivos apoiadores) à Procuradoria-Geral da República e à recente nomeação do atual Chefe do Ministério Público da União fora da lista tríplice: conquanto o ato seja legal, representa um enfrentamento à instituição, que tradicionalmente elabora lista tríplice para sua escolha pelo Executivo. Também o Conselho Nacional do Ministério Público ficou meio perdido nesse caos nacional, excedeu seus poderes e criou resistências nos Procuradores-Gerais Estaduais.

O crescimento abrupto do Ministério Público e sua vontade reprimida, subitamente liberada, foram a um tempo, parafraseando Bilac, seu "esplendor e sepultura".

Um perigosíssimo BIG BANG institucional.

Em primeiro lugar, o Ministério Público deve respeitar fielmente as balizas da legalidade para granjear o apoio dos advogados e evitar as críticas da mídia, as quais podem influenciar a opinião pública. Encarregado de tutelar a ordem jurídica, o princípio da legalidade deve imperar em todos os atos praticados pelos representantes da Instituição. Isso significa valorizar outros princípios, como a presunção de inocência, da transparência, da ampla defesa, da dignidade da pessoa humana. Um exame de consciência nos revelará que todos eles, em algum momento, foram descumpridos. Nenhum pensamento – senão o de cumprir a lei – deve ser o norte da Instituição. Posicionamentos políticos e ideologias políticas são questões que os promotores não têm o direito de colocar à frente de seu poder de agir. O seu único compromisso é com a lei e a verdade. Nos momentos em que a vida nacional desperta paixões, é preciso agir desapaixonadamente. Se exigir fé, não pode se encastelar em dogmas. Seu isolamento mental é o exercício diário de quem encara a sua função com seriedade, com honestidade e com a vontade sincera de servir à sociedade. Tudo isso implica em agir focalizando questões de importância real para o interesse público.[2072]

O STF, na pessoa do ex-Ministro Marco Aurelio de Mello ficou espantado com a determinação de Moro para conduzir coercitivamente Lula quando declarou:

"Só se conduz coercitivamente, ou, como se dizia antigamente, debaixo de vara, o cidadão que resiste e não comparece para depor". E convocou diante das atitudes do juiz: "Precisamos colocar os pingos nos is. (...) Amanhã constroem um paredão na praça dos Três Poderes".

Apontava a ilegalidade da decisão de Moro referente a Lula. Como escreveu o jornalista Jânio de Freitas, na Folha de S. Paulo,

---

2072 DAL POZZO, Antônio Arnaldo Ferraz. *Revisitando uma história sem fim*: o Ministério Público em tempos de crise. São Paulo: Contracorrente, 2020, pp. 63-70 e 77/78.

Marco Aurélio Mello foi forte: "Paredão remeteu ao *paredón* dos fuzilamentos nos primórdios da revolução cubana". Considera que Moro age por critério seu, não pelos da legislação. O resultado são "atos de força". E "isso implica retrocesso, não avanço". Marco Aurelio não "falou só por falar".[2073] A conclusão: a megaoperação resultou em mega-advertência à Lava Jato.

O sociólogo Jessé de Souza, interpretando o período afirmou:

> Historicamente, apenas o tema da corrupção, no Brasil, propicia a manipulação perfeita do público cativo: aquela que não toca nem de perto no acordo das elites nem nos seus privilégios e permite focar todo o fogo no inimigo de classe da ocasião. Trata-se de um tema que não oferece nenhuma reflexão e compreensão real do mundo, mas que possibilita todo tipo de distorção, seletividade e manipulação emotiva de um público cativo. Mas não existia à época nenhum escândalo para ser manipulado. Como proceder à sistemática distorção e fraude da realidade nesse contexto?
>
> Como em toda a história republicana brasileira, o mote da corrupção é sempre usado como arma letal para o inimigo de classe da elite e seus aliados. Isso sempre ocorre quando existem políticas que envolvam inclusão dos setores marginalizados – que implicam menor participação no orçamento dos endinheirados e aumento do salário relativo dos trabalhadores, o que também não os interessa – ou condução pelo Estado de políticas de desenvolvimento de longo prazo. A ideia é que a riqueza do país já tem dono, ou seja, ela é privada e deve ser privatizada. São esses os dois crimes que estão sempre verdadeiramente por trás de toda manipulação da corrupção brasileira.
>
> Ao se "fulanizar" a corrupção, nunca se atinge o objetivo de seu real combate, mas apenas consegue-se derrotar o inimigo de classe. Como o combate à desigualdade é um valor universal,

---

2073 ALMEIDA, Rodrigo de. *À sombra do poder*: Bastidores da crise que derrubou Dilma Rousseff. São Paulo: LeYa, 2016, pp. 177/178.

que não se pode atacar em público sem causar forte reação, tem-se que combater essa bandeira inatacável com outra bandeira inatacável. No Brasil, o suposto combate à corrupção sempre foi essa muleta usada de modo manipulador e falso. Como no caso recente do golpe de abril de 2016, desde que se elimine o inimigo político tudo voltará a ser como antes, sem qualquer debate real e sem nenhuma mudança estrutural. Não interessa sequer aos devotados moralistas de ocasião qualquer mudança efetiva. Como poderiam, afinal, eliminar os inimigos que virão no futuro? Quer seja mecanismo consciente e cínico, quer seja pura ingenuidade de alguns manipulados, o resultado é o mesmo: a "fulanização" da corrupção só serve à sua continuidade.

O falso combate à corrupção surge, assim, no Brasil como o testa de ferro universal de todos os interesses inconfessáveis que não podem se assumir enquanto tais. Por que o falso combate à corrupção assume esse papel? São duas as razões básicas: primeiro, a corrupção pode ser vendida como de interesse de todos, servindo como uma luva para todo tipo de mascaramento de interesses particulares em interesse geral; em segundo lugar, ninguém diz verdadeiramente o que é corrupção, tomando-a, precisamente por seu caráter impreciso e maleável, o mote ideal de todo tipo de distorção sistemática da realidade.

Até bem pouco tempo atrás apenas o funcionário público podia ser corrupto segundo a letra da lei. Os donos do mercado, como dissemos anteriormente, compraram a elite intelectual para a confecção e propagação dessa verdadeira fraude com o prestígio de ciência. A definição de "corrupção" prova-se, portanto, arbitrária e variável, mudando conforme o interesse de quem manda na sociedade. Ao conseguir incutir na sociedade que corrupção é apenas aquilo que o funcionário do Estado faz, os donos do mercado podem cometer abusos legais e ilegais de todo tipo sem que nem a legalidade nem, muito menos, a legitimidade de seus atos seja posta em xeque. Esse é o real poder por trás da infantilização proposital da sociedade como um todo pelo engodo da manipulação do mote da corrupção.

O agente jurídico age por delegação da soberania popular, advinda do voto democrático, precisamente para que possa manter sua independência em relação à opinião pública. Esta é variável, afinal, o que é popular hoje pode não ser amanhã. Além disso, como vimos, ela é facilmente influenciável e manipulável. Em certos casos, a opinião pública é simplesmente aquilo que se publica nos jornais.

As regras e os procedimentos jurídicos não são, como pensa o leigo, entraves à justiça rápida. Eles são entraves à injustiça. A noção central da concepção de justiça ocidental é a universalidade de tratamento. O direito serve para garantir a universalidade de tratamento a todos de modo a prevenir a injustiça. Se existe universalidade de tratamento, temos a garantia do que nossos direitos individuais não serão lesados por conjunturas politicamente adversas. É para isso que o direito serve. Por conta disso os procedimentos são tão importantes. É o respeito a eles que garante que todos possam ser tratados do mesmo modo.

O fato de que os juízes em países como Alemanha, Inglaterra, França e Estados Unidos sejam figuras discretas e sóbrias, que inclusive evitam a publicidade e a polêmica pública, não se dá por acaso. E que agindo desse modo eles cumprem melhor sua função. O juiz fala nos autos, e não na imprensa e nos jornais. Sem isso ele não tem o distanciamento das disputas políticas que é fundamental para sua ação. Nos tempos recentes não tivemos apenas a judicialização da política, mas, muito pior, a politização da justiça. A linha é fluida, mas o princípio é claro: sempre que houver predominância da política sobre o direito, este perde sua autonomia. Temos então um simulacro de direito e uma caricatura de justiça. Foi precisamente isso que tivemos na operação Lava Jato.

O juiz Sérgio Moro, que conduziu a operação, foi alçado, pela manipulação midiática, à figura política maior da direita. Devemos a ele, inclusive, o fato de a direita brasileira ter saído do armário e ter, finalmente, não apenas se assumido enquanto tal, mas também conseguido construir um discurso tão poderoso quanto o combate à desigualdade que havia se tomado a bandeira invencível da esquerda. Isso não é pouco.

O país estava dividido em duas facções desde a primeira eleição de Lula à presidência. Essa divisão só fazia aumentar em tensão e engajamento e refletia clara luta de classes, em que a classe média e os ricos, em um país tão desigual como o nosso, estava destinada a perder todas as eleições.

A perda da eleição de 2014, que a classe média engajada – que havia votado em massa em Aécio Neves – imaginava ganhar –, conferiu uma sensação de desespero. O desespero de que eleitoralmente não havia saída. Foi uma sensação compartilhada com a elite do dinheiro e seus aliados de sempre na imprensa e na mídia. Afinal, em uma sociedade em que 70% das pessoas não possuem privilégios de qualquer espécie, uma esquerda minimamente articulada só perde eleição se for muito incompetente. É aí que entra a figura política do juiz Moro. Ele representa a incorporação do discurso que faltava para os manifestantes de junho de 2013 incensados pela mídia. As bandeiras abstratas anticorrupção das jornadas de junho tomaram-se concretas com a operação Lava Jato. Agora a articulação do partido da elite estava completa: o partido da rapina econômica tinha não apenas seus braços de sempre na mídia e no Congresso, mas possuía uma base social engajada e motivada e um discurso potente e concreto.

Trata-se de um discurso construído há décadas para manipular o tema da corrupção. Por meio dele, torna-se tanto a corrupção legal quanto a ilegal invisíveis no mercado comandado pela elite do dinheiro, de modo a usar o Estado e quem o ocupa como bode expiatório conveniente sempre que necessário.

Além da legitimação pelo concurso, a casta jurídica tem de se justificar, e este é o segundo ponto para a sua legitimação, dizendo que faz algo de importante para todos. Afinal, ela precisa dizer que faz alguma coisa para os outros também, o não apenas para si mesma. É aqui que entra o discurso de "vanguarda moral" do povo brasileiro. A Lava Jato criou um verdadeiro campeonato entre as diversas corporações jurídicas paia ver quem ganha o troféu de "guardião da moralidade pública". O contexto criado de caça às bruxas é perfeito tanto para legitimar os privilégios mais descabidos quanto para campanhas paranoicas de redução sistemática das garantias constitucionais e democráticas, e para relativização de todas as garantias legais em nome da "limpeza moral" do país. O procurador Dalton Dellagnol, por exemplo, da equipe da Lava Jato, junta assinaturas de evangélicos para apoio a projetos de lei que inibem mais ainda as garantias e direitos individuais.

O Estado policial é o melhor terreno não apenas para legitimar privilégios corporativos, mas também para permitir a apropriação e captura da agenda do Estado, com vistas a um aprofundamento cada vez maior do Estado de exceção. Afinal, quanto menos garantias aos direitos individuais e quanto maior o ataque à presunção de inocência, maior o poder relativo dessas corporações.

A presunção de inocência, marco fundamental da ordem jurídica democrática, foi para o brejo. O bombardeio era diário. A ordem era não deixar pedra sobre pedra.

O *habeas corpus*, fundamento histórico mais importante da ordem legal democrática, foi, na prática, suspenso para o inimigo político. Abriu-se caminho para a manipulação judicial da tortura psíquica, que a privação de liberdade implica. Sem falar em outras ameaças como o arrolamento da mulher e dos filhos no processo. O clima popular e televisivo apoiou todo tipo de excesso em nome da suposta limpeza moral do país. Não se falava da seletividade da perseguição, já que para quem estava nas ruas existia a certeza de quem são os culpados.

A essa altura, o engodo e a fraude atingiam seu clímax. Sérgio Moro, homem do ano da revista Isto é e personalidade do ano do jornal O Globo, foi blindado pela mídia e se tomou, na prática, a única figura da direita desde a ascensão de Lula em 2002 a rivalizar com ele em prestígio. Contra o "campeão do combate à desigualdade", criava-se o "campeão da luta pela moralidade". Pela primeira vez a direita ganhava voz e passava a se expressar sem pejo. Em 2015, inclusive, a crise econômica e a agenda regressiva do governo fizeram com que setores das classes populares se identificassem com a bandeira dos moralistas de ocasião.

O ataque da Lava Jato a Lula, começando por sua condução coercitiva em março de 2016, tanto desnecessária quanto ilegal,

> mostrou o viés partidário da operação e sua real intenção de criminalizar o PT e, muito especialmente, seu líder maior.
>
> O *timing* para o golpe passou a ser decisivo, e o juiz Sérgio Moro deu sua cartada final. Em uma tentativa de reorganizar o governo e ampliar sua base de sustentação popular, Dilma nomeou Lula como seu ministro da Casa Civil, com poderes de reconstruir o governo. O juiz Sérgio Moro decidiu – em atitude de alto risco que em qualquer país decente teria levado a consequências severas, como a perda do cargo – efetuar o vazamento ilegal de uma conversa entre a presidenta e Lula. O diálogo entre os dois, breve e cifrado, foi logo interpretado como tentativa de salvar Lula da prisão, o que provocou um sem número de liminares e, na prática, o embargo da nomeação de Lula para a Casa Civil. Moro apostou todas as fichas e ganhou. Foi meramente advertido e se desculpou retirando-se de cena com o dever cumprido: foi o golpe de misericórdia em um governo que já estava nas cordas.[2074]

A perseguição a Lula foi explicitada por Rodrigo Janot, Procurador Geral da República:

> As divergências se deram no curso do processo do triplex, que levou à condenação do ex-Presidente Lula e, depois, à exclusão de sua candidatura nas eleições presidenciais de 2018.
>
> Eles queriam que eu denunciasse imediatamente o ex-Presidente Lula por organização criminosa, nem que para isso tivesse que deixar em segundo plano outras denúncias em estágio mais avançado.
>
> "Precisamos que você inverta a ordem das denúncias e coloque a do PT primeiro", disse Dallagnol, logo no início da reunião.
>
> Ele já tinha feito uma sondagem sobre essa possibilidade de inversão de pauta numa conversa por telefone com um dos

---

2074 SOUZA, Jessé. *A radiografia do Golpe*: entenda como e por que você foi enganado. São Paulo: LeYa, 2015, pp. 88/89, 112/113, 118/119, 121-123 e 125/126.

integrantes da minha equipe, e agora reafirmava o pedido pessoalmente.

"Não, eu não vou inverter. Vou seguir o meu critério. A que estiver mais evoluída vai na frente. Não tem razão para eu mudar essa ordem. Por que eu deveria fazer isso?", respondi.

Paludo disse, então, que eu teria que denunciar o PT e Lula logo, porque, se não fosse assim, a denúncia apresentada por eles contra o ex-Presidente por corrupção passiva e lavagem de dinheiro ficaria descoberta. Pela lei, a acusação por lavagem depende de um crime antecedente, no caso, organização criminosa. Ou seja, eu teria que acusar o ex-Presidente e outros políticos do PT com foro no Supremo Tribunal Federal em Brasília para dar lastro à denúncia apresentada por eles ao juiz Sergio Moro em Curitiba. Isso era o que daria a base jurídica para o crime de lavagem imputado a Lula.

"Sem a sua denúncia, a gente perde o crime por lavagem", disse o procurador.

O problema era delicado. Na fase inicial das investigações sobre Lula e o triplex, eu pedira ao ministro Teori Zavascki o compartilhamento dos documentos obtidos no nosso inquérito sobre organização criminosa relacionada ao PT com a força-tarefa. Eles haviam me pedido para ter acesso ao material e eu prontamente atendera. Na decisão, o ministro deixara bem claro que eles poderiam usar os documentos, mas não poderiam tratar de organização criminosa, porque o caso já era alvo de um inquérito no STF, o qual tinha como relator o próprio Teori Zavascki e cujas investigações eram conduzidas por mim.

Ora, e o que Dallagnol fez? Sem qualquer consulta prévia a mim ou à minha equipe, acusou Lula de lavar dinheiro desviado de uma organização criminosa por ele chefiada. Lula era o "grande general", o "comandante máximo da organização criminosa", como o procurador dizia na entrevista coletiva convocada para explicar, diante de um PowerPoint, a denúncia contra o ex-Presidente. No PowerPoint, tudo convergia para Lula, que seria chefe de uma organização criminosa formada por deputados, senadores e outros políticos com foro no STF.

> "Se você não fizer a denúncia, a gente perde a lavagem", reforçou Dallagnol, logo depois da fala de Paludo.
>
> "Eu não vou fazer isso!", repeti.
>
> "Você está querendo interferir no nosso trabalho!", exclamou Dallagnol, aparentemente irritado.
>
> "Eu não quero interferir no trabalho de vocês. Ao que parece, vocês é que querem interferir no meu. Quando houve o compartilhamento da prova, o ministro Teori excluiu expressamente a possibilidade de vocês investigarem e denunciarem o Lula por crime de organização criminosa, que seguia no Supremo. E vocês fizeram isso. Vocês desobedeceram à ordem do ministro e colocaram como crime precedente organização criminosa. Eu não tenho o que fazer com isso", eu disse.
>
> Eu estava bastante chateado com as pressões, diretas ou veladas, de Curitiba sobre nosso trabalho e, naquele momento, era hora de botar os pingos nos *is*. Enquanto falava, eu exibia uma cópia da decisão do ministro, a mesma decisão que já tinha sido encaminhada a eles no compartilhamento de provas. O problema não é meu. O problema é de vocês. Vocês fizeram isso sem me consultar, sem obedecer à determinação do Ministro Teori. E agora sou eu que tenho que resolver o problema de vocês? Não faço isso de forma alguma!", eu disse.[2075]

A posição do ex-juiz Moro e da Lava Jato foi clara em seus objetivos políticos:

> Segundo pesquisa eleitoral do instituto Datafolha realizada entre os dias 29 e 30 de janeiro de 2018, com 2.826 entrevistados, em 174 cidades do Brasil, o ex-Presidente Lula seguia na frente nas intenções de voto, mesmo após a condenação

---

2075 JANOT, Rodrigo *et al. Nada menos que tudo*: bastidores da operação que colocou o sistema político em xeque. São Paulo: Planeta do Brasil, 2019, pp. 182-185.

do TRF-4, mas já com um significativo aumento de pessoas que declararam voto branco e nulo após esta condenação.[2076]

Estranha e peculiar coincidência foi a juíza da 4ª Vara Criminal de São Paulo, Maria Priscilla Ernandes Veiga Oliveira, absolver sumariamente os doze réus citados em denúncia do MP/SP sobre o caso Bancoop (Cooperativa Habitacional dos Bancários), no dia 19 de abril de 2017.[2077] Entre os réus absolvidos, estava o ex-Presidente da OAS, Léo Pinheiro. Exatamente na véspera do depoimento confessional de Pinheiro ao juiz Moro.

Assim, Léo Pinheiro deixou de ser réu em um processo e, portanto, passou a poder depor ao juiz sem que houvesse litispendência, porque o Código Penal brasileiro de 1940 proíbe que uma pessoa seja julgada duas vezes pela mesma acusação. O Caso do Triplex já havia sido julgado e anulado pela Justiça Estadual de São Paulo, apresentado pelos procuradores estaduais.

A condenação do TRF-4 foi o desfecho de um ato jurídico que havia começado no dia 4 de março de 2016, com a Operação Aletheia, da Polícia Federal do Brasil (PF), quando o ex-Presidente foi, coercitivamente, conduzido à sede da PF para prestar depoimento sobre o Caso do Triplex. Nessa ocasião, o próprio Sérgio Moro havia determinado que o evento "em hipótese alguma" deveria ser filmado ou repassado a terceiros. Por isso, os advogados de defesa de Lula pediram o sigilo sobre essas filmagens para impedir que elas fossem usadas pela revista *Veja* e pela produção do filme "Polícia Federal – A lei é para todos".

2076 Ver Registro no TSE: BR 05351/2018.

2077 G1. "Juíza absolve Vaccari e mais 11 em caso que envolve triplex no Guarujá". *G1*, 19 abr. 2017. Disponível em: https://g1.globo.com/sao-paulo/noticia/juiza-de-sp-absolve-vaccari-leo-pinheiro-e-mais-10-suspeitos-do-caso-bancoop-em-que-promotoria-pediu-prisao-de-lula.ghtml. Acessado em: 23.07.2023.

Disseram os advogados do ex-Presidente:

> "O filme busca macular a imagem de Lula perante a sociedade, porque terá como cena principal a reconstituição da condução coercitiva do ex-Presidente, ocorrida em 4 de março de 2016".
>
> Também questionamos: "por que os financiadores da película foram mantidos em sigilo? Com estes dois elementos em vista, questionamos: a quem interessa financiar um filme que elege, seletivamente, como principal símbolo da atuação da PF no combate à corrupção, a ilegal condução coercitiva de Lula, ignorando outros tantos fatos e pessoas que compõem a história da referida operação? A quem interessa macular a imagem do ex-Presidente, justamente quando simulações de institutos de pesquisa o colocam em posição de destaque na disputa presidencial de 2018?", indagaram os juristas por meio de uma nota.
>
> O juiz Moro, além de negar a solicitação dos advogados de defesa de Lula alegando que não lhe cabia o juízo de censurar a imprensa, retirou, no dia 16 de março de 2016, o sigilo das interceptações telefônicas do ex-Presidente Lula em conversas gravadas pela Polícia Federal com a então Presidente da República em pleno exercício do seu mandato, Dilma Rousseff.
>
> O Sérgio Moro interferiu no processo eleitoral (enquanto juiz federal). Aliás, desde antes da eleição ele já vinha interferindo na política brasileira, quando ele divulga, ilegalmente, segundo reconheceu o próprio Superior Tribunal Federal posteriormente, aqueles áudios[2078] de Dilma e de Lula. Ele jogou combustível no processo, ele alimentou o *impeachment*. Ele alimentou as forças contrárias à permanência do governo Dilma Rousseff, avalia José Eduardo Cardozo.

2078 BULLA, Beatriz; AGUIAR, Gustavo. "Moro pede desculpas ao Supremo por divulgação de áudios de Lula e nega motivação política". *Estadão*, 29 mar 2016. Disponível em: https://politica.estadao.com.br/blogs/fausto-macedo/moro-pede-desculpas-ao-supremo-por-divulgacao-de--audios-de-lula-e-nega-motivacao-politica. Acessado em: 23.07.2023.

> Da mesma forma, quando ele [Moro] faz aquela condução coercitiva do Lula sem nenhuma necessidade, sem razão para agir assim, apenas para um jogo midiático que expôs o ex-Presidente a uma situação de contaminação cada vez maior frente à opinião pública. Ou às vésperas do primeiro turno (outubro de 2018), quando ele usou uma manobra para divulgar a delação do Antônio Palocci, que já havia sido recusada pelo Ministério Público por ser inconsistente, para divulgar somente algumas partes que lhe interessavam para atacar o PT, partido que certamente disputaria a presidência no segundo turno. Ora, o mínimo que se esperava de um juiz que teve tanta inserção no processo político-eleitoral (era que ele) tivesse o comedimento de não aceitar qualquer cargo no governo que ele ajudou a eleger, acrescenta o ex-ministro da Justiça do governo Dilma.[2079]

Além das arbitrariedades citadas, Moro, hipocritamente, declarou à época, para *O Estado de São Paulo*:

> Jamais entraria para a política. Não seria apropriado da minha parte postular qualquer espécie de cargo político porque isso poderia, vamos dizer assim, colocar em dúvida a integridade do trabalho que eu fiz até o presente momento.[2080]

"Dois meses antes do início do novo governo, no dia 1º de novembro de 2018, Sérgio Moro aceitou o cargo de Ministro da Justiça da administração Bolsonaro".[2081]

2079 CALEJON, Cesar; VIZONI, Adriano. *A ascensão do bolsonarismo no Brasil do século XXI*. São Paulo: Lura Editorial, 2021 pp. 96-98.

2080 MACEDO, Fausto; BRANDT, Ricardo. "Jamais entraria para a política". *O Estado de São Paulo*, 05 dez. 2016. Disponível em: https://politica.estadao.com.br/blogs/fausto-macedo/jamais-entraria-para-a-politica-diz-sergio-moro. Acessado em: 23.07.2023.

2081 CALEJON, Cesar; VIZONI, Adriano. *A ascensão do bolsonarismo no Brasil do século XXI*. São Paulo: Lura Editorial, 2021 p. 98.

Posteriormente, saiu do governo Bolsonaro, criticando o Presidente e foi trabalhar para uma empresa americana que, por sinal, defendia seus antigos réus, a consultoria Alvarez & Marsall. Na sequência, em dezembro de 2022, saiu candidato à Presidência da República pelo partido PODEMOS. Simultaneamente, Dallagnol (MP) renunciou ao cargo de Promotor em Curitiba e se posicionou como candidato a Deputado Federal.

A arbitrariedade contra Lula foi tão radical que o jornalista e crítico do PT, Reinaldo Azevedo, naquele momento, pronunciou-se, em 5 de abril de 2018, na Jovem Pan, da seguinte maneira:

> A defesa de Lula ainda tem direito ao chamado embargo do embargo e tem dez dias para entrar com este embargo. Evidentemente, o bom-senso e a boa prática jurídica recomendam que se esgotem ao menos os recursos na segunda instância para que você possa então permitir a prisão. Eu tenho chamado a atenção aqui para o fato de que há uma cadeia de excepcionalidades que hoje atinge o Lula só porque o Lula é o Lula, O Lula está sendo vítima de um processo de exceção.[2082]

O Brasil, portanto, representado pelo poder judiciário, estava na contramão do Estado de Direito e posicionando-se equivocadamente no episódio Lula.

> O século XIX "resolveu" o problema "aprisionando" a moral. Na verdade, excluiu-a do Direito a partir das três formas de positivismo jurídico: o exegetismo francês, a jurisprudência dos conceitos alemã e a jurisprudência analítica inglesa. Os juízes foram transformados numa simples boca que pronunciava as palavras da lei. Foi um projeto político para impedir que o Judiciário conspurcasse o projeto revolucionário francês. Na Alemanha, ainda não unificada, as razões pelas quais o

2082 CALEJON, Cesar; VIZONI, Adriano. *A ascensão do bolsonarismo no Brasil do século XXI*. São Paulo: Lura Editorial, 2021 p. 103.

pandectismo impediu juízes de fazer juízos valorativos aproximavam-se dos motivos imperantes na Inglaterra. De todo modo, em comum havia o fato de que juízes não podiam "falar da lei". Tinham que se contentar com os fatos.

Para a organização deste complexo jogo político foi necessária a criação da ideia de freios e contra-pesos estabelecida pelos estadunidenses. O Executivo governa e tem poder de veto sobre o Legislativo; o Legislativo faz as leis e fiscaliza o Executivo; a Suprema Corte dá a última palavra sobre a Constituição, para evitar que o Legislativo faça leis inconstitucionais; o Executivo indica os juízes da Suprema Corte e o Legislativo tem a prerrogativa de confirmar ou não a indicação. Enfim, cada Poder deve atuar a partir de um conjunto de regras que impede a ascensão de superpoderes, para que nenhum destes venha assumir uma posição autoritária de reserva moral da sociedade.

Mas parece que no Brasil esta fórmula institucional ainda apresenta uma enorme dificuldade para se estabelecer. E isso pode ser observado na postura de juízes e membros do Ministério Público que, num cenário de desgaste dos políticos e seus partidos, começam a se apresentar como salvadores da pátria. Aqueles que, iluminados por uma condição quase divina, começam a acreditar que foram predestinados a salvar o país da corrupção, como se suas instituições também não fossem atingidas pelos mesmos desvios que ocorrem no Executivo e no Legislativo.

Salvadores da pátria, por mais bem-intencionados que sejam, acabam sempre assumindo uma postura voluntariosa contrária ao Estado de Direito. Simplificam os problemas políticos e oferecem como solução o uso inconstitucional da força, semelhantemente ao que Aldo Fornazieri chama de "lei em movimento". Segundo ele, no tempo do nazismo não existia segurança jurídica, pois as leis eram impostas conforme os anseios do movimento político. Ou seja, no lugar de uma racionalidade jurídica inserida na tradição do constitucionalismo, que desde o início sempre esteve baseada na ideia de defesa das liberdades e limitação do poder, o que surgiu foi uma racionalidade jurídica instrumental feita ad hoc conforme os interesses do momento. Nesse sentido, a ideia de lei em movimento se transforma num mecanismo de destruição do Estado de Direito e acaba por colocar em seu lugar um Estado de Exceção permanente. É claro que a crise brasileira não é idêntica ao nazismo. Mas, por outro lado, o exemplo do nazismo serve como paradigma para uma análise de como a substituição do Direito por argumentos ideológicos do tipo, "precisamos fazer uma cruzada contra a corrupção", podem comprometer seriamente o Estado de Direito.

Recentes episódios envolvendo altas autoridades demonstram que o Direito brasileiro está sendo – ou já foi – traído pela moral. O mais incrível dessa situação é que a traição ocorre pelas mãos de instituições que deveriam protege-lo: Ministério Público e Judiciário. E o caso do ex-Presidente Lula ilustra muito bem a preocupante situação. No dia 4 de março de 2016 todos assistiram a um espetáculo lamentável. Este dia ficará marcado como "o dia em que um ex-Presidente da República foi ilegal e inconstitucionalmente preso por algumas horas", sendo o ato apelidado de "condução coercitiva".

Logo, o ex-Presidente Lula e todas as pessoas que até hoje foram "conduzidas coercitivamente" (dentro ou fora da "Lava Jato") sem intimação prévia o foram à revelia do ordenamento jurídico. Que coisa impressionante é essa que está ocorrendo no país. Desde o Supremo Tribunal Federal até o juiz do juizado especial de pequenas causas se descumpre a lei e a Constituição.

Assim, de grão em grão vamos retrocedendo no Estado Democrático de Direito. Sempre em nome da moral pública, do clamor social etc. Sim, hodiernamente para prender basta dizer a palavra mágica: clamor social e garantia da ordem pública. Não são mais conceitos jurídicos, e, sim, enunciados performativos. É como se o juiz, usando de sua livre apreciação da prova (eis a ironia da história – a quase totalidade dos processualistas penais nunca se importaram com a livre apreciação, ao ponto de estar intacto no projeto do Novo Código de Processo Penal) – fosse autorizado a servir como reserva moral da sociedade.

E vou fechar com o que disse o Ministro Marco Aurélio:

> Ele [Moro] não é o único juiz do país e deve atuar como todo juiz. Agora, houve essa divulgação por terceiros de sigilo telefônico. Isso é crime, está na lei. Ele simplesmente deixou de lado a lei. Isso está escancarado e foi objeto, inclusive, de reportagem no exterior. Não se avança culturalmente, atropelando a ordem jurídica, principalmente a constitucional. O avanço pressupõe a observância irrestrita do que está escrito na lei de regência da matéria. Dizer que interessa ao público em geral conhecer o teor de gravações sigilosas não se sustenta. O público também está submetido à legislação.[2083]
>
> Logo, percebe-se que o juiz federal Sérgio Moro ficou suspeito no julgamento de Lula por ser "parcial" ao permitir o vazamento ilícito de conversas interceptadas do ex-Presidente Lula, a partir da convicção de que o então investigado não merecia gozar de uma inviolabilidade assegurada pela Constituição, o juiz em atuação demonstrou não só um juízo de valor prévio desfavorável a um imputado, como também evidente comprometimento da imparcialidade exigida ao exercício legítimo da jurisdição. Impossível, pois, continuar a exercer a jurisdição em um processo no qual o ex-Presidente figure como réu.[2084]

É necessário rechaçar posições inquisitórias, como as tomadas pela Lava Jato e defendida em artigo assinado por Moro há anos.

> Chama a atenção no artigo de Moro a referência ao papel desempenhado por mecanismos de exceção, como a detenção prolongada, o isolamento dos presos e até a difusão de

---

2083 ZANIN MARTINS, Cristiano; MARTINS, Valeska Teixeira Zanin; VALIM, Rafael *et al. O Caso Lula*: a luta pela afirmação dos direitos fundamentais no Brasil. São Paulo: Contracorrente, 2017, pp. 31, 34-36 e 39.

2084 ZANIN MARTINS, Cristiano; MARTINS, Valeska Teixeira Zanin; VALIM, Rafael *et al. O Caso Lula*: a luta pela afirmação dos direitos fundamentais no Brasil. São Paulo: Contracorrente, 2017, p. 210.

informações falsas – por exemplo, a de que determinado preso teria concordado em falar, mesmo não sendo verdade, para que os outros, isolados, resolvam dizer o que sabem. Tais meios ficam justificados pelo fim a ser alcançado: a desmontagem do "sistema corrupto", o que só acontece se participantes do esquema revelarem os fatos que conhecem. Os recursos excepcionais utilizados pelos profissionais da justiça são calculados e justificados para vencer o "sistema corrupto", o qual seria extremamente poderoso. Em decisão tomada no segundo semestre de 2016, o TRF4 aprovou voto segundo o qual a ameaça permanente à continuidade das investigações da Operação Lava Jato, inclusive mediante sugestões de alterações na legislação, constitui, sem dúvida, uma situação inédita, a merecer um tratamento excepcional.

Há no artigo visão precisa do rol jogado pelos meios de comunicação. Moro enxerga o combate ao sistema corrupto como uma espécie de guerra que opõe, de um lado, jovens e honestos profissionais da área jurídica e, de outro, velhos políticos envolvidos até o pescoço com propinas e desvios. À medida que se veem pressionados pelo avanço dos moços, os velhos reagem, procurando desmontar e, sobretudo, deslegitimar os procedimentos investigatórios. Nesse ponto, a única salvação dos jovens estaria numa aliança bem-sucedida com a imprensa, a qual se torna a mola do sucesso. "Os responsáveis pela operação *mani pulite* (...) fizeram largo uso da imprensa. Com efeito: Para o desgosto dos líderes do PSI (...) a investigação da *mani pulite* vazava como uma peneira. Tão logo alguém era preso, detalhes de sua confissão eram veiculados no L'Espresso, no La Repubblica e outros jornais e revistas simpatizantes".

Há, por outro lado, vários traços de continuidade entre a Lava Jato e o mensalão, processo iniciado em 2005. Dallagnol diz que "a investigação começou num inquérito antigo sobre lavagem de dinheiro oriundo do mensalão". A última fase do julgamento do mensalão ocorre em setembro de 2012 e, em abril de 2013, a futura Lava Jato começa a investigar Youssef. Os investigadores sabiam que Youssef trabalhara com o paranaense José Janene, ex-líder do PP na Câmara dos

Deputados. Acusado de retirar recursos de empresas estatais durante o mensalão, Janene era figura ativíssima no mundo do financiamento político (até morrer de problemas cardíacos em 2010). Moro conhecia bem Youssef e Janene, pois havia julgado Youssef no caso Banestado, no começo dos anos 2000, e atuado no mensalão como assistente da Ministra Rosa Weber. O escândalo do Banestado envolveu dezenas de políticos e foi "considerado o maior esquema de evasão de divisas já descoberto no Brasil". Segundo Dallagnol, o Banestado "plantou a semente da Lava Jato", pois lá "foram feitos os primeiros acordos escritos de colaboração premiada da história brasileira".

Do ponto de vista prático, o delegado e o procurador passaram a poder estabelecer acordos de colaboração premiada, quando antes só o juiz podia fazê-lo. Depois da nova lei, o juiz apenas homologa o acordo. Com isso, a nova legislação deu mais poder à Polícia Federal e ao Ministério Público. Em segundo lugar, incorporou a figura do perdão judicial e da substituição da pena de prisão por pena restritiva de direitos entre os benefícios possíveis ao colaborador, aumentando o rol de instrumentos à disposição de policiais e procuradores. A lei também ampliou a caracterização dos crimes de formação de organização criminosa, tornando-a mais aplicável às atividades políticas. Por fim, consagrou maior latitude para as prisões preventivas, as quais foram fundamentais na Lava Jato. Desejosos de fazer concessões à pressão das ruas, Dilma e Cardozo apressaram-se a endossar a legislação aprovada pelo Congresso. Nesse contexto, vale a pena mencionar o suposto diálogo entre Cardozo e o empresário Joesley Batista a respeito da 12 850, tal como relatado pelo dono da JBS em gravação de 2017. Joesley: "ô Zé (...), lembra aquela vez que a gente jantou? (...). Você lembra que tava feliz, comemorando da lei de combate ao crime organizado?" Cardozo: "Puuuta cagada, Joesley. Nos enganaram. (...) Aprovamos essa lei, pensando no crime organizado, no narcotráfico. Eu e a Dilma, rapaz, nos enganaram".

A localização geográfica do núcleo que passou a comandar o PJ não é casual. O Paraná é uma das unidades da federação onde há maior influência da classe média. A relevância da pequena propriedade na formação do estado, bem como a maciça presença de imigrantes estrangeiros, constituíram ali um *éthos* particular. Embora no Rio Grande do Sul e em São Paulo a classe média seja influente, há maior presença da classe operária, bem como da grande propriedade, criando menor homogeneidade. Agentes que formaram a força-tarefa da Lava Jato têm a trajetória típica da classe média tradicional, no sentido de estarem estabelecidos desde a geração anterior. Moro, doutor em direito pela Universidade Federal do Paraná (UFPR), nascido em Ponta Grossa e criado em Maringá (ambas no interior paranaense), é filho de um casal de professores. Deltan Dallagnol, mestre em direito pela Universidade Harvard (Estados Unidos), nasceu em Pato Branco (também interior do Estado) e é filho de um procurador. A delegada Erika Marena (que deu o nome à operação), nascida em Apucarana (interior do Paraná), formada em direito pela UFPR, é filha de urna ex-funcionária pública e de um historiador.

Observado o perfil, faz sentido pensar que se trata de um "tenentismo togado" – ou seja, um movimento de jovens, com nível técnico-profissional destacado do resto da sociedade, e que se mobiliza em favor da moralização dos costumes políticos, intervindo sobre a política a partir de urna corporação externa a ela. "Só que os tenentes tinham um programa econômico e social para o país. E esses tenentes de toga não têm", segundo o cientista político Luiz Werneck Vianna, criador da expressão.

Dallagnol, por sua vez, acrescentou uma visão "punitivista" ao igualitarismo judiciário de Barbosa e Moro. O punitivismo de Dallagnol ampliava o alcance do PJ, pois lhe dava uma dimensão prospectiva e não somente retrospectiva. Enquanto a aplicação da justiça funciona como vingança contra os que roubam, o punitivismo, partindo da crença de que o Brasil é o país da impunidade, considera que por meio de punições duras se podem resolver os problemas sociais. Dallagnol faz o seguinte raciocínio: suponhamos que a corrupção desvie 200 bilhões de reais ao ano no Brasil (5% do PIB, estimativa da ONU e do Fórum Econômico Mundial para a perda

> com corrupção em diversos países do mundo). Com esses recursos, seria possível construir, em um ano, dez escolas em cada município ou 7 mil novos hospitais ou colocar um contingente dez vezes maior de policiais nas ruas. Este último item, sobretudo, fala de problema candente no período lulista: segurança pública.
>
> O punitivismo se liga à exigência popular de combate duro à criminalidade.[2085]

A economia brasileira também foi prejudicada pela Lava Jato, pois "como um pugilista grogue no encerramento de um round desfavorável, a economia brasileira foi para o banquinho do corner receber cuidados. Em vez de aliviar seus incômodos, o treinador lhe desferiu um choque de juros e cortes desordenados dos gastos de investimento na ponta do queixo. Ao receber os novos e fulminantes golpes da Operação Lava Jato, nosso pugilista foi a *knock down*. Isso tudo com o propósito de restaurar a confiança do prostrado em suas forças.

Aplaudidos por seu empenho em combater a corrupção, os rapazes de Curitiba entraram de sola nas empresas brasileiras que mantinham contratos com a Petrobras, com as demais empresas públicas e instâncias do Governo, desde o âmbito federal até a esfera municipal.

No desenvolvimento das apurações da Lava Jato, os procuradores e juízes não cuidaram de separar a punição das pessoas físicas dos efeitos nefastos derramados sobre as empresas. Não seria excessivo repetir que nos Estados Unidos, o Departamento de Justiça e a Securities Exchange Comission aplicaram multas, mas preservaram as empresas. No Brasil, os agentes da lei encarregados de vigiar e

---

2085 SINGER, André. *O lulismo em crise*: um quebra-cabeça do período Dilma (2011-2016). São Paulo: Companhia das Letras, 2018, pp. 234-236, 239, 241/242 e 274.

punir inflingiram graves danos aos funcionários e colocaram em risco o cabedal técnico acumulado ao longo dos anos pelas empresas.

O jurista Walfrido Warde,[2086] especialista em Direito Societário, sintetiza, com precisão, os efeitos danosos da Lava Jato para a economia brasileira:

> Em casos de corrupção sistêmica, como os descobertos pela Lava Jato, o seu combate deve usar técnicas capazes de evitar uma grave deterioração dos ambientes econômico, social, político e jurídico.
>
> A maior parte das empresas alcançadas pela "Lava Jato" eram donas de usinas de geração de energia, de estaleiros, de estradas, de aeroportos e de outros empreendimentos de infraestrutura. Compunham uma indústria que representava a espinha dorsal da economia brasileira. A sua desgraça causou a paralisia de obras, o impasse sobre o destino de projetos de infraestrutura centrais para o Brasil e, o que é pior, a depreciação de tantos outros, cuja venda – em meio a problemas policiais e judiciais – é, ainda que difícil e arriscada, essencial para a sobrevivência dessas empresas.
>
> Em condições como essas, as empresas e os seus negócios não são vendidos pelo que valem, mas pelo preço mínimo estrutural,

---

2086 Walfrido Warde: advogado de grande capacidade inovadora, propôs um regime jurídico para as empresas brasileiras, das sociedades anônimas simplificadas que se expressa pela Lei Complementar 182. O Deputado Laércio Oliveira apresentou sobre o tema a Lei n. 4.303/2012. Escreveu: *Regime Especial de Sociedade Anônima Simplificada*. Recentemente lançou *O espetáculo da corrupção*, no qual denuncia a união de policiais, promotores, auditores e juízes no combate à corrupção, mas com falta de planejamento, muita espetacularização e moralismo, que tem sido a regra nestas ações – como foi a Operação Lava Jato. Esta prática, segundo Walfrido, "destruiu empresas que davam empregos, geravam renda e garantiam o consumo". Seria possível depurá-las, sem fazer com que entrassem em colapso. Como exemplo de punição sem destruição, cita os EUA.

> aquele que é estabelecido quando o vendedor é obrigado a se prostrar em frente ao único comprador disponível.
>
> As consequências são muito graves: desorganizar uma cadeia produtiva muito importante, talvez a mais importante, para a recuperação da economia, por seus feitos sobre o emprego e a renda.[2087]

Em decorrência da Lava Jato, empresas brasileiras foram quase destruídas quando procuravam alcançar o patamar internacional, gerando amplo desemprego para seus funcionários.

> Essas empresas brasileiras destruídas – muitas ainda serão – eram deploráveis, mas eram nossas, davam empregos, geravam renda, proviam recursos para o consumo e, por meio do consumo, conferiam liquidez e valor aos ativos. Manejavam recursos públicos, mediante paga, é claro, para investir em mercados demasiado amedrontadores para os capitalistas e imprescindíveis para o povo.
>
> Era ruim com as organizações empresariais criminosas. Ficou pior sem elas. Era possível depurá-las, sem destruí-las.
>
> Muito de suas práticas, hoje proscritas, já foram largamente aceitas pelo nosso sistema jurídico. Não é que disfarçavam. É claro que, quando uma empresa faz doações a todos os candidatos a um mesmo pleito eleitoral, não o faz por diletantismo, mas na esperança de que, qualquer que seja o eleito, esteja atento às necessidades do doador. Isso era, até outro dia, prática comum, aberta e absolutamente lícita.
>
> O julgamento da Ação Direta de Inconstitucionalidade 4650 proibiu o financiamento empresarial de campanha. Antes disso, sociedades empresárias, algumas delas companhias abertas de grande porte, estavam autorizadas a fazer doações empresariais para candidatos a quaisquer pleitos eleitorais.

2087 VALIM, Rafael. *Operação Lava Jato e a Democracia Brasileira*. São Paulo: Contracorrente, 2018, pp. 33/34.

É por isso que combater a corrupção é como combater um câncer. É necessário matar o câncer sem matar o paciente, sob a dificuldade extraordinária de que ambos – o câncer e o paciente – habitam o mesmo corpo. O paciente precisa se livrar do câncer, mas não vive sem o seu corpo. Destruir o corpo mata o câncer, mas também o paciente. Quanto mais o câncer se espalha, mais difícil separar as células doentes das sadias e, com isso, exterminar as primeiras e preservar as últimas.

No contexto de corrupção sistêmica, como a nossa, que perpassa os sistemas econômicos a partir de algumas das mais importantes organizações empresariais do país, em suas relações com o Estado, o seu combate – quando indiferente às melhores técnicas disponíveis – será capaz de causar, como tem causado, grave deterioração dos ambientes político-jurídico, econômico e social.

A morte da grande empresa brasileira, consequência do brutal ataque ao capitalismo nacional, que se travestiu de combate à corrupção, submeterá, em breve, os nossos ativos, sim, os ativos nacionais, do povo brasileiro, ao que gosto de chamar, talvez impropriamente, de mínimo preço estrutural, isto é, o preço que se forma no mercado em que só há um comprador ou um grupo de compradores coordenados – e que, portanto, é determinado por esse comprador solitário diante de um vendedor prostrado. Nesse dia, sem forças, suplicaremos para que nos comprem, de novo e como sempre, por espelhos e miçangas. Nesse dia, felizes, veremos nossos filhos bater continência aos generais de um exército corporativo apátrida – num mundo desnacionalizado – e, portanto, descomprometido com as coisas e com as pessoas do Brasil.

Nos regimes de produção capitalista não há trabalho sem empresa, não há empresa sem Estado e não há Estado sem trabalho e sem capital. Um ataque ao capital, portanto, enfraquece – pode ferir de morte – o Estado e o povo.

Não por acaso, a maior democracia do mundo, a norte-americana, disciplina o *lobby* por não menos do que três diplomas legais, que permitem, sob pesadas regras de transparência e de compliance, o *lobby* pré-eleitoral – com financiamento empresarial de campanha – e o *lobby* pós-eleitoral, que se estabelece por um sem-número de escritórios e de profissionais que compõem uma bilionária indústria de serviços. Assim, o que circunstancialmente temos chamado de corrupção, outros, sob regras e boas maneiras, chamam de exercício da democracia.

Deixar esse "fio desencapado", ou seja, dar de ombros para uma adequada regulação do lobby, é permitir que o intérprete-judicante – o juiz – e, antes dele, o fiscal da lei – o Ministério Público – diga, casuística e subjetivamente, o que é corrupção e quem é corrupto ou corruptor. E isso, num Estado Democrático de Direito, é intolerável. Ninguém, nenhum de nós, deveria – ainda que a pimenta arda nos olhos dos inimigos (por ora) – aceitar esse tipo de incerteza.

O impacto da Operação Lava Jato no Produto Interno Bruto foi estimado a partir de um importante trabalho da GO Consultoria. Um impacto negativo que, como explicou a matéria do *Globo* que ao estudo se refere, contabilizou "as perdas no valor bruto da produção, nos empregos, nos salários e na geração de impostos".

Mas é claro que essas perdas serão compensadas pelo produto do crime punido e coibido pela Lava Jato! Não é mesmo?

Nada poderia ser menos verdadeiro.

Matéria recente da *Folha de S. Paulo* anunciou que houve uma queda de 90% na taxa de recuperação do produto do ilícito.

A bem da verdade, o que se recuperou efetivamente é uma nesga, uma fração insignificante do que se perdeu.

O combate à corrupção, esse que temos promovido, deu causa a perdas que montam aproximados R$180 bilhões, enquanto se espera recuperar – sob fé intensa e inquebrantável – pouco mais de R$10 bilhões.

As empresas investigadas na Lava Jato, no geral, foram obrigadas a cortar mais de 60% de seus postos diretos de trabalhos. É certo que essa involução no efetivo antecede e sucede um desaquecimento em cascata da atividade empresarial, que atinge outras empresas que dependem da empresa afetada.

A Camargo Correa demitiu 12.500. A Andrade Gutierrez, 90.000. A UTC, 20.325. A Odebrecht, 95.000. A Queiroz Galvão, 13.000. A OAS, 80.000. A Engevix, 17.000. A EAS, 3.500 e a Promon, apenas 380, a metade dos seus 760 empregados.

O financiamento de campanhas eleitorais é disciplinado, nos EUA, por meio de leis federais e da atuação de uma agência independente, a Comissão Federal de Eleições – a FEC, Federal Election Comission.

Lá, o financiamento de campanha é predominantemente privado, ainda que linhas de financiamento público – sujeitas a limites bastante estreitos – estejam à disposição dos candidatos à Presidência da República – a depender do implemento de condições gerais de elegibilidade –, seja nas primárias, seja nas eleições gerais.

Os pleitos para cargos fora do governo federal são regrados por leis estaduais e municipais. Metade dos estados da União admite algum nível de contribuição empresarial ou sindicalizada de campanha. Há quatro estados que não impõem qualquer limite a essas contribuições: Missouri, Oregon, Utah e Virginia.

As eleições presidenciais de 2008, por exemplo, custaram US$2,4 bilhões. Pouco menos da metade disso foi o que custou, US$1 bilhão, a campanha dos dois principais candidatos: de um lado, Barak Obama, que gastou US$730 milhões aproximadamente, e, de outro, John McCain, com gastos de mais ou menos US$333 milhões.

As eleições de 2016, entretanto, foram muito, muito mais caras. Hillary Clinton captou US$1,4 bilhão contra pouco menos de US$1 bilhão, por Trump. Isso sem contar os outros candidatos.

O pensamento filosófico do império se desdobra, desse modo, como um elemento de dominação. É esse o pensamento que se injeta na legislação norte-americana de combate à corrupção.

Uma legislação que se desdobra sobre o mundo, que estende os seus tentáculos, justificada pela proposição imbatível de que a corrupção é um mal, e de que o seu expurgo é um dever.

Uma legislação imposta por enorme pressão sobre as nações amigas – ou a quem queira fazer negócios com a maior economia do mundo –, mas que pragmaticamente traveste uma estratégia poderosa, no contexto de uma guerra comercial. Uma estratégia pela prevalência de interesses norte-americanos.

Uma estratégia que esgarça o conceito legal de corrupção – tarefa fácil no seio de nações desorganizadas, onde planejar é pecado –, para que a corrupção se aproprie de todas as ações do Estado – do Estado dos outros – em prol do seu próprio capitalismo. É uma técnica de contaminação, que corrompe – que classifica como corrupta – toda a assistência do Estado ao capital, exceto aquela que o Tio Sam provê aos seus próprios capitalistas, os cavaleiros da nação.

Bem fazem eles...

É precisamente o que eu quero dizer quando afirmo que os EUA controlam a corrupção mais pela determinação de seu conceito legal do que por seu combate.

O alinhamento estatal às necessidades do capitalismo alcança, nos EUA, o seu ponto máximo. Mas isso se dá debaixo de procedimentos e de regras. A disciplina do financiamento de campanhas eleitorais e do *lobby* pós-eleitoral naquele país varrem, lavam e adstringem todas as imundices das relações de vassalagem do Estado em favor do capital.

É tudo de acordo com a lei!

E, assim, o que se diz corrupção em qualquer lugar do mundo – onde falta organização e engenho ao capital –, lá, nos EUA, é a mais legítima expressão dos processos democráticos.

É por isso, e só por isso, que os EUA podem exportar lição de moral.

Uma exportação sofisticada, que começou acanhada, em princípio aplicável apenas às empresas americanas que pagassem propina a agentes públicos de outros países, em troca de

> benefícios. Mas que se traduziu, com o tempo, num imperativo moral a todas as nações civilizadas.[2088]

Sobre a atuação dos EUA, Ricardo Janot comenta:

> Os americanos sempre estiveram atentos a esse aspecto geopolítico da Lava Jato. Em várias conversas que tivemos com representantes do governo dos Estados Unidos, era nítido o interesse deles no êxito da Operação, porque isso teria repercussão nos demais países da região. Eles nos diziam: "Vocês saíram na frente, vocês vão fazer esse trabalho, e isso vai repercutir nos outros países".
>
> Na minha última viagem internacional no cargo de procurador-geral da República, em julho de 2017, fui a Washington e me encontrei no Departamento de Estado com Luis Edmundo Arreaga-Rodas, um americano de origem guatemalteca que acabara de ser indicado pelo Presidente Donald Trump para ser embaixador na Guatemala. Na ocasião, Arreaga ocupava um dos cargos de chefia da Secretaria de Estado no combate ao narcotráfico e de assuntos legais para o hemisfério ocidental. Eu fora ao Departamento de Estado para discutir a continuidade de um programa de cooperação chamado Pontes, estabelecido muito antes da Lava Jato, em que os americanos financiavam a capacitação de procuradores brasileiros em técnicas de negociação, investigação e combate à lavagem de dinheiro.
>
> Nessa reunião, um outro funcionário do alto escalão do Departamento de Estado, aparentemente num cargo superior ao de Arreaga, começou a falar sobre os aspectos geopolíticos da Lava Jato e o impacto duradouro da Operação na região. "O senhor tem noção da extensão do trabalho de vocês no Brasil?", ele me perguntou. Eu respondi: "Ainda não". Então, ele me disse que iria reformular a pergunta. "O senhor tem

---

2088 WARDE, Walfrido. *O espetáculo da corrupção*: como um sistema corrupto e o modo de combatê-lo estão destruindo o país. São Paulo: LeYa, 2019, pp. 28, 32/33, 37, 41, 45, 54, 60, 62, 70, 99, 100 e 111.

> noção dos efeitos do trabalho de vocês na região?" Eu voltei a dizer não. "Vocês têm noção da importância do trabalho de vocês no mundo?", ele insistiu, numa escala crescente. Eu, mais uma vez, disse que ainda não. Então, ele completou: "Vocês viraram modelo de combate à corrupção, e isso terá efeitos duradouros no continente, porque todos os países vão querer replicar esse modelo a partir de agora. Todos os países estão de olho no trabalho de vocês".
>
> Obviamente, os americanos não queriam o êxito da Lava Jato porque eram bonzinhos, mas porque tinham interesse em abrir o mercado da América Latina para suas empresas. Para que eles pudessem competir aqui, seria necessário diminuir o nível de corrupção e de cartelização do mercado de obras públicas. Em várias conversas informais com autoridades americanas, eu sempre ouvia a seguinte pergunta: "Por que a Odebrecht pode construir o aeroporto de Miami e a gente não pode construir um aeroporto ou uma estrada no Brasil?"[2089]

Em 27 de novembro de 2021, o STF revogou a decisão de bloqueio dos bens de Lula que tinha sido determinada pela Lava Jato e foi ratificada pelo sucessor de Moro, Luiz Antonio Bonart. A Segunda Turma do Supremo determinou o desbloqueio de bens por ser um desdobramento da decisão do Tribunal, que declarou a incompetência da 13ª Vara Criminal Federal de Curitiba, dirigida por Moro até 2018. O resultado do julgamento foi de 3 a 1. O Ministro Lewandowski argumentou que a decisão de Curitiba "afronta de modo direto o entendimento da Corte", pois foi declarada incompetente e "não poderia emitir mais qualquer juízo de valor. Afirmou ainda:

> A autoridade reclamada, ao manter o bloqueio dos bens do reclamante, sob o frágil argumento de que a declaração de nulidade teria atingido apenas os atos decisórios proferidos

---

2089 JANOT, Rodrigo *et al. Nada menos que tudo*: bastidores da operação que colocou o sistema político em xeque. São Paulo: Planeta do Brasil, 2019, pp. 179-181.

> no bojo das mencionadas ações penais, descumpriu flagrantemente a decisão desta Suprema Corte.

Deltan Dallagnol, finalmente mais transparente em sua participação na política, deixou o MPF em 2021, no início de dezembro. Continou dando curso sobre a corrupção, cobrando o valor de R$ 597,00.

Sérgio Moro, em 3 de dezembro de 2021, lançou o livro autobiográfico *Contra o sistema da corrupção*, em que "humildemente" se compara ao policial Eliot Ness, combatente de Al Capone no filme *Os intocáveis*, de Brian de Palma. Na película, arromba portas do depósito de bebidas ilegais.

Considera-se, provavelmente, um "intocável" na luta por um bem maior, ou seja, a "corrupção". Segundo Marcelo Godoy, grande articulista, em matéria lançada no jornal *O Estado de São Paulo*:

> Moro é assim: se vê na pele de Ness, enquanto os críticos enxergam nele um Simão Bacamarte ou um Girolamo Savanarola, personagens da ficção e da vida real que tiveram fins não muito auspiciosos. Em seu livro, defende sua atuação como juiz e como Ministro da Justiça das críticas de parcialidade e de conivência com o governo de Jair Bolsonaro, o principal adversário de seu mais famoso réu: Luiz Inácio Lula da Silva. Também ataca o petista e o Presidente, seus concorrentes em 2022. "Vejo atualmente o governo Bolsonaro muito parecido com o governo Lula, especialmente na parte ética". Ele critica o Supremo Tribunal Federal, que o considerou parcial ao julgar Lula. Por fim, quer mostrar que não é uma variante de Bolsonaro e se diz comprometido com a democracia.
>
> O livro não se confunde com as autobiografias de personalidades ou *influencers*. É obra que busca influir no debate público, como *Minha Vida*, de Leon Trotsky, ainda que, estética e politicamente, esteja distante do revolucionário russo. Trotsky não escondia de que lado da história estava. Moro

quer fazer o leitor crer que não fazia considerações políticas ao tomar suas decisões.

PREMISSA. Mas o próprio autor diz: "Este Livro é a minha história focada no combate ao sistema da corrupção. Um grupo de policiais, procuradores da República, advogados e juízes, com grande apoio da população e da opinião pública, conseguiu vitórias importantes contra a grande corrupção". Moro parte da premissa de que o juiz é parte de um grupo com procuradores e delegados. Foi esse voluntarismo que fez o STF considerá-lo parcial com Lula.

Moro aborda todas as polêmicas. Conta como manobrou para Teori Zavascki – que morreu em 2017 – voltar atrás na decisão de soltar os réus da Lava Jato em 2014. Diz que pediu informações a Teori alertou da presença de um traficante de drogas entre os presos. Os críticos diriam que ficou a um passo de atuar como o Ministério Público, a quem cabe recorrer de decisões favoráveis à defesa.

O autor é superficial ao tratar das provas contra Lula. Pode-se dizer que o fez nos autos, mas agora é pré-candidato e devia demonstrá-las. Moro não conta qual indício específico fez a Polícia Federal ir atrás de Lula. Alega que suas decisões foram referendadas por tribunais. Mas não reconhece as decisões do STF – também um tribunal – como critério para julgar seus atos. Diz que publicara delação de Antônio Palocci antes da eleição de 2.018 não prejudicou Fernando Haddad (PT) porque ele não era citado. Cabe ao leitor julgar o argumento.

MINISTRO. Já Bolsonaro é pintado como desleal, mentiroso, extremista e preocupado apenas em proteger sua família das acusações de corrupção. No Planalto importava mais se vingar de adversários do que pensarem administrar de fom1a eficiente. Moro admite que se calou diversas vezes diante do chefe.

Diz hoje saber ter sido um erro aceitar o convite de Bolsonaro. Mas usa a Operação Mãos Limpas, da Itália, para justificar por que entrou no governo. Queria evitar que a Lava Jato fosse destruída, como as Mãos Limpas. Moro esqueceu outra lição dos magistrados italianos: não entrar na política sem

> quarentena. Dois procuradores foram convidados pelo direitista Silvio Berlusconi para serem ministros. Ambos recusaram.
>
> Moro pensa diferente. Crê que a Lava Jato mudou o jogo da captura do Estado pelos interesses privados. Tudo parece começar e terminar no ex-juiz. Mas, se os homens fazem a sua história, não a fazem segundo a sua livre vontade e sob circunstâncias de sua escolha, mas sob aquelas com que se defrontam diretamente, legadas pelo passado. Essa lição clássica das ciências sociais passou longe do autor. Sua análise é a de um operador do direito, não a de um intérprete de seu tempo.
>
> Moro põe a corrupção dos grandes acima de tudo, como se os males do País pudessem ser explicados pela descoberta de um sistema corrupto. Não que ele não tenha enfrentado obstáculo reais - o balanço da Lava Jato mostra isso –, mas é como se dissesse: "Pouca saúde e muita saúva os males do Brasil são'". Sua história ainda não acabou. Seu eleitor espera que o homem que se vê como Eliot Ness não termine no papel de Macunaíma, revelando o descompasso entre quem ele é e quem gostaria de ser.[2090]

Na realidade, o lançamento do livro faz parte do início de sua candidatura à Presidência da República, pelo Partido PODEMOS.

Elio Gaspari, brilhante articulista e historiador, manifestou-se sobre o fato da seguinte forma, na *Folha de S. Paulo*:

> Sergio Moro está em campanha e tomou uma rara iniciativa: publicou um livro escrito por ele, explicando-se e apresentando-se.
>
> O epílogo diz tudo. Seu título é "Precisamos de você", e a última frase é um pedido de ajuda: "A luta contra o sistema

---

2090 GODOY, Marcelo. "Moro se enxerga como um intocável em livro autobiográfico". *O Estado de São Paulo*, 04 dez. 2021. Disponível em: https://www.estadao.com.br/politica/moro-se-enxerga-como-um-intocavel-em-livro-autobiografico/. Acessado em: 23.07.2023.

de corrupção nunca poderá prescindir de bons combatentes, entre eles você".

Moro fala muito bem de si. Saem mal de seu livro o Supremo (quando o declara parcial), o Congresso (quando altera suas propostas) e Jair Bolsonaro (quando fritou-o).

A Sergio Moro ele concede um mecanismo que condena, a "presunção de inocência à brasileira": ela "é apenas uma construção interpretativa que visa garantir a impunidade de crimes cometidos pela classe dirigente". Todo mundo é culpado de tudo, menos Sergio Moro.

Ele justifica suas sentenças e defende com argumentos que parecem insuficientes o fato de ter patrocinado a exposição da interceptação telefônica de uma conversa de Lula com a então Presidenta Dilma Rousseff quando o prazo legal da escuta já tinha caducado.

Não foi ele quem autorizou a publicidade. Vá lá, mas quem foi?

O juiz que simbolizou a Lava Jato com seus méritos históricos conclui que a operação "foi vítima de suas virtudes, e não de seus erros".

Moro trata do episódio que pode ter sido o maior erro do campeão da Lava Jato: sua ida para o ministério de Jair Bolsonaro.

Referindo-se à retórica de Bolsonaro durante a campanha de 2018, quando era um magistrado, ele diz:

"Não imaginei, nem por um minuto, que aquelas declarações, muitas delas completamente absurdas, reverberassem em políticas públicas concretas. Havia uma distância entre discurso e gesto que me dava algum conforto".

Tudo bem, mas, como Bolsonaro não mudou, o juiz que aceitou, entre o primeiro e o segundo turno, o gesto do convite para o ministério acreditava que o capitão estava enganando a plateia. O tempo mostrou que o juiz enganou-se achando que enganava-se o eleitorado.

Relembrando o aparecimento do rolo das "rachadinhas", na primeira semana de dezembro de 2018, Moro diz: "Àquela altura eu já havia deixado a magistratura e estava na equipe

> de transição do governo. Não havia como voltar atrás". Haver, havia, ficou porque quis.
>
> Moro menciona em seu livro mais filmes e séries de TV (oito) do que marcos da jurisprudência. Em nenhum deles o herói se deixou fritar.
>
> Tendo entrado no governo de um Presidente que dizia absurdos durante a campanha, perdeu a confiança nele quando começaram a trabalhar juntos: "Eu não poderia confiar nele" ou "não havia como confiar mais no Presidente".
>
> Moro registra que Bolsonaro também mostrava não confiar no seu Ministro da Justiça. Essa desconfiança seria maligna, enquanto a de Moro em Bolsonaro, benigna. Jogo jogado, afinal, o livro é dele.
>
> Lê-lo pode ser um pouco agreste, mas ajudará a acompanhá-lo na campanha do ano que vem.
>
> Ele não conta tudo, mas solta insinuações e avisa: "Quem sabe algum dia eu escreva um relato mais abrangente e detalhado, abordando fatos sobre os quais fica muito difícil me posicionar no momento".
>
> Tomara que isso aconteça logo. Falta contar com fatos, porque Bolsonaro queria interferir na Polícia Federal.[2091]

Na realidade, o lançamento do livro fazia parte do início da sua candidatura frustrada à Presidência de República.

Lula, antes de sua prisão, tinha declarado ao jornal *O Estado de São Paulo*: "a partir de agora se me prenderem, eu viro herói. Se me matarem, viro mártir. E se me deixarem solto, viro Presidente de novo".

2091 GASPARI, Elio. "Moro vive em um mundo encantado onde todos são culpados". *Folha de S. Paulo* 05 dez. 2021. Disponível em: https://www1.folha.uol.com.br/colunas/eliogaspari/2021/12/moro-vive-em-mundo-encantado-onde-todos-sao-culpados-menos-ele.shtml. Acessado em: 23.07.2023.

Esta previsão estava em andamento devido à injustiça praticada pela Lava Jato contra o ex-Presidente, pois o contexto, em dezembro de 2021, apresentava como pré-candidatos à presidência da república: Jair Bolsonaro (PL), Ciro Gomes (PDT), João Dória (PSDB), Sérgio Moro (PODEMOS), Rodrigo Pacheco (PSD), Simone Tebet (MDB) e Luiz Inácio Lula da Silva (PT) que, nas pesquisas eleitorais, aparecia em primeiro lugar nas intenções de voto.

Sintetizando:

A operação Lava Jato foi ousada e maquiavélica em seus trabalhos com o objetivo, segundo Moro, de combater a corrupção.

> No entanto, o balanço final dos resultados deverá considerar não apenas os procedimentos judiciais questionáveis (escutas telefônicas ilegais, prisões abusivas, pressões e vantagens exageradas para obter delações, divulgação antecipada de informações à grande imprensa, muitas vezes com *timing* adequado para criar mais prejuízo político ao governo petista), como também os desdobramentos políticos e econômicos. As investigações contribuíram para piorar a situação econômica e para desmantelar empresas estratégicas para o país, com muitos críticos argumentando que os alvos deveriam ser apenas os líderes empresariais, não as companhias.
>
> Não há dúvida de que a Lava Jato foi politicamente orientada e utilizada para destruir a imagem dos governos petistas e seus líderes, contribuindo para a ebulição nas redes sociais e as grandes manifestações de rua favoráveis ao impeachment no primeiro semestre de 2016. Milhões de pessoas foram às ruas protestar contra a corrupção atribuída aos governos petistas, especialmente nas capitais das regiões Sudeste e Sul. Um dos episódios mais marcantes protagonizados pela operação foi a condução coercitiva do ex-Presidente Lula em 4 de março de 2016, levado por policiais federais para um simples depoimento. O exagero do aparato repressivo utilizado na operação – devidamente divulgada por órgãos de imprensa convidados pelas autoridades responsáveis – gerou a sensação de que Lula estaria sendo preso, o que aos olhos

da opinião antipetista soava como prova de corrupção. Assim, com a reverberação oferecida pelas maiores empresas de mídia contribuindo para a mobilização, em combinação com o ativismo das redes sociais, o trabalho da Lava Jato abriu caminho para o "*impeachment*" ao criar a imagem de que os petistas seriam os verdadeiros culpados pela corrupção no país. Os efeitos na opinião pública foram poderosos, já que pesquisas mostraram apoio majoritário ao "impeachment" pouco após a "detenção" de Lula.

Significativamente, a ruidosa Lava Jato não encontrou indícios de corrupção envolvendo Dilma, o que tornou as acusações de "crime de responsabilidade" ainda mais farsescas. Uma tragédia de grandes proporções. E em elementos cômicos que a atenuem.

Triste marco na história de uma República que nunca conseguiu lidar bem com os princípios republicanos e, tampouco, com a democracia.[2092]

No livro, Luiz Inácio da Silva – *A verdade vencerá*, respondendo sobre indignação, injustiça e impotência, afirma o ex-Presidente: "É o sentimento de injustiça. O sentimento de injustiça, de canalhice, da mentira mais escabrosa que se inventou neste país, e o mal que causa aos meus filhos. Isso causa mal aos meus filhos, aos meus etos. E estou com quatro filhos desempregados. E quem vai dar emprego para eles com o nome Lula?... Então, não é só a questão do sentimento de inocência, mas a questão da perseguição".[2093]

Em uma parte de seu depoimento Lula explicita: "Estou fazendo história".

2092 FERREIRA, Jorge; DELGADO, Lucila de Almeida Neves (Coord.). *O Tempo da Nova República*: da transição democrática à crise política de 2016: Quinta república (1985-2016). vol. 5. Rio de Janeiro: Civilização Brasileira, 2018, pp. 441-443.

2093 SILVA, Luiz Inácio Lula da. *A verdade vencerá*: o povo sabe por que me condenam. São Paulo: Boitempo, 2018, pp. 77/78.

Para mostrar as injustiças cometidas no julgamento de Lula pelo juiz Moro, por Dallagnol e por outros ligados à chamada "República de Curitiba", foi publicada a decisão do Comitê de Direitos Humanos das Nações Unidas, que analisou da seguinte forma o caso:

> **Assunto:** Julgamento justo, prisão sem sentença transitada em julgado e proibição de concorrer às eleições presidenciais do ex-Presidente do Brasil
>
> **Problemas de procedimento:** Esgotamento dos recursos internos; cumprimento das medidas provisórias. Prisão arbitrária – detenção; tribunal competente, independente e imparcial; presunção de inocência; privacidade; ataques ilegais à honra ou reputação; votação e eleição.

Na apreciação do mérito, foram levados em consideração os seguintes itens, abaixo transcritos da sentença:

> Apreciação do mérito
>
> 8.1 – O Comitê considerou a presente denúncia à luz de todas as informações disponibilizadas pelas partes, conforme disposto no artigo 5 (1) do Protocolo Facultativo.
>
> a. Artigo 9 (1) – Mandando de Prisão 4 de março de 2016
>
> 8.2 – Em relação à primeira reclamação do autor ao abrigo do artigo 9 (1) do Pacto, o Comitê recorda que a terceira frase da disposição prevê que ninguém pode ser privado da liberdade exceto por motivos e de acordo com o procedimento estabelecido por lei.26 O Comitê deve, portanto, determinar, em primeiro lugar, se o autor foi sujeito a uma privação de liberdade e, em segundo lugar, se tal privação foi estabelecida por lei.27
>
> 8.3 – Em relação ao primeiro ponto, o Comitê lembra que "[e] exemplos de privação de liberdade incluem custódia policial,

(...) confinamento em área restrita de um aeroporto, [e] transporte involuntário"28. O Comitê toma nota do argumento do autor de que a condução compulsória para interrogatório constitui uma privação de liberdade (par. 3.2 Inicial. Processos). O Comitê também toma nota do argumento do Estado-Parte de que a ordem de prisão só deveria ser usada caso o autor se recusasse a acompanhar a polícia (parágrafo 4.7 Inicial. Processos). O Comitê observa, no entanto, que o Estado-Parte não contestou que, no contexto específico do autor, sua condução e o tempo detido em interrogatório em decorrência da ordem de prisão constituíram uma privação de liberdade nos termos do artigo 9 (1) do Pacto. O Comitê observa que, embora o autor tecnicamente concordou em acompanhar a polícia até o local do interrogatório, o mandado de prisão emitido significava que ele não poderia recusar nem deixar o interrogatório se quisesse. O Comitê, portanto, considera que o autor foi privado de sua liberdade nos termos do artigo 9 (1) e deve consequentemente, determinar se isso foi feito com base e de acordo com tais procedimento estabelecido por lei.

8.4 – O Comitê lembra que, para ser prescrito por lei, quaisquer motivos substantivos para prisão ou detenção devem ser definidos com precisão suficiente para evitar interpretações ou aplicações excessivamente amplas ou arbitrárias.29 O Comitê toma nota do argumento do autor de que, à luz do artigo 260 do Código de Processo Penal do Estado-Parte, um mandado de prisão só pode ser decretado após o réu ter sido intimado e ter falhado ou se recusado a prestar depoimento, condições que não foram satisfeitas em seu caso (par. 3.1 e 3.2 Inicial. Processos). O Comitê também toma nota do argumento do Estado- Parte de que a medida foi ordenada de acordo com seu Código de Processo Penal e sob o poder geral da autoridade judiciária para conceder medidas cautelares, que eram, no momento de sua emissão, consideradas regulares e constitucionais pelo Supremo Tribunal Federal (par. 4.5 Inicial. Processos). No entanto, o Comitê observa que, ao decidir sobre a falta de imparcialidade do juiz da instrução, o Supremo Tribunal Federal considerou que a emissão do mandado de prisão é prematura porque o autor não havia sido previamente citado para comparecer em juízo conforme exigido pelo referido artigo 260 (par.

4.4 supra). O Comitê, portanto, considera que o mandado judicial não foi emitido de acordo com o procedimento estabelecido pelo direito interno do Estado-Parte e declara que violou o direito de liberdade do autor nos termos do artigo 9 (1) do Pacto.

b. – Artigo 17º – Divulgação de várias intercepções de conversas telefônicas e intercepções telefônicas dos advogados do autor

8.5 – Em relação às alegações do autor nos termos do artigo 17 do Pacto, o Comitê observa que o autor se insurge da divulgação de várias interceptações telefônicas entre sua família, advogado e a ex-Presidente Dilma Rousseff (par.

3.3 e 3.6 Inicial. Processos), bem como sobre a interceptação dos telefones de seu advogado e do escritório de advocacia de seu advogado (par. 3.6 Inicial. Processos). Em relação às divulgações, o Comitê toma nota do argumento do autor de que a divulgação de diversas interceptações telefônicas entre ele, sua família, seu advogado e a ex-Presidente Dilma Rousseff foi realizado em desacordo com os artigos 8º e 10 da Lei 9.296/96, sem interesse público concebível, e para humilhá-lo e intimidá-lo publicamente (par. 3.3 Processo Inicial).

8.6 – Em relação às interceptações, o Comitê toma nota do argumento do autor de que a escuta telefônica de seu advogado violou o sigilo advogado-cliente ao interceptar conversas sobre sua estratégia de defesa legal (parágrafo 3.6 Inicial. Processos). O Comitê também toma nota do argumento do Estado-Parte de que o número do escritório de advocacia foi registrado em nome de empresa pertencente ao autor; que, uma vez conhecido o número pertencente a terceiros, o Tribunal Regional Federal decidiu que as provas não deveriam ser utilizadas para qualquer finalidade; e que não há registros de conversas gravadas de outros advogados além do Sr. Teixeira, nem conversas com conteúdo relacionado ao direito de defesa (par. 4.12 Inicial. Processos). O Comitê também toma nota do argumento do Estado-Parte de que o telefone do Sr. Teixeira foi interceptado porque ele estava sendo investigado pela suposta perpetração de crimes de lavagem de dinheiro e que ele não estava listado como um dos advogados de defesa do autor (par. 4.13 Inicial. Processos). O Comitê também toma nota do argumento do autor de que, embora o Estado-Parte alegue que as chamadas nunca foram usadas e os registros foram destruídos posteriormente, isso não impede que a estratégia de defesa do autor tenha sido seguida de perto pelas autoridades judiciárias (par. 2.7 supra). Finalmente, o Comitê toma nota do argumento do autor de que o Sr. Teixeira não estava sendo formalmente investigado quando ocorreram as interceptações e que, embora não tenha apresentado uma das petições contestando o mandado de prisão contra o autor, ele assinou todas as outras petições que foram arquivados e era notório que ele era o advogado do autor (par. 2.8 supra).

8.7 – O Comitê observa que tanto a interceptação quanto a divulgação de conversas telefônicas constituem interferências no direito à privacidade,30 e que isso não é contestado pelo Estado-Parte. O Comitê lembra que, para ser permitido pelo artigo 17 do Pacto, qualquer interferência no direito à privacidade não deve ser arbitrária ou ilegal.31 Isto significa que deve ser cumprido cumulativamente várias condições estabelecidas no parágrafo 1, i. e., deve estar previsto na lei, estar de acordo com as disposições, finalidades e objetivos do Pacto e ser razoável nas circunstâncias particulares do caso.32 O Comitê também lembra que a legislação relevante que autoriza a interferência em suas comunicações telefônicas deve especificar em detalhes as circunstâncias precisas em que tal interferência pode ser permitida e que a decisão de permitir tal interferência só pode ser tomada pela autoridade designada por lei, caso a caso.33 O Comitê também lembra que, embora reconhecendo a importância de proteger a confidencialidade das comunicações, em particular aquelas relacionadas às comunicações entre advogado e cliente, também deve ponderara necessidade de os Estados-Partes tomarem medidas eficazes para a prevenção e investigação de infrações penais,34 especialmente aquelas relacionadas a atos de corrupção.

8.8 – O Comitê considera, à luz da análise da Corte Interamericana de Direitos Humanos, que a Lei 9.296 cumpre o padrão de legalidade exigido pelo artigo 17 da Convenção.36 O Comitê observa, em especial, que o artigo 10 da Lei 9.296 proíbe o levantamento do sigilo judicial "sem autorização judicial ou com objetivos não autorizados em lei" (fn. 18 Inicial. Processos) incluindo assim o conceito de arbitrariedade dentro da norma. No caso do autor, o Comitê observa que tanto a liberação das várias interceptações e as interceptações aos telefones do advogado e do escritório de advocacia foram realizadas após decisão fundamentada do juiz interveniente. No entanto, o Comitê também observa que as conversas com a ex-Presidente Dilma Rousseff foram interceptadas ilegalmente, conforme reiteradamente reconhecido pelo Supremo Tribunal Federal (par. 2.6 Inicial. Processos e 4.4 supra). O Comitê considera que a ilegalidade da intercepção torna também "ilegal" a divulgação da conversa, na acepção do artigo 17 (1). Além disso, o Comitê observa que o Supremo Tribunal Federal caracterizou todas as divulgações (incluindo aquelas envolvendo familiares do autor e seu advogado) como "seletivamente manipuladas", e considerou que as escutas nos telefones do escritório de advocacia e do Sr. Teixeira foi realizada "para monitorar e antecipar estratégias de defesa" em "flagrante violação do [do autor] direito constitucional à ampla defesa" (par. 4.4 supra). O Comitê, portanto, considera que o momento e a forma de interceptação dos telefones do advogado e do escritório de advocacia e todas as divulgações revelam segundas intenções "não autorizadas por lei" nos termos do artigo 10 da Lei 9.296 e, portanto, arbitrárias. O Comitê considera, portanto, que as mencionadas interceptações e divulgações foram ilegais e arbitrárias, e as declara em violação ao artigo 17 do Pacto.

c. – Artigo 14 (1) - Ausência de um tribunal imparcial

8.9 – No que diz respeito às alegações do autor ao abrigo do artigo 14 (1), o Comitê recorda a sua jurisprudência de longa data segundo a qual o direito de ser julgado por um tribunal independente e imparcial é um direito absoluto que não pode sofrer exceção.37 O Comitê também lembra que esse direito é uma salvaguarda que se aplica igualmente aos juízes nas fases preliminares do processo.38 O Comitê lembra ainda que a exigência de imparcialidade tem um elemento subjetivo e um elemento objetivo.39 De acordo com a primeira, os juízes não devem permitir que seu julgamento seja influenciado por preconceitos ou preconceitos pessoais, nem abrigar preconceitos sobre o caso em questão, nem agir de forma que promova indevidamente os interesses de uma das partes em detrimento do outro.40 De acordo com a segunda, o tribunal deve também parecer imparcial a um observador razoável.41 Ou seja, os juízes não devem apenas ser imparciais, mas também devem ser vistos como imparciais, e existem fatos objetivos verificáveis que podem levantar dúvidas quanto à sua imparcialidade.42 O Comitê lembra que a imparcialidade de um juiz deve ser presumida até que haja prova em contrário,43 e essa parcialidade pode ser comprovada por várias irregularidades do artigo 14 nas ações do juiz interventor.

8.10 – No caso do autor, o Comitê observa que o Supremo Tribunal Federal apurou sete fatos que demonstraram que o juiz Moro foi subjetivamente parcial (par. 4.4 supra). O Comitê observa que, dos sete fatos apurados pelo Supremo Tribunal Federal, os seis primeiros ocorreram antes das eleições; que cinco desses fatos (i, ii, iii, iv e vi) constituíram prima facie irregularidades no artigo 14; e que os três primeiros ocorreram antes de o autor apresentar sua denúncia perante o Comitê. O Comitê considera que, para um observador razoável45, os fatos ocorridos antes mesmo da primeira condenação do autor em 2017 mostraram que o elemento objetivo do requisito de imparcialidade não foi atendido. O Comitê observa que uma decisão oportuna sobre o assunto teria evitado o dano causado ao autor, que incluiu a condenação, a confirmação da condenação, sendo impedido de concorrer à presidência e 580 dias de prisão injusta. O Comitê, portanto, declara que o Estado Parte violou o direito do autor a um tribunal imparcial, conforme previsto no artigo 14 (1).

d. – Artigo 14 (2) – Presunção de inocência

8.11 – Com relação às alegações do autor nos termos do artigo 14 (2), o Comitê lembra sua jurisprudência conforme refletida em seu comentário geral n. 32, segundo a qual "a presunção de inocência, fundamental para a proteção dos direitos humanos, impõe à acusação o ônus da prova da acusação, garante que nenhuma culpa pode ser presumida até que a acusação tenha sido provada além de qualquer dúvida razoável, assegura que o acusado tem o benefício da dúvida, e exige que as pessoas acusadas de um ato criminoso sejam tratadas de acordo com este princípio "46. O mesmo comentário geral, bem como a jurisprudência do Comitê,47 explica que "[é] um dever de todas as autoridades públicas abster-se de prejulgar o resultado de um julgamento, por exemplo, abstendo-se de fazer declarações públicas afirmando a culpa do acusado" e que "[a] mídia deve evitar cobertura de notícias minando a presunção de inocência".

8.12 – Nesse sentido, o Comitê toma nota do argumento do autor de que houve uma campanha virulenta da mídia contra ele supostamente fomentada pela atuação do juiz Moro que criou uma expectativa de que ele seria considerado culpado de corrupção (par. 3.10-3.11 Inicial. Processos). O Comitê também toma nota do argumento do autor de que os Procuradores Federais têm continuamente feito declarações públicas afirmando sua culpa (par. 3.12 Inicial. Processos). Por outro lado, o Comitê toma nota do argumento do Estado-Parte de que informar ao público sobre acusações de corrupção contra o autor de forma técnica compreende o direito à informação de acordo com o princípio da transparência (par. 4.23 Inicial. Processos). O Comitê também toma nota do argumento do Estado-Parte de que a conduta regular dos promotores no exercício de suas funções foi destacada em diferentes ocasiões pelo Juiz Moro, por outros juízes de primeira e segunda instância, e por autoridades administrativas do Ministério Público (par. 4.24-4.25 Inicial. Processos). O Comitê finalmente toma nota do argumento do Estado-Parte de que a independência no cargo, a liberdade de expressão e o direito geral à informação foram equilibrados no quadro jurídico interno e executados com a necessária responsabilidade social e restrições impostas pela igualdade, imparcialidade e altos padrões éticos sobre juízes e promotores públicos (par. 3.5 supra).

8.13 – O Comitê considera que o Estado-Parte tem interesse legítimo em combater atos de corrupção, bem como em manter sua população informada sobre assuntos de interesse público relacionados a esses atos.49 O Comitê observa que dificilmente há assunto de interesse público mais premente do que um ex- Presidente, acusado de atos de corrupção supostamente ocorridos durante seu mandato presidencial, e que permaneceu altamente envolvido na vida pública (desde sua nomeação como chefe do gabinete em 2016 para sua corrida mais uma vez para o cargo mais alto em 2018). No entanto, o Comitê observa inicialmente que o Supremo Tribunal Federal decidiu que as ações do juiz Moro criaram uma presunção de culpa e uma expectativa geral de que ele seria e deveria ser considerado culpado (par. 4.4 supra). Entre essas ações, destacam- se a emissão de mandado de prisão antecipado em violação ao direito interno “que proporcionou uma exposição que atentava contra a dignidade do autor e a presunção de inocência” (Ibid.), e a divulgação “manipulativa seletiva” (Ibid.) chama ao público, todas as ações que ocorreram muito antes do julgamento do autor. O Comitê considera que essas ações e seu resultado constituíram uma violação do direito do autor de ser presumido inocente, conforme protegido pelo Artigo 14 (2) do Pacto.

8.14 – Em relação às diversas declarações públicas dos promotores públicos afirmando a culpa do autor, o Comitê observa que a natureza do papel do promotor é acusar um réu pela prática de um crime e provar sua culpa além de qualquer dúvida razoável. Isso, juntamente com os princípios de transparência e direito à informação, inevitavelmente implica que os promotores tomem uma posição pública em relação à culpa do réu. No entanto, eles também devem abster-se de fazer declarações públicas que afirmem inegavelmente a culpa do réu e tomar precauções para não criar uma expectativa de culpa.50 No caso do autor, enquanto o Estado-Parte contestou as alegações do autor e caracterizou as declarações públicas dos promotores como "explicações técnicas" (par. 4.23 Inicial. Processos), à luz das provas nos autos (ver, por exemplo, fns. 6 e 37 Inicial. Processos), o Estado-Parte não mostrou como tais declarações de oficiais do alto escalão da lei não equivalem a afirmações públicas da culpa do autor. O Comitê considera que as autoridades do Ministério Público não demonstraram a contenção exigida pelo princípio da presunção de inocência e, portanto, violaram o direito de autor nos termos do artigo 14 (2) do Pacto.

e. – Artigo 25 (b) – Direito de voto e direito de ser eleito

8.15 – Com relação às alegações do autor sob o artigo 25 do Pacto, o Comitê lembra que o Pacto reconhece e protege o direito de todo cidadão de participar da condução dos negócios públicos, o direito de votar e ser eleito e o direito ter acesso ao serviço público. Qualquer que seja a forma de constituição ou governo em vigor, o exercício desses direitos pelos cidadãos não pode ser suspenso ou excluído, exceto por motivos estabelecidos por lei e que sejam objetivos e razoáveis.51 O Comitê também lembra que, se a condenação por um delito for a base para a suspensão do direito de voto ou de elegibilidade, tal restrição deve ser proporcional ao delito e à pena.52 O Comitê recorda ainda que, quando esta condenação for manifestamente arbitrária ou constituir um erro manifesto ou denegação de justiça, ou o processo judicial que resulte na condenação violar o direito a um julgamento justo, pode tornar arbitrária a restrição dos direitos ao abrigo do artigo 25.53 O Comitê lembra ainda que os Estados-Partes buscam um objetivo legítimo de combater atos de corrupção e proteger o erário e, portanto, o interesse público, com o objetivo de preservar a ordem democrática.54 Assim, um Estado-Parte pode ter um interesse legítimo em restringir o acesso de pessoas condenadas por crimes de corrupção a cargos públicos.

8.16 – O Comitê toma nota do argumento do autor de que ele foi privado de seu direito de concorrer às eleições presidenciais e de votar com base em uma lei incompatível com o direito à presunção de inocência (Lei da Ficha Limpa) e em decorrência de processos criminais em que o devido processo não foi observado (par. 3.13 Inicial. Processos). O Comitê toma nota do argumento do Estado-Parte de que o direito do autor de ser eleito só foi restringido enquanto sua condenação criminal estava em vigor (par. 5.3 supra), com base em critérios objetivos e razoáveis estabelecidos por uma lei com ampla legitimidade democrática (pars. 4.26-4.28 Inicial. Processos). O Comitê também toma nota do argumento do Estado-Parte de que a restrição ao direito de voto do autor foi o resultado de restrições legais, objetivas e razoáveis (par. 4.29 Inicial. Processos).

8.17 – No caso do autor, o Comitê observa que já concluiu que o processo penal contra ele e sua posterior condenação violaram as garantias do devido processo legal previstas no artigo 14 do Pacto. Portanto, o Comitê considera que a consequente proibição do direito do autor de concorrer às eleições, bem como a restrição do seu direito de voto, constituíram uma violação do artigo 25 (b). Tendo chegado a esta conclusão, o Comitê decide não analisar separadamente a compatibilidade da Lei da Ficha Limpa ou as restrições ao direito de voto no Código Eleitoral do Estado-Parte e regulamentos posteriores com o artigo 25 (b) do Pacto, bem como sua aplicação individual ao caso do autor.

9 – O Comitê de Direitos Humanos, agindo de acordo com o artigo 5 (4) do Protocolo Facultativo ao Pacto Internacional sobre Direitos Civis e Políticos, opina que os fatos apresentados revelam violações dos artigos 9 (1), 14 (1) e (2), 17, e artigo 25 (b). O Comitê também opina que os fatos apresentados revelam uma violação do artigo 1 do Protocolo Facultativo ao Pacto.

10 – De acordo com o artigo 2 (3) (a) do Pacto, o Estado-Parte tem a obrigação de fornecer ao autor um recurso efetivo. Isso requer que a reparação total seja feita aos indivíduos cujos direitos do Pacto foram violados. Assim, o Estado-Parte é obrigado, entre outras coisas, a assegurar que o processo penal contra o autor cumpra todas as garantias do devido processo previstas no artigo 14 do Pacto. O Estado-Parte também tem a obrigação de tomar todas as medidas necessárias para evitar que violações semelhantes ocorram no futuro.

11 – Tendo em mente que, ao se tornar parte do Protocolo Facultativo, o Estado-Parte reconheceu a competência do Comitê para determinar se houve violação do Pacto e que, de acordo com o artigo 2 do Pacto, o Estado-Parte se compromete em garantir a todos os indivíduos dentro de seu território e sujeitos à sua jurisdição os direitos reconhecidos no Pacto e para proporcionar recurso efetivo e executável quando uma violação ocorrer, o Comitê deseja receber do Estado-Parte, dentro de 180 dias, informações sobre as medidas tomadas para dar cumprimento às opiniões do Comitê. Solicita-se também ao Estado-Parte que publique as presentes Opiniões, traduza-as para a língua oficial do Estado- Parte e as divulgue amplamente.

Portanto, tanto internamente, como no campo externo, ficaram explícitas que as decisões judiciais tomadas contra Lula foram de caráter político e o inviabilizaram como possível candidato à Presidência da República em 2018, favorecendo, diretamente, seu adversário, ou seja, Bolsonaro.

Além disso, foi privado de sua liberdade, pois ficou preso em Curitiba sem provas fundamentadas, o que ocasionou a sua libertação tardia, devido às decisões do STF.

Segundo o jornalista Jânio de Freitas, em seu artigo: **"São Condenados pelo Mundo"**:

> A conclusão dos seis anos de exame, na ONU, dos processos contra o ex-Presidente Lula é esmagadora para Sergio Moro, mas seu alcance não cessa na condenação moral desse ocupante ilegítimo de uma cadeira de juiz.
>
> Moro e Deltan Dallagnol, também objeto da condenação moral, sem poderosos coadjuvantes não conseguiriam subverter algo tão relevante como é o processo de eleição de um Presidente da República.
>
> Não receberem menção direta da ONU não é excluir da condenação moral esses coautores. Outros dos muitos sentidos implícitos, mas não obscuros, na conclusão das duas dezenas de autoridades internacionais do Comitê de Direitos Humanos da ONU é a grande impunidade brasileira.
>
> O velho vício nacional de caráter se impõe, paradoxal, com a inconsequência penal das transgressões judiciais e da articulação eleitoralmente violadora. (...)
>
> O Tribunal Regional Federal da Região Sul, sediado em Porto Alegre, foi o revisor dos atos de Moro.
>
> Endossou-os na aprovação dos atabalhoados relatórios do juiz João Gebran e dos seus companheiros de turma, que não se pouparam em sinais de entendimento com Moro e das mesmas parcialidade e suspeição.
>
> O TRF-4 e os que lá reviram sem rever as transgressões e malandragens de Moro têm lugar destacado na condenação moral. O Conselho Nacional de Justiça não quis perceber irregularidade alguma nos procedimentos de Moro.

Os desvios de conduta judicial e pessoal estavam até na imprensa, apesar de tão discretos quanto possível. Eram inúmeros juristas e advogados sempre prestigiados pelo jornalismo a advertir, sem descanso, para a ocorrência de cada perversão praticada por Moro e por Deltan Dallagnol. Em vão.

Vigorava, em nome do jornalismo, um dos componentes mais deploráveis do acontecimento escandalosamente histórico que foi, ainda é, a distorção da escolha eleitoral de um Presidente da República. (...)

Assim está configurada uma dívida monstruosa com o país dos últimos oito anos, desmoralizado, mais degradado do que nunca e aturdido na obscuridade do seu futuro.

São esses protagonistas os que cobram autocrítica —de Lula. Desde que o Supremo Tribunal Federal fixou a convicção de que Moro conduziu com parcialidade e suspeição os processos contra Lula, tornou-o merecedor de passar da cadeira de juiz à de réu.

Suas transgressões foram criminosas: fez e divulgou gravação clandestina de telefone da Presidente, divulgou mentiras de Palocci sobre Lula a uma semana da eleição para beneficiar Bolsonaro, e muito mais. Por aí vagueia, no entanto, como autocandidato a presidir o país.

No rol dos construtores deste período desastroso há um oceano de traições à função pública que, em país de alguma decência, não ficariam impunes. Aqui, os gritos são contra a impunidade de crime vagabundo e de ferocidades animalescas.

Mas esta impunidade primária só existe como decorrência da impunidade que, entre tantos, beneficia Moro, Dallagnol e muitos atingidos pela conclusão da ONU. **Sintam-se como são: condenados morais pelo mundo.** (grifos nossos)[2094]

2094 FREITAS, Jânio de. "São condenados pelo mundo". *Folha de S. Paulo*, 30 abr. 2022. Disponível em: https://www1.folha.uol.com.br/colunas/janiodefreitas/2022/04/conclusao-da-onu-sobre-lula-e-esmagadora-para-moro-e-deltan.shtml. Acessado em: 30.07.2023.

15.5 Epílogo

Em 2022, livre dos processos que o colocaram arbitrariamente na prisão, durante quase dois anos, Lula concorreu à Presidência da República.

As eleições de 2022, foram as mais conturbadas da chamada Nova República, devido às posições radicais tomadas pelo Presidente Bolsonaro, que incentivou os seus correligionários à violência contra o STF, o TSE, as urnas eletrônicas e à oposição.

Os candidatos foram: Jair Bolsonaro (PL), Ciro Gomes (PDT), Simone Tebet (MDB e PSBD), Soraya Thronicke (União Brasil com PSLT e DEM), Felipe D'Avila (O Novo), Padre Kelmon (PTB), Vera Lúcia (PSTU), Sofia Manzano (PCB), Eymael (DC), Léo Péricles (UP) e LULA (PT com outros partidos).

Passaram para o segundo turno Lula e Bolsonaro. Venceu a eleição Lula com 50,9% dos votos válidos; contra 49, 1% de Bolsonaro.

Derrotado, Bolsonaro não cumprimentou o vencedor e se confinou na residência presidencial. Os seus apoiadores passaram a exigir a anulação da eleição e a intervenção da Forças Armadas. Alegavam que a eleição foi fraudada com o apoio do Presidente do TSE (Ministro Alexandre de Moraes) e do STF.

As portas de vários quartéis do Exército foram ocupadas por bolsonaristas e os caminhoneiros, apoiados por diversos empresários ligados ao governo. Bloquearam várias estradas do país.

Foi necessário que o Ministro Alexandre de Moraes determinasse que as instituições responsáveis pela Segurança Nacional atuassem, com as Polícias Militares dos Estados, no sentido de desbaratar as barreiras ilegais que interditavam as principais estradas do Brasil.

Contudo, as agitações pedindo uma ditadura continuaram em frete aos quartéis.

A posse de Lula ocorreu com a presença de, aproximadamente, 300 mil pessoas (01/01/2023), mas sem Bolsonaro que se recusou a fazer a entrega da faixa presidencial e viajou para os EUA.

Havia, na subida da rampa do Palácio do Planalto, representantes da sociedade civil. A Praça dos Três Poderes estava lotada e ouviu-se o seguinte discurso presidencial:

> Minha gratidão a vocês, que enfrentaram a violência política antes, durante e depois da campanha eleitoral. Que ocuparam as redes sociais e que tomaram as ruas debaixo de sol e chuva, nem que fosse para conquistar um único e preciso voto (...).
>
> Vou governar para os 215 milhões de brasileiros e brasileiras, e não apenas para quem votou em mim. Vou governar para todas e todos. Olhando para o nosso luminoso futuro em comum, e não pelo retrovisor de um passado... O que o povo brasileiro sofreu nestes últimos anos foi a luta e progressiva construção de um genocídio. Vivemos um dos piores períodos da nossa história. Uma era de sombras, de incertezas e de muito sofrimento. Mas este pesadelo chegou ao fim.

Todavia, uma semana depois, no domingo (18/01/2023), a visão otimista do Presidente foi atingida pelo ataque violento desferido por bolsonaristas contra os prédios dos Três Poderes em Brasília. Atacaram o Congresso Nacional, o Palácio do Planalto e o STF deixando-os em quase ruínas.

Quebraram quase tudo que acharam pela frente. O objetivo era criar o caos para que ocorresse um golpe de estado com a participação das Forças Armadas e Bolsonaro retomasse o poder.

O jornal o Estado de São Paulo (09/01/2023) se manifestou em seu editorial:

> Só há um explicação para isso: a leniência das chamadas autoridades para identificar e punir os golpistas desde os primeiros crimes que cometeram após a vitória do Presidente

> Lula da Silva. Ao que parece, uma malta de bolsonaristas só conseguiu tomar de assalto o Congresso Nacional, o Palácio do Planalto, o STF porque conta com aliados muito poderosos, a começar pelo ex-Presidente Jair Bolsonaro, o maior responsável pelo intento.

Diante dessa situação, mais uma vez, o Ministro Alexandre de Moraes determinou a prisão dos terroristas que assaltaram as sedes do Poderes Republicanos e clamaram pela derrubada do Estado Democrático de Direito.

Foram efetuadas aproximadamente 1.500 prisões para averiguação e apuração dos responsáveis pelos ataques ocorridos.

Portanto, o Brasil iniciou o ano de 2023 com a esperança apregoada por Lula e, posteriormente, surgiu a perspectiva de uma tragédia violenta e a tempos anunciada pela antropofagia bolsonarista contra a democracia, o Estado de Direito, a liberdade e a cidadania.

REFERÊNCIAS BIBLIOGRÁFICAS

AB'SÁBER, Tales. *Dilma Rousseff e o ódio político*. São Paulo: Hedra, 2015.

ASSUNÇÃO, Moacir. *São Paulo deve ser destruída*: a história do bombardeio à Capital na Revolta de 24. São Paulo: Editora Record: 2015.

ABREU, Alzira Alves de; BELOCH, Israel (Coord.). *et al. Dicionário Histórico-Biográfico Brasileiro*: 1930-1983 – DHBB. Rio de Janeiro: Forense Universitária FGV/CPDOC-FINEP, 1984.

ALBUQUERQUE, Manuel Maurício de. *Pequena História da Formação Social Brasileira*. Rio de Janeiro: Graal, 1981.

ALMEIDA, Rodrigo de. *À sombra do poder*: Bastidores da crise que derrubou Dilma Rousseff. São Paulo: LeYa, 2016.

AMARAL, Luís. *História Geral da agricultura brasileira*: no tríplice aspecto político-social-econômico. vol. II. São Paulo: Editora Nacional, 1958.

AMORA, Antônio Soares. *História da literatura brasileira*. São Paulo: Saraiva, 1967.

APTHEKER, Herbert. *Uma nova história dos EUA*: a era colonial. Rio de Janeiro: Civilização Brasileira, 1967.

ARIAS, Juan. *Jesus – Esse Grande Desconhecido*. Rio de Janeiro: Objetiva, 2001.

AUDI, Amanda *et al*. "As mensagens secretas da Lava Jato". *Intercept Brasil*, 14 jul. 2019. Disponível em: https://www.intercept.com.br/2019/07/14/dallagnol-lavajato-palestras/. Acessado em: 23.07.2023.

BARROS, Edgard Luiz de. *Tiradentes*. São Paulo: Moderna, 1985.

BASBAUM, Leôncio. *História Sincera da República*: de 1930 a 1960. vol. 3. São Paulo: Fulgor/ Alfa-Ômega, 1968.

BATISTA, José Alberto; NETO, Jônatas Batista. *Joana D'Arc*. São Paulo: Moderna, 1985.

BÍBLIA, N. T. *Bíblia sagrada on-line*. Disponível em: https://www.bibliaonline.com.br/acf. Acessado em: 17.07.2023.

BIONDI, Aloysio. *O Brasil privatizado*: um balanço do desmonte do Estado. São Paulo: Editora Fundação Perseu Abramo, 1999.

BITTAR, Walter Barbosa. "Delação premiada no Brasil e na Itália: uma análise comparativa". *Revista Brasileira de Ciências Criminais*, São Paulo, vol. 229, nº 88, jan./fev. 2011.

BOUSTANI, François. *A circulação do sangue*: entre Oriente e Ocidente. Rio de Janeiro: Editora UFRJ, 2018.

BOXER, C. R. *A Idade de Ouro no Brasil*. São Paulo: Companhia Editora Nacional, 1969.

BRANDÃO, Ignácio Loyola. "Se eu morrer, saibam quem me matou". *O Estado de São Paulo*. 22 mai. 2020. Disponível em: https://www.estadao.com.br/cultura/ignacio-de-loyola-brandao/se-eu-morrer-saibam-quem-me-matou/.

BREDIN, Jean-Denis. *O caso Dreyfus*. São Paulo: Scritta, 1995.

BRUCHEY, Stuart Weems. *As origens do crescimento econômico americano*. Trad. J. L. Mello. São Paulo: Distribuidora Record, 1966.

BULLA, Beatriz; AGUIAR, Gustavo. "Moro pede desculpas ao Supremo por divulgação de áudios de Lula e nega motivação política". *Estadão*, 29 mar. 2016. Disponível em: https://politica.estadao.com.br/blogs/fausto-macedo/moro-pede-desculpas-ao-supremo-por-divulgacao-de--audios-de-lula-e-nega-motivacao-politica. Acessado em: 23.07.2023.

BURTON, Noel. *O mundo de Platão*. São Paulo: Cultrix, 2013.

CALEJON, Cesar; VIZONI, Adriano. *A ascensão do bolsonarismo no Brasil do século XXI*. São Paulo: Lura Editorial, 2021.

CANECA, Frei Joaquim do Amor Divino. "Voto sobre o juramento do projeto de Constituição". *Jornal Typhis*, Pernambucano, 08 jul. 1824.

CANECA, Frei Joaquim do Amor Divino; MELLO, Antônio Joaquim de. *Obras políticas e literárias de Frei Joaquim do Amor divino Caneca*.

Colecionadas pelo Comendador Antônio Joaquim de Mello. Recife: Tipografia Mercantil, 1875.

CARNEIRO, Glauco. *História das Revoluções Brasileiras*. Rio de Janeiro: Editora Record, 1989.

CARTA CAPITAL. "Fachin anula todas as condenações de Lula na Lava Jato". *Carta Capital*, 08 mar. 2021. Disponível em: https://www.cartacapital.com.br/politica/fachin-anula-todas-as-condenacoes-de-lula-na-lava-jato/. Acessado em: 17.07.2023.

CERINI, Reinaldo Fabrício. "Julgamento e Processo de Condenação de Joana D'Arc: Teologia e Poder". *Revista Científica das Faculdades Integradas de Jaú*, vol. 7, n° 1/2010, p. 67.

CHIAVENATO, Júlio José. *As várias faces da Inconfidência Mineira*: Tiradentes, herói ou charlatão. São Paulo: Contexto, 1989.

CONTI, Mario Sergio. *Notícias do Planalto*: a imprensa e Fernando Collor. São Paulo: Companhia das Letras, 1999.

CRUZ COSTA, J. *Pequena História da República*. Rio de Janeiro: Civilização Brasileira, 1968.

DAL POZZO, Antônio Araldo Ferraz. *Revisitando uma história sem fim*: o Ministério Público em tempos de crises. São Paulo: Contracorrente, 2020.

D'ARAÚJO, Maria Celina; CASTRO, Celso (Coord.). *Ernesto Geisel*. Rio de Janeiro: Editora da Fundação Getúlio Vargas, 1997.

DORIA, Pedro R. *1789*: a história de Tiradentes e dos contrabandistas, assassinos e poetas que lutaram pela Independência do Brasil. Rio de Janeiro: Nova Fronteira, 2014.

DUQUE, Gonzaga. *Revoluções Brasileiras*: resumos históricos. *In*: HARDMAN, Francisco Foot; LINS, Vera (Coord.). São Paulo: Fundação da Editora da UNESP/Giordano, 1998.

EMPÓRIO DO DIREITO. "Delação (colaboração) Premiada e os Direitos Humanos: modelo de justiça com tortura psíquica legalizada, imputação generalizada, pena anunciada e condenação antecipada". Santa Catarina, 2015. Disponível em: http://emporiododireito.com.br/delacao-colaboracao-premiada-e-osdireitos-humanosmodelo-de-justica-com-tortura-psiquica-legalizada-imputacaogeneralizada-penaanunciada-e-condenacao-antecipada-por-candido-furtadomaia/. Acessado em: 15.09.2016.

Enciclopédia Semanal nº 41. *História do Século XX*. São Paulo: Abril Cultural. IONS, Edmund; ROBERTS, J. M., 1974.

EXAME. "Uso de mensagens obtidas por *hackers* dividem o STF". *Exame*, 02 mai. 2021. Disponível: https://exame.com/brasil/uso-de-mensagens-obtidas-por-hackers-divide-o-stf/. Acessado em: 23.07.2023.

FALCÃO, Joaquim. *O Supremo*. Rio de Janeiro: Edições de Janeiro, 2015.

FAORO, Raymundo. *Os donos do poder*: formação do patronato político brasileiro. Rio de Janeiro: Editora Globo, 1975.

FERRAJOLI, Luigi. *Direito e razão*: teoria do garantismo penal. São Paulo: Revista dos Tribunais, 2002.

FERREIRA, Jorge; DELGADO, Lucila de Almeida Neves (Coord.). *O Tempo da Nova República*: da transição democrática à crise política de 2016: Quinta república (1985-2016). vol. 5. Rio de Janeiro: Civilização Brasileira, 2018.

______. *O Brasil Republicano*. vol. 5. O tempo da Nova República: da transição democrática à crise política de 2016: Quinta república (1985-2016). Rio de Janeiro: Civilização Brasileira, 2018.

FIGUEIREDO, Lucas. *O Tiradentes*: Uma biografia de Joaquim José da Silva Xavier. São Paulo: Companhia das Letras, 2018.

FILHO, Hamilton Almeida. *A sangue quente*: a morte do jornalista Vladimir Herzog. São Paulo: Alfa-Ômega, 1978.

FILIPE, Miguel Luís. *A democracia na encruzilhada*: por que gritamos Golpe? Para entender o *impeachment* e a crise política no Brasil. São Paulo: Boitempo Editorial, 2016.

FOLHA DE S. PAULO. "Defesa de Lula vê mudança de cenário em julgamento". *Folha de S. Paulo*, 13 jun. 2019. Disponível em: https://www1.folha.uol.com.br/poder/2019/06/defesa-de-lula-ve-mudanca-de-cenario-em-julgamento-no-stf-sobre-suspeicao-de-moro.shtml. Acessado em: 23.07.2023.

______. "Entenda o vazamento entre a conversa de Moro e Deltan". *Folha de S. Paulo*, 10 jun. 2019. Disponível em: https://www1.folha.uol.com.br/poder/2019/06/entenda-vazamento-de-conversa-entre-moro-e-deltan-e-impacto-para-a-lava-jato.shtml. Acessado em: 23.07.2023.

______. "Ex-magistrado e procurador comemoram aproximação". *Folha de S. Paulo*, 12 jun. 2019. Disponível em: https://encurtador.com.br/agFNX. Acessado em: 23.07.2023.

FON, Antônio Carlos. *Tortura*: a história da repressão política no Brasil. São Paulo: Global Editora e Distribuidora Ltda, 1979.

FONSECA, Tiago Dutra; FRANZINI, Milena de Oliveira. "Delação premiada: metástase política". *Boletim IBCCRIM*, São Paulo, vol. 13, nº 156, nov. 2005.

FREITAS, Jânio de. "São condenados pelo mundo". *Folha de S. Paulo*, 30 abr. 2022. Disponível em: https://www1.folha.uol.com.br/colunas/janiodefreitas/2022/04/conclusao-da-onu-sobre-lula-e-esmagadora-para-moro-e-deltan.shtml. Acessado em: 30.07.2023.

FURTADO, Celso. *Economia colonial no Brasil nos séculos XVI e XVII*. São Paulo: Hucitec/ABPHE, 2001.

FURTADO, Peter. *1001 dias que abalaram o mundo*. Rio de Janeiro: Sextante, 2009.

G1. "Empresário foram alvo de busca e apreensão da PF". 27 mai. 2020. Disponível em: https://g1.globo.com/politica/noticia/2020/05/27/inquerito-aponta-cinco-supostos-financiadores-de-esquema-de-fake-news-e--ataques-a-autoridades.ghtml.

______. "Juíza absolve Vaccari e mais 11 em caso que envolve triplex no Guarujá". *G1*, 19 abr. 2017. Disponível em: https://g1.globo.com/sao--paulo/noticia/juiza-de-sp-absolve-vaccari-leo-pinheiro-e-mais-10-suspeitos-do-caso-bancoop-em-que-promotoria-pediu-prisao-de-lula.ghtml. Acessado em: 23.07.2023.

GAARDER, Jostein; HELLERN, Victor; NOTAKER, Henry. *O Livro das Religiões*. São Paulo: Companhia das Letras, 2005.

GALILEI, Galileu. *Diálogo sobre os dois máximos sistemas do mundo ptalomaico e copernicano*. Associação Filosófica *Scientiae Studia*. São Paulo: Editora 34, 2011.

GARCIA, Paulo. *Cipriano Barata ou a liberdade acima de tudo*. Rio de Janeiro: Topbooks, 1997.

GASPARI, Elio. "Moro vive em um mundo encantado onde todos são culpados". *Folha de S. Paulo*, 05 dez. 2021. Disponível em: https://www1.folha.uol.com.br/colunas/eliogaspari/2021/12/moro-vive-em--mundo-encantado-onde-todos-sao-culpados-menos-ele.shtml. Acessado em: 23.07.2023.

______. *A ditadura acabada*. Rio de Janeiro: Intrínseca, 2016.

______. *A ditadura encurralada*: o sacerdote e o feiticeiro. São Paulo: Companhia das Letras, 2004.

______. *A ditadura envergonhada*. São Paulo: Companhia das Letras, 2002.

GIORDANI, Marcio Curtis. *História da Grécia*. São Paulo: Vozes, 1984.

GODOY, Marcelo. "Moro se enxerga como um intocável em livro autobiográfico". *O Estado de São Paulo*, 04 dez. 2021. Disponível em: https://www.estadao.com.br/politica/moro-se-enxerga-como-um-intocavel-em-livro-autobiografico/. Acessado em: 23.07.2023.

GRANATO, Fernando. *João Cândido*. São Paulo: Editora Selo Negro, 2010.

GRANT, Susan-Mary. *História concisa dos Estados Unidos da América*. Trad. José Ignacio C. M. Neto. São Paulo: Edipro, 2014.

GREENWALD, Glenn *et al*. "As mensagens secretas da Lava Jato". *Intercept Brasil*, 9 jun. 2019. Disponível em: https://www.intercept.com.br/2019/06/09/procuradores-tramaram-impedir-entrevista-lula/. Acessado em: 23.07.2023.

______. "As mensagens secretas da Lava Jato". *Intercept Brasil*, 9 jun. 2019. Disponível em: https://www.intercept.com.br/2019/06/09/chat-moro-deltan-telegram-lava-jato/. Acessado em: 23.07.2023.

______. "As mensagens secretas da Lava Jato". *Intercept Brasil*, 14 jun. 2019. Disponível em: https://www.intercept.com.br/2019/06/14/sergio-moro-enquanto-julgava-lula-sugeriu-a-lava-jato-emitir-uma-nota-oficial-contra-a-defesa-eles-acataram-e-pautaram-a-imprensa/. Acessado em: 23.07.2023.

______. "As mensagens secretas da Lava Jato". *Intercept Brasil*, 29 jun. 2019. Disponível em: https://www.intercept.com.br/2019/06/29/chats-violacoes-moro-credibilidade-bolsonaro/. Acessado em: 23.07.2023.

______. "As mensagens secretas da Lava Jato". *Intercept Brasil*, 29 ago. 2019. Disponível em: https://www.intercept.com.br/2019/08/29/lava-jato-vazamentos-imprensa/. Acessado em: 23.07.2023.

HILTON, Stanley. *A Rebelião Vermelha*. Rio de Janeiro: Record, 1986.

HOFSTADTER, Richard. *Antiintelectualismo nos Estados Unidos*. Rio de Janeiro: Paz e Terra, 1967.

______. *Antiintelectualismo nos Estados Unidos*. Rio de Janeiro: Paz e Terra, 1967 *apud* SMITH, Gerald L. K.; HUDSON, Charles B. "Apêndice". LOWENTHAL, Leo; GUTERMAN, Norbert. *Prophets of Decret*. Nova York: Harper & Brothers, 1949.

HUISMAN, Denis. *Dicionário dos Filósofos*. São Paulo: Martins Fontes, 2001.

JACKSON, Julian. *Charles de Gaulle*: uma biografia. Trad. Berilo Vargas. Rio de Janeiro: Zahar, 2020.

JANOT, Rodrigo *et al*. *Nada menos que tudo*: bastidores da operação que colocou o sistema político em xeque. São Paulo: Planeta do Brasil, 2019.

JAPIASSÚ, Hilton; MARCONDES, Danilo. *Dicionário Básico de Filosofia*. Rio de Janeiro: Zahar, 2001.

JARDIM, Afrânio Silva. *Equívocos em relação à competência do juiz Sérgio Moro na chamada operação lava-jato*. Rio de Janeiro: Mimeo, 2016.

JONES, Peter V. *O mundo de Atenas*. São Paulo: Martins Fontes, 1997.

JORNAL NACIONAL. "Gilmar Mendes vota pela suspeição de Moro e diz que não se combate crime com outro crime". *G1*, 09 mar. 2021. Disponível em: https://g1.globo.com/jornal-nacional/noticia/2021/03/09/gilmar-mendes-vota-pela-suspeicao-de-moro-e-diz-que-nao-se-combate-crime-com-outro-crime.ghtml. Acessado em: 23.07.2023.

KAGAN, Donald. *A guerra do Peloponeso*. Rio de Janeiro: Record, 2006.

KARAM, Maria Lúcia. "A midiática 'Operação Lava Jato' e a totalitária realidade do processo penal brasileiro". *Empório do Direito*, 9 mar. 2016. Disponível em: https://www.emporiododireito.com.br/leitura/a-midiatica-operacao-lava-jato-e-a-totalitaria-realidade-do-processo-penal-brasileiro-1508702851. Acessado em: 23.07.2023.

KAUFMANN, A.; HASSEMER, W. (Coord.). *Introdução à Filosofia do Direito a à teoria do Direito contemporâneo*. Lisboa: Fundação Calouste Gulbenkian, 2015.

KAUTSKY, Karl. *A origem do Cristianismo*. Rio de Janeiro: Civilização Brasileira, 2010.

KENIGAN, Michael. *História Secreta da Igreja*. São Paulo: Editora Europa, 2015.

KERCHE, Fábio; FERES, João (Coord.). *Operação Lava Jato e a democracia brasileira*. São Paulo: Contracorrente, 2018.

KOIFMAN, Fábio (Coord.). *Presidentes do Brasil*: de Deodoro a FHC. Universidade Estácio de Sá (Departamento de Pesquisa). Rio de Janeiro: Editora Rio, 2002.

KOSMINSKY, E. A. *História da Idade Média*. Lisboa: Centro do livro Brasileiro.

LAPA, José Roberto do Amaral. *A economia cafeeira*. São Paulo: Brasiliense, 1983.

LEPORE, Jill. *Estas Verdades*: história da formação dos Estados Unidos. Rio de Janeiro: Intrínseca, 2020.

LEWIS, Brenda Ralph. *A história secreta dos Papas*. São Paulo: Editora Europa, 2010.

LIMA, Heitor Ferreira. *História Político-Econômica e Industrial do Brasil*. vol. 347. Coleção Brasiliana. São Paulo: Companhia Editora Nacional, 1970.

LINK, Arthur S.; CATTON, William B. *História moderna dos Estados Unidos*. Trad. de W. Dutra, A. Cabral e F. de Castro Ferro. vol. 3. Rio de Janeiro: Zahar, 1965.

LOOMIS, Stanley. *Paris sob o Terror*: 1793-1794. Rio de Janeiro: Civilização Brasileira, 1965.

MACEDO, Fausto; BRANDT, Ricardo. "Jamais entraria para a política". *O Estado de São Paulo*, 05 dez. 2016. Disponível em: https://politica.estadao.com.br/blogs/fausto-macedo/jamais-entraria-para-a-politica-diz-sergio-moro. Acessado em: 23.07.2023.

MARCHI, Carlos. *Fera de Macabu*: a história e o romance de um condenado à morte. Rio de Janeiro: Editora Record, 1998.

MARTINS, Rafael M. *et al.* "As mensagens secretas da Lava Jato". *Intercept Brasil*, 03 set. 2019. Disponível em: https://www.intercept.com.br/2019/09/03/deltan-senado-candidato/. Acessado em: 23.07.2023.

MAXWELL, Kenneth (Coord.). *et al. O livro de Tiradentes*: transmissão atlântica das ideias políticas no século XVIII. São Paulo: Penguin Classics/Companhia das Letras, 2013.

______. *A Devassa da devassa*: Inconfidência Mineira, Brasil e Portugal 1750-1808. Trad. João Maia. Rio de Janeiro: Paz e Terra, 1978.

MEDELIN, Louis. *Danton*. Porto: Lello & Irmãos, 1979.

MELLO, Evaldo Cabral de (Coord.). *Frei Joaquim do Amor Divino Caneca*. São Paulo: Editora 34, 2001.

MELLO, Igor *et al.* "Procuradores da Lava Jato ironizam morte de Marisa Letícia e luto de Lula". *UOL*, 27 ago. 2019. Disponível em: https://

noticias.uol.com.br/politica/ultimas-noticias/2019/08/27/lava-jato-morte-marisa-leticia-lula.htm. Acessado em: 17.07.2023.

MENDES JÚNIOR, Antônio; RONCARI, Luiz; MARANHÃO, Ricardo. *Brasil História*: texto e consulta – A Era de Vargas. vol. 4. São Paulo: Editora Brasiliense, 1981.

MONTEIRO, Marcelo Rocha. *Valor*, 11 jun. 2019.

MORAES, Denis de. *O Velho Graça*: uma biografia de Graciliano Ramos. São Paulo: Boitempo Editorial, 2012.

MORAES, Denis de; VIANA, Francisco. *Prestes*: Lutas e autocríticas. Petrópolis: Editora Vozes, 1982.

MORAIS, Fernando. *Olga*. São Paulo: Alfa-Ômega, 1985.

MOREL, Edmar. *A Revolta da Chibata*. Rio de Janeiro: Graal, 1979.

MOSSÉ, Claude. *Péricles, o inventor da democracia*. São Paulo: Estação Liberdade, 2008.

MOTA, Carlos Guilherme. *A ideia de Revolução no Brasil e outras ideias*. São Paulo: Editora Globo, 2008.

MOURA, Clóvis. *Rebeliões da Senzala*: Quilombos, Insurreições, Guerrilhas. São Paulo: Edições Zumbi, 1959.

MOURA, George; ARAÚJO, Flávio (Coord.). *Crimes que abalaram o Brasil*. São Paulo: Editora Globo, 2007.

NEVES, José Roberto de (Coord.). *et al. Os grandes julgamentos da história*. Rio de Janeiro: Nova Fronteira, 2018.

NICOLA, Ubaldo. *Antologia Ilustrada de Filosofia*: das origens à idade moderna. São Paulo: Editora Globo, 2005.

NOBRE, Marcos. *Imobilismo em movimento*: da abertura democrática ao governo Dilma. São Paulo: Companhia das Letras, 2013.

O ESTADO DE SÃO PAULO. "A caravana passa". 18 jun. 2020. Disponível em: https://www.estadao.com.br/opiniao/a-caravana-passa/.

______. "Muito a esclarecer". *O Estado De São Paulo*, 13 jun. 2019. Disponível em: https://www.estadao.com.br/opiniao/muito-a-esclarecer-2/. Acessado em: 23.07.2023.

PASQUALETTE, Bernardo Braga. *Me esqueçam*: Figueiredo, a biografia de uma Presidência. Rio de Janeiro: Editora Record, 2020.

PRADO JÚNIOR, Caio. *Evolução Política do Brasil*: Colônia e Império. São Paulo: Editora Brasiliense, 1933.

PRADO, Geraldo. "Da delação premiada: aspectos de direito processual". *Boletim IBCCRIM*, São Paulo, vol. 13, nº 159, fev. 2006.

ROCHA, José Justiniano da. *Ação, reação e transação*. Revista do IHGB, Rio de Janeiro, 2019. *In*: MAGALHÃES JÚNIOR, Raimundo. *Três panfletários do Segundo Reinado*. São Paulo: Companhia Editora Nacional, 1956.

ROCHA, Marcelo *et al*. "As testemunhas que puseram em xeque a imparcialidade de Sergio Moro". *Veja*, 28 jun. 2019. Disponível em: https://veja.abril.com.br/politica/as-testemunhas-que-puseram-em-xeque-a-imparcialidade-de-sergio-moro. Acessado em: 23.07.2023.

ROCHADEL, Orlando. "Conselho agora com o caso Deltan já aplicou cinco punições". *Folha de S. Paulo*, 11 jun. 2019. Disponível em: https://www1.folha.uol.com.br/poder/2019/06/agora-com-o-caso-deltan-conselho-ja-aplicou-cinco-punicoes-por-atuacao-politica.shtml. Acessado em: 23.07.2023.

RUSSELL, Francis. *A tragédia de Sacco e Vanzetti*. Trad. V. Martins. Rio de Janeiro: Civilização Brasileira, 1966.

RUY, Affonso. *A Primeira Revolução Social Brasileira*: 1798. Rio de Janeiro: Laemmert, 1970.

SANDRONI, Paulo (Coord.). *Novíssimo Dicionário de Economia*. São Paulo: Editora Best Seller, 2003.

SCHIFF, Stacy. *As bruxas*: intriga, traição e histeria em Salém. Trad. José Rubens Siqueira. Rio de Janeiro: Zahar, 2019.

SCHUR, Ruth. *Pureza Fatal*: Robespierre e a Revolução Francesa. São Paulo: Record, 2009.

SCHWARCZ, Lilia Moritz; STARLING, Heloisa Murgel. *Brasil*: uma biografia. São Paulo: Companhia das Letras, 2015.

SILVA FILHO, João Antônio da. *O sujeito oculto do crime*: considerações sobre a Teoria do Domínio do Fato. São Paulo: Editora Verbatim, 2017.

SILVA, Hélio. *O Estado Novo*: 1937-1938. São Paulo: Editora Três, 1975.

SILVA, Hélio; CARNEIRO, Maria Cecília Ribas. *Os Presidentes*: Ernesto Geisel. São Paulo: Grupo de Comunicação Três, 1983.

SILVA, Hélio; CARNEIRO, Maria Cecília Ribas. *Os Presidentes*: João Figueiredo. São Paulo: Grupo de Comunicação Três, 1983.

SILVA, Luiz Inácio Lula da. *A verdade vencerá*: o povo sabe por que me condenam. São Paulo: Boitempo, 2018.

SIMÕES, Edson. *A luta pela Democracia no Brasil*: de Vargas a Bolsonaro. (Coleção Constituições e Democracia no Brasil e no Mundo: da Antropofagia à Autofagia). vol. 5. São Paulo: Grupo Almedina (Portugal), 2022.

______. *A luta pela Democracia no Mundo*: da Grécia à Antiga URSS e Rússia. (Coleção: Constituições e Democracia no Brasil e no Mundo). vol. 3. São Paulo: Almedina, 2022.

SINGER, André. *O lulismo em crise*: um quebra-cabeça do período Dilma (2011-2016). São Paulo: Companhia das Letras, 2018.

SKIDMORE, Thomas Elliot. *Brasil*: de Castelo a Tancredo, 1964-1985. Rio de Janeiro: Paz e Terra, 1988.

SÓCRATES. *Apologia de Sócrates*. Trad. Enrico Corvisieri e Mirtes Coscodai. São Paulo: Nova Cultural, 1999 (Os Pensadores).

SODRÉ, Nelson Werneck. *Evolução Social e Econômica do Brasil*. Porto Alegre: Editora da Universidade UFRGS.

SOLANO, Esther *et al*. *Mascarados*: a verdadeira história dos adeptos da tática Black Bloc. São Paulo: Geração Editorial, 2014.

SOUZA, Jessé. *A radiografia do Golpe*: entenda como e por que você foi enganado. São Paulo: LeYa, 2015.

SPERB, Paula. "Romance mostra Brasil governado por 'Presidente sem cérebro', assolado por epidemias e sem Ministro da Saúde". *Folha de São Paulo*, 11 ago. 2020. Disponível em: https://www1.folha.uol.com.br/poder/2020/04/a-reacao-ja-comecou-com-a-desobediencia-civil-diz-ignacio-de-loyola-brandao-autor-de-distopia-politica.shtml.

TASSE, Adel El. "Delação premiada: novo passo para um procedimento medieval". *Ciências Penais: Revista da Associação Brasileira de Professores de Ciências Penais*, São Paulo, vol. 3, nº 5, jul./dez. 2006.

TAVARES, Luís Henrique Dias. *História da Bahia*. Salvador: Editora Itapuã, 1969.

______. *História da Sedição intentada na Bahia em 1798*: a conspiração dos alfaiates. São Paulo: Pioneira/MEC, 1975.

TAVARES, Maria da Conceição. *Destruição não criadora*: memórias de um mandato popular contra a recessão, o desemprego e a globalização subordinada. Rio de Janeiro: Editora Record, 1999.

TEYSSIER, Paul (Coord.). *Dicionário de Literatura Brasileira*. São Paulo: Martins Fontes, 2003.

TROYAT, Henri. *Zola*. São Paulo: Scritta, 1994.

VAGNER, Willian. *O soldado absoluto*. Rio de Janeiro: Record, 2002.

VAINFAS, Ronaldo (Coord.). *Dicionário do Brasil Imperial*: 1822-1889. Rio de Janeiro: Objetiva, 2002.

VALIM, Rafael. *Operação Lava Jato e a Democracia Brasileira*. São Paulo: Contracorrente, 2018.

VEJA. "Carta ao leitor: uma manobra desastrosa". *Veja*, 12 mar. 2021. Disponível em: https://veja.abril.com.br/politica/carta-ao-leitor-uma-manobra-desastrosa. Acessado em: 23.07.2023.

VICTOR, Mário. *5 anos que abalaram o Brasil*: de Jânio Quadros ao Marechal Castelo Branco. Rio de Janeiro: Editora Civilização Brasileira, 1965.

VIECILI, Jerusa B. *Errei. E minha consciência*. Disponível em: https://twitter.com/jerusabv/status/1166502935053918209. Acessado em: 17.07.2023.

VIEIRA, Evaldo Amaro. *A República Brasileira 1951-2010*: de Getúlio a Lula. São Paulo: Cortez Editora, 2015.

VIEIRA, Joaquim. *Bolsonaro, um Capitão no Planalto*. Lisboa: Edição Glaciar e Cofina, 2020.

VILLAVERDE, João. *Perigosas pedaladas*: os bastidores da crise que abalou o Brasil e levou ao fim do Governo Dilma Rousseff. São Paulo: Geração Editorial, 2015.

VIZEU, Rodrigo. *Os Presidentes*: a história dos que mandaram e desmandaram no Brasil, de Deodoro a Bolsonaro. São Paulo: Harper Collins, 2019.

WARDE, Walfrido. *O espetáculo da corrupção*: como um sistema corrupto e o modo de combatê-lo estão destruindo o país. São Paulo: LeYa, 2019.

YAROCHEWSKY. Leonardo Isaac. "Precisamos falar de delação: a palavra do delator". *Empório do Direito*, 5 mai. 2018. Disponível em: https://

emporiododireito.com.br/leitura/precisamos-falar-de-delacao-a-palavra-do-delator. Acessado em: 23.07.2023.

ZANIN MARTINS, Cristiano; MARTINS, Valeska Teixeira Zanin; VALIM, Rafael *et al.* *O Caso Lula*: a luta pela afirmação dos direitos fundamentais no Brasil. São Paulo: Contracorrente, 2017.

ZWEIG, Stefan. *Castélio contra Calvino*: uma consciência contra a violência. Rio de Janeiro: Delta, 1950.

BIBLIOGRAFIA GERAL

AB'SÁBER, Tales. *Dilma Rousseff e o ódio político*. São Paulo: Hedra, 2015.

_____. *Lulismo, carisma pop e cultura anticrítica*. São Paulo: Hedra, 2011.

ABREU, Alzira Alves de Abreu; BOLECH, Israel; LATTMAN-WELTMAN, Fernando; LAMARÃO, Sergio Tadeu de Nemeyer. *Dicionário Histórico Biográfico Brasileiro*. Rio de Janerio: FGV – CPDOC, 2001.

ALAMY FILHO, João. *O caso dos irmãos Naves*. Minas Gerais: Editora Bernardo Alves, 1961.

ALBUQUERQUE, Manuel Mauricio de. *Pequena História da Formação Social Brasileira*. Rio de Janeiro: Edições Geral LTDA, 1981.

ALBUQUERQUE, Marcos Cintra Cavalcanti. *Quatro séculos de história econômica brasileira*. São Paulo: McGraw-Hill do Brasil, 1977.

ALMEIDA FILHO, Hamilton. *A sangue frio* – a morte do Jornalista Vladimir Herzog. São Paulo: Alfa-Ômega, 1978.

ALMEIDA, Rodrigo. *À sombra do poder*: Bastidores da crise que derrubou Dilma Rousseff. São Paulo: Leya, 2016.

ALVES, Giovanni; NASSIF, Maria Inês *et al. Enciclopédia do golpe*: o papel da mídia. Bauru: Canal 6, 2018.

AMARAL, Luís. *História Geral da Agricultura Brasileira*. São Paulo: Editora Nacional, 1958.

ARAÚJO, José Prata. *Um retrato do Brasil* – Balanço do governo Lula. São Paulo: Editora Fundação Perseu Abramo, 2006.

ARRUDA, José Jobson de A.; PILETTI, Nelson. *Toda a História*. São Paulo: Ática S.A., 1996.

ASLAN, Reza. *Zelota*: a vida e a época de Jesus de Nazaré. Rio de Janeiro: Zahar, 2013.

ASSUNÇÃO, Moacir. *Luís Carlos Prestes* – um revolucionário brasileiro. São Paulo: Companhia Editora Nacional/Lazzulli Editora, 2007.

ASTON, Margareth. *O Século XV*. Lisboa: Editorial Verbo, 1968.

BAJER, Paula. *Processo Penal e Cidadania*. Rio de Janeiro: Zahar, 2002.

BARATA, Agildo. *A vida de um revolucionário* – memórias. Rio de Janeiro: Melso Sociedade Anônima, [s/d].

BARROS, Edgard L. *Tiradentes*. São Paulo: Moderna,1985.

BATISTA NETO, Jonatas; BATISTA, José Alberto. *Joana D'Arc*. São Paulo: Moderna, 1985.

BEER, Max. *História do Socialismo e das Lutas Sociais*. Rio de Janeiro: Laemmert S.A., 1968.

BEGLEY, Louis. *O Caso Dreyfus*. São Paulo: Companhia das Letras, 2010.

BERNARDET, Jean Claude; PERSON, Luís Sérgio. *O caso dos irmãos Naves*. São Paulo: Imprensa Oficial, 2004.

BEZERRA, Gregório. *Memórias*: primeira parte: 1900-1945. Rio de Janeiro: Civilização Brasileira, 1979.

______. *Memórias*: segunda parte: 1946-1969. Rio de Janeiro: Civilização Brasileira, 1979.

BLASCHKE, Jorge. *Jesus Cristo*: a Verdadeira História. Lisboa: Editorial Estama Ltda., 2021.

BOTTOMORE, Tom. *Dicionário do pensamento Marxista*. Rio de Janeiro: Zahar, 1988.

BRECHT, Bertolt. *A vida de Galileu*. São Paulo: Abril Cultural S.A., 1977.

BRIGGS, Asa. *História Social da Inglaterra*. Lisboa: Editorial Presença, 1998.

BROTTON, J. E. *O Bazar do Renascimento*: da rota da seda a Michelangelo. São Paulo: Grua, 2009.

BRUNO, Giordano. *Tratado da Magia*. São Paulo: Martins, 2008.

BULLA, Beatriz; AGUIAR, Gustavo. "Moro pede desculpas ao Supremo por divulgação de áudios de Lula e nega motivação política". *Estadão*. Disponível em: https://politica.estadao.com.br/blogs/fausto-macedo/moro-pede-desculpas-ao-supremo-por-divulgacao-de-audios-de-lula-e-nega-motivacao-politica/. Acessado em: 15.12.2019.

CABANAS, João. *A coluna da morte*. São Paulo: Editora UNESP, 2014.

CAPITANI, Avelino Bioen. *A rebelião dos Marinheiros*. São Paulo: Expressão Popular, 2005.

CARDOSO, Vicente Licínio. *À Margem da história do Brasil*. Coleção Brasiliana. vol. 13. São Paulo: Editora Nacional – INL, 1979.

CARLYLE, Thomas. *História da Revolução Francesa*. São Paulo: Edições Melhoramentos, 1961.

CARONE, Edgard. *A República Velha* (Instituições e Classes Sociais). São Paulo: Difel, 1970.

______. *A República Velha*: Evolução Política. São Paulo: DIFEL, 1971.

______. *Da esquerda à direita*. Belo Horizonte: Oficina do Livro, 1991.

______. *Revoluções no Brasil Contemporâneo*. Coleção Buriti. São Paulo: DESA, 1965.

CARTA, Mino; CARTA, Gianni. *O desafio de Lula*. São Paulo: Hedor, 2018.

CARVALHO, José Murilo de. *D. Pedro II*. São Paulo: Companhia das Letras, 2007.

CARVALHO, Luiz Maklouf. *O cadete e o capitão*: a vida de Jair Bolsonaro no quartel. São Paulo: Todavia, 2019.

CASARA, Rubens R. R. *Bolsonaro*: o mito e o sintoma. São Paulo: Contracorrente, 2020.

CERQUEIRA, Marcello. *A Constituição na História*: origem e reforma da Revolução Inglesa à Crise do Leste Europeu. Rio de Janeiro: Revan, 2006.

CHIAVENATTO, Júlio José. *As Várias Fases da Inconfidência Mineira*. São Paulo: Contexto, 1989.

CLÊVENOT, Michel. *Enfoques materialistas da Bíblia*. Rio de Janeiro: Paz e Terra, 1979.

COGGIOLA, Osvaldo. *O governo Lula* – da esperança à realidade. São Paulo: Xamã, 2017.

Coleção Documentos: "Dos presos políticos brasileiros: acerca da repressão fascista no Brasil". Portugal: Edições Maria da Fonte, Comitê Pró-anistia Geral dos presos políticos no Brasil, 1976.

CROISET, A. *As Democracias Antigas*. Rio de Janeiro: Livraria Garnier, 1923.

D'ARAÚJO, Maria Celina; CASTRO, Celso. *Ernesto Geisel*. Rio de Janeiro: Editora Fundação Getúlio Vargas, 1997.

DANTAS JR, Altino (Coord.). *Lula sem censura*. Petrópolis: Editora Vozes, 1982.

DANTAS, Mônica Duarte (Coord.). *et al. Revoltas, Motins, Revoluções*: homens livres pobres e libertos no Brasil do século XIX. São Paulo: Alameda, 2011.

DARWIN, Charles. *A Origem das Espécies* – esboço de 1842. Rio de Janeiro: Newton Compton Brasil Ltda, 1974.

DAWSON, Christopher. *A Divisão da Cristandade*. São Paulo: É Realizações, 2014.

DEFOURNEAUX, Marcelin. *A vida quotidiana no tempo de Joana D'arc*. Lisboa: Edição Livros do Brasil, [s.d.].

DEMIER, Felipe. *Depois do golpe*: a dialética da democracia blindada no Brasil. Rio de Janeiro: Mauad X, 2017.

DIRCEU, José. *Tempos de planície*. São Paulo: Alameda, 2011.

DÓRIA, Palmério. *O príncipe da privataria*: a história secreta de como o Brasil perdeu seu patrimônio e FHC ganhou sua reeleição. São Paulo: Geração Editorial, 2013.

DÓRIA, Pedro. *1789*: a história de Tiradentes e dos contrabandistas, assassinos e poetas que lutaram pela Independência. Rio de Janeiro: Nova Fronteira, 2014.

DULCI, Luiz. *Um salto para o futuro*: como o governo Lula colocou o Brasil na rota do desenvolvimento. São Paulo: Fundação Perseu Abramo, 2013.

DULLES, John W. Foster. *Anarquistas e comunistas no Brasil* (1930-1935). Rio de Janeiro: Nova Fronteira, 1977.

FALCÃO, Joaquim. *O Supremo*: compreenda o poder, as razões e as consequências das decisões da mais alta corte do judiciário do Brasil. Rio de Janeiro: Edições de janeiro-GV, 2015.

FAORO, Raymundo. *Os donos do poder*. Rio de Janeiro: Editora Globo, 1975.

FARIA, Antônio Augusto; BARROS, Edgard Luiz de. *Getúlio Vargas e sua época*. São Paulo: Global, 1982.

FÁTIMA, Branco Di. *Dias de tormenta*: os movimentos de indignação que derrubaram ditaduras, minaram democracias no mundo e levaram a extrema direita ao poder no Brasil. São Paulo: Geração Editorial, 2019.

FAUSTO, Boris. *História do Brasil*. São Paulo: EDUSP – Fundação do Desenvolvimento Educacional, 1994.

FERRAJOLI. *Direito e razão*: teoria do garantismo penal. Trad. Ana Paula Zomer Sica *et al*. São Paulo: Revista dos Tribunais, 2014.

FERRAZ, Anna Cândida da Cunha. *Conflito entre poderes*: o poder congressual de sustar atos normativos do Poder Executivo. São Paulo: Revista dos Tribunais, 1994.

FERREIRA, Jorge; DELGADO, Lucila de Almeida Neves (Coord.). *O Tempo da Nova República*: da transição democrática à crise política de 2016. Coleção: O Brasil Republicano. vol. 5. Rio de Janeiro: Civilização Brasileira, 2018.

FIGUEIREDO, Lucas. *O Tiradentes*: uma biografia de Joaquim José da Silva Xavier. São Paulo: Companhia das Letras, 2018.

FILGUEIRAS, Luiz; GONÇALVES, Reinaldo. *Economia Política do Governo Lula*. Rio de Janeiro: Contraponto, 2007.

FILIPE, Miguel Luís. "A democracia na encruzilhada". *In*: JINKINGS, Ivana; DÓRIA, Kin; CLETO, Murilo (Coord.). *Por que gritamos golpe?* São Paulo: Boitempo Editorial, 2016.

FONSECA, Tiago Dutra; FRANZINI, Milena de Oliveira. "Delação premiada: metástase política". *Boletim IBCCRIM*, São Paulo, vol. 13, n° 156, nov. 2005.

FOX, Robin Lane. *Bíblia*: Verdade e Ficção. São Paulo: Companhia das Letras, 1993.

FRANCO JR, Hilário. *O feudalismo*. São Paulo: Editora Brasiliense, 1983.

FRANCO, Afonso Arinos de Melo. *História e teoria dos partidos políticos no Brasil*. São Paulo: Alfa-Ômega, 1974.

FRANCO, Bernardo Mello. *Mil dias de tormenta*: a crise que derrubou Dilma e deixou Temer por um fio. Rio de Janeiro: Objetiva, 2018.

FURET, François; OZOUF, Mona. *Dicionário Crítico da Revolução Francesa*. Rio de Janeiro: Nova Fronteira, 1989.

FURTADO, Celso. *O mito do desenvolvimento econômico*. Rio de Janeiro: Paz e Terra, 1996.

GANSHOF, F. L. *Que é o feudalismo*. Lisboa: Publicações Europa – América, 1968.

GHIRALDELLI. *A filosofia explica Bolsonaro*. São Paulo: LeYa, 2019.

GIES, France. *Joana D'arc*: a lenda e a realidade. Rio de Janeiro: Zahar, 1982.

GUILLEMIN, Henri. *Robespierre*: Político e Místico. Porto Alegre: L&PM, 1989.

GUIMARÃES, Alberto Passos. *Quatro Séculos de Latifúndio*. São Paulo: Fulgor, 1964.

HADAS-LEBEL, Mirreille. *Flávio Josefo*: o judeu de Roma. Rio de Janeiro: Imago, 1991.

HAGE, Jorge. *O governo Lula e o combate à corrupção*. São Paulo: Editora Perseu Abramo, 2010.

HOBSBAUW, Eric. *Ecos da Marselhesa*. São Paulo: Companhia das Letras, 1996.

HUGO, Victor. *Napoleão* – O pequeno. São Paulo: Ensaio, 1996.

JACKSON, Julian. *Charles de Gaulle*: uma Biografia. Rio de Janeiro: Zahar, 2020.

JOFFILY, José. *Harry Berger*. Rio de Janeiro: Paz e Terra – Universidade Federal do Paraná, 1987.

JUNIOR, Caio Prado. *Evolução Política do Brasil e outros estudos*. São Paulo: Companhia das Letras, 2012.

JUPIARA, Jeloy. *Deus tenha misericórdia dessa nação*: a biografia não autorizada de Eduardo Cunha. Rio de Janeiro: Record, 2019.

KAGAN, Donald. *A Guerra do Peloponeso*. Rio de Janeiro: Record, 2006.

KAMEL, Ali. *Dicionário Lula*: um Presidente exposto por suas próprias palavras. Rio de Janeiro: Nova Fronteira, 2009.

KARAN, Maria Lúcia. *A midiática operação lava jato e a totalitária realidade do processo penal brasileiro*. Santa Catarina: Empório do Direito, 2016. Disponível em: http://emporiododireito.com.

br/a-midiatica-operacao-lava-jato-e-a-totalitariarealidade-do-processo-penal-brasileiro/. Acessado em: 03.11.2016.

KEDWARD, Roderick *et al.* *Socialismo, Anarquismo, Violência*: História do Século XX. Enciclopédia semanal – Abril Cultural S.A., 1974.

KINDER, Hermann; HILGEMANN. *Atlas Histórico Mundial*: De Los Origenes a la Revolucion Francesa. Madrid: Ediciones Istmo, 1980.

KLEIN, Carlos Jeremias. *História e Pensamentos da Reforma*. Rio de Janeiro: Editora da Universidade Estadual de Londrina – EDUEL, 2014.

LAMOUNIER, Bolivar. *Liberais e antiliberais*: a luta ideológica do nosso tempo. São Paulo: Companhia das Letras, 2016.

LAPA, José Roberto do Amaral. *A Bahia e a Carreira da Índia*. Coleção Brasiliana, vol. 338. São Paulo: Companhia Editora Nacional – EDUSP, 1968.

LAWRENCE, Jerome; LEE, Robert E. *O vento será tua herança*. Peça teatral e filme, 1960.

LEFEBVRE, Georges. *O grande medo de 1789*. Rio de Janeiro: Editora Campus Ltda, 1979.

LEITE, Glacyra L. *A insurreição pernambucana de 1817*. São Paulo: Brasiliense, 1984.

LEITE, Paulo Moreira. *A outra história do mensalão*: as contradições do julgamento político. São Paulo: Geração Editorial, 2013.

LENIS, Brend Ralf. *A história secreta dos papas*. São Paulo: Editora Europa, 2010.

LIMA, Heitor Ferreira. *História Política Econômica e Industrial do Brasil*. Coleção Brasiliana, vol. 347, Editora Nacional, 1970.

LINDBERG, Carter. *História da Reforma*. Rio de Janeiro: Thomas Nelson Brasil, 2017.

LINK, Arthur S. *História Moderna dos EUA*. Rio de Janeiro: Zahar, 1965.

LIRA NETO, João. *Getúlio Vargas e Eurico Dutra*: Estado Novo, Eleição e Suicídio. São Paulo: Folha de São Paulo, 2019.

LOOMIS, Stanley. *Paris sob o Terror*: 1793 – 1794. Rio de Janeiro: Civilização Brasileira, 1965.

MACEDO, Fausto; BRANDT, Ricardo. "Jamais entraria para a política". *O Estado de São Paulo*, 5 dez. 2016. Disponível em: https://politica.

estadao.com.br/blogs/fausto-macedo/jamais-entraria-para-a-politica-diz-sergio-moro/. Acessado em: 15.02.2019.

MAESTRI FILHO, Mário. *1910*: A revolta dos marinheiros – uma saga negra. São Paulo: Global Editora, 1982.

MAIA NETO, Cândido Furtado. *Delação (colaboração) Premiada e os Direitos Humanos*: modelo de justiça com tortura psíquica legalizada, imputação generalizada, pena anunciada e condenação antecipada. Santa Catarina: Empório do Direito, 2015. Disponível em: http://emporiododireito.com.br/delacao-colaboracao-premiada-e-osdireitos-humanosmodelo-de-justica-com-tortura-psiquica-legalizada-imputacaogeneralizada-penaanunciada-e-condenacao-antecipada-por-candido-furtadomaia/. Acessado em: 15.09.2016.

MANDETTA, Luiz Henrique. *Um paciente chamado Brasil*: os bastidores da luta contra o coronavírus. Rio de Janeiro: Objetiva, 2020.

MANFRED, A. *A Grande Revolução Francesa*. São Paulo: Ícone Editora Ltda, 1965.

MANSO, Bruno Paes. *A república das milícias*: dos esquadrões da morte à era Bolsonaro. São Paulo: Todavia, 2020.

MARINGONI, Gilberto; MEDEIROS, Juliano (Coord.). *Cinco mil dias*: o Brasil na era do lulismo. São Paulo: Boitempo/Fundação Lauro Campos, 2017.

MATTOSO, Kátia M. de Queiros. *Presença Francesa no Movimento Democrático Baiano de 1789*. Salvador: Editora Itapuã, 1969.

MAURO, Frédéric. *Nova história e novo mundo*. São Paulo: Perspectiva S.A., 1969.

MELO, Clóvis. *Os ciclos econômicos do Brasil*. Rio de Janeiro: Laemmert, 1969.

MELO, Marcelo Paula de. *Brasil neoliberal*: dos anos Lula ao Golpe 2016. Rio de Janeiro: Consequência Editora, 2017.

MENDES JÚNIOR, Antônio; MARANHÃO, Ricardo. *Brasil História*: texto e consulta n° 4 – Era Vargas. São Paulo: Editora Brasiliense, 1981.

MICELI, Paulo. *O mito do herói nacional*. São Paulo: Contexto, 1988.

MIGUEL, P. L'affaire. *Dreyfus*. Coleção *Que sais je?* n° 1720. Paris: Puf, [s./d.].

MOMTEFIORE, Simon Sebag. *Jerusalém, a bibliografia*. São Paulo: Companhia das Letras, 2013.

MONTENEGRO, João Alfredo de Sousa. *O liberalismo radical de Frei Caneca*. Rio de Janeiro: Tempo Brasileiro, 1978.

MORAES, Denis de; VIANA, Francisco. *Prestes*: Lutas e Autocriticas. Rio de Janeiro: Vozes, 1982.

MORAIS, Fernando. *Lula*: biografia. São Paulo: Companhia das Letras, 2021.

MOREAU, Pierre. *Grandes Crimes*. São Paulo: Três Estrelas, 2017.

MOREL, Marco. *Cipriano Barata*. São Paulo: Brasiliense, 1986.

MOREL, Mario. *Lula*: o metalúrgico – Anatomia de uma liderança. Rio de Janeiro: Nova Fronteira, 1981.

MOSSÉ, Claude. *Atenas*: a história de uma democracia. Brasília: UNB, 1997.

______. *Dicionário da Civilização Grega*. Rio de Janeiro: Zahar, 2004.

MOTA, Carlos Guilherme. *Nordeste 1817*. São Paulo: Editora Perspectiva – EDUSP, 1972.

MOURA, Maurício; CORBELLINI, Juliano. *A eleição disruptiva* – porque Bolsonaro venceu. Rio de Janeiro: Record, 2019.

MOURRE, Michel. *Dicionário de história universal*. Porto: Edições ASA S.A., 1998.

NEISSER, Fernando G. *Crime e mentira na política*. Belo Horizonte: Fórum, 2016.

NETTO, Vladimir. *Lava-jato*: o juiz Sergio Moro e os bastidores da operação que abalou o Brasil. Rio de Janeiro: Primeira Pessoa, 2016.

NOBRE, Marcos. *Ponto final*: a guerra de Bolsonaro contra a democracia. São Paulo: Todavia, 2020.

NOVINSKY, Anita. *A Inquisição*. São Paulo: Brasiliense, 1982.

OLIVEIRA, Francisco de. *Brasil*: uma biografia não autorizada. São Paulo: Boitempo, 2018.

OYAMA Thais. *Tormenta*: o governo Bolsonaro: crises, intrigas e segredos. São Paulo: Companhia das Letras, 2020.

PARENTI, Michael. *A Cruzada Anticomunista*. Rio de Janeiro: Civilização Brasileira S.A., 1970.

PASQUALETTE, Bernardo Braga. *Me esquecem*: Figueiredo: a biografia de uma presidência. Rio de Janeiro: Record, 2020.

PATARRA, Ivo. *Petroladrões*: a história do saque à Petrobrás. Campinas: CEDET, 2016.

PEREIRA, L. C. Bresser. *Desenvolvimento e crise no Brasil*. São Paulo: Editora Brasiliense, 1972.

PERRY, Marvin. *Civilização Ocidental*: uma história concisa. São Paulo: Martins Fontes, 2002.

PILAGALLO, Oscar. *A história do Brasil no século 20* (1900-1920). São Paulo: Publifolha, 2009.

PIRENNE, Henri. *História Econômica e Social da Idade Média*. São Paulo: Editora Mestre Jou, 1968.

PORTER, Katherine Anne. *Sacco e Vanzetti*: um erro irreparável. Rio de Janeiro: Salamandra, 1978.

PRADO, Geraldo. "Da delação premiada: aspectos de direito processual". *Boletim IBCCRIM*, São Paulo, vol. 13, nº 159.

______. "O trânsito em julgado da decisão condenatória". *Boletim do IBCCRIM*, ano 23, nº 277, dez. 2015.

______. "O Julgamento do Macaco: a ciência no banco dos réus e a eleição americana". *O Estado de São Paulo*, 05 nov. 2020, Coluna de Fausto Macedo. Disponível em: https://politica.estadao.com.br/blogs/fausto-macedo/o-julgamento-do-macaco-a-ciencia-no-banco--dos-reus-e-a-eleicao-norte-americana/. Acessado em: 22.06.2022.

PRESTES, Anita Leocádia. *Luís Carlos Prestes*: patriota, revolucionário, comunista. São Paulo: Expansão Popular, 2006.

______. *Olga Benário Prestes*: uma comunista nos arquivos da Gestapo. São Paulo: Boitempo, 2017.

PRIORE, Mary Del; VENÂNCIO, Renato. *Uma breve história do Brasil*. São Paulo: Editora Planeta do Brasil, 2010.

RAMOS, Clara. *Cadeia*. Rio de Janeiro: José Olympio, 1992.

RAMOS, Graciliano. *Memórias do Cárcere*. São Paulo: Martins, 1972.

RAMOS, Ricardo. *Graciliano*: retrato fragmentado. São Paulo: Globo, 2011.

RECONDO, Felipe; WEBER, Luiz. *Os onze*: o STF, seus bastidores, e suas crises. São Paulo: Companhia das Letras, 2019.

REZENDE, Mauricio Corrêa de Moura. *Democratização do Poder Judiciário do Brasil*. São Paulo: Contracorrente, 2018.

RIBEIRO, Clarisse C. *Heróis e covardes que o Brasil esqueceu*. São Paulo: Alfana, 2001.

RICOEUR, Paul. *O justo*: a justiça como regra moral e como constituição. São Paulo: Martins Fontes, 2008.

______. *O justo*: justiça e verdade e outros estudos. São Paulo: Martins Fontes, 2008.

ROBERTS, J. M.; IONS, Edmund. *A América Isolacionista* – O Reacionarismo dos Anos 20: Crime, proibição e dois estranhos julgamentos. História do Século 20, nº 41- Enciclopédia Semanal – Abril Cultural S/A, 1974.

RODRIGUES, André Figueiredo. *O Clero e a Conjuração Mineira*. São Paulo: Humanitas-FFLCH/USP, 2002.

RODRIGUES, José Honório. *Conciliação e reforma no Brasil*: um desafio histórico-político. Rio de Janeiro: Civilização Brasileira, 1965.

RUSSEL, Bertrand. *História do Pensamento Ocidental*. Rio de Janeiro: Ediouro, 2001.

SAMPAIO, Aluysio. *Brasil*: síntese da evolução social. São Paulo: Editora Fulgor, 1961.

SANT'ANNA, Pietro. *Hermes da Fonseca*: um mandato, duas revoltas. São Paulo: FSP, 2019.

SANTOS, Joel Rufino; SODRÉ, Nelson Werneck *et al*. *História Nova do Brasil*. vol. 1 e 4. São Paulo: Brasiliense, 1965.

SANTOS, Wanderley Guilherme dos. *A democracia impedida* – O Brasil no século XXI. Rio de Janeiro: FGV Editora, 2017.

SCHMITT, Rogério. *Partidos Políticos no Brasil* (1945-2000). Rio de Janeiro: Zahar, 2000.

SCHURR, Ruth. *Pureza Fatal*: Robespierre e a Revolução Francesa. Rio de Janeiro: Record, 2009.

SCHWARCZ, Lilia M. *As Barbas do Imperador*. São Paulo: Companhia das Letras, 1998.

SCHWARTZ, Stuart B. *Burocracia e Sociedade no Brasil Colonial*: O Tribunal Superior da Bahia e seus Desembargadores, 1609 – 1751. São Paulo: Companhia das Letras, 2011.

SECCO, Lincon (Coord.). *A ideia*: Lula e o sentido do Brasil contemporâneo. São Paulo: Núcleo de Estudos de O Capital/Contraponto, 2018.

SEGATTO, José Antônio. *Breve história do PCB*. São Paulo: Livraria Editora Ciências Humanas, 1981.

SERRANO, Pedro Estevam Alves Pinto. *Autoritarismo e golpes na América Latina*: breve ensaio sobre jurisdição e exceção. São Paulo: Alameda, 2016.

SICHEL, Edith. *O Renascimento*. Rio de Janeiro: Zahar, 1972.

SILVA FILHO, João Antônio. *O sujeito oculto do crime*. São Paulo: Editora Verbatim.

SILVA, Alberto da Costa (Coord.). *et al. Crise colonial e independência*: 1808-1830. Rio de Janeiro: Objetiva, 2011.

SILVA, de Plácido. *Vocabulário Jurídico*. Rio de Janeiro: Companhia Editora Forense, 2001.

SILVA, Hélio. *1926*: A grande marcha (O Ciclo de Vargas). vol. II. Rio de Janeiro: Editora Civilização Brasileira, 1965.

______. *1935*: A Revolta Vermelha (O Ciclo de Vargas). vol. II. Rio de Janeiro: Editora Civilização Brasileira, 1969.

______. *1937*: Todos os golpes se parecem (O Ciclo Vargas). vol. IX. Rio de Janeiro: Civilização Brasileira, 1970.

SILVA, Hélio; CARNEIRO, Maria Cecília Ribas. *O Estado Novo*. São Paulo: Editora Três, 1975.

SILVA, Hélio; CARNEIRO, Maria Cecília Ribas. *Prudente de Morais*: o poder civil (1894-1898). São Paulo: Grupo de Comunicação Três, 1983.

SILVA, Marcos A. *Contra a chibata*: marinheiros Brasileiros em 1910. São Paulo, 1982.

SINGER, André; LOUREIRO, Isabel (Coord.). *As contradições do lulismo*: a que ponto chegamos? São Paulo: Boitempo, 2016.

SKDIMORE, Thomas. *Brasil*: De Getúlio a Castelo, 1930-1964. Rio de Janeiro: Paz e Terra, 1982.

______. *Uma história do Brasil*. São Paulo: Paz e Terra, 1998.

SODRÉ, Nelson Werneck. *A coluna Prestes*. Rio de Janeiro: Editora Civilização Brasiliense, 1978.

______. *Formação histórica do Brasil*. São Paulo: Brasiliense, 1967.

______. *História da Literatura Brasileira*. Rio de Janeiro: Editora Civilização Brasileira, 1964.

______. *História Militar do Brasil*. Rio de Janeiro: Editora Civilização Brasileira, 1968.

SOLANO, Esther; ZAIDEN, Aldo; VANNCHI, Camilo. *Luís Inácio Lula da Silva* – Nós vimos uma prisão impossível. São Paulo: Contracorrente, 2018.

SOUZA, Jessé. *A tolice da inteligência brasileira ou como o pais se deixa manipular pela elite*. São Paulo: Leya, 2015.

SOUZA, Laura de Mello. *Desclassificados do ouro*: a pobreza mineira no século XVII. Rio de Janeiro: Edições Graal.

STARLING, Heloísa Murgel. *Ser Republicano no Brasil Colônia*: a história de uma tradição esquecida. São Paulo: Companhia das Letras, 2018.

STONE, I. F. O *Julgamento de Sócrates*. São Paulo: Companhia das Letras, 1988.

SWEEZY, Paul; DEBB, Maurice *et al*. *Do Feudalismo ao Capitalismo*. Lisboa: Publicações D. Quixote, 1971.

SZMRECSÁNYI, Tamás (Coord.). *et al*. *História Econômica do Período Colonial*. São Paulo: HUCITEC – EDUSP – Imprensa Oficial, 2002.

TASSE, Adel El. "Delação premiada: novo passo para um procedimento medieval". *Ciências Penais: Revista da Associação Brasileira de Professores de Ciências Penais*, São Paulo, vol. 3, nº 5, jul./dez. 2006.

TAVARES, Luís Henrique. *História da Sedição intentada na Bahia em 1798* – a Conspiração dos Alfaiates. São Paulo: Pioneira/MEC, 1975.

THOMAS, Marcel. *Dreyfus*: Por que a justiça foi recusada? História do Século XX. São Paulo: Abril Cultural S.A., 1974.

TULARD, J.; FAYARD, J.F.; FIERRO, A. *História da Revolução Francesa*. vol. I e II. Lisboa: Livros do Brasil, 1989.

USTRA, Carlos Alberto Brilhante. *A verdade sufocada*: a história que a esquerda não quer que o Brasil conheça. Brasília: Editora Ser, 2018.

VAINFAS, Ronaldo. *Dicionário do Brasil Imperial*. Rio de Janeiro: Objetiva, 2002.

VIANA, Luiz Werneck. *Esquerda brasileira e tradição republicana* – estudos da conjuntura sobre a era FHC-Lula. Rio de Janeiro: Revan, 2006.

______. *A modernização sem o moderno* – análises da conjuntura na era Lula. Rio de Janeiro: Contraponto/Fundação Astrogildo Pereira, 2011.

VIANNA, Marly de Almeida Gomes. *Revolucionárias de 35*: sonho e realidade. São Paulo: Companhia das Letras, 1992.

VICTOR, Mário. *5 anos que abalaram o Brasil*. Rio de Janeiro: Editora Civilização Brasileira, 1965.

VIEIRA, Joaquim. *Bolsonaro*: um capitão no planalto. Lisboa: Edição Glaciar e Cofina, 2019.

VIEIRA, Oscar Vilhena. *A batalha dos poderes*: da transição democrática ao mal-estar constitucional. São Paulo: Companhia das Letras, 2018.

VILLA, Marco Antonio. *Mensalão*: o julgamento do maior caso de corrupção da história política brasileira. São Paulo: LeYa, 2012.

VOLTAIRE. F. M. A. *O Preço da Justiça*. São Paulo: Martins Fontes, 2006.

WAACK, William. *Camaradas nos arquivos de Moscou*: a história secreta da Revolução Brasileira de 1935. São Paulo: Companhia dos Letras, 1993.

WENDEL, Luis. *Danton*. Rio de Janeiro: Irmãos Pongetti Editores, [s/d].

WILSON, A. N. *Jesus, um retrato do homem*. Rio de Janeiro: Ediouro, 2000.

WOODCOCK, George. *História das ideias e movimentos anarquistas*. Porto Alegre: L&PM, 2002.

ZWEIG, Stefan. *Uma consciência contra a violência*. Rio de Janeiro: Delta, 1950.

NOTAS

A Editora Contracorrente se preocupa com todos os detalhes de suas obras! Aos curiosos, informamos que este livro foi impresso no mês de setembro de 2023, em papel Pólen Natural 80g, pela Gráfica Grafilar.